SISTEMAS OPERACIONAIS

T164s Tanenbaum, Andrew S.
Sistemas operacionais, projeto e implementação / Andrew S. Tanenbaum, Albert S. Woodhull ; tradução João Tortello. – 3. ed. – Porto Alegre : Bookman, 2008.
992 p. ; 25 cm.

ISBN 978-85-7780-057-5

1. Sistemas Operacionais. I. Woodhull, Albert S. II. Título.

CDU 681.32

Catalogação na publicação: Juliana Lagôas Coelho – CRB 10/1798

Andrew S. Tanenbaum
Vrije Universiteit
Amsterdam, Holanda

Albert S. Woodhull
Amherst, Massachusetts, EUA

SISTEMAS OPERACIONAIS
Projeto e Implementação
TERCEIRA EDIÇÃO

Tradução:
João Tortello

Consultoria, supervisão e revisão técnica desta edição:
Alexandre Carissimi
Doutor em Informática pelo INPG, Grenoble, França
Professor do Instituto de Informática da UFRGS

Bookman®

2008

Obra originalmente publicada sob o título *Operating Systems Design and Implementation, Third Edition*
ISBN 0-13-142938-8

Authorized translation from the English language edition, entitled OPERATING SYSTEMS DESIGN AND IMPLEMENTATION, 3rd Edition by WOODHULL, ALBERTS S., published by Pearson Education,Inc., publishing as Prentice Hall, Copyright © 2007. All rights reserved. No part of this book may be reproduced or transmitted in any form or by any means, electronic or mechanical, including photocopying, recording or by any information storage retrieval system, without permission from Pearson Education, Inc.

Portuguese language edition published by Bookman Companhia Editora Ltda, a Division of Artmed Editora SA, Copyright © 2008

Tradução autorizada a partir do original em língua inglesa da obra intitulada OPERATING SYSTEMS DESIGN AND IMPLEMENTATION, 3ª Edição, autoria de WOODHULL, ALBERTS S., publicado por Pearson Education, Inc., sob o selo de Prentice Hall, Copyright © 2007. Todos os direitos reservados. Este livro não poderá ser reproduzido nem em parte nem na íntegra, nem ter partes ou sua íntegra armazenado em qualquer meio, seja mecânico ou eletrônico, inclusive fotoreprografação, sem permissão da Pearson Education,Inc.

A edição em língua portuguesa desta obra é publicada por Bookman Companhia Editora Ltda, uma divisão da Artmed Editora SA, Copyright © 2008

Capa: *Gustavo Demarchi, arte sobre capa original*

Supervisão editorial: *Denise Weber Nowaczyk*

Editoração eletrônica: *Techbooks*

Os autores e editores deste livro fizeram todos os esforços para a sua preparação. Esses esforços incluem desenvolvimento, pesquisa e testes de teorias e programas para determinar sua eficácia. Os autores e editores não dão garantias, expressas nem implícitas, com relação aos programas ou à documentação contida neste livro. Os autores e editores não se responsabilizam por nenhum tipo de dano acidental ou relacionado com o fornecimento, desempenho ou uso dos programas.

Reservados todos os direitos de publicação, em língua portuguesa, à
ARTMED® EDITORA S.A.
(BOOKMAN® COMPANHIA EDITORA é uma divisão da ARTMED® EDITORA S.A.)
Av. Jerônimo de Ornelas, 670 - Santana
90040-340 Porto Alegre RS
Fone (51) 3027-7000   Fax (51) 3027-7070

É proibida a duplicação ou reprodução deste volume, no todo ou em parte,
sob quaisquer formas ou por quaisquer meios (eletrônico, mecânico, gravação,
fotocópia, distribuição na Web e outros), sem permissão expressa da Editora.

SÃO PAULO
Av. Angélica, 1.091 - Higienópolis
01227-100 São Paulo SP
Fone (11) 3665-1100   Fax (11) 3667-1333

SAC 0800 703-3444

IMPRESSO NO BRASIL
PRINTED IN BRAZIL
Impresso sob demanda na Meta Brasil a pedido de Grupo A Educação.

OS AUTORES

Andrew S. Tanenbaum é bacharel em Ciências pelo M.I.T. e tem doutorado pela Universidade da Califórnia, em Berkeley. Atualmente, é professor de Ciência da Computação na Vrije Universiteit, em Amsterdã, Holanda, onde lidera o Grupo de Sistemas de Computação. Até reduzir suas atividades, em janeiro de 2005, foi por 12 anos diretor da Faculdade Avançada de Computação e Imagens Digitais, uma instituição interuniversitária que faz pesquisa sobre sistemas avançados paralelos, distribuídos e de imagem.

No passado, realizou pesquisas nas áreas de compiladores, sistemas operacionais, redes de computadores e sistemas distribuídos em redes locais. Suas pesquisas atuais concentram-se principalmente em segurança da computação, especialmente em sistemas operacionais, redes de computadores e sistemas distribuídos em redes de longa distância. Juntos, todos esses projetos de pesquisa geraram a mais de 100 artigos em periódicos e conferências, além de cinco livros.

O professor Tanenbaum também produziu um considerável volume de software. Ele foi o principal arquiteto do Amsterdam Compiler Kit, um *toolkit* bastante utilizado para escrever compiladores portáveis, assim como do MINIX, um pequeno clone do UNIX. Esse sistema inspirou e forneceu a base na qual o Linux foi desenvolvido. Junto com seus programadores e alunos de doutorado, ele ajudou a projetar o Amoeba, um sistema operacional distribuído de alto desempenho para rede local, baseado em micronúcleo. Além disso, foi um dos projetistas do Globe, um sistema distribuído para redes de longa distância destinado a suportar até um bilhão de usuários. Todos disponíveis gratuitamente na Internet.

Seus alunos de doutorado são muito bem-sucedidos, após completarem seus cursos. Ele tem muito orgulho deles. Nesse aspecto, parece uma galinha e seus pintinhos.

O professor Tanenbaum é membro da ACM, do IEEE e da Real Academia de Artes e Ciências da Holanda, vencedor do Prêmio Karl V. Karlstrom de Destaque na Educação de 1994 da ACM e do Prêmio ACM/SIGCSE para Contribuições Destacadas para Educação da Ciência da Computação, de 1997. Em 2004, foi nomeado um dos cinco novos Professores Acadêmicos da Real Academia. Sua página pessoal na web pode ser encontrada no URL *http://www.cs.vu.nl/~ast/*

Albert S. Woodhull é bacharel em Ciências pelo M.I.T. e doutor pela Universidade de Washington. Ele ingressou no M.I.T. com o objetivo de tornar-se engenheiro elétrico, mas saiu de lá biólogo. Considera-se um cientista que gosta de engenharia. Por mais de 20 anos, foi membro do corpo docente da Escola de Ciência Natural do Hampshire College em Amherst, Massachusetts, EUA. Já pertenceu ao corpo docente, como visitante, de várias outras faculdades e universidades. Como biólogo, utilizando instrumentação eletrônica, começou a trabalhar com microcomputadores logo que estes apareceram. Seus cursos de instrumentação para alunos de ciências evoluíram para cursos sobre interfaces de computador e de programação em tempo real.

O dr. Woodhull sempre teve forte interesse em ensinar e no papel da ciência e da tecnologia em desenvolvimento. Antes de entrar na faculdade, lecionou Ciência no nível secundário por dois anos na Nigéria. Também passou vários finais de semana ensinando Ciência da Computação na Universidad Nacional de Ingenieria da Nicarágua e na Universidad Nacional Autonoma de Nicarágua.

É interessado em computação como sistemas eletrônicos e nas interações dos computadores com outros sistemas eletrônicos. Gosta de ensinar nas áreas de arquitetura de computadores, programação em linguagem *assembly*, sistemas operacionais e redes de computadores. Já trabalhou como consultor no desenvolvimento de instrumentação eletrônica e do software associado e como administrador de redes.

Ele tem muitos interesses não-acadêmicos, incluindo vários esportes ao ar livre, radioamadorismo e leitura. Gosta de viajar e tentar fazer-se entender em outros idiomas que não o seu inglês nativo. É usuário e defensor do MINIX. Ele possui um servidor web, que executa MINIX, e fornece suporte para usuários desse sistema operacional. Sua página pessoal na web está localizada lá. Você pode encontrá-la no URL *http://minix1.hampshire.edu/asw/*.

Para Suzanne, Barbara, Marvin e à memória de Sweetie π e Bram
– AST

Para Barbara e Gordon
– ASW

O mascote do MINIX 3

Os outros sistemas operacionais têm um animal como mascote; assim, achamos que o MINIX 3 também deveria ter um. Escolhemos o guaxinim porque os guaxinins são pequenos, simpáticos, inteligentes, ágeis, comem insetos e são amistosos — pelo menos se você mantiver sua lata de lixo bem fechada.

PREFÁCIO

Muitos livros sobre sistemas operacionais são fortes na parte teórica e fracos na parte prática. Este, contudo, tem como objetivo proporcionar um melhor equilíbrio entre ambas as partes. Ele aborda cuidadosamente todos os princípios fundamentais, incluindo processos, comunicação entre processos, semáforos, monitores, passagem de mensagens, algoritmos de escalonamento, entrada/saída, impasses, *drivers* de dispositivo, gerenciamento de memória, algoritmos de paginação, projeto do sistema de arquivos, segurança e mecanismos de proteção. Mas ele também discute em detalhes um sistema em particular – o MINIX 3 – um sistema operacional compatível com o UNIX, e fornece o seu código-fonte para estudo. Essa organização permite que o leitor não apenas aprenda os princípios, mas também veja como eles são aplicados em um sistema operacional real.

Quando a primeira edição deste livro foi publicada, em 1987, causou uma pequena revolução na maneira como os cursos de sistemas operacionais eram ministrados. Até então, a maioria dos cursos abordava apenas a teoria. Com o aparecimento do MINIX, muitos cursos começaram a oferecer aulas práticas nas quais os alunos examinavam um sistema operacional real para ver seu funcionamento interno. Consideramos essa tendência altamente desejável e esperamos que ela continue.

Nos seus primeiros 10 anos, o MINIX sofreu muitas mudanças. O código original foi projetado para um IBM PC baseado no 8088, com 256K de memória, duas unidades de disquete e sem disco rígido. Além disso, ele era baseado na Versão 7 do UNIX. Com o tempo, o MINIX evoluiu de muitas maneiras, como o suporte aos processadores de 32 bits com modo protegido e grande capacidade de memória e de discos rígidos. Ele também mudou da antiga origem da Versão 7, para basear-se no padrão internacional POSIX (IEEE 1003.1 e ISO 9945-1). Finalmente, muitos recursos novos foram acrescentados, talvez demais, no nosso modo de ver, mas poucos, na visão de algumas outras pessoas, que levaram à criação do Linux. Além disso, o MINIX foi portado para muitas outras plataformas, incluindo Macintosh, Amiga, Atari e SPARC. Uma segunda edição deste livro foi publicada em 1997 e foi amplamente usada em universidades.

A popularidade do MINIX continuou, conforme pode ser observado examinando-se o número de respostas encontradas no Google para MINIX.

Esta terceira edição do livro tem muitas alterações por toda parte. Praticamente todo o material sobre princípios foi revisado e um volume considerável de material novo foi adicionado. Entretanto, a principal mudança é a discussão sobre a nova versão do sistema, chamado de MINIX 3, e a inclusão do novo código neste livro. Embora seja vagamente baseado no MINIX 2, o MINIX 3 é fundamentalmente diferente sob muitos aspectos importantes.

O projeto do MINIX 3 foi inspirado pela observação de que os sistemas operacionais estão se tornando enormes, lentos e pouco confiáveis. Eles falham com muito mais freqüência do que outros equipamentos eletrônicos, como televisões, telefones celulares e DVDs, e têm tantos recursos e opções que praticamente ninguém consegue entendê-los completamente nem gerenciá-los bem. E, é claro, os vírus de computador, os vermes, os *spywares*, os *spam*s e outras formas de códigos maliciosos (*malware*) têm se tornado epidemias.

De modo geral, muitos desses problemas são causados por uma falha de projeto fundamental nos sistemas operacionais atuais: sua falta de modularidade. O sistema operacional inteiro normalmente tem milhões de linhas de código em C/C++, compilado em um único programa executável enorme, executado no modo núcleo. Um erro em qualquer uma dessas milhões de linhas de código pode fazer o sistema deixar de funcionar. É impossível que todo esse código esteja correto, especialmente quando cerca de 70% dele consiste em *drivers* de dispositivos, escrito por terceiros e fora do controle das pessoas que mantêm o sistema operacional.

Com o MINIX 3, demonstramos que esse projeto monolítico não é a única possibilidade. O núcleo do MINIX 3 tem apenas cerca de 4000 linhas de código executável e não as milhões de linhas encontradas no Windows, no Linux, no Mac OS X ou no FreeBSD. O resto do sistema, incluindo todos os *drivers* de dispositivos (exceto o *driver* de relógio), é um conjunto de pequenos processos modulares em modo usuário, cada um dos quais rigorosamente restritos quanto ao que pode fazer e com quais outros processos pode se comunicar.

Embora o MINIX 3 seja um trabalho em andamento, acreditamos que esse modelo de construção de sistema operacional, com um conjunto de processos em modo usuário altamente encapsulados, tem a capacidade de promover a construção de sistemas mais confiáveis no futuro. O MINIX 3 é particularmente voltado aos PCs de menor capacidade (como aqueles normalmente encontrados nos países do Terceiro Mundo e em sistemas embarcados, que são sempre restritos quanto aos recursos). De qualquer maneira, este projeto torna muito mais fácil para os alunos aprenderem como um sistema operacional funciona, do que tentar estudar um sistema monolítico enorme.

O CD-ROM incluído neste livro é um CD-*live*, isto é, você pode colocá-lo em sua unidade de CD-ROM, reinicializar o computador e o MINIX 3 fornecerá um *prompt* de *login* dentro de poucos segundos. Você pode conectar-se como *root* e experimentar o sistema, sem primeiro ter de instalá-lo em seu disco rígido. Naturalmente, ele também pode ser instalado no disco rígido. Instruções detalhadas para a instalação são dadas no Apêndice A.

Conforme dito anteriormente, o MINIX 3 está evoluindo rapidamente, com novas versões sendo lançadas freqüentemente. Para fazer o *download* do arquivo da imagem mais atual para gravar em um CD-ROM, vá até o site web oficial: *www.minix3.org*. Esse site também contém uma grande quantidade de software novo, documentação e novidades sobre o desenvolvimento do MINIX 3. Para discussões sobre o MINIX 3, ou para fazer perguntas, existe um *newsgroup* na USENET: *comp.os.minix*. As pessoas que não tenham *newsreaders* podem acompanhar as discussões na web, no endereço *http://groups.google.com/group/comp.os.minix*.

Como uma alternativa para instalar o MINIX 3 em seu disco rígido, é possível executá-lo em qualquer um dos vários simuladores de PC disponíveis atualmente. Alguns deles estão listados na página principal do site web.

Os instrutores que empregam este livro como livro-texto em seus cursos universitários podem obter as soluções dos problemas através do representante local da Prentice Hall. O livro tem seu próprio site web. Ele pode ser encontrado no endereço *www.prenhall.com/tanenbaum* e selecionando este título.

Fomos extremamente felizes por ter a ajuda de muitas pessoas durante o curso deste projeto. Antes de tudo, Ben Gras e Jorrit Herder fizeram a maior parte da programação da nova versão. Eles fizeram um trabalho excelente, sob restrições de tempo apertadas, incluindo responder e-mails de madrugada, em muitas ocasiões. Eles também leram o manuscrito e teceram muitos comentários úteis. Nosso mais profundo agradecimento aos dois.

Kees Bot também ajudou muito nas versões anteriores, dando-nos uma boa base para trabalhar. Kees escreveu grande parte de trechos de código para as versões até a 2.0.4, corrigiu erros e respondeu numerosas perguntas. Philip Homburg escreveu a maior parte do código de interconexão em rede, assim como ajudou de várias outras maneiras, especialmente ao dar um parecer detalhado sobre o manuscrito.

Um grande número de pessoas, demais para listar, contribuiu com o código das primeiras versões, ajudando a fazer o MINIX surgir. Houve tantas delas, e suas contribuições foram tão variadas, que não podemos nem mesmo começar a listá-las aqui; portanto, o melhor que podemos fazer é agradecer a todos de modo geral.

Várias pessoas leram partes do manuscrito e deram sugestões. Gostaríamos de agradecer especialmente a ajuda de Gojko Babic, Michael Crowley, Joseph M. Kizza, Sam Kohn Alexander Manov e Du Zhang.

Finalmente, gostaríamos de agradecer às nossas famílias. Suzanne já passou por isso dezesseis vezes. Barbara, quinze vezes. Marvin, catorze vezes. Isso está se tornando uma rotina, mas o amor e o apoio ainda são muito estimados. (AST)

Quanto à Barbara (do Al), ela já passou por isso duas vezes. Seu apoio, sua paciência e seu bom humor foram fundamentais. Gordon foi um ouvinte paciente. Ainda é uma delícia ter um filho que entende e se preocupa com as coisas que me fascinam. Finalmente, o primeiro aniversário do meio-neto Zain coincide com o lançamento do MINIX 3. Algum dia ele vai gostar disso. (ASW)

Andrew S. Tanenbaum
Albert S. Woodhull

SUMÁRIO

1 INTRODUÇÃO 21

1.1 O QUE É O SISTEMA OPERACIONAL? 23
    1.1.1 O sistema operacional como uma máquina estendida 23
    1.1.2 O sistema operacional como gerenciador de recursos 24

1.2 HISTÓRIA DOS SISTEMAS OPERACIONAIS 25
    1.2.1 A primeira geração (1945–1955): válvulas e painéis de conectores 26
    1.2.2 A segunda geração (1955–1965): transistores e sistemas de lote 26
    1.2.3 A terceira geração (1965–1980): CIs e multiprogramação 28
    1.2.4 A quarta geração (1980–hoje): computadores pessoais 32
    1.2.5 A história do MINIX 3 34

1.3 CONCEITOS DE SISTEMA OPERACIONAL 37
    1.3.1 Processos 37
    1.3.2 Arquivos 39
    1.3.3 O *shell* 42

1.4 CHAMADAS DE SISTEMA 43
    1.4.1 Chamadas de sistema para gerenciamento de processos 44
    1.4.2 Chamadas de sistema para sinais 48
    1.4.3 Chamadas de sistema para gerenciamento de arquivos 50
    1.4.4 Chamadas de sistema para gerenciamento de diretórios 54
    1.4.5 Chamadas de sistema para proteção 56
    1.4.6 Chamadas de sistema para gerenciamento de tempo 57

1.5 ARQUITETURA DE SISTEMAS OPERACIONAIS 58
    1.5.1 Sistemas monolíticos 58
    1.5.2 Sistemas em camadas 60
    1.5.3 Máquinas virtuais 61
    1.5.4 Exonúcleos 64
    1.5.5 Modelo cliente-servidor 64

1.6 VISÃO GERAL DO RESTANTE DESTE LIVRO 65

1.7 RESUMO 66

2 PROCESSOS 69

2.1 INTRODUÇÃO 69
    2.1.1 O modelo de processo 69
    2.1.2 Criação de processos 71
    2.1.3 Término de processos 72
    2.1.4 Hierarquia de processos 73
    2.1.5 Estados de um processo 74
    2.1.6 Implementação de processos 76
    2.1.7 *Threads* 78

2.2 COMUNICAÇÃO ENTRE PROCESSOS 80
    2.2.1 Condições de corrida 81
    2.2.2 Seções críticas 82
    2.2.3 Exclusão mútua com espera ativa 83
    2.2.4 *Sleep* e *Wakeup* 87
    2.2.5 Semáforos 89
    2.2.6 Mutex 92
    2.2.7 Monitores 92
    2.2.8 Passagem de mensagens 96

2.3 PROBLEMAS CLÁSSICOS DE COMUNICAÇÃO ENTRE PROCESSOS 98
    2.3.1 O problema da janta dos filósofos 98
    2.3.2 O problema dos leitores e escritores 100

2.4 ESCALONAMENTO 103
    2.4.1 Introdução ao escalonamento 103
    2.4.2 Escalonamento em sistemas de lote 108
    2.4.3 Escalonamento em sistemas interativos 111
    2.4.4 Escalonamento em sistemas de tempo real 116
    2.4.5 Política *versus* mecanismo 117
    2.4.6 Escalonamento de *threads* 118

2.5 VISÃO GERAL DOS PROCESSOS NO MINIX 3 119
    2.5.1 A estrutura interna do MINIX 3 120
    2.5.2 Gerenciamento de processos no MINIX 3 123
    2.5.3 Comunicação entre processos no MINIX 3 127
    2.5.4 Escalonamento de processos no MINIX 3 129

2.6 IMPLEMENTAÇÃO DE PROCESSOS NO MINIX 3 131
    2.6.1 Organização do código-fonte do MINIX 3 131
    2.6.2 Compilando e executando o MINIX 3 134
    2.6.3 Os arquivos de cabeçalho comuns 136

2.6.4	Arquivo de cabeçalho do MINIX 3	142
2.6.5	Estruturas de dados de processo e arquivos de cabeçalho	150
2.6.6	Inicialização do MINIX 3	159
2.6.7	Inicialização do sistema	162
2.6.8	Tratamento de interrupção no MINIX	168
2.6.9	Comunicação entre processos no MINIX 3	178
2.6.10	Escalonamento no MINIX 3	181
2.6.11	Suporte do núcleo dependente de hardware	184
2.6.12	Utilitários e a biblioteca do núcleo	188
2.7	A TAREFA DE SISTEMA NO MINIX 3	190
2.7.1	Visão geral da tarefa de sistema	192
2.7.2	Implementação da tarefa de sistema	195
2.7.3	Implementação da biblioteca de sistema	198
2.8	A TAREFA DE RELÓGIO NO MINIX 3	201
2.8.1	Hardware de relógio	201
2.8.2	Software de relógio	202
2.8.3	Visão geral do *driver* de relógio no MINIX 3	205
2.8.4	Implementação do *driver* de relógio no MINIX 3	209
2.9	RESUMO	210

3 ENTRADA/SAÍDA 216

3.1	PRINCÍPIOS DO HARDWARE DE E/S	216
3.1.1	Dispositivos de E/S	217
3.1.2	Controladoras de dispositivo	217
3.1.3	E/S mapeada em memória	219
3.1.4	Interrupções	221
3.1.5	Acesso direto à memória	221
3.2	PRINCÍPIOS DO SOFTWARE DE E/S	223
3.2.1	Objetivos do software de E/S	223
3.2.2	Rotinas de tratamento de interrupção	225
3.2.3	*Drivers* de dispositivo	225
3.2.4	Software de E/S independente de dispositivo	227
3.2.5	Software de E/S em espaço de usuário	229
3.3	IMPASSES	231
3.3.1	Recursos	231
3.3.2	Princípios do impasse	232
3.3.3	O algoritmo do avestruz	236
3.3.4	Detecção e recuperação	237
3.3.5	Prevenção de impasses	237
3.3.6	Evitação de impasses	239

3.4 VISÃO GERAL DA E/S NO MINIX 3 — 243
   3.4.1 Rotinas de tratamento de interrupção e acesso de E/S no MINIX 3 — 244
   3.4.2 *Drivers* de dispositivo no MINIX 3 — 247
   3.4.3 Software de E/S independente de dispositivo no MINIX 3 — 251
   3.4.4 Software de E/S em nível de usuário no MINIX 3 — 251
   3.4.5 Tratamento de impasses no MINIX 3 — 251

3.5 DISPOSITIVOS DE BLOCO NO MINIX 3 — 252
   3.5.1 Visão geral dos *drivers* de dispositivos de bloco no MINIX 3 — 252
   3.5.2 Software comum de *driver* de dispositivo de bloco — 255
   3.5.3 A biblioteca de *drivers* — 258

3.6 DISCOS EM RAM — 260
   3.6.1 Hardware e software de disco em RAM — 261
   3.6.2 Visão geral do *driver* de disco em RAM no MINIX 3 — 262
   3.6.3 Implementação do *driver* de disco em RAM no MINIX 3 — 263

3.7 DISCOS — 266
   3.7.1 Hardware de disco — 266
   3.7.2 RAID — 268
   3.7.3 Software de disco — 269
   3.7.4 Visão geral do *driver* de disco rígido no MINIX 3 — 274
   3.7.5 Implementação do *driver* de disco rígido no MINIX 3 — 278
   3.7.6 Tratamento de disquetes — 286

3.8 TERMINAIS — 288
   3.8.1 Hardware de terminal — 289
   3.8.2 Software de terminal — 293
   3.8.3 Visão geral do *driver* de terminal no MINIX 3 — 300
   3.8.4 Implementação do *driver* de terminal independente de dispositivo — 313
   3.8.5 Implementação do *driver* de teclado — 329
   3.8.6 Implementação do *driver* de vídeo — 336

3.9 RESUMO — 343

4 GERENCIAMENTO DE MEMÓRIA — 349

4.1 GERENCIAMENTO BÁSICO DE MEMÓRIA — 350
   4.1.1 Monoprogramação sem *swapping* ou paginação — 350
   4.1.2 Multiprogramação com partições fixas — 351
   4.1.3 Realocação e proteção — 352

4.2 *SWAPPING* — 353
   4.2.1 Gerenciamento de memória com mapas de bits — 355
   4.2.2 Gerenciamento de memória com listas encadeadas — 356

4.3	MEMÓRIA VIRTUAL		358
	4.3.1	Paginação	359
	4.3.2	Tabelas de página	361
	4.3.3	*Translation Lookaside Buffers* (*TLB*)	366
	4.3.4	Tabela de páginas invertida	368
4.4	ALGORITMOS DE SUBSTITUIÇÃO DE PÁGINA		370
	4.4.1	O algoritmo de substituição de página ótimo	370
	4.4.2	O algoritmo de substituição de página não usada recentemente	371
	4.4.3	O algoritmo de substituição de página FIFO (primeira a entrar, primeira a sair)	372
	4.4.4	O algoritmo de substituição de página segunda chance	372
	4.4.5	O algoritmo do relógio para substituição de página	373
	4.4.6	O algoritmo de substituição de página LRU (menos recentemente utilizada)	374
	4.4.7	Simulando o algoritmo LRU em software	374
4.5	QUESTÕES DE PROJETO PARA SISTEMAS DE PAGINAÇÃO		376
	4.5.1	O modelo do conjunto de trabalho	377
	4.5.2	Políticas de alocação local *versus* global	379
	4.5.3	Tamanho de página	381
	4.5.4	Interface de memória virtual	382
4.6	SEGMENTAÇÃO		383
	4.6.1	Implementação da segmentação pura	386
	4.6.2	Segmentação com paginação: o Pentium Intel	387
4.7	VISÃO GERAL DO GERENCIADOR DE PROCESSOS DO MINIX 3		391
	4.7.1	*Layout* da memória	393
	4.7.2	Tratamento de mensagens	396
	4.7.3	Estruturas de dados e algoritmos do gerenciador de processos	398
	4.7.4	As chamadas de sistema FORK, EXIT e WAIT	402
	4.7.5	A chamada de sistema EXEC	403
	4.7.6	A chamada de sistema BRK	406
	4.7.7	Tratamento de sinais	407
	4.7.8	Outras chamadas de sistema	415
4.8	IMPLEMENTAÇÃO DO GERENCIADOR DE PROCESSOS DO MINIX 3		415
	4.8.1	Os arquivos de cabeçalho e as estruturas de dados	415
	4.8.2	O programa principal	418
	4.8.3	Implementação de FORK, EXIT e WAIT	423
	4.8.4	Implementação de EXEC	424
	4.8.5	Implementação de BRK	428
	4.8.6	Implementação do tratamento de sinais	429
	4.8.7	Implementação de outras chamadas de sistema	436
	4.8.8	Utilitários de gerenciamento de memória	438
4.9	RESUMO		440

5 SISTEMA DE ARQUIVOS — 445

5.1 ARQUIVOS — 446
- 5.1.1 Atribuição de nomes de arquivo — 446
- 5.1.2 Estrutura do arquivo — 448
- 5.1.3 Tipos de arquivo — 449
- 5.1.4 Acesso a arquivo — 451
- 5.1.5 Atributos de arquivo — 451
- 5.1.6 Operações sobre arquivos — 453

5.2 DIRETÓRIOS — 454
- 5.2.1 Diretórios simples — 454
- 5.2.2 Sistemas de diretório hierárquicos — 455
- 5.2.3 Nomes de caminho — 456
- 5.2.4 Operações sobre diretórios — 458

5.3 IMPLEMENTAÇÃO DO SISTEMA DE ARQUIVOS — 459
- 5.3.1 *Layout* do sistema de arquivos — 459
- 5.3.2 Implementando arquivos — 461
- 5.3.3 Implementando diretórios — 464
- 5.3.4 Gerenciamento do espaço em disco — 469
- 5.3.5 Confiabilidade do sistema de arquivos — 472
- 5.3.6 Desempenho do sistema de arquivos — 479
- 5.3.7 Sistemas de arquivos estruturados em *log* — 483

5.4 SEGURANÇA — 485
- 5.4.1 O ambiente de segurança — 485
- 5.4.2 Ataques genéricos contra a segurança — 489
- 5.4.3 Princípios de projeto voltados à segurança — 490
- 5.4.4 Autenticação de usuário — 491

5.5 MECANISMOS DE PROTEÇÃO — 494
- 5.5.1 Domínios de proteção — 494
- 5.5.2 Listas de controle de acesso — 496
- 5.5.3 Capacidades — 499
- 5.5.4 Canais secretos — 501

5.6 VISÃO GERAL DO SISTEMA DE ARQUIVOS DO MINIX 3 — 504
- 5.6.1 Mensagens — 504
- 5.6.2 *Layout* do sistema de arquivos — 506
- 5.6.3 Mapas de bits — 508
- 5.6.4 *I-nodes* — 510
- 5.6.5 A cache de blocos — 512
- 5.6.6 Diretórios e caminhos — 514
- 5.6.7 Descritores de arquivo — 516
- 5.6.8 Travamento de arquivos — 517
- 5.6.9 *Pipes* e arquivos especiais — 517
- 5.6.10 Um exemplo: a chamada de sistema READ — 519

5.7 IMPLEMENTAÇÃO DO SISTEMA DE ARQUIVOS DO MINIX 3 520
    5.7.1 Arquivos de cabeçalho e estruturas de dados globais 520
    5.7.2 Gerenciamento de tabelas 523
    5.7.3 O programa principal 531
    5.7.4 Operações sobre arquivos individuais 534
    5.7.5 Diretórios e caminhos 542
    5.7.6 Outras chamadas de sistema 545
    5.7.7 A interface de dispositivo de E/S 547
    5.7.8 Suporte adicional para chamadas de sistema 552
    5.7.9 Utilitários do sistema de arquivos 554
    5.7.10 Outros componentes do MINIX 3 554

5.8 RESUMO 555

6 LEITURAS RECOMENDADAS E BIBLIOGRAFIA 559

6.1 SUGESTÕES PARA LEITURAS COMPLEMENTARES 559
    6.1.1 Introdução e funcionamentos gerais 559
    6.1.2 Processos 561
    6.1.3 Entrada/saída 562
    6.1.4 Gerenciamento de memória 562
    6.1.5 Sistemas de arquivos 563

6.2 BIBLIOGRAFIA EM ORDEM ALFABÉTICA 564

APÊNDICES

A INSTALANDO O MINIX 3 575

B O CÓDIGO-FONTE DO MINIX 583

C ÍNDICE PARA OS ARQUIVOS 979

ÍNDICE 981

1
INTRODUÇÃO

Sem software, um computador é basicamente um monte inútil de metal. Com software, um computador pode armazenar, processar e recuperar informações, tocar música e reproduzir vídeos, enviar e-mail, pesquisar a Internet e se envolver em muitas outras atividades valiosas para merecer sua manutenção. Grosso modo, o software de computador pode ser dividido em dois tipos: programas de sistema, que gerenciam a operação do computador em si, e programas aplicativos, que realizam o trabalho real desejado pelo usuário. O programa de sistema mais básico é o **sistema operacional**, cuja tarefa é controlar todos os recursos do computador e fornecer uma base sobre a qual os programas aplicativos podem ser escritos. Os sistemas operacionais são o assunto deste livro. Em particular, um sistema operacional chamado MINIX 3 é usado como modelo para ilustrar os princípios de projeto e aspectos reais de sua implementação.

Um sistema de computação moderno consiste em um ou mais processadores, memória principal, discos, impressoras, teclado, tela, interfaces de rede e outros dispositivos de entrada/saída. No todo, um sistema complexo. Escrever programas que controlam todos esses componentes e os utilizam corretamente, sem dizer de forma otimizada, é uma tarefa extremamente difícil. Se todo programador tivesse que se preocupar com o funcionamento das unidades de disco e com todas as dezenas de coisas que poderiam dar errado ao ler um bloco de disco, é provável que muitos programas sequer pudessem ser escritos. Há muito tempo, tornou-se bastante evidente a necessidade de encontrar uma maneira de isolar os programadores da complexidade do hardware. A maneira que evoluiu gradualmente foi colocar uma camada de software sobre o do hardware básico, para gerenciar todas as partes do sistema e apresentar ao usuário uma interface, ou **máquina virtual**, mais fácil de entender e programar. Essa camada de software é o sistema operacional.

A posição do sistema operacional aparece na Figura 1-1. Na parte inferior está o hardware, o qual, em muitos casos, é composto de dois ou mais níveis (ou camadas). O nível mais baixo contém dispositivos físicos, sendo constituído por circuitos integrados, cabos, fontes de alimentação, tubos de raios catódicos e dispositivos físicos. O modo como esses componentes são construídos e funcionam é da competência do engenheiro elétrico.

Em seguida, vem o **nível da microarquitetura**, no qual os dispositivos físicos são agrupados para formar unidades funcionais. Normalmente, esse nível contém alguns registradores internos da UCP (Unidade Central de Processamento, ou CPU – *Central Processing Unit*) e um caminho de dados, contendo uma unidade lógica e aritmética. Em cada ciclo de relógio, um ou mais operandos são lidos de registradores e combinados na unidade aritmética e lógica

Sistema de transações bancárias	Reserva de passagens aéreas	Navegador web	} Programas aplicativos
Compiladores	Editores	Interpretador de comandos	} Programas de sistema
Sistema operacional			
Linguagem de máquina			
Microarquitetura			} Hardware
Dispositivos físicos			

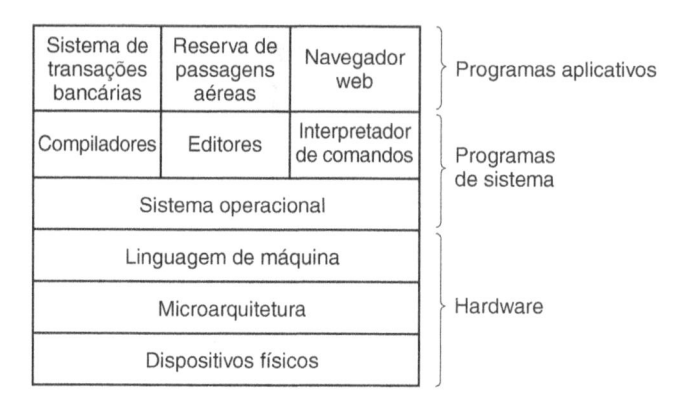

Figura 1-1 Um sistema de computação consiste em hardware, programas de sistema e programas aplicativos.

(por exemplo, pela adição ou pela operação booleana E). O resultado é armazenado em um ou mais registradores. Em algumas máquinas, a operação do caminho de dados é controlada pelo software, chamado de **microprograma**. Em outras máquinas, ela é feita diretamente pelos circuitos de hardware.

O objetivo do caminho de dados é executar algum conjunto de instruções. Algumas delas podem ser executadas em um ciclo de caminho de dados; outras podem exigir vários ciclos. Essas instruções podem usar registradores ou outros recursos de hardware. Juntos, o hardware e as instruções visíveis para um programador de linguagem *assembly* formam o **ISA** (*Instruction Set Architecture* – arquitetura do conjunto de instruções). Esse nível é freqüentemente chamado de **linguagem de máquina**.

Normalmente, a linguagem de máquina tem entre 50 e 300 instruções, principalmente para mover dados, efetuar operações aritméticas e comparar valores. Nesse nível, os dispositivos de entrada/saída são controlados por meio da escrita de valores em **registradores de dispositivos** especiais. Por exemplo, um disco pode ser instruído a fazer uma leitura por meio da escrita dos valores do endereço do disco, do endereço da memória principal, da quantidade de bytes e da direção (leitura ou gravação) em seus registradores. Na prática, são necessários muito mais parâmetros, e o status retornado pela unidade de disco após uma operação pode ser complexo. Além disso, para muitos dispositivos de E/S (Entrada/Saída), a temporização desempenha um papel importante na programação.

Uma função importante do sistema operacional é ocultar toda essa complexidade e fornecer um conjunto de instruções mais conveniente para o programador trabalhar. Por exemplo, uma instrução **ler bloco do arquivo** é conceitualmente muito mais simples do que ter de se preocupar com os detalhes da movimentação dos cabeçotes de disco, esperar que eles fiquem na posição correta etc. Sobre o sistema operacional está o restante do software de sistema. Aqui, encontramos o interpretador de comandos (*shell*), os sistemas de janela, compiladores, editores e programas independentes de aplicativos. É importante perceber que esses programas não fazem parte do sistema operacional, mesmo sendo normalmente fornecidos previamente instalados pelo fabricante do computador, ou em um pacote com o sistema operacional, caso sejam instalados após a aquisição. Esse é um ponto fundamental, mas sutil. O sistema operacional é (normalmente) aquela parte do software executada em **modo núcleo** ou em **modo de supervisor**. Ele é protegido pelo hardware contra adulterações por parte do usuário (ignorando, por enquanto, alguns microprocessadores mais antigos, ou de menor capacidade, que não possuem nenhuma proteção de hardware). Os compiladores e editores são executados no **modo usuário**. Se um usuário não gosta de um compilador em particular, ele está livre para escrever seu próprio compilador, se preferir; mas não está livre para escrever sua própria rotina de interrupção de relógio, que faz parte do sistema operacional e é normalmente protegida pelo hardware contra tentativas de modificação por parte dos usuários.

Essa distinção, entretanto, às vezes não é clara nos sistemas embarcados (os quais podem não ter modo núcleo) ou nos sistemas interpretados (como os sistemas baseados em Java, que usam um interpretador em software e não o hardware para isolar os componentes). Contudo, para computadores tradicionais, o sistema operacional é o que executa no modo núcleo.

Dito isso, em muitos sistemas existem programas que são executados no modo usuário, mas que ajudam o sistema operacional ou desempenham funções privilegiadas. Por exemplo, freqüentemente existe um programa que permite aos usuários mudarem suas senhas. Esse programa não faz parte do sistema operacional e não é executado no modo núcleo, mas claramente executa uma função sigilosa e precisa ser protegido de uma maneira especial.

Em alguns sistemas, incluindo o MINIX 3, essa idéia é levada ao extremo, e parte do que é tradicionalmente considerado como sendo o sistema operacional (como o sistema de arquivos) é executado em modo usuário (também dito em espaço de usuário). Em tais sistemas é difícil traçar um limite claro. Tudo que é executado no modo núcleo claramente faz parte do sistema operacional, mas é razoável considerar que alguns programas que são executados fora dele também fazem parte dele ou, pelo menos, estão intimamente associados a ele. Por exemplo, no MINIX 3, o sistema de arquivos é simplesmente um programa C enorme, executado em modo usuário.

Finalmente, acima dos programas de sistema aparecem os programas aplicativos. Esses programas são adquiridos, ou escritos pelos usuários, para resolver seus problemas particulares, como processamento de textos, planilhas eletrônicas, cálculos de engenharia ou armazenamento de informações em um banco de dados.

1.1 O QUE É O SISTEMA OPERACIONAL?

A maioria dos usuários de computador já teve alguma experiência com um sistema operacional, mas é difícil definir precisamente o que é um sistema operacional. Parte do problema é que os sistemas operacionais executam duas funções basicamente não relacionadas, ampliando os recursos da máquina e de gerenciamento, e dependendo de quem está falando, você ouve mais sobre uma ou outra função. Vamos examinar as duas agora.

1.1.1 O sistema operacional como uma máquina estendida

Conforme mencionado anteriormente, a **arquitetura** (conjunto de instruções, organização da memória, E/S e estrutura do barramento) da maioria dos computadores em nível de linguagem de máquina é primitiva e inconveniente para programar, especialmente quanto à E/S. Para tornar esse ponto mais concreto, vamos ver brevemente como é feita a E/S de um disco flexível usando os controladores de dispositivos compatíveis com o NEC PD765, usados em muitos computadores pessoais baseados em Intel. (Neste livro, usaremos os termos "disco flexível" e "disquete" indistintamente.) O PD765 tem 16 comandos, cada um deles especificado através da escrita entre 1 e 9 bytes em um registrador de dispositivo. Esses comandos servem para ler e gravar dados, mover o braço do disco, formatar trilhas, assim como para inicializar, monitorar, reconfigurar e recalibrar o controlador e as unidades de disco.

Os comandos mais básicos são read e write, cada um deles exigindo 13 parâmetros, empacotados em 9 bytes. Esses parâmetros especificam itens como o endereço do bloco de disco a ser lido, o número de setores por trilha, o modo de gravação usado na mídia física, o espaçamento do intervalo entre setores (*interleaving*) e o que fazer com uma marca de endereço de dados excluídos. Se você não entendeu nada desse discurso, não se preocupe; é essa exatamente a questão – tudo é muito esotérico. Quando a operação está terminada, o controlador retorna 23 campos de status e de erro, empacotados em 7 bytes. Como se não bastasse, o programa do disquete também precisa saber constantemente se o motor está ligado ou desligado. Se o motor estiver desligado, deverá ser ligado (com uma longa demora para sua inicialização) antes que os dados possam ser lidos ou escritos. Entretanto, o motor não pode ficar ligado por muito tempo, senão o disquete irá desgastar-se. Assim, o programa é obrigado a tratar do compromisso entre longos atrasos na inicialização e o desgaste dos disquetes (e a perda dos dados neles contidos).

Sem entrar nos detalhes *reais*, deve estar claro que um programador médio provavelmente não desejará se envolver intimamente com a programação de disquetes (ou de discos rígidos, que são igualmente complexos e bastante diferentes). Em vez disso, o programador deseja tratar com uma abstração simples e de alto nível. No caso dos discos, uma abstração típica seria o disco conter um conjunto de arquivos nomeados. Cada arquivo pode ser aberto para leitura ou escrita, em seguida lido ou escrito e finalmente fechado. Detalhes como se a escrita deve ou não usar modulação em freqüência e qual é o estado atual do motor não devem aparecer na abstração apresentada ao usuário (programador).

Naturalmente, o programa que oculta do usuário a realidade sobre o hardware e apresenta uma visão bela e simples de arquivos nomeados que podem ser lidos e escritos é o sistema operacional. Assim como o sistema operacional isola o usuário do hardware do disco e apresenta uma interface simples orientada para arquivos, também oculta muitos detalhes desagradáveis relativos a interrupções, temporizadores, gerenciamento de memória e outros recursos de mais baixo nível. Em cada caso, a abstração oferecida pelo sistema operacional é mais simples e mais fácil de usar do que aquela oferecida pelo hardware subjacente.

Sob esse ponto de vista, a função do sistema operacional é apresentar ao usuário o equivalente a uma **máquina estendida**, ou **máquina virtual**, mais fácil de programar do que o hardware que a compõe. O modo como o sistema operacional atinge esse objetivo é uma longa história, que estudaremos em detalhes por todo este livro. Para resumir em poucas palavras, o sistema operacional fornece uma variedade de serviços que os programas podem obter usando instruções especiais denominadas chamadas de sistema. Posteriormente, neste capítulo, examinaremos algumas das chamadas de sistema mais comuns.

1.1.2 O sistema operacional como gerenciador de recursos

O conceito do sistema operacional como fornecendo principalmente uma interface conveniente para seus usuários é uma visão *top-down* (de cima para baixo). Uma visão alternativa, *botton-up* (de baixo para cima), sustenta que o sistema operacional existe para gerenciar todas as partes de um sistema complexo. Os computadores modernos são compostos de processadores, memórias, temporizadores, discos, mouses, interfaces de rede, impressoras e uma ampla variedade de outros dispositivos. Na visão alternativa, a tarefa do sistema operacional é fornecer uma alocação ordenada e controlada dos processadores, memórias e dispositivos de E/S entre os vários programas que concorrem por eles.

Imagine o que aconteceria se três programas sendo executados em um computador tentassem todos imprimir suas saídas simultaneamente na mesma impressora. As primeiras linhas da saída impressa poderiam ser do programa 1, as linhas seguintes do programa 2 e, então, algumas do programa 3 etc. O resultado seria o caos. O sistema operacional pode trazer ordem ao caos em potencial, armazenando no disco, por programa, toda a saída destinada à impressora. Quando um programa tiver terminado, o sistema operacional envia para a impressora a sua saída armazenada no arquivo em disco, enquanto, ao mesmo tempo, um outro programa poderá continuar gerando mais saída, ignorando o fato de que ela não está realmente indo para a impressora (ainda).

Quando um computador (ou uma rede) tem vários usuários, a necessidade de gerenciar e proteger a memória, dispositivos de E/S e outros recursos é ainda maior, pois os usuários poderiam interferir uns com os outros. Além disso, os usuários freqüentemente precisam compartilhar não apenas o hardware, mas também informações (arquivos, bancos de dados etc.). Em resumo, essa visão do sistema operacional sustenta que sua principal tarefa é controlar quem está usando qual recurso, garantir os pedidos de recursos, medir a utilização e mediar pedidos conflitantes de diferentes programas e usuários.

O gerenciamento de recursos inclui a multiplexação (compartilhamento) de recursos de duas maneiras: no tempo e no espaço. Quando um recurso é multiplexado no tempo, diferentes programas ou usuários o utilizam por turnos: primeiro um deles utiliza o recurso, depois outro e assim por diante. Por exemplo, com apenas uma CPU e vários programas que queiram ser executados nela, o sistema operacional primeiramente aloca a CPU para um programa e, depois, após o programa ter executado o suficiente, outro programa utiliza a CPU, depois outro e, finalmente, o primeiro programa novamente. Determinar como o recurso é multiplexado no tempo – quem vem em seguida e por quanto tempo – é tarefa do sistema operacional. Outro exemplo de multiplexação no tempo é o compartilhamento da impressora. Quando várias tarefas de impressão são enfileiradas em uma única impressora, uma decisão precisa ser tomada com relação a qual das tarefas deve ser impressa a seguir.

O outro tipo de multiplexação é a no espaço. Em vez dos clientes atuarem por turnos, cada um deles recebe parte do recurso. Por exemplo, normalmente, a memória principal é dividida entre vários programas que estejam em execução para que cada um possa estar residente ao mesmo tempo (por exemplo, para utilizar a CPU por turnos). Supondo que haja memória suficiente para conter múltiplos programas, é mais eficiente manter vários programas na memória de uma vez do que alocar toda ela para um único programa, especialmente se ele precisar apenas de uma pequena fração do total. É claro que isso levanta problemas de imparcialidade, proteção etc., e fica por conta do sistema operacional resolvê-los. Outro recurso multiplexado no espaço é o disco (rígido). Em muitos sistemas, um único disco pode conter arquivos de muitos usuários ao mesmo tempo. Alocar espaço em disco e controlar quem está usando quais blocos de disco é uma típica tarefa de gerenciamento de recursos do sistema operacional.

1.2 HISTÓRIA DOS SISTEMAS OPERACIONAIS

Os sistemas operacionais vêm evoluindo ao longo dos anos. Nas seções a seguir, veremos resumidamente alguns dos destaques. Como, historicamente, os sistemas operacionais têm sido intimamente ligados à arquitetura dos computadores em que são executados, examinaremos as sucessivas gerações de computadores para vermos como eram seus sistemas operacionais. Esse mapeamento das gerações de sistema operacional para gerações de computador é grosseiro, mas oferece uma base que de outra forma não teríamos.

O primeiro computador digital foi projetado pelo matemático inglês Charles Babbage (1792–1871). Embora Babbage tenha gasto a maior parte de sua vida e de sua fortuna tentando construir sua "máquina analítica", nunca conseguiu fazê-la funcionar corretamente, pois ela era puramente mecânica e a tecnologia de seu tempo não podia produzir as rodas e engrenagens exigidas com a alta precisão que necessitava. É desnecessário dizer que a máquina analítica não tinha sistema operacional.

Como um dado histórico interessante, Babbage percebeu que precisaria de software para sua máquina analítica; assim, contratou como a primeira programadora do mundo, uma jovem chamada Ada Lovelace, que era filha do famoso poeta britânico Lord Byron. A linguagem de programação Ada® recebeu esse nome em sua homenagem.

1.2.1 A primeira geração (1945–1955): válvulas e painéis de conectores

Depois dos esforços mal-sucedidos de Babbage, pouco progresso foi feito na construção de computadores digitais até a II Guerra Mundial. Em meados da década de 40, Howard Aiken, da Universidade de Harvard, John von Neumann, do Instituto de Estudos Avançados de Princeton, J. Presper Eckert e John Mauchley, da Universidade da Pensilvânia, e Konrad Zuse, na Alemanha, entre outros, tiveram êxito na construção de máquinas de calcular. As primeiras delas usavam relés mecânicos, mas eram muito lentas, com tempos de ciclo medidos em segundos. Posteriormente, os relés foram substituídos por válvulas a vácuo. Essas máquinas eram enormes, ocupavam salas inteiras com dezenas de milhares de válvulas, mas ainda eram milhões de vezes mais lentas do que os computadores pessoais mais baratos de hoje.

Naqueles tempos, um único grupo de pessoas projetava, construía, programava, operava e mantinha cada máquina. Toda a programação era feita em linguagem de máquina pura, freqüentemente interligando fios através de painéis de conectores para controlar as funções básicas da máquina. As linguagens de programação não existiam (nem mesmo a linguagem *assembly*). Ninguém tinha ouvido falar de sistemas operacionais. O modo de operação normal era o programador reservar um período de tempo em uma folha de reserva afixada na parede, depois descer à sala da máquina, inserir seu painel de conectores no computador e passar as próximas horas esperando que nenhuma das quase 20.000 válvulas queimasse durante a execução. Praticamente todos os problemas resolvidos eram cálculos numéricos simples, como a geração de tabelas de senos, co-senos e logaritmos.

No início da década de 50, a rotina havia melhorado um pouco, com a introdução dos cartões perfurados. Agora era possível, em vez de usar painéis de conectores, escrever programas em cartões de papel e lê-los; fora isso, o procedimento era o mesmo.

1.2.2 A segunda geração (1955–1965): transistores e sistemas de lote

A introdução do transistor, em meados da década de 50, mudou o quadro radicalmente. Os computadores se tornaram confiáveis o bastante para serem fabricados e vendidos para clientes com a expectativa de que continuariam a funcionar por tempo suficiente para realizarem algum trabalho útil. Pela primeira vez, havia uma separação clara entre projetistas, construtores, operadores, programadores e pessoal de manutenção.

Essas máquinas, agora chamadas de **computadores de grande porte** (ou *mainframes*), eram postas em salas especiais com ar-condicionado e com equipes de operadores profissionais especialmente treinadas para mantê-las funcionando. Somente grandes empresas, importantes órgãos do governo ou universidades podiam arcar com seu preço, na casa dos milhões de dólares. Para executar um *job* (tarefa), isto é, um programa ou um conjunto de programas, um programador primeiro escrevia o programa no papel (em FORTRAN ou possivelmente até em linguagem *assembly*) e depois o transformava em cartões perfurados. Então, ele levava a pilha de cartões para a sala de submissão de *jobs*, o entregava para um dos operadores e ia tomar café até que a saída estivesse pronta. Quando o computador terminava o *job* que estava executando, um operador ia até a impressora, destacava a saída impressa e a levava para uma sala de saída, para que o programador pudesse pegá-la posteriormente. Então, o operador pegava uma das pilhas de cartões que tinham sido trazidas para a sala de submissão e os inseria na máquina de leitura. Se o compilador FORTRAN fosse necessário, o operador teria que pegá-lo em um gabinete de arquivos e inseri-lo para leitura. Enquanto os operadores andavam pelas salas da máquina, de submissão e de saída, o computador ficava ocioso. Dado o alto custo do equipamento, não é de surpreender que as pessoas procurassem rapidamente maneiras de reduzir o tempo desperdiçado. A solução geralmente adotada era o **sistema de processamento em lotes** (*batch system*). A idéia era reunir em uma bandeja (*tray*) um conjunto de *jobs* da sala de submissão e então lê-los em uma fita magnética usando um computador relativamente pequeno e barato, como o IBM 1401, que era muito bom para ler cartões, copiar fitas e imprimir a saída, mas péssimo para cálculos numéricos. Outras máquinas muito mais caras, como o IBM 7094, eram usadas para a computação de fato. Essa situação aparece na Figura 1-2.

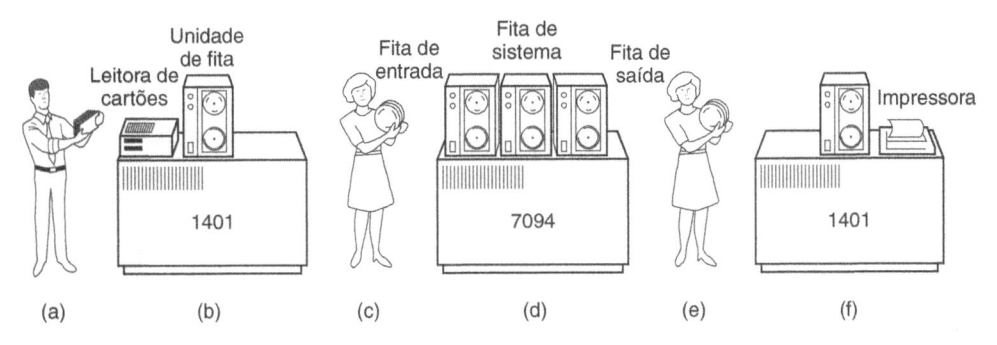

Figura 1-2 Um sistema de processamento em lotes primitivo. (a) Os programadores trazem os cartões para o 1401. (b) O 1401 lê o lote de *jobs* na fita. (c) O operador leva a fita de entrada para o 7094. (d) O 7094 realiza a computação. (e) O operador leva a fita de saída para o 1401. (f) O 1401 imprime a saída.

Após cerca de uma hora de leitura de lotes de *jobs*, a fita era rebobinada e levada para a sala da máquina, onde era montada em uma unidade de fita. O operador carregava então um programa especial (o ancestral do sistema operacional de hoje), que lia o primeiro *job* da fita e a executava. A saída era gravada em uma segunda fita, em vez de ser impressa. Depois que cada *job* terminava, o sistema operacional lia automaticamente o próximo *job* da fita e começava a executá-lo. Quando o lote inteiro estava pronto, o operador removia as fitas de entrada e saída, substituía a fita de entrada pelo próximo lote e levava a fita de saída para um 1401 imprimir *off line* (isto é, não conectado ao computador principal).

A estrutura típica de um *job* aparece na Figura 1-3. Ele começava com um cartão $JOB, especificando o tempo de execução máximo, em minutos, o número da conta a ser cobrada e o nome do programador. Em seguida, vinha um cartão $FORTRAN, instruindo o sistema operacional a carregar o compilador FORTRAN da fita de sistema. Depois, vinha o programa a ser compilado e, então, um cartão $LOAD, orientando o sistema operacional a carregar o programa-objeto recém compilado. (Freqüentemente, os programas compilados eram gravados em fitas virgens e tinham de ser carregados explicitamente.) Em seguida, vinha o cartão $RUN, instruindo o sistema operacional a executar o programa com os dados que o seguiam. Finalmente, o cartão $END marcava o fim do *job*. Esses cartões de controle primitivos foram os precursores das linguagens de controle de *jobs* modernos e dos interpretadores de comandos.

Grandes computadores de segunda geração eram usados principalmente para cálculos científicos e de engenharia, como a solução de equações diferenciais parciais que freqüentemente ocorrem na física e na engenharia. Eles eram programados principalmente em

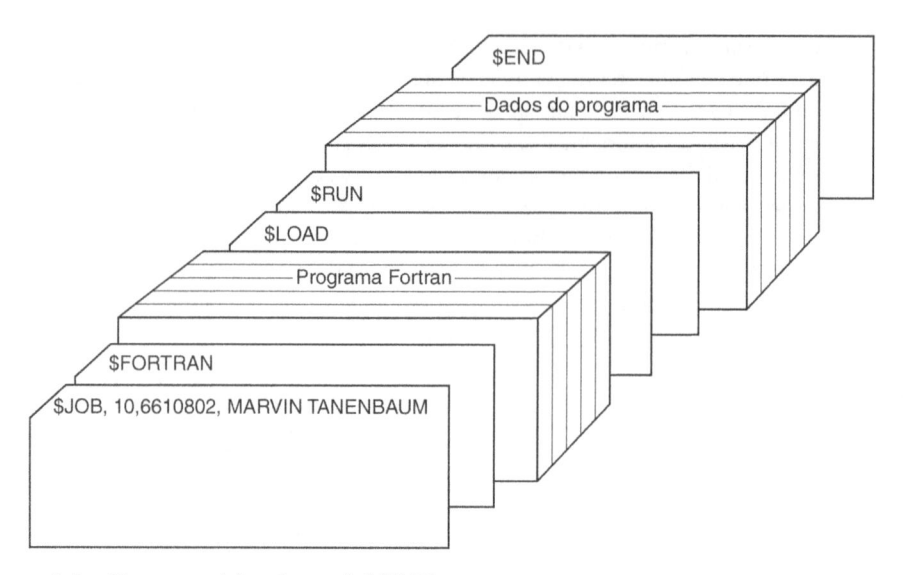

Figura 1-3 Estrutura típica de um *job* FMS.

FORTRAN e em linguagem *assembly*. Sistemas operacionais típicos eram o FMS (*o Fortran Monitor System*) e o IBSYS, sistema operacional da IBM para o 7094.

1.2.3 A terceira geração (1965–1980): CIs e multiprogramação

No início da década de 60, a maioria dos fabricantes de computadores tinha duas linhas de produtos distintas e totalmente incompatíveis. Por um lado, havia os computadores científicos de grande escala, baseados em palavras binárias, como o 7094, que eram utilizados para cálculos numéricos em ciência e engenharia. Por outro, havia os computadores comerciais, baseados em caracteres, como o 1401, que eram amplamente usados por bancos e companhias de seguro para ordenar e imprimir fitas.

Desenvolver, manter e comercializar duas linhas de produtos completamente diferentes era uma proposta cara para os fabricantes de computadores. Além disso, muitos clientes novos necessitavam, inicialmente, de uma máquina pequena, mas posteriormente cresciam e queriam uma máquina maior, que tivesse a mesma arquitetura da atual para poderem executar todos os seus programas antigos, só que mais rapidamente.

A IBM tentou resolver esses dois problemas de uma só vez introduzindo o System/360. O 360 era uma série de máquinas de software compatível que variavam desde a capacidade de um 1401 até um muito mais poderoso do que o 7094. As máquinas diferiam apenas no preço e no desempenho (capacidade máxima de memória, velocidade do processador, número de dispositivos de E/S permitidos etc.). Como todas as máquinas tinham a mesma arquitetura e o mesmo conjunto de instruções, os programas escritos para uma podiam ser executados em todas as outras, pelo menos teoricamente. Além disso, o 360 foi projetado para realizar computação científica (isto é, numérica) e comercial. Assim, uma única família de máquinas podia satisfazer as necessidades de todos os clientes. Nos anos seguintes, a IBM lançou novos produtos sucessores usando tecnologia mais moderna, compatíveis com a linha 360, conhecidos como as séries 370, 4300, 3080, 3090 e Z.

O 360 foi a primeira linha de computadores importante a usar circuitos integrados (CIs), oferecendo assim uma importante vantagem de preço/desempenho em relação às máquinas de segunda geração, que eram construídas a partir de transistores individuais. Ele teve sucesso imediato e a idéia de uma família de computadores compatíveis logo foi adotada por todos os outros principais fabricantes. As descendentes dessas máquinas ainda são empregadas nos centros de computação atuais. Hoje em dia, elas são freqüentemente usadas para gerenciamento de bancos de dados grandes (por exemplo, para sistemas de reservas de passagens aéreas) ou como servidores de sites web que precisam processar milhares de pedidos por segundo.

A maior força da idéia de "uma família" foi ao mesmo tempo sua maior fraqueza. A intenção era que todo software, incluindo o sistema operacional, o **OS/360**, funcionasse em todos os modelos. Ele tinha que funcionar em sistemas pequenos, que freqüentemente apenas substituíam os 1401 para copiar cartões em fita, e em sistemas muito grandes, que muitas vezes substituíam os 7094 para fazer previsão do tempo e outros cálculos pesados. Ele tinha que ser bom em sistemas com poucos periféricos e em sistemas com muitos periféricos. Tinha que funcionar em ambientes comerciais e em ambientes científicos. Acima de tudo, ele tinha que ser eficiente em todos esses diferentes usos.

Não havia como a IBM (ou quem quer que fosse) escrever um software para atender a todos esses requisitos conflitantes. O resultado foi um sistema operacional enorme e extraordinariamente complexo, provavelmente duas ou três vezes maior do que o FMS. Ele consistia em milhões de linhas de linguagem *assembly*, escritas por milhares de programadores, e continha milhares e milhares de erros, que necessitavam um fluxo contínuo de novas versões na tentativa de corrigi-los. Cada nova versão corrigia alguns erros e introduzia outros, de modo que o número de erros provavelmente permanecia constante com o tempo.

Posteriormente, um dos projetistas do OS/360, Fred Brooks, escreveu um livro espirituoso e incisivo descrevendo suas experiências com o OS/360 (Brooks, 1995). Embora seja impossível resumir o livro aqui, basta dizer que a capa mostra uma manada de animais préhistóricos atolados em uma vala de alcatrão. A capa do livro de Silberschatz *et al.* (2004) faz uma comparação semelhante, sobre o fato de os sistemas operacionais serem dinossauros.

Apesar de seu tamanho enorme e de seus problemas, o OS/360 e os sistemas operacionais de terceira geração semelhantes, produzidos por outros fabricantes de computadores, satisfizeram a maioria de seus clientes razoavelmente bem. Eles também popularizaram várias técnicas importantes, ausentes nos sistemas operacionais de segunda geração. Provavelmente a mais importante delas foi a **multiprogramação**. No 7094, quando o *job* corrente fazia uma pausa para esperar a conclusão de uma operação de fita, ou de outro dispositivo de E/S, a CPU simplesmente ficava ociosa até que a operação terminasse. No caso de cálculos científicos, que exigem muito da CPU, as operações de E/S não são freqüentes, de modo que esse tempo desperdiçado não é significativo. No caso do processamento de dados comerciais, o tempo de espera pelas operações de E/S freqüentemente chegava a 80 ou 90 porcento do tempo total; portanto, algo tinha que ser feito para evitar que a CPU (cara) ficasse tão ociosa.

A solução desenvolvida foi dividir a memória em várias partições, com um *job* diferente em cada partição, como mostra a Figura 1-4. Enquanto um *job* estava esperando a conclusão da operação de E/S, outro podia usar a CPU. Se *jobs* suficientes pudessem ser mantidos si-

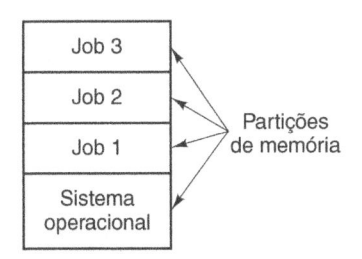

Figura 1-4 Um sistema de multiprogramação com três *jobs* na memória.

multaneamente na memória principal, a CPU poderia ficar ocupada praticamente 100% do tempo. Manter vários *jobs* simultâneos, com segurança, em memória, exige hardware especial para proteger cada um deles, evitando que um interfira e cause danos no outro, mas o 360 e outros sistemas de terceira geração estavam equipados com esse hardware.

Outro recurso importante apresentado nos sistemas operacionais de terceira geração foi a capacidade de ler *jobs* de cartões para o disco assim que eram trazidos para a sala do computador. Então, quando um *job* em execução acabava, o sistema operacional podia carregar um novo *job* do disco na partição, agora vazia, e executá-lo. Essa técnica é chamada de **spooling** (de *Simultaneous Peripheral Operation On Line* – Operação Periférica Simultânea *On-line*) e também era usada para saída. Com o *spooling*, os 1401 não eram mais necessários e acabava grande parte do trabalho de carga das fitas.

Embora os sistemas operacionais de terceira geração fossem convenientes para cálculos científicos pesados e execuções de processamento de dados comerciais de grande volume, basicamente eles ainda eram sistemas de lote. Muitos programadores sentiam falta dos tempos da primeira geração, quando eles tinham a máquina toda para si por algumas horas e, assim, podiam depurar seus programas rapidamente. Com os sistemas de terceira geração, o tempo entre submeter um *job* e receber a saída era freqüentemente de várias horas, de modo que uma vírgula colocada em lugar errado podia fazer uma compilação falhar e o programador perder metade do dia.

Essa necessidade de um tempo de resposta curto abriu caminho para o **compartilhamento do tempo** (*time sharing*), uma variante da multiprogramação na qual cada usuário tem um terminal *on-line*. Em um sistema de tempo compartilhado, se 20 usuários estivessem conectados e 17 deles estivessem pensando, conversando ou tomando café, a CPU podia ser alocada por turnos para os três *jobs* que quisessem o serviço. Como as pessoas que depuram programas normalmente utilizam comandos curtos (por exemplo, compilar uma *procedure*[†] de cinco páginas) em vez de longos (por exemplo, ordenar um arquivo de um milhão de registros), o computador pode oferecer um serviço rápido e interativo para vários usuários e também trabalhar em segundo plano (*background*) com *jobs* grandes em lotes, quando a CPU estiver ociosa. O primeiro sistema sério de compartilhamento de tempo, o **CTSS** (*Compatible Time Sharing System*), foi desenvolvido no M.I.T. em um 7094 especialmente modificado (Corbató et al., 1962). Entretanto, o compartilhamento de tempo não se tornou popular até que o hardware de proteção necessário se tornou difundido, durante a terceira geração.

Após o sucesso do sistema CTSS, o MIT, o Bell Labs e a General Electric (na época, um importante fabricante de computadores) decidiram dedicar-se ao desenvolvimento de um "*computer utility*"[*], uma máquina que suportaria centenas de usuários de tempo compartilhado simultaneamente. Seu modelo era o sistema de distribuição de eletricidade – quando precisa de energia elétrica, você simplesmente insere um plugue na tomada da parede e, dentro do possível, toda a energia que precisar estará lá. Os projetistas desse sistema, conhecido como **MULTICS** (*MULTiplexed Information and Computing Service* – Serviço de Computação e Informação Multiplexado), imaginaram uma única máquina enorme fornecendo poder de computação para todos na região de Boston. A idéia de que máquinas muito mais poderosas do que seu computador de grande porte GE-645 seriam vendidas aos milhões por menos de mil dólares, apenas 30 anos depois, era pura ficção científica, como seria nos dias de hoje a idéia de trens supersônicos e transatlânticos submarinos.

[†] Usaremos os termos *procedure*, procedimento, sub-rotina e função indistintamente neste livro.

[*] N. de R. T.: *Utility* neste caso tem o sentido de um serviço público, indicando um recurso computacional amplamente disponível.

O MULTICS foi um sucesso misto. Ele foi projetado para suportar centenas de usuários em uma máquina apenas ligeiramente mais poderosa do que um PC baseado no Intel 80386, embora tivesse muito mais capacidade de E/S. Isso não é tão louco quanto parece, pois naquela época as pessoas sabiam escrever programas pequenos e eficientes, uma habilidade que subseqüentemente foi perdida. Houve muitas razões para o MULTICS não tomar conta do mundo, não sendo a menor delas, o fato de ter sido escrito em PL/I e que o compilador de PL/I estava anos atrasado e mal funcionava quando finalmente chegou ao mercado. Além disso, o MULTICS era enormemente ambicioso para sua época, semelhantemente à máquina analítica de Charles Babbage no século XIX.

O MULTICS introduziu muitas idéias embrionárias na literatura sobre computadores, mas transformá-lo em um produto sério e em um sucesso comercial foi muito mais difícil do que o esperado. O Bell Labs retirou-se do projeto e a General Electric desistiu completamente do negócio de computadores. Entretanto, o M.I.T. persistiu e finalmente fez o MULTICS funcionar. Por fim, ele foi vendido como um produto comercial pela empresa que adquiriu o ramo de computadores da GE (a Honeywell) e instalado por cerca de 80 empresas e universidades importantes do mundo todo. Embora em número pequeno, os usuários do MULTICS eram extremamente leais. A General Motors, a Ford e a Agência de Segurança Nacional dos EUA, por exemplo, só desligaram seus sistemas MULTICS no final dos anos 90. O último MULTICS que estava em funcionamento, no Departamento de Defesa Nacional canadense, foi desligado em outubro de 2000. Apesar de sua falta de sucesso comercial, o MULTICS teve uma enorme influência sobre os sistemas operacionais subseqüentes. Existem muitas informações sobre ele (Corbató *et al.*, 1972; Corbató e Vyssotsky, 1965; Daley e Dennis, 1968; Organick, 1972; e Saltzer, 1974). Ele também tem um site web ainda ativo, *www.multicians.org*, com muitas informações sobre o sistema, seus projetistas e seus usuários.

Não se ouve falar mais da expressão *computer utility*, mas a idéia ganhou vida nova recentemente. Em sua forma mais simples, os PCs ou **estações de trabalho** (PCs de topo de linha) em uma empresa, ou em uma sala de aula, podem estar conectados, por meio de uma **rede local** (**LAN**), a um **servidor de arquivos** no qual todos os programas e dados estão armazenados. Então, um administrador precisa instalar e proteger apenas um conjunto de programas e dados, e pode reinstalar facilmente software local em um PC ou estação de trabalho que não esteja funcionando bem, sem se preocupar com a recuperação ou com a preservação de dados locais. Em ambientes mais heterogêneos, foi desenvolvida uma classe de software chamada **middleware** para fazer a ligação entre usuários locais e arquivos e entre programas e bancos de dados armazenados em servidores remotos. O *middleware* faz os computadores interligados em rede parecerem locais para os PCs ou para as estações de trabalho dos usuários individuais e apresenta uma interface uniforme com o usuário, mesmo que haja uma ampla variedade de servidores, PCs e estações de trabalho diferentes em uso. A *World Wide Web* é um exemplo. Um navegador web apresenta documentos para um usuário de maneira uniforme e um documento visualizado no navegador de um usuário pode ser composto por texto de um servidor e elementos gráficos de um outro, apresentados em um formato determinado por uma folha de estilos (*style sheets*) de um terceiro servidor. Normalmente, as empresas e universidades utilizam uma interface web para acessar bancos de dados e executar programas em um computador em outro prédio ou mesmo em outra cidade. O *middleware* parece ser o sistema operacional de um **sistema distribuído**, mas na realidade não é um sistema operacional e esse assunto está fora dos objetivos deste livro. Para ver mais informações sobre sistemas distribuídos, consulte Tanenbaum e Van Steen (2002).

Outro desenvolvimento importante durante a terceira geração foi o fenomenal crescimento dos minicomputadores, começando com o PDP-1 da DEC (*Digital Equipment Company*), em 1961. O PDP-1 tinha apenas 4K de palavras de 18 bits, mas a US$120.000 por máquina (menos de 5% do preço de um 7094), foi um grande sucesso de vendas. Para certos tipos de trabalho não numéricos, ele era quase tão rápido quanto o 7094 e deu origem a toda uma nova indústria. Rapidamente, foi seguido por uma série de outros PDPs (ao contrário da família da IBM, todos incompatíveis), culminando no PDP-11.

Um dos cientistas da computação do Bell Labs, que tinha trabalhado no projeto do MULTICS, Ken Thompson, encontrou um pequeno minicomputador PDP-7 que ninguém usava e começou a escrever uma versão monousuário simplificada do MULTICS. Posteriormente, esse trabalho transformou-se no sistema operacional **UNIX**, que se tornou popular no mundo acadêmico, entre órgãos do governo e em muitas empresas.

A história do UNIX foi contada em outros textos (por exemplo, Salus, 1994). Como o código-fonte estava amplamente disponível, várias organizações desenvolveram suas próprias versões (incompatíveis), que levaram ao caos. Duas versões importantes foram desenvolvidas, o **System V**, da AT&T, e a **BSD** (*Berkeley Software Distribution*), da Universidade da Califórnia, em Berkeley. Elas também tiveram pequenas variantes, agora incluindo FreeBSD, OpenBSD e NetBSD. Para tornar possível escrever programas que pudessem ser executados em qualquer sistema UNIX, o IEEE desenvolveu um padrão para o UNIX, chamado **POSIX**, que a maioria das versões de UNIX agora o suportam. O padrão POSIX define uma interface mínima de chamadas de sistema que os sistemas UNIX compatíveis devem suportar. Na verdade, agora, outros sistemas operacionais também oferecem suporte a interface POSIX. As informações necessárias para se escrever software compatível com o padrão POSIX estão disponíveis em livros (IEEE, 1990; Lewine, 1991) e *on-line*, como a "*Single UNIX Specification*" do Open Group, que se encontra no endereço *www.unix.org*. Posteriormente, neste capítulo, quando nos referirmos ao UNIX, incluímos também todos esses sistemas, a não ser que mencionemos de outra forma. Embora sejam diferentes internamente, todos eles suportam o padrão POSIX; portanto, para o programador, eles são bastante semelhantes.

1.2.4 A quarta geração (1980–hoje): computadores pessoais

Com o desenvolvimento dos circuitos LSI (*Large Scale Integration* – integração em larga escala), *chips* contendo milhares de transistores em um centímetro quadrado de silício, surgiu a era do computador pessoal baseado em **microprocessador**. Em termos de arquitetura, os computadores pessoais (inicialmente chamados de **microcomputadores**) não eram muito diferentes dos minicomputadores da classe PDP-11, mas em termos de preço, eles certamente eram diferentes. O minicomputador também tornou possível que um departamento de uma empresa ou universidade tivesse seu próprio computador. O microcomputador tornou possível que uma pessoa tivesse seu próprio computador.

Havia várias famílias de microcomputadores. Em 1974, a Intel apareceu com o 8080, o primeiro microprocessador de 8 bits de propósito geral. Diversas empresas produziram sistemas completos usando o 8080 (ou o microprocessador compatível da Zilog, o Z80) e o sistema operacional **CP/M** (*Control Program for Microcomputers*), de uma empresa chamada Digital Research, foi amplamente usado neles. Muitos programas aplicativos foram escritos para executar no CP/M e ele dominou o mundo da computação pessoal por cerca de 5 anos.

A Motorola também produziu um microprocessador de 8 bits, o 6800. Um grupo de engenheiros deixou a Motorola para formar a MOS Technology e fabricar a CPU 6502, após a Motorola ter rejeitado as melhorias sugeridas por eles para o 6800. O 6502 foi a CPU de vários sistemas antigos. Um deles, o Apple II, se tornou um importante concorrente dos sistemas CP/M nos mercados doméstico e educacional. Mas o CP/M era tão popular que muitos proprietários de computadores Apple II adquiriram placas com o coprocessador Z-80 para executar CP/M, pois a CPU 6502 não era compatível com este sistema operacional. As placas CP/M eram comercializadas por uma pequena empresa chamada Microsoft, que também tinha um nicho de mercado, fornecendo interpretadores BASIC, usado por vários microcomputadores que executavam o CP/M.

A geração seguinte de microprocessadores foram os sistemas de 16 bits. A Intel apareceu com o 8086 e, no início dos anos 80, a IBM projetou o IBM PC utilizando o 8088 da Intel (internamente, um 8086, com um caminho de dados externo de 8 bits). A Microsoft ofereceu à IBM um pacote que incluía o BASIC e um sistema operacional, o **DOS** (*Disk Operating System*), originalmente desenvolvido por outra empresa – a Microsoft comprou o produto e contratou o autor original para aprimorá-lo. O sistema revisado foi chamado de **MS-DOS** (*MicroSoft Disk Operating System*) e rapidamente dominou o mercado do IBM PC.

O CP/M, o MS-DOS e o Apple DOS eram todos sistemas de linha de comando: os usuários digitavam comandos no teclado. Anos antes, Doug Engelbart, do Stanford Research Institute, tinha inventado a **GUI** (*Graphical User Interface* – interface gráfica com o usuário), contendo janelas, ícones, menus e mouse. Steve Jobs, da Apple, viu a possibilidade de um computador pessoal realmente **amigável** (para usuários que não sabiam nada sobre computadores e não queriam aprender) e o Macintosh da Apple foi anunciado no início de 1984. Ele usava a CPU 68000 de 16 bits da Motorola e tinha 64 KB de memória **ROM** (*Read Only Memory* – memória somente de leitura), para suportar a GUI. Com o passar dos anos, o Macintosh evoluiu. As CPUs subseqüentes da Motorola eram verdadeiros sistemas de 32 bits e posteriormente a Apple mudou para as CPUs PowerPC da IBM, com arquitetura RISC de 32 bits (e, posteriormente, 64 bits). Em 2001, a Apple fez uma mudança importante no sistema operacional, lançando o **Mac OS X**, com uma nova versão da GUI Macintosh sobre o UNIX de Berkeley. E, em 2005, a Apple anunciou que estaria mudando para processadores Intel.

Para concorrer com o Macintosh, a Microsoft inventou o Windows. Originalmente, o Windows era apenas um ambiente gráfico sobre o MS-DOS de 16 bits (isto é, era mais um *shell* do que um verdadeiro sistema operacional). Entretanto, as versões atuais do Windows são descendentes do Windows NT, um sistema de 32 bits completo, reescrito desde o início.

O outro concorrente importante no mundo dos computadores pessoais é o UNIX (e seus vários derivados). O UNIX é mais poderoso em estações de trabalho e em outros computadores topo de linha, como os servidores de rede. Ele é especialmente difundido em máquinas equipadas com *chips* RISC de alto desempenho. Em computadores baseados em Pentium, o Linux está se tornando uma alternativa popular ao Windows para os estudantes e, cada vez mais, para muitos usuários corporativos. (Neste livro, usaremos o termo "Pentium" para nos referirmos à família Pentium inteira, incluindo os microprocessadores Celeron, de baixo poder computacional e os Xeon, de mais alto poder computacional e seus compatíveis AMD).

Embora muitos usuários de UNIX, especialmente programadores experientes, preferiram uma interface baseada em comandos a uma GUI, praticamente todos os sistemas UNIX suportam um sistema de janelas chamado **X Window**, desenvolvido no M.I.T. Esse sistema trata do gerenciamento básico de janelas, permitindo aos usuários criar, excluir, mover e redimensionar janelas usando um mouse. Freqüentemente, uma GUI completa, como a **Motif**, é disponibilizada para funcionar sobre o sistema X Window, proporcionando ao UNIX a aparência e o comportamento do Macintosh ou do Microsoft Windows para os usuários UNIX que assim o desejarem.

Um desenvolvimento interessante, que começou durante meados dos anos 80, é o crescimento das redes de computadores pessoais executando **sistemas operacionais de rede** e **sistemas operacionais distribuídos** (Tanenbaum e Van Steen, 2002). Em um sistema operacional de rede, os usuários sabem da existência de vários computadores e podem se conectar a máquinas remotas e copiar arquivos de uma para outra. Cada máquina executa seu próprio sistema operacional local e tem seu próprio usuário (ou usuários) local. Basicamente, as máquinas são independentes entre si.

Os sistemas operacionais de rede não são fundamentalmente diferentes dos sistemas operacionais locais a uma máquina. Obviamente, eles precisam de uma controladora de interface de rede e de algum software de baixo nível para fazê-los funcionar, assim como de programas para obter *login* remoto e acesso remoto aos arquivos, mas essas adições não mudam a estrutura básica do sistema operacional.

Em contraste, um sistema operacional distribuído é aquele que aparece para seus usuários como um sistema de um processador tradicional, mesmo sendo composto, na verdade, por vários processadores. Os usuários não devem saber onde seus programas estão sendo executados nem onde seus arquivos estão localizados; tudo isso deve ser manipulado automática e eficientemente pelo sistema operacional.

Os verdadeiros sistemas operacionais distribuídos exigem mais do que apenas adicionar um código em um sistema operacional centralizados, pois os sistemas distribuídos e os centralizados diferem de maneiras importantes. Os sistemas distribuídos, por exemplo, freqüentemente permitem que os aplicativos sejam executados em vários processadores ao mesmo tempo, exigindo assim algoritmos de escalonamento mais complexos para otimizar o volume de paralelismo.

Muitas vezes, os atrasos de comunicação em rede significam que esses algoritmos (e outros) devam ser executados com informações incompletas, desatualizadas ou mesmo incorretas. Essa situação é radicalmente diferente de um sistema operacional centralizado, no qual se tem informações completas sobre o estado do sistema.

1.2.5 A história do MINIX 3

No início, o código-fonte do UNIX (versão 6) estava amplamente disponível, sob licença da AT&T, e era muito estudado. John Lions, da Universidade de New South Wales, na Austrália, escreveu um livro descrevendo seu funcionamento, linha por linha (Lions, 1996), e ele foi usado (com permissão da AT&T) como livro texto em muitos cursos universitários sobre sistemas operacionais.

Quando a AT&T lançou a versão 7, começou a perceber que o UNIX era um produto comercial valioso e, assim, distribuiu essa versão com uma licença proibindo o estudo do código-fonte em cursos para evitar o risco de expor seu status de segredo comercial. Muitas universidades obedeceram simplesmente eliminando o estudo do UNIX e ensinando apenas a teoria.

Infelizmente, ensinar apenas a teoria deixa o aluno com uma visão prejudicada do que um sistema operacional realmente é. Os assuntos teóricos normalmente abordados em detalhes em cursos e livros sobre sistemas operacionais, como os algoritmos de escalonamento, não têm tanta importância na prática. Os assuntos realmente importantes, como E/S e sistemas de arquivos, geralmente são abandonados, pois há pouca teoria a respeito.

Para corrigir essa situação, um dos autores deste livro (Tanenbaum) decidiu escrever um novo sistema operacional a partir de zero, que seria compatível com o UNIX do ponto de vista do usuário, mas completamente diferente por dentro. Por não usar sequer uma linha do código da AT&T, esse sistema evita as restrições de licenciamento; assim, ele pode ser usado para estudo individual ou em classe. Desse modo, os leitores podem dissecar um sistema operacional real para ver o que há por dentro, exatamente como os alunos de biologia dissecam rãs. Ele foi chamado de **MINIX** e foi lançado em 1987, com seu código-fonte completo para qualquer um estudar ou modificar. O nome MINIX significa mini-UNIX, pois ele é pequeno o bastante até para quem não é especialista poder entender seu funcionamento.

Além da vantagem de eliminar os problemas jurídicos, o MINIX tem outra vantagem em relação ao UNIX. Ele foi escrito uma década depois deste e foi estruturado de maneira mais modular. Por exemplo, desde a primeira versão do MINIX, o sistema de arquivos e o gerenciador de memória não fazem parte do sistema operacional, mas são executados como programas de usuário. Na versão atual (MINIX 3) essa modularização foi ampliada para os *drivers* de dispositivos de E/S, todos os quais (com exceção do *driver* de relógio) são executados como programas de usuário. Outra diferença é que o UNIX foi projetado para ser eficiente; o MINIX foi projetado para ser legível (se é que alguém pode falar de qualquer programa com centenas de páginas como sendo legível). O código do MINIX, por exemplo, contém milhares de comentários.

O MINIX foi originalmente projetado para ser compatível com o UNIX versão 7 (V7). A versão 7 foi usada como modelo devido a sua simplicidade e elegância. Às vezes, diz-se que a versão 7 foi um aprimoramento não apenas em relação a todas as versões antecedentes, mas também em relação a todas as suas sucessoras. Com o advento do POSIX, o MINIX começou a evoluir para o novo padrão, embora mantendo a compatibilidade com as versões anteriores dos programas existentes. Esse tipo de evolução é comum na indústria dos computadores, pois qualquer fornecedor deseja introduzir um novo sistema sem provocar grandes transformações ou transtornos aos seus clientes atuais. A versão do MINIX descrita neste livro, MINIX 3, é baseada no padrão POSIX.

Assim como o UNIX, o MINIX foi escrito na linguagem de programação C e destinado a ser facilmente portado para vários computadores. A implementação inicial foi para o IBM PC. Subseqüentemente, o MINIX foi portado para várias outras plataformas. Para manter a filosofia do "quanto menor, melhor", originalmente, o MINIX nem mesmo exigia um disco rígido para funcionar (em meados dos anos 80, os discos rígidos ainda eram uma novidade cara). À medida que o MINIX foi crescendo em funcionalidade e tamanho, chegou um ponto em que foi necessário ter-se disco rígido, mas mantendo a filosofia "quanto menor, melhor", uma partição de 200 MB é suficiente (contudo, para sistemas embarcados nenhum disco rígido é necessário). Em contraste, mesmo os sistemas Linux "enxutos" exigem 500 MB de espaço em disco e vários GB são necessários para instalar aplicativos comuns.

Para o usuário médio sentado diante de um IBM PC, executar o MINIX é semelhante a executar o UNIX. Todos os programas básicos estão presentes, como *cat*, *grep*, *ls*, *make* e o *shell*, e executam as mesmas funções de seus equivalentes UNIX. Assim como o sistema operacional em si, todos esses programas utilitários foram completamente reescritos a partir de zero pelo autor, seus alunos e algumas outras pessoas dedicadas, sem nenhum código patenteado da AT&T ou de outros. Agora existem muitos outros programas distribuídos gratuitamente e, em muitos casos, têm sido portados (recompilados) com sucesso no MINIX.

O MINIX continuou a ser desenvolvido por uma década e o MINIX 2 foi lançado em 1997, junto com a segunda edição deste livro, que descrevia a nova versão. As alterações feitas entre as versões 1 e 2 foram significativas (por exemplo, do modo real de 16 bits em um 8088 usando disquetes, para o modo protegido de 32 bits em um 386 usando um disco rígido), mas evolutivas.

O desenvolvimento continuou lento, mas sistematicamente, até 2004, quando Tanenbaum se convenceu de que o software estava ficando grande demais e não confiável, tendo decidido melhorar novamente o segmento MINIX ligeiramente adormecido. Junto com seus alunos e programadores da Vrije Universiteit, em Amsterdã, ele produziu o MINIX 3, um reprojeto significativo do sistema, reestruturando bastante o núcleo, reduzindo seu tamanho e dando ênfase à modularidade e à confiabilidade. A nova versão se destinava tanto a PCs quanto a sistemas embarcados, onde a compacidade, modularidade e confiabilidade são fundamentais. Embora algumas pessoas do grupo pedissem um nome completamente novo, finalmente ficou decidido que ele se chamaria MINIX 3, pois o nome MINIX já era bem conhecido. Como uma analogia, quando a Apple abandonou seu próprio sistema operacional, o Mac OS 9, e o lançou como uma variante do UNIX da Berkeley, o nome escolhido foi Mac OS X, em vez de APPLIX ou algo assim. Mudanças fundamentais semelhantes ocorreram na família Windows e seu nome foi mantido.

O núcleo do MINIX 3 tem bem menos de 4000 linhas de código executável, comparadas às milhões de linhas de código executável do Windows, do Linux, do FreeBSD e de outros sistemas operacionais. Um núcleo pequeno é importante, pois erros de núcleo são bem mais devastadores do que erros em programas de modo usuário, e mais código significa mais erros. Um estudo cuidadoso mostrou que o número de erros *detectados* por 1000 linhas de código executável varia de 6 a 16 (Basili e Perricone, 1984). O número real de erros provavelmente é muito mais alto, pois os pesquisadores só puderam contar erros relatados. Um outro estudo (Ostrand *et al.*, 2004) mostrou que, mesmo depois de mais de uma dezena de lançamentos, em média 6% de todos os arquivos continha erros que foram relatados posteriormente e, após certo ponto, o nível de erros tende a estabilizar, em vez de tender assintoticamente a zero. Esse resultado é corroborado pelo fato de que, quando um verificador de modelo muito simples e automatizado foi posto em versões estáveis do Linux e do OpenBSD, ele descobriu centenas de erros de núcleo, esmagadoramente presentes em *drivers* de dispositivos (Chou *et al.*, 2001; e Engler *et al.*, 2001). Esse é o motivo pelo qual os *drivers* de dispositivos foram retirados do núcleo no MINIX 3; eles podem causar menos danos no modo usuário.

Neste livro, o MINIX 3 será usado como exemplo. Entretanto, a maioria dos comentários sobre as chamadas de sistema do MINIX 3 (em oposição aos comentários sobre o código em si), também se aplica aos outros sistemas UNIX. Esta observação deve ser lembrada ao se ler o texto.

Algumas palavras sobre o Linux e seu relacionamento com o MINIX podem ser de interesse para alguns leitores. Logo depois que o MINIX foi lançado, foi formado um grupo de discussão na USENET, *comp.os.minix*, para discuti-lo. Dentro de poucas semanas o grupo tinha 40.000 assinantes, a maioria dos quais querendo acrescentar um grande número de recursos novos no MINIX para torná-lo maior e melhor (bem, pelo menos maior). Todos os dias, centenas deles davam sugestões, idéias e, freqüentemente, forneciam trechos de código-fonte. O autor do MINIX conseguiu resistir a essa investida por vários anos, para manter o MINIX limpo o suficiente para os alunos o entenderem, e pequeno o bastante para que pudesse ser executado nos computadores que eles podiam comprar. Para as pessoas que não tinham muita consideração com o MS-DOS, a existência do MINIX (com o código-fonte) como uma alternativa era mesmo um motivo para finalmente sair e comprar um PC.

Uma dessas pessoas foi um estudante finlandês chamado Linus Torvalds. Torvalds instalou o MINIX em seu novo PC e estudou cuidadosamente o código-fonte. Ele queria ler os grupos de discussão da USENET (como o *comp.os.minix*) em seu próprio PC, em vez de usar o da universidade, mas faltavam no MINIX alguns recursos de que precisava; assim, ele escreveu um programa para fazer isso, mas logo descobriu que precisava de um *driver* de terminal diferente, de modo que também o escreveu. Em seguida, ele queria fazer *download* e salvar mensagens postadas; portanto, escreveu um *driver* de disco e depois um sistema de arquivos. Em agosto de 1991, ele tinha produzido um núcleo primitivo. Em 25 de agosto de 1991, ele o anunciou no *comp.os.minix*. Esse anúncio atraiu outras pessoas para ajudá-lo e, em 13 de março de 1994, foi lançado o Linux 1.0. Assim nasceu o Linux.

O Linux se tornou um dos sucessos notáveis do movimento do **código-fonte aberto** (que o MINIX ajudou a iniciar). O Linux está superando o UNIX (e o Windows) em muitos ambientes, parcialmente porque agora se encontram disponíveis PCs comerciais que suportam o Linux com desempenho equiparável a algumas implementações proprietárias de UNIX para sistemas RISC. Outros programas de software de código-fonte aberto, notadamente o servidor web Apache e o banco de dados MySQL, funcionam bem com o Linux no mundo comercial. O Linux, o Apache, o MySQL e as linguagens de programação de código-fonte aberto Perl e PHP são freqüentemente usados em conjunto nos servidores web e às vezes são referidos pelo acrônimo **LAMP**. Para obter mais informações sobre a história do Linux e sobre software de código-fonte aberto, consulte DiBona *et al.* (1999), Moody (2001) e Naughton (2000).

1.3 CONCEITOS DE SISTEMA OPERACIONAL

A interface entre o sistema operacional e os programas de usuário é definida pelo conjunto de "instruções estendidas" fornecidas pelo sistema operacional. Essas instruções estendidas são tradicionalmente conhecidas como **chamadas de sistema**. Para entendermos realmente o que os sistemas operacionais fazem, devemos examinar essa interface detidamente. As chamadas disponíveis na interface variam de um sistema operacional para outro (embora os conceitos subjacentes tendam a ser semelhantes).

Assim, somos obrigados a fazer uma escolha entre (1) generalidades vagas (os "sistemas operacionais têm chamadas de sistema para ler arquivos") e (2) algum sistema específico ("o MINIX 3 tem uma chamada de sistema read com três parâmetros: um para especificar o arquivo, um para dizer onde os dados devem ser transferidos e um para informar quantos bytes devem ser lidos"). Escolhemos a última abordagem. Ela é mais trabalhosa, mas oferece uma visão melhor do que os sistemas operacionais realmente fazem. Na Seção 1.4, veremos com detalhes as chamadas de sistema básicas presentes no UNIX (incluindo as diversas versões de BSD), no Linux e no MINIX 3. Para simplificar, vamos nos referir apenas ao MINIX 3, mas as chamadas de sistema correspondentes do UNIX e do Linux são baseadas no POSIX, na maioria dos casos. Entretanto, antes de vermos as chamadas de sistema reais, é interessante ver um panorama do MINIX 3 para ter uma visão geral do que é um sistema operacional como um todo. Essa visão geral se aplica igualmente bem ao UNIX e ao Linux, conforme mencionado anteriormente.

As chamadas de sistema do MINIX 3 dividem-se, grosso modo, em duas categorias amplas: aquelas que tratam com processos e aquelas que tratam com o sistema de arquivos. Examinaremos agora cada uma delas separadamente.

1.3.1 Processos

Um conceito importante no MINIX 3, e em todos os sistemas operacionais, é o **processo**. Um processo é basicamente um programa em execução. Associado a cada processo está o **espaço de endereçamento**, uma lista de posições de memória a partir de um mínimo (normalmente, 0) até um máximo que o processo pode ler e escrever. O espaço de endereçamento contém o programa executável, os dados do programa e sua pilha. Também associado a cada processo está um conjunto de registradores, incluindo o contador de programa, o ponteiro da pilha e outros registradores de hardware e todas as outras informações necessárias para a execução do programa.

Voltaremos ao conceito de processo com muito mais detalhes no Capítulo 2, mas, por enquanto, a maneira mais fácil de entender um processo intuitivamente é pensar nos sistemas de multiprogramação. Periodicamente, o sistema operacional decide interromper a execução de um processo e iniciar a execução de outro, por exemplo, porque o primeiro ultrapassou sua parcela de tempo da CPU no último segundo.

Quando um processo é temporariamente suspenso, como esse, posteriormente ele deve ser reiniciado exatamente no mesmo estado em que estava quando foi interrompido. Isso significa que durante a suspensão todas as informações sobre o processo devem ser explicitamente salvas em algum lugar. Por exemplo, o processo pode ter vários arquivos simultaneamente abertos para leitura. Associado a cada um desses arquivos existe um ponteiro fornecendo a posição corrente (isto é, o número do byte ou registro a ser lido em seguida). Quando um processo é temporariamente suspenso, todos esses ponteiros devem ser salvos para que a chamada read executada depois que o processo for reiniciado leia os dados corretos. Em muitos sistemas operacionais, todas as informações sobre cada processo, que não o conteúdo de seu próprio espaço de endereçamento, são armazenadas em uma tabela do sistema operacional chamada de **tabela de processos**, que é um *array* (ou lista encadeada) de estruturas, uma para cada processo correntemente existente.

Assim, um processo (suspenso) consiste em seu espaço de endereçamento, normalmente chamado de **imagem do núcleo** (em homenagem às memórias de núcleo magnético usadas antigamente), e sua entrada na tabela de processos, que contém seus registradores, entre outras coisas.

As principais chamadas de sistema de gerenciamento de processos são aquelas que tratam da criação e do término de processos. Considere um exemplo típico. Um processo chamado **interpretador de comandos**, ou *shell*, lê comandos de um terminal. O usuário acabou de digitar um comando solicitando a compilação de um programa. Agora o *shell* deve criar um novo processo que executará o compilador. Quando esse processo termina a compilação, executa uma chamada de sistema para ele próprio terminar.

No Windows, e em outros sistemas operacionais que possuem uma GUI, dar um clique (ou um clique duplo) em um ícone na área de trabalho ativa um programa, exatamente como aconteceria se seu nome fosse digitado no *prompt* de comandos. Embora não discutamos muito as GUIs aqui, na realidade elas são simples interpretadores de comandos.

Se um processo pode criar um ou mais processos (normalmente denominados como **processos filhos**) e esses processos por sua vez podem criar novos processos filhos, rapidamente chegamos à estrutura em árvore da Figura 1-5. Os processos relacionados que estão cooperando para fazer algum trabalho freqüentemente precisam se comunicar uns com os outros e sincronizar suas atividades. Nos referimos a isso como **comunicação entre processos** (*Inter Process Communication* – IPC) e será tratada em detalhes no Capítulo 2.

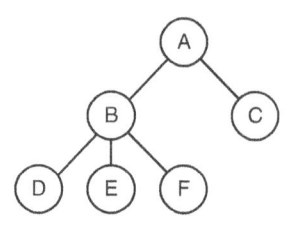

Figura 1-5   Uma árvore de processos. O processo *A* criou dois processos filhos, *B* e *C*. O processo *B* criou três processos filhos, *D*, *E* e *F*.

São disponíveis outras chamadas de sistema para os processos solicitarem mais memória (ou liberar memória não utilizada), esperarem que um processo filho termine e substituírem seu próprio código por outro diferente.

Ocasionalmente, há necessidade de transmitir informações para um processo em execução que não está parado esperando por elas. Por exemplo, um processo que esteja se comunicando com outro processo em um computador diferente faz isso enviando mensagens através da rede. Para evitar a possibilidade de perda de uma mensagem, ou de sua resposta, o remetente pode solicitar que seu próprio sistema operacional o notifique, após alguns segundos especificados, para que ele retransmita a mensagem caso nenhum sinal de confirmação tenha sido recebido. Após configurar esse tempo limite (*timeout*), o programa pode continuar a fazer outro trabalho.

Quando tiver decorrido o tempo em segundos especificado, o sistema operacional envia um **sinal de alarme** para o processo. O sinal faz com que o processo suspenda temporariamente o que está fazendo, salve seus registradores na pilha e comece a executar um procedimento especial de tratamento de sinal, por exemplo, para retransmitir uma mensagem presumivelmente perdida. Quando a rotina de tratamento de sinal tiver terminado, o processo em execução será reiniciado no estado em que estava imediatamente antes do recebimento do sinal. Os sinais são equivalentes às interrupções de hardware, só que em software. Eles são gerados por diversas causas, além da expiração de tempos limites. Muitas interrupções detectadas pelo hardware, como a execução de uma instrução inválida, ou o uso de um endereço inválido, também são convertidas em sinais para o processo causador.

Cada pessoa autorizada a usar um sistema MINIX 3 recebe uma **UID** (*User IDentification* – identificação de usuário) do administrador do sistema. Todo processo tem a UID da pessoa que o criou. Um processo filho tem a mesma UID de seu pai. Os usuários podem ser membros de grupos, cada um dos quais com uma **GID** (*Group IDentification* – identificação de grupo).

Uma UID, denominada **superusuário** (no UNIX), tem poder especial e pode violar muitas das regras de proteção. Nas grandes instalações, apenas o administrador do sistema conhece a senha necessária para se tornar superusuário, mas muitos usuários normais (especialmente estudantes) dedicam um esforço considerável tentando encontrar falhas no sistema que permitam a eles se tornarem superusuários sem a necessidade de senha. O superusuário também é denominado de ***root* do sistema**.

Estudaremos os processos, a comunicação entre processos e os problemas relacionados, no Capítulo 2.

1.3.2 Arquivos

A outra categoria ampla de chamadas de sistema se relaciona ao sistema de arquivos. Conforme mencionado anteriormente, uma função importante do sistema operacional é ocultar as peculiaridades dos discos e de outros dispositivos de E/S, e apresentar ao programador um modelo abstrato, agradável e claro, dos arquivos independentes dos dispositivos que os armazenam. Obviamente, são necessárias chamadas de sistema para criar, remover, ler e escrever arquivos. Antes que um arquivo possa ser lido, ele deve ser aberto; depois de lido, ele deve ser fechado; portanto, são fornecidas chamadas para fazer essas coisas.

Para fornecer um lugar para manter os arquivos, o MINIX 3 tem o conceito de **diretório** como uma maneira de agrupar os arquivos. Um aluno, por exemplo, poderia ter um diretório para cada curso que estivesse fazendo (para os programas necessários para esse curso), outro para seu correio eletrônico e outro ainda para sua página web pessoal. Então, são necessárias chamadas de sistema para criar e remover diretórios. Também são fornecidas chamadas para colocar um arquivo existente em um diretório e para remover um arquivo de um diretório. As entradas do diretório podem ser arquivos ou outros diretórios. Esse modelo também origina uma hierarquia – o sistema de arquivos –, como se vê na Figura 1-6.

Tanto o processo quanto as hierarquias de arquivos são organizados como árvores, mas a semelhança pára aí. As hierarquias de processos normalmente não são muito profundas (mais de três níveis é incomum), enquanto as hierarquias de arquivos normalmente têm quatro, cinco ou até mais níveis de profundidade. As hierarquias de processos normalmente têm vida curta, em geral, alguns minutos no máximo, enquanto a hierarquia de diretórios pode

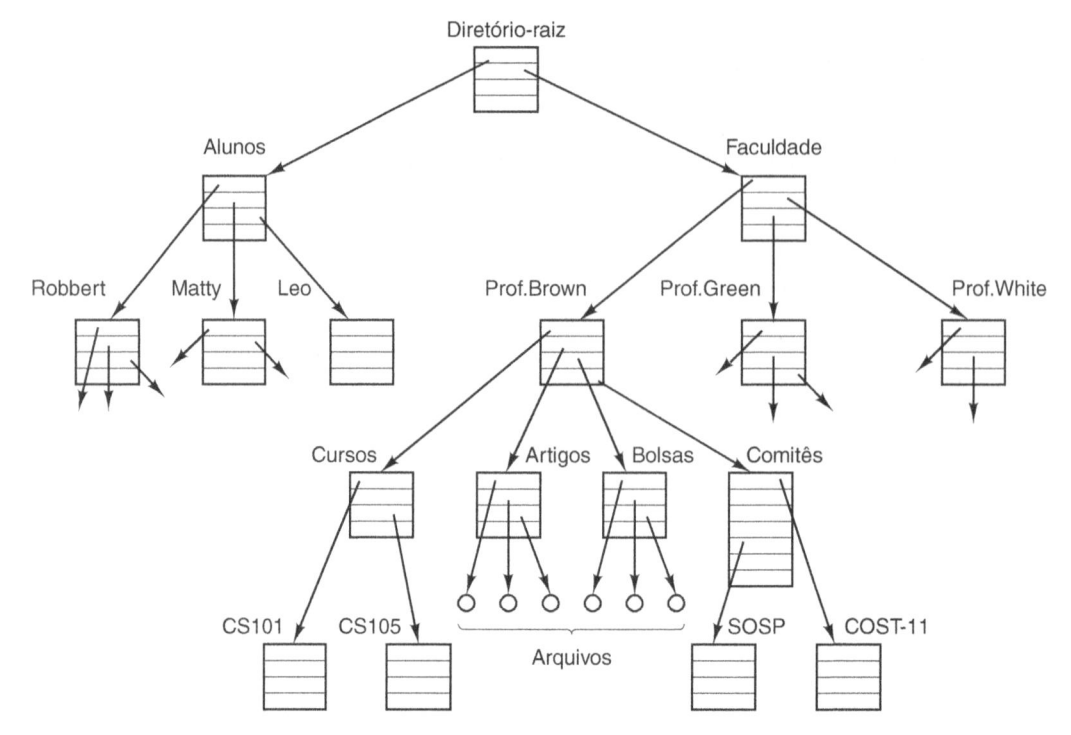

Figura 1-6   Um sistema de arquivos para um departamento de uma universidade.

existir por vários anos. A posse e a proteção também diferem para processos e arquivos. Normalmente, apenas um processo pai pode controlar ou mesmo acessar um processo filho, mas quase sempre existem mecanismos para permitir que arquivos e diretórios sejam lidos por um grupo maior do que apenas o proprietário.

Todo arquivo dentro da hierarquia de diretórios pode ser especificado por meio de seu **nome de caminho** a partir do topo da hierarquia, o **diretório-raiz**. Os nomes de **caminho absoluto** consistem na lista dos diretórios que devem ser percorridos a partir do diretório-raiz para se chegar ao arquivo, com barras separando os componentes. Na Figura 1-6, o caminho para o arquivo *CS101* é */Faculdade/Prof.Brown/Cursos/CS101*. A primeira barra indica que o caminho é absoluto; isto é, começa no diretório-raiz. No Windows, o caractere de barra invertida (\) é usado como separador, em vez do caractere de barra normal (/), de modo que o caminho do arquivo dado anteriormente seria escrito como *\Faculdade\Prof.Brown\Cursos\CS101*. Neste livro, usaremos a convenção do UNIX para caminhos.

A todo instante, cada processo tem um **diretório de trabalho** corrente, no qual os nomes de caminho que não começam com uma barra são procurados. Esses caminhos são denominados de **caminhos relativos**. Como exemplo, na Figura 1-6, se */Faculdade/Prof.Brown* fosse o diretório de trabalho, então empregar o nome de caminho *Cursos/CS101* resultaria no mesmo arquivo que o nome de caminho absoluto dado anteriormente. Os processos podem mudar seu diretório de trabalho executando uma chamada de sistema especificando o novo diretório de trabalho.

No MINIX 3, os arquivos e diretórios são protegidos designando-se a cada um deles um código de proteção de onze bits. O código de proteção consiste em três campos de três bits: um para o proprietário, um para os outros membros do grupo do proprietário (os usuários são divididos em grupos pelo administrador do sistema) e um para as demais pessoas. Os dois bits restantes serão discutidos posteriormente. Cada campo tem um bit para acesso de leitura, um bit para acesso de escrita e um bit para acesso de execução. Esses três bits são conhecidos como **bits rwx**. Por exemplo, o código de proteção *rwxr-x--x* significa que o proprietário pode ler, escrever ou executar o arquivo, que os outros membros do grupo podem ler ou executar (mas não escrever) o arquivo e que as demais pessoas podem executar (mas não ler nem escrever) o arquivo. Para um diretório (em oposição a um arquivo), *x* indica permissão de busca. Um traço significa que a permissão correspondente está ausente (o bit é zero).

Antes que um arquivo possa ser lido ou escrito, ele deve ser aberto, momento este em que as permissões são verificadas. Se o acesso for permitido, o sistema retornará um valor inteiro chamado **descritor de arquivo** para ser usado nas operações subseqüentes. Se o acesso for proibido, será retornado um código de erro (-1).

Outro conceito importante no MINIX 3 é a montagem (*mounting*) de um sistema de arquivos. Quase todos os computadores pessoais têm uma ou mais unidades de CD-ROM nas quais CD-ROMs podem ser inseridos e removidos. Para fornecer uma maneira simples de tratar com mídia removível (CD-ROMs, DVDs, disquetes, Zip drives etc.), o MINIX 3 permite que o sistema de arquivos em um CD-ROM seja anexado à árvore principal. Considere a situação da Figura 1-7(a). Antes da chamada de sistema *mount*, o **sistema de arquivos-raiz** no disco rígido e um segundo sistema de arquivos em um CD-ROM estão separados e não relacionados.

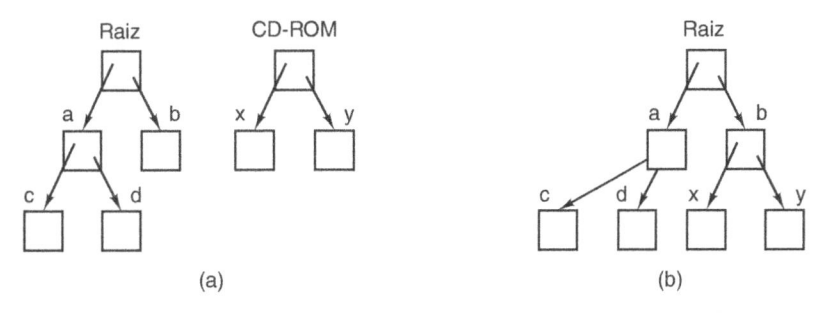

Figura 1-7 (a) Antes da montagem, os arquivos na unidade de disco 0 não são acessíveis. (b) Após a montagem, eles fazem parte da hierarquia de arquivos.

Isoladamente, o sistema de arquivos no CD-ROM não pode ser usado, pois não há como especificar nomes de caminho nele. O MINIX 3 não permite que os nomes de caminho tenham como prefixo um nome ou um número de unidade de disco; é precisamente esse o tipo de dependência de dispositivo que os sistemas operacionais devem eliminar. Em vez disso, a chamada de sistema *mount* permite que o sistema de arquivos no CD-ROM seja anexado ao sistema de arquivos raiz onde o programa quiser que ele esteja. Na Figura 1-7(b), o sistema de arquivos na unidade de CD-ROM foi montado no diretório *b*, permitindo assim acesso aos arquivos /b/x e /b/y. Se o diretório *b* contivesse originalmente quaisquer arquivos, eles não seriam acessíveis enquanto o CD-ROM estivesse montado, pois /b iria se referir ao diretório-raiz da unidade de CD-ROM. (Não ser capaz de acessar esses arquivos não é tão sério quanto parece à primeira vista: quase sempre os sistemas de arquivos são montados em diretórios vazios.) Se um sistema contém vários discos rígidos, todos eles também podem ser montados em uma única árvore.

Outro conceito importante no MINIX 3 é o de **arquivo especial**. Os arquivos especiais são fornecidos para fazer os dispositivos de E/S se comportarem como se fossem arquivos convencionais. Desse modo, eles podem ser lidos e escritos usando as mesmas chamadas de sistema que são usadas para ler e escrever arquivos. Existem dois tipos de arquivos especiais: **arquivos especiais de bloco** e **arquivos especiais de caractere**. Os arquivos especiais de bloco normalmente são usados para modelar dispositivos que consistem em um conjunto de blocos endereçáveis aleatoriamente, como os discos. Abrindo um arquivo especial de bloco e lendo, digamos, o bloco 4, um programa pode acessar diretamente o quarto bloco no dispositivo, sem considerar a estrutura do sistema de arquivos nele contida. Analogamente, os arquivos especiais de caractere são usados para modelar impressoras, modems e outros dispositivos que aceitam ou geram como saída um fluxo de caracteres. Por convenção, os arquivos especiais são mantidos no diretório /dev (de *device* – dispositivo, em inglês). Por exemplo, /dev/lp seria a impressora de linha.

O último recurso que discutiremos nesta visão geral está relacionado tanto com processos como com arquivos: os *pipes*. Um **pipe** é uma espécie de pseudo-arquivo que pode ser usado para conectar dois processos, como se vê na Figura 1-8. Se os processos *A* e *B* quiserem se comunicar usando um *pipe*, eles devem configurá-lo antecipadamente. Quando o processo *A* quer enviar dados para o processo *B*, ele escreve no *pipe* como se fosse um arquivo de saída. O processo *B* pode ler os dados do *pipe* como se ele fosse um arquivo de entrada. Assim, a comunicação entre processos no MINIX 3 é muito parecida com as leituras e escritas normais em arquivos. Além de tudo, a única maneira pela qual um processo pode descobrir se o arquivo de saída em que está escrevendo não é realmente um arquivo, mas um *pipe*, é fazendo uma chamada de sistema especial.

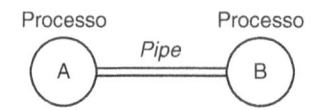

Figura 1-8 Dois processos conectados por um *pipe*.

1.3.3 O *shell*

O sistema operacional é o código que executa as chamadas de sistema. Os editores, compiladores, montadores, ligadores e interpretadores de comandos não fazem parte do sistema operacional, ainda que sejam importantes e úteis. Correndo o risco de confundir um pouco as coisas, nesta seção veremos brevemente o interpretador de comandos do MINIX 3, chamado de **shell**. Embora não faça parte do sistema operacional, ele faz uso pesado de muitos recursos do sistema operacional e, portanto, serve como um bom exemplo de como as chamadas de sistema podem ser empregadas. Ele também é a principal interface entre um usuário sentado diante de seu terminal e o sistema operacional, a não ser que o usuário esteja utilizando uma interface gráfica. Existem muitos *shell*s, incluindo *csh*, *ksh*, *zsh* e *bash*. Todos eles suportam a funcionalidade descrita a seguir, a qual é derivada do *shell* original (*sh*).

Quando um usuário se conecta, um *shell* é iniciado. O *shell* tem o terminal como entrada e saída padrão. Ele começa apresentando o **prompt** normalmente um caractere como o cifrão, que informa ao usuário que o *shell* está esperando para aceitar comandos. Se agora o usuário digitar

    date

por exemplo, o *shell* criará um processo filho e executará o programa *date* como filho. Enquanto o processo filho está em execução, o *shell* espera que ele termine. Quando o filho termina, o *shell* exibe novamente o *prompt* e tenta ler a próxima linha de entrada.

O usuário pode especificar que a saída padrão seja redirecionada para um arquivo, por exemplo,

    date >file

Analogamente, a entrada padrão pode ser redirecionada, como em

sort <file1 >file2

que ativa o programa *sort* com a entrada extraída de *file1* e a saída enviada para *file2*.

A saída de um programa pode ser usada como entrada de outro, conectando-as com um *pipe*. Assim,

cat file1 file2 file3 | sort >/dev/lp

executa o programa *cat* para con*cat*enar três arquivos e enviar a saída para *sort* a fim de classificar todas as linhas em ordem alfabética. A saída de *sort* é redirecionada para o arquivo */dev/lp*, normalmente uma a impressora.

Se um usuário colocar o caractere & após um comando, o *shell* não esperará que ele termine. Em vez disso, ele fornecerá um *prompt* imediatamente. Conseqüentemente,

cat file1 file2 file3 | sort >/dev/lp &

inicia o programa *sort* como uma tarefa de segundo plano (*background*), permitindo que o usuário continue a trabalhar normalmente, enquanto o programa *sort* está em execução. O *shell* tem vários outros recursos interessantes para os quais não dispomos de espaço para discutir aqui. A maioria dos livros para iniciantes no UNIX serve para usuários do MINIX 3 que queiram aprender mais sobre o uso do sistema. Exemplos são Ray e Ray (2003) e Herborth (2005).

1.4 CHAMADAS DE SISTEMA

Munidos de nosso conhecimento geral sobre como o MINIX 3 lida com processos e arquivos, podemos agora começar a ver a interface entre o sistema operacional e seus programas aplicativos; isto é, o conjunto de chamadas de sistema. Embora esta discussão se refira especificamente ao POSIX (International Standard 9945-1) e, portanto, também ao MINIX 3, ao UNIX e ao Linux, a maioria dos outros sistemas operacionais modernos tem chamadas de sistema que executam as mesmas funções, ainda que alguns detalhes sejam diferentes. Como a mecânica de uma chamada de sistema depende muito da máquina, e freqüentemente deve ser expressa em código *assembly*, é fornecida uma biblioteca de funções para tornar possível fazer chamadas de sistema a partir de programas escritos em C.

É interessante ter o seguinte em mente: qualquer computador com apenas uma CPU pode executar apenas uma instrução por vez. Se um processo estiver executando um programa no modo usuário e precisar de um serviço do sistema, como a leitura de dados de um arquivo, ele terá de executar uma instrução de interrupção, ou de chamada de sistema, para transferir o controle para o sistema operacional. O sistema operacional descobre o que o processo que fez a chamada deseja inspecionando um conjunto de parâmetros. Em seguida, ele executa a chamada de sistema e retorna o controle para a instrução que está depois da chamada de sistema. De certo modo, fazer uma chamada de sistema é como fazer um tipo especial de chamada de função, somente que as chamadas de sistema entram no núcleo, ou em outros componentes privilegiados do sistema operacional, e as chamadas de função não.

Para tornar o mecanismo de chamada de sistema mais claro, vamos examinar brevemente a chamada read. Ela tem três parâmetros: o primeiro especificando o arquivo, o segundo especificando um buffer e o terceiro especificando o número de bytes a serem lidos. Uma chamada para read a partir de um programa em C poderia ser como segue:

count = read(fd, buffer, nbytes);

A chamada de sistema (e a função de biblioteca) retorna o número de bytes realmente lidos em *count*. Normalmente, esse valor é igual ao de *nbytes*, mas pode ser menor, se, por exemplo, o fim do arquivo for encontrado durante a leitura.

Se a chamada de sistema não puder ser executada, seja devido a um parâmetro inválido ou a um erro do disco, *count* será configurado como -1 e o número indicando o código do erro será colocado em uma variável global, *errno*. Os programas sempre devem verificar os resultados de uma chamada de sistema para ver se ocorreu um erro.

O MINIX 3 tem um total de 53 chamadas de sistema principais. Elas estão listadas na Figura 1-9, agrupadas, por conveniência, em seis categorias. Existem algumas outras chamadas, mas são de uso muito especializado, de modo que vamos omiti-las aqui. Nas seções a seguir, examinaremos brevemente cada uma das chamadas da Figura 1-9 para ver o que elas fazem. De maneira geral, os serviços oferecidos por essas chamadas determinam a maior parte do que o sistema operacional tem de fazer, pois o gerenciamento de recursos nos computadores pessoais é mínimo (pelo menos comparado com as máquinas de maior porte, com muitos usuários).

Este é um bom lugar para mencionar que o mapeamento de chamadas de função do POSIX para as chamadas de sistema não é necessariamente biunívoco. O padrão POSIX especifica várias funções que um sistema compatível deve fornecer, mas não especifica se elas são chamadas de sistema, chamadas de biblioteca ou qualquer outra coisa. Em alguns casos, as funções do POSIX são suportadas como rotinas de biblioteca no MINIX 3. Em outros, diversas funções práticas são apenas pequenas variações umas das outras, e uma chamada de sistema trata de todas elas.

1.4.1 Chamadas de sistema para gerenciamento de processos

O primeiro grupo de chamadas de sistema da Figura 1-9 trata com o gerenciamento de processos. Fork é um bom lugar para começar a discussão. Fork é a única maneira de criar um novo processo no MINIX 3. Ele cria uma duplicata exata do processo original, incluindo todos os descritores de arquivo, registradores–tudo. Depois de **fork**, o processo original e a cópia (o pai e o filho) seguem caminhos diferentes. Todas as variáveis têm valores idênticos no momento do fork, mas como os dados do pai são copiados para criar o filho, as alterações subseqüentes em um deles não afetam o outro. (O texto do programa, que é imutável, é compartilhado entre pai e filho.) A chamada de fork retorna um valor, que é zero no filho e igual ao identificador de processo, ou **PID** (*Process IDentifier*) do filho no pai. Usando o PID retornado, os dois processos podem ver qual deles é o processo pai e qual é o processo filho.

Na maioria dos casos, após um fork, o filho precisará executar um código diferente do pai. Considere o caso do *shell*. Ele lê um comando do terminal, cria um processo filho, espera que o filho execute o comando e depois, quando o filho termina, lê o comando seguinte. Para esperar o filho terminar, o pai executa uma chamada de sistema waitpid, a qual apenas espera até que o filho termine (qualquer filho, se existir mais de um). Waitpid pode esperar por um filho específico ou, configurando o primeiro parâmetro como -1, por qualquer filho. Quando waitpid terminar, o endereço apontado pelo segundo parâmetro, *statloc*, será configurado com o status de saída do filho (término normal ou anormal e o valor de saída). Várias opções também são fornecidas, especificadas pelo terceiro parâmetro. A chamada de waitpid substitui a chamada de wait, que agora é obsoleta, mas fornecida por motivos de compatibilidade com versões anteriores.

Considere agora como fork é usado pelo *shell*. Quando um comando é digitado, o *shell* cria um novo processo. Esse processo filho deve executar o comando do usuário. Ele faz isso

Gerenciamento de processos	pid = **fork**()	Cria um processo filho idêntico ao pai
	pid = **waitpid**(pid, &statloc, opts)	Espera que um filho termine
	s = **wait**(&status)	Versão antiga de waitpid
	s = **execve**(name, argv, envp)	Substitui a imagem do núcleo de um processo
	exit(status)	Termina a execução do processo e retorna o status
	size = **brk**(addr)	Define o tamanho do segmento de dados
	pid = **getpid**()	Retorna a identificação do processo que fez a chamada
	pid = **getpgrp**()	Retorna a identificação do grupo do processo que fez a chamada
	pid = **setsid**()	Cria uma nova sessão e retorna a identificação de seu grupo de processo
	l = **ptrace**(req, pid, addr, data)	Usado para depuração
Sinais	s = **sigaction**(sig, &act, &oldact)	Define a ação a ser executada nos sinais
	s = **sigreturn**(&context)	Retorna de um tratamento de sinal
	s = **sigprocmask**(how, &set, &old)	Examina ou altera a máscara do sinal
	s = **sigpending**(set)	Obtém o conjunto de sinais bloqueados
	s = **sigsuspend**(sigmask)	Substitui a máscara do sinal e suspende o processo
	s = **kill**(pid, sig)	Envia um sinal para um processo
	residual = **alarm**(seconds)	Configura um temporizador
	s = **pause**()	Suspende o processo que fez a chamada até o próximo sinal
Gerenciamento de arquivos	fd = **creat**(name, mode)	Modo obsoleto de criar um novo arquivo
	fd = **mknod**(name, mode, addr)	Cria um *i-node* normal, especial ou de diretório
	fd = **open**(file, how, ...)	Abre um arquivo para leitura, escrita ou ambos
	s = **close**(fd)	Fecha um arquivo aberto
	n = **read**(fd, buffer, nbytes)	Lê dados de um arquivo para um buffer
	n = **write**(fd, buffer, nbytes)	Escreve dados de um buffer em um arquivo
	pos = **lseek**(fd, offset, whence)	Move o ponteiro de arquivo
	s = **stat**(name, &buf)	Obtém informações de status de um arquivo
	s = **fstat**(fd, &buf)	Obtém informações de status de um arquivo
	fd = **dup**(fd)	Aloca um novo descritor de arquivo para um arquivo aberto
	s = **pipe**(&fd[0])	Cria um *pipe*
	s = **ioctl**(fd, request, argp)	Executa operações especiais em um arquivo
	s = **access**(name, amode)	Verifica a acessibilidade de um arquivo
	s = **rename**(old, new)	Atribui um novo nome a um arquivo
	s = **fcntl**(fd, cmd, ...)	Travamento de um arquivo e outras operações
Gerenciamento de diretórios e do sistema de arquivos	s = **mkdir**(name, mode)	Cria um novo diretório
	s = **rmdir**(name)	Remove um diretório vazio
	s = **link**(name1, name2)	Cria uma nova entrada, *name2*, apontando para *name1*
	s = **unlink**(name)	Remove uma entrada de diretório
	s = **mount**(special, name, *flag*)	Monta um sistema de arquivos
	s = **umount**(special)	Desmonta um sistema de arquivos
	s = **sync**()	Transfere todos os blocos da cache para o disco
	s = **chdir**(dirname)	Muda o diretório de trabalho
	s = **chroot**(dirname)	Muda o diretório-raiz
Proteção	s = **chmod**(name, mode)	Altera os bits de proteção de um arquivo
	uid = **getuid**()	Obtém a *uid* do processo que fez a chamada
	gid = **getgid**()	Obtém a *gid* do processo que fez a chamada
	s = **setuid**(uid)	Configura a *uid* do processo que fez a chamada
	s = **setgid**(gid)	Configura a *gid* do processo que fez a chamada
	s = **chown**(name, owner, group)	Altera o proprietário e o grupo de um arquivo
	oldmask = **umask**(complmode)	Altera a máscara de modo
Gerenciamento de tempo	seconds = **time**(&seconds)	Obtém o tempo decorrido desde 1º de janeiro de 1970
	s = **stime**(tp)	Configura o tempo decorrido desde 1º de janeiro de 1970
	s = **utime**(file, timep)	Configura o momento do "último acesso" de um arquivo
	s = **times**(buffer)	Obtém os tempos do usuário e do sistema usados até o momento

Figura 1-9 As principais chamadas de sistema do MINIX. (*fd* é um descritor de arquivo; *n* é uma quantidade de bytes.)

usando a chamada de sistema **execve**, que faz sua imagem de núcleo inteira ser substituída pelo arquivo nomeado dado por seu primeiro parâmetro. (Na verdade, a chamada de sistema em si é **exec**, mas várias bibliotecas de funções distintas a chamam com parâmetros e nomes ligeiramente diferentes. As trataremos aqui como chamadas de sistema.) Um *shell* extremamente simplificado, ilustrando o uso de **fork**, **waitpid** e **execve**, aparece na Figura 1-10.

```
#define TRUE 1

while (TRUE) {                                  /* repete indefinidamente */
    type_prompt( );                             /* exibe o prompt na tela */
    read_command(command, parameters);          /* lê a entrada do terminal */

    if (fork( ) != 0) {                         /* cria processo filho */
        /* Código do pai. */
        waitpid(-1, &status, 0);                /* espera o filho terminar */
    } else {
        /* Código do filho. */
        execve(command, parameters, 0);         /* executa o código command */
    }
}
```

Figura 1-10 Um *shell* simplificado. Neste livro, supõe-se que *TRUE* seja definido como 1.

No caso mais geral, **execve** tem três parâmetros: o nome do arquivo a ser executado, um ponteiro para o *array* de argumentos e um ponteiro para o *array* de ambiente. Eles serão descritos em breve. Várias rotinas de biblioteca, incluindo *execl*, *execv*, *execle* e *execve*, são fornecidas para permitir que os parâmetros sejam omitidos ou especificados de diversas maneiras. Neste livro, usaremos o nome **exec** para representar a chamada de sistema ativada por todas elas.

Vamos considerar o caso de um comando como

cp file1 file2

usado para copiar *file1* em *file2*. O *shell* cria um processo filho que localiza e executa o arquivo *cp* e passa para ele os nomes dos arquivos de origem e de destino.

O programa principal de *cp* (e o programa principal da maioria dos outros programas em C) contém a declaração

main(argc, argv, envp)

onde *argc* é o número de elementos da linha de comando, incluindo o nome do programa. Para o exemplo anterior, *argc* é 3.

O segundo parâmetro, *argv*, é um ponteiro para um *array*. O elemento *i* desse *array* é um ponteiro para a *i*-ésima string* na linha de comando. Em nosso exemplo, $argv[0]$ apontaria para a string "cp", $argv[1]$ apontaria para a string "file1" e $argv[2]$ apontaria para a string "file2".

O terceiro parâmetro de *main*, *envp*, é um ponteiro para o ambiente, um *array* de strings contendo atribuições da forma *nome=valor*, usadas para passar informações para um progra-

---

* N. de R. T.: *String* (cadeia) é uma estrutura de dados composta por uma série de caracteres, geralmente contendo um texto legível e inteligível pelas pessoas.

ma, como o tipo de terminal e o nome do diretório de base. Na Figura 1-10, nenhum ambiente é passado para o filho, de modo que o terceiro parâmetro de *execve* é zero.

Se **exec** parece complicado, não se desespere; essa é (semanticamente) a mais complexa de todas as chamadas de sistema do POSIX. Todas as outras são muito mais simples. Como exemplo de uma chamada simples, considere **exit**, que os processos devem usar ao terminarem sua execução. Ela tem um único parâmetro, o status de saída (de 0 a 255), que é retornado para o pai por meio de *statloc* na chamada de sistema **waitpid**. O byte de ordem inferior de *status* contém o status do término, sendo 0 o término normal e os outros valores sendo diversas condições de erro. O byte de ordem superior contém o status de saída do filho (de 0 a 255). Por exemplo, se um processo pai executar a instrução

   n = waitpid(-1, &statloc, options);

ele será suspenso até que algum processo filho termine. Se o filho sair com, digamos, 4 como parâmetro para *exit*, o pai será ativado com *n* configurado como o PID do filho e *statloc* configurado como 0x0400 (a convenção da linguagem C de prefixar constantes hexadecimais com 0x será usada neste livro).

No MINIX 3, os processos têm sua memória dividida em três segmentos: o **segmento de texto** (isto é, o código do programa), o **segmento de dados** (isto é, as variáveis do programa) e o **segmento de pilha**. O segmento de dados cresce para cima e a pilha cresce para baixo, como mostrado na Figura 1-11. Entre eles há um intervalo de espaço de endereçamento não utilizado. A pilha aumenta de tamanho automaticamente, conforme for necessário, mas o aumento do segmento de dados é feito explicitamente por meio de uma chamada de sistema, brk, que especifica o novo endereço onde o segmento de dados deve terminar. Esse endereço pode ser maior do que o valor corrente (o segmento de dados está aumentando) ou menor do que o valor corrente (o segmento de dados está diminuindo). O parâmetro deve, é claro, ser menor do que o ponteiro da pilha, senão os segmentos de dados e de pilha iriam se sobrepor, o que é proibido.

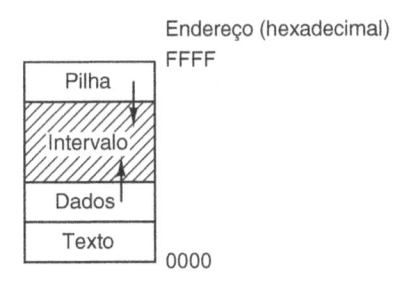

```
                    Endereço (hexadecimal)
                    FFFF
          ┌──────┐
          │Pilha │
          │  ↓   │
          │//////│
          │Intervalo│
          │//////│
          │  ↑   │
          │Dados │
          ├──────┤
          │Texto │
          └──────┘ 0000
```

Figura 1-11 Os processos têm três segmentos: texto, dados e pilha. Neste exemplo, os três estão em um espaço de endereçamento, mas também é válido um espaço de instrução e de dados separados.

Por conveniência aos programadores, é fornecida uma rotina de biblioteca *sbrk* que também muda o tamanho do segmento de dados, só que seu parâmetro é o número de bytes a serem adicionados no segmento de dados (parâmetros negativos tornam o segmento de dados menor). Ela funciona acompanhando o tamanho atual do segmento de dados, que é o valor retornado por brk, calculando o novo tamanho e fazendo uma chamada solicitando esse número de bytes. Entretanto, as chamadas de brk e sbrk não são definidas pelo padrão POSIX. Os programadores devem usar a função de biblioteca *malloc* para alocar área de armazenamento dinamicamente e a sua implementação interna não foi considerada um assunto conveniente para padronização.

A próxima chamada de sistema de processo, getpid, também é simples. Ela apenas retorna o PID do processo que fez a chamada. Lembre-se de que, em fork, somente o pai recebia o PID do filho. Se o filho quiser descobrir seu próprio PID, deverá usar getpid. A chamada de getpgrp retorna o PID do grupo do processo que fez a chamada. A chamada de setsid cria uma nova sessão e configura o PID do grupo como o do processo que fez a chamada. As sessões estão relacionadas a um recurso opcional do POSIX, chamado **controle de jobs** (*job control*), que não é suportado pelo MINIX 3 e com o qual não nos ocuparemos mais neste livro.

A última chamada de sistema de gerenciamento de processos, ptrace, é utilizada por programas de depuração, para controlar o programa que está sendo depurado. Ela permite que o depurador leia e escreva a memória do processo controlado e a gerencie de outras maneiras.

1.4.2 Chamadas de sistema para sinais

Embora a maioria das formas de comunicação entre processos seja planejada, existem situações nas quais é necessária uma comunicação inesperada. Por exemplo, se um usuário instrui acidentalmente um editor de textos a listar o conteúdo inteiro de um arquivo muito longo e depois percebe o erro, é necessário algum modo de interromper o editor. No MINIX 3, o usuário pode pressionar as teclas CTRL-C no teclado, o que envia um **sinal** para o editor. O editor recebe o sinal e interrompe a saída. Os sinais também podem ser usados para informar sobre certas interrupções detectadas pelo hardware, como uma instrução inválida ou estouro de ponto flutuante (*overflow*). Os tempos limites (*timeouts*) também são implementados como sinais.

Quando um sinal é enviado para um processo que não anunciou seu desejo de aceitá-lo, o processo é simplesmente eliminado sem maiores alardes. Para evitar essa condição, um processo pode usar a chamada de sistema sigaction para anunciar que está preparado para aceitar algum tipo de sinal para fornecer o endereço de uma rotina de tratamento de sinal e um local para armazenar o endereço de execução da rotina atual. Após uma chamada de sigaction, se um sinal do tipo relevante for gerado (por exemplo, pelo pressionamento de CTRL-C), o estado do processo será colocado em sua própria pilha e, então, a rotina de tratamento de sinal será chamada. Ela pode ficar em execução por quanto tempo quiser e realizar as chamadas de sistema que desejar. Na prática, contudo, as rotinas de tratamento de sinal normalmente são bastante curtas. Quando a rotina de tratamento de sinal termina, ela chama sigreturn para que a execução continue a partir de onde parou, antes do sinal. A chamada de sigaction substitui a chamada signal, mais antiga, que agora é fornecida como uma função de biblioteca por compatibilidade com versões anteriores.

No MINIX 3, os sinais podem ser bloqueados. Um sinal bloqueado fica pendente até ser desbloqueado. Ele não é enviado, mas também não é perdido. A chamada de sigprocmask permite que um processo defina o conjunto de sinais a serem bloqueados apresentando ao núcleo um mapa de bits. Também é possível um processo solicitar o conjunto de sinais pendentes, mas que não podem ser enviados por estarem bloqueados. A chamada de sigpending retorna esse conjunto como um mapa de bits. Finalmente, a chamada de sigsuspend que permite a um processo configurar de forma atômica o mapa de bits dos sinais bloqueados e suspender a si mesmo.

Em vez de fornecer uma função para capturar um sinal, o programa também pode especificar a constante SIG_IGN para ignorar todos os sinais subseqüentes do tipo especificado, ou SIG_DFL para restaurar a ação padrão do sinal, quando ele ocorrer. A ação padrão é eliminar o processo, ou ignorar o sinal, dependendo do sinal. Como exemplo de como SIG_IGN é usado, considere o que acontece quando o *shell* cria um processo de segundo plano como resultado de

command &

Seria indesejável que um sinal SIGINT (gerado pelo pressionamento de CTRL-C) afetasse o processo de segundo plano; portanto, após **fork**, mas antes de **exec**, o *shell* faz

sigaction(SIGINT, SIG_IGN, NULL);

e

sigaction(SIGQUIT, SIG_IGN, NULL);

para desativar os sinais SIGINT e SIGQUIT. (SIGQUIT é gerado por CTRL-\; que é igual ao sinal SIGINT gerado por CTRL-C, exceto que, se ele não for capturado ou ignorado, acarretará um *core dump** do processo eliminado.) Para processos de primeiro plano (*foreground*), aqueles lançados sem o uso do "&", esses sinais não são ignorados.

Pressionar CTRL-C não é a única maneira de enviar um sinal. A chamada de sistema kill permite que um processo sinalize outro processo (desde que eles tenham o mesmo UID – processos não relacionados não podem sinalizar um ao outro). Voltando ao exemplo dos processos de segundo plano usado anteriormente, suponha que um processo de segundo plano seja iniciado, mas que posteriormente decida-se que o processo deve ser terminado. SIGINT e SIGQUIT foram desativados; portanto, algo mais é necessário. A solução é utilizar o programa *kill*, que usa a chamada de sistema kill para enviar um sinal para qualquer processo. Enviando-se o sinal 9 (SIGKILL) para um processo de segundo plano, esse processo é eliminado. SIGKILL não pode ser capturado nem ignorado.

Para muitas aplicações de tempo real, um processo precisa ser interrompido, após um intervalo de tempo específico, para fazer algo, como retransmitir um pacote possivelmente perdido em um meio de comunicação não confiável. Para tratar dessa situação, foi definida a chamada de sistema **alarm**. O parâmetro especifica um intervalo de tempo, em segundos, após o qual um sinal SIGALRM é enviado para o processo. Um processo pode ter apenas um alarme pendente em dado instante. Se for feita uma chamada de **alarm** com um parâmetro de 10 segundos e, então, 3 segundos mais tarde, for feita outra chamada de **alarm** com um parâmetro de 20 segundos, somente um sinal será gerado, 20 segundos após a segunda chamada. O primeiro sinal é cancelado pela segunda chamada de **alarm**. Se o parâmetro de **alarm** for zero, qualquer sinal de alarme pendente será cancelado. Se um sinal de alarme não for capturado, a ação padrão será executada e o processo sinalizado será eliminado.

Às vezes, ocorre que um processo não tem nada para fazer até a chegada de um sinal. Por exemplo, considere um programa de ensino auxiliado por computador que está testando a velocidade e a compreensão da leitura. Ele mostra um texto na tela e depois chama **alarm** para sinalizá-lo após 30 segundos. Enquanto o aluno está lendo o texto, o programa não tem nada para fazer. Ele poderia entrar em um laço sem fazer nada, mas isso desperdiçaria tempo da CPU que outro processo ou usuário talvez precisasse. Uma idéia melhor é usar **pause**, que instrui o MINIX 3 a suspender o processo até o próximo sinal.

---

* N. de R. T.: *Core dump* é a imagem do espaço de endereçamento de um processo em um determinado instante de tempo. Normalmente, essa imagem é empregada por ferramentas de depuração de programas.

1.4.3 Chamadas de sistema para gerenciamento de arquivos

Muitas chamadas de sistema estão relacionadas com o sistema de arquivos. Nesta seção, veremos as chamadas que operam sobre arquivos individuais; na próxima, examinaremos as que envolvem diretórios ou o sistema de arquivos como um todo. Para criar um arquivo novo, é usada a chamada **creat** (o motivo pelo qual a chamada é **creat** e não **create** se perdeu no passar do tempo). Seus parâmetros fornecem o nome do arquivo e o modo de proteção. Assim

   fd = creat("abc", 0751);

cria um arquivo chamado *abc* com o modo 0751 octal (na linguagem C, um zero inicial significa que uma constante está em octal). Os 9 bits de ordem inferior da constante 0751 especificam os bits *rwx* do proprietário (7 significa permissão de leitura-escrita-execução), de seu grupo (5 significa leitura-execução) e outros (1 significa somente execução).

Creat não apenas cria um novo arquivo, mas também o abre para escrita, independentemente do modo do arquivo. O descritor de arquivo retornado, *fd*, pode ser usado para escrever no arquivo. Se **creat** for usado sobre um arquivo já existente, esse arquivo será truncado no comprimento 0, desde que, é claro, todas as permissões estejam corretas. A chamada de **creat** é obsoleta, pois agora **open** pode criar novos arquivos, mas foi incluída por compatibilidade com versões anteriores.

Arquivos especiais são criados usando-se **mknod**, em vez de **creat**. Uma chamada típica é

   fd = mknod("/dev/ttyc2", 020744, 0x0402);

a qual cria um arquivo chamado */dev/ttyc2* (o nome usual do console 2) e atribui a ele o modo 02744 octal (um arquivo de caracteres especial com bits de proteção *rwxr--r--*). O terceiro parâmetro contém o tipo de dispositivo (*major device number*) no byte de ordem superior, 0x04, nesse exemplo, e a identificação de uma unidade específica (*minor device number*) desse mesmo tipo de dispositivo é dada no byte de ordem inferior, 0x02, no caso. O tipo do dispositivo poderia ser qualquer um, mas um arquivo chamado */dev/ttyc2* deve ser sempre associado ao dispositivo 2. As chamadas de **mknod** falham, a não ser que seja feita pelo superusuário.

Para ler ou escrever um arquivo existente, primeiramente o arquivo deve ser aberto com **open**. Essa chamada específica o arquivo a ser aberto através um nome de caminho absoluto ou de um nome relativo ao diretório de trabalho corrente, e os códigos O_RDONLY, O_WRONLY ou O_RDWR, significam abertura somente para leitura, somente para escrita ou ambos. O descritor de arquivo retornado pode então ser usado para operações posteriores de leitura ou escrita. Depois, o arquivo é fechado com a chamada de sistema **close**, o que libera o descritor de arquivo disponível para ser reaproveitado por uma chamada **creat** ou **open** subseqüente.

As chamadas mais utilizadas são, sem dúvida, **read** e **write**. Vimos **read** anteriormente; a chamada **write** tem os mesmos parâmetros.

Embora a maioria dos programas leia e escreva arquivos em seqüência, para algumas aplicações os programas precisam acessar aleatoriamente qualquer parte de um arquivo. Associado a cada arquivo existe um ponteiro indicando a posição corrente de acesso. Ao se ler (escrever) em seqüência, ele normalmente aponta para o próximo byte a ser lido (escrito). A chamada de **lseek** altera o valor do ponteiro de posição, de modo que as chamadas subseqüentes para **read** ou **write** podem começar em qualquer ponto no arquivo ou mesmo além do final.

Lseek tem três parâmetros: o primeiro é o descritor de arquivo, o segundo é a ponteiro de posição e o terceiro informa se essa posição é relativa ao início dele, à posição atual ou ao final do arquivo. O valor retornado por lseek é a posição absoluta no arquivo depois de alterar a posição do ponteiro.

Para cada arquivo, o MINIX 3 monitora o modo do arquivo (arquivo normal, arquivo especial, diretório etc.), o tamanho, o momento da última modificação e outras informações. Os programas podem pedir para ver essas informações por meio das chamadas de sistema stat e fstat. Elas diferem apenas porque a primeira especifica o arquivo pelo nome, enquanto a última recebe um descritor de arquivo, o que a torna útil para arquivos abertos, especialmente de entrada e saída padrão, cujos nomes podem não ser conhecidos. As duas chamadas fornecem como segundo parâmetro um ponteiro para uma estrutura onde as informações devem ser colocadas. A estrutura aparece na Figura 1-12.

```
struct stat {
    short st_dev;                /* dispositivo ao qual o i-node pertence */
    unsigned short st_ino;       /* número do i-node */
    unsigned short st_mode;      /* modo palavra */
    short st_nlink;              /* número de vínculos */
    short st_uid;                /* id do usuário */
    short st_gid;                /* id do grupo */
    short st_rdev;               /* major/minor device para arquivos especiais */
    long st_size;                /* tamanho do arquivo */
    long st_atime;               /* horário do último acesso */
    long st_mtime;               /* horário da última modificação */
    long st_ctime;               /* horário da última alteração no i-node */
};
```

Figura 1-12 A estrutura usada para retornar informações das chamadas de sistema stat e fstat. No código real, são utilizados nomes simbólicos para alguns tipos.

A chamada de sistema dup é útil ao se manipular descritores de arquivo. Considere, por exemplo, um programa que precisa fechar a saída padrão (descritor de arquivo 1), substituí-la por outro arquivo qualquer, chamar uma função que escreve uma saída qualquer nesse arquivo e, então, restaurar a situação original. Apenas fechar o descritor de arquivo 1 e depois abrir um novo arquivo transformará este último na nova saída padrão, mas será impossível restaurar a situação original.

A solução, nesse caso, é executar primeiro a instrução

fd = dup(1);

que utiliza a chamada de sistema dup para alocar um novo descritor de arquivo, *fd*, e providenciar para que ele corresponda ao mesmo arquivo da saída padrão. Então, a saída padrão pode ser fechada e um novo arquivo pode ser aberto e utilizado. Quando chegar o momento de restaurar a situação original, o descritor de arquivo 1 pode ser fechado e, então

n = dup (fd);

executado para atribuir o descritor de arquivo mais baixo, a saber, 1, para o mesmo arquivo apontado por *fd*. Finalmente, *fd* pode ser fechado e voltamos ao ponto inicial.

A chamada dup tem uma variante que permite a um descritor de arquivo arbitrário não inicializado referenciar um determinado arquivo aberto. Ela é chamada por

dup2(fd, fd2);

onde *fd* se refere a um arquivo aberto e *fd2* é o descritor de arquivo não inicializado que referenciará o mesmo arquivo que *fd*. Assim, se *fd* aponta para a entrada padrão (descritor de arquivo 0) e *fd2* for 4, após a chamada, os descritores de arquivo 0 e 4 irão apontar para a entrada padrão.

No MINIX 3, a comunicação entre processos usa *pipes*, conforme descrito anteriormente. Quando um usuário digita

    cat file1 file2 | sort

o *shell* cria um *pipe* e faz com que a saída padrão do primeiro processo escreva no *pipe* e que a entrada padrão do segundo processo leia a partir dele. A chamada de sistema pipe cria um *pipe* e retorna dois descritores de arquivo, um para leitura e outro para escrita. A chamada é

    pipe (&fd[0]);

onde *fd* é um *array* de dois números inteiros, *fd*[0] é o descritor de arquivo para leitura e *fd*[1] para escrita. Geralmente, é feito um fork logo após a chamada pipe, o processo pai fecha o descritor de arquivo para leitura e o processo filho fecha o descritor de arquivo para escrita (ou vice-versa), de modo que um processo possa ler no *pipe* e que o outro escrever nele.

A Figura 1-13 representa um esqueleto de programa que cria dois processos, com a saída do primeiro canalizada (*piped*) para o segundo. (Um exemplo mais realista deveria fazer a verificação de erro e tratar os argumentos.) Primeiro, o *pipe* é criado e o processo executa um fork fazendo com que o processo pai se torne o primeiro processo do *pipe* e o processo filho o segundo. Como os arquivos a serem executados, *process1* e *process2*, não sabem

```
#define STD_INPUT 0            /* descritor de arquivo da entrada padrão */
#define STD_OUTPUT 1           /* descritor de arquivo da saída padrão */
pipeline(process1, process2)
char *process1, *process2;     /* ponteiros para nomes de programa */
{
  int fd[2];

pipe(&fd[0]);                  /* cria um pipe */
if (fork() != 0) {
    /* O processo pai executa estes comandos. */
    close(fd[0]);              /* o processo 1 não precisa ler o pipe */
    close(STD_OUTPUT);         /* prepara a nova saída padrão */
    dup(fd[1]);                /* configura a saída padrão como fd[1] */
    close(fd[1]);              /* este descritor de arquivo não é mais necessário */
    execl(process1, process1, 0);
} else {
    /* O processo filho executa estes comandos. */
    close(fd[1]);              /* o processo 2 não precisa escrever no pipe */
    close(STD_INPUT);          /* prepara a nova entrada padrão */
    dup(fd[0]);                /* configura a entrada padrão como fd[0] */
    close(fd[0]);              /* este descritor de arquivo não é mais necessário */
    execl(process2, process2, 0);
  }
}
```

Figura 1-13 Um esqueleto para configurar um canal de comunicação (*pipe*) entre dois processos.

que fazem parte de um *pipe*, é fundamental que os descritores de arquivo sejam tratados de modo que a saída padrão do primeiro processo e a entrada padrão do segundo processo sejam o *pipe*. O pai primeiro fecha o descritor de arquivo para leitura do *pipe*. A seguir, ele fecha a saída padrão e faz uma chamada de dup para permitir ao descritor de arquivo 1 escrever no *pipe*. É importante perceber que dup sempre retorna o descritor de arquivo mais baixo disponível, neste caso, 1. Então, o programa fecha o outro descritor de arquivo do *pipe*.

Após a chamada de exec, o processo pai terá os descritores de arquivo 0 e 2 inalterados, e o descritor de arquivo 1 para escrever no *pipe*. O código do processo filho é análogo. Os parâmetros de *execl* são repetidos porque o primeiro é o arquivo a ser executado e o segundo é o primeiro parâmetro, que a maioria dos programas espera que seja o nome do arquivo.

A próxima chamada de sistema, ioctl, é potencialmente aplicada a todos os arquivos especiais. Ela é utilizada, por exemplo, por *drivers* de dispositivo de bloco como o *driver* SCSI para controlar dispositivos de fita e CD-ROM. Entretanto, seu uso principal é com arquivos de caractere especiais, principalmente terminais. O padrão POSIX define diversas funções que a biblioteca transforma em chamadas de ioctl. As funções de biblioteca *tcgetattr* e *tcsetattr* usam ioctl para alterar os caracteres utilizados para corrigir erros de digitação no terminal, para mudar o **modo do terminal**, etc.

Tradicionalmente, existem três modos de terminal, processado, bruto e cbreak. O **modo processado** (*cooked mode*) é o modo terminal normal, no qual os caracteres de apagamento e de eliminação funcionam normalmente, CTRL-S e CTRL-Q podem ser usados para interromper e iniciar a saída do terminal, CTRL-D significa fim de arquivo, CTRL-C gera um sinal de interrupção e CTRL-\ gera um sinal para forçar um *core dump*.

No **modo bruto** (*raw mode*) todas essas funções são desativadas; conseqüentemente, cada caractere é passado diretamente para o programa sem nenhum processamento especial. Além disso, no modo bruto, uma leitura a partir do terminal fornecerá para o programa todos os caracteres que foram digitados, mesmo uma linha parcial, em vez de esperar que uma linha completa seja digitada, como no modo processado. Os editores de tela freqüentemente utilizam esse modo.

O **modo cbreak** é um meio-termo. Os caracteres de apagamento e eliminação, como CTRL-D, são desativados para edição, mas CTRL-S, CTRL-Q, CTRL-C e CTRL-\ são ativados. Como no modo bruto, linhas parciais podem ser retornadas para os programas (se a edição de linhas estiver desativada, não haverá necessidade de esperar até que uma linha inteira seja recebida – o usuário não pode mudar de idéia e excluí-la, como acontece no modo processado).

O POSIX não usa os termos processado, bruto e cbreak. Na terminologia do POSIX, o **modo canônico** corresponde ao modo processado. Nesse modo, existem 11 caracteres especiais definidos e a entrada é por linhas. No **modo não-canônico**, um número mínimo de caracteres a serem aceitos e um limite de tempo, definido em unidades de décimos de segundo, determinam como uma leitura será feita. No POSIX há muita flexibilidade e vários *flags* podem ser configurados para fazer o modo não-canônico comportar-se como modo cbreak ou modo bruto. Os termos antigos são mais descritivos e continuaremos a usá-los informalmente.

ioctl tem três parâmetros; por exemplo, uma chamada para *tcsetattr* para configurar parâmetros do terminal resultará em

    ioctl (fd, TCSETS, &termios);

O primeiro parâmetro especifica um arquivo, o segundo, uma operação e o terceiro é o endereço da estrutura do POSIX que contém os *flags* e o *array* de caracteres de controle. Outros códigos de operação instruem o sistema a adiar as alterações até que toda saída tenha sido enviada, a fazer com que uma entrada não lida seja descartada e a retornar os valores correntes.

A chamada de sistema **access** é utilizada para determinar se certo acesso a um arquivo é permitido pelo mecanismo de proteção. Ela é necessária porque alguns programas podem ser executados usando o UID de um usuário diferente. O mecanismo de SETUID será descrito posteriormente.

A chamada de sistema **rename** permite dar um novo nome a um arquivo. Os parâmetros especificam o nome antigo e o novo.

Finalmente, a chamada de sistema **fcntl** que é utilizada para arquivos de controle, mais ou menos análoga a **ioctl** (isto é, ambas são modificações mal feitas). Ela tem várias opções, sendo a mais importante o travamento (*locking*) de arquivos consultados por mais de uma aplicação. Usando **fcntl** é possível para um processo travar e destravar partes de arquivos e testar se determinadas partes de um arquivo se encontram ou não travadas. A chamada não impõe nenhuma semântica para o travamento. Os programas devem fazer isso por si mesmo.

1.4.4 Chamadas de sistema para gerenciamento de diretórios

Nesta seção, veremos algumas chamadas de sistema que se relacionam mais com diretórios ou com o sistema de arquivos como um todo, em vez de apenas com um arquivo específico, como na seção anterior. As duas primeiras chamadas, **mkdir** e **rmdir**, criam e removem diretórios vazios, respectivamente. A chamada seguinte é **link**. Seu objetivo é permitir que o mesmo arquivo apareça com dois ou mais nomes, freqüentemente em diretórios diferentes. Um uso típico é para permitir que vários membros de uma mesma equipe de programação compartilhem um arquivo comum, com o arquivo aparecendo no diretório próprio de cada um deles, possivelmente com nomes diferentes. Compartilhar um arquivo não é o mesmo que dar a cada membro da equipe uma cópia privativa, porque ter um arquivo compartilhado significa que as alterações feitas por qualquer membro da equipe são instantaneamente visíveis para os outros membros – existe apenas um arquivo. Quando são feitas cópias de um arquivo, as alterações subseqüentes feitas em uma cópia não afetam as outras.

Para ver como a chamada de sistema **link** funciona, considere a situação da Figura 1-14(a). Lá, existem dois usuários, *ast* e *jim*, cada um tendo seus próprios diretórios com alguns arquivos. Se *ast* executar agora um programa contendo a chamada de sistema

    link("/usr/jim/memo", "/usr/ast/note");

o arquivo *memo* no diretório de *jim* será inserido no diretório de *ast* com o nome *note*. Depois disso, */usr/jim/memo* e */usr/ast/note* referem-se ao mesmo arquivo. Nesse caso, diz-se que há foi criado um vínculo (*link*) entre esses dois arquivos.

Entender o funcionamento de **link** provavelmente tornará mais claro o que essa chamada faz. No UNIX, cada arquivo tem um número exclusivo, número-i, que o identifica. Esse número é um índice em uma tabela de ***i-nodes***, um por arquivo, informando quem é o proprietário do arquivo, onde estão seus blocos de disco etc. Um diretório é simplesmente um arquivo contendo um conjunto de pares (*i-node*, nome em ASCII). Nas primeiras versões do UNIX, cada entrada de diretório tinha 16 bytes – 2 bytes para o *i-node* e 14 bytes para o nome. Para dar suporte a nomes longos para os arquivos é preciso uma estrutura de dados mais complicada, mas conceitualmente um diretório ainda é um conjunto de pares (*i-node*, nome em ASCII). Na Figura 1-14, o *i-node* de *mail* é 16. O que **link** faz é simplesmente criar uma nova entrada de diretório com um nome (possivelmente novo), usando o *i-node* de um arquivo já existente. Na Figura 1-14(b), duas entradas têm o mesmo *i-node* (70) e, assim, referem-se ao mesmo arquivo. Se uma das duas for removida posteriormente, usando-se a chamada de sistema unlink, a outra permanecerá. Se as duas forem removidas, o UNIX verá que não existe nenhuma entrada para o arquivo (um campo no *i-node* controla o número de entradas de diretório que apontam para o arquivo); portanto, o arquivo será removido do disco.

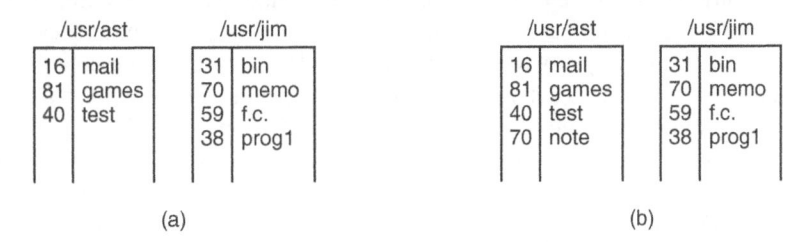

```
        /usr/ast         /usr/jim                    /usr/ast         /usr/jim
     ┌──┬───────┐     ┌──┬───────┐                ┌──┬───────┐     ┌──┬───────┐
     │16│ mail  │     │31│ bin   │                │16│ mail  │     │31│ bin   │
     │81│ games │     │70│ memo  │                │81│ games │     │70│ memo  │
     │40│ test  │     │59│ f.c.  │                │40│ test  │     │59│ f.c.  │
     │  │       │     │38│ prog1 │                │70│ note  │     │38│ prog1 │
     └──┴───────┘     └──┴───────┘                └──┴───────┘     └──┴───────┘

              (a)                                           (b)
```

Figura 1-14 (a) Dois diretórios antes de vincular /usr/jim/memo ao diretório de *ast*. (b) Os mesmos diretórios após o vínculo (*link*).

Conforme mencionamos anteriormente, a chamada de sistema mount permite que dois sistemas de arquivos sejam combinados em um só. Uma situação comum é ter o sistema de arquivos-raiz, contendo as versões em binário (executáveis) dos comandos comuns, e outros arquivos intensamente utilizados em um disco rígido. O usuário pode então inserir um CD-ROM com os arquivos a serem lidos na respectiva unidade.

Executando a chamada de sistema mount, o sistema de arquivos do CD-ROM pode ser integrado ao sistema de arquivos-raiz, como se vê na Figura 1-15. Uma instrução típica em C para realizar a montagem é

mount("/dev/cdrom0", "/mnt", 0);

onde o primeiro parâmetro é o nome de um arquivo de bloco especial da unidade de CD-ROM 0, o segundo parâmetro é o lugar na árvore onde ele deve ser montado e o terceiro indica se o sistema de arquivos deve ser montado para leitura e escrita ou somente para leitura.

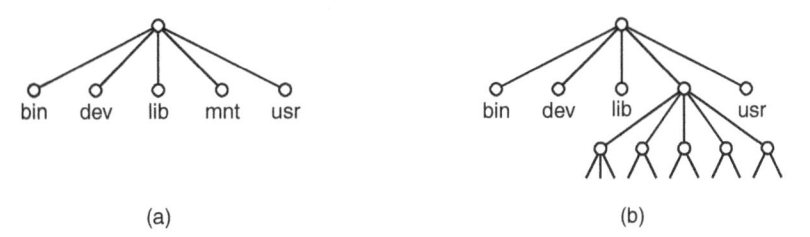

Figura 1-15 (a) Sistema de arquivos antes da montagem. (b) Sistema de arquivos depois da montagem.

Depois da chamada mount, um arquivo na unidade de CD-ROM 0 pode ser acessado usando-se apenas seu caminho a partir do diretório-raiz, ou do diretório de trabalho, sem considerar em qual unidade ele fisicamente está. Na verdade, a segunda, a terceira e a quarta unidades de disco também podem ser montadas em qualquer lugar na árvore. A chamada mount torna possível integrar mídia removível em uma única hierarquia de arquivos, sem a necessidade de se preocupar com o dispositivo em que um arquivo está. Embora este exemplo envolva CD-ROMs, discos rígidos ou partes de discos rígidos (freqüentemente chamadas de **partições** ou *minor devices*) também podem ser montados desta maneira. Quando um sistema de arquivos não é mais necessário, ele pode ser desmontado com a chamada de sistema umount.

O MINIX 3 mantém uma **cache de blocos** recentemente usados na memória principal para evitar a necessidade de lê-los do disco, se eles forem utilizados outra vez em um curto espaço de tempo. Se um bloco que está na cache for modificado (por uma operação write em um arquivo) e o sistema falhar antes do bloco modificado ser escrito no disco, o sistema de arquivos será danificado. Para limitar o possível dano, é importante esvaziar a cache periodicamente, para que o volume de dados perdidos por causa de uma falha seja pequeno. A chamada de sistema sync diz ao MINIX 3 para escrever no disco todos os blocos da cache que foram modificados desde que foram lidos. Quando o MINIX 3 é iniciado, um programa chamado *update* é lançado como um processo de segundo plano para executar uma chamada sync a cada 30 segundos, com o objetivo de esvaziar a cache (*flushing*).

Duas outras chamadas relacionadas com diretórios são chdir e chroot. A primeira muda o diretório de trabalho e a última muda o diretório-raiz. Depois da chamada

chdir ("/usr/ast/test");

uma chamada open no arquivo *xyz* abrirá */usr/ast/test/xyz*. chroot funciona de maneira análoga. Quando um processo tiver dito ao sistema para que mude seu diretório raiz, todos os nomes de caminho absolutos (nomes de caminho começando com "/") começarão em uma nova raiz. Por que você desejaria fazer isso? Por segurança – os programas servidores que implementam protocolos, como **FTP** (*File Transfer Protocol*) e **HTTP** (*HyperText Tranfer Protocol*), fazem isso para que os usuários remotos desses serviços possam acessar apenas as partes de um sistema de arquivos que estão abaixo da nova raiz. Apenas superusuários podem executar chroot, e mesmo eles não fazem isso com muita freqüência.

1.4.5 Chamadas de sistema para proteção

No MINIX 3 cada arquivo tem um modo de proteção dado em 11 bits. Nove deles são os bits de leitura-escrita-execução para o proprietário, para o grupo e para outros. A chamada de sistema chmod torna possível mudar o modo de proteção de um arquivo. Por exemplo, para tornar um arquivo somente para leitura para todos, exceto o proprietário, pode-se executar

chmod ("file", 0644);

Os outros dois bits de proteção, 02000 e 04000, são os bits de SETGID (*set-group-id*) e SETUID (*set-user-id*), respectivamente. Quando um usuário executa um programa com o bit SETUID ativado, o UID efetivo do usuário é alterado para o do proprietário do arquivo até o término desse processo. Esse recurso é intensamente utilizado para permitir que os usuários executem programas que efetuam funções exclusivas do superusuário, como a criação de diretórios. A criação de um diretório utiliza mknod, que é exclusiva do superusuário. Tomando-se providências para que o programa *mkdir* pertença ao superusuário e tenha o modo 04755, os usuários normais podem ter o poder de executar mknod, mas de um modo bastante restrito.

Quando um processo executa um arquivo que tem o bit SETUID, ou SETGID, ativado em seu modo de proteção, ele adquire um UID ou GID efetivo diferente de seu UID ou GID real. Às vezes, é importante que um processo saiba qual é o seu UID ou GID efetivo e real. As chamadas de sistema getuid e getgid foram providenciadas para fornecer essas informações. Cada chamada retorna o UID ou GID efetivo e real, de modo que quatro rotinas de biblioteca são necessárias para extrair as informações corretas: *getuid*, *getgid*, *geteuid* e *getegid*. As duas primeiras obtêm o UID/GID real e as últimas duas, os efetivos.

Usuários normais não podem alterar seu UID, exceto executando programas com o bit SETUID ativado, mas o superusuário tem outra possibilidade: a chamada de sistema setuid, que configura os UIDs real e efetivo. setgid configura os dois GIDs, real e efetivo. O superusuário também pode alterar o proprietário de um arquivo com a chamada de sistema chown. Em suma, o superusuário tem várias oportunidades para violar todas as regras de proteção, o que explica por que tantos estudantes dedicam tanto de seu tempo tentando tornarem-se superusuários.

As últimas duas chamadas de sistema nesta categoria podem ser executadas por processos de usuários normais. A primeira, umask, configura uma máscara de bits interna dentro do sistema, que é utilizada para mascarar bits de modo quando um arquivo é criado. Após a chamada

umask(022);

o modo fornecido por creat e mknod terá os bits 022 mascarados antes de serem utilizados. Assim a chamada

creat ("file", 0777);

configurará o modo como 0755, em vez de 0777. Como a máscara de bits é herdada pelos processos filhos, se o *shell* executar uma instrução umask imediatamente após o *login*, nenhum dos processos do usuário nessa sessão criará acidentalmente arquivos em que outras pessoas possam escrever.

Quando um programa pertencente pelo usuário *root* tem o bit SETUID ativado, ele pode acessar qualquer arquivo, pois seu UID efetivo é o superusuário. Freqüentemente, é útil o programa saber se a pessoa que o ativou tem permissão para acessar determinado arquivo. Se o programa simplesmente tentar o acesso, ele sempre terá êxito e, portanto, não saberá nada.

O que é necessário é uma maneira de ver se o acesso é permitido para o UID real. A chamada de sistema access fornece uma forma de descobrir isso. O parâmetro *mode* é 4 para verificar acesso de leitura, 2 para acesso de escrita e 1 para acesso de execução. Combinações desses valores também são permitidas. Por exemplo, com *mode* igual a 6, a chamada retorna 0 se são permitidos acesso de leitura e escrita para o UID real; caso contrário, será retornado -1. Com *mode* igual a 0, é feita uma verificação para ver se o arquivo existe e se os diretórios que levam a ele podem ser pesquisados.

Embora os mecanismos de proteção de todos os sistemas operacionais do tipo UNIX geralmente sejam semelhantes, existem algumas diferenças e inconsistências que levam a vulnerabilidades de segurança. Consulte Chen *et al.* (2002) para ver uma discussão sobre o assunto.

1.4.6 Chamadas de sistema para gerenciamento de tempo

O MINIX 3 tem quatro chamadas de sistema que envolvem o tempo de relógio convencional. time retorna apenas a hora atual, em segundos, com 0 correspondendo à meia-noite de 1º de janeiro de 1970 (exatamente quando o dia está iniciando, não quando está acabando). Naturalmente, o relógio do sistema deve ser ajustado em algum ponto para que possa ser lido posteriormente; portanto, stime foi fornecida para permitir que o relógio seja ajustado (pelo superusuário). A terceira chamada de tempo é utime, que permite ao proprietário de um arquivo (ou o superusuário) alterar o tempo armazenado no *i-node* de um arquivo. A aplicação desta chamada de sistema é bastante limitada, mas alguns programas precisam dela; por exemplo, *touch*, que altera o horário de um arquivo para a data e hora atuais.

Finalmente, temos times, que retorna as informações de contabilização de um processo, para que se possa ver quanto tempo de CPU foi utilizado diretamente e quanto tempo de CPU o sistema em si gastou em seu nome (manipulando suas chamadas de sistema). Também são fornecidos os tempos de usuário e de sistema totais utilizados por todos os seus filhos combinados.

1.5 ARQUITETURA DE SISTEMAS OPERACIONAIS

Agora que vimos como os sistemas operacionais se parecem externamente (isto é, a interface do programador), é hora de vê-los por dentro. Nas seções a seguir, examinaremos cinco arquiteturas diferentes que foram experimentadas, para termos uma idéia do espectro de possibilidades. De modo algum elas são exaustivas, mas dão uma idéia de alguns projetos que foram experimentados na prática. Os cinco projetos são os sistemas monolíticos, os sistemas em camadas, as máquinas virtuais, os exonúcleos e os sistemas cliente-servidor.

1.5.1 Sistemas monolíticos

Com certeza, esta é a organização mais comum. Esta estratégia poderia muito bem ser denominada "A Grande Bagunça". Essa estruturação é tal que não há nenhuma estrutura. O sistema operacional é escrito como um conjunto de rotinas, cada uma das quais podendo chamar qualquer uma das outras sempre que precisar. Quando essa técnica é utilizada, cada rotina do sistema tem uma interface bem-definida em termos de parâmetros e de resultados e cada uma está livre para chamar qualquer uma das outras, se a última fornecer alguma computação útil de que a primeira precise.

Para construir o programa-objeto do sistema operacional, quando essa estratégia é utilizada, primeiro deve-se compilar todas as rotinas individualmente (ou os arquivos que contenham as rotinas) e, então, ligá-las em um único arquivo objeto usando o ligador (*linker*) do sistema. Em termos de ocultação de informações, não há basicamente nenhuma–toda rotina é visível para todas as demais (em oposição a uma estrutura contendo módulos ou pacotes, na qual muitas informações são ocultadas dentro dos módulos e apenas os pontos de entrada oficialmente designados podem ser chamados de fora do módulo).

Contudo, mesmo nos sistemas monolíticos é possível ter pelo menos um pouco de estruturação. Os serviços (chamadas de sistema) fornecidos pelo sistema operacional são solicitados colocando-se os parâmetros em lugares bem definidos, como em registradores ou na pilha e, então, executando-se uma instrução de interrupção especial, conhecida como **chamada de núcleo** ou **chamada de supervisor**.

Essa instrução troca a máquina do modo usuário para modo núcleo e transfere o controle para o sistema operacional. (A maioria das CPUs tem dois modos: modo núcleo, para o sistema operacional, no qual todas as instruções são permitidas, e modo usuário, para programas de usuário, no qual algumas instruções não são permitidas como as relacionadas a E/S, entre outras.)

Este é um bom momento para vermos como as chamadas de sistema são executadas. Lembre-se de que a chamada read é usada como segue:

count = read(fd, buffer, nbytes);

Para executar a função de biblioteca *read*, que realmente faz a chamada de sistema read, o programa primeiro insere os parâmetros na pilha, como se vê nas etapas 1–3 da Figura 1-16. Os compiladores C e C++ colocam os parâmetros na pilha na ordem inversa por motivos históricos (relacionados ao fato de fazer com que o primeiro parâmetro de *printf*, a string de formato, apareça no topo da pilha). O primeiro e o terceiro parâmetros são chamados por valor, mas o segundo parâmetro é passado por referência, significando que é passado o endereço

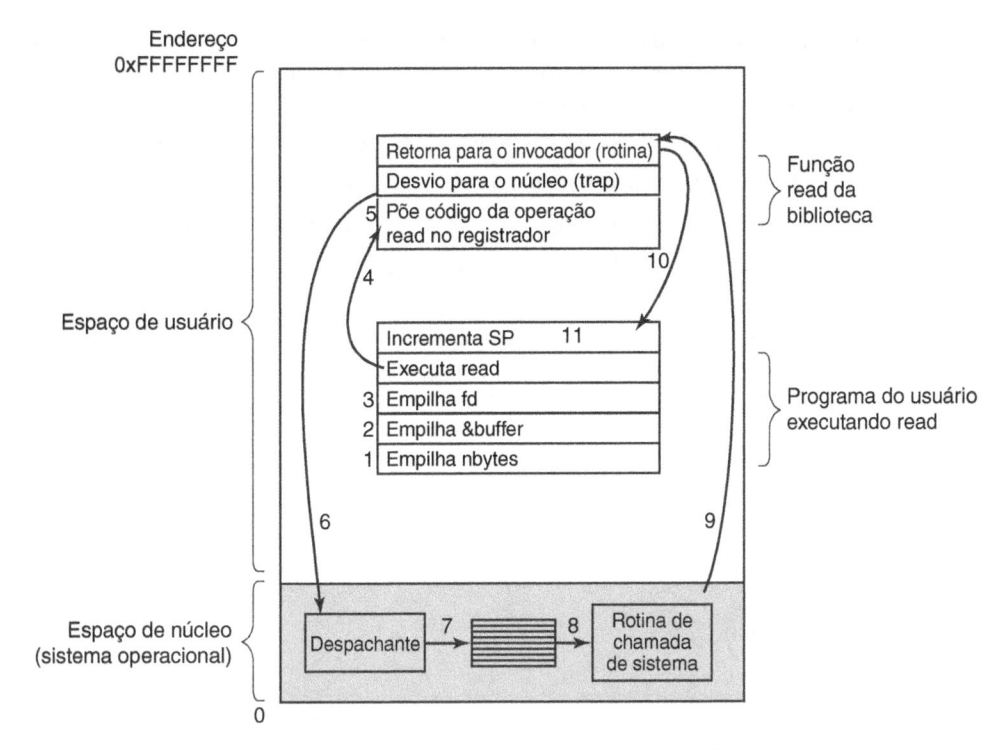

Figura 1-16 As 11 etapas para fazer a chamada de sistema read(fd, buffer, nbytes).

do buffer (indicado por &) e não o seu conteúdo. Em seguida, vem a chamada real para a função *read* da biblioteca (etapa 4) que é, essencialmente, uma chamada normal de execução de qualquer rotina.

A função da biblioteca, possivelmente escrita em linguagem *assembly*, normalmente coloca o código numérico correspondente à chamada de sistema em um lugar esperado pelo sistema operacional, como em um registrador (etapa 5). Em seguida, ela executa uma instrução TRAP para trocar do modo usuário para o modo núcleo e iniciar a execução em um endereço fixo dentro do núcleo (etapa 6). O núcleo inicia examinando o código numérico da chamada de sistema para depois chamar a rotina de tratamento correta. Normalmente, isso é feito através de uma tabela de ponteiros para rotinas de tratamento de chamada de sistema, indexada pelo número de chamada de sistema (etapa 7). Nesse ponto, a rotina de tratamento de chamada de sistema é executada (etapa 8). Quando a rotina de tratamento de chamada de sistema terminar seu trabalho, o controle poderá ser retornado para a função de biblioteca no espaço de usuário, na instrução que segue a instrução TRAP (etapa 9). Essa função então retorna para o programa do usuário, da maneira normal como as chamadas de função retornam (etapa 10).

Para concluir a tarefa, o programa do usuário precisa limpar a pilha, como faz após qualquer chamada de rotina (etapa 11). Supondo que a pilha cresça para baixo, como acontece freqüentemente, o código compilado incrementa o ponteiro da pilha exatamente o suficiente para remover os parâmetros colocados antes da chamada de *read*. Agora o programa está livre para fazer o que quiser em seguida.

Na etapa 9 anterior, dissemos que o controle "poderá ser retornado para a função de biblioteca no espaço de usuário", por um bom motivo. A chamada de sistema pode bloquear o processo que fez a chamada, impedindo-o de continuar. Por exemplo, se ele estiver tentando ler o teclado e nada tiver sido digitado ainda, o processo que fez a chamada será bloqueado.

Nesse caso, o sistema operacional verificará se algum outro processo pode ser executado em seguida. Posteriormente, quando a entrada desejada estiver disponível, esse processo receberá a atenção do sistema e as etapas 9–11 ocorrerão.

Essa organização sugere uma estrutura básica para o sistema operacional:

1. Um programa principal que ativa a função de serviço solicitada.
2. Um conjunto de funções de serviço que executam as chamadas de sistema.
3. Um conjunto de funções utilitárias que ajudam as funções de serviço.

Nesse modelo, para cada chamada de sistema há uma função de serviço que cuida dela. As funções utilitárias fazem coisas que são necessárias para várias funções de serviço, como buscar dados de programas de usuário. Essa divisão das funções em três camadas aparece na Figura 1-17.

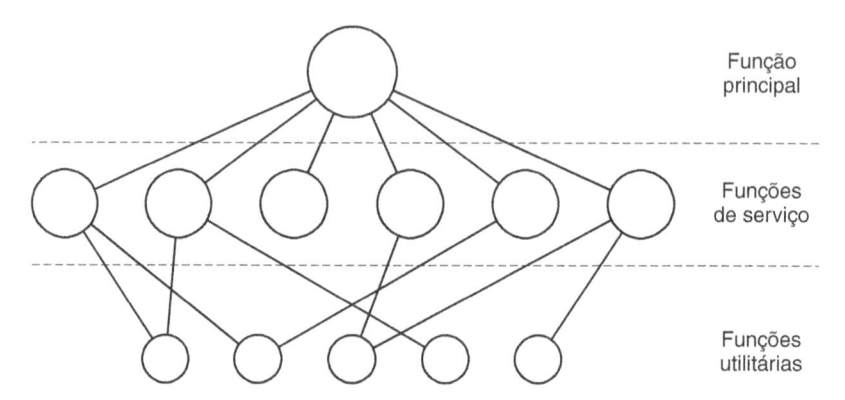

Figura 1-17 Um modelo simples de estruturação para um sistema monolítico.

1.5.2 Sistemas em camadas

Uma generalização da estratégia da Figura 1-17 é organizar o sistema operacional como uma hierarquia de camadas, cada uma construída sobre a outra. O primeiro sistema feito dessa maneira foi o THE, construído no Technische Hogeschool Eindhoven, na Holanda, por E. W. Dijkstra (1968) e seus alunos. O sistema THE era um sistema em lote simples para um computador holandês, o Electrologica X8, que tinha 32K de palavras de 27 bits (os bits eram caros naquela época).

O sistema tinha seis camadas, como mostrado na Figura 1-18. A camada 0 tratava da alocação do processador, alternando entre processos quando ocorriam interrupções ou quando temporizadores expiravam. Acima da camada 0, o sistema possuía processos seqüenciais, cada um dos quais podia ser programado sem se preocupar com o fato de que vários processos estavam sendo executados num único processador. Em outras palavras, a camada 0 proporcionava a multiprogramação básica da CPU.

A camada 1 fazia o gerenciamento de memória. Ela alocava espaço para processos na memória principal e em um tambor* com 512K de palavras, utilizado para conter partes dos processos (páginas) para os quais não havia espaço na memória principal. Acima da camada 1, os processos não tinham que se preocupar com o fato de estarem na memória ou no tambor; o software da camada 1 tratava de assegurar que as páginas fossem levadas para a memória sempre que fossem necessárias.

---

* N. de R. T.: Antigo meio magnético de armazenamento de dados.

Camada	Função
5	Operador
4	Programas de usuário
3	Gerenciamento de entrada/saída
2	Comunicação operador-processo
1	Gerenciamento de memória e tambor
0	Alocação do processador e multiprogramação

Figura 1-18 Estrutura do sistema operacional THE.

A camada 2 manipulava a comunicação entre cada processo e o console do operador. Acima dessa camada, cada processo tinha efetivamente seu próprio console de operador. A camada 3 gerenciava os dispositivos de E/S e armazenava em buffer os fluxos de informação. Acima da camada 3, cada processo podia lidar com dispositivos de E/S abstratos com interfaces amigáveis, em vez de dispositivos reais cheios de peculiaridades. A camada 4 era onde ficavam os programas de usuário. Eles não tinham de preocupar-se com gerenciamento de processos, de memória, de console ou de E/S. O processo do operador do sistema localizava-se na camada 5.

Uma generalização maior do conceito de camadas estava presente no sistema MULTICS. Em vez de camadas, o MULTICS era organizado como uma série de anéis concêntricos, com os anéis internos sendo mais privilegiados do que os externos. Quando uma função em um anel externo queria chamar uma função em um anel interno, ela tinha de fazer o equivalente de uma chamada de sistema; isto é, uma instrução TRAP cuja validade dos parâmetros era cuidadosamente verificada, antes de permitir que a chamada prosseguisse. Embora no MULTICS o sistema operacional inteiro fizesse parte do espaço de endereçamento de cada processo de usuário, o hardware tornava possível designar individualmente funções (na realidade, segmentos de memória) como protegidas contra leitura, escrita ou execução.

Embora o esquema em camadas do THE fosse, na verdade, apenas um auxílio para projeto, porque todas as partes do sistema estavam, em última análise, ligadas a um único programa objeto, no MULTICS o mecanismo de anéis estava muito presente em tempo de execução e era imposto pelo hardware. A vantagem do mecanismo de anéis é que ele podia ser estendido facilmente para estruturar subsistemas de usuário. Por exemplo, um professor podia escrever um programa para testar e avaliar programas dos alunos e executar esse programa no anel n, com os programas dos alunos sendo executado no anel $n + 1$, de modo que eles não podiam alterar suas avaliações. O hardware Pentium suporta a estrutura em anéis do MULTICS, mas atualmente nenhum sistema operacional importante a utiliza.

1.5.3 Máquinas virtuais

As versões iniciais do OS/360 eram estritamente sistemas de lote. Não obstante, muitos usuários do 360 queriam ter tempo compartilhado; assim, vários grupos, tanto de dentro como de fora da IBM, decidiram escrever sistemas de tempo compartilhado para ele. O sistema de tempo compartilhado oficial da IBM, o TSS/360, foi lançado tardiamente e quando finalmente chegou era tão grande e lento que poucos ambientes foram convertidos para ele. Finalmente, ele acabou sendo abandonado depois que seu desenvolvimento tinha consumido algo em torno de US$ 50 milhões (Graham, 1970). Mas um grupo no Centro Científico da IBM em Cambridge, Massachusetts, produziu um sistema radicalmente diferente que a IBM acabou aceitando como produto e que agora é amplamente utilizado em seus computadores de grande porte.

Esse sistema, originalmente chamado CP/CMS e posteriormente rebatizado como VM/370 (Seawright e MacKinnon, 1979), foi baseado em uma observação muito perspicaz: um sistema de tempo compartilhado fornece (1) multiprogramação e (2) uma máquina estendida com uma interface mais conveniente que o hardware básico. A característica básica do VM/370 foi separar completamente essas duas funções.

O centro do sistema, conhecido como **monitor de máquina virtual**, era executado no hardware básico e fazia a multiprogramação, oferecendo não uma, mas várias máquinas virtuais à camada superior seguinte, como mostrado na Figura 1-19. Entretanto, ao contrário de todos os outros sistemas operacionais, essas máquinas virtuais não eram máquinas estendidas, com arquivos e com outros recursos interessantes. Em vez disso, elas eram cópias *exatas* do hardware básico, incluindo os modos núcleo e usuário, E/S, interrupções e tudo mais que uma máquina real tem.

```
                              370s virtuais
                           ┌──────┴──────┐
                        ┌─────┬─────┬─────┐← ── Chamadas de sistema
    Instruções de E/S ──→│ CMS │ CMS │ CMS │
                        │     │     │     │← ── Interrupção (trap)
    Interrupção (trap) ──→├─────┴─────┴─────┤
                        │      VM/370     │
                        ├─────────────────┤
                        │ Hardware básico do 370 │
                        └─────────────────┘
```

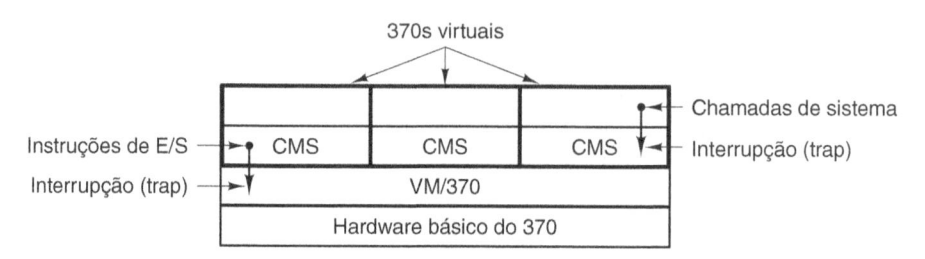

Figura 1-19   A estrutura do VM/370 com CMS.

Como cada máquina virtual é idêntica ao hardware verdadeiro, cada uma pode executar qualquer sistema operacional que fosse executado diretamente no hardware básico. Diferentes máquinas virtuais podem executar (e freqüentemente executam) diferentes sistemas operacionais. Algumas executam um dos descendentes do OS/360 para processamento de transações ou de lote, enquanto outras executam um sistema interativo monousuário chamado **CMS** (*Conversational Monitor System*) para usuários de tempo compartilhado.

Quando um programa CMS executa uma chamada de sistema, a chamada é capturada pelo sistema operacional em sua própria máquina virtual e não pelo VM/370, exatamente como aconteceria se estivesse executando em uma máquina real. Então, o CMS envia as instruções normais de E/S de hardware para ler seu disco virtual ou o que for necessário para executar a chamada. Essas instruções de E/S são capturadas pelo VM/370, que então as executa como parte de sua simulação do hardware real. Fazendo uma separação completa das funções de multiprogramação e fornecendo uma máquina estendida, cada uma das partes se torna muito mais simples, mais flexível e mais fácil de manter.

A idéia de máquina virtual é utilizada hoje em dia em um contexto diferente: na execução de programas antigos do MS-DOS em um processador Pentium. Ao projetar o Pentium e o seu software, a Intel e a Microsoft perceberam que haveria uma grande demanda para executar software antigo (legado) no novo hardware. Por essa razão, a Intel fornece um modo virtual do 8086 no Pentium. Nesse modo, a máquina age como um 8086 (que é idêntico a um 8088 do ponto de vista do software), incluindo o endereçamento de 16 bits com um limite de 1MB.

Este modo é utilizado pelo Windows e por outros sistemas operacionais para executar programas antigos do MS-DOS. Esses programas são iniciados no modo 8086 virtual. Contanto que executem instruções normais, eles funcionam no hardware básico. Entretanto, quando um programa tenta interromper o sistema operacional para fazer uma chamada de sistema, ou tenta fazer E/S protegida diretamente, ocorre uma interrupção no monitor da máquina virtual.

Duas variantes desse projeto são possíveis. Na primeira, o próprio MS-DOS é carregado no espaço de endereçamento do 8086 virtual, de modo que o monitor da máquina virtual apenas reflete a interrupção para o MS-DOS, exatamente como aconteceria em um 8086 real. Quando, posteriormente, o próprio MS-DOS tentar fazer a E/S, essa operação será capturada e executada pelo monitor da máquina virtual.

Na outra variante, o monitor da máquina virtual apenas captura a primeira interrupção e faz a E/S sozinho, pois conhece todas as chamadas de sistema do MS-DOS e, portanto, o que cada interrupção deve fazer. Esta variante é menos pura do que a primeira, já que simula corretamente apenas o MS-DOS e não outros sistemas operacionais, como acontece com a primeira. Por outro lado, ela é muito mais rápida, pois elimina o problema de iniciar o MS-DOS para fazer a E/S. Uma desvantagem de executar o MS-DOS no modo 8086 virtual é que o MS-DOS desperdiça muito tempo habilitando e desabilitando interrupções, o que implica em custo considerável (em tempo) para simular um processo.

Vale notar que nenhuma dessas estratégias é realmente igual à do VM/370, pois a máquina que está sendo simulada não é um Pentium completo, mas apenas um 8086. No sistema VM/370 é possível executar o próprio VM/370 na máquina virtual. Até as primeiras versões do Windows exigem pelo menos um 286 e não podem ser executadas em um 8086 virtual.

Diversas implementações de máquina virtual são vendidas comercialmente. Para empresas que fornecem serviços de hospedagem web, pode ser mais econômico executar várias máquinas virtuais em um único servidor rápido (talvez com várias CPUs) do que executar muitos computadores pequenos, cada um hospedando um único site web. O VMWare e o Virtual PC da Microsoft são comercializados para tais instalações. Esses programas utilizam arquivos grandes no sistema hospedeiro (*host*) para simular os discos de seus sistemas convidados (*guest*); aqueles que são executados pela máquina virtual. Para obter eficiência, eles analisam os arquivos binários do programa de sistema convidado e permitem que código seguro seja executado diretamente no hardware do hospedeiro, capturando instruções que fazem chamadas de sistema operacional. Tais sistemas também são úteis para fins didáticos. Por exemplo, alunos que estejam trabalhando em tarefas de laboratório no MINIX 3 podem usar esse sistema operacional como convidado no VMWare em um hospedeiro Windows, Linux ou UNIX, sem correrem o risco de danificar outro software instalado no mesmo PC. A maioria dos professores que dão aulas sobre outros temas ficaria muito preocupada com o fato de compartilhar computadores do laboratório com um curso sobre sistemas operacionais, onde erros dos alunos poderiam corromper ou apagar dados do disco.

Outra área onde as máquinas virtuais são usadas, mas de uma maneira um tanto diferente, é na execução de programas Java. Quando a Sun Microsystems inventou a linguagem de programação Java, inventou também uma máquina virtual (isto é, uma arquitetura de computador) chamada **JVM** (*Java Virtual Machine* – máquina virtual Java). O compilador Java produz código para a JVM, o qual então é normalmente executado por um interpretador JVM, em software. A vantagem dessa estratégia é que o código da JVM pode ser enviado pela Internet para qualquer computador que tenha um interpretador JVM e executado no destino. Se o compilador tivesse produzido programas binários em SPARC ou Pentium, por exemplo, eles não poderiam ser enviados e executados em qualquer lugar tão facilmente. (É claro que a Sun poderia ter produzido um compilador que gerasse binários em SPARC e depois distribuído um interpretador SPARC, mas a JVM é uma arquitetura muito mais simples de interpretar.) Outra vantagem de usar a JVM é que, se o interpretador for implementado corretamente, o que não é totalmente simples, a segurança dos programas JVM recebidos poderá ser verificada e eles poderão ser executados em um ambiente protegido, para que não possam roubar dados ou causar qualquer dano.

1.5.4 Exonúcleos

Com o VM/370, cada processo de usuário recebe uma cópia exata do hardware real. No modo 8086 virtual do Pentium, cada processo de usuário recebe uma cópia exata de um computador diferente. Indo um pouco mais longe, os pesquisadores do M.I.T. construíram um sistema que fornece um clone do computador real para cada usuário, mas com um subconjunto dos recursos (Engler et al., 1995 e Leschke, 2004). Assim, uma máquina virtual poderia receber os blocos de disco de 0 a 1023, a seguinte poderia receber os blocos de 1024 a 2047 e assim por diante.

Na camada inferior, executando em modo núcleo, existe um programa chamado **exonúcleo** (*exokernel*). Sua tarefa é alocar recursos para as máquinas virtuais e, então, verificar tentativas de utilizá-los para garantir que nenhuma máquina use recursos pertencentes à outra pessoa. Cada máquina virtual em nível de usuário pode executar seu próprio sistema operacional, como no VM/370 e nos 8086 virtuais do Pentium, exceto que cada uma está limitada a usar apenas os recursos que solicitou e que foram alocados.

A vantagem do esquema de exonúcleo é que ele economiza uma camada de mapeamento. Em outros projetos, cada máquina virtual "enxerga" um disco próprio, com blocos que vão de 0 até algum máximo, de modo que o monitor de máquina virtual precisa manter tabelas para fazer um novo mapeamento dos endereços de disco (e todos os outros recursos). Com o exonúcleo, esse novo mapeamento não é necessário. O exonúcleo só precisa monitorar qual recurso foi designado para qual máquina virtual. Esse método tem ainda a vantagem de separar a multiprogramação (no exonúcleo) do código do sistema operacional do usuário (no espaço de usuário), mas com menor sobrecarga, pois o exonúcleo precisa apenas manter as máquinas virtuais separadas.

1.5.5 Modelo cliente-servidor

O VM/370 ganha muito em simplicidade, movendo grande parte do código do sistema operacional tradicional (implementando a máquina estendida) para uma camada mais alta, a CMS. Entretanto, o VM/370 em si ainda é um programa complexo, pois simular diversos 370 virtuais não é *tão* simples assim (especialmente se você quiser fazer isso de maneira razoavelmente eficiente).

Uma tendência nos sistemas operacionais modernos é levar ainda mais longe essa idéia de mover código para camadas mais altas e remover o máximo possível do sistema operacional, deixando um **núcleo** mínimo, o **micronúcleo** (*microkernel*). A estratégia normal é implementar a maior parte das funções do sistema operacional em processos de usuário. Para solicitar um serviço, como ler um bloco de um arquivo, um processo de usuário (agora conhecido como **processo cliente**) envia uma requisição para um **processo servidor**, o qual então realiza o trabalho e devolve a resposta.

Nesse modelo, ilustrado na Figura 1-20, tudo que o núcleo faz é gerenciar a comunicação entre clientes e servidores. Dividir o sistema operacional em partes, cada uma gerenciando apenas uma faceta do sistema, como serviços de arquivo, serviços de processo, serviços de terminal ou serviços de memória, torna cada parte pequena e gerenciável. Além disso, como todos os servidores são executados como processos em modo usuário e não em modo núcleo, eles não têm acesso direto ao hardware. Como conseqüência, se ocorrer um erro no servidor de arquivos, o serviço de arquivos pode falhar, mas isso normalmente não derrubará a máquina inteira.

Outra vantagem do modelo cliente-servidor é sua capacidade de adaptação para uso em sistemas distribuídos (veja a Figura 1-21). Se um cliente se comunica com um servidor enviando mensagens a ele, o cliente não precisa saber se a mensagem é manipulada de forma

```
| Processo | Processo | Servidor de | Servidor de | ... | Sistema de | Servidor de |   } Modo usuário
| cliente  | cliente  | processos   | terminal    |     | arquivos   | memória     |
|                              Micronúcleo                                         |   } Modo núcleo
```

O cliente obtém o serviço enviando mensagens para processos servidores

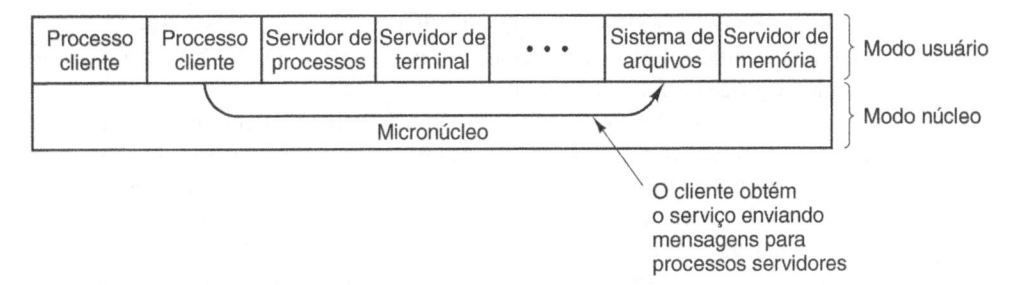

Figura 1-20   O modelo cliente-servidor.

local em sua própria máquina ou se foi enviada para um servidor em uma máquina remota por meio de uma rede. No que diz respeito ao cliente, a mesma coisa acontece nos dois casos: uma requisição foi enviada e uma resposta retornou.

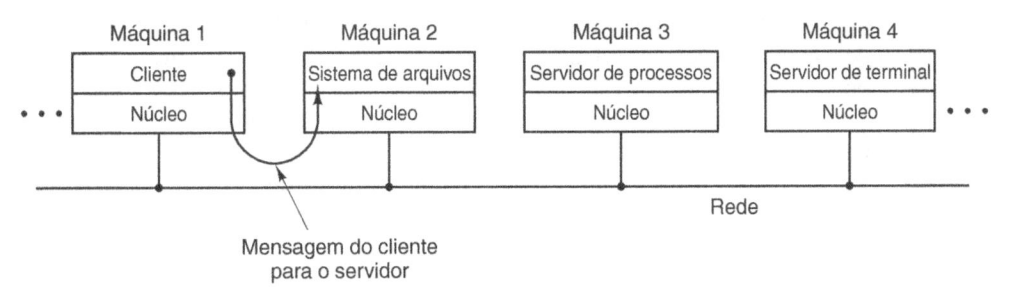

```
  Máquina 1         Máquina 2              Máquina 3              Máquina 4
 ┌──────────┐   ┌────────────────────┐   ┌────────────────────┐   ┌────────────────────┐
 │ Cliente  │   │ Sistema de arquivos│   │ Servidor de processos│ │ Servidor de terminal│
 │ Núcleo   │   │ Núcleo             │   │ Núcleo             │   │ Núcleo             │
 └──────────┘   └────────────────────┘   └────────────────────┘   └────────────────────┘
                                                                                    Rede
       Mensagem do cliente
       para o servidor
```

Figura 1-21   O modelo cliente-servidor em um sistema distribuído.

A figura esboçada acima, de um núcleo que manipula apenas o envio de mensagens de clientes para servidores e vice-versa, não é completamente realista. Algumas funções do sistema operacional (como a carga de comandos nos registradores de dispositivos de E/S físicos) são difíceis, senão impossíveis, de serem feitos a partir de programas em espaço de usuário. Há duas maneiras de lidar com esse problema. Uma delas é fazer com que alguns processos servidores críticos (por exemplo, os *drivers* de dispositivo de E/S) sejam executados realmente em modo núcleo, com acesso completo a todo o hardware, mas ainda se comuniquem com outros processos, utilizando o mecanismo normal de mensagens.

A outra maneira é construir um mínimo do **mecanismo** no núcleo, deixando as decisões **políticas** para os servidores no espaço de usuário. Por exemplo, o núcleo poderia reconhecer que uma mensagem enviada para um certo endereço especial significa pegar o conteúdo dessa mensagem e carregá-lo nos registradores do dispositivo de E/S de algum disco, para iniciar uma leitura de disco. Nesse exemplo, o núcleo nem mesmo inspecionaria os bytes presentes na mensagem para ver se seriam válidos ou significativos; ele apenas os copiaria cegamente nos registradores de dispositivo do disco. (Obviamente, deve ser utilizado algum esquema para restringir essas mensagens apenas aos processos autorizados.) A divisão entre mecanismo e política é um conceito importante; ela ocorre repetidamente nos sistemas operacionais em diversos contextos.

1.6   VISÃO GERAL DO RESTANTE DESTE LIVRO

Normalmente, os sistemas operacionais têm quatro componentes principais: gerenciamento de processos, gerenciamento de dispositivos de E/S, gerenciamento de memória e gerenciamento de arquivos. O MINIX 3 também é dividido nessas quatro partes. Os próximos quatro capítulos tratam desses quatro temas, um por capítulo. O Capítulo 6 contêm uma lista de leituras sugeridas e uma bibliografia.

Os capítulos sobre processos, E/S, gerenciamento de memória e sistema de arquivos têm a mesma estrutura geral. Primeiro são expostos os princípios gerais do assunto. Em seguida, é apresentada uma visão geral da área correspondente do MINIX 3 (que também se aplica ao UNIX). Finalmente, a implementação do MINIX 3 é discutida em detalhes. A seção de implementação pode ser estudada superficialmente, ou até pulada, sem perda de continuidade para os leitores que estejam interessados apenas nos princípios dos sistemas operacionais e não no código do MINIX 3. Os leitores que *estiverem* interessados em saber como funciona um sistema operacional real (o MINIX 3) devem ler todas as seções.

1.7 RESUMO

Os sistemas operacionais podem ser considerados sob dois pontos de vista: gerenciadores de recursos e máquinas estendidas. Na visão de gerenciador de recursos, a tarefa do sistema operacional é gerenciar eficientemente as diferentes partes do sistema. Na visão de máquina estendida, a tarefa do sistema é oferecer aos usuários uma máquina virtual mais conveniente para usar do que a máquina real.

Os sistemas operacionais têm uma longa história, iniciando na época em que substituíram o operador até os modernos sistemas de multiprogramação.

O centro de qualquer sistema operacional é o conjunto de chamadas de sistema que ele pode manipular. Elas indicam o que o sistema operacional realmente faz. Para o MINIX 3, essas chamadas podem ser divididas em seis grupos. O primeiro grupo de chamadas de sistema está relacionado à criação e ao término de processos. O segundo grupo manipula sinais. O terceiro grupo serve para ler e escrever arquivos. Um quarto grupo serve para gerenciamento de diretório. O quinto grupo trata de proteção e o sexto grupo de aspectos relacionados ao tempo.

Os sistemas operacionais podem ser estruturados de várias maneiras. As mais comuns são como um sistema monolítico, como uma hierarquia de camadas, como um sistema de máquina virtual, baseado em exonúcleo e usando o modelo cliente-servidor.

PROBLEMAS

1. Quais são as duas principais funções de um sistema operacional?
2. Qual é a diferença entre modo núcleo e modo usuário? Por que a diferença é importante para um sistema operacional?
3. O que é multiprogramação?
4. O que é *spooling*? Você acredita que os computadores pessoais avançados terão *spooling* como um recurso padrão no futuro?
5. Nos primeiros computadores, cada byte de dados lido ou escrito era diretamente tratado pela CPU (isto é, não havia DMA – *Direct Memory Access* – acesso direto à memória). Quais são as implicações dessa organização para a multiprogramação?
6. Por que o tempo compartilhado não era comum em computadores de segunda geração?

7. Quais das seguintes instruções devem ser permitidas apenas no modo núcleo?
   (a) Desabilitar todas interrupções.
   (b) Ler o relógio de hora do dia.
   (c) Configurar o relógio de hora do dia.
   (d) Mudar o mapeamento da memória.

8. Relacione algumas diferenças entre os sistemas operacionais de computadores pessoais e os sistemas operacionais de computadores de grande porte.

9. Dê um motivo pelo qual um sistema operacional patenteado, de código-fonte fechado, como o Windows, deve ter qualidade melhor do que um sistema operacional de código-fonte aberto, como o Linux. Agora, dê um motivo pelo qual um sistema operacional de código-fonte aberto, como o Linux, deve ter qualidade melhor do que um sistema operacional patenteado, de código-fonte fechado, como o Windows.

10. Um arquivo do MINIX, cujo proprietário tem UID = 12 e GID = 1, tem o modo *rwxr-x---*. Outro usuário, com UID = 6, GID = 1, tenta executar o arquivo. O que acontecerá?

11. Em vista do fato de que a simples existência de um superusuário pode levar a todos os tipos de problemas de segurança, por que existe tal conceito?

12. Todas as versões do UNIX suportam atribuição de nomes de arquivo usando caminhos absolutos (relativos à raiz) e caminhos relativos (relativos ao diretório de trabalho). É possível descartar um deles e usar apenas o outro? Se for assim, qual deles você sugeriria manter?

13. Por que a tabela de processos é necessária em um sistema de tempo compartilhado? Ela também seria necessária em sistemas operacionais de computador pessoal, nos quais existe apenas um processo, com esse processo tomando conta da máquina inteira até que termine?

14. Qual é a diferença básica entre um arquivo especial de bloco e um arquivo especial de caractere?

15. No MINIX 3, se o usuário 2 cria um vínculo (*link*) para um arquivo pertencente ao usuário 1 e, então, o usuário 1 remove esse arquivo, o que acontece quando o usuário 2 tenta ler o arquivo?

16. Os *pipes* são um recurso fundamental? Alguma funcionalidade importante seria perdida se eles não estivessem disponíveis?

17. Os instrumentos modernos para o consumidor, como equipamentos estéreos e câmaras digitais, freqüentemente têm uma tela na qual podem ser inseridos comandos e os resultados podem ser vistos. Muitas vezes, esses equipamentos têm interiormente um sistema operacional primitivo. A que parte de um software de computador pessoal o processamento de comandos por meio da tela de um equipamento estéreo ou de uma câmara é semelhante?

18. O Windows não tem uma chamada de sistema fork, embora seja capaz de criar novos processos. Dê um palpite abalizado sobre a semântica da chamada de sistema utilizada pelo Windows para criar novos processos.

19. Por que a chamada de sistema chroot é limitada ao superusuário? (*Dica*: pense nos problemas de proteção.)

20. Examine a lista de chamadas de sistema da Figura 1-9. Qual delas você acha que provavelmente será executada mais rapidamente? Explique sua resposta.

21. Suponha que um computador possa executar 1 bilhão de instruções/s e que uma chamada de sistema ocupe 1000 instruções, incluindo a interrupção e toda a troca de contexto. Quantas chamadas de sistema o computador pode executar por segundo e ainda ter metade da capacidade da CPU para executar código de aplicativos?

22. Existe uma chamada de sistema mknod na Figura 1-16, mas não há chamada de rmnod. Isso significa que você precisa tomar muito cuidado ao criar *i-nodes* dessa maneira porque não há meios de remover todos eles?

23. Por que o MINIX 3 tem o programa *update* executando em segundo plano (*background*) o tempo todo?

24. Faz algum sentido ignorar o sinal SIGALRM?

25. O modelo cliente-servidor é popular em sistemas distribuídos. Ele também pode ser utilizado em um sistema de um único computador?

26. As versões iniciais do Pentium não suportavam um monitor de máquina virtual. Qual característica fundamental é necessária para permitir que uma máquina possa se tornar virtual?

27. Escreva um programa (ou uma série de programas) para testar todas as chamadas de sistema do MINIX 3. Para cada chamada, experimente vários conjuntos de parâmetros, incluindo alguns incorretos, para ver se eles são detectados.

28. Escreva um *shell* semelhante ao da Figura 1-10, mas contendo código suficiente para realmente funcionar, de modo que você possa testá-lo. Você também poderia adicionar alguns recursos, como redirecionamento de entrada e saída, *pipes* e *jobs* em segundo plano (*background*).

2
PROCESSOS

Agora, estamos prestes a entrar em um estudo detalhado sobre como os sistemas operacionais em geral (e o MINIX 3 em particular) são projetados e construídos. O conceito central em qualquer sistema operacional é o de *processo*: uma abstração de um programa em execução. Tudo mais depende desse conceito e é importante que o projetista de sistema operacional (e o estudante) o entenda bem.

2.1 INTRODUÇÃO

Todos os computadores modernos podem fazer várias coisas ao mesmo tempo. Enquanto executa um programa do usuário, um computador também pode estar lendo um disco e gerando saída de texto em uma tela ou impressora. Em um sistema com multiprogramação, a CPU também alterna de um programa para outro, executando cada um deles por dezenas ou centenas de milissegundos. Rigorosamente falando, a qualquer momento, enquanto a CPU está executando apenas um programa, durante 1 segundo ela pode trabalhar em vários programas, dando aos usuários a ilusão de paralelismo. Às vezes, as pessoas falam de **pseudoparalelismo** nesse contexto, para contrastar com o verdadeiro paralelismo de hardware dos sistemas **multiprocessadores** (que têm duas ou mais CPUs compartilhando a mesma memória física). É difícil para as pessoas acompanhar múltiplas atividades paralelas. Assim, com o passar dos anos, os projetistas de sistemas operacionais desenvolveram um modelo conceitual (os processos seqüenciais) que torna mais fácil tratar com o paralelismo. Esse modelo, suas aplicações e algumas de suas conseqüências são o assunto deste capítulo.

2.1.1 O modelo de processo

Neste modelo, todo o software executável no computador, às vezes incluindo o sistema operacional, é organizado em diversos **processos seqüenciais** ou, para simplificar, apenas **processos**. Um processo é simplesmente um programa em execução, incluindo os valores correntes do contador de programa, dos registradores e das variáveis. Conceitualmente, cada processo tem sua própria CPU virtual. É claro que, na verdade, a CPU alterna de um processo para outro, mas para entender o sistema é muito mais fácil pensar em um conjunto de processos executados em (pseudo) paralelo do que tentar acompanhar o modo como a CPU troca de um programa para outro. Essa rápida alternância é chamada de **multiprogramação**, como vimos no Capítulo 1.

Na Figura 2-1(a), vemos um computador multiprogramado com quatro programas em memória. Na Figura 2-1(b), vemos quatro processos, cada um com seu próprio fluxo de controle (isto é, seu próprio contador de programa) e cada um executando independentemente dos outros. É claro que existe apenas um contador de programa físico, de modo que, quando cada processo é executado, seu contador de programa lógico é carregado no contador de programa físico. Quando ele termina, o contador de programa físico é salvo no contador de programa lógico do processo, em memória. Na Figura 2-1(c), vemos que, observados por um intervalo de tempo suficientemente longo, todos os processos fizeram progresso, mas em um dado instante apenas um está sendo executado.

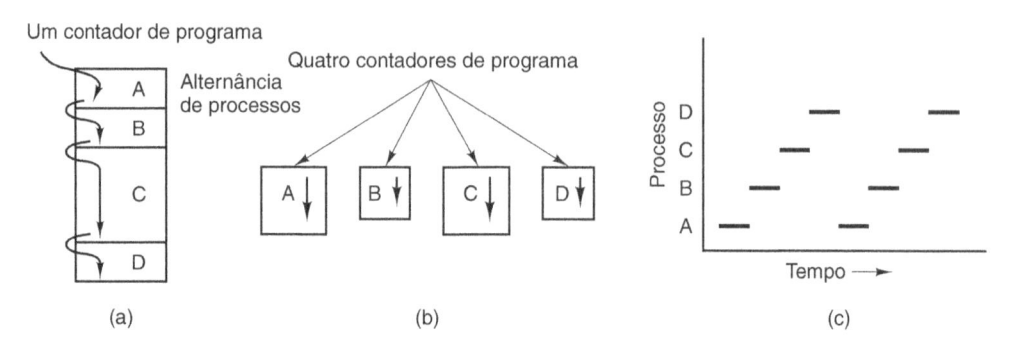

Figura 2-1 (a) Multiprogramação de quatro programas. (b) Modelo conceitual de quatro processos seqüenciais independentes. (c) Apenas um programa está ativo em dado instante.

Com a CPU alternando entre os processos, a velocidade com que um processo faz sua computação não será uniforme e, provavelmente, nem mesmo poderá ser reproduzida se os mesmos processos forem executados novamente. Assim, os processos não devem ser programados com suposições sobre temporização estabelecidas. Considere, por exemplo, um processo de E/S que inicializa uma fita *streamer* para restaurar o *backup* de arquivos, executa um laço de espera 10.000 vezes para permitir que ela atinja a velocidade correta e, depois, executa um comando para ler o primeiro registro. Se a CPU decidir trocar para outro processo durante o laço de espera, o processo da fita poderá não ser executado novamente até que o primeiro registro tenha passado pelo cabeçote de leitura. Quando um processo tem requisitos de tempo real críticos como esse (isto é, eventos particulares *devem* ocorrer dentro de um tempo específico), medidas especiais devem ser tomadas para garantir que eles sejam cumpridos. Normalmente, entretanto, a maioria dos processos não é afetada pela multiprogramação da CPU, nem pelas velocidades relativas dos diferentes processos.

A diferença entre um processo e um programa é sutil, mas decisiva. Uma analogia pode ajudar a esclarecer esse ponto. Considere um profissional de computação com dotes culinários que está assando um bolo de aniversário para sua filha. Ele tem uma receita de bolo e uma cozinha bem-equipada, com os ingredientes necessários: farinha, ovos, açúcar, essência de baunilha etc. Nessa analogia, a receita é o programa (isto é, um algoritmo expresso em alguma notação conveniente), o profissional de computação é o processador (CPU) e os ingredientes do bolo são os dados de entrada. O processo é a atividade que consiste em nosso confeiteiro ler a receita, buscar os ingredientes e assar o bolo.

Agora, imagine que o filho do profissional de computação apareça chorando, dizendo que foi picado por uma abelha. O profissional de computação memoriza o ponto onde estava na receita (o estado do processo atual é salvo), procura um manual de primeiros socorros e começa a seguir as orientações. Vemos aqui o processador alternando de um processo (assar) para outro de prioridade mais alta (prestar cuidados médicos), cada um tendo um programa diferente (receita *versus* manual de primeiros socorros). Quando a picada de abelha tiver sido tratada, o profissional de computação volta para seu bolo, continuando a partir do ponto onde estava.

A idéia-chave aqui é que um processo é um tipo de atividade. Ele tem um programa, entrada, saída e um estado. Um único processador pode ser compartilhado entre vários processos, com algum algoritmo de escalonamento sendo utilizado para determinar quando deve interromper o trabalho em um processo e atender outro.

2.1.2 Criação de processos

Os sistemas operacionais precisam de alguma maneira de garantir que todos os processos necessários existam. Em sistemas muito simples, ou em sistemas projetados para executar um único aplicativo (por exemplo, controlar um dispositivo em tempo real), é possível ter todos os processos que serão necessários presentes quando o sistema inicia. Contudo, nos sistemas de propósito geral, é necessário alguma maneira de criar e terminar processos durante a operação. Veremos agora alguns dos problemas.

Existem quatro eventos principais que acarretam a criação de processos:

1. Inicialização do sistema.
2. Realização de uma chamada de sistema por um processo em execução para criação de processo.
3. Um pedido de usuário para criar um novo processo.
4. Início de uma tarefa em lote.

Quando um sistema operacional é inicializado, freqüentemente vários processos são criados. Alguns deles são processos de primeiro plano (*foreground*); isto é, processos que interagem com os usuários (humanos) e executam trabalho para eles. Outros são processos de segundo plano (*background*), os quais não são associados a usuários em particular, mas, em vez disso, têm alguma função específica. Por exemplo, um processo de segundo plano pode ser projetado para aceitar pedidos de páginas web contidas nessa máquina, sendo acionado quando chega um pedido para ser atendido. Os processos que ficam em segundo plano para executar alguma atividade, como buscar páginas web, impressão etc., são chamados de **daemons**. Os sistemas grandes normalmente têm dezenas deles. No MINIX 3, o programa *ps* pode ser usado para listar os processos que estão em execução.

Além dos processos criados no momento da inicialização, novos processos também podem ser criados depois. Freqüentemente, um processo em execução fará chamadas de sistema para criar um ou mais processos novos, para ajudá-lo a fazer seu trabalho. A criação de novos processos é particularmente útil quando o trabalho a ser feito pode ser facilmente formulado em termos de vários processos relacionados que estão interagindo, mas que são independentes. Por exemplo, ao se compilar um programa grande, o programa *make* ativa o compilador C para converter arquivos fonte em código objeto e depois ativa o programa *install* para copiar o programa em seu destino, configurar o proprietário e as permissões etc. No MINIX 3, o compilador C em si é, na realidade, composto por vários programas diferentes, os quais trabalham em conjunto. Isso inclui um pré-processador, um analisador sintático da linguagem C, um gerador de código em linguagem *assembly*, um montador e um ligador (*linker*).

Nos sistemas interativos, os usuários podem iniciar um programa digitando um comando. No MINIX 3, consoles virtuais permitem que um usuário inicie um programa, digamos, um compilador, e depois troque para um console alternativo e inicie outro programa, talvez para editar a documentação, enquanto o compilador está em execução.

A última situação em que processos são criados se aplica apenas aos sistemas de lote encontrados nos computadores de grande porte. Aqui, os usuários podem submeter tarefas de lote para o sistema (possivelmente de forma remota). Quando o sistema operacional decide que tem recursos suficientes para executar outra tarefa, ele cria um novo processo e executa a próxima tarefa de sua fila de entrada.

Tecnicamente, em todos esses casos, um novo processo é criado fazendo-se com que um processo existente execute uma chamada de sistema para criação de processo. Esse processo pode ser um processo de usuário em execução, um processo de sistema ativado a partir do teclado ou mouse, ou ainda um processo do gerenciador de lotes. O que esse processo faz é executar uma chamada de sistema para criar o novo processo. Essa chamada de sistema instrui o sistema operacional a criar um novo processo e indica, direta ou indiretamente, qual programa deve ser executado.

No MINIX 3, existe apenas uma chamada de sistema para criar um novo processo: fork. Essa chamada cria um clone exato do processo que fez a chamada. Após a chamada de fork, os dois processos, o pai e o filho, têm a mesma imagem da memória, as mesmas strings de ambiente e os mesmos arquivos abertos. Isso é tudo. Normalmente, o processo filho executa então **execve** ou uma chamada de sistema similar, para alterar sua imagem da memória e executar um outro programa. Por exemplo, quando um usuário digita um comando, digamos, *sort*, no *shell*, este cria um processo filho e o filho executa *sort*. O motivo desse processo de duas etapas é permitir que o filho manipule seus descritores de arquivo após a chamada de **fork**, mas antes de **execve**, para fazer o redirecionamento da entrada padrão, da saída padrão e do erro padrão.

No MINIX 3 e no UNIX, depois que um processo é criado, tanto o pai quanto o filho têm seus próprios espaços de endereçamento distintos. Se um dos processos alterar uma palavra em seu espaço de endereçamento, ela não será visível para o outro processo. O espaço de endereçamento inicial do filho é uma *cópia* do espaço de endereçamento do pai, mas existem dois espaços de endereçamento distintos envolvidos; nenhuma porção de memória passível de ser escrita é compartilhada (assim como em algumas implementações de UNIX, o MINIX 3 pode compartilhar o texto do programa entre os dois, desde que não possa ser modificado). Entretanto, é possível que um processo recentemente criado compartilhe alguns outros recursos de seu criador, como os arquivos abertos.

2.1.3 Término de processos

Após um processo ser criado, ele começa a ser executado e faz seu trabalho, seja qual for. Entretanto, nada dura para sempre, nem mesmo os processos. Mais cedo ou mais tarde, o novo processo terminará, normalmente devido a uma das seguintes condições:

1. Término normal (voluntário)
2. Término por erro (voluntário)
3. Erro fatal (involuntário)
4. Eliminado por outro processo (involuntário)

A maioria dos processos termina porque já fez seu trabalho. Quando um compilador tiver compilado o programa recebido, ele executa uma chamada de sistema para dizer ao sistema operacional que terminou. No MINIX 3, essa chamada é a **exit**. Os programas também aceitam término voluntário. Por exemplo, os editores sempre têm uma combinação de teclas que o usuário pode utilizar para instruir o processo a salvar o arquivo de trabalho, remover os arquivos temporários que estão abertos e terminar.

O segundo motivo de término é o fato de o processo descobrir um erro fatal. Por exemplo, se um usuário digitar o comando

cc foo.c

para compilar o programa *foo.c* e esse arquivo não existir, o compilador simplesmente encerrará.

O terceiro motivo para o término é um erro causado pelo processo, talvez devido a um erro no programa. Exemplos incluem a execução de uma instrução inválida, referência à memória inexistente ou divisão por zero. No MINIX 3, um processo pode dizer ao sistema operacional que deseja tratar de certos erros sozinho, no caso em que o processo é sinalizado (interrompido), em vez de terminar quando um dos erros ocorre.

O quarto motivo pelo qual um processo poderia terminar é o fato de executar uma chamada de sistema instruindo o sistema operacional a eliminar algum outro processo. No MINIX 3, essa chamada é a kill. É claro que o processo que vai eliminar o outro deve ter a autorização necessária para isso. Em alguns sistemas, quando um processo termina, voluntariamente ou não, todos os processos que criou também são eliminados imediatamente. Contudo, o MINIX 3 não funciona assim.

2.1.4 Hierarquia de processos

Em alguns sistemas, quando um processo cria outro, o pai e o filho continuam associados de certas maneiras. O próprio filho pode criar mais processos, formando uma hierarquia de processos. Ao contrário das plantas e dos animais, que usam reprodução sexual, um processo tem apenas um pai (mas zero, um, dois ou mais filhos).

No MINIX 3, um processo, seus filhos e outros descendentes podem, juntos, formar um grupo de processos. Quando um usuário envia um sinal do teclado, o sinal pode ser enviado para todos os membros do grupo de processos correntemente associados ao teclado (normalmente, todos os processos que foram criados na janela corrente). Isso é a dependência de sinal. Se um sinal é enviado para um grupo, cada processo pode capturá-lo, ignorá-lo ou executar a ação padrão, que é ser eliminado pelo sinal.

Como um exemplo simples de como as árvores de processos são utilizadas, vamos ver como o MINIX 3 se inicializa. Dois processos especiais, o **servidor de reencarnação** e **init** estão presentes na imagem de *boot*. A tarefa do servidor de reencarnação é (re)iniciar *drivers* e servidores. Ele começa bloqueado, a espera de mensagens que o instrua sobre o que criar.

Em contraste, *init* executa o *script /etc/rc*, que o faz enviar comandos para o servidor de reencarnação para iniciar os *drivers* e servidores ausentes na imagem de *boot*. Esse procedimento torna os *drivers* e os servidores filhos do servidor de reencarnação, de modo que, se qualquer um deles terminar, o servidor de reencarnação será informado e poderá reiniciá-los (isto é, reencarná-los) novamente. Esse mecanismo se destina a permitir que o MINIX 3 tolere uma falha de *driver* ou de servidor, pois um novo *driver* ou servidor será iniciado automaticamente. Contudo, na prática, substituir um *driver* é muito mais fácil do que substituir um servidor, pois há menos repercussão em outras partes do sistema. (E não podemos dizer que isso sempre funciona perfeitamente; ainda há trabalho em andamento.)

Quando *init* tiver terminado de fazer isso, ele lê um arquivo de configuração (*/etc/ttytab*) para ver quais terminais reais e virtuais existem. *Init* cria (com fork) um processo *getty* para cada um deles, exibe um *prompt* de *login* e depois espera pela entrada. Quando um nome é digitado, *getty* executa (com **exec**) um processo *login* tendo o nome como seu argumento. Se o usuário tiver êxito na conexão, *login* executará (com **exec**) o *shell* do usuário. Portanto, o *shell* é um filho de *init*. Comandos do usuário criam filhos do *shell*, os quais são netos de *init*. Essa seqüência de eventos é um exemplo de como as árvores de processos são usadas. Contudo, os códigos do servidor de reencarnação e de *init* não estão listados neste livro; o *shell* também não está. A linha tinha de ser traçada em algum lugar. Mas agora você tem a idéia básica.

2.1.5 Estados de um processo

Embora cada processo seja uma entidade independente, com seu próprio contador de programa, registradores, pilha, arquivos abertos, alarmes e outros estados internos, os processos freqüentemente precisam interagir, se comunicar e se sincronizar com outros processos. Por exemplo, um processo pode gerar uma saída que outro processo utiliza como entrada. Nesse caso, os dados precisam ser movidos entre os processos. No comando de *shell*

    cat chapter1 chapter2 chapter3 | grep tree

o primeiro processo, executando *cat*, concatena três arquivos e produz uma saída. O segundo processo, executando *grep*, seleciona todas as linhas que contêm a palavra "tree". Dependendo das velocidades relativas dos dois processos (que dependem da complexidade relativa dos programas e de quanto tempo da CPU cada um recebeu), pode acontecer que *grep* esteja pronto para executar, mas não haja nenhuma entrada esperando por ele. Então, ele deve ser **bloqueado** até que a entrada esteja disponível.

Quando um processo é bloqueado, isso acontece porque logicamente ele não pode continuar, normalmente, porque está esperando uma entrada que ainda não está disponível. Também é possível que um processo que esteja conceitualmente pronto e capaz de executar, seja interrompido porque o sistema operacional decidiu alocar a CPU temporariamente para outro processo. Essas duas condições são completamente diferentes. No primeiro caso, a suspensão é inerente ao problema (você não pode processar a linha de comando do usuário até que ele a tenha digitado). No segundo caso, trata-se de um aspecto técnico do sistema (falta de CPUs suficientes para dar a cada processo seu próprio processador). Na Figura 2-2, vemos um diagrama de estados mostrando os três estados em que um processo pode estar:

1. Executando (realmente utilizando a CPU nesse instante)
2. Pronto (executável; temporariamente parado para permitir que outro processo seja executado)
3. Bloqueado (incapaz de executar até que algum evento externo aconteça)

Logicamente, os dois primeiros estados são semelhantes. Nos dois casos, o processo está pronto para executar, só que no segundo não há nenhuma CPU disponível para ele, temporariamente. O terceiro estado é diferente dos dois primeiros porque o processo não pode executar, mesmo que a CPU não tenha mais nada a fazer.

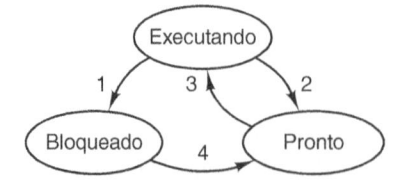

1. O processo é bloqueado para entrada
2. O escalonador seleciona outro processo
3. O escalonador seleciona esse processo
4. A entrada torna-se disponível

Figura 2-2 Um processo pode estar em execução, bloqueado ou pronto. As transições entre esses estados são como mostradas.

Conforme mostrado, são possíveis quatro transições entre esses três estados. A transição 1 ocorre quando um processo descobre que não pode continuar. Em alguns sistemas, o processo precisa executar uma chamada de sistema, block ou pause, para entrar no estado bloqueado. Em outros sistemas, incluindo o MINIX 3, quando um processo lê um *pipe* ou um arquivo especial (por exemplo, um terminal) e não há nenhuma entrada disponível, ele muda automaticamente do estado em execução para o estado bloqueado.

As transições 2 e 3 são causadas pelo escalonador, que faz parte do sistema operacional, sem que o processo nem mesmo saiba a respeito delas. A transição 2 ocorre quando o escalonador decide que o processo em execução atuou por tempo suficiente e é hora de outro processo receber algum tempo da CPU. A transição 3 ocorre quando todos os outros processos já tiveram sua justa parte e é hora de o primeiro deles receber a CPU para executar novamente. O escalonamento – decidir qual processo deve ser executado, quando e por quanto tempo – é um assunto importante. Muitos algoritmos têm sido projetados para tentar equilibrar as demandas de eficiência concorrentes para o sistema como um todo e a imparcialidade para os processos individuais. Veremos o escalonamento e estudaremos alguns desses algoritmos posteriormente neste capítulo.

A transição 4 ocorre quando o evento externo pelo qual um processo estava esperando acontece (por exemplo, a chegada de alguma entrada). Se nenhum outro processo estiver sendo executado nesse instante, a transição 3 será ativada imediatamente e o processo começará a executar. Caso contrário, talvez ele tenha de esperar no estado pronto por alguns instantes, até que a CPU esteja disponível.

Usando o modelo de processos, torna-se muito mais fácil pensar no que está ocorrendo dentro do sistema. Alguns processos executam programas que executam comandos digitados por um usuário. Outros processos fazem parte do sistema e executam tarefas como fazer requisições de serviços de arquivo ou gerenciar os detalhes da operação de um disco ou de uma unidade de fita. Quando ocorre uma interrupção de disco, o sistema pode tomar a decisão de parar de executar o processo corrente e executar o processo de disco, que estava bloqueado esperando essa interrupção. Dissemos "pode tomar a decisão", porque isso depende das prioridades relativas do processo em execução e do processo do *driver* de disco. Mas a questão é que, em vez de pensar sobre interrupções, podemos pensar em processos de usuário, processos de disco, processos de terminal etc., que são bloqueados quando estão esperando algo acontecer. Quando o bloco de disco for lido ou o caractere digitado, o processo que estava esperando por isso é desbloqueado e é fica pronto para executar novamente.

Essa visão dá origem ao modelo mostrado na Figura 2-3. Aqui, o nível mais baixo do sistema operacional é o escalonador, com uma variedade de processos sobre ele. Todo o tratamento de interrupção e os detalhes sobre como realmente iniciar e parar processos ficam ocultos no escalonador, que na verdade é bem pequeno. O restante do sistema operacional é estruturado elegantemente na forma de processos. O modelo da Figura 2-3 é utilizado no MI-

		Processos		
0	1	...	n − 2	n − 1
Escalonador				

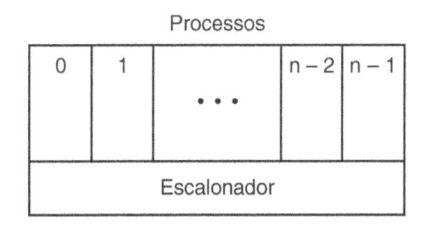

Figura 2-3 A camada inferior de um sistema operacional estruturado em processos trata das interrupções e do escalonamento. Acima dessa camada estão os processos seqüenciais.

NIX 3. É claro que o "escalonador" não é o único elemento na camada inferior; também há suporte para tratamento de interrupções e para comunicação entre processos. Contudo, para uma primeira abordagem, isso serve para mostrar a estrutura básica.

2.1.6 Implementação de processos

Para implementar o modelo de processos, o sistema operacional mantém uma tabela (um *array* de estruturas), chamada **tabela de processos**, com uma entrada por processo. (Alguns autores chamam essas entradas de **bloco de controle de processo**.) Essa entrada contém informações sobre o estado do processo, sobre seu contador de programa, sobre o ponteiro da pilha, sobre a alocação de memória, sobre o status de seus arquivos abertos, suas informações de contabilidade e de escalonamento, alarmes e outros sinais, e tudo mais sobre o processo, as quais devem ser salvas quando o processo muda do estado *em execução* para *pronto*, a fim de que ele possa ser reiniciado posteriormente como se nunca tivesse sido interrompido.

No MINIX 3, a comunicação entre processos, o gerenciamento da memória e o gerenciamento de arquivos são tratados por módulos separados dentro do sistema, de modo que a tabela de processos é subdividida, com cada módulo mantendo os campos de que precisa. A Figura 2-4 mostra alguns dos campos mais importantes. Os campos da primeira coluna são os únicos relevantes para este capítulo. As outras duas colunas são fornecidas apenas para dar uma idéia das informações necessárias para outras partes no sistema.

Núcleo	Gerenciamento de processos	Gerenciamento de arquivos
Registradores	Ponteiro para o segmento de texto	Máscara UMASK
Contador de programa		Diretório raiz
Palavra de status do programa	Ponteiro para o segmento de dados	Diretório de trabalho
Ponteiro da pilha		Descritores de arquivo
Estado do processo	Ponteiro para o segmento *bss*	Id real
Prioridade de escalonamento corrente	Status de saída	UID efetivo
	Status de sinal	GID real
Prioridade máxima da escalonamento	ID do processo	GID efetivo
	Processo pai	*tty* de controle
Tiques de escalonamento restantes	Grupo do processo	Área de salvamento para leitura/escrita
	Tempo de CPU dos filhos	
Tamanho do *quantum*	UID real	Parâmetros da chamada de sistema
Tempo de CPU usado	UID efetivo	
Ponteiros da fila de mensagens	GID real	Bits de flag
Bits de sinais pendentes	GID efetivo	
Bits de flag	Informações de arquivo para compartilhar texto	
Nome do processo	Mapas de bits de sinais	
	Vários bits de flag	
	Nome do processo	

Figura 2-4 Alguns campos da tabela de processos do MINIX 3. Os campos são distribuídos pelo núcleo, pelo gerenciador de processos e pelo sistema de arquivos.

Agora que já vimos a tabela de processos, é possível explicar um pouco mais como a ilusão de múltiplos processos seqüenciais é mantida em uma máquina com uma única CPU e muitos dispositivos de E/S. Tecnicamente, o texto a seguir é uma descrição de como o escalonador da Figura 2-3 funciona no MINIX 3, mas a maioria dos sistemas operacionais modernos funciona basicamente da mesma maneira. Associada a cada classe de dispositivo de E/S (por exemplo, disquetes, discos rígidos, temporizadores, terminais), existe uma estrutura de dados em uma tabela chamada de **tabela de descritores de interrupção**. A parte mais importante de cada entrada nessa tabela é chamada de **vetor de interrupção**. Ele contém o endereço da rotina de tratamento do serviço de interrupção. Suponha que o processo do usuário 23 esteja sendo executado, quando ocorre uma interrupção de disco. O contador de programa, a palavra de status do programa e, possivelmente, um ou mais registradores, são colocados na pilha (corrente) pelo hardware de interrupção. Então, o computador salta para o endereço especificado no vetor de interrupção de disco. Isso é tudo que o hardware faz. Daí em diante, fica por conta do software.

A rotina do serviço de interrupção começa salvando todos os registradores na entrada da tabela de processos do processo corrente. O número do processo corrente e um ponteiro para sua entrada são mantidos em variáveis globais para que possam ser localizados rapidamente. Então, as informações postas na pilha pela interrupção são removidas e o ponteiro da pilha é configurado para uma pilha temporária, utilizada pela rotina de tratamento de processos. Ações como salvar os registradores e configurar o ponteiro da pilha não podem nem mesmo ser expressas em linguagens de alto nível, como C; portanto, elas são executadas por uma pequena rotina em linguagem *assembly*. Quando essa rotina termina, ela chama uma função em C para fazer o restante do trabalho para esse tipo específico de interrupção.

A comunicação entre processos no MINIX 3 ocorre por meio de mensagens; portanto, o próximo passo é construir uma mensagem para ser enviada para o processo de disco, o qual será bloqueado para esperar por ela. A mensagem informa que ocorreu uma interrupção, para distingui-la das mensagens de processos de usuário solicitando a leitura de blocos de disco e coisas semelhantes. O estado do processo de disco agora é alterado de *bloqueado* para *pronto* e o escalonador é chamado. No MINIX 3, os processos podem ter prioridades diferentes, para fornecer um serviço melhor para as rotinas de tratamento de dispositivo de E/S do que para os processos de usuário, por exemplo. Se o processo de disco agora for o processo executável de prioridade mais alta, ele será escalonado para execução. Se o processo que foi interrompido é igualmente importante ou mais, então ele será escalonado para executar novamente e o processo de disco terá de esperar alguns instantes.

De qualquer modo, a função em C ativada pelo código de interrupção em linguagem *assembly* retorna nesse momento e esse código carrega os registradores e o mapa da memória do processo agora corrente e inicia sua execução. O tratamento e o escalonamento de interrupções estão resumidos na Figura 2-5. Vale notar que os detalhes variam ligeiramente de um sistema para outro.

---

1. O hardware empilha o contador de programa
2. O hardware carrega um novo contador de programa a partir do vetor de interrupção.
3. A rotina em linguagem *assembly* salva os registradores.
4. A rotina em linguagem *assembly* configura a nova pilha.
5. O serviço de interrupção em linguagem C constrói e envia a mensagem.
6. O código de passagem de mensagens marca como pronto o destinatário da mensagem em espera.
7. O escalonador decide qual processo vai ser executado em seguida.
8. A rotina em linguagem C retorna para o código em linguagem *assembly*.
9. A rotina em linguagem *assembly* inicia o novo processo corrente.

Figura 2-5 Esqueleto do que faz o nível mais baixo do sistema operacional quando ocorre uma interrupção.

2.1.7 Threads

Nos sistemas operacionais tradicionais, cada processo tem um espaço de endereçamento e um único fluxo de controle. Na verdade, essa é praticamente a definição de processo. Contudo, freqüentemente existem situações em que é desejável ter vários fluxos de controle no mesmo espaço de endereçamento, executando quase em paralelo, como se fossem processos separados (exceto quanto ao espaço de endereçamento compartilhado). Normalmente, esses fluxos de controle são chamados de *threads*, embora algumas pessoas os chamem de **processos leves**.

Uma maneira de "enxergar" um processo é como um modo de agrupar recursos relacionados. Um processo tem um espaço de endereçamento contendo texto e dados do programa, assim como outros recursos. Esses recursos podem incluir arquivos abertos, processos filhos, alarmes pendentes, rotinas de tratamento de sinal, informações de contabilização e muito mais. Colocando-os juntos na forma de um processo, eles podem ser gerenciados mais facilmente.

O outro conceito que um processo tem é o de fluxo de execução, normalmente denominado apenas por *thread*. Uma *thread* tem um contador de programa que controla qual instrução vai ser executada. Ela possui registradores, os quais contêm suas variáveis de trabalho correntes. Possui uma pilha, que contém o histórico de execução, com um bloco para cada função chamada, mas das quais ainda não houve retorno. Embora uma *thread* deva ser executada em algum processo, a *thread* e seu processo são conceitos diferentes e podem ser tratados separadamente. Os processos são usados para agrupar recursos; as *threads* são as entidades programadas para execução na CPU.

O que as *threads* acrescentam no modelo de processo é o fato de permitir que várias execuções ocorram no mesmo ambiente de processo de forma bastante independente umas da outras. Na Figura 2-6(a), vemos três processos tradicionais. Cada processo tem seu próprio espaço de endereçamento e uma única *thread* de controle. Em contraste, na Figura 2-6(b), vemos um único processo com três *threads* de controle. Embora, nos dois casos, tenhamos três *threads*, na Figura 2-6(a) cada uma delas opera em um espaço de endereçamento diferente, enquanto na Figura 2-6(b) as três compartilham o mesmo espaço de endereçamento.

Como exemplo de onde múltiplas *threads* poderiam ser utilizadas, considere um processo navegador web. Muitas páginas web contêm diversas imagens pequenas. Para cada imagem em uma página web, o navegador deve estabelecer uma conexão separada com o site de base da página e solicitar a imagem. Muito tempo é gasto no estabelecimento e na liberação de todas essas conexões. Com múltiplas *threads* dentro do navegador, várias ima-

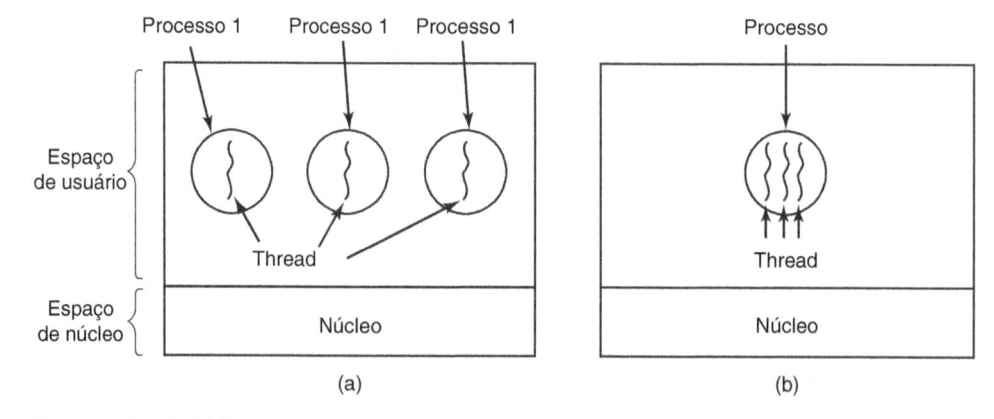

Figura 2-6 (a) Três processos, cada um com uma *thread*. (b) Um processo com três *threads*.

gens podem ser solicitadas ao mesmo tempo, na maioria dos casos aumentando bastante o desempenho, pois com pequenas imagens o fator limitante é o tempo de estabelecimento da conexão e não velocidade da linha de transmissão.

Quando múltiplas *threads* estão presentes no mesmo espaço de endereçamento, alguns dos campos da Figura 2-4 não são por processo, mas por *thread*, de modo que é necessária uma tabela de segmentos separada, com uma entrada por *thread*. Entre os itens por *thread* estão o contador de programa, os registradores e o estado. O contador de programa é necessário porque, assim como os processos, as *threads* podem ser suspensas e retomadas. Os registradores são necessários porque quando as *threads* são suspensas, seus registradores devem ser salvos. Finalmente, assim como os processos, as *threads* podem estar no estado *em execução*, *pronto* ou *bloqueado*. A Figura 2-7 lista alguns itens por processo e por *thread*.

Itens por processo	Itens por *thread*
Espaço de endereçamento Variáveis globais Arquivos abertos Processos filhos Alarmes pendentes Sinais e rotinas de tratamento de sinal Informações de contabilização	Contador de programa Registradores Pilha Estado

Figura 2-7 A primeira coluna lista alguns itens compartilhados por todas as *threads* em um processo. A segunda lista alguns itens privativos de cada *thread*.

Em alguns sistemas, o sistema operacional não está ciente da existência das *threads*. Em outras palavras, elas são gerenciadas inteiramente em espaço de usuário. Quando uma *thread* está para ser bloqueada, por exemplo, ela escolhe e inicia seu sucessor, antes de parar. Vários pacotes de *threads* em nível de usuário são de uso comum, incluindo os pacotes POSIX *P-threads* e Mach *C-threads*.

Em outros sistemas, o sistema operacional está ciente da existência de múltiplas *threads* por processo, de modo que, quando uma *thread* é bloqueada, o sistema operacional escolhe a próxima a executar, seja do mesmo processo, seja de um diferente. Para fazer o escalonamento, o núcleo precisa ter uma tabela de *threads* listando todas as *threads* presentes no sistema, análoga à tabela de processos.

Embora essas duas alternativas possam parecer equivalentes, elas diferem consideravelmente no desempenho. A alternância entre *threads* é muito mais rápida quando o gerenciamento de *threads* é feito em espaço de usuário do que quando é necessária uma chamada de sistema. Esse fato é um argumento forte para se fazer o gerenciamento de *threads* em espaço de usuário. Por outro lado, quando as *threads* são gerenciadas inteiramente em espaço de usuário e uma *thread* é bloqueada (por exemplo, esperando uma E/S ou o tratamento de um erro de página), o núcleo bloqueia o processo inteiro, pois ele nem mesmo está ciente da existência de outras *threads*. Esse fato, assim como outros, é um argumento para se fazer o gerenciamento de *threads* no núcleo (Boehm, 2005). Como conseqüência, os dois sistemas estão em uso e também foram propostos esquemas mistos (Anderson et al., 1992).

Independentemente das *threads* serem gerenciadas pelo núcleo ou em espaço de usuário, elas introduzem muitos outros problemas que deve ser resolvidos e que alteram consideravelmente o modelo de programação. Para começar, considere os efeitos da chamada de sistema **fork**. Se o processo pai tiver múltiplas *threads*, o filho também deverá tê-las? Se não, o processo poderá não funcionar corretamente, pois todas podem ser essenciais.

Entretanto, se o processo filho recebe tantas *threads* quanto o pai, o que acontece se uma for bloqueada em uma chamada read, digamos, a partir do teclado? Agora, duas *threads* estão bloqueadas no teclado? Quando uma linha é digitada, as duas *threads* obtêm uma cópia dela? Só o pai? Só o filho? O mesmo problema existe com conexões de rede abertas.

Outra classe de problemas está relacionada ao fato das *threads* compartilharem muitas estruturas de dados. O que acontece se uma *thread* fecha um arquivo enquanto outra ainda está lendo esse arquivo? Suponha que uma *thread* perceba que há muito pouca memória e comece a alocar mais memória. Então, no meio do caminho, ocorre uma alternância de *threads* e a nova *thread* também percebe que há pouca memória e também começa a alocar mais memória. A alocação acontece uma ou duas vezes? Em quase todos os sistemas que não foram projetados considerando *threads*, as bibliotecas (como a função de alocação de memória) não são reentrantes e causarão uma falha se for feita uma segunda chamada enquanto a primeira ainda estiver ativa.

Outro problema está relacionado com o informe de erros. No UNIX, após uma chamada de sistema, o status da chamada é colocado em uma variável global, *errno*. O que acontecerá se uma *thread* fizer uma chamada de sistema e, antes que possa ler *errno*, outra *thread* fizer uma chamada de sistema, apagando o valor original?

Em seguida, considere os sinais. Alguns sinais são logicamente específicos a uma *thread*, enquanto outros, não. Por exemplo, se uma *thread* chama alarm, faz sentido o sinal resultante ir para a *thread* que fez a chamada. Quando o núcleo está ciente das *threads*, ele normalmente pode garantir que a *thread* correta receba o sinal. Quando o núcleo não está ciente das *threads*, o pacote que as implementa deve monitorar os alarmes sozinho. Existe uma complicação adicional para as *threads* em nível de usuário, quando (como no UNIX) um processo só pode ter um alarme pendente por vez e várias *threads* chamam alarm independentemente.

Outros sinais, como *SIGINT*, iniciado pelo teclado, não são específicos de uma *thread*. Quem deve capturá-los? Uma *thread* específica? Todas as *threads*? Uma *thread* recentemente criada? Cada uma dessas soluções tem problemas. Além disso, o que acontece se uma *thread* altera as rotinas de tratamento de sinal sem informar as outras *threads*?

Um último problema introduzido pelas *threads* é o gerenciamento da pilha. Em muitos sistemas, quando ocorre estouro da pilha, o núcleo apenas fornece mais pilha automaticamente. Quando um processo tem múltiplas *threads*, ele também deve ter múltiplas pilhas. Se o núcleo não estiver ciente de todas essas pilhas, ele não poderá aumentá-las automaticamente em caso de falta de pilha. Na verdade, ele nem mesmo percebe que uma falha de memória está relacionada com o crescimento da pilha.

Certamente esses problemas não são insuperáveis, mas eles mostram que apenas introduzir *threads* em um sistema existente, sem um reprojeto substancial do sistema, não funcionará. No mínimo, a semântica das chamadas de sistema tem de ser redefinidas e as bibliotecas precisam ser reescritas. E todas essas coisas devem ser feitas de tal maneira que permaneçam compatíveis com os programas já existentes, para o caso limite de um processo com uma só *thread*. Para obter informações adicionais sobre *threads*, consulte Hauser et al. (1993) e Marsh et al. (1991).

2.2 COMUNICAÇÃO ENTRE PROCESSOS

Freqüentemente, os processos precisam se comunicar com outros processos. Por exemplo, no *shell*, em um *pipe* a saída do primeiro processo deve ser passada para o segundo processo e assim sucessivamente, em seqüência. Portanto, há necessidade de comunicação entre os processos, preferivelmente de uma maneira bem-estruturada que não utilize interrupções. Nas seções a seguir, veremos alguns problemas relacionados à **comunicação entre processos** ou também denominados de mecanismos de **IPC**, do inglês, *InterProcess Communication*.

Existem três problemas aqui. O primeiro foi mencionado anteriormente: como um processo pode passar informações para outro. O segundo tem a ver com como garantir que dois ou mais processos não interfiram um com outro quando envolvidos em atividades críticas (suponha dois processos tentando alocar os últimos 1 MB de memória). O terceiro diz respeito ao seqüenciamento adequado quando estão presentes dependências: se o processo *A* produz dados e o processo *B* os imprime, *B* tem de esperar até que *A* tenha produzido alguns dados, antes de começar a imprimir. Examinaremos esses problemas mais detalhadamente nesta seção.

Também é importante mencionar que dois desses problemas se aplicam igualmente bem as *threads*. O primeiro – a passagem de informações – é fácil para as *threads*, pois elas compartilham um espaço de endereçamento comum (as *threads* em diferentes espaços de endereçamento que precisam se comunicar são classificadas como pertencentes à comunicação de processos). Entretanto, os outros dois – impedir que um atrapalhe o outro e o seqüenciamento adequado – também se aplicam as *threads*. Os mesmos problemas existem e as mesmas soluções se aplicam. A seguir, discutiremos o problema no contexto dos processos, mas lembre-se de que os mesmos problemas e as soluções também se aplicam às *threads*.

2.2.1 Condições de corrida

Em alguns sistemas operacionais, os processos que estão trabalhando juntos podem compartilhar algum armazenamento comum onde cada um deles pode ler e escrever. O armazenamento compartilhado pode estar na memória principal (possivelmente em uma estrutura de dados do núcleo) ou pode ser um arquivo; a localização exata do compartilhamento não muda a natureza da comunicação nem os problemas que surgem. Para ver como a comunicação entre processos funciona na prática, consideraremos um exemplo simples, mas comum: um *spooler* de impressão. Quando um processo quer imprimir um arquivo, ele insere o nome do arquivo em um **diretório de** *spooler* especial. Outro processo, o ***daemon* de impressora**, verifica periodicamente se há arquivos a serem impressos e, se houver, os imprime e, então, remove seus nomes do diretório.

Imagine que nosso diretório de *spooler* tenha um grande número de entradas, numeradas como 0, 1, 2, ..., cada uma capaz de conter um nome de arquivo. Imagine também que haja duas variáveis compartilhadas: *out*, que aponta para o próximo arquivo a ser impresso; e *in*, que aponta para a próxima entrada livre no diretório. Essas duas variáveis poderiam ser mantidas em um arquivo de duas palavras, disponível para todos os processos. Em certo instante, as entradas 0 a 3 estão livres (os arquivos já foram impressos) e as entradas 4 a 6 estão ocupadas (com os nomes dos arquivos a serem impressos). Mais ou menos simultaneamente, os processos *A* e *B* decidem que desejam colocar um arquivo na fila de impressão. Essa situação é mostrada na Figura 2-8.

Nas situações onde a lei de Murphy[†] é aplicável, poderia acontecer o seguinte. O processo *A* lê *in* e armazena o valor 7 em uma variável local chamada *next_free_slot*. Exatamente nesse momento, ocorre uma interrupção de relógio e o sistema operacional decide que o processo *A* executou por tempo suficiente e, então, troca para o processo *B*. O processo *B* também lê *in* e também obtém o valor 7, de modo que armazena o nome de seu arquivo na entrada 7 e atualiza *in* para que seja 8. Então, ele segue adiante e faz outras coisas.

[†] Se algo pode dar errado, dará.

```
                        Diretório
                        de spooler
                           ⋮
                    4    abc              out = 4
   ( Processo A )   5    prog. c
                    6    prog. n
                    7                     in = 7
   ( Processo B )
                           ⋮
```

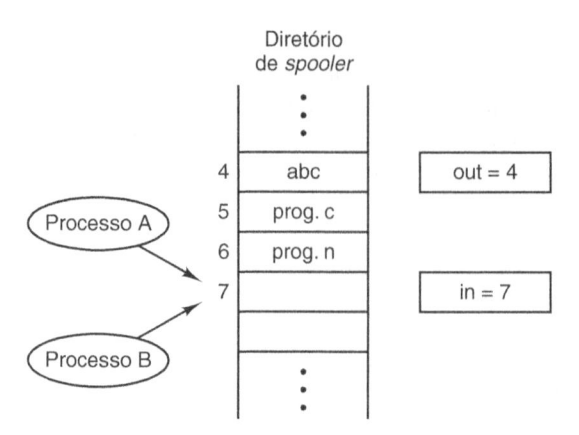

Figura 2-8 Dois processos querem acessar uma área de memória compartilhada ao mesmo tempo.

Finalmente, o processo *A* é executado novamente, começando a partir do lugar onde parou. Ele examina *next_free_slot*, encontra o valor 7, e escreve seu nome de arquivo nessa entrada, apagando o nome que o processo *B* acabou de colocar ali. Em seguida, ele calcula *next_free_slot* + 1, o que dá 8, e configura *in* como 8. Agora, o diretório de *spooler* está internamente consistente; portanto, o *daemon* de impressora não notará nada de errado, mas o processo *B* nunca receberá nenhuma saída. O usuário *B* ficará na sala da impressora por muito tempo, esperando ansiosamente pela saída que nunca virá. Situações como essa, em que dois ou mais processos lêem e escrevem dados compartilhados e o resultado final depende da ordem de quem precisamente executa, e quando, são chamadas de **condições de corrida** (*race conditions*). Depurar programas contendo condições de corrida não é nada divertido. Os resultados da maioria dos testes são corretos, mas, de vez em quando, acontece algo estranho e inexplicável.

2.2.2 Seções críticas

Como evitamos as condições de corridas? O segredo para evitar problemas aqui e em muitas outras situações envolvendo memória compartilhada, arquivos compartilhados e tudo mais compartilhado é encontrar alguma maneira de proibir que mais de um processo leia e modifique dados compartilhados ao mesmo tempo. Em outras palavras, precisamos de uma **exclusão mútua** – uma maneira de garantirmos que, se um processo estiver utilizando um arquivo compartilhado, ou uma variável compartilhada, outros processos sejam impedidos de fazer a mesma coisa. O problema anterior ocorreu porque o processo *B* começou a utilizar uma das variáveis compartilhadas antes que o processo *A* tivesse terminado de trabalhar com ela. A escolha das operações primitivas apropriadas para obter a exclusão mútua é um problema de projeto importante em qualquer sistema operacional e é um assunto que examinaremos agora detalhadamente.

O problema de evitar as condições de corrida também pode ser formulado de uma maneira abstrata. Parte do tempo, um processo fica ocupado fazendo cálculos internos e outras coisas que não causam condições de corrida. Entretanto, às vezes, um processo pode estar acessando memória compartilhada ou arquivos compartilhados. Essa parte do programa, em que a memória compartilhada é acessada, é chamada de **região crítica** ou **seção crítica**. Se pudéssemos organizar as coisas de tal modo que dois processos jamais estivessem em suas regiões críticas ao mesmo tempo, poderíamos evitar as condições de corrida.

Embora esse requisito evite as condições de corrida, isso não é suficiente para ter processos paralelos cooperando correta e efetivamente, utilizando dados compartilhados. Precisamos que quatro condições sejam válidas para termos uma boa solução:

1. Dois processos não podem estar simultaneamente dentro de uma região crítica.
2. Nenhuma suposição pode ser feita sobre as velocidades ou sobre o número de CPUs.
3. Nenhum processo executando fora de sua região crítica pode bloquear outros processos.
4. Nenhum processo deve ter que esperar eternamente para entrar em sua região crítica.

O comportamento que queremos aparece na Figura 2-9. Aqui, o processo A entra na sua região crítica no tempo T_1. Pouco depois, no tempo T_2, o processo B tenta entrar na sua região crítica, mas falha, porque outro processo já está executando sua região crítica e só permitimos um por vez. Conseqüentemente, B é suspenso temporariamente, até o tempo T_3, quando A sai da região crítica, permitindo que B entre imediatamente. Finalmente, B sai (no tempo T_4) e voltamos à situação original, sem nenhum processo em sua região crítica.

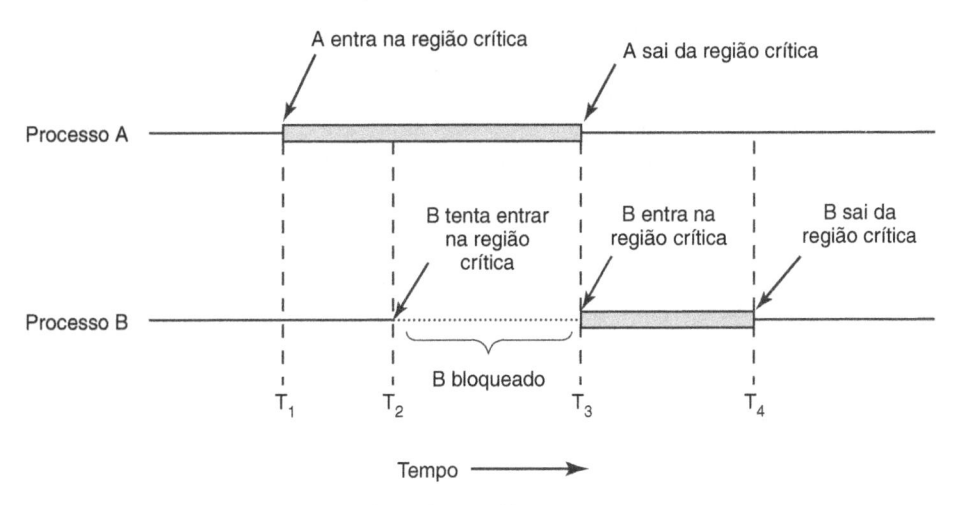

Figura 2-9 Exclusão mútua usando regiões críticas.

2.2.3 Exclusão mútua com espera ativa

Nesta seção, examinaremos várias propostas para obter exclusão mútua, para que, enquanto um processo está ocupado atualizando a memória compartilhada em sua região crítica, nenhum outro processo entre em *sua* região crítica e cause problemas.

Desativando interrupções

A solução mais simples é fazer cada processo desativar todas as interrupções imediatamente após entrar em sua região crítica e reativá-las imediatamente após sair dela. Com as interrupções desativadas, nenhuma interrupção de relógio pode ocorrer. Afinal, a CPU só alterna de um processo para outro como resultado de interrupções de relógio ou de outras interrupções, e com as interrupções desativadas não haverá troca para outro processo. Assim, quando um processo tiver desativado as interrupções, ele poderá examinar e atualizar a memória compartilhada sem medo de que qualquer outro processo intervenha.

Geralmente, essa estratégia é pouco atraente, pois não é aconselhável dar a processos de usuário o poder de desativar interrupções. Suponha que um deles fizesse isso e nunca mais as ativasse novamente. Isso poderia ser o fim do sistema. Além disso, se a máquina for um multiprocessador, com duas ou mais CPUs, a desativação das interrupções afeta apenas a CPU que executou a instrução de desativação. As outras continuarão executando e poderão acessar a memória compartilhada.

Por outro lado, freqüentemente é conveniente que o próprio núcleo desative interrupções para algumas instruções, enquanto está atualizando variáveis ou listas. Se ocorresse uma interrupção, por exemplo, enquanto a lista de processos prontos estivesse em um estado inconsistente, poderiam ocorrer condições de corrida. A conclusão é: desativar interrupções é freqüentemente uma técnica útil dentro do sistema operacional em si, mas não é apropriada como um mecanismo de exclusão mútua geral para processos de usuário.

Variáveis do tipo trava

Como uma segunda tentativa, vamos procurar uma solução de software. Considere o fato de ter uma única variável (trava*) compartilhada, inicialmente com o valor 0. Quando um processo quer entrar em sua região crítica, ele primeiro testa o valor da variável trava. Se a trava for 0, o processo o configurará como 1 e entrará na região crítica. Se a trava já for 1, o processo apenas esperará até que ele se torne 0. Assim, 0 significa que nenhum processo está em sua região crítica e 1 significa que algum processo está em sua região crítica.

Infelizmente, essa idéia contém exatamente a mesma falha fatal que vimos no diretório de *spooler*. Suponha que um processo leia a trava e veja que ela é 0. Antes que ele possa configurar a trava como 1, outro processo é selecionado para execução, começa a executar e configura a trava como 1. Quando o primeiro processo for executado novamente, ele também configurará a trava como 1 e os dois processos estarão em suas regiões críticas ao mesmo tempo.

Agora, você pode achar que poderíamos evitar esse problema lendo primeiro o valor da trava e, então, verificando-o novamente, imediatamente antes de armazenar nela, mas na verdade isso não ajuda. A condição de corrida agora ocorrerá se o segundo processo modificar a trava imediatamente depois que o primeiro processo tiver acabado de fazer sua segunda verificação.

Alternância estrita

Uma terceira estratégia para o problema da exclusão mútua aparece na Figura 2-10. Esse trecho de programa, como a maioria dos outros que aparecem neste livro, está escrito em C. A linguagem C foi escolhida aqui, porque os sistemas operacionais reais normalmente são escritos em C (ou, ocasionalmente, em C++), mas quase nunca em linguagens como Java. A linguagem C é poderosa, eficiente e previsível, características fundamentais para se escrever sistemas operacionais. A linguagem Java, por exemplo, não é previsível, pois pode ocorrer falta de capacidade de armazenamento em um momento crítico e o mecanismo de coletor de lixo ser ativado em uma hora inoportuna. Isso não acontece em C, pois não há coleta de lixo nessa linguagem. Uma comparação quantitativa das linguagens C, C++, Java e outras quatro linguagens é dada em Prechelt (2000).

Na Figura 2-10, a variável inteira *turn*, inicialmente com o valor 0, controla de quem é a vez de entrar na região crítica e examinar ou atualizar a memória compartilhada. Inicialmente, o processo 0 inspeciona *turn*, descobre que é 0 e entra em sua região crítica. O processo 1

---

* N. de R.T.: O termo trava tem se popularizado como tradução para o termo original, em inglês, *lock*.

também descobre que ela é 0 e, portanto, entra em um laço fechado, testando continuamente *turn* para ver quando ela se torna 1. Testar uma variável continuamente até que algum valor apareça é chamado de **espera ativa** (*busy waiting*). Normalmente, isso deve ser evitado, pois desperdiça tempo de CPU. Somente quando há uma expectativa razoável de que a espera seja breve é que a espera ativa é utilizada. Uma trava que utiliza espera ativa é chamada de **trava giratória** (*spin lock*).

```
while (TRUE) {                              while (TRUE) {
    while (turn != 0) ;     /* laço */         while (turn != 1) ;     /* laço */
    critical_region();                          critical_region();
    turn = 1;                                   turn = 0;
    noncritical_region();                       noncritical_region();
}                                           }
            (a)                                         (b)
```

Figura 2-10 Uma solução proposta para o problema da região crítica. (a) Processo 0. (b) Processo 1. Nos dois casos, observe os pontos e vírgulas terminando as instruções while.

Quando o processo 0 sai da região crítica, ele configura *turn* como 1, permitindo que o processo 1 entre em sua região crítica. Suponha que o processo 1 termine de trabalhar em sua região crítica rapidamente, de modo que os dois processos estejam em suas regiões não-críticas, com *turn* configurada como 0. Agora, o processo 0 executa seu laço inteiro rapidamente, saindo de sua região crítica e configurando *turn* como 1. Nesse ponto, *turn* é 1 e os dois processos estão sendo executados em suas regiões não-críticas.

Repentinamente, o processo 0 acaba de trabalhar na sua região não-crítica e volta ao início de seu laço. Infelizmente, ele não tem permissão para entrar na sua região crítica agora, pois *turn* está configurada como 1 e o processo 1 está ocupado com sua região não-crítica. Ele fica preso em seu laço while, até que o processo 1 configure *turn* como 0. Em outras palavras, a utilização de turnos alternados de uso não é uma boa idéia quando um dos processos é muito mais lento do que o outro.

Essa situação viola a condição 3 estabelecida anteriormente: o processo 0 está sendo bloqueado por um processo que não está em sua região crítica. Voltando ao diretório de *spooler* já discutido, se a região crítica fosse associada com a leitura e com a gravação do diretório de *spooler*, o processo 0 não teria permissão para imprimir outro arquivo, porque o processo 1 estaria fazendo outra coisa.

Na verdade, essa solução exige que os dois processos alternem estritamente sua entrada nas suas regiões críticas, por exemplo, em arquivos de *spool*. Nenhum deles teria permissão para fazer dois *spools* seguidos. Embora esse algoritmo realmente evite todas as condições de corrida, na realidade não é um candidato sério como solução, pois viola a condição 3.

A solução de Peterson

Combinando a idéia de alternância com a idéia de variáveis de trava e variáveis de alerta, o matemático holandês T. Dekker foi o primeiro a imaginar uma solução de software para o problema da exclusão mútua que não exigisse uma alternância estrita. Para ver uma discussão sobre o algoritmo de Dekker, consulte Dijkstra (1965).

Em 1981, G.L. Peterson descobriu um modo muito mais simples de obter a exclusão mútua, tornando obsoleta a solução de Dekker. O algoritmo de Peterson aparece na Figura 2-11. Esse algoritmo consiste em duas rotinas escritas em C ANSI, o que significa que devem ser fornecidos protótipos de função para todas as funções definidas e utilizadas. Entretanto, para economizar espaço, não mostraremos os protótipos neste exemplo nem nos subseqüentes.

```
#define FALSE 0
#define TRUE 1
#define N 2                              /* número de processos */

int turn;                                /* de quem é a vez? */
int interested[N];                       /* todos os valores são inicialmente 0 (FALSE) */

void enter_region(int process)           /* o processo é 0 ou 1 */
{
    int other;                           /* número do outro processo */

    other = 1 - process;                 /* o oposto do processo */
    interested[process] = TRUE;          /* mostra que você está interessado */
    turn = process;                      /* configura flag */
    while (turn == process && interested[other] == TRUE) /* laço de espera */ ;
}

void leave_region(int process)           /* process: quem está saindo */
{
    interested[process] = FALSE;         /* indica saída da região crítica */
}
```

Figura 2-11 Solução de Peterson para obter exclusão mútua.

Antes de utilizar as variáveis compartilhadas (isto é, antes de entrar em sua região crítica), cada processo chama *enter_region* com seu próprio número de processo, 0 ou 1, como parâmetro. Essa chamada fará com que ele espere, se necessário, até que seja seguro entrar. Depois que terminou de trabalhar com as variáveis compartilhadas, o processo chama *leave_ region* para indicar que terminou e permitir que o outro processo entre, se assim o desejar.

Vamos ver como essa solução funciona. Inicialmente, nenhum processo está em sua região crítica. Agora, o processo 0 chama *enter_region*. Ele indica seu interesse escrevendo TRUE no elemento de *array* a si associado e configurando *turn* como 0. Como o processo 1 não está interessado, *enter_region* retorna imediatamente. Se o processo 1 agora chamar *enter_region*, ele ficará parado até que *interested*[0] torne-se *FALSE*, um evento que só acontece quando o processo 0 chama *leave_region* para sair da região crítica.

Agora, considere o caso em que os dois processos chamam *enter_region* quase simultaneamente. Ambos armazenarão seu número de processo em *turn*. Qualquer que seja o armazenamento feito por último, é este que conta; o primeiro é perdido. Suponha que o processo 1 armazene por último, de modo que *turn* é 1. Quando os dois processos chegarem na instrução while, o processo 0 a executa zero vezes e entra em sua região crítica. O processo 1 entra no laço e não entra em sua região crítica.

A instrução TSL

Agora, vamos ver uma proposta que exige uma pequena ajuda do hardware. Muitos computadores, especialmente aqueles projetados com múltiplos processadores em mente, têm uma instrução

TSL RX,LOCK

(*Test and Set Lock* – testar e configurar trava) que funciona como segue: ela lê o conteúdo da palavra de memória *LOCK* no registrador RX e, então, armazena um valor diferente de zero no endereço de memória *LOCK*. É garantido que as operações de leitura e de armazenamento da palavra são indivisíveis – nenhum outro processador pode acessar a palavra de memória até que a instrução tenha terminado. A CPU que executa a instrução TSL bloqueia o barramento de memória, proibindo outras CPUs de acessar a memória até que ela tenha terminado.

Para usar a instrução TSL, utilizaremos uma variável compartilhada, *LOCK*, para coordenar o acesso à memória compartilhada. Quando *LOCK* é 0, qualquer processo pode configurá-la como 1 utilizando a instrução TSL e, então, ler ou modificar a memória compartilhada. Ao terminar, o processo configura *LOCK* novamente como 0, utilizando uma instrução move normal.

Como essa instrução pode ser utilizada para impedir que dois processos entrem em suas regiões críticas simultaneamente? A solução aparece na Figura 2-12. Essa figura mostra uma sub-rotina de quatro instruções em uma linguagem *assembly* fictícia (mas típica). A primeira instrução copia o valor antigo de *LOCK* no registrador e depois configura *LOCK* como 1. Então, o valor antigo é comparado com 0. Se for diferente de zero, a trava já foi configurada; portanto, o programa apenas volta para o começo e faz o teste novamente. Cedo ou tarde, ele se tornará 0 (quando o processo que estiver correntemente em sua região crítica terminar de trabalhar nela) e a sub-rotina retornará com a trava posicionada. Destravar é simples. O programa simplesmente armazena um valor 0 em *LOCK*. Nenhuma instrução especial é necessária.

```
enter_region:
        TSL REGISTER,LOCK       | copia LOCK no registrador e configura LOCK como 1
        CMP REGISTER,#0         | LOCK era zero?
        JNE ENTER_REGION        | se não era zero, LOCK estava configurada; portanto,
                                  entra no laço
        RET                     | retorna para quem fez a chamada; entrada na região
                                  crítica

leave_region:
        MOVE LOCK,#0            | armazena o valor 0 em LOCK
        RET                     | retorna para quem fez a chamada
```

Figura 2-12 Entrando e saindo de uma região crítica usando a instrução TSL.

A solução para o problema da região crítica agora é simples. Antes de entrar em sua região crítica, um processo chama *enter_region*, que faz a espera ativa até que a trava esteja livre; em seguida, ele adquire a trava e retorna. Depois da região crítica, o processo chama *leave_region*, que armazena o valor 0 em *LOCK*. Como acontece em todas as soluções baseadas em regiões críticas, os processos devem chamar *enter_region* e *leave_region* nos momentos certos para o método funcionar. Se um processo trapacear, a exclusão mútua falhará.

2.2.4 *Sleep* e *Wakeup*

Tanto a solução de Peterson como a solução que utiliza TSL são corretas, mas ambas têm o defeito de exigir a espera ativa. Basicamente, o que essas soluções fazem é: quando um processo quer entrar em sua região crítica, ele verifica se a entrada é permitida. Se não for, o processo executa um laço fechado até que seja permitido entrar.

Essa estratégia não apenas desperdiça tempo de CPU como também pode ter efeitos inesperados. Considere um computador com dois processos: H, com alta prioridade, e L, com baixa prioridade, os quais compartilham uma região crítica. As regras de escalonamento são tais que H é executado sempre que está no estado pronto. Em dado momento, com L em sua região crítica, H torna-se pronto para executar (por exemplo, uma operação de E/S termina). Agora, H começa a espera ativa, mas como L nunca é escalonado enquanto H está em execução, *L* nunca tem chance de sair da sua região crítica; portanto, *H* fica em um laço infinito. Essa situação às vezes é referida como **problema da inversão de prioridade**.

Vamos ver agora algumas primitivas de comunicação entre processos que os bloqueiam, em vez de desperdiçar tempo de CPU, quando eles não podem entrar em suas regiões críticas. Uma das mais simples é o par sleep e wakeup. sleep é uma chamada de sistema que causa o bloqueio do processo que fez a chamada; isto é, ele é suspenso até que outro processo o desperte. A chamada de wakeup tem um parâmetro, o processo a ser despertado. Como alternativa, sleep e wakeup têm um parâmetro, um endereço de memória utilizado para fazer as instruções sleep corresponderem às instruções wakeup.

O problema do produtor-consumidor

Como um exemplo de uso dessas primitivas na prática, consideremos o problema do **produtor-consumidor** (também conhecido como problema do **buffer limitado**). Dois processos compartilham um buffer de tamanho fixo. Um deles, o produtor, coloca informações no buffer e o outro, o consumidor, as retira. (Também é possível generalizar o problema para *m* produtores e *n* consumidores, mas consideraremos apenas o caso de um produtor e um consumidor, pois essa suposição simplifica as soluções.)

O problema surge quando o produtor quer colocar um novo item no buffer, mas este já está cheio. A solução é o produtor ser bloqueado (*sleep*) esperando o consumidor remover um ou mais itens e permitir que o produtor seja desbloqueado (*wakeup*). De maneira semelhante, se o consumidor quiser remover um item do buffer este estiver vazio, ele bloqueará (*sleep*) até que o produtor coloque algo no buffer e o desbloqueie (*wakeup*).

Essa estratégia parece bastante simples, mas leva aos mesmos tipos de condições de corrida que vimos anteriormente com o diretório de *spooler*. Para controlar o número de itens no buffer, precisaremos de uma variável, *count*. Se o número máximo de itens que o buffer pode armazenar for *N*, o código do produtor primeiro testará se *count* é *N*. Se for, o produtor bloqueará; se não for, o produtor adicionará um item e incrementará *count*.

O código do consumidor é semelhante: primeiro testa *count* para ver se é 0. Se for, bloqueará; se for diferente de zero, removerá um item e decrementará o contador. Cada um dos processos também testa para ver se o outro está bloqueado e se deve desbloqueá-lo. O código do produtor e do consumidor aparece na Figura 2-13.

Para expressar chamadas de sistema como sleep e wakeup em C, as mostraremos como chamadas para funções de biblioteca. Elas não fazem parte da biblioteca C padrão, mas presumivelmente estariam disponíveis em qualquer sistema que tivesse essas chamadas de sistema. As funções *insert_item* e *remove_item*, que não são mostradas, gerenciam a contabilidade da inserção e da retirada de itens do buffer.

Voltemos agora à condição de corrida. Ela pode ocorrer porque o acesso a *count* é irrestrito. A seguinte situação possivelmente pode ocorrer. O buffer está vazio e o consumidor acabou de ler *count* para ver se é 0. Nesse instante, o escalonador decide parar temporariamente de executar o consumidor e começa a executar o produtor. O produtor insere um item no buffer, incrementa *count* e avisa que ela agora é 1. Deduzindo que *count* era 0 e, assim, que o consumidor deve estar dormindo (bloqueado), o produtor chama wakeup para acordá-lo (desbloquear).

Infelizmente, o consumidor ainda não está logicamente bloqueado; portanto, o sinal para despertar (*wakeup*) é perdido. Na próxima vez que o consumidor for executado, ele testará o valor de *count* lido anteriormente, verificará que ele é 0 e bloqueará. Cedo ou tarde, o produtor preencherá o buffer e também bloqueará. Ambos ficarão eternamente bloqueados.

A essência do problema aqui é que um sinal para despertar, enviado para um processo que (ainda) não está bloqueado, é perdido. Se ele não fosse perdido, tudo funcionaria. Uma

```
#define N 100                              /* número de entradas no buffer */
int count = 0;                             /* número de itens no buffer */

void producer(void)
{
    int item;

    while (TRUE) {                         /* repete para sempre */
        item = produce_item();             /* gera o próximo item */
        if (count == N) sleep();           /* se o buffer estiver cheio, bloqueia */
        insert_item(item);                 /* coloca item no buffer */
        count = count + 1;                 /* incrementa a contagem de itens no buffer */
        if (count == 1) wakeup(consumer);  /* o buffer estava vazio? */
    }
}


void consumer(void)
{
    int item;

    while (TRUE) {                              /* repete para sempre */
        if (count == 0) sleep();                /* se o buffer estiver vazio, bloqueia */
        item = remove_item();                   /* retira item do buffer */
        count = count − 1;                      /* decrementa a contagem de itens no buffer */
        if (count == N − 1) wakeup(producer);   /* o buffer estava cheio? */
        consume_item(item);                     /* imprime o item */
    }
}
```

Figura 2-13 O problema do produtor-consumidor com uma condição de corrida.

correção rápida é modificar as regras para adicionar um **bit de espera por despertar** ao quadro geral. Quando um sinal para despertar for enviado para um processo que ainda está acordado (desbloqueado), esse bit é ativado. Posteriormente, quando o processo for ser bloqueado, e o bit de espera por despertar estiver ativado, ele será desativado, e o processo permanecerá desbloqueado. O bit de espera por despertar é um cofrinho de sinais de despertar.

Embora o bit de espera por despertar resolva o problema nesse exemplo simples, é fácil construir exemplos com três ou mais processos nos quais um bit de espera por despertar é insuficiente. Poderíamos fazer outro remendo e adicionar um segundo bit de espera por despertar ou quem sabe 8 bits, ou ainda 32 bits, mas, em princípio, o problema ainda existe.

2.2.5 Semáforos

Esta era a situação, quando E. W. Dijkstra (1965) sugeriu utilizar uma variável do tipo inteiro para contar o número de sinais para despertar salvos para uso futuro. Em sua proposta, foi introduzido um novo tipo de variável, chamada **semáforo**. Um semáforo tem o valor 0, indicando que nenhum sinal para despertar foi salvo, ou um valor positivo, caso um ou mais sinais para despertar estivessem pendentes.

Dijkstra propôs ter duas operações, **down** e **up** (que são generalizações de **sleep** e **wakeup**, respectivamente). Em um semáforo, a operação **down** verifica se o valor é maior que 0. Se for, ele decrementa o valor (isto é, utiliza um sinal para despertar armazenado) e simplesmente continua. Se o valor for 0, o processo é colocado "para dormir" (bloqueado) sem completar a operação down. Verificar o valor, alterá-lo e, possivelmente, ser bloqueado, tudo é feito como uma única e indivisível **ação atômica**. É garantido que, uma vez iniciada uma operação de semáforo, nenhum outro processo pode acessar o semáforo até que a operação tenha terminado ou sido bloqueada. Essa atomicidade é absolutamente essencial para resolver problemas de sincronismo e evitar condições de corrida.

A operação up incrementa o valor do semáforo passado como parâmetro. Se um ou mais processos estavam bloqueados nesse semáforo, incapazes de completar uma operação down anterior, um deles é escolhido pelo sistema (aleatoriamente, por exemplo) e autorizado a completar sua operação down. Assim, depois de uma operação up em um semáforo contendo processos bloqueados, o semáforo ainda será 0, mas haverá nele um processo bloqueado a menos. A operação de incrementar o semáforo e de despertar um processo também é indivisível. Nenhum processo é bloqueado durante uma operação up, assim como, no modelo anterior, nenhum processo é bloqueado durante uma operação wakeup.

A propósito, no artigo original de Dijkstra, ele utilizou os nomes P e V, em vez de down e up, respectivamente, mas como esses nomes não têm significado mnemônico para as pessoas que não falam holandês (e significado apenas marginal para aqueles que falam), utilizaremos os termos down e up. Esses termos foram introduzidos pela primeira vez na linguagem Algol 68.

Resolvendo o problema do produtor-consumidor utilizando semáforos

Os semáforos resolvem o problema do sinal para despertar perdido, como mostrado na Figura 2-14. É fundamental que eles sejam implementados de maneira indivisível. A maneira normal é implementar up e down como chamadas de sistema, com o sistema operacional desativando brevemente todas as interrupções enquanto está testando o semáforo, atualizando-o e bloqueando o processo, se necessário. Como todas essas ações precisam de apenas algumas instruções, não há nenhum prejuízo em desativar as interrupções. Se várias CPUs estiverem sendo utilizadas, cada semáforo deverá ser protegido por uma variável do tipo trava, com a instrução TSL usada para garantir que apenas uma CPU por vez examine o semáforo. Entenda que utilizar TSL para impedir que várias CPUs acessem o semáforo ao mesmo tempo é muito diferente da espera ativa por parte do produtor ou do consumidor, aguardando o outro esvaziar ou preencher o buffer. A operação de semáforo só levará alguns microssegundos, enquanto o produtor ou o consumidor poderá demorar um tempo arbitrariamente longo.

Essa solução utiliza três semáforos: um chamado *full*, para contar o número de entradas que estão ocupadas, um chamado *empty*, para contar o número de entradas que estão livres, e um chamado *mutex*, para garantir que o produtor e o consumidor não acessem o buffer ao mesmo tempo. Inicialmente, *full* é 0, *empty* é igual ao número de entradas no buffer e *mutex* é 1. Os semáforos inicializados com 1 e utilizados por dois ou mais processos para garantir que apenas um deles possa entrar em sua região crítica por vez, são chamados de **semáforos binários**. Se cada processo executa uma operação down imediatamente antes de entrar em sua região crítica e uma operação up imediatamente após sair dela, a exclusão mútua é garantida.

Agora que temos uma boa primitiva de comunicação entre processos à nossa disposição, vamos voltar e ver novamente a seqüência de interrupção da Figura 2-5. Em um sistema que utiliza semáforos, a maneira natural de ocultar interrupções é ter um semáforo inicializado em 0, associado a cada dispositivo de E/S. Imediatamente após iniciar um dispositivo de E/S, o processo que está gerenciando executa uma operação down no semáforo associado, bloqueando, assim, de imediato. Quando a interrupção ocorre, a rotina de tratamento de interrupção executa uma operação up nesse semáforo, a qual torna o processo relevante novamente pronto para executar. Nesse modelo, a etapa 6 da Figura 2-5 consiste em executar uma operação up

```
#define N 100                          /* número de entradas no buffer */
typedef int semaphore;                 /* os semáforos são um tipo especial de inteiro */
semaphore mutex = 1;                   /* controla o acesso à região crítica */
semaphore empty = N;                   /* conta as entradas livres do buffer */
semaphore full = 0;                    /* conta as entradas ocupadas do buffer */

void producer(void)
{
    int item;

    while (TRUE) {
        item = produce_item();         /* TRUE é a constante 1 */
        down(&empty);                  /* produz algo para colocar no buffer */
        down(&mutex);                  /* decrementa a contagem de entradas livres */
        insert_item(item);             /* entra na região crítica */
        up(&mutex);                    /* coloca um novo item no buffer */
        up(&full);                     /* sai da região crítica */
    }                                  /* incrementa a contagem de entradas ocupadas */
}


void consumer(void)
{
    int item;

    while (TRUE) {                     /* laço infinito */
        down(&full);                   /* decrementa a contagem de entradas ocupadas */
        down(&mutex);                  /* entra na região crítica */
        item = remove_item();          /* retira item do buffer */
        up(&mutex);                    /* sai da região crítica */
        up(&empty);                    /* incrementa a contagem de entradas livres */
        consume_item(item);            /* faz algo com o item */
    }
}
```

Figura 2-14 O problema do produtor-consumidor usando semáforos.

no semáforo do dispositivo, para que na etapa 7 o escalonador possa executar o gerenciador de dispositivo. Naturalmente, se agora vários processos estiverem prontos, o escalonador poderá optar por executar em seguida um processo ainda mais importante. Posteriormente, neste capítulo, veremos como o escalonamento é feito.

No exemplo da Figura 2-14, utilizamos os semáforos, na realidade, de duas maneiras diferentes. Essa diferença é importante o suficiente para se tornar explícita. O semáforo *mutex* é utilizado para exclusão mútua. Ele é projetado para garantir que apenas um processo por vez leia ou grave no buffer e nas variáveis associadas. Essa exclusão mútua é exigida para evitar o caos. Na próxima seção, estudaremos mais a exclusão mútua e como obtê-la.

A outra utilização de semáforos é para **sincronização**. Os semáforos *full* e *empty* são necessários para garantir que certas seqüências de eventos ocorram ou não. Neste caso, eles garantem que o produtor pare de executar quando o buffer está cheio e o consumidor pare de executar quando o buffer está vazio. Esse uso é diferente da exclusão mútua.

2.2.6 Mutex

Quando não é necessária a capacidade de contar do semáforo, às vezes é utilizada uma versão simplificada do semáforo, chamada de *mutex*. Os *mutexes* são bons apenas para gerenciar a exclusão mútua de algum recurso ou parte de código compartilhado. Sua implementação é fácil e eficiente, o que os torna particularmente úteis em nas implementações de *threads* em espaço de usuário.

Um **mutex** é uma variável que pode ter dois estados: livre ou ocupado. Conseqüentemente, apenas 1 bit é exigido para representá-lo, mas, na prática, freqüentemente é usado um valor inteiro, com 0 significando livre e todos os outros valores significando ocupado. Duas primitivas são usadas com os *mutexes*. Quando um processo (ou *thread*) precisa acessar uma região crítica, ele chama *mutex_lock*. Se o *mutex* está correntemente livre (significando que a região crítica está disponível), a chamada é bem-sucedida e o processo que fez a chamada pode entrar na região crítica.

Por outro lado, se o *mutex* está ocupado, o processo que fez a chamada é bloqueado até que o processo que se encontra na região crítica tenha terminado e chame *mutex_unlock*. Se vários processos estiverem bloqueados no *mutex*, um deles será escolhido aleatoriamente e poderá entrar na região crítica.

2.2.7 Monitores

Com os semáforos, a comunicação entre processos parece fácil, certo? Esqueça. Examine detidamente a ordem das operações down antes da inserção ou da remoção de itens do buffer na Figura 2-14. Suponha que as duas operações down no código do produtor tivessem sua ordem invertida, de modo que o *mutex* fosse decrementado antes de *empty* e não depois. Se o buffer estivesse completamente cheio, o produtor seria bloqueado, com *mutex* configurado como 0. Conseqüentemente, na próxima vez que o consumidor tentasse acessar o buffer, ele executaria uma operação down em *mutex*, agora 0, e também seria bloqueado. Os dois processos permaneceriam bloqueados para sempre e mais nenhum trabalho seria feito. Essa situação desastrosa é chamada de **impasse (deadlock)**. Estudaremos os impasses detalhadamente no Capítulo 3.

Esse problema foi apontado para mostrar como cuidadoso deve-se ser ao utilizar semáforos. Um erro sutil e tudo vai por água abaixo. É como programar em linguagem *assembly*, só que pior, pois os erros são condições de corrida, impasses e outras formas de comportamento imprevisível e irreproduzível.

Para tornar mais fácil escrever programas corretos, Brinch Hansen (1975) e Hoare (1974) propuseram uma primitiva de sincronismo de mais alto nível, chamada de **monitor**. Suas propostas diferiam ligeiramente, conforme descrito a seguir. Um monitor é um conjunto de rotinas, variáveis e estruturas de dados, todas agrupadas em um tipo especial de módulo ou pacote. Os processos podem chamar as rotinas presentes em um monitor sempre que quiserem, mas não podem acessar diretamente as estruturas de dados internas do monitor a partir das rotinas declaradas fora dele. Essa regra, normal nas linguagens orientadas a objetos modernas, como Java, era relativamente incomum em seu tempo, embora os objetos remontem à linguagem Simula 67. A Figura 2-15 ilustra um monitor escrito em uma linguagem imaginária, a pseudo-Pascal.

Os monitores têm uma propriedade importante que os torna úteis para obter exclusão mútua: a qualquer instante, apenas um processo pode estar ativo em um monitor. Os monitores são uma construção de linguagem de programação, de modo que o compilador sabe que eles são especiais e pode manipular chamadas para as rotinas do monitor de forma diferente de outras chamadas de procedimentos. Em geral, quando um processo chama uma rotina do monitor, suas primeiras instruções verificam se algum outro processo está ativo dentro do

```
monitor example
  integer i;
  condition c;

  procedure producer(x);
  .
  .
  .
  end;

  procedure consumer(x);
  .
  .
  .
  end;
end monitor;
```

Figura 2-15 Um monitor.

monitor. Se assim for, o processo que fez a chamada será suspenso até que o outro processo tenha saído do monitor. Se nenhum outro processo estiver usando o monitor, o processo que fez a chamada poderá entrar.

Cabe ao compilador implementar a exclusão mútua em entradas de monitor, mas uma maneira comum é utilizar um *mutex* ou um semáforo binário. Como é o compilador, e não o programador que faz preparativos para a exclusão mútua, é muito menos provável que algo dê errado. De qualquer modo, a pessoa que escreve o monitor não precisa saber como o compilador organiza a exclusão mútua. Basta saber que, transformando todas as regiões críticas em rotinas do monitor, nunca dois processos executarão suas regiões críticas ao mesmo tempo.

Embora os monitores ofereçam uma maneira fácil de obter exclusão mútua, como vimos anteriormente, isso não é suficiente. Também precisamos de uma maneira de bloquear os processos quando eles não podem prosseguir. No problema do produtor-consumidor, é muito fácil colocar todos os testes de buffer cheio e buffer vazio em rotinas do monitor, mas como bloquear o produtor quando o buffer estiver cheio?

A solução está na introdução de **variáveis de condição**, junto com duas operações sobre elas, wait e signal. Quando uma rotina do monitor descobre que não pode continuar (por exemplo, o produtor encontra o buffer cheio), ela executa uma operação wait uma variável de condição, digamos, *full*. Essa ação causa o bloqueio do processo que fez a chamada. Ela também permite que outro processo, anteriormente proibido de entrar no monitor, agora entre.

Esse outro processo, por exemplo, o consumidor, pode despertar seu parceiro que está bloqueado, executando uma operação signal na variável de condição que este está esperando. Para evitar a existência de dois processos simultaneamente ativos no monitor, precisamos de uma regra dizendo o que acontece após uma operação signal. Hoare propôs deixar o processo recentemente desbloqueado executar, suspendendo o outro. Brinch Hansen propôs refinar o problema, exigindo que um processo que execute uma operação signal *deve* sair do monitor imediatamente. Em outras palavras, uma instrução signal pode aparecer apenas como a instrução final em uma rotina do monitor. Utilizaremos a proposta de Brinch Hansen por ser conceitualmente mais simples e também mais fácil de implementar. Se uma operação signal é executada em uma variável de condição em que vários processos estão esperando, apenas um deles, determinado pelo escalonador do sistema, é desbloqueado.

As variáveis de condição não são contadores. Elas não acumulam sinais para uso futuro, como fazem os semáforos. Assim, se uma variável de condição é sinalizada sem ninguém esperando nela, o sinal é perdido. Em outras palavras, **wait** deve vir antes de **signal**. Essa regra torna a implementação muito mais simples. Na prática, isso não é problema, porque é fácil acompanhar o estado de cada processo com variáveis, se for necessário. Um processo que, de outro modo, poderia executar uma operação **signal**, poderá ver que essa operação não é necessária examinando as variáveis.

Um esqueleto do problema do produtor-consumidor com monitores aparece, em pseudo-Pascal, na Figura 2-15. A vantagem de usar pseudo-Pascal aqui é que a linguagem é pura e simples, seguindo exatamente o modelo de Hoare/Brinch Hansen.

```
monitor ProducerConsumer
     condition full, empty;
     integer count;

     procedure insert(item: integer);
     begin
          if count = N then wait(full);
          insert_item(item);
          count := count + 1;
          if count = 1 then signal(empty)
     end;

     function remove: integer;
     begin
          if count = 0 then wait(empty);
          remove = remove_item;
          count := count - 1;
          if count = N - 1 then signal(full)
     end;

     count := 0;
end monitor;

procedure producer;
begin
     while true do
     begin
          item = produce_item;
          ProducerConsumer.insert(item)
     end
end;

procedure consumer;
begin
     while true do
     begin
          item = ProducerConsumer.remove;
          consume_item(item)
     end
end;
```

Figura 2-16 Um esboço da solução do problema do produtor-consumidor com monitores. Apenas uma rotina do monitor por vez está ativa. O buffer tem *N* entradas.

Você pode estar pensando que as operações **wait** e **signal** se parecem com **sleep** e **wakeup**, que, como vimos anteriormente, tinham condições de corrida. De fato, elas *são* muito parecidas, mas com uma diferença fundamental: **sleep** e **wakeup** falhavam porque, enquanto um processo estava sendo bloqueado, um outro já tentava desbloqueá-lo. Com os monitores, isso não acontece. A exclusão mútua automática em rotinas do monitor garante que se, digamos, o produtor existente dentro de uma rotina do monitor descobre que o buffer está cheio, ele poderá completar a operação **wait** sem precisar preocupar-se com a possibilidade do escalonador trocar para o consumidor exatamente antes da operação **wait** terminar. O consumidor nem mesmo será autorizado a entrar no monitor até que a operação **wait** termine e o produtor seja identificado como não mais executável.

Embora a linguagem pseudo-Pascal seja imaginária, algumas linguagens de programação reais também suportam monitores, ainda que nem sempre na forma projetada por Hoare e Brinch Hansen. Uma dessas linguagens é Java. A linguagem Java é orientada a objetos, suporta *threads* em nível de usuário e também permite o agrupamento de métodos (procedimentos) em classes. Adicionando a palavra-chave **synchronized** em uma declaração de método, a linguagem Java garante que, quando qualquer *thread* tiver começado a executar esse método, nenhuma outra *thread* poderá realizar qualquer outro método **synchronized** nessa classe.

Os métodos sincronizados em Java diferem dos monitores clássicos de uma maneira fundamental: a linguagem Java não tem variáveis de condição. Em vez disso, ela oferece dois métodos, **wait** e **notify**, que são equivalentes a **sleep** e **wakeup**, exceto que, quando usadas dentro de métodos sincronizados, elas não estão sujeitas às condições de corrida.

Tornando automática a exclusão mútua de regiões críticas, os monitores tornaram a programação paralela muito menos sujeita a erros do que com semáforos. Mas eles também têm alguns inconvenientes. Não é à toa que a Figura 2-16 está escrita em pseudo-Pascal, em vez de C, como os outros exemplos deste livro. Como dissemos anteriormente, os monitores são um conceito de linguagem de programação. De algum modo, o compilador deve reconhecê-los e fazer preparativos para a exclusão mútua. C, Pascal e a maioria das outras linguagens não têm monitores; portanto, não é razoável esperar que seus compiladores imponham regras de exclusão mútua. De fato, como o compilador poderia saber quais rotinas pertencem a monitores e quais não?

Essas mesmas linguagens também não têm semáforos, mas é fácil adicioná-los: basta adicionar à biblioteca duas rotinas curtas em código *assembly*, para produzir as chamadas de sistema **up** e **down**. Os compiladores sequer precisam saber que elas existem. Naturalmente, os sistemas operacionais precisam saber da existência dos semáforos, mas, pelo menos se você tiver um sistema operacional baseado em semáforo, ainda poderá escrever os programas de usuário para ele em C ou C++ (ou mesmo em FORTRAN, se for masoquista). Com monitores, você precisa de uma linguagem que os tenha incorporados.

Outro problema dos monitores, e também dos semáforos, é que eles foram projetados para resolver o problema da exclusão mútua em uma ou mais CPUs que têm acesso a uma memória comum. Colocando os semáforos na memória compartilhada e protegendo-os com instruções TSL, podemos evitar as condições de corrida. Quando usamos um sistema distribuído, composto de várias CPUs, cada uma com sua própria memória privativa e conectadas por uma rede local, essas primitivas se tornão inaplicáveis. A conclusão é que os semáforos são de nível muito baixo e os monitores não são utilizáveis, exceto em umas poucas linguagens de programação. Além disso, nenhuma das primitivas oferece troca de informações entre máquinas. Algo mais é necessário.

2.2.8 Passagem de mensagens

Esse algo mais é a **passagem de mensagens**. Esse método de comunicação entre processos utiliza duas primitivas, send e receive, as quais, como os semáforos e ao contrário dos monitores, são chamadas de sistema em vez de construções da linguagem. Como tal, elas podem ser facilmente colocadas em funções de biblioteca, como

    send(destination, &message);

e

    receive(source, &message);

A primeira chamada envia uma mensagem para determinado destino, enquanto a segunda recebe uma mensagem de determinada origem (ou de *ANY*, se o destinatário não se importar). Se nenhuma mensagem estiver disponível, o destinatário é bloqueado até uma chegar. Como alternativa, ele pode retornar imediatamente com um código de erro.

Questões de projeto para sistemas de passagem de mensagens

Os sistemas de passagem de mensagens têm muitos problemas desafiadores e questões de projeto que não aparecem nos semáforos nem nos monitores, especialmente se os processos que estão se comunicando estiverem em máquinas diferentes conectadas por uma rede. Por exemplo, mensagens podem ser perdidas na rede. Para evitar a perda de mensagens, o remetente e o destinatário podem concordar que, assim que a mensagem for recebida, o destinatário enviará de volta uma mensagem especial de **reconhecimento ou confirmação** (*acknowledgement*). Se o remetente não receber o sinal de reconhecimento dentro de certo intervalo de tempo (*timeout*), ele retransmitirá a mensagem.

Agora, considere o que acontece se a mensagem em si é recebida corretamente, mas o sinal de reconhecimento é perdido. O remetente retransmitirá a mensagem; portanto, o destinatário a receberá duas vezes. É fundamental que o destinatário possa diferenciar entre uma nova mensagem e a retransmissão de uma antiga. Normalmente, esse problema é resolvido colocando-se números em seqüência consecutivos em cada mensagem original. Se o destinatário receber uma mensagem contendo o mesmo número de seqüência da mensagem anterior, ele saberá que a mensagem é uma duplicata que pode ser ignorada.

Os sistemas de mensagem também têm de lidar com a questão de como os processos são identificados, para que o processo especificado em uma chamada de send ou receive não seja ambíguo. A **autenticação** também é um problema nos sistemas de mensagem: como o cliente pode saber se está se comunicando com o verdadeiro servidor de arquivos e não com um impostor?

Na outra extremidade do espectro, também há questões de projeto que são importantes quando o remetente e o destinatário estão na mesma máquina. Uma delas é o desempenho. Copiar mensagens de um processo para outro é sempre mais lento do que executar uma operação de semáforo ou entrar em um monitor. Muito trabalho foi realizado no sentido de tornar a passagem de mensagens eficiente. Cheriton (1984), por exemplo, sugeriu limitar o tamanho da mensagem para algo que caiba nos registradores da máquina e, então, realizar a passagem da mensagem utilizando os registradores.

O problema do produtor-consumidor com passagem de mensagens

Vamos ver agora como o problema do produtor-consumidor pode ser resolvido com passagem de mensagens e nenhuma memória compartilhada. Uma solução aparece na Figura 2-17.

Supomos que todas as mensagens têm o mesmo tamanho e que as mensagens enviadas, mas ainda não recebidas, são automaticamente armazenadas em buffer pelo sistema operacional. Nessa solução, é utilizado um total de N mensagens, análogo às N entradas em um buffer de memória compartilhada. O consumidor começa enviando N mensagens vazias para o produtor. Quando o produtor tem um item para enviar ao consumidor, ele pega uma mensagem vazia e envia de volta uma cheia. Dessa maneira, o número total de mensagens no sistema permanece constante com o tempo, de modo que elas podem ser armazenadas em uma quantidade de memória previamente conhecida.

Se o produtor trabalhar mais rápido do que o consumidor, todas as mensagens serão usadas e o produtor será bloqueado esperando o consumidor enviar de volta uma mensagem vazia. Se o consumidor trabalhar mais rápido, então o inverso acontecerá: todas as mensagens estarão vazias, esperando o produtor enchê-las; o consumidor será bloqueado, esperando uma mensagem cheia.

```c
#define N 100                              /* número de entradas no buffer */

void producer(void)
{
    int item;
    message m;                             /* buffer de mensagens */

    while (TRUE) {
        item = produce_item();             /* produz algo para colocar no buffer */
        receive(consumer, &m);             /* espera a chegada de uma mensagem vazia */
        build_message(&m, item);           /* constrói uma mensagem para enviar */
        send(consumer, &m);                /* envia item para o consumidor */
    }
}

void consumer(void)
{
    int item, i;
    message m;

    for (i = 0; i < N; i++) send(producer, &m);   /* envia N mensagens vazias */
    while (TRUE) {
        receive(producer, &m);             /* recebe a mensagem contendo o item */
        item = extract_item(&m);           /* extrai o item da mensagem */
        send(producer, &m);                /* envia de volta resposta vazia */
        consume_item(item);                /* faz algo com o item */
    }
}
```

Figura 2-17 O problema do produtor-consumidor com N mensagens.

Muitas variantes são possíveis com passagem de mensagens. Para os principiantes, vejamos como as mensagens são endereçadas. Uma maneira é atribuir um endereço único a cada processo e fazer com que as mensagens sejam endereçadas a eles. Uma maneira diferente é inventar uma nova estrutura de dados, chamada de **caixa de correio** (*mailbox*). Uma caixa de correio é uma área capaz de armazenar um certo número de mensagens, normalmente especificado quando a caixa de correio é criada. Quando são utilizadas caixas de correio, os parâmetros de endereço nas chamadas de **send** e **receive** são caixas de correio e não processos. Quando um processo tenta fazer um envio para uma caixa de correio que está cheia, ele é suspenso até que uma mensagem seja removida dessa caixa de correio, dando espaço para a nova mensagem.

Para o problema do produtor-consumidor, tanto o produtor como o consumidor poderiam criar caixas de correio suficientemente grandes para conter N mensagens. O produtor enviaria mensagens contendo dados para a caixa de correio do consumidor e o consumidor enviaria mensagens vazias para a caixa de correio do produtor. Quando são utilizadas caixas de correio, o mecanismo de armazenamento é claro: a caixa de correio do destino contém as mensagens que foram enviadas para o processo de destino, mas que ainda não foram aceitas.

O outro extremo do fato de ter caixas de correio é eliminar todo armazenamento. Quando essa estratégia é adotada, se a operação **send** é executada antes da operação **receive**, o processo que está fazendo o envio é bloqueado até que a operação **receive** aconteça, momento no qual a mensagem pode ser copiada diretamente do remetente para o destinatário, sem nenhum armazenamento intermediário. De maneira semelhante, se a operação **receive** é executada primeiro, o destinatário é bloqueado até que uma operação **send** aconteça. Essa estratégia é freqüentemente conhecida como **rendez-vous**. Ela é mais fácil de ser implementada do que um esquema de mensagens armazenadas em buffer, mas é menos flexível, pois o remetente e o destinatário são obrigados a executar em cadência.

Os processos que compõe o sistema operacional MINIX 3 em si utilizam o método de *rendez-vous* com mensagens de tamanho fixo para se comunicarem. Os processos de usuário também utilizam esse método para se comunicarem com componentes do sistema operacional, embora o programador não veja isso, pois rotinas de biblioteca servem como intermediárias das chamadas de sistema. A comunicação entre processos de usuário no MINIX 3 (e no UNIX) ocorre por intermédio de *pipes*, que são, efetivamente, caixas de correio. A única diferença real entre um sistema de mensagem com caixas de correio e o mecanismo de *pipes* é que os *pipes* não preservam os limites da mensagem. Em outras palavras, se um processo gravar 10 mensagens de 100 bytes em um *pipe* e outro processo ler 1.000 bytes desse *pipe*, o leitor receberá as 10 mensagens de uma vez. Com um verdadeiro sistema de mensagens, cada operação **read** deve retornar apenas uma mensagem. Naturalmente, se os processos concordarem em sempre ler e gravar mensagens de tamanho fixo no *pipe* ou em finalizar cada mensagem com um caractere especial (por exemplo, um avanço de linha), não haverá nenhum problema.

A passagem de mensagens é usada normalmente nos sistemas de programação paralela. Por exemplo, um sistema de passagem de mensagens muito conhecido é o **MPI** (*Message-Passing Interface*). Ele é amplamente usado para computação científica. Para obter mais informações sobre ele, consulte, por exemplo, Gropp et al. (1994) e Snir et al. (1996).

2.3 PROBLEMAS CLÁSSICOS DE COMUNICAÇÃO ENTRE PROCESSOS

A literatura sobre sistemas operacionais está repleta de problemas da comunicação entre processos que foram amplamente discutidos, utilizando uma variedade de métodos de sincronização. Nas seções a seguir, examinaremos dois dos problemas mais conhecidos.

2.3.1 O problema da janta dos filósofos

Em 1965, Dijkstra propôs e resolveu um problema de sincronização que chamou de **problema da janta dos filósofos**. Desde essa época, todo mundo que inventava outra primitiva de sincronização sentiu-se obrigado a demonstrar como a nova primitiva era maravilhosa, mostrando como resolvia elegantemente o problema da janta dos filósofos. O problema pode ser exposto de uma maneira simples, como segue. Cinco filósofos estão sentados ao redor de uma mesa circular. Cada filósofo tem um prato de espaguete. O espaguete é tão escorregadio que o filósofo precisa de dois garfos para comê-lo. Entre cada par de pratos há um garfo. A disposição da mesa está ilustrada na Figura 2-18.

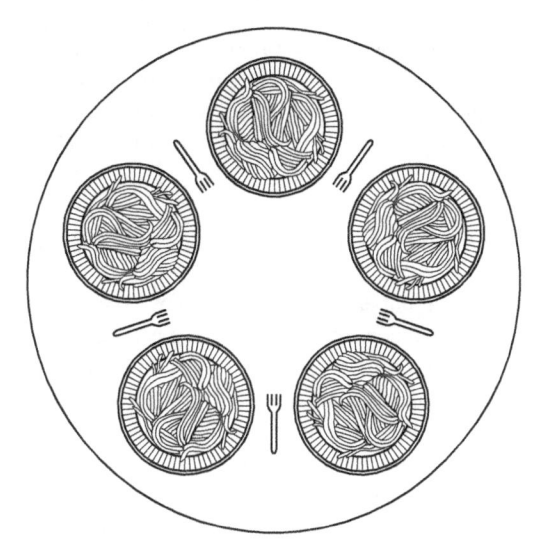

Figura 2-18 Hora do jantar no Departamento de Filosofia.

A vida de um filósofo consiste em alternar períodos de se alimentar e de pensar. (Esta é uma abstração, mesmo para filósofos, mas as demais atividades são irrelevantes aqui.) Quando um filósofo sente fome, ele tenta pegar os garfos da esquerda e da direita, um de cada vez, em qualquer ordem. Se conseguir pegar os dois garfos, ele come por algum tempo e, então, coloca os garfos na mesa e continua a pensar. A pergunta fundamental é: você consegue escrever um programa para cada filósofo que faça o que deve fazer e nunca entre em impasse (*deadlock*)? (Foi mostrado que a exigência de dois garfos é um tanto artificial; talvez devêssemos trocar a comida italiana por comida chinesa, substituindo o espaguete por arroz e os garfos por pauzinhos.)

A Figura 2-19 mostra a solução óbvia. A procedure *take_fork* espera até que o garfo especificado esteja disponível e, então, apodera-se dele. Infelizmente, a solução óbvia está errada. Suponha que os cinco filósofos peguem os garfos da esquerda simultaneamente. Nenhum será capaz de pegar os garfos da direita e haverá um impasse.

Poderíamos modificar o programa de modo que, após pegar o garfo da esquerda, ele verificasse se o garfo da direita está disponível. Se não estiver, o filósofo coloca o garfo da esquerda na mesa, espera algum tempo e, então, repete o processo inteiro. Essa proposta também fracassa, embora por uma razão diferente. Com um pouquinho de azar, todos os filósofos poderiam iniciar o algoritmo simultaneamente, pegando os garfos da esquerda, vendo que os garfos da direita não estão disponíveis, colocando os garfos da esquerda na mesa, esperando, pegando outra vez os garfos da esquerda simultaneamente e assim por diante, eternamente. Uma situação como essa, na qual todos os programas continuam a executar indefinidamente, mas não conseguem fazer progresso algum, é chamada de **inanição** (*starvation*). (E chama-se inanição mesmo quando o problema não ocorre em um restaurante italiano ou chinês.)

```
#define N 5                      /* número de filósofos */

void philosopher(int i)          /* i: número do filósofo, de 0 a 4 */
{
    while (TRUE) {
        think();                 /* o filósofo está pensando */
        take_fork(i);            /* pega o garfo da esquerda */
        take_fork((i+1) % N);    /* pega o garfo da direita; % é o operador de módulo */
        eat();                   /* nham-nham, espaguete! */
        put_fork(i);             /* coloca o garfo da esquerda de volta na mesa */
        put_fork((i+1) % N);     /* coloca o garfo da direita de volta na mesa */
    }
}
```

Figura 2-19 Uma solução errada para o problema da janta dos filósofos.

Agora você poderia pensar: "se os filósofos esperassem um tempo aleatório, em vez do mesmo tempo, após não conseguirem pegar o garfo da direita, a chance de que tudo continue em cadência, mesmo por uma hora, seria muito pequena". Essa observação é válida e em praticamente todos os aplicativos, tentar outra vez posteriormente não é problema. Por exemplo, em uma rede local usando Ethernet, um computador só envia dados quando percebe que nenhum outro computador está enviando. Entretanto, devido aos atrasos na transmissão em um cabo, dois computadores podem enviar dados simultaneamente sobrepondo-os – nesse caso, diz-se que houve uma colisão. Quando é detectada uma colisão, cada computador espera por um tempo aleatório e tenta novamente; na prática, essa solução funciona bem. Contudo, em alguns aplicativos, é necessário uma solução que funcione sempre e que não falhe devido a uma série improvável de números aleatórios. Pense no controle de segurança de uma usina nuclear.

Um aprimoramento na Figura 2-19, que não resultaria em impasse nem em inanição, é proteger as cinco instruções após a chamada de *think* com um semáforo binário. Antes de começar a pegar os garfos, um filósofo executaria uma operação **down** em *mutex*. Depois de devolver os garfos, ele executaria uma operação **up** em *mutex*. Do ponto de vista teórico, essa solução é adequada. Do ponto de vista prático, ela apresenta uma falha em termos de desempenho: apenas um filósofo pode se alimentar de cada vez. Com cinco garfos disponíveis, deveríamos ser capazes de permitir que dois filósofos comessem ao mesmo tempo.

A solução mostrada na Figura 2-20 não apresenta impasse e permite o máximo paralelismo para um número arbitrário de filósofos. Ela utiliza um *array*, *state*, para controlar se um filósofo está comendo, pensando ou se está com fome (tentando pegar garfos). Um filósofo só pode passar para o estado "comendo" se nenhum vizinho estiver comendo. Os vizinhos do filósofo *i* são definidos pelas macros *LEFT* e *RIGHT*. Em outras palavras, se *i* é 2, *LEFT* é 1 e *RIGHT* é 3.

O programa utiliza um *array* de semáforos, um por filósofo, de modo que os filósofos que estão com fome podem ser bloqueados, caso os garfos necessários estejam ocupados. Note que cada processo executa a função *philosopher* como seu código principal, mas *take_forks*, *put_forks* e *test*, são funções comuns e não processos separados.

2.3.2 O problema dos leitores e escritores

O problema da janta dos filósofos é útil para modelar processos que estão competindo pelo acesso exclusivo a um número limitado de recursos, como dispositivos de E/S. Outro problema famoso é o dos leitores e escritores, que modela o acesso a um banco de dados (Courtois et al., 1971). Imagine, por exemplo, um sistema de reservas de uma companhia aérea, com

```
#define N              5                /* número de filósofos */
#define LEFT           (i+N-1)%N        /* número do vizinho à esquerda de i */
#define RIGHT          (i+1)%N          /* número do vizinho à direita de i */
#define THINKING       0                /* o filósofo está pesando */
#define HUNGRY         1                /* o filósofo está tentando pegar garfos */
#define EATING         2                /* o filósofo está comendo */
typedef int semaphore;                  /* os semáforos são um tipo especial de int */
int state[N];                           /* array para controlar o estado de todos */
semaphore mutex = 1;                    /* exclusão mútua para regiões críticas */
semaphore s[N];                         /* um semáforo por filósofo */

void philosopher(int i)                 /* i: número do filósofo, de 0 a N - 1 */
{
    while (TRUE) {                      /* repete eternamente */
        think();                        /* o filósofo está pensando */
        take_forks(i);                  /* pega dois garfos ou bloqueia */
        eat();                          /* nham-nham, espaguete */
        put_forks(i);                   /* coloca os dois garfos de volta na mesa */
    }
}

void take_forks(int i)                  /* i: número do filósofo, de 0 a N - 1 */
{
    down(&mutex);                       /* entra na região crítica */
    state[i] = HUNGRY;                  /* registra o fato de que o filósofo i está com fome */
    test(i);                            /* tenta pegar 2 garfos */
    up(&mutex);                         /* sai da região crítica */
    down(&s[i]);                        /* bloqueia se os garfos não foram pegos */
}

void put_forks(i)                       /* i: número do filósofo, de 0 a N - 1 */
{
    down(&mutex);                       /* entra na região crítica */
    state[i] = THINKING;                /* o filósofo acabou de comer */
    test(LEFT);                         /* verifica se o vizinho da esquerda pode comer agora */
    test(RIGHT);                        /* verifica se o vizinho da direita pode comer agora */
    up(&mutex);                         /* sai da região crítica */
}

void test(i)                            /* i: número do filósofo, de 0 a N - 1 */
{
    if (state[i] == HUNGRY && state[LEFT] != EATING && state[RIGHT] != EATING) {
        state[i] = EATING;
        up(&s[i]);
    }
}
```

Figura 2-20 Uma solução para o problema da janta dos filósofos.

muitos processos concorrentes querendo ler e escrever. É aceitável ter vários processos lendo o banco de dados ao mesmo tempo, mas se um processo estiver atualizando (escrevendo) o banco de dados, nenhum outro processo poderá ter acesso ao banco, nem mesmo um leitor. A pergunta é: como você programa os leitores e os escritores? Uma solução aparece na Figura 2-21.

```
typedef int semaphore;              /* use sua imaginação */
semaphore mutex = 1;                /* controla o acesso a 'rc' */
semaphore db = 1;                   /* controla o acesso ao banco de dados */
int rc = 0;                         /* número de processos lendo ou querendo ler */

void reader(void)
{
    while (TRUE) {                  /* repete indefinidamente */
        down(&mutex);               /* obtém acesso exclusivo a 'rc' */
        rc = rc + 1;                /* um leitor a mais agora */
        if (rc == 1) down(&db);     /* se este for o primeiro leitor ... */
        up(&mutex);                 /* libera o acesso exclusivo para 'rc' */
        read_data_base();           /* acessa os dados */
        down(&mutex);               /* obtém acesso exclusivo a 'rc' */
        rc = rc - 1;                /* um leitor a menos agora */
        if (rc == 0) up(&db);       /* se este for o último leitor ... */
        up(&mutex);                 /* libera o acesso exclusivo para 'rc' */
        use_data_read();            /* região não-crítica */
    }
}


void writer(void)
{
    while (TRUE) {                  /* repete indefinidamente */
        think_up_data();            /* região não-crítica */
        down(&db);                  /* obtém acesso exclusivo */
        write_data_base();          /* atualiza os dados */
        up(&db);                    /* libera o acesso exclusivo */
    }
}
```

Figura 2-21 Uma solução para o problema dos leitores e escritores.

Nesta solução, o primeiro leitor a obter acesso ao banco de dados executa uma operação down no semáforo *db*. Os leitores subseqüentes precisam apenas incrementar um contador, *rc*. À medida que os leitores saem, eles decrementam o contador e o último deles executa uma operação up no semáforo, permitindo a entrada de um escritor bloqueado, caso haja um.

A solução apresentada aqui contém, implicitamente, uma decisão sutil que merece comentário. Suponha que, enquanto um leitor está usando o banco de dados, outro leitor também o utilize. Como ter dois leitores ao mesmo tempo não é problema, o segundo leitor é admitido. Um terceiro leitor e os leitores subseqüentes também podem ser admitidos, caso apareçam.

Agora, suponha que apareça um escritor. O escritor não pode ser admitido no banco de dados, pois os escritores devem ter acesso exclusivo, de modo que ele é bloqueado. Posteriormente, aparecem outros leitores. Contanto que pelo menos um leitor ainda esteja ativo, leitores subseqüentes são admitidos. Como conseqüência dessa estratégia, enquanto houver um estoque constante de leitores, todos eles entrarão assim que chegarem. O escritor será mantido bloqueado até que nenhum leitor esteja presente. Se um novo leitor chegar, digamos, a cada 2 segundos, e cada leitor levar 5 segundos para fazer seu trabalho, o escritor nunca executará.

Para evitar essa situação, o programa pode ser escrito de maneira ligeiramente diferente: quando um leitor chega e um escritor está esperando, o leitor é bloqueado atrás do escritor, em vez de ser admitido imediatamente. Dessa maneira, um escritor precisa esperar o término dos leitores que estavam ativos quando ele chegou, mas não precisa esperar os leitores que apareceram depois dele. A desvantagem dessa solução é que ela gera menos concorrência e, portanto, tem desempenho inferior. Courtois et al. apresentam uma solução que dá prioridade aos escritores. Para ver os detalhes, sugerimos a leitura desse artigo.

2.4 ESCALONAMENTO

Nos exemplos das seções anteriores, com freqüência tivemos situações em que dois ou mais processos (por exemplo, produtor e consumidor) eram logicamente executáveis. Quando um computador tem suporte a multiprogramação, freqüentemente ele tem vários processos competindo pela CPU ao mesmo tempo. Quando mais de um processo está no estado pronto e existe apenas uma CPU disponível, o sistema operacional deve decidir qual deles vai executar primeiro. A parte do sistema operacional que faz essa escolha é chamada de **escalonador**; o algoritmo que ele utiliza é chamado de **algoritmo de escalonamento**.

Muitos problemas de escalonamento se aplicam tanto aos processos como as *threads*. Inicialmente, focalizaremos o escalonamento de processos, mas posteriormente examinaremos rapidamente alguns problemas específicos ao escalonamento de *threads*.

2.4.1 Introdução ao escalonamento

Na época dos sistemas de lote, com entrada na forma de uma fita magnética, o algoritmo de escalonamento era simples: apenas executar o próximo *job* da fita. Nos sistemas com compartilhamento de tempo, o algoritmo de escalonamento se tornou mais complexo, pois geralmente havia vários usuários esperando o serviço. Também pode haver um ou mais fluxos de lote (por exemplo, em uma companhia de seguros, para processar pedidos). Em um computador pessoal, você poderia pensar que haveria apenas um processo ativo. Afinal, é improvável que um usuário digitando um documento em um processador de textos esteja simultaneamente compilando um programa em segundo plano. Entretanto, freqüentemente existem tarefas de segundo plano, como *daemons* de correio eletrônico enviando ou recebendo e-mail. Você também poderia pensar que os computadores ficaram tão mais rápidos com o passar dos anos, que a CPU raramente teria falta de recursos. Contudo, os aplicativos novos tendem a exigir mais recursos. Exemplo disso é o processamento digital de fotografias e a exibição de vídeo em tempo real.

Comportamento dos processos

Praticamente todos os processos alternam rajadas de computação com requisições de E/S (disco), como mostra a Figura 2-22. Normalmente, a CPU executa por algum tempo sem parar e, depois, é feita uma chamada de sistema para ler ou escrever em um arquivo. Quando a chamada de sistema termina, a CPU computa novamente, até precisar de mais dados ou ter de escrever mais dados e assim por diante. Note que algumas atividades de E/S contam como computação. Por exemplo, quando a CPU copia dados de uma memória de vídeo para atualizar a tela, ela está computando e não fazendo E/S, pois a CPU está sendo usada. Nesse sentido, a E/S se dá quando um processo entra no estado bloqueado esperando que um dispositivo externo conclua seu trabalho.

O importante a notar na Figura 2-22 é que alguns processos, como o que aparece na Figura 2-22(a), passam a maior parte de seu tempo computando, enquanto outros, como o que aparece na Figura 2-22(b), passam a maior parte de seu tempo esperando por E/S. Os primeiros são chamados de processos **limitados por processamento** (CPU-*bound*); os últimos são chamados de processos **limitados por E/S** (I/O-*bound*). Os processos limitados por processamento normalmente têm longas rajadas de uso de CPU e raramente esperam pela E/S, enquanto os processos limitados por E/S têm curtas rajadas de uso de CPU curtas e esperas freqüentes por E/S. Note que o principal fator é o comprimento da rajada de uso de CPU e não o comprimento da rajada de E/S. Os processos limitados por E/S são classificados como tal não por terem requisições de E/S particularmente longas, mas sim por não executarem muita computação entre elas. O tempo para ler um bloco de disco é sempre o mesmo, independente de se gastar muito ou pouco tempo para processar os dados lidos.

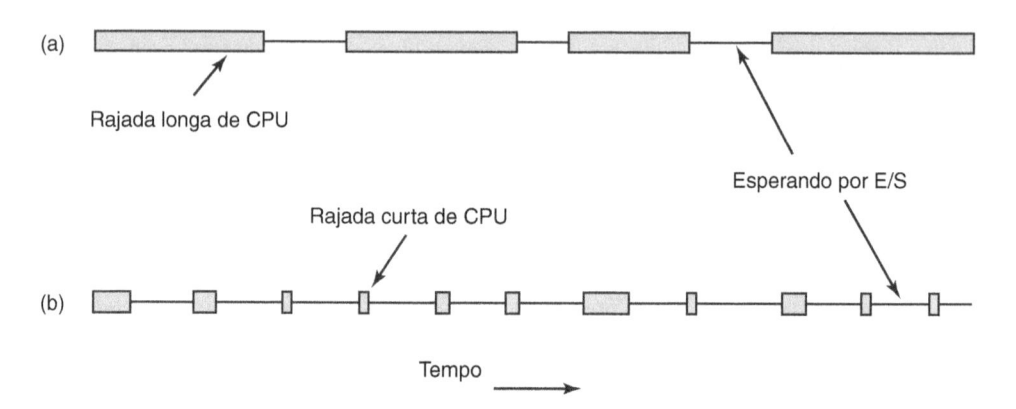

Figura 2-22 As rajadas de utilização de CPU alternam com períodos de espera por E/S. (a) Um processo vinculado à CPU. (b) Um processo limitado por E/S.

É interessante notar que, à medida que as CPUs se tornam mais rápidas, os processos tendem a ficar limitados por E/S. Esse efeito ocorre porque as CPUs estão evoluindo muito mais rapidamente do que os discos. Como conseqüência, o escalonamento de processos limitados por E/S provavelmente se tornará um assunto bem mais importante no futuro. A idéia básica aqui é que, se um processo limitado por E/S quiser ser executado, deverá ter uma chance de fazê-lo rapidamente, para que possa emitir sua requisição ao disco e mantê-lo ocupado.

Quando fazer o escalonamento

Existe uma variedade de situações nas quais o escalonamento pode ocorrer. Primeiramente, o escalonamento é absolutamente exigido em duas ocasiões:

1. Quando um processo termina.
2. Quando um processo é bloqueado em uma operação de E/S ou em um semáforo.

Em cada um desses casos, o processo que estava em execução se torna não apto a continuar, de modo que outro processo deva ser escolhido para executar em seguida.

Existem três outras ocasiões em que o escalonamento é normalmente feito, embora, logicamente falando, não seja absolutamente necessário nesses momentos:

1. Quando um novo processo é criado.
2. Quando ocorre uma interrupção de E/S.
3. Quando ocorre uma interrupção de relógio.

No caso de um novo processo, faz sentido reavaliar as prioridades nesse momento. Em alguns casos, o processo pai pode solicitar uma prioridade diferente para o processo filho.

No caso de uma interrupção de E/S, isso normalmente significa que um dispositivo de E/S acabou de concluir seu trabalho. Assim, algum processo que estava bloqueado, esperando pela E/S, poderá agora estar pronto (ou apto) para executar.

No caso de uma interrupção de relógio, essa é uma oportunidade para decidir se o processo que está correntemente em execução já está executando por um tempo demasiado. Os algoritmos de escalonamento podem ser divididos em duas categorias, com relação ao modo como tratam das interrupções de relógio. Um algoritmo de escalonamento **não-preemptivo** seleciona um processo para executar e, em seguida, permite que ele seja executado até ser bloqueado (ou no caso de uma E/S ou na espera por outro processo) ou até que libere a CPU voluntariamente. Em contraste, um algoritmo de escalonamento **preemptivo** seleciona um processo e permite que ele seja executado por algum tempo fixo máximo. Se o processo ainda estiver em execução no final do intervalo de tempo, ele será suspenso e o escalonador selecionará outro processo para executar (se houver um disponível). O escalonamento preemptivo exige a ocorrência de uma interrupção de relógio no final do intervalo de tempo, para devolver o controle da CPU para o escalonador. Se não houver nenhum relógio disponível, a escalonamento não-preemptivo será a única opção.

Categorias de algoritmos de escalonamento

Evidentemente, em diferentes ambientes, são necessários diferentes algoritmos de escalonamento. Essa situação surge porque as diferentes áreas de aplicação (e diferentes tipos de sistemas operacionais) têm objetivos diversos. Em outras palavras, o que o escalonador deve otimizar não é a mesma coisa em todos os sistemas. É importante distinguir três ambientes:

1. Lote
2. Interativo
3. Tempo real

Nos sistemas de lote, não há usuários esperando impacientemente uma resposta rápida em seus terminais. Conseqüentemente, com freqüência são aceitáveis algoritmos não-preemptivos ou algoritmos preemptivos com longos períodos de tempo para cada processo. Essa estratégia reduz as trocas de processo e, assim, melhora o desempenho.

Em um ambiente com usuários interativos, a preempção é fundamental para impedir que um processo aproprie-se de todo o tempo de CPU e negue serviço para os outros. Mesmo que nenhum processo seja executado para sempre intencionalmente devido a um erro de programa, um único processo poderia barrar os outros indefinidamente. A preempção é necessária para evitar esse comportamento.

Nos sistemas com restrições de tempo real, às vezes, a preempção é, estranhamente, desnecessária, pois os processos sabem que não podem ser executados por longos períodos de tempo e normalmente fazem seu trabalho e são rapidamente bloqueados. A diferença com os sistemas interativos é que os sistemas de tempo real executam apenas os programas necessários a uma aplicação em particular. Já os sistemas interativos são de propósito geral e podem executar qualquer tipo de programa, inclusive os que são mal-intencionados.

Objetivos dos algoritmos de escalonamento

Para projetar um algoritmo de escalonamento, é necessário ter alguma idéia do que um bom algoritmo deve fazer. Alguns objetivos dependem do ambiente (lote, interativo ou tempo real), mas também existem outros que são desejáveis para todos os casos. Alguns objetivos estão listados na Figura 2-23. A seguir, os discutiremos cada um deles.

Todos os sistemas
    Imparcialidade – dar a cada processo o mesmo tempo de uso de CPU
    Imposição da política – garantir que a política declarada é executada
    Balanceamento de carga – manter todas as partes do sistema ocupadas

Sistemas de lote
    Taxa de saída – maximizar o número de *jobs* por hora
    Tempo de retorno – minimizar o tempo entre envio e término
    Utilização da CPU – manter a CPU ocupada o máximo de tempo possível

Sistemas interativos
    Tempo de resposta – atender rapidamente as requisições
    Proporcionalidade —satisfazer às expectativas dos usuários

Sistemas de tempo real
    Cumprir os prazos finais – evitar a perda de dados
    Previsibilidade – evitar degradação da qualidade em sistemas multimídia

Figura 2-23 Alguns objetivos dos algoritmos de escalonamento sob diferentes circunstâncias.

Sob todas as circunstâncias, a imparcialidade é importante. Processos comparáveis devem receber serviço comparável. Dar para um processo muito mais tempo de CPU do que para outro equivalente não é justo. Naturalmente, diferentes categorias de processos podem ser tratadas de formas diferentes. Pense no controle de segurança e no processamento da folha de pagamento do centro de computação de um reator nuclear.

Um tanto relacionada com a imparcialidade é a imposição das políticas do sistema. Se a política local diz que os processos de controle de segurança devem ser executados quando quiserem, mesmo que isso signifique que a folha de pagamento seja atrasada em 30 segundos, o escalonador precisa garantir que essa política seja imposta.

Outro objetivo geral é manter todas as partes do sistema ocupadas, quando possível. Se a CPU e todos os dispositivos de E/S puderem ser mantidos ocupados o tempo todo, será feito, por segundo, mais trabalho do que se alguns dos componentes estiverem ociosos. Em um sistema de lote, por exemplo, o escalonador tem controle sobre quais tarefas são levadas à memória para execução. Ter alguns processos vinculados à CPU e alguns processos limitados por E/S em memória é uma idéia melhor do que primeiro carregar e executar todas as tarefas vinculadas à CPU e, depois, quando elas tiverem terminado, carregar e executar todas as tarefas vinculadas à E/S. Se esta última estratégia for usada, quando os processos vinculados à CPU estiverem em execução, eles lutarão pela CPU e o disco estará ocioso. Posteriormente, quando as tarefas vinculadas à E/S entrarem em ação, elas disputarão o disco e a CPU estará ociosa. É melhor manter o sistema todo em funcionamento simultaneamente, por meio de uma mistura cuidadosa de processos.

Os gerentes dos centros de computação corporativos que executam muitas tarefas de lote (por exemplo, processamento de pedidos de companhias de seguro), normalmente examinam três métricas para avaliarem o desempenho de seus sistemas: **taxa de saída** (*throughput*), **tempo de retorno** (*turnaround*) e **utilização da CPU**. A taxa de saída é o número de *jobs* por segundo que o sistema conclui. Considerando tudo os fatores, concluir 50 *jobs* por segundo é melhor do que concluir 40 *jobs* por segundo. Tempo de retorno é o tempo médio desde o momento em que um *job* do lote é submetido até o momento em que ele é concluído. Ele mede o tempo que o usuário médio precisa esperar pela saída. Aqui, a regra é: quanto menor, melhor.

Um algoritmo de escalonamento que maximiza a taxa de saída pode não necessariamente minimizar o tempo de retorno. Por exemplo, dada uma mistura de *jobs* curtos e longos, um escalonador que sempre executasse os *jobs* curtos e nunca os *jobs* longos poderia obter uma taxa de saída excelente (muitos *jobs* curtos por segundo), mas à custa de um tempo de retorno terrível para os *jobs* longos. Se *jobs* curtos continuassem chegando constantemente, os *jobs* longos poderiam nunca ser executados, tornando o tempo de retorno médio infinito, embora obtivesse uma taxa de saída alta.

A utilização da CPU também é um problema nos sistemas de lote porque, nos computadores de grande porte, onde os sistemas de lote são executados, a CPU ainda tem um custo alto. Assim, os gerentes dos centros de computação se sentem culpados quando ela não está executando o tempo todo. Na verdade, contudo, essa não é uma boa métrica. O que realmente importa é quantos *jobs* por segundo saem do sistema (taxa de saída) e quanto tempo demora para retornar um *job* (tempo de retorno). Usar a utilização da CPU como métrica é como classificar carros tendo por base o giro do motor por segundo.

Para sistemas interativos, especialmente sistemas de compartilhamento de tempo e servidores, diferentes objetivos se aplicam. O mais importante é minimizar o **tempo de resposta**, que é o tempo entre a execução de um comando e o recebimento de seu resultado. Em um computador pessoal, onde está sendo executado um processo de segundo plano (por exemplo, lendo e armazenando e-mail na rede), o pedido de um usuário para iniciar um programa ou abrir um arquivo deve ter precedência sobre o trabalho de segundo plano. O fato de ter todos os pedidos interativos atendidos primeiro será percebido como um bom serviço.

Um problema relacionado é o que poderia ser chamado de **proporcionalidade**. Os usuários têm uma idéia básica (mas freqüentemente incorreta) do tempo que as coisas devem demorar. Quando um pedido que é percebido como complexo demora um longo tempo, os usuários aceitam isso, mas quando um pedido que é percebido como simples demora um longo tempo, os usuários ficam irritados. Por exemplo, se clicar em um ícone que ativa um provedor de Internet usando um modem analógico demorar 45 segundos para estabelecer a conexão, o usuário provavelmente aceitará isso como um fato normal. Por outro lado, se clicar em um ícone para desfazer uma conexão demorar 45 segundos, o usuário provavelmente estará dizendo palavrões na marca dos 30 segundos e, decorridos 45 segundos, já estará espumando de raiva. Esse comportamento é devido à percepção comum do usuário de que fazer uma ligação telefônica e estabelecer uma conexão *provavelmente* demora muito mais do que apenas desligar. Em alguns casos (como neste), o escalonador não pode fazer nada a respeito do tempo de resposta, mas em outros casos, ele pode, especialmente quando o atraso é devido a uma escolha malfeita na ordem dos processos.

Os sistemas de tempo real têm propriedades diferentes dos sistemas interativos e, assim, diferentes objetivos de escalonamento. Eles são caracterizados por terem prazos finais que devem ou pelo menos deveriam ser cumpridos. Por exemplo, se um computador está controlando um dispositivo que produz dados a uma velocidade regular, o fato de deixar de executar o processo de coleta de dados pontualmente pode resultar na sua perda. Assim, a principal necessidade em um sistema de tempo real é cumprir todos os prazos finais (ou a maioria deles).

Em alguns sistemas de tempo real, especialmente aqueles que envolvem multimídia, a previsibilidade é importante. Perder um prazo final ocasional não é fatal, mas se o processo de áudio for executado muito irregularmente, a qualidade do som se deteriorará rapidamente. O vídeo também é um problema, mas os ouvidos são muito mais sensíveis à flutuação de fase do que os olhos. Para evitar esse problema, a escalonamento dos processos deve ser altamente previsível e regular.

2.4.2 Escalonamento em sistemas de lote

Agora é hora de examinarmos os problemas gerais de algoritmos de escalonamento específicos. Nesta seção, veremos os algoritmos usados nos sistemas de lote. Nas seguintes, examinaremos os sistemas interativos e de tempo real. Vale notar que alguns algoritmos são usados tanto em sistemas de lote como em sistemas interativos. Vamos estudar estes últimos posteriormente. Aqui, focalizaremos os algoritmos que são convenientes apenas nos sistemas de lote.

O primeiro a chegar é o primeiro a ser atendido

Provavelmente, o mais simples de todos os algoritmos de escalonamento é o não-preemptivo **primeiro a chegar é o primeiro a ser atendido*** (*First-come First-served FCFS*). Nesse algoritmo, os processos recebem tempo de CPU na ordem em que solicitam. Basicamente, existe uma única fila de processos prontos (aptos a executar). Quando, de manhã, o primeiro *job* entra no sistema, ele é iniciado imediatamente e pode ser executado durante o tempo que quiser. Quando outros *jobs* chegam, eles são colocados no final da fila. Quando o processo que está em execução é bloqueado, o primeiro processo da fila é executado em seguida. Quando um processo bloqueado se torna pronto, assim como um *job* recém-chegado, é colocado no final da fila.

A maior vantagem desse algoritmo é que ele é fácil de ser entendido e igualmente fácil de programar. Ele também é imparcial, da mesma forma que é justo vender entradas para jogos ou concertos muito concorridos para as pessoas que estejam dispostas a ficar na fila às 2 da manhã. Com esse algoritmo, uma lista encadeada simples mantém todos os processos prontos. Selecionar um processo para executar exige apenas remover um do início da fila. Adicionar uma nova tarefa ou um processo que acaba de ser desbloqueado exige apenas inseri-lo no final da fila. O que poderia ser mais simples?

Infelizmente, o algoritmo do primeiro a chegar é o primeiro a ser atendido também tem uma grande desvantagem. Suponha que exista um único processo limitado por processamento que seja executado por 1 segundo a cada vez e muitos processos limitados por E/S que utilizam pouco tempo da CPU, mas cada um tendo que realizar 1000 leituras de disco para terminar. O processo limitado por processamento é executado por 1 segundo e, em seguida, lê um bloco de disco. Agora, todos os processos de E/S são executados e começam as leituras de disco. Quando o processo limitado por processamento recebe seu bloco de disco, é executado por mais 1 segundo, seguido de todos os processos limitados por E/S, em uma rápida sucessão.

O resultado final é que cada processo limitado por E/S lê 1 bloco por segundo e demora 1000 segundos para terminar. Se fosse usado um algoritmo de escalonamento que fizesse a preempção do processo limitado por processamento a cada 10 ms, os processos limitados por E/S terminariam em 10 segundos, em vez de 1000 segundos, e sem diminuir muito a velocidade do processo limitado por processamento.

Tarefa mais curta primeiro

Examinemos agora outro algoritmo não-preemptivo para sistemas de lote que presume que os tempos de execução são conhecidos antecipadamente. Em uma companhia de seguros, por exemplo, as pessoas podem prever precisamente quanto tempo levará para executar um lote de 1.000 pedidos, pois um trabalho semelhante é feito todos os dias. Quando várias tarefas

---

* N. de R.T.: Esse algoritmo também é denominado de primeiro a chegar, primeiro a sair (*First-In, First-Out* ou, simplesmente, FIFO).

igualmente importantes estão na fila de entrada esperando para serem iniciadas, o escalonador seleciona a **tarefa mais curta primeiro** (*Shortest Job First - SJF*). Veja a Figura 2-24. Aqui, encontramos quatro *jobs A, B, C* e *D*, com tempos de execução de 8, 4, 4 e 4 minutos, respectivamente. Executando-as nessa ordem, o tempo de retorno para *A* é de 8 minutos, para *B* é de 12 minutos, para *C* é de 16 minutos e para *D* é de 20 minutos, dando uma média de 14 minutos.

```
    8    4   4   4              4   4   4    8
  ┌─────┬───┬───┬───┐         ┌───┬───┬───┬─────┐
  │  A  │ B │ C │ D │         │ B │ C │ D │  A  │
  └─────┴───┴───┴───┘         └───┴───┴───┴─────┘
          (a)                          (b)
```

Figura 2-24 Um exemplo de escalonamento com a tarefa mais curta primeiro. (a) Executando quatro *jobs* na ordem original. (b) Executando-as na ordem do *job* mais curto primeiro.

Agora, consideremos a execução desses quatro *jobs* utilizando o algoritmo da tarefa mais curta primeiro, como mostrado na Figura 2-24(b). Os tempos de retorno agora são de 4, 8, 12 e 20 minutos, para uma média de 11 minutos. O algoritmo da tarefa mais curta primeiro provavelmente é ótimo. Considere o caso de quatro *jobs*, com tempos de execução de a, b, c e d, respectivamente. O primeiro *job* acaba no tempo a, o segundo no tempo $a + b$ e assim por diante. O tempo de retorno médio é $(4a + 3b + 2c + d)/4$. É claro que a contribui mais para a média do que os outros tempos; portanto, ele deve ser o *job* mais curto, com b vindo em seguida, depois c e, finalmente, d como a mais longo, pois ele afeta apenas seu próprio tempo de retorno. O mesmo argumento aplica-se igualmente bem a qualquer número de *jobs*.

É interessante notar que o algoritmo da tarefa mais curta primeiro é ótimo apenas quando todos os *jobs* estão disponíveis simultaneamente. Como um contra-exemplo, considere cinco *jobs*, de *A* a *E*, com tempos de execução de 2, 4, 1, 1 e 1, respectivamente. Seus tempos de chegada são 0, 0, 3, 3 e 3. Inicialmente, apenas *A* ou *B* podem ser escolhidos, pois os outros três *jobs* ainda não chegaram. Usando o algoritmo da tarefa mais curta primeiro, executaremos os *jobs* na ordem *A, B, C, D, E*, para uma espera média de 4,6. Entretanto, executá-los na ordem *B, C, D, E, A* corresponde a uma espera média de 4,4.

Menor tempo de execução restante

Uma versão preemptiva do algoritmo da tarefa mais curta primeiro é o algoritmo do **Menor tempo de execução restante** (*Shortest Remaining Time Next* – SRT). Nesse algoritmo, o escalonador sempre escolhe o processo (ou *job*) cujo tempo de execução restante é o mais curto. Aqui, novamente, o tempo de execução precisa ser conhecido antecipadamente. Quando chega um novo *job*, seu tempo total é comparado com o tempo restante do processo corrente. Se o novo *job* precisar de menos tempo para terminar do que o processo corrente, este será suspenso e a novo *job* será iniciado. Este esquema permite que os novos *jobs* curtos recebam um bom serviço.

Escalonamento em três níveis

Sob certo aspecto, os sistemas de lote permitem escalonar processos em três níveis diferentes, conforme ilustrado na Figura 2-25. Quando os *jobs* chegam no sistema, eles são colocados inicialmente em uma fila de entrada armazenada em disco. O **escalonador de admissão** decide quais *jobs* ingressarão no sistema. Os outros são mantidos na fila de entrada até que sejam selecionados. Um algoritmo de controle de admissão típico poderia procurar uma mistura de *jobs* limitados por processamento e *jobs* limitados por E/S. Como alternativa, os *jobs* curtos poderiam ser admitidos rapidamente, enquanto os *jobs* mais longos teriam de esperar. O escalonador de admissão está livre para manter alguns *jobs* na fila de entrada e admitir *jobs* que cheguem depois, se optar por isso.

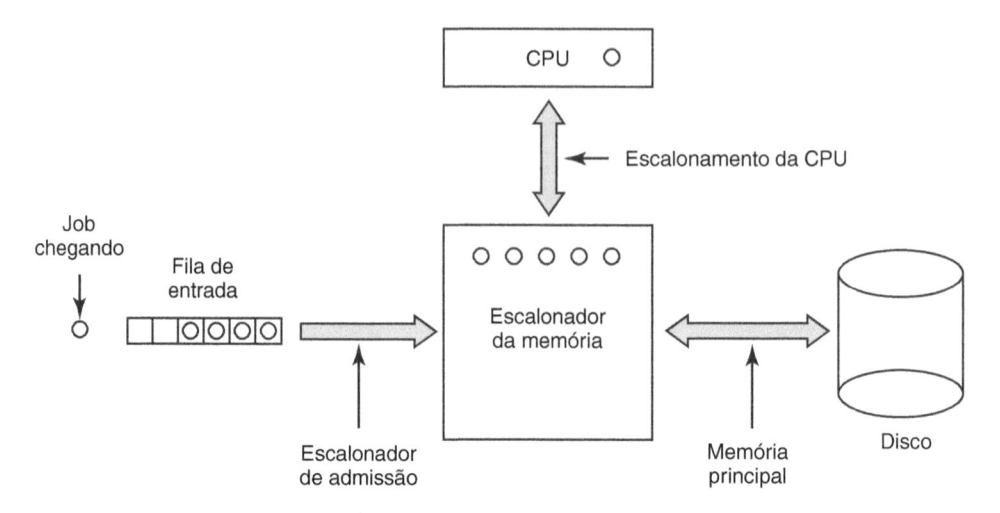

Figura 2-25 Escalonamento em três níveis.

Quando um *job* for admitido no sistema, um processo poderá ser criado para ele e poderá competir pela CPU. Entretanto, poderia ser que o número de processos fosse tão grande que não haveria espaço suficiente para todos eles em memória. Nesse caso, alguns dos processos teriam que ser postos no disco. O segundo nível de escalonamento é decidir quais processos devem ser mantidos em memória e quais devem ser mantidos no disco. Isso é chamado de **escalonador da memória**, pois ele determina quais processos são mantidos na memória e quais são mantidos no disco.

Essa decisão precisa ser freqüentemente revista para permitir que os processos que estão no disco recebam algum serviço. Entretanto, como trazer um processo do disco é dispendioso, essa revisão não deve acontecer mais do que uma vez por segundo, talvez com menos freqüência ainda. Se o conteúdo da memória principal é trocado com muita freqüência com o do disco, isso implica em um consumo de uma grande quantidade de largura de banda de disco, diminuindo a velocidade da E/S de arquivos. Essa alternância entre estar em memória principal e estar armazenado no disco é denominado de *swapping*.

Para otimizar o desempenho do sistema como um todo, o escalonador da memória talvez queira decidir cuidadosamente quantos processos deseja ter na memória (o que é chamado de **grau de multiprogramação**) e quais tipos de processos. Se ele tiver informações sobre quais processos são limitados por processamento e quais são limitados por E/S, poderá tentar manter uma mistura desses tipos de processo na memória. Como uma aproximação muito grosseira, se determinada classe de processos computa cerca de 20% do tempo, deixar cinco deles juntos é aproximadamente o número certo para manter a CPU ocupada.

Para tomar suas decisões, o escalonador da memória revê periodicamente cada processo no disco para decidir se vai levá-lo para a memória ou não. Dentre os critérios que ele pode usar para tomar sua decisão estão os seguintes:

1. Quanto tempo passou desde que o processo sofreu *swap* (entrou ou saiu)?
2. Quanto tempo de CPU o processo recebeu recentemente?

3. Qual é o tamanho do processo? (Os pequenos não atrapalham.)
4. Qual é a importância do processo?

O terceiro nível de escalonamento é a seleção de um dos processos prontos, armazenados na memória principal, para ser executado em seguida. Freqüentemente, ele é chamado de **escalonador da CPU** e é o que as pessoas normalmente querem dizer quando falam sobre "escalonador". Qualquer algoritmo pode ser usado aqui, tanto preemptivo como não-preemptivo. Eles incluem aqueles descritos anteriormente, assim como vários algoritmos que serão descritos na próxima seção.

2.4.3 Escalonamento em sistemas interativos

Veremos agora alguns algoritmos que podem ser usados em sistemas interativos. Todos eles também podem ser usados como escalonador da CPU em sistemas de lote. Embora a escalonamento de três níveis não seja possível aqui, o escalonamento de dois níveis (escalonador da memória e escalonador da CPU) é comum. A seguir, focalizaremos o escalonador da CPU e alguns algoritmos de escalonamento mais empregados.

Escalonamento *round-robin*

Vamos ver agora alguns algoritmos de escalonamento específicos. Um dos algoritmos mais antigos, mais simples e mais amplamente utilizados é feito um rodízio entre os processos (escalonamento *round-robin* – RR). A cada processo é atribuído um intervalo de tempo, chamado de **quantum**, durante o qual ele pode ser executado. Se o processo estiver em execução no fim do *quantum*, é feita a preempção da CPU e esta é alocada a outro processo. É claro que, se o processo tiver sido bloqueado, ou terminado, antes do *quantum* ter expirado, a troca da CPU será feita neste momento. O *round-robin* é fácil de implementar. Tudo que o escalonador precisa fazer é manter uma lista de processos executáveis, como mostrado na Figura 2-26(a). Quando o processo consome seu *quantum*, ele é colocado no fim da lista, como se vê na Figura 2-26(b)

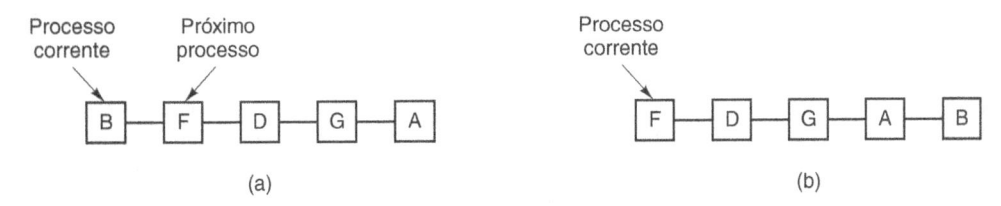

Figura 2-26 Escalonamento *round-robin*. (a) A lista de processos executáveis. (b) A lista de processos executáveis após *B* consumir seu *quantum*.

O único problema interessante relacionado ao *round-robin* é a duração do *quantum*. Trocar de um processo para outro exige certa quantidade de tempo para fazer a administração – salvar e carregar registradores e mapas de memória, atualizar várias tabelas e listas, esvaziar e recarregar a cache de memória etc. Suponha que esse **chaveamento de processo** ou **chaveamento de contexto**, como às vezes é chamado, demore 1 ms, incluindo a troca de mapas de memória, esvaziar e recarregar a cache etc. Suponha também que o *quantum* seja configurado como 4 ms. Com esses parâmetros, depois de fazer 4 ms de trabalho útil, a CPU terá de gastar 1 ms na troca (chaveamento) de processos. 20% do tempo da CPU serão desperdiçados em sobrecarga administrativa. Claramente, isso é demais.

Para melhorar a eficiência da CPU, poderíamos configurar o *quantum* como, digamos, 100 ms. Agora, o tempo desperdiçado é de apenas 1%. Mas considere o que acontece em um sistema de compartilhamento de tempo, se dez usuários interativos pressionarem a tecla *enter* mais ou menos ao mesmo tempo. Dez processos serão colocados na lista de processos prontos. Se a CPU estiver ociosa, o primeiro processo começará imediatamente, o segundo poderá começar somente 100 ms depois e assim por diante. O infeliz último da fila talvez tenha de esperar 1 segundo antes de ter uma chance, supondo que todos os outros utilizem seus *quanta* inteiros. A maioria dos usuários achará lenta uma resposta de 1 s para um comando curto.

Outro fator é que, se o *quantum* for configurado com um valor maior do que a rajada média de CPU, a preempção raramente acontecerá. Em vez disso, a maioria dos processos executará uma operação de bloqueio, antes que o *quantum* termine, causando a troca de processo. Eliminar a preempção melhora o desempenho, pois as trocas de processo só ocorrerão quando elas forem logicamente necessárias; isto é, quando um processo for bloqueado e não puder continuar porque está logicamente esperando por algo.

A conclusão pode ser formulada como segue: configurar o *quantum* curto demais causa muita troca de processo e reduz a eficiência da CPU, mas configurá-lo longo demais pode causar um tempo de resposta ruim para pedidos interativos curtos. Um *quantum* em torno de 20-50 ms freqüentemente é um compromisso razoável.

Escalonamento por prioridade

O escalonamento *round-robin* faz a suposição implícita de que todos os processos são igualmente importantes. Com freqüência, as pessoas que possuem e operam computadores multiusuários têm idéias diferentes sobre esse assunto. Em uma universidade, a ordem da prioridade pode ser os diretores primeiro, depois os professores, secretários, inspetores e, finalmente, os alunos. A necessidade de levar em conta fatores externos conduz ao **escalonamento por prioridade**. A idéia básica é simples: cada processo recebe uma prioridade e o processo pronto, com a prioridade mais alta, tem permissão para executar.

Mesmo em um PC com um único proprietário, pode haver múltiplos processos, alguns mais importantes do que outros. Por exemplo, um processo *daemon* que envia uma mensagem de correio eletrônico em segundo plano deve receber uma prioridade mais baixa do que a de um processo que exibe um filme na tela em tempo real.

Para impedir que os processos de alta prioridade sejam executados indefinidamente, o escalonador pode diminuir a prioridade do processo correntemente em execução em cada tique de relógio (isto é, a cada interrupção de relógio). Se essa ação fizer com que sua prioridade caia abaixo da do próximo processo com maior prioridade, ocorrerá um chaveamento de processo. Como alternativa, cada processo pode receber um *quantum* de tempo máximo em que ele pode ser executado. Quando esse *quantum* esgota, é dada a chance de executar ao próximo processo com maior prioridade.

As prioridades podem ser atribuídas aos processos estática ou dinamicamente. No computador de um ambiente militar, os processos iniciados pelos generais poderiam começar com prioridade 100, os processos iniciados pelos coronéis, com 90, pelos majores, 80, pelos capitães, 70, pelos tenentes, 60 e assim por diante. Como alternativa, em um centro de computação comercial, as tarefas de alta prioridade poderiam custar 100 dólares por hora, os de prioridade média, 75 dólares por hora, e os de baixa prioridade, 50 dólares por hora. O sistema UNIX tem um comando, *nice*, que permite ao usuário reduzir voluntariamente a prioridade de seu processo, para ser gentil com os outros usuários. Ninguém o utiliza.

As prioridades também podem ser atribuídas dinamicamente pelo sistema, para atender certos objetivos. Por exemplo, alguns processos são altamente limitados por E/S e gastam a maior parte do seu tempo esperando a E/S terminar. Quando um processo assim quer a CPU, deve recebê-la imediatamente para permitir que ele inicie sua próxima requisição de E/S, a qual pode então prosseguir em paralelo com outro processo que realmente faz computação. Fazer com que o processo limitado por E/S espere um longo tempo pela CPU significará apenas que ele ocupará a memória por um tempo desnecessariamente longo. Um algoritmo simples para oferecer bom serviço para processos limitados por E/S é configurar a prioridade como $1/f$, onde f é a fração do último *quantum* utilizado por um processo. Um processo que utilizasse apenas 1 ms de seu *quantum* de 50 ms receberia prioridade 50, enquanto um processo que executasse 25 ms antes de bloquear receberia prioridade 2 e um processo que utilizou o *quantum* inteiro receberia prioridade 1.

Muitas vezes é conveniente agrupar processos em classes de prioridade e utilizar escalonamento por prioridade entre as classes, mas escalonamento *round-robin* dentro de cada classe. A Figura 2-27 mostra um sistema com quatro classes de prioridade. O algoritmo de escalonamento é o seguinte: enquanto houver processos executáveis na classe de prioridade 4, executa cada um apenas por um *quantum*, no sistema *round-robin*, e nunca se incomoda com as classes de prioridade mais baixa. Se a classe de prioridade 4 estiver vazia, então executa os processos de classe 3 no sistema *round-robin*. Se as classes 4 e 3 estiverem vazias, então executa a classe 2 no sistema de *round-robin* e assim por diante. Se as prioridades não forem ajustadas ocasionalmente, as classes de prioridade mais baixa poderão sofrer inanição.

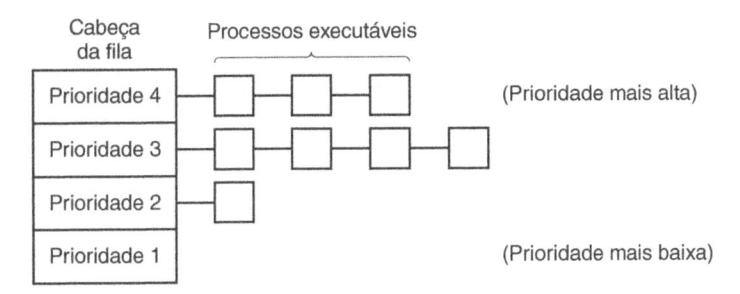

Figura 2-27 Um algoritmo de escalonamento com quatro classes de prioridade.

O MINIX 3 usa um sistema semelhante à Figura 2-27, embora existam 16 classes de prioridade na configuração padrão. No MINIX 3, os componentes do sistema operacional são executados como processos. O MINIX 3 coloca as tarefas (*drivers* de E/S) e servidores (gerenciador de memória, sistema de arquivos e rede) nas classes de prioridade mais alta. A prioridade inicial de cada tarefa ou serviço é definida no momento da compilação; a E/S de um dispositivo lento pode receber prioridade mais baixa do que a E/S de um dispositivo mais rápido ou mesmo de um servidor. Geralmente, os processos de usuário têm prioridade mais baixa do que os componentes de sistema, mas todas as prioridades podem mudar durante a execução.

Escalonamento por múltiplas filas

Um dos primeiros escalonadores por prioridade estava no CTSS (Corbató et al., 1962). O CTSS tinha o problema de que o chaveamento de processos era muito lento porque o 7094 podia armazenar apenas um processo na memória. Cada troca significava enviar o processo corrente para o disco e ler um novo processo do disco. Os projetistas do CTSS rapidamente perceberam que era mais eficiente dar um *quantum* grande para processos limitados por processamento, de vez em quando, em vez de freqüentemente dar pequenos *quanta* (para reduzir as trocas). Por outro lado, dar a todos os processos um *quantum* grande poderia significar um péssimo tempo de resposta, como já observamos. A solução foi configurar classes de prioridade. Os processos de classe mais alta eram executados por um *quantum*. Os processos na classe de prioridade mais alta seguinte eram executados por dois *quanta*. Os processos na próxima classe eram executados por quatro *quanta* e assim por diante. Quando um processo utilizava todos os *quanta* permitidos, ele era movido uma classe para baixo.

Como exemplo, considere um processo que precisasse computar continuamente por 100 *quanta*. Inicialmente, ele receberia um *quantum* e, então, seria trocado. Da próxima vez, ele receberia dois *quanta* antes de ser trocado. Em sucessivas execuções, ele poderia receber 4, 8, 16, 32 e 64 *quanta*, embora tivesse utilizado apenas 37 dos 64 *quanta* finais para completar seu trabalho. Apenas 7 trocas seriam necessárias (incluindo o carregamento inicial), em vez de 100, com um algoritmo *round-robin* puro. Além disso, à medida que o processo se baixasse cada vez mais nas filas de prioridade, ele seria executado cada vez com menos freqüência, poupando a CPU para processos interativos curtos.

A seguinte política foi adotada para impedir que um processo que ao ser iniciado pela primeira vez necessitasse ser executado durante um longo tempo, mas se tornasse interativo posteriormente, fosse eternamente penalizado. Quando a tecla *enter* era pressionada em um terminal, o processo pertencente a esse terminal era movido para a classe de prioridade mais alta, supondo-se que ele estava para tornar-se interativo. Um belo dia, um usuário com um processo intensamente vinculado à CPU descobriu que o simples fato de pressionar *enter* várias vezes, aleatoriamente, melhorava seu tempo de resposta. Ele contou isso a todos os seus amigos. Moral da história: na prática, acertar é muito mais difícil do que na teoria.

Muitos outros algoritmos foram usados para atribuir classes de prioridade aos processos. Por exemplo, o influente sistema XDS 940 (Lampson, 1968), construído em Berkeley, tinha quatro classes de prioridade, chamadas terminal, E/S, *quantum* curto e *quantum* longo. Quando um processo que estava esperando uma entrada de terminal era finalmente despertado, ele entrava na classe de maior prioridade (terminal). Quando um processo que estava esperando um bloco de disco tornava-se pronto, ele entrava na segunda classe. Quando um processo ainda estava em execução quando seu *quantum* esgotava, ele era inicialmente colocado na terceira classe. Entretanto, se um processo esgotasse seu *quantum* muitas vezes seguidas, sem bloquear para terminal ou para outra operação de E/S, ele era movido para o final da fila. Muitos outros sistemas utilizam algo semelhante para favorecer usuários e processos interativos em detrimento dos processos que estão em segundo plano.

Processo mais curto em seguida

Como o algoritmo da tarefa mais curta primeiro (SJF – *Shortest Job First*) sempre produz o menor tempo médio de resposta para sistemas de lote, seria interessante se ele também pudesse ser usado para processos interativos. Até certo ponto, ele pode ser usado. Os processos interativos geralmente seguem o padrão de esperar comando, executar comando, esperar comando, executar comando e assim por diante. Se considerássemos a execução de cada comando como uma "tarefa" separada, poderíamos então minimizar o tempo de resposta total, executando o processo mais curto primeiro (*Shortest Process Next* – SPN). O único problema é descobrir qual dos processos correntemente executáveis é o mais curto.

Uma estratégia é fazer estimativas com base no comportamento passado e executar o processo com o menor tempo de execução estimado. Suponha que o tempo estimado por comando para um terminal seja T_0. Agora, suponha que sua próxima execução seja medida como T_1. Poderíamos atualizar nossa estimativa usando uma soma ponderada desses dois números; isto é, $aT_0 + (1-a)T_1$. Pela escolha de a podemos fazer o processo de estimativa ignorar as execuções antigas rapidamente ou lembrar delas durante muito tempo. Com $a = 1/2$, obtemos sucessivas estimativas de

$$T_0, \quad T_0/2 + T_1/2, \quad T_0/4 + T_1/4 + T_2/2, \quad T_0/8 + T_1/8 + T_2/4 + T_3/2$$

Após três novas execuções, o peso de T_0 na nova estimativa caiu para 1/8.

Às vezes, a técnica de estimar o próximo valor em uma série usando a média ponderada do valor corrente medido e a estimativa anterior é chamada de **envelhecimento**. Ela é aplicável a muitas situações onde deve ser feita uma previsão com base em valores anteriores. O envelhecimento é particularmente fácil de implementar quando $a = 1/2$. Basta somar o novo valor à estimativa corrente e dividir a soma por 2 (deslocando-o 1 bit para a direita).

Escalonamento garantido

Uma estratégia completamente diferente de escalonamento é fazer promessas realistas aos usuários sobre o desempenho e, então, cumpri-las. Uma promessa realista e fácil de cumprir: se houver n usuários conectados enquanto você estiver trabalhando, você receberá cerca de $1/n$ do poder da CPU. De maneira semelhante, em um sistema monousuário com n processos em execução, todas as tarefas sendo iguais, cada uma deve receber $1/n$ dos ciclos da CPU.

Para cumprir essa promessa, o sistema deve monitorar quanto da CPU cada processo recebeu desde a sua criação. Então, ele calcula quanto da CPU é atribuído a cada um; isto é, o tempo desde a criação dividido por n. Como a quantidade de tempo da CPU que cada processo realmente recebeu também é conhecida, é simples calcular a proporção entre o tempo real da CPU consumido e o tempo da CPU atribuído. Uma proporção de 0,5 significa que um processo só recebeu metade do que devia ter recebido e uma proporção de 2,0 significa que um processo recebeu o dobro do tempo que lhe foi atribuído. O algoritmo, então, é executar o processo com a proporção mais baixa até que sua proporção fique acima do seu concorrente mais próximo.

Escalonamento por sorteio

Embora fazer promessas aos usuários e cumpri-las seja uma boa idéia, é difícil implementá-las. Entretanto, outro algoritmo pode ser utilizado para fornecer resultados previsíveis de maneira semelhante, com uma implementação muito mais simples. Ele é chamado de **escalonamento por sorteio** (Waldspurger e Weihl, 1994).

A idéia básica é dar aos processos "bilhetes de loteria" para os vários recursos do sistema, como o tempo de CPU. Quando uma decisão de escalonamento tiver de ser tomada, um "bilhete de loteria" é sorteado aleatoriamente e o processo que possui esse bilhete recebe o recurso. Quando aplicado ao escalonamento da CPU, o sistema pode realizar sorteios 50 vezes por segundo, com cada vencedor recebendo como prêmio 20 ms do tempo da CPU.

Parafraseando George Orwell, "todos os processos são iguais, mas alguns são mais iguais". Os processos mais importantes podem receber bilhetes extras, para aumentar suas chances de ganhar. Se houver 100 bilhetes concorrendo e um processo tiver 20 deles, ele terá 20% de chance de ganhar em cada sorteio. A longo prazo, ele receberá aproximadamente 20% da CPU. Em contraste com um escalonador por prioridade, onde é muito difícil dizer o que uma prioridade de 40 significa realmente, aqui a regra é clara: um processo contendo uma fração f dos bilhetes receberá cerca de uma fração f do recurso em questão.

O escalonamento por sorteio tem algumas propriedades interessantes. Por exemplo, se um novo processo aparece e recebe alguns bilhetes, no próximo sorteio ele terá uma chance de ganhar proporcional ao número de bilhetes que possui. Em outras palavras, o escalonamento por sorteio é altamente sensível.

Processos cooperativos podem trocar bilhetes se quiserem. Por exemplo, quando um processo cliente envia uma mensagem para um processo servidor e, então, é bloqueado, ele pode dar todos os seus bilhetes para o servidor, para aumentar a chance de o servidor ser executado em seguida. Quando o servidor tiver terminado, ele devolverá os bilhetes para que o cliente possa ser executado novamente. Na verdade, na ausência de clientes, os servidores não precisam de nenhum bilhete.

O escalonamento por sorteio pode ser usado para resolver problemas difíceis de lidar com outros métodos. Um exemplo é um servidor de vídeo onde vários processos estão enviando seqüências de vídeo para seus clientes, mas em diferentes velocidades de projeção. Suponha que os processos precisem de velocidades de 10, 20 e 25 quadros/s. Alocando para esses processos 10, 20 e 25 bilhetes, respectivamente, eles dividirão a CPU na proporção correta automaticamente; isto é, 10:20:25.

Escalonamento com compartilhamento imparcial

Até aqui, supomos que cada processo é programado para executar por conta própria, sem considerar quem é seu proprietário. Como resultado, se o usuário 1 inicia 9 processos e o usuário 2 inicia 1 processo, com os algoritmos *round-robin* ou de prioridades iguais, o usuário 1 receberá 90% da CPU e o usuário 2 receberá apenas 10% dela.

Para evitar essa situação, alguns sistemas levam em conta quem possui um processo, antes de escalonar sua execução. Nesse modelo, cada usuário recebe uma fração da CPU e o escalonador seleciona os processos de maneira a impor essa fração. Assim, se foram prometidos 50% da CPU a dois usuários, cada um receberá isso, independentemente de quantos processos tiverem iniciado.

Como exemplo, considere um sistema com dois usuários, cada um com promessa de 50% da CPU. O usuário 1 tem quatro processos, *A*, *B*, *C* e *D*, e o usuário 2 tem apenas 1 processo, *E*. Se for usado o escalonamento *round-robin*, uma possível seqüência de execução que atende todas as restrições é a seguinte:

A E B E C E D E A E B E C E D E ...

Por outro lado, se o usuário 1 recebesse duas vezes o tempo da CPU em relação ao usuário 2, poderíamos obter:

A B E C D E A B E C D E ...

É claro que existem muitas outras possibilidades que podem ser exploradas, dependendo de qual seja a noção de imparcialidade.

2.4.4 Escalonamento em sistemas de tempo real

Um sistema de **tempo real** é aquele em que o tempo desempenha um papel fundamental. Normalmente, um ou mais dispositivos físicos externos ao computador geram estímulos e o computador deve interagir apropriadamente a eles, dentro de um período de tempo fixo. Por exemplo, o computador em um CD player recebe os bits à medida que eles vêm da unidade de disco e precisa convertê-los em música dentro de um intervalo de tempo limitado. Se o cálculo demorar muito, a música soará estranha. Outros sistemas de tempo real servem para monitorar pacientes na unidade de terapia intensiva de um hospital, para piloto automático em uma aeronave e para controle de robôs em uma fábrica automatizada. Em todos esses casos, receber a resposta certa, mas muito tarde, freqüentemente é tão ruim quanto não recebê-la.

Os sistemas de tempo real geralmente são classificados como de **tempo real rígido**, (*hard real time*) significando que há prazos finais absolutos a serem cumpridos, e de **tempo**

real relaxado ou não-rígido (*soft real time*), significando que perder um prazo final ocasionalmente é indesejável, mas tolerável. Em ambos os casos, o comportamento de tempo real é obtido dividindo-se o programa em vários processos, cujo comportamento é previsível e conhecido antecipadamente. Geralmente, esses processos têm vida curta e podem ser executados até o fim em menos de um segundo. Quando um evento externo é detectado, é tarefa do escalonador agendar a execução dos processos de tal maneira que todos os prazos finais sejam cumpridos.

Os eventos a que um sistema de tempo real responde podem ser classificados mais especificamente como **periódicos** (ocorrendo em intervalos regulares) ou **aperiódicos** (ocorrendo de maneira imprevisível). Um sistema pode ter de responder a vários fluxos de evento periódicos. Dependendo de quanto tempo cada evento exigir para processamento, talvez nem seja possível tratar de todos eles. Por exemplo, se houver *m* eventos periódicos e o evento *i* ocorrer com um período P_i e exigir C_i segundos de tempo da CPU para tratar de cada evento, então a carga só poderá ser manipulada se

$$\sum_{i=1}^{m} \frac{C_i}{P_i} \leq 1$$

Um sistema tempo real que satisfaz esse critério é conhecido como sistema **escalonável**.

Como exemplo, considere um sistema de tempo real não-rígido com três eventos periódicos, com períodos de 100, 200 e 500 ms, respectivamente. Se esses eventos exigirem 50, 30 e 100 ms de tempo de CPU por evento, respectivamente, o sistema será escalonável porque 0,5 + 0,15 + 0,2 < 1. Se for adicionado um quarto evento, com um período de 1 s, o sistema continuará sendo escalonável, desde que esse evento não precise de mais de 150 ms de tempo de CPU por ocorrência. Nesse cálculo, está implícita a suposição de que a sobrecarga de chaveamento de contexto é tão pequena que pode ser ignorada.

Os algoritmos de escalonamento de tempo real podem ser estáticos ou dinâmicos. O primeiro toma suas decisões de escalonamento antes que o sistema comece a executar. O último toma suas decisões de escalonamento em tempo de execução. O escalonamento estático só funciona quando existem, antecipadamente, informações disponíveis confiáveis sobre o trabalho necessário a ser feito e todos os prazos finais que precisam ser cumpridos. Os algoritmos de escalonamento dinâmicos não têm essas restrições.

2.4.5 Política *versus* mecanismo

Até agora, admitimos tacitamente que todos os processos no sistema pertencem a usuários diferentes e assim estão competindo pela CPU. Embora isso freqüentemente seja verdadeiro, às vezes acontece de um processo ter muitos filhos executando sob seu controle. Por exemplo, um processo de sistema de gerenciamento de banco de dados pode criar muitos filhos. Cada filho pode estar trabalhando em um pedido diferente ou cada um pode ter alguma função específica para executar (análise de consulta, acesso a disco etc.). É plenamente possível que o processo principal tenha uma excelente noção de quais de seus filhos são os mais importantes (ou os mais críticos quanto ao tempo) e quais são menos importantes. Infelizmente, nenhum dos escalonadores discutidos anteriormente aceita qualquer informação de processos de usuário sobre decisões de escalonamento. Como resultado, o escalonador raramente faz a melhor escolha.

A solução para esse problema é separar o **mecanismo de escalonamento** da **política de escalonamento**. Isso significa que o algoritmo de escalonamento é parametrizado de alguma maneira, mas os parâmetros podem ser fornecidos pelos processos de usuário.

Consideremos novamente o exemplo do banco de dados. Suponha que o núcleo utilize um algoritmo de escalonamento por prioridade, mas forneça uma chamada de sistema por meio da qual um processo pode configurar (e alterar) as prioridades de seus filhos. Assim, o pai pode controlar com detalhes como seus filhos são postos em execução, mesmo que não faça a escalonamento em si. Aqui, o mecanismo está no núcleo, mas a política é configurada por um processo de usuário.

2.4.6 Escalonamento de *threads*

Quando vários processos têm múltiplas *threads* cada um, temos dois níveis de paralelismo presentes: processos e *threads*. O escalonamento em tais sistemas difere substancialmente, dependendo se as *threads* são suportadas em nível de usuário ou em nível de núcleo (ou ambos).

Vamos considerar primeiro as *threads* em nível de usuário. Como o núcleo não tem conhecimento da existência de *threads*, ele funciona normalmente, selecionando um processo, digamos, A, e dando a esse processo o controle de seu *quantum*. Dentro do processo A existe um escalonador de *threads* que seleciona qual *thread* vai executar, digamos, *A1*. Como não existem interrupções de relógio para multiprogramar as *threads*, essa *thread* pode continuar executando o quanto quiser. Se ela consumir o *quantum* inteiro do processo, o núcleo selecionará outro processo para executar.

Quando o processo A finalmente for executado outra vez, a *thread A1* retomará sua execução. Ela continuará a consumir todo o tempo de A, até que termine. Entretanto, seu comportamento anti-social não afetará outros processos. Eles receberão o que o escalonador considerar como sua fatia apropriada, independente do que estiver acontecendo dentro do processo A.

Agora, considere o caso em que as *threads* de A têm relativamente pouco trabalho a fazer por rajada de CPU, por exemplo, 5 ms de trabalho, dentro de um *quantum* de 50 ms. Conseqüentemente, cada uma delas é executada por um pouco de tempo e, então, devolve a CPU para o escalonador de *threads*. Isso poder levar à seqüência *A1, A2, A3, A1, A2, A3, A1, A2, A3, A1*, antes do núcleo comutar para o processo B. Essa situação está ilustrada na Figura 2-28(a).

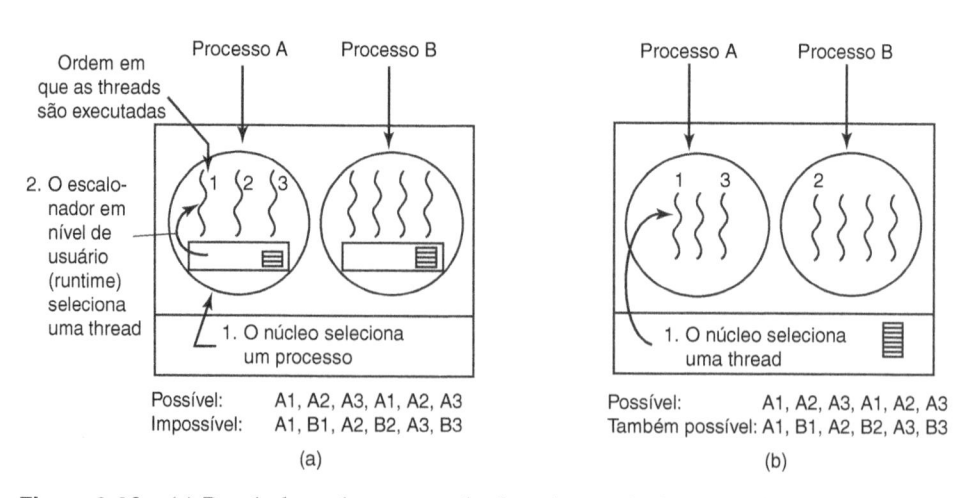

Figura 2-28 (a) Possível escalonamento de *threads* em nível de usuário com um *quantum* de processo de 50 ms e *threads* executando 5 ms por rajada de CPU. (b) Possível escalonamento de *threads* em nível de núcleo com as mesmas características de (a).

O algoritmo de escalonamento usado pode ser qualquer um dos descritos anteriormente. Na prática, o escalonamento *round-robin* e o escalonamento por prioridade são os mais comuns. A única restrição é a ausência de um relógio para interromper uma *thread* que precisa ser executado por muito tempo.

Considere agora a situação das *threads* em nível de núcleo. Aqui, o núcleo seleciona uma *thread* em particular para executar. Ele não precisa levar em conta a qual processo a *thread* pertence, mas pode fazer isso, se quiser. A *thread* recebe um *quantum* e, caso exceda esse *quantum*, é obrigatoriamente suspenso. Com um *quantum* de 50 ms, mas com *threads* que são bloqueadas após 5 ms, a ordem das *threads* para um período de 30 ms pode ser *A1, B1, A2, B2, A3, B3*, algo impossível com esses parâmetros e *threads* em nível de usuário. Essa situação está parcialmente representada na Figura 2-28(b).

Uma diferença importante entre *threads* em nível de usuário e *threads* em nível de núcleo é o desempenho. Fazer um chaveamento de *threads* em nível de usuário exige algumas instruções de máquina. As *threads* em nível de núcleo exigem uma troca de contexto completa, alterando o mapa de memória e invalidando a cache, o que é muitas vezes mais lento. Por outro lado, com *threads* em nível de núcleo, bloquear uma *thread* em E/S não suspende o processo inteiro, como acontece com *threads* em nível de usuário.

Como o núcleo sabe que chavear de uma *thread* no processo *A* para uma *thread* no processo *B* é mais dispendioso do que executar uma segunda *thread* no processo *A* (devido à necessidade da troca do mapa de memória e de invalidar a cache), ele pode levar essa informação em conta ao tomar uma decisão. Por exemplo, dadas duas *threads* igualmente importantes, com cada uma delas pertencente ao mesmo processo que uma *thread* que acabou de ser bloqueada e outra pertencente a um processo diferente, a preferência pode ser dada ao primeiro.

Outro fator importante a considerar é que as *threads* em nível de usuário podem empregar um escalonamento específico do aplicativo. Por exemplo, considere um servidor web que possui uma *thread* "despachante" para aceitar e distribuir os pedidos recebidos para *threads* operárias. Suponha que uma *thread* operária tenha acabado de ser bloqueada e que a *thread* despachante e duas *threads* operárias estejam prontas. Quem deve ser executado em seguida? O escalonador, sabendo o que todas as *threads* fazem, pode selecionar facilmente a despachante, para permitir que se possa pôr outra operária em execução. Essa estratégia maximiza o volume de paralelismo em um ambiente onde as operárias são freqüentemente bloqueadas em E/S de disco. Com *threads* em nível de núcleo, o núcleo nunca saberia o que cada *thread* faz (embora eles pudessem receber diferentes prioridades). Em geral, contudo, os escalonadores de *threads* específicos do aplicativo podem otimizar sua execução melhor do que o núcleo.

2.5 VISÃO GERAL DOS PROCESSOS NO MINIX 3

Tendo completado nosso estudo sobre os princípios do gerenciamento de processos, da comunicação entre processos e do escalonamento, podemos ver agora como eles são aplicados no MINIX 3. Ao contrário do UNIX, cujo núcleo é um programa monolítico e não dividido em módulos, o MINIX 3 é uma coleção de processos que se comunicam entre si e também com processos de usuário, utilizando uma única primitiva de comunicação entre processos – a passagem de mensagens. Esse projeto proporciona uma estrutura mais flexível e modular, tornando fácil, por exemplo, substituir o sistema de arquivos inteiro por outro completamente diferente, sem nem mesmo precisar recompilar o núcleo.

2.5.1 A estrutura interna do MINIX 3

Vamos começar nosso estudo do MINIX 3 com uma visão geral do sistema. O MINIX 3 é estruturado em quatro camadas, cada uma executando uma função bem-definida. As quatro camadas estão ilustradas na Figura 2-29.

Camada							
4	Init	Processo de usuário	Processo de usuário	Processo de usuário	...	Processos de usuário	Modo usuário
3	Gerenciador de processo	Sistema de arquivos	Servidor de informações	Servidor de rede	...	Processos de servidor	Modo usuário
2	Driver de disco	Driver TTY	Driver Ethernet		...	Drivers de dispositivo	
1	Núcleo			Tarefa de relógio	Tarefa de sistema	Núcleo	Modo núcleo

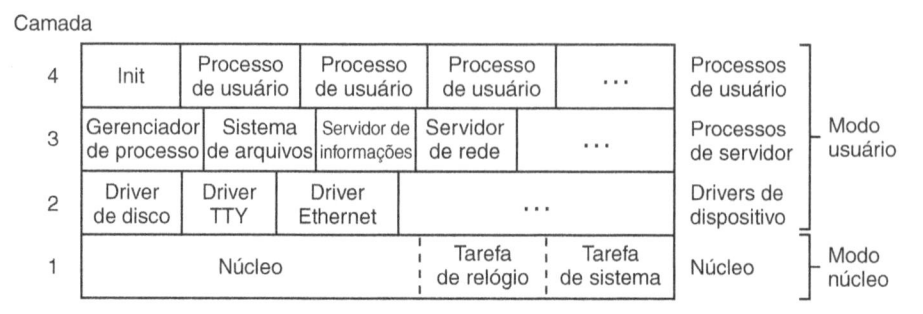

Figura 2-29 O MINIX 3 é estruturado em quatro camadas. Apenas os processos da camada inferior podem usar instruções privilegiadas (de modo núcleo).

O **núcleo**, na camada inferior, escalona os processos e gerencia as transições entre os estados pronto, executando e bloqueado da Figura 2-2. O núcleo também manipula todas as mensagens entre processos. O tratamento de mensagens exige verificar os destinos válidos, localizar os buffers de envio e recepção na memória física e copiar bytes do remetente para o destinatário. Outra parte do núcleo é o suporte para o acesso às portas de E/S e interrupções, o que nos processadores modernos exige o uso de instruções privilegiadas do **modo núcleo**, não disponíveis para processos normais.

Além do núcleo em si, essa camada contém dois módulos que funcionam de modo semelhante aos *drivers* de dispositivo. A **tarefa de relógio** é um *driver* de dispositivo de E/S, pois interage com o hardware que gera sinais de temporização, mas não é acessível para o usuário, como um *driver* de disco ou de linha de comunicações — ele faz interface apenas com o núcleo.

Uma das principais funções da camada 1 é fornecer um conjunto de **chamadas de núcleo** privilegiadas para os *drivers* e servidores que estão acima dela. Isso inclui ler e escrever em portas de E/S, copiar dados entre espaços de endereçamento etc. A implementação dessas chamadas é feita pela **tarefa de sistema**. Embora a tarefa de sistema e a tarefa de relógio sejam compiladas no espaço de endereçamento do núcleo, seu escalonamento é feito como processos separados e elas têm suas próprias áreas de pilha.

A maior parte do núcleo e as tarefas de relógio e de sistema são escritas em C. Entretanto, uma pequena parte do núcleo é escrita em linguagem *assembly*, como aquelas que trabalham com o tratamento de interrupções, com o mecanismo de baixo nível do chaveamento de contexto entre processos (salvar e restaurar registradores e coisas parecidas) e com as partes de baixo nível da manipulação do hardware MMU (*Memory Management Unit*) do processador. De modo geral, o código em linguagem *assembly* diz respeito as partes do núcleo que interagem diretamente com o hardware em um nível muito baixo e que não podem ser expressas em C. Essas partes devem ser reescritas quando o MINIX 3 é portado para uma nova arquitetura.

As três camadas acima do núcleo poderiam ser consideradas como uma só, pois o núcleo trata de todas elas fundamentalmente da mesma maneira. Cada uma delas está limitada às instruções do **modo usuário** e tem seu escalonamento feito pelo núcleo. Nenhuma delas pode acessar E/S diretamente. Além disso, nenhuma delas pode acessar memória fora dos segmentos (zonas) dedicados a elas.

Entretanto, os processos podem ter privilégios especiais (como a capacidade de fazer chamadas de núcleo). Essa é a diferença real entre os processos nas camadas 2, 3 e 4. Os processos da camada 2 têm a maioria dos privilégios, os da camada 3 têm alguns e os da camada 4 não têm nenhum privilégio especial. Por exemplo, os processos da camada 2, chamados de *drivers* **de dispositivo**, podem pedir para que a tarefa de sistema leia ou escreva dados em portas de E/S em seu nome. É necessário um *driver* para cada tipo de dispositivo, incluindo discos, impressoras, terminais e interfaces de rede. Se outros dispositivos de E/S estiverem presentes, também será necessário um *driver* para cada um deles. Os *drivers* de dispositivo também podem fazer outras chamadas de núcleo, como solicitar que dados lidos recentemente sejam copiados para o espaço de endereçamento de um processo diferente.

A terceira camada contém os **servidores**, processos que fornecem serviços úteis para os processos de usuário. Dois servidores são fundamentais. O **gerenciador de processos** (PM – *Process Manager*) executa todas as chamadas de sistema do MINIX 3 que envolvem iniciar ou interromper a execução de processo, como fork, exec e exit, assim como chamadas de sistema relacionadas a sinais, como alarm e kill, que podem alterar o estado de execução de um processo. O gerenciador de processos também é responsável pelo gerenciamento de memória, por exemplo, com a chamada de sistema brk. O **sistema de arquivos** (FS – *File System*) executa todas as chamadas de sistema de arquivo, como read, mount e chdir.

É importante entender a diferença entre chamadas de núcleo e chamadas de sistema do POSIX. As chamadas de núcleo são funções de baixo nível fornecidas pela tarefa de sistema para permitir que os *drivers* e servidores realizem seu trabalho. Ler uma porta de E/S de hardware é uma chamada de núcleo típica. Em contraste, as chamadas de sistema do POSIX, como read, fork e unlink, são chamadas de alto nível definidas pelo padrão POSIX e estão disponíveis para programas de usuário na camada 4. Os programas de usuário podem conter várias chamadas POSIX, mas nenhuma chamada de núcleo. Ocasionalmente, quando não tomamos cuidado com nossa linguagem, podemos chamar uma chamada de núcleo de chamada de sistema. Os mecanismos usados para isso são semelhantes e as chamadas de núcleo podem ser consideradas um conjunto especial das chamadas de sistema.

Além do gerenciador de processos e do sistema de arquivos, existem outros servidores na camada 3. Eles executam funções específicas do MINIX 3. É válido afirmar que a funcionalidade do gerenciador de processos e do sistema de arquivos é encontrada em qualquer sistema operacional. O **servidor de informações** (IS – *Information Server*) trata de tarefas como fornecer informações de depuração e status sobre outros *drivers* e servidores, algo que é mais necessário em um sistema como o MINIX 3 (que é projetado para experiências) do que para um sistema operacional comercial, que os usuários não podem alterar. O **servidor de reencarnação** (RS – *Reincarnation Server*) inicia (e, se necessário, reinicia) *drivers* de dispositivo que não são carregados em memória ao mesmo tempo que o núcleo. Em particular, se um *driver* falha durante sua execução, o servidor de reencarnação detecta essa falha, elimina o *driver*, caso ainda não esteja eliminado, e inicia uma cópia nova dele, tornando o sistema altamente tolerante a falhas. Essa funcionalidade é ausente na maioria dos sistemas operacionais. Em um sistema em rede, o **servidor de rede** (*inet*) também está no nível 3. Os servidores não podem fazer operações de E/S diretamente, mas podem se comunicar com *drivers* para solicitá-las. Os servidores também podem se comunicar com o núcleo por intermédio da tarefa de sistema.

Conforme observamos no início do Capítulo 1, os sistemas operacionais fazem duas coisas: gerenciam recursos e fornecem uma máquina estendida, implementando chamadas de sistema. No MINIX 3, o gerenciamento de recursos é feito principalmente pelos *drivers* da camada 2, com a ajuda da camada do núcleo, quando é exigido acesso privilegiado às portas de E/S ou ao sistema de interrupção. A interpretação da chamada de sistema é feita pelo gerenciador de processos e pelos servidores de sistema de arquivos na camada 3. O sistema de arquivos foi cuidadosamente projetado como um "servidor" de arquivos e, com pequenas alterações, poderia ser movido para uma máquina remota.

O sistema não precisa ser recompilado para incluir mais servidores. O gerenciador de processos e o sistema de arquivos podem ser complementados com o servidor de rede e outros, anexando-os conforme for necessário, quando o MINIX 3 iniciar ou depois. Os *drivers* de dispositivo são normalmente executados na inicialização do sistema, mas também podem ser ativados posteriormente. Tanto os *drivers* de dispositivo como os servidores são compilados e armazenados em disco como arquivos executáveis normais, mas quando iniciados apropriadamente, eles têm acesso garantido aos privilégios especiais necessários. Um programa de usuário chamado **service** fornece uma interface para o servidor de reencarnação que os gerencia. Embora os *drivers* e servidores sejam processos independentes, eles diferem dos processos de usuário porque, normalmente, nunca terminam enquanto o sistema está ativo.

Vamos nos referir freqüentemente aos *drivers* e servidores das camadas 2 e 3 como **processos de sistema**. Com certeza, os processos de sistema fazem parte do sistema operacional. Eles não pertencem a nenhum usuário e muitos, se não todos eles, serão ativados antes que o primeiro usuário se conecte. Outra diferença entre processos de sistema e processos de usuário é que os primeiros têm prioridade de execução mais alta do que estes. Na verdade, normalmente os *drivers* têm prioridade de execução mais alta do que os servidores, mas isso não é automático. A prioridade de execução é atribuída caso a caso no MINIX 3; é possível que um *driver* que atende um dispositivo lento receba prioridade menor do que um servidor que precisa responder rapidamente.

Finalmente, a camada 4 contém todos os processos de usuário – *shells*, editores, compiladores e programas executáveis (*a.out*) escritos pelo usuário. Muitos processos de usuário aparecem e desaparecem, à medida que os usuários se conectam, fazem seu trabalho e se desconectam. Normalmente, um sistema em execução tem alguns processos que são ativados quando o sistema é inicializado e que são executados eternamente. Um deles é *init*, o qual descreveremos na próxima seção. Além disso, vários *daemons* provavelmente estarão em execução. Um *daemon* é um processo de segundo plano executado periodicamente ou que espera pela ocorrência de algum evento, como a chegada de dados da rede. De certa forma, um *daemon* é um servidor iniciado independentemente e executado como um processo de usuário. Assim como os servidores verdadeiros, ativados no momento da inicialização, é possível configurar um *daemon* com uma prioridade mais alta do que os processos de usuário normais.

É necessária uma observação sobre os termos **tarefa** e ***driver* de dispositivo**. Nas versões antigas do MINIX, todos os *drivers* de dispositivo eram compilados junto com o núcleo, o que propiciava a eles acesso às estruturas de dados pertencentes ao núcleo e uns aos outros. Todos eles também podiam acessar portas de E/S diretamente. Eles eram referidos como "tarefas" para distingui-los de processos em espaço do usuário puros. No MINIX 3, os *drivers* de dispositivo foram implementados completamente em espaço de usuário. A única exceção é a tarefa de relógio, que com certeza não é um *driver* de dispositivo no mesmo sentido que os *drivers* que podem ser acessados pelos processos de usuário por meio de arquivos de dispositivo. No texto, nos esmeramos para usar o termo "tarefa" somente ao nos referirmos à tarefa de relógio ou à tarefa de sistema, ambas compiladas no núcleo para funcionar. Substituímos cuidadosamente a palavra tarefa por *driver* de dispositivo onde nos referimos aos *drivers* de dispositivo em espaço de usuário. Entretanto, os nomes de função, os nomes de variável e os comentários no código-fonte não foram atualizados com tanto cuidado. Assim, quando examinar o código-fonte, durante seu estudo do MINIX 3, você poderá encontrar a palavra tarefa, onde queremos dizer *driver* de dispositivo.

2.5.2 Gerenciamento de processos no MINIX 3

No MINIX 3, os processos seguem o modelo genérico de processo descrito em detalhes, anteriormente, neste capítulo. Os processos podem criar subprocessos, os quais, por sua vez, podem criar outros subprocessos, produzindo uma árvore de processos. Na verdade, todos os processos de usuário no sistema inteiro fazem parte de uma única árvore, com *init* (veja Figura 2-29) na raiz. Os servidores e os *drivers* de dispositivo são um caso especial já que alguns deles devem ser executados antes de qualquer processo de usuário e mesmo do processo *init*.

Inicialização do MINIX 3

Como um sistema operacional é inicializado? Nas próximas páginas, resumiremos a seqüência de inicialização do MINIX 3. Para ver como alguns outros sistemas operacionais fazem isso, consulte Dodge et al. (2005).

Na maioria dos computadores com dispositivos de disco, existe uma hierarquia de **disco de inicialização** (*boot disk*). Normalmente, se um disquete estiver na primeira unidade de disquete, ele será o disco de inicialização. Se nenhum disquete estiver presente e houver um CD-ROM na primeira unidade de CD-ROM, ele se tornará o disco de inicialização. Se não houver nem disquete nem CD-ROM presente, a primeira unidade de disco rígido se tornará o disco de inicialização. A ordem dessa hierarquia pode ser configurada entrando-se na BIOS imediatamente após ligar o computador. Dispositivos adicionais, especialmente outros dispositivos de armazenamento removíveis, também podem ser usados.

Quando o computador é ligado, se o dispositivo de inicialização é um disquete, o hardware lê o primeiro setor da primeira trilha para a memória e executa o código lá encontrado. Em um disquete, esse setor contém o programa de **inicialização** (*bootstrap*). Ele deve ser muito pequeno, pois tem de caber em um setor (512 bytes). O programa de inicialização do MINIX 3, na verdade, carrega para memória um programa maior que 512 bytes, o *boot*, que, por sua vez, carrega o sistema operacional propriamente dito.

Em contraste, os discos rígidos exigem um passo intermediário. Um disco rígido é dividido em **partições** e o primeiro setor de um disco rígido contém um pequeno programa e a **tabela de partição** do disco. Coletivamente, essas duas partes são chamadas de **registro de inicialização mestre** (*master boot record* – MBR). A parte referente ao programa é executada para ler a tabela de partição e selecionar a **partição ativa**. A partição ativa tem um programa de inicialização em seu primeiro setor que é, então, carregado e executado para localizar e iniciar uma cópia do *boot* na partição, exatamente como acontece ao se inicializar a partir de um disquete.

Os CD-ROMs apareceram depois dos disquetes e dos discos rígidos na história dos computadores e quando está presente suporte para inicialização a partir de um CD-ROM, ele é capaz de mais do que apenas carregar um setor. Um computador que suporta inicialização a partir de um CD-ROM pode carregar um grande bloco de dados na memória, imediatamente. Normalmente, o que é carregado do CD-ROM é uma cópia exata de um disquete de inicialização, a qual é colocada na memória e usada como se fosse um **disco em RAM** (*ramdisk*). Após esse passo, o controle é transferido para o disco em RAM e a inicialização continua exatamente como se um disquete físico fosse o dispositivo de inicialização. Em um computador mais antigo, que tenha uma unidade de CD-ROM, mas não suporte inicialização a partir de um CD-ROM, a imagem do disquete de inicialização pode ser copiada em um disquete, o qual pode então ser usado para iniciar o sistema. O CD-ROM deve estar na respectiva unidade, é claro, pois a imagem do disquete de inicialização espera isso.

Em qualquer caso, o programa de *boot* do MINIX 3 procura no disquete ou na partição um arquivo composto por várias partes e as carrega individualmente na memória, nos locais adequados. Essa é a **imagem de boot** (*boot image*). As partes incluem o núcleo (o qual inclui a tarefa de relógio e a tarefa de sistema), o gerenciador de memória e o sistema de arquivos. Além disso, pelo menos um *driver* de disco deve ser carregado como parte da imagem de *boot*. Existem vários outros programas carregados na imagem de *boot*. Isso inclui o servidor de reencarnação, o disco em RAM, o console e *drivers* de *log* e *init*.

Deve ser bastante enfatizado que todas as partes da imagem de *boot* são programas separados. Após o núcleo básico, o gerenciador de processos e o sistema de arquivos terem sido carregados, muitas outras partes podem ser carregadas separadamente. Uma exceção é o servidor de reencarnação. Ele deve fazer parte da imagem de *boot*. Esse servidor concede aos processos normais, carregados após a inicialização, as prioridades e privilégios especiais que os transformam em processos de sistema. Ele também pode reiniciar um *driver* danificado, o que explica seu nome. Conforme mencionado anteriormente, pelo menos um *driver* de disco é fundamental. Se o sistema de arquivos raiz for copiado em um disco de RAM, o *driver* de memória também será exigido; caso contrário, ele pode ser carregado posteriormente. Os *drivers tty* e *log* são opcionais na imagem de *boot*. Eles são carregados antecipadamente porque é útil exibir mensagens no console e salvar informações em um *log* no começo do processo de inicialização. Certamente, *init* poderia ser carregado posteriormente, mas ele controla a configuração inicial do sistema e foi muito mais fácil simplesmente incluí-lo no arquivo de imagem de *boot*.

A inicialização não é uma operação simples. As operações que estão nos domínios do *driver* de disco e do sistema de arquivos devem ser executadas pelo programa de *boot* antes que essas partes do sistema estejam ativas. Em uma seção posterior, entraremos nos detalhes sobre como o MINIX 3 é iniciado. Por enquanto, basta dizer que, uma vez terminada a operação de carregamento, o núcleo começa a ser executado.

Durante sua fase de inicialização, o núcleo inicia as tarefas de sistema e de relógio e depois o gerenciador de processos e o sistema de arquivos. O gerenciador de processos e o sistema de arquivos cooperam então na inicialização de outros servidores e *drivers* que fazem parte da imagem de *boot*. Quando todos eles tiverem sido executados e inicializados, serão bloqueados, na espera de algo para fazer. O escalonamento do MINIX 3 é baseado em prioridade. Somente quando todas as tarefas, *drivers* e servidores carregados na imagem de *boot* tiverem sido bloqueados é que *init*, o primeiro processo de usuário, será executado. Os componentes de sistema carregados com a imagem de *boot* ou durante a inicialização aparecem na Figura 2-30.

Inicialização da árvore de processos

Init é o primeiro processo de usuário e o último processo carregado como parte da imagem de *boot*. Você poderia pensar que o princípio da construção de uma árvore de processos, como a da Figura 1-5, acontece quando *init* começa a ser executado. Bem, não exatamente. Isso seria verdade em um sistema operacional convencional, mas o MINIX 3 é diferente. Primeiramente, já existem vários processos de sistema em execução quando *init* começa a executar. As tarefas *CLOCK* e *SYSTEM* executadas dentro do núcleo são processos exclusivos, invisíveis fora do núcleo. Elas não recebem PIDs e não são consideradas parte de nenhuma árvore de processos. O gerenciador de processos é o primeiro processo a ser executado no espaço de usuário; ele recebe o PID 0 e não é filho nem pai de nenhum outro processo. O servidor de

Componente	Descrição	Carregado por
kernel	Núcleo + tarefas de relógio e de sistema	(na imagem de *boot*)
pm	Gerenciador de processos	(na imagem de *boot*)
fs	Sistema de arquivos	(na imagem de *boot*)
rs	(Re)inicia servidores e *drivers*	(na imagem de *boot*)
memory	*Driver* de disco de RAM	(na imagem de *boot*)
log	Registra informações de *log*	(na imagem de *boot*)
tty	*Driver* de console e teclado	(na imagem de *boot*)
driver	*Driver* de disco (at, bios ou floppy)	(na imagem de *boot*)
init	pai de todos os processos de usuário	(na imagem de *boot*)
floppy	*Driver* de disquete (se inicializado a partir de disco rígido)	/etc/rc
is	Servidor de informação (para informações de depuração)	/etc/rc
cmos	Lê o relógio da CMOS para configurar a hora	/etc/rc
random	Gerador de números aleatórios	/etc/rc
printer	*Driver* de impressora	/etc/rc

Figura 2-30 Alguns componentes de sistema importantes do MINIX 3. Outros, como um *driver* Ethernet e o servidor *inet*, também podem estar presentes.

reencarnação se torna pai de todos os outros processos iniciados a partir da imagem de *boot* (por exemplo, os *drivers* e servidores). A lógica disso é que o servidor de reencarnação é o processo que deve ser informado se qualquer um deles precisar ser reiniciado.

Conforme veremos, mesmo depois que *init* começa a ser executado, existem diferenças entre a maneira como uma árvore de processos é construída no MINIX 3 e na forma convencional. Em um sistema do tipo UNIX, o programa *init* recebe o PID 1 e mesmo que *init* não seja o primeiro processo a ser executado, o PID 1 tradicional é reservado para ele no MINIX 3. Assim como acontece em todos os processos de espaço de usuário na imagem de *boot* (exceto o gerenciador de processos), *init* se torna um dos filhos do servidor de reencarnação. Assim como em um sistema tipo UNIX padrão, *init* executa primeiro o *script* de *shell* **/etc/rc**. Esse *script* inicia *drivers* e servidores adicionais que não fazem parte da imagem de *boot*. Todo programa iniciado pelo *script rc* será filho de *init*. Um dos primeiros programas executados é um utilitário chamado *service*. O próprio utilitário *service* é executado como filho de *init*, conforme seria esperado. Mas, agora, mais uma vez as coisas variam em relação ao convencional.

Service é a interface do usuário com o servidor de reencarnação. O servidor de reencarnação inicia um programa normal e o converte em processo de sistema. Ele inicia *floppy* (se não foi usado na inicialização do sistema), *cmos* (que é necessário para ler o relógio de tempo real) e *is*, o servidor de informações, que gerencia as informações de depuração (*core dump*) produzidas pelo pressionamento das teclas de função (F1, F2 etc.) no teclado do console. Uma das ações do servidor de reencarnação é adotar como filhos todos os processos de sistema, exceto o gerenciador de processos.

Após o *driver* de dispositivo *cmos* ter sido iniciado, o *script rc* pode acertar o relógio de tempo real. Até esse ponto, todos os arquivos necessários devem ser encontrados no dispositivo-raiz. Os servidores e *drivers* necessários estão inicialmente no diretório */sbin*; outros comandos necessários para a inicialização estão em */bin*. Quando as etapas de inicialização iniciais tiverem terminado, outros sistemas de arquivos, como */usr*, serão montados. Uma função importante do *script rc* é verificar a existência de problemas no sistema de arquivos que podem ter resultado de uma falha anterior do sistema. O teste é simples – quando o sistema é desligado corretamente pela execução do comando *shutdown*, é escrito uma entrada no arquivo de histórico de *login*, */usr/adm/wtmp*. O comando *shutdown* –C verifica se a última entrada em *wtmp* é uma entrada de *shutdown*. Se não for, supõe-se que ocorreu um desligamento anormal e o utilitário *fsck* é executado para verificar todos os sistemas de arquivos. A tarefa final de */etc/rc* é iniciar *daemons*. Isso pode ser feito por *scripts* auxiliares. Se você examinar a saída de um comando **ps axl**, que mostra os PIDs e os PIDs de pai (PPIDs), verá que os *daemons* como *update* e *usyslogd* normalmente estarão entre os primeiros processos que são filhos de *init*.

Finalmente, *init* lê o arquivo */etc/ttytab*, que lista todos os dispositivos de terminal em potencial. Os dispositivos que podem ser usados como terminais de *login* (na distribuição padrão, apenas o console principal e até três consoles virtuais, mas linhas seriais e pseudoterminais de rede podem ser adicionados) têm uma entrada no campo *getty* de */etc/ttytab* e *init* cria um processo filho para cada terminal de *login*. Normalmente, cada filho executa */usr/bin/getty*, que imprime uma mensagem e depois espera que um nome seja digitado. Se um terminal em particular exigir tratamento especial (por exemplo, uma linha discada), */etc/ttytab* poderá especificar um comando (como */usr/bin/stty*) a ser executado para inicializar a linha antes de executar *getty*.

Quando um usuário digita um nome para se conectar, */usr/bin/login* é chamado tendo o nome como argumento. *Login* determina se uma senha é necessária e, se for, solicita e verifica a senha. Após um *login* bem-sucedido, o comando *login* executa o *shell* do usuário (por padrão, */bin/sh*, mas outro *shell* pode ser especificado no arquivo */etc/passwd*). O *shell* espera que comandos sejam digitados e cria um novo processo para cada comando. Desse modo, os interpretadores de comando (*shells*) são os filhos de *init*, os processos de usuário são os netos de *init* e todos os processos de usuário no sistema fazem parte de uma única árvore. Na verdade, exceto quanto às tarefas compiladas no núcleo e o gerenciador de processos, todos os processos, tanto de sistema como de usuário, formam uma árvore. Mas, ao contrário da árvore de processos de um sistema UNIX convencional, *init* não está na raiz da árvore e a estrutura da árvore não permite que se determine a ordem em que os processos de sistema foram iniciados.

As duas principais chamadas de sistema do MINIX 3 para gerenciamento de processos são **fork** e **exec**. Fork é a única maneira de criar um novo processo. Exec permite que um processo execute um programa especificado. Quando um programa é executado, ele recebe uma parte da memória, cujo tamanho é especificado no cabeçalho do arquivo do programa. Ele mantém essa quantidade de memória durante toda sua execução, embora a distribuição entre segmento de dados, segmento de pilha e zonas não utilizadas possa variar quando o processo é executado.

Todas as informações sobre um processo são mantidas na tabela de processos, que é dividida entre o núcleo, o gerenciador de processos e o sistema de arquivos, cada um dos quais tendo os campos necessários. Quando um novo processo começa a existir (pelo uso de **fork**) ou quando um processo antigo termina (pelo uso de **exit** ou por meio de um sinal), o gerenciador de processos primeiro atualiza sua parte da tabela de processos e depois envia mensagens para o sistema de arquivos e para o núcleo, dizendo a eles para que façam o mesmo.

2.5.3 Comunicação entre processos no MINIX 3

São fornecidas três primitivas para enviar e receber mensagens. Elas são chamadas pelas funções de biblioteca. Em linguagem C:

send(dest, &message);

para enviar uma mensagem ao processo destino *dest*,

receive(source, &message);

para receber uma mensagem do processo fonte *source* (ou *ANY*), e

sendrec(src_dst, &message);

para enviar uma mensagem e esperar uma resposta do mesmo processo. O segundo parâmetro de cada chamada é o endereço local dos dados da mensagem. O mecanismo de passagem de mensagens no núcleo copia a mensagem do remetente no destinatário. A resposta (de **sendrec**) se sobrepõe à mensagem original. Em princípio, esse mecanismo do núcleo poderia ser substituído por uma função que copiasse mensagens, por meio de uma rede, para uma função correspondente em outra máquina, implementando um sistema distribuído. Na prática, isso seria complicado pelo fato de o conteúdo dessa mensagem, às vezes, incluir ponteiros para estruturas de dados grandes e um sistema distribuído também teria de providenciar a cópia dos dados em si pela rede.

Cada tarefa, *driver* ou processo servidor pode trocar mensagens apenas com determinados processos. Os detalhes de como isso é imposto serão descritos posteriormente. O fluxo usual de mensagens é para baixo, nas camadas da Figura 2-19, ainda, as mensagens podem ser entre processos de uma mesma camada ou entre processos de camadas adjacentes. Os processos de usuário não podem enviar mensagens uns para os outros. Os processos de usuário da camada 4 podem enviar mensagens para servidores na camada 3 e estes podem enviar mensagens para *drivers* na camada 2.

Quando um processo envia uma mensagem para um processo que não está esperando uma mensagem, o remetente é bloqueado até que o destino execute uma operação **receive**. Em outras palavras, o MINIX 3 utiliza o método de *rendez-vous* para evitar os problemas do armazenamento em buffer de mensagens enviadas, mas ainda não recebidas. A vantagem dessa estratégia é que ela é simples e elimina a necessidade de gerenciamento de buffer (incluindo a possibilidade de esgotar os buffers disponíveis). Além disso, como todas as mensagens têm tamanho fixo, determinado no momento da compilação, os erros de transbordamento de buffer (*overrun*), uma fonte de erros comum, são evitados estruturalmente, por construção.

O objetivo básico das restrições nas trocas de mensagens é que, se o processo *A* puder gerar uma operação **send**, ou **sendrec**, direcionada ao processo *B*, então o processo *B* poderá chamar **receive** com *A* designado como remetente, mas *B* não deve executar a operação **send** para *A*. Obviamente, se *A* tentar executar a operação **send** para *B* e for bloqueado, e *B* tentar executar a operação **send** para *A* e for bloqueado, teremos um impasse (*deadlock*). O recurso que cada um precisaria para completar as operações não é um recurso físico, como um dispositivo de E/S, mas uma chamada para **receive** por parte do destino da mensagem. Teremos mais a dizer sobre impasses, no Capítulo 3.

Ocasionalmente, é necessário algo diferente de um bloqueio de mensagem. Existe outra importante primitiva de passagem de mensagens. Ela é chamada pela função de biblioteca

notify(dest);

e é usada quando um processo precisa informar outro processo que algo importante aconteceu. Uma operação **notify** não causa bloqueio, o que significa que o remetente continua a executar, esteja o destinatário esperando ou não. Como isso não causa bloqueio, uma notificação evita a possibilidade de impasse na troca de mensagens.

O mecanismo de mensagem é usado para distribuir uma notificação, mas a informação transmitida é limitada. No caso geral, a mensagem contém apenas a identidade do remetente e uma indicação de tempo (*timestamp*) adicionada pelo núcleo. Às vezes, basta isso. Por exemplo, o teclado usa uma chamada de **notify** quando é pressionada uma das teclas de função (F1 a F12 e de F1 a F12 em conjunto com a tecla *shift*). No MINIX 3, as teclas de função são usadas para gerar informações de depuração. O *driver* Ethernet é um exemplo de processo que gera apenas um tipo de informação de depuração e não necessita nenhuma outra comunicação com o *driver* de console. Em outros casos, a notificação não é suficiente, pois ao recebê-la, o processo de destino pode enviar uma mensagem para o remetente da notificação para pedir mais informações.

Há um motivo para as mensagens de notificação serem tão simples. Como uma chamada de **notify** não causa bloqueio, ela pode ser feita quando o destinatário ainda não executou uma operação **receive**. Mas a simplicidade da mensagem significa que uma notificação que não pôde ser recebida é facilmente armazenada, para que o destinatário possa ser informado sobre ela na próxima vez que chamar **receive**. Na verdade, basta um único bit. As notificações se destinam a serem usadas entre processos de sistema, os quais são normalmente em número relativamente pequeno. Todo processo de sistema tem um mapa de bits para notificações pendentes, com um bit diferente para cada processo. Assim, se o processo *A* precisa enviar uma notificação para o processo *B* em um momento em que o processo *B* não está bloqueado em uma recepção, o mecanismo de passagem de mensagens configura um bit que corresponde a *A* no mapa de bits de notificações pendentes de *B*. Quando *B* finalmente executa uma operação **receive**, o primeiro passo é verificar seu mapa de bits de notificações pendentes. Dessa maneira, ele pode saber sobre tentativas de notificações de várias fontes. O único bit é suficiente para obter o conteúdo da informação da notificação. Ele informa a identidade do remetente e o código de passagem de mensagens no núcleo adiciona a indicação de tempo de quando a mensagem foi recebida. As indicações de tempo são usadas principalmente para verificar a expiração de temporizadores, de modo que não importa muito se a indicação de tempo possa ser de uma hora posterior àquela de quando o remetente tentou enviar a notificação pela primeira vez.

Há mais um refinamento no mecanismo de notificação. Em certos casos, é usado um campo adicional na mensagem de notificação. Quando a notificação é gerada para informar a um destinatário sobre uma interrupção, é incluído na mensagem um mapa de bits de todas as fontes de interrupções possíveis. E quando a notificação é proveniente da tarefa de sistema, um mapa de bits de todos os sinais pendentes para o destinatário faz parte da mensagem. A pergunta natural neste ponto é: como essa informação adicional pode ser armazenada quando a notificação deve ser enviada para um processo que não está tentando receber uma mensagem? A resposta é: esses mapas de bits estão em estruturas de dados internas do núcleo. Eles não precisam ser copiados para serem preservados. Se o atendimento a notificação deve ser adiado, isso pode ser sinalizado com um único bit e quando, posteriormente, o destinatário fizer a operação de **receive**, é possível reconstruir o conteúdo da mensagem com base nas informações armazenadas. Para o destinatário, a origem da notificação também indica se a mensagem contém informações adicionais ou não e, se tiver como elas devem ser interpretadas.

Existem algumas outras primitivas relacionadas à comunicação entre processos, as quais serão mencionadas em uma seção posterior. Elas são menos importantes do que **send**, **receive**, **sendrec** e **notify**.

2.5.4 Escalonamento de processos no MINIX 3

O sistema de interrupções é o que mantém um sistema operacional multiprogramado em funcionamento. Os processos são bloqueados quando fazem requisições de E/S, permitindo que outros processos sejam executados. Quando a operação de E/S é finalizada, o processo em execução corrente é interrompido pelo disco, pelo teclado ou por outro hardware. O relógio também gera interrupções, utilizadas para garantir que um processo de usuário que está em execução, e que não solicita requisições de E/S entrada, libere a CPU para dar a outros processos a chance de executar. É tarefa da camada inferior do MINIX 3 ocultar essas interrupções, transformando-as em mensagens. No que diz respeito aos processos, quando um dispositivo de E/S completa uma operação, ele envia uma mensagem para algum processo, despertando-o e tornando-o apto a executar.

As interrupções também são geradas por software, no caso em que elas são freqüentemente chamadas de *traps*. As operações send e receive que descrevemos anteriormente são transformadas pela biblioteca de sistema em instruções de **interrupção de software**, as quais têm exatamente o mesmo efeito das interrupções geradas pelo hardware – o processo que executa uma interrupção de software é bloqueado imediatamente e o núcleo é ativado para tratar a interrupção. Os programas de usuário não fazem referência direta a send ou receive, mas sempre que uma das chamadas de sistema listadas na Figura 1-9 for ativada, diretamente ou por meio de uma rotina de biblioteca, sendrec é usada internamente e também gera uma interrupção de software.

Sempre que um processo é interrompido, seja por um dispositivo de E/S convencional ou pelo relógio ou devido à execução de uma instrução de interrupção de software, há uma ocasião para determinar qual processo merece a oportunidade de executar. Naturalmente, isso também deve ser feito quando um processo termina, mas em um sistema como o MINIX 3 as interrupções devidas às operações de E/S, ao relógio ou à passagem de mensagens ocorrem mais freqüentemente do que o término de um processo.

O escalonador do MINIX 3 utiliza um sistema de filas de múltiplos níveis. São definidas 16 filas, embora seja fácil modificá-lo para usar mais ou menos filas. A fila de prioridade mais baixa é usada apenas pelo processo *IDLE*, que é executado quando não há mais nada para fazer. Por padrão, os processos de usuário começam em uma fila vários níveis acima da mais baixa.

Os servidores normalmente são postos em filas com prioridades mais altas do que as permitidas para os processos de usuário, os *drivers* em filas com prioridades mais altas do que as dos servidores e as tarefas de relógio e de sistema na fila de mais alta prioridade. Provavelmente, nem todas as 16 filas disponíveis serão usadas em dado momento. Os processos são iniciados em apenas algumas delas. Um processo pode ser movido para uma fila de prioridade diferente pelo sistema ou (dentro de certos limites) por um usuário que ative o comando *nice*. Os níveis extras estão disponíveis para experiências e, à medida que mais *drivers* são adicionados no MINIX 3, as configurações padrões podem ser ajustadas para o melhor desempenho. Por exemplo, se quiséssemos adicionar um servidor para fluxo de áudio ou vídeo digital em rede, esse servidor poderia receber uma prioridade inicial mais alta do que os servidores correntes ou a prioridade inicial de um servidor ou de um *driver* poderia ser reduzida para o novo servidor obter um desempenho melhor.

Além da prioridade, determinada pela fila em que um processo é posto, outro mecanismo é usado para dar a alguns processos uma vantagem sobre outros. O *quantum*, o intervalo de tempo permitido antes que um processo sofra preempção, não é o mesmo para todos os processos. Os processos de usuário têm um *quantum* relativamente baixo. Os *drivers* e servidores normalmente devem ser executados até serem bloqueados. Entretanto, como uma garantia contra defeitos, eles se tornam passíveis de preempção, mas recebem um *quantum* grande. Eles podem ser executados por um grande número de tiques de relógio, porém finito, mas se usarem seu *quantum* inteiro serão preemptados para não monopolizarem o sistema. Nesse caso, o processo com tempo (*quantum*) esgotado é considerado pronto e é colocado no final de sua fila. Entretanto, se um processo que utilizou seu *quantum* inteiro for o último a ser executado, isso será considerado um sinal de que ele pode estar preso em um laço e impedindo a execução de outros processos com prioridade mais baixa. Nesse caso, sua prioridade pode ser diminuída, sendo colocado no final de uma fila de prioridade menor. Se o processo esgotar seu tempo novamente e outro processo ainda não for capaz de executar, sua prioridade será diminuída outra vez. Finalmente, algo deverá ter uma chance de executar.

Um processo cuja prioridade foi diminuída pode merecer estar de volta em uma fila de prioridade mais alta. Se um processo usar todo o seu *quantum*, mas não estiver impedindo que outros sejam executados, ele será promovido a uma fila de prioridade mais alta, até a máxima prioridade permitida para ele. Tal processo aparentemente precisa de seu *quantum*, mas não está sendo desatencioso com os outros.

Caso contrário, os processos têm sua execução programada usando um esquema *round-robin* ligeiramente modificado. Se um processo não tiver usado seu *quantum* inteiro quando deixar de executar, isso significará que ele está bloqueado esperando, por exemplo, por uma operação de E/S, e quando se tornar pronto novamente ele será colocado no início da fila, mas apenas com a parte restante de seu *quantum* anterior. Isso se destina a dar aos processos de usuário uma resposta rápida à E/S. Já o processo que deixou de executar porque utilizou seu *quantum* inteiro é colocado no final da fila, como em um *round-robin* puro.

Com as tarefas normalmente tendo a prioridade mais alta, os *drivers* em seguida, os servidores abaixo dos *drivers* e os processos de usuário por último, um processo de usuário não será executado a menos que todos os processos de sistema não tenham nada para fazer e, um processo de sistema não pode ser impedido de executar por um processo de usuário.

Ao selecionar um processo para executar, o escalonador verifica se existem processos enfileirados na fila de prioridade mais alta. Se um ou mais processos estiverem prontos, o primeiro da fila será executado. Se nenhum processo estiver pronto, a fila de menor prioridade seguinte será testada de modo semelhante e assim por diante. Como os *drivers* respondem às requisições dos servidores e estes respondem às requisições dos processos de usuário, os processos de alta prioridade terminarão por concluir o trabalho solicitado a eles. Não tendo mais nada para executar, esses processos serão bloqueados dando a oportunidade para que os processos de usuário tenham a sua vez de serem executados e façam mais requisições. Se nenhum processo estiver pronto, o processo especial *IDLE* é escolhido para executar. Isso põe a CPU em um modo de baixa energia até que ocorra a próxima interrupção.

A cada tique de relógio é feita uma verificação para ver se o processo corrente foi executado por mais tempo do que o *quantum* a si atribuído. Se foi, o escalonador o colocará no final de sua fila (o que pode exigir não fazer nada, caso ele esteja sozinho na fila). Então, o próximo processo a ser executado é selecionado, conforme descrito anteriormente. Somente se não houver processos nas filas de prioridade mais alta e, se o processo anterior estiver sozinho em sua fila, é que ele poderá ser executado outra vez, imediatamente. Caso contrário, o processo que estiver no início da fila não-vazia de prioridade mais alta será executado em seguida. Os *drivers* e servidores essenciais recebem um *quanta* tão grande que normalmente nunca são preemptados por causa do tempo. Mas se algo der errado, sua prioridade poderá ser diminuída temporariamente para evitar a parada total do sistema. Caso isso aconteça com um servidor essencial, provavelmente, nada de útil poderá ser feito, mas será possível desligar o sistema normalmente, evitando a perda de dados e possivelmente coletando informações que podem ajudar na depuração do problema.

2.6 IMPLEMENTAÇÃO DE PROCESSOS NO MINIX 3

Agora, estamos chegando mais perto do código real; portanto, são necessárias algumas palavras sobre a notação que utilizaremos. Os termos *procedimento*, *função* e *rotina* serão utilizados indistintamente. Os nomes de variáveis, procedimentos e arquivos serão escritos em itálico, como em *rw_flag*. Quando uma variável, procedimento, ou nome de arquivo iniciar uma frase, será escrito com a primeira letra maiúscula, mas os nomes reais começam com letras minúsculas. Existem algumas exceções, as tarefas que são compiladas no núcleo, são identificadas por nomes com todas as letras maiúsculas, como em *CLOCK*, *SYSTEM* e *IDLE*. As chamadas de sistema estarão em fonte Helvetica minúscula; por exemplo, read.

O livro e o software, que estão continuamente evoluindo, não foram para o prelo no mesmo dia; portanto, pode haver pequenas discrepâncias entre as referências ao código, à listagem impressa e à versão do CD-ROM. Essas diferenças, porém, geralmente só afetam uma ou duas linhas. O código-fonte impresso no livro também foi simplificado, omitindo o código utilizado para compilar opções que não são discutidas no livro. A versão completa está no CD-ROM. O site web do MINIX 3 (*www.minix3.org*) tem a versão corrente, que apresenta novos recursos, software adicional e documentação.

2.6.1 Organização do código-fonte do MINIX 3

A implementação do MINIX 3 descrita neste livro serve para uma máquina tipo IBM PC com um chip de processador avançado (por exemplo, 80386, 80486, Pentium, Pentium Pro, II, III, 4, M ou D) que utiliza palavras de 32 bits. Vamos nos referir a todos eles como processadores Intel de 32 bits. O caminho completo para o código-fonte em linguagem C, em uma plataforma baseada em processador Intel padrão, é */usr/src/* (uma "/" inicial em um nome de caminho indica que ele se refere a um diretório). A árvore do diretório fonte para outras plataformas pode estar em um local diferente. Neste livro, os arquivos de código-fonte do MINIX 3 serão referenciados usando-se um caminho que começa com o diretório superior *src/*. Um subdiretório importante da árvore do diretório fonte é *src/include/*, onde está localizada a cópia-mestra dos arquivos de cabeçalhos (*header files*) em C. Vamos nos referir a esse diretório como *include/*.

Cada diretório na árvore do diretório fonte contém um arquivo chamado **Makefile** que controla a operação do utilitário *make* padrão do UNIX. O arquivo *Makefile* controla a compilação dos arquivos em seu diretório e também pode orientar a compilação de arquivos em um ou mais subdiretórios. A operação de *make* é complexa e uma descrição completa está fora dos objetivos desta seção, mas ela pode ser resumida dizendo-se que *make* gerencia a compilação eficiente de programas que envolvem vários arquivos-fonte. *Make* garante que todos os arquivos necessários sejam compilados. Ele testa módulos previamente compilados para ver se estão atualizados e recompila todos aqueles cujos arquivos-fonte foram modificados desde a compilação anterior. Isso economiza tempo, evitando que a recompilação de arquivos que não precisam. Finalmente, *make* controla a combinação de módulos compilados separadamente em um programa executável e também pode gerenciar a instalação do programa completo.

Toda a árvore *src/* (ou parte dela) pode ser reposicionada, pois o arquivo *Makefile* em cada diretório fonte usa um caminho relativo para diretórios fontes em C. Por exemplo, talvez você queira ter o diretório fonte na raiz do sistema de arquivos, */src/*, para uma compilação mais rápida, se essa raiz for um disco em RAM. Se você estiver desenvolvendo uma versão especial de teste, você poderá fazer uma cópia de *src/* com outro nome.

O caminho para os arquivos de cabeçalho do C é um caso especial. Durante a compilação, todo arquivo *Makefile* espera encontrar arquivos de cabeçalhos em */usr/include/* (ou no caminho equivalente, em uma plataforma que não seja Intel). Entretanto, *src/tools/Makefile*, usado para recompilar o sistema, espera encontrar uma cópia mestra dos arquivos de cabeçalhos em */usr/src/include* (sistemas desenvolvidos para Intel). Contudo, antes de recompilar o sistema, a árvore de diretório */usr/include/* inteira é excluída e */usr/src/include/* é copiado em */usr/include/*. Isso foi feito para tornar possível manter em um só lugar todos os arquivos necessários ao desenvolvimento do MINIX 3. Isso também torna fácil manter várias cópias inteiras das árvores de diretórios fontes e dos arquivos de cabeçalhos para experimentar diferentes configurações do sistema MINIX 3. Entretanto, se quiser editar um arquivo de cabeçalho como parte de uma experiência assim, você deve editar a cópia no diretório *src/include* e não a que está em */usr/include/*.

Este é um bom lugar para mostrar aos iniciantes na linguagem C como os nomes de arquivo são referenciados em uma instrução #include. Todo compilador C tem um diretório padrão onde procura os arquivos de cabeçalhos para realizar sua inclusão nos arquivos a serem compilados. Freqüentemente, ele é */usr/include/*. Quando o nome de um arquivo a ser incluído é posto entre os símbolos de menor e maior ("< ... >"), o compilador procura o arquivo no diretório padrão ou em um subdiretório especificado; por exemplo,

#include *<nome de arquivo>*

inclui um arquivo de */usr/include/*.

Muitos programas também exigem definições em arquivos de cabeçalhos locais que não se destinam ao compartilhamento em todo o sistema. Tal arquivo de cabeçalho pode ter o mesmo nome e substituir ou complementar um arquivo de cabeçalho padrão. Quando o nome é posto entre caracteres de aspas normais (" *"* ... *"* "), o arquivo é procurado primeiro no mesmo diretório que o arquivo fonte (ou em um subdiretório especificado) e, então, se não for encontrado lá, no diretório padrão. Assim,

#include *"nome de arquivo"*

lê um arquivo local.

O diretório *include/* contém diversos arquivos de cabeçalho padrão do POSIX. Além disso, ele tem três subdiretórios:

  sys/   – arquivos de cabeçalho adicionais do POSIX.

  minix/   – arquivos de cabeçalho utilizados pelo sistema operacional MINIX 3.

  ibm/   – arquivos de cabeçalho com definições específicas do IBM PC.

Para suportar extensões do MINIX 3 e de programas executados nesse ambiente, outros arquivos e subdiretórios também estão presentes em *include/*, conforme fornecido no CD-ROM ou no site web do MINIX 3. Por exemplo, *include/arpa/* e o diretório *include/net/* e seu subdiretório *include/net/gen/* suportam extensões de rede. Eles não são necessários para compilar o sistema MINIX 3 básico e os arquivos desses diretórios não estão listados no Apêndice B.

Além de *src/include/*, o diretório *src/* contêm três outros subdiretórios importantes com código-fonte do sistema operacional:

  kernel/   – camada 1 (escalonador, mensagens, tarefas de relógio e de sistema).

  drivers/   – camada 2 (*drivers* de dispositivo para disco, console, impressora etc.).

  servers/   – camada 3 (gerenciador de processos, sistema de arquivos, outros servidores).

Três outros diretórios de código-fonte não foram impressos nem discutidos neste texto, mas são fundamentais para produzir um sistema funcional:

src/lib/ – código-fonte das funções de biblioteca (por exemplo, **open, read**).

src/tools/ – *Makefile* e *scripts* para construir o sistema MINIX 3.

src/boot/ – código para inicializar e instalar o MINIX 3.

A distribuição padrão do MINIX 3 inclui muitos arquivos-fonte adicionais, não discutidos neste texto. Além do código-fonte do gerenciador de processos e do sistema de arquivos, o diretório *src/servers/* contém o código-fonte do programa *init* e do servidor de reencarnação, *rs*, ambos partes fundamentais de um sistema MINIX 3 funcional. O código-fonte do servidor de rede está em *src/servers/inet/*. *Src/drivers/* têm os códigos-fonte de *drivers* de dispositivos não discutidos neste texto, incluindo *drivers* de disco alternativos, placas de som e adaptadores de rede. Como o MINIX 3 é um sistema operacional experimental, destinado a ser modificado, existe um diretório *src/test/* com programas projetados para testar completamente um sistema MINIX 3 recentemente compilado. É claro que um sistema operacional existe para suportar comandos (programas) que serão executados nele; portanto, há um diretório grande, o *src/commands/*, que possui o código-fonte dos programas utilitários (por exemplo, *cat*, *cp*, *date*, *ls*, *pwd* e mais de 200 outros). Alguns dos principais aplicativos de código-fonte aberto desenvolvidos originalmente pelos projetos GNU e BSD também estão aqui.

A versão do livro do MINIX 3 é configurada com muitas das partes opcionais omitidas (acredite: não conseguimos pôr tudo em apenas um livro e nem em nossa cabeça, em um curso de duração de um semestre). A versão do livro é compilada usando arquivos *Makefile* modificados que não fazem referência a arquivos desnecessários. (Um arquivo *Makefile* padrão exige que arquivos de componentes opcionais estejam presentes, mesmo que não sejam compilados.) Omitir esses arquivos e as instruções condicionais que os selecionam torna a leitura do código mais fácil.

Por conveniência, vamos nos referir simplesmente aos nomes dos arquivos quando, a partir do contexto, estiver claro qual é o seu caminho completo. Deve-se notar, entretanto, que alguns nomes de arquivo aparecem em mais de um diretório. Por exemplo, existem vários arquivos chamados *const.h*. *Src/kernel /const.h* define as constantes usadas no núcleo, enquanto *src/servers/pm/const.h* define as constantes usadas pelo gerenciador de processos, etc.

Os arquivos de um diretório particular serão discutidos juntos; portanto, não deverá haver nenhuma confusão. Os arquivos estão relacionados no Apêndice B na ordem em que são discutidos no texto, para facilitar o acompanhamento. Ter dois marcadores de página pode ser útil neste ponto, para que você possa alternar entre o texto e a listagem. Para manter razoável o tamanho da listagem, não foi impresso o código de cada arquivo. De modo geral, as funções descritas em detalhes no texto, estão listadas no Apêndice B; as que são apenas mencionadas de passagem, não estão listadas, mas o código-fonte completo está no CD-ROM e no site web, que contém também um índice para funções, definições e variáveis globais presentes no código-fonte.

O Apêndice C contém uma lista em ordem alfabética de todos os arquivos descritos no Apêndice B, divididos em seções para arquivos de cabeçalho, *drivers*, núcleo, sistema de arquivos e gerenciador de processos. Esse apêndice e os índices do site web e do CD-ROM fazem referência aos elementos listados através do número da linha no código-fonte.

O código da camada 1 está contido no diretório *src/kernel/*. Os arquivos desse diretório dão suporte para o controle de processos, a camada mais baixa da estrutura do MINIX 3 que vimos na Figura 2-29. Essa camada inclui funções que tratam da inicialização do sistema, de interrupções, da passagem de mensagens e do escalonamento de processos. Dois módulos diferentes, postos no mesmo arquivo binário, implementam essas funcionalidades, mas eles são executados como processos independentes. São eles: a tarefa de sistema, que fornece uma interface entre serviços do núcleo e processos nas camadas mais altas, e a tarefa de relógio, que fornece sinais de temporização para o núcleo. No Capítulo 3, veremos os arquivos de vários outros subdiretórios de *src/drivers/* que suportam diversos *drivers* de dispositivo, a segunda camada na Figura 2-29. Em seguida, no Capítulo 4, examinaremos os arquivos do gerenciador de processos presentes em *src/servers/pm/*. Finalmente, no Capítulo 5, estudaremos o sistema de arquivos, cujos arquivos-fonte estão localizados em *src/servers/fs/*.

2.6.2 Compilando e executando o MINIX 3

Para compilar o MINIX 3, execute make em *src/tools/*. Existem várias opções, para instalar o MINIX 3. Para ver as possibilidades, execute make sem nenhum argumento. O método mais simples é make image.

Quando make image é executado, uma nova cópia dos arquivos de cabeçalhos em *src/include/* é feita em */usr/include/*. Então, os arquivos de código-fonte em *src/kernel/* e em vários subdiretórios de *src/servers/* e *src/drivers/* são compilados gerando arquivos-objeto. Todos os arquivos-objeto em *src/kernel/* são ligados para formar um único programa executável, o núcleo. Os arquivos-objeto em *src/servers/pm/* também são ligados para formar um único programa executável, o *pm* (*process manager*) e os arquivos-objeto em *src/servers/fs/* formam o *fs* (*file system*) Os programas adicionais listados como parte da imagem de *boot* na Figura 2-30 também são compilados e ligados em seus próprios diretórios. Isso inclui *rs* (*reincarnation server*) e *init* nos subdiretórios de *src/servers/*, e *memory/*, *log/* e *tty/* nos subdiretórios de *src/drivers/*. O componente designado como *driver* na Figura 2-30 pode ser um de vários *drivers* de disco; discutiremos aqui um sistema MINIX 3 configurado para inicializar a partir de um disco rígido usando o *driver at_wini* padrão, o qual será compilado em *src/drivers/at_wini/*. Outros *drivers* podem ser adicionados, mas a maioria não precisa ser compilada na imagem de *boot*. O mesmo vale para o suporte à rede; a compilação do sistema MINIX 3 básico é a mesma, seja usada a rede ou não.

Para instalar um sistema MINIX 3 funcional, capaz de ser inicializado, um programa chamado *installboot* (cujo código-fonte está em *src/boot/*) adiciona nomes nos programas *kernel*, *pm*, *fs*, *init* e nos outros componentes da imagem de *boot*, ajusta cada um deles de modo que seu tamanho seja um múltiplo do tamanho do setor do disco (para tornar mais fácil carregar as partes independentemente) e os concatena em um único arquivo. Esse novo arquivo é a imagem de *boot* e pode ser copiado no diretório */boot/*, no diretório */boot/image/* de um disquete ou na partição de um disco rígido. Posteriormente, o programa monitor de inicialização pode carregar essa imagem e transferir o controle para o sistema operacional.

A Figura 2-31 mostra o *layout* da memória depois que os programas são carregados. O núcleo em si é carregado na parte baixa da memória, todas as outras partes da imagem de *boot* são carregadas acima de 1 MB. Quando os programas de usuário forem executados, a memória disponível acima do núcleo será usada primeiro. Se um novo programa não couber mais nesse espaço, ele será carregado no intervalo da memória alta, acima de *init*. Os detalhes, é claro, dependem da configuração do sistema. O exemplo mostrado na figura é de um sistema de arquivos do MINIX 3 configurado com uma cache que pode conter 512 blocos de disco de 4 KB. Esse é um valor modesto; recomenda-se usar mais, se houver memória adequada disponível. Por outro lado, se o tamanho da cache fosse drasticamente reduzido, seria possível fazer o sistema inteiro caber em menos de 640K de memória, com espaço também para alguns poucos processos de usuário.

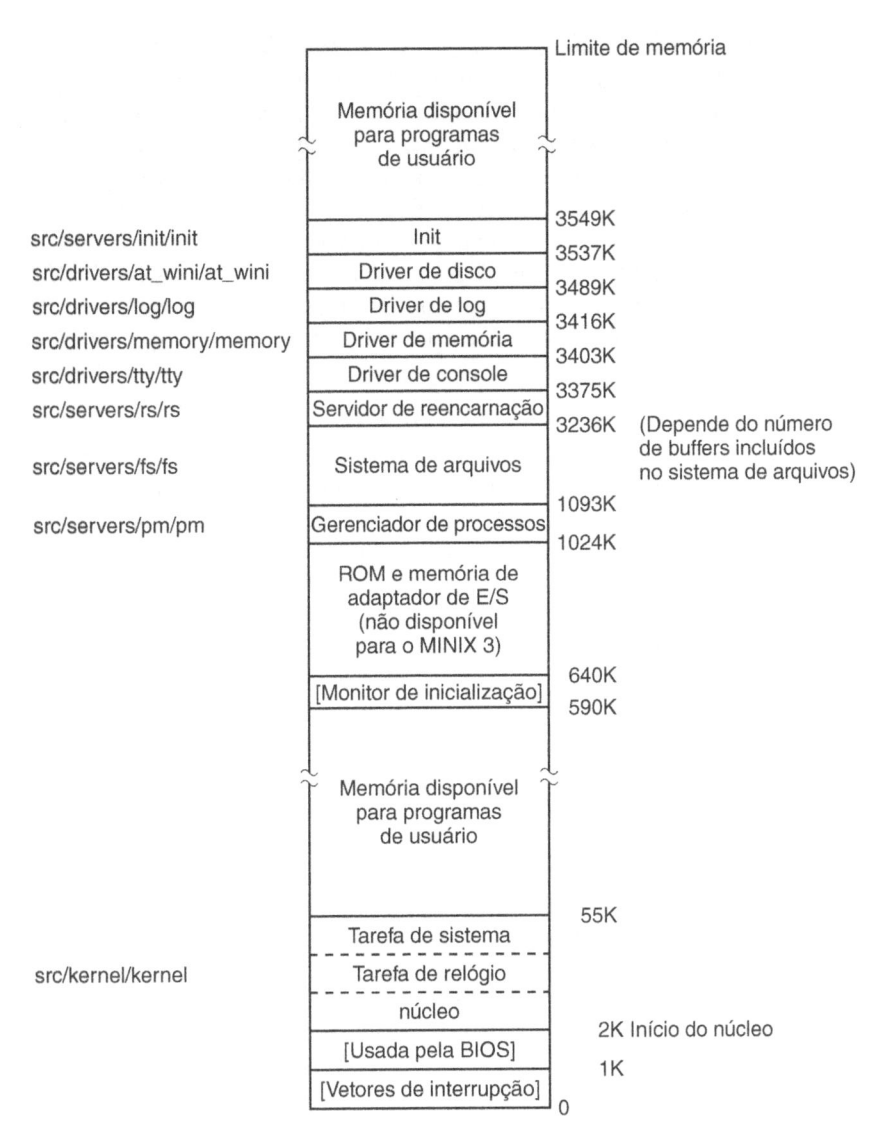

```
                                              ┌─ Limite de memória
                          ┌────────────────┐ ─┘
                          │ Memória disponível │
                          │ para programas  │
                          │ de usuário      │
                          ├────────────────┤  3549K
   src/servers/init/init         Init           3537K
   src/drivers/at_wini/at_wini   Driver de disco 3489K
   src/drivers/log/log           Driver de log   3416K
   src/drivers/memory/memory     Driver de memória 3403K
   src/drivers/tty/tty           Driver de console 3375K
   src/servers/rs/rs       Servidor de reencarnação 3236K  (Depende do número
                                                            de buffers incluídos
   src/servers/fs/fs       Sistema de arquivos              no sistema de arquivos)
                                                     1093K
   src/servers/pm/pm       Gerenciador de processos  1024K
                           ROM e memória de
                           adaptador de E/S
                           (não disponível
                           para o MINIX 3)
                                                     640K
                           [Monitor de inicialização] 590K

                           Memória disponível
                           para programas
                           de usuário
                                                     55K
                           Tarefa de sistema
   src/kernel/kernel       Tarefa de relógio
                           núcleo
                                                     2K Início do núcleo
                           [Usada pela BIOS]         1K
                           [Vetores de interrupção]  0
```

Figura 2-31 Layout da memória após o MINIX 3 ter sido carregado do disco para a memória. O núcleo, os servidores e os *drivers* são programas compilados e ligados independentemente (nomes listados à esquerda). Os tamanhos são aproximados e não estão em escala.

É importante saber que o MINIX 3 consiste em vários programas totalmente independentes que se comunicam apenas passando mensagens. Uma função chamada *panic* no diretório *src/servers/fs/* não gera conflito com uma função chamada *panic* em *src/servers/pm/*, pois, em última análise, elas pertencem a arquivos executáveis diferentes. As únicas funções que as três partes do sistema operacional têm em comum são algumas das rotinas de biblioteca em *src/lib/*. Essa estrutura modular torna muito fácil modificar, digamos, o sistema de arquivos, sem que essas alterações afetem o gerenciador de processos. Ela também torna simples remover o sistema de arquivos inteiro e colocá-lo em uma máquina diferente, com o servidor de arquivos comunicando-se com máquinas de usuário por meio de mensagens enviadas via rede.

Como outro exemplo da modularidade do MINIX 3, temos a adição de suporte à rede, que não faz absolutamente nenhuma diferença para o gerenciador de processos, para o sistema de arquivos ou para o núcleo. Um *driver* Ethernet e o servidor *inet* podem ser ativados após a imagem de *boot* (*boot image*) ser carregada; eles apareceriam na Figura 2-30 com os processos iniciados por /etc/rc e seriam carregados em uma das regiões de memória disponível para programas de usuário da Figura 2-31. Um sistema MINIX 3 com suporte à rede ativado pode ser usado como um terminal remoto, como um servidor de ftp ou como servidor web. Se você quisesse permitir *logins* recebidos pela rede no sistema MINIX 3 seria necessário modificar algumas partes conforme descrito no texto: o *tty* e o *driver* de console precisariam ser recompilados com pseudoterminais configurados para permitir *logins* remotos.

2.6.3 Os arquivos de cabeçalho comuns

O diretório *include/* e seus subdiretórios contêm uma coleção de arquivos definindo constantes, macros e tipos. O padrão POSIX exige muitas dessas definições e especifica em quais arquivos do diretório principal *include/* e seu subdiretório *include/sys/* será encontrada cada definição necessária. Os arquivos desses diretórios são **arquivos de cabeçalho** ou **de inclusão** (*include files*), identificados pelo sufixo .h (de *header*) e utilizados por meio de diretivas #include em arquivos-fonte da linguagem C. Essas diretivas são um recurso interno da linguagem C. Os arquivos include tornam mais fácil a manutenção de um sistema grande.

Os arquivos de cabeçalho comumente necessários para compilar programas de usuário estão localizados principalmente em *include/*, enquanto *include/sys/* é tradicionalmente empregado para armazenar os arquivos usados para compilar programas e utilitários de sistema. A distinção não é tão importante, e uma compilação típica, seja de um programa de usuário, ou de parte do sistema operacional, incluirá arquivos desses dois diretórios. Discutiremos aqui os arquivos necessários para compilar o sistema MINIX 3 padrão, tratando primeiro daqueles que estão em *include/* e, depois, daqueles que estão em *include/sys/*. Na próxima seção, discutiremos os arquivos dos diretórios *include/minix/* e *include/ibm/*, os quais, conforme os nomes de diretório indicam, são exclusivos do MINIX 3, e sua implementação em computadores do tipo IBM (na verdade, do tipo Intel).

Os primeiros arquivos de cabeçalhos a serem considerados são verdadeiramente de propósito geral, tanto que não são referenciados diretamente por nenhum dos arquivos-fonte da linguagem C do sistema MINIX 3. Em vez disso, eles são incluídos em outros arquivos de cabeçalhos. Cada componente importante do MINIX 3 tem um arquivo de cabeçalho mestre, como *src/kernel/kernel.h*, *src/servers/pm/pm.h* e *src/servers/fs/fs.h*. Eles são incluídos em toda compilação desses componentes. O código-fonte de cada um dos *drivers* de dispositivo inclui um arquivo bastante parecido, *src/drivers/drivers.h*. Cada arquivo de cabeçalho mestre é personalizado de acordo com as necessidades da parte correspondente do sistema MINIX 3, mas cada um começa com uma seção como a que aparece na Figura 2-32 e inclui a maioria dos arquivos lá mostrados. Os arquivos de inclusão mestres serão discutidos novamente em outras seções do livro. Esta prévia serve para enfatizar que arquivos de cabeçalhos de vários diretórios são utilizados juntos. Nesta seção e na próxima, mencionaremos cada um dos arquivos referenciados na Figura 2-32.

Vamos começar com o primeiro arquivo em *include/*, *ansi.h* (linha 0000). Esse é o segundo arquivo processado quando qualquer parte do sistema MINIX 3 é compilada; somente *include/minix/config.h* é processado antes. O propósito de *ansi.h* é testar se o compilador satisfaz os requisitos do Standard C, conforme definido pela International Organization for Standards. O Standard C freqüentemente também é chamado de ANSI C, pois o padrão foi desenvolvido originalmente pelo American National Standards Institute, antes de obter reco-

```
#include <minix/config.h>      /* DEVE ser o primeiro */
#include <ansi.h>              /* DEVE ser o segundo */
#include <limits.h>
#include <errno.h>
#include <sys/types.h>
#include <minix/const.h>
#include <minix/type.h>
#include <minix/syslib.h>
#include "const.h"
```

Figura 2-32 Parte de um arquivo de cabeçalho mestre que garante a inclusão dos demais arquivos de cabeçalhos necessários a todos os arquivos fonte. Note que são referenciados dois arquivos *const.h*, um da árvore *include/* e um do diretório local.

nhecimento internacional. Um compilador Standard C define várias macros que podem ser testadas na compilação de programas. *__STDC__* é uma dessas macros e é definida por um compilador padrão para ter o valor igual a 1, exatamente como se o pré-processador C tivesse lido uma linha como

```
#define __STDC__ 1
```

O compilador distribuído com as versões correntes do MINIX 3 é compatível com o Standard C, mas as versões mais antigas do MINIX foram desenvolvidas antes da adoção do padrão e ainda é possível compilar o MINIX 3 com um compilador C clássico (Kernighan & Ritchie). A intenção é que o MINIX 3 seja fácil de portar para novas máquinas e permitir o uso de compiladores mais antigos faz parte disso. Nas linhas 0023 a 0025, a diretiva

```
#define _ANSI
```

é processada se um compilador Standard C estiver em uso. *Ansi.h* define várias macros de diferentes maneiras, dependendo de a macro *_ANSI* ser definida ou não. Esse é um exemplo de **macro de teste de recurso**.

Outra macro de teste de recurso definida aqui é *_POSIX_SOURCE* (linha 0065). Isso é exigido pelo POSIX. Aqui, garantimos sua definição para o caso de serem definidas outras macros que impliquem na compatibilidade com o padrão POSIX.

Ao compilar um programa em C, os tipos de dados dos argumentos e dos valores retornados das funções devem ser conhecidos antes que o código que referencia tais dados possa ser gerado. Em um sistema complexo, é difícil ordenar as definições de função para atender a esse requisito; portanto, a linguagem C permite o uso de **protótipos de função** (*prototypes*) para **declarar** os tipos dos argumentos e do valor de retorno de uma função, antes que ela seja **definida**. A macro mais importante em *ansi.h* é *_PROTOTYPE*. Essa macro permite escrever protótipos de função na forma

```
_PROTOTYPE (tipo-de-retorno nome-da-função, (tipo-de-argumento argumento, ...))
```

e ter isso transformado pelo pré-processador C em

```
tipo-de-retorno nome-da-função (tipo-do-argumento argumento, ...)
```

se o compilador for um Standard C da ANSI, ou em

```
tipo-de-retorno nome-da-função ()
```

se o compilador for antigo (isto é, Kernighan & Ritchie).

Antes de deixarmos *ansi.h*, vamos mencionar mais um recurso. O arquivo inteiro (exceto os comentários iniciais) está incluído entre as linhas

#ifndef _ANSI_H

e

#endif /* _ANSI_H */

Na linha imediatamente após #ifndef, _ANSI_H em si é definido. Um arquivo de cabeçalho deve ser incluído apenas uma vez em uma compilação; essa construção garante que o conteúdo do arquivo seja ignorado, caso seja incluído várias vezes. Veremos essa técnica utilizada em todos os arquivos de cabeçalho do diretório *include/*.

Dois pontos sobre isso merecem ser mencionados. Primeiramente, em todas as seqüências de arquivos #ifndef ... #define nos diretórios de arquivos de cabeçalho mestres, o nome do arquivo é precedido por um sublinhado. Pode existir outro cabeçalho com o mesmo nome dentro dos diretórios de código-fonte em C e o mesmo mecanismo será usado lá, mas a mesma seqüência de sublinhados não deverá ser usada. Assim, a inclusão de um arquivo de cabeçalho do diretório mestre não impedirá o processamento de outro arquivo de cabeçalho com o mesmo nome em um diretório local. Segundo, note que o comentário /* _ANSI_H */, após a instrução #ifndef, não é obrigatório. Tais comentários podem ser úteis para monitorar seções de #ifndef ... #endif e #ifdef ... #endif aninhadas. Entretanto, é preciso cuidado ao se escrever tais comentários: se estiverem incorretos eles serão piores do que não ter nenhum comentário.

O segundo arquivo em *include/* que é incluído indiretamente na maioria dos arquivos-fonte do MINIX 3 é o cabeçalho *limits.h* (linha 0100). Esse arquivo define vários tamanhos básicos, sejam dos tipos de linguagem, como o número de bits em um número inteiro, sejam os limites do sistema operacional, como o comprimento do nome de um arquivo.

Note que, por conveniência, a numeração de linha no Apêndice B pula para o próximo múltiplo de 100 quando um novo arquivo é listado. Assim, não espere que *ansi.h* contenha 100 linhas (de 00000 a 00099). Desse modo, pequenas alterações em um arquivo não afetarão (provavelmente) os arquivos subseqüentes em uma listagem revisada. Note também que, quando é encontrado um novo arquivo na listagem, existe um cabeçalho de três linhas especial, consistindo em uma seqüência de sinais de adição (+), no nome de arquivo e em outra seqüência de sinais de adição (sem numeração de linha). Um exemplo desse cabeçalho aparece entre as linhas 00068 e 00100.

Errno.h (linha 0200), também é incluído pela maioria dos arquivos de cabeçalho mestres. Ele contém os números de erro retornados para programas de usuário na variável global *errno*, quando uma chamada de sistema falha. *Errno* também é utilizado para identificar alguns erros internos, como a tentativa de enviar uma mensagem para uma tarefa inexistente. Internamente, seria ineficiente examinar uma variável global após uma chamada para uma função que poderia gerar um erro, mas as funções freqüentemente devem retornar outros valores inteiros, por exemplo, o número de bytes transferidos durante uma operação de E/S. A solução do MINIX 3 é retornar números de erro como valores negativos para identificá-los como códigos de erro dentro do sistema e depois convertê-los em valores positivos, antes que sejam retornados para os programas de usuário. O truque utilizado é que cada código de erro é definido em uma linha como

#define EPERM (_SIGN 1)

(linha 0236). O arquivo de cabeçalho mestre de cada parte do sistema operacional define a macro *_SYSTEM*, mas *_SYSTEM* não é definida quando um programa de usuário é compilado. Se *_SYSTEM* for definida, então *_SIGN* será definida como "–"; caso contrário, receberá uma definição nula.

O próximo grupo de arquivos a serem considerados não é incluído em todos os arquivos de cabeçalho mestres, mas não obstante são usados em muitos arquivos-fonte em todas as partes do sistema MINIX 3. O mais importante é *unistd.h* (linha 0400). Esse arquivo de cabeçalho define muitas constantes, a maioria das quais exigidas pelo POSIX. Além disso, ele contém protótipos (*prototypes*) para muitas funções da linguagem C, incluindo todas aquelas utilizadas para acessar chamadas de sistema do MINIX 3. Outro arquivo amplamente utilizado é *string.h* (linha 0600), que fornece protótipos para várias funções da linguagem C de manipulação de strings. O arquivo de cabeçalho *signal.h* (linha 0700) define os nomes de sinais padrão. Também são definidos vários sinais específicos do MINIX 3, para uso do sistema operacional. O fato de as funções dos sistemas operacionais serem tratadas por processos independentes, em vez de o serem dentro de um núcleo monolítico, exige alguma comunicação de sinal especial entre os componentes do sistema. *Signal.h* também contém protótipos para algumas funções relacionadas com sinais. Conforme veremos mais adiante, o tratamento de sinais envolve todas as partes do MINIX 3.

Fcntl.h (linha 0900) define simbolicamente muitos parâmetros utilizados em operações de controle de arquivo. Por exemplo, ele permite utilizar a macro *O_RDONLY*, em vez do valor numérico 0, como parâmetro para uma chamada de *open*. Embora esse arquivo seja referenciado principalmente pelo sistema de arquivos, suas definições também são necessárias em diversos lugares no núcleo e no gerenciador de processos.

Conforme veremos quando estudarmos a camada de *driver* de dispositivo, no Capítulo 3, o console e a interface de terminal de um sistema operacional são complexos, pois muitos tipos diferentes de hardware têm de interagir de maneira padronizada com o sistema operacional e com programas de usuário. *Termios.h* (linha 1000) define constantes, macros e protótipos de função utilizados para controle de dispositivos de E/S tipo terminal. A estrutura mais importante é a *termios*. Ela contém *flags* para sinalizar vários modos de operação, variáveis para configurar velocidades de transmissão de entrada e saída e um *array* para armazenar caracteres especiais (por exemplo, os caracteres INTR e KILL). Essa estrutura é exigida pelo POSIX, assim como muitas das macros e dos protótipos de função definidos nesse arquivo.

Entretanto, apesar de ter sido concebido para ser bastante abrangente, o padrão POSIX não fornece tudo que se poderia querer e a última parte do arquivo, da linha 1140 em diante, fornece extensões para o POSIX. Algumas delas são de valor óbvio, como as extensões para definir taxas de transmissão de dados padrão de 57.600 *baud* e superiores, e suporte para exibição de janelas na tela do terminal. O padrão POSIX não proíbe extensões, já que nenhum padrão razoável poderia incluir tudo. Mas quando se escreve um programa no ambiente MINIX 3, destinado a ser portável para outros ambientes, alguma cautela é necessária para evitar o uso de definições específicas do MINIX 3. Isso é muito fácil de fazer. Nesse e em outros arquivos que definem extensões específicas do MINIX 3, o uso das extensões é controlado pela instrução:

#ifdef _MINIX

Se a macro *_MINIX* não for definida, o compilador nem mesmo verá as extensões do MINIX 3; todas elas serão completamente ignoradas.

Temporizadores de alarme denominados de cães de guarda (*watchdogs*) são suportados por *timers.h* (linha 1300), que é incluído no arquivo de cabeçalho mestre do núcleo. Ele define um *struct timer*, assim como protótipos de funções usados para operar em listas de temporizadores. Na linha 1321 aparece um tipo de dados *typedef* para *tmr_func_t*. Esse tipo de dados é um ponteiro para uma função. Seu uso aparece na linha 1332: dentro de uma estrutura *timer*, usado como um elemento em uma lista de temporizadores, há um campo *tmr_func_t* que serve para especificar uma função a ser chamada quando o temporizador expira.

Mencionaremos mais quatro arquivos do diretório *include/* que não estão listados no Apêndice B. *Stdlib.h* define tipos, macros e protótipos de função que provavelmente serão necessários na compilação de todos os programas em C, menos os mais simples. Esse é um dos arquivos de cabeçalho mais freqüentemente usado na compilação de programas de usuário, embora dentro do código-fonte do sistema MINIX 3 ele seja referenciado apenas por alguns arquivos no núcleo. *Stdio.h* é conhecido de todos que começaram a aprender a programar em C escrevendo o famoso programa "Hello World!". Dificilmente ele é usado em arquivos de sistema, embora, como *stdlib.h*, seja usado em quase todos os programas de usuário. *A.out.h* define o formato dos arquivos nos quais os programas executáveis são armazenados no disco. Uma estrutura *exec* é definida aqui e as informações presentes nessa estrutura são usadas pelo gerenciador de processos para carregar uma nova imagem de programa quando é feita uma chamada de **exec**. Finalmente, *stddef.h* define algumas macros comumente usadas.

Agora vamos prosseguir para o subdiretório *include/sys/*. Como mostrado na Figura 2-32, todos os arquivos de cabeçalho mestres das partes principais do sistema MINIX 3 incluem *sys/types.h* (linha 1400), para ser lido imediatamente após a leitura de *ansi.h*. *Sys/types.h* define muitos tipos de dados utilizados pelo MINIX 3. Os erros que poderiam surgir da má interpretação de quais tipos de dados fundamentais são utilizados em uma situação particular podem ser evitados utilizando-se as definições fornecidas aqui. A Figura 2-33 mostra o modo como os tamanhos (em bits) de alguns tipos definidos nesse arquivo diferem quando compilados para processadores de 16 bits ou de 32 bits. Note que todos os nomes de tipo terminam com "_t". Isso não é apenas uma convenção; é um requisito do padrão POSIX. Esse é um exemplo de **sufixo reservado** e "_t" não deve ser utilizado como sufixo de qualquer nome que *não* seja um nome de tipo.

Tipo	MINIX de 16 bits	MINIX de 32 bits
gid_t	8	8
dev_t	16	16
pid_t	16	32
ino_t	16	32

Figura 2-33 O tamanho, em bits, de alguns tipos em sistemas de 16 e de 32 bits.

Atualmente, o MINIX 3 é executado de forma nativa em microprocessadores de 32 bits, mas processadores de 64 bits serão cada vez mais importantes no futuro. Um tipo que não é fornecido pelo hardware pode ser sintetizado, se necessário. Na linha 1471, o tipo *u64_t* é definido como **struct {u32_t[2]}**. Esse tipo não é necessário com muita freqüência na implementação atual, mas ele pode ser útil — por exemplo, todos os dados de disco e de partição (deslocamentos e tamanhos) são armazenados como números de 64 bits, permitindo o uso de discos muito grandes.

O MINIX 3 usa muitas definições de tipo que, em última análise, são interpretados pelo compilador como um número relativamente pequeno de tipos comuns. Isso se destina a ajudar a tornar o código mais legível; por exemplo, uma variável declarada como sendo de tipo *dev_t* é reconhecida como uma variável destinada a conter os números de dispositivo principal e secundário que identificam completamente um dispositivo de E/S. Para o compilador, declarar essa variável como *short* funcionaria igualmente bem. Outro detalhe a notar é que muitos dos tipos definidos aqui são iguais aos tipos correspondentes com a primeira letra maiúscula, por exemplo, *dev_t* e *Dev_t*. Para o compilador, todas as variantes com letras maiúsculas são equivalentes ao tipo *int*; elas são fornecidas para serem utilizadas em protótipos de função que precisam usar tipos compatíveis com o tipo *int* para suportar compiladores K&R. Os comentários presentes no arquivo *types.h* explicam isso com mais detalhes.

Um outro item que merece menção é a seção de código condicional que começa com

#if _EM_WSIZE == 2

(linhas 1502 a 1516). Conforme observado anteriormente, a maior parte do código condicional foi removida do código-fonte discutido no texto. Esse exemplo foi mantido para que pudéssemos mostrar uma maneira de usar definições condicionais. A macro usada, *_EM_WSIZE*, é outro exemplo de macro de teste de recurso definida pelo compilador. Ela informa o tamanho de palavra do sistema de destino, em bytes. A seqüência #if ... #else ... #endif é uma maneira de obter algumas definições certas de uma vez por todas, para fazer o código subseqüente compilar corretamente, seja em um sistema de 16 bits, seja em um sistema de 32 bits.

Vários outros arquivos em *include/sys/* são amplamente utilizados no sistema MINIX 3. O arquivo *sys/sigcontext.h* (linha 1600) define as estruturas usadas para preservar e restaurar a operação normal do sistema, antes e depois da execução de uma rotina de tratamento de sinal, e é utilizado tanto no núcleo como no gerenciador de processos. *Sys/stat.h* (linha 1700) define a estrutura que vimos na Figura 1-12, retornada pelas chamadas de sistema **stat** e **fstat**, assim como os protótipos das funções *stat* e *fstat* e outras funções usadas para manipular propriedades de arquivos. Ele é referenciado em várias partes do sistema de arquivos e do gerenciador de processos.

Outros arquivos que discutiremos nesta seção não são tão utilizados quanto aqueles discutidos anteriormente. *Sys/dir.h* (linha 1800) define a estrutura de uma entrada de diretório do MINIX 3. Ele é diretamente mencionado apenas uma vez, mas essa referência o inclui em outro arquivo de cabeçalho que é amplamente usado no sistema de arquivos. Ele é importante porque, dentre outras coisas, informa quantos caracteres um nome de arquivo pode conter (60). O cabeçalho *sys/wait.h* (linha 1900) define as macros usadas pelas chamadas de sistema **wait** e **waitpid**, as quais são implementadas no gerenciador de processos.

Vários outros arquivos em *include/sys/* devem ser mencionados, embora não estejam listados no Apêndice B. O MINIX 3 suporta o rastreamento de executáveis e a análise de *core dumps* com um programa depurador, e *sys/ptrace.h* define as várias operações possíveis com a chamada de sistema **ptrace**. *Sys/svrctl.h* define as estruturas de dados e macros usadas por **svrctl**, que não é realmente uma chamada de sistema, mas é utilizada como se fosse. Svrctl é usado para coordenar processos em nível de servidor quando o sistema inicia. A chamada de sistema **select** permite esperar por entradas provenientes de múltiplos canais – por exemplo, pseudo-terminais esperando por conexões de rede. As definições necessárias para essa chamada estão em *sys/select.h*.

Deixamos deliberadamente a discussão de *sys/ioctl.h* e arquivos relacionados por último, pois eles não podem ser totalmente entendidos sem também examinarmos um arquivo do próximo diretório, *minix/ioctl.h*. A chamada de sistema **ioctl** é usada por operações de controle de dispositivo. O número de dispositivos que podem fazer interface com um sistema de computador moderno está sempre aumentando. Todos precisam de vários tipos de controle. Na verdade, a principal diferença entre o MINIX 3 descrito neste livro e as outras versões é que, para os propósitos do livro, descrevemos o MINIX 3 com relativamente poucos dispositivos de entrada/saída. Muitos outros podem ser adicionados, como interfaces de rede, controladoras SCSI e placas de som.

Para tornar as coisas mais fáceis de administrar, são usados vários arquivos pequenos, cada um contendo um grupo de definições. Todos eles são incluídos por *sys/ioctl.h* (linha 2000), que funciona de modo semelhante ao arquivo de cabeçalho mestre da Figura 2-32. No Apêndice B, listamos apenas um desses arquivos incluídos, *sys/ioc_disk.h* (linha 2100). Esse e outros arquivos incluídos por *sys_ioctl.h* estão localizados no diretório *include/sys/*, pois são considerados como parte da *interface publicada*, significando que um programador pode usá-los para escrever qualquer programa a ser executado no ambiente do MINIX 3. Entretanto, todos eles dependem das definições de macro adicionais fornecidas em *minix/ioctl.h* (linha 2200), que é incluído por cada um. *Minix/ioctl.h* não deve ser usado sozinho na escrita de programas e esse é o motivo pelo qual está em *include/minix/* e não em *include/sys/*.

As macros definidas nesses arquivos estabelecem como os vários elementos necessários a cada possível função são armazenados em um valor inteiro de 32 bits a ser passado para ioctl. Por exemplo, os dispositivos de disco precisam de cinco tipos de operações, conforme pode ser visto em *sys/ioc_disk.h*, nas linhas 2110 a 2114. O parâmetro alfabético 'd' indica a ioctl que a operação é para um dispositivo de disco, um valor inteiro de 3 a 7 codifica a operação e o terceiro parâmetro de uma operação de gravação ou leitura indica o tamanho da estrutura na qual os dados devem ser passados. Em *minix/ioctl.h*, as linhas 2225 a 2231 mostram que 8 bits do código alfabético são deslocados 8 bits para a esquerda, os 13 bits menos significativos do tamanho da estrutura são deslocados 16 bits para a esquerda e, então, a operação lógica E é aplicada a eles com o código da operação (que é um valor inteiro numericamente pequeno). Outro código, nos 3 bits mais significativos de um número de 32 bits, fornece o tipo do valor de retorno.

Embora isso pareça trabalhoso, isso é feito no momento da compilação e produz uma interface muito mais eficiente para a chamada de sistema no momento da execução, pois o parâmetro realmente passado é o tipo de dados mais natural para a CPU da máquina hospedeira. Entretanto, isso faz lembrar de um famoso comentário de Ken Thompson, colocado no código-fonte de uma versão inicial do UNIX:

/* Não se espera que você entenda isto */

Minix/ioctl.h também contém o protótipo da chamada de sistema ioctl, na linha 2241. Em muitos casos, essa chamada não é feita diretamente pelos programadores, pois as funções definidas pelo padrão POSIX, cujo protótipo está em *include/termios.h*, têm substituído o emprego da antiga função de biblioteca *ioctl* para tratar com terminais, consoles e dispositivos semelhantes. Contudo, ela ainda é necessária. Na verdade, as funções POSIX para controle de dispositivos de terminal são convertidas em chamadas de sistema ioctl pela biblioteca.

2.6.4 Arquivo de cabeçalho do MINIX 3

Os subdiretórios *include/minix/* e *include/ibm/* contêm arquivos de cabeçalho específicos do MINIX 3. Os arquivos em *include/minix/* são necessários para uma implementação do MINIX 3 em qualquer plataforma, embora haja definições alternativas específicas a uma plataforma dentro de alguns deles. Já discutimos um arquivo aqui, o *ioctl.h*. Os arquivos em *include/ibm/* definem estruturas e macros específicas do MINIX 3, quando implementado em máquinas tipo IBM.

Começaremos com o diretório *minix/*. Na seção anterior, foi visto que *config.h* (linha 2300) é incluído nos cabeçalhos mestres de todas as partes do sistema MINIX 3 e, portanto, é o primeiro arquivo realmente processado pelo compilador. Em muitas ocasiões, quando diferenças no hardware, ou no modo como o sistema operacional destina-se a ser empregado, exigem alterações na configuração do MINIX 3, editar esse arquivo e recompilar o sistema é tudo o que precisa ser feito. Sugerimos que, caso você modifique esse arquivo, modifique também o comentário na linha 2303 para ajudar a identificar o objetivo das modificações.

Todos os parâmetros que podem ser configurados pelo usuário estão na primeira parte do arquivo, mas alguns desses parâmetros não se destinam a ser editados aqui. A linha 2326 inclui outro arquivo de cabeçalho, *minix/sys_config.h*, e as definições de alguns parâmetros são herdadas desse arquivo. Os programadores acharam que essa era uma boa idéia, pois alguns arquivos no sistema precisam das definições básicas presentes em *sys_config.h*, sem o restante das que se encontram em *config.h*. Na verdade, existem muitos nomes em *config.h* que não começam com um sublinhado, os quais provavelmente entrarão em conflito com os nomes de utilização comum, como *CHIP* ou *INTEL*, passíveis de serem encontrados em software portado de outro sistema operacional para o MINIX 3. Todos os nomes em *sys_config.h* começam com sublinhados para tornar os conflitos menos prováveis.

MACHINE é, na verdade, configurada como *_MACHINE_IBM_PC* em *sys_config.h*; as linhas 2330 a 2334 listam alternativas para os valores possíveis de *MACHINE*. As versões anteriores do MINIX foram portadas para as plataformas Sun, Atari e MacIntosh, e o código-fonte completo contém alternativas para esses hardwares. A maior parte do código-fonte do MINIX 3 é independente do tipo de máquina, mas um sistema operacional sempre tem algum código dependente do sistema. Além disso, deve ser notado que, como o MINIX 3 é muito recente, quando este livro estava sendo escrito ainda faltava acabar de portar o MINIX 3 para plataformas que não fossem Intel.

Outras definições em *config.h* permitem a personalização para outras necessidades em uma instalação particular. Por exemplo, o número de buffers usados pelo sistema de arquivos para a cache de disco geralmente deve ser o maior possível, mas um número grande de buffers exige muita memória. Colocar 128 blocos na cache, conforme configurado na linha 2345, é considerado o mínimo e é satisfatório apenas para uma instalação do MINIX 3 em um sistema com menos de 16 MB de memória RAM; para sistemas com bastante memória, um número muito maior pode ser colocado aqui. Se for desejado usar um modem ou uma conexão de rede, as definições de *NR_SR_LINES* e *NR_PTYS* (linhas 2379 e 2380) devem ser aumentadas e o sistema recompilado. A última parte de *config.h* contém definições que são necessárias, mas que não devem ser alteradas. Muitas definições aqui estabelecem apenas nomes alternativos para as constantes definidas em *sys_config.h*.

Sys_config.h (linha 2500) contém definições que provavelmente serão necessárias para um programador de sistema; por exemplo, alguém que esteja escrevendo um novo *driver* de dispositivo. Você provavelmente não precisará alterar muito esse arquivo, com a possível exceção de *_NR_PROCS* (linha 2522). Isso controla o tamanho da tabela de processos. Se você quiser usar um sistema MINIX 3 como servidor de rede, com muitos usuários remotos ou com muitos processos de servidor sendo executados simultaneamente, talvez precise aumentar essa constante.

O próximo arquivo é *const.h* (linha 2600), que ilustra outro uso comum dos arquivos de cabeçalho. Aqui, encontramos uma variedade de definições de constantes que provavelmente não serão alteradas ao se compilar um novo núcleo, mas que são usadas em vários lugares. A definição delas ajuda a evitar erros que poderiam ser difíceis de rastrear se fossem feitas definições inconsistentes em vários lugares. Outros arquivos chamados *const.h* podem ser encontrados em outras partes da árvore do código-fonte do MINIX 3, mas eles têm uso mais limitado. Analogamente, as definições utilizadas somente no núcleo são incluídas em *src/kernel/const.h*. As definições utilizadas apenas no sistema de arquivos são incluídas em *src/servers/fs/const.h*. O gerenciador de processos utiliza *src/servers/pm/const.h* para suas definições locais. Apenas as definições usadas em mais de uma parte do sistema MINIX 3 são incluídas em *include/minix/const.h*.

Algumas das definições em *const.h* são dignas de nota. *EXTERN* é definida como uma macro que se expande em *extern* (linha 2608). As variáveis globais declaradas em arquivos de cabeçalho e incluídas em dois ou mais arquivos são declaradas como *EXTERN*, como em

    EXTERN int who;

Se a variável fosse declarada apenas como

    int who;

e incluída em dois ou mais arquivos, alguns ligadores (*linkers*) reclamariam de uma variável com múltipla definição. Além disso, o manual de referência da linguagem C proíbe explicitamente (Kernighan e Ritchie, 1988) essa construção.

Para evitar esse problema, é necessário fazer a declaração assim:

    extern int who;

em todos os lugares, exceto um. O uso de *EXTERN* evita esse problema, porque ela se expande em *extern* em todos os pontos em que *const.h* é incluída, exceto após uma redefinição explícita de *EXTERN* como uma string nula. Isso é feito em cada parte do MINIX 3, colocando-se as definições globais em um arquivo especial chamado *glo.h* (por exemplo, *src/kernel/glo.h*), que é incluído indiretamente em cada compilação. Dentro de cada arquivo *glo.h* há uma seqüência

```
#ifdef _TABLE
#undef EXTERN
#define EXTERN
#endif
```

e nos arquivos *table.c* de cada parte do MINIX 3 há uma linha

```
#define _TABLE
```

precedendo a seção #include. Assim, quando os arquivos de cabeçalho são incluídos e expandidos como parte da compilação de *table.c*, *extern* não é inserida em qualquer lugar (pois *EXTERN* é definida como uma string nula dentro de *table.c*) e o armazenamento das variáveis globais é reservado apenas em um lugar, no arquivo-objeto *table.o*.

Se você é iniciante em programação na linguagem C e não entende bem o que está ocorrendo aqui, não se apavore; os detalhes não são realmente importantes. Essa é uma maneira polida de reformular o famoso comentário de Ken Thompson, citado anteriormente. A inclusão múltipla de arquivos de cabeçalho pode causar problemas para alguns ligadores, pois pode levar a múltiplas declarações de variáveis incluídas. O uso de *EXTERN* é simplesmente uma maneira de tornar o MINIX 3 mais portável para que possa ser vinculado em máquinas cujos ligadores não aceitam variáveis com definição múltipla.

PRIVATE é definida como um sinônimo de *static*. As funções e os dados que não são referenciados fora dos arquivos nos quais aparecem, são sempre declarados como *PRIVATE* para evitar que seus nomes sejam visíveis fora desses arquivos. Como regra geral, todas as variáveis e funções devem ser declaradas com escopo local, se possível. *PUBLIC* é definida como uma string nula. Um exemplo de núcleo */proc.c* pode ajudar a esclarecer isso. A declaração

    PUBLIC void lock_dequeue(rp)

sai do pré-processador C como

   void lock_dequeue(rp)

que, de acordo com as regras de escopo da linguagem C, significa que o nome de função *lock_dequeue(rp)* é exportado do arquivo e a função pode ser chamada a partir de qualquer parte, em qualquer arquivo vinculado no mesmo binário, neste caso, em qualquer parte do núcleo. Outra função declarada no mesmo arquivo é

   PRIVATE void dequeue(rp)

que, pré-processada, se torna

   static void dequeue(rp)

Essa função só pode ser chamada a partir do código que esteja no mesmo arquivo-fonte. *PRIVATE* e *PUBLIC* não são necessárias, mas são tentativas de desfazer o dano causado pelas regras de escopo da linguagem C (o padrão é exportar os nomes para fora do arquivo; deveria ser exatamente o contrário).

O resto de *const.h* define constantes numéricas utilizadas por todo o sistema. Uma seção de *const.h* é dedicada às definições de máquina ou dependentes da configuração. Por exemplo, por todo o código-fonte, a unidade básica de alocação de memória é o **click**. Diferentes valores para o tamanho do *click* podem ser escolhidos para diferentes arquiteturas de processador. Para plataformas Intel, ele é de 1024 bytes. Alternativas para arquiteturas Intel, Motorola 68000 e Sun SPARC são definidas nas linhas 2673 a 2681. Esse arquivo também contém as macros *MAX* e *MIN*; portanto, podemos escrever

   z = MAX (x, y);

para atribuir o maior de *x* e *y* a *z*.

Type.h (linha 2800) é outro arquivo incluído em toda compilação, por meio dos cabeçalhos mestres. Ele contém várias definições de tipo importantes, junto com os valores numéricos relacionados.

As duas primeiras estruturas definem dois tipos diferentes de mapa de memória, um para regiões de memória local (dentro do espaço de dados de um processo) e outro para áreas de memória remota, como um disco em RAM (linhas 2828 a 2840). Este é um bom lugar para citar os conceitos usados ao se referir à memória. Conforme acabamos de mencionar, o *click* é a unidade básica de medida de memória; no MINIX 3, para processadores Intel, um *click* vale 1024 bytes. A memória é medida como **phys_clicks**, que pode ser usado pelo núcleo para acessar qualquer elemento da memória, em qualquer parte do sistema, ou como **vir_clicks**, usado por processos que não são o núcleo. Uma referência de memória *vir_clicks* é sempre com relação à base de um segmento de memória atribuído a um processo em particular e o núcleo freqüentemente precisa fazer transferências entre endereços virtuais (isto é, baseados no processo) e físicos (baseados na memória RAM). A inconveniência disso é compensada pelo fato de que um processo pode fazer todas as suas próprias referências de memória em *vir_clicks*.

Alguém poderia supor que a mesma unidade poderia ser usada para especificar o tamanho de um dos tipos de memória, mas é vantajoso utilizar *vir_clicks* para especificar o tamanho de uma unidade de memória alocada para um processo, pois quando essa unidade é usada, é feita uma verificação para garantir que não seja acessada nenhuma memória fora do que foi especificamente atribuído ao processo corrente. Essa é uma característica importante do **modo protegido** dos processadores Intel modernos, como a família Pentium. Sua ausência nos primeiros processadores 8086 e 8088 causou algumas dores de cabeça no projeto das primeiras versões do MINIX.

Outra estrutura importante definida aqui é *sigmsg* (linhas 2866 a 2872). Quando um sinal é capturado, o núcleo precisa dar um jeito para que, na próxima vez que o processo sinalizado executar, ele execute a rotina de tratamento de sinal, em vez de continuar a execução onde foi interrompida. O gerenciador de processos realiza a maior parte do trabalho de gerenciamento de sinais; quando um sinal é capturado, ele passa uma estrutura como essa para o núcleo.

A estrutura *kinfo* (linhas 2875 a 2893) é usada para transmitir informações sobre o núcleo para outras partes do sistema. O gerenciador de processos usa essas informações ao configurar sua parte da tabela de processos.

As estruturas de dados e os protótipos de função para **comunicação entre processos** são definidos em *ipc.h* (linha 3000). A definição mais importante nesse arquivo é *message*, nas linhas 3020 a 3032. Embora pudéssemos ter definido *message* como um *array* de um certo número de bytes, é considerada uma prática de programação melhor fazer com que ela seja uma estrutura contendo uma união dos vários tipos de mensagem possíveis. São definidos sete formatos de mensagem, *mess_1* a *mess_8* (o tipo *mess_6* é obsoleto). Uma mensagem é uma estrutura contendo um campo *m_source*, informando quem enviou a mensagem, um campo *m_type*, informando qual é o tipo da mensagem (por exemplo, *SYS_EXEC* para a tarefa de sistema) e os campos de dados.

Os sete tipos de mensagem aparecem na Figura 2-34. Na figura, quatro tipos de mensagem, os dois primeiros e os dois últimos, parecem idênticos. Eles são idênticos apenas em termos do tamanho dos elementos de dados, mas muitos dos tipos de dados são diferentes. Acontece que, em uma CPU Intel com um tamanho de palavra de 32 bits, os tipos de dados *int*, *long* e de ponteiro são todos de 32 bits, mas esse não é necessariamente o caso em outro tipo de hardware. A definição de sete formatos distintos torna mais fácil recompilar o MINIX 3 para uma arquitetura diferente.

Quando é necessário enviar uma mensagem contendo, por exemplo, três inteiros e três ponteiros (ou três inteiros e dois ponteiros), deve ser usado o primeiro formato da Figura 2-34. O mesmo se aplica para os outros formatos. Como se atribui um valor ao primeiro inteiro no primeiro formato? Suponha que a mensagem se chame *x*. Então, *x.m_u* se refere à parte da união da estrutura da mensagem. Para nos referirmos à primeira das seis alternativas na união, usamos *x.m_u.m_m1*. Finalmente, para obtermos o primeiro inteiro nessa estrutura, escrevemos *x.m_u.m_m1.m1i1*. Isso é bastante longo; portanto, nomes de campo bem mais curtos são definidos como macros, após a definição da mensagem em si. Assim, *x.m1_i1* pode ser usado, em vez de *x.m_u.m_m1.m1i1*. Todos os nomes curtos têm a forma da letra *m*, o número do formato, um sublinhado, uma ou duas letras indicando se o campo é um inteiro, ponteiro, longo, caractere, *array* de caracteres ou função, e um número em seqüência para distinguir múltiplas instâncias do mesmo tipo dentro de uma mensagem.

Enquanto discutimos os formatos das mensagens, este é um bom lugar para notar que um sistema operacional e seu compilador freqüentemente possuem um entendimento a respeito de uma série de coisas como o *layout* das estruturas de dados, e isso pode facilitar a vida do projetista. No MINIX 3, os campos *int* nas mensagens às vezes são usados para conter tipos de dados *unsigned*. Em alguns casos, isso poderia causar estouro de representação numérica (*overflow*), mas o código foi escrito usando o conhecimento de que o compilador do MINIX 3 copia os tipos *unsigned* em valores *int* e vice-versa, sem alterar os dados nem gerar código para detectar estouro. Uma estratégia mais compulsiva seria substituir cada campo *int* por um *union* de um valor *int* e um *unsigned*. O mesmo se aplica aos campos *long* nas mensagens; alguns deles podem ser usados para passar dados *unsigned long*. Estamos trapaceando aqui? Talvez um pouco, alguém poderia dizer, mas se você quiser portar o MINIX 3 para uma nova plataforma, muito claramente o formato exato das mensagens é algo em que se deve prestar muita atenção e agora já alertamos que o comportamento do compilador é outro fator que precisa de cuidado.

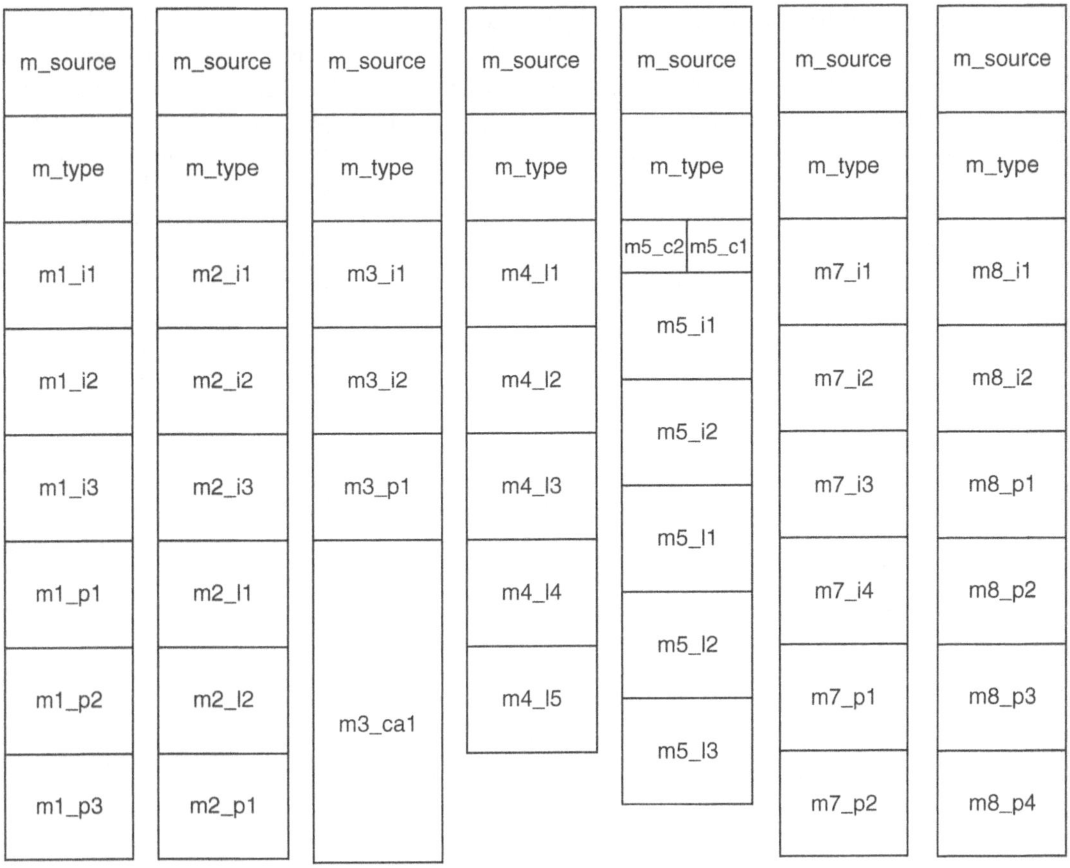

m_source	m_source	m_source	m_source	m_source	m_source	m_source
m_type	m_type	m_type	m_type	m_type	m_type	m_type
m1_i1	m2_i1	m3_i1	m4_l1	m5_c2 | m5_c1	m7_i1	m8_i1
m1_i2	m2_i2	m3_i2	m4_l2	m5_i1	m7_i2	m8_i2
m1_i3	m2_i3	m3_p1	m4_l3	m5_i2	m7_i3	m8_p1
m1_p1	m2_l1		m4_l4	m5_l1	m7_i4	m8_p2
m1_p2	m2_l2	m3_ca1	m4_l5	m5_l2	m7_p1	m8_p3
m1_p3	m2_p1			m5_l3	m7_p2	m8_p4

Figura 2-34 Os sete tipos de mensagem usados no MINIX 3. Os tamanhos dos elementos da mensagem variam dependendo da arquitetura da máquina; este diagrama ilustra os tamanhos para CPUs que possuem ponteiros em 32 bits, como aqueles dos membros da família Pentium.

Também definidos em *ipc.h* estão os protótipos das primitivas de passagem de mensagem descritas anteriormente (linhas 3095 a 3101). Além das importantes primitivas **send**, **receive**, **sendrec** e **notify**, várias outras são definidas. Nenhuma delas é muito usada; na verdade, poderia se dizer que elas são sobreviventes dos primeiros estágios do desenvolvimento do MINIX 3. Os programas de computador antigos fazem boas escavações arqueológicas. Elas podem desaparecer em um lançamento futuro. Contudo, se não as explicarmos agora, sem dúvida alguns leitores se preocuparão com elas. As chamadas não-bloqueantes de **nb_send** e **nb_receive** foram substituídas principalmente por **notify**, que foi implementada posteriormente e considerada como uma solução melhor para o problema do envio ou da verificação de uma mensagem sem bloqueio. O protótipo de **echo** não tem campo de origem nem de destino. Essa primitiva não tem utilidade em código de produção, mas foi útil durante o desenvolvimento para testar o tempo que demorava para enviar e receber uma mensagem.

Um outro arquivo em *include/minix/*, *syslib.h* (linha 3200), é quase universalmente usado por meio da inclusão nos cabeçalhos mestres de todos os componentes em espaço de usuário do MINIX 3. Esse arquivo não foi incluído no arquivo de cabeçalho mestre do núcleo, *src/kernel/kernel.h*, porque o núcleo não precisa de funções de biblioteca para acessar a si mesmo. *Syslib.h* contém protótipos de funções de biblioteca C chamados dentro do sistema operacional para acessar outros serviços do próprio sistema.

Não descreveremos os detalhes das bibliotecas C neste texto, mas muitas funções de biblioteca são padronizadas e estarão disponíveis para qualquer compilador C. Entretanto, as funções C referenciadas por *syslib.h* são, é claro, muito específicas para o MINIX 3 e uma mudança para uma nova plataforma de hardware, com um compilador diferente, exige portar essas funções de biblioteca. Felizmente, isso não é difícil, pois a maioria dessas funções simplesmente extrai os parâmetros da chamada de função e os insere em uma estrutura de mensagem; em seguida, envia a mensagem e extrai os resultados da mensagem de resposta. Muitas dessas funções de biblioteca são definidas em pouco menos de uma dezena de linhas de código C.

Vale notar nesse arquivo as quatro macros para acessar portas de E/S usando dados do tipo byte ou palavra, e o protótipo da função *sys_sdevio*, à qual as quatro macros se referem (linhas 3241 a 3250). Fornecer uma maneira para os *drivers* de dispositivo solicitarem a leitura e a escrita em portas de E/S pelo núcleo é uma parte fundamental do projeto do MINIX 3, pois permite mover todos esses *drivers* para espaço de usuário.

Algumas funções que poderiam ter sido definidas em *syslib.h* estão em um arquivo separado, *sysutil.h* (linha 3400), pois o código objeto delas é compilado em uma biblioteca separada. Aqui, duas funções precisam um pouco mais de explicação. A primeira é *printf* (linha 3442). Se você tiver experiência com programação em C, vai reconhecer que *printf* é uma função de biblioteca padrão, referenciada em quase todos os programas.

Entretanto, essa não é a função *printf* que você pensa. A versão de *printf* da biblioteca padrão não pode ser usada dentro de componentes do sistema. Dentre outras coisas, a função *printf* padrão se destina a escrever na saída padrão e deve ser capaz de formatar números em ponto flutuante. Usar a saída padrão exige percorrer o sistema de arquivos, mas é desejável que, em caso de erros, um componente do sistema seja capaz de exibir uma mensagem de erro sem a intervenção de outros componentes do sistema. Além disso, o suporte para toda a gama de especificações de formato que podem ser utilizadas com a função *printf* padrão aumenta o código sem nenhum objetivo prático. Portanto, é compilada na biblioteca de utilitários do sistema uma versão simplificada de *printf*, que faz apenas o que é necessário para os componentes do sistema operacional. Isso é encontrado pelo compilador em um local dependente da plataforma; para sistemas Intel de 32 bits, o local é */usr/lib/i386/libsysutil.a*. Quando o sistema de arquivos, o gerenciador de processos ou outra parte do sistema operacional é ligado às funções de biblioteca, essa versão é encontrada antes que a biblioteca padrão seja pesquisada.

Na próxima linha aparece um protótipo para *kputc*. Ela é chamada pela versão de sistema de *printf* para realizar o trabalho de exibir caracteres no console. Entretanto, mais truques estão envolvidos aqui. *Kputc* é definida em vários lugares. Existe uma cópia na biblioteca de utilitários do sistema, a qual será usada, por padrão. Mas várias partes do sistema definem suas próprias versões. Veremos uma quando estudarmos a interface do console, no próximo capítulo. O *driver* de log (que não será descrito em detalhes aqui) também define sua própria versão. Existe até uma definição de *kputc* no próprio núcleo, mas esse é um caso especial. O núcleo não utiliza *printf*. Uma função de impressão especial, *kprintf*, é definida como parte do núcleo e é usada quando o núcleo precisa imprimir.

Quando um processo precisa executar uma chamada de sistema do MINIX 3, ele envia uma mensagem para o gerenciador de processos (ou *PM*, de *process manager*) ou para o sistema de arquivos (ou FS, de *file system*). Cada mensagem contém o número da chamada de sistema desejada. Esses números são definidos no próximo arquivo, *callnr.h* (linha 3500). Alguns números não são usados; eles estão reservados para chamadas ainda não implementadas ou representam chamadas implementadas em outras versões, que agora são manipuladas pelas funções de biblioteca. Perto do final do arquivo, são definidos alguns números de chamada que não correspondem às chamadas mostradas na Figura 1-9. Svrctl (mencionada anteriormente), ksig, unpause, revive e task_reply são usadas apenas dentro do próprio sistema operacional. O mecanismo de chamada de sistema é uma maneira conveniente de implementá-las. Na verdade, como não serão usadas por programas externos, essas chamadas de sistema podem ser modificadas nas novas versões do MINIX 3, sem medo de danificar programas de usuário.

O próximo arquivo é *com.h* (linha 3600). Uma interpretação do nome do arquivo diz que ele significa comum, outra diz que significa comunicação. Esse arquivo fornece definições comuns usadas para a comunicação entre servidores e *drivers* de dispositivo. Nas linhas 3623 a 3626 são associados números as tarefas. Para distingui-los dos números de processo, os números de tarefa são negativos. Nas linhas 3633 a 3640 são definidos números de processos carregados na imagem de *boot*. Note que esses números são entradas (índices) na tabela de processos; eles não devem ser confundidos com os números de identificação de processo (PID – *Process IDentifier*).

A seção seguinte de *com.h* define como as mensagens são construídas para executar uma operação notify. Os números de processo são usados na geração do valor passado no campo *m_type* da mensagem. Os tipos de mensagem para notificações e outras mensagens definidas nesse arquivo são construídos pela combinação de um valor de base que significa uma categoria de tipo, com um número indicando o tipo específico. O restante desse arquivo é um compêndio de macros que transformam identificadores em números codificados para tipos de mensagem e nomes de campo.

Alguns outros arquivos em *include/minix/* estão listados no Apêndice B. *Devio.h* (linha 4100) define tipos e constantes que suportam acesso do espaço de usuário às portas de E/S, assim como algumas macros que tornam mais fácil escrever código especificando portas e valores. *Dmap.h* (linha 4200) define uma *struct* e um *array* dessa *struct*, ambos chamados *dmap*. Essa tabela é usada para relacionar números de dispositivo principais com as funções que os suportam. Também são definidos números de dispositivo principais e secundários para o *driver* de dispositivo de *memória* e números de dispositivo principais para outros *drivers* de dispositivo importantes.

Include/minix/ contém vários arquivos de cabeçalho especializados adicionais, não listados no Apêndice B, mas que devem estar presentes para compilar o sistema. Um deles é *u64.h*, que fornece suporte para operações aritméticas de inteiros de 64 bits, necessárias para manipular endereços de disco em unidades de disco de alta capacidade. Nem mesmo se sonhava com elas, quando o UNIX, a linguagem C, os processadores da classe Pentium e o MINIX foram concebidos. Uma versão futura do MINIX 3 poderá ser escrita em uma linguagem que tenha suporte interno para inteiros de 64 bits em processadores com registradores de 64 bits; até lá, as definições presentes em *u64.h* fornecem uma solução alternativa.

Resta mencionar três arquivos. *Keymap.h* define as estruturas de dados utilizadas para customizar *layouts* de teclado para os conjuntos de caracteres necessários aos diferentes idiomas. Ele também é necessário para programas que geram e carregam essas tabelas. *Bitmap.h* fornece algumas macros para facilitar operações como ativar, reativar e testar bits. Finalmente, *partition.h* define as informações necessárias para o MINIX 3 definir uma partição de disco, ou pelo seu deslocamento absoluto (em bytes) e tamanho no disco, ou por um endereço de cilindro, cabeçote e setor. O tipo *u64_t* é usado para o deslocamento e tamanho, para permitir o uso de discos grandes. Esse arquivo não descreve o *layout* de uma tabela de partição em um disco; o arquivo que faz isso está no próximo diretório.

O último diretório de cabeçalho especializado que consideraremos, *include/ibm/*, contém arquivos que fornecem definições relacionadas à família IBM PC de computadores. Como a linguagem C conhece apenas endereços de memória e não tem meios de acessar endereços de porta de E/S, a biblioteca contém rotinas escritas em linguagem *assembly* para ler e escrever a partir dessas portas. As várias rotinas disponíveis são declaradas em *ibm/portio.h* (linha 4300). Estão disponíveis todas as rotinas de entrada e saída possíveis para tipos de dados byte, *integer* e *long*, isoladamente ou como strings, de *inb* (um byte de entrada) até *outsl* (saída de uma string de valores *long*). Rotinas de baixo nível no núcleo também talvez precisem desativar ou reativar interrupções de CPU, que também são ações que a linguagem C não consegue manipular. A biblioteca fornece código *assembly* para fazer isso e *intr_disable* e *intr_enable* estão declarados nas linhas 4325 e 4326.

O próximo arquivo nesse diretório é *interrupt.h* (linha 4400), que define endereço de portas e posições de memória usadas pelo controlador de interrupção e pela BIOS em sistemas compatíveis com PC. Finalmente, mais portas de E/S estão definidas em *ports.h* (linha 4500). Esse arquivo fornece os endereços necessários para acessar a interface de teclado e o temporizador usado pelo relógio.

Vários arquivos adicionais em *include/ibm/*, com dados específicos da IBM, não são listados no Apêndice B, mas eles são fundamentais e devem ser mencionados. *Bios.h*, *memory.h* e *partition.h* estão abundantemente comentados e são dignos de serem lidos, caso você queira saber mais sobre o uso de memória ou sobre as tabelas de partição de disco. *Cmos.h*, *cpu.h* e *int86.h* fornecem informações adicionais sobre portas, bits de *flag* da CPU e a chamada de serviços da BIOS e do DOS no modo de 16 bits. Finalmente, *diskparm.h* define uma estrutura de dados necessária para formatar um disquete.

2.6.5 Estruturas de dados de processo e arquivos de cabeçalho

Vamos nos aprofundar agora e ver como é o código em *src/kernel*. Nas duas seções anteriores, estruturamos nossa discussão em torno de um trecho de um cabeçalho mestre típico; primeiramente, vimos o cabeçalho mestre real do núcleo, *kernel.h* (linha 4600). Ele começa definindo três macros. A primeira, *_POSIX_SOURCE*, é uma **macro de teste de recurso** definida pelo próprio padrão POSIX. Todas essas macros são obrigadas a começar com o caractere de sublinhado, "_". O efeito de definir a macro *_POSIX_SOURCE* é garantir que todos os símbolos exigidos pelo padrão, e os que são explicitamente permitidos, mas não obrigatórios, sejam visíveis, enquanto se oculta os símbolos adicionais que são extensões extra-oficiais do POSIX. Já mencionamos as duas próximas definições: a macro *_MINIX* anula o efeito de *_POSIX_SOURCE* para extensões definidas pelo MINIX 3 e *_SYSTEM* pode ser testada ao compilar código de sistema (e não código de usuário), onde for importante fazer algo de maneira diferente. *Kernel.h* inclui então outros arquivos de cabeçalho de *include/* e seus subdiretórios *include/sys/*, *include/minix/* e *include/ibm/*, considerando todos aqueles referidos na Figura 2-32. Já discutimos todos esses arquivos nas duas seções anteriores. Finalmente, são incluídos seis arquivos de cabeçalho adicionais do diretório local, *src/kernel*; seus nomes aparecem entre aspas.

Kernel.h torna possível garantir que todos os arquivos-fonte compartilhem um grande número de definições importantes, escrevendo-se a linha

```
#include "kernel.h"
```

em cada um dos outros arquivos-fonte do núcleo. Como a ordem de inclusão de arquivos de cabeçalho às vezes é importante, *kernel.h* também garante que essa ordenação seja feita corretamente e de uma vez por todas. Isso leva a um nível mais alto a técnica de "fazer direito uma vez e depois esquecer os detalhes", incorporada no conceito de arquivo de cabeçalho. Cabeçalhos mestres semelhantes são fornecidos nos diretórios dos fontes de outros componentes do sistema, como o sistema de arquivos e o gerenciador de processos.

Passemos agora a examinar os arquivos de cabeçalho locais incluídos em *kernel.h*. Primeiramente, temos um outro arquivo chamado *config.h*, o qual, semelhantemente ao arquivo em nível de sistema *include/minix/config.h*, deve ser incluído antes de qualquer um dos outros arquivos de inclusão locais. Assim como temos arquivos *const.h* e *type.h* no diretório de cabeçalho comum *include/minix/*, também temos arquivos *const.h.* e *type.h* no diretório fonte do núcleo, *src/kernel/*. Os arquivos em *include/minix/* são colocados lá porque são necessários para muitas partes do sistema, incluindo programas executados sob o controle do sistema. Os arquivos em *src/kernel/* fornecem as definições necessárias apenas para a compilação do núcleo. O sistema de arquivos e gerenciador de processos e outros diretórios fonte do sistema também contêm arquivos *const.h* e *type.h* para definir constantes e tipos necessários apenas para essas partes do sistema. Dois dos outros arquivos incluídos no cabeçalho mestre, *proto.h* e *glo.h*, não têm correlatos nos diretórios *include/* principais, mas veremos que eles também têm correlatos utilizados na compilação do sistema de arquivos e do gerenciador de processos. O último arquivo de cabeçalho local incluído em *kernel.h* é outro *ipc.h*.

Como esta é a primeira vez que ele aparece em nossa discussão, observe que, no início de *kernel/config.h* existe uma seqüência #ifndef ... #define para evitar problemas, caso o arquivo seja incluído várias vezes. Já vimos a idéia geral antes. Mas, note que a macro definida aqui é CONFIG_H, sem o sublinhado. Assim, ela é diferente da macro _CONFIG_H definida em *include/minix/config.h*.

A versão do núcleo de *config.h* reúne em um só lugar várias definições que provavelmente não precisarão de alterações, caso seu interesse no MINIX 3 seja estudar o funcionamento de um sistema operacional ou usar este sistema operacional em um computador de propósito geral convencional. Entretanto, suponha que você queira fazer uma versão do MINIX 3 realmente pequena, para controlar um instrumento científico ou um telefone celular feito em casa. As definições nas linhas 4717 a 4743 permitem a desativação seletiva de chamadas de núcleo. Eliminar funcionalidade desnecessária também reduz os requisitos de memória, pois o código necessário para tratar de cada chamada de núcleo é compilado condicionalmente, usando as definições das linhas 4717 a 4743. Se alguma função for desativada, o código necessário para executá-la será omitido do binário de sistema. Por exemplo, um telefone celular talvez não precisasse criar novos processos (fork); portanto, o código para fazer isso poderia ser omitido do arquivo executável, resultando em um consumo de memória menor. A maioria das outras constantes definidas nesse arquivo controla parâmetros básicos. Por exemplo, no tratamento de interrupções, é usada uma pilha especial de tamanho K_STACK_BYTES. Esse valor é configurado na linha 4772. O espaço para essa pilha é reservado dentro de *mpx386.s*, um arquivo em linguagem *assembly*.

Em *const.h* (linha 4800), uma macro para converter endereços virtuais relativos à base do espaço de memória do núcleo em endereços físicos é definida na linha 4814. Uma função C, *umap_local*, é definida em outra parte do código do núcleo, para que o núcleo possa fazer essa conversão para outros componentes do sistema, mas, para uso dentro do núcleo, a macro é mais eficiente. Diversas outras macros úteis são definidas aqui, incluindo várias para manipular mapas de bits. Um mecanismo de segurança importante incorporado no hardware Intel é ativado aqui, por duas linhas de definição de macro. O **Processor Status Word** (**PSW**) é um registrador da CPU e os bits **I/O Protection Level** (**IOPL**) dentro dele definem se o acesso ao sistema de interrupção e às portas de E/S é permitido ou negado. Nas linhas 4850 e 4851, são definidos diferentes valores de PSW que determinam esse acesso para processos normais e privilegiados. Esses valores são colocados na pilha como parte da execução de um novo processo.

No próximo arquivo que consideraremos, *type.h* (linha 4900), a *struct memory* (linhas 4925 a 4928) utiliza dois valores, endereço de base e tamanho, para especificar exclusivamente uma área da memória.

Type.h define vários outros protótipos e estruturas de dados utilizados em qualquer implementação do MINIX 3. Por exemplo, são definidas duas estruturas de dados, *kmessages*, usada para mensagens de diagnóstico do núcleo, e *randomness*, usada pelo gerador de números aleatórios. *Type.h* também contém várias definições de tipo dependentes da máquina. Para tornar o código mais curto e legível, removemos o código condicional e as definições para outros tipos de CPU. Mas você deve reconhecer que definições como a *struct stackframe_s* (linhas 4955 a 4974), que estabelecem como os registradores da máquina são salvos na pilha, são específicas dos processadores Intel de 32 bits. Para outra plataforma, *stackframe_s* seria definida em termos da estrutura de registrador da CPU a ser usada. Outro exemplo é a *struct segdesc_s* (linhas 4976 a 4983), que faz parte do mecanismo de proteção que impede os processos de acessarem regiões de memória fora daquelas designadas para eles. Para uma outra CPU, *segdesc_s* poderia nem mesmo existir, dependendo do mecanismo usado para implementar proteção de memória.

Outro ponto a destacar a respeito de estruturas como essas é que é necessário garantir que todos os dados necessários estejam presentes, mas possivelmente isso não é suficiente para se obter um desempenho excelente. A estrutura de dados *stackframe_s* deve ser manipulada por código em linguagem *assembly*. Defini-la de uma forma que possa ser lida ou gravada eficientemente por código em linguagem *assembly* reduz o tempo exigido para uma troca de contexto.

O próximo arquivo, *proto.h* (linha 5100), fornece os protótipos de todas as funções que devem ser conhecidas fora do arquivo em que são definidas. Todas são escritas usando-se a macro *_PROTOTYPE* discutida na seção anterior e, portanto, o núcleo do MINIX 3 pode ser compilado com um compilador C clássico (Kernighan e Ritchie), com o compilador C original do MINIX 3, ou com um compilador C Standard ANSI moderno, como o que faz parte da distribuição do MINIX 3. Vários desses protótipos são dependentes do sistema, incluindo as rotinas de tratamento de interrupção e exceção e as funções escritas em linguagem *assembly*.

Em *glo.h* (linha 5300), encontramos as variáveis globais do núcleo. O objetivo da macro *EXTERN* foi descrito na discussão sobre *include/minix/const.h*. Normalmente, ela se expande em *extern*. Note que muitas definições presentes em *glo.h* são precedidas por essa macro. O símbolo *EXTERN* é forçado a ser indefinido quando esse arquivo é incluído em *table.c*, onde a macro *_TABLE* é definida. Assim, o espaço de armazenamento real para as variáveis definidas dessa maneira é reservado quando *glo.h* é incluído na compilação de *table.c*. Incluir *glo.h* em outros arquivos-fonte torna as variáveis presentes em *table.c* conhecidas de outros módulos presentes no núcleo.

Algumas das estruturas de dados de informação do núcleo utilizadas na inicialização são descritas aqui. *Aout* (linha 5321) contém o endereço de um *array* dos cabeçalhos de todos os componentes da imagem do sistema MINIX 3. Note que esses são **endereços físicos**; ou seja, endereços relativos ao espaço de endereçamento inteiro do processador. Conforme veremos posteriormente, o endereço físico de *aout* será passado do monitor de inicialização para o núcleo, quando o MINIX 3 for inicializado; portanto, as rotinas de inicialização do núcleo podem obter os endereços de todos os componentes do MINIX 3 a partir do espaço de memória do monitor. *Kinfo* (linha 5322) também é uma informação importante. Lembre-se de que a *struct* foi definida em *include/minix/type.h*. Assim como o monitor de inicialização utiliza *aout* para passar informações sobre todos os processos presentes na imagem de *boot* para o núcleo, o núcleo preenche os campos de *kinfo* com informações sobre si mesmo, que outros componentes do sistema talvez precisem conhecer.

A próxima seção de *glo.h* contém variáveis relacionadas ao controle de processo e à execução do núcleo. *Prev_ptr*, *proc_ptr* e *next_ptr* apontam para as entradas da tabela de processos do processo anterior, corrente e do próximo a ser executado. *Bill_ptr* também aponta para uma entrada da tabela de processos; ela mostra para qual processo os tiques de relógio usados estão sendo contabilizados. Quando um processo de usuário chama o sistema de arquivos e este está em execução, *proc_ptr* aponta para o processo de sistema de arquivos. Entretanto, *bill_ptr* apontará para o processo usuário que está fazendo a chamada, pois o tempo de CPU utilizado pelo sistema de arquivos é considerado como tempo de sistema para quem fez a chamada. Nunca ouvimos falar de um sistema MINIX cujo proprietário cobrasse pelo uso do tempo da CPU, mas isso poderia ser feito. A próxima variável, *k_reenter*, é usada para contar execuções aninhadas do código do núcleo, como acontece quando ocorre uma interrupção no momento em que o próprio núcleo (e não um processo de usuário) está em execução. Isso é importante, pois trocar de contexto de um processo de usuário para o núcleo ou vice-versa é diferente (e mais dispendioso) de entrar no núcleo novamente. Quando um serviço de interrupção termina, é importante que ele determine se o controle deve permanecer com o núcleo ou se um processo em espaço de usuário deve ser reiniciado. Essa variável também é testada por algumas funções que habilitam e desabilitam interrupções, como *lock_enqueue*. Se tal função é executada com as interrupções desabilitadas, as mesmas não devem ser reabilitadas em momentos inapropriados. Finalmente, nesta seção existe um contador de tiques de relógio perdidos. Discutiremos o modo como um tique de relógio pode ser perdido e o que é feito com relação a isso, quando tratarmos da tarefa de relógio.

As últimas variáveis definidas em *glo.h* são declaradas aqui porque devem ser conhecidas por todo o código do núcleo, mas elas são declaradas como *extern*, em vez de *EXTERN*, pois são **variáveis inicializadas**, um recurso da linguagem C. O uso da macro *EXTERN* não é compatível com a inicialização no estilo C, pois uma variável só pode ser inicializada uma vez.

Das tarefas executadas em espaço de núcleo, atualmente apenas a tarefa de relógio e a tarefa de sistema, têm suas próprias pilhas dentro de *t_stack*. Durante o tratamento de interrupção, o núcleo utiliza uma pilha separada, mas ela não é declarada aqui, pois só é acessada pela rotina no nível da linguagem *assembly* que trata do processamento de interrupções e não precisa ser conhecida globalmente. O último arquivo incluído em *kernel.h* e, portanto, usado em toda compilação, é *ipc.h* (linha 5400). Ele define várias constantes usadas na comunicação entre processos. Vamos discuti-las posteriormente, quando estudarmos o arquivo onde elas são utilizadas, *kernel/proc.c*.

Muitos outros arquivos de cabeçalho do núcleo são amplamente usados, embora não o suficiente para serem incluídos em *kernel.h*. O primeiro deles é *proc.h* (linha 5500), que define a tabela de processos do núcleo. O estado completo de um processo é definido pelos dados do processo na memória, além das informações presentes em sua entrada na tabela de processos. O conteúdo dos registradores da CPU é armazenado aqui, quando um processo não está em execução, e depois restaurado, quando a execução é retomada. É isso que torna possível dar a ilusão de que vários processos estão em execução simultaneamente e interagindo, embora, em dado momento, uma única CPU pode estar executando instruções de apenas um processo. O tempo gasto pelo núcleo para salvar e restaurar o estado do processo durante cada **troca de contexto** é necessário, mas obviamente é um tempo durante o qual o trabalho dos processos em si é suspenso. Por isso, essas estruturas são projetadas para serem eficientes. Conforme observado no comentário presente no início de *proc.h*, muitas rotinas escritas em linguagem *assembly* também acessam essas estruturas, e outro cabeçalho, *sconst.h*, define deslocamentos para campos na tabela de processos para uso por código em *assembly*. Assim, a alteração de uma definição em *proc.h* pode necessitar de uma alteração em *sconst.h*.

Antes de prosseguirmos, devemos mencionar que, devido à organização de micronúcleo do MINIX 3, a tabela de processos que vamos discutir aqui se equipara às tabelas presentes no gerenciador de processos e nos sistemas de arquivos, as quais contêm entradas por processo relevantes à função dessas partes do MINIX 3. Juntas, essas três tabelas são equivalentes à tabela de processos de um sistema operacional com uma organização monolítica, mas, por enquanto, quando falarmos da tabela de processos, estaremos falando apenas sobre a tabela de processos do núcleo. As outras serão discutidas em capítulos posteriores.

Cada entrada na tabela de processos é definida como uma estrutura de dados *proc* (linhas 5516 a 5545). Cada entrada contém campos para o armazenamento dos registradores da CPU, ponteiro de pilha, estado, mapa de memória, limite da pilha, *id* de processo, informações de contabilização, temporizadores de alarme e informação de mensagem do processo. A primeira parte de cada entrada da tabela de processos é uma estrutura de dados *stackframe _s*. Um processo que já está na memória é posto em execução carregando-se seu ponteiro de pilha com o endereço de sua entrada na tabela de processos e recuperando-se todos os registradores da CPU dessa estrutura.

Contudo, há mais informações no estado de um processo do que apenas os registradores da CPU e os dados presentes na memória. No MINIX 3, cada processo tem um ponteiro para uma estrutura *priv* em sua entrada na tabela de processos (linha 5522). Essa estrutura define as origens e destinos de mensagens permitidos para o processo e muitos outros privilégios. Veremos os detalhes posteriormente. Por enquanto, note que cada processo de sistema tem um ponteiro para uma cópia exclusiva dessa estrutura, mas os privilégios de usuário são todos iguais – os ponteiros de todos os processos de usuário apontam para a mesma cópia da estrutura. Também existe um campo de um byte para um conjunto de *flags* de bit, *p_rts_flags* (linha 5523). O significado dos bits será descrito a seguir. Configurar qualquer bit como 1 significa que um processo não é executável; portanto, um valor zero nesse campo indica que um processo está pronto.

Cada entrada na tabela de processos fornece espaço para informações que podem ser necessárias para o núcleo. Por exemplo, o campo *p_max_priority* (linha 5526) indica em qual fila de escalonamento o processo deve ser colocado quando estiver pronto para executar pela primeira vez. Como a prioridade de um processo pode ser reduzida, caso ele impeça a execução de outros processos, também existe um campo *p_priority* que é inicialmente configurado igual à *p_max_priority*. *P_priority* é o campo que realmente determina a fila usada sempre que o processo está pronto.

O tempo usado por cada processo é registrado nas duas variáveis *clock_t*, nas linhas 5532 e 5533. Essa informação deve ser acessada pelo núcleo e seria ineficiente armazenar isso no próprio espaço de memória de um processo, embora logicamente isso pudesse ser feito. *P_nextready* (linha 5535) é usado para encadear processos nas filas do escalonador.

Os campos seguintes contêm informações relacionadas às mensagens entre processos. Quando um processo não consegue concluir uma operação **send** porque o destino não está esperando, o remetente é colocado em uma fila apontada pelo ponteiro *p_caller_q* (linha 5536) do destino. Desse modo, quando o destino finalmente executa uma operação **receive**, é fácil encontrar todos os processos que estão querendo enviar mensagens para ele. O campo *p_q_link* (linha 5537) é usado para encadear os membros da fila.

O método *rendez-vous* de passagem de mensagens se torna possível graças ao espaço de armazenamento reservado nas linhas 5538 a 5540. Quando um processo executa uma operação **receive** e não há nenhuma mensagem esperando por isso, ele é bloqueado e o número do processo do qual ele espera a operação **receive** é armazenado em *p_getfrom*. Analogamente, *p_sendto* contém o número de processo do destino quando um processo executa uma operação **send** e o destinatário não está esperando. O endereço do buffer de mensagens é armazenado em *p_messbuf*. O penúltimo campo em cada entrada da tabela de processos é *p_pending* (linha 5542), um mapa de bits usado para monitorar os sinais que ainda não foram passados para o gerenciador de processos (porque o gerenciador de processos não está esperando uma mensagem).

Finalmente, o último campo em uma entrada da tabela de processos é um *array* de caracteres, *p_name*, para conter o nome do processo. Esse campo não é necessário para o gerenciamento de processos do núcleo. O MINIX 3 fornece vários **dumps** para depuração, disparados pelo pressionamento de uma tecla especial no teclado do console. Alguns deles permitem ver informações sobre todos os processos, com o nome de cada processo impresso junto com outros dados. Ter um nome significativo associado a cada processo torna mais fácil entender e depurar a operação do núcleo.

Após a definição de uma entrada da tabela de processos vêm as definições de várias constantes usadas em seus elementos. Os diversos bits de *flag* que podem ser configurados em *p_rts_flags* estão definidos e descritos nas linhas 5548 a 5555. Se a entrada não estiver sendo usada, *SLOT_FREE* será configurado. Após uma operação **fork**, *NO_MAP* é configurado para impedir que o processo filho seja executado, até que seu mapa de memória tenha sido configurado. *SENDING* e *RECEIVING* indicam que o processo está bloqueado, tentando enviar ou receber uma mensagem. *SIGNALED* e *SIG_PENDING* indicam que sinais foram recebidos e *P_STOP* fornece suporte para rastreamento (*tracing*). *NO_PRIV* é usado para impedir, temporariamente, que um novo processo de sistema seja executado, até que sua configuração esteja concluída.

O número de filas de escalonamento e os valores permitidos para o campo *p_priority* são definidos em seguida (linhas 5562 a 5567). Na versão atual desse arquivo, os processos de usuário podem acessar a fila de prioridade mais alta; isso provavelmente é uma sobra dos primeiros dias dos testes de *drivers* em espaço de usuário e *MAX_USER_Q* possivelmente deve ser ajustado para uma prioridade mais baixa (um valor numérico maior).

A seguir, aparecem várias macros que permitem que os endereços de partes importantes da tabela de processos sejam definidos como constantes no momento da compilação, para proporcionar um acesso mais rápido em tempo de execução; em seguida, existem mais macros para cálculos e testes em tempo de execução. A macro *proc_addr* (linha 5577) é fornecida porque não é possível ter subscritos negativos em C. Logicamente, o array *proc* deve ir de -*NR_TASKS* a +*NR_PROCS*. Infelizmente, em C, ele deve iniciar em 0; portanto, *proc*[0] se refere à tarefa mais negativa e assim por diante. Para tornar mais fácil monitorar qual entrada corresponde a qual processo, podemos escrever

　　rp = proc_addr(n);

para atribuir a *rp* o endereço da entrada do processo n, ou positivo ou negativo.

A tabela de processos em si é definida aqui como um *array* de estruturas *proc*, *proc*[*NR_TASKS* + *NR_PROCS*] (linha 5593). Note que *NR_TASKS* é definida em *include/minix/com.h* (linha 3630) e a constante *NR_PROCS* é definida em *include/minix/config.h* (linha 2522). Juntas, elas definem o tamanho da tabela de processos do núcleo. *NR_PROCS* pode ser alterada para criar um sistema capaz de manipular um número maior de processos, se isso for necessário (por exemplo, em um servidor).

Finalmente, várias macros são definidas para acelerar o acesso. A tabela de processos é acessada freqüentemente e calcular um endereço em um *array* exige operações de multiplicação lentas; portanto, é fornecido um *array* de ponteiros para os elementos da tabela de processos, *pproc_addr* (linha 5594). Os dois *arrays*, *rdy_head* e *rdy_tail*, são usados para manter as filas de escalonamento. Por exemplo, o primeiro processo na fila de usuário padrão é apontado por *rdy_head[USER_Q]*.

Conforme mencionamos no início da discussão sobre *proc.h*, existe outro arquivo *sconst.h* (linha 5600), o qual deve ser sincronizado com *proc.h*, se houver alterações na estrutura de tabela de processos. *Sconst.h* define as constantes usadas pelo código do montador, expressas de uma forma que pode ser utilizada por ele. Todas elas são deslocamentos na parte da estrutura *stackframe_s* de uma entrada da tabela de processos. Como o código do montador não é processado pelo compilador C, é mais simples ter tais definições em um arquivo separado. Além disso, como todas essas definições são dependentes da máquina, isolá-las aqui simplifica o processo de portar o MINIX 3 para outro processador que precise de uma versão diferente de *sconst.h*. Note que muitos deslocamentos são expressos como o valor anterior mais *W*, que é configurado igual ao tamanho da palavra na linha 5601. Isso permite que o mesmo arquivo sirva para compilar uma versão de 16 ou de 32 bits do MINIX 3.

Definições duplicadas criam um problema em potencial. Os arquivos de cabeçalho servem para permitir o fornecimento de um único conjunto de definições correto e, então, se passe a utilizá-los em muitos lugares, sem a necessidade de prestar muito mais atenção nos detalhes. Obviamente, as definições duplicadas, como as que existem em *proc.h* e *sconst.h*, violam esse princípio. É claro que esse é um caso especial, mas, como tal, é exigida atenção especial, caso sejam feitas alterações em um desses arquivos, para garantir que os dois arquivos permaneçam consistentes.

A estrutura de privilégios de sistema, *priv*, mencionada brevemente na discussão sobre a tabela de processos, está completamente definida em *priv.h*, nas linhas 5718 a 5735. Primeiramente, existe um conjunto de bits de flag, *s_flags*; em seguida, aparecem os campos *s_trap_mask*, *s_ipc_from*, *s_ipc_to* e *s_call_mask*, que definem quais chamadas de sistema podem ser iniciadas, quais mensagens de processos podem ser recebidas ou enviadas e quais chamadas do núcleo são permitidas.

A estrutura *priv* não faz parte da tabela de processos; em vez disso, cada entrada da tabela de processos tem um ponteiro para uma instância dela. Apenas os processos de sistema têm cópias privadas; todos os processos de usuário apontam para a mesma cópia. Assim, para um processo de usuário, os campos restantes da estrutura não são relevantes, pois não faz sentido compartilhá-los. Esses campos são mapas de bits de notificações pendentes, interrupções e sinais de hardware, e um temporizador. Entretanto, faz sentido fornecê-los aqui para processos de sistema. Os processos de usuário têm notificações, sinais e temporizadores manipulados em seu nome pelo gerenciador de processos.

A organização de *priv.h* é semelhante à de *proc.h*. Após a definição da estrutura *priv* vêm as definições de macros para os bits de *flag*, alguns endereços importantes conhecidos no momento da compilação e algumas macros para cálculos de endereço em tempo de execução. Em seguida, é definida a tabela de estruturas *priv*, *priv[NR_SYS_PROCS]*, seguida de um *array* de ponteiros, *ppriv_addr[NR_SYS_PROCS]* (linhas 5762 e 5763). O *array* de ponteiros proporciona acesso rápido, semelhante ao usado para as entradas da tabela de processos. O valor de *STACK_GUARD* definido na linha 5738 é um padrão facilmente reconhecido. Sua utilização será vista posteriormente; o leitor fica convidado a pesquisar a Internet para conhecer a história desse valor.

O último item em *priv.h* é um teste para garantir que *NR_SYS_PROCS* tenha sido definida com um valor maior do que o número de processos presentes na imagem de *boot*. A linha #error imprimirá uma mensagem se a condição de teste for verdadeira. Embora o comportamento possa ser diferente com outros compiladores C, com o compilador padrão do MINIX 3 isso também cancelará a compilação.

A tecla F4 gera um *dump* de depuração que mostra algumas informações da tabela de privilégios. A Figura 2-35 mostra algumas linhas dessa tabela para alguns processos representativos. As entradas de *flags* significam: P: passível de preempção, B: passível de cobrança, S: sistema. Os *traps* significam: E: echo, S: envio, R: recepção, B: ambos, N: notificação. O mapa de bits tem um bit para cada um dos processos de sistema *NR_SYS_PROCS* (32) permitidos; a ordem corresponde ao campo id. (Na figura, para caber na página, apenas 16 bits são mostrados.) Todos os processos de usuário compartilham a id 0, que é a posição do bit mais à esquerda. O mapa de bits mostra que processos de usuário como *init* podem enviar mensagens apenas para o gerenciador de processos, para o sistema de arquivos e para o servidor de reencarnação, e devem usar sendrec. Os servidores e *drivers* mostrados na figura podem usar qualquer uma das primitivas de comunicação entre processos (*ipc*) e todos, menos *memory*, podem enviar para qualquer outro processo.

--nr-	-id-	-nome-	-flags-	-traps-	-máscara ipc_to - - - - - -
(-4)	(01)	IDLE	P- BS-	- - - - -	00000000 00001111
[-3]	(02)	CLOCK	- - - S	- - R - -	00000000 00001111
[-2]	(03)	SYSTEM	- - - S -	- - R - -	00000000 00001111
[-1]	(04)	KERNEL	- - - S -	- - - - -	00000000 00001111
0	(05)	pm	P- - S-	ESRBN	11111111 11111111
1	(06)	fs	P- - S-	ESRBN	11111111 11111111
2	(07)	rs	P- - S-	ESRBN	11111111 11111111
3	(09)	memory	P- - S-	ESRBN	00110111 01101111
4	(10)	log	P- - S-	ESRBN	11111111 11111111
5	(08)	tty	P- - S-	ESRBN	11111111 11111111
6	(11)	driver	P- - S-	ESRBN	11111111 11111111
7	(00)	init	P- B- -	E - - B-	00000111 00000000

Figura 2-35 Listagem parcial de um *dump* de depuração da tabela de privilégios. Os privilégios dos processos tarefa de relógio, servidor de arquivos, *tty* e *init* são típicos de tarefas, servidores, *drivers* de dispositivo e processos de usuário, respectivamente. O mapa de bits foi truncado em 16 bits.

Outro cabeçalho incluído em vários arquivos-fonte diferentes é *protect.h* (linha 5800). Quase tudo nesse arquivo trata com detalhes da arquitetura dos processadores Intel que suportam modo protegido (as séries 80286, 80386, 80486 e Pentium). Uma descrição detalhada desses processadores está fora dos objetivos deste livro. Basta dizer que eles contêm registradores internos que apontam para **tabelas de descritores** em memória. As tabelas de descritores definem como os recursos do sistema são usados e impede que os processos acessem a memória atribuída para outros processos.

A arquitetura dos processadores Intel de 32 bits também fornece quatro **níveis de privilégio**, dos quais o MINIX 3 tira proveito de três. Eles estão definidos simbolicamente nas linhas 5843 a 5845. As partes mais centrais do núcleo, as partes que são executadas durante as interrupções e que gerenciam as trocas de contexto, sempre são executadas com *INTR_PRIVILEGE*. Qualquer endereço na memória e qualquer registrador na CPU pode ser acessado por um processo com esse nível de privilégio. As tarefas são executadas no nível *TASK_PRIVILEGE*, o qual as permite acessar E/S, mas não usar instruções que modificam registradores especiais, como aqueles que apontam para tabelas de descritores. Os servidores e processos de usuário são executados no nível *USER_PRIVILEGE*. Os processos em execução nesse nível são incapazes de executar determinadas instruções; por exemplo, aquelas que acessam portas de E/S, alteram atribuições de memória ou alteram os próprios níveis de privilégio.

O conceito de níveis de privilégio é familiar para aqueles que conhecem a arquitetura das CPUs modernas, mas quem tiver aprendido sobre arquitetura de computador estudando a linguagem *assembly* de microprocessadores baratos talvez não tenham encontrado tais recursos.

Um arquivo de cabeçalho em *kernel/* ainda não foi descrito: *system.h*. Deixaremos sua discussão para depois neste capítulo, quando descrevermos a tarefa de sistema, que é executada como um processo independente, embora seja compilada com o núcleo. Por enquanto, terminamos com os arquivos de cabeçalho e estamos prontos para estudar os arquivos-fonte (**.c*) da linguagem C. O primeiro deles que veremos é *table.c* (linha 6000). Sua compilação não produz código executável, mas o arquivo objeto *table.o* compilado conterá todas as estruturas de dados do núcleo. Já vimos muitas dessas estruturas de dados definidas, em *glo.h* e em outros arquivos de cabeçalhos. Na linha 6028, é definida a macro *_TABLE*, imediatamente antes das instruções #include. Conforme explicado anteriormente, essa definição faz *EXTERN* ser definida como uma string nula e espaço de armazenamento ser alocado para todas as declarações de dados precedidas por *EXTERN*.

Além das variáveis declaradas nos arquivos de cabeçalho, existem dois outros lugares onde o armazenamento de dados globais é alocado. Algumas definições são feitas diretamente em *table.c*. Nas linhas 6037 a 6041, é definido o espaço de pilha necessário para os componentes do núcleo, e a quantidade total de espaço de pilha para tarefas é reservado como o array *t_stack[TOT_STACK_SPACE]*, na linha 6045.

O restante de *table.c* define muitas constantes relacionadas às propriedades dos processos, como as combinações de bits de *flag*, chamadas de *traps* e máscaras que definem para quem podem ser enviadas as mensagens e notificações que vimos na Figura 2-35 (linhas 6048 a 6071). Depois disso, encontramos as máscaras para definir as chamadas de núcleo permitidas para vários processos. O gerenciador de processos e o servidor de arquivos podem ter combinações únicas. O servidor de reencarnação pode acessar todas as chamadas de núcleo, não para seu próprio uso, mas porque, como pai de outros processos de sistema, ele só pode passar para seus filhos subconjuntos de seus próprios privilégios. Os *drivers* recebem um conjunto comum de máscaras de chamada do núcleo, exceto quanto ao *driver* de disco em RAM, que precisa de um tipo de acesso diferenciado à memória. (Note que o comentário na linha 6075 que cita o "gerenciador de serviços de sistema" deve mencionar "servidor de reencarnação" – o nome foi alterado durante o desenvolvimento e alguns comentários ainda se referem ao nome antigo.)

Finalmente, nas linhas 6095 a 6109, é definida a tabela *image*. Ela foi colocada aqui e não em um arquivo de cabeçalho porque o truque usado com *EXTERN* para impedir declarações múltiplas não funciona com variáveis inicializadas; isto é, você não pode escrever

    extern int x = 3;

em qualquer lugar. A tabela *image* fornece os detalhes necessários para inicializar todos os processos carregados na imagem de *boot*. Ela será usada pelo sistema na inicialização. Como exemplo das informações contidas aqui, considere o campo chamado *qs* no comentário da linha 6096. Isso mostra o tamanho do *quantum* atribuído para cada processo. Os processos de usuário normais, como filhos de *init*, podem ser executados por 8 tiques de relógio. As tarefas CLOCK e SYSTEM podem ser executadas por 64 tiques de relógio, se necessário. Na verdade, não se espera que elas sejam executadas por tanto tempo antes de serem bloqueadas, mas, ao contrário dos servidores e *drivers* do espaço do usuário, elas não podem ser rebaixadas para uma fila de prioridade menor, caso impeçam que outros processos tenham a chance de executar.

Se um novo processo precisar ser adicionado na imagem de *boot*, uma nova linha deverá ser fornecida na tabela *image*. Um erro na correspondência do tamanho de *image* com outras constantes é intolerável e não pode ser permitido. No final de *table.c* são feitos testes para encontrar erros, usando um pequeno truque. O array *dummy* é declarado duas vezes. Caso se cometa algum engano, um tamanho impossível (negativo) será atribuído para *dummy* e provocará um erro de compilação. Como *dummy* é declarado como *extern*, nenhum espaço é alocado para ele aqui (nem em nenhum lugar). Não sendo referenciado em nenhum outro lugar no código, isso não incomodará o compilador.

Um armazenamento global adicional é alocado no final do arquivo em linguagem *assembly mpx386.s*. Embora seja necessário pular várias páginas adiante na listagem para ver isso, é apropriado discutir agora, pois estamos no assunto das variáveis globais. Na linha 6822, a diretiva de montador .sect .rom é usada para colocar um **número mágico** (para identificar um núcleo válido do MINIX 3) bem no início do segmento de dados do núcleo. A diretiva de montador .sect bss e a pseudo-instrução .space também são usadas aqui para reservar espaço para a pilha do núcleo. A pseudo-instrução .comm rotula várias palavras no início da pilha para que elas possam ser manipuladas diretamente. Voltaremos ao arquivo *mpx386.s* em breve, após termos discutido a inicialização do MINIX 3.

2.6.6 Inicialização do MINIX 3

Quase já dá para começarmos a ver o código executável – mas ainda não. Antes disso, dedicaremos alguns instantes para entendermos como o MINIX 3 é carregado na memória. É claro que ele é carregado a partir de um disco, mas o processo não é completamente simples e a seqüência exata dos eventos depende do tipo de disco. Em particular, ela depende de o disco estar particionado ou não. A Figura 2-36 mostra como disquetes e discos particionados são organizados.

Quando o sistema é iniciado, o hardware (na verdade, um programa na memória ROM) lê o primeiro setor do disco de *boot*, copia-o em um local fixo na memória e executa o código encontrado lá. Em um disquete MINIX 3, o primeiro setor é um bloco de *boot* (*bootblock*)

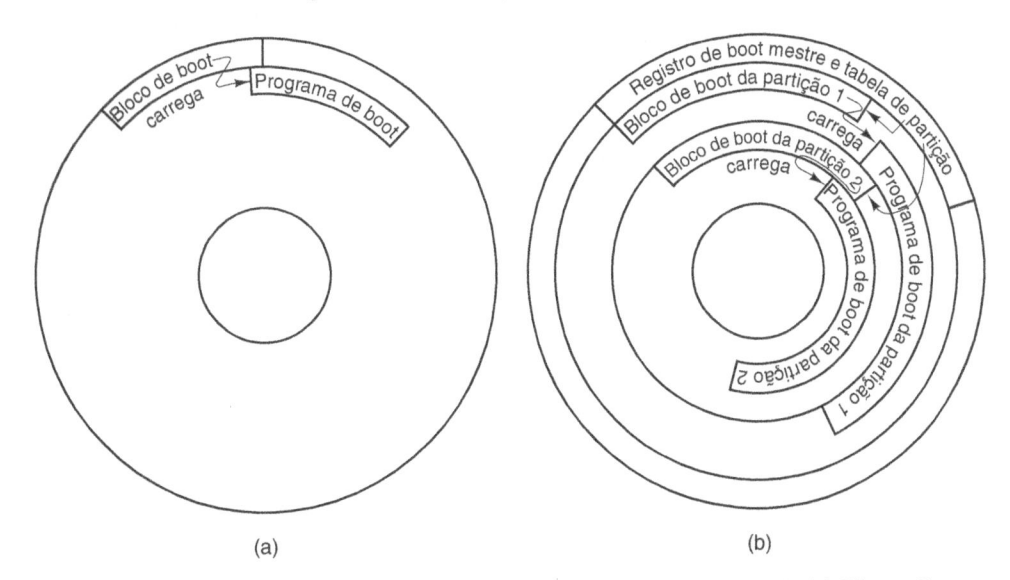

Figura 2-36 Estruturas de disco usadas na inicialização (*bootstrapping*). (a) Disco não particionado. O primeiro setor é o bloco de *boot*. (b) Disco particionado. O primeiro setor é o registro de *boot* mestre, também chamado de **masterboot**.

que carrega o programa de *boot*, como se vê na Figura 2-36(a). Já os discos rígidos normalmente possuem várias partições e o programa presente no primeiro setor (chamado de *masterboot* nos sistemas MINIX) é copiado para a memória e, em seguida, quando executado, lê a tabela de partição, existente junto com ele a partir do primeiro setor. Então, ele carrega na memória e executa o primeiro setor da partição marcada como ativa, como mostra a Figura 2-36(b). (Normalmente, uma e apenas uma partição é marcada como ativa). Uma partição do MINIX 3 tem a mesma estrutura de um disquete MINIX 3, com um bloco de *boot* que possui um programa de *boot*. O código do bloco de *boot* é o mesmo para um disco que possui e que não possui partições.

A situação real pode ser um pouco mais complicada do que a figura mostra, pois uma partição pode conter subpartições. Nesse caso, o primeiro setor da partição será outro registro de *boot* mestre, contendo a tabela de partição das subpartições. Finalmente, entretanto, o controle será passado para um setor de *boot*, o primeiro setor em um dispositivo que não tenha mais subdivisões. Em um disquete, o primeiro setor é sempre um setor de *boot*. O MINIX 3 permite uma forma de particionamento de um disquete, mas apenas a primeira partição pode ser usada para *boot*; não há nenhum registro de *boot* mestre separado e subpartições não são possíveis. Isso possibilita que disquetes particionados e não particionados sejam montados (*mount*) e desmontados (*umount*) da mesma maneira. A principal utilidade de um disquete particionado é que ele proporciona uma maneira conveniente de dividir um disco de instalação em uma imagem-raiz a ser copiada em um disco em RAM e uma parte montada que pode ser desmontada quando não for mais necessária, liberando a unidade de disquete na continuação do processo de instalação.

O setor de *boot* do MINIX 3 é modificado no momento em que é escrito no disco, por um programa especial chamado *installboot*, o qual atualiza um arquivo especial chamado *boot* de sua partição ou subpartição. No MINIX 3, a localização padrão do programa *boot* é em um diretório de mesmo nome; isto é, */boot/boot*. Mas poderia ser em qualquer lugar – a modificação do setor de *boot* que acabamos de mencionar determina os setores de disco a partir dos quais deve ser carregado. Isso é necessário porque, antes de carregar o programa *boot* lá, não há como usar nomes de diretório e arquivo para localizar um arquivo.

O programa *boot* é o carregador secundário do MINIX 3. Entretanto, ele pode fazer mais do que apenas carregar o sistema operacional, pois é um **programa monitor** que permite ao usuário alterar, configurar e salvar diversos parâmetros. O programa *boot* examina o segundo setor de sua partição para localizar um conjunto de parâmetros para utilizar. O MINIX 3, assim como o UNIX padrão, reserva o primeiro bloco de 1K de cada dispositivo de disco como **bloco de *boot***, mas apenas um setor de 512 bytes é lido pelo carregador de *boot* da memória ROM ou pelo setor de *boot* mestre, de modo existem 512 bytes disponíveis para salvar configurações. Isso controla a operação de *boot* e também é passado para o sistema operacional em si. As configurações padrão apresentam um menu com uma opção, iniciar o MINIX 3, mas as configurações podem ser modificadas para apresentar um menu mais complexo, permitindo o *boot* de outros sistemas operacionais (carregando e executando setores de *boot* de outras partições) ou iniciar o MINIX 3 com várias opções. As configurações padrão também podem ser modificadas para ignorar o menu e iniciar o MINIX 3 imediatamente.

O programa *boot* não faz parte do sistema operacional, mas é inteligente o bastante para usar as estruturas de dados do sistema de arquivos para encontrar a imagem real do sistema operacional. O programa *boot* procura um arquivo com o nome especificado no parâmetro *image=*, o qual, por padrão, é */boot/image*. Se houver um arquivo normal com esse nome, ele será carregado, mas se esse for o nome de um diretório, o arquivo mais recente dentro dele será carregado. Muitos sistemas operacionais têm um nome de arquivo pré-definido para a imagem de *boot*, mas os usuários do MINIX 3 devem modificá-lo ao criar novas versões. É útil poder escolher uma entre várias versões, para voltar a uma versão antiga, caso uma experiência seja mal-sucedida.

Não temos espaço aqui para detalhar sobre o monitor de *boot*. Ele é um programa sofisticado, quase um sistema operacional em miniatura propriamente dito. Ele trabalha junto com o MINIX 3 e quando o MINIX 3 é desligado corretamente, o monitor de *boot* retoma o controle. Se quiser saber mais, o site web do MINIX 3 fornece um *link* para uma descrição detalhada do código-fonte do monitor de *boot*.

A **imagem de *boot*** (também chamada de **imagem de sistema**) do MINIX 3 é uma concatenação de vários arquivos de programa: o núcleo, o gerenciador de processos, o sistema de arquivos, o servidor de reencarnação, diversos *drivers* de dispositivo e *init*, como mostrado na Figura 2-30. Note que o MINIX 3, conforme descrito aqui, é configurado com apenas um *driver* de disco na imagem de *boot*, mas diversos podem estar presentes, com o *driver* ativo selecionado por um rótulo. Assim como em todos os programas binários, cada arquivo na imagem de *boot* inclui um cabeçalho que informa quanto se deve reservar de espaço para dados não inicializados e para a pilha, após carregar o código executável e os dados inicializados. Isso é necessário para que o próximo programa possa ser carregado no endereço correto.

As regiões da memória disponíveis para carregar o monitor de *boot* e os programas componentes do MINIX 3 dependerão do hardware. Além disso, algumas arquiteturas podem exigir ajuste dos endereços internos do código executável para corrigi-los com o endereço real onde um programa é carregado (esse ajuste é denominado de relocação). A gerência de memória, em hardware, dos processadores Intel torna isso desnecessário.

Os detalhes do processo de carga diferem com o tipo de máquina. O importante é que, por um meio ou outro, o sistema operacional é carregado na memória. Depois disso, é exigida uma pequena quantidade de preparação antes que o MINIX 3 possa ser iniciado. Primeiramente, ao carregar a imagem, o programa *boot* lê alguns bytes da imagem que informam algumas de suas propriedades, principalmente se ela foi compilada para execução no modo de 16 ou de 32 bits. Então, algumas informações adicionais necessárias para iniciar o sistema se tornam disponíveis para o núcleo. Os cabeçalhos *a.out* dos componentes da imagem do MINIX 3 são extraídos para um *array* dentro do espaço de memória do programa *boot* e o endereço de base desse *array* é passado para o núcleo. Ao terminar, o MINIX 3 pode retornar o controle para o monitor de *boot*, para que também seja passado o local onde a execução deve ser retomada no monitor. Esses itens são passados na pilha, conforme veremos depois.

Várias outras informações, os **parâmetros de inicialização**, devem ser comunicadas do monitor de *boot* para o sistema operacional. Algumas são necessárias para o núcleo e outras não, mas são passadas apenas para conhecimento; por exemplo, o nome da imagem de *boot* que foi carregada. Todos esses itens podem ser representados como pares *string=valor* e o endereço de uma tabela desses pares é passado na pilha. A Figura 2-37 mostra um conjunto de parâmetros de *boot* típico, conforme exibido pelo comando sysenv a partir da linha de comando do MINIX 3.

Nesse exemplo, um item importante que logo veremos outra vez é o parâmetro *memory*; neste caso, ele indica que o monitor de *boot* determinou que existem dois segmentos de memória disponíveis para o MINIX 3 usar. Um deles começa no endereço hexadecimal 800 (decimal 2048) e tem um tamanho de 0x92540 hexadecimal (decimal 599.360) bytes; o outro começa em 100000 (1.048.576) e contém 0x3df00000 (64.946.176) bytes. Isso é típico de todos os computadores compatíveis com PC, a não ser pelos mais antigos. O projeto do IBM PC original colocou a memória somente de leitura no topo do intervalo de memória utilizável, que é limitado em 1 MB em uma CPU 8088. As máquinas modernas, compatíveis com o PC, sempre têm mais memória do que o PC original, mas, por compatibilidade, elas ainda têm a memória somente de leitura nos mesmos endereços das máquinas mais antigas. Assim, a me-

```
rootdev=904
ramimagedev=904
ramsize=0
processor=686
bus=at
video=vga
chrome=color
memory=800:92540,100000:3DF0000
label=AT
controller=c0
image=boot/image
```

Figura 2-37 Parâmetros de *boot* passados para o núcleo no momento da inicialização de um sistema MINIX 3 típico.

mória de leitura e escrita é não-contígua, com um bloco de memória ROM entre os 640 KB inferiores e o intervalo superior acima de 1 MB. O monitor de *boot* carrega o núcleo no intervalo de memória baixa e os servidores, *drivers* e *init*, no intervalo de memória acima da memória ROM, se possível. Isso serve principalmente para proveito do sistema de arquivos, para que possa ser usada uma cache de blocos grande sem ser confinada pela memória ROM.

Também devemos mencionar aqui que os sistemas operacionais não são universalmente carregados a partir de discos locais. **Estações de trabalho sem disco (*diskless*)** podem carregar seus sistemas operacionais a partir de um disco remoto, por meio de uma conexão de rede. É claro que isso exige software de rede na memória ROM. Embora os detalhes variem em relação ao que descrevemos aqui, os elementos do processo provavelmente são semelhantes. O código da memória ROM deve ser inteligente o suficiente para obter um arquivo executável pela rede, que pode então obter o sistema operacional completo. Se o MINIX 3 fosse carregado dessa maneira, muito pouco precisaria ser alterado no processo de *boot* que ocorre quando o código do sistema operacional é carregado na memória. Seriam necessários, é claro, um servidor de rede e um sistema de arquivos modificado que pudesse acessar arquivos por meio da rede.

2.6.7 Inicialização do sistema

As versões anteriores do MINIX podiam ser compiladas no modo de 16 bits, caso fosse exigida compatibilidade com processadores mais antigos, e o MINIX 3 mantém algum código-fonte para o modo de 16 bits. Entretanto, a versão descrita aqui, e distribuída no CD-ROM, só serve para máquinas de 32 bits com processadores 80386 ou mais recentes. Ela não funciona no modo de 16 bits e a criação de uma versão de 16 bits pode exigir a retirada de alguns recursos. Dentre outras coisas, os binários de 32 bits são maiores do que os de 16 bits e os *drivers* em espaço de usuário independentes não podem compartilhar código, como podia ser feito quando os *drivers* eram compilados em um único binário. Contudo, é usada uma base comum de código-fonte em C e o compilador gera a saída apropriada, dependendo de o compilador em si ser da versão de 16 ou de 32 bits. Uma macro definida pelo próprio compilador determina a definição da macro *_WORD_SIZE* no arquivo *include/minix/sys_config.h*.

A primeira parte do MINIX 3 a executar foi escrita em linguagem *assembly* e diferentes arquivos de código-fonte devem ser usados para o compilador de 16 ou 32 bits. A versão de 32 bits do código de *boot* está em *mpx386.s*. A versão alternativa, para sistemas de 16 bits, está em *mpx88.s*. As duas versões também incluem suporte em linguagem *assembly* para outras operações de baixo nível do núcleo. A seleção é feita automaticamente em *mpx.s*. Esse arquivo é tão pequeno que pode ser apresentado por inteiro na Figura 2-38.

```
#include <minix/config.h>
#if _WORD_SIZE == 2
#include "mpx88.s"
#else
#include "mpx386.s"
#endif
```

Figura 2-38 Como os arquivos-fonte, em linguagem *assembly* alternativos, são selecionados.

O arquivo *mpx.s* mostra um uso incomum da instrução #include do pré-processador C. Normalmente, a diretiva de pré-processador #include é utilizada para incluir arquivos de cabeçalho, mas também pode ser usada para selecionar uma seção alternativa de código-fonte. Usar instruções #if para fazer isso exigiria colocar todo o código dos arquivos *mpx88.s* e *mpx386.s* em um único arquivo. Isso não apenas seria complicado, como também desperdiçaria espaço em disco, pois em uma instalação em particular é provável que um desses dois arquivos nem mesmo seja usado e possa ser colocado em um repositório ou excluído. Na discussão a seguir, utilizaremos os arquivo *mpx386.s* de 32 bits.

Como este é praticamente nosso primeiro estudo de código executável, vamos começar com algumas palavras sobre como faremos isso em todo o livro. Os vários arquivos-fonte utilizados na compilação de um programa em C grande podem ser difíceis de acompanhar. Em geral, manteremos as discussões restritas a um único arquivo por vez. A ordem de inclusão dos arquivos no Apêndice B é aquela em que os discutimos no texto. Começaremos com o ponto de entrada de cada parte do sistema MINIX 3 e seguiremos a linha de execução principal. Quando for encontrada uma chamada para uma função de suporte, diremos algumas palavras sobre o objetivo da chamada, mas nesse ponto, normalmente não entraremos em uma descrição detalhada dos aspectos internos da função, deixando isso para quando chegarmos à sua definição. Normalmente, funções subordinadas importantes são definidas no mesmo arquivo em que são chamadas, após as funções de chamada de nível mais alto, mas as funções pequenas, ou de propósito geral, às vezes são reunidas em arquivos separados. Não tentamos discutir os aspectos internos de cada função e os arquivos que contêm tais funções podem não estar listados no Apêndice B.

Para facilitar a portabilidade para outras plataformas, freqüentemente são usados arquivos separados para código dependente e independente de máquina. Para tornar o código mais fácil de entender e reduzir o tamanho global das listagens, a maior parte do código condicional para plataformas que não sejam os sistemas Intel de 32 bits foi retirada dos arquivos impressos no Apêndice B. Versões completas de todos os arquivos estão nos diretórios fonte do CD-ROM e também estão disponíveis no site web do MINIX 3.

Esforçamos-nos ao máximo para tornar o código legível para seres humanos. Mas um programa grande tem muitos desvios e, às vezes, o entendimento de uma função principal exige a leitura da função que a chama; portanto, às vezes pode ser útil ter algumas tiras de papel para usar como marcadores e desviar da ordem de nossa discussão para ver as coisas em uma seqüência diferente.

Tendo exposto nossa maneira de organizar a discussão sobre o código, começaremos com uma exceção. A inicialização do MINIX 3 envolve várias transferências de controle entre as rotinas em linguagem *assembly* presentes em *mpx386.s* e as rotinas em linguagem C presentes nos arquivos *start.c* e *main.c*. Descreveremos essas rotinas na ordem em que elas são executadas, mesmo que isso envolva pular de um arquivo para outro.

Quando o processo de inicialização tiver carregado o sistema operacional na memória, o controle será transferido para o rótulo *MINIX* (em *mpx386.s*, linha 6420). A primeira instrução é um salto sobre alguns bytes de dados; isso inclui os *flags* do monitor de inicialização (linha 6423) mencionados anteriormente. Neste ponto, os *flags* já cumpriram seu objetivo; eles foram lidos pelo monitor quando este carregou o núcleo na memória. Eles ficam aqui porque esse é um endereço facilmente especificado. Os *flags* são usados pelo monitor de *boot* para identificar diversas características do núcleo, principalmente se o sistema é de 16 ou de 32 bits. O monitor de *boot* sempre começa no modo de 16 bits, mas, se necessário, troca a CPU para o modo de 32 bits. Isso acontece antes que o controle passe para o rótulo *MINIX*.

Entender o estado da pilha neste ponto ajudará a compreender o código seguinte. O monitor passa vários parâmetros para o MINIX 3, colocando-os na pilha. Primeiro, o monitor extrai o endereço da variável *aout*, a qual contém o endereço de um *array* das informações de cabeçalho dos programas componentes da imagem de *boot*. Em seguida, ele extrai o tamanho e, então, o endereço dos parâmetros de inicialização. Todos esses são valores de 32 bits. Em seguida, vem o endereço do segmento de código do monitor e a localização para retornar para dentro do monitor quando o MINIX 3 terminar. Ambos são valores de 16 bits, pois o monitor opera no modo protegido de 16 bits. As primeiras instruções em *mpx386.s* convertem o ponteiro da pilha de 16 bits, utilizado pelo monitor, em um valor de 32 bits para uso no modo protegido. Então, a instrução

    mov   ebp, esp

(linha 6436) copia o valor do ponteiro da pilha no registrador ebp, para que ele possa ser usado com deslocamentos para recuperar da pilha os valores lá colocados pelo monitor, como acontece nas linhas 6464 a 6467. Note que, como a pilha cresce para baixo nos processadores Intel, 8(ebp) se refere a um valor colocado após a extração do valor localizado em 12(ebp).

O código em linguagem *assembly* deve realizar um grande volume de trabalho, configurando uma estrutura de pilha para fornecer o ambiente correto para o código gerado pelo compilador C, copiando as tabelas usadas pelo processador para definir segmentos de memória e configurando vários registradores do processador. Assim que esse trabalho termina, o processo de inicialização continua, chamando (na linha 6481) a função C *cstart* (em *start.c*, que consideraremos a seguir). Note que essa função é referida como _cstart no código em linguagem *assembly*. Isso acontece porque todas as funções compiladas pelo compilador C têm um sublinhado anexado no início de seus nomes nas tabelas de símbolo e o ligador (*linker*) procura esses nomes quando módulos compilados separadamente são ligados. Como o montador não adiciona automaticamente os sublinhados, o desenvolvedor de um programa em linguagem *assembly* deve adicioná-los explicitamente para que o ligador possa encontrar um nome correspondente no arquivo objeto compilado pelo compilador C.

Cstart chama outra rotina para inicializar a **Tabela Global de Descritores** (*Global Descriptor Table* – **GDT**), a estrutura de dados central utilizada pelos processadores Intel de 32 bits para supervisionar a proteção da memória, e a **Tabela de Descritores de Interrupção** (*Interrupt Descriptor Table* – **IDT**), empregada para determinar o código a ser executado para cada tipo de interrupção possível. Ao retornar de *cstart*, as instruções lgdt e lidt (linhas 6487 e 6488) fazem essas tabelas entrarem em vigor, carregando os registradores dedicados por meio do quais são endereçadas. À primeira vista, a instrução

    jmpf   CS_SELECTOR:csinit

não parece uma operação, pois ela transfere o controle exatamente para onde ele estaria se houvesse uma série de instruções nop em seu lugar. Mas essa é uma parte importante do processo de inicialização. Esse salto impõe o uso das estruturas que acabaram de ser inicializadas. Após mais alguma manipulação dos registradores do processador, *MINIX* termina com um desvio (e não com uma chamada), na linha 6503, para o ponto de entrada *main* do núcleo (em *main.c*). Neste ponto, o código de inicialização em *mpx386.s* está terminado. O restante do arquivo contém código para iniciar ou reiniciar uma tarefa ou processo, rotinas de tratamento de interrupção e outras rotinas de suporte que, por eficiência, tiveram de ser escritas em linguagem *assembly*. Voltaremos a elas na próxima seção.

Veremos agora as funções de inicialização de alto nível em C. A estratégia geral é fazer o máximo possível usando código de alto nível em C. Conforme vimos, já existem duas versões do código *mpx*. Um trecho de código C pode eliminar dois trechos de código do montador. Praticamente, a primeira coisa feita por *cstart* (em *start.c*, linha 6920) é configurar os mecanismos de proteção da CPU e as tabelas de interrupção, chamando *prot_init*. Em seguida, ela copia os parâmetros de *boot* para a memória do núcleo e os percorre, usando a função *get_value* (linha 6997), para procurar nomes de parâmetro e retornar as strings de valor correspondentes. Esse processo determina o tipo de exibição de vídeo, o tipo de processador, o tipo de barramento e, caso esteja no modo de 16 bits, o modo de operação do processador (real ou protegido). Todas essas informações são armazenadas em variáveis globais para acesso, quando necessário, por qualquer parte do código do núcleo.

Main (em *main.c*, linha 7130), completa a inicialização e depois inicia a execução normal do sistema. Esse arquivo configura o hardware de controle de interrupção, chamando *intr_init*. Isso é feito aqui porque não pode ser feito até que o tipo de máquina seja conhecido. (Como *intr_init* depende muito do hardware, a função está em um arquivo separado que será descrito posteriormente.) O parâmetro (1) na chamada informa a *intr_init* que está inicializando para o MINIX 3. Com o parâmetro (0), ela pode ser chamada para reinicializar o hardware no estado original quando o MINIX 3 terminar e retornar o controle para o monitor de *boot*. *Intr_init* garante que as interrupções ocorridas antes que a inicialização esteja concluída não tenham nenhum efeito. O modo como isso é feito será descrito posteriormente.

A maior parte do código de *main* é dedicada à configuração da tabela de processos e da tabela de privilégios, para que, quando as primeiras tarefas e processos tiverem sua execução programada, seus mapas de memória, registradores e informações de privilégio estejam corretamente configurados. Todas as entradas da tabela de processos são marcadas como livres e o *array pproc_addr* que acelera o acesso à tabela de processos é inicializado pelo laço nas linhas 7150 a 7154. O laço nas linhas 7155 a 7159 limpa a tabela de privilégios e o mesmo acontece para a tabela de processos com o array *ppriv_addr* e seu *array* de acesso. Tanto para as tabelas de processos, como para a tabela de privilégios, é adequado colocar um valor específico em um campo para marcar a entrada como não utilizada. Mas para cada tabela, toda entrada, esteja em uso ou não, precisa ser inicializada com um número de índice.

Uma nota sobre uma característica secundária da linguagem C: o código da linha 7153

```
(pproc_addr + NR_TASKS)[i] = rp;
```

também poderia ser escrito como

```
pproc_addr[i + NR_TASKS] = rp;
```

Na linguagem C, $a[i]$ é apenas outra maneira de escrever $*(a+i)$. Portanto, não faz muita diferença se você somar uma constante a *a* ou *i*. Alguns compiladores C geram um código ligeiramente melhor se você somar uma constante ao *array*, em vez do índice. Não podemos dizer se isso realmente faz diferença aqui.

Chegamos agora no longo laço das linhas 7172 a 7242, que inicializa a tabela de processos com as informações necessárias para executar todos os processos da imagem de *boot*. (Note que há outro comentário obsoleto na linha 7161, que menciona apenas tarefas e servidores.) Todos esses processos devem estar presentes no momento da inicialização e nenhum terminará durante a operação normal. No início do laço, *ip* recebe o endereço de uma entrada na tabela *image* criada em *table.c* (linha 7173). Como *ip* é um ponteiro para uma estrutura, os elementos da estrutura podem ser acessados usando-se uma notação como *ip->proc_nr*, como foi feito na linha 7174. Essa notação é usada extensivamente no código-fonte do MINIX 3. De maneira semelhante, *rp* é um ponteiro para uma entrada da tabela de processos e *priv(rp)* aponta para uma entrada da tabela de privilégios. Grande parte da inicialização das tabelas de processos e de privilégios no laço longo consiste em ler um valor da tabela de imagem e armazená-lo na tabela de processos ou na tabela de privilégios.

Na linha 7185 é feito um teste para os processos que fazem parte do núcleo e, se ele der resultado positivo, o padrão especial *STACK_GUARD* será armazenado na base da área de pilha da tarefa. Isso pode ser verificado posteriormente, para garantir que a pilha não estoure. Então, o ponteiro de pilha inicial de cada tarefa é configurado. Cada tarefa precisa de seu próprio ponteiro de pilha privado. Como a pilha cresce em direção aos endereços mais baixos na memória, o ponteiro de pilha inicial é calculado pela adição do tamanho da pilha da tarefa ao endereço de base corrente (linhas 7190 e 7191). Existe uma exceção: o processo *KERNEL* (também identificado como *HARDWARE* em alguns lugares) nunca é considerado pronto, nunca é executado como um processo normal e, assim, não precisa de um ponteiro de pilha.

Os binários dos componentes da imagem de *boot* são compilados como todos os outros programas do MINIX 3 e o compilador cria um cabeçalho, conforme definido em *include/a.out.h*, no início de cada um dos arquivos. O carregador de *boot* copia cada um desses cabeçalhos em seu próprio espaço de memória, antes que o MINIX 3 comece, e quando o monitor transfere o controle para o ponto de entrada *MINIX:* em *mpx386.s*, o endereço físico da área de cabeçalho é passado para o código *assembly* na pilha, conforme já vimos. Na linha 7202, um desses cabeçalhos é copiado em uma estrutura *exec* local, *ehdr*, usando *hdrindex* como índice para o *array* de cabeçalhos. Então, os dados e os endereços do segmento de texto são convertidos em *clicks* (unidade de gerência de memória do MINIX) e inseridos no mapa de memória desse processo (linhas 7205 a 7214).

Antes de continuarmos, devemos mencionar alguns pontos. Primeiramente, para os processos do núcleo, *hdrindex* sempre recebe um valor igual à zero, na linha 7178. Todos esses processos são compilados no mesmo arquivo que o núcleo e as informações sobre seus requisitos de pilha estão na tabela *image*. Como uma tarefa compilada no núcleo pode chamar código e acessar dados localizados em qualquer parte no espaço do núcleo, o tamanho de uma tarefa individual não é significativo. Assim, o mesmo elemento do *array* em *aout* é acessado para o núcleo e para cada tarefa, e os campos de tamanho de uma tarefa são preenchidos com os tamanhos do próprio núcleo. As tarefas recebem suas informações de pilha da tabela *image*, inicializada durante a compilação de *table.c*. Depois que todos os processos do núcleo tiverem sido processados, *hdrindex* é incrementado em cada passagem pelo laço (linha 7196); portanto, todos os processos de sistema do espaço do usuário recebem os dados corretos de seus próprios cabeçalhos.

Outro ponto a mencionar aqui é que as funções que copiam dados não são necessariamente consistentes em relação à ordem em que a origem e o destino são especificados. Ao ler esse laço, tenha cuidado com a confusão em potencial. Os argumentos de *strncpy*, uma função da biblioteca C padrão, são ordenados de maneira que o destino vem primeiro: strncpy(to, from, count). Isso é parecido com uma operação de atribuição, na qual o lado esquerdo especifica a variável que está recebendo a atribuição e o lado direito é a expressão que especifica o valor a ser atribuído. Essa função é usada na linha 7179 para copiar um nome de processo em cada entrada da tabela de processos para depuração e outros propósitos. Em contraste, a função *phys_copy* utiliza uma convenção oposta, phys_copy(from, to, quantity). *Phys_copy* é usada na linha 7202 para copiar cabeçalhos de programa de processos do espaço do usuário.

Continuando nossa discussão sobre a inicialização da tabela de processos, nas linhas 7220 e 7221 são configurados o valor inicial do contador de programa e a palavra de status do processador. A palavra de status do processador para as tarefas é diferente da palavra para *drivers* de dispositivo e servidores, pois as tarefas têm um nível de privilégio mais alto que permite acessar portas de E/S. Depois disso, se o processo for em espaço de usuário, seu ponteiro de pilha será inicializado.

Uma entrada na tabela de processos não precisa (e não pode) ter sua execução escalonada. O processo *HARDWARE* existe apenas para propósitos de contabilidade – ele é creditado com o tempo usado para atender uma interrupção. Todos os outros processos são colocados nas filas apropriadas pelo código das linhas 7234 e 7235. A função chamada *lock_enqueue* desabilita as interrupções, antes de modificar as filas, e depois as habilita novamente, quando a fila tiver sido modificada. Isso não é obrigatório neste ponto, quando nada ainda está em execução, mas é o método padrão e não há porque criar código extra para ser usado apenas uma vez.

A última etapa na inicialização de cada entrada na tabela de processos é chamar a função *alloc_segments*, na linha 7241. Essa rotina dependente de arquitetura inicializa, nos campos adequados, as localizações, os tamanhos e os níveis de permissão para os segmentos de memória utilizados por cada processo. Para os processadores Intel mais antigos, que não suportam o modo protegido, ela define apenas as localizações do segmento. Em um processador com um método diferente de alocação de memória essa rotina precisa ser reescrita.

Uma vez que a tabela de processos foi inicializada para todas as tarefas, para os servidores e *init*, o sistema estará quase pronto para funcionar. A variável *bill_ptr* identifica qual processo é cobrado pelo tempo do processador; ela precisa ter um valor inicial configurado na linha 7250 e, claramente, *IDLE* é uma escolha apropriada. Agora, o núcleo está pronto para iniciar seu trabalho normal de controle e escalonamento dos processos, conforme ilustrado na Figura 2-2.

Nem todas as outras partes do sistema já estão prontas para a operação normal, mas todas essas partes são executadas como processos independentes e foram marcadas como prontas e enfileiradas para executar. Elas se inicializarão sozinhas, quando executadas. Resta apenas o núcleo chamar *announce* para anunciar que está pronto e depois *restart* (linhas 7251 e 7252). Em muitos programas em C, *main* é um laço, mas no núcleo do MINIX 3 sua tarefa é realizada quando a inicialização está concluída. A chamada de *restart*, na linha 7252, inicia o primeiro processo enfileirado. O controle nunca retorna para *main*.

_Restart é uma rotina em linguagem *assembly* presente em *mpx386.s*. Na verdade, *_restart* não é uma função completa; trata-se de um ponto de entrada intermediário em uma função maior. Vamos discuti-la em detalhes na próxima seção; por enquanto, diremos apenas que *_restart* causa uma troca de contexto para que o processo apontado por *proc_ptr* seja executado. Quando *_restart* tiver sido executada pela primeira vez, poderemos dizer que o MINIX 3 está funcionando – ele estará executando um processo. *_Restart* é executada repetidamente, à medida que tarefas, servidores e processos de usuário tenham sua oportunidade de executar e então sejam suspensos, ou para esperar entrada ou para dar a vez para outros processos.

É claro que na primeira vez que *_restart* é executada, a inicialização está concluída apenas para o núcleo. Lembre-se de que existem três partes na tabela de processos do MINIX 3. Você poderia perguntar como é que processos podem ser executados quando partes importantes da tabela de processos ainda não foram configuradas. A resposta completa disso será dada em capítulos posteriores. A resposta curta é que os ponteiros de instrução de todos os processos na imagem de *boot* apontam inicialmente para o código de inicialização de cada processo e todos serão bloqueados muito em breve. Finalmente, o gerenciador de processos e o sistema de arquivos executarão seu código de inicialização e suas partes da tabela de processos serão completadas. Por fim, *init* criará um processo *getty* para cada terminal. Esses processos serão bloqueados até que uma entrada seja digitada em algum terminal, momento este em que o primeiro usuário poderá se conectar.

Acabamos de acompanhar a inicialização do MINIX 3 por meio de três arquivos, dois escritos em C e um em linguagem *assembly*. O arquivo em linguagem *assembly*, *mpx386.s*, contém código adicional utilizado no tratamento de interrupções, o que veremos na próxima seção. Entretanto, antes de prosseguirmos, vamos encerrar esta parte com uma breve descrição das rotinas restantes nos dois arquivos em C. A função restante em *start.c* é *get_value* (linha 6997). Ela é usada para localizar entradas no ambiente do núcleo, que é uma cópia dos parâmetros de inicialização. Trata-se de uma versão simplificada de uma função de biblioteca padrão, reescrita aqui para manter o núcleo simples.

Existe mais três funções em *main.c*. *Announce* exibe uma nota de *copyright* e informa se o MINIX 3 está sendo executado no modo real ou no modo protegido de 16 ou de 32 bits, como segue:

```
MINIX 3.1 Copyright 2006 Vrije Universiteit, Amsterdam, The Netherlands
Executing in 32-bits protected mode
```

Quando você vir essa mensagem, saberá que a inicialização do núcleo está terminada. *Prepare_shutdown* (linha 7272) sinaliza todos os processos de sistema com um sinal *SIGKSTOP* (os processos de sistema não podem ser sinalizados da mesma maneira que os processos de usuário). Então, ela configura um temporizador para dar tempo a todos os processos de sistema para fazer a limpeza, antes de chamar a última função, aqui, *shutdown*. Normalmente, *shutdown* retornará o controle para o monitor de *boot* do MINIX 3. Para isso, os controladores de interrupção são restaurados com as configurações da BIOS pela chamada de *intr_init(0)*, na linha 7338.

2.6.8 Tratamento de interrupção no MINIX

Os detalhes do hardware de interrupção dependem do sistema, mas todo sistema deve ter elementos funcionalmente equivalentes àqueles aqui descritos para sistemas com CPUs Intel de 32 bits. As interrupções geradas pelos dispositivos de hardware são sinais elétricos manipulados primeiramente por um controlador de interrupção, um circuito integrado capaz de detectar diversos desses sinais e, para cada um, gerar um padrão de dados exclusivo no barramento de dados do processador. Isso é necessário porque fisicamente o processador tem apenas um pino para receber pedidos de interrupções e, assim, não consegue diferenciar qual dispositivo precisa de atendimento. Normalmente, os PCs que utilizam processadores Intel de 32 bits são equipados com dois desses chips controladores. Cada um pode manipular oito entradas, mas um deles é usado como controlador-escravo gerando um único sinal de interrupção que é enviado à entrada do controlador usado como mestre; portanto, 15 dispositivos externos distintos podem ser detectados pela combinação de ambos controladores, como se vê na Figura 2-39. Algumas das 15 entradas são dedicadas; por exemplo, a entrada de relógio, IRQ 0 (*Interrupt ReQuest*), não está associada a nenhum conector (*slot*) onde um novo dispositivo possa ser posto. As interrupções que são vinculadas a conectores podem ser usadas por qualquer dispositivo neles inseridos.

Na figura, os sinais de interrupção chegam às diversas linhas *IRQ n* mostradas à direita. A conexão com o pino INT da CPU informa ao processador que ocorreu uma interrupção. O sinal INTA (reconhecimento de interrupção) da CPU faz com que o controlador responsável pela interrupção coloque no barramento de dados do sistema uma informação que diga ao processador qual rotina de tratamento de interrupção deve ser executada. Os chips controla-

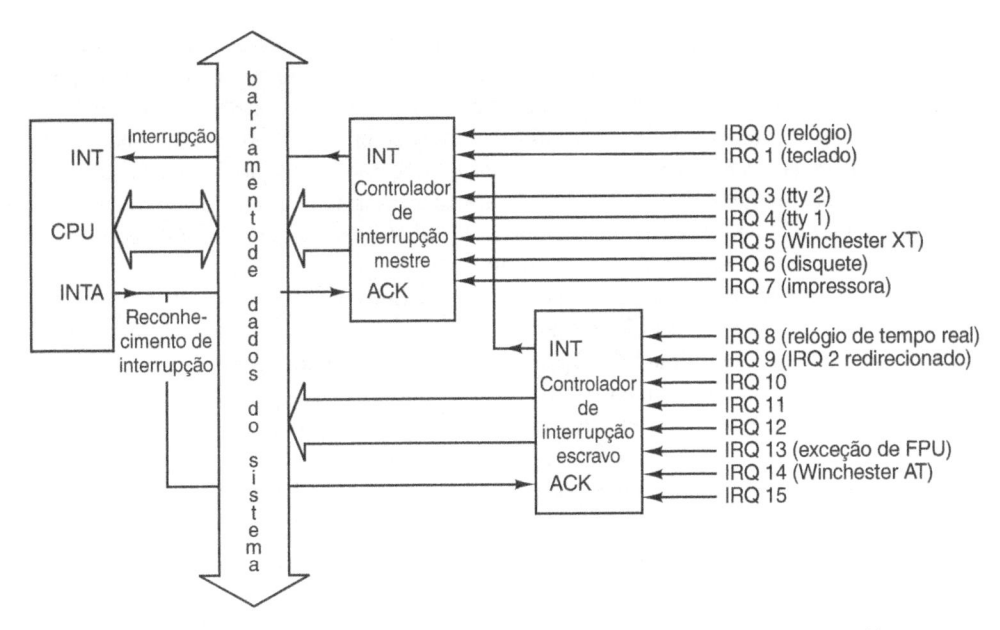

Figura 2-39 Hardware de processamento de interrupção em um PC Intel de 32 bits.

dores de interrupção são programados durante a inicialização do sistema, quando *main* chama *intr_init*. A programação determina o que é enviada para a CPU quando um sinal de interrupção é recebido em cada uma das linhas de entrada, assim como vários outros parâmetros de operação do controlador. A informação colocada no barramento é um número de 8 bits, usado para indexar uma tabela de até 256 elementos. A tabela do MINIX 3 tem 56 elementos. Desses, 35 são realmente usados; os outros estão reservados para uso em novas gerações de processadores Intel ou para aprimoramentos futuros do MINIX 3. Nos processadores Intel de 32 bits, essa tabela contém descritores de interrupção (*interrupt gate descriptors*, na terminologia Intel), cada um dos quais sendo uma estrutura de 8 bytes com vários campos.

Existem vários modos de resposta às interrupções; no modo utilizado pelo MINIX 3, os campos de maior interesse para nós, em cada um dos descritores de interrupção, apontam para o segmento de memória onde reside o código executável da rotina de serviço e o endereço inicial da rotina dentro dele. A CPU executa o código apontado pelo descritor selecionado. O resultado é exatamente igual à da execução de uma instrução

    int   <nnn>

em linguagem assembly. A única diferença é que, no caso de uma interrupção de hardware, o número <nnn> originado por um registrador no chip controlador de interrupção e não por uma instrução na memória do programa.

O mecanismo de troca de tarefas de um processador Intel de 32 bits que entra em ação em resposta a uma interrupção é complexo, e alterar o contador de programa para executar outra função é apenas uma parte dele. Se a CPU recebe uma interrupção enquanto está executando um processo ela configura uma nova pilha para uso durante o serviço de interrupção. A localização dessa pilha é determinada por uma entrada em um **segmento de estado de tarefa** (*Task State Segment* – TSS). Existe apenas uma estrutura dessas para o sistema inteiro, inicializada por *cstart* ao chamar *prot_init* e modificada à medida que cada processo é iniciado. O efeito é que a nova pilha criada por uma interrupção sempre começa no fim da estrutura *stackframe _s*, dentro da entrada da tabela de processos do processo interrompido.

A CPU coloca automaticamente vários registradores importantes nessa nova pilha, incluindo aqueles necessários para restabelecer a própria pilha do processo interrompido e restaurar seu contador de programa. Quando o código da rotina de tratamento de interrupção começa a ser executado, ele utiliza essa área da tabela de processos como sua pilha e grande parte das informações necessárias para retornar ao processo interrompido já estão ali armazenadas. A rotina de tratamento de interrupção armazena nesta pilha o conteúdo de outros registradores da CPU e depois troca para uma outra pilha fornecida pelo núcleo, enquanto faz o que for necessário para atender a interrupção.

O término de uma rotina de serviço de interrupção é feito pela troca da pilha do núcleo para a estrutura de pilha na tabela de processos (mas não necessariamente a mesma que foi criada pela última interrupção), retirando explicitamente os valores dos registradores ali armazenados e executando uma instrução iretd (retorno de interrupção). A instrução iretd restabelece o estado existente antes de uma interrupção, restaurando os registradores que foram colocados pelo hardware e trocando para a pilha que estava em uso antes da interrupção ter sido gerado. Assim, uma interrupção pára um processo e o término do serviço de interrupção reinicia um processo, possivelmente diferente daquele que foi parado mais recentemente. Ao contrário dos mecanismos de interrupção mais simples, que são o assunto comum dos textos sobre programação em linguagem *assembly*, quando um processo de usuário é interrompido nada é armazenado na pilha de trabalho do processo interrompido. Além disso, como após uma interrupção, cada pilha é criada em um local desconhecido (determinado pelo TSS), o controle de vários processos é simplificado. Para iniciar um processo diferente, basta apontar o ponteiro de pilha para a estrutura de pilha de desse processo, retirar os registradores que foram colocados explicitamente e executar uma instrução iretd.

A CPU desabilita todas as interrupções ao receber uma interrupção. Isso garante que não ocorra nada que possa fazer a estrutura de pilha dentro de uma entrada da tabela de processos estourar seus limites (*overflow*). Isso é automático, mas também existem instruções em nível de linguagem *assembly* para desabilitar e habilitar interrupções. As interrupções permanecem desabilitadas enquanto a pilha do núcleo (localizada fora da tabela de processos) está sendo usada. Existe um mecanismo para permitir a execução de uma rotina de tratamento de exceção (uma resposta a um erro detectado pela CPU) quando a pilha do núcleo está sendo usada. Uma exceção é semelhante a uma interrupção, só que as exceções não podem ser desativadas. Assim, para as exceções deve haver uma maneira de tratar com o que são, basicamente, interrupções aninhadas. Nesse caso, não é criada uma nova pilha. Em vez disso, a CPU coloca os registradores essenciais necessários para a retomada do código interrompido na pilha existente. Entretanto, não devem ocorrer exceções enquanto o núcleo estiver sendo executado, caso contrário, essa situação resulta no que se denomina de pânico no núcleo (*kernel panic*).

Quando ocorre uma instrução iretd dentro código do núcleo o mecanismo de retorno é mais simples do que aquele utilizado quando um processo de usuário é interrompido. O processador pode determinar como vai manipular a instrução iretd, examinando o seletor de segmento de código que é extraído da pilha como parte da ação de iretd.

Os níveis de privilégio mencionados anteriormente controlam as diferentes respostas para as interrupções recebidas enquanto um processo está em execução e enquanto o código do núcleo (incluindo as rotinas de serviço de interrupção) está executando. O mecanismo mais simples é usado quando o nível de privilégio do código interrompido é igual ao nível de privilégio do código a ser executado em resposta à interrupção. O caso normal, entretanto, é o código interrompido ter menos privilégio do que o código do serviço de interrupção e, nesse caso, é empregado o mecanismo mais elaborado, usando o TSS e uma nova pilha. O nível de privilégio de um segmento de código é registrado no seletor de segmento de código e, como esse é um dos itens empilhados durante uma interrupção, ele pode ser examinado no retorno da interrupção para determinar o que a instrução iretd deve fazer.

Outro comportamento é implementado pelo hardware quando uma nova pilha é criada para ser utilizada durante o atendimento de uma interrupção. O hardware faz uma verificação para garantir que a nova pilha seja grande o suficiente, pelo menos para a quantidade mínima de informação que deve ser colocada nela. Isso evita que o código de maior privilégio do núcleo seja danificado acidentalmente (ou maldosamente) por um processo de usuário que esteja fazendo uma chamada de sistema com uma pilha inadequada. Esses mecanismos são incorporados ao processador especificamente para uso na implementação de sistemas operacionais que suportam vários processos.

Esse comportamento pode ser confuso, caso você não esteja familiarizado com o funcionamento interno das CPUs Intel de 32 bits. Normalmente, tentamos não descrever tais detalhes, mas entender o que acontece quando ocorre uma interrupção e quando uma instrução iretd é executada é fundamental para compreender como o núcleo controla as transições para o estado *executando* da Figura 2-2. O fato de o hardware tratar de grande parte do trabalho torna a vida do programador muito mais fácil e, presumivelmente, torna o sistema resultante mais eficiente. Contudo, toda essa ajuda do hardware dificulta entender exatamente o que está acontecendo apenas lendo o software.

Tendo descrito o mecanismo de interrupção, voltaremos ao arquivo *mpx386.s* e examinaremos a minúscula parte do núcleo do MINIX 3 que realmente vê as interrupções de hardware. Existe um ponto de entrada para cada interrupção. O código-fonte em cada ponto de entrada, *_hwint00* a *_hwint07* (linhas 6531 a 6560), parecem com a chamada para *hwint_master* (linha 6515) e os pontos de entrada *_hwint08* a *_hwint15* (linhas 6583 a 6612) são similares à chamada para *hwint_slave* (linha 6566). Cada ponto de entrada passa um parâmetro na chamada indicando qual dispositivo precisa de serviço. Na verdade, elas não são chamadas, mas macros, e são geradas oito cópias separadas do código estabelecido pela definição de macro de *hwint_master*, apenas com o parâmetro *irq* diferente. Analogamente, são criadas oito cópias da macro *hwint_slave*. Isso pode parecer extravagante, mas o código gerado é muito compacto. O código-objeto de cada macro expandido ocupa menos de 40 bytes. No atendimento a uma interrupção, a velocidade é importante e isso elimina a sobrecarga de executar código para carregar um parâmetro, chamar uma sub-rotina e recuperar o parâmetro.

Continuaremos a discussão sobre *hwint_master* como se na verdade fosse uma única função e não uma macro que é expandida em oito pontos diferentes. Lembre-se de que, antes que *hwint_master* comece a executar, a CPU criou, dentro da entrada na tabela de processos do processo interrompido, uma nova pilha na estrutura *stackframe_s*. Vários registradores importantes já foram salvos lá e todas as interrupções estão desabilitadas. A primeira ação de *hwint_master* é chamar *save* (linha 6516). Essa sub-rotina armazena na pilha todos os outros registradores necessários para reiniciar o processo interrompido. Para aumentar a velocidade, *save* poderia ter sido escrita de forma *inline*, como parte da macro, mas isso teria mais do que duplicado o tamanho da macro e, além disso, *save* é necessária em chamadas de outras funções. Conforme veremos, *save* faz alguns truques com a pilha. No retorno para *hwint_master*, está em uso a pilha do núcleo e não a estrutura de pilha da tabela de processos.

Agora duas tabelas declaradas em *glo.h* são usadas. *_Irq_handlers* contém as informações de gancho (*hook*) o que inclui os endereços das rotinas de tratamento. O termo *gancho* é uma analogia a que se pode *pendurar* qualquer coisa (informações nesse caso) neles. O número da interrupção que está sendo atendida é convertido em um endereço dentro de *_irq_handlers*. Então, esse endereço é colocado na pilha como argumento de *_intr_handle* e *_intr_handle* é chamada. Veremos o código de *_intr_handle* posteriormente. Por enquanto, diremos que ela não apenas chama a rotina de serviço para a interrupção que foi solicitada, como também configura ou reconfigura um *flag* no *array _irq_actids*, para indicar se a tentativa de atender a interrupção foi bem-sucedida, e dá às outras entradas nessa fila uma outra chance de executarem e serem removidas da lista. Dependendo do que foi exigido exatamente da rotina de tratamento, a IRQ pode ou não estar disponível para receber outra interrupção no retorno da chamada de *_intr_handle*. Isso é determinado pela verificação da entrada correspondente em *_irq_actids*.

Um valor diferente de zero em *_irq_actids* mostra que o serviço de interrupção dessa IRQ não está terminado. Se assim for, o controlador de interrupção será programado para impedir que ele responda à outra interrupção da mesma linha de IRQ (linhas 6722 a 6724). Essa operação mascara a capacidade do chip controlador de responder a uma entrada em particular; a capacidade da CPU de responder a todas as interrupções é impedida internamente, quando ela recebe pela primeira vez o sinal de interrupção e ainda não foi restaurada nesse ponto.

Algumas palavras sobre o código em linguagem *assembly* utilizado pode ser útil para os leitores não familiarizados com programas *assembly*. A instrução

jz 0f

na linha 6521, não especifica um número de bytes a serem pulados. O valor 0f não é um número hexadecimal nem um rótulo normal. Os nomes de rótulo normais não podem começar com caracteres numéricos. Essa é a maneira como o montador do MINIX 3 especifica um **rótulo local**; o valor 0f significa um salto **para frente** (*forward*), para o próximo rótulo numérico 0, na linha 6525. O byte escrito na linha 6526 permite que o controlador de interrupção retome a operação normal, provavelmente com a linha da interrupção corrente desabilitada.

Um ponto interessante, e possivelmente confuso, é que o rótulo 0:, na linha 6525, ocorre em outra parte do mesmo arquivo, na linha 6576, em *hwint_slave*. A situação é ainda mais complicada do que parece à primeira vista, pois esses rótulos estão dentro de macros e as macros são expandidas antes que o montador veja esse código. Assim, existem na verdade 16 rótulos 0: no código visto pelo montador. A possível proliferação de rótulos declarados dentro de macros é o motivo pelo qual a linguagem *assembly* fornece rótulos locais; ao resolver um rótulo local, o montador utiliza o mais próximo que combine na direção especificada e as ocorrências adicionais desse rótulo local são ignoradas.

_Intr_handle é dependente do hardware e os detalhes de seu código serão discutidos quando chegarmos ao arquivo *i8259.c*. Entretanto, agora são necessárias algumas palavras sobre seu funcionamento. *_Intr_handle* percorre uma lista encadeada de estruturas que contêm, dentre outras coisas, endereços de funções a serem chamadas para tratar de uma interrupção de um dispositivo e os números de processo dos *drivers* de dispositivo. Essa é uma lista encadeada porque uma única linha de IRQ pode ser compartilhada com vários dispositivos. A rotina de tratamento de cada dispositivo deve testar se seu dispositivo realmente precisa do serviço. É claro que essa etapa não é necessária para uma IRQ como a interrupção de relógio (IRQ 0) que é embutida no chip que gera a base de tempo, sem nenhuma possibilidade de qualquer outro dispositivo disparar essa IRQ.

O código da rotina de tratamento deve ser escrito de modo que ela possa retornar rapidamente. Se não houver nenhum trabalho a ser feito, ou o serviço de interrupção for concluído imediatamente, a rotina de tratamento retornará *TRUE*. Uma rotina de tratamento pode executar uma operação, como a leitura de dados de um dispositivo de entrada e a transferência dos dados para um buffer, onde eles podem ser acessados quando o *driver* correspondente tiver sua próxima chance de executar. A rotina de tratamento pode então enviar uma mensagem para seu *driver* de dispositivo, a qual, por sua vez, faz com que o *driver* de dispositivo tenha sua execução escalonada como um processo normal. Se o trabalho não estiver terminado, a rotina de tratamento retornará *FALSE*. Um dos elementos do *array _irq_act_ids* é um mapa de bits que registra os resultados de todas as rotinas de tratamento da lista de tal maneira que o resultado seja zero se e somente se cada uma das rotinas de tratamento retornou *TRUE*. Se isso não acontecer, o código nas linhas 6522 a 6524 desabilitará a IRQ antes que o controlador de interrupção como um todo seja habilitado na linha 6536.

Esse mecanismo garante que nenhuma das rotinas de tratamento no encadeamento associado a uma IRQ seja ativada até que todos os *drivers* de dispositivo ao qual elas pertencem tenham terminado seu trabalho. Obviamente, precisa haver outra maneira de reativar uma IRQ. Isso é fornecido em uma função *enable_irq*, que veremos posteriormente. Basta dizer que cada *driver* de dispositivo deve garantir que *enable_irq* seja chamada quando seu trabalho estiver terminado. Também é óbvio que *enable_irq* deve primeiro reativar seu próprio bit no elemento de *_irq_act_ids* correspondente à IRQ do *driver* e, então, deve testar se todos os bits foram reativados. Só então a IRQ pode ser reativada no chip controlador de interrupção.

O que acabamos de descrever se aplica em sua forma mais simples apenas ao *driver* de relógio, pois o relógio é o único dispositivo orientado a interrupção que é compilado no binário do núcleo. O endereço de uma rotina de tratamento de interrupção em outro processo não tem significado algum no núcleo e a função *enable_irq* no núcleo não pode ser chamada por um outro processo. Para os *drivers* de dispositivo em espaço de usuário, isto é, todos os *drivers* de dispositivo que respondem às interrupções iniciadas pelo hardware, exceto o *driver* de relógio, possuem um endereço de uma rotina de tratamento comum, a *generic_handler*, armazenado na lista encadeada de ganchos. O código-fonte dessa função está nos arquivos de tarefa de sistema, mas como a tarefa de sistema é compilada junto com o núcleo, e como esse código é executado em resposta a uma interrupção, ele não pode ser considerado realmente como parte da tarefa de sistema. A outra informação em cada elemento da lista de ganchos inclui o número de processo do *driver* de dispositivo associado. Quando *generic_handler* é chamada, ela envia uma mensagem para o *driver* de dispositivo correto, o que acarreta a execução das funções da rotina de tratamento específicas ao *driver*. A tarefa de sistema também trata a outra ponta da cadeia de eventos descrita anteriormente. Quando um *driver* de dispositivo em espaço de usuário termina seu trabalho, ele faz uma chamada de núcleo sys_irqctl, a qual faz a tarefa de sistema chamar *enable_irq* em nome desse *driver*, para preparar a próxima interrupção.

Voltando nossa atenção para *hwint_master*, note que ela termina com uma instrução ret (linha 6527). Não é óbvio que algo complicado acontece aqui. Se um processo tiver sido interrompido, a pilha em uso nesse ponto será a pilha do núcleo e não a que está dentro de uma entrada na tabela de processos, configurada pelo hardware antes que *hwint_master* fosse iniciada. Nesse caso, a manipulação da pilha por *save* deixará o endereço de *_restart* na pilha do núcleo. Isso resultará em uma tarefa, *driver*, servidor ou processo de usuário executando mais uma vez. Pode ser que não seja (e, na verdade, muito provavelmente não é) o mesmo processo que estava executando quando a interrupção ocorreu. Isso depende de o processamento da mensagem criado pela rotina do serviço de interrupção específica do dispositivo ter causado ou não uma alteração nas filas de escalonamento de processo. No caso de uma interrupção de hardware, isso quase sempre acontecerá. Normalmente, as rotinas de tratamento de interrupção resultam em mensagens para *drivers* de dispositivo e os *drivers* de dispositivo geralmente são postos em filas de prioridade mais alta do que os processos de usuário. Esse é, então, o centro do mecanismo que dá a ilusão de múltiplos processos executando simultaneamente.

Para sermos completos, vamos mencionar que, se pudesse ocorrer uma interrupção enquanto o código do núcleo estivesse em execução, a pilha do núcleo já estaria em uso e *save* deixaria o endereço de *restart1* nessa pilha. Nesse caso, o que o núcleo estivesse fazendo anteriormente continuaria após a instrução ret no final de *hwint_master*. Esta é uma descrição do tratamento de interrupções aninhadas e elas não podem ocorrer no MINIX 3 – as interrupções não são ativadas enquanto o código do núcleo está em execução. Entretanto, conforme mencionado anteriormente, o mecanismo é necessário para tratar das exceções. Quando todas as rotinas do núcleo envolvidas na resposta a uma exceção tiverem terminado, *_restart* finalmente será executada. Em resposta a uma exceção, enquanto o código do núcleo está executando, quase certamente será verdade que será escalonado um processo diferente do que foi interrompido. A resposta à ocorrência de uma exceção dentro do núcleo é uma situação de pânico que provocará uma tentativa de desligamento do sistema com o menor dano possível.

Hwint_slave (linha 6566) é semelhante a *hwint_master*, exceto que deve reativar os controladores mestre e escravo, pois ambos são desativados pela recepção de uma interrupção por parte do escravo.

Agora, vamos ver *save* (linha 6622), que já mencionamos. Seu nome descreve apenas uma de suas funções, que é salvar o contexto do processo interrompido na pilha fornecida pela CPU a qual é uma estrutura de pilha dentro da tabela de processos. *Save* utiliza a variável *_k_reenter* para contar e determinar o nível de aninhamento das interrupções. Se um processo estiver em execução no momento em que a interrupção corrente ocorrer, a instrução

    mov   esp, k_stktop

na linha 6635, trocaria para a pilha do núcleo e a instrução seguinte colocaria nela o endereço de *_restart*. Se ocorresse uma interrupção enquanto a pilha do núcleo já estivesse em uso, o endereço de *restart1* é que seria colocado (linha 6642). Naturalmente, não é permitida uma interrupção aqui, mas o mecanismo está presente para tratar de exceções. Em qualquer caso, com uma pilha possivelmente diferente daquela que estava em uso no momento da chamada e com o endereço de retorno armazenado nos registradores que acabaram de ser empilhadas, uma instrução **return** normal não é adequada para retornar à função que fez a chamada. As instruções

    jmp   RETADR-P_STACKBASE(eax)

que estão nos dois pontos de término possíveis de *save*, na linha 6638 e na linha 6643, utilizam o endereço de retorno que foi colocado na pilha quando *save* foi chamada.

A reentrância no núcleo causava muitos problemas e eliminá-la resultou na simplificação do código em vários lugares. No MINIX 3, a variável *_k_reenter* ainda tem um propósito – embora interrupções normais não possam ocorrer enquanto o código do núcleo está em execução, exceções ainda são possíveis. Por enquanto, o que se deve lembrar é que o salto na linha 6634 nunca ocorrerá na operação normal. Entretanto, ele é necessário para tratar de exceções.

Além disso, devemos admitir que a eliminação da reentrância é um caso onde a programação se antecipou à documentação no desenvolvimento do MINIX 3. De certa forma, documentar é mais difícil do que programar – o compilador ou o programa eventualmente revelarão erros em um programa. Não existe um mecanismo assim para corrigir comentários no código-fonte. Há um comentário bastante longo no início de *mpx386.s* que, infelizmente, está incorreto. A parte do comentário nas linhas 6310 a 6315 deveria dizer que a reentrada no núcleo só pode ocorrer quando uma exceção for detectada.

A função seguinte em *mpx386.s* é *_s_call*, que começa na linha 6649. Antes de examinar seus detalhes internos, veja como ela termina. Ela não acaba com uma instrução **ret** ou **jmp**. Na verdade, a execução continua em *_restart* (linha 6681). *_S_call* é parte da chamada de sistema no mecanismo de tratamento de interrupção. O controle chega em *_s_call* após uma interrupção de software; isto é, após a execução de uma instrução **int** <nnn>. As interrupções de software são tratadas como as interrupções de hardware, exceto, é claro, que o índice para a tabela de descritores de interrupção é codificado na parte **nnn** de uma instrução **int**

<nnn>, em vez de ser fornecido por um chip controlador de interrupção. Assim, quando se entra em _s_call, a CPU já trocou para uma pilha dentro da tabela de processos (fornecida pelo TSS) e vários registradores já foram colocados nessa pilha. Indo para _restart, a chamada de _s_call termina, em última análise, com uma instrução iretd e, exatamente como acontece com uma interrupção de hardware, essa instrução iniciará o processo que for apontado por proc_ptr nesse ponto. A Figura 2-40 compara o tratamento de uma interrupção de hardware e uma chamada de sistema usando o mecanismo de interrupção de software.

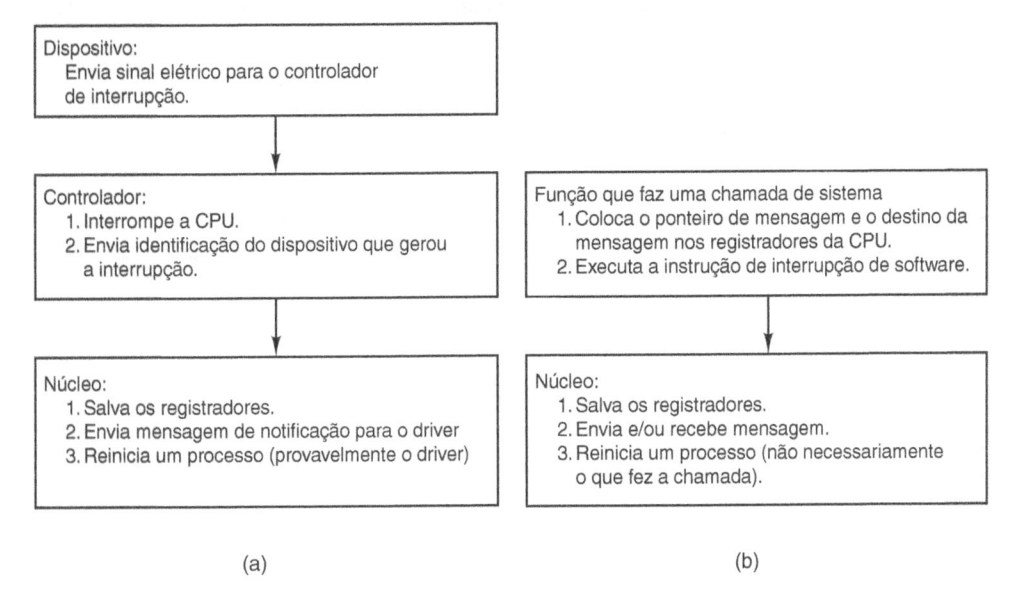

```
┌─────────────────────────────────┐
│ Dispositivo:                    │
│   Envia sinal elétrico para o   │
│   controlador de interrupção.   │
└─────────────────────────────────┘
              │
              ▼
┌─────────────────────────────────┐    ┌─────────────────────────────────────────┐
│ Controlador:                    │    │ Função que faz uma chamada de sistema   │
│  1. Interrompe a CPU.           │    │  1. Coloca o ponteiro de mensagem e o   │
│  2. Envia identificação do      │    │     destino da mensagem nos             │
│     dispositivo que gerou       │    │     registradores da CPU.               │
│     a interrupção.              │    │  2. Executa a instrução de interrupção  │
│                                 │    │     de software.                        │
└─────────────────────────────────┘    └─────────────────────────────────────────┘
              │                                      │
              ▼                                      ▼
┌─────────────────────────────────┐    ┌─────────────────────────────────────────┐
│ Núcleo:                         │    │ Núcleo:                                 │
│  1. Salva os registradores.     │    │  1. Salva os registradores.             │
│  2. Envia mensagem de           │    │  2. Envia e/ou recebe mensagem.         │
│     notificação para o driver.  │    │  3. Reinicia um processo (não           │
│  3. Reinicia um processo        │    │     necessariamente o que fez           │
│     (provavelmente o driver)    │    │     a chamada).                         │
└─────────────────────────────────┘    └─────────────────────────────────────────┘
              (a)                                    (b)
```

Figura 2-40 (a) Como uma interrupção de hardware é processada. (b) Como é feita uma chamada de sistema.

Vamos ver agora alguns detalhes de _s_call. O rótulo alternativo, _p_s_call, é um vestígio da versão de 16 bits do MINIX 3, que tem rotinas separadas para operação no modo protegido e no modo real. Na versão de 32 bits, todas as chamadas para um dos dois rótulos terminam aqui. Um programador que faz uma chamada de sistema do MINIX 3 escreve uma chamada de função em C parecida com qualquer uma outra, seja para uma função definida de forma local ou para uma função da biblioteca C. O código de biblioteca que suporta uma chamada de sistema configura uma mensagem, carrega o endereço da mensagem e a *id* do processo do destino nos registradores da CPU e, então, aciona uma instrução int SYS386_VECTOR. Conforme descrito anteriormente, o resultado é que o controle passa para o início de _s_call e vários registradores já foram armazenados na pilha dentro da tabela de processos. Além disso, como acontece com uma interrupção de hardware, todas as interrupções são desativadas.

A primeira parte do código de _s_call é semelhante a uma expansão em linha de *save* e salva os registradores adicionais que devem ser preservados. Exatamente como acontece em *save*, uma instrução

     mov   esp, k_stktop

troca, então, para a pilha do núcleo. (A semelhança de uma interrupção de software com uma interrupção de hardware estende-se a ambos, desativando todas as interrupções.) Depois disso, vem uma chamada para _sys_call (linha 6672), que discutiremos na próxima seção.

Por enquanto, diremos apenas que ela faz uma mensagem ser enviada e que esta, por sua vez, faz o escalonador funcionar. Assim, quando _sys_call retorna, é provável que proc_ptr esteja apontando para um processo diferente daquele que iniciou a chamada de sistema. Então, a execução vai para *restart*.

Vimos que _restart (linha 6681) é alcançada de várias maneiras:

1. Por uma chamada de *main*, quando o sistema inicia.
2. Por um desvio em *hwint_master* ou *hwint_slave*, após uma interrupção de hardware.
3. Por meio de *_s_call*, após uma chamada de sistema.

A Figura 2-41 é um resumo simplificado de como o controle alterna entre os processos e o núcleo por meio de _restart.

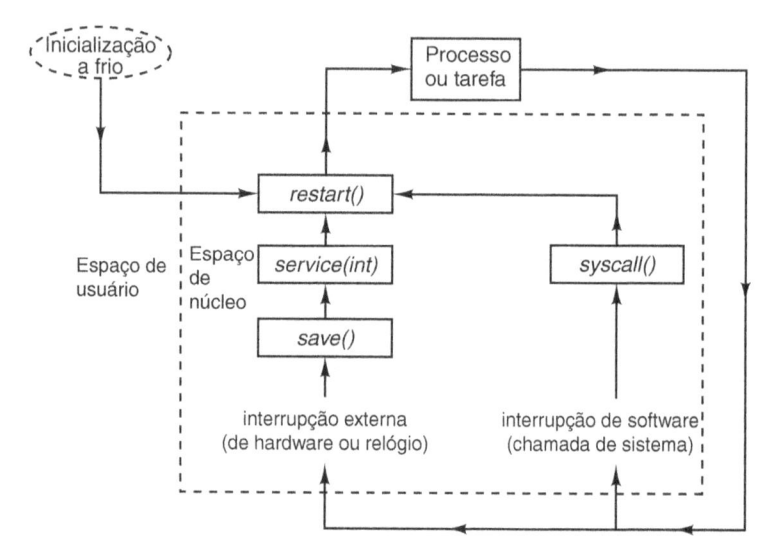

Figura 2-41 *Restart* é o ponto comum atingido após a inicialização do sistema, interrupções ou chamadas de sistema. Um processo (que pode ser, e freqüentemente é, diferente do último a ser interrompido) é executado em seguida. Neste diagrama não aparecem as interrupções que ocorrem enquanto o próprio núcleo está em execução.

Em cada caso, as interrupções são desativadas quando _restart é alcançada. Na linha 6690, o próximo processo a ser executado foi escolhido e, com as interrupções desativadas, ele não pode ser alterado. A tabela de processos foi cuidadosamente construída de modo a começar com uma estrutura de pilha, e a instrução nessa linha,

    mov   esp, (_proc_ptr)

aponta para o registrador de ponteiro de pilha da CPU na estrutura de pilha. A instrução

    lldt   P_LDT_SEL(esp)

carrega, então, o registrador da tabela descritora local do processador, a partir da estrutura de pilha. Isso prepara o processador para usar os segmentos de memória pertencentes ao próximo processo a ser executado. A instrução seguinte configura o endereço da entrada da tabela de processos do próximo processo como aquele onde a pilha da próxima interrupção será configurada, e a instrução seguinte armazena esse endereço no TSS.

A primeira parte de *_restart* não seria necessária se ocorresse uma interrupção quando o código do núcleo (incluindo o código do serviço de interrupção) estivesse sendo executado, pois a pilha do núcleo estaria em uso e o término do serviço de interrupção permitiria o código do núcleo continuar. Mas, na verdade, o núcleo não é reentrante no MINIX 3 e interrupções normais não podem ocorrer dessa maneira. Entretanto, desativar as interrupções não impede a capacidade do processador de detectar exceções. O rótulo *restart1* (linha 6694) marca o ponto onde a execução será retomada se ocorrer uma exceção durante a execução do código do núcleo (algo que esperamos que nunca aconteça). Neste ponto, *k_reenter* é decrementada para registrar que um nível de interrupções possivelmente aninhadas foi descartado e as instruções restantes restauram o processador no estado em que estava quando o processo seguinte foi executado pela última vez. A penúltima instrução modifica o ponteiro da pilha para que o endereço de retorno colocado quando *save* foi chamada seja ignorado. Se a última interrupção ocorreu quando um processo estava em execução, a instrução final, iretd, completa o retorno para a execução do processo que tinha permissão para executar em seguida, restaurando seus registradores restantes, incluindo seu segmento de pilha e seu ponteiro de pilha. Entretanto, se a instrução iretd for atingida por meio de *restart1*, a pilha do núcleo em uso não é uma estrutura de pilha, mas sim a própria pilha do núcleo, e isso não é um retorno para um processo interrompido, mas a conclusão do tratamento de uma exceção ocorrida durante a execução do núcleo. A CPU detecta isso quando o descritor de segmento de código é retirado da pilha, durante a execução da instrução iretd, e a ação completa de iretd, neste caso, é manter a pilha do núcleo em uso.

Agora é hora de dizer algo mais sobre as exceções. Uma **exceção** é causada por várias condições de erro internas da CPU. As exceções nem sempre são ruins. Elas podem ser utilizadas para estimular o sistema operacional a fornecer um serviço, como providenciar mais memória para um processo ou fazer *swapping* de uma página de memória, embora tais serviços não sejam implementados no MINIX 3. Elas também podem ser causadas por erros de programação. Dentro do núcleo, uma exceção é muito séria e causa uma situação de pânico. Quando uma exceção ocorrer em um programa de usuário, talvez esse programa tenha de ser terminado, mas o sistema operacional deve ser capaz de continuar. As exceções são tratadas pelo mesmo mecanismo das interrupções, usando descritores na tabela de descritores de interrupção. Essas entradas na tabela apontam para os 16 pontos de entradas de rotina de tratamento de exceção, começando com *_divide_error* e terminando com *_copr_error*, encontrados próximos ao final de *mpx386.s*, nas linhas 6707 a 6769. Todos eles desviam para *exception* (linha 6774) ou para *errexception* (linha 6785), dependendo de a condição colocar um código de erro na pilha ou não. Aqui, o tratamento no código *assembly* é semelhante ao que já vimos; registradores são colocados na pilha e a rotina C *_exception* (note o sublinhado) é chamada para tratar do evento. As conseqüências das exceções variam. Umas são ignoradas, outras causam situações de pânico e algumas resultam no envio de sinais para processos. Examinaremos *_exception* em uma seção posterior.

Um outro ponto de entrada é tratado como uma interrupção: *_level0_call* (linha 6714). Ele é usado quando o código deve ser executado com nível de privilégio 0, o nível mais alto. O ponto de entrada está aqui em *mpx386.s*, com os pontos de entrada de interrupção e exceção, pois ele também é ativado pela execução de uma instrução int <nnn>. Assim como as rotinas de exceção, ele chama *save* e, portanto, o código para o qual desvia terminará com uma instrução ret que leva a *_restart*. Sua utilização será descrita em uma seção posterior, quando encontrarmos algum código que precise de privilégios normalmente não disponíveis mesmo para o núcleo.

Finalmente, um espaço para armazenamento de dados é reservado no final do arquivo em linguagem *assembly*. Dois segmentos de dados diferentes são definidos aqui. A declaração

    .sect .rom

na linha 6822, garante que esse espaço de armazenamento seja alocado bem no início do segmento de dados do núcleo e que ele seja o início de uma seção somente de leitura da memória. O compilador coloca um número mágico (um código, na verdade) aqui, para que *boot* possa verificar se o arquivo carregado é uma imagem válida do núcleo. Ao se compilar o sistema completo, várias constantes de string serão armazenadas depois disso. A outra área de armazenamento de dados definida na declaração

    .sect .bss

(linha 6825) reserva espaço na área de dados não inicializada do núcleo para sua própria pilha e, acima dessa área, é reservado um espaço para as variáveis usadas pelas rotinas de tratamento de exceção. Os servidores e os processos normais têm seu espaço de pilha definido no momento da criação do arquivo executável e dependem do núcleo para configurar corretamente o descritor de segmento de pilha e o ponteiro de pilha, quando são executados. O núcleo precisa fazer isso sozinho.

2.6.9 Comunicação entre processos no MINIX 3

No MINIX 3, os processos se comunicam por meio de mensagens, usando o princípio do *rendez-vous*. Quando um processo executa uma operação **send**, a camada inferior do núcleo verifica se o destino está esperando uma mensagem do remetente (ou do remetente ANY). Se estiver, a mensagem será copiada do buffer do remetente para o buffer do destinatário e os dois processos serão marcados como executáveis. Se o destino não estiver esperando uma mensagem do remetente, este será marcado como bloqueado e colocado em uma fila de processos em espera para enviar ao destinatário.

Quando um processo executa uma operação **receive**, o núcleo verifica se algum processo está enfileirado, tentando enviar para ele. Se assim for, a mensagem será copiada do remetente bloqueado para o destinatário e ambos serão marcados como executáveis. Se nenhum processo estiver enfileirado tentando enviar para ele, o destinatário será bloqueado até a chegada de uma mensagem.

No MINIX 3, com os componentes do sistema operacional sendo executados como processos totalmente separados, às vezes o método do *rendez-vous* não é bom o suficiente. A primitiva **notify** é fornecida precisamente para essas ocasiões. Uma instrução **notify** envia uma mensagem simples. O remetente não é bloqueado se o destino não está esperando uma mensagem. Contudo, a notificação não é perdida. Na próxima vez que o destino executar uma operação **receive**, as notificações pendentes serão entregues antes das mensagens normais. As notificações podem ser usadas em situações onde o uso de mensagens normais poderia causar impasses. Anteriormente, mencionamos que deve ser evitada a situação onde o processo *A* é bloqueado enviando uma mensagem para o processo *B* e o processo *B* é bloqueado enviando uma mensagem para o processo *A*. Mas se uma das mensagens for uma notificação não-bloqueante, não haverá problema algum.

Na maioria dos casos, uma notificação informa o destinatário sobre sua origem e praticamente mais nada. Às vezes, basta isso, mas existem dois casos especiais onde uma notificação transmite informações adicionais. Em qualquer um deles, o processo de destino pode enviar uma mensagem para a fonte da notificação solicitando mais informações.

O código de alto nível da comunicação entre processos encontra-se em *proc.c*. A tarefa do núcleo é transformar uma interrupção de hardware ou uma interrupção de software em uma mensagem. A primeira é gerada pelo hardware e a última é a maneira como um pedido de serviços de sistema, isto é, uma chamada de sistema, é comunicada ao núcleo. Esses casos são semelhantes o suficiente para que possam ser manipulados por uma única função, mas foi mais eficiente criar funções especializadas.

Um comentário e duas definições de macros, próximas ao início desse arquivo, são dignos de nota. Para manipular listas, são usados extensivamente ponteiros para ponteiros, e um comentário nas linhas 7420 a 7436 explica suas vantagens e seu uso. Duas macros úteis são definidas. *BuildMess* (linhas 7458 a 7471), embora seu nome implique em algo mais genérico, ela é usada apenas para construir as mensagens usadas por notify. A única chamada de função é para *get_uptime*, que lê uma variável mantida pela tarefa de relógio para que a notificação possa incluir uma indicação de tempo (*timestamp*). As chamadas aparentes para uma função denominada *priv* são expansões de outra macro, definida em *priv.h*,

```
#define priv(rp)       ((rp)->p_priv)
```

A outra macro, *CopyMess*, é uma interface amigável para o programador, para a rotina em linguagem *assembly cp_mess* em *klib386.s*.

Mais deve ser dito a respeito de *BuildMess*. A macro *priv* é usada para dois casos especiais. Se a origem de uma notificação for *HARDWARE*, ela transportará uma cópia do mapa de bits de interrupções pendentes do processo de destino. Se a origem for *SYSTEM*, os dados transportados correspondem ao mapa de bits de sinais pendentes. Como esses mapas de bits estão disponíveis na entrada de tabela de *priv* do processo de destino, eles podem ser acessados a qualquer momento. As notificações podem ser entregues posteriormente, caso o processo de destino não esteja bloqueado esperando por elas no momento em que forem enviadas. Para mensagens normais, isso exigiria algum tipo de buffer no qual uma mensagem não enviada pudesse ser armazenada. Para armazenar uma notificação basta um mapa de bits no qual cada bit corresponda a um processo que pode enviar uma notificação. Quando uma notificação não pode ser enviada, o bit correspondente ao remetente é ativado no mapa de bits do destinatário. Quando uma operação receive é executada, o mapa de bits é verificado e se for encontrado um bit ativado, a mensagem será novamente gerada. O bit informa a origem da mensagem e se a origem for *HARDWARE* ou *SYSTEM*, o conteúdo adicional será acrescentado. O único outro item necessário é a indicação de tempo, que é adicionada quando a mensagem é reenviada. Para os propósitos para os quais são usadas, as indicações de tempo não precisam aparecer quando uma notificação foi tentada pela primeira vez, o tempo da entrega é suficiente.

A primeira função em *proc.c* é *sys_call* (linha 7480). Ela converte uma interrupção de software (a instrução int SYS386_VECTOR por meio da qual uma chamada de sistema é iniciada) em uma mensagem. Existe uma ampla variedade de origens e destinos possíveis e a chamada pode exigir o envio ou o recebimento (ou ambos) de uma mensagem. Vários testes devem ser feitos. Nas linhas 7480 e 7481, o código da função (*SEND, RECEIVE* etc.) e os *flags* são extraídos do primeiro argumento da chamada. O primeiro teste serve para ver se o processo que fez a chamada pode mesmo fazê-la. *Iskerneln*, usada na linha 7501, é uma macro definida em *proc.h* (linha 5584). O teste seguinte serve para ver se a origem ou o destino especificado é um processo válido. Então, é feita uma verificação para saber se o ponteiro da mensagem aponta para uma área de memória válida. Os privilégios do MINIX 3 definem para quais outros processos qualquer processo dado pode enviar, e isso é testado a seguir (linhas 7537 a 7541). Finalmente, é feito um teste para verificar se o processo de destino está em execução e não iniciou um procedimento de parada, isto é, *shutdown* (linhas 7543 a 7547). Após todos os testes terem sido passados, uma das funções *mini_send*, *mini_receive* ou *mini_notify* é chamada para fazer o trabalho real. Se a função era *ECHO*, a macro *CopyMess* é usada, com origem e destino idênticos. *ECHO* serve apenas para teste, conforme mencionado anteriormente.

As condições de erro testadas em *sys_call* são improváveis, mas os testes são realizados facilmente, pois, em última análise, eles são compilados no código para fazer comparações entre inteiros. Nesse nível mais básico do sistema operacional, é aconselhável testar até o erro mais improvável. Esse código provavelmente será executado muitas vezes a cada segundo enquanto o computador que executa o sistema estiver ativo.

As funções *mini_send*, *mini_rec* e *mini_notify* são o centro do mecanismo normal de passagem de mensagens do MINIX 3 e merecem um estudo cuidadoso.

Mini_send (linha 7591) tem três parâmetros: o processo que fez a chamada, o processo destino e um ponteiro para o buffer onde a mensagem está armazenada. Após todos os testes realizados por *sys_call*, apenas mais um é necessário, que é detectar um impasse no envio. O teste nas linhas 7606 a 7610 verifica se o processo que fez a chamada e o destino não estão tentando um enviar para o outro. O teste principal em *mini_send* está nas linhas 7615 e 7616. Aqui, é feita uma verificação para saber se o destino está bloqueado em uma operação receive, conforme mostrado pelo bit *RECEIVING* no campo *p_rts_flags* de sua entrada na tabela de processos. Se ele estiver esperando, a próxima pergunta é: "Por quem ele está esperando?". Se ele estiver esperando pelo remetente, ou por ANY, a macro *CopyMess* será usada para copiar a mensagem e o destinatário será desbloqueado, reativando seu bit *RECEIVING*. Então, *enqueue* é chamada para dar ao destinatário uma oportunidade de executar (linha 7620).

Se, por outro lado, o destinatário não estiver bloqueado, ou se estiver bloqueado esperando uma mensagem de outro processo, o código das linhas 7623 a 7632 será executado para bloquear e retirar o remetente da fila. Todos os processos que estão querendo enviar para determinado destino são enfileirados em uma lista encadeada, com o campo *p_callerq* do destino apontando para a entrada da tabela de processos do processo que está no início da fila. O exemplo da Figura 2-42(a) mostra o que acontece quando o processo 3 não é capaz de enviar para o processo 0. Se, subseqüentemente, o processo 4 também for incapaz de enviar para o processo 0, teremos a situação da Figura 2-42(b).

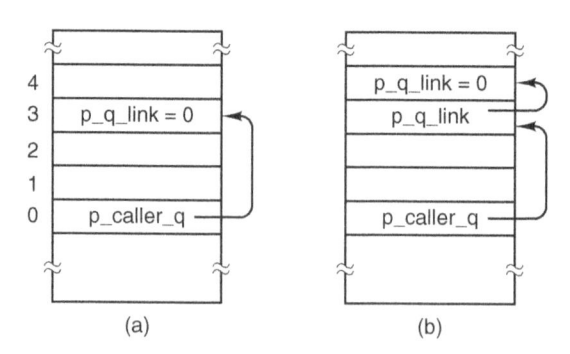

Figura 2-42 Enfileiramento de processos tentando enviar para o processo 0.

Mini_receive (linha 7642) é chamada por *sys_call* quando seu parâmetro *function* é *RECEIVE* ou *BOTH*. Conforme mencionamos anteriormente, as notificações têm prioridade mais alta do que as mensagens normais. Entretanto, uma notificação nunca será a resposta direta para uma instrução send; portanto, os mapas de bits só serão consultados para verificar se existem notificações pendentes quando o flag *SENDREC_BUSY* não estiver ativado. Se for encontrada uma notificação, ela será marcada como não mais pendente e enviada (linhas 7670 a 7685). O envio utiliza as macros *BuildMess* e *CopyMess* definidas perto do início de *proc.c*.

Poderia se pensar que, como uma indicação de tempo faz parte de uma mensagem notify, ela transmitiria informações úteis; por exemplo, se o destinatário não fosse capaz de executar uma operação receive por algum tempo, a indicação de tempo informaria por quanto tempo ela não foi enviada. Mas a mensagem de notificação é gerada (e tem a indicação de tempo anexada) no momento em que é entregue e não quando foi enviada. Contudo, há um propósito por trás da construção das mensagens de notificação no momento da entrega. O código é desnecessário para salvar mensagens de notificação que não podem ser entregues imediatamente. Basta ativar um bit para lembrar que uma notificação deve ser gerada quando a entrega se tornar possível. Você não pode ter um armazenamento mais econômico do que esse: um único bit por notificação pendente.

Também acontece que, normalmente, o tempo atual é tudo o que é necessário. Por exemplo, se uma notificação fosse usada para entregar uma mensagem *SYN_ALARM* ao gerenciador de processos sem que a indicação de tempo constasse nela, este teria que consultar o núcleo para obter a informação de tempo atual antes de acessar sua estrutura de fila.

Note que apenas uma notificação é entregue por vez; *mini_send* retorna na linha 7684, após a entrega de uma notificação. Mas o processo que fez a chamada não é bloqueado; portanto, ele está livre para executar outra operação receive imediatamente após receber a notificação. Se não houver notificações, as filas do processo que fez a chamada são verificadas para verificar se está pendente uma mensagem de qualquer outro tipo (linhas 7690 a 7699). Se uma mensagem for encontrada, ela será entregue pela macro *CopyMess* e o remetente da mensagem será, então, desbloqueado pela chamada para *enqueue* na linha 7694. O processo que fez a chamada não é bloqueado, neste caso. Se nenhuma notificação, ou outra mensagem, estivesse disponível, o processo que fez a chamada seria bloqueado pela chamada para *dequeue* na linha 7708.

Mini_notify (linha 7719) é usada para efetuar uma notificação. Ela é semelhante à *mini_send* e pode ser discutida rapidamente. Se o destinatário de uma mensagem estiver bloqueado e esperando para receber, a notificação será gerada e entregue por *BuildMess*. O flag *RECEIVING* do destinatário se torna desativado e então é recolocado em *enqueue* (linhas 7738 a 7743). Se o destinatário não estiver esperando por mensagem, um bit será ativado em seu mapa *s_notify_pending*, que indica que uma notificação está pendente e identifica o remetente. O remetente continua então seu próprio trabalho e se for necessária outra notificação para o mesmo destinatário antes de uma anterior ter sido recebida, o bit no mapa de bits do destinatário será sobrescrito – efetivamente, várias notificações do mesmo remetente são mescladas em uma única mensagem de notificação. Esse projeto elimina a necessidade de gerenciamento de buffer, enquanto provê passagem de mensagem assíncrona.

Quando *mini_notify* for executada devido a uma interrupção de software e, subseqüentemente, uma chamada para *sys_call*, as interrupções serão desativadas. Mas as tarefas de relógio ou de sistema, ou alguma outra tarefa que possa ser adicionada no MINIX 3 no futuro, talvez precise enviar uma notificação em um momento no qual as interrupções não estão desativadas. *Lock_notify* (linha 7758) é uma entrada segura para *mini_notify*. Ela verifica *k_reenter* para ver se as interrupções já estão desativadas e, se estiverem, apenas chama *mini_notify* imediatamente. Se as interrupções estiverem ativadas, elas serão desativadas por uma chamada para *lock*, *mini_notify* será chamada e, então, as interrupções serão reativadas por uma chamada para *unlock*.

2.6.10 Escalonamento no MINIX 3

O MINIX 3 usa um algoritmo de escalonamento multinível. Os processos recebem prioridades iniciais, relacionadas à estrutura mostrada na Figura 2-29, mas existem mais camadas e a prioridade de um processo pode mudar durante sua execução. As tarefas de relógio e de sistema, na camada 1 da Figura 2-29, recebem a prioridade mais alta. Os *drivers* de dispositivo da camada 2 recebem prioridade mais baixa, mas nem todos são iguais. Os processos de servidor na camada 3 recebem prioridades mais baixas do que os *drivers*. Os processos de usuário começam com prioridade menor do que qualquer um dos processos de sistema e inicialmente são todos iguais, mas o comando *nice* pode aumentar ou diminuir a prioridade de um processo de usuário.

O escalonador mantém 16 filas de processos prontos para executar (aptos), embora nem todos eles possam ser usados em dado momento. A Figura 2-43 mostra as filas e os processos que estão em vigor no instante em que o núcleo termina a inicialização e começa a executar; isto é, na chamada para *restart*, na linha 7252, em *main.c*. O *array rdy_head* tem uma entrada para cada fila, com essa entrada apontando para o processo que está no início da fila. Analogamente, *rdy_tail* é um *array* cujas entradas apontam para o último processo em cada fila. Esses dois *arrays* são definidos com a macro *EXTERN* em *proc.h* (linhas 5595 e 5596). O enfileiramento inicial de processos durante a inicialização do sistema é determinado pela tabela *image* em *table.c* (linhas 6095 a 6109).

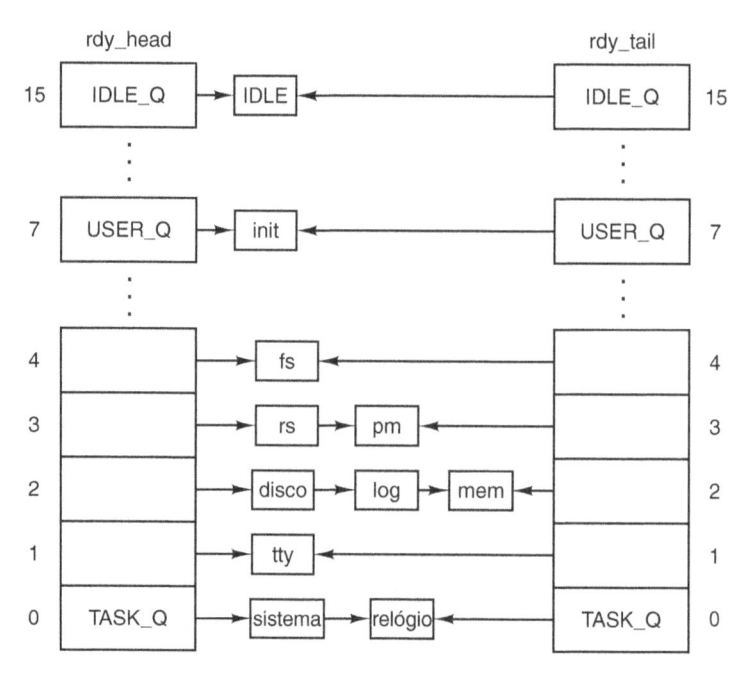

Figura 2-43 O escalonador mantém 16 filas, uma por nível de prioridade. Aqui está mostrado o enfileiramento inicial de processos quando o MINIX 3 é inicializado.

O escalonamento em cada fila é *round-robin*. Se um processo em execução utiliza seu *quantum*, ele é movido para o final de sua fila e recebe um novo *quantum*. Entretanto, quando um processo bloqueado é despertado, se tiver sobrado uma parte de seu *quantum* quando foi bloqueado, ele é posto no início de sua fila. Isto é, ele não recebe um novo *quantum* completo; ele recebe apenas o que restava quando foi bloqueado. A existência do *array rdy_tail* torna a adição de um processo no final de uma fila eficiente. Quando um processo em execução é bloqueado, ou quando um processo apto é eliminado por um sinal, o mesmo é removido das filas do escalonador. Somente os processos aptos a executar são enfileirados.

Dadas as estruturas de fila que acabamos de descrever, o algoritmo de escalonamento é simples: encontrar a fila de prioridade mais alta que não esteja vazia e escolher o processo que está no início dessa fila. O processo *IDLE* está sempre pronto e fica na fila de prioridade mais baixa. Se todas as filas de prioridade mais alta estiverem vazias, o processo *IDLE* será executado.

Vimos várias referências a *enqueue* e *dequeue* na última seção. Agora, vamos examiná-las. *Enqueue* é chamada com um ponteiro para uma entrada na tabela de processos como argumento (linha 7787). Ela chama outra função, *sched*, com ponteiros para variáveis que determinam em qual fila o processo deve estar e se ele deve ser adicionado no início ou no final dessa fila. Agora, existem três possibilidades. Esses são exemplos clássicos de estruturas de dados. Se a fila escolhida estiver vazia, tanto *rdy_head* como *rdy_tail* apontarão para o processo que está sendo adicionado e o campo de encadeamento, *p_nextready*, receberá o valor de ponteiro especial que indica que nada vem a seguir, *NIL_PROC*. Se o processo estiver sendo adicionado no início de uma fila, seu ponteiro *p_nextready* receberá o valor corrente de *rdy_head* e, então, *rdy_head* apontará para o novo processo. Se o processo estiver sendo adicionado no final de uma fila, o ponteiro *p_nextready* do ocupante atual do final da fila apontará para o novo processo, assim como *rdy_tail*. Então, o ponteiro *p_nextready* do processo que acabou de ficar pronto apontará para *NIL_PROC*. Finalmente, *pick_proc* será chamada para determinar qual processo será executado em seguida.

Quando um processo deve sair da fila de aptos a executar, a função *dequeue* (linha 7823) é chamada. Um processo deve estar em execução para ser bloqueado; portanto, o processo a ser removido provavelmente estará no início de sua fila. Entretanto, um sinal poderia ter sido enviado para um processo que não estava em execução. Então, a fila é percorrida para se localizar a "vítima", com uma alta probabilidade de o processo ser encontrado no seu início. Quando ele é encontrado, todos os ponteiros são ajustados adequadamente, para retirá-lo do encadeamento. Se ele estava em execução, *pick_proc* também deve ser chamada.

Outro ponto de interesse é encontrado nessa função. Como as tarefas executadas no núcleo compartilham uma área de pilha definida pelo hardware comum, é uma boa idéia verificar a integridade de suas áreas de pilha ocasionalmente. No início de *dequeue* é feito um teste para ver se o processo que está sendo removido da fila executa em espaço de núcleo. Se executar, é feita uma verificação para saber se um padrão característico, escrito no final de sua área de pilha, não foi sobrescrito (linhas 7835 a 7838).

Agora chegamos a *sched*, que escolhe a fila em que vai colocar um processo que se tornou pronto recentemente e se vai inseri-lo no início ou no final dessa fila. Na tabela de processos de cada processo está gravado seu *quantum*, o tempo que resta de seu *quantum*, sua prioridade e a prioridade máxima permitida. Nas linhas 7880 a 7885, é feita uma verificação para saber se o *quantum* inteiro foi usado. Se não foi, ele será reiniciado com o que tiver restado de sua última vez. Se o *quantum* foi todo utilizado, então é feita uma verificação para saber se o processo teve dois turnos seguidos, sem que nenhum outro processo tenha executado. Isso é considerado um sinal de um possível laço infinito (ou pelos menos excessivamente longo) e é atribuída uma penalidade de +1. Entretanto, se o *quantum* inteiro foi utilizado, mas outros processos tiveram uma chance de executar, o valor da penalidade se tornará -1. É claro que isso não ajudará caso dois ou mais processos estejam sendo executados juntos em um laço. O modo de detectar isso é um problema em aberto.

Em seguida, é determinada a fila a ser usada. A fila 0 é a de prioridade mais alta; a fila 15 é a de prioridade mais baixa. Alguém poderia dizer que isso deveria ser feito de outra forma, mas essa maneira está de acordo com os valores tradicional de *nice* utilizados pelo UNIX, onde um valor positivo significa um processo executando com prioridade mais baixa. Os processos do núcleo (as tarefas de relógio e de sistema) são imunes ao valor de *nice*, mas todos os outros processos podem ter suas prioridades reduzidas; ou seja, podem ser movidos para uma fila numericamente mais alta, adicionado-se uma penalidade positiva. Todos os processos começam com sua prioridade máxima; portanto, uma penalidade negativa não muda nada, até que tenham sido atribuídas penalidades positivas. Também existe um limite inferior para a prioridade; os processos normais nunca podem ser colocados na mesma fila de *IDLE*.

Agora, chegamos a *pick_proc* (linha 7910). A principal tarefa dessa função é configurar *next_ptr*. Toda alteração nas filas que possa afetar a escolha do processo a ser executado em seguida exige que *pick_proc* seja novamente executada. Quando o processo corrente é bloqueado, *pick_proc* é chamada para determinar quem usará da CPU. Basicamente, *pick_proc* é o escalonador.

Pick_proc é simples. Cada fila é testada. Primeiro é testado *TASK_Q* e, se um processo dessa fila estiver pronto, *pick_proc* configurará *proc_ptr* e retornará imediatamente. Caso contrário, a próxima fila de prioridade mais baixa é testada, descendo até *IDLE_Q*. O ponteiro *bill_ptr* é alterado para cobrar o processo de usuário pelo tempo da CPU que está para receber (linha 7694). Isso garante que o último processo de usuário a ser executado seja cobrado pelo trabalho feito pelo sistema em seu nome.

As funções restantes em *proc.c* são *lock_send*, *lock_enqueue* e *lock_dequeue*. Todas elas dão acesso às suas funções básicas usando *lock* e *unlock*, da mesma maneira como discutimos para *lock_notify*.

Em resumo, o algoritmo de escalonamento mantém várias filas de prioridade. O primeiro processo da fila de prioridade mais alta é sempre executado em seguida. A tarefa de relógio monitora o tempo usado por todos os processos. Se um processo de usuário utiliza todo seu *quantum*, ele é colocado no final de sua fila, obtendo-se assim um escalonamento *round-robin* simples entre os processos de usuário concorrentes. Espera-se que as tarefas, os *drivers* e os servidores sejam executados até serem bloqueados e recebam *quanta* grandes, mas se forem executados por tempo demais, eles também poderão ser preemptados. Não se espera que isso aconteça com muita freqüência, mas é um mecanismo para impedir que um processo de alta prioridade com problema bloqueie o sistema. Um processo que impeça outros processos de executar também pode ser movido temporariamente para uma fila de prioridade mais baixa.

2.6.11 Suporte do núcleo dependente de hardware

Várias funções escritas em C são, contudo, específicas do hardware. Para facilitar a transferência do MINIX 3 para outros sistemas, essas funções foram isoladas nos arquivos discutidos nesta seção, *exception.c*, *i8259.c* e *protect.c*, em vez de serem incluídas nos mesmos arquivos com o código de nível superior que suportam.

Exception.c contém a rotina de tratamento de exceção, *exception* (linha 8012), que é chamada (como *_exception*) pela parte em linguagem *assembly* do código de tratamento de exceção em *mpx386.s*. As exceções oriundas de processos de usuário são convertidas em sinais. Espera-se que os usuários cometam erros em seus próprios programas, mas uma exceção gerada pelo sistema operacional indica que algo está seriamente errado e causa uma situação de pânico. O *array ex_data* (linhas 8022 a 8040) determina a mensagem de erro a ser impressa em caso de pânico ou o sinal a ser enviado para um processo de usuário para cada exceção. Anteriormente, os processadores Intel não geravam todas as exceções e o terceiro campo em cada entrada indica o modelo de processador mínimo capaz de gerar cada uma delas. Esse *array* fornece um resumo interessante da evolução da família Intel de processadores nos quais o MINIX 3 foi implementado. Na linha 8065, uma mensagem diferente é impressa, caso um pânico resulte de uma interrupção não esperada do processador em uso.

Suporte para interrupção dependente de hardware

As três funções em *i8259.c* são usadas durante a inicialização do sistema para inicializar os chips controladores de interrupção Intel 8259. A macro da linha 8119 define uma função fictícia (a função real é necessária apenas quando o MINIX 3 é compilado para uma plataforma Intel de 16 bits). *Intr_init* (linha 8124) inicializa os controladores. Duas etapas garantem que nenhuma interrupção ocorra antes que toda a inicialização esteja terminada. Primeiramente, *intr_disable* é chamada na linha 8134. Essa é uma chamada em linguagem C para uma função em linguagem *assembly* na biblioteca que executa uma única instrução, cli, a qual desativa o atendimento de interrupções pela CPU. Então, em cada controlador de interrupção, é escrito uma seqüência de bytes nos registradores de controle, cujo efeito é desabilitar o atendimento dos controladores aos sinais entrada externos. O byte escrito na linha 8145 é composto por todos os bits com valores iguais a um, exceto um, o que a entrada em cascata do controlador escravo para o controlador mestre (veja a Figura 2-39). Um valor zero permite o atendimento da interrupção associado àquela entrada; um valor um, desabilita. O byte escrito no controlador secundário na linha 8151 é todo composto por valores um.

Uma tabela armazenada no chip controlador de interrupção i8259 gera um índice de 8 bits que a CPU utiliza para localizar o descritor de interrupção correto para cada entrada de interrupção possível (os sinais no lado direito da Figura 2-39). Isso é configurado pela BIOS durante a inicialização do computador e quase todos esses valores podem ser mantidos como estão. Quando os *drivers* que usam de interrupções são inicializados, alterações podem ser feitas onde for necessário. Cada *driver* pode então pedir para que um bit seja reativado no chip controlador de interrupção, para permitir sua própria entrada de interrupção. O argumento *mine* de *intr_init* é usado para determinar se o MINIX 3 está sendo inicializado ou desligado. Essa função pode ser usada tanto para inicializar na partida como para restaurar as configurações da BIOS, quando o MINIX 3 é desligado.

Depois que a inicialização do hardware terminar, a última etapa em *intr_init* é copiar os vetores de interrupção da BIOS na tabela de vetores do MINIX 3.

A segunda função em *8259.c* é *put_irq_handler* (linha 8162). Na inicialização, *put_irq_handler* é chamada para cada processo que deve responder a uma interrupção. Isso coloca o endereço da rotina de tratamento na tabela de interrupção, *irq_handlers*, definida como *EXTERN* em *glo.h*. Nos computadores modernos, 15 linhas de interrupção nem sempre são suficientes (pois pode haver mais do que 15 dispositivos de E/S); portanto, talvez dois dispositivos de E/S precisem compartilhar uma linha de interrupção. Isso não ocorrerá com nenhum dos dispositivos básicos suportados pelo MINIX 3, como descrito neste texto, mas quando interfaces de rede, placas de som ou dispositivos de E/S mais esotéricos forem suportados, talvez eles precisem compartilhar linhas de interrupção. Para possibilitar isso, a tabela de interrupção não é apenas uma tabela de endereços. *Irq_handlers[NR_IRQ_VECTORS]* é um *array* de ponteiros para estruturas *irq_hook*, um tipo definido em *kernel/type.h*. Essas estruturas contêm um campo que é um ponteiro para outra estrutura do mesmo tipo; portanto, pode ser construída uma lista encadeada, começando com um dos elementos de *irq_handlers*. *Put_irq_handler* adiciona uma entrada em uma dessas listas. O elemento mais importante dessa entrada é um ponteiro para uma **rotina de tratamento de interrupção** (*interrupt handler*), a função a ser executada quando uma interrupção é gerada, por exemplo, quando a E/S solicitada tiver terminado.

Alguns detalhes de *put_irq_handler* merecem ser mencionados. Observe a variável *id*, que é configurada como 1 imediatamente antes do início do laço while que percorre a lista encadeada (linhas 8176 a 8180). Sempre que passa pelo laço, *id* é deslocada 1 bit para a esquerda. O teste na linha 8181 limita o comprimento do encadeamento ao tamanho de *id*, ou seja, 32 rotinas de tratamento para um sistema de 32 bits. No caso normal, a varredura vai até o final da lista de encadeamento, onde uma nova rotina de tratamento pode ser posta. Quando isso é feito, *id* também é armazenada no campo de mesmo nome no novo item do encadeamento. *Put_irq_handler* também ativa um bit na variável global *irq_use*, para registrar que existe uma rotina de tratamento para essa IRQ.

Se você entendeu completamente o objetivo de projeto do MINIX 3 de colocar *drivers* de dispositivo em espaço de usuário, a discussão anterior sobre como as rotinas de tratamento de interrupção são chamadas poderá ter lhe deixado ligeiramente confuso. Os endereços de rotina de tratamento de interrupção armazenados nas estruturas de gancho não podem ser úteis, a menos que apontem para funções dentro do espaço de endereçamento do núcleo. O único dispositivo orientado a interrupção em espaço de endereçamento do núcleo é o relógio. E quanto aos *drivers* de dispositivo que possuem seus próprios espaços de endereçamento?

A resposta é: a tarefa de sistema trata disso. Na verdade, essa é a resposta para a maioria das perguntas a respeito da comunicação entre o núcleo e os processos em espaço de usuário. Um *driver* de dispositivo em espaço de usuário que deve ser orientado a interrupção faz uma chamada sys_irqctl para a tarefa de sistema, quando precisa registrar uma rotina de tratamento de interrupção. Então, a tarefa de sistema chama *put_irq_handler*, mas em vez do endereço de uma rotina de tratamento de interrupção no espaço de endereçamento do *driver*, o endereço de *generic_handler*, parte da tarefa de sistema, é armazenado no campo da rotina de tratamento de interrupção. O campo de número do processo na estrutura de gancho é usado por *generic_handler* para localizar a entrada da tabela *priv* para o *driver* e o bit no mapa de bits de interrupções pendentes do *driver*, correspondente à interrupção, é ativado. Então, *generic_handler* envia uma notificação para o *driver*. A notificação é identificada como sendo de *HARDWARE* e o mapa de bits das interrupções pendentes do *driver* é incluído na mensagem. Assim, se um *driver* precisar responder às interrupções de mais de uma fonte, ele poderá saber qual é o responsável pela notificação corrente. Na verdade, como o mapa de bits é enviado, uma única notificação fornece informações sobre todas as interrupções pendentes do *driver*. Outro campo na estrutura de gancho se refere à política, que determina se a interrupção deve ser reativada imediatamente ou se deve permanecer desativada. Neste último caso, ficará por conta do *driver* fazer uma chamada de núcleo sys_irqenable, quando o serviço da interrupção corrente tiver terminado.

Um dos objetivos de projeto do MINIX 3 é suportar a reconfiguração de dispositivos de E/S em tempo de execução. A função seguinte, *rm_irq_handler*, remove uma rotina de tratamento, uma etapa necessária, caso um *driver* de dispositivo precise ser removido e, possivelmente, substituído por outro. Sua ação é exatamente oposta à de *put_irq_handler*.

A última função nesse arquivo, *intr_handle* (linha 8221), é chamada a partir das macros *hwint_master* e *hwint_slave* que vimos em *mpx386.s*. O elemento do *array* de mapas de bits *irq_actids* correspondente à interrupção que está sendo atendida é usado para monitorar o status corrente de cada rotina de tratamento em uma lista. Para cada função na lista, *intr_handle* ativa o bit correspondente em *irq_actids* e chama a rotina de tratamento. Se uma rotina de tratamento não tem nada para fazer ou se termina seu trabalho imediatamente, ela retorna *true* e o bit correspondente em *irq_actids* é limpo. O mapa de bits completo de uma interrupção, considerado como um valor inteiro, é testado perto do final das macros *hwint_master* e *hwint_slave* para determinar se essa interrupção pode ser reativada antes que outro processo seja reiniciado.

Suporte para o modo protegido da Intel

Protect.c contém rotinas relacionadas à operação de modo protegido dos processadores Intel. A **Tabela Global de Descritores** (*Global Descriptor Table* – **GDT**), as **Tabelas de Descritores Locais** (*Local Descriptor Table* – **LDT**) e a **Tabela de Descritores de Interrupção** (*Interrupt Descriptor Table* – **IDT**), todas localizadas na memória, fornecem acesso protegido aos recursos do sistema. A **GTD** e a **IDT** são apontadas por registradores especiais dentro da CPU e as entradas de GDT apontam para **LDT**s. A GDT está disponível para todos os processos e contém descritores de segmento para regiões da memória usadas pelo sistema operacional. Normalmente, existe uma única LDT para cada processo, contendo descritores de segmento para as regiões da memória utilizadas pelo processo. Os descritores são estruturas de 8 bytes com vários componentes, mas as partes mais importantes de um descritor de segmento são os campos que descrevem o endereço de base e o limite de uma região da memória. A IDT também é composta de descritores de 8 bytes, sendo a parte mais importante o endereço do código a ser executado quando a interrupção correspondente for ativada.

Cstart, em *start.c*, chama *prot_init* (linha 8368), que configura a GDT nas linhas 8421 a 8438. A BIOS do IBM PC exige que ela seja ordenada de certa maneira e todos os índices para ela são definidos em *protect.h*. O espaço para a LTD de cada processo é alocado na tabela de processos. Cada uma contém dois descritores, para um segmento de código e para um segmento de dados – lembre-se de que estamos discutindo aqui os segmentos definidos por hardware; eles não são os mesmos segmentos gerenciados pelo sistema operacional, que considera o segmento de dados definido pelo hardware como subdividido em segmentos de dados e de pilha. Nas linhas 8444 a 8450, são construídos descritores para cada LDT na GTD. As funções *init_dataseg* e *init_codeseg* construíram esses descritores. As entradas nas LDTs em si são inicializadas quando o mapa de memória de um processo é alterado (isto é, quando é feita uma chamada de sistema **exec**).

Outra estrutura de dados de processador que precisa de inicialização é o **Segmento de Estado de Tarefa** (*Task State Segment* – **TSS**). A estrutura é definida no início desse arquivo (linhas 8325 a 8354) e fornece espaço para armazenamento de registradores do processador e outras informações que devem ser salvas quando é feita uma troca de tarefa. O MINIX 3 utiliza apenas os campos que definem onde uma nova pilha deve ser construída quando ocorrer uma interrupção. A chamada para *init_dataseg* na linha 8460 garante que ela possa ser localizada usando a GDT.

Para entender como o MINIX 3 funciona no nível mais baixo, talvez o mais importante seja compreender como as exceções, interrupções de hardware ou instruções int <nnn> levam à execução das várias partes do código que foram escritas para atendê-las. Esses eventos são processados por meio da tabela de descritores de interrupção. O *array gate_table* (linhas 8383 a 8418) é inicializado pelo compilador com os endereços das rotinas que tratam de exceções e interrupções de hardware e, então, é usado no laço das linhas 8464 a 8468 para inicializar essa tabela, usando chamadas para a função *int_gate*.

Existem bons motivos para o modo como os dados são estruturados nos descritores, baseados nos detalhes do hardware e na necessidade de manter a compatibilidade entre os processadores mais avançados e o processador 286 de 16 bits. Felizmente, normalmente podemos deixar esses detalhes para os projetistas de processador da Intel. De modo geral, a linguagem C nos permite evitar os detalhes. Entretanto, na implementação de um sistema operacional real, os detalhes devem ser examinados em algum ponto. A Figura 2-44 mostra a estrutura interna de um tipo de descritor de segmento. Note que o endereço de base, que os programas C podem ser referir como um inteiro sem sinal de 32 bits simples, é dividido em três partes, duas das quais são divididos em diversos valores de 1, 2 e 4 bits. O limite, um valor de 20 bits, é armazenado em duas partes separadas, uma de 16 e outra de 4 bits. O limite é interpretado como um número de bytes ou como um número de páginas de 4096 bytes, com base no valor do bit *G* (de granularidade). Outros descritores, como aqueles usados para especificar como as interrupções são manipuladas, têm estruturas diferentes, mas igualmente complexas. Discutiremos essas estruturas com mais detalhes no Capítulo 4.

A maior parte das outras funções definidas em *protect.c* é dedicada à conversão entre as variáveis usadas nos programas em C e as formas horríveis que esses dados assumem nos descritores legíveis pela máquina, como os que aparecem na Figura 2-44. *Init_codeseg* (linha 8477) e *init_dataseg* (linha 8493) têm operação semelhante e são usadas para converter os pa-

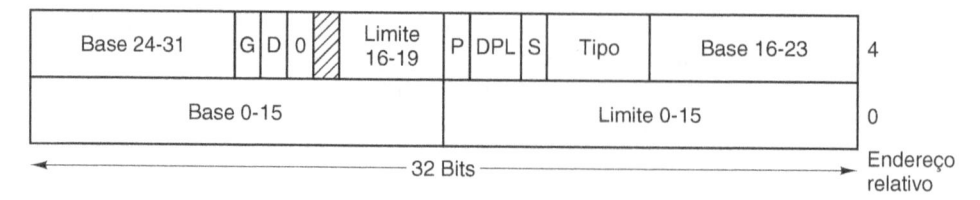

Base 24-31	G	D	0		Limite 16-19	P	DPL	S	Tipo	Base 16-23	4
Base 0-15									Limite 0-15		0

←———————————— 32 Bits ————————————→   Endereço relativo

Figura 2-44   O formato de um descritor de segmento Intel.

râmetros passados a elas em descritores de segmento. Cada uma delas, por sua vez, chama a função seguinte, *sdesc* (linha 8508), para completar a tarefa. É aí que são tratados os detalhes desorganizados da estrutura mostrada na Figura 2-44. *Init_codeseg* e *init_data_seg* não são usadas apenas na inicialização do sistema. Elas também são chamadas pela tarefa de sistema quando um novo processo é iniciado, para alocar segmentos de memória para o processo utilizar. *Seg2phys* (linha 8533), chamada apenas a partir de *start.c*, executa uma operação inversa da de *sdesc*, extraindo o endereço de base de um segmento a partir de de um descritor de segmento. *Phys2seg* (linha 8556) não é mais necessária; agora, a chamada de núcleo sys_segctl trata do acesso aos segmentos de memória remotos; por exemplo, a memória na área reservada do PC, entre 640K e 1M. *Int_gate* (linha 8571) executa uma função semelhante a *init_codeseg* e *init_dataseg*, na construção de entradas para a tabela de descritores de interrupção.

Agora, chegamos a uma função em *protect.c*, *enable_iop* (linha 8589), que pode fazer um truque sujo. Ela muda o nível de privilégio das operações de E/S, permitindo que o processo corrente execute instruções que lêem e escrevam em portas de E/S. A descrição do objetivo da função é mais complicada do que a função em si, que apenas ativa dois bits na palavra da entrada da estrutura de pilha do processo que fez a chamada, os quais serão carregados no registrador de status da CPU na próxima vez que o processo for executado. Não é necessária uma função para desfazer isso, pois só se aplicará ao processo que fez a chamada. Atualmente, essa função não é utilizada e nenhum método é fornecido para uma função em espaço de usuário ativá-la.

A última função em *protect.c* é *alloc_segments* (linha 8603). Ela é chamada por *do_newmap*. Ela também é chamada pela rotina *main* do núcleo durante a inicialização. Essa definição é muito dependente do hardware. Ela pega as atribuições de segmento que são gravadas em uma entrada da tabela de processos e manipula os registradores e descritores utilizados pelo processador Pentium para suportar segmentos protegidos no nível do hardware. Múltiplas atribuições, como as das linhas 8629 a 8633, são uma característica da linguagem C.

2.6.12   Utilitários e a biblioteca do núcleo

Finalmente, o núcleo tem uma biblioteca de funções de suporte escritas em linguagem *assembly*, que são incluídas pela compilação de *klib.s*, e alguns programas utilitários, escritos em C, no arquivo *misc.c*. Vamos primeiro ver os arquivos em linguagem *assembly*. *Klib.s* (linha 8700) é um arquivo pequeno, semelhante a *mpx.s*, que seleciona a versão específica da máquina apropriada com base na definição de *WORD_SIZE*. O código que vamos discutir está em *klib386.s* (linha 8800). Ele contém cerca de duas dezenas de rotinas utilitárias em linguagem *assembly*, por eficiência ou porque não podem ser escritas em C.

_Monitor (linha 8844) torna possível retornar para o monitor de inicialização. Do ponto de vista do monitor de inicialização, todo o MINIX 3 é apenas uma sub-rotina, e quando o MINIX 3 é iniciado, um endereço de retorno para o monitor é deixado na pilha do monitor. _Monitor precisa apenas restaurar os vários seletores de segmento e o ponteiro de pilha que foi salvo quando o MINIX 3 foi iniciado e, então, retornar como se fosse qualquer outra sub-rotina.

Int86 (linha 8864) suporta chamadas da BIOS. A BIOS é usada para fornecer *drivers* de disco alternativos, os quais não serão descritos aqui. *Int86* transfere o controle para o monitor de inicialização, o qual gerencia uma transferência do modo protegido para o modo real para executar uma chamada da BIOS e, então, uma transferência para o modo protegido para voltar ao MINIX 3 de 32 bits. O monitor de inicialização também retorna o número de tiques de relógio contados durante a chamada da BIOS. O modo como isso é usado será visto na discussão sobre a tarefa de relógio.

Embora *_phys_copy* (veja a seguir) pudesse ter sido usada para copiar mensagens, foi fornecida para esse propósito, *_cp_mess* (linha 8952), uma função especializada mais rápida. Ela é chamada por

cp_mess(source, src_clicks, src_offset, dest_clicks, dest_offset);

onde *source* é o número de processo do remetente, o qual é copiado no campo *m_source* do buffer do destinatário. Tanto o endereço de origem, como o de destino, são especificados fornecendo um número de *click*, normalmente a base do segmento que contém o buffer, e um deslocamento a partir desse *click*. Essa forma de especificar a origem e o destino é mais eficiente do que os endereços de 32 bits utilizados por *_phys_copy*.

_Exit, *__exit* e *___exit* (linhas 9006 a 9008) são definidas porque algumas rotinas de biblioteca que poderiam ser utilizadas na compilação do MINIX 3 fazem chamadas para a função *exit* padrão da linguagem C. Sair do núcleo não é um conceito significativo; não há nenhum lugar para se ir. Conseqüentemente, a função *exit* padrão não pode ser usada aqui. A solução é ativar as interrupções e entrar em um laço infinito. Finalmente, uma operação de E/S ou o relógio causará uma interrupção e a operação normal do sistema será retomada. O ponto de entrada de *___main* (linha 9012) é outra tentativa de lidar com uma ação do compilador que, embora possa fazer sentido ao se compilar um programa de usuário, não tem nenhum objetivo no núcleo. Ela aponta para uma instrução **ret** (retorno de sub-rotina) em linguagem *assembly*.

_Phys_insw (linha 9022), *_phys_insb* (linha 9047), *_phys_outsw* (linha 9072) e *_phys_outsb* (linha 9098) dão acesso às portas de E/S que, no hardware Intel, ocupam uma porção específica do endereçamento da memória e usam instruções diferentes das de leituras e de escrita da memória RAM. As instruções de E/S utilizadas aqui, **ins**, **insb**, **outs** e **outsb**, são projetadas para trabalhar eficientemente com *arrays* (strings) e palavras de 16 bits ou bytes de 8 bits. As instruções adicionais em cada função configuram todos os parâmetros necessários para mover determinado número de bytes, ou palavras, entre um buffer, endereçado fisicamente, e uma porta. Esse método fornece a velocidade necessária para atender os discos, que devem ser atendidos mais rapidamente do que poderia ser feito com operações de E/S mais simples de um byte ou uma palavra por vez.

Uma única instrução de máquina pode ativar ou desativar o atendimento da CPU para todas as interrupções. *_Enable_irq* (linha 9126) e *_disable_irq* (linha 9162) são mais complicadas. Elas trabalham no nível dos chips controladores de interrupção para ativar e desativar individualmente interrupções de hardware.

_Phys_copy (linha 9204) é chamada em C por

phys_copy(source_address, destination_address, bytes);

e copia um bloco de dados de uma parte da memória física para qualquer parte em outro lugar. Os dois endereços são absolutos; isto é, o endereço 0 significa realmente o primeiro byte do espaço de endereçamento total e todos os três parâmetros são valores longos sem sinal.

Por segurança, toda a memória a ser usada por um programa deve estar totalmente limpa dos dados restantes de um programa que a ocupou anteriormente. Isso é feito pela chamada de **exec** do MINIX 3, utilizando, em última análise, a próxima função em *klib386.s*, *phys_memset* (linha 9248).

As duas funções seguintes são específicas dos processadores Intel. *_Mem_rdw* (linha 9291) retorna uma palavra de 16 bits a partir de qualquer endereço de memória. O resultado é preenchido com zero no registrador *eax* de 32 bits. A função *_reset* (linha 9307) reconfigura o processador. Ela faz isso carregando o registrador da tabela de descritores de interrupção do processador com um ponteiro nulo e, então, executando uma interrupção de software. Isso tem o mesmo efeito de uma reconfiguração de hardware.

A função *idle_task* (linha 9318) é chamada quando não há mais nada para fazer. Ela é escrita como um laço infinito, mas não é apenas um laço para ocupar a CPU. *Idle_task* tira proveito da disponibilidade da instrução hlt, que coloca o processador em um modo de economia de energia até que uma interrupção seja recebida. Entretanto, a instrução hlt é privilegiada e executá-la quando o nível de privilégio corrente não é 0 causa uma exceção. Assim, *idle_task* coloca o endereço de uma sub-rotina contendo uma instrução hlt e, depois, chama *level0* (linha 9322). Esta função recupera o endereço da sub-rotina *halt* e o copia em uma área de armazenamento reservada (declarada em *glo.h* e reservada realmente em *table.c*).

_Level0 trata o endereço que for previamente carregado nessa área como a parte funcional de uma rotina de serviço de interrupção a ser executada com o nível de permissão mais privilegiado, o nível zero.

As duas últimas funções são *read_tsc* e *read_flags*. A primeira lê um registrador da CPU que executa uma instrução em linguagem *assembly* conhecida como rdtsc, contador de indicação de tempo de leitura. Ela conta ciclos da CPU e serve para efeitos de *benchmark* ou para depuração. Essa instrução não é suportada pelo montador do MINIX 3 e é gerada pela codificação do código de operação em hexadecimal. Finalmente, *read_flags* lê os *flags* do processador e os retorna como uma variável em C. O programador estava cansado e o comentário sobre o objetivo dessa função está incorreto.

O último arquivo que consideraremos neste capítulo é *utility.c*, que fornece três funções importantes. Quando algo dá completamente errado no núcleo, *panic* (linha 9429) é ativada. Ela imprime uma mensagem e chama *prepare_shutdown*. Quando o núcleo precisa imprimir uma mensagem, ele não pode usar a instrução *printf* padrão da biblioteca; portanto, uma instrução *kprintf* especial é definida aqui (linha 9450). A gama completa de opções de formatação disponíveis na versão da biblioteca não é necessária aqui, mas grande parte da funcionalidade está disponível. Como o núcleo não pode usar o sistema de arquivos para acessar um arquivo ou um dispositivo, ele passa cada caractere para outra função, *kputc* (linha 9525), a qual insere cada caractere em um buffer. Posteriormente, quando *kputc* recebe o código *END_OF_KMESS*, ela informa ao processo que manipula tais mensagens. Isso está definido em *include/minix/config.h* e pode ser o *driver* de *log* ou o *driver* de console. Se for o *driver* de *log*, a mensagem será passada para o console também.

2.7 A TAREFA DE SISTEMA NO MINIX 3

Uma conseqüência de tornar os principais componentes do sistema em processos independentes fora do núcleo é que eles são proibidos de fazer E/S real, manipular tabelas do núcleo e fazer outras coisas normalmente realizadas pelas funções do sistema operacional. Por exemplo, a chamada de sistema fork é manipulada pelo gerenciador de processos. Quando um novo processo é criado, o núcleo precisa saber a respeito dele para programar sua execução. Como o gerenciador de processos pode avisar o núcleo?

A solução para esse problema é ter um núcleo que ofereça um conjunto de serviços para os *drivers* e servidores. Esses serviços, que não estão disponíveis para processos de usuário normais, permitem que os *drivers* e servidores façam E/S real, acessem tabelas do núcleo e façam outras coisas necessárias, tudo sem estar dentro do núcleo.

Esses serviços especiais são manipulados pela **tarefa de sistema**, que é mostrada na camada 1 da Figura 2-29. Embora ela seja compilada no programa binário do núcleo, é na verdade um processo separado e tem sua execução programada como tal. O papel da tarefa de sistema é aceitar todos os pedidos de serviços especiais do núcleo feitos pelos *drivers* e servidores e executá-los. Como a tarefa de sistema faz parte do espaço de endereçamento do núcleo, faz sentido estudá-la aqui.

Anteriormente neste capítulo, vimos um exemplo de serviço fornecido pela tarefa de sistema. Na discussão sobre o tratamento de interrupções, descrevemos como um *driver* de dispositivo em espaço de usuário utiliza sys_irqctl para enviar uma mensagem para a tarefa de sistema solicitando a instalação de uma rotina de tratamento de interrupção. Um *driver* em espaço de usuário não pode acessar a estrutura de dados do núcleo, onde são colocados os endereços das rotinas de serviço de interrupção, mas a tarefa de sistema pode fazer isso. Além disso, como a rotina do serviço de interrupção também precisa estar no espaço de endereçamento do núcleo, o endereço armazenado é o de uma função fornecida pela tarefa de sistema, *generic_handler*. Essa função responde a uma interrupção enviando uma mensagem de notificação para o *driver* de dispositivo.

Este é um bom lugar para esclarecer alguma terminologia. Em um sistema operacional convencional, com um núcleo monolítico, o termo **chamada de sistema** é usado para se referir a qualquer solicitação de serviços fornecidos pelo núcleo. Em um sistema operacional moderno do tipo UNIX, o padrão POSIX descreve as chamadas de sistema disponíveis para os processos. Naturalmente, podem existir algumas extensões não padronizadas para o POSIX, e um programador que a esteja usando geralmente o fará como referência a uma função definida em bibliotecas da linguagem C, as quais podem fornecer uma interface de programação fácil de usar. Além disso, às vezes, funções de biblioteca diferentes, que parecem para o programador como sendo "chamadas de sistema" distintas, na verdade utilizam o mesmo acesso ao núcleo.

No MINIX 3 o panorama é diferente: os componentes do sistema operacional são executados em espaço de usuário, embora tenham privilégios especiais como processos de sistema. Ainda usaremos o termo "chamada de sistema" para todas as chamadas de sistema definidas pelo POSIX (e algumas extensões do MINIX) listadas na Figura 1-9, mas os processos de usuário não solicitam serviços diretamente do núcleo. No MINIX 3, as chamadas de sistema feitas por processos de usuário são transformadas em mensagens para processos servidores. Os processos servidores se comunicam entre si, com *drivers* de dispositivo e com o núcleo, por meio de mensagens. O assunto desta seção, a tarefa de sistema, recebe todas as requisições de serviços do núcleo. Vagamente falando, poderíamos chamar essas requisições de chamadas de sistema, mas para sermos mais exatos, vamos nos referir a elas como **chamadas de núcleo**. As chamadas de núcleo não podem ser feitas por processos de usuário. Em muitos casos, uma chamada de sistema originada por um processo de usuário resulta em uma chamada de núcleo com um nome semelhante sendo feita por um servidor. Isso sempre acontece porque alguma parte do serviço que está sendo solicitado só pode ser manipulada pelo núcleo. Por exemplo, uma chamada de sistema fork, feita por um processo de usuário, vai para o gerenciador de processos, o qual realiza parte do trabalho. Mas um fork exige alterações na parte do núcleo referente à tabela de processos e, para completar a ação, o gerenciador de processos faz uma chamada sys_fork para a tarefa de sistema, a qual pode manipular dados no espaço de endereçamento do núcleo. Nem todas as chamadas de núcleo têm uma conexão direta com uma única chamada de sistema. Por exemplo, existe uma chamada de núcleo, sys_devio, para ler ou escrever em portas de E/S. Essa chamada de núcleo vem de um *driver* de dispositivo. Mais da metade de todas as chamadas de sistema listadas na Figura 1-9 poderia resultar em um *driver* de dispositivo sendo ativado e fazendo uma ou mais chamadas de sys_devio.

Tecnicamente falando, uma terceira categoria de chamadas (além das chamadas de sistema e das chamadas de núcleo) deve ser distinguida. As **primitivas de mensagem** utilizadas para comunicação entre processos, como send, receive e notify, podem ser consideradas como chamadas de sistema. Provavelmente nos referenciamos a elas desse modo em vários lugares neste livro – afinal, elas chamam o sistema. Mas elas devem ser corretamente denominadas de algo diferente de chamadas de sistema e de chamadas de núcleo. Outros termos podem ser usados. Às vezes é usado o termo **primitiva IPC**, assim como *trap*, e ambos podem ser encontrados em alguns comentários no código-fonte. Você pode considerar uma primitiva de mensagem como a onda portadora em um sistema de comunicação via rádio. Normalmente, a modulação é necessária para tornar uma onda de rádio útil; o tipo da mensagem e outros componentes de uma estrutura de mensagem permitem que a chamada da mensagem transmita informações. Em alguns casos, uma onda de rádio não-modulada é útil; por exemplo, um radiofarol para guiar aviões em um aeroporto. Isso é análogo à primitiva de mensagem notify, que transmite poucas informações, além de sua origem.

2.7.1 Visão geral da tarefa de sistema

A tarefa de sistema aceita 28 tipos de mensagens, mostrados na Figura 2-45. Cada um deles pode ser considerado uma chamada de núcleo, embora, conforme veremos, em alguns casos existam várias macros definidas com nomes diferentes, todas resultando em apenas um dos tipos de mensagem mostrados na figura. E, ainda em outros casos, mais de um dos tipos de mensagem da figura é manipulado por uma única função que faz o trabalho.

O programa principal da tarefa de sistema é estruturado como as outras tarefas. Após fazer a inicialização necessária, ele é executado um laço. Ele recebe uma mensagem, despacha para a função de serviço apropriada e, então, envia uma resposta. Algumas funções de suporte gerais são encontradas no arquivo principal, *system.c*, mas o laço principal vai para uma função em um arquivo separado no diretório *kernel/system/* para processar cada chamada de núcleo. Veremos como isso funciona e o motivo dessa organização quando discutirmos a implementação da tarefa de sistema.

Primeiramente, descreveremos brevemente a função de cada chamada de núcleo. Os tipos de mensagem na Figura 2-45 caem em várias categorias. Os primeiros estão envolvidos com o gerenciamento de processos. Sys_fork, sys_exec, sys_exit e sys_trace estão, intimamente relacionadas com as chamadas de sistema padrão do POSIX. Embora *nice* não seja uma chamada de sistema exigida pelo POSIX, em última análise o comando resulta em uma chamada de núcleo sys_nice para alterar a prioridade de um processo. O único tipo desse grupo que provavelmente não é familiar é sys_privctl. Ela é usada pelo servidor de reencarnação (RS), o componente do MINIX 3 responsável por converter processos iniciados como processos de usuário normais em processos de sistema. Sys_privctl altera os privilégios de um processo, por exemplo, para permitir que ele faça chamadas de núcleo. Sys_privctl é utilizada quando *drivers* e servidores que não fazem parte da imagem de *boot* são iniciados pelo *script* /etc/rc. Os *drivers* do MINIX 3 também podem ser iniciados (ou reiniciados) a qualquer momento; quando isso é feito, são necessárias alterações de privilégio.

O próximo grupo de chamadas de núcleo está relacionado com os sinais. Sys_kill está relacionada com a chamada de sistema kill acessível para o usuário (e foi denominada de

Tipo de mensagem	De	Significado
sys_fork	PM	Um processo fez um fork
sys_exec	PM	Configura o ponteiro de pilha após a chamada de EXEC
sys_exit	PM	Um processo terminou
sys_nice	PM	Configura a prioridade para escalonamento
sys_privctl	SR	Configura ou altera privilégios
sys_trace	PM	Executa uma operação da chamada de PTRACE
sys_kill	PM,FS, TTY	Envia um sinal para um processo após a chamada de KILL
sys_getksig	PM	O PM está verificando a existência de sinais pendentes
sys_endksig	PM	O PM terminou o processamento do sinal
sys_sigsend	PM	Envia um sinal para um processo
sys_sigreturn	PM	Limpeza após a conclusão de um sinal
sys_irqctl	Drivers	Ativa, desativa ou configura interrupção
sys_devio	Drivers	Lê ou escreve em uma porta de E/S
sys_sdevio	Drivers	Lê ou escreve string na porta de E/S
sys_vdevio	Drivers	Executa um vetor de requisições de E/S
sys_int86	Drivers	Realiza uma chamada de BIOS no modo real
sys_newmap	PM	Configura o mapa de memória de um processo
sys_segctl	Drivers	Adiciona segmento e obtém o seletor (acesso remoto a dados)
sys_memset	PM	Escreve caracteres na área de memória
sys_umap	Drivers	Converte endereço virtual em endereço físico
sys_vircopy	FS, Drivers	Copia usando endereçamento virtual puro
sys_physcopy	Drivers	Copia usando endereçamento físico
sys_virvcopy	Qualquer um	Vetor de requisições de VCOPY
sys_physvcopy	Qualquer um	Vetor de requisições de PHYSCOPY
sys_times	PM	Obtém os tempos de funcionamento e de processo
sys_setalarm	PM, FS, Drivers	Escalona a execução de um alarme síncrono
sys_abort	PM, TTY	Pânico: o MINIX é incapaz de continuar
sys_getinfo	Qualquer um	Requisição de informação do sistema

Figura 2-45 Os tipos de mensagem aceitos pela tarefa de sistema. "Qualquer um" significa qualquer processo de sistema; os processos de usuário não podem chamar a tarefa de sistema diretamente.

forma errada). As outras chamadas nesse grupo, sys_getksig, sys_endksig, sys_sigsend e sys_sigreturn são usadas pelo gerenciador de processos para obter ajuda do núcleo no tratamento de sinais.

As chamadas de núcleo sys_irqctl, sys_devio, sys_sdevio e sys_vdevio são exclusivas do MINIX 3. Elas fornecem o suporte necessário para *drivers* de dispositivo em espaço de usuário. Mencionamos sys_irqctl no início desta seção. Uma de suas funções é configurar uma rotina de tratamento de interrupção de hardware e ativar interrupções em nome de um *driver* em espaço de usuário. Sys_devio permite que um *driver* em espaço de usuário peça para que a tarefa de sistema leia ou escreva em uma porta de E/S. Obviamente, isso é fundamental; também deve ser evidente que ela envolve mais sobrecarga do que seria o caso se o *driver* estivesse sendo executado em espaço de núcleo. As duas chamadas de núcleo seguintes oferecem um nível mais alto de suporte para dispositivo de E/S. Sys_sdevio pode ser usada quando uma seqüência de bytes ou palavras, isto é, uma string, deve ser lida ou escrita em um único endereço de E/S, como pode acontecer ao se acessar uma porta serial. Sys_vdevio é usada para enviar um vetor de requisições de E/S para a tarefa de sistema. Um vetor quer dizer uma série de pares (porta, valor). Anteriormente neste capítulo, descrevemos a função *intr_init*, que inicializa os controladores de interrupção Intel i8259. Nas linhas 8140 a 8152, uma seqüência de instruções escreve uma série de valores de byte. Para cada um dos dois chips i8259, existe uma porta de controle que configura o modo e outra que recebe uma série de quatro bytes na seqüência de inicialização. Naturalmente, esse código é executado no núcleo; portanto, nenhum suporte da tarefa de sistema é necessário. Mas se isso estivesse sendo feito por um processo em espaço de usuário, uma única mensagem passando o endereço para um buffer contendo 10 pares (porta, valor) seria muito mais eficiente do que 10 mensagens passando, cada uma, um único endereço de porta e um valor a ser escrito.

As três chamadas de núcleo seguintes mostradas na Figura 2-45 envolvem a memória de maneiras distintas. A primeira, sys_newmap, é chamada pelo gerenciador de processos sempre que a memória utilizada por um processo é alterada para permitir que a tabela de processos, pertencente ao núcleo, possa ser atualizada. Sys_segctl e sys_memset fornecem uma maneira segura de dar a um processo acesso à memória fora de seu próprio espaço de endereçamento de dados. A área de memória de 0xa0000 a 0xfffff é reservada para dispositivos de E/S, conforme mencionamos na discussão sobre a inicialização do sistema MINIX 3. Alguns dispositivos utilizam parte dessa região da memória para E/S—por exemplo, as placas de vídeo esperam que os dados a serem exibidos sejam escritos na memória da placa que é mapeada nessa zona de endereçamento. Sys_segctl é utilizada por um *driver* de dispositivo para obter um seletor de segmento que permitirá a ela endereçar memória nesse intervalo. A outra chamada, sys_memset, é usada quando um servidor deseja escrever dados em uma área da memória que não pertence a ele. Ela é usada pelo gerenciador de processos para zerar a memória quando um novo processo é iniciado evitando assim que o novo processo leia os dados deixados por outro processo.

O próximo grupo de chamadas de núcleo serve para copiar memória. Sys_umap converte endereços virtuais em endereços físicos. Sys_vircopy e sys_physcopy copiam regiões da memória, usando endereços virtuais ou endereços físicos. As duas chamadas seguintes, sys_virvcopy e sys_physvcopy, são versões das duas anteriores que usam vetores. Assim como acontece com um vetor de requisições de E/S, elas permitem fazer uma requisição para a tarefa de sistema solicitando uma série de operações de cópia de memória.

Sys_times, obviamente, tem a ver com tempo e corresponde à chamada de sistema times do POSIX. Sys_setalarm está relacionada com a chamada de sistema alarm do POSIX, mas o parentesco é distante. A chamada do POSIX é manipulada principalmente pelo gerenciador de processos, o qual mantém um conjunto de temporizadores (*timers*) em nome de processos de usuário. O gerenciador de processos utiliza uma chamada de núcleo sys_setalarm quando precisa ter um temporizador configurado no núcleo para seu uso. Isso é feito apenas quando há uma mudança no início da fila gerenciada pelo PM e não segue necessariamente cada chamada alarm de um processo de usuário.

As duas últimas chamadas de núcleo listadas na Figura 2-45 servem para controle do sistema. Sys_abort pode ser originada no gerenciador de processos, após um pedido normal de desligamento do sistema (*shutdown*) ou após um pânico. Ela também pode originar do *driver* de dispositivo *tty*, em resposta a um usuário pressionando a combinação de teclas Ctrl-Alt-Del.

Finalmente, sys_getinfo é uma panacéia que trata de uma variedade de requisições de informação do núcleo. Na verdade, se você pesquisar os arquivos-fonte em C do MINIX 3, encontrará muito poucas referências a essa chamada com seu próprio nome. Mas se você pesquisar os diretórios de cabeçalho, encontrará no mínimo 13 macros em *include/minix/syslib.h* que dão outro nome para Sys_getinfo. Um exemplo é

    sys_getkinfo(dst)   sys_getinfo(GET _KINFO, dst, 0,0,0)

que é usada para retornar a estrutura *kinfo* (definida em *include/minix/type.h*, nas linhas 2875 a 2893) para o gerenciador de processos, para uso durante a inicialização do sistema. A mesma informação pode ser necessária em outras ocasiões. Por exemplo, o comando de usuário *ps* precisa conhecer a localização no núcleo da tabela de processos para exibir informações sobre o status de todos os processos. Ele pede ao PM, que por sua vez utiliza a variante *sys_getkinfo* de sys_getinfo para obter a informação.

Antes de deixarmos esta visão geral dos tipos de chamada de núcleo, devemos mencionar que sys_getinfo não é a única chamada de núcleo ativada por meio de vários nomes diferentes definidos como macros em *include/minix/syslib.h*. Por exemplo, a chamada de sys_sdevio é normalmente feita por uma das macros sys_insb, sys_insw, sys_outsb ou sys_outsw. Os nomes foram planejados para tornar fácil ver se a operação é de entrada ou saída, com tipos de dados byte ou word. Analogamente, a chamada sys_irqctl normalmente é feita por uma macro como sys_irqenable, sys_irqdisable ou uma das várias outras. Tais macros tornam o significado mais claro para uma pessoa que esteja lendo o código. Elas também ajudam o programador, gerando argumentos constantes automaticamente.

2.7.2 Implementação da tarefa de sistema

A tarefa de sistema é compilada a partir de um cabeçalho, *system.h*, e de um arquivo-fonte em C, *system.c*, no diretório principal *kernel/*. Além disso, existe uma biblioteca especializada, construída a partir dos arquivos-fonte em um subdiretório, *kernel/system/*. Há um motivo para essa organização. Embora o MINIX 3, conforme descrevemos aqui, seja um sistema operacional de propósito geral, ele também é potencialmente útil para propósitos especiais, como o suporte incorporado em um dispositivo portátil. Nesses casos, uma versão simplificada do sistema operacional poderia ser adequada. Por exemplo, um dispositivo sem disco talvez não precise de um sistema de arquivos. Vimos em *kernel/config.h* que a compilação de chamadas de núcleo pode ser ativada e desativada seletivamente. Ter o código que suporta cada chamada de núcleo a partir da ligação de bibliotecas no último estágio de um processo de compilação torna mais fácil construir um sistema personalizado.

Colocar o suporte para cada chamada de núcleo em um arquivo separado simplifica a manutenção do software. Mas existe certa redundância entre esses arquivos, e listar todos eles acrescentaria 40 páginas neste livro. Assim, listaremos no Apêndice B e descreveremos no texto apenas alguns dos arquivos presentes no diretório *kernel/system/*. Entretanto, todos os arquivos estão no CD-ROM e no site web do MINIX 3.

Começaremos vendo o arquivo de cabeçalho, *kernel/system.h* (linha 9600). Ele fornece protótipos para funções correspondentes à maioria das chamadas de núcleo listadas na Figura 2-45. Além disso, há um protótipo para *do_unused*, uma função ativada caso seja feita uma chamada de núcleo não suportada. Alguns dos tipos de mensagem da Figura 2-45 correspondem às macros definidas aqui. Eles estão nas linhas 9625 a 9630. Esses são casos onde uma única função pode manipular mais de uma chamada.

Antes de examinar o código em *system.c*, observe a declaração do vetor de chamada *call_vec* e a definição da macro *map* nas linhas 9745 a 9749. *Call_vec* é um *array* de ponteiros para funções, o qual fornece um mecanismo para acionar a função necessária para atender uma mensagem em particular, usando o tipo da mensagem (expresso como um número) como índice para o *array*. Essa é uma técnica que veremos sendo utilizada em outras partes do MINIX 3. A macro *map* é uma maneira conveniente de inicializar um *array* dessa forma. A macro é definida de tal maneira que tentar expandi-la com um argumento inválido resultará na declaração de um *array* com tamanho negativo, o que evidentemente é impossível e causará um erro de compilador.

O nível superior da tarefa de sistema é a função *sys_task*. Após uma chamada para inicializar um *array* de ponteiros para funções, *sys_task* é executada em um laço. Ela espera por uma mensagem, faz alguns testes para validar a mensagem, desvia para a função que trata da chamada correspondente ao tipo da mensagem, possivelmente gerando uma mensagem de resposta, e repete o ciclo enquanto o MINIX 3 estiver em execução (linhas 9768 a 9796). Os testes consistem em uma verificação da entrada da tabela *priv* do processo que fez a chamada, para determinar se ele pode fazer esse tipo de chamada e certificar-se de que esse tipo de chamada é válido. O desvio para a função que faz o trabalho é feito na linha 9783. O índice para o *array call_vec* é o número da chamada, a função chamada é aquela cujo endereço está nesse elemento do *array*, o argumento da função é um ponteiro para a mensagem e o valor de retorno é um código de status. Uma função pode retornar o status *EDONTREPLY*, significando que nenhuma mensagem de resposta é exigida; caso contrário, uma mensagem de resposta será enviada na linha 9792.

Conforme você pode ter notado na Figura 2-43, quando o MINIX 3 inicia, a tarefa de sistema está no início da fila de prioridade mais alta; portanto, faz sentido a função *initialize* da tarefa de sistema inicializar o *array* de ganchos de interrupção e a lista de temporizadores de alarme (linhas 9808 a 9815). Em qualquer caso, conforme observamos anteriormente, a tarefa de sistema é usada para ativar interrupções em nome de *drivers* em espaço de usuário que precisam responder às interrupções; portanto, faz sentido ela preparar a tabela. A tarefa de sistema é utilizada para configurar temporizadores quando alarmes síncronos são solicitados por outros processos de sistema; portanto, também é apropriado inicializar as listas de temporizadores aqui.

Continuando com a inicialização, nas linhas 9822 a 9824 todas as entradas no *array call_vec* são preenchidas com o endereço da função *do_unused*, executada caso seja feita uma chamada de núcleo não suportada. Então, o restante do arquivo, nas linhas 9827 a 9867, consiste em várias expansões da macro *map*, cada uma das quais instala o endereço de uma função na entrada correta de *call_vec*.

O restante de *system.c* consiste em funções que são declaradas como *PUBLIC* e que podem ser usadas por mais de uma das rotinas que atendem as chamadas de núcleo ou por outras partes do núcleo. Por exemplo, a primeira dessas funções, *get_priv* (linha 9872), é utilizada por *do_privctl*, que suporta a chamada de núcleo **sys_privctl**. Ela também é chamada pelo próprio núcleo, enquanto constrói as entradas da tabela de processos para os processos na imagem de *boot*. O nome talvez engane um pouco. *Get_priv* não recupera informações sobre os privilégios já atribuídos, ela encontra uma estrutura *priv* disponível e a atribui ao processo que fez a chamada. Existem dois casos – cada um dos processos de sistema obtém sua própria entrada na tabela *priv*. Se uma entrada não estiver disponível, o processo não poderá se tornar um processo de sistema. Todos os processos de usuário compartilham a mesma entrada na tabela.

Get_randomness (linha 9899) é usada para obter números-semente para o gerador de números aleatórios, que é implementado como um dispositivo de caracteres no MINIX 3. Os processadores da classe Pentium mais recentes incluem um contador de ciclos interno e fornecem uma instrução em linguagem *assembly* que pode lê-lo. Isso será usado se estiver disponível; caso contrário será chamada uma função que lê um registrador no chip de relógio.

Send_sig gera uma notificação para um processo de sistema após ativar um bit no mapa de bits *s_sig_pending* do processo a ser sinalizado. O bit é ativado na linha 9942. Note que, como o mapa de bits *s_sig_pending* faz parte de uma estrutura *priv*, esse mecanismo só pode ser usado para notificar processos de sistema. Todos os processos de usuário compartilham uma entrada comum na tabela *priv* e, portanto, campos como o mapa de bits *s_sig_pending* não podem ser compartilhados e não são utilizados por processos de usuário. A verificação de que o destino é um processo de sistema é feita antes de *send_sig* ser chamada. A chamada vem como resultado de uma chamada de núcleo *sys_kill* ou a partir do núcleo, quando *kprintf* está enviando uma string de caracteres. No primeiro caso, o processo que fez a chamada determina se o destino é um processo de sistema ou não. No último caso, o núcleo apenas imprime no processo de saída configurado, que é o *driver* de console ou o *driver* de log: ambos são processos de sistema.

A função seguinte, *cause_sig* (linha 9949), é chamada para enviar um sinal para um processo de usuário. Ela é usada quando uma chamada de núcleo *sys_kill* tem como alvo um processo de usuário. Ela está aqui em *system.c* porque também pode ser chamada diretamente pelo núcleo, em resposta a uma exceção disparada pelo processo de usuário. Assim como acontece com *send_sig*, um bit para sinais pendentes deve ser ativado no mapa de bits do destinatário, mas para processos de usuário isso não se dá na tabela *priv*, mas sim na tabela de processos. O processo de destino também deve se tornar não apto por meio de uma chamada para *lock_dequeue* e seus *flags* (também na tabela de processos) devem ser atualizados para indicar que ele vai ser sinalizado. Então, uma mensagem é enviada – mas não para o processo de destino. A mensagem é enviada para o gerenciador de processos, o qual cuida de todos os aspectos da sinalização de um processo que podem ser tratados por um processo de sistema em espaço de usuário.

Em seguida, aparecem três funções, todas suportam a chamada de núcleo **sys_umap**. Normalmente, os processos tratam com endereços virtuais, relativos à base de um segmento em particular. Mas, às vezes, eles precisam conhecer o endereço absoluto (físico) de uma região de memória, por exemplo, se for feito uma requisição de cópia entre regiões da memória pertencentes a dois segmentos diferentes. Existem três modos pelos quais um endereço de memória virtual pode ser especificado. O modo normal para um processo é relativo a um dos segmentos de memória, texto, dados ou pilha, atribuído ao processo e escrito em sua entrada na tabela de processos. Neste caso, a solicitação da conversão de uma memória virtual em física é feita por uma chamada para *umap_local* (linha 9983).

O segundo tipo de referência de memória é para uma região da memória que está fora das áreas de texto, dados ou pilha alocadas para um processo, mas pela qual o processo tem alguma responsabilidade. Exemplos disso são um *driver* de vídeo ou um *driver* Ethernet, onde a placa de vídeo, ou Ethernet, poderia ter uma região de memória mapeada nos endereços de 0xa0000 a 0xfffff, que é reservada para dispositivos de E/S. Outro exemplo é o *driver* de memória, que gerencia o disco virtual e também pode dar acesso a qualquer parte da memória por intermédio dos dispositivos */dev/mem* e */dev/kmem*. Os pedidos de conversão de tais referências de memória, de virtual para física, são tratados por *umap_remote* (linha 10025).

Finalmente, uma referência de memória pode ser para a memória utilizada pela BIOS. Isso é considerado para incluir tanto os 2 KB de memória mais baixos (abaixo de onde o MINIX 3 é carregado) como a região de 0x90000 a 0xfffff (que inclui alguma memória RAM acima de onde o MINIX 3 é carregado), mais a região reservada para dispositivos de E/S. Isso também poderia ser manipulado por *umap_remote*, mas o uso da terceira função, *umap_bios* (linha 10047), garante que seja feita uma verificação de que a memória que está sendo referenciada está realmente nessa região.

A última função definida em *system.c* é *virtual_copy* (linha 10071). A maior parte dessa função é uma instrução switch da linguagem C que utiliza uma das três funções *umap_** que acabamos de descrever, para converter endereços virtuais em endereços físicos. Isso é feito tanto para o endereço de origem como para o de destino. A cópia real é feita por uma chamada (na linha 10121) para a rotina em linguagem *assembly phys_copy*, em *klib386.s*.

2.7.3 Implementação da biblioteca de sistema

Cada uma das funções com um nome da forma *do_xyz* tem seu código-fonte em um arquivo em um subdiretório, *kernel/system/do_xyz.c*. No diretório *kernel/*, o arquivo *Makefile* contém uma linha

```
cd system && $(MAKE) –$(MAKEFLAGS) $@
```

a qual faz todos os arquivos em *kernel/system/* serem compilados em uma biblioteca, *system.a* no diretório principal *kernel/*. Quando o controle retorna para o diretório principal do núcleo, outra linha no arquivo *Makefile* faz essa biblioteca local ser buscada e acessada para compor a ligação dos arquivos-objeto do núcleo .

Listamos dois arquivos do diretório *kernel/system/* no Apêndice B. Eles foram escolhidos porque representam duas classes gerais de suporte fornecido pela tarefa de sistema. Uma categoria de suporte é o acesso às estruturas de dados do núcleo em nome de qualquer processo de sistema em espaço de usuário que precise desse suporte. Vamos descrever *system/do_setalarm.c* como um exemplo dessa categoria. A outra categoria geral é o suporte para chamadas de sistema específicas, gerenciadas principalmente por processos em espaço de usuário, mas que precisam executar outras ações em espaço de núcleo. Escolhemos *system/do_exec.c* como exemplo.

A chamada de núcleo sys_setalarm é bastante parecida com sys_irqenable, a qual mencionamos na discussão sobre tratamento de interrupção no núcleo. Sys_irqenable configura um endereço para uma rotina de tratamento de interrupção a ser chamada quando uma IRQ é ativada. A rotina de tratamento é uma função dentro da tarefa de sistema, *generic_handler*. Ela gera uma mensagem notify para o processo de *driver* de dispositivo que deve responder à interrupção. *System/do_setalarm.c* (linha 10200) contém código para gerenciar temporizadores de maneira semelhante ao das interrupções. Uma chamada de núcleo sys_setalarm inicializa um temporizador para um processo de sistema em espaço de usuário que precisa receber um alarme síncrono e fornece uma função a ser chamada para notificar esse processo quando o temporizador expira. Ela também pode solicitar o cancelamento de um alarme agendado anteriormente, passando zero no campo de tempo de expiração de sua mensagem de requisição. A operação é simples – nas linhas 10230 a 10232, são extraídas as informações da mensagem. Os itens mais importantes são o tempo de expiração e o processo a ser notificado. Todo processo de sistema tem sua própria estrutura de temporizador na tabela *priv*. Nas linhas 10237 a 10239, a estrutura de temporizador é localizada e são inseridos o número do processo e o endereço de uma função, *cause_alarm*, a ser executada quando o temporizador expirar.

Se o temporizador já estava ativo, sys_setalarm retornará o tempo restante na mensagem de resposta. Um valor de retorno igual a zero significa que o temporizador não está ativo. Existem várias possibilidades a serem consideradas. O temporizador poderia ter sido desativado anteriormente – um temporizador é marcado como inativo pelo armazenamento de um valor especial, *TMR_NEVER*, em seu campo *exp_time*. No que diz respeito ao código em C, esse é apenas um número inteiro grande; portanto, é feito um teste explícito para esse valor, como parte da verificação para saber se o tempo de expiração já decorreu. O temporizador poderia indicar um tempo já decorrido. É improvável que isso aconteça, mas é fácil de verificar. O temporizador também poderia indicar um tempo no futuro. Nos dois primeiros casos, o valor de resposta é zero; caso contrário, o tempo restante é retornado (linhas 10242 a 10247).

Finalmente, o temporizador é reconfigurado ou configurado. Neste nível, isso é feito colocando-se o tempo de expiração desejado no campo correto da estrutura de temporizador e chamando-se outra função para fazer o trabalho. É claro que reconfigurar o temporizador não exige o armazenamento de um valor. Veremos as funções *reset* e *set* em breve, seus códigos estão no arquivo-fonte da tarefa de relógio. Mas, como a tarefa de sistema e a tarefa de relógio são compiladas na imagem do núcleo, todas as funções declaradas como *PUBLIC* são acessíveis.

Há uma outra função definida em *do_setalarm.c*. Trata-se de *cause_alarm*, a função de sentinela cujo endereço é armazenado em cada temporizador, para que ela possa ser chamada quando o temporizador expirar. Ela é a própria simplicidade – a função gera uma mensagem notify para o processo cujo número de processo também é armazenado na estrutura de temporizador. Assim, o alarme síncrono dentro do núcleo é convertido em uma mensagem para o processo de sistema que solicitou um alarme.

Além disso, note que quando falamos sobre a inicialização de temporizadores anteriormente (e nesta seção também), nos referimos aos alarmes síncronos solicitados pelos processos de sistema. Se isso não foi completamente entendido neste ponto e se você está se perguntando o que é um alarme síncrono, ou a respeito de temporizadores para processos que não são de sistema, essas perguntas serão respondidas na próxima seção, quando discutirmos a tarefa de relógio. Existem tantas partes interligadas em um sistema operacional, que é quase impossível ordenar todos os tópicos de uma maneira que não exija, ocasionalmente, uma referência a uma parte que ainda não foi explicada. Isso é particularmente verdade ao se discutir uma implementação. Se não estivéssemos tratando com um sistema operacional real, provavelmente poderíamos deixar de apresentar detalhes complicados como esse. Quanto a isso, uma discussão totalmente teórica dos princípios do sistema operacional provavelmente nunca mencionaria uma tarefa de sistema. Em um livro teórico, poderíamos simplesmente dar de ombros e ignorar os problemas de fornecer componentes do sistema operacional em espaço de usuário limitado e do acesso controlado a recursos privilegiados, como interrupções e portas de E/S.

O último arquivo no diretório *kernel/system/* que discutiremos em detalhes é *do_exec.c* (linha 10300). A maior parte do trabalho da chamada de sistema **exec** é feita dentro do gerenciador de processos. O gerenciador de processos configura uma pilha para um novo programa, contendo os argumentos e o ambiente. Então, ele passa o ponteiro de pilha resultante para o núcleo, usando sys_exec, que é manipulada por *do_exec* (linha 10618). O ponteiro de pilha é configurado na parte do núcleo da tabela de processos e, se o processo que está sendo executado por **exec** estiver usando um segmento extra, a função em linguagem *assembly phys_memset*, definida em *klib386.s*, será chamada para remover todos os dados que possam ter restado do uso anterior dessa região da memória (linha 10330).

Uma chamada de **exec** causa uma ligeira anomalia. O processo que ativa a chamada envia uma mensagem para o gerenciador de processos e é bloqueado. Para as demais chamadas de sistema, a resposta resultante iria desbloqueá-lo. Com **exec**, não há resposta, pois a imagem do núcleo recentemente carregada não está esperando uma resposta. Portanto, *do_exec* desbloqueia o processo em si, na linha 10333. A linha seguinte torna a nova imagem pronta para executar, usando a função *lock_enqueue* que protege contra uma possível condição de corrida. Finalmente, a string de comando é salva para que o processo possa ser identificado quando o usuário ativar o comando *ps* ou pressionar uma tecla de função para exibir dados da tabela de processos.

Para concluirmos nossa discussão sobre a tarefa de sistema, vamos ver sua função no tratamento de um serviço operacional típico, fornecendo dados em resposta a uma chamada de sistema read. Quando um usuário faz uma chamada de read, o sistema de arquivos verifica sua cache para ver se ela tem o bloco necessário. Se não tiver, ele envia uma mensagem para o *driver* de disco apropriado, para carregá-lo na cache. Então, o sistema de arquivos envia uma mensagem para a tarefa de sistema, dizendo para que ela copie o bloco no processo de usuário. No pior caso, são necessárias 11 mensagens para ler um bloco; no melhor caso, são necessárias quatro mensagens. Os dois casos aparecem na Figura 2-46. Na Figura 2-46 (a), a mensagem 3 pede para que a tarefa de sistema execute instruções de E/S; 4 é a mensagem ACK. Quando ocorre uma interrupção de hardware, a tarefa de sistema informa sobre esse evento para o *driver* que está esperando, com a mensagem 5. As mensagens 6 e 7 são uma requisição para copiar os dados na cache do sistema de arquivos (FS – *File System*) e a resposta; a mensagem 8 informa ao sistema de arquivos que os dados estão prontos e as mensagens 9 e 10 são uma requisição para copiar os dados da cache para o usuário e a resposta. Finalmente, a mensagem 11 é a resposta para o usuário. Na Figura 2-46 (b), os dados já estão na cache, as mensagens 2 e 3 são as requisições para copiá-los no usuário e a resposta. Essas mensagens são uma fonte de sobrecarga no MINIX 3 e representam o preço pago pelo projeto altamente modular.

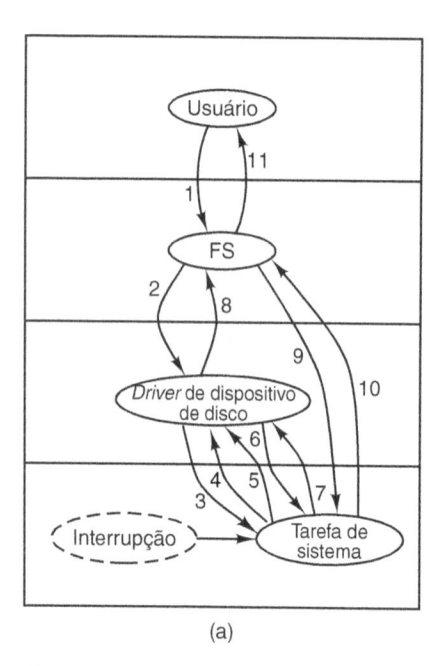

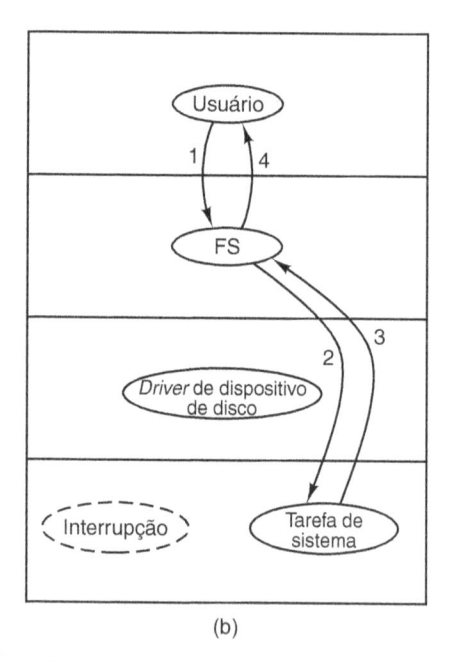

Figura 2-46 (a) O pior caso para ler um bloco exige 11 mensagens. (b) O melhor caso para ler um bloco exige quatro mensagens.

As chamadas de núcleo para solicitar cópia de dados provavelmente são as mais utilizadas no MINIX 3. Já vimos a parte da tarefa de sistema que, em última análise, realiza o trabalho, a função *virtual_copy*. Uma maneira de lidar com parte da ineficiência do mecanismo de passagem de mensagens é empacotar várias requisições em uma mensagem. As chamadas de núcleo *sys_virvcopy* e *sys_physvcopy* fazem isso. O conteúdo de uma mensagem que ativa uma dessas chamadas é um ponteiro para um vetor especificando vários blocos a serem copiados entre posições de memória. Ambas são suportadas por *do_vcopy*, que executa um laço, extraindo os endereços de origem e destino e comprimentos de bloco, e chamando *phys_copy* repetidamente até que todas as cópias estejam completas. Vamos ver, no próximo capítulo, que os dispositivos de disco têm uma capacidade semelhante de manipular várias transferências com base em uma única requisição.

2.8 A TAREFA DE RELÓGIO NO MINIX 3

Os **relógios** (também chamados de **temporizadores**) são fundamentais para a operação de qualquer sistema de compartilhamento de tempo, por diversos motivos. Por exemplo, eles mantêm a hora do dia e impedem que um único processo monopolize a CPU. A tarefa de relógio do MINIX 3 tem certa semelhança com um *driver* de dispositivo, pois ela é orientada por interrupções geradas por um dispositivo de hardware. Entretanto, o relógio não é nem um dispositivo de bloco, como um disco, nem um dispositivo de caractere, como um terminal. Na verdade, no MINIX 3, uma interface para o relógio não é fornecida por um arquivo no diretório */dev/*. Além disso, a tarefa de relógio é executada em espaço de núcleo e não pode ser acessada diretamente pelos processos em espaço de usuário. Ela tem acesso às funções e aos dados do núcleo, mas os processos em espaço de usuário só podem acessá-la por intermédio da tarefa de sistema. Nesta seção, veremos primeiro o hardware e o software do relógio em geral e, então, veremos como essas idéias são aplicadas no MINIX 3.

2.8.1 Hardware de relógio

Dois tipos de relógios são usados nos computadores e ambos são bastante diferentes dos relógios de parede e de pulso usados pelas pessoas. Os relógios mais simples são ligados na rede elétrica de 110 ou 220 volts e causam uma interrupção em cada ciclo de tensão, em 50 ou 60 Hz. Eles estão basicamente extintos nos PCs modernos.

O outro tipo de relógio é constituído de três componentes: um oscilador a cristal, um contador e um registrador de referência, como mostrado na Figura 2-47. Quando um pedaço de cristal de quartzo é cortado corretamente e montado sob tensão, pode-se fazer com que ele gere um sinal periódico com altíssima precisão, normalmente na faixa de 5 a 200 MHz, dependendo do cristal escolhido. Pelo menos um circuito desses é normalmente encontrado em qualquer computador, fornecendo um sinal de sincronização para os diversos circuitos da máquina. Esse sinal alimenta o contador para fazer uma contagem regressiva até zero. Quando o contador chega a zero, ele causa uma interrupção da CPU. Os computadores cuja velocidade de relógio anunciada é mais alta do que 200 MHz normalmente utilizam um relógio mais lento e um circuito multiplicador.

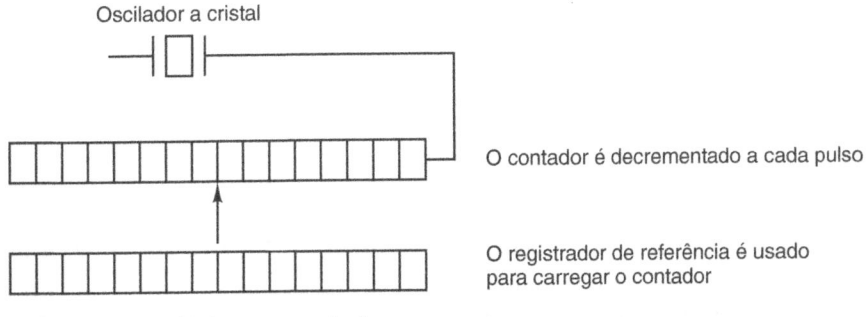

Figura 2-47 Um relógio programável.

Normalmente, os relógios programáveis têm vários modos de operação. No **modo estanque** (*one shot mode*), quando o relógio é iniciado, ele copia o valor do registrador de referência no contador e, em seguida, decrementa o contador a cada pulso do cristal. Quando o contador chega a zero, ele causa uma interrupção e pára, até que seja explicitamente iniciado novamente pelo software. No **modo de onda quadrada** (*square-wave mode*), após chegar a zero e causar a interrupção, o registrador de referência é automaticamente copiado no contador e o processo inteiro é repetido indefinidamente. Essas interrupções periódicas são chamadas de **tiques de relógio**.

A vantagem do relógio programável é que sua freqüência de interrupção pode ser controlada por software. Se for usado um cristal de 1 MHz, então o pulso do contador será dado a cada microssegundo. Com registradores de 16 bits, as interrupções podem ser programadas para ocorrer em intervalos de 1 microssegundo a 65536 milissegundos. Normalmente, os chips de relógio programável contêm dois ou três relógios programáveis independentemente e também muitas outras opções (por exemplo, contar para cima e não para baixo, interrupções desativadas e muitas outras).

Para evitar que o tempo corrente seja perdido quando a energia do computador é desligada, a maioria dos computadores tem um relógio auxiliar alimentado por, implementado com circuitos de baixa energia como os utilizados nos relógios de pulso digitais. O relógio da bateria pode ser lido na inicialização. Se ele não estiver presente, o software poderá solicitar a data e a hora correntes para o usuário. Também existe um protocolo padrão para um sistema interligado em rede obter o tempo atual a partir de um computador remoto. Em qualquer caso, o tempo é então transformado no número de segundos desde 0:00 **UTC** (*Universal Coordinated Time*) (anteriormente conhecido como *Greenwich Mean Time*), do dia 1º de janeiro de 1970, como fazem o UNIX e o MINIX 3, ou senão, de alguma outra referência. Os tiques de relógio são contados pelo sistema em execução e sempre que um segundo inteiro tiver decorrido, o tempo real é incrementado por um. O MINIX 3 (e a maioria dos sistemas UNIX) não leva em conta os segundos quebrados, dos quais houve 23 desde 1970. Isso não é considerado uma falha importante. Normalmente, programas utilitários são fornecidos para configurar manualmente o relógio do sistema, o relógio auxiliar a bateria e para sincronizá-los.

Devemos mencionar aqui que todos os computadores compatíveis com os da IBM, menos os mais antigos, têm um circuito de relógio separado que fornece sinais de temporização para a CPU, para os barramentos de dados internos e para outros componentes. Esse é o relógio a que as pessoas se referem quando falam de velocidades do relógio da CPU, medida em Megahertz (MHz) nos primeiros computadores pessoais e em Gigahertz (GHz) nos sistemas modernos. Os circuitos básicos dos cristais de quartzo, osciladores e contadores são os mesmos, mas os requisitos são tão diferentes que os computadores modernos têm relógios independentes para controle da CPU e para temporização.

2.8.2 Software de relógio

A única coisa que o hardware de relógio faz é gerar interrupções em intervalos bem determinados. Todo o resto que envolve o tempo deve ser feito pelo software, pelo *driver* de relógio. As tarefas exatas do *driver* de relógio variam entre os sistemas operacionais, mas normalmente incluem a maior parte das seguintes:

1. Manter a hora do dia.
2. Impedir que os processos sejam executados por mais tempo do que podem.
3. Contabilizar a utilização da CPU.
4. Tratar da chamada de sistema **alarm** feita por processos de usuário.

5. Fornecer temporizadores cão de guarda (*watchdog*) para partes do próprio sistema.
6. Gerar perfis de utilização, monitorar e reunir estatísticas.

A primeira função do relógio, manter a hora do dia (também chamada de **tempo real**) não é difícil. Ela exige apenas incrementar um contador a cada tique de relógio, conforme mencionado anteriormente. A única coisa a observar é o número de bits no contador de hora do dia. Com uma velocidade de relógio de 60 Hz, um contador de 32 bits estourará em apenas pouco mais de 2 anos. Claramente, o sistema não pode armazenar em 32 bits o tempo real como o número de tiques desde 1º de janeiro de 1970.

Três estratégias podem ser adotadas para resolver esse problema. A primeira é utilizar um contador de 64 bits, embora isso torne a manutenção do contador mais dispendiosa, pois ela precisa ser feita muitas vezes por segundo. A segunda é manter a hora do dia em segundos, em vez de tiques, usando um contador auxiliar para contar os tiques até que um segundo inteiro tenha sido acumulado. Como 2^{32} segundos correspondem a mais do que 136 anos, este método funcionará até o século XXII.

A terceira estratégia é contar os tiques, mas fazer isso com relação à hora em que o sistema foi inicializado, em vez de fazer em relação a um momento externo fixo. Quando o relógio auxiliar a bateria é lido ou quando o usuário informa o tempo real, a hora da inicialização do sistema é calculada a partir do valor da hora do dia corrente e armazenada em memória de uma forma conveniente. Quando a hora do dia é solicitada, a hora armazenada é somada ao contador para se obter a hora do dia atual. As três estratégias aparecem na Figura 2-48.

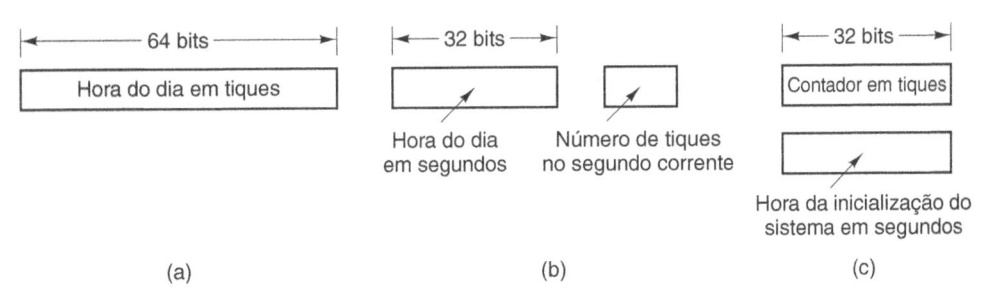

Figura 2-48 Três maneiras de manter a hora do dia.

A segunda função do relógio é impedir que os processos sejam executados por tempo demais. Quando um processo é iniciado, o escalonador deve inicializar um contador com o valor do *quantum* desse processo em tiques de relógio. Em cada interrupção de relógio, o *driver* decrementa o contador de *quantum* por 1. Quando ele chega a zero, o *driver* chama o escalonador para selecionar um outro processo para executar.

A terceira função do relógio é fazer a contabilizar o tempo de uso CPU. A maneira de fazer isso de forma mais precisa é iniciar um segundo temporizador, diferente do temporizador principal do sistema, quando um processo é iniciado. Quando esse processo for interrompido, o temporizador pode ser lido para informar por quanto tempo o processo foi executado. Para fazer as coisas direito, o segundo temporizador deve ser salvo na ocorrência de uma interrupção e restaurado depois.

Uma maneira menos precisa, mas muito mais simples, é manter em uma variável global, um ponteiro para a entrada da tabela de processos do processo que está correntemente em execução. A cada tique de relógio, um campo é incrementado na entrada do processo corrente. Desse modo, cada tique de relógio é "cobrado" do processo que está em execução no momento do tique. Um problema secundário dessa estratégia é que, se ocorrerem muitas interrupções durante a execução de um processo, ele ainda será cobrado por um tique inteiro, mesmo que não tenha realizado muito trabalho. A contabilidade correta da CPU durante as interrupções é dispendiosa demais e raramente é feita.

No MINIX 3, e em muitos outros sistemas, um processo pode solicitar que o sistema operacional o avise após certo intervalo de tempo. Normalmente, o aviso é um sinal, uma interrupção, uma mensagem ou algo semelhante. Uma aplicação que exige tais avisos é a que envolve comunicação em rede, na qual um pacote não reconhecido dentro de certo intervalo de tempo deve ser retransmitido. Outra aplicação é a instrução auxiliada por computador (*computer aided instruction*), onde um aluno que não responde dentro de certo tempo recebe a resposta.

Se o *driver* de relógio tivesse hardware suficiente, ele poderia configurar um relógio separado para cada pedido. Não sendo esse o caso, ele precisa simular vários relógios virtuais a partir de um único relógio físico. Uma maneira é ter uma tabela na qual é mantido o tempo de sinal de todos os temporizadores pendentes, assim como uma variável fornecendo o tempo do próximo sinal. Quando a hora do dia é atualizada, o *driver* verifica se o sinal mais próximo ocorreu. Se tiver ocorrido, a tabela é pesquisada para buscar o próximo a ocorrer.

Ao se esperar muitos sinais, é mais eficiente simular vários relógios enfileirando todos os pedidos pendentes, ordenados no tempo, em uma lista encadeada, como mostrado na Figura 2-49. Cada entrada da lista informa quantos tiques de relógio após o anterior deve-se esperar antes de causar um sinal. Neste exemplo, estão pendentes sinais para 4203, 4207, 4213, 4215 e 4216.

Na Figura 2-49, um temporizador acabou de expirar. A próxima interrupção ocorrerá em 3 tiques e 3 acabaram de ser carregados. Em cada tique, *Próximo sinal* é decrementado. Quando chegar a 0, acontecerá o sinal correspondente ao primeiro item da lista e esse item será removido da lista. Então, *Próximo sinal* será configurado com valor da entrada que agora está no início da lista, neste exemplo, 4. Em muitos casos, usar tempos absolutos, em vez de tempos relativos é mais conveniente e essa é a estratégia utilizada pelo MINIX 3.

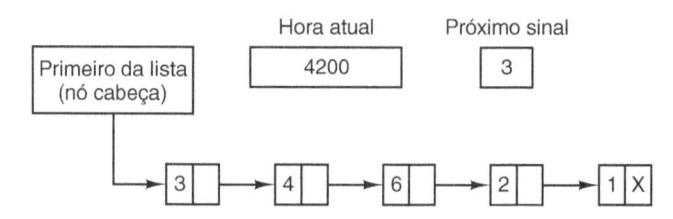

Figura 2-49   Simulando vários temporizadores com um único relógio.

Note que, durante uma interrupção de relógio, o *driver* tem várias coisas a fazer. Essas coisas incluem incrementar o tempo real, decrementar o *quantum* e verificar se é 0, contabilizar o uso de CPU e decrementar o contador de alarme. Entretanto, cada uma dessas operações foi cuidadosamente planejada para ser muito rápida, pois elas precisam ser repetidas muitas vezes por segundo.

Partes do sistema operacional também precisam configurar temporizadores. Eles são chamados de **temporizadores de cão de guarda** (*watchdogs*). Quando estudarmos o *driver* de disco rígido, veremos que uma chamada para despertar é programada sempre que é enviado um comando para a controladora de disco; portanto, uma tentativa de recuperação pode ser feita se o comando falhar completamente. Os *drivers* de disquete usam temporizadores para esperar que o motor do disco ganhe velocidade e para desligá-lo, caso nenhuma atividade ocorra por algum tempo. Algumas impressoras com cabeçote de impressão móvel podem imprimir a 120 caracteres/seg (8,3 ms/caractere), mas não conseguem retornar o cabeçote de impressão para a margem esquerda em 8,3 ms; portanto, o *driver* de terminal deve responder mais lentamente, após a digitação de *enter*.

O mecanismo usado pelo *driver* de relógio para tratar de temporizadores de cão de guarda é o mesmo dos sinais de usuário. A única diferença é que, quando um temporizador expira, em vez de causar um sinal, o *driver* de relógio chama uma função fornecida pelo processo que fez a chamada. A função faz parte do código desse processo. Isso apresentou um problema no projeto do MINIX 3, pois um dos objetivos era remover os *drivers* do espaço de endereçamento do núcleo. A resposta rápida é que a tarefa de sistema, que está no espaço de núcleo, pode configurar alarmes em nome de alguns processos do espaço de usuário e, então, notificá-los quando um temporizador expirar. Vamos examinar melhor esse mecanismo mais adiante.

O último item em nossa lista é o traçado de perfil (*profiling*). Alguns sistemas operacionais fornecem um mecanismo por meio do qual um programa de usuário pode fazer o sistema construir um histograma de seu contador de programa, para que possa ver onde está gastando seu tempo. Quando traçar o perfil é uma possibilidade, a cada tique o *driver* verifica o intervalo de endereços acessado e registra o número de vezes que esse intervalo foi referenciado com o auxílio de um contador. Esse mecanismo também pode ser usado para traçar o perfil do sistema em si.

2.8.3 Visão geral do *driver* de relógio no MINIX 3

O *driver* de relógio do MINIX 3 está contido no arquivo *kernel/clock.c*. Ele pode ser considerado como tendo três partes funcionais. Primeiramente, assim como os *drivers* de dispositivo que veremos no próximo capítulo, existe um mecanismo de tarefa que é executado em um laço, onde fica esperando por mensagens e enviando para sub-rotinas que executam a ação solicitada em cada mensagem. Entretanto, essa estrutura é quase rudimentar na tarefa de relógio. O mecanismo de mensagem é dispendioso, exigindo toda a sobrecarga de uma troca de contexto. Portanto, para o relógio, isso só é usado quando há um volume substancial de trabalho a ser feito. Apenas um tipo de mensagem é recebido, há apenas uma sub-rotina para atender a mensagem e não é enviada uma mensagem de resposta quando a tarefa está pronta.

A segunda parte principal do software de relógio é a rotina de tratamento de interrupção ativada 60 vezes a cada segundo. Ela realiza a temporização básica, atualizando uma variável que conta os tiques de relógio desde que o sistema foi inicializado. Ela compara isso com o tempo de expiração do próximo temporizador. Ela também atualiza contadores que registram quanto foi usado do *quantum* do processo corrente e o tempo total utilizado por esse processo. Se a rotina de tratamento de interrupção detecta que um processo utilizou seu *quantum* ou que um temporizador expirou, ela gera a mensagem que vai para o laço de tarefa principal. Caso contrário, nenhuma mensagem é enviada. A estratégia aqui é que, para cada tique de relógio, a rotina de tratamento realiza o mínimo necessário, o mais rápido possível. A tarefa principal é ativada somente quando existe trabalho substancial a fazer.

A terceira parte geral do software de relógio é um conjunto de sub-rotinas que fornecem suporte genérico, mas que não são chamadas em resposta às interrupções de relógio, ou pela rotina de tratamento de interrupção ou pelo laço de tarefa principal. Uma dessas sub-rotinas é codificada como PRIVATE e é chamada antes da entrada no laço de tarefa principal. Ela inicializa o relógio, o que exige configurar o chip de relógio para fazer com que ele gere interrupções nos intervalos desejados. A rotina de inicialização também armazena o endereço da rotina de tratamento de interrupção no local apropriado para ser executada quando o chip de relógio provoca uma IRQ 8 controlador de interrupção.

O restante das sub-rotinas em *clock.c* é declarada como *PUBLIC* e pode ser chamada a partir de qualquer parte no binário do núcleo. Na verdade, nenhuma delas é chamada a partir de *clock.c* em si. Elas são chamadas principalmente pela tarefa de sistema, para atender as chamadas de sistema relacionadas com o tempo. Essas sub-rotinas fazem coisas como ler o contador do tempo desde a inicialização, sincronizar com a resolução do tique de relógio, ou ler um registrador no próprio chip de relógio para sincronizações que exigem resolução em microssegundos. Outras sub-rotinas são usadas para configurar e reconfigurar temporizadores. Finalmente, é fornecida uma sub-rotina para ser chamada quando o MINIX 3 for desligado. Ela reconfigura os parâmetros do temporizador de hardware com aqueles esperados pela BIOS.

A tarefa de relógio

O laço principal da tarefa de relógio aceita apenas um tipo de mensagem, *HARD_INT*, proveniente da rotina de tratamento de interrupção. Tudo mais é erro. Além disso, ela não recebe essa mensagem para cada interrupção de tique de relógio, embora a sub-rotina chamada sempre que uma mensagem é recebida se chame *do_clocktick*. Uma mensagem é recebida e *do_clocktick* é chamada somente se o escalonamento de processo for necessário ou se um temporizador tiver expirado.

A rotina de tratamento de interrupção de relógio

A rotina de tratamento de interrupção é executada sempre que o contador no chip de relógio chega a zero e gera uma interrupção. É aí que é feito o trabalho básico de temporização. No MINIX 3, o tempo é mantido usando-se o método da Figura 2-48(c). Entretanto, em *clock.c*, é mantido apenas o contador de tiques desde a inicialização; os registros do momento da inicialização são mantidos em outro lugar. O software de relógio fornece apenas a contagem de tiques corrente para ajudar uma chamada de sistema para o tempo real. Mais processamento é feito por um dos servidores. Isso está de acordo com a estratégia do MINIX 3 de mover funcionalidade para processos que são executados em espaço de usuário.

Na rotina de tratamento de interrupção, o contador local é atualizado para cada interrupção recebida. Quando as interrupções são desativadas, os tiques são perdidos. Em alguns casos, é possível corrigir esse efeito. Está disponível uma variável global para contar tiques perdidos e ela é adicionada ao contador principal e, então, reconfigurada com o valor zero sempre que a rotina de tratamento é ativada. Veremos um exemplo de como isso é usado, na seção de implementação.

A rotina de tratamento também afeta variáveis na tabela de processos, para propósitos de cobrança e controle de processo. Uma mensagem é enviada para a tarefa de relógio somente se o tempo corrente tiver ultrapassado o tempo de expiração do próximo temporizador agendado ou se o *quantum* do processo que está em execução tiver sido decrementado até zero. Tudo que é feito no serviço de interrupção é uma operação de inteiros simples — aritmética, comparação, E/OU lógico ou atribuição — que um compilador C pode transformar facilmente em operações de máquina primitivas. No pior caso, existe cinco somas ou subtrações e seis comparações, além de algumas operações lógicas e atribuições para completar o serviço de interrupção. Em particular, não há nenhuma sobrecarga de chamada de sub-rotina.

Temporizadores de cão de guarda

Anteriormente, deixamos pendente a questão de como podem ser fornecidos temporizadores de cão de guarda para os processos em espaço de usuário, que normalmente são considerados como funções fornecidas pelo usuário, que fazem parte do código do usuário e são executadas quando um temporizador expira. Claramente, isso não pode ser feito no MINIX 3. Mas podemos usar um **alarme síncrono** para ligar o núcleo ao espaço de usuário.

Este é um bom momento para explicarmos o que significa um alarme síncrono. Pode chegar um sinal ou um cão de guarda convencional pode ser ativado, sem qualquer relação com a parte de um processo que esteja correntemente em execução; portanto, esses mecanismos são **assíncronos**. Um alarme síncrono é emitido como uma mensagem e, assim, pode ser recebido apenas quando o destinatário tiver executado a instrução receive. Então, dizemos que ele é síncrono, pois só será recebido quando o destinatário esperar por ele. Se o método notify for usado para informar a um destinatário sobre um alarme, o remetente não precisará ser bloqueado e o destinatário não precisará se preocupar com a perda do alarme. As mensagens de notify são salvas, caso o destinatário não esteja esperando. É usado um mapa de bits, com cada bit representando uma possível fonte de notificação.

Os temporizadores de cão de guarda tiram proveito do campo *s_alarm_timer* de tipo *timer_t* existente em cada elemento da tabela *priv*. Cada processo de sistema tem uma entrada na tabela *priv*. Para configurar um temporizador, um processo de sistema em espaço de usuário faz uma chamada de sys_setalarm, a qual é manipulada pela tarefa de sistema. A tarefa de sistema é compilada em espaço de núcleo e, assim, pode inicializar um temporizador em nome do processo que fez a chamada. A inicialização envolve colocar em um determinado campo o endereço de uma função a ser executada quando o temporizador expirar e, então, inserir o temporizador em uma lista de temporizadores, como se vê na Figura 2-49.

A função a ser executada também precisa estar em espaço de núcleo, é claro. Sem problemas. A tarefa de sistema contém uma função de cão de guarda, *cause_alarm*, que gera uma mensagem notify ao expirar, causando um alarme síncrono para o usuário. Esse alarme pode ativar a função de cão de guarda em espaço de usuário. Dentro do binário do núcleo, esse é um verdadeiro cão de guarda, mas para o processo que solicitou o temporizador, trata-se de um alarme síncrono. Isso não é o mesmo que fazer o temporizador executar uma função no espaço de endereçamento do destino. Há um pouco mais de sobrecarga, mas é mais simples do que uma interrupção.

O que escrevemos acima foi qualificado: dissemos que a tarefa de sistema pode configurar alarmes em nome de *alguns* processos em espaço de usuário. O mecanismo que acabamos de descrever só funciona para processos de sistema. Cada processo de sistema tem uma cópia da estrutura *priv*, mas uma única cópia é compartilhada por todos os processos que não são de sistema (de usuário). As partes da tabela *priv* que não podem ser compartilhadas, como o mapa de bits das notificações pendentes e o temporizador, não podem ser utilizadas pelos processos de usuário. A solução é esta: o gerenciador de processos gerencia os temporizadores em nome dos processos de usuário de maneira semelhante a como a tarefa de sistema gerencia temporizadores para processos de sistema. Todo processo tem seu próprio campo *timer_t* na parte referente ao gerenciador de processos da tabela de processos.

Quando um processo de usuário faz uma chamada de sistema alarm para solicitar a configuração de um alarme, ela é manipulada pelo gerenciador de processos, o qual configura o temporizador e o insere em sua lista de temporizadores. O gerenciador de processos pede para a tarefa de sistema para que envie a ele uma notificação quando o primeiro temporizador na lista de temporizadores estiver programado para expirar. O gerenciador de processos só precisa pedir ajuda quando o início de seu encadeamento de temporizadores mudar, ou porque o primeiro temporizador expirou ou foi cancelado, ou porque foi recebido um novo pedido que deve entrar no encadeamento antes do atual primeiro. Isso é usado para suportar a chamada de sistema alarm do padrão POSIX. A função a ser executada está dentro do espaço de endereçamento do gerenciador de processos. Quando ela é executada, é enviado um sinal para o processo de usuário que solicitou o alarme, em vez de uma notificação.

Resolução de milissegundos

Em *clock.c* existe uma função que fornece uma base de tempo com resolução de microssegundos. Atrasos de poucos microssegundos podem ser necessários para diversos dispositivos de E/S. Não existe nenhuma maneira prática de fazer isso usando alarmes e a interface de passagem de mensagens. O contador utilizado para gerar as interrupções de relógio pode ser lido diretamente. Ele é decrementado aproximadamente a cada 0,8 microssegundos e chega a zero 60 vezes por segundo (ou a cada 16,67 milissegundos). Para ser útil na temporização de E/S, ele teria de ser consultado seqüencialmente por uma função em execução em espaço de núcleo, mas muito trabalho foi feito para retirar os *drivers* desse espaço. Atualmente, essa função é usada apenas como uma fonte de variação para o gerador de números aleatórios. Em um sistema muito rápido, ela poderia ter mais utilidade, mas isso é um projeto futuro.

Resumo dos serviços de relógio

A Figura 2-50 resume os diversos serviços fornecidos direta ou indiretamente por *clock.c*. Existem várias funções declaradas como *PUBLIC* que podem ser chamadas a partir do núcleo ou da tarefa de sistema. Todos os outros serviços estão disponíveis apenas indiretamente, por meio de chamadas de sistema manipuladas, em última análise, pela tarefa de sistema. Outros processos de sistema podem chamar a tarefa de sistema diretamente, mas os processos de usuário devem chamar o gerenciador de processos, o qual também conta com a tarefa de sistema.

Serviço	Acesso	Resposta	Clientes
get_uptime	Chamada de função	Tiques	Núcleo ou tarefa de sistema
set_timer	Chamada de função	Nenhuma	Núcleo ou tarefa de sistema
reset_timer	Chamada de função	Nenhuma	Núcleo ou tarefa de sistema
read_clock	Chamada de função	Contagem	Núcleo ou tarefa de sistema
clock_stop	Chamada de função	Nenhuma	Núcleo ou tarefa de sistema
Alarme síncrono	Chamada de sistema	Notificação	Servidor ou *driver*, via tarefa de sistema
Alarme do POSIX	Chamada de sistema	Sinal	Processo de usuário, via gerenciador de processos
Tempo	Chamada de sistema	Mensagem	Qualquer processo, via gerenciador de processos

Figura 2-50 Os serviços relacionados ao tempo suportados pelo *driver* de relógio.

O núcleo ou a tarefa de sistema pode obter o tempo de funcionamento corrente, ou configurar ou reconfigurar um temporizador sem a sobrecarga de uma mensagem. O núcleo ou a tarefa de sistema também pode chamar *read_clock*, que lê o contador no chip temporizador, para obter o tempo em unidades de aproximadamente 0,8 microssegundos. A função *clock_stop* se destina a ser chamada apenas quando o MINIX 3 for desligado. Ela restaura a velocidade de relógio da BIOS. Um processo de sistema (um *driver* ou um servidor) pode solicitar um alarme síncrono, o que causa a ativação de uma função de cão de guarda em espaço de núcleo e uma notificação para o processo solicitante. Um alarme do POSIX é solicitado por um processo de usuário chamando o gerenciador de processos, o qual pede então para que a tarefa de sistema ative um cão de guarda. Quando o temporizador expira, a tarefa de sistema notifica o gerenciador de processos e este envia um sinal para o processo de usuário.

2.8.4 Implementação do *driver* de relógio no MINIX 3

A tarefa de relógio não utiliza nenhuma estrutura de dados importante, mas diversas variáveis são usadas para monitorar o tempo. A variável *realtime* (linha 10462) é básica – ela conta todos os tiques de relógio. Uma variável global, *lost_ticks*, é definida em *glo.h* (linha 5333). Essa variável é fornecida para uso em qualquer função executada em espaço de núcleo que possa desativar interrupções por um tempo longo o suficiente para que um ou mais tiques de relógio pudessem ser perdidos. Atualmente, ela é usada pela função *int86* em *klib386.s*. *Int86* usa o monitor de inicialização para gerenciar a transferência de controle para a BIOS e o monitor retorna o número de tiques de relógio contados enquanto a chamada da BIOS estava ocupada no registrador ecx, imediatamente antes do retorno para o núcleo. Isso funciona porque, embora o chip de relógio não esteja ativando a rotina de interrupção de relógio do MINIX 3 quando o pedido da BIOS é manipulado, o monitor de inicialização pode verificar o tempo com a ajuda da BIOS.

O *driver* de relógio acessa diversas outras variáveis globais. Ele usa *proc_ptr*, *prev_ptr* e *bill_ptr* para referenciar a entrada da tabela de processos do processo que está correntemente em execução, do processo que foi executado anteriormente e do processo que é cobrado pelo tempo. Dentro dessas entradas da tabela de processos, ele acessa vários campos, incluindo *p_user_time* e *p_sys_time* para contabilização, e *p_ticks_left* para fazer a contagem regressiva do *quantum* de um processo.

Quando o MINIX 3 inicia, todos os *drivers* são chamados. A maioria deles realiza alguma inicialização e, então, tenta obter uma mensagem e é bloqueada. O *driver* de relógio, *clock_task* (linha 10468), também faz isso. Primeiro, ele chama *init_clock* para inicializar a freqüência do relógio programável com 60 Hz. Quando uma mensagem é recebida, ele chama *do_clocktick*, caso a mensagem tenha sido HARD_INT (linha 10486). Qualquer outro tipo de mensagem inesperado e é tratado como um erro.

Do_clocktick (linha 10497) não é chamada em cada tique do relógio; portanto, seu nome não é uma descrição exata de sua função. Ela é chamada quando a rotina de tratamento de interrupção determinou que pode haver algo importante a fazer. Uma das condições que resultam na execução de *do_clocktick* é o processo corrente usando todo o seu *quantum*. Se puder haver preempção do processo (nas tarefas de sistema e de relógio não pode haver), uma chamada para *lock_dequeue*, seguida imediatamente por uma chamada para *lock_enqueue* (linhas 10510 a 10512), retira o processo de sua fila e, em seguida, o torna pronto novamente e reprograma sua execução. A outra coisa que ativa *do_clocktick* é a expiração de um temporizador de cão de guarda. Os temporizadores e as listas encadeadas de temporizadores são tão utilizados no MINIX 3, que foi criada uma biblioteca de funções para suportá-los. A função de biblioteca *tmrs_exptimers*, chamada na linha 10517, executa as funções de cão de guarda para todos os temporizadores expirados e os desativa.

Init_clock (linha 10529) é chamada apenas uma vez, quando a tarefa de relógio é iniciada. Existem vários lugares para onde alguém poderia apontar e dizer, "É aqui que o MINIX 3 começa a executar". Este é um candidato; o relógio é fundamental para um sistema multitarefa preemptivo. *Init_clock* escreve três bytes no chip de relógio, que configuram seu modo e a contagem correta no registrador mestre. Então, ela registra seu número de processo, a IRQ e o endereço da rotina de tratamento para que as interrupções sejam direcionadas corretamente. Finalmente, ela ativa o chip controlador de interrupção para aceitar interrupções de relógio.

A função seguinte, *clock_stop*, desfaz a inicialização do chip de relógio. Ela é declarada como PUBLIC e não é chamada a partir de qualquer lugar em *clock.c*. Essa função foi colocada aqui devido à semelhança óbvia com *init_clock*. Ela só é chamada pela tarefa de sistema quando o MINIX 3 é desligado e o controle deve ser retornado para o monitor de inicialização.

Assim que *init_clock* é executada (ou, mais precisamente, 16,67 milissegundos depois), ocorre a primeira interrupção de relógio e elas se repetem 60 vezes por segundo, enquanto o MINIX 3 está sendo executado. O código em *clock_handler* (linha 10556) provavelmente é executado com mais freqüência do que qualquer outra parte do sistema MINIX 3. Conseqüentemente, *clock_handler* foi construída de forma a ser rápida. As únicas chamadas de sub-rotina estão na linha 10586; elas só são necessárias se estivessem em execução em um sistema IBM PS/2 obsoleto. A atualização do tempo corrente (em tiques) é feita nas linhas 10589 a 10591. Então, os tempos do usuário e da contabilização são atualizados.

Foram tomadas decisões no projeto da rotina de tratamento que poderiam ser questionadas. São feitos dois testes na linha 10610 e, se uma das condições for verdadeira, a tarefa de relógio será notificada. A função *do_clocktick*, chamada pela tarefa de relógio, repete os dois testes para decidir o que precisa ser feito. Isso é necessário porque a chamada de notify usada pela rotina de tratamento não pode passar nenhuma informação para distinguir condições diferentes. Deixamos para o leitor considerar as alternativas e como elas poderiam ser avaliadas.

O restante de *clock.c* contém funções utilitárias que já mencionamos. *Get_uptime* (linha 10620) apenas retorna o valor de *realtime*, que é visível apenas para as funções em *clock.c*. *Set_timer* e *reset_timer* usam outras funções da biblioteca de temporizador que cuidam dos detalhes da manipulação de um encadeamento de temporizadores. Finalmente, *read_clock* lê e retorna o valor corrente no registrador de contagem regressiva do chip de relógio.

2.9 RESUMO

Para ocultar os efeitos das interrupções, os sistemas operacionais oferecem um modelo conceitual composto de processos seqüenciais executando em paralelo. Os processos podem se comunicar usando primitivas de comunicação entre processos, como semáforos, monitores ou mensagens. Essas primitivas são usadas para garantir que dois processos jamais estejam em suas seções críticas ao mesmo tempo. Um processo pode estar em execução, estar apto a executar (pronto) ou estar bloqueado, e pode mudar de estado quando ele ou outro processo executar uma das primitivas de comunicação entre processos.

As primitivas de comunicação entre processos podem ser utilizadas para resolver problemas como o do produtor-consumidor, da janta dos filósofos e do leitor-escritor. Mesmo com essas primitivas, é preciso tomar cuidado para evitar erros e impasses. Muitos algoritmos de escalonamento são conhecidos, incluindo *round-robin*, escalonamento por prioridade, filas multinível e escalonadores baseados em política.

O MINIX 3 suporta o conceito de processo e fornece mensagens para comunicação entre processos. As mensagens não são colocadas em buffers; portanto, uma operação **send** só é bem-sucedida quando o destinatário está esperando por ela. Analogamente, uma operação **receive** só é bem-sucedida quando uma mensagem já está disponível. Se uma dessas operações não for bem-sucedida, o processo que fez a chamada será bloqueado. O MINIX 3 também fornece suporte para mensagens não-bloqueantes com uma primitiva **notify**. Uma tentativa de enviar **notify** para um destinatário que não está esperando resulta na ativação de um bit, o que dispara uma notificação quando uma operação **receive** é feita posteriormente.

Como exemplo do fluxo de mensagens, considere um usuário executando uma operação **read**. O processo do usuário envia uma mensagem para o sistema de arquivos fazendo uma requisição. Se os dados não estiverem na cache do sistema de arquivos, este pedirá ao *driver* para que os leia do disco. Então, o sistema de arquivos é bloqueado e fica esperando os dados. Quando a interrupção de disco ocorrer, a tarefa de sistema é notificada, permitindo sua resposta para o *driver* de disco, o qual então responde para o sistema de arquivos. Neste ponto, o sistema de arquivos pede para que a tarefa de sistema copie os dados de sua cache, onde foi armazenado o bloco recentemente solicitado, para o usuário. Essas etapas estão ilustradas na Figura 2-46.

Após uma interrupção, pode haver uma troca de processo. Quando um processo é interrompido, é criada uma pilha dentro da entrada da tabela de processos desse processo e todas as informações necessárias para reiniciá-lo são colocadas nesta nova pilha. Qualquer processo pode ser reiniciado configurando-se o ponteiro de pilha para apontar para sua entrada na tabela de processos e iniciando-se uma seqüência de instruções para restaurar os registradores da CPU, culminando com uma instrução iretd. O escalonador decide qual entrada da tabela de processos vai colocar no ponteiro de pilha.

As interrupções não podem ocorrer quando o núcleo em si está em execução. Se ocorrer uma exceção quando o núcleo estiver em execução, a pilha do núcleo (e não uma pilha dentro da tabela de processos) será usada. Quando uma interrupção tiver sido atendida, um processo será reiniciado.

O algoritmo de escalonamento do MINIX 3 usa múltiplas filas de prioridade. Normalmente, os processos de sistema são executados nas filas de prioridade mais alta e os processos de usuário nas filas de prioridade mais baixa, mas as prioridades são atribuídas de acordo com o processo. Um processo preso em um laço pode ter sua prioridade reduzida temporariamente; a prioridade pode ser restaurada, quando outros processos tiverem tido uma chance de executar. O comando *nice* pode ser usado para mudar a prioridade de um processo dentro de limites definidos. Os processos são executados em um sistema de rodízio (*round-robin*), por um *quantum* que pode variar de acordo com o processo. Entretanto, depois que um processo tiver sido bloqueado e se tornar pronto novamente, ele será colocado no início de sua fila, com apenas a parte não utilizada de seu *quantum*. Isso se destina a proporcionar uma resposta mais rápida para os processos que estão fazendo E/S. Os *drivers* de dispositivo e os servidores podem ter um *quantum* grande, pois espera-se que eles sejam executados até serem bloqueados. Entretanto, mesmo os processos de sistema podem ser preemptados, caso sejam executados por um tempo longo demais.

A imagem do núcleo inclui uma tarefa de sistema que facilita a comunicação de processos em espaço de usuário com o núcleo. Ela suporta os servidores e *drivers* de dispositivo executando operações privilegiadas em seus nomes. No MINIX 3, a tarefa de relógio também é compilada com o núcleo. Ela não é um *driver* de dispositivo no sentido comum. Os processos em espaço de usuário não podem acessar o relógio como um dispositivo.

PROBLEMAS

1. Por que a multiprogramação é fundamental para a operação de um sistema operacional moderno?

2. Quais são os três estados principais em que um processo pode estar? Descreva sucintamente o significado de cada um.

3. Suponha que você fosse projetar uma arquitetura de computador avançada que fizesse a troca de processo em hardware, em vez de ter interrupções. De quais informações a CPU precisaria? Descreva como a troca de processo em hardware poderia funcionar.

4. Em todos os computadores atuais, pelos menos parte das rotinas de tratamento de interrupção é escrita em linguagem *assembly*. Por quê?

5. Redesenhe a Figura 2-2, adicionando dois novos estados: Novo e Terminado. Quando um processo é criado, ele está inicialmente no estado Novo. Quando ele sai, está no estado Terminado.

6. No texto, foi dito que o modelo da Figura 2-6(a) não era conveniente para um servidor de arquivos usando uma cache na memória. Por que não? Cada processo poderia ter sua própria cache?

7. Qual é a diferença fundamental entre um processo e uma *thread*?

8. Em um sistema com *threads*, existe normalmente uma pilha por *thread* ou uma pilha por processo? Explique.

9. O que é uma condição de corrida?

10. Dê um exemplo de condição de corrida que poderia ocorrer na compra de passagens aéreas por duas pessoas que querem viajar juntas.

11. Escreva um *script* em *shell* que produza um arquivo de números seqüenciais lendo o último número no arquivo, somando 1 a ele e depois anexando no arquivo. Execute uma instância do *script* em *background* e uma *foreground*, cada uma acessando o mesmo arquivo. Quanto tempo demorará para que uma condição de corrida se manifeste? O que é seção crítica? Modifique o *script* para evitar a condição de corrida (*Dica*: use

    In file file.lock

    para controlar o acesso ao arquivo de dados.)

12. Uma instrução como

    In file file.lock

    é um mecanismo de bloqueio eficiente para um programa de usuário como os *scripts* usados no problema anterior? Por que sim (ou por que não)?

13. A solução de espera ocupada usando a variável *turn* (Figura 2-10) funciona quando os dois processos estão sendo executados em um multiprocessador de memória compartilhada; isto é, duas CPUs compartilhando uma memória comum?

14. Considere um computador que não possua uma instrução TEST AND SET LOCK, mas que tenha uma instrução para trocar o conteúdo de um registrador e de uma palavra de memória em uma única ação indivisível. Isso pode ser usado para escrever uma rotina *enter_region*, como aquela encontrada na Figura 2-12?

15. Faça um esboço de como um sistema operacional que pode desativar interrupções poderia implementar semáforos.

16. Mostre como semáforos contadores (isto é, semáforos que podem conter um valor arbitrariamente grande) podem ser implementados usando-se apenas semáforos binários e instruções de máquina normais.

17. Na Seção 2.2.4, foi descrita uma situação com um processo de alta prioridade, H, e um processo de baixa prioridade, L, que levava H a entrar em um laço infinito. O mesmo problema ocorrerá se for usado escalonamento *round-robin*, em vez de escalonamento por prioridade? Discuta.

18. Dentro dos monitores, o sincronismo utiliza variáveis de condição e duas operações especiais, WAIT e SIGNAL. Uma forma mais geral de sincronização seria ter uma única primitiva, WAITUNTIL, que tivesse como parâmetro um predicado booleano arbitrário. Assim, alguém poderia escrever, por exemplo,

    WAITUNTIL $x < 0$ or $y + z < n$

    A primitiva SIGNAL não seria mais necessária. Esse esquema é claramente mais geral do que o de Hoare ou Brinch Hansen, mas não é utilizado. Por que não? (*Dica*: pense a respeito da implementação.)

19. Um restaurante *fast food* tem quatro tipos de funcionários: (1) os atendentes, que anotam os pedidos dos clientes; (2) os cozinheiros, que preparam o alimento; (3) os embaladores, que colocam

o alimento em saquinhos; e (4) os caixas, que entregam os saquinhos para os clientes e recebem o dinheiro. Cada funcionário pode ser considerado um processo de comunicação seqüencial. Que forma de comunicação entre processos eles utilizam? Relacione esse modelo com os processos no MINIX 3.

20. Suponha que temos um sistema de passagem de mensagens usando caixas de correio (*mailbox*). Ao enviar para uma caixa de correio cheia ou ao tentar receber de uma caixa vazia, um processo não é bloqueado. Em vez disso, ele recebe um código de erro. O processo responde ao código de erro apenas tentando novamente, repetidamente, até ser bem-sucedido. Esse esquema leva a condições de corrida?

21. Na solução do problema da janta dos filósofos (Figura 2-20), por que a variável de estado é configurada como HUNGRY na função *take_forks*?

22. Considere a função *put_forks* da Figura 2-20. Suponha que a variável $state[i]$ tenha sido configurada como THINKING *após* as duas chamadas para *test* e não *antes*. Como essa alteração afetaria a solução para o caso de 3 filósofos? E para 100 filósofos?

23. O problema dos leitores e escritores pode ser formulado de várias maneiras com relação a qual categoria de processos pode ser iniciada e quando. Descreva completamente três variações diferentes do problema, cada uma favorecendo (ou não favorecendo) alguma categoria de processos. Para cada variação, especifique o que acontece quando um leitor ou um escritor se torna pronto para acessar a base de dados e o que acontece quando um processo tiver terminado de usar a base de dados.

24. Os computadores CDC 6600 podiam manipular até 10 processos de E/S simultaneamente, usando uma forma interessante de escalonamento *round-robin*, chamada **compartilhamento de processador**. Uma troca de processo ocorria após cada instrução, de modo que a instrução 1 vinha do processo 1, a instrução 2 vinha do processo 2 etc. A troca de processo era feita por um hardware especial e a sobrecarga era zero. Se um processo precisasse de T segundos para terminar na ausência de concorrência, de quanto tempo ela precisaria se fosse usado compartilhamento de processador com n processos?

25. Normalmente, os escalonadores *round-robin* mantêm uma lista de todos os processos executáveis, com cada processo ocorrendo exatamente uma vez na lista. O que aconteceria se um processo ocorresse duas vezes na lista? Você pode imaginar um motivo para permitir isso?

26. Medidas de determinado sistema mostraram que o processo médio é executado por um tempo T antes de ser bloqueado na E/S. Uma troca de processo exige um tempo S, que é efetivamente desperdiçado (sobrecarga). Para escalonamento *round-robin* com *quantum* Q, escreva uma fórmula para a eficiência da CPU para cada uma das opções a seguir:

    (a) $Q = \infty$
    (b) $Q > T$
    (c) $S < Q < T$
    (d) $Q = S$
    (e) Q quase 0

27. Cinco tarefas estão esperando para serem executadas. Seus tempos de execução esperados são 9, 6, 3, 5 e X. Em que ordem elas devem ser executadas para minimizar o tempo de resposta médio? (Sua resposta dependerá de X.)

28. Cinco tarefas de lote, de A a E, chegam em um centro de computação quase ao mesmo tempo. Elas têm tempos de execução estimados de 10, 6, 2, 4 e 8 minutos. Suas prioridades (determinadas externamente) são 3, 5, 2, 1 e 4, respectivamente, sendo 5 a prioridade mais alta. Para cada um dos algoritmos de escalonamento a seguir, determine o tempo de retorno médio dos processos. Ignore a sobrecarga da comutação de processo.

    (a) *Round-robin*
    (b) Escalonamento por prioridade

(c) Primeiro a chegar, primeiro a ser servido (execução na ordem 10, 6, 2, 4, 8)
(d) Tarefa mais curta primeira

Para (a), suponha que o sistema seja multiprogramado e que cada tarefa recebe sua justa fatia de tempo da CPU. Para (b) a (d), presuma que é executada apenas uma tarefa por vez, até terminar. Todas as tarefas são limitadas por processamento (CPU-*bound*).

29. Um processo executando no CTSS precisa de 30 *quanta* para terminar. Quantas vezes ele sofre um procedimento de *swap*, incluindo a primeira vez (antes de ser executado)?

30. O algoritmo de envelhecimento com $a = 1/2$ está sendo usado para prever tempos de execução. As quatro execuções anteriores, da mais antiga para a mais recente, foram de 40, 20, 40 e 15 ms. Qual é a previsão do próximo tempo?

31. Na Figura 2-25, vimos como o escalonamento de três níveis funciona em um sistema de lote. Essa idéia poderia ser aplicada em um sistema interativo sem tarefas chegando recentemente? Como?

32. Suponha que as *threads* da Figura 2-28(a) sejam executadas na ordem: uma de *A*, uma de *B*, uma de *A*, uma de *B* etc. Quantas seqüências de *threads* possíveis existem para as quatro primeiras vezes que o escalonamento é feito?

33. Um sistema de tempo real não-rígido tem quatro eventos periódicos, com períodos de 50, 100, 200 e 250 ms cada um. Suponha que os quatro eventos exijam 35, 20, 10 e x ms do tempo da CPU, respectivamente. Qual é o maior valor de x para o qual o sistema pode fazer escalonamento?

34. Durante a execução, o MINIX 3 mantém uma variável *proc_ptr* que aponta para a entrada da tabela de processos do processo corrente. Por quê?

35. O MINIX 3 não coloca mensagens em buffer. Explique como essa decisão de projeto causa problemas com interrupções de relógio e teclado.

36. Quando uma mensagem é enviada para um processo que está em repouso no MINIX 3, a função *ready* é chamada para colocar esse processo na fila de escalonamento correta. Essa função começa desativando as interrupções. Explique.

37. A função *mini_rec* do MINIX 3 contém um laço. Explique para que ele serve.

38. Basicamente, o MINIX 3 utiliza o método de escalonamento da Figura 2-43, com diferentes prioridades para as classes. A classe mais baixa (processos de usuário) tem escalonamento *round-robin*, mas as tarefas e os servidores sempre podem ser executados até que sejam bloqueados. É possível que os processos da classe mais baixa passem por inanição? Por que sim (ou por que não)?

39. O MINIX 3 é conveniente para aplicativos de tempo real, como aquisição de dados? Se não for, o que poderia ser feito para torná-lo conveniente?

40. Suponha que você tenha um sistema operacional que forneça semáforos. Implemente um sistema de mensagens. Escreva as funções para enviar e receber mensagens.

41. Um aluno de especialização em antropologia, cuja cadeira secundária é ciência da computação, envolveu-se em um projeto de pesquisa para ver se os babuínos africanos podem aprender sobre impasses. Ele encontra um desfiladeiro profundo e estende uma corda sobre ele, para que os babuínos possam cruzá-lo. Vários babuínos podem passar ao mesmo tempo, desde que todos estejam indo na mesma direção. Se os babuínos vindos do leste e vindos do oeste utilizarem a corda ao mesmo tempo, haverá um impasse (o babuínos ficarão parados no meio), pois é impossível um passar por cima do outro enquanto está suspenso sobre o desfiladeiro. Se um babuíno quiser cruzar o desfiladeiro, deverá verificar se nenhum outro está cruzando na direção oposta. Escreva um programa usando semáforos que evite o impasse. Não se preocupe com uma série de babuínos se movendo para leste detendo indefinidamente os babuínos que se movem para oeste.

42. Repita o problema anterior, mas agora evite a inanição. Quando um babuíno que deseja cruzar para leste chega na corda e encontra babuínos cruzando para oeste, ele espera até que a corda esteja

vazia, mas mais nenhum babuíno que vá para oeste pode começar, até que pelo menos um babuíno tenha cruzado na outra direção.

43. Resolva o problema da janta dos filósofos usando monitores, em vez de semáforos.

44. Adicione código no núcleo do MINIX 3 para monitorar o número de mensagens enviadas do processo (ou tarefa) *i* para o processo (ou tarefa) *j*. Imprima essa matriz quando a tecla F4 for pressionada.

45. Modifique o escalonador do MINIX 3 para monitorar quanto tempo da CPU cada processo de usuário recebeu recentemente. Quando nenhuma tarefa ou servidor quiser executar, escolha o processo de usuário que recebeu a menor fatia da CPU.

46. Modifique o MINIX 3 de modo que cada processo possa configurar explicitamente a prioridade da escalonamento de seus filhos, usando uma nova chamada de sistema setpriority, com parâmetros *pid* e *priority*.

47. Modifique as macros *hwint_master* e *hwint_slave* em *mpx386.s* de modo que, agora, as operações executadas pela função *save* sejam *inline*. Qual é o custo em termos do tamanho do código? Você consegue medir um aumento no desempenho?

48. Explique todos os itens exibidos pelo comando *sysenv* do MINIX 3 em seu sistema MINIX 3. Se você não tiver acesso a um sistema MINIX 3 em funcionamento, explique os itens da Figura 2-37.

49. Na discussão sobre inicialização da tabela de processos, mencionamos que alguns compiladores C podem gerar um código ligeiramente melhor, se você adicionar uma constante no *array*, em vez do índice. Escreva dois programas curtos em C para testar essa hipótese.

50. Modifique o MINIX 3 para reunir estatísticas sobre as mensagens enviadas por quem e para quem, e escreva um programa para reunir e imprimir essas estatísticas de uma maneira útil.

3
ENTRADA/SAÍDA

Uma das principais funções de um sistema operacional é controlar todos os dispositivos de E/S (Entrada/Saída) do computador. Ele precisa enviar comandos para os dispositivos, capturar interrupções e tratar de erros. Também deve fornecer uma interface simples e fácil de usar entre os dispositivos e o restante do sistema. Na medida do possível, a interface deve ser a mesma para todos os dispositivos (independência de dispositivo). O código de E/S representa uma parte significativa do sistema operacional como um todo. Assim, para realmente entender o que um sistema operacional faz você precisa compreender como funciona a E/S. O modo como o sistema operacional gerencia a E/S é o principal assunto deste capítulo.

Este capítulo está organizado como segue. Primeiramente, veremos alguns dos princípios da organização do hardware de E/S. Em seguida, examinaremos o software de E/S em geral. O software de E/S pode ser estruturado em camadas, com cada camada tendo uma tarefa bem definida a executar. Estudaremos essas camadas para vermos o que elas fazem e como se encaixam.

Logo após, vem uma seção sobre impasses. Definiremos os impasses precisamente, mostraremos como eles são causados, forneceremos dois modelos para analisá-los e discutiremos alguns algoritmos para evitar sua ocorrência.

Em seguida, passaremos a ver o MINIX 3. Começaremos com uma visão geral da E/S no MINIX 3, incluindo interrupções, *drivers* de dispositivo, E/S dependente de dispositivo e E/S independente de dispositivo. Depois dessa introdução, veremos vários dispositivos de E/S em detalhes: discos, teclados e vídeo. Para cada dispositivo, estudaremos seu hardware e software.

3.1 PRINCÍPIOS DO HARDWARE DE E/S

Diferentes pessoas vêem o hardware de E/S de diferentes maneiras. Os engenheiros elétricos o vêem em termos de chips, fios, fontes de alimentação, motores e todos os outros componentes físicos que compõem o hardware. Os programadores vêem a interface apresentada para o software — os comandos aceitos pelo hardware, as funções que ele executa e os erros que podem ser informados. Neste livro, estamos preocupados com a programação de dispositivos de E/S e não com o seu projeto, construção ou manutenção; portanto, nosso interesse estará restrito à programação do hardware e não no seu funcionamento interno. Contudo, muitas vezes a programação de muitos dispositivos de E/S está intimamente ligada à sua operação interna. Nas próximas três subseções, ofereceremos uma breve base geral sobre hardware de E/S no que diz respeito à programação.

3.1.1 Dispositivos de E/S

Grosso modo, os dispositivos de E/S podem ser divididos em duas categorias: **dispositivos de bloco** e **dispositivos de caractere**. Um dispositivo de bloco armazena informações em blocos de tamanho fixo, cada um com seu próprio endereço. Os tamanhos de bloco comuns variam de 512 a 32.768 bytes. A propriedade fundamental de um dispositivo de bloco é que é possível ler ou escrever cada bloco independentemente de todos os outros. Os discos são os dispositivos de bloco mais comuns.

Se você olhar de perto, não há uma divisão clara entre os dispositivos que são endereçáveis por blocos e os que não são. Todo mundo concorda que um disco é um dispositivo endereçável por blocos porque, independente de onde esteja o braço do disco em dado momento, sempre é possível buscar outro cilindro e, então, esperar que o bloco solicitado passe sob o cabeçote. Agora, considere uma unidade de fita usada para fazer *backups* de disco. As fitas contêm uma seqüência de blocos. Se a unidade de fita receber um comando para ler o bloco *N*, ela sempre poderá retroceder e avançar a fita até chegar a esse bloco. Essa operação é análoga a um disco fazendo uma busca, exceto que demora muito mais. Além disso, pode ou não ser possível reescrever um bloco no meio de uma fita. Mesmo que fosse possível usar fitas como dispositivos de bloco de acesso aleatório, isso seria forçar a sua natureza: normalmente, elas não são utilizadas dessa maneira.

O outro tipo de dispositivo de E/S é o dispositivo de caractere. Um dispositivo de caractere envia ou aceita um fluxo de caracteres, sem considerar nenhuma estrutura de bloco. Ele não é endereçável e não tem nenhuma operação de busca. As impressoras, interfaces de rede, *mouses* (para apontar) e a maioria dos outros dispositivos que não são do tipo disco podem ser vistos como dispositivos de caractere.

Essa classificação não é perfeita. Alguns dispositivos simplesmente não se encaixam. Os relógios, por exemplo, não são endereçáveis por bloco. Tampouco eles geram ou aceitam fluxos de caracteres. Tudo que eles fazem é causar interrupções em intervalos bem definidos. Apesar disso, o modelo de dispositivos de bloco e de caractere é geral o suficiente para poder ser utilizado como base para fazer uma parte do software do sistema operacional tratar com E/S independente de dispositivo. O sistema de arquivos, por exemplo, trata somente com dispositivos de bloco abstratos e deixa a parte dependente de dispositivo para um software de nível mais baixo, chamado ***driver* de dispositivo**.

Os dispositivos de E/S têm uma variação enorme em suas velocidades, o que impõe uma pressão considerável no software para funcionar bem com diferentes taxas de dados. A Figura 3-1 mostra as taxas de dados de alguns dispositivos comuns. A maior parte desses dispositivos tende a ficar mais rápida à medida que o tempo passa.

3.1.2 Controladoras de dispositivo

Normalmente, as unidades de E/S consistem em um componente mecânico e um componente eletrônico. Freqüentemente é possível separar as duas partes para fornecer um projeto mais modular e geral. O componente eletrônico é chamado de **controladora de dispositivo** ou **adaptador**. Nos computadores pessoais, ele freqüentemente assume a forma de uma placa de circuito impresso que pode ser inserida em um *slot* de expansão. O componente mecânico é o dispositivo em si. Essa organização aparece na Figura 3-2

Normalmente, a placa controladora contém um conector, no qual pode ser ligado um cabo que vai até o dispositivo em si. Muitas controladoras podem manipular dois, quatro ou

Dispositivo	Taxa de dados
Teclado	10 bytes/s
Mouse	100 bytes/s
Modem de 56K	7 KB/s
Scanner	400 KB/s
Camcorder digital	4 MB/s
CD-ROM de 52x	8 MB/s
FireWire (IEEE 1394)	50 MB/s
USB 2.0	60 MB/s
Monitor XGA	60 MB/s
Rede SONET OC-12	78 MB/s
Gigabit Ethernet	125 MB/s
Disco serial ATA	200 MB/s
Disco SCSI Ultrawide 4	320 MB/s
Barramento PCI	528 MB/s

Figura 3-1 Algumas taxas de dados típicas de dispositivo, rede e barramento.

até oito dispositivos idênticos. Se a interface entre a controladora e o dispositivo for padronizada, como uma interface ANSI, IEEE ou um padrão ISO oficial, ou de fato, então as empresas poderão fazer controladores ou dispositivos que se encaixem nessa interface. Muitas empresas, por exemplo, produzem unidades de disco que combinam com as interfaces IDE (*Integrated Drive Electronics*) e SCSI (*Small Computer System Interface*).

Mencionamos essa distinção entre controladora e dispositivo porque o sistema operacional quase sempre lida com a controladora e não com o dispositivo. A maioria dos computadores pessoais e dos servidores utiliza o modelo de barramento da Figura 3-2 para comunicação entre a CPU e as controladoras. Os computadores de grande porte freqüentemente utilizam um modelo diferente, com computadores de E/S especializados, chamados **canais de E/S**, que assumem parte da carga da CPU principal.

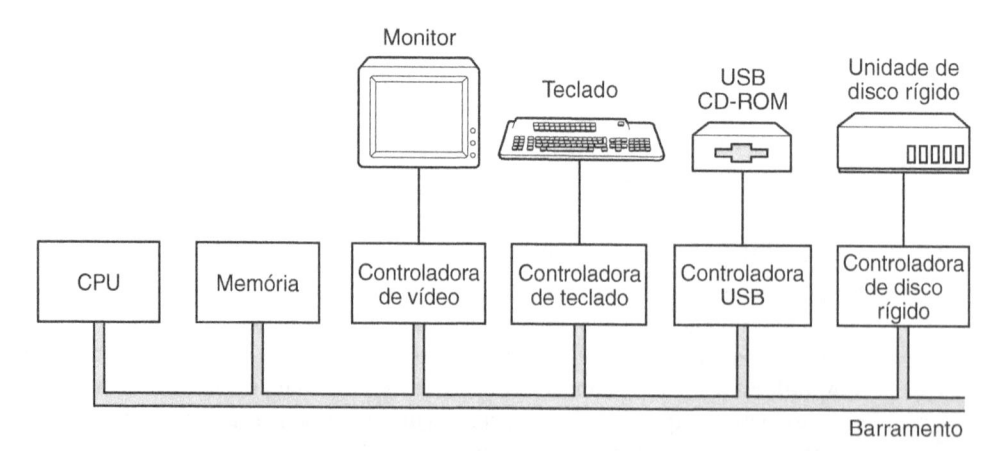

Figura 3-2 Um modelo para conectar a CPU, a memória, as controladoras e os dispositivos de E/S.

Freqüentemente, a interface entre a controladora e o dispositivo é de baixo nível. Um disco, por exemplo, poderia ser formatado com 1024 setores de 512 bytes por trilha. Entretanto, o que realmente sai da unidade de disco é um fluxo serial de bits, começando com um **preâmbulo**, seguido dos 4096 bits de um setor (512 × 8 bits) e, finalmente, uma soma de verificação, também chamada de **Código de Correção de Erros (ECC** – *Error-Correcting Code*). O preâmbulo é gravado quando o disco é formatado e contém o número do cilindro e do setor, o tamanho do setor e dados similares.

A tarefa da controladora é converter o fluxo serial de bits em um bloco de bytes e realizar toda correção de erro necessária. Normalmente, o bloco de bytes é primeiramente montado, bit a bit, em um buffer dentro da controladora. Depois que sua soma de verificação tiver sido verificada e o bloco declarado como livre de erros, ele poderá então ser copiado na memória principal.

A controladora de um monitor também funciona como um dispositivo serial de bits, em um nível igualmente baixo. Ela lê na memória os bytes que contêm os caracteres a serem exibidos e gera os sinais usados para modular o feixe de elétrons do tubo de raios catódicos (CRT). A controladora também gera os sinais para fazer um feixe CRT realizar o retraço horizontal, após ele ter terminado uma linha de varredura, assim como os sinais para fazer um retraço vertical, após a tela inteira ter sido varrida. Em uma tela LCD esses sinais selecionam *pixels* individuais e controlam seu brilho, simulando o efeito do feixe de elétrons de um CRT. Se não fosse a controladora de vídeo, o programador de sistema operacional teria de programar a varredura explicitamente. Com ela, o sistema operacional inicializa a controladora com alguns parâmetros, como o número de caracteres ou pixels por linha e o número de linhas por tela, e deixa que ela se encarregue de fazer a exibição.

As controladoras de alguns dispositivos, especialmente a dos discos, estão se tornando extremamente sofisticadas. Por exemplo, as controladoras de disco modernas freqüentemente têm internamente vários megabytes de memória. Como resultado, quando uma leitura está sendo processada, assim que o braço chega ao cilindro correto, a controladora começa a ler e armazenar dados, mesmo que ainda não tenha chegado ao setor necessário. Esses dados colocados na cache podem ser úteis para atender requisições subseqüentes. Além disso, mesmo após os dados solicitados serem obtidos, a controladora pode continuar a colocar na cache dados de setores subseqüentes, pois eles provavelmente serão necessários posteriormente. Dessa maneira, muitas leituras de disco podem ser manipuladas sem qualquer atividade do disco.

3.1.3 E/S mapeada em memória

Cada controladora tem alguns registradores utilizados para comunicação com a CPU. Escrevendo nesses registradores, o sistema operacional pode fazer o dispositivo enviar dados, aceitar dados, ligar-se ou desligar-se, ou executar alguma outra ação. Lendo esses registradores, o sistema operacional pode saber qual é o estado do dispositivo, se ele está pronto para aceitar um novo comando etc.

Além dos registradores de controle, muitos dispositivos possuem um buffer de dados que o sistema operacional pode ler e escrever. Por exemplo, uma maneira comum de os computadores exibirem pixels na tela é por meio de uma memória RAM de vídeo (que basicamente é apenas um buffer de dados), disponível para programas ou para o sistema operacional escreverem.

Surge assim o problema de como a CPU se comunica com os registradores de controle e com os buffers de dados dos dispositivos. Existem duas alternativas. Na primeira estratégia, cada registrador de controle recebe um número de **porta de E/S**, um valor inteiro de 8 ou de 16 bits. Usando uma instrução de E/S especial, como

    IN REG,PORT

a CPU pode ler o registrador de controle PORT e armazenar o resultado no registrador REG da CPU. Analogamente, usando

    OUT PORT,REG

a CPU pode escrever o conteúdo de REG em um registrador de controle. A maioria dos primeiros computadores, incluindo praticamente todos os de grande porte, como o IBM 360 e todos os seus sucessores, funcionavam dessa maneira.

Nesse esquema, os espaços de endereçamento da memória e da E/S são diferentes, como se vê na Figura 3-3(a).

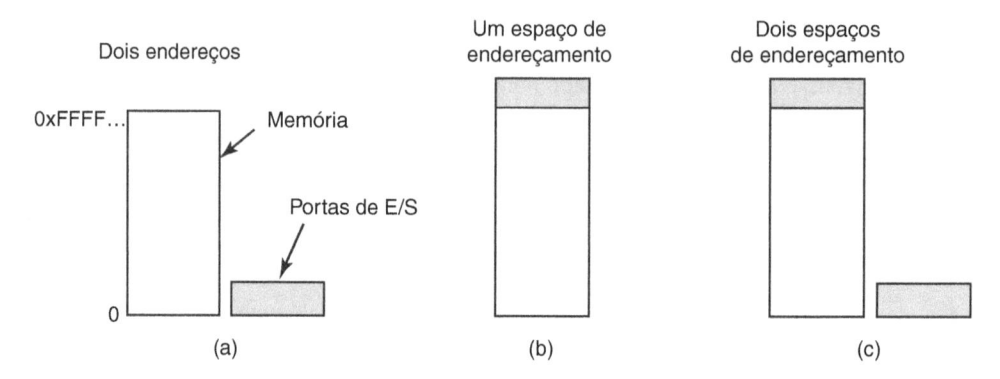

Figura 3-3 (a) Espaço de E/S e de memória separados. (b) E/S mapeada em memória. (c) Misto.

Em outros computadores, os registradores de E/S fazem parte do espaço de endereçamento normal da memória, como se vê na Figura 3-3(b). Esse esquema é chamado de **E/S mapeada em memória** e foi introduzido com o minicomputador PDP-11. Cada registrador de controle recebe um endereço exclusivo ao qual nenhuma memória é atribuída. Normalmente, os endereços atribuídos estão no topo do espaço de endereçamento. Um esquema misto, com buffers de dados de E/S mapeados em memória e portas de E/S separados para os registradores de controle, aparece na Figura 3-3(c). O Pentium usa essa arquitetura, com os endereços de 640K a 1M reservados para buffers de dados de dispositivo, em computadores compatíveis com o IBM PC, além de portas de E/S de 0 a 64K.

Como esses esquemas funcionam? Em todos os casos, quando a CPU quer ler uma palavra, ou da memória ou de uma porta de E/S, ela coloca o endereço necessário nas linhas de endereço do barramento e, então, envia um sinal READ em uma linha de controle do barramento. Uma segunda linha de sinal é usada para dizer se é necessário espaço de E/S ou espaço de memória. Se for espaço de memória, a memória responderá a requisição. Se for espaço de E/S, é o dispositivo de E/S que responderá. Se houver apenas espaço de memória (como na Figura 3-3(b)), todo módulo de memória e todo dispositivo de E/S compara as linhas de endereço com o intervalo de endereços que ele atende. Se o endereço cair em seu intervalo, ele responderá ao pedido. Como jamais um endereço é atribuído simultaneamente à memória e a um dispositivo de E/S, não há nenhuma ambigüidade e nenhum conflito.

3.1.4 Interrupções

Normalmente, os registradores da controladora têm um ou mais **bits de status** que podem ser testados para determinar se uma operação de saída está concluída ou se novos dados estão disponíveis em um dispositivo de entrada. Uma CPU pode executar um laço, sempre testando um bit de status, até que um dispositivo esteja pronto para aceitar ou fornecer novos dados. Isso é chamado de **consulta seqüencial** (*polling*) ou **espera ativa** (*busy wait*). Vimos esse conceito na Seção 2.2.3 como um possível método para tratar com seções críticas e, naquele contexto, ele foi rejeitado como algo a ser evitado na maioria das circunstâncias. No âmbito da E/S, onde você pode ter de esperar por um tempo muito longo para que o mundo externo aceite ou produza dados, a consulta seqüencial não é aceitável, exceto para sistemas dedicados muito pequenos, que não executam múltiplos processos.

Além dos bits de status, muitas controladoras utilizam interrupções para informar à CPU quando estão prontas para ter seus registradores lidos ou escritos. Vimos na Seção 2.1.6 como as interrupções são manipuladas pela CPU. No contexto da E/S, tudo que você precisa saber é que a maioria dos dispositivos de interface fornece uma saída que é logicamente igual ao bit de status de "operação completa" ou "dados prontos" de um registrador, mas que se destina a ser usada para estimular uma das linhas de pedido de interrupção (IRQ – *Interrupt ReQuest*) do barramento do sistema. Assim, quando uma operação termina, ela interrompe a CPU e começa a executar a rotina de tratamento de interrupção. Esse código informa ao sistema operacional que a E/S está concluída. O sistema operacional pode então verificar os bits de status para saber se tudo correu bem e recuperar os dados resultantes ou iniciar uma nova tentativa.

O número de entradas na controladora de interrupção pode ser limitado; os PCs da classe Pentium têm apenas 15, para dispositivos de E/S. Algumas controladoras são conectadas diretamente na placa-mãe do sistema; por exemplo, as controladoras de disco e teclado de um IBM PC. Nos sistemas mais antigos, a IRQ usada por dispositivos era configurado por meio de chaves ou *jumpers* associados às controladoras. Se o usuário comprasse um novo dispositivo, tinha de configurar a IRQ manualmente, para evitar conflitos com as IRQs existentes. Poucos usuários conseguiam fazer isso corretamente, o que levou a indústria a desenvolver a tecnologia ***Plug'n Play***, na qual a BIOS pode atribuir IRQs automaticamente para os dispositivos no momento da inicialização, evitando, assim, conflitos.

3.1.5 Acesso direto à memória

Tenha ou não E/S mapeada em memória, a CPU de um sistema precisa endereçar as controladoras de dispositivo para trocar dados com elas. A CPU pode solicitar dados de uma controladora de E/S um byte por vez, mas fazer isso para um dispositivo como um disco, que produz um bloco de dados grande, desperdiçaria muito tempo de CPU; portanto freqüentemente é usado um esquema diferente, chamado **Acesso Direto à Memória (DMA** – *Direct Memory Access*). O sistema operacional só pode usar DMA se o hardware tiver uma controladora de DMA, o que a maioria dos sistemas possui. Às vezes, essa controladora é integrada nas controladoras de disco e em outras, mas tal projeto exige uma controladora de DMA separada para cada dispositivo. Mais comumente, é disponível uma única controladora de DMA (por exemplo, na placa-mãe) para regular as transferências dos vários dispositivos de E/S, muitas vezes de forma concomitante.

Não importa onde esteja localizada fisicamente, a controladora de DMA tem acesso ao barramento do sistema independente da CPU, como se vê na Figura 3-4. Ela contém vários registradores que podem ser escritos e lidos pela CPU. Isso inclui um registrador de endereços de memória, um registrador contador de bytes e um ou mais registradores de controle. Os registradores de controle especificam a porta de E/S a ser usada, a direção da transferência (leitura ou escrita do dispositivo de E/S), a unidade de transferência (um byte ou uma palavra por vez) e o número de bytes a transferir em uma rajada.

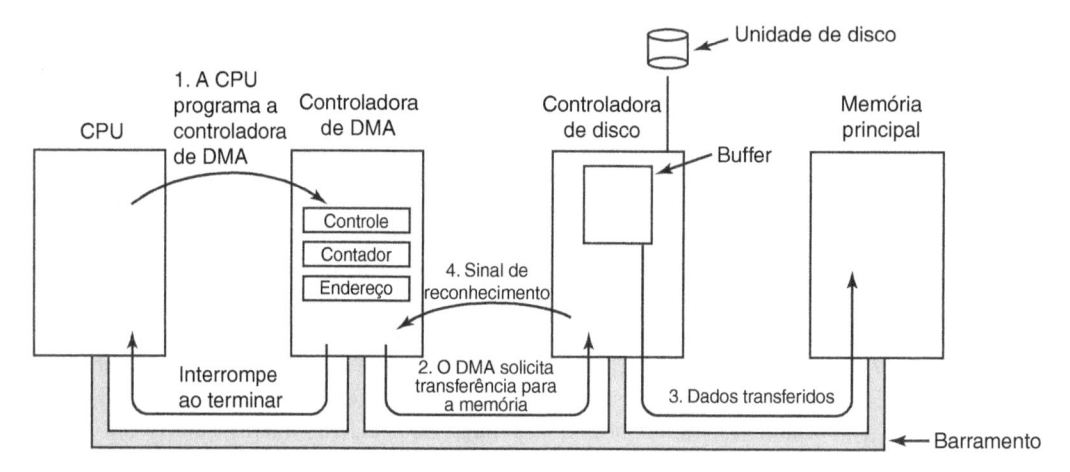

Figura 3-4 Operação de uma transferência de DMA.

Para explicarmos o funcionamento do DMA, vamos primeiro ver como ocorrem as leituras de disco quando o DMA não é utilizado. Primeiramente, a controladora lê o bloco (um ou mais setores) da unidade de disco em série, bit por bit, até que o bloco inteiro esteja em seu buffer interno. Em seguida, ela calcula a soma de verificação para verificar se não ocorreu nenhum erro de leitura. Então, a controladora causa uma interrupção. Quando o sistema operacional começa a executar, ele pode ler o bloco de disco do buffer da controladora, um byte ou palavra por vez, executando um laço, com cada iteração lendo um byte ou palavra de um registrador de dispositivo da controladora, armazenando-o na memória principal, incrementando o endereço de memória e decrementando a contagem de itens a serem lidos até que ela chegue a zero.

Quando o DMA é usado, o procedimento é diferente. Primeiramente, a CPU programa a controladora de DMA, configurando seus registradores para saber o que deve transferir e para onde (etapa 1 na Figura 3-4). Ela também envia um comando para a controladora de disco, dizendo a ela para que leia dados do disco em seu buffer interno e confira a soma de verificação. Quando dados válidos estiverem no buffer da controladora de disco, o DMA poderá começar.

A controladora de DMA inicia a transferência enviando uma requisição de leitura para a controladora de disco pelo barramento (etapa 2). Essa requisição de leitura é semelhante as outras e a controladora de disco não sabe, nem se preocupa, se ele veio da CPU ou de uma controladora de DMA. Normalmente, o endereço de memória a ser escrita é posto nas linhas de endereçamento do barramento, de modo que, quando a controladora de disco busca a próxima palavra de seu buffer interno, ela sabe onde escrevê-la. A escrita na memória é outro ciclo de barramento padrão (etapa 3). Quando a escrita termina, a controladora de disco envia um sinal de reconhecimento (ack – *acknowledgement*) para a controladora de DMA, também pelo barramento (etapa 4). Então, a controladora de DMA incrementa o endereço de memória a ser usado e decrementa a contagem de bytes. Se a contagem de bytes ainda for maior do que 0, as etapas 2 a 4 serão repetidas, até que ela chegue a 0. Nesse ponto, a controladora causa uma interrupção. Quando o sistema operacional inicia, não precisa copiar o bloco na memória; o bloco já está lá.

Talvez você esteja se perguntando por que a controladora simplesmente não armazena os bytes na memória principal assim que os recebe do disco. Em outras palavras, por que ela precisa de um buffer interno? Existem dois motivos. Primeiramente, usando o buffer interno, a controladora de disco pode conferir a soma de verificação antes de iniciar uma transferência. Se a soma de verificação estiver incorreta, um erro será sinalizado e nenhuma transferência para a memória será feita.

O segundo motivo é que, uma vez iniciada uma transferência de disco, os bits continuarão chegando do disco a uma velocidade constante, esteja a controladora pronta para eles ou não. Se a controladora tentasse escrever os dados diretamente na memória, ela teria que usar o barramento do sistema para cada palavra transferida. Se o barramento estivesse ocupado por algum outro dispositivo que o estivesse usando, a controladora teria de esperar. Se a próxima palavra do disco chegasse antes que a anterior tivesse sido armazenada, a controladora precisaria armazená-la em algum outro lugar. Se o barramento estivesse muito ocupado, a controladora poderia acabar armazenando muitas palavras e também tendo muita administração a fazer. Quando o bloco é colocado no buffer internamente, o barramento não é necessário até que o DMA comece; portanto, o projeto da controladora é muito mais simples, pois a transferência de DMA para a memória não crítica com relação ao tempo.

Nem todos os computadores utilizam DMA. O argumento contra ele é que a CPU principal freqüentemente é muito mais rápida do que a controladora de DMA e pode fazer o trabalho com velocidade muito maior (quando o fator limitante não é a velocidade do dispositivo de E/S). Se não houver nenhum outro trabalho para ela, não tem sentido fazer a CPU (rápida) esperar que a controladora de DMA (lenta) termine. Além disso, livrar-se da controladora de DMA e fazer com que a CPU realize todo o trabalho no software significa economia de dinheiro, o que é importante em sistemas de baixo custo ou portáteis como os sistemas embarcados.

3.2 PRINCÍPIOS DO SOFTWARE DE E/S

Vamos agora deixar o hardware de E/S de lado e ver o aspecto software. Primeiramente, veremos os objetivos do software de E/S e, depois, as diferentes maneiras pelas quais a E/S pode ser feita do ponto de vista do sistema operacional.

3.2.1 Objetivos do software de E/S

Um conceito importante no projeto de software de E/S é a **independência de dispositivo**. Isso significa que deve ser possível escrever programas que possam acessar qualquer dispositivo de E/S sem a necessidade de especificar o dispositivo antecipadamente. Por exemplo, um programa que lê um arquivo como entrada deve ser capaz de ler um arquivo em um disquete, em um disco rígido ou em um CD-ROM, sem precisar ser modificado para cada dispositivo diferente. Analogamente, qualquer pessoa deve ser capaz de digitar um comando como

    sort <input >output

e fazê-lo funcionar com a entrada proveniente de um disquete, de um disco IDE, de um disco SCSI ou do teclado, e ter a saída indo para qualquer tipo de disco ou para a tela. Cabe ao sistema operacional resolver os problemas causados pelo fato desses dispositivos serem diferentes e exigirem seqüências de comandos muito diferentes para operações de leitura ou de escrita.

Intimamente relacionado à independência de dispositivo é o objetivo da **atribuição uniforme de nomes**. O nome de um arquivo ou de um dispositivo deve ser simplesmente uma string ou um inteiro e de modo algum deve depender do dispositivo. No UNIX e no MINIX 3, todos os discos podem ser integrados na hierarquia do sistema de arquivos de maneiras arbitrárias, de modo que o usuário não precisa saber qual nome corresponde a qual dispositivo. Por exemplo, um disquete pode ser **montado** na raiz do diretório */usr/ast/ backup*, de modo que copiar um arquivo para esse diretório significa copiá-lo no disquete. Desse modo, todos os arquivos e dispositivos são endereçados da mesma maneira: por um nome de caminho.

Outra questão importante para o software de E/S é o **tratamento de erros**. Em geral, os erros devem ser tratados o mais próximo do hardware possível. Se a controladora descobre um erro de leitura, ela mesma deve tentar corrigi-lo, se puder. Se não puder, então o *driver* de dispositivo deverá tratar dele, talvez apenas tentando ler o bloco novamente. Muitos erros são passageiros, como os erros de leitura causados por partículas de poeira no cabeçote de leitura, e desaparecerão se a operação for repetida. Somente se as camadas mais baixas não forem capazes de lidar com o problema é que as camadas mais altas devem ser informadas. Em muitos casos, a recuperação do erro pode ser feita de modo transparente em um nível baixo, sem que os níveis superiores nem mesmo saibam a respeito dele.

Outra questão importante são as transferências **síncronas** (com bloqueio) *versus* **assíncronas** (baseadas em interrupções). A maior parte da E/S física é assíncrona — a CPU inicia a transferência e vai fazer outra coisa, até a chegada da interrupção. Os programas de usuário são muito mais fáceis de escrever se as operações de E/S causam bloqueio — após uma chamada de sistema **receive**, o programa é automaticamente suspenso até que os dados estejam disponíveis no buffer. Cabe ao sistema operacional fazer com que as operações que, na verdade, são baseadas em interrupções, se pareçam com bloqueios para os programas de usuário.

Uma outra questão para o software de E/S é o **uso de buffers**. Freqüentemente, os dados provenientes de um dispositivo não podem ser armazenados diretamente em seu destino final. Por exemplo, quando um pacote vem da rede, o sistema operacional não sabe onde colocá-lo, até o ter armazenado em algum lugar e examiná-lo. Além disso, alguns dispositivos têm restrições de tempo real severas (por exemplo, os dispositivos de áudio digital) de modo que os dados devem ser colocados antecipadamente em um buffer de saída para desvincular a velocidade com que o buffer é preenchido da velocidade com que ele é esvaziado, para evitar a falta de dados. O uso de buffers envolve um volume de cópias considerável e freqüentemente tem um impacto importante sobre o desempenho das operações de E/S.

O último conceito que mencionaremos aqui são os dispositivos que podem ser compartilhados *versus* dispositivos dedicados. Alguns dispositivos de E/S, como os discos, podem ser empregados por muitos usuários ao mesmo tempo. Nenhum problema é causado pelo fato de vários usuários terem arquivos abertos, no mesmo disco, ao mesmo tempo. Outros dispositivos, como as unidades de fita, precisam ser dedicados a um único usuário até que ele tenha terminado de usá-la. Então, outro usuário pode utilizar a unidade de fita. Ter dois ou mais usuários escrevendo blocos misturados aleatoriamente na mesma fita definitivamente não funciona. A introdução de dispositivos dedicados (não compartilhados) também apresenta uma variedade de problemas, como os impasses (*deadlocks*). Novamente, o sistema operacional deve ser capaz de manipular tanto dispositivos dedicados quanto compartilhados, de uma maneira que evite problemas.

Freqüentemente, o software de E/S é organizado em quatro camadas, como se vê na Figura 3-5. Nas subseções a seguir, veremos cada uma delas por vez, começando com a inferior. A ênfase deste capítulo são os *drivers* de dispositivo (camada 2), mas resumiremos o restante do software de E/S para mostrar como as partes do sistema de E/S se encaixam.

```
┌─────────────────────────────────────────────────────┐
│      Software de E/S em nível de usuário            │
├─────────────────────────────────────────────────────┤
│ Software do sistema operacional independente de dispositivo │
├─────────────────────────────────────────────────────┤
│              Drivers de dispositivo                 │
├─────────────────────────────────────────────────────┤
│        Rotinas de tratamento de interrupção         │
├─────────────────────────────────────────────────────┤
│                    Hardware                         │
└─────────────────────────────────────────────────────┘
```

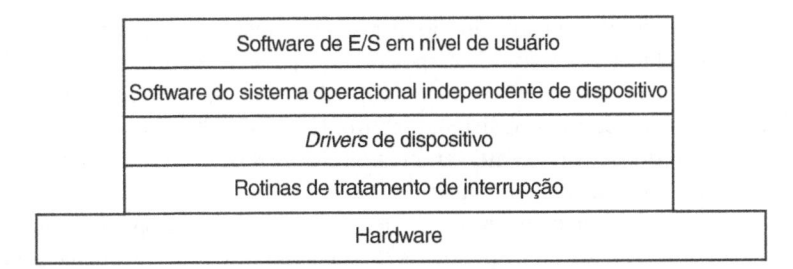

Figura 3-5   Camadas do sistema de software de E/S.

3.2.2 Rotinas de tratamento de interrupção

As interrupções são uma realidade desagradável; embora não possam ser evitadas. Elas devem ser bem ocultadas no interior do sistema operacional, para que o mínimo possível do sistema saiba a seu respeito. A melhor maneira de ocultá-las é fazer com que o *driver* que inicia uma operação de E/S seja bloqueado até que a E/S tenha terminado e a interrupção associada ocorra. O *driver* se bloquear sozinho, usando-se, por exemplo, uma instrução **down** em um semáforo, uma instrução **wait** em uma variável de condição, uma instrução **receive** em uma mensagem ou algo semelhante.

Quando a interrupção acontece, a função de tratamento faz o que for necessário para atendê-la. Então, ela pode desbloquear o *driver* que a iniciou. Em alguns casos, ela apenas completará uma instrução **up** em um semáforo. Em outros, executará uma instrução **signal** em uma variável de condição em um monitor. Ainda, em outros casos, ela enviará uma mensagem para o *driver* bloqueado. Em todos os casos, o efeito geral da interrupção será que um *driver* que anteriormente estava bloqueado agora poderá executar. Esse modelo funciona melhor se os *drivers* forem estruturados como processos independentes, com seus próprios estados, pilhas e contadores de programa.

3.2.3 *Drivers* de dispositivo

Anteriormente neste capítulo, vimos que cada controlador de dispositivo possui registradores utilizados para fornecer comandos ou para ler seu status (ou ambos). O número de registradores e a natureza dos comandos variam radicalmente de um dispositivo para outro. Por exemplo, um *driver* de *mouse* precisa aceitar informações do *mouse* dizendo quanto ele se moveu e quais botões estão sendo pressionados no momento. Em contraste, um *driver* de disco precisa saber a respeito de setores, trilhas, cilindros, cabeçotes, movimento do braço, propulsão do motor, tempos de acomodação do cabeçote e todos os outros fatores mecânicos necessários para fazer o disco funcionar corretamente. Obviamente, esses *drivers* serão muito diferentes.

Assim, cada dispositivo de E/S ligado a um computador precisa de algum código específico do dispositivo para controlá-lo. Esse código, chamado de **driver de dispositivo**, geralmente é escrito pelo fabricante do dispositivo e distribuído junto com ele em um CD-ROM. Como cada sistema operacional precisa de seus próprios *drivers*, os fabricantes de dispositivo normalmente fornecem *drivers* para vários sistemas operacionais populares.

Normalmente, cada *driver* de dispositivo manipula um tipo de dispositivo ou uma classe de dispositivos intimamente relacionados. Por exemplo, provavelmente seria uma boa idéia ter um único *driver* de *mouse*, mesmo que o sistema suporte várias marcas diferentes de *mouse*. Como outro exemplo, um *driver* de disco normalmente pode manipular vários discos de diferentes tamanhos e velocidades, e talvez também um CD-ROM. Por outro lado, um *mouse* e um disco são tão diferentes, que são necessários *drivers* diferentes.

Para acessar o hardware do dispositivo (quer dizer, os registradores da controladora), tradicionalmente, o *driver* de dispositivo faz parte do núcleo do sistema. Essa estratégia oferece o melhor desempenho e a pior confiabilidade, pois um erro em qualquer *driver* de dispositivo pode derrubar o sistema inteiro. O MINIX 3 diverge desse modelo para melhorar a confiabilidade. Conforme veremos, no MINIX 3, cada *driver* de dispositivo agora é um processo separado em modo usuário.

Conforme mencionamos anteriormente, os sistemas operacionais normalmente classificam os *drivers* como **dispositivos de bloco** (como os discos) ou como **dispositivos de caractere** (como os teclados e as impressoras). A maioria dos sistemas operacionais define uma interface padrão que todos os *drivers* de bloco devem suportar e uma segunda interface padrão que todos os *drivers* de caractere devem suportar. Essas interfaces consistem em várias funções que o restante do sistema operacional pode chamar para fazer o *driver* trabalhar.

Em termos gerais, a tarefa de um *driver* de dispositivo é aceitar requisições abstratas do software independente de dispositivo (que está acima dele) e cuidar para que as requisições sejam executadas. Uma requisição típica para um *driver* de disco é ler o bloco *n*. Se o *driver* estiver ocioso no momento da chegada de uma requisição, ele começará a executá-la imediatamente. Entretanto, se ele já estiver ocupado, normalmente colocará a nova requisição em uma fila de requisições pendentes para serem tratadas assim que for possível.

O primeiro passo na execução de uma requisição de E/S é verificar se os parâmetros de entrada são válidos e, caso não sejam, retornar um erro. Se a requisição for válida, o próximo passo será transformá-la dos termos abstratos para concretos. Para um *driver* de disco, isso significa descobrir onde o bloco solicitado está realmente no disco, verificar se o motor da unidade de disco está funcionando, determinar se o braço está posicionado no cilindro correto etc. Em resumo, o *driver* deve decidir quais operações da controladora são exigidas e em que seqüência.

Uma vez que o *driver* tiver determinado quais comandos deve enviar para a controladora, ele começará a executá-los, escrevendo nos registradores de dispositivo da controladora. As controladoras simples podem manipular apenas um comando por vez. As controladoras mais sofisticadas aceitam uma lista encadeada de comandos, os quais serão executados sem a intervenção do sistema operacional.

Após o comando (ou comandos) ter sido executado, ocorre uma de duas situações. Em muitos casos, o *driver* de dispositivo deve esperar até que a controladora realize algum trabalho para ele; portanto, ele bloqueia a si mesmo até que a interrupção entre para desbloqueá-lo. Em outros casos, entretanto, a operação é executada rapidamente, de modo que o *driver* não precisa ser bloqueado. Como exemplo desta última situação, em algumas placas gráficas, rolar a tela exige apenas escrever alguns bytes de comando nos registradores da controladora. Nenhum movimento mecânico é necessário; portanto, a operação inteira pode ser concluída em poucos microssegundos.

No primeiro caso, o *driver* será desbloqueado pela ocorrência da interrupção. No segundo caso, ele nunca será bloqueado. De qualquer modo, após a operação ter terminado, ele deve verificar a existência de erros. Se tudo estiver correto, o *driver* poderá ter dados para passar para o software independente de dispositivo (por exemplo, um bloco que acabou de ser lido). Finalmente, ele retorna algumas informações de status para informar situações de erros, ou não, para quem o chamou. Se houver outras requisições enfileiradas, agora uma delas poderá ser selecionada e iniciada. Se nada estiver enfileirado, o *driver* será bloqueado e ficará aguardando a próxima requisição.

Tratar com requisições de leitura e gravação é a principal função de um *driver*, mas pode haver outros requisitos. Por exemplo, talvez o *driver* precise configurar um dispositivo no momento que o sistema está sendo inicializado ou na primeira vez que ele for usado. Além disso, pode haver necessidade de gerenciar requisitos de energia, manipular dispositivos *Plug 'n Play* ou tratar de eventos de *log*.

3.2.4 Software de E/S independente de dispositivo

Embora um trecho do software de E/S seja específico a um dispositivo, uma grande parte dele é independente deste. O limite exato entre os *drivers* e o software independente de dispositivo depende do sistema, pois algumas funções que poderiam ser executadas de maneira independente de dispositivo podem, na verdade, por eficiência ou outros motivos, serem executadas nos *drivers*. As funções que aparecem na Figura 3-6 normalmente são executadas no software independente de dispositivo. No MINIX 3, a maioria do software independente de dispositivo faz parte do sistema de arquivos. Embora nosso estudo do sistema de arquivos seja deixado para o Capítulo 5, veremos, aqui, rapidamente, o software independente de dispositivo para darmos alguma perspectiva sobre a E/S e mostrarmos melhor onde os *drivers* se encaixam.

Interface uniforme para *drivers* de dispositivo
Buffers
Informe de erros
Alocação e liberação de dispositivos dedicados
Fornecimento de um tamanho de bloco independente de dispositivo

Figura 3-6 Funções do software de E/S independente de dispositivo.

A função básica do software independente de dispositivo é executar as funções de E/S comuns a todos os dispositivos e fornecer uma interface uniforme para o software em nível de usuário. Veremos a seguir os problemas acima com mais detalhes.

Interface uniforme para *drivers* de dispositivo

Um problema importante em um sistema operacional é como fazer todos os dispositivos e *drivers* de E/S parecerem mais ou menos iguais. Se discos, impressoras, monitores, teclados etc., tiverem todos interfaces diferentes, sempre que aparecer um novo dispositivo periférico, o sistema operacional deverá ser modificado para esse novo dispositivo. Na Figura 3-7(a), ilustramos simbolicamente uma situação na qual cada *driver* de dispositivo tem uma interface diferente com o sistema operacional. Em contraste, na Figura 3-7(b), mostramos um projeto diferente, no qual todos os *drivers* têm a mesma interface.

Com uma interface padrão é muito mais fácil de instalar um novo *driver*, desde que ele seja compatível com a interface existente. Isso também significa que os desenvolvedores de *drivers* sabem o que é esperado deles (por exemplo, quais funções eles devem fornecer e quais funções do núcleo eles podem chamar). Na prática, nem todos os dispositivos são absolutamente idênticos, mas normalmente existe apenas um pequeno número de tipos de dispositivo e mesmo esses geralmente são quase idênticos. Por exemplo, até os dispositivos de bloco e de caractere têm muitas funções em comum.

Outro aspecto do fato de ter uma interface uniforme é o modo como os dispositivos de E/S são nomeados. O software independente de dispositivo cuida do mapeamento de nomes de dispositivo simbólicos para o *driver* correto. Por exemplo, no UNIX e no MINIX 3, um nome de dispositivo, como */dev/disk0*, especifica exclusivamente o *i-node* de um arquivo

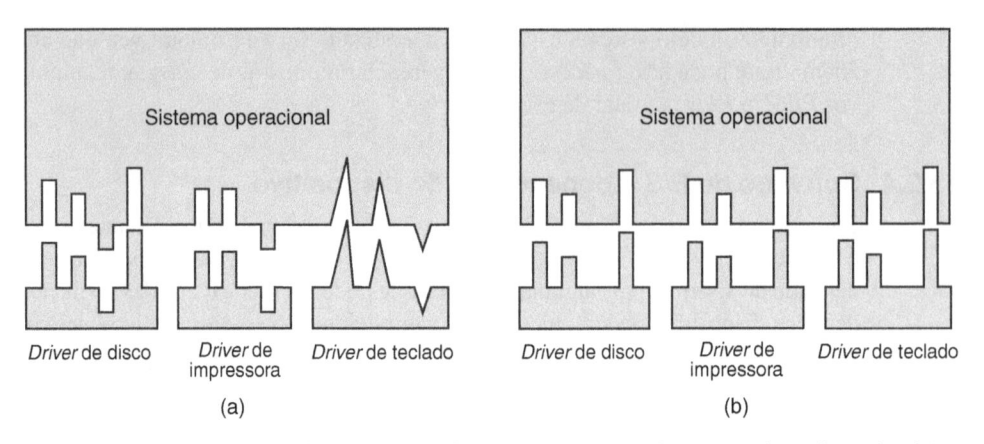

Figura 3-7 (a) Sem uma interface de *driver* padrão. (b) Com uma interface de *driver* padrão.

especial e esse *i-node* contém o **número principal do dispositivo (*major number*)**, que é usado para localizar o *driver* apropriado. O *i-node* também contém o **número secundário do dispositivo (*minor number*)**, que é passado como parâmetro para o *driver*, para especificar a unidade a ser lida ou escrita. Todos os dispositivos possuem números principais e secundários, e todos os *drivers* são acessados usando-se o número principal do dispositivo para selecionar o *driver*.

Intimamente relacionada com a atribuição de nomes está a proteção. Como o sistema impede que os usuários acessem dispositivos que não podem acessar? No UNIX, no MINIX 3, e também nas versões mais recentes do Windows, como o Windows 2000 e o Windows XP, os dispositivos aparecem no sistema de arquivos como objetos nomeados, o que significa que as regras de proteção normais para arquivos também se aplicam aos dispositivos de E/S. O administrador do sistema pode então configurar as permissões corretas (isto é, no UNIX, os bits *rwx*) para cada dispositivo.

Uso de buffers

O uso de buffers também é um problema tanto para dispositivos de bloco como para dispositivos de caractere. Para dispositivos de bloco, o hardware geralmente insiste em ler e escrever blocos inteiros simultaneamente, mas os processos de usuário estão livres para ler e escrever em unidades arbitrárias. Se um processo de usuário escrever meio bloco, o sistema operacional normalmente manterá esses dados em memória até que sejam escritos os dados restantes, momento este em que o bloco irá para o disco. Para dispositivos de caractere, os dados podem ser escritos mais rapidamente do que eles podem aparecer na saída, precisando então do uso de buffers. Uma entrada de teclado que chega antes de ser necessária também exige o uso de buffers.

Informe de erros

Os erros são muito mais comuns no contexto da E/S do que em qualquer outro. Quando eles ocorrem, o sistema operacional precisa tratar deles da melhor forma possível. Muitos erros são específicos do dispositivo; portanto, apenas o *driver* sabe o que fazer (por exemplo, tentar novamente, ignorar ou gerar uma situação de pânico). Um erro típico é causado por um bloco de disco que foi danificado e não pode mais ser lido. Após o *driver* ter tentado ler o bloco certo número de vezes, ele desiste e informa o software independente de dispositivo. O modo como o erro é tratado a partir daí é independente do dispositivo. Se o erro ocorreu durante a leitura de um arquivo de usuário, pode ser suficiente informá-lo para quem fez a chamada. Entretanto, se ele ocorreu durante a leitura de uma estrutura de dados fundamental para o sistema como, por exemplo, o bloco que contém o mapa de bits mostrando quais blocos estão livres, talvez o sistema operacional tenha que exibir uma mensagem de erro e terminar.

Alocando e liberando dispositivos dedicados

Alguns dispositivos, como os gravadores de CD-ROM, só podem ser usados por um único processo em dado momento. Cabe ao sistema operacional examinar as requisições de utilização do dispositivo e aceitá-los ou rejeitá-los, dependendo de o dispositivo solicitado estar disponível ou não. Uma maneira simples de tratar essas requisições é exigir que os processos executem operações open diretamente nos arquivos especiais dos dispositivos. Se o dispositivo não estiver disponível, a operação open falhará, fechando esse dispositivo dedicado e, então, liberando-o.

Tamanho de bloco independente de dispositivo

Nem todos os discos têm o mesmo tamanho de setor. Cabe ao software independente de dispositivo ocultar esse fato e fornecer um tamanho de bloco uniforme para as camadas superiores; por exemplo, tratando vários setores como um único bloco lógico. Desse modo, as camadas superiores só tratam com dispositivos abstratos, todos os quais utilizam o mesmo tamanho de bloco lógico, independente do tamanho do setor físico. Analogamente, alguns dispositivos de caractere enviam seus dados um byte por vez (por exemplo, os modems), enquanto outros os enviam em unidades maiores (por exemplo, as interfaces de rede). Essas diferenças também podem ser ocultadas.

3.2.5 Software de E/S em espaço de usuário

Embora a maior parte do software de E/S esteja dentro do sistema operacional, uma pequena parte dele consiste em bibliotecas ligadas ao programas do usuário e até de programas inteiros executando fora do espaço de endereçamento do núcleo. As chamadas de sistema, incluindo as de E/S, normalmente são feitas por funções de biblioteca. Quando um programa em C contiver a chamada

    count = write(fd, buffer, nbytes);

a função de biblioteca *write* será ligada ao código-objeto do usuário e contida no programa binário presente na memória no momento da execução. O conjunto de todas essas funções de biblioteca claramente faz parte do sistema de E/S.

Embora essas funções façam pouco mais do que colocar seus parâmetros no lugar apropriado da chamada de sistema, existem outras funções de E/S que executam um trabalho real adicional. Em particular, a formatação da entrada e saída é feita por função de biblioteca. Um exemplo da linguagem C é *printf*, que recebe como entrada uma string de formato e possivelmente algumas variáveis, constrói uma string em ASCII e, então, chama write para enviar a string para a saída. Como um exemplo de *printf*, considere a instrução

    printf("The square of %3d is   %6d\n", i, i*i);

Ela formata uma string consistindo na string de 14 caracteres *"The square of"*, seguida do valor *i* como uma string de 3 caracteres e, então, da string de 4 caracteres " *is* ", depois i^2 como seis caracteres e, finalmente, um avanço de linha.

Um exemplo de função semelhante para entrada é *scanf*, que lê a entrada e a armazena nas variáveis descritas em uma string de formato usando a mesma sintaxe de *printf*. A biblioteca de E/S padrão contém várias funções que envolvem E/S e todas são executadas como parte de programas de usuário.

Nem todo software de E/S em nível de usuário consiste em funções de biblioteca. Outra categoria importante é o sistema de **spooling**. O *spool* é uma maneira de tratar com dispositivos de E/S dedicados em um sistema de multiprogramação. Considere um dispositivo com típico com *spool*: uma impressora. Embora tecnicamente seja simples permitir que qualquer processo de usuário abra o arquivo de caracteres especial que corresponde a impressora, suponha que ele o abrisse e depois não fizesse mais nada por várias horas. Nenhum outro processo poderia imprimir nada.

Em vez disso, é criado um processo especial, chamado **daemon**, em um diretório especial, o **diretório de spool**. Para imprimir um arquivo, um processo primeiro gera o arquivo inteiro a ser impresso e o coloca no diretório de *spool*. Cabe ao *daemon*, que é o único processo a ter permissão para usar o arquivo especial associado a impressora, imprimir os arquivos no diretório. Protegendo-se o arquivo especial contra o uso direto por parte dos usuários, o problema de alguém deixá-lo aberto desnecessariamente por muito tempo é eliminado.

O *spool* não é utilizado apenas por impressoras, mas também em várias outras situações. Por exemplo, o correio eletrônico normalmente usa um *daemon*. Quando uma mensagem é enviada, ela é na verdade colocada em um diretório de *spool* de correio eletrônico. Posteriormente, o *daemon* de correio tentará enviá-la realmente. Eventualmente, em um dado momento, pode não ser possível contatar o destinatário, nesse caso, o *daemon* deixa a mensagem no *spool*, com informações de status indicando que deve ser tentado um reenvio dentro de alguns instantes. O *daemon* também pode enviar um aviso para o remetente dizendo que o envio da mensagem foi adiado, ou, após um atraso de algumas horas, ou alguns dias, que a mensagem não pôde ser entregue. Tudo isso se dá fora do sistema operacional.

A Figura 3-8 resume o sistema de E/S, mostrando as diferentes camadas e as principais funções de cada uma. De baixo para cima, as camadas são: o hardware, as rotinas de tratamento de interrupção, os *drivers* de dispositivo, o software independente de dispositivo e os processos de usuário.

	Camada	Resposta de E/S	Funções de E/S
Requisição de E/S	Processo de usuário		Faz chamada de E/S; formata a E/S; spooling
	Software independente de dispositivo		Atribuição de nomes, proteção, bloqueio, uso de buffers, alocação
	Drivers de dispositivo		Configura registradores de dispositivo; verifica status
	Rotinas de tratamento de interrupção		Desbloqueia driver ao término da E/S
	Hardware		Executa operação de E/S

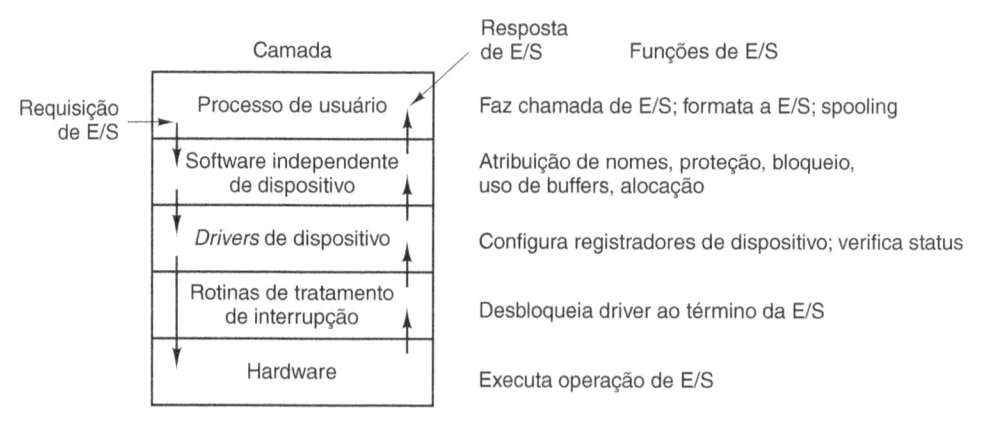

Figura 3-8 Camadas do sistema de E/S e as principais funções de cada uma.

As setas na Figura 3-8 mostram o fluxo de controle. Quando um programa de usuário tenta ler um bloco de um arquivo, por exemplo, o sistema operacional é chamado para executar a chamada. O software independente de dispositivo procura por esse bloco na cache em memória (um tipo de buffer). Se o bloco necessário não estiver lá, ele chama o *driver* de dispositivo para enviar a requisição para o hardware, para obtê-lo do disco. Então, o processo é bloqueado até que a operação de disco tenha terminado.

Quando a operação de disco tiver terminado, o hardware gerará uma interrupção. A rotina de tratamento de interrupção será executada para descobrir o que aconteceu; isto é, qual dispositivo quer ser atendido imediatamente. Então, ela extrai o status do dispositivo e desbloqueia o processo que estava esperando a conclusão da operação de E/S para permitir que o processo de usuário continue sua execução.

3.3 IMPASSES

Os sistemas de computador possuem vários recursos que só podem ser usados por um processo por vez. Exemplos comuns incluem as impressoras, unidades de fita e entradas nas tabelas internas do sistema. Ter dois processos escrevendo simultaneamente na impressora causa confusão. Ter dois processos usando a mesma entrada na tabela do sistema de arquivos invariavelmente levará a um sistema de arquivos corrompido. Conseqüentemente, todos os sistemas operacionais têm a capacidade de garantir (temporariamente) a um processo o acesso exclusivo a certos recursos, tanto de hardware como de software.

Para muitos aplicativos, um processo precisa de acesso exclusivo não para um recurso, mas para vários. Suponha, por exemplo, que dois processos queiram gravar em um CD um documento escaneado. O processo *A* pede permissão para usar o *scanner* e a recebe. O processo *B* é programado de forma diferente e solicita primeiro o gravador de CD e também o recebe. Agora, *A* solicita o gravador de CD, mas a requisição é negada até que *B* o libere. Infelizmente, em vez de liberar o gravador de CD, *B* solicita o *scanner*. Nesse ponto, os dois processos são bloqueados e permanecerão assim para sempre. Essa situação é chamada de **impasse** (*deadlock*).

Os impasses podem ocorrer em uma variedade de situações, além da solicitação de dispositivos de E/S dedicados. Em um sistema de banco de dados, por exemplo, um programa talvez tenha que travar vários registros que está usando para evitar condições de corrida. Se o processo *A* trava o registro *R1*, o processo *B* trava o registro *R2* e, então, cada processo tenta travar o registro do outro, também temos um impasse. Assim, os impasses podem ocorrer em recursos de hardware ou em recursos de software.

Nesta seção, examinaremos os impasses mais de perto, veremos como eles surgem e estudaremos algumas maneiras de preveni-los ou evitá-los. Embora esse material seja a respeito de impasses no contexto dos sistemas operacionais, eles também ocorrem em sistemas de banco de dados e em muitos outros contextos da ciência da computação; portanto, esse material pode ser aplicado a uma ampla variedade de sistemas de múltiplos processos.

3.3.1 Recursos

Os impasses podem ocorrer quando os processos obtêm acesso exclusivo para dispositivos, arquivos etc. Para tornar a discussão sobre impasses a mais genérica possível, vamos nos referir aos objetos concedidos como **recursos**. Um recurso pode ser um dispositivo de hardware (por exemplo, uma unidade de fita) ou uma informação (por exemplo, um registro em um banco de dados). Um computador normalmente terá muitos recursos diferentes que podem ser solicitados por processos. Para alguns recursos, várias instâncias idênticas podem estar disponíveis, como no caso de três unidades de fita. Quando estão disponíveis cópias intercambiáveis de um recurso, chamadas de **recursos fungíveis**[†], qualquer um deles pode ser usado

---

[†] Este é um termo jurídico e financeiro. O ouro é fungível: um grama de ouro vale tanto quanto qualquer outro.

para atender qualquer requisição de alocação deste recurso. Em resumo, um recurso é algo que pode ser usado por apenas um processo em dado instante.

Existem dois tipos de recursos: preemptivo e não-preemptivo. Um **recurso preemptivo** é aquele que pode ser retirado do processo que o possui sem nenhum efeito prejudicial. A memória é um exemplo de recurso preemptivo. Considere, por exemplo, um sistema com 64 MB de memória de usuário, uma impressora e dois processos de 64 MB, cada um querendo imprimir algo. O processo A solicita e obtém a impressora; então, ele começa a calcular os valores a serem impressos. Antes que tenha terminado o cálculo, ele ultrapassa seu *quantum* de tempo e é trocado ou paginado.

Agora, o processo B é executado e tenta, sem sucesso, adquirir a impressora. Possivelmente, agora temos uma situação de impasse, pois A tem a impressora, B tem a memória e nenhum deles pode prosseguir sem o recurso mantido pelo outro. Felizmente, é possível retirar a memória de B (preempção) e alocá-la para A. Agora, A pode ser executado, fazer sua impressão e depois liberar a impressora. Nenhum impasse ocorre.

Um **recurso não-preemptivo**, em contraste, é aquele que não pode ser retirado de seu proprietário corrente sem fazer a computação falhar. Se um processo tiver começado a gravar um CD-ROM, retirar repentinamente o gravador de CD dele e passá-lo a outro processo resultará em um CD corrompido. Os gravadores de CD não são preemptivos em um momento arbitrário.

Em geral, os impasses ocorrem quando temos recursos não-preemptivos. Os impasses em potencial que envolvem recursos preemptivos normalmente podem ser resolvidos pela realocação dos recursos de um processo para outro. Assim, nosso tratamento focalizará os recursos não-preemptivos.

A seqüência de eventos exigida para usar um recurso aparece a seguir, de uma forma abstrata.

1. Solicitar o recurso.
2. Utilizar o recurso.
3. Liberar o recurso.

Se o recurso não estiver disponível ao ser solicitado, o processo solicitante será obrigado a esperar. Em alguns sistemas operacionais, o processo é bloqueado automaticamente quando a requisição de um recurso falha e é desbloqueado quando ele se torna disponível. Em outros sistemas, a requisição falha e retorna um código de erro e fica por conta do processo que fez a chamada esperar um pouco e tentar novamente.

3.3.2 Princípios do impasse

O impasse pode ser definido formalmente como segue:

> *Um conjunto de processos está em um impasse se cada processo do conjunto está esperando por um evento que apenas outro processo do conjunto pode causar.*

Como todos os processos estão esperando, nenhum deles jamais causará os eventos que poderiam liberar um dos outros membros do conjunto e todos os processos continuarão a esperar para sempre. Para esse modelo, supomos que os processos têm apenas uma *thread* de execução e que não existem interrupções possíveis para liberar um processo bloqueado. A condição de nenhuma interrupção é necessária para impedir que um processo que esteja em um impasse por outro motivo seja acordado por, digamos, um alarme, e então cause eventos que liberem outros processos no conjunto.

Na maioria dos casos, o evento que cada processo está esperando é a liberação de algum recurso correntemente pertencente a outro membro do conjunto. Em outras palavras, cada membro do conjunto de processos em impasse está esperando por um recurso que pertence a um processo em impasse. Nenhum dos processos pode ser executado, nenhum deles pode liberar quaisquer recursos e nenhum deles pode ser acordado. O número de processos e o número e o tipo de recursos alocados e solicitados não têm importância. Esse resultado vale para qualquer tipo de recurso, incluindo hardware e software.

Condições de impasse

Coffman et al. (1971) mostraram que quatro condições devem ser verdadeiras para que haja um impasse:

1. Condição de exclusão mútua. Cada recurso ou está correntemente atribuído a exatamente um processo ou está disponível.

2. Condição de posse e espera. Os processos que correntemente possuem recursos garantidos anteriormente podem solicitar novos recursos.

3. Ausência de preempção. Os recursos garantidos anteriormente não podem ser retirados à força de um processo. Eles devem ser liberados explicitamente pelo processo que os possui.

4. Condição de espera circular. Deve haver um encadeamento circular de dois ou mais processos, cada um dos quais esperando por um recurso mantido pelo próximo membro do encadeamento.

Essas quatro condições devem estar presentes para que um impasse ocorra. Se uma delas estiver ausente, não há a possibilidade de ocorrência de impasse.

Em uma série de artigos, Levine (2003a, 2003b, 2005) mostra que existem várias situações que também são chamadas de impasse na literatura existente e que as condições de Coffman et al.se aplicam apenas ao que deve ser corretamente chamado de **impasse de recurso**. A literatura contém exemplos de "impasse" que não satisfazem todas essas condições. Por exemplo, se quatro veículos chegam simultaneamente em um cruzamento e tentam obedecer a regra de que cada um deve ceder a vez para o veículo que está à sua direita, nenhum deles poderá prosseguir, mas esse não é um caso onde um processo já possui um único recurso. Em vez disso, esse problema é um "impasse de escalonamento", que pode ser resolvido por uma decisão sobre prioridades, imposta de fora por um policial.

Vale notar que cada condição se relaciona com uma política que um sistema pode ter ou não. Determinado recurso pode ser atribuído a mais de um processo simultaneamente? Um processo pode possuir um recurso e solicitar outro? Pode haver preempção dos recursos? As esperas circulares podem existir? Veremos, posteriormente, como os impasses podem ser atacados tentando negar uma dessas condições.

Modelagem do impasse

Holt (1972) mostrou como essas quatro condições podem ser modeladas, usando grafos dirigidos. Os grafos têm dois tipos de nós: processos, mostrados como círculos, e recursos, mostrados como quadrados. Um arco de um nó de recurso (quadrado) para um nó de processo (círculo) significa que o recurso foi solicitado anteriormente, foi concedido e é correntemente mantido por esse processo. Na Figura 3-9(a), o recurso R está correntemente atribuído ao processo A.

```
    (A)              [S]              ┌──(D)──┐
     ↑                ↑               │       ↓
     │                │              [T]     [U]
     │                │               ↑       │
    [R]              (B)              └──(C)──┘

    (a)              (b)                 (c)
```

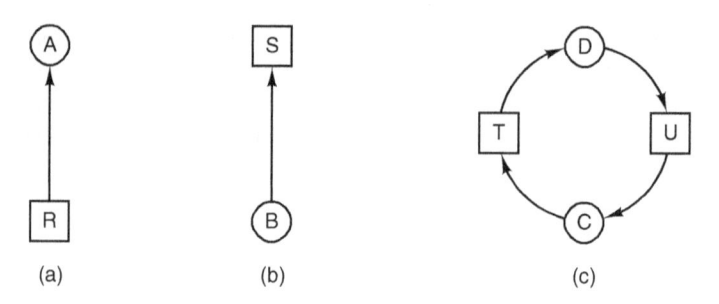

Figura 3-9 Grafos de alocação de recurso. (a) Mantendo um recurso. (b) Solicitando um recurso. (c) Impasse.

Um arco de um processo para um recurso significa que o processo está correntemente bloqueado, esperando por esse recurso. Na Figura 3-9(b), o processo *B* está esperando pelo recurso *S*. Na Figura 3-9(c), vemos um impasse: o processo *C* está esperando pelo recurso *T*, o qual é correntemente mantido pelo processo *D*. O processo *D* não pode liberar o recurso *T*, pois está esperando pelo recurso *U*, mantido por *C*. Os dois processos vão esperar para sempre. Um ciclo no grafo significa que existe um impasse envolvendo os processos e recursos no ciclo (supondo que exista um único recurso de cada tipo). Nesse exemplo, o ciclo é *C-T-D-U-C*.

Vamos ver agora como os grafos de recurso podem ser usados. Imagine que tenhamos três processos, *A*, *B*, e *C*, e três recursos, *R*, *S*, e *T*. As requisições e liberações dos três processos aparecem na Figura 3-10(a)-(c). O sistema operacional está livre para executar qualquer processo desbloqueado, a qualquer momento; portanto, ele poderia decidir executar *A* até que *A* terminasse todo o seu trabalho e, então, executar *B* até o fim e, finalmente, executar *C*.

Essa ordem não leva a um impasse (pois não há nenhuma competição pelos recursos), mas também não tem nenhum paralelismo. Além de solicitar e liberar recursos, os processos fazem computação e operações de E/S. Quando os processos são executados em seqüência, não há nenhuma possibilidade de que, enquanto um processo esteja esperando por E/S, outro possa utilizar a CPU. Assim, a execução dos processos estritamente seqüencial pode não ser ótima. Por outro lado, se nenhum dos processos realiza qualquer operação de E/S, o algoritmo da tarefa mais curta primeiro é melhor do que o *round-robin*; portanto, sob algumas circunstâncias, executar todos os processos em seqüência pode ser a melhor maneira.

Vamos supor agora que os processos façam tanto E/S como computação, de modo que o *round-robin* é um algoritmo de escalonamento razoável. As requisições por recurso poderiam ocorrer na ordem mostrada na Figura 3-10(d). Se essas seis requisições são executadas nessa ordem, os seis grafos de recurso resultantes são os que aparecem na Figura 3-10(e)-(j). Após a requisição 4 ter sido feita, *A* é bloqueado, esperando por *S*, como se vê na Figura 3-10(h). Nos dois passos seguintes, *B* e *C* também são bloqueados, em última análise levando a um ciclo e ao impasse da Figura 3-10(j). Desse ponto em diante, o sistema está "congelado".

Entretanto, conforme já mencionamos, o sistema operacional não é obrigado a executar os processos em nenhuma ordem especial. Em particular, se atender uma requisição específica levar a um impasse, o sistema operacional pode simplesmente suspender o processo, sem atender a requisição (isto é, simplesmente não escalonar), até que seja seguro fazer isso. Na Figura 3-10, se o sistema operacional soubesse do impasse iminente, poderia suspender *B*, em vez de conceder *S* a ele. Executando apenas *A* e *C*, obteríamos as requisições e as liberações da Figura 3-10(k), em vez da Figura 3-10(d). Essa seqüência leva aos grafos de recurso da Figura 3-10(l)-(q), que não levam a um impasse.

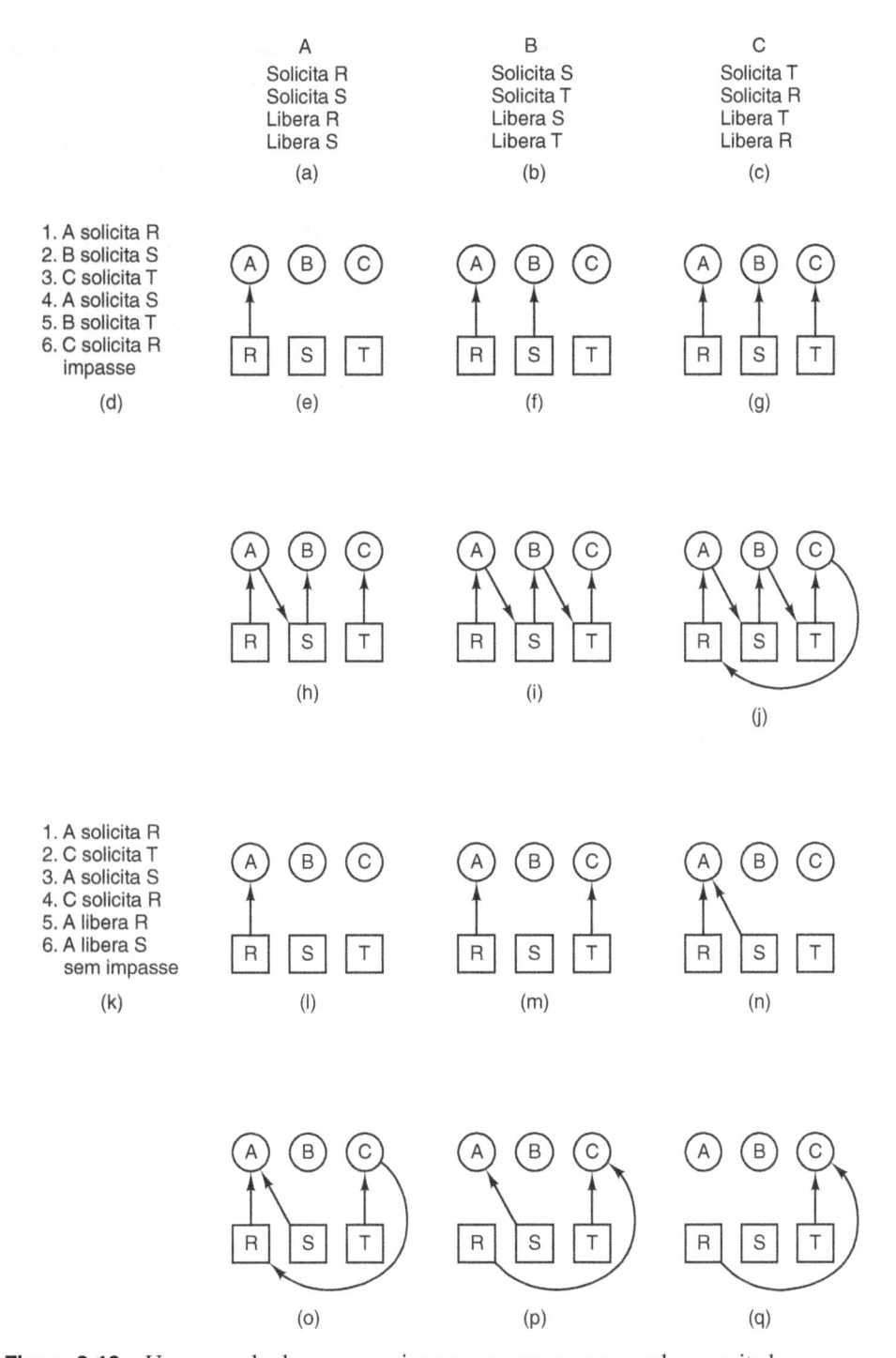

A	B	C
Solicita R	Solicita S	Solicita T
Solicita S	Solicita T	Solicita R
Libera R	Libera S	Libera T
Libera S	Libera T	Libera R
(a)	(b)	(c)

1. A solicita R
2. B solicita S
3. C solicita T
4. A solicita S
5. B solicita T
6. C solicita R
   impasse

(d)   (e)   (f)   (g)

(h)   (i)   (j)

1. A solicita R
2. C solicita T
3. A solicita S
4. C solicita R
5. A libera R
6. A libera S
   sem impasse

(k)   (l)   (m)   (n)

(o)   (p)   (q)

Figura 3-10 Um exemplo de como um impasse ocorre e como pode ser evitado.

Após o passo (q), o processo *B* pode receber *S*, pois *A* terminou e *C* tem tudo que precisa. Mesmo que *B* deva eventualmente ser bloqueado ao solicitar *T*, nenhum impasse pode ocorrer. *B* simplesmente esperará até que *C* tenha terminado.

Posteriormente neste capítulo, estudaremos detalhadamente um algoritmo para tomar decisões de alocação que não levam a um impasse. Por enquanto, o ponto a entender é que o grafo de recurso é uma ferramenta que nos permite ver se determinada seqüência de requisição/liberação leva a um impasse. Apenas executamos as requisições e liberações passo a passo e, após cada passo, verificamos o grafo para ver se contém ciclos. Se contiver, temos um impasse; caso contrário, não há impasse algum. Embora nosso tratamento de grafos de recurso tenha sido para o caso de um único recurso de cada tipo, eles também podem ser generalizados para tratar de vários recursos do mesmo tipo (Holt, 1972). Entretanto, Levine (2003a, 2003b) mostra que, com recursos fungíveis, isso pode ficar muito complicado. Se mesmo um único ramo do grafo não fizer parte de um ciclo; isto é, se um processo que não está em impasse contiver uma cópia de um dos recursos, então não poderá ocorrer impasse.

Em geral, quatro estratégias são usadas para tratar com impasses.

1. Apenas ignorar completamente o problema (Talvez, se você o ignorar, ele ignore você).
2. Detecção e recuperação. Deixar os impasses ocorrerem, detectá-los e executar uma ação.
3. Evitação dinâmica, por meio da alocação cuidadosa de recursos.
4. Prevenção, pela negação estrutural de uma das quatro condições necessárias para causar um impasse.

Examinaremos cada um desses métodos por sua vez, nas próximas quatro seções.

3.3.3 O algoritmo do avestruz

A estratégia mais simples é a do algoritmo do avestruz: enfiar a cabeça na terra e fingir que não existe problema algum[†]. Diferentes pessoas reagem a essa estratégia de maneiras muito diferentes. Os matemáticos a acham completamente inaceitável e dizem que os impasses devem ser evitados a qualquer custo. Os engenheiros perguntam com que freqüência o problema é esperado, com que freqüência o sistema falha por outros motivos e qual é a gravidade do impasse. Se os impasses ocorrem, em média, uma vez a cada cinco anos, mas as falhas de sistema causadas por defeitos de hardware, erros de compilador e erros do sistema operacional ocorrem uma vez por semana, a maioria dos engenheiros não desejará penalizar tanto o desempenho ou a conveniência para eliminar os impasses.

Para tornar essa comparação mais específica, o UNIX (e o MINIX 3) potencialmente sofre com impasses que nem mesmo são detectados, sem falar nos que são desfeitos automaticamente. O número total de processos em um sistema é determinado pelo número de entradas na tabela de processos. Assim, as entradas da tabela de processos são recursos finitos. Se uma operação **fork** falha porque a tabela está cheia, uma estratégia razoável para o programa que está executando essa operação é esperar um tempo aleatório e tentar novamente.

Agora, suponha que um sistema MINIX 3 tenha 100 entradas de processo. Dez programas estão em execução, cada um dos quais precisa criar 12 (sub)processos. Depois que cada processo criou 9 processos, os 10 processos originais e os 90 novos processos esgotaram a tabela. Agora, cada um dos 10 processos originais fica em um laço infinito, tentando criar mais processos e falhando — em um impasse. A probabilidade disso acontecer é minúscula, mas *poderia* acontecer. Devemos abandonar os processos e a chamada de **fork** para eliminar o problema?

[†] Na verdade, esse folclore não tem sentido. Os avestruzes podem correr a 60 km/h e seu chute é poderoso o bastante para matar qualquer leão que esteja pensando em jantar uma grande galinha.

Semelhantemente, o número máximo de arquivos abertos é restrito pelo tamanho da tabela de *i-nodes*; portanto, um problema semelhante ocorre quando ela é preenchida. A área de *swap* no disco é outro recurso limitado. Na verdade, quase toda tabela no sistema operacional representa um recurso finito. Devemos abolir todas elas porque poderia acontecer de um conjunto de *n* processos exigir 1/*n* do total cada um e depois cada um tentar solicitar outra?

A maioria dos sistemas operacionais, incluindo o UNIX, o MINIX 3 e o Windows, simplesmente ignora o problema, supondo que a maioria dos usuários preferiria um impasse ocasional a uma regra restringindo todos eles a um único processo, um único arquivo aberto e um de tudo mais. Se os impasses pudessem ser eliminados gratuitamente, não haveria muita discussão. O problema é que o preço é alto, principalmente em termos de impor restrições inconvenientes aos processos, conforme veremos em breve. Assim, estamos diante de um compromisso desagradável entre conveniência e correção, e de muita discussão sobre o que é mais importante e para quem. Sob essas condições, soluções gerais são difíceis de encontrar.

3.3.4 Detecção e recuperação

Uma segunda técnica é a detecção e recuperação. Quando essa técnica é usada, o sistema não faz nada, exceto monitorar as requisições e liberações de recursos. Sempre que um recurso é solicitado ou liberado, o grafo de recurso é atualizado e é feita uma verificação para saber se existem quaisquer ciclos. Se existir um ciclo, um dos processos do ciclo será eliminado. Se isso não acabar com o impasse, outro processo será eliminado e assim por diante, até que o ciclo seja quebrado.

Um método um tanto quanto mais rudimentar é nem mesmo manter o grafo de recurso, mas verificar periodicamente se existem processos que foram continuamente bloqueados por mais de, digamos, uma hora. Tais processos são, então, eliminados.

A detecção e recuperação é a estratégia freqüentemente usada em computadores de grande porte, especialmente os sistemas de lote, nos quais normalmente é aceitável eliminar um processo e depois reiniciá-lo. Entretanto, deve-se tomar o cuidado de restaurar os estados originais dos arquivos modificados e desfazer todos os outros efeitos colaterais que possam ter ocorrido.

3.3.5 Prevenção de impasses

A terceira estratégia para o impasse é impor restrições convenientes sobre os processos para que os impasses sejam estruturalmente impossíveis. As quatro condições citadas por Coffman et al. (1971) dão um indício de algumas possíveis soluções.

Primeiramente, vamos atacar a condição da exclusão mútua. Se nenhum recurso jamais fosse atribuído exclusivamente a um único processo, nunca teríamos impasses. Entretanto, é igualmente claro que permitir que dois processos escrevam na impressora ao mesmo tempo levará ao caos. Com o *spool* da saída da impressora, vários processos podem gerar saída ao mesmo tempo. Nesse modelo, o único processo que realmente solicita a impressora física é o *daemon* de impressora. Como o *daemon* nunca solicita quaisquer outros recursos, podemos eliminar o impasse para a impressora.

Infelizmente, nem todos os recursos podem usar um mecanismo de *spool* (a tabela de processos não se presta a um *spool*). Além disso, a própria competição pelo espaço em disco para fazer *spool* pode levar ao impasse. O que aconteceria se dois processos preenchessem, cada um, metade da área de *spool* disponível e nenhum dos dois terminasse de gerar saída? Se o *daemon* fosse programado para começar a imprimir, mesmo antes que toda a saída fosse posta no *spool*, a impressora poderia ficar ociosa, caso um processo de saída decidisse esperar várias horas, após a primeira rajada de saída. Por isso, os *daemons* normalmente são programados para imprimir somente depois que o arquivo de saída estiver completo. Neste caso, temos dois processos que concluíram parte da saída (mas não toda) e não podem continuar. Nenhum dos dois processos jamais terminará; portanto, temos um impasse no disco.

A segunda das condições formuladas por Coffman et al. parece ligeiramente mais promissora. Se pudermos evitar que os processos que contêm recursos fiquem esperando por mais recursos, poderemos eliminar os impasses. Uma maneira de atingir esse objetivo é exigir que todos os processos solicitem todos os seus recursos antes de iniciar a execução. Se tudo estiver disponível, o processo receberá o que precisa e poderá ser executado até o fim. Se um ou mais recursos estiverem ocupados, nada será alocado e o processo simplesmente esperará.

Um problema imediato dessa estratégia é que muitos processos só saberão de quantos recursos precisarão depois de terem começado a executar. Outro problema é que, com essa estratégia, os recursos não serão usados de forma ótima. Tome como exemplo um processo que lê dados de uma fita de entrada, os analisa por uma hora e, então, grava uma fita de saída e também envia os resultados para um *plotter*. Se todos os recursos precisarem ser solicitados antecipadamente, o processo amarrará a unidade de fita de saída e o *plotter* por uma hora.

Uma maneira ligeiramente diferente de violar a condição de posse e espera é exigir que um processo que esteja solicitando um recurso primeiro libere temporariamente todos os recursos que possui correntemente. Então, ele tenta obter tudo o que precisa de uma só vez.

Atacar a terceira condição (ausência de preempção) é ainda menos promissor do que atacar a segunda. Se um processo tiver recebido a impressora e estiver no meio da impressão de sua saída, retirar a impressora à força porque um *plotter* necessário não está disponível é, na melhor das hipóteses, complicado e, na pior, impossível.

Resta apenas uma condição. A espera circular pode ser eliminada de várias maneiras. Uma delas é simplesmente ter uma regra dizendo que um processo receberá apenas um recurso em dado momento. Se ele precisar de um segundo, deverá liberar o primeiro. Para um processo que precisa copiar um arquivo enorme de uma fita para uma impressora, essa restrição é inaceitável.

Outra maneira de evitar a espera circular é fornecer uma numeração global de todos os recursos, como se vê na Figura 3-11(a). Agora, a regra é esta: os processos podem solicitar recursos quando precisarem, mas todas as requisições devem ser feitas em ordem numérica. Um processo pode solicitar primeiro o *scanner* e depois a unidade de fita, mas não pode solicitar primeiro o *plotter* e depois o *scanner*.

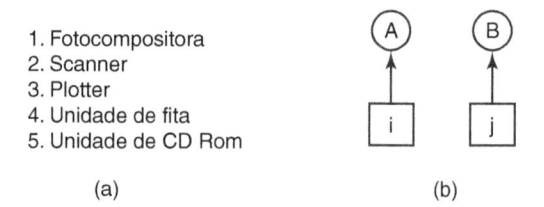

1. Fotocompositora
2. Scanner
3. Plotter
4. Unidade de fita
5. Unidade de CD Rom

(a)   (b)

Figura 3-11 (a) Recursos ordenados numericamente. (b) Um grafo de recurso.

Com essa regra, o grafo de alocação de recurso nunca pode ter ciclos. Vamos ver porque isso é verdade, na Figura 3-11(b), para o caso de dois processos. Só podemos ter um impasse se A solicitar o recurso *j* e B solicitar o recurso *i*. Supondo que *i* e *j* são recursos distintos, eles terão números diferentes. Se $i > j$, então A não pode solicitar *j*, pois seu número é menor do que o daquele que já possui. Se $i < j$, então B não pode solicitar *i*, pois seu número é menor do que o daquele que já possui. De qualquer maneira, o impasse é impossível.

Com vários processos, a mesma lógica se aplica. Em cada instante, um dos recursos atribuídos terá o número mais alto. O processo que contém esse recurso nunca solicitará um outro já atribuído. Ou ele terminará ou, na pior das hipóteses, solicitará recursos de numeração ainda maior, todos os quais estão disponíveis. Finalmente, ele terminará e liberará seus recursos. Nesse ponto, algum outro processo possuirá o recurso de numeração mais alta e também poderá terminar. Em resumo, existe um cenário onde todos os processos terminam; portanto, nenhum impasse está presente.

Uma variação de menor interesse desse algoritmo é suprimir o requisito de que os recursos devem ser adquiridos em seqüência rigorosamente ascendente e insistir simplesmente em que nenhum processo solicite um recurso com numeração menor do que o que já possui. Se um processo inicialmente solicitar 9 e 10 e depois liberar a ambos, ele estará efetivamente começando tudo de novo, de modo que não há motivo para proibi-lo de, agora, solicitar o recurso 1.

Embora a ordenação numérica dos recursos elimine o problema dos impasses, pode ser impossível encontrar uma ordem que satisfaça a todos. Quando os recursos incluem entradas da tabela de processos, área de *spool* em disco, registros de banco de dados bloqueados e outros recursos abstratos, o número de recursos e os diferentes usos em potencial podem ser tão grandes que nenhuma ordem poderia funcionar. Além disso, conforme Levine (2005) aponta, a ordenação de recursos anula a fungibilidade — uma cópia perfeitamente boa e disponível de um recurso poderia ser inacessível com tal regra.

As diversas estratégias de prevenção de impasse estão resumidas na Figura 3-12.

Condição	Estratégia
Exclusão mútua	Fazer *spool* de tudo
Posse e espera	Solicitar todos os recursos inicialmente
Ausência de preempção	Permitir preempção de recursos
Espera circular	Ordenar os recursos numericamente

Figura 3-12 Resumo das estratégias de prevenção de impasse.

3.3.6 Evitação de impasses

Na Figura 3-10, vimos que os impasses foram evitados não pela imposição de regras arbitrárias para os processos, mas pela análise cuidadosa de cada pedido de recurso para ver se ele poderia ser concedido com segurança. Surge a pergunta: existe um algoritmo que sempre possa evitar impasses, fazendo a escolha certa todas as vezes? A resposta é um sim categórico — podemos evitar impasses, mas somente se certas informações estiverem disponíveis antecipadamente. Nesta seção, examinaremos as maneiras de evitar impasses por meio da cuidadosa alocação de recursos.

O algoritmo do banqueiro para um único recurso

Um algoritmo de escalonamento que pode evitar impasses é creditado a Dijkstra (1965) e é conhecido como **algoritmo do banqueiro**. Ele é modelado da maneira como um banqueiro de uma pequena cidade poderia lidar com um grupo de clientes para os quais concedeu linhas de crédito. O banqueiro não tem necessariamente dinheiro suficiente em mãos para emprestar a cada cliente a quantia total da linha de crédito de cada um ao mesmo tempo. Na Figura 3-13(a), vemos quatro clientes, A, B, C e D, cada um dos quais recebeu certo número de unidades de crédito (por exemplo, uma unidade vale 1K dólares). O banqueiro sabe que nem todos os clientes precisarão de seu crédito máximo imediatamente; portanto, ele tem reservado apenas 10 unidades, em vez de 22, para atendê-los. Ele também acredita que cada cliente poderá pagar seu empréstimo logo após receber sua linha de crédito total (é uma cidade pequena); portanto, ele sabe que finalmente poderá atender a todos os pedidos. (Nessa analogia, os clientes são os processos, as unidades são, digamos, unidades de fita, e o banqueiro é o sistema operacional.)

	Tem	Máx.
A	0	6
B	0	5
C	0	4
D	0	7

Disponível: 10

(a)

	Tem	Máx.
A	1	6
B	1	5
C	2	4
D	4	7

Disponível: 2

(b)

	Tem	Máx.
A	1	6
B	2	5
C	2	4
D	4	7

Disponível: 1

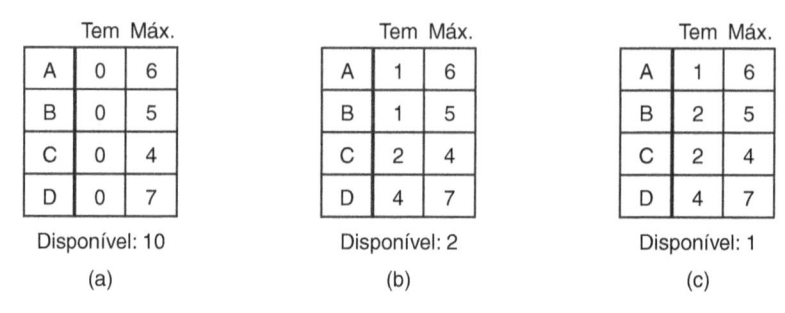

(c)

Figura 3-13 Três estados de alocação de recursos: (a) Seguro. (b) Seguro. (c) Inseguro.

Cada parte da figura mostra um **estado** do sistema com relação à alocação de recursos; isto é, uma lista de clientes mostrando o dinheiro já emprestado (unidades de fita já atribuídas) e o crédito máximo disponível (número máximo de unidades de fita necessárias simultaneamente mais tarde). Um estado é **seguro** se existe uma seqüência de outros estados que leva todos os clientes a receberem empréstimos até seus limites de crédito (todos os processos recebendo todos os seus recursos e terminando).

Os clientes tratam de seus respectivos negócios, fazendo pedidos de empréstimo de tempos em tempos (isto é, solicitando recursos). Em dado momento, a situação é como se vê na Figura 3-13(b). Esse estado é seguro porque, com duas unidades restando, o banqueiro pode atrasar qualquer pedido, exceto o de *C*, permitindo assim que *C* termine e libere os seus quatro recursos. Com quatro unidades em mãos, o banqueiro pode deixar que *D* ou *B* tenha as unidades necessárias e assim por diante.

Considere o que aconteceria se um pedido de *B* de mais uma unidade fosse atendido na Figura 3-13(b). Teríamos a situação da Figura 3-13(c), que é insegura. Se todos os clientes repentinamente pedissem seus empréstimos máximos, o banqueiro não poderia atender nenhum deles e teríamos um impasse. Um estado inseguro não *precisa* levar a um impasse, pois um cliente talvez não precise da linha de crédito inteira disponível, mas o banqueiro não pode contar com esse comportamento.

O algoritmo do banqueiro considera cada pedido quando ele ocorre e verifica se concedê-lo leva a um estado seguro. Se levar, o pedido é atendido; caso contrário, ele é adiado. Para ver se um estado é seguro, o banqueiro verifica se tem recursos suficientes para atender algum cliente. Se tiver, ele presume que esses empréstimos serão pagos e, agora, o cliente mais próximo do limite é verificado e assim por diante. Se todos os empréstimos puderem finalmente ser pagos, o estado é seguro e o pedido inicial poderá ser concedido.

Trajetórias de recursos

O algoritmo anterior foi descrito em termos de uma única classe de recursos (por exemplo, apenas unidades de fita ou apenas impressoras, mas não alguns de cada tipo). Na Figura 3-14, vemos um modelo para tratar com dois processos e dois recursos, por exemplo, uma impressora e um *plotter*. O eixo horizontal representa o número de instruções executadas pelo processo *A*. O eixo vertical representa o número de instruções executadas pelo processo *B*. Em I_1, *A* solicita uma impressora; em I_2, ele precisa de um *plotter*. A impressora e o *plotter* são liberados em I_3 e I_4, respectivamente. O processo *B* precisa do *plotter* de I_5 até I_7 e da impressora de I_6 até I_8.

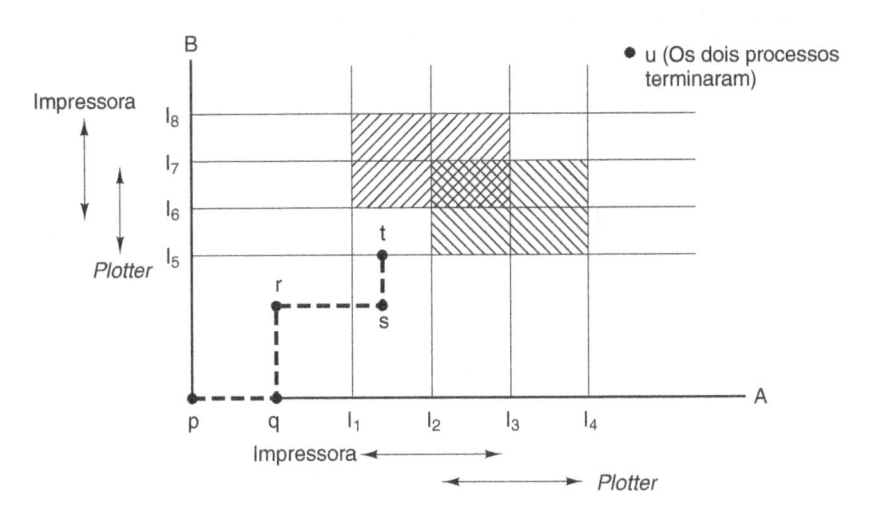

Figura 3-14 Duas trajetórias de recurso de processo.

Cada ponto no diagrama representa um estado de junção dos dois processos. Inicialmente, o estado está em *p*, com nenhum processo tendo executado qualquer instrução. Se o escalonador optar por executar primeiro *A*, chegaremos ao ponto *q*, no qual *A* realizou certo número de instruções, mas *B* não fez nenhuma. No ponto *q*, a trajetória se torna vertical, indicando que o escalonador optou por executar *B*. Com um único processador, todos os caminhos devem ser horizontais ou verticais, nunca diagonais. Além disso, o movimento é sempre para norte ou para leste, nunca para o sul nem para o oeste (os processos não podem ser executados para trás).

Quando *A* cruza a linha I_1 no caminho de *r* para *s*, ele solicita e recebe a impressora. Quando *B* chega ao ponto *t*, ele exige o *plotter*.

As regiões sombreadas são particularmente interessantes. A região com linhas inclinadas de sudoeste para nordeste representa os dois processos obtendo a impressora. A regra de exclusão mútua torna impossível entrar nessa região. Analogamente, a região sombreada no sentido contrário representa os dois processos obtendo o *plotter* e é igualmente impossível. Sob nenhuma hipótese o sistema pode entrar nas regiões sombreadas.

Se o sistema entrar na caixa limitada pelos lados formados por I_1 até I_2 e por I_5 até I_6, terminará por haver um impasse quando ele chegar à intersecção de I_2 e I_6. Nesse ponto, *A* está solicitando o *plotter*, *B* está solicitando a impressora e ambos já estão atribuídos. A caixa inteira é insegura e não se deve entrar nela. No ponto *t*, a única coisa segura a fazer é executar o processo *A* até que ele chegue a I_4. Além desse ponto, qualquer trajetória até *u* servirá.

O importante a ser visto aqui é que *B* está solicitando um recurso no ponto *t*. O sistema deve decidir se vai concedê-lo ou não. Se a concessão for feita, o sistema entrará em uma região insegura e haverá um impasse. Para evitar o impasse, *B* deve ser suspenso até que *A* tenha solicitado e liberado o *plotter*.

O algoritmo do banqueiro para vários recursos

Esse modelo gráfico é difícil de aplicar no caso geral de um número arbitrário de processos e um número arbitrário de classes de recurso, cada uma com várias instâncias (por exemplo, dois *plotters*, três unidades de fita). Entretanto, o algoritmo do banqueiro pode ser generalizado para fazer o trabalho. A Figura 3-15 mostra como ele funciona.

Processo	Unidades de fita	Plotters	Printers	CD-ROMs
A	3	0	1	1
B	0	1	0	0
C	1	1	1	0
D	1	1	0	1
E	0	0	0	0

Recursos atribuídos

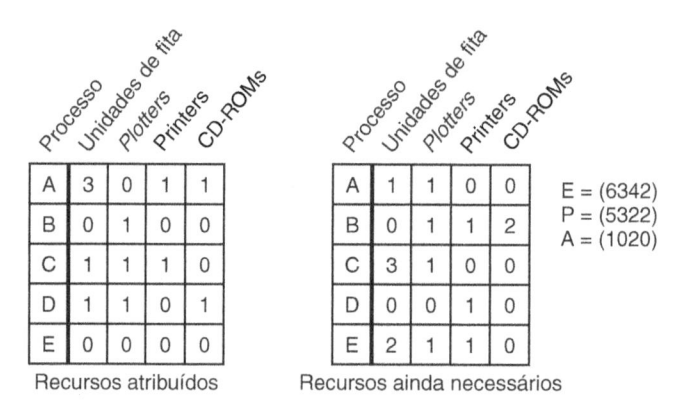

Processo	Unidades de fita	Plotters	Printers	CD-ROMs
A	1	1	0	0
B	0	1	1	2
C	3	1	0	0
D	0	0	1	0
E	2	1	1	0

Recursos ainda necessários

E = (6342)
P = (5322)
A = (1020)

Figura 3-15 O algoritmo do banqueiro com vários recursos.

Na Figura 3-15, vemos duas matrizes. A da esquerda mostra quanto de cada recurso está correntemente atribuído a cada um dos cinco processos. A matriz da direita mostra quantos recursos cada processo ainda precisa para terminar. Assim como no caso do recurso único, os processos devem informar suas necessidades de recurso totais antes de executar para que o sistema possa calcular a matriz da direita a cada instante.

Os três vetores à direita da figura mostram os recursos existentes, E, os recursos possuídos, P, e os recursos disponíveis, A, respectivamente. A partir de E, vemos que o sistema tem seis unidades de fita, três *plotters*, quatro impressoras e duas unidades de CD-ROM. Desses, cinco unidades de fita, três *plotters*, duas impressoras e duas unidades de CD-ROM estão correntemente atribuídas. Esse fato pode ser visto pela soma das quatro colunas de recurso na matriz da esquerda. O vetor de recursos disponíveis é simplesmente a diferença entre o que o sistema possui e o que está correntemente em uso.

Agora, o algoritmo para verificar se um estado é seguro pode ser exposto.

1. Procurar uma linha, R, cujas necessidades de recurso não atendidas sejam todas menores ou iguais a A. Se tal linha não existir, o sistema finalmente terá um impasse, pois nenhum processo poderá ser executado até o fim.

2. Supor que o processo da linha escolhida solicite todos os recursos de que precisa (o que é garantido ser possível) e termine. Marcar esse processo como terminado e adicionar todos os seus recursos no vetor de A.

3. Repetir os passos 1 e 2 até que todos os processos sejam marcados como terminados, no caso em que o estado inicial era seguro, ou até que ocorra um impasse, no caso em que ele não era seguro.

Se vários processos puderem ser escolhidos no passo 1, não importa qual deles é selecionado: o *pool* de recursos disponíveis fica maior ou permanece o mesmo.

Agora, vamos voltar ao exemplo da Figura 3-15. O estado corrente é seguro. Suponha que agora o processo B solicite uma impressora. Esse pedido pode ser atendido, pois o estado resultante ainda é seguro (o processo *D* pode terminar e, então, os processos *A* ou *E*, seguidos pelos restantes).

Imagine agora que, após dar a *B* uma das duas impressoras restantes, *E* queira a última impressora. Atender esse pedido reduziria o vetor de recursos disponíveis para (1 0 0 0), o que levaria a um impasse. Claramente, o pedido de *E* deve ser temporariamente adiado.

O algoritmo do banqueiro foi publicado pela primeira vez por Dijkstra, em 1965. Desde então, quase todos os livros sobre sistemas operacionais o descrevem em detalhes. Incontáveis artigos foram escritos sobre vários aspectos dele. Infelizmente, poucos autores tiveram a coragem de mencionar que, embora teoricamente o algoritmo seja maravilhoso, na prática ele é basicamente inútil, pois os processos raramente sabem antecipadamente qual será o máximo de recursos que precisarão. Além disso, o número de processos não é fixo, mas varia dinamicamente à medida que novos usuários se conectam e desconectam. Além disso, os recursos que são considerados disponíveis podem desaparecer repentinamente (unidades de fita podem se danificar). Assim, na prática, poucos sistemas existentes (se houver algum) utilizam o algoritmo do banqueiro para evitar impasses.

Em resumo, os esquemas descritos anteriormente sob o título de "prevenção" são demasiadamente restritivos e o algoritmo descrito aqui como "evitação" exige informações que normalmente não estão disponíveis. Se você puder pensar em um algoritmo de propósito geral que faça o trabalho na prática, assim como na teoria, escreva-o e envie-o para uma publicação em ciência da computação.

Embora a evitação e a prevenção não sejam terrivelmente promissoras no caso geral, para aplicações específicas são conhecidos muitos algoritmos de propósito especial excelentes. Como exemplo, em muitos sistemas de banco de dados, uma operação que ocorre freqüentemente é o pedido de bloqueios em vários registros e, então, a atualização de todos os registros bloqueados. Quando vários processos estão sendo executados simultaneamente, existe o perigo real de um impasse. Para eliminar esse problema, são utilizadas técnicas especiais.

A estratégia utilizada mais freqüentemente é chamada **travamento em duas fases**. Na primeira fase, o processo tenta travar todos os recursos de que precisa, um por vez. Se tiver êxito, ele começa a segunda fase, realizando suas atualizações e liberando as travas. Nenhum trabalho real é feito na primeira fase.

Se, durante a primeira fase, for necessário algum recurso que já está travado, o processo apenas libera todas as suas travas e inicia toda a primeira fase novamente. De certo modo, essa estratégia é semelhante a pedir todos os recursos necessários antecipadamente ou pelo menos antes que seja feito algo irreversível. Em algumas versões do travamento em duas fases não há nenhuma liberação nem reinício, caso seja encontrado uma trava durante a primeira fase. Nessas versões, pode ocorrer um impasse.

Entretanto, essa estratégia não é aplicável de maneira geral. Nos sistemas de tempo real e nos sistemas de controle de processos, por exemplo, não é aceitável apenas terminar um processo no meio do caminho porque um recurso não está disponível e iniciar tudo novamente. Também não é aceitável iniciar tudo, caso o processo tenha enviado ou recebido mensagens na rede, atualizado arquivos ou feito qualquer outra coisa que não possa ser repetido com segurança. O algoritmo só funciona nas situações onde o programador organizou as coisas com muito cuidado, para que o programa possa ser interrompido em qualquer ponto durante a primeira fase e reiniciado. Muitos aplicativos não podem ser estruturados dessa maneira.

3.4 VISÃO GERAL DA E/S NO MINIX 3

A E/S do MINIX 3 é estruturada como se vê na Figura 3-8. As quatro camadas superiores dessa figura correspondem à estrutura de quatro camadas do MINIX 3, mostrada na Figura 2-

29. Nas seções a seguir, veremos brevemente cada uma das camadas, com ênfase nos *drivers* de dispositivo. O tratamento de interrupções foi abordado no Capítulo 2 e a E/S independente de dispositivo será discutida quando estudarmos o sistema de arquivos, no Capítulo 5.

3.4.1 Rotinas de tratamento de interrupção e acesso de E/S no MINIX 3

Muitos *drivers* de dispositivo iniciam algum dispositivo de E/S e depois são bloqueados, esperando a chegada de uma mensagem. Normalmente, essa mensagem é gerada pela rotina de tratamento de interrupção do dispositivo. Outros *drivers* de dispositivo não iniciam nenhuma E/S física (por exemplo, lendo um disco em RAM e escrevendo em uma tela mapeada em espaço de memória), não usam interrupções e não esperam uma mensagem de um dispositivo de E/S. No capítulo anterior, os mecanismos do núcleo por meio dos quais as interrupções geram mensagens e causam trocas de tarefa foram apresentados com bastantes detalhes, e não falaremos mais nada sobre eles aqui. Discutiremos as interrupções e a E/S em *drivers* de dispositivo de maneira geral. Voltaremos aos detalhes quando examinarmos o código de vários dispositivos.

Para dispositivos de disco, a entrada e saída geralmente é uma questão de mandar um dispositivo executar sua operação e então esperar até que a operação termine. A controladora de disco realiza a maior parte do trabalho e muito pouco é exigido da rotina de tratamento de interrupção. A vida seria simples se todas as interrupções pudessem ser tratadas com tanta facilidade.

Entretanto, às vezes há mais coisas para a rotina de tratamento de baixo nível fazer. O mecanismo de passagem de mensagens tem um custo. Quando uma interrupção pode ocorrer freqüentemente, mas o volume de E/S manipulada por interrupção é pequeno, pode ser interessante fazer a própria rotina de tratamento realizar mais trabalho e adiar o envio de uma mensagem para o *driver* até uma interrupção subseqüente, quando houver mais trabalho para o *driver* fazer. No MINIX 3, isso não é possível para a maioria das operações de E/S, pois a rotina de tratamento de baixo nível no núcleo é uma rotina de propósito geral, usada por quase todos os dispositivos.

No último capítulo, vimos que o relógio é uma exceção. Como é compilado com o núcleo, o relógio pode ter sua própria rotina de tratamento que realiza um trabalho extra. Em muitos tiques de relógio há muito pouco a ser feito, exceto manter o tempo. Isso é feito sem o envio de uma mensagem para a tarefa de relógio em si. A rotina de tratamento de interrupção do relógio incrementa uma variável, apropriadamente denominada de *realtime*, adicionando, às vezes, uma correção para os tiques contados durante uma chamada da BIOS. A rotina de tratamento efetua alguns cálculos aritméticos adicionais muito simples — ela incrementa contadores de tempo de usuário e de tempo para cobrança, decrementa o contador *ticks_left* do processo corrente e faz um teste para ver se um temporizador expirou. Uma mensagem só será enviada para a tarefa de relógio se o processo corrente tiver utilizado todo o seu *quantum* ou se um temporizador tiver expirado.

A rotina de tratamento de interrupção de relógio é única no MINIX 3, pois o relógio é o único dispositivo orientado por interrupções executado em espaço de núcleo. O hardware de relógio é parte integrante do PC — na verdade, a linha de interrupção de relógio não é associada a nenhum pino nos soquetes onde as controladoras de E/S podem ser conectadas — portanto, é impossível fazer um *upgrade* do relógio com substituição do hardware de relógio e um *driver* fornecido pelo fabricante. Então, é razoável o *driver* de relógio ser compilado no núcleo e ter acesso a qualquer variável em espaço de núcleo. Mas um objetivo de projeto importante do MINIX 3 é tornar desnecessário para qualquer outro *driver* de dispositivo ter esse tipo de acesso.

Os *drivers* de dispositivo executados em espaço de usuário não podem acessar a memória do núcleo ou as portas de E/S diretamente. Embora seja possível, isso violaria os princípios de projeto do MINIX 3 para permitir que uma rotina de serviço de interrupção faça uma chamada remota para executar uma rotina de serviço dentro do segmento de texto de um processo de usuário. Isso seria ainda mais perigoso do que permitir que um processo em espaço de usuário chame uma função dentro do espaço de núcleo. Naquele caso, pelo menos teríamos certeza de que a função seria escrita por um projetista de sistema operacional competente, atento aos problemas de segurança, possivelmente alguém que tenha lido este livro. Mas o núcleo não deve confiar em código fornecido por um programa de usuário.

Existem vários níveis diferentes de acesso de E/S que podem ser necessários para um *driver* de dispositivo em espaço de usuário.

1. Um *driver* poderia precisar de acesso à memória fora de seu espaço de dados normal. O *driver* de memória, que gerencia o disco em RAM, é um exemplo de *driver* que precisa apenas desse tipo de acesso.

2. Um *driver* talvez precise ler e escrever em portas de E/S. As instruções em nível de máquina para essas operações estão disponíveis apenas em modo núcleo. Conforme veremos em breve, o *driver* de disco rígido precisa desse tipo de acesso.

3. Um *driver* talvez precise responder a interrupções previsíveis. Por exemplo, o *driver* de disco rígido escreve comandos na controladora de disco, o que faz uma interrupção ocorrer quando a operação desejada termina.

4. Um *driver* talvez precise responder a interrupções imprevisíveis. O *driver* de teclado está nessa categoria. Essa poderia ser considerada uma subclasse do item anterior, mas a imprevisibilidade complica as coisas.

Todos esses casos são suportados pelas chamadas de núcleo manipuladas pela tarefa de sistema.

O primeiro caso, o acesso a segmentos de memória extras, tira proveito do suporte de hardware para segmentação fornecido pelos processadores Intel. Embora um processo normal tenha acesso apenas aos seus próprios segmentos de texto, dados e pilha, a tarefa de sistema permite que outros segmentos sejam definidos e acessados por processos em espaço de usuário. Assim, o *driver* de memória pode acessar uma região da memória reservada para uso como disco em RAM, assim como outras regiões destinadas a acesso especial. O *driver* de console acessa a memória em um adaptador de vídeo da mesma maneira.

Para o segundo caso, o MINIX 3 fornece chamadas de núcleo para usar instruções de E/S. A tarefa de sistema realiza a E/S real em nome de um processo menos privilegiado. Posteriormente neste capítulo, veremos como o *driver* de disco rígido utiliza esse serviço. Daremos uma prévia aqui. Pode ser necessário que o *driver* de disco escreva em uma única porta de saída para selecionar um disco e, então, leia outra porta para verificar se o dispositivo está pronto. Se for esperado que a resposta normalmente seja muito rápida, poderá ser feita uma consulta seqüencial. Existem chamadas de núcleo para especificar uma porta e os dados a serem escritos ou um local para receber os dados lidos. Isso exige que uma chamada para ler uma porta não cause bloqueio e, de fato, as chamadas de núcleo não causam bloqueio.

Alguma segurança contra falhas de dispositivo é útil. Um laço de consulta seqüencial poderia incluir um contador que o terminasse caso o dispositivo não estivesse pronto após certo número de iterações. Em geral, essa não é uma boa idéia, pois o tempo de execução do laço dependerá da velocidade da CPU. Uma maneira de contornar isso é iniciar o contador com um valor relacionado ao tempo da CPU, possivelmente usando uma variável global configurada na inicialização do sistema. Uma maneira melhor é oferecida pela biblioteca de sistema do MINIX 3, que fornece a função *getuptime*. Isso usa uma chamada de núcleo para recuperar um contador de tiques de relógio, desde a inicialização do sistema, mantido pela tarefa de relógio. O custo de usar essa informação para monitorar o tempo gasto em um laço é a sobrecarga de uma chamada de núcleo adicional em cada iteração. Outra possibilidade é pedir para que a tarefa de sistema configure um temporizador de cão-de-guarda. Mas para receber uma notificação de um temporizador, é exigida uma operação **receive**, que causará bloqueio. Essa não é uma boa solução, caso se espere uma resposta rápida.

O disco rígido também utiliza variantes das chamadas de núcleo para E/S que possibilitam enviar para a tarefa de sistema uma lista de portas e dados para escrita ou variáveis a serem alteradas. Isso é muito útil — o *driver* de disco rígido que examinaremos exige a gravação de uma seqüência de valores de byte em sete portas de saída para iniciar uma operação. O último byte da seqüência é um comando e a controladora de disco gera uma interrupção quando conclui um comando. Tudo isso pode ser realizado com uma única chamada de núcleo, reduzindo muito o número de mensagens necessárias.

Isso nos leva ao terceiro item da lista: responder a uma interrupção esperada. Conforme mencionado na discussão sobre a tarefa de sistema, quando uma interrupção é iniciada em nome de um programa em espaço de usuário (usando uma chamada de núcleo **sys_irqctl**), a rotina de tratamento da interrupção é sempre *generic_handler*, uma função definida como parte da tarefa de sistema. Essa rotina converte a interrupção em uma mensagem de notificação para o processo em cujo nome a interrupção foi estabelecida. Portanto, o *driver* de dispositivo deve iniciar uma operação **receive** após a chamada de núcleo que envia o comando para a controladora. Quando a notificação é recebida, o *driver* de dispositivo pode prosseguir com o que deve ser feito para atender a interrupção.

Embora, neste caso, seja esperada uma interrupção, é prudente proteger-se contra a possibilidade de que algo possa dar errado em algum momento. Para se preparar para a possibilidade de que a interrupção não seja disparada, um processo pode pedir para que a tarefa de sistema configure um temporizador de cão de guarda. Os temporizadores de cão de guarda também geram mensagens de notificação e, assim, a operação **receive** poderia receber uma notificação porque uma interrupção ocorreu ou porque um temporizador expirou. Isso não é problema, pois, embora uma notificação não transmita muitas informações, ela sempre indica sua origem. Embora as duas notificações sejam geradas pela tarefa de sistema, a notificação de uma interrupção aparecerá como proveniente de *HARDWARE* e da notificação de um temporizador expirando aparecerá como proveniente de *CLOCK*.

Há outro problema. Se uma interrupção for recebida adequadamente e um temporizador de cão de guarda tiver sido configurado, a expiração do temporizador em algum momento no futuro será detectada por outra operação **receive**, possivelmente no laço principal do *driver*. Uma solução é fazer uma chamada de núcleo para desativar o temporizador quando for recebida a notificação de *HARDWARE*. Como alternativa, se for provável que a próxima operação **receive** será uma em que uma mensagem de *CLOCK* não é esperada, tal mensagem poderia ser ignorada e a operação **receive** chamada novamente. Embora seja menos provável, é possível que uma operação de disco ocorra após um atraso inesperadamente longo, gerando a interrupção somente depois que o cão de guarda tiver atingido o tempo limite (*timeout*). As mesmas soluções se aplicam aqui. Quando um tempo limite é atingido, pode ser feita uma chamada de núcleo para desativar uma interrupção ou uma operação **receive** que não espera uma interrupção poderia ignorar qualquer mensagem de *HARDWARE*.

Este é um bom momento para mencionar que, quando uma interrupção é ativada pela primeira vez, pode ser feita uma chamada de núcleo para configurar uma "política" para a interrupção. A política é simplesmente um *flag* que determina se a interrupção deve ser reativada automaticamente ou se deve permanecer desativada até que o *driver* de dispositivo que a atende faça uma chamada de núcleo para reativá-la. Para o *driver* de disco, pode haver um volume substancial de trabalho a ser feito após uma interrupção e, assim, talvez seja melhor deixar a interrupção desativada até que todos os dados tenham sido copiados.

O quarto item de nossa lista é o mais problemático. O suporte para teclado faz parte do *driver tty*, que fornece tanto saída como entrada. Além disso, vários dispositivos podem ser suportados. Portanto, a entrada pode ser proveniente de um teclado local, mas também pode vir de um usuário remoto, conectado por meio de uma linha serial ou de uma conexão de rede. E vários processos podem estar em execução, cada um produzindo saída para um terminal local ou remoto diferente. Quando não se sabe quando uma interrupção pode ocorrer, se é que vai ocorrer, você não pode apenas fazer uma chamada bloqueante a receive para aceitar entrada de uma única fonte, caso o mesmo processo talvez precise responder a outras fontes de entrada e saída.

O MINIX 3 usa várias técnicas para lidar com esse problema. A principal técnica utilizada pelo *driver* de terminal para tratar com entrada de teclado é tornar a resposta da interrupção a mais rápida possível, para que caracteres não sejam perdidos. O volume mínimo de trabalho possível é feito para armazenar caracteres provenientes do hardware de teclado em um buffer. As interrupções geram mensagens de notificação, as quais não bloqueiam o remetente; isso ajuda a evitar perda de entrada. Uma operação receive não-bloqueante é disponível, embora só seja utilizada para manipular mensagens durante uma falha do sistema. Os temporizadores de sentinela também são usados para ativar a rotina que verifica o teclado.

3.4.2 *Drivers* de dispositivo no MINIX 3

Para cada classe de dispositivo de E/S presente em um sistema MINIX 3, existe um *driver* de dispositivo de E/S separado. Esses *drivers* são processos completos, cada um com seu próprio estado, registradores, pilha etc. Os *drivers* de dispositivo se comunicam com o sistema de arquivos usando o mecanismo de passagem de mensagens padrão utilizado por todos os processos do MINIX 3. Um *driver* de dispositivo simples pode ser escrito como um único arquivo-fonte. Para disco em RAM, disco rígido e disquete, existe um arquivo-fonte para suportar cada tipo de dispositivo, assim como um conjunto de rotinas comum em *driver.c* e *drvlib.c*, para suportar todos os tipos de dispositivo de bloco. Essa separação das partes do software dependentes e independentes de hardware facilita a adaptação para uma variedade de configurações de hardware diferentes. Embora algum código-fonte comum seja usado, o *driver* para cada tipo de disco é executado como um processo separado, para suportar transferências de dados rápidas e isolar os *drivers* uns dos outros.

O código-fonte do *driver* de terminal é organizado de maneira semelhante, com o código independente de hardware em *tty.c* e com o código-fonte para suportar diferentes dispositivos, como consoles mapeados na memória, o teclado, linhas seriais e pseudoterminais, em arquivos separados. Neste caso, entretanto, um único processo suporta todos os diferentes tipos de dispositivo.

Para grupos de dispositivos, como os dispositivos de disco e terminais, para os quais existem vários arquivos-fonte, também há arquivos de cabeçalho. *Driver.h* suporta todos os *drivers* de dispositivo de bloco. *Tty.h* fornece definições comuns para todos os dispositivos de terminal.

O princípio de projeto do MINIX 3, de executar componentes do sistema operacional como processos completamente separados em espaço de usuário, é altamente modular e moderadamente eficiente. Também é aí um dos poucos lugares onde o MINIX 3 difere do UNIX de uma maneira fundamental. No MINIX 3, um processo lê um arquivo enviando uma mensagem para o processo de sistema de arquivos. O sistema de arquivos, por sua vez, pode enviar uma mensagem para o *driver* de disco, pedindo para que ele leia o bloco necessário.

O *driver* de disco usa chamadas de núcleo para pedir à tarefa de sistema para que faça a E/S real e copie dados entre os processos. Essa seqüência (ligeiramente simplificada em relação à realidade) aparece na Figura 3-16(a). Fazendo essas interações por intermédio do mecanismo de mensagens, obrigamos as várias partes do sistema a fazer interface de maneiras padronizadas com as outras partes.

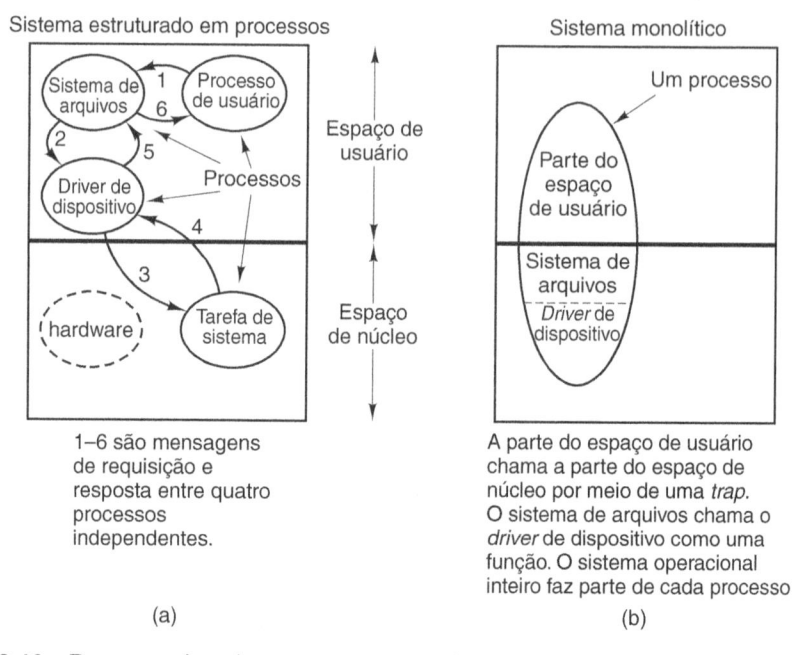

Figura 3-16 Duas maneiras de estruturar a comunicação usuário-sistema.

No UNIX, todos os processos possuem duas partes: uma parte em espaço de usuário e uma parte em espaço de núcleo, como se vê na Figura 3-16(b). Quando é feita uma chamada de sistema, o sistema operacional troca da parte em espaço de usuário para a parte em espaço de núcleo de uma maneira um tanto mágica. Essa estrutura é um vestígio do projeto do MULTICS, no qual a troca era apenas uma chamada de função normal, em vez de uma *trap* seguida do salvamento do estado da parte do\e usuário, como acontece no UNIX.

No UNIX, os *drivers* de dispositivo são simplesmente funções do núcleo chamadas pela parte em espaço de núcleo do processo. Quando um *driver* precisa esperar por uma interrupção, ele chama uma função do núcleo que o coloca em repouso (*sleep*) até que alguma rotina de tratamento de interrupção o desperte (*wakeup*). Note que é o próprio processo de usuário que está sendo colocado em repouso aqui, pois, na realidade, as partes de núcleo e de usuário são divisões diferentes do mesmo processo.

Entre os projetistas de sistema operacional, os argumentos sobre as vantagens dos sistemas monolíticos, como no UNIX, *versus* sistemas estruturados em processos, como no MINIX 3, são infinitos. A estratégia do MINIX 3 é melhor estruturada (mais modular), tem interfaces mais limpas entre as partes e se estende facilmente para sistemas distribuídos, nos quais vários processos são executados em diferentes computadores. A estratégia do UNIX é mais eficiente, pois as chamadas de função são muito mais rápidas do que o envio de mensagens. O MINIX 3 foi dividido em muitos processos, pois acreditamos que com a disponibilidade de computadores pessoais cada vez mais poderosos, uma estrutura de software mais limpa compensaria o fato de tornar o sistema ligeiramente mais lento. Normalmente, a perda de desempenho devida ao fato de ter a maior parte do sistema operacional executando em espaço de usuário está na faixa de 5–10%. Esteja avisado de que alguns projetistas de sistema operacional não compartilham a crença de que vale a pena sacrificar um pouco a velocidade para se obter um sistema mais modular e mais confiável.

Neste capítulo, são discutidos os *drivers* para disco em RAM, disco rígido, relógio e terminal. A configuração padrão do MINIX 3 também inclui *drivers* para o disquete e para a impressora, os quais não serão discutidos em detalhes. A distribuição de software do MINIX 3 contém o código-fonte dos *drivers* adicionais para linhas seriais RS-232, CD-ROMs, vários adaptadores Ethernet e placas de som. Eles podem ser compilados separadamente e iniciados dinamicamente a qualquer momento.

Todos esses *drivers* fazem interface com outras partes do sistema MINIX 3 da mesma maneira: mensagens de requisição são enviadas para os *drivers*. As mensagens contêm uma variedade de campos usados para conter o código da operação (por exemplo, *READ* ou *WRITE*) e seus parâmetros. Um *driver* tenta atender uma requisição e retorna uma mensagem de resposta.

Para dispositivos de bloco, os campos das mensagens de requisição e resposta aparecem na Figura 3-17. A mensagem de requisição inclui o endereço de uma área de buffer contendo os dados a serem transmitidos ou na qual os dados recebidos são esperados. A resposta inclui informações de status para que o processo solicitante possa verificar se sua requisição foi transmitida corretamente. Os campos para os dispositivos de caractere são basicamente iguais, mas podem variar ligeiramente de um *driver* para outro. As mensagens para o *driver* de terminal podem conter o endereço de uma estrutura de dados que especifica todos os muitos aspectos de um terminal que podem ser configurados, como os caracteres a serem usados para as funções de edição de linha para apagar caractere e apagar linha.

A função de cada *driver* é aceitar requisições de outros processos (normalmente o sistema de arquivos) e executá-los. Todos os *drivers* de dispositivo de bloco foram escritos para receber uma mensagem, executá-la e enviar uma resposta. Dentre outras coisas, essa decisão significa que esses *drivers* são estritamente seqüenciais e não contêm nenhuma multiprogramação interna, para mantê-los simples. Quando uma requisição em hardware é feita, o *driver* executa uma operação receive especificando que está interessado apenas em aceitar mensagens de interrupção e não em novos pedidos de trabalho. Todas as novas mensagens de requisição ficam apenas esperando, até que o trabalho corrente tenha terminado (princípio do *rendez-vous*). O *driver* de terminal é ligeiramente diferente, pois um único *driver* atende vários dispositivos. Assim, é possível aceitar uma nova requisição de entrada do teclado, enquanto uma requisição para ler uma linha serial ainda está sendo atendida. Contudo, para cada dispositivo, uma requisição deve ser concluída, antes de iniciar uma nova.

O programa principal de cada *driver* de dispositivo de bloco é estruturalmente o mesmo e está esboçado na Figura 3-18. Quando o sistema começa a ser usado, cada um dos *drivers* é iniciado individualmente, para dar a cada um deles uma chance de inicializar tabelas internas e estruturas semelhantes. Então, cada *driver* de dispositivo é bloqueado, tentando obter uma mensagem. Quando chega uma mensagem, a identidade do processo que fez a chamada é salva e uma função é chamada para realizar o trabalho, com uma função diferente ativada para cada operação disponível. Após o trabalho ter terminado, uma resposta é enviada de volta para o processo que fez a chamada e, então, o *driver* volta para o início do laço para esperar a próxima requisição.

Cada uma das funções *dev_XXX* manipula uma das operações que o *driver* é capaz de executar. É retornado um código de status dizendo o que aconteceu. O código de status, que é incluído na mensagem de resposta como o campo *REP_STATUS*, é a contagem de bytes transferidos (zero ou um valor positivo), caso tudo tenha corrido bem, ou o número do erro

Requisições		
Campo	**Tipo**	**Significado**
m.m_type	int	Operação solicitada
m.DEVICE	int	Dispositivo secundário a utilizar
m.PROC_NR	int	Processo solicitando a E/S
m.COUNT	int	Contagem de bytes ou código ioctl
m.POSITION	long	Posição no dispositivo
m.ADDRESS	char*	Endereço dentro do processo solicitante

Respostas		
Campo	**Tipo**	**Significado**
m.m_type	int	Sempre DRIVER_REPLY
m.REP_PROC_NR	int	O mesmo que PROC_NR da requisição
m.REP_STATUS	int	Bytes transferidos ou código do erro

Figura 3-17 Campos das mensagens enviadas pelo sistema de arquivos para os *drivers* de dispositivo de bloco e campos das respostas enviadas em retorno.

(negativo), se algo deu errado. Essa contagem pode diferir do número de bytes solicitados. Quando o final de um arquivo é atingido, o número de bytes disponíveis pode ser menor do que o número solicitado. Nos terminais, no máximo uma linha é retornada (exceto no modo bruto), mesmo que a contagem solicitada seja maior.

```
message mess;                           /* buffer de mensagem */

void io_driver() {
   initialize();                        /* feito apenas uma vez, durante a inicialização do
                                           sistema. */
   while (TRUE) {
      receive(ANY, &mess);              /* espera uma requisição para atender */
      caller = mess.source;             /* processo de quem veio a mensagem */
      switch(mess.type) {
         case READ:    rcode = dev_read(&mess); break;
         case WRITE:   rcode = dev_write(&mess); break;
         /* Demais casos entram aqui, incluindo OPEN, CLOSE e IOCTL */
         default:      rcode = ERROR;
      }
      mess.type = DRIVER_REPLY;
      mess.status = rcode;              /* código do resultado */
      send(caller, &mess);              /* retorna mensagem de resposta para o processo
                                           que fez a chamada */
   }
}
```

Figura 3-18 Esboço da função principal de um *driver* de dispositivo de E/S.

3.4.3 Software de E/S independente de dispositivo no MINIX 3

No MINIX 3, o processo do sistema de arquivos contém todo o código de E/S independente de dispositivo. O sistema de E/S é tão intimamente relacionado com o sistema de arquivos que eles foram mesclados em um único processo. As funções executadas pelo sistema de arquivos são as que aparecem na Figura 3-6, exceto quanto a solicitação e a liberação de dispositivos dedicados, que não existem no MINIX 3 conforme está atualmente configurado. Contudo, eles poderiam ser adicionados facilmente nos *drivers* de dispositivo relevantes, caso haja necessidade no futuro.

Além de manipular a interface com os *drivers*, fazer uso de buffers e alocação de blocos, o sistema de arquivos também trata da proteção e do gerenciamento de *i-nodes*, diretórios e sistemas de arquivos montados. Isso será abordado em detalhes no Capítulo 5.

3.4.4 Software de E/S em nível de usuário no MINIX 3

O modelo geral esboçado anteriormente neste capítulo também se aplica aqui. Estão disponíveis funções de biblioteca para fazer chamadas de sistema e para todas as funções em C exigidas pelo padrão POSIX, como as funções de entrada e saída formatada, *printf* e *scanf*. A configuração padrão do MINIX 3 contém um único *daemon* de *spool*, lpd, que faz *spool* e imprime os arquivos passados a ele pelo comando lp. A distribuição de software padrão do MINIX 3 também fornece vários *daemons* que suportam diversas funções de rede. A configuração do MINIX 3 descrita neste livro suporta a maior parte das operações de rede; basta ativar o servidor de rede e os *drivers* de adaptadores ethernet no momento da inicialização. Recompilar o *driver* de terminal com suporte para pseudo-terminais e linha serial adicionará suporte para *logins* a partir de terminais remotos e interligação em rede por meio de linhas seriais (incluindo modems). O servidor de rede executa com a mesma prioridade do gerenciador de memória e do sistema de arquivos e, como eles, é executado como um processo de usuário.

3.4.5 Tratamento de impasses no MINIX 3

Fiel à sua herança, o MINIX 3 segue o mesmo caminho do UNIX com relação aos impasses dos tipos descritos anteriormente neste capítulo: ele simplesmente ignora o problema. Normalmente, o MINIX 3 não contém dispositivos de E/S dedicados, embora, se alguém quisesse pendurar uma unidade de fita DAT padrão em um PC e fazer *driver* para ela, isso não representaria um problema especial. Em suma, o único lugar onde podem ocorrer impasses é em recursos compartilhados implícitos, como as entradas da tabela de processos, entradas da tabela de *i-nodes* etc. Nenhum dos algoritmos de impasse conhecidos pode lidar com recursos como esses, que não são solicitados explicitamente.

Na verdade, o que foi dito acima não é rigorosamente verdade. Aceitar o risco de que os processos de usuário poderiam causar impasse é uma coisa, mas dentro do próprio sistema operacional existem alguns lugares onde foi necessário tomar muito cuidado para evitar esses problemas. O principal é a interação da passagem de mensagens entre processos. Por exemplo, os processos de usuário só podem usar o método de troca de mensagens sendrec; portanto, um processo de usuário nunca deve ser bloqueado porque executou uma operação receive quando não havia nenhum processo interessado em enviar para ele (com send). Os servidores só utilizam send ou sendrec para se comunicarem com *drivers* de dispositivo e estes só usam send ou sendrec para se comunicarem com a tarefa de sistema na camada do núcleo. No caso raro onde os servidores precisam comunicar entre si, como entre o gerenciador de processos e o sistema de arquivos, quando eles inicializam suas respectivas partes da tabela de processos, a ordem da comunicação é projetada com muito cuidado para evitar impasses. Além disso, no nível mais baixo do sistema de passagem de mensagens há uma verificação para garantir que, quando um processo está para realizar um envio, o processo de destino não esteja tentando fazer o mesmo.

Além das restrições anteriores, no MINIX 3 é fornecida a primitiva de mensagem notify para tratar das situações em que uma mensagem precisa ser enviada na direção "contra a corrente". Notify não causa bloqueio e, quando um destinatário não está imediatamente disponível, as notificações são armazenadas. Quando examinarmos a implementação dos *drivers* de dispositivo do MINIX 3 neste capítulo, veremos que notify é amplamente usada.

As travas (*locks*) representam outro mecanismo que pode evitar impasses. É possível travar dispositivos e arquivos mesmo sem suporte do sistema operacional. Um nome de arquivo pode servir como uma variável realmente global, cuja presença ou ausência pode ser notada por todos os outros processos. Um diretório especial, */usr/spool/locks/*, normalmente está presente nos sistemas MINIX 3, assim como na maioria dos sistemas do tipo UNIX, onde os processos podem criar **arquivos de travamento** (*lock files*) para marcar os recursos que estão usando. O sistema de arquivos do MINIX 3 também suporta o estilo POSIX de consultas a arquivos de travamento. Mas nenhum desses mecanismos é obrigatório. Eles dependem do bom comportamento dos processos e não há nada para impedir que um programa tente usar um recurso que foi travado por outro processo. Isso não é exatamente o mesmo que a preempção do recurso, pois não impede que o primeiro processo tente continuar utilizando o recurso. Em outras palavras, não há nenhuma exclusão mútua. O resultado de tal ação por parte de um processo mal-comportado provavelmente será uma confusão, mas não resultará em nenhum impasse.

3.5 DISPOSITIVOS DE BLOCO NO MINIX 3

O MINIX 3 suporta vários dispositivos de bloco diferentes; portanto, começaremos discutindo os aspectos comuns de todos os dispositivos de bloco. Em seguida, discutiremos o disco em RAM, o disco rígido e o disquete. Cada um deles é interessante por um motivo diferente. O disco em RAM é um bom exemplo para estudar, pois ele tem todas as propriedades dos dispositivos de bloco em geral, exceto a E/S real — pois o "disco" é na verdade apenas uma parte da memória. Essa simplicidade o torna um bom lugar para começar. O disco rígido mostra como é um *driver* de disco real. Poderia se esperar que o disquete fosse mais fácil de suportar do que o disco rígido, mas, na verdade, não é. Não vamos discutir todos os detalhes do disquete, mas mencionaremos várias das complicações encontradas em um *driver* de disquete.

Mais adiante, após a discussão sobre os *drivers* de bloco, discutiremos o *driver* de terminal (teclado e tela), que é importante em todos os sistemas e, além disso, é um bom exemplo de *driver* de dispositivo de caractere.

Cada uma dessas seções descreve o hardware relevante, os princípios de software existentes por trás do *driver*, uma visão geral da implementação e o código em si. Essa estrutura pode tornar as seções uma leitura útil, mesmo para os leitores que não estejam interessados nos detalhes do código em si.

3.5.1 Visão geral dos *drivers* de dispositivos de bloco no MINIX 3

Mencionamos anteriormente que as principais funções de todos os *drivers* de E/S têm uma estrutura semelhante. O MINIX 3 sempre tem pelo menos dois *drivers* de dispositivo de bloco compilados no sistema: o *driver* de disco em RAM e um dos vários *drivers* de disco rígido possíveis ou um *driver* de disquete. Normalmente, existem três dispositivos de blocos presentes: um *driver* de disquete, um *driver* de disco rígido **IDE** (*Integrated Drive Electronics*) e o disco em RAM. O *driver* de cada dispositivo de bloco é compilado independentemente, mas uma biblioteca comum de código-fonte é compartilhada por todos eles.

Nas versões mais antigas do MINIX, às vezes estava presente um *driver* de CD-ROM separado e, se necessário, podia ser adicionado. Agora, os *drivers* de CD-ROM separados estão obsoletos. Eles eram necessários para suportar as interfaces patenteadas de diferentes fabricantes de unidade de disco, mas as unidades de CD-ROM modernas normalmente são conectadas na controladora IDE, embora em alguns *notebooks* os CD-ROMs são USB. A versão completa do *driver* de dispositivo de disco rígido do MINIX 3 inclui suporte para CD-ROM, mas retiramos o suporte para CD-ROM do *driver* descrito neste texto e listado no Apêndice B.

Naturalmente, cada *driver* de dispositivo de bloco precisa de alguma inicialização. O *driver* de disco em RAM precisa reservar uma porção de memória, o *driver* de disco rígido precisa determinar os parâmetros do hardware de disco rígido etc. Todos os *drivers* de disco são chamados individualmente para inicialização específica do hardware. Após fazer o que for necessário, cada *driver* chama então a função que contém seu laço principal. Esse laço é executado eternamente; não há retorno para o processo que fez a chamada. Dentro do laço principal uma mensagem é recebida, é chamada uma função para executar a operação solicitada pela mensagem e, então, é gerada uma mensagem de resposta.

O laço principal comum chamado em cada processo de *driver* de disco é compilado quando *drivers/libdriver/driver.c* e os outros arquivos em seu diretório são compilados e, então, uma cópia do arquivo-objeto *driver.o* é ligada no arquivo executável de cada *driver* de disco. A técnica usada é fazer com que cada *driver* passe para o laço principal um parâmetro consistindo em um ponteiro para uma tabela dos endereços das funções que o *driver* usará para cada operação e, então, chamar essas funções indiretamente.

Se os *drivers* fossem compilados juntos em um único arquivo executável, somente uma cópia do laço principal seria necessária. Na verdade, esse código foi escrito primeiro para uma versão anterior do MINIX, na qual todos os *drivers* eram compilados juntos. A ênfase no MINIX 3 está em tornar os componentes individuais do sistema operacional o mais independentes possível, mas usar código-fonte comum para programas separados ainda é uma boa maneira de aumentar a confiabilidade. Supondo que você faça isso corretamente uma vez, estará certo para todos os *drivers*. Ou então, um erro encontrado em um uso poderia muito bem passar despercebido em outros. Assim, o código-fonte compartilhado é testado mais completamente.

Diversas outras funções potencialmente úteis para vários *drivers* de disco são definidas em *drivers/libdriver/drvlib.c* e ao ligar *drvlib.o* as torna disponíveis. Toda a funcionalidade poderia ter sido fornecida em um único arquivo, mas nem tudo é necessário para cada *driver* de disco. Por exemplo, o *driver memory*, que é mais simples do que os outros *drivers*, necessita uma ligação apenas com *driver.o*. O *driver at_wini,* por sua vez, necessita de ligação com *driver.o* e *drvlib.o.*

A Figura 3-19 mostra um esboço do laço principal, em uma forma semelhante à da Figura 3-18. Instruções como

```
code = (*entry_points->dev_read)(&mess);
```

são chamadas de função indiretas. Uma função *dev_read* diferente é chamada em cada *driver*, mesmo que cada um esteja executando um laço principal compilado a partir do mesmo arquivo-fonte. Mas algumas outras operações, como, por exemplo, **close**, são simples o bastante para que mais de um dispositivo possa chamar a mesma função.

```
        message mess;                          /* buffer de mensagem */

void shared_io_driver(struct driver_table *entry_points) {
/* a inicialização é feita em cada driver antes de executar isso */
    while (TRUE) {
            receive(ANY, &mess);
            caller = mess.source;
            switch(mess.type) {
                    case READ:    rcode = (*entry_points->dev_read)(&mess); break;
                    case WRITE:   rcode = (*entry_points->dev_write)(&mess); break;
                    /* Demais casos entram aqui, incluindo OPEN, CLOSE e IOCTL */
                    default:      rcode = ERROR;
            }
            mess.type = DRIVER_REPLY;
            mess.status = rcode;                /* código do resultado */
            send(caller, &mess);
    }
}
```

Figura 3-19   Uma função principal de *driver* de E/S usando chamadas indiretas.

Existem seis operações possíveis que podem ser solicitadas por qualquer *driver* de dispositivo. Elas correspondem aos valores que podem ser encontrados no campo m.m_type da mensagem da Figura 3-17. São elas:

1. OPEN
2. CLOSE
3. READ
4. WRITE
5. IOCTL
6. SCATTERED_IO

Muitas dessas operações provavelmente são conhecidas dos leitores com experiência em programação. No nível do *driver* de dispositivo, a maioria das operações é relacionada com chamadas de sistema de mesmo nome. Por exemplo, o significado de *READ* e *WRITE* deve ser bastante claro. Para cada uma dessas operações, um bloco de dados é transferido do dispositivo para a memória do processo que iniciou a chamada ou vice-versa. Uma operação *READ* normalmente não resulta em um retorno para o processo que fez a chamada até que a transferência de dados tenha terminado, mas, durante uma operação *WRITE*, um sistema operacional pode colocar os dados transferidos em um buffer para efetuar posteriormente a transferência real para o destino e retornar imediatamente para o processo que fez a chamada. Isso está correto no que diz respeito ao processo que fez a chamada; então, ele fica livre para reutilizar a área de memória do qual o sistema operacional copiou os dados a serem escritos. *OPEN* e *CLOSE* para um dispositivo têm significados semelhantes à maneira que as chamadas de sistema open e close se aplicam às operações em arquivos: uma operação *OPEN* deve verificar se o dispositivo é acessível ou, se não for, retornar uma mensagem de erro; e uma operação *CLOSE* deve garantir que os dados postos no buffer, que foram escritos pelo processo que fez a chamada, sejam completamente transferidos para seu destino final no dispositivo.

A operação *IOCTL* pode não ser tão familiar. Muitos dispositivos de E/S têm parâmetros operacionais que devem ser examinados ocasionalmente e, talvez, alterados. As operações *IOCTL* fazem isso. Um exemplo conhecido é mudar a velocidade de transmissão ou a paridade de uma linha de comunicação. Para dispositivos de bloco, as operações *IOCTL* são menos comuns. Examinar ou mudar a maneira como um dispositivo de disco é particionado é feito com uma operação *IOCTL* no MINIX 3 (embora pudesse muito bem ter sido feita pela leitura e escrita de um bloco de dados).

Sem dúvida, a operação *SCATTERED_IO* é a menos conhecida delas. A não ser pelos dispositivos de disco excessivamente rápidos (por exemplo, disco em RAM), é difícil obter um desempenho de disco E/S satisfatório, caso todas as requisições de disco sejam para blocos individuais, um por vez. Uma requisição de *SCATTERED_IO* permite que o sistema de arquivos faça uma requisição de leitura ou escrita de vários blocos. No caso de uma operação *READ*, os blocos adicionais podem não ter sido solicitados pelo processo em nome de quem a chamada é feita; o sistema operacional tenta antecipar pedidos futuros de dados. Em tal requisição, nem todas as transferências solicitadas são necessariamente cumpridas pelo *driver* de dispositivo. Cada requisição de bloco pode ser modificada por um bit de *flag* para dizer ao *driver* de dispositivo que ela é opcional. Com efeito, o sistema de arquivos pode dizer: "Seria ótimo ter todos esses dados, mas não preciso de todos eles imediatamente". O dispositivo pode fazer o que for melhor para ele. O *driver* de disquete, por exemplo, retornará todos os blocos de dados que puder ler de uma única trilha, efetivamente dizendo, "Vou fornecer estes a você, mas demora muito para me mover para outra trilha; peça novamente mais tarde para receber o resto".

Quando dados precisam ser escritos, não há como ser opcional; toda escrita é obrigatória. Contudo, o sistema operacional pode colocar no buffer várias requisições de escrita, na esperança de que a escrita de vários blocos possa ser feita mais eficientemente do que tratar de cada requisição à medida que chegam. Em uma requisição de *SCATTERED_IO*, seja para leitura ou escrita, a lista de blocos solicitados é classificada e isso torna a operação mais eficiente do que tratar das requisições aleatoriamente. Além disso, fazer apenas uma chamada para o *driver*, para transferir vários blocos, reduz o número de mensagens enviadas dentro do MINIX 3.

3.5.2 Software comum de *driver* de dispositivo de bloco

As definições necessárias para todos os *drivers* de dispositivo de bloco estão localizadas em *drivers/libdriver/driver.h*. O mais importante nesse arquivo é a estrutura *driver*, nas linhas 10829 a 10845, que é usada por cada *driver* para passar uma lista dos endereços das funções que ele usará para executar cada parte de sua tarefa. Aqui, também está definida a estrutura *device* (linhas 10856 a 10859), que contém as informações mais importantes sobre partições, o endereço de base e o tamanho, em unidades de byte. Esse formato foi escolhido para que nenhuma conversão seja necessária ao se trabalhar com dispositivos baseados em memória, maximizando a velocidade de resposta. Com discos reais, existem tantos outros fatores atrasando o acesso, que converter em setores não é uma inconveniência significativa.

O código-fonte do laço principal e as funções comuns de todos os *drivers* de dispositivo de bloco estão em *driver.c*. Após fazer toda inicialização específica do hardware necessária, cada *driver* chama *driver_task*, passando uma estrutura *driver* como argumento da chamada. Após obter o endereço de um buffer para usar em operações de DMA, entra-se no laço principal (linhas 11071 a 11120).

Na instrução **switch** do laço principal, os primeiros cinco tipos de mensagem, *DEV_OPEN*, *DEV_CLOSE*, *DEV_IOCTL*, *DEV_CANCEL* e *DEV_SELECT*, resultam em chamadas indiretas usando os endereços passados na estrutura *driver*. As mensagens *DEV_READ* e *DEV_WRITE* resultam em chamadas diretas para *do_rdwt*; as mensagens

DEV_GATHER e *DEV_SCATTER* resultam em chamadas diretas para *do_vrdwt*. A estrutura *driver* é passada como argumento por todas as chamadas dentro do comando switch, sejam diretas ou indiretas; portanto, todas as funções chamadas podem fazer mais uso dela, conforme for necessário. *Do_rdwt* e *do_vrdwt* realizam algum processamento preliminar, mas então também fazem chamadas indiretas para rotinas específicas do dispositivo.

Os outros casos, *HARD_INT*, *SYS_SIG* e *SYN_ALARM*, respondem às notificações. Elas também resultam em chamadas indiretas, mas ao terminar, cada uma delas executa um comando continue. Isso faz o controle retornar para o início do laço, ignorando os passos da limpeza e da mensagem de resposta.

Após fazer o que for solicitado na mensagem, algum tipo de limpeza pode ser necessário, dependendo da natureza do dispositivo. Para um disquete, por exemplo, isso poderia envolver o início de um temporizador para desligar o motor da unidade de disco, caso outra requisição não chegue logo. Uma chamada indireta também é usada para isso. Após a limpeza, uma mensagem de resposta é construída e enviada para o processo que fez a chamada (linhas 11113 a 11119). É possível uma rotina que atende a um dos tipos de mensagem retornar o valor *EDONTREPLY* para suprimir a mensagem de resposta, mas nenhum dos *drivers* atuais utiliza essa opção.

A primeira coisa que cada *driver* faz, após entrar no laço principal, é uma chamada para *init_buffer* (linha 11126), que designa um buffer para uso em operações de DMA. Essa inicialização é mesmo necessária, devido a uma sutileza do hardware do IBM PC original, que exige que o buffer de DMA não ultrapasse o limite de 64K. Isto é, um buffer de DMA de 1 KB pode começar em 64510, mas não em 64514, pois um buffer começando neste último endereço ultrapassa o limite de 64K em 65536.

Essa regra irritante ocorre porque o IBM PC usava um chip de DMA antigo, o 8237A da Intel, que contém um contador de 16 bits. É necessário um contador maior, porque o DMA utiliza endereços absolutos e não relativos a um registrador de segmento. Nas máquinas mais antigas que podiam endereçar apenas 1M de memória, os 16 bits de ordem mais baixa do endereço de DMA eram carregados no 8237A e os 4 bits de ordem mais alta eram carregados em um registrador de 4 bits (*latch*). As máquinas mais recentes usam um *latch* de 8 bits e podem endereçar 16M. Quando o 8237A vai de 0xFFFF a 0x0000, ele não gera um vai-um no *latch*, de modo que o endereço de DMA repentinamente pula 64K para baixo na memória.

Um programa em C portável não pode especificar uma posição de memória absoluta para uma estrutura de dados, de modo que não há como impedir que o compilador coloque o buffer em um local não utilizável. A solução é alocar um *array* de bytes duas vezes maior do que o necessário em *buffer* (linha 11044) e reservar um ponteiro *tmp_buf* (linha 11045) para usar no acesso real a esse *array*. *Init_buffer* faz uma configuração experimental de *tmp_buf* apontando para o início de *buffer* e, então, faz um teste para ver se existe espaço suficiente antes que o limite de 64K seja atingido. Se a configuração experimental não fornecer espaço suficiente, *tmp_buf* é incrementado pelo número de bytes realmente exigidos. Assim, algum espaço é sempre desperdiçado em uma ou outra extremidade do espaço alocado em *buffer*, mas nunca há uma falha devido ao buffer ter caído no limite de 64K.

Os computadores mais recentes da família IBM PC têm controladoras de DMA melhores; portanto, esse código poderia ser simplificado e uma pequena quantidade de memória recuperada, se fosse possível garantir que a máquina de alguém fosse imune a esse problema. Entretanto, se você estiver considerando isso, pense a respeito de como o erro se manifestará, caso esteja errado. Se for desejado um buffer de DMA de 1K, a chance será de uma em 64 de que haverá um problema em uma máquina com o chip de DMA antigo. Sempre que o código-fonte do núcleo é modificado de maneira a alterar o tamanho do núcleo compilado, existe a mesma probabilidade de que o problema se manifeste. Provavelmente, quando a falha ocorrer no mês ou ano seguinte, ela será atribuída ao código que foi modificado por último. Características inesperadas de hardware, como essa, podem causar semanas de tempo perdido, procurando erros excessivamente obscuros (e mais ainda, quando, como nesse caso, o manual de referência técnica não diz nenhuma palavra a respeito).

Do_rdwt (linha 11148) é a função seguinte em *driver.c*. Ela, por sua vez, chama duas funções dependentes de dispositivo apontadas pelos campos *dr_prepare* e *dr_transfer* na estrutura *driver*. Aqui e no que se segue, usaremos a notação da linguagem C *(*função_ponteiro)* para indicar que estamos falando sobre a função apontada por *função_ponteiro*.

Após verificar que a contagem de bytes na requisição é um valor positivo, *do_rdwt* chama *(*dr_prepare)*. Essa função inicializa, na estrutura *device*, a base e o tamanho do disco da partição ou subpartição que está sendo acessada. Para o *driver* de memória, que não suporta partições, ela apenas verifica se o número secundário do dispositivo é válido. Para o disco rígido, ela usa o número secundário do dispositivo para obter o tamanho da partição ou subpartição indicada por ele. Isso deve ter êxito, pois *(*dr_prepare)* só falha se um dispositivo inválido for especificado em uma operação open. Em seguida, uma estrutura *iovec_t* (que está definida nas linhas 2856 a 2859 em *include/minix/type.h*), *iovec1*, é inicializada. Essa estrutura especifica o endereço virtual e o tamanho do buffer local no qual, ou a partir do qual, os dados serão copiados pela tarefa de sistema. Essa é a mesma estrutura utilizada como elemento de um *array* de requisições, quando a chamada é para vários blocos. O endereço de uma variável e o endereço do primeiro elemento de um *array* do mesmo tipo de variável podem ser manipulados exatamente da mesma maneira. Em seguida, aparece outra chamada indireta, desta vez para *(*dr_transfer)*, que realiza a cópia dos dados e executa as operações de E/S exigidas. Todas as rotinas que tratam de transferências esperam receber um *array* de requisições. Em *do_rdwt*, o último argumento da chamada é 1, especificando um *array* de um elemento.

Conforme veremos na discussão sobre hardware de disco, na próxima seção, responder às requisições de disco na ordem em que elas são recebidas pode ser ineficiente, e essa rotina permite que um dispositivo em particular trate das requisições da maneira que for melhor para ele. O procedimento indireto mascara grande parte da possível variação no funcionamento dos dispositivos individuais. Para o disco em RAM, *dr_transfer* aponta para uma rotina que faz uma chamada de núcleo para pedir à tarefa de sistema para que copie dados de uma parte da memória física para outra, caso o dispositivo secundário que esteja sendo acessado seja */dev/ram*, */dev/mem*, */dev/kmem*, */dev/boot* ou */dev/zero*. (É claro que nenhuma cópia é exigida para acessar */dev/null*.) Para um disco real, o código apontado por *dr_transfer* também precisa solicitar uma transferência de dados à tarefa de sistema. Mas antes da operação de cópia (para uma leitura), ou depois dela (para uma escrita), uma chamada de núcleo deve ser feita para pedir à tarefa de sistema a realização da E/S real, escrevendo bytes nos registradores que fazem parte da controladora de disco, para selecionar o local no disco e o tamanho e a direção da transferência.

Na rotina de transferência, a contagem de *iov_size* na estrutura *iovec1* é modificada, retornando um código de erro (um número negativo) se houver um erro ou um número positivo, indicando o número de bytes transferidos. Caso nenhum byte seja transferido, não se trata necessariamente de um erro; isso indica que o final do dispositivo foi atingido. Ao retornar para o laço principal, o código de erro, ou a contagem de bytes, é retornada no campo *REP_STATUS* na mensagem de resposta de *driver_task*.

A próxima função, *do_vrdwt* (linha 11182), manipula requisições de E/S esparsas. Uma mensagem que solicita uma requisição de E/S esparsa utiliza o campo *ADDRESS* para apontar para um *array* de estruturas *iovec_t*, cada uma das quais especifica o endereço de um buffer e o número de bytes a transferir. No MINIX 3, essa requisição só pode ser feita para blocos adjacentes no disco; o deslocamento inicial no dispositivo e se a operação é de leitura ou escrita, estão presentes na mensagem. Portanto, todas as operações em uma requisição serão para leitura ou para escrita e elas serão classificadas na ordem do bloco no dispositivo. Na linha 11198, é feita uma verificação para ver se essa chamada está sendo feita em nome de uma tarefa de E/S em espaço de núcleo; esse é um vestígio de uma fase inicial do desenvolvimento do MINIX 3, antes que todos os *drivers* de disco tivessem sido escritos para execução em espaço de usuário.

Basicamente, o código dessa operação é muito parecido com o realizado por *do_rdwt* para uma leitura ou da escrita simples. São feitas as mesmas chamadas indiretas para as rotinas dependentes de dispositivo *(*dr_prepare)* e *(*dr_transfer)*. No laço, a ordem para tratar de várias requisições, é feita internamente na função apontada por *(*dr_transfer)*. O último argumento, neste caso, não é 1, mas o tamanho do *array* de elementos *iovec_t*. Após o término do laço, o *array* de requisições é copiado de volta de onde veio. O campo *io_size* de cada elemento no *array* mostra o número de bytes transferidos para essa requisição e, embora o total não seja passado de volta diretamente na mensagem de resposta construída por *driver_task*, o processo que fez a chamada pode extraí-lo desse *array*.

As rotinas seguintes em *driver.c* servem para dar suporte geral das operações anteriores. Uma chamada de *(*dr_name)* pode ser usada para retornar o nome de um dispositivo. Para um dispositivo sem um nome específico, a função *no_name* retorna a string *"noname"*. Alguns dispositivos podem não exigir um serviço em particular; por exemplo, um disco em RAM não exige que seja feito um tratamento especial em uma requisição DEV_CLOSE. A função *do_nop* se insere aqui, retornando vários códigos, dependendo do tipo da requisição feita. Funções adicionais, *nop_signal*, *nop_alarm*, *nop_prepare*, *nop_cleanup* e *nop_cancel*, são rotinas fictícias semelhantes para dispositivos que não precisam desses serviços.

Finalmente, *do_diocntl* (linha 11216) executa requisições de DEV_IOCTL para um dispositivo de bloco. Ocorrerá um erro se for solicitada qualquer operação DEV_IOCTL que não seja uma leitura *(DIOCGETP)* ou escrita *(DIOCSETP)* das informações de partição. *Do_diocntl* chama a função *(*dr_prepare)* do dispositivo para verificar se ele é válido e para obter um ponteiro para a estrutura *device* que descreve a base e o tamanho da partição em unidades de byte. Em uma requisição de leitura, ela chama a função *(*dr_geometry)* do dispositivo para obter as últimas informações de cilindro, cabeçote e setor sobre a partição. Em cada caso, é feita uma chamada de núcleo sys_datacopy para pedir para que a tarefa de sistema copie os dados entre os espaços de memória do *driver* e o processo solicitante.

3.5.3 A biblioteca de *drivers*

Os arquivos *drvlib.h* e *drvlib.c* contêm código dependente do sistema que suporta partições de disco em computadores compatíveis com o IBM PC.

O particionamento permite que um único dispositivo de armazenamento seja dividido em vários "subdispositivos". Ele é mais comumente usado em discos rígidos, mas o MINIX 3 também fornece suporte para particionamento de disquetes. Alguns motivos para particionar um dispositivo de disco são:

1. Em discos maiores, a capacidade, por unidade, é mais barata. Se forem usados dois ou mais sistemas operacionais, com sistemas de arquivos diferentes, será mais econômico fazer a partição de um único disco grande do que instalar vários discos menores para cada sistema operacional.

2. Os sistemas operacionais podem ter limites para o tamanho máximo de dispositivo que conseguem manipular. A versão do MINIX 3, discutida aqui, pode manipular

um sistema de arquivos de 4 GB, mas as versões mais antigas estão limitadas a 256 MB. Qualquer espaço em disco superior a isso é desperdiçado.
3. Dois ou mais sistemas de arquivos diferentes podem ser usados por um mesmo sistema operacional. Por exemplo, um sistema de arquivos padrão pode ser usado para arquivos normais e um sistema de arquivos estruturado de forma diferente pode ser usado para a área de *swap* usado pela memória virtual.
4. Pode ser conveniente colocar uma parte dos arquivos de um sistema em um dispositivo lógico separado. Colocar o sistema de arquivos raiz do MINIX 3, em um dispositivo de capacidade pequena, torna fácil fazer *backup* e também facilita copiá-lo em um disco em RAM no momento da inicialização.

O suporte para partições de disco é específico da plataforma. Essa característica não está relacionada ao hardware. O suporte para partição é independente de dispositivo. Mas se mais de um sistema operacional for executado em um conjunto de hardware em particular, todos deverão concordar com um formato para a tabela de partição. Nos computadores IBM PC, o padrão é configurado pelo comando *fdisk* do MS-DOS, e outros sistemas operacionais, como o MINIX 3, o Windows e o Linux, usam esse formato para poderem coexistir com o MS-DOS. Quando o MINIX 3 é portado para outro tipo de máquina, faz sentido usar um formato de tabela de partição compatível com os outros sistemas operacionais usados no novo hardware. No MINIX-3, o suporte para partições em computadores IBM foi posto em *drvlib.c*, em vez de ser incluído em *driver.c*, por dois motivos. Primeiro, nem todos os tipos de disco suportam partições. Conforme mencionado anteriormente, o *driver* de memória é ligado a *driver.o*, mas não utiliza as funções compiladas em *drvlib.o*. Segundo, isso torna mais fácil portar o MINIX 3 para um hardware diferente. É mais fácil substituir um único arquivo pequeno do que editar um grande, com muitas seções a serem compiladas condicionalmente para diferentes ambientes.

A estrutura de dados básica herdada dos projetistas de *firmware* está definida em *include/ibm/partition.h*, que é incluído por uma diretiva #include em *drvlib.h* (linha 10900). Isso abrange informações sobre a geometria do cilindro/cabeçote/setor de cada partição, assim como códigos identificando o tipo de sistema de arquivos presente na partição e um *flag* indicando se a inicialização pode ser feita por meio dela. A maior parte dessas informações não é necessária para o MINIX 3, uma vez que o sistema de arquivos é verificado.

A função *partition* (em *drvlib.c*, linha 11426) é chamada na primeira vez que um dispositivo de bloco é aberto (chamada **open**). Seus argumentos incluem uma estrutura *driver*, para que ela possa chamar funções específicas do dispositivo, um número secundário de dispositivo inicial e um parâmetro indicando se o particionamento é de disquete, partição primária ou subpartição. Ela chama a função específica do dispositivo *(*dr_prepare)* para verificar se o dispositivo é válido e para obter o endereço de base e o tamanho em uma estrutura *device* do tipo mencionado na seção anterior. Então, ela chama *get_part_table* para determinar se uma tabela de partição está presente e, se estiver, para ler a tabela. Se não houver nenhuma tabela de partição, o trabalho terminou. Caso contrário, o número secundário do dispositivo da primeira partição será calculado, usando as regras de numeração de dispositivos secundários que se aplique ao tipo de particionamento especificado na chamada original. No caso de partições primárias, a tabela de partição é classificada para que a ordem das partições seja coerente com aquela usada pelos outros sistemas operacionais.

Nesse ponto, é feita outra chamada para *(*dr_prepare)*, desta vez usando o número do dispositivo da primeira partição recentemente calculado. Se o subdispositivo for válido, então é feito um laço por todas as entradas da tabela, verificando se os valores lidos da tabela no dispositivo não estão fora do intervalo obtido anteriormente para a base e para o tamanho do dispositivo inteiro. Se houver uma discrepância, a tabela na memória será ajustada de acordo. Isso pode parecer paranóia, mas como as tabelas de partição podem ser escritas por diferentes sistemas operacionais, um programador que esteja usando outro sistema poderia ter tentado inteligentemente usar a tabela de partição para algo inesperado ou poderia haver lixo na tabela no disco por algum outro motivo. Confiamos mais nos números que calculamos usando o MINIX 3. Melhor estar seguro do que se arrepender.

Ainda dentro do laço, para todas as partições no dispositivo, se for identificada como sendo do MINIX 3, *partition* será chamada recursivamente para reunir informações de subpartição. Se uma partição for identificada como estendida, a função seguinte, *extpartition*, será chamada em seu lugar.

Extpartition (linha 11501) nada tem a ver com o MINIX 3 em si; portanto, não discutiremos os detalhes. Alguns outros sistemas operacionais (por exemplo, o Windows) usam **partições estendidas**. Eles utilizam listas encadeadas, em vez de *arrays* de tamanho fixo, para suportar subpartições. Por simplicidade, o MINIX 3 usa o mesmo mecanismo para subpartições e para partições primárias. Entretanto, um suporte mínimo para partições estendidas é fornecido para comandos do MINIX 3, para ler e escrever arquivos e diretórios de outros sistemas operacionais. Essas operações são fáceis; seria muito mais complicado fornecer suporte total para montar e usar partições estendidas da mesma maneira que as partições primárias.

Get_part_table (linha 11549) chama *do_rdwt* para obter o setor em um dispositivo (ou subdispositivo) onde está localizada uma tabela de partição. O argumento de deslocamento será zero se ela for chamada para obter uma partição primária, ou diferente de zero para uma subpartição. Ela verifica o número mágico (0xaa55) e retorna status verdadeiro ou falso para indicar se foi encontrada uma tabela de partição válida. Se for encontrada uma tabela, ela a copiará no endereço de tabela que foi passado como argumento.

Finalmente, *sort* (linha 11582) classifica as entradas em uma tabela de partição pelo setor mais baixo. As entradas marcadas como não tendo partição são excluídas da classificação, por isso aparecem no final, mesmo que tenham um valor zero em seus campos de setor. A classificação é um simples *bubble sort*; não há necessidade de usar um algoritmo extravagante para classificar uma lista de quatro itens.

3.6 DISCOS EM RAM

Agora, voltaremos aos *drivers* de dispositivo de bloco individuais e estudaremos vários deles com detalhes. O primeiro que veremos será o *driver* de memória. Ele pode ser usado para acessar qualquer parte da memória. Sua principal utilização é permitir que uma parte da memória seja reservada para uso como um disco normal, e também vamos nos referir a ele como *driver* de disco em RAM (*ramdisk*). Um disco em RAM não fornece armazenamento permanente, mas quando os arquivos tiverem sido copiados nessa área, eles poderão ser acessados de forma extremamente rápida.

Um disco em RAM também é útil para a instalação inicial de um sistema operacional em um computador com apenas um dispositivo de armazenamento removível, seja um disquete, um CD-ROM ou algum outro dispositivo. Pondo-se o dispositivo raiz no disco em RAM, os dispositivos de armazenamento removíveis poderão ser montados e desmontados, conforme for necessário, para transferir dados para o disco rígido. Colocar o dispositivo raiz em um disquete tornaria impossível salvar arquivos em disquetes, pois o dispositivo raiz (o único disquete) não pode ser desmontado. Os discos de RAM também são usados com CD-ROMs *live*, que permitem executar um sistema operacional para testes e demonstrações, sem copiar nenhum arquivo no disco rígido. Ter o dispositivo raiz no disco em RAM torna o sistema altamente flexível: qualquer combinação de disquetes ou discos rígidos pode ser montada nele. O MINIX 3, e muitos outros sistemas operacionais, é distribuído em CD-ROM *live*.

Conforme veremos, o *driver* de memória suporta várias outras funções, além de um disco em RAM. Ele suporta acesso aleatório direto a qualquer parte da memória, byte por byte ou em trechos de qualquer tamanho. Usado dessa maneira, ele atua como um dispositivo de caractere, em vez de agir como um dispositivo de bloco. Outros dispositivos de caractere suportados pelo *driver* de memória são */dev/zero* e */dev/null*, também conhecidos como o "grande sumidouro de bits".

3.6.1 Hardware e software de disco em RAM

A idéia existente por trás de um disco em RAM é simples. Um dispositivo de bloco é um meio de armazenamento com dois comandos: escrever um bloco e ler um bloco. Normalmente, esses blocos são armazenados em unidades rotativas, como disquetes ou discos rígidos. Um disco em RAM é mais simples. Ele usa apenas uma parte previamente alocada da memória principal para armazenar os blocos. Um disco em RAM tem a vantagem do acesso instantâneo (nenhuma há busca nem atraso rotacional), tornando-o conveniente para armazenar programas ou dados freqüentemente acessados.

A propósito, é interessante mostrar sucintamente uma diferença entre os sistemas que suportam sistemas de arquivos montados e os que não suportam (por exemplo, o MS-DOS e o Windows). Nos sistemas de arquivos montados, o dispositivo raiz está sempre presente e em um local fixo; além disso, os sistemas de arquivos removíveis (isto é, os discos) podem ser montados em uma árvore de arquivos para formar um sistema de arquivos integrado. Uma vez que tudo esteja montado, o usuário não precisará se preocupar com o fato de saber em qual dispositivo um arquivo está.

Em contraste, nos sistemas como o MS-DOS, o usuário precisa especificar a localização de cada arquivo explicitamente, como em *B: \DIR\FILE*, ou usando certos padrões (dispositivo corrente, diretório corrente etc.). Com apenas um ou dois disquetes, essa carga é administrável, mas em um sistema de computador grande, com dezenas de discos, monitorar os dispositivos o tempo todo seria insuportável. Lembre-se de que os sistemas operacionais do tipo UNIX são executados em hardware que varia desde pequenas máquinas domésticas e de escritório até supercomputadores, como o Blue Gene/L da IBM, o computador mais rápido do mundo (quando este livro estava sendo escrito); o MS-DOS só funciona em sistemas pequenos.

A Figura 3-20 mostra a idéia existente por trás de um disco em RAM. O disco em RAM é subdividido em *n* blocos, dependendo da quantidade de memória alocada para ele. Cada bloco tem o mesmo tamanho do bloco usado nos discos reais. Quando o *driver* recebe uma mensagem para ler ou escrever um bloco, ele apenas calcula onde o bloco solicitado está na memória do disco em RAM e lê ou escreve nele, em vez de ler ou escrever em um disquete ou em um disco rígido. Em última análise, a tarefa de sistema é chamada para realizar a transferência. Isso é feito por *phys_copy*, uma função em linguagem *assembly* no núcleo, que copia no (ou do) programa de usuário na máxima velocidade de que o hardware é capaz.

Um *driver* de disco em RAM pode suportar várias áreas de memória utilizadas como disco em RAM, cada uma delas identificada por um número secundário de dispositivo diferente. Normalmente, essas áreas são distintas, mas em algumas situações bastante específicas, pode ser conveniente tê-las sobrepostas, conforme veremos na próxima seção.

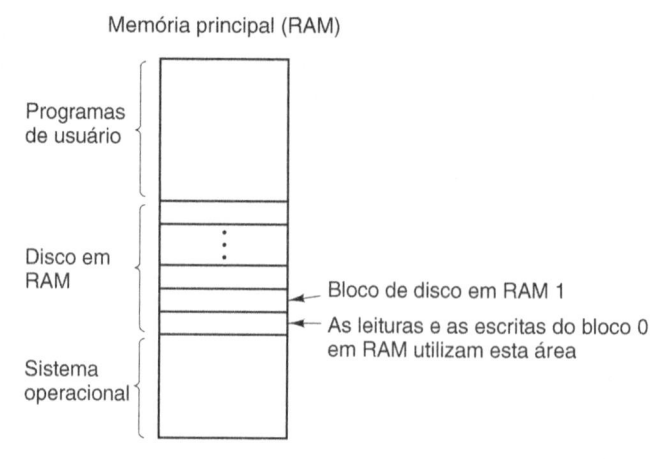

Figura 3-20 Um disco em RAM.

3.6.2 Visão geral do *driver* de disco em RAM no MINIX 3

O *driver* de disco em RAM do MINIX 3 é composto, na verdade, por seis *drivers* intimamente relacionados. Cada mensagem para ele especifica um dispositivo secundário, como segue:

```
0: /dev/ram     2: /dev/kmem    4: /dev/boot
1: /dev/mem     3: /dev/null    5: /dev/zero
```

O primeiro arquivo especial listado acima, */dev/ram*, é um verdadeiro disco em RAM. Nem seu tamanho nem sua origem são incorporados no *driver*. Eles são determinados pelo sistema de arquivos, quando o MINIX 3 é inicializado. Se os parâmetros de inicialização especificarem que o sistema de arquivos raiz deve estar no disco em RAM, mas se seu tamanho não for especificado, será criado um disco em RAM do mesmo tamanho do dispositivo de imagem do sistema de arquivos raiz. Um parâmetro de inicialização pode ser usado para especificar um disco em RAM maior do que o sistema de arquivos raiz ou, se a raiz não é para ser copiada na memória RAM, o tamanho especificado poderá ser qualquer valor que caiba na memória e deixe memória suficiente para a operação do sistema. Uma vez conhecido o tamanho, um bloco de memória, grande o bastante, é alocado e removido do *pool* de memória pelo gerenciador de processos, durante sua inicialização. Essa estratégia torna possível aumentar ou reduzir a quantidade de disco em RAM presente, sem ter de recompilar o sistema operacional.

Os dois dispositivos secundários seguintes são usados para ler e escrever a memória física e a memória do núcleo, respectivamente. Quando */dev/mem* é aberto e lido, ele reproduz o conteúdo das posições da memória física, a partir do endereço absoluto zero (os vetores de interrupção de modo real). Os programas de usuário normais nunca fazem isso, mas um programa de sistema relacionado à depuração possivelmente poderia precisar desse recurso. Abrir */dev/mem* e gravar nele alterará os vetores de interrupção. É desnecessário dizer que isso só deve ser feito com o maior cuidado e por um usuário experiente que saiba exatamente o que está fazendo.

O arquivo especial */dev/kmem* é como */dev/mem*, exceto que o byte 0 desse arquivo é o byte 0 da memória de dados do núcleo, uma posição cujo endereço absoluto varia, dependendo do tamanho do segmento de texto do núcleo do MINIX 3. Ele também é usado principalmente para depuração e por programas muito especiais. Note que as áreas do disco em RAM desses dois dispositivos secundários se sobrepõem. Se você souber exatamente como o núcleo está colocado na memória, poderá abrir */dev/mem*, procurar o início da área de dados do núcleo e ver exatamente a mesma coisa que aparece no início de */dev/kmem*. Mas, se você recompilar o núcleo, alterando seu tamanho, ou se, em uma versão subseqüente do MINIX 3, o núcleo for movido para outro lugar na memória, será necessário procurar um valor diferente em */dev/mem* para ver a mesma coisa que vê agora no início de */dev/kmem*. Esses dois arquivos especiais devem ser protegidos para impedir que alguém que não seja o superusuário os utilize.

O próximo arquivo nesse grupo, */dev/null*, é um arquivo especial que recebe dados e os joga fora. Ele é comumente usado em comandos *shell*, quando o programa que está sendo chamado gera saída que não é necessária. Por exemplo,

    a.out >/dev/null

executa o programa *a.out*, mas descarta sua saída. Efetivamente, o *driver* de disco em RAM trata esse dispositivo secundário como tendo tamanho zero; portanto, nenhum dado é copiado nele ou dele. Se você o ler, obterá um EOF (*End of File* – fim de arquivo) imediato.

Se você olhou as entradas de diretório desses arquivos em */dev/*, talvez tenha notado que, daqueles mencionados até aqui, apenas */dev/ram* é um arquivo de bloco especial. Todos os outros são dispositivos de caractere. Há mais um dispositivo de bloco suportado pelo *driver* de memória. Trata-se de */dev/boot*. Do ponto de vista do *driver* de dispositivo, esse é outro dispositivo de bloco implementado na memória RAM, exatamente como */dev/ram*. Entretanto, ele é inicializado copiando um arquivo anexado na imagem de inicialização, logo após o *init*, em vez de começar como um bloco de memória vazio, como é feito para */dev/ram*. O suporte para esse dispositivo é fornecido para uso futuro e ele não é utilizado no MINIX 3, conforme descrito neste texto.

Finalmente, o último dispositivo suportado pelo *driver* de memória é outro arquivo de caractere especial, */dev/zero*. Às vezes, é conveniente ter uma fonte de zeros. Escrever em */dev/zero* é como escrever em */dev/null*; ele joga os dados fora. Mas ler */dev/zero* fornece a você zeros em qualquer quantidade desejada, seja um único caractere ou um disco cheio.

Em nível do *driver*, o código para manipular */dev/ram*, */dev/mem*, */dev/kmem* e */dev/boot* é idêntico. A única diferença entre eles é que cada um corresponde a uma região diferente da memória, indicada pelos *arrays ram_origin* e *ram_limit*, cada um indexado pelo número secundário do dispositivo. O sistema de arquivos gerencia os dispositivos em um nível mais alto. O sistema de arquivos interpreta os dispositivos como sendo de caractere ou de bloco e, assim, pode montar */dev/ram* e */dev/boot* e gerenciar diretórios e arquivos nesses dispositivos. Para os dispositivos definidos como dispositivos de caractere, o sistema de arquivos só pode ler e escrever fluxos de dados (embora um fluxo lido de */dev/null* obtenha apenas EOF).

3.6.3 Implementação do *driver* de disco em RAM no MINIX 3

Assim como nos outros *drivers* de disco, o laço principal do *driver* de disco em RAM está no arquivo *driver.c*. O suporte específico dos dispositivos de memória está em *memory.c* (linha 10800). Quando o *driver* de memória é compilado, o arquivo-objeto *drivers/libdriver/driver.o*, produzido pela compilação de *drivers/libdriver/driver.c*, é ligado ao arquivo-objeto *drivers/memory/memory.o*, resultado da compilação de *drivers/memory/memory.c*.

Vale a pena considerar por um momento como o laço principal é feito. A declaração da estrutura *driver* em *driver.h* (linhas 10829 a 10845) define uma estrutura de dados, mas não cria a estrutura. A declaração de *m_dtab*, nas linhas 11645 a 11660, cria uma instância dela, com cada parte da estrutura inicializada com um ponteiro para uma função. Algumas dessas funções possuem um código genérico vindo da compilação de *driver.c*; por exemplo, todas as funções *nop*. Outras funções são provenientes da compilação de *memory.c*; por exemplo, *m_do_open*. Note que, para o *driver* de memória, sete das entradas são rotinas que pouco ou nada fazem, e as duas últimas são definidas como *NULL* (o que significa que essas funções nunca serão chamadas; não há nem mesmo necessidade de uma função *do_nop*). Tudo isso é um indício claro de que a operação de um disco em RAM não é terrivelmente complicada.

O dispositivo de memória também não exige a definição de um grande número de estruturas de dados. O *array m_geom[NR_DEVS]* (linha 11627) contém o valor da base e o tamanho, em bytes, de cada um dos seis dispositivos de memória como valores inteiros de 64 bits, sem sinal; portanto, não há o perigo imediato de o MINIX 3 não conseguir ter um disco em RAM grande o suficiente. A linha seguinte define uma estrutura interessante, que não será vista em outros *drivers*. *M_seg[NR_DEVS]* é, aparentemente, apenas um *array* de inteiros, mas esses valores inteiros são índices que permitem encontrar descritores de segmento. O *driver* de dispositivo de memória é especial entre os processos em espaço de usuário, pois tem a capacidade de acessar regiões de memória fora dos segmentos de texto, dados e pilha que todo processo possui. Esse *array* contém informações que permitem acessar as regiões de memória adicionais designadas. A variável *m_device* contém apenas o índice nesses *arrays* do dispositivo secundário correntemente ativo.

Para usar */dev/ram* como dispositivo raiz, o *driver* de memória deve ser configurado logo durante a inicialização do MINIX 3. As estruturas *kinfo* e *machine*, que são definidas em seguida, contém os dados recuperados do núcleo durante a inicialização, que são necessários para configurar o *driver* de memória.

Uma outra estrutura de dados é definida antes que o código executável comece. Trata-se de *dev_zero*, um *array* de 1024 bytes, usado para fornecer dados quando uma chamada de read é feita para */dev/zero*.

A função principal *main* (linha 11672) chama uma outra função para fazer uma inicialização local. Depois disso, ela desvia para o laço principal, o qual obtém mensagens, despacha para as funções apropriadas e envia as respostas. Não há nenhum retorno para *main*.

A próxima função, *m_name*, é simples. Quando chamada, ela retorna a string "memory".

Em uma operação de leitura ou escrita, o laço principal faz três chamadas: uma para preparar um dispositivo, uma para realizar a transferência de dados real e uma para fazer a limpeza. Para um dispositivo de memória, *m_prepare* é a primeira delas. Ela verifica se foi solicitado um dispositivo secundário válido e, então, retorna o endereço da estrutura que contém o endereço de base e o tamanho da área da memória RAM solicitada. A segunda chamada é para *m_transfer* (linha 11706). Essa função faz todo o trabalho. Como vimos em *driver.c*, todas as chamadas para ler ou escrever dados são transformadas para ler ou escrever vários blocos de dados adjacentes—se for necessário apenas um bloco, a requisição será passada como uma solicitação de vários blocos com uma contagem igual a um. Portanto, apenas dois tipos de requisições de transferência são passados para o *driver*, *DEV_GATHER*, solicitando a leitura de um ou mais blocos, e *DEV_SCATTER*, para escrever um ou mais blocos. Assim, após obter o número secundário do dispositivo, *m_transfer* entra em um laço, repetido pelo número de transferências solicitadas. Dentro do laço existe um comando switch para o tipo de dispositivo.

O primeiro caso é para */dev/null*, e a ação é retornar imediatamente de uma requisição *DEV_GATHER* ou *DEV_SCATTER* para o final do comando switch. Isso é assim para que o número de bytes transferidos (embora esse número seja zero para */dev/null*) possa ser retornado, como aconteceria para qualquer operação write.

Para todos os tipos de dispositivo que se referem às posições reais na memória, a ação é semelhante. O deslocamento solicitado é verificado em relação ao tamanho do dispositivo para determinar se a requisição está dentro dos limites da memória alocada para o dispositivo. Então, é feita uma chamada de núcleo para copiar dados na memória (ou dela) do processo que fez a chamada. Contudo, há dois trechos de código que fazem isso. Para */dev/ram*, */dev/kmem* e */dev/boot*, são usados endereços virtuais, os quais exigem recuperar o endereço de segmento da região de memória a ser acessada a partir do *array m_seg* e, então, fazer uma chamada de núcleo sys_vircopy (linhas 11640 a 11652). Para */dev/memory*, é usado um endereço físico e a chamada é para sys_physcopy.

A operação restante é uma leitura ou escrita em */dev/zero*. Para leitura, os dados são extraídos do *array dev_zero*, mencionado anteriormente. Você poderia perguntar: "por que não apenas gerar valores zero, conforme for necessário, em vez de copiar de um buffer cheio deles?" Como a cópia dos dados em seu destino precisa ser feita por uma chamada de núcleo, tal método exigiria uma cópia ineficiente de bytes do *driver* de memória para a tarefa de sistema ou construir código para gerar zeros na tarefa de sistema. Esta última estratégia aumentaria a complexidade do código em espaço de núcleo, algo que gostaríamos de evitar no MINIX 3.

Um dispositivo de memória não precisa de um terceiro passo para concluir uma operação de leitura ou escrita e a entrada correspondente em *m_dtab* é uma chamada para *nop_finish*.

A abertura de um dispositivo de memória é feita por *m_do_open* (linha 11801). A tarefa é executada chamando-se *m_prepare* para verificar se está sendo referenciado um dispositivo válido. Mais interessante do que o código existente é um comentário sobre ele que era encontrado aqui nas versões mais antigas do MINIX. Anteriormente, havia um truque escondido. Uma chamada por parte de um processo de usuário para abrir */dev/mem* ou */dev/kmem* também conferia, por mágica, a esse processo, a capacidade de executar instruções que acessam portas de E/S. As CPUs da classe Pentium implementam quatro níveis de privilégio e os processos de usuário normalmente são executados no nível menos privilegiado. A CPU gera uma exceção de proteção geral, quando um processo tenta executar uma instrução não permitida por seu nível de privilégio. Fornecer uma maneira de contornar isso foi considerado seguro, pois os dispositivos de memória só podiam ser acessados com privilégios de superusuário (*root*). Em todo caso, esse "recurso" possivelmente arriscado está ausente no MINIX 3, pois agora estão disponíveis chamadas de núcleo que permitem o acesso de E/S por meio da tarefa de sistema. O comentário permanece para mostrar que, se o MINIX 3 for portado para um hardware que utilize E/S mapeada em memória, talvez esse recurso precise ser reintroduzido. A função para fazer isso, *enable_iop*, permanece no código do núcleo para mostrar como pode ser feito, embora agora ele seja sem uso.

A próxima função, *m_init* (linha 11817), é chamada apenas uma vez, quando *mem_task* é executada pela primeira vez. Essa rotina usa várias chamadas de núcleo e vale a pena estudá-la para ver como os *drivers* do MINIX 3 interagem com o espaço de núcleo usando serviços da tarefa de sistema. Primeiramente, é feita uma chamada de núcleo sys_getkinfo para obter uma cópia dos dados *kinfo* do núcleo. A partir desses dados, ela copia o endereço de base e o tamanho de */dev/kmem* nos campos correspondentes da estrutura de dados *m_geom*. Uma chamada de núcleo diferente, sys_segctl, converte o endereço físico e o tamanho de */dev/kmem* nas informações de descritor de segmento necessárias para tratar a memória do núcleo como um espaço de memória virtual. Se a imagem de um dispositivo de inicialização tiver sido compilada na imagem de inicialização do sistema, o campo do endereço de base de */dev/boot* será diferente de zero. Se assim for, então as informações para acessar a região de memória para esse dispositivo serão configuradas exatamente da mesma maneira como foi feito para */dev/kmem*. Em seguida, o *array* usado para fornecer dados quando */dev/zero* é acessado, é explicitamente preenchido com zeros. Isso provavelmente é desnecessário; supõe-se que os compiladores C inicializem as variáveis estáticas recentemente criadas com zero.

Finalmente, *m_init* utiliza uma chamada de núcleo sys_getmachine para obter outro conjunto de dados do núcleo, a estrutura *machine* que sinaliza várias alternativas de hardware possíveis. Neste caso, a informação necessária é se a CPU é capaz de operar no modo protegido ou não. Com base nessa informação, o tamanho de */dev/mem* é configurado como 1 MB ou como 4 GB - 1, dependendo de o MINIX 3 estar sendo executado no modo 8088 ou 80386. Esses tamanhos são os máximos suportados pelo MINIX 3 e não têm nada a ver com a quantidade de memória RAM instalada na máquina. Apenas o tamanho do dispositivo é definido; confia-se no compilador C para atribuir o endereço de base corretamente como zero. Além disso, como */dev/mem* é acessado como memória física (não virtual), não há necessidade de fazer uma chamada de núcleo sys_segctl para inicializar um descritor de segmento.

Antes de deixarmos *m_init*, devemos mencionar outra chamada de núcleo usada aqui, embora não seja óbvia no código. Muitas ações executadas durante a inicialização do *driver* de memória são fundamentais para o funcionamento correto do MINIX 3 e, assim, são feitos vários testes e, caso um teste falhe, *panic* é chamada. Neste caso, *panic* é uma rotina de biblioteca que, em última análise, resulta em uma chamada de núcleo sys_exit. O núcleo, o gerenciador de processos (conforme veremos) e o sistema de arquivos têm suas próprias rotinas *panic*. A rotina de biblioteca é fornecida para *drivers* de dispositivo e para outros componentes menores do sistema.

Surpreendentemente, a função que acabamos de examinar, *m_init*, não inicializa o dispositivo de memória */dev/ram*. Isso é feito na função seguinte, *m_ioctl* (linha 11863). Na verdade, existe apenas uma operação ioctl definida para o disco em RAM; trata-se de *MIOCRAMSIZE*, que é usada pelo sistema de arquivos para configurar o tamanho do disco em RAM. Grande parte da tarefa é feita sem exigir nenhum serviço do núcleo. A chamada para allocmem, na linha 11887, é uma chamada de sistema, mas não uma chamada de núcleo. Ela é manipulada pelo gerenciador de processos, o qual mantém todas as informações necessárias para encontrar uma região de memória disponível. Entretanto, no final, uma chamada de núcleo é necessária. Na linha 11894, é feita uma chamada de sys_segctl para converter o endereço físico e o tamanho retornados por allocmem em informações de segmento necessárias para acesso futuros.

A última função definida em *memory.c* é *m_geometry*. Trata-se de uma malandragem. Obviamente, cilindros, cabeçotes e setores são irrelevantes no endereçamento de memória RAM, mas se for feito uma requisição com tais informações para um dispositivo de memória, essa função fingirá que ela tem 64 cabeçotes e 32 setores por trilha e calculará, a partir do tamanho, quantos cilindros existem.

3.7 DISCOS

Todos os computadores modernos, exceto os embarcados, possuem unidades de disco. Por isso, as estudaremos agora, começando com o hardware e, depois, falaremos algumas generalidades sobre o software de disco. Depois disso, nos aprofundaremos na maneira como o MINIX 3 controla seus discos.

3.7.1 Hardware de disco

Todos os discos reais são organizados em cilindros, cada um contendo tantas trilhas quantos forem os cabeçotes empilhados verticalmente. As trilhas são divididas em setores, com o número de setores em torno da circunferência sendo, normalmente, de 8 a 32 nos disquetes e até várias centenas em alguns discos rígidos. Os projetos mais simples têm o mesmo número de setores em cada trilha. Todos os setores contêm o mesmo número de bytes, embora, pensando-se um pouco, seja evidente que os setores próximos ao anel externo do disco são fisicamente maiores do que os que estão próximos do eixo. Entretanto, o tempo para ler ou escrever em cada setor será o mesmo. A densidade dos dados, obviamente, é mais alta nos cilindros mais internos e alguns projetos de disco exigem uma mudança na unidade de disco corrente para os cabeçotes de leitura e escrita das trilhas internas. Isso é manipulado pelo hardware da controladora de disco e não é visível para o usuário (nem para o desenvolvedor de um sistema operacional).

A diferença na densidade dos dados entre as trilhas internas e externas significa um sacrifício na capacidade e existem sistemas mais sofisticados. Foram experimentados projetos de disquete que giram em velocidades mais altas quando os cabeçotes estão sobre as trilhas externas. Isso permite a existência de mais setores nessas trilhas, aumentando a capacidade do disco. Contudo, esses discos não são suportados por nenhum sistema para o qual o MINIX 3 está correntemente disponível. As grandes unidades de disco rígido modernas também têm mais setores por trilha nas trilhas externas do que nas internas. Entretanto, como ocorre nas unidades de disco **IDE** (*Integrated Drive Electronics*), o sofisticado processamento realizado por circuitos eletrônicos internos a unidade mascara esses detalhes. Para o sistema operacional, elas parecem ter uma geometria simples, com o mesmo número de setores em cada trilha.

Os circuitos eletrônicos da unidade de disco e da controladora são tão importantes quanto o hardware mecânico. O principal elemento da controladora de disco é um circuito integrado especializado — na verdade, um pequeno microprocessador. Antigamente, isso ficaria em uma placa ligada ao barramento de interconexão de periféricos do computador, mas nos sistemas modernos a controladora de disco fica na própria placa-mãe. Para um disco rígido moderno, esse circuito da controladora de disco pode ser mais simples do que para um disquete, pois uma unidade de disco rígido tem uma controladora eletrônica poderosa integrada na própria unidade.

Um recurso de hardware que tem importantes implicações para o *driver* de disco é a possibilidade de uma controladora fazer buscas em duas ou mais unidades de disco ao mesmo tempo. Isso é conhecido como **busca sobreposta** (*overlapped seeks*). Enquanto a controladora e o software estão esperando que uma busca termine em uma unidade de disco, a controladora pode iniciar uma busca em outra unidade de disco. Muitas controladoras também podem ler ou escrever em uma unidade de disco, enquanto fazem uma busca em uma ou mais unidades de disco, mas uma controladora de disquete não pode ler nem escrever em duas unidades de disco ao mesmo tempo. (Uma leitura ou escrita exige que a controladora transfira bits em um intervalo de tempo da ordem de microssegundos; portanto, grande parte de seu poder de computação é dedicada a esta tarefa). A situação é diferente para discos rígidos com controladoras integradas e um sistema com mais de uma dessas unidades é capaz de operar simultaneamente, pelo menos com relação à transferência entre o disco e a memória do buffer da controladora. Entretanto, apenas uma transferência entre a controladora e a memória do sistema é possível por vez. A capacidade de executar duas ou mais operações ao mesmo tempo pode reduzir consideravelmente o tempo de acesso médio.

Algo de que se deve estar ciente ao examinar as especificações dos discos rígidos modernos é que a geometria mencionada e usada pelo software do *driver* é quase sempre diferente do formato físico. Na verdade, se você examinar os "parâmetros de configuração recomendados" de um disco rígido grande, provavelmente os encontrará especificados como 16383 cilindros, 16 cabeçotes e 63 setores por trilha, independentemente do tamanho do disco. Esses números correspondem a um tamanho de disco de 8 GB, mas são usados para todos os discos, com esse tamanho ou maiores. Os projetistas da ROM BIOS original do IBM PC dedicaram um campo de 6 bits para a contagem de setor, 4 bits para especificar o cabeçote e

14 bits para selecionar um cilindro. Com setores de 512 bytes, isso significa 8 GB. Portanto, se você tentar instalar uma unidade de disco rígido grande em um computador muito antigo, poderá ver que só será possível acessar 8 GB, mesmo tendo um disco muito maior. A maneira normal de contornar essa limitação é usar **endereçamento de bloco lógico**, no qual os setores do disco são simplesmente numerados em seqüência, a partir de zero, sem considerar a geometria do disco.

De qualquer modo, a geometria de um disco moderno é uma ficção. Em um disco moderno, a superfície é dividida em 20 ou mais zonas. As zonas mais próximas ao centro do disco têm menos setores por trilha do que as zonas mais próximas à periferia. Assim, os setores têm aproximadamente o mesmo comprimento físico, não importa onde estejam localizados no disco, fazendo uso mais eficiente da superfície do disco. Internamente, a controladora integrada endereça o disco calculando a zona, o cilindro, o cabeçote e o setor. Mas isso nunca é visível para o usuário e os detalhes raramente são encontrados nas especificações publicadas. A questão é que não há porque usar endereçamento de cilindro, cabeçote e setor de um disco, a não ser que você esteja trabalhando com um computador muito antigo, que não suporte endereçamento de bloco lógico. Além disso, não faz sentido comprar uma nova unidade de disco de 400 GB para um PC-XT adquirido em 1983; você não poderá usar mais do que 8 GB dela.

Este é um bom lugar para mencionar um ponto confuso sobre as especificações da capacidade do disco. Os profissionais da computação estão acostumados a usar potências de 2 — um quilobyte (KB) vale $2^{10} = 1024$ bytes, um megabyte (MB) vale $2^{20} = 1024^2$ bytes etc. — para expressar o tamanho dos dispositivos de memória. Então, um gigabyte (GB) deveria ser 1024^3 ou 2^{30} bytes. Entretanto, os fabricantes de disco adotaram o hábito de usar o termo "*gigabyte*" como o significado de 10^9, o que (no papel) aumenta instantaneamente o tamanho de seus produtos. Assim, o limite de 8 GB mencionado anteriormente é um disco de 8,4 GB no jargão do vendedor de disco. Recentemente, houve um movimento no sentido de usar o termo *gibibyte* (GiB) com o significado de 2^{30}. Entretanto, neste texto, os autores, fazendo pé-firme e em protesto contra a agressão à tradição para propósitos de propaganda, continuarão a usar termos como megabyte e gigabyte com o significado que eles sempre tiveram.

3.7.2 RAID

Embora os discos modernos sejam muito mais rápidos do que os antigos, as melhorias no desempenho da CPU têm superado em muito as melhorias dos discos. Com o passar dos anos, várias pessoas perceberam que E/S de disco paralela poderia ser útil. Assim, surgiu uma nova classe de dispositivo de E/S chamada **RAID**, acrônimo de *Redundant Array of Independent Disks*. Na verdade, os projetistas do RAID (em Berkeley) originalmente usaram o acrônimo RAID com o significado de *Redundant Array of Inexpensive Disks* (conjunto redundante de discos baratos), para contrastar esse projeto com um **SLED** (*Single Large Expensive Disk* — disco único grande e caro). Entretanto, quando o RAID se tornou popular comercialmente, os fabricantes de disco mudaram o significado do acrônimo porque era difícil vender um produto caro, cujo nome significava "barato". A idéia básica existente por trás do RAID é instalar um conjunto de discos próximo ao computador, normalmente um servidor, e substituir a placa controladora de disco por uma controladora RAID, copiar os dados para o RAID e, então, continuar com a operação normal.

Os discos independentes podem ser usados em conjunto de diversas maneiras. Não temos tempo para uma descrição exaustiva de todas elas e o MINIX 3 não suporta RAID (ainda), mas uma introdução sobre sistemas operacionais deve pelo menos mencionar algumas das possibilidades. O RAID pode ser usado tanto para acelerar o acesso ao disco como para tornar os dados mais seguros.

Considere, por exemplo, um RAID muito simples, de duas unidades de disco. Quando vários setores de dados precisam ser escritos, a controladora RAID envia os setores 0, 2, 4 etc. para a primeira unidade de disco e os setores 1, 3, 5 etc. para a segunda. A controladora divide os dados e os dois discos são acessados simultaneamente, duplicando a velocidade de escrita. Na leitura, as duas unidades de disco são lidas simultaneamente, mas a controladora monta os dados novamente na ordem correta e, para o restante do sistema, parece simplesmente que a velocidade de leitura é duas vezes maior. Essa técnica é chamada de ***stripping***. Este é um exemplo simples de RAID nível 0. Na prática, seriam usadas quatro ou mais unidades de disco. Isso funciona melhor quando os dados são normalmente lidos ou escritos em grandes blocos. Obviamente, não haverá nenhum ganho se uma requisição típica de acesso ao disco for um único setor por vez.

O exemplo anterior mostra como várias unidades de disco podem aumentar a velocidade. E quanto à confiabilidade? O RAID nível 1 funciona como o RAID nível 0, exceto que os dados são duplicados. Novamente, um conjunto muito simples de duas unidades de disco poderia ser usado e todos os dados poderiam ser escritos em ambas. Isso não produz nenhum aumento de velocidade, mas há uma redundância de 100%. Se um erro for detectado durante a leitura, não haverá necessidade de tentar novamente, caso a outra unidade de disco leia os dados corretamente. A controladora precisa apenas garantir que os dados corretos sejam passados para o sistema. Entretanto, provavelmente não seria uma boa idéia deixar de fazer as novas tentativas, caso erros fossem detectados durante a escrita. E se os erros ocorrem com freqüência suficiente provavelmente é hora de chegar à conclusão de que uma falha completa é iminente. Normalmente, as unidades de disco usadas para RAIDs são do tipo *hot-swap*, significando que elas podem ser substituídas sem desligar o sistema.

Conjuntos mais complexos, de vários discos, podem aumentar tanto a velocidade como a confiabilidade. Considere, por exemplo, um conjunto de 7 discos. Os bytes poderiam ser divididos em trechos de 4 bits, com cada bit sendo escrito em uma das quatro unidades de disco e com as outras três unidades armazenando um código de correção de erro de três bits. Se uma unidade de disco estragar e precisar ser substituída automaticamente por uma nova, sua ausência será equivalente a um bit danificado, e com a redundância oferecida pelo código de correção de erros, o sistema poderá continuar funcionando enquanto a manutenção é feita. Pelo custo de sete unidades de disco, você obtém um desempenho confiável e quatro vezes mais rápido do que uma unidade de disco e sem nenhuma paralisação de funcionamento.

3.7.3 Software de disco

Nesta seção, veremos alguns problemas relacionados aos *drivers* de disco em geral. Primeiramente, considere quanto tempo demora para ler ou escrever um bloco de disco. O tempo exigido é determinado por três fatores:

1. O tempo de busca (*seek time*): o tempo necessário para mover o braço para o cilindro correto
2. O atraso rotacional (*rotational delay*): o tempo necessário para o setor correto girar sob o cabeçote
3. O tempo de transferência de dados real (*data transfer time*)

Para a maioria dos discos, o tempo de busca predomina sobre os outros dois; portanto, reduzir o tempo de busca médio pode melhorar substancialmente o desempenho do sistema.

Os dispositivos de disco são propensos a erros. Algum tipo de verificação de erro, uma soma de verificação ou uma verificação de redundância cíclica, é sempre escrito junto com os dados em cada setor de um disco. Até os endereços de setor gravados quando o disco é formatado têm verificação de dados. Normalmente, o hardware da controladora de disquete pode informar quando um erro é detectado, mas o software deve então decidir o que fazer com ele. As controladoras de disco rígido freqüentemente assumem a maior parte dessa carga.

Particularmente no caso dos discos rígidos, o tempo de transferência de setores consecutivos dentro de uma trilha pode ser muito rápido. Assim, ler mais dados do que o solicitado e armazená-los em cache, na memória, pode ser muito eficiente para acelerar o acesso ao disco.

Algoritmos de escalonamento do braço do disco

Se o *driver* de disco aceita uma requisição por vez e as executa na ordem que as recebe, isto é, a primeira a chegar é a primeira a ser atendida (FCFS – *First-Come, First-Served*), pouco pode ser feito para melhorar o tempo de busca. Entretanto, outra estratégia é possível quando o disco está sendo muito acessado. É provável que, enquanto o braço esteja fazendo uma busca para atender uma requisição, outras requisições de acesso ao disco estão sendo geradas por outros processos. Muitos *drivers* de disco mantêm uma tabela, indexada pelo número do cilindro, com todas as requisições pendentes para cada cilindro, concatenadas em uma lista encadeada encabeçada pelas entradas da tabela.

Dado esse tipo de estrutura de dados, podemos aprimorar o algoritmo de escalonamento FCFS. Para entender como, considere um disco com 40 cilindros. Chega uma requisição para ler um bloco no cilindro 11. Enquanto a busca do cilindro 11 está em andamento, chegam novas requisições para os cilindros 1, 36, 16, 34, 9 e 12, nessa ordem. Eles são inseridos na tabela de requisições pendentes, com uma lista encadeada separada para cada cilindro. As requisições aparecem na Figura 3-21.

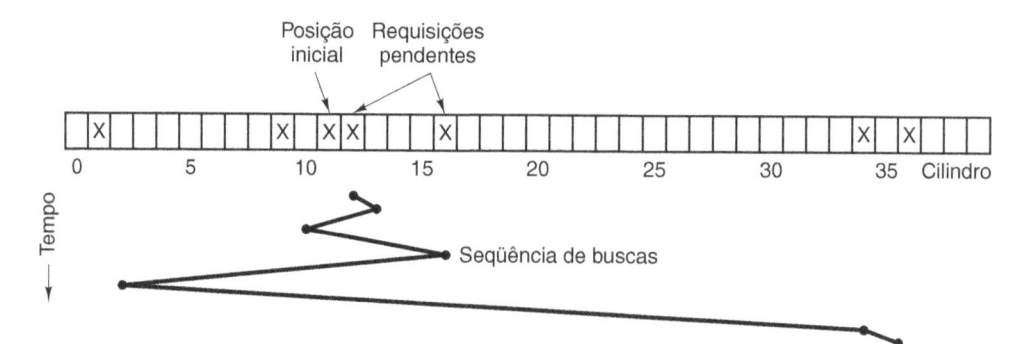

Figura 3-21 Algoritmo de escalonamento de disco da busca mais curta primeiro (SSF — *Shortest Seek First*).

Quando a requisição corrente (para o cilindro 11) tiver terminado, o *driver* de disco poderá escolher qual requisição vai atender em seguida. Usando FCFS, ele iria em seguida para o cilindro 1, depois para o 36 e assim por diante. Esse algoritmo exigiria movimentos do braço de 10, 35, 20, 18, 25 e 3, respectivamente, para um total de 111 cilindros.

Como alternativa, ele poderia sempre tratar da requisição seguinte mais próxima para minimizar o tempo de busca. Dados as requisições da Figura 3-21, a seqüência é 12, 9, 16, 1, 34 e 36, como mostrado pela linha irregular na parte inferior da figura. Com essa seqüência, os movimentos do braço são 1, 3, 7, 15, 33 e 2, para um total de 61 cilindros. Esse algoritmo, da **busca mais curta primeiro** (SSF — *Shortest Seek First*), reduz o movimento total do braço quase pela metade, comparado ao algoritmo FCFS.

Infelizmente, o algoritmo SSF tem um problema. Suponha que mais requisições continuem chegando, enquanto as requisições da Figura 3-21 estão sendo atendidas. Por exemplo, se, após ir para o cilindro 16, uma nova requisição para o cilindro 8 estiver presente, essa requisição terá prioridade sobre o cilindro 1. Se, então, chegar uma requisição para o cilindro 13, o braço irá em seguida para 13, em vez de ir para 1. Com um disco sendo muito acessado, o braço tenderá a ficar no meio do disco a maior parte do tempo; portanto, as requisições relativas aos extremos terão de esperar até que uma flutuação estatística na carga faça com que não haja nenhuma requisição próxima do meio. As requisições longe do meio podem obter um serviço deficiente. Os objetivos do tempo de resposta mínimo e da imparcialidade estão em conflito aqui.

Os edifícios altos também precisam lidar com esse compromisso. O problema do funcionamento de um elevador em um edifício alto é semelhante ao do escalonamento do braço de um disco. As requisições chegam continuamente, chamando o elevador para os andares (cilindros) aleatoriamente. O microprocessador que controla o elevador poderia facilmente monitorar a seqüência em que os usuários pressionaram o botão de chamada e atendê-los usando um algoritmo FCFS. Ele também poderia usar o algoritmo SSF.

Entretanto, a maioria dos elevadores utiliza um algoritmo diferente para atender às exigências contraditórias da eficiência e da imparcialidade. Eles continuam a se mover na mesma direção até que não existam mais chamadas pendentes nessa direção e, então, mudam de direção. Esse algoritmo, conhecido tanto no mundo dos discos quanto no mundo dos elevadores como **algoritmo do elevador**, exige que o software mantenha 1 bit: o bit de direção corrente, *UP* ou *DOWN*. Quando uma requisição termina, o *driver* de disco ou de elevador verifica o bit. Se ele for *UP*, o braço ou a cabine é movido para a próxima requisição pendente mais alta. Se não houver nenhuma requisição pendente nas posições mais altas, o bit de direção será invertido. Quando o bit é configurado como *DOWN*, o movimento é para a próxima posição mais baixa solicitada, se houver.

A Figura 3-22 mostra o algoritmo do elevador usando os mesmos sete pedidos da Figura 3-21, supondo que o bit de direção era inicialmente *UP*. A ordem na qual os cilindros são atendidos é 12, 16, 34, 36, 9 e 1, o que produz movimentos do braço de 1, 4, 18, 2, 27 e 8, para um total de 60 cilindros. Neste caso, o algoritmo do elevador é ligeiramente melhor do que o SSF, embora normalmente seja pior. Uma propriedade interessante do algoritmo do elevador é que, dado um conjunto de requisições, o limite superior do movimento total é fixo: é simplesmente duas vezes o número de cilindros.

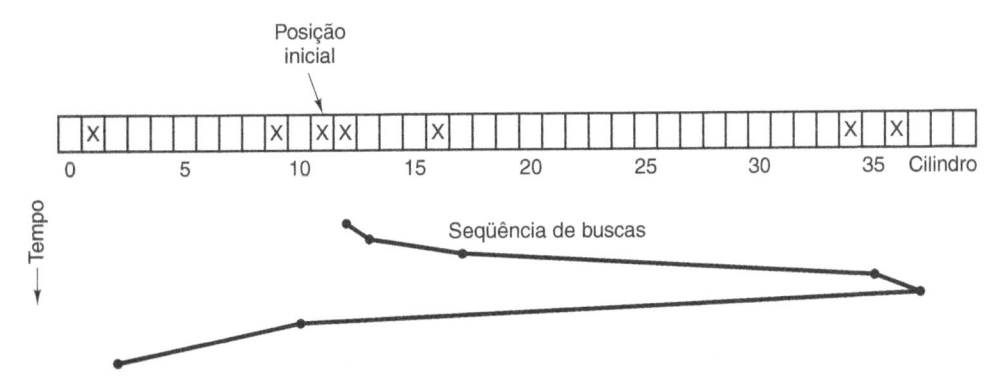

Figura 3-22 O algoritmo do elevador atender requisições de disco.

Uma ligeira modificação desse algoritmo, que tem uma disparidade menor nos tempos de resposta, é sempre varrer na mesma direção (Teory, 1972). Após o cilindro de numeração mais alta, associado a uma requisição pendente, tiver sido acessado, o braço é deslocado para o cilindro de numeração mais baixa com uma requisição pendente. A partir daí, o braço continua seu movimento em direção aos cilindros mais altos atendendo as requisições pendentes associadas. Na prática, o cilindro de numeração mais baixa é considerado como estando imediatamente acima do cilindro de numeração mais alta.

Algumas controladoras de disco oferecem uma maneira para o software inspecionar o número do setor que está correntemente sob o cabeçote. Com essa controladora, outra melhoria é possível. Se duas ou mais requisições para o mesmo cilindro estiverem pendentes, o *driver* pode fazer atender a requisição para o próximo setor que passará sob o cabeçote. Note que, quando várias trilhas estão presentes em um cilindro, requisições consecutivas podem ser para trilhas diferentes, sem nenhuma penalidade. A controladora pode selecionar qualquer um de seus cabeçotes instantaneamente, pois a seleção do cabeçote não envolve nem o movimento do braço nem um atraso rotacional.

Em um disco rígido moderno, a taxa de transferência de dados é tão rápida que é necessário o uso de algum tipo de cache. Normalmente, dependendo do espaço disponível na memória de cache da controladora de disco, toda requisição para ler um setor fará esse setor e todo o restante da trilha corrente serem lidos. As caches atuais freqüentemente são de 8 MB ou mais.

Quando estão presentes várias unidades de disco, deve ser mantida uma tabela de requisições pendentes para cada unidade de disco separadamente. Quando uma unidade de disco está ociosa, deve ser feita uma busca para mover seu braço até o cilindro onde ele será necessário em seguida (supondo que a controladora permita buscas sobrepostas). Quando a transferência corrente termina, pode ser feita uma verificação para ver se unidades de disco estão posicionadas no cilindro correto. Se uma ou mais estiverem, a próxima transferência poderá ser iniciada em uma unidade de disco que já está no cilindro correto. Se nenhum dos braços estiver no lugar certo, o *driver* deverá fazer uma nova busca na unidade de disco que acabou de completar uma transferência e esperar até a próxima interrupção para ver qual braço chega ao seu destino primeiro.

Tratamento de erros

Os discos de RAM não precisam se preocupar em otimizar o tempo de busca ou de latência rotacional: a qualquer momento, todos os blocos podem ser lidos ou escritos, sem nenhum movimento físico. Outra área onde os discos de RAM são mais simples do que os discos reais é o tratamento de erros. Os discos de RAM sempre funcionam; os reais, nem sempre. Eles estão sujeitos a uma grande variedade de erros. Alguns dos mais comuns são:

1. Erro de programação (por exemplo, requisição para um setor inexistente).
2. Erro de soma de verificação temporário (causado, por exemplo, por poeira no cabeçote).
3. Erro de soma de verificação permanente (por exemplo, um bloco de disco fisicamente danificado).
4. Erro de busca (por exemplo, o braço foi enviado para o cilindro 6, mas foi para o 7).
5. Erro de controladora (por exemplo, a controladora se recusa a aceitar comandos).

Cabe ao *driver* de disco tratar de cada um deles o melhor que puder.

Os erros de programação ocorrem quando o *driver* diz à controladora para que busque um cilindro inexistente, leia um setor inexistente, use um cabeçote inexistente ou faça uma transferência para (ou de) memória inexistente. A maioria das controladoras verifica os parâmetros recebidos e reclama se eles forem inválidos. Teoricamente, esses erros nunca devem ocorrer, mas o que o *driver* deve fazer se a controladora indicar que um deles ocorreu?

Para um sistema feito em casa, o melhor a fazer é parar e imprimir uma mensagem como "Chame o programador", para que o erro possa ser encontrado e corrigido. Para um produto de software comercial, em uso em milhares de lugares ao redor do mundo, essa estratégia é menos atraente. Provavelmente, a única coisa a fazer é terminar a requisição de disco corrente com um erro e esperar que ele não se repita com muita freqüência.

Os erros de soma de verificação temporários são causados por partículas de poeira no ar que acabam ficando entre o cabeçote e a superfície do disco. Na maioria das vezes, eles podem ser eliminados apenas repetindo-se a operação algumas vezes. Se o erro persistir, o bloco terá de ser marcado como um **bloco defeituoso (*bad block*)** e evitado.

Uma maneira de evitar blocos defeituosos é escrever um programa especial que receba a lista de blocos defeituosos e crie um arquivo que finja utilizá-los. Uma vez feito esse arquivo, o alocador de disco pensará que esses blocos estão ocupados e nunca os alocará. Contanto que ninguém jamais tente ler o arquivo de blocos defeituosos, não haverá nenhum problema.

Não ler o arquivo de blocos defeituosos é mais fácil de dizer do que fazer. O *backup* de muitos discos é feito copiando-se seu conteúdo uma trilha por vez em uma fita de *backup* ou em uma unidade de disco. Se esse procedimento for seguido, os blocos defeituosos causarão problemas. Fazer o *backup* do disco um arquivo por vez é mais lento, mas resolverá o problema, desde que o programa de *backup* saiba o nome do arquivo de blocos defeituosos e se abstenha de copiá-lo.

Outro problema que não pode ser resolvido com um arquivo de blocos defeituosos é o de um bloco defeituoso em uma estrutura de dados do sistema de arquivos que deve estar em uma posição fixa. Quase todos os sistemas de arquivos têm pelo menos uma estrutura de dados cuja posição é fixa; portanto, ela pode ser encontrada facilmente. Em um sistema de arquivos particionado, é possível fazer novamente a partição e contornar uma trilha defeituosa, mas um erro permanente nos primeiros setores de um disquete ou de um disco rígido geralmente significa que o disco é inutilizável.

As controladoras "inteligentes" reservam algumas trilhas normalmente não disponíveis para programas de usuário. Quando uma unidade de disco é formatada, a controladora determina quais blocos são defeituosos e substitui automaticamente a trilha defeituosa por uma das trilhas sobressalentes. A tabela que faz o mapeamento de trilhas defeituosas para trilhas sobressalentes é mantida na memória interna da controladora e no disco. Essa substituição é transparente (invisível) para o *driver*, exceto que seu algoritmo do elevador cuidadosamente elaborado pode ter baixo desempenho, caso a controladora esteja usando secretamente o cilindro 800, quando o cilindro 3 for solicitado. A tecnologia atual de fabricação de superfícies de gravação de disco é melhor do que era antigamente, mas ainda não é perfeita. Entretanto, a tecnologia de esconder do usuário as imperfeições também melhorou. Muitas controladoras também gerenciam novos erros que podem se manifestar com o uso, atribuindo blocos substitutos permanentemente, quando determinam que um erro é irrecuperável. Com esses discos, o software do *driver* raramente vê qualquer indicação de que existem blocos defeituosos.

Os erros de busca são causados por problemas mecânicos no braço. A controladora monitora a posição do braço internamente. Para realizar uma busca, ela emite uma série de pulsos para o motor do braço, um pulso por cilindro, para mover o braço para o novo cilindro. Quando o braço chega ao seu destino, a controladora lê o número real do cilindro (gravado quando a unidade de disco foi formatada). Se o braço estiver no lugar errado, ocorreu um erro de busca e é necessária alguma ação corretiva.

A maioria das controladoras de disco rígido corrige erros de busca automaticamente, mas muitas controladoras de disquete (incluindo os computadores IBM PC) apenas ativam um bit de erro e deixam o resto para o *driver*. O *driver* trata desse erro executando um comando **recalibrate** para mover o braço o mais longe que puder ir e considerar essa posição como o cilindro zero (inicial). Normalmente, isso resolve o problema. Se não resolver, a unidade de disco deverá ser reparada.

Como vimos, a controladora é na realidade um pequeno computador especializado completo, com software, variáveis, buffers e, ocasionalmente, erros. Às vezes, uma seqüência de eventos incomum, como uma interrupção em uma unidade de disco ocorrendo simultaneamente com um comando recalibrate para outra unidade de disco, desencadeará um erro e fará a controladora entrar em um laço ou esquecer o que estava fazendo. Normalmente, os projetistas de controladoras se preparam para o pior e fornecem um pino de *reset* no chip que, quando ativado, obriga a controladora a esquecer o que estava fazendo e a se reconfigurar. Se tudo mais falhar, o *driver* de disco poderá acionar esse pino. Se isso não ajudar, tudo que o *driver* poderá fazer será imprimir uma mensagem e desistir.

Fazendo cache de uma trilha por vez

O tempo exigido para buscar um novo cilindro normalmente é muito maior do que o atraso rotacional e é sempre significativamente maior do que o tempo de transferência para ler ou escrever um setor. Em outras palavras, uma vez que o *driver* tenha resolvido o problema de mover o braço para algum lugar, dificilmente importa se ele lê um único setor ou uma trilha inteira. Esse efeito é particularmente verdadeiro se a controladora fornecer percepção rotacional, de modo que o *driver* possa ver qual setor está correntemente sob o cabeçote e execute uma requisição para o próximo setor, tornando com isso possível ler uma trilha inteira do disco no tempo de uma única rotação. (Normalmente, em média, para ler um único setor se demora meia rotação, mais o tempo de transferência de dados de um setor)

Alguns *drivers* de disco tiram proveito dessas propriedades de temporização, mantendo uma cache secreta de uma trilha por vez, desconhecida do software independente de dispositivo. Se um setor que está na cache é necessário, nenhuma transferência de disco é exigida. Uma desvantagem da cache de uma trilha por vez (além da complexidade do software e do espaço em buffer necessário) é que as transferências da cache para o programa que fez a chamada terão de ser feitas pela CPU executando um laço de programa, em vez de permitir que o hardware de DMA realize o trabalho.

Algumas controladoras levam esse processo um passo adiante e fazem uso da cache de uma trilha por vez em sua própria memória interna, de forma transparente para o *driver*, para que a transferência entre a controladora e a memória possa usar DMA. Se a controladora funciona desse jeito, há pouco sentido em ter o *driver* de disco fazendo isso também. Note que a controladora e o *driver* estão em boa posição para ler e escrever trilhas inteiras com um único comando, mas note que o software independente de dispositivo não pode fazer isso, pois enxerga um disco como uma seqüência linear de blocos, sem considerar como eles estão divididos em trilhas e cilindros. Apenas a controladora conhece a geometria real com toda certeza.

3.7.4 Visão geral do *driver* de disco rígido no MINIX 3

O *driver* de disco rígido é a primeira parte que vimos do MINIX 3 que precisa tratar com uma variedade de tipos diferentes de hardware. Antes de discutirmos o *driver*, consideraremos brevemente alguns dos problemas que as diferenças de hardware podem causar.

O "PC" é, na realidade, uma família de computadores diferentes. Não apenas são usados processadores diferentes nos diversos membros da família, mas também existem algumas diferenças importantes no hardware básico. O MINIX 3 foi desenvolvido em sistemas mais recentes (e para eles), com CPUs da classe Pentium, mas mesmo entre eles, existem diferenças. Por exemplo, os sistemas Pentium mais antigos utilizam o barramento AT de 16 bits, originalmente projetado para o processador 80286. Uma característica do barramento AT é que ele foi inteligentemente projetado para que os periféricos de 8 bits mais antigos ainda pudessem ser usados. Posteriormente, os sistemas adicionaram um barramento PCI de 32 bits para periféricos, enquanto ainda forneciam entradas de barramento AT. Os projetos mais recentes têm eliminado o suporte para o barramento AT, fornecendo apenas um barramento PCI. Mas é razoável esperar que os usuários com computadores de certa idade queiram utilizar o MINIX 3 com uma mistura de periféricos de 8, 16 e 32 bits.

Para cada barramento existe uma família diferente de **adaptadores de E/S**. Nos sistemas mais antigos, eles são placas de circuito separadas que se conectam na placa-mãe do sistema. Nos sistemas mais recentes, vários adaptadores padrão, especialmente controladoras de disco, são partes integrantes do conjunto de chips da placa-mãe. Em si, isso não é problema para o programador, pois os adaptadores integrados normalmente têm uma interface de software idêntica à dos dispositivos removíveis. Além disso, as controladoras integradas normalmente podem ser desativadas. Isso possibilita o uso de um dispositivo complementar mais avançado, como uma controladora SCSI, no lugar de um dispositivo incorporado. Para tirar proveito dessa flexibilidade, o sistema operacional não deve ficar restrito a usar apenas um tipo de adaptador.

Na família IBM PC, assim como na maioria dos outros sistemas de computador, cada projeto de barramento também vem com *firmware* na ROM BIOS (*Basic E/S System Read-Only Memory*), que é feita para preencher a lacuna entre o sistema operacional e as peculiaridades do hardware. Alguns dispositivos periféricos podem até fornecer extensões para a BIOS em chips de memória ROM nas próprias placas do periférico. A dificuldade enfrentada por um projetista de sistema operacional é que a BIOS dos computadores do tipo IBM (certamente os primeiros) foi projetada para um sistema operacional, o MS-DOS, que não suporta multiprogramação e que é executado no modo real de 16 bits, o mínimo denominador comum dos vários modos de operação disponíveis na família de processadores 80x86.

O projetista de um novo sistema operacional para o IBM PC defronta-se, assim, com várias opções. Uma delas é se vai utilizar o suporte do *driver* para periféricos na BIOS ou se vai escrever novos *drivers* desde o início. Essa não foi uma escolha difícil no projeto das primeiras versões do MINIX, pois, sob vários aspectos, a BIOS não era conveniente para suas necessidades. É claro que, para executar o MINIX 3, o monitor de inicialização utiliza a BIOS para fazer a carga inicial do sistema, seja a partir de disco rígido, CD-ROM ou disquete — não há nenhuma alternativa prática para fazer isso dessa maneira. Uma vez que tenhamos carregado o sistema, incluindo nossos próprios *drivers* de E/S, podemos fazer melhor do que a BIOS.

A segunda escolha, então, deve ser encarada: sem o suporte da BIOS, como faremos nossos *drivers* se adaptarem aos tipos variados de hardware nos diferentes sistemas? Para tornar a discussão concreta, considere que existem dois tipos fundamentalmente diferentes de controladora de disco rígido que podem ser utilizados nos sistemas Pentium de 32 bits modernos, para os quais o MINIX 3 foi projetado: a controladora IDE integrada e as controladoras SCSI para o barramento PCI. Se você quiser tirar proveito de hardware mais antigo e adaptar o MINIX 3 para funcionar no hardware destinado às versões anteriores do MINIX, existem quatro tipos de controladora de disco rígido a considerar: a controladora tipo XT de 8 bits original, a controladora tipo AT de 16 bits e duas controladoras diferentes para computadores da série IBM PS/2. Existem várias maneiras possíveis de lidar com todas essas alternativas:

1. Recompilar uma versão exclusiva do sistema operacional para cada tipo de controladora de disco rígido que precisamos acomodar.

2. Incluir vários *drivers* de disco rígido diferentes na imagem de inicialização e fazer o sistema determinar automaticamente, no momento da inicialização, qual vai usar.

3. Incluir vários *drivers* de disco rígido diferentes na imagem de inicialização e fornecer uma maneira para o usuário determinar qual vai usar.

Conforme veremos, essas alternativas não são mutuamente exclusivas.

A primeira é a melhor opção a longo prazo. Para uso em uma instalação em particular, não há necessidade de utilizar espaço em disco e de memória com código de *drivers* alternativos que nunca serão usados. Entretanto, isso é um pesadelo para o distribuidor do software. Fornecer quatro discos de inicialização diferentes e informar aos usuários sobre como utilizá-los é caro e difícil. Assim, é aconselhável outro método, pelo menos para a instalação inicial.

O segundo método é fazer com que o sistema operacional investigue os periféricos, lendo a memória ROM de cada placa ou escrevendo e lendo portas de E/S para identificar cada uma. Isso é possível (e funciona melhor nos sistemas tipo IBM mais recentes do que nos mais antigos), mas não atende os dispositivos de E/S não padronizados. Além disso, investigar portas de E/S para identificar um único dispositivo às vezes pode ativar outro dispositivo que se apodera do código e desativa o sistema. Esse método complica o código de inicialização de cada dispositivo e ainda não funciona muito bem. Os sistemas operacionais que utilizam esse método geralmente precisam fornecer algum tipo de saída, normalmente um mecanismo como o que usamos no MINIX 3.

O terceiro método, usado no MINIX 3, é permitir a inclusão de vários *drivers* na imagem de inicialização. O monitor de inicialização do MINIX 3 permite que vários **parâmetros de inicialização (*boot parameters*)** sejam lidos no momento da partida do sistema. Eles podem ser inseridos manualmente ou armazenados permanentemente no disco. No momento da partida do sistema, se for encontrado um parâmetro de inicialização da forma

label = AT

isso obrigará a controladora de disco IDE (at_wini) a ser usada quando o MINIX 3 for iniciado. Isso depende do *driver* at_wini que estiver sendo atribuído a esse rótulo. Os rótulos são atribuídos quando a imagem de inicialização é compilada.

O MINIX 3 faz duas outras coisas para tentar minimizar os problemas dos múltiplos *drivers* de disco rígido. Uma delas é que, afinal, existe um *driver* que faz a interface entre o MINIX 3 e o suporte de disco rígido da ROM BIOS. É quase certo que esse *driver* funciona em qualquer sistema e pode ser selecionado pelo uso de um parâmetro de inicialização

label=BIOS

Geralmente, contudo, esse deve ser um último recurso. O MINIX 3, conforme descrito aqui, só é executado no modo protegido em sistemas com um processador 80386 ou mais recente, mas o código da BIOS sempre é executado no modo real (8086). É muito lento chavear para o modo protegido e voltar novamente, quando for chamada uma rotina na BIOS.

A outra estratégia utilizada pelo MINIX 3 no tratamento com *drivers* é adiar a inicialização até o último momento possível. Assim, se em alguma configuração de hardware, nenhum dos *drivers* de disco rígido funcionar, ainda poderemos iniciar o MINIX 3 a partir de um disquete e realizar algum trabalho útil. O MINIX 3 não terá problema algum, desde que não sejam feitas tentativas de acessar o disco rígido. Isso pode não parecer um grande avanço na interface com o usuário, mas considere isto: se todos os *drivers* tentarem inicializar imediatamente na partida do sistema, este poderá ficar totalmente paralisado por causa da configuração incorreta de algum dispositivo que, de qualquer forma, não precisamos. Mas, adiando-se a inicialização de cada *driver* até que ele seja necessário, o sistema pode continuar com o que funciona, enquanto o usuário tenta resolver os problemas.

Aprendemos essa lição do jeito mais difícil: as versões anteriores do MINIX tentavam inicializar o disco rígido assim que o sistema era inicializado. Se nenhum disco rígido estivesse presente, o sistema travava. Esse comportamento era especialmente infeliz, pois o MINIX funciona muito bem em um sistema sem disco rígido, se bem que com capacidade de armazenamento restrita e desempenho reduzido.

Na discussão desta seção e da próxima, tomaremos como modelo o *driver* de disco rígido estilo AT, que é o *driver* padrão na distribuição padrão do MINIX 3. Trata-se de um *driver* versátil, que manipula desde as controladoras de disco rígido usadas nos primeiros sistemas 80286 até as modernas controladoras **EIDE** (*Extended Integrated Drive Electronics*), que manipulam discos rígidos com capacidade na casa dos gigabytes. As controladoras EIDE modernas também suportam unidades de CD-ROM padrão. Entretanto, para simplificar nossa discussão, as extensões que suportam CD-ROMs foram retiradas do código listado no Apêndice B. Os aspectos gerais da operação do disco rígido que discutimos nesta seção também se aplicam aos outros *drivers* suportados.

O laço principal do *driver* de disco rígido é o mesmo código comum que já discutimos e suporta os nove tipos de requisição padrão que podem ser feitas. Uma requisição *DEV_OPEN* pode acarretar um volume de trabalho substancial, pois em um disco rígido sempre existem partições e pode haver subpartições. Elas devem ser lidas quando um dispositivo é aberto (isto é, quando ele é acessado pela primeira vez). Quando são suportados CD-ROMs, em uma requisição *DEV_OPEN*, a presença da mídia deve ser verificada, pois ela é removível. Em um CD-ROM, uma operação *DEV_CLOSE* também tem significado: ela exige que a porta seja aberta e o CD-ROM ejetado. Existem outras complicações da mídia removível que são mais aplicáveis às unidades de disquete; portanto, as discutiremos em uma seção posterior. Para CD-ROMs, uma operação *DEV_IOCTL* é usada para ativar um *flag* indicando que a mídia deve ser ejetada da unidade de disco depois de uma operação *DEV_CLOSE*. A operação *DEV_IOCTL* também é usada para ler e escrever tabelas de partição.

As requisições *DEV_READ*, *DEV_WRITE*, *DEV_GATHER* e *DEV_SCATTER* são manipulados em duas fases, preparar e transferir, como vimos anteriormente. Para o disco rígido, as chamadas de *DEV_CANCEL* e *DEV_SELECT* são ignoradas.

Nenhum escalonamento é realizado pelo *driver* de dispositivo de disco rígido; isso é feito pelo sistema de arquivos, que monta o vetor de requisições para reunir/dispersar E/S. As requisições vêm da cache do sistema de arquivos como pedidos *DEV__GATHER* ou *DEV_SCATTER* para múltiplos de blocos (4 KB na configuração padrão do MINIX 3), mas o *driver* de disco rígido é capaz de tratar de requisições de qualquer múltiplo de um setor (512 bytes). Em qualquer caso, como vimos, o laço principal de todos os *drivers* de disco transforma as requisições de blocos de dados simples em um vetor de requisições de um só elemento.

As requisições de leitura e de escrita não são misturadas no vetor de requisições nem são marcadas como opcionais. Os elementos de um vetor de requisições são para setores adjacentes do disco e o vetor é classificado pelo sistema de arquivos, antes de ser passado para o *driver* de dispositivo; portanto, basta especificar a posição inicial no disco para um *array* inteiro de requisições.

Espera-se que o *driver* tenha sucesso na leitura ou na escrita pelo menos da primeira requisição de um vetor de requisições e que retorne quando uma requisição falhar. Cabe ao sistema de arquivos decidir o que fazer; o sistema de arquivos tentará concluir uma operação de escrita, mas retornará para o processo que fez a chamada apenas os dados que puder obter em uma leitura.

O próprio sistema de arquivos, usando E/S dispersa, pode implementar algo semelhante à versão de Teory do algoritmo do elevador — lembre-se de que, em uma requisição de E/S dispersa, a lista de requisições é classificada pelo número do bloco. A segunda etapa do escalonamento ocorre na controladora de um disco rígido. As controladoras modernas são "inteligentes" e podem colocar grandes volumes de dados no buffer, usando internamente algoritmos para recuperar dados na ordem mais eficiente, sem levar em consideração a ordem de recebimento das requisições.

3.7.5 Implementação do *driver* de disco rígido no MINIX 3

Os discos rígidos usados em microcomputadores às vezes são chamados de discos *winchester*. O termo era o nome de código da IBM para o projeto que desenvolveu a tecnologia de disco onde os cabeçotes de leitura/gravação flutuam sobre uma fina almofada de ar e pousam na mídia de gravação quando o disco pára de girar. A explicação do nome é que um modelo anterior tinha dois módulos para armazenamento de dados, um fixo, de 30 Mbytes, e um removível, de 30 Mbytes. Supostamente, isso lembrava aos desenvolvedores a arma de fogo Winchester 30-30 que aparecem em muitas histórias de faroeste dos Estados Unidos. Qualquer que seja a origem do nome, a tecnologia básica permanece a mesma, embora o disco de PC típico de hoje seja fisicamente muito menor e a capacidade muito maior do que os discos de 14 polegadas do início dos anos 70, quando a tecnologia do *winchester* foi desenvolvida.

O *driver* de disco rígido estilo AT do MINIX 3 é dado em *at_wini.c* (linha 12100). Esse é um *driver* complicado para um dispositivo sofisticado e há várias páginas de definições de macro especificando registradores de controladora, bits de status e comandos, estruturas de dados e *prototypes*. Assim como nos outros *drivers* de dispositivo de bloco, uma estrutura *driver*, *w_dtab* (linhas 12316 a 12331), é inicializada com ponteiros para as funções que realmente fazem o trabalho. A maior parte delas está definida em *at_wini.c*, mas como o disco rígido não exige nenhuma operação de limpeza especial, sua entrada *dr_cleanup* aponta para a função comum *nop_cleanup* em *driver.c*, compartilhada com outros *drivers* que não têm nenhum requisito de limpeza especial. Várias outras funções possíveis também são irrelevantes para esse *driver* e também são inicializadas de modo a apontar para funções *nop_*. A função de entrada, *at_winchester_task* (linha 12336), chama uma função que faz a inicialização específica do hardware e o laço principal em *driver.c*, passando o endereço de *w_dtab*. O laço principal, *driver_task*, em *libdriver/driver.c*, é eternamente executado despachando chamadas para as diversas funções apontadas pela tabela *driver*.

Como estamos tratando agora com dispositivos de armazenamento eletromecânicos reais, há um volume de trabalho substancial a ser feito por *init_params* (linha 12347) para inicializar o *driver* de disco rígido. Vários parâmetros sobre os discos rígidos são mantidos na tabela *wini*, definida nas linhas 12254 a 12276, que tem um elemento para cada uma das unidades de disco *MAX_DRIVES* (8) suportadas, até quatro unidades de disco IDE convencionais e até quatro unidades de disco no barramento PCI, com controladoras *plug-in* IDE ou SATA (*Serial AT Attachment*).

Seguindo a política de adiar as etapas de inicialização que poderiam falhar até a primeira vez que elas sejam realmente necessárias, *init_params* não faz nada que exija acesso aos dispositivos de disco em si. Sua principal atividade é copiar informações sobre a configuração do disco rígido lógico no *array wini*. A ROM BIOS de um computador da classe Pentium recupera as informações de configuração básica da memória CMOS usada para preservar esses dados. A BIOS faz isso quando o computador é ligado pela primeira vez, antes do início da primeira parte do processo de carga do MINIX 3. Nas linhas 12366 a 12392, as informações são copiadas da BIOS. Muitas das constantes usadas aqui, como *NR_HD_DRIVES_ADDR*, são definidas em *include/ibm/bios.h*, um arquivo que não está listado no Apêndice B, mas que pode ser encontrado no CD-ROM do MINIX 3. Não é necessariamente importante se essas informações não puderem ser recuperadas. Se o disco for moderno, as informações podem ser recuperadas diretamente dele, quando for acessado pela primeira vez. Após a entrada dos dados obtidos da BIOS, são preenchidas informações de disco adicionais para cada unidade de disco, usando uma chamada para a função seguinte, *init_drive*.

Nos sistemas mais antigos, com controladoras IDE, o disco funciona como se fosse uma placa de periférico estilo AT, mesmo que possa estar integrado na placa-mãe. Normalmente, as controladoras de unidade de disco modernas funcionam como dispositivos PCI, com um caminho de dados de 32 bits para a CPU, em vez do barramento AT de 16 bits. Felizmente para nós, uma vez terminada a inicialização, as interfaces para as duas gerações de controladora de disco parecem iguais para o programador. Para fazer isso funcionar, *init_params_pci* (linha 12437) é chamada, se necessário, para obter os parâmetros dos dispositivos PCI. Não vamos descrever os detalhes dessa rotina, mas alguns pontos devem ser mencionados. Primeiramente, o parâmetro de inicialização *ata_instance* é usado na linha 12361 para configurar o valor da variável *w_instance*. Se o parâmetro de inicialização não for configurado explicitamente, o valor será zero. Se ele for configurado e for maior do que zero, o teste na linha 12365 causa uma consulta à BIOS e a inicialização de unidades de disco IDE padrão não é feita. Neste caso, apenas as unidades de disco encontradas no barramento PCI serão registradas.

O segundo ponto é que uma controladora encontrada no barramento PCI será identificada como os dispositivos de controle *c0d4* a *c0d7*. Se *w_instance* for diferente de zero, os identificadores de unidade de disco *c0d0* a *c0d3* não serão usados, a não ser que uma controladora de barramento PCI identifique a si mesma como "compatível". As unidades de disco manipuladas por uma controladora de barramento PCI compatível serão designadas de *c0d0* a *c0d3*. Para a maioria dos usuários do MINIX 3, todas essas complicações provavelmente podem ser ignoradas. Um computador com menos de quatro unidades de disco (incluindo a unidade de CD-ROM), provavelmente aparecerá para o usuário como tendo a configuração clássica, com as unidades de disco designadas de *c0d0* a *c0d3*, estejam elas conectadas em controladoras IDE ou PCI e estejam utilizando ou não os conectores paralelos de 40 pinos clássicos ou conectores seriais mais recentes. Mas a programação exigida para dar essa ilusão é complicada.

Após a chamada para o laço principal comum nada mais é feito até que ocorra a primeira tentativa de acessar o disco rígido. Quando for feita a primeira tentativa de acesso a um disco, uma mensagem solicitando uma operação *DEV_OPEN* será recebida pelo laço principal e *w_do_open* (linha 12521) será chamada indiretamente. Por sua vez, *w_do_open* chamará *w_prepare* para determinar se o dispositivo solicitado é válido e, então, chamará *w_identify* para identificar o tipo de dispositivo e inicializar mais alguns parâmetros no *array wini*. Finalmente, um contador é usado no *array wini* para testar se essa é a primeira vez que o dispositivo foi aberto desde que o MINIX 3 foi iniciado. Após ser examinado, o contador é incrementado. Se essa for a primeira operação *DEV_OPEN*, a função *partition* (em *drvlib.c*) será chamada.

A próxima função, *w_prepare* (linha 12577), aceita um argumento inteiro, *device*, que é o número secundário de dispositivo da unidade de disco ou partição a ser usada, e retorna um ponteiro para a estrutura *device* indicando o endereço de base e o tamanho do dispositivo. Na linguagem C, o uso de um identificador para nomear uma estrutura não impede o uso do mesmo identificador para nomear uma variável. Se um dispositivo é uma unidade de disco, uma partição ou uma subpartição, isso pode ser determinado a partir do número secundário do dispositivo. Quando *w_prepare* tiver terminado seu trabalho, nenhuma das outras funções usadas para leitura ou escrita no disco precisará se preocupar com o particionamento. Como vimos, *w_prepare* é chamada quando é feito uma requisição *DEV_OPEN*; isso também é uma fase do ciclo preparação/transferência usado por todos as requisições de transferência de dados.

Discos com software compatível ao estilo AT estiveram em uso por um bom tempo e *w_identify* (linha 12603) precisa distinguir entre os vários projetos diferentes que foram introduzidos com o passar dos anos. O primeiro passo é ver se existe uma porta de E/S que possa ser lida e escrita, onde deveria existir uma em todas as controladoras de disco dessa família. Esse é o primeiro exemplo que vemos de acesso à porta de E/S feito por um *driver* em espaço de usuário e a operação merece uma descrição. Para um dispositivo de disco, a E/S é feita usando uma estrutura *command*, definida nas linhas 12201 a 12208, que é preenchida com uma série de valores de byte. Vamos descrever isso com um pouco mais de detalhes posteriormente; por enquanto, note que dois bytes dessa estrutura são preenchidos, um com o valor *ATA_IDENTIFY*, interpretado como um comando que pede a uma unidade de disco ATA (AT Attached) que se identifique, e outro com um padrão de bits que seleciona a unidade de disco. Então, *com_simple* é chamada.

Essa função oculta todo o trabalho de construção de um vetor de sete endereços de porta de E/S e os bytes a serem escritos neles, enviando essa informação para a tarefa de sistema, esperando por uma interrupção e verificando o status retornado. Isso testa se a unidade de disco está ativa e permite que uma string de valores de 16 bits seja lida pela chamada de núcleo sys_insw, na linha 12629. Decodificar essa informação é um processo confuso e não o descreveremos em detalhes. Basta dizer que é recuperado um volume de informação considerável, incluindo uma string identificando o modelo do disco e os parâmetros preferidos de cilindro físico, cabeçote e setor para o dispositivo. (Note que a configuração física relatada não precisa ser a configuração física real, mas não temos alternativa a não ser aceitar o que a unidade de disco reivindica.) A informação do disco também indica se ele é capaz de fazer **Endereçamento de Bloco Lógico (*Logical Block Addressing* – LBA**) ou não. Se for, o *driver* poderá ignorar os parâmetros de cilindro, cabeçote e setor, e poderá endereçar o disco usando números de setor absolutos, o que é muito mais simples.

Conforme mencionamos anteriormente, é possível que *init_params* não consiga recuperar as informações de configuração do disco lógico das tabelas da BIOS. Se isso acontecer, o código nas linhas 12666 a 12674 tentará criar um conjunto de parâmetros apropriados, com base no que lê da própria unidade de disco. A idéia é que os números máximos de cilindro, cabeçote e setor possam ser 1023, 255 e 63 respectivamente, devido ao número de bits permitidos para esses campos nas estruturas de dados originais da BIOS.

Se o comando *ATA_IDENTIFY* falhar, isso pode significar simplesmente que o disco é de um modelo mais antigo, que não suporta o comando. Nesse caso, tudo que teremos serão os valores de configuração lógicos lidos anteriormente por *init_params*. Se forem válidos, eles serão copiados nos campos de parâmetro físico de *wini*; caso contrário, um erro é retornado e o disco não poderá ser usado.

Finalmente, o MINIX 3 usa uma variável *u32_t* para contar os endereços, em bytes. Isso limita o tamanho de uma partição a 4 GB. Entretanto, a estrutura *device* usada para armazenar a base e o tamanho de uma partição (definida em *drivers/libdriver/driver.h*, nas linhas 10856 a 10858) utiliza números *u64_t* e é usada uma operação de multiplicação de 64 bits para calcular o tamanho da unidade de disco (linha 12688); então, a base e o tamanho da unidade de disco inteira são inseridos no *array wini* e *w_specify* é chamada (duas vezes, se necessário) para passar os parâmetros a serem usados de volta para a controladora de disco (linha 12691). Finalmente, são feitas mais chamadas de núcleo: uma chamada sys_irqsetpolicy (linha 12699) garante que, quando ocorrer uma interrupção da controladora de disco e ela for atendida, a interrupção será reativada automaticamente, em preparação para a próxima. Depois disso, uma chamada de sys_irqenable ativa realmente a interrupção.

W_name (linha 12711) retorna um ponteiro para uma string contendo o nome de dispositivo, que será "AT-D0", "AT-D1", "AT-D2" ou "AT-D3". Quando uma mensagem de erro precisa ser gerada, essa função informa qual unidade de disco a produziu.

É possível que uma unidade de disco se mostre incompatível com o MINIX 3 por algum motivo. A função *w_io_test* (linha 12723) é fornecida para testar cada unidade de disco na primeira vez que é feita uma tentativa de abri-la. Essa rotina tenta ler o primeiro bloco na unidade de disco, com valores de tempos limites (*timeouts*) mais curtos do que os utilizados na operação normal. Se o teste falha, a unidade de disco é marcada permanentemente como indisponível.

W_specify (linha 12775), além de passar os parâmetros para a controladora, também calibra a unidade de disco (se for um modelo mais antigo), fazendo uma busca para o cilindro zero.

Do_transfer (linha 12814) faz o que seu nome sugere — realiza a transferência. Ela monta uma estrutura *command* com todos os valores de byte necessários para solicitar a transferência de um trecho de dados (possivelmente até 255 setores de disco) e, então, chama *com_out*, que envia o comando para a controladora de disco. Os dados devem ser formatados de formas diferentes, dependendo de como o disco vai ser endereçado; isto é, se vai ser por cilindro, cabeçote e setor ou por LBA. Internamente, o MINIX 3 endereça blocos de disco de forma linear; portanto, se for suportado LBA, os três primeiros campos do tamanho de um byte são preenchidos com os valores resultantes do deslocamento para a direita da contagem de setores por um número apropriado de bits e, na seqüência, mascarados para se obter valores de 8 bits. A contagem de setores é um número de 28 bits; portanto, a última operação de mascaramento usa uma máscara de 4 bits (linha 12830). Se o disco não suporta LBA, então os valores de cilindro, cabeçote e setor são calculados com base nos parâmetros do disco em uso (linhas 12833 a 12835).

O código contém uma previsão de aprimoramento futuro. O endereçamento LBA com uma contagem de setores de 28 bits limita o MINIX 3 a utilizar discos de 128 GB ou de tamanho menor. (Você pode usar um disco maior, mas o MINIX 3 só consegue acessar os primeiros 128 GB). Os programadores andam pensando (mas ainda não implementaram) sobre usar do método **LBA48**, que utiliza 48 bits para endereçar blocos de disco. Na linha 12824, é feito um teste para saber se isso está habilitado. O teste sempre falhará com a versão do MINIX 3 descrita aqui. Isso é bom, pois não existe código a ser executado se o teste for bem-sucedido. Lembre-se de que, se você decidir modificar o MINIX 3 sozinho para usar LBA48, precisará fazer mais do que apenas acrescentar algum código aqui. Será necessário fazer alterações em muitos lugares para manipular endereços de 48 bits. Talvez você ache mais fácil esperar até que o MINIX 3 também tenha sido portado para um processador de 64 bits. Mas se um disco de 128 GB não for grande o bastante para você, o LBA48 proporcionará acesso para 128 PB (Petabytes).

Agora, veremos brevemente como ocorre uma transferência de dados em um nível mais alto. A função *W_prepare*, que já discutimos, é chamada primeiro. Se a operação de transferência solicitada foi para múltiplos blocos (isto é, uma requisição *DEV_GATHER* ou *DEV_SCATTER*), *w_transfer*, linha 12848, será chamada imediatamente a seguir. Se a transferência é para um único bloco (uma requisição *DEV_READ* ou *DEV_WRITE*), um vetor de dispersão/reunião de um só elemento é criado e, então, *w_transfer* é chamada. De acordo com isso, *w_transfer* foi escrita de forma a esperar um vetor de requisições *iovec_t*. Cada elemento desse vetor consiste no endereço e no tamanho de um buffer, com a restrição de que o tamanho deve ser um múltiplo de um setor de disco. Todas as outras informações necessárias são passadas como argumento para a chamada e se aplicam ao vetor de requisições inteiro.

Primeiramente, é feito um teste simples para ver se o endereço de disco solicitado para o início da transferência está alinhado em um limite de setor (linha 12863). Então, entra-se no laço externo da função. Esse laço se repete para cada elemento do vetor de requisições. Dentro do laço, como já vimos muitas vezes, vários testes são feitos antes que o trabalho real da função seja realizado. Primeiro é calculado o número total de bytes que ainda estão na requisição, somando-se os campos *iov_size* de cada elemento do vetor de requisições. Esse resultado é verificado para garantir que seja um múltiplo exato do tamanho de um setor. Outros testes verificam se a posição inicial não está no final ou além do final do dispositivo e, se a requisição ultrapassar o final do dispositivo o valor do tamanho será truncado. Todos os cálculos até aqui foram feitos em bytes, mas na linha 12876 é feito um cálculo da posição do bloco no disco usando aritmética de 64 bits. Note que, embora a variável usada se chame *block*, esse é o número de setores do disco, e não o "bloco" usado internamente pelo MINIX 3, normalmente de 4096 bytes. Depois disso, é feito mais um ajuste. Toda unidade de disco tem um número máximo de bytes que podem ser solicitados por vez e a requisição é ajustada de acordo com essa quantidade, se necessário. Após verificar se o disco foi inicializado e repetir isso novamente, se necessário, é feita a requisição de um conjunto de dados através da chamada a *do_transfer* (linha 12887).

Após a requisição de transferência, entra-se no laço interno, que se repete para cada setor. Para uma operação de leitura escrita, será gerada uma interrupção para cada setor. Em uma leitura, a interrupção significa que os dados estão prontos e podem ser transferidos. A chamada de núcleo *sys_insw*, na linha 12913, pede à tarefa de sistema para que leia repetidamente a porta de E/S especificada, transferindo os dados para um endereço virtual na área de dados do processo especificado. Para uma operação de escrita, a ordem é inversa. A chamada de *sys_outsw*, algumas linhas mais abaixo, escreve uma string de dados na controladora e a interrupção vem da controladora de disco quando a transferência para o disco termina. No caso de uma leitura ou de uma escrita, *at_intr_wait* é chamada para receber a interrupção, por exemplo, na linha 12920, após a operação de escrita. Embora a interrupção seja esperada, essa função fornece uma maneira de cancelar a espera, caso ocorra um defeito e a interrupção nunca chegue. *At_intr_wait* também lê o registrador de status da controladora de disco e retorna vários códigos. Isso é testado na linha 12933. No caso de erro na leitura ou na escrita, há a execução de um comando **break** que pula a parte do código onde os resultados são escritos e os ponteiros e contadores são ajustados para o próximo setor, de modo que a próxima passagem pelo laço interno será uma nova tentativa com o mesmo setor, se for permitida outra tentativa. Se a controladora de disco relatar um setor danificado, *w_transfer* terminará imediatamente. Para outros erros, um contador é incrementado e a função pode continuar caso *max_erros* não tenha sido atingido.

A próxima função que discutiremos é *com_out*, que envia o comando para a controladora de disco, mas antes de examinarmos seu código, vamos ver primeiro como a controladora é vista pelo software. A controladora de disco é comandada por meio de um conjunto de registradores, os quais poderiam ser mapeados na memória em alguns sistemas, mas que em um computador compatível com os da IBM aparecem como portas de E/S. Vamos ver esses registradores e discutir alguns aspectos de como eles (e os registradores de controle de E/S em geral) são usados. No MINIX 3, há a complicação adicional de que os *drivers* são executados em espaço de usuário e não podem executar instruções que lêem ou escrevem nesses registradores. Isso nos dará a oportunidade de vermos como as chamadas de núcleo são usadas para contornar essa restrição.

Os registradores usados por uma controladora de disco rígido da classe IBM-AT padrão aparecem na Figura 3-23.

Mencionamos várias vezes a leitura e a escrita em portas de E/S, mas as tratamos tacitamente apenas como endereços de memória. Na verdade, as portas de E/S freqüentemente se comportam de forma diferente dos endereços de memória. Por exemplo, os registradores de entrada e saída que têm o mesmo endereço de porta de E/S não são os mesmos. Assim, os dados escritos em um endereço em particular podem não ser necessariamente recuperados

Registrador	Função de leitura	Função de escrita
0	Dados	Dados
1	Erro	Compensação prévia de escrita
2	Contagem de setores	Contagem de setores
3	Número do Setor (0-7)	Número do Setor (0-7)
4	Cilindro Baixo (8-15)	Cilindro Baixo (8-15)
5	Cilindro Alto (16-23)	Cilindro Alto (16-23)
6	Seleção de Unidade/Cabeçote (24-27)	Seleção de Unidade/Cabeçote (24-27)
7	Status	Comando

(a)

7	6	5	4	3	2	1	0
1	LBA	1	D	HS3	HS2	HS1	HS0

LBA: 0 = Modo Cilindro/Cabeçote/Setor
(CHS – *Cylinder/Head/Sector*)
1 = Modo Endereçamento de Bloco Lógico
(LBA – *Logical Block Addressing*)
D: 0 = unidade mestra
1 = unidade escrava
HSn: Modo CHS: Seleção de cabeçote no modo CHS
Modo LBA: Bits de seleção de bloco 24 - 27

(b)

Figura 3-23 (a) Os registradores de controle de uma controladora de disco rígido IDE. Os números entre parênteses são os bits do endereço de bloco lógico selecionado em cada registrador no modo LBA. (b) Os campos do registrador Seleção de Unidade/Cabeçote.

por uma operação de leitura subseqüente. Por exemplo, o último endereço de registrador mostrado na Figura 3-23 mostra o status da controladora de disco quando é feita uma leitura. Esse mesmo registrador, usado em escrita, serve para executar comandos na controladora. Também é comum que o próprio ato da leitura ou escrita em um registrador de dispositivo de E/S faça uma ação ocorrer, independentemente dos detalhes dos dados transferidos. Isso vale para o registrador de comandos na controladora de disco AT. Quando usado, os dados escritos nos registradores de numeração mais baixa indicam o endereço de disco a ser lido ou escrito e, então, por último é escrito um código da operação. Os dados escritos no registrador de comandos determinam qual será a operação. O ato de escrever o código da operação no registrador de comandos inicia a operação.

Também acontece que o uso de alguns registradores, ou campos nos registradores, pode variar com os diferentes modos de operação. No exemplo dado na figura, gravar um valor 0 ou 1 no bit LBA, o sexto bit do registrador 6, seleciona o modo CHS (*Cylinder-Head-Sector*) ou o modo LBA (*Logical Base Addressing*). Os dados escritos ou lidos dos registradores 3, 4 e 5, e os quatro bits inferiores do registrador 6 são interpretados de formas diferentes, de acordo com a configuração do bit LBA.

Vamos ver agora como um comando é enviado para a controladora através da chamada de *com_out* (linha 12947). Essa função é executada após a estrutura *cmd* (com *do_transfer*, que vimos anteriormente) ter sido inicializada. Antes de alterar quaisquer registradores, o registrador de status é lido para determinar se a controladora não está ocupada. Isso é feito testando-se o bit *STATUS_BSY*. A velocidade é importante aqui e, normalmente, a controladora de disco está pronta ou estará pronta rapidamente; portanto, é utilizado espera ativa (*busy waiting*). Na linha 12960, *w_waitfor* é executada para testar *STATUS_BSY*. *W_waitfor* utiliza uma chamada de núcleo para solicitar à tarefa de sistema a leitura de uma porta de E/S para que seja possível testar um bit no registrador de status. Um laço é executado até que o bit esteja pronto ou até que um tempo limite (*timeout*) seja atingido. O laço termina tão logo o disco estiver pronto. Dessa forma, o valor de retorno é disponibilizado com o mínimo atraso possível. Esse valor é retornado verdadeiro quando a controladora está pronta e é falso quanto o tempo limite (*timeout*) é excedido sem que ela esteja pronta. Teremos mais a dizer sobre o tempo limite, quando discutirmos a própria função *w_waitfor*.

Uma controladora pode manipular mais de uma unidade de disco; portanto, uma vez determinado que a controladora está pronta, um byte é escrito para selecionar a unidade de disco, o cabeçote e o modo de operação (linha 12966) e a função *w_waitfor* é chamada novamente. Às vezes, uma unidade de disco não consegue executar um comando ou retornar um código de erro corretamente — afinal, trata-se de um dispositivo mecânico que pode travar, emperrar ou quebrar internamente — e, como garantia, é feita uma chamada de núcleo **sys_setalarm** para que a tarefa de sistema agende uma chamada para uma rotina de despertar. Depois disso, o comando é executado, primeiro escrevendo todos os parâmetros nos vários registradores e, finalmente, escrevendo o próprio código de comando no registrador de comandos. Isso é feito com a chamada de núcleo **sys_voutb**, que envia um vetor de pares (valor, endereço) para a tarefa de sistema. A tarefa de sistema escreve cada *valor* na porta de E/S especificada pelo *endereço*. O vetor de dados para a chamada **sys_voutb** é construído por uma macro, *pv_set*, que é definida em *include/minix/devio.h*. O ato de escrever o código da operação no registrador de comandos faz a operação começar. Quando ela termina, uma interrupção é gerada e uma mensagem de notificação é enviada. Se o comando atingir o tempo limite, o alarme expirará e uma notificação de alarme síncrona despertará o *driver* de disco.

As próximas funções são curtas. *W_need_reset* (linha 12999) é chamada quando o tempo limite é atingido enquanto se espera que o disco interrompa ou se torne pronto. A ação de *w_need_reset* é apenas marcar a variável *state* de cada unidade de disco no *array wini* para forçar a inicialização no próximo acesso.

W_do_close (linha 13016) faz muito pouco para um disco rígido convencional. Para suportar CD-ROMs é necessário código adicional.

Com_simple é usada para enviar comandos para a controladora que terminam sem uma fase de transferência de dados. Os comandos que caem nessa categoria incluem aqueles que recuperam a identificação do disco, a configuração de alguns parâmetros e a calibração. Vimos um exemplo de seu uso em *w_identify*. Antes que ela seja executada, a estrutura *command* deve ser corretamente inicializada. Note que, imediatamente após a chamada de *com_out*, é feita uma chamada para *at_intr_wait*. Isso culmina em uma operação **receive** que bloqueia até que chegue uma notificação significando que ocorreu uma interrupção.

Observamos que *com_out* faz uma chamada de núcleo **sys_setalarm** antes de solicitar para que a tarefa de sistema grave os registradores que configuram e executam um comando. Conforme mencionamos na seção da visão geral, a próxima operação **receive** normalmente deve receber uma notificação indicando uma interrupção. Se um alarme tiver sido configurado e não ocorrer nenhuma interrupção, a próxima mensagem será *SYN_ALARM*. Nesse caso, a função *w_timeout*, linha 13046, é chamada. O que precisa ser feito depende do comando corrente em *w_command*. Pode ter sobrado um tempo limite de uma operação anterior e *w_command* poderá ter o valor *CMD_IDLE*, significando que o disco completou sua operação. Nesse caso, não há nada para fazer. Se o comando não termina e a operação é uma leitura ou escrita, reduzir o tamanho das requisições de E/S pode ajudar. Isso é feito em duas etapas, reduzindo-se o número máximo de setores que podem ser solicitados, primeiro para 8 e depois para 1. Para todos os tempos limites, uma mensagem é impressa e *w_need_reset* é chamada para obrigar uma reinicialização de todas as unidades de disco na próxima tentativa de acesso.

Quando é exigida uma reconfiguração, *w_reset* (linha 13076) é chamada. Essa função utiliza uma função de biblioteca, *tickdelay*, que configura um temporizador cão de guarda e depois espera que ele expire. Após um atraso inicial para dar tempo para que a unidade de disco se recupere de operações anteriores, um bit do registrador de controle da controladora de disco é **sinalizado** – isto é, ele é posto em nível lógico 1 durante um período de tempo definido, e então, retornado para o nível lógico 0. Após essa operação, *w_waitfor* é chamada para dar à unidade de disco um período de tempo razoável para sinalizar que está pronta. No caso de a reconfiguração não ser bem-sucedida, uma mensagem será impressa e um status de erro será retornado.

Os comandos para o disco que envolvem a transferência de dados normalmente terminam gerando uma interrupção, a qual envia uma mensagem de volta para o *driver* de disco. Na verdade, uma interrupção é gerada para cada setor lido ou escrito. A função *w_intr_wait* (linha 13123) chama *receive* em um laço e, se for recebida uma mensagem *SYN_ALARM*, *w_timeout* será executada. O outro tipo de mensagem que essa função deve receber é *HARD_INT*. Quando essa mensagem é recebida, o registrador de status é lido e *ack_args* é chamada para reinicializar a interrupção.

W_intr_wait não é chamada diretamente; quando é esperada uma interrupção, a função executada é *at_intr_wait* (linha 13152). Após uma interrupção ser recebida por *at_intr_wait*, é feita uma rápida verificação dos bits de status da unidade de disco. Tudo estará bem se os bits correspondentes a ocupado, falha de escrita e erro estiverem todos zerados. Caso contrário é feito um exame mais cuidadoso. Se o registrador não pode ser lido, trata-se de uma situação de pânico. Se o problema é um setor danificado, um erro específico é retornado; qualquer outro problema resulta em um código de erro genérico. Em todos os casos, o bit *STATUS_ADMBSY* é ativado, para ser reativado posteriormente pelo processo que fez a chamada.

Vimos diversos lugares onde *w_waitfor* (linha 13177) é chamada para fazer espera ativa em um bit no registrador de status da controladora de disco. Isso é usado em situações nas quais se espera que o bit possa ser zerado no primeiro teste e é desejável um teste rápido. Para aumentar a velocidade, nas versões anteriores do MINIX foi usada uma macro que lia a porta de E/S diretamente — é claro que isso não é permitido para um *driver* em espaço de usuário no MINIX 3. A solução aqui é utilizar um laço do ... while com um mínimo de sobrecarga, antes que o primeiro teste seja feito. Se o bit que está sendo testado estiver zerado, haverá um retorno imediato de dentro do laço. Para tratar da possibilidade de falha, um tempo limite é implementado dentro do laço, monitorando-se os tiques de relógio. Se o tempo limite for excedido, *w_need_reset* será chamada.

O parâmetro *timeout* usado pela função *w_waitfor* é definido por *DEF_TIMEOUT_TICKS*, na linha 12228, como 300 tiques ou 5 segundos. Um parâmetro semelhante, *WAKEUP* (linha 12216), usado para agendar o despertar da tarefa de relógio, é configurado com 31 segundos. Esses são períodos de tempo muito longos para gastar com espera ativa, quando você considera que um processo normal recebe apenas 100 ms para executar, antes de ser removido. Mas esses números são baseados no padrão publicado para a interface de dispositivos de disco para computadores da classe AT, o qual diz que até 31 segundos devem ser permitidos para que um disco atinja a velocidade de rotação normal. O fato é que essa é uma especificação para o pior caso e, na maioria dos sistemas, a aceleração para atingir a rotação só ocorre no momento da partida ou, possivelmente, após longos períodos de inatividade, pelo menos para discos rígidos. Para CD-ROMs, ou outros dispositivos que necessitem frequentemente iniciar sua rotação, esse pode ser um problema mais importante.

Existem mais algumas funções em *at_wini.c*. *W_geometry* retorna os valores lógicos máximos de cilindro, cabeçote e setor do dispositivo de disco rígido selecionado. Neste caso, os números são os reais e não mascarados como se fossem para o *driver* de disco em RAM. *W_other* é uma função genérica para tratar comandos não reconhecidos e para ioctl. Na verdade, ela não é usada na versão atual do MINIX 3 e provavelmente deveríamos tê-la retirado da listagem do Apêndice B. *W_hw_int* é chamada quando uma interrupção de hardware é recebida sem ser esperada. Na visão geral, mencionamos que isso pode acontecer quando um tempo limite expira antes que uma interrupção esperada ocorra. Isso satisfará uma operação **receive** que foi bloqueada esperando pela interrupção, mas a notificação de interrupção pode ser capturada por um **receive** subseqüente. A única coisa a ser feita é reativar a interrupção, o que é feito chamando-se a função *ack_irqs* (linha 13297). Ela varre todas as unidades de disco conhecidas e usa a chamada de núcleo **sys_irqenable** para garantir que todas as interrupções sejam ativadas. Por último, no final de *at_wini.c* são encontradas duas funções estranhas, *strstatus* e *strerr*. Essas funções utilizam as macros definidas imediatamente depois delas, nas linhas 13313 e 13314, para concatenar códigos de erro em strings. Essas funções não são utilizadas no MINIX 3, conforme descrito aqui.

3.7.6 Tratamento de disquetes

O *driver* de disquete é maior e mais complicado do que o *driver* de disco rígido. Isso pode parecer paradoxal, pois os mecanismos do disquete são mais simples do que os dos discos rígidos, mas o mecanismo mais simples tem uma controladora mais primitiva, que exige mais atenção do sistema operacional. Além disso, o fato da mídia ser removível acrescenta complicações. Nesta seção, descreveremos algumas coisas que um projetista deve considerar ao tratar com disquetes. Entretanto, não entraremos nos detalhes do código do *driver* de disquete do MINIX 3. Na verdade, não listamos o *driver* de disquete no Apêndice B. As partes mais importantes são semelhantes às do disco rígido.

Uma das coisas com a qual não precisamos nos preocupar no *driver* de disquete é com vários tipos de controladora para suportar, como acontecia no caso do *driver* de disco rígido. Embora os disquetes de alta densidade utilizados atualmente não fossem suportados no projeto do IBM PC original, as controladoras de disquete de todos os computadores da família IBM PC são suportadas por um único *driver*. O contraste com a situação do disco rígido provavelmente é devido à falta de motivação para aumentar o desempenho dos disquetes. Os disquetes raramente são usados como meio de armazenamento de trabalhos durante a utilização de um computador; sua velocidade e sua capacidade de armazenar dados são limitadas demais em comparação com as dos discos rígidos. Houve um tempo em que os disquetes foram importantes para a distribuição de software novo e para *backup*, mas como as redes e os dispositivos de armazenamento removíveis de maior capacidade se tornaram comuns, os PCs raramente vêm com unidades de disquete.

O *driver* de disquete não utiliza o algoritmo SSF nem do elevador. Ele é estritamente seqüencial, aceitando uma requisição e executando-a antes mesmo de aceitar outra requisição. No projeto original do MINIX sentiu-se que, como ele se destinava para uso em computadores pessoais, na maior parte do tempo haveria apenas um processo ativo. Assim, a chance de chegar uma requisição de disco enquanto outro processo estava sendo executado era pequena.

Haveria pouco a ganhar com o aumento considerável na complexidade do software que seria exigida para enfileirar requisições. A complexidade é ainda menos vantajosa agora, pois os disquetes raramente são usados para algo que não seja a transferência de dados em um sistema com disco rígido.

Dito isso, o *driver* de disquete, assim como qualquer outro *driver* de bloco, pode tratar de uma requisição de E/S dispersa. Entretanto, no caso do *driver* de disquete, o conjunto de requisições é menor do que para o disco rígido, sendo limitado ao número máximo de setores por trilha presentes em um disquete.

A simplicidade do hardware de disquete é responsável por algumas das complicações no software do *driver* de disquete. As unidades de disquete baratas, lentas e de baixa capacidade não justificam as sofisticadas controladoras integradas que fazem parte das unidades de disco rígido modernas, de modo que o software do *driver* precisa tratar explicitamente com aspectos da operação do disco que ficam ocultos na operação de uma unidade de disco rígido. Como exemplo de complicação causada pela simplicidade das unidades de disquete, considere o posicionamento do cabeçote de leitura/escrita em uma trilha específica durante uma operação *SEEK*. Nenhum disco rígido jamais exigiu que o software do *driver* solicitasse explicitamente uma operação *SEEK*. Para um disco rígido, a geometria do cilindro, cabeçote e setor visível para o programador freqüentemente não corresponde à geometria física. Na verdade, a geometria física pode ser bastante complicada. Normalmente, existem várias zonas (grupos de cilindros) com mais setores por trilha nas zonas externas do que nas internas. Entretanto, isso não é visto pelo usuário. Os discos rígidos modernos aceitam endereçamento de bloco lógico (LBA), o endereçamento pelo número absoluto do setor no disco, como uma alternativa ao endereçamento por cilindro, cabeçote e setor (CHS). Mesmo que o endereçamento seja feito por cilindro, cabeçote e setor, qualquer geometria que não enderece setores inexistentes pode ser usada, pois a controladora integrada no disco calcula para onde vai mover os cabeçotes de leitura/escrita e realiza uma operação de busca, quando necessário.

Para um disquete, contudo, é necessária a programação explícita de operações *SEEK*. No caso de uma operação *SEEK* falhar, será necessário fornecer uma rotina para executar uma operação *RECALIBRATE*, a qual obriga os cabeçotes irem para o cilindro 0. Isso torna possível para a controladora avançá-los até uma posição de trilha desejada, movendo os cabeçotes um número conhecido de vezes. Operações semelhantes são necessárias para a unidade de disco rígido, é claro, mas a controladora as manipula sem orientação detalhada do software do *driver* de dispositivo.

Algumas características de uma unidade de disquete que complicam seu *driver* são:

1. Mídia removível
2. Vários formatos de disco
3. Controle do motor

Algumas controladoras de disco rígido fazem preparativos para uma mídia removível, por exemplo, em uma unidade de CD-ROM, mas a controladora da unidade de disco geralmente é capaz de tratar de todas as complicações sem se apoiar no software do *driver* de dispositivo. No caso de um disquete, no entanto, o suporte interno não está presente e, apesar disso, é mais necessário. Alguns dos usos mais comuns dos disquetes — instalar novo software ou fazer *backup* de arquivos — provavelmente exigem a troca de discos nas unidades. Será um desastre se os dados destinados a um disquete forem gravados em outro. O *driver* de dispositivo deve fazer o que puder para evitar isso. Isso nem sempre é possível, pois nem todo hardware de unidade de disquete permite determinar se a porta da unidade foi aberta desde o último acesso. Outro problema que pode ser causado pela mídia removível é que um sistema pode travar, caso seja feita uma tentativa de acessar uma unidade de disquete que não tenha nenhum disquete inserido. Isso poderá ser resolvido se uma porta aberta puder ser detectada, mas como isso nem sempre é possível, alguma provisão deve ser feita para um tempo limite e um retorno de erro, caso uma operação em um disquete não termine em um tempo razoável.

A mídia removível pode ser substituída por outra mídia e, no caso dos disquetes, existem muitos formatos diferentes possíveis. O hardware compatível com IBM suporta tanto unidades de disco de 3,5 polegadas como de 5,2 polegadas e os disquetes podem ser formatados de várias maneiras, para conter desde 360 KB até 1,2 MB (em um disquete de 5,25 polegadas) ou até 1,44 MB (em um disquete de 3,5 polegadas).

O MINIX 3 suporta sete diferentes formatos de disquete. Duas soluções são possíveis para o problema causado por isso. Uma maneira é referir-se a cada formato possível como uma unidade de disco distinta e fornecer vários dispositivos secundários. As versões mais antigas do MINIX faziam isso. Foram definidos 14 dispositivos diferentes, variando de */dev/pc0*, um disquete de 5,25 polegadas e 360 KB na primeira unidade de disco, até */dev/PS1*, um disquete de 3,5 polegadas e 1,44 MB, na segunda. Essa foi uma solução ruim. O MINIX 3 usa outro método: quando a primeira unidade de disquete é endereçada como */dev/fd0* ou a segunda é endereçada como */dev/fd1*, o *driver* de disquete testa o disquete que está correntemente na unidade para determinar o formato. Alguns formatos têm mais cilindros e alguns têm mais setores por trilha do que outros formatos. A determinação do formato de um disquete é feita pela tentativa de ler os setores e trilhas de numeração mais alta. Por meio de um processo de eliminação, o formato pode ser determinado. Isso leva tempo, mas nos computadores modernos, provavelmente serão encontrados apenas disquetes de 3,5 polegadas e 1,44 MB, e esse formato é testado primeiro. Outro problema possível é que um disco com setores defeituosos poderia ser identificado de forma errada. Está disponível um programa utilitário para testar discos; fazer isso automaticamente no sistema operacional seria lento demais.

A última complicação do *driver* de disquete é o controle do motor. Os disquetes não podem ser lidos nem escritos a não ser que estejam girando. Os discos rígidos são projetados para funcionar milhares de horas sem se desgastar, mas deixar os motores ligados o tempo todo faz com que a unidade de disquete e o disquete se desgastem rapidamente. Se o motor ainda não estiver ligado quando uma unidade de disco for acessada, será necessário executar um comando para iniciar a unidade de disco e depois esperar cerca de meio segundo, antes de tentar ler ou escrever dados. Ligar ou desligar os motores é uma operação lenta; portanto, o MINIX 3 deixa o motor da unidade de disco ligado por alguns segundos, depois que uma unidade de disco é usada. Se a unidade de disco for usada novamente dentro desse intervalo de tempo, o temporizador terá o tempo estendido por mais alguns segundos. Se a unidade de disco não for usada nesse intervalo de tempo, o motor será desligado.

3.8 TERMINAIS

Há décadas as pessoas têm se comunicado com os computadores usando dispositivos compostos de um teclado para entrada do usuário e uma tela para saída do computador. Por muitos anos, esses equipamentos foram combinados em dispositivos isolados, chamados **terminais**, que eram conectados ao computador por meio de uma fiação. Os computadores de grande porte usavam esses terminais nos setores financeiro e de viagens, às vezes, ainda usam, normalmente conectados a um computador de grande porte por intermédio de um modem, particularmente quando estão distantes do computador. Entretanto, com a aparição dos computadores pessoais, o teclado e a tela se tornaram periféricos separados, em vez de um único dispositivo, mas eles são tão intimamente relacionados que os discutiremos juntos aqui, sob o título unificado "terminal".

Historicamente, os terminais têm assumido diversas formas. Cabe ao *driver* de terminal ocultar todas essas diferenças, para que a parte independente de dispositivo e os programas de usuário não tenham de ser reescritos para cada tipo de terminal. Nas seções a seguir, seguiremos nossa estratégia, agora padronizada, de discutir primeiro o hardware e o software de terminal em geral e, depois, discutir o software do MINIX 3.

3.8.1 Hardware de terminal

Do ponto de vista do sistema operacional, os terminais podem ser divididos em três categorias amplas, baseadas no modo como o sistema operacional se comunica com eles, assim como nas suas características de hardware reais. A primeira categoria consiste em terminais mapeados na memória, os quais são compostos de um teclado e uma tela, ambos fisicamente ligados ao computador. Esse modelo é usado em todos os computadores pessoais para o teclado e para o monitor. A segunda categoria consiste em terminais que fazem interface por intermédio de uma linha de comunicação serial, usando o padrão RS-232, mais freqüentemente, por meio de um modem. Esse modelo ainda é usado em alguns computadores de grande porte, mas os PCs também possuem interfaces de linha serial. A terceira categoria consiste em terminais conectados ao computador por meio de uma rede. Essa taxonomia aparece na Figura 3-24.

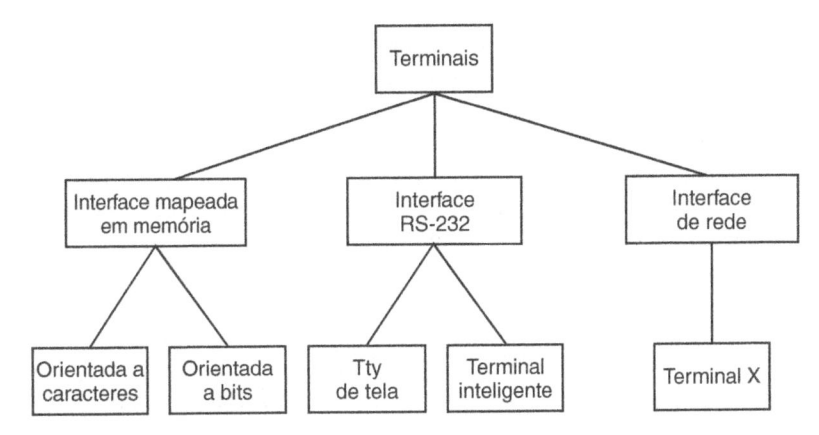

Figura 3-24 Tipos de terminal.

Terminais mapeados em memória

A primeira categoria de terminais da Figura 3-24 consiste nos terminais mapeados em memória. Eles são parte integrante dos próprios computadores, especialmente os computadores pessoais, e consistem em uma tela e um teclado. A tela mapeada em memória faz interface por meio de uma memória especial chamada **RAM de vídeo**, a qual faz parte do espaço de endereçamento do computador e é acessada pela CPU da mesma maneira que o restante da memória (veja a Figura 3-25).

Além disso, na placa da RAM de vídeo existe um chip chamado **controladora de vídeo**. Esse chip extrai bytes da RAM de vídeo e gera o sinal de vídeo usado para acionar o monitor. Normalmente, os monitores são de dois tipos: monitores de CRT ou monitores de tela plana. Um **monitor de CRT** gera um feixe de elétrons que varre a tela horizontalmente, gerando linhas no vídeo. Normalmente, a tela tem de 480 a 1200 linhas de cima para baixo, com 640 a 1920 pontos por linha. Esses pontos são chamados *pixels*. O sinal da controladora de vídeo modula a intensidade do feixe eletrônico, determinando se um *pixel* será claro ou

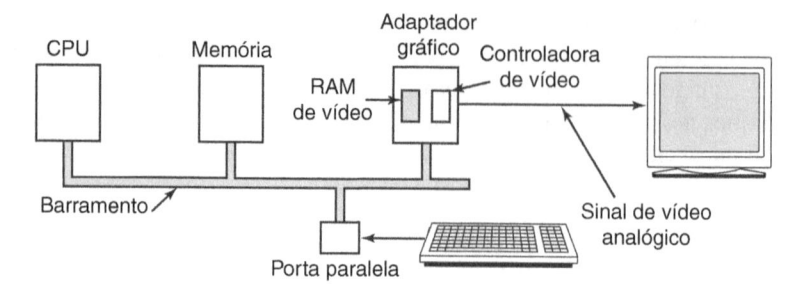

Figura 3-25 Os terminais mapeados em memória escrevem diretamente na RAM de vídeo.

escuro. Os monitores em cores têm três feixes, para vermelho, verde e azul, os quais são modulados independentemente.

Um **monitor de tela plana** funciona de forma muito diferente internamente, mas um monitor de tela plana compatível com o monitor de CRT aceita os mesmos sinais de sincronismo e vídeo e os utiliza para controlar um elemento de cristal líquido em cada posição de *pixel*.

Em um monitor monocromático simples cada caractere ocupa um espaço de 9 *pixels* de largura por *14 pixels* de altura (incluindo o espaço entre os caracteres), e ter 25 linhas de 80 caracteres. A tela teria, então, 350 linhas de varredura de 720 *pixels* cada uma. Cada um desses quadros é redesenhado de 45 a 70 vezes por segundo. A controladora de vídeo poderia ser projetada para buscar os 80 primeiros caracteres da RAM de vídeo, gerar 14 linhas de varredura, buscar os próximos 80 caracteres da RAM de vídeo, gerar as 14 linhas de varredura seguintes e assim por diante. Na verdade, a maioria busca cada caractere uma vez por linha de varredura, para eliminar a necessidade de buffers na controladora. Os padrões de 9 por 14 bits dos caracteres são mantidos em uma memória ROM usada pela controladora de vídeo. (A memória RAM também pode ser usada para suportar fontes personalizadas.) A memória ROM é endereçada por meio de um endereço de 12 bits, 8 bits do código do caractere e 4 bits para especificar uma linha de varredura. Os 8 bits de cada byte da memória ROM controlam 8 *pixels*; o 9º *pixel* entre os caracteres está sempre em branco. Assim, são necessárias 14 × 80 =1120 referências de memória para a RAM de vídeo por linha de texto na tela. O mesmo número de referências é feito para a memória ROM do gerador de caracteres.

O IBM PC original tinha vários modos para a tela. No mais simples, ele usava um vídeo mapeado em caracteres para o console. Na Figura 3-26(a), vemos uma parte da RAM de vídeo. Cada caractere na tela da Figura 3-26(b) ocupava dois caracteres na memória RAM. O caractere de ordem inferior era o código ASCII do caractere a ser exibido. O caractere de ordem superior era o byte de atributo, usado para especificar a cor, vídeo reverso, piscamento etc. Nesse modo, a tela inteira de 25 por 80 caracteres exigia 4000 bytes de RAM de vídeo. Todos os vídeos modernos ainda suportam esse modo de operação.

Os mapas de bits contemporâneos utilizam o mesmo princípio, exceto que cada *pixel* na tela é controlado individualmente. Na configuração mais simples, para um vídeo monocromático, cada *pixel* tem um bit correspondente na RAM de vídeo. No outro extremo, cada *pixel* é representado por um número de 24 bits, com 8 bits para vermelho, 8 para verde e 8 para azul. Um vídeo em cores de 768 × 1024, com 24 bits por *pixel*, exige 2 MB of RAM para conter a imagem.

Com um vídeo mapeado em memória, o teclado é completamente separado da tela. Sua interface pode ser por meio de uma porta serial ou paralela. A cada ação sobre uma tecla, a CPU é interrompida e o *driver* de teclado extrai o caractere digitado, lendo uma porta de E/S.

Em um PC, o teclado contém um microprocessador incorporado que se comunica, por meio de uma porta serial especializada, com um chip de controladora na placa principal. É ge-

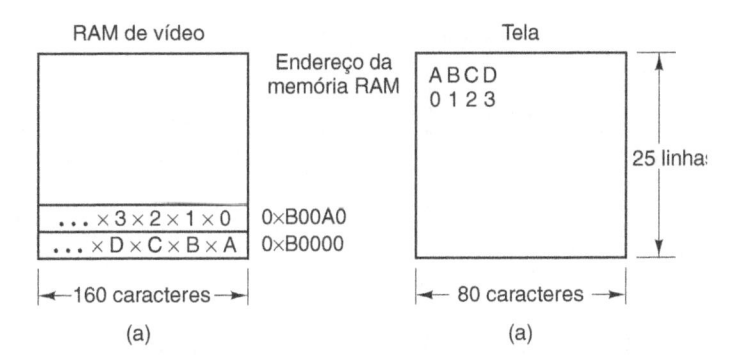

```
RAM de vídeo                    Tela
┌──────────────┐   Endereço da  ┌──────────┐
│              │   memória RAM  │ A B C D  │
│              │                │ 0 1 2 3  │
│              │                │          │
│              │                │          │  25 linhas
│              │                │          │
│              │                │          │
│...×3×2×1×0  │   0×B00A0      │          │
│...×D×C×B×A  │   0×B0000      │          │
└──────────────┘                └──────────┘
|←160 caracteres→|              |← 80 caracteres →|
      (a)                              (a)
```

Figura 3-26 (a) Um exemplo de RAM de vídeo para o monitor monocrático da IBM. Os × são bytes de atributo. (b) A tela correspondente.

rada uma interrupção quando uma tecla é pressionada e também quando uma tecla é liberada. Além disso, o hardware de teclado fornece apenas o número da tecla e não o código ASCII. Quando a tecla *A* é pressionada, o código de tecla (30) é colocado em um registrador de E/S. Cabe ao *driver* determinar se é minúscula, maiúscula, CTRL-A, ALT-A, CTRL-ALT-A ou alguma outra combinação. Como o *driver* pode identificar quais teclas foram pressionadas, mas ainda não liberadas (por exemplo, *shift*), ele tem informações suficientes para fazer o trabalho. Embora essa interface de teclado coloque toda a carga sobre o software, ela é extremamente flexível. Por exemplo, os programas de usuário podem estar interessados em saber se um algarismo recentemente digitado veio da fileira superior de teclas ou do teclado numérico na lateral. Em princípio, o *driver* pode fornecer essa informação.

Terminais RS-232

Os terminais RS-232 são dispositivos que contêm um teclado e uma tela que se comunicam usando uma interface serial, um bit por vez (veja a Figura 3-27). Esses terminais usam um conector de 9 ou 25 pinos, dos quais um é utilizado para transmitir dados, outro serve para receber dados e um pino é terra. Os outros pinos servem para várias funções de controle, a maioria das quais não é utilizada. Para enviar um caractere para um terminal RS-232, o computador deve transmiti-lo 1 bit por vez, prefixado por um bit inicial (*start bit*) e seguido de 1 ou 2 bits de parada (*stop bit*) para delimitar o caractere. Um bit de paridade, que fornece detecção de erro rudimentar, também pode ser inserido antes dos bits de parada, embora isso normalmente seja exigido apenas para comunicação com sistemas de computador de grande porte. As taxas de transmissão comuns são de 14.400 e 56.000 bits/s, sendo a primeira para fax e a última para dados. Os terminais RS-232 são normalmente usados para se comunicar com um computador remoto, usando um modem e uma linha telefônica.

Como os computadores e os terminais trabalham internamente com caracteres inteiros, mas precisam se comunicar por meio de uma linha serial, um bit por vez, foram desenvolvidos chips para converter de caractere para serial e vice-versa. Eles são chamados de **UARTs** (*Universal Asynchronous Receiver Transmitters*). As UARTs são ligadas ao computador conectando-se placas de interface RS-232 no barramento, como ilustrado na Figura 3-27. Nos computadores modernos, a UART e a interface RS-232 freqüentemente fazem parte do conjunto de chips da placa-mãe. É possível desativar a UART existente na placa para permitir o uso de uma placa de interface de modem conectada no barramento ou ambas também podem coexistir. Um modem também fornece uma UART (embora ela possa ser integrada com outras funções em um chip de propósito geral) e o canal de comunicação é uma linha telefônica,

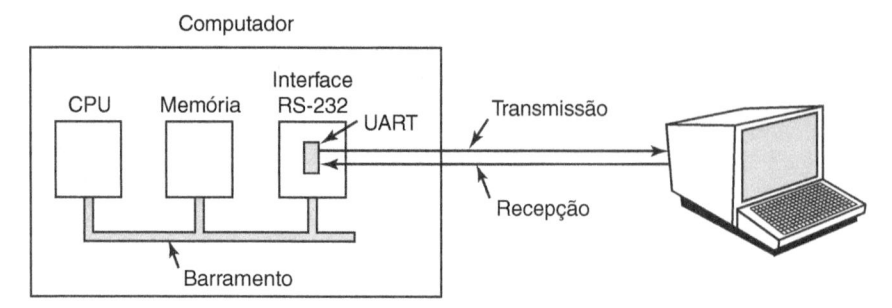

Figura 3-27 Um terminal RS-232 se comunica com um computador por meio de uma linha de comunicação, um bit por vez. O computador e o terminal são completamente independentes.

em vez de um cabo serial. Entretanto, para o computador a UART parece a mesma, seja o meio um cabo serial dedicado ou uma linha telefônica.

Os terminais RS-232 estão desaparecendo gradualmente, sendo substituídos por PCs, mas ainda são encontrados em sistemas de computador de grande porte mais antigos, especialmente em aplicações bancárias, reservas de passagens aéreas e aplicações semelhantes. Contudo, programas de terminal que permitem a um computador remoto simular um terminal ainda são amplamente usados.

Para imprimir um caractere, o *driver* de terminal escreve o caractere na placa da interface, onde ele é colocado no buffer e então enviado pela linha serial, um bit por vez, pela UART. Mesmo a 56.000 bps, leva mais de 140 microssegundos para enviar um caractere. Como resultado dessa baixa taxa de transmissão, o *driver* geralmente envia um caractere para a placa RS-232 e é bloqueado, esperando pela interrupção gerada pela interface, quando o caractere tiver sido transmitido e a UART for capaz de aceitar outro caractere. A UART pode enviar e receber caracteres simultaneamente, conforme indica seu nome (transmissor-receptor). Uma interrupção também é gerada quando um caractere é recebido e, normalmente, um pequeno número de caracteres de entrada pode ser colocado no buffer. Quando uma interrupção é recebida, o *driver* de terminal precisa verificar um registrador para determinar a causa da interrupção. Algumas placas de interface têm uma CPU e memória, e podem manipular várias linhas, assumindo grande parte da carga de E/S da CPU principal.

Os terminais RS-232 podem ser subdivididos em categorias, conforme mencionado anteriormente. Os mais simples eram os terminais de impressão. Os caracteres digitados no teclado eram transmitidos para o computador e os caracteres enviados pelo computador eram impressos no papel. Esses terminais estão obsoletos e hoje em dia raramente são vistos.

Os terminais de CRT "burros" funcionam da mesma maneira, exceto que utilizam uma tela, em vez de papel. Freqüentemente, eles são chamados de *ttys de tela*, pois são funcionalmente iguais aos *ttys* de impressão. (O termo *tty* é uma abreviação de *Teletype®*, uma antiga empresa que foi pioneira no setor de terminais de computador; *tty* acabou se tornando sinônimo de terminal.) Os *ttys* de tela também são obsoletos.

Os terminais de CRT "inteligentes" são, na verdade, computadores especializados em miniatura. Eles têm uma CPU e memória, e contêm software, normalmente na memória ROM. Do ponto de vista do sistema operacional, a principal diferença entre um *tty* de tela e um terminal inteligente é que este último compreende certas seqüências de escape. Por exemplo, enviando-se o caractere ASCII ESC (033), seguido de vários outros caracteres, é possível mover o cursor para qualquer posição na tela, inserir texto no meio da tela etc.

3.8.2 Software de terminal

O teclado e o monitor são dispositivos quase independentes; portanto, os trataremos separadamente aqui. (Eles não são completamente independentes, pois os caracteres digitados devem ser exibidos na tela.) No MINIX 3, os *drivers* de teclado e de tela fazem parte do mesmo processo; em outros sistemas, eles podem ser divididos em *drivers* distintos.

Software de entrada

A tarefa básica do *driver* de teclado é coletar a entrada do teclado e passá-la para os programas de usuário quando eles lêem do terminal. Duas filosofias possíveis podem ser adotadas para o *driver*. Na primeira, a tarefa do *driver* é apenas aceitar entrada e passá-la para frente, sem modificação. Um programa que lê do terminal recebe uma seqüência bruta de códigos ASCII. (Fornecer aos programas de usuário os números de tecla é primitivo demais, além de ser altamente dependente da máquina.)

Essa filosofia atende bem às necessidades dos editores de tela sofisticados, como o *emacs*, que permite ao usuário vincular uma ação arbitrária a qualquer caractere ou seqüência de caracteres. Entretanto, isso significa que, se o usuário digitar *dsta*, em vez de *data*, e depois corrigir o erro digitando três retrocessos e *ata*, seguido de um *enter*, o programa de usuário receberá todos os 11 códigos ASCII digitados.

A maioria dos programas não exige tantos detalhes. Eles querem apenas a entrada corrigida e não a seqüência exata de como ela foi produzida. Essa observação leva à segunda filosofia: o *driver* manipula toda edição entre linhas e envia para os programas de usuário apenas as linhas corrigidas. A primeira filosofia é baseada em caracteres; a segunda é baseada em linhas. Originalmente, elas eram referidas como **modo bruto (*raw mode*)** e **modo processado (*cooked mode*)**, respectivamente. O padrão POSIX usa o termo menos pitoresco **modo canônico** para descrever o modo baseado em linhas. Na maioria dos sistemas, o modo canônico se refere a uma configuração bem definida. O **modo não-canônico** é equivalente ao modo bruto, apesar de que muitos detalhes do comportamento do terminal possam ser alterados. Os sistemas compatíveis com o padrão POSIX fornecem várias funções de biblioteca que suportam a seleção de um dos dois modos e a alteração de muitos aspectos da configuração do terminal. No MINIX 3, a chamada de sistema ioctl suporta essas funções.

A primeira tarefa do *driver* de teclado é coletar caracteres. Se cada pressionamento de tecla causa uma interrupção, o *driver* pode obter o caractere durante a interrupção. Se as interrupções são transformadas em mensagens pelo software de baixo nível, é possível colocar na mensagem o caractere recentemente obtido. Como alternativa, ele pode ser colocado em um pequeno buffer na memória e a mensagem pode ser usada para informar ao *driver* que algo chegou. Esta última estratégia será mais segura se uma mensagem só puder ser enviada para um processo que esteja esperando e houver alguma chance de que o *driver* de teclado ainda possa estar ocupado com o caractere anterior.

Uma vez que o *driver* tenha recebido o caractere, ele deve começar a processá-lo. Se o teclado enviar os números de tecla, em vez dos códigos de caractere usados pelo software aplicativo, então o *driver* deverá fazer a conversão entre os códigos, usando uma tabela. Nem todos os computadores IBM compatíveis utilizam numeração de teclas padrão; portanto, se o *driver* quiser suportar essas máquinas, deverá fazer o mapeamento dos diferentes teclados com diferentes tabelas. Uma estratégia simples é compilar uma tabela que faça o mapeamento entre os códigos fornecidos pelo teclado e os códigos ASCII (*American Standard Code for Information Interchange*) no *driver* de teclado, mas isso é insatisfatório para usuários de idiomas que não sejam o inglês. Os teclados são organizados de formas diferentes em cada país e o conjunto de caracteres ASCII não é adequado nem mesmo para a maioria das pessoas do hemisfério Ocidental, onde os idiomas espanhol, português e francês precisam de caracteres acentuados e sinais de pontuação não utilizados no inglês. Para atender à necessidade de flexibilidade nos *layouts* de teclado a fim de prover suporte a diferentes idiomas, muitos sistemas operacionais fornecem **mapas de teclado** ou **páginas de código** carregáveis, que tornam possível escolher o mapeamento entre os códigos de teclado e os códigos enviados para o aplicativo, seja quando o sistema é inicializado ou depois.

Se o terminal está no modo canônico, isto é, processado, os caracteres são armazenados até que uma linha inteira tenha sido acumulada, pois o usuário pode, subseqüentemente, decidir apagar parte dela. Mesmo que o terminal esteja no modo bruto, o programa pode ainda não ter solicitado entrada; portanto, os caracteres devem ser colocados no buffer para permitir digitação antecipada. (Os projetistas que não permitem os usuários digitarem com bastante antecedência deveriam ser cobertos com alcatrão e penas ou, pior ainda, deveriam ser obrigados a utilizar seus próprios sistemas.)

Duas estratégias para colocar caracteres em buffer são comuns. Na primeira, o *driver* contém um conjunto único de buffers (*pool*), cada buffer contendo, talvez, 10 caracteres. A cada terminal está associada uma estrutura de dados, a qual contém, dentre outros itens, um ponteiro para o encadeamento de buffers para a entrada coletada desse terminal. À medida que mais caracteres são digitados, mais buffers são adquiridos e incluídos no encadeamento. Quando os caracteres são passados para o programa de usuário, os buffers são removidos e colocados de volta no *pool*.

A outra estratégia é utilizar os buffers diretamente na própria estrutura de dados do terminal, sem nenhum *pool* de buffers. Como é comum os usuários digitarem um comando que levará algum tempo (digamos, uma compilação) e depois digitarem algumas linhas antecipadamente, por segurança o *driver* deve alocar algo em torno de 200 caracteres por terminal. Em um sistema grande de compartilhamento de tempo, com 100 terminais, alocar 20K o tempo todo para digitação antecipada é claramente exagerado; portanto, provavelmente será suficiente um *pool* de buffers, com espaço de, talvez, 5K. Por outro lado, um buffer dedicado por terminal torna o *driver* mais simples (não há gerenciamento de lista encadeada) e seria preferível em computadores pessoais com apenas um ou dois terminais. A Figura 3-28 mostra a diferença entre esses dois métodos.

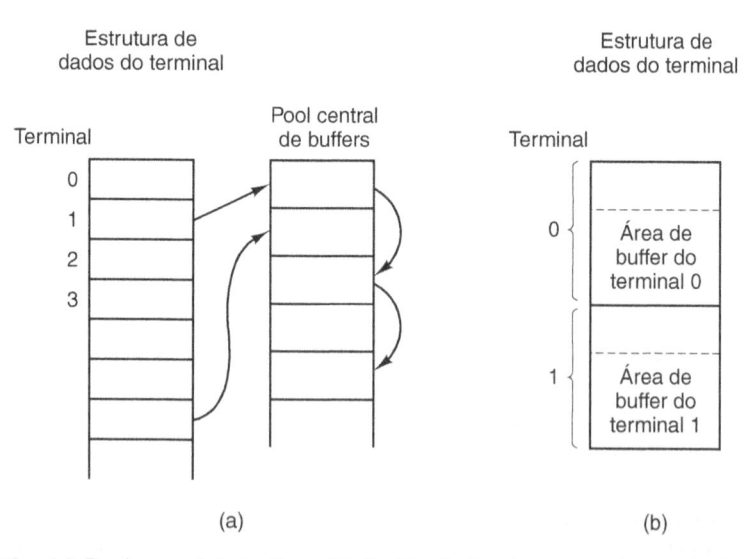

Figura 3-28 (a) *Pool* central de buffers. (b) Buffer dedicado para cada terminal.

Embora o teclado e o monitor sejam dispositivos logicamente separados, muitos usuários cresceram acostumados a ver os caracteres que acabaram de digitar aparecerem na tela. Alguns terminais (mais antigos) obedecem, exibindo automaticamente (no hardware) o que foi digitado, o que não apenas é um incômodo quando senhas estão sendo digitadas, mas também limita muito a flexibilidade dos editores e outros programas sofisticados. Felizmente, os teclados de PC não exibem nada quando as teclas são pressionadas. Portanto, cabe ao software exibir a entrada. Esse processo é chamado de **eco** (*echo*).

O eco é complicado pelo fato de que um programa pode estar escrevendo na tela enquanto o usuário está digitando. No mínimo, o *driver* de teclado precisa descobrir onde vai colocar a nova entrada sem que ela seja sobrescrita pela saída do programa.

O eco também fica complicado quando mais de 80 caracteres são digitados em um terminal com linhas de 80 caracteres. Dependendo do aplicativo, pode ser apropriada uma mudança automática para a próxima linha. Alguns *drivers* apenas truncam as linhas em 80 caracteres, jogando fora todos os caracteres além da coluna 80.

Outro problema é o tratamento da tabulação. Todos os teclados têm uma tecla de tabulação, mas os monitores só podem manipular a tabulação na saída. Cabe ao *driver* calcular onde o cursor está localizado corretamente, levando em conta a saída dos programas e a saída do eco, e calcular o número correto de espaços a serem deixados.

Agora, chegamos ao problema da equivalência de dispositivo. Logicamente, no final de uma linha de texto, queremos um retorno de carro (*carriage return*) para mover o cursor de volta para a coluna 1 e um avanço de linha (*line feed*) para ir para a próxima linha. Exigir que os usuários digitem os dois caracteres no final de cada linha não daria certo (embora alguns terminais antigos tivessem uma tecla que gerava ambos, com uma chance de 50% de fazer isso na ordem exigida pelo software). Cabia (e ainda cabe) ao *driver* converter a entrada para o formato interno padrão utilizado pelo sistema operacional.

Se a forma padrão é apenas armazenar um avanço de linha (a convenção no UNIX e em todos os seus descendentes), o retorno de carro deve ser transformado em avanço de linha. Se o formato interno é armazenar ambos, então o *driver* deve gerar um avanço de linha quando receber um retorno de carro e ao receber um avanço de linha gerar um retorno de carro. Independente da convenção interna, o terminal pode exigir o eco tanto de um avanço de linha como de um retorno de carro para atualizar a tela corretamente. Como um computador grande pode ter uma grande variedade de terminais diferentes ligados a ele, fica por conta do *driver* de teclado converter todas as diferentes combinações de retorno de carro/avanço de linha para o padrão interno do sistema e providenciar para que todo eco seja feito corretamente.

Um problema relacionado é a sincronização de retorno de carro e avanços de linha. Em alguns terminais, pode demorar mais para exibir um retorno de carro ou um avanço de linha do que uma letra ou um número. Se o microprocessador que está dentro do terminal precisar copiar um grande bloco de texto para fazer a tela rolar, então os avanços de linha podem ser lentos. Se um cabeçote de impressão mecânico tiver de voltar para a margem esquerda do papel, os retornos de carro podem ser lentos. Nos dois casos, cabe ao *driver* inserir **caracteres de preenchimento** (caracteres nulos fictícios) no fluxo de saída ou apenas interromper a saída por um tempo longo o suficiente para que o terminal possa alcançá-lo. A quantidade de tempo de espera freqüentemente está relacionada à velocidade do terminal; por exemplo, em 4800 bps ou menos, nenhum atraso pode ser necessário, mas em 9600 bps ou mais, pode ser exigido um caractere de preenchimento. Os terminais com tabulações de hardware, especialmente os de impressão, também podem exigir um atraso após uma tabulação.

Ao se operar no modo canônico, vários caracteres de entrada têm significados especiais. A Figura 3-29 mostra todos os caracteres especiais exigidos pelo POSIX e os caracteres adicionais reconhecidos pelo MINIX 3. Os padrões são todos caracteres de controle que não devem entrar em conflito com entrada de texto ou com códigos utilizados pelos programas, mas todos, exceto os dois últimos, podem ser alterados usando-se o comando *stty*, se desejado. As versões mais antigas do UNIX usavam padrões diferentes para muitos deles.

Caractere	Nome POSIX	Comentário
CTRL-D	EOF	Fim de arquivo
	EOL	Fim de linha (não definido)
CTRL-H	ERASE	Retrocede um caractere (*backspace*)
CTRL-C	INTR	Interrompe processo (SIGINT)
CTRL-U	KILL	Apaga a linha inteira que está sendo digitada
CTRL-\	QUIT	Força um *core dump* (SIGQUIT)
CTRL-Z	SUSP	Suspende (ignorado pelo MINIX)
CTRL-Q	START	Inicia saída
CTRL-S	STOP	Interrompe saída
CTRL-R	REPRINT	Exibe a entrada novamente (extensão do MINIX)
CTRL-V	LNEXT	Literal seguinte (extensão do MINIX)
CTRL-O	DISCARD	Descarta saída (extensão do MINIX)
CTRL-M	CR	Retorno de carro (inalterável)
CTRL-J	NL	Avanço de linha (inalterável)

Figura 3-29 Caracteres tratados de forma especial no modo canônico.

O caractere *ERASE* permite que o usuário apague o caractere que acabou de digitar. No MINIX 3, é o retrocesso (CTRL-H). Ele não é adicionado na fila de caracteres, mas, em vez disso, remove o caractere anterior da fila. Ele deve ser ecoado como uma seqüência de três caracteres (retrocesso, espaço e retrocesso) para remover o caractere anterior da tela. Se o caractere anterior foi uma tabulação, apagá-la exige monitorar onde o cursor estava antes da tabulação. Na maioria dos sistemas, o retrocesso só apaga caracteres na linha corrente. Ele não apaga um retorno de carro e volta para a linha anterior.

Quando o usuário observa um erro no início da linha que está sendo digitada, freqüentemente é conveniente apagar a linha inteira e começar de novo. O caractere *KILL* (no MINIX 3, CTRL-U) apaga a linha inteira. O MINIX 3 faz a linha apagada desaparecer da tela, mas alguns sistemas a ecoam, com mais um retorno de carro e um avanço de linha, pois alguns usuários gostam de ver a linha antiga. Conseqüentemente, o modo de ecoar *KILL* é uma questão de gosto. Assim como no caso de *ERASE*, normalmente não é possível retroceder além da linha corrente. Quando um bloco de caracteres é eliminado, pode valer a pena (ou não) o *driver* retornar buffers para o *pool*, se for o caso.

Às vezes, os caracteres *ERASE* ou *KILL* devem ser inseridos como dados normais. O caractere *LNEXT* serve como **caractere de escape**. No MINIX 3, CTRL-V é o padrão. Como um exemplo, os sistemas UNIX mais antigos normalmente usavam o sinal @ para *KILL*, mas o sistema de correio eletrônico da Internet utiliza endereços da forma *linda@cs.washington. edu*. Alguém que se sinta mais confortável com as convenções mais antigas pode redefinir *KILL* como @, mas então precisará digitar um sinal @ literalmente para endereçar e-mail. Isso pode ser feito digitando-se CTRL-V @. A combinação CTRL-V em si pode ser inserida literalmente, digitando-se CTRL-V CTRL-V. Após ver uma combinação CTRL-V, o *driver* ativa um *flag* informando que o próximo caractere está isento de processamento especial. O caractere *LNEXT* em si não é inserido na fila de caracteres.

Para permitir que os usuários impeçam a rolagem da imagem de tela para fora do campo de visão, são fornecidos códigos de controle para congelar a tela e reiniciá-la posteriormente. No MINIX 3, esses códigos são *STOP* (CTRL-S) e *START* (CTRL-Q), respectivamente. Eles não são armazenados, mas utilizados para ativar e desativar um *flag* na estrutura de dados do terminal. Ao se executar uma operação de saída, o *flag* é inspecionado. Se ele estiver ativado nenhuma saída ocorrerá. Normalmente, o eco também é suprimido junto com a saída do programa.

Freqüentemente é necessário eliminar um programa descontrolado que está sendo depurado. Os caracteres *INTR* (CTRL-C) e *QUIT* (CTRL-\) podem ser usados para isso. No MINIX 3, CTRL-C envia o sinal SIGINT para todos os processos iniciados a partir do terminal. Implementar CTRL-C pode ser muito complicado. O mais difícil é enviar as informações do *driver* para a parte do sistema que trata de sinais, a qual, afinal, não solicitou essas informações. CTRL-\ é semelhante à CTRL-C, exceto que envia o sinal SIGQUIT, que força um *core dump* caso não seja capturado ou ignorado.

Quando uma dessas combinações de tecla é pressionada, o *driver* deve ecoar um retorno de carro e um avanço de linha, e descartar toda a entrada acumulada para possibilitar um início atualizado. Historicamente, DEL era comumente usada como valor padrão para *INTR* em muitos sistemas UNIX. Como muitos programas utilizam DEL ou a tecla de retrocesso indistintamente para edição, CTRL-C é preferido.

Outro caractere especial é *EOF* (CTRL-D), que no MINIX 3 faz com que todas as requisições de leitura pendentes para o terminal sejam atendidos com o que estiver disponível no buffer, mesmo que o buffer esteja vazio. Digitar CTRL-D no início de uma linha faz o programa obter uma leitura de 0 bytes, o que é convencionalmente interpretado como fim de arquivo e faz a maioria dos programas agir da mesma maneira como se estivessem vendo o fim de um arquivo de entrada.

Alguns *drivers* de terminal permitem uma edição entre linhas muito mais interessante do que esboçamos aqui. Eles têm caracteres de controle especiais para apagar uma palavra, pular caracteres ou palavras para trás ou para frente, ir para o início ou para o final da linha que está sendo digitada etc. Adicionar todas essas funções no *driver* de terminal o torna muito maior e, ademais, é um desperdício ao se utilizar editores de tela que, de qualquer forma, trabalham no modo bruto.

Para permitir que os programas controlem parâmetros de terminal, o POSIX exige que várias funções estejam disponíveis na biblioteca padrão, das quais as mais importantes são *tcgetattr* e *tcsetattr*. *Tcgetattr* recupera uma cópia da estrutura mostrada na Figura 3-30, a estrutura *termios*, que contém todas as informações necessárias para alterar caracteres especiais, configurar modos e modificar outras características de um terminal. Um programa pode examinar as configurações correntes e modificá-las conforme for desejado. Então, *tcsetattr* escreve a estrutura novamente no *driver* de terminal.

O padrão POSIX não especifica se seus requisitos devem ser implementados por meio de funções de biblioteca ou de chamadas de sistema. O MINIX 3 fornece uma chamada de sistema, ioctl, chamada por

   ioctl(file_descriptor, request, argp);

que é usada para examinar e modificar as configurações de muitos dispositivos de E/S. Essa chamada é usada para implementar as funções *tcgetattr* e *tcsetattr*. A variável *request* especifica se a estrutura *termios* deve ser lida ou escrita e, neste último caso, se a requisição deve entrar em vigor imediatamente ou se deve ser adiada até que toda saída correntemente enfilei-

```
struct termios {
    tcflag_t c_iflag;              /* modos de entrada */
    tcflag_t c_oflag;              /* modos de saída */
    tcflag_t c_cflag;              /* modos de controle */
    tcflag_t c_lflag;              /* modos locais */
    speed_t c_ispeed;              /* velocidade de entrada */
    speed_t c_ospeed;              /* velocidade de saída */
    cc_t c_cc[NCCS];               /* caracteres de controle */
};
```

Figura 3-30 A estrutura *termios*. No MINIX 3, *tc_flag_t* é um *short*, *speed_t* é um *int* e *cc_t* é um *char*.

rada tenha terminada. A variável *argp* é um ponteiro para uma estrutura *termios* no programa que fez a chamada. Essa escolha em particular de comunicação entre programa e *driver* foi feita devido a sua compatibilidade com o UNIX, e não por sua beleza inerente.

Algumas notas sobre a estrutura *termios* são necessárias. Os quatro *flag* proporcionam muita flexibilidade. Os bits individuais em *c_iflag* controlam as várias maneiras pela qual uma entrada é manipulada. Por exemplo, o bit *ICRNL* faz os caracteres *CR* serem convertidos em *NL* na entrada. Esse *flag* é ativado por padrão no MINIX 3. *C_oflag* contém os bits que afetam o processamento da saída. Por exemplo, o bit *OPOST* ativa o processamento da saída. Ele, e o bit *ONLCR*, são quem fazem com que caracteres *NL* na saída sejam convertidos em uma seqüência *CR NL*. Ambos são ativados por padrão no MINIX 3. *C_cflag* é a palavra dos *flags* de controle. As configurações padrão do MINIX 3 permitem que se receba caracteres em 8 bits e, caso um usuário se desconecte da linha serial, que se desligue o modem. *C_lflag* é o campo de *flags* de *modo local*. Um bit, *ECHO*, ativa o eco (isso pode ser desativado durante um *login* para proporcionar segurança na digitação de uma senha). Seu bit mais importante é *ICANON*, que ativa o modo canônico. Com o bit *ICANON* desativado, existem várias possibilidades. Se todas as outras configurações forem deixadas em seus padrões, entra-se em um modo idêntico ao **modo cbreak** tradicional. Nesse modo, os caracteres são passados para o programa sem esperar por uma linha completa, mas os caracteres *INTR*, *QUIT*, *START* e *STOP* mantêm seus efeitos. Entretanto, todos eles podem ser desativados pela reconfiguração dos bits nos *flags*, para produzir o equivalente ao modo bruto tradicional.

Os vários caracteres especiais que podem ser alterados, incluindo os que são extensões do MINIX 3, são mantidos no *array c_cc*. Esse *array* também contém dois parâmetros que são usados no modo não-canônico. A quantidade *MIN*, armazenada em *c_cc[VMIN]*, especifica o número mínimo de caracteres que devem ser recebidos para satisfazer uma chamada de read. A quantidade *TIME* em *c_cc[VTIME]* configura um limite de tempo para tais chamadas. *MIN* e *TIME* interagem como se vê na Figura 3-31. Nela, está ilustrada uma chamada que solicita *N* bytes. Com *TIME* = 0 e *MIN* = 1, o comportamento é semelhante ao modo bruto tradicional.

	TIME = 0	TIME > 0
MIN = 0	Retorna imediatamente com o que estiver disponível, de 0 a N bytes	O temporizador inicia imediatamente. Retorna com o primeiro byte fornecido ou com 0 bytes, após o tempo limite
MIN > 0	Retorna com pelo menos MIN e até N bytes. Possível bloco indefinido.	O temporizador entre bytes inicia após o primeiro byte. Retorna N bytes, se recebido durante o tempo limite, ou pelo menos 1 byte no tempo limite. Possível bloco indefinido.

Figura 3-31 *MIN* e *TIME* determinam quando uma chamada para ler retorna no modo não-canônico. *N* é o número de bytes solicitados.

Software de saída

A saída é mais simples do que a entrada, mas os *drivers* para terminais RS-232 são radicalmente diferentes dos *drivers* para terminais mapeados em memória. O método comumente usado para terminais RS-232 é ter buffers de saída associados a cada terminal. Os buffers podem ser provenientes do mesmo *pool* que os buffers de entrada ou serem dedicados, como acontece com a entrada. Quando os programas escrevem no terminal, a saída é inicialmente copiada nos buffers, assim como a saída de eco. Após toda saída ter sido copiada nos buffers (ou os buffers estarem cheios), o primeiro caractere aparece na saída e o *driver* entra em repouso. Quando ocorre a interrupção, o próximo caractere é gerado na saída e assim por diante.

Com terminais mapeados em memória, é possível um esquema mais simples. Os caracteres a serem impressos são extraídos, um por vez, do espaço de usuário e colocados diretamente na RAM de vídeo. Com terminais RS-232, cada caractere a ser gerado na saída é apenas colocado na linha para o terminal. Com mapeamento em memória, alguns caracteres exigem tratamento especial, dentre eles, o retrocesso, o retorno de carro, o avanço de linha e o sinal audível (CTRL-G). Um *driver* para um terminal mapeado em memória deve monitorar a posição corrente na RAM de vídeo, para que os caracteres imprimíveis possam ser colocados lá e a posição corrente, avançada. O retrocesso, retorno de carro e avanço de linha, todos eles exigem essa posição para serem atualizados corretamente. As tabulações também exigem processamento especial.

Em particular, quando um avanço de linha é gerado na linha inferior da tela, a tela deve rolar. Para ver como a rolagem funciona, observe a Figura 3-26. Se a controladora de vídeo sempre começasse lendo a memória RAM em 0xB0000, a única maneira de rolar a tela no modo de caractere seria copiar 24 × 80 caracteres (cada caractere exigindo 2 bytes) de 0xB00A0 a 0xB0000, algo demorado. No modo de mapa de bits, seria ainda pior.

Felizmente, o hardware normalmente dá alguma ajuda aqui. A maioria das controladoras de vídeo contém um registrador que determina onde, na RAM de vídeo, vai começar a busca de bytes para a linha superior da tela. Configurando-se esse registrador de modo que aponte para 0xB00A0, em vez de 0xB0000, a linha que anteriormente era a de número dois se move para o topo e a tela inteira rola uma linha para cima. A única outra coisa que o *driver* deve fazer é copiar o que for necessário na nova linha inferior. Quando a controladora de vídeo chega ao início da memória RAM, ela apenas circula e continua a buscar bytes a partir do endereço mais baixo. Uma ajuda de hardware semelhante é fornecida no modo de mapa de bits.

Outro problema que o *driver* deve tratar em um terminal mapeado em memória é o posicionamento do cursor. Novamente, o hardware fornece uma ajuda na forma de um registrador que informa para onde o cursor vai. Finalmente, há o problema do sinal audível. Ele soa por meio da saída de uma onda senoidal ou quadrada no alto-falante, uma parte do computador bem distinta da RAM de vídeo.

Os editores de tela e muitos outros programas sofisticados precisam atualizar a tela de maneiras mais complexas do que apenas rolando texto na parte inferior do vídeo. Para atendê-los, muitos *drivers* de terminal suportam uma variedade de seqüências de escape. Embora alguns terminais suportem conjuntos de seqüências de escape idiossincráticos, é vantajoso ter um padrão para facilitar a adaptação do software de um sistema para outro. O *American National Standards Institute* (ANSI) definiu um conjunto de seqüências de escape padrão e o MINIX 3 suporta um subconjunto das seqüências ANSI, mostrado na Figura 3-32, que é adequado para muitas operações comuns. Quando o *driver* vê o caractere que inicia as seqüências de escape, ele ativa um *flag* e espera até que o restante da seqüência de escape chegue. Quando tudo tiver chegado, o *driver* deverá executar a seqüência no software. Inserir e excluir texto exige mover blocos de caracteres na RAM de vídeo. Para isso o hardware não fornece nenhum auxílio.

Seqüência de escape	Significado
ESC [n A	Move n linhas para cima
ESC [n B	Move n linhas para baixo
ESC [n C	Move n espaços para a direita
ESC [n D	Move n espaços para a esquerda
ESC [m; n H	Move o cursor para (y = m, x = n)
ESC [s J	Limpa a tela a partir do cursor (0 até o final, 1 a partir do início, 2 tudo)
ESC [s K	Limpa a linha a partir do cursor (0 até o final, 1 a partir do início, 2 tudo)
ESC [n L	Insere n linhas no cursor
ESC [n M	Exclui n linhas no cursor
ESC [n P	Exclui n caracteres no cursor
ESC [n @	Insere n caracteres no cursor
ESC [n m	Ativa estilo de exibição n (0=normal, 4=negrito, 5=intermitente, 7=inverso)
ESC M	Rola a tela para trás se o cursor estiver na linha superior

Figura 3-32 As seqüências de escape ANSI aceitas pelo *driver* de terminal na saída. ESC denota o caractere de escape ASCII (0x1B) e *n*, *m* e *s* são parâmetros numéricos opcionais.

3.8.3 Visão geral do *driver* de terminal no MINIX 3

O *driver* de terminal está contido em quatro arquivos em C (seis, se o suporte para RS-232 e pseudoterminal estiver ativo) e, juntos, eles constituem de longe o maior *driver* no MINIX 3. O tamanho do *driver* de terminal é parcialmente explicado pela observação de que o *driver* manipula o teclado e o monitor, cada um dos quais por si só é um dispositivo complicado, assim como dois outros tipos de terminais opcionais. Apesar disso, surpreende a maioria das pessoas saber que a E/S de terminal exige 30 vezes mais código do que o escalonador. (Essa sensação é reforçada vendo-se os numerosos livros sobre sistemas operacionais que dedicam 30 vezes mais espaço para o escalonamento do que para toda E/S combinada.)

O *driver* de terminal aceita mais de dez tipos de mensagem. Os mais importantes são:

1. Ler terminal (a partir do sistema de arquivos, em nome de um processo de usuário).
2. Escrever no terminal (a partir do sistema de arquivos, em nome de um processo de usuário).
3. Configurar parâmetros de terminal para ioctl (a partir do sistema de arquivos, em nome de um processo de usuário).
4. Sinalizar ocorrência de uma interrupção de teclado (tecla pressionada ou liberada).
5. Cancelar uma requisição anterior (a partir do sistema de arquivos, quando ocorre um sinal).
6. Abrir um dispositivo.
7. Fechar um dispositivo.

Outros tipos de mensagem são usados para propósitos especiais, como a geração de telas de diagnóstico quando teclas de função são pressionadas ou a ativação de *dumps* em situações de pânico.

As mensagens usadas para leitura e escrita têm o mesmo formato, como se vê na Figura 3-17, exceto que nenhum campo *POSITION* é necessário. No caso de um disco, o programa tem de especificar qual bloco deseja ler. No caso de um teclado, não há escolha: o programa sempre recebe o próximo caractere digitado. Os teclados não aceitam buscas.

As funções do POSIX *tcgetattr* e *tcgetattr*, usadas para examinar e modificar atributos (propriedades) do terminal, são suportadas pela chamada de sistema ioctl. Uma boa prática de programação é usar essas funções e outras em *include/termios.h* e deixar para a biblioteca da linguagem C converter chamadas de biblioteca em chamadas de sistema ioctl. Entretanto, existem algumas operações de controle necessárias para o MINIX 3 que não são fornecidas no POSIX para, por exemplo, carregar um mapa de teclado alternativo e, para isso, o programador deve usar ioctl explicitamente.

A mensagem enviada para o *driver* por uma chamada de sistema ioctl contém um código de requisição de função e um ponteiro. Para a função *tcsetattr*, uma chamada de ioctl é feita com um tipo de requisição *TCSETS*, *TCSETSW* ou *TCSETSF* e um ponteiro para uma estrutura *termios*, como aquela mostrada na Figura 3-30. Todas essas chamadas substituem o conjunto de atributos corrente por um novo conjunto, sendo que as diferenças são que uma requisição *TCSETS* entra em vigor imediatamente, uma requisição *TCSETSW* não entra em vigor até que toda saída tenha sido transmitida e uma requisição *TCSETSF* espera que a saída termine e descarta toda entrada que ainda não tiver sido lida. *Tcgetattr* é transformada em uma chamada de ioctl com um tipo de requisição *TCGETS* e retorna uma estrutura *termios* preenchida para o processo que fez a chamada, de modo que o estado corrente de um dispositivo possa ser examinado. As chamadas de ioctl que não correspondem às funções definidas pelo POSIX, como a requisição *KIOCSMAP*, usado para carregar um novo mapa de teclado, passam ponteiros para outros tipos de estruturas; neste caso, para uma estrutura *keymap_t*, que tem 1536 bytes (códigos de 16 bits para 128 teclas por 6 modificadores). A Figura 3-39 resume o modo como as chamadas do padrão POSIX são convertidas em chamadas de sistema ioctl.

O *driver* de terminal usa uma única estrutura de dados principal, *tty_table*, que é um *array* de estruturas *tty*, uma por terminal. Um PC padrão tem apenas um teclado e um monitor, mas o MINIX 3 pode suportar até oito terminais virtuais, dependendo da quantidade de memória na placa adaptadora de vídeo. Isso permite à pessoa que estiver no console se conectar várias vezes, trocando a saída de vídeo e a entrada de teclado de um "usuário" para outro. Com dois consoles virtuais, pressionar ALT-F2 seleciona o segundo e ALT-F1 retorna ao primeiro (ALT e as teclas de seta também podem ser usadas). Além disso, linhas seriais podem suportar dois usuários em locais remotos, conectados por cabo RS-232 ou modem, e **pseudoterminais** podem suportar usuários conectados por meio de uma rede. O *driver* foi escrito para tornar fácil adicionar mais terminais. A configuração padrão ilustrada no código-fonte deste texto tem dois consoles virtuais, com linhas seriais e pseudoterminais desativados.

Cada estrutura *tty* em *tty_table* controla a entrada e a saída. Para a entrada, ela contém uma fila de todos os caracteres que foram digitados, mas ainda não lidos pelo programa, informações sobre requisições para ler caracteres que ainda não foram recebidos e informações sobre tempo limite, de modo que a entrada pode ser solicitada sem que o *driver* bloqueie permanentemente, caso nenhum caractere seja digitado. Para a saída, ela contém os parâmetros das requisições de escrita que ainda não terminaram. Outros campos contêm diversas variáveis gerais, como a estrutura *termios* discutida anteriormente, as quais afetam muitas propriedades da entrada e da saída. Também existe um campo na estrutura *tty* para apontar para informações necessárias para uma classe em particular de dispositivos, mas que não são necessárias na entrada *tty_table* de cada dispositivo. Por exemplo, a parte dependente de hardware do *driver* de console precisa da posição corrente na tela e na RAM de vídeo, e do byte de atributo corrente do vídeo, mas essas informações não são necessárias para suportar uma linha RS-232. As estruturas de dados privativas de cada tipo de dispositivo também alojam os buffers que recebem entradas das rotinas do serviço de interrupção. Os dispositivos lentos, como os teclados, não precisam de buffers tão grandes quanto aqueles necessários para dispositivos rápidos.

Entrada de terminal

Para entendermos melhor o funcionamento do *driver*, vamos ver primeiro como os caracteres digitados no teclado passam pelo sistema e vão para o programa que os necessita. Embora esta seção se destine a ser uma visão geral, utilizaremos referências de número de linha para ajudar o leitor a encontrar cada função usada. Talvez você ache uma montanha-russa estudar código que aparece em *tty.c*, *keyboard.c* e *console.c*, todos os quais são arquivos grandes.

Quando um usuário se conecta no console do sistema, um *shell* é criado para ele, com */dev/console* como entrada padrão, saída padrão e erro padrão. O *shell* inicia e tenta ler a entrada padrão chamando a função de biblioteca *read*. Essa função envia para o sistema de arquivos uma mensagem contendo o descritor de arquivo, o endereço do buffer e uma quantidade. Essa mensagem é mostrada como (1) na Figura 3-33. Após enviar a mensagem, o *shell* é bloqueado, esperando pela resposta. (Os processos de usuário executam apenas a primitiva **sendrec**, que combina uma operação **send** com uma operação **receive** do processo para o qual foi enviada.)

O sistema de arquivos recebe a mensagem e localiza o *i-node* correspondente ao descritor de arquivo especificado. Esse *i-node* é para o arquivo de caractere especial */dev/console* e contém os números principal e secundário de dispositivo para o terminal. O tipo de dispositivo principal para terminais é 4; para o console, o número secundário do dispositivo é 0.

O sistema de arquivos indexa em seu mapa de dispositivos, *dmap*, para encontrar o número do *driver* de terminal, TTY. Então, ele envia uma mensagem para TTY, mostrada como (2) na Figura 3-33. Normalmente, o usuário não terá digitado nada ainda, de modo que o *driver* de terminal não poderá atender a requisição. Ele envia uma resposta de volta imediatamente, para desbloquear o sistema de arquivos e relatar que nenhum caractere está disponível, o que aparece como (3) na figura. O sistema de arquivos registra o fato de que um processo está esperando uma entrada do terminal (isto é, do teclado) na estrutura do console em *tty_table* e, em seguida, passa a trabalhar na próxima requisição. O *shell* do usuário permanece bloqueado, é claro, até que os caracteres solicitados cheguem.

Quando um caractere é digitado no teclado, isso causa duas interrupções, uma quando a tecla é pressionada e outra quando ela é liberada. Um ponto importante é que o teclado de um PC não gera códigos ASCII; cada tecla gera um **código de varredura (*scan code*)** quando pressionada e um código diferente, quando liberada. Os 7 bits inferiores dos códigos de pressionamento e de liberação de teclas são idênticos. A diferença está no bit mais significativo, que é 0 quando a tecla é pressionada e 1 quando ela é liberada. Isso também se aplica às teclas modificadoras, como CTRL e SHIFT. Embora, em última análise, essas teclas não façam com que códigos ASCII sejam retornados para o processo de usuário, elas geram códigos de varredura indicando qual tecla foi pressionada (o *driver* pode distinguir entre as teclas *Shift* da direita e da esquerda, se desejado) e ainda causam duas interrupções por tecla.

A interrupção de teclado é IRQ 1. Essa linha de interrupção não é acessível no barramento do sistema e não pode ser compartilhada por nenhum outro adaptador de E/S. Quando *_hwint01* (linha 6535) chamar *intr_handle* (linha 8221), não haverá uma longa lista de

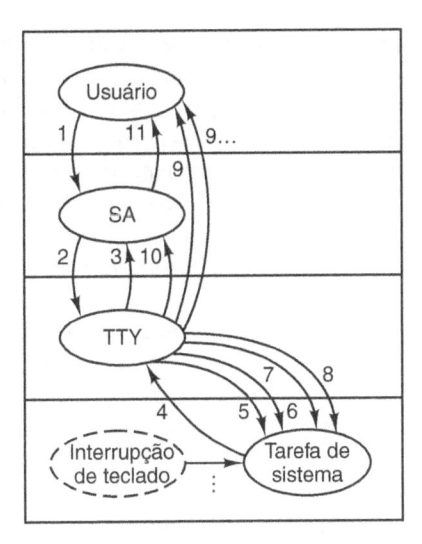

Figura 3-33 Requisição de leitura do teclado quando nenhum caractere está pendente. FS é o sistema de arquivos (*File System*). TTY é o *driver* de terminal. O TTY recebe uma mensagem para cada tecla pressionada e enfileira códigos de varredura (*scan codes*) à medida que são inseridos. Posteriormente, eles são interpretados e montados em um buffer de códigos ASCII, o qual é copiado no processo de usuário.

ganchos para percorrer, para verificar o TTY que deve ser notificado. Na Figura 3-33, mostramos a tarefa de sistema originando a mensagem de notificação (4), pois ela é gerada por *generic_handler* em *system/do_irqctl.c* (não listado), mas essa rotina é chamada diretamente pelas rotinas de processamento de interrupção de baixo nível. O processo da tarefa de sistema não é ativado. Ao receber uma mensagem *HARD_INT*, *tty_task* (linha 13740) despacha para *kbd_interrupt* (linha 15335), a qual, por sua vez, chama *scan_keyboard* (linha 15800). *Scan_keyboard* faz três chamadas de núcleo (5, 6, 7) para que a tarefa de sistema leia e escreva em várias portas de E/S, as quais, em última análise, retornam o código de varredura, e então seja adicionada em um buffer circular. Então, um *flag tty_events* é ativado para indicar que esse buffer contém caracteres e não está vazio.

Nesse ponto, nenhuma mensagem é necessária. Sempre que o laço principal de *tty_task* inicia outro ciclo, ele inspeciona o *flag tty_events* de cada dispositivo de terminal e, para cada dispositivo que tenha o *flag* ativado, chama *handle_events* (linha 14358). O *flag tty_events* pode sinalizar vários tipos de atividade (embora a entrada seja a mais provável); portanto, *handle_events* sempre chama as funções específicas do dispositivo para entrada e para saída. Para entrada a partir do teclado, isso resulta em uma chamada para *kb_read* (linha 15360), que monitora os códigos de teclado que indicam pressionamento ou liberação das teclas CTRL, SHIFT e ALT e converte códigos de varredura em códigos ASCII. *Kb_read*, por sua vez, chama *in_process* (linha 14486), que processa os códigos ASCII, levando em conta os caracteres especiais e os diferentes *flags* que podem estar ativos, incluindo o fato de o modo canônico estar ou não em vigor. Normalmente, o efeito é adicionar caracteres na fila de entrada do console em *tty_table*, embora alguns códigos, por exemplo, BACKSPACE, tenham outros efeitos. Normalmente, além disso, *in_process* inicia o eco dos códigos ASCII na tela.

Quando caracteres suficientes tiverem chegado, o *driver* de terminal faz outra chamada de núcleo (8) para pedir à tarefa de sistema para que copie os dados no endereço solicitado pelo *shell*. A cópia dos dados não é uma passagem de mensagem e, por isso, está mostrada com linhas tracejadas (9) na Figura 3-33. É mostrada mais de uma linha porque pode haver mais de uma operação dessas antes que a requisição do usuário tenha sido completamente atendida. Quando a operação é completada, o *driver* de terminal envia uma mensagem para o sistema de arquivos, dizendo a ele que o trabalho foi feito (10), e o sistema de arquivos reage a essa mensagem enviando uma mensagem de volta para o *shell*, para desbloqueá-lo (11).

A definição de quando chegaram caracteres suficientes depende do modo do terminal. No modo canônico, uma requisição está completa quando é recebido um código de avanço de linha, final de linha ou final de arquivo e, para a realização do processamento de entrada correto, uma linha de entrada não pode ultrapassar o tamanho da fila de entrada. No modo não-canônico, uma leitura pode solicitar um número muito maior de caracteres e *in_process* pode ter de transferir caracteres mais de uma vez, antes que uma mensagem seja retornada para o sistema de arquivos para indicar que a operação está concluída.

Note que a tarefa de sistema copia os caracteres reais diretamente do espaço de endereçamento do TTY para o do *shell*. Eles não passam pelo sistema de arquivos. No caso da E/S de bloco, os dados passam pelo sistema de arquivos para permitir que ele mantenha uma cache dos blocos usados mais recentemente. Se acontecer de um bloco solicitado estar na cache, a requisição poderá ser atendida diretamente pelo sistema de arquivos, sem fazer nenhuma E/S de disco real.

Para E/S de teclado, a cache não faz sentido. Além disso, uma requisição do sistema de arquivos para um *driver* de disco sempre pode ser atendida em, no máximo, algumas centenas de milissegundos; portanto, não há nenhum problema em fazer o sistema de arquivos esperar. A E/S de teclado pode demorar várias horas para terminar, ou pode nunca terminar. No modo canônico, o *driver* de terminal espera por uma linha completa e também pode esperar por um longo tempo no modo não-canônico, dependendo das configurações de *MIN* e *TIME*. Assim, é inaceitável fazer o sistema de arquivos bloquear até que uma requisição de entrada do terminal seja atendida.

Posteriormente, pode acontecer de o usuário ter digitado antecipadamente e os caracteres estarem disponíveis antes de terem sido solicitados, a partir de interrupções anteriores e do evento 4. Nesse caso, os eventos 1, 2 e de 5 a 11 acontecem todos em uma rápida sucessão, após o requisição de leitura; 3 nem mesmo ocorre.

Os leitores familiarizados com as versões anteriores do MINIX podem se lembrar que nelas o *driver* TTY (e todos os outros *drivers*) era compilado junto com o núcleo. Cada *driver* tinha sua própria rotina de tratamento de interrupção em espaço de núcleo. No caso do *driver* de teclado, a própria rotina de tratamento de interrupção podia colocar no buffer certo número de códigos de varredura e também realizar algum processamento preliminar (os códigos de varredura da maioria das liberações de tecla podiam ser eliminados, somente para teclas modificadoras, como a tecla *Shift*, era necessário colocar os códigos de liberação no buffer). A rotina de tratamento de interrupção em si não enviava mensagens para o *driver* TTY, pois era alta a probabilidade de que o TTY não fosse bloqueado em uma operação **receive** e fosse capaz de receber uma mensagem a qualquer momento. Em vez disso, a rotina de tratamento de interrupção de relógio despertava o *driver* TTY periodicamente. Essas técnicas foram adotadas para evitar a perda da entrada do teclado.

Anteriormente, demos importância para as diferenças entre tratar de interrupções esperadas, como aquelas geradas por uma controladora de disco, e tratar de interrupções imprevisíveis, como as de um teclado. Mas, no MINIX 3, nada de especial parece ter sido feito para tratar dos problemas das interrupções imprevisíveis. Como isso é possível? Algo a ser lembrado é a enorme diferença no desempenho entre os computadores para os quais as primeiras versões do MINIX foram escritas e os projetos atuais. As velocidades de relógio da CPU aumentaram e o número de ciclos de relógio necessários para executar uma instrução diminuiu. O processador mínimo recomendado para usar com o MINIX 3 é um 80386. Um

80386 lento executará instruções aproximadamente 20 vezes mais rápido do que o IBM PC original. Um Pentium de 100 MHz executará, talvez, 25 vezes mais rápido do que o 80386 lento. Portanto, talvez a velocidade da CPU seja suficiente.

Outra coisa a ser lembrada é que a entrada do teclado é muito lenta para os padrões do computador. A 100 palavras por minuto, uma pessoa digita menos de 10 caracteres por segundo. Mesmo para uma pessoa rápida, o *driver* de terminal provavelmente enviará uma mensagem de interrupção para cada caractere digitado no teclado. Entretanto, no caso de outros dispositivos de entrada, taxas de dados mais altas são prováveis — velocidades de 1000 ou mais vezes mais rápidas do que as de uma pessoa são possíveis a partir de uma porta serial conectada a um modem de 56.000 bps. Nessa velocidade, aproximadamente 120 caracteres podem ser recebidos pelo modem entre os tiques de relógio, mas para permitir compactação de dados no enlace do modem, a porta serial conectada a ele deve ser capaz de manipular pelo menos duas vezes mais.

Entretanto, algo a considerar no caso de uma porta serial é que são transmitidos caracteres e não códigos de varredura; portanto, mesmo com uma UART antiga, que não utiliza buffer, haverá apenas uma interrupção por tecla pressionada, em vez de duas. E os PCs mais recentes são equipados com UARTs que normalmente colocam no buffer pelo menos 16 e, talvez, até 128 caracteres. Assim, não é exigida uma interrupção por caractere. Por exemplo, uma UART com um buffer de 16 caracteres poderia ser configurada para interromper quando 14 caracteres estivessem no buffer. As redes baseadas em Ethernet podem distribuir caracteres a uma velocidade muito mais rápida do que uma linha serial, mas os adaptadores Ethernet colocam no buffer pacotes inteiros e apenas uma interrupção é necessária por pacote.

Concluiremos nossa visão geral sobre a entrada de terminal resumindo os eventos que ocorrem quando o *driver* de terminal é ativado pela primeira vez por uma requisição de leitura e quando ele é reativado após receber a entrada do teclado (veja a Figura 3-34). No primeiro caso, quando chega uma mensagem no *driver* de terminal solicitando caracteres do teclado, a função principal, *tty_task* (linha 13740) chama *do_read* (linha 13953) para tratar da requisição. *Do_read* armazena os parâmetros da chamada na entrada do teclado em *tty_table*, no caso de haver caracteres insuficientes no buffer para atender a requisição.

Então, ela chama *in_transfer* (linha 14416) para obter qualquer entrada que já esteja esperando e, depois, chama *handle_events* (linha 14358) que, por sua vez, chama (por intermédio do ponteiro de função (*tp->tty_devread*)) *kb_read* (linha 15360) e, então, *in_transfer* mais uma vez, para tentar extrair mais alguns caracteres do fluxo de entrada. *Kb_read* chama várias outras funções que não aparecem na Figura 3-34, para realizar seu trabalho. O resultado é que, o que estiver imediatamente disponível será copiado para o usuário. Se nada estiver disponível, nada será copiado. Se a leitura for completada por *in_transfer*, ou por *handle_events*, uma mensagem será enviada para o sistema de arquivos quando todos os caracteres tiverem sido transferidos, para que o sistema de arquivos possa desbloquear o processo que fez a chamada. Se a leitura não terminou (nenhum caractere ou caracteres insuficientes) *do_read* informará o sistema de arquivos, dizendo se deve suspender o processo que fez a chamada original ou, se foi solicitada uma leitura sem bloqueio, cancelar a leitura.

O lado direito da Figura 3-34 resume os eventos que ocorrem quando o *driver* de terminal é despertado após uma interrupção do teclado. Quando um caractere é digitado, a "rotina de tratamento: de interrupção *kbd_interrupt* (linha 15335) executa *scan_keyboard*, que chama a tarefa de sistema para realizar a E/S. (Colocamos rotina de tratamento entre aspas porque não é chamada uma rotina de tratamento real quando ocorre uma interrupção, ela é ativada por uma mensagem enviada para *tty_task* a partir de *generic_handler* na tarefa de sistema.) Então, *kbd_interrupt* coloca o código de varredura no buffer de teclado, *ibuf*, e ativa um *flag* para identificar que o dispositivo de console experimentou um evento. Quando *kbd_interrupt*

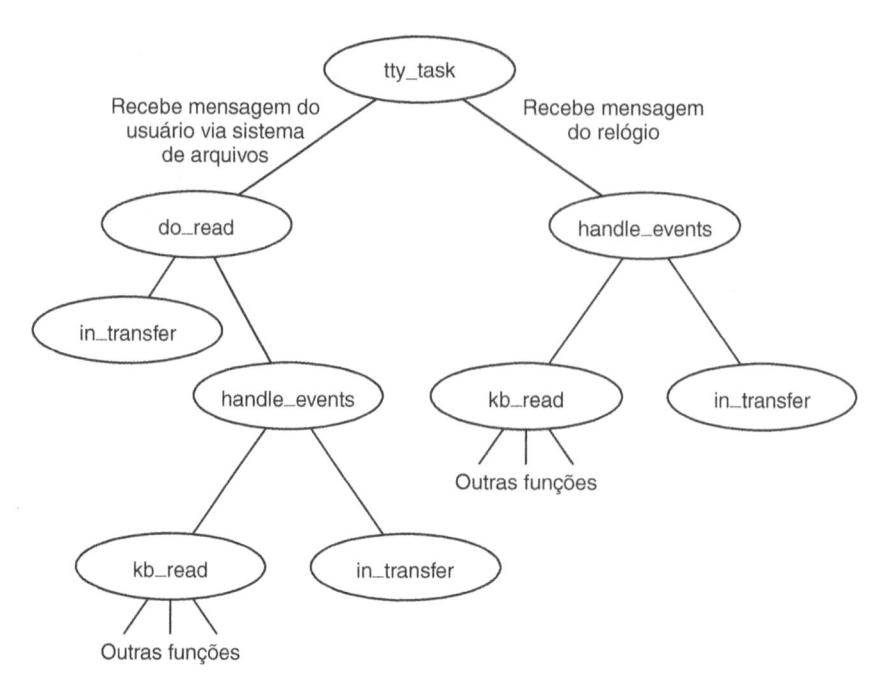

Figura 3-34 Tratamento de entrada no *driver* de terminal. O ramo esquerdo da árvore é percorrido para processar uma requisição para ler caracteres. O ramo direito é percorrido quando uma mensagem de teclado é enviada para o *driver* antes que um usuário tenha solicitado entrada.

retorna o controle para *tty_task*, um comando **continue** resulta no início de outra iteração do laço principal. Os *flags* de evento de todos os dispositivos de terminal são verificados e *handle_events* é chamada para cada dispositivo com um *flag* posicionado. No caso do teclado, *handle_events* chama *kb_read* e *in_transfer*, exatamente como foi feito na recepção da requisição de leitura original. Os eventos mostrados no lado direito da figura podem ocorrer várias vezes, até que sejam recebidos caracteres suficientes para atender a requisição aceita por *do_read*, após a primeira mensagem do sistema de arquivos. Se o sistema de arquivos tentar iniciar uma requisição por mais caracteres a partir do mesmo dispositivo, antes que a primeira requisição tenha terminada, será retornado um erro. Naturalmente, cada dispositivo é independente: uma requisição de leitura em nome de um usuário em um terminal remoto é processado separadamente de outro feito por um usuário que esteja no console.

As funções não mostradas na Figura 3-34 que são chamadas por *kb_read* incluem *map_key* (linha 15303), que converte os códigos de tecla (códigos de varredura) gerados pelo hardware em códigos ASCII, *make_break* (linha 15431), que monitora o estado das teclas modificadoras, como a tecla SHIFT, e *in_process* (linha 14486), que trata de complicações como tentativas por parte do usuário de retroceder em uma entrada inserida por engano, outros caracteres especiais e opções disponíveis em diferentes modos de entrada. *In_process* também chama *tty_echo* (linha 14647), para que os caracteres digitados sejam exibidos na tela.

Saída de terminal

Em geral, a saída de console é mais simples do que a entrada do terminal, pois o sistema operacional está no controle e não precisa se preocupar com requisições de saída chegando em momentos inconvenientes. Além disso, como o console do MINIX 3 é mapeado em memória, a saída para o console é particularmente simples. Nenhuma interrupção é necessária: a operação básica é copiar dados de uma região da memória para outra. Por outro lado, todos os detalhes do gerenciamento do vídeo, incluindo o tratamento de seqüências de escape, devem ser manipulados pelo software do *driver*. Assim como fizemos no caso da entrada de teclado, na seção anterior, acompanharemos as etapas envolvidas no envio de caracteres para o monitor usado como console de saída. Vamos supor, neste exemplo, que o monitor ativo está sendo escrito; as complicações secundárias, causadas pelos consoles virtuais, serão discutidas posteriormente.

Quando um processo deseja imprimir algo, ele geralmente chama *printf*. *Printf* chama write para enviar uma mensagem para o sistema de arquivos. A mensagem contém um ponteiro para os caracteres que devem ser impressos (não para os caracteres em si). Então, o sistema de arquivos envia uma mensagem para o *driver* de terminal, o qual os busca e copia na RAM de vídeo. A Figura 3-35 mostra as principais funções envolvidas na saída.

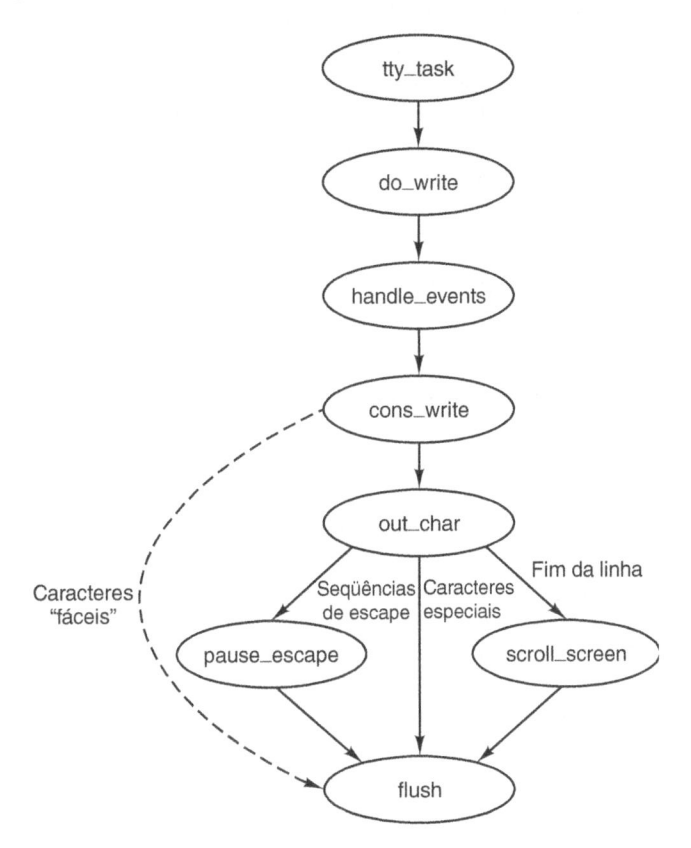

Figura 3-35 Principais funções usadas na saída do terminal. A linha tracejada indica caracteres copiados diretamente para *ramqueue* por *cons_write*.

Quando chega uma mensagem no *driver* de terminal solicitando escrita na tela, *do_write* (linha 14029) é chamada para armazenar os parâmetros na estrutura *tty* do console em *tty_table*. Então, *handle_events* (a mesma função chamada quando o *flag tty_events* é encontrado ativo) é chamada. Essa função chama as rotinas de entrada e saída para o dispositivo selecionado em seu argumento. No caso do monitor do console, isso significa que qualquer entrada de teclado que esteja esperando é processada primeiro. Se há uma entrada esperando, os caracteres a serem ecoados são adicionados aos caracteres que já estão esperando saída. Então, é feita uma chamada para *cons_write* (linha 16036), a função de saída para monitores mapeados em memória. Essa função usa *phys_copy* para copiar blocos de caracteres do processo de usuário para um buffer local, possivelmente repetindo várias vezes esta etapa e as seguintes, pois o buffer local suporta apenas 64 bytes. Quando o buffer local está cheio, cada byte é transferido para outro buffer, *ramqueue*. Esse buffer é um *array* de palavras de 16 bits. Bytes alternados são preenchidos com o valor corrente do byte de atributo de tela, o qual determina as cores de primeiro e de segundo plano e outros atributos. Quando possível, os caracteres são transferidos diretamente para *ramqueue*, mas certos caracteres, como os de controle ou os caracteres que fazem parte de seqüências de escape, precisam de tratamento especial. Um tratamento especial também é exigido quando a posição na tela de um caractere ultrapassa a largura da tela ou quando *ramqueue* fica cheio. Nesses casos, *out_char* (linha 16119) é chamada para transferir os caracteres e executar qualquer outra ação adicional solicitada. Por exemplo, *scroll_screen* (linha 16205) é chamada quando um caractere de avanço de linha é recebido enquanto se está endereçando a última linha da tela e *parse_escape* manipula caracteres durante uma seqüência de escape. Normalmente, *out_char* chama *flush* (linha 16259), que copia o conteúdo de *ramqueue* na memória do monitor de vídeo, usando a rotina em linguagem *assembly mem_vid_copy*. *Flush* também é chamada depois que o último caractere é transferido para *ramqueue*, para garantir que toda a saída seja exibida. O resultado final de *flush* é fazer com que o chip da controladora de vídeo 6845 exiba o cursor na posição correta.

Logicamente, os bytes oriundos do processo de usuário poderiam ser escrito na RAM de vídeo, um por iteração do laço. Entretanto, é mais eficiente acumular os caracteres em *ramqueue* e depois copiar o bloco com uma chamada para *mem_vid_copy* no modo de memória protegida dos processadores da classe Pentium. É interessante notar que essa técnica foi introduzida nas versões anteriores do MINIX 3, que eram executadas em processadores mais antigos, sem memória protegida. A precursora de *mem_vid_copy* tratava de um problema de sincronização — nos monitores de vídeo mais antigos, a cópia na memória de vídeo tinha de ser feita quando a tela era limpa, durante o retraço vertical do feixe do CRT, para evitar a geração de sobras visuais em toda a tela. O MINIX 3 não fornece mais esse suporte, pois a penalidade no desempenho é grande demais e esses dispositivos já são obsoletos. Entretanto, a versão moderna do MINIX 3 tira proveito de outras maneiras de copiar *ramqueue* como um bloco.

A RAM de vídeo disponível para um console é delimitada na estrutura *console* pelos campos *c_start* e *c_limit*. A posição corrente do cursor é armazenada nos campos *c_column* e *c_row*. A coordenada (0, 0) é o canto superior esquerdo da tela, que é onde o hardware começa a preencher a tela. Cada varredura do vídeo começa no endereço dado por *c_org* e continua por 80 × 25 caracteres (4000 bytes). Em outras palavras, o chip 6845 extrai a palavra no deslocamento *c_org* da RAM de vídeo e exibe o byte do caractere no canto superior esquerdo, usando o byte de atributo para controlar a cor, o piscamento etc. Então, ele busca a próxima palavra e exibe o caractere em (1, 0). Esse processo continua até chegar a (79, 0), momento esse em que ele inicia a segunda linha na tela, na coordenada (0, 1).

Quando o computador é iniciado pela primeira vez, a tela é limpa, a saída é escrita na RAM de vídeo a partir da posição *c_start* e *c_org* recebe o mesmo valor de *c_start*. Assim, a primeira linha aparece na linha superior da tela. Quando a saída deve ir para uma nova linha, ou porque a primeira linha está cheia ou porque um caractere de nova linha foi detectado por *out_char*, a saída é escrita no local dado por *c_start* mais 80. Finalmente, todas as 25 linhas são preenchidas e é exigida a **rolagem** da tela. Alguns programas, como os editores, por exemplo, também exigem rolagem para baixo quando o cursor está na linha superior e é necessário mover mais para cima no texto.

Existem duas maneiras pela qual a rolagem da tela pode ser gerenciada. Na **rolagem por software**, o caractere a ser exibido na posição (0, 0) está sempre na primeira posição na memória de vídeo, a palavra 0 em relação à posição apontada por *c_start*, e o chip da controladora de vídeo é instruído a exibir essa posição primeiro, mantendo o mesmo endereço em *c_org*. Quando a tela precisa ser rolada, o conteúdo da posição relativa 80 na RAM de vídeo, o início da segunda linha na tela, é copiado na posição relativa 0, a palavra 81 é copiada na posição relativa 1 e assim por diante. A seqüência de varredura permanece inalterada, colocando os dados na posição 0 da memória na posição (0, 0) da tela e a imagem na tela parece ter se movido uma linha para cima. O custo é que a CPU moveu 80 × 24 =1920 palavras. Na **rolagem por hardware**, os dados não são movidos na memória; em vez disso, o chip da controladora de vídeo é instruído a começar a exibição em um ponto diferente, por exemplo, com os dados na palavra 80. A contabilidade é feita somando-se 80 ao conteúdo de *c_org*, salvando-o para referência futura e gravando esse valor no registrador correto do chip da controladora de vídeo. Isso exige que a controladora seja inteligente o suficiente para circular pela RAM de vídeo, extraindo dados do início da memória RAM (o endereço presente em *c_start*) quando ela chega ao fim (o endereço contido em *c_limit*), ou que a RAM de vídeo tenha mais capacidade do que apenas as 80 × 2000 palavras necessárias para armazenar uma única tela de exibição.

Os adaptadores de vídeo mais antigos geralmente têm memória menor, mas são capazes de circular e fazer rolagem por hardware. Os adaptadores mais recentes geralmente têm muito mais memória do que o necessário para exibir uma única tela de texto, mas não são capazes de circular. Assim, um adaptador com 32.768 bytes de memória de vídeo pode conter 204 linhas completas de 160 bytes cada uma e pode fazer rolagem por hardware 179 vezes, antes que a incapacidade de circular se torne um problema. Mas, finalmente, uma operação de cópia de memória será necessária para mover os dados das últimas 24 linhas de volta para a posição 0 na memória de vídeo. Qualquer que seja o método utilizado, uma fileira de espaços em branco é copiada na RAM de vídeo para garantir que a nova linha na parte inferior da tela esteja vazia.

Quando os consoles virtuais estão ativados, a memória disponível dentro de um adaptador de vídeo é dividida igualmente entre o número de consoles desejados, inicializando-se adequadamente os campos *c_start* e *c_limit* de cada console. Isso afeta a rolagem. Em qualquer adaptador grande o bastante para suportar consoles virtuais, de vez em quando ocorre a rolagem por software, mesmo que a rolagem por hardware esteja em vigor. Quanto menor a quantidade de memória disponível para cada monitor de console, mais freqüentemente a rolagem por software deve ser usada. O limite é atingido quando é configurado o número máximo possível de consoles. Então, toda operação de rolagem será por software.

A posição do cursor relativa ao início da RAM de vídeo pode ser deduzida de *c_column* e *c_row*, mas é mais rápido armazená-la explicitamente (in *c_cur*). Quando um caractere precisa ser impresso, ele é colocado na RAM de vídeo, na posição *c_cur*, a qual é então atualizada, assim como acontece com *c_column*. A Figura 3-36 resume os campos da estrutura *console* que afetam a posição corrente e a origem da exibição.

Campo	Significado
c_start	Início da memória de vídeo para esse console
c_limit	Limite da memória de vídeo para esse console
c_column	Coluna corrente (0-79) com 0 na esquerda
c_row	Linha corrente (0-24) com 0 na parte superior
c_cur	Deslocamento na RAM de vídeo para o cursor
c_org	Posição na memória RAM apontada pelo registrador de base do chip 6845

Figura 3-36 Campos da estrutura console relacionados à posição corrente na tela.

Os caracteres que afetam a posição do cursor (por exemplo, avanço de linha, retrocesso) são manipulados ajustando-se os valores de *c_column*, *c_row* e *c_cur*. Esse trabalho é feito no final de *flush*, por uma chamada para *set_6845*, que configura os registradores no chip da controladora de vídeo.

O *driver* de terminal suporta seqüências de escape para permitir que editores de tela e outros programas interativos atualizem a tela de uma maneira flexível. As seqüências suportadas são um subconjunto de um padrão ANSI e devem ser adequadas para permitir que muitos programas escritos para outro hardware e outros sistemas operacionais sejam facilmente portados para o MINIX 3. Existem duas categorias de seqüências de escape: as que nunca contêm um parâmetro variável e as que podem conter parâmetros. Na primeira categoria, a única representante suportada pelo MINIX 3 é ESC M, que indexa a tela inversamente, movendo o cursor uma linha para cima e rolando a tela para baixo, caso o cursor já esteja na primeira linha. A outra categoria pode ter um ou dois parâmetros numéricos. Todas as seqüências desse grupo começam com ESC [. O caractere "[" é o **introdutor de seqüência de controle**. Uma tabela de seqüências de escape definidas pelo padrão ANSI e reconhecidas pelo MINIX 3 foi mostrada na Figura 3-32.

Analisar seqüências de escape não é simples. As seqüências de escape válidas no MINIX 3 podem ter apenas dois caracteres, como em ESC M, ou até 8 caracteres de comprimento, no caso de uma seqüência que aceita dois parâmetros numéricos, cada um podendo ter valores de dois dígitos, como em ESC [20;60H, que move o cursor para a linha 20, coluna 60. Em uma seqüência que aceita um único parâmetro, este pode ser omitido; em uma seqüência que aceita dois parâmetros, um deles ou ambos podem ser omitidos. Quando um parâmetro é omitido, ou é utilizado um parâmetro que está fora do intervalo válido, ele é substituído por um padrão. O padrão é o menor valor válido.

Considere as seguintes maneiras pelas quais um programa poderia construir uma seqüência para mover o cursor para o canto superior esquerdo da tela:

1. ESC [H é aceitável, pois se nenhum parâmetro for inserido, os parâmetros válidos mais baixos serão assumidos.
2. ESC [1;1H enviará o cursor corretamente para a linha 1 e coluna 1 (no padrão ANSI, os números de linha e coluna começam em 1).
3. Tanto ESC [1;H como ESC [;1H têm um parâmetro omitido, o que leva ao padrão 1, como no primeiro exemplo.
4. ESC [0;0H fará o mesmo, pois cada parâmetro é menor do que o valor mínimo válido e este será usado.

Esses exemplos foram apresentados não para sugerir que se deva usar deliberadamente parâmetros inválidos, mas para mostrar que o código que analisa tais seqüências não é simples.

O MINIX 3 implementa uma máquina de estado finito para fazer essa análise. A variável *c_esc_state* na estrutura console normalmente tem o valor 0. Quando *out_char* detecta um caractere ESC, ela muda *c_esc_state* para 1 e os caracteres subseqüentes são processados por *parse_escape* (linha 16293). Se o caractere seguinte for o introdutor de seqüência de controle, entra-se no estado 2; caso contrário, a seqüência será considerada concluída e *do_escape* (linha 16352) será chamada. No estado 2, contanto que os caracteres recebidos sejam numéricos, um parâmetro é calculado multiplicando-se o valor anterior do parâmetro (inicialmente 0) por 10 e somando-se o valor numérico do caractere corrente. Os valores de parâmetro são mantidos em um *array* e, quando um ponto-e-vírgula é detectado, o processamento muda para a próxima célula no *array*. (No MINIX 3, o *array* tem apenas dois elementos, mas o princípio é o mesmo.) Quando é encontrado um caractere não-numérico que não é um ponto-e-vírgula, a seqüência é considerada concluída e, novamente, *do_escape* é chamada. O caractere corrente na entrada para *do_escape* é usado então, para selecionar exatamente a ação a ser executada e como os parâmetros serão interpretados, sejam os padrões, sejam aqueles inseridos no fluxo de caracteres. Isso está ilustrado na Figura 3-44.

Mapas de teclado carregáveis

O teclado do IBM PC não gera códigos ASCII diretamente. Cada uma das teclas é identificada por um número, começando com as teclas localizadas no canto superior esquerdo do teclado original do PC — 1 para a tecla "ESC", 2 para a tecla "1" e assim por diante. Cada tecla recebe um número, incluindo as teclas modificadoras, como SHIFT (da direita e da esquerda), numeradas como 42 e 54. Quando uma tecla é pressionada, o MINIX 3 recebe o número da tecla como código de varredura. Um código de varredura também é gerado quando uma tecla é liberada, mas o código gerado na liberação tem o bit mais significativo ativado (equivalente a somar 128 ao número da tecla). Assim, um pressionamento e uma liberação de uma tecla podem ser distinguidos. Monitorando-se quais teclas modificadoras foram pressionadas e ainda não liberadas, é possível um grande número de combinações. É claro que, para propósitos normais, combinações de duas teclas, como SHIFT-A ou CTRL-D, são mais fáceis de manejar para pessoas que digitam com as duas mãos, mas para ocasiões especiais, combinações de três teclas (ou mais) são possíveis; por exemplo, CTRL-SHIFT-A ou a conhecida combinação CTRL-ALT-DEL, que os usuários de PC conhecem como a maneira para reinicializar o sistema.

A complexidade do teclado do PC permite uma grande flexibilidade no modo como ele é usado. Um teclado padrão tem 47 teclas de caractere normais definidas (26 alfabéticas, 10 numéricas e 11 de pontuação). Se quisermos usar combinações de três teclas modificadoras, como CTRL-ALT-SHIFT, podemos suportar um conjunto de caracteres de 376 (8 × 47) membros. De modo algum esse é o limite do que é possível, mas vamos supor, por enquanto, que não queremos distinguir entre as teclas modificadoras da esquerda e da direita, nem usar nenhuma das teclas do teclado numérico ou de função. Na verdade, não estamos limitados a usar apenas as teclas CTRL, ALT e SHIFT como modificadoras; poderíamos remover algumas teclas do conjunto de teclas normais e usá-las como modificadoras, se quiséssemos escrever um *driver* que suportasse tal sistema.

Os sistemas operacionais usam um **mapa de teclado** para determinar o código de caractere a ser passado para um programa, com base na tecla que está sendo pressionada e as modificadoras que estão em vigor. Logicamente, o mapa de teclado do MINIX 3 é um *array* de 128 linhas, representando os valores de código de varredura possíveis (esse tamanho foi escolhido para atender os teclados japoneses; os teclados norte-americanos e europeus não têm tantas teclas), e 6 colunas. As colunas representam nenhuma modificadora, a tecla SHIFT, a tecla CTRL, a tecla ALT da esquerda, a tecla ALT da direita e uma combinação de uma das teclas ALT com a tecla SHIFT. Assim, há 720 ((128 - 6) × 6) códigos de caractere que podem ser gerados por esse esquema, dado um teclado adequado. Isso exige que cada entrada da tabela seja uma quantidade de 16 bits. Para os teclados norte-americanos, as colunas ALT e ALT2 são idênticas. ALT2 é chamada ALTGR nos teclados de outros idiomas e muitos desses mapas de teclado suportam teclas com três símbolos, usando essa tecla como modificadora.

Um mapa de teclado padrão, determinado pela linha

```
#include keymaps/us-std.src
```

em *keyboard.c*, é compilado no núcleo do MINIX 3, mas uma chamada a

```
ioctl(0, KIOCSMAP, keymap)
```

pode ser usada para carregar um mapa diferente no núcleo, no endereço *keymap*. Um mapa de teclado completo ocupa 1536 bytes (128 × 6 × 2). Os mapas de teclado extras são armazenados em forma compactada. Um programa chamado *genmap* é usado para fazer um novo mapa de teclado compactado. Quando compilado, *genmap* inclui o código de *keymap.src* para um mapa de teclado em particular, para que o mapa seja compilado dentro de *genmap*. Normalmente, *genmap* é executado imediatamente após ser compilado, no momento em que produz na saída a versão compactada de um arquivo e, então, o binário de *genmap* é excluído. O comando *loadkeys* lê um mapa de teclado compactado, o expande internamente e, em seguida, chama ioctl para transferir o mapa de teclado para a memória do núcleo. O MINIX 3 pode executar *loadkeys* automaticamente na inicialização e o programa também pode ser ativado a qualquer momento pelo usuário.

Código de varredura	Caractere	Normal	SHIFT	ALT1	ALT2	ALT+SHIFT	CTRL
00	nenhum	0	0	0	0	0	0
01	ESC	C('[')	C('[')	CA('[')	CA('[')	CA('[')	C('[')
02	'1'	'1'	'1'	'!'	A('1')	A('1')	A('!')	C('A')
13	'='	'='	'='	'+'	A('=')	A('=')	A('+')	C('@')
16	'q'	L('q')	'Q'	A('q')	A('q')	A('Q')	C('Q')
28	CR/LF	C('M')	C('M')	CA('M')	CA('M')	CA('M')	C('J')
29	CTRL	CTRL	CTRL	CTRL	CTRL	CTRL	CTRL
59	F1	F1	SF1	AF1	AF1	ASF1	CF1
127	???	0	0	0	0	0	0

Figura 3-37 Algumas entradas do arquivo-fonte de um mapa de teclado.

O código-fonte de um mapa de teclado define um grande *array* inicializado e, para economizar espaço, o arquivo de mapa de teclado não foi impresso no Apêndice B. A Figura 3-37 mostra, em forma de tabela, o conteúdo de algumas linhas de *src/kernel/keymaps/us-std.src*, que ilustra vários aspectos dos mapas de teclado. Não há nenhuma tecla no teclado do IBM-PC que gere o código de varredura 0. A entrada do código 1, a tecla ESC, mostra que o valor retornado não é alterado quando a tecla SHIFT ou a tecla CTRL é pressionada, mas que um código diferente é retornado quando uma tecla ALT é pressionada simultaneamente com a tecla ESC. Os valores compilados nas várias colunas são determinados por macros definidas em *include/minix/keymaps.h*:

```
#define C(c)   ((c) & 0x1F)       /* Mapeamento para o código de controle */
#define A(c)   ((c) | 0x80)       /* Ativa oito bits (ALT) */
#define CA(c)  A(C(c))            /* CTRL-ALT */
#define L(c)   ((c) | HASCAPS)    /* Adiciona o atributo "Caps Lock ativado" */
```

As três primeiras dessas macros manipulam bits no código do caractere entre apóstrofos para produzir o código necessário a ser retornado para o aplicativo. A última ativa o bit HASCAPS no byte superior do valor de 16 bits. Trata-se de um *flag* indicando que o estado da variável *capslock* precisa ser verificado e o código possivelmente modificado, antes de ser retornado. Na figura, as entradas dos códigos de varredura 2, 13 e 16 mostram como as teclas numéricas, de pontuação e alfabéticas típicas são manipuladas. Para o código 28, vê-se um recurso especial — normalmente, a tecla ENTER produz o código CR – de *carriage return* – (0x0D), representado aqui como C('M'). Como, nos arquivos do UNIX, o caractere de nova linha é o código LF – *line feed* – (0x0A) e, às vezes, é necessário inserir isso diretamente, esse mapa de teclado fornece uma combinação CTRL-ENTER, a qual produz esse código, C('J').

O código de varredura 29 é um dos códigos modificadores e deve ser reconhecido, independentemente da outra tecla pressionada; portanto, o valor CTRL é retornado, indiferentemente de qualquer outra tecla que possa ser pressionada. As teclas de função não retornam valores ASCII normais e a linha do código de varredura 59 mostra, simbolicamente, os valores (definidos em *include/minix/keymaps.h*) retornados para a tecla F1 combinada com outras modificadoras. Esses valores são F1: 0x0110, SF1: 0x1010, AF1: 0x0810, ASF1: 0x0C10 e CF1: 0x0210. A última entrada mostrada na figura, para o código de varredura 127, é típica de muitas entradas próximas ao final do *array*. Para muitos teclados, certamente para a maioria dos utilizados na Europa e nas Américas, não há teclas suficientes para gerar todos os códigos possíveis e essas entradas da tabela são preenchidas com zero.

Fontes carregáveis

Os primeiros PCs tinham os padrões para gerar caracteres em uma tela de vídeo armazenados apenas na memória ROM, mas os monitores usados nos dispositivos atuais fornecem memória RAM nos adaptadores de vídeo, na qual podem ser carregados padrões personalizados para o gerador de caracteres. Isso é suportado pelo MINIX 3 com uma operação ioctl

  ioctl(0, TIOCSFON, font)

O MINIX 3 suporta um modo de vídeo de 80 linhas × 25 colunas e os arquivos de fonte contêm 4096 bytes. Cada byte representa uma linha de 8 *pixels* que são iluminados se o valor do bit for 1, e 16 dessas linhas são necessárias para fazer o mapeamento de cada caractere. Entretanto, o adaptador de vídeo usa 32 bytes para fazer o mapeamento de cada caractere para fornecer uma resolução mais alta em modos atualmente não suportados pelo MINIX 3. O comando *loadfont* é fornecido para converter esses arquivos na estrutura *font* de 8192 bytes referenciada pela chamada de ioctl e usá-la para carregar a fonte. Assim como acontece com os mapas de teclado, uma fonte pode ser carregada no momento da inicialização ou a qualquer momento, durante a operação normal. Entretanto, todo adaptador de vídeo tem uma fonte padrão incorporada em sua memória ROM, que está disponível. Não há necessidade de compilar uma fonte no próprio MINIX 3 e o único suporte de fonte necessário no núcleo é o código para executar a operação ioctl *TIOCSFON*.

3.8.4 Implementação do *driver* de terminal independente de dispositivo

Nesta seção, começaremos a ver o código-fonte do *driver* de terminal em detalhes. Quando estudamos os dispositivos de bloco, vimos que vários *drivers*, suportando diversos dispositivos diferentes, podiam compartilhar uma base de software comum. O caso dos dispositivos de terminal é semelhante, mas com a diferença de que existe apenas um *driver* de terminal que suporta vários tipos de dispositivo de terminal. Aqui, começaremos com o código independente de dispositivo. Nas seções posteriores, veremos o código dependente de dispositivo para o teclado e para monitor de console mapeado em memória.

Estruturas de dados do *driver* de terminal

O arquivo *tty.h* contém definições usadas pelos arquivos em C que implementam os *drivers* de terminal. Como esse *driver* suporta muitos dispositivos diferentes, os números secundários de dispositivo devem ser usados para distinguir qual dispositivo está sendo suportado em uma chamada específica e eles são definidos nas linhas 13405 a 13409.

Dentro de *tty.h*, as definições dos *flags O_NOCTTY* e *O_NONBLOCK* (que são argumentos opcionais para a chamada **open**) são duplicatas das definições presentes em *include/fcntl.h*, mas são repetidas aqui para não exigir a inclusão de outro arquivo. Os tipos *devfun_t* e *devfunarg_t* (linhas 13423 e 13424) são usados para definir ponteiros para funções, a fim de fornecer chamadas indiretas usando um mecanismo semelhante àquele que vimos no código do laço principal dos *drivers* de disco.

Muitas variáveis declaradas neste arquivo são identificadas pelo prefixo *tty_*. A definição mais importante em *tty.h* é a estrutura *tty* (linhas 13426 a 13488). Há uma estrutura dessas para cada dispositivo de terminal (juntos, o monitor do console e o teclado contam como um único terminal). A primeira variável na estrutura *tty*, *tty_events*, é o *flag* ativado quando uma interrupção causa uma alteração que exige que o *driver* de terminal atenda o dispositivo.

O restante da estrutura *tty* é organizado de forma a agrupar as variáveis que tratam da entrada, saída, status e informações sobre operações incompletas. Na seção de entrada, *tty_inhead* e *tty_intail* definem a fila onde os caracteres recebidos são colocados no buffer. *Tty_incount* conta o número de caracteres presentes nessa fila e *tty_eotct* conta linhas ou caracteres, conforme explicado a seguir. Todas as chamadas específicas do dispositivo são feitas indiretamente, com exceção das rotinas que inicializam os terminais, que são usadas para configurar os ponteiros empregados nas chamadas indiretas. Os campos *tty_devread* e *tty_icancel* contêm ponteiros para código específico do dispositivo, para executar as operações de leitura e cancelamento de entrada. *Tty_min* é usada em comparações com *tty_eotct*. Quando esta última se torna igual à primeira, uma operação de leitura está concluída. Durante a entrada canônica, *tty_min* é configurada como 1 e *tty_eotct* conta as linhas inseridas. Durante a entrada não-canônica, *tty_eotct* conta caracteres e *tty_min* é configurada a partir do campo *MIN* da estrutura *termios*. Assim, a comparação das duas variáveis informa quando uma linha está pronta ou quando a contagem de caracteres mínima é atingida, dependendo do modo. *Tty_tmr* é um temporizador para esse *tty*, usado para o campo *TIME* de *termios*.

Como o enfileiramento da saída é manipulado pelo código específico do dispositivo, a parte da saída de *tty* não declara variáveis e é composta inteiramente em ponteiros para funções específicas do dispositivo que escrevem, ecoam, enviam um sinal de quebra e cancelam a saída. Na parte de status, os *flags tty_reprint*, *tty_escaped* e *tty_inhibited* indicam que o último caractere visto tem significado especial; por exemplo, quando um caractere CTRL-V (LNEXT) é detectado, *tty_escaped* é configurado como 1 para indicar que qualquer significado especial do próximo caractere deve ser ignorado.

A parte seguinte da estrutura contém dados sobre operações *DEV_READ*, *DEV_WRITE* e *DEV_IOCTL* em andamento. Existem dois processos envolvidos em cada uma dessas operações. O servidor que gerencia a chamada de sistema (normalmente, o sistema de arquivos) é identificado em *tty_incaller* (linha 13458). O servidor chama o *driver tty* em nome de outro processo que precisa executar uma operação de E/S e esse cliente é identificado em *tty_inproc* (linha 13459). Conforme descrito na Figura 3-33, durante uma operação **read**, os caracteres são transferidos diretamente do *driver* de terminal para um buffer dentro do espaço de memória do processo original que fez a chamada. *Tty_inproc* e *tty_in_vir* localizam esse buffer. As duas variáveis seguintes, *tty_inleft* e *tty_incum*, contam os caracteres que ainda são necessários e aqueles que já foram transferidos. Conjuntos de variáveis semelhantes são necessários para a chamada de sistema **write**. Para **ioctl**, pode haver uma transferência imediata de dados entre o processo solicitante e o *driver*; portanto, é necessário um endereço virtual, mas não há necessidade de variáveis para marcar o progresso de uma operação. Uma requisição de ioctl pode ser adiada, por exemplo, até que a saída corrente tenha terminado, mas quando for o momento certo, a requisição será executada em uma única operação.

Finalmente, a estrutura *tty* inclui algumas variáveis que não caem em nenhuma outra categoria, incluindo ponteiros para as funções para manipular as operações *DEV_IOCTL* e *DEV_CLOSE* no nível de dispositivo, uma estrutura *termios* estilo POSIX e uma estrutura *winsize*, que fornece suporte para monitores de tela baseados em janelas. A última parte da estrutura fornece armazenamento para a fila de entrada em si, no *array tty_inbuf*. Note que esse é um *array* de *u16_t* e não de caracteres *char* de 8 bits. Embora aplicativos e dispositivos utilizem códigos de 8 bits para caracteres, a linguagem C exige que a função de entrada *getchar* trabalhe com um tipo de dados maior para que possa retornar um valor de *EOF* simbólico, além de todos os 256 valores de byte possíveis.

A tabela *tty_table*, um *array* de estruturas *tty*, é declarada como *extern* na linha 13491. Há um elemento de *array* para cada terminal ativado pelas definições de *NR_CONS*, *NR_RS_LINES* e *NR_PTYS* em *include/minix/config.h*. Para a configuração discutida neste livro, são ativados dois consoles, mas o MINIX 3 pode ser recompilado para adicionar mais consoles virtuais, uma ou duas linhas seriais e até 64 pseudoterminais.

Existe uma outra definição *extern* em *tty.h*. *Tty_timers* (linha 13516) é um ponteiro usado pelo temporizador para conter o início de uma lista encadeada de campos *timer_t*. O arquivo de cabeçalho *tty.h* é incluído em muitos arquivos e o espaço de armazenamento para *tty_table* e *tty_timers* é alocado durante a compilação de *tty.c*.

Duas macros, *buflen* e *bufend*, são definidas nas linhas 13520 e 13521. Elas são usadas freqüentemente no código do *driver* de terminal, que faz muitas cópias de dados manipulando buffers.

O *driver* de terminal independente de dispositivo

O *driver* de terminal principal e as funções de suporte independentes de dispositivo estão todos em *tty.c*. Depois disso, aparecem várias definições de macro. Se um dispositivo não for inicializado, os ponteiros para as funções específicas desse dispositivo conterão zeros, postos lá pelo compilador C. Isso torna possível definir a macro *tty_active* (linha 13687), a qual retorna *FALSE* se for encontrado um ponteiro nulo. É claro que o código de inicialização de um dispositivo não pode ser acessado indiretamente, se parte de sua tarefa é inicializar os ponteiros que tornam o acesso indireto possível. Nas linhas 13690 a 13696 estão definições de macros condicionais para igualar as chamadas de inicialização para dispositivos RS-232, ou de pseudoterminais, a chamadas de uma função nula, quando esses dispositivos não estão configurados. De maneira semelhante, *do_pty* pode ser desativada nessa seção. Isso torna possível omitir inteiramente o código desses dispositivos, caso ele não seja necessário.

Como existem tantos parâmetros que podem ser configurados para cada terminal e pode haver muitos terminais em um sistema interligado em rede, uma estrutura *termios_defaults* é declarada e inicializada com valores padrão (todos os quais são definidos em *include/termios.h*), nas linhas 13720 a 13727. Essa estrutura é copiada na entrada *tty_table* de um terminal, quando é necessário inicializá-lo ou reinicializá-lo. Os padrões para os caracteres especiais foram mostrados na Figura 3-29. A Figura 3-38 mostra os valores padrão para os vários *flags* usados. Na linha seguinte, a estrutura *winsize_defaults* é declarada de modo semelhante. Ela é deixada para ser inicializada com zeros pelo compilador C. Essa é a ação padrão correta; ela significa "o tamanho da janela é desconhecido, use */etc/termcap*".

O último conjunto de definições, antes que o código executável comece, são as declarações PUBLIC das variáveis globais anteriormente declaradas como *extern* em *tty.h* (linhas 13731 a 13735).

Campo	Valores padrão
c_iflag	BRKINT ICRNL IXON IXANY
c_oflag	OPOST ONLCR
c_cflag	CREAD CS8 HUPCL
c_lflag	ISIG IEXTEN ICANON ECHO ECHOE

Figura 3-38   Valores padrão de *flags* de *termios*.

O ponto de entrada para o *driver* de terminal é *tty_task* (linha 13740). Antes de entrar no laço principal, é feita uma chamada para *tty_init* (linha 13752). As informações sobre a máquina hospedeira, que serão necessárias para inicializar o teclado e o console, são obtidas pela chamada de núcleo sys_getmachine e, em seguida, o hardware de teclado é inicializado. A rotina chamada por isso é *kb_init_once*. Ela recebe esse nome para distingui-la de outra rotina de inicialização que é chamada como parte da inicialização de cada console virtual, posteriormente. Finalmente, um único 0 é impresso para exercitar o sistema de saída e dar a partida em tudo que não é inicializado até o primeiro uso. O código-fonte mostra uma chamada para *printf*, mas essa não é a mesma função *printf* utilizada pelos programas de usuário; trata-se de uma versão especial que chama uma função local no *driver* de console denominada *putk*.

Em princípio, o laço principal, nas linhas 13764 a 13876, é igual ao laço principal de qualquer *driver* — ele recebe uma mensagem, executa um comando switch com o tipo de mensagem para chamar a função apropriada e, em seguida, gera uma mensagem de retorno. Entretanto, existem algumas complicações. A primeira é que, desde a última interrupção, mais caracteres podem ter sido lidos ou os caracteres a serem enviados a um dispositivo de saída podem estar prontos. Antes de tentar receber uma mensagem, o laço principal sempre verifica os *flags tp->tty_events* de todos os terminais e *handle_events* é chamada, conforme for necessário, para fazer o que não foi concluído. Somente quando nada exigir atenção imediata é que é feita uma chamada para receber.

Nos comentários no início de *tty.c* (linha 13630) apresentam os tipos de mensagens usados mais freqüentemente. Vários tipos de mensagem solicitando serviços especializados do *driver* de terminal não são mostrados. Eles não são específicos de nenhum dispositivo. O laço principal de *tty_task* os verifica e trata deles antes de tratar as mensagens específicas do dispositivo. Primeiramente, é feita uma verificação de uma mensagem *SYN_ALARM* e, se esse for o tipo de mensagem, é feita uma chamada para *expire_timers* para causar a execução de uma rotina de cão de guarda. Em seguida, aparece um comando continue. Na verdade, todos os próximos casos que veremos são seguidos de continue. Falaremos mais sobre isso em breve.

O próximo tipo de mensagem testado é *HARD_INT*. Provavelmente, esse é o resultado de uma tecla sendo pressionada ou liberada no teclado local. Isso também poderia significar bytes recebidos por uma porta serial, caso as portas seriais estejam ativadas — na configuração que estamos estudando, elas não estão, mas deixamos o código condicional no arquivo para ilustrar como a entrada de porta serial seria tratada. Um campo de bit na mensagem é usado para determinar a fonte da interrupção.

Em seguida, é feita uma verificação para *SYS_SIG*. Os processos de sistema (*drivers* e servidores) devem ser bloqueados na espera por mensagens. Os sinais normais são recebidos apenas pelos processos ativos; portanto, o método de sinalização padrão do UNIX não funciona com processos de sistema. Uma mensagem *SYS_SIG* é usada para sinalizar um processo de sistema. Um sinal para o *driver* de terminal pode significar que o núcleo está sendo desligado (*SIGKSTOP*), que o *driver* de terminal está sendo desligado (*SIGTERM*) ou que o núcleo precisa imprimir uma mensagem no console (*SIGKMESS*), e as rotinas apropriadas são chamadas para esses casos.

O último grupo de mensagens não específicas do dispositivo são *PANIC_DUMPS*, *DIAGNOSTICS* e *FKEY_CONTROL*. Falaremos mais sobre elas quando chegarmos nas funções que as atendem.

Agora, passemos aos comandos continue: na linguagem C, continue, em um laço, faz com que o fluxo da execução retorne para o início dele. Portanto, se qualquer um dos tipos de mensagem mencionados até aqui for detectado, assim que for atendido retornará o controle para o início do laço principal, na linha 13764, a verificação de eventos será repetida e receive será chamada novamente para esperar uma nova mensagem. Particularmente, no caso da entrada, é importante estar pronto para responder novamente o mais rápido possível. Além disso, se qualquer um dos testes de tipo de mensagem na primeira parte do laço for bem-sucedido, não haverá necessidade de fazer nenhum dos testes que aparecem depois do primeiro comando switch.

Anteriormente, mencionamos complicações com que o *driver* de terminal deve tratar. A segunda complicação é que esse *driver* atende vários dispositivos. Se a interrupção não for de hardware, o campo *TTY_LINE* da mensagem é usado para determinar qual dispositivo deve responder à mensagem. O número secundário do dispositivo é decodificado por uma série de comparações, por meio das quais *tp* é apontado para a entrada correta na tabela *tty_table* (linhas 13834 a 13847). Se o dispositivo é um pseudoterminal, *do_pty* (em *pty.c*) é chamada e o laço principal é reiniciado. Neste caso, *do_pty* gera a mensagem de resposta. Naturalmente, se os pseudoterminais não estiverem ativados, a chamada para *do_pty* usará a macro fictícia definida anteriormente. Pode-se esperar que tentativas de acesso a dispositivos inexistentes não ocorram, mas é sempre mais fácil acrescentar outra verificação do que testar se não existe erros em outra parte do sistema. No caso de o dispositivo não existir, ou não estar configurado, será gerada uma mensagem de resposta com uma mensagem de erro *ENXIO* e, novamente, o controle retornará para o início do laço.

O restante desse *driver* é semelhante ao que vimos no laço principal de outros *drivers*, um comando switch para o tipo de mensagem (linhas 13862 a 13875). É chamada uma função apropriada para o tipo de requisição, *do_read*, *do_write* etc. Em cada caso, a função chamada gera a mensagem de resposta, em vez de passar as informações necessárias para construir a mensagem de volta para o laço principal. Uma mensagem de resposta é gerada no final do laço principal apenas se não foi recebido um tipo de mensagem válido, no caso em que é enviada uma mensagem de erro *EINVAL*. Como as mensagens de resposta são enviadas a partir de muitos lugares diferentes dentro do *driver* de terminal, uma rotina comum, *tty_reply*, é chamada para tratar dos detalhes da construção das mensagens de resposta.

Se a mensagem recebida por *tty_task* for um tipo de mensagem válido e não o resultado de uma interrupção (e não vier de um pseudoterminal), o switch no final do laço principal despachará para uma das funções *do_read*, *do_write*, *do_ioctl*, *do_open*, *do_close*, *do_select* ou *do_cancel*. Os argumentos de cada uma dessas chamadas são *tp*, um ponteiro para uma estrutura *tty* e o endereço da mensagem. Antes de examinar cada uma delas em detalhes, mencionaremos algumas considerações gerais. Como *tty_task* pode atender vários dispositivos de terminal, essas funções devem retornar rapidamente para que o laço principal possa continuar.

Entretanto, *do_read*, *do_write* e *do_ioctl* podem não conseguir completar imediatamente todo o trabalho solicitado. Para permitir que o sistema de arquivos atenda outras chamadas, é exigida uma resposta imediata. Se a requisição não puder ser concluída imediatamente, o código *SUSPEND* será retornado no campo de status da mensagem de resposta. Isso corresponde à mensagem marcada como (3) na Figura 3-33 e suspende o processo que iniciou a chamada, enquanto desbloqueia o sistema de arquivos. As mensagens correspondentes a (10) e (11) na figura serão enviadas posteriormente, quando a operação puder ser concluída. Se a requisição puder ser completamente atendida, ou se ocorrer um erro, a contagem de bytes transferidos ou o código de erro será retornado no campo de status da mensagem de retorno para o sistema de arquivos. Neste caso, uma mensagem será enviada imediatamente do sistema de arquivos para o processo que fez a chamada original, para despertá-lo.

Ler de um terminal é fundamentalmente diferente de ler de um dispositivo de disco. O *driver* de disco executa um comando no hardware de disco e, finalmente, os dados serão retornados, exceto no caso de uma falha mecânica ou elétrica. O computador pode exibir um *prompt* na tela, mas não há como obrigar uma pessoa que esteja diante do teclado a começar a digitar. Quanto a isso, nem mesmo há garantia de que haja alguém lá. Para fazer o retorno rápido exigido, *do_read* (linha 13953) começa armazenando informações que permitirão concluir posteriormente a requisição, quando e se a entrada chegar. Existem algumas verificações de erro a serem feitas primeiro. É um erro se o dispositivo ainda estiver esperando entrada para atender uma requisição anterior ou se os parâmetros da mensagem forem inválidos (linhas 13964 a 13972). Se passar por esses testes, as informações sobre a requisição serão copiadas nos campos corretos da entrada *tp->tty_table* do dispositivo, nas linhas 13975 a 13979. O último passo, configurar *tp->tty_inleft* com o número de caracteres solicitados, é importante. Essa variável é usada para determinar quando a requisição de leitura é atendida. No modo canônico, *tp->tty_inleft* é decrementada por um para cada caractere retornado, até que um fim de linha seja recebido, quando ela é repentinamente zerada. No modo não-canônico, ela é tratada de forma diferente, mas em qualquer caso, é reconfigurada com zero quando a chamada é atendida, seja por um tempo limite atingido, seja pela recepção de pelo menos o número mínimo de bytes solicitados. Quando *tp->tty_inleft* chega a zero, uma mensagem de resposta é enviada. Conforme veremos, as mensagens de resposta podem ser geradas em vários lugares. Às vezes, é necessário verificar se um processo que está lendo ainda espera uma resposta; um valor diferente de zero para *tp->tty_inleft* serve como um *flag* para esse propósito.

No modo canônico, um dispositivo de terminal espera pela entrada até que o número de caracteres solicitados na chamada seja recebido ou que seja atingido o fim de uma linha ou do arquivo. O bit *ICANON*, na estrutura *termios*, é testado na linha 13981 para ver se o modo canônico está em vigor para o terminal. Se não estiver ativo, os valores *MIN* e *TIME* de *termios* são verificados para determinar a ação a ser adotada.

Na Figura 3-31, vimos como *MIN* e *TIME* interagem para fornecer diferentes comportamentos para uma chamada de leitura. *TIME* é testado na linha 13983. Um valor igual à zero corresponde à coluna da esquerda na Figura 3-31 e, nesse caso, mais nenhum teste é necessário nesse ponto. Se *TIME* é diferente de zero, então *MIN* é testado. Se for zero, *settimer* será chamada para iniciar o temporizador que terminará a requisição de *DEV_READ* após um atraso, mesmo que nenhum byte tenha sido recebido. *Tp->tty_min* é configurada como 1 aqui, para que a chamada termine imediatamente caso um ou mais bytes sejam recebidos antes do tempo limite. Nesse ponto, nenhuma verificação de entrada foi feita ainda; portanto, mais de um caractere já pode estar esperando para atender a requisição. Nesse caso, os caracteres que estiverem prontos, até o número especificado na chamada **read**, serão retornados assim que a entrada for encontrada. Se *TIME* e *MIN* forem diferentes de zero, o temporizador terá um significado diferente. Nesse caso, ele é usado como temporizador entre caracteres. Ele é iniciado somente depois que o primeiro caractere for recebido e é reiniciado após cada caractere sucessivo. *Tp->tty_eotct* conta caracteres no modo não-canônico e, se for zero na linha 13993, nenhum caractere foi recebido ainda e o temporizador entre bytes é inibido.

Em qualquer caso, na linha 14001, *in_transfer* é chamada para transferir os bytes que já estão na fila de entrada diretamente para o processo que está lendo. Em seguida, há uma chamada para *handle_events*, a qual pode colocar mais dados na fila de entrada e que chama *in_transfer* novamente. Essa aparente duplicação de chamadas exige alguma explicação. Embora a discussão até aqui tenha sido em termos de entrada de teclado, *do_read* está na parte independente de dispositivo do código e também atende a entrada de terminais remotos conectados por meio de linhas seriais. É possível que uma entrada anterior tenha preenchido o buffer de entrada RS-232 até o ponto onde a entrada foi inibida. A primeira chamada para *in_transfer* não inicia o fluxo novamente, mas a chamada para *handle_events* pode ter esse efeito. O fato de ela causar, então, uma segunda chamada para *in_transfer* é apenas um bônus. O importante é garantir que o terminal remoto possa enviar novamente. Qualquer uma dessas chamadas pode resultar no atendimento da requisição e no envio da mensagem de resposta para o sistema de arquivos. *Tp->tty_inleft* é usada como um *flag* para ver se a resposta foi enviada; se ela ainda for diferente de zero na linha 14004, *do_read* gerará e enviará a mensagem de resposta. Isso é feito nas linhas 14013 a 14021. (Supomos aqui que não foi feito nenhum uso da chamada de sistema **select** e, portanto, não haverá nenhuma chamada para *select_retry* na linha 14006).

Se a requisição original especificasse uma leitura sem bloqueio, o sistema de arquivos seria instruído a passar um código de erro *EAGAIN* para o processo original que fez a chamada. Se a chamada é uma leitura com bloqueio normal, o sistema de arquivos recebe um código *SUSPEND*, desbloqueando-o, mas dizendo para que deixe bloqueado o processo original que fez a chamada. Neste caso, o campo *tp->tty_inrepcode* do terminal é configurado como *REVIVE*. Quando, e se, a operação **read** for satisfeita posteriormente, esse código será colocado na mensagem de resposta para o sistema de arquivos, para indicar que o processo original que fez a chamada foi colocado em repouso e precisa ser despertado.

Do_write (linha 14029) é semelhante à *do_read*, porém mais simples, pois existem menos opções para se preocupar no tratamento de uma chamada de sistema **write**. São feitas verificações semelhantes àquelas de *do_read* para ver se uma escrita anterior ainda não está em andamento e se os parâmetros da mensagem são válidos; em seguida, os parâmetros da requisição são copiados na estrutura *tty*. Então, *handle_events* é chamada e *tp->tty_outleft* é verificado para ver se o trabalho foi feito (linhas 14058 a 14060). Se assim for, uma mensagem de resposta já foi enviada por *handle_events* e não resta mais nada a fazer. Caso contrário, uma mensagem de resposta é gerada, com os parâmetros da mensagem dependendo da chamada **write** original ter sido feita ou não no modo sem bloqueio.

A próxima função, *do_ioctl* (linha 14079), apesar de longa, não é difícil de entender. O miolo de *do_ioctl* são dois comandos **switch**. A primeira determina o tamanho do parâmetro apontado pelo ponteiro na mensagem de requisição (linhas 14094 a 14125). Se o tamanho não for zero, a validade do parâmetro é testada. O conteúdo não pode ser testado aqui, mas o que pode ser testado é se uma estrutura do tamanho exigido, começando no endereço especificado, cabe dentro do segmento em que deve estar. O restante da função é outro comando **switch** para o tipo de operação ioctl solicitada (linhas 14128 a 14225).

Infelizmente, suportar as operações exigidas pelo POSIX com a chamada ioctl significou que tiveram de ser inventados nomes para as operações ioctl que sugerem, mas não duplicam, os nomes exigidos pelo POSIX. A Figura 3-39 mostra o relacionamento entre os nomes POSIX e os usados pela chamada ioctl do MINIX 3. Uma operação *TCGETS* atende uma chamada de *tcgetattr* feita pelo usuário e simplesmente retorna uma cópia da estrutura *tp->tty_termios* do dispositivo de terminal. Os quatro tipos de requisições seguintes compartilham código. Os tipos de requisições *TCSETSW*, *TCSETSF* e *TCSETS* correspondem às chamadas de usuário para a função *tcsetattr* definida pelo POSIX e todos têm a ação básica de copiar uma nova estrutura *termios* na estrutura *tty* de um terminal. A cópia é feita imediatamente para chamadas de *TCSETS* e podem ser feitas para chamadas de *TCSETSW* e *TCSETSF*, caso a saída esteja concluída, por uma chamada de núcleo *sys_vircopy* para obter os dados do usuário, seguida de uma chamada para *setattr*, nas linhas 14153 a 14156. Se *tcsetattr* foi chamada com um modificador solicitando o adiamento da ação até a conclusão da saída corrente, os parâmetros da requisição são colocados na estrutura *tty* do terminal para processamento posterior, caso o teste de *tp->tty_outleft*, na linha 14139, revele que a saída não está concluída. *Tcdrain* suspende um programa até que a saída esteja concluída e é transformada em uma chamada ioctl de tipo *TCDRAIN*. Se a saída já estiver concluída, ela não tem mais nada a fazer. Se a saída não estiver concluída, ela também deverá deixar informações na estrutura *tty*.

Função do POSIX	Operação POSIX	Tipo de IOCTL	Parâmetro IOCTL
tcdrain	(nenhuma)	TCDRAIN	(nenhum)
tcflow	TCOOFF	TCFLOW	int=TCOOFF
tcflow	TCOON	TCFLOW	int=TCOON
tcflow	TCIOFF	TCFLOW	int=TCIOFF
tcflow	TCION	TCFLOW	int=TCION
tcflush	TCIFLUSH	TCFLSH	int=TCIFLUSH
tcflush	TCOFLUSH	TCFLSH	int=TCOFLUSH
tcflush	TCIOFLUSH	TCFLSH	int=TCIOFLUSH
tcgetattr	(nenhuma)	TCGETS	termios
tcsetattr	TCSANOW	TCSETS	termios
tcsetattr	TCSADRAIN	TCSETSW	termios
tcsetattr	TCSAFLUSH	TCSETSF	termios
tcsendbreak	(nenhuma)	TCSBRK	int=duração

Figura 3-39 Chamadas do POSIX e operações IOCTL.

A função *tcflush* do POSIX descarta dados de entrada não lidos e/ou de saída não enviados, de acordo com seu argumento, e a transformação de ioctl é simples, consistindo em uma chamada para a função *tty_icancel* que atende todos os terminais e/ou para a função específica do dispositivo apontada por *tp->tty_ocancel* (linhas 14159 a 14167). Analogamente, *tcflow* é transformada de maneira direta para uma chamada ioctl. Para suspender ou reiniciar a saída, ela configura um valor *TRUE* ou *FALSE* em *tp->tty_inhibited* e, então, ativa o *flag* *tp->tty_events*. Para suspender ou reiniciar a entrada, ela envia o código *STOP* (normalmente, CTRL-S) ou *START* (CTRL-Q) apropriado para o terminal remoto, usando a rotina de eco específica do dispositivo apontada por *tp->tty_echo* (linhas 14181 a 14186).

A maior parte do restante das operações manipuladas por *do_ioctl* é tratada em uma única linha de código, chamando uma função apropriada. Nos casos das operações *KIOCSMAP* (carregar mapas de teclado) e *TIOCSFON* (carregar fonte), é feito um teste para garantir que o dispositivo seja realmente um console, pois essas operações não se aplicam aos outros terminais. Se terminais virtuais estiverem em uso, os mesmos mapas de teclado e fonte se aplicarão a todos consoles; o hardware não permite nenhum outro modo de fazer isso de forma diferente. As operações de tamanho de janela copiam uma estrutura *winsize* entre o processo de usuário e o *driver* de terminal. Observe, entretanto, o comentário sob o código da operação *TIOCSWINSZ*. Em algumas versões do UNIX, quando um processo altera seu tamanho de janela, espera-se que o núcleo envie um sinal *SIGWINCH* para o grupo do processo. O sinal não é exigido pelo padrão POSIX e não é implementado no MINIX 3. Entretanto, quem estiver pensando em usar essas estruturas deve considerar a adição do código aqui, para iniciar esse sinal.

Os dois últimos casos em *do_ioctl* suportam as funções *tcgetpgrp* e *tcsetpgrp* exigidas pelo POSIX. Não há nenhuma ação associada a esses casos e as funções sempre retornam um erro. Não há nenhum problema nisso. Essas funções suportam **controle de** *jobs*, a capacidade de suspender e reiniciar um processo a partir do teclado. O controle de *jobs* não é exigido pelo POSIX e não é suportado pelo MINIX 3. Entretanto, o POSIX exige essas funções, mesmo quando o controle de *jobs* não é suportado, para garantir a portabilidade dos programas.

Do_open (linha 14234) tem uma ação básica simples para executar — ela incrementa a variável *tp->tty_openct* do dispositivo para que possa ser verificado se ele está aberto. Entretanto, existem alguns testes a serem feitos primeiro. O POSIX especifica que, para terminais normais, o primeiro processo a abrir um terminal é o **líder da sessão**. Quando um líder de sessão é extinto, o acesso ao terminal é retirado dos demais processos que fazem parte de seu grupo. Os *daemons* precisam ser capazes de escrever mensagens de erro e, se sua saída de erro não for redirecionada para um arquivo, ela deve ir para um monitor que não possa ser fechado.

Para esse propósito, existe no MINIX 3 um dispositivo chamado */dev/log*. Fisicamente, é o mesmo dispositivo que */dev/console*, mas é endereçado por um número secundário de dispositivo separado e é tratado de forma diferente. Trata-se de um dispositivo somente para escrita e, assim, *do_open* retornará o erro *EACCESS* se for feita uma tentativa de abri-lo para leitura (linha 14246). O outro teste feito por *do_open* é para o *flag O_NOCTTY*. Se ele não estiver ativo e o dispositivo não for */dev/log*, o terminal torna-se o terminal controlador para um grupo de processos. Isso é feito colocando-se o número do processo que fez a chamada no campo *tp->tty_pgrp* da entrada *tty_table*. Depois disso, a variável *tp->tty_openct* é incrementada e a mensagem de resposta é enviada.

Um dispositivo de terminal pode ser aberto mais de uma vez e a função seguinte, *do_close* (linha 14260), não tem nada a fazer, exceto decrementar *tp->tty_openct*. O teste feito na linha 14266 frustra uma tentativa de fechar o dispositivo, caso ele seja */dev/log*. Se essa operação for o último fechamento, a entrada é cancelada pela chamada de *tp->tty_icancel*. Também são chamadas rotinas específicas do dispositivo apontadas por *tp->tty_ocancel* e *tp->tty_close*. Então, vários campos na estrutura *tty* do dispositivo são reconfigurados com seus valores padrão e a mensagem de resposta é enviada.

A última rotina de tratamento de tipo de mensagem que consideraremos é *do_cancel* (linha 14281). Ela é ativada quando um sinal é recebido por um processo que está bloqueado tentando ler ou escrever. Existem três estados que devem ser verificados:

1. O processo poderia estar lendo quando foi eliminado.
2. O processo poderia estar escrevendo quando foi eliminado.
3. O processo poderia estar suspenso por *tcdrain* até que sua saída estivesse concluída.

É feito um teste para cada caso e a rotina geral *tp->tty_icancel*, ou a rotina específica do dispositivo, apontada por *tp->tty_ocancel*, é chamada, conforme for necessário. No último caso, a única ação exigida é desativar o *flag tp->tty_ioreq* para indicar que, agora, a operação ioctl está terminada. Finalmente, o *flag tp->tty_events* é ativado e uma mensagem de resposta é enviada.

Código de suporte ao *driver* de terminal

Agora que já vimos as funções de nível superior chamadas no laço principal de *tty_task*, é hora de examinarmos o código que as suporta. Começaremos com *handle_events* (linha 14358). Conforme mencionado anteriormente, em cada passagem pelo laço principal do *driver* de terminal, o *flag tp->tty_events* de cada dispositivo de terminal é verificado e *handle_events* é chamada caso ele mostre que é exigida atenção para um terminal em particular. *Do_read* e *do_write* também chamam *handle_events*. Essa rotina precisa trabalhar rápido. Ela desativa o *flag tp->tty_events* e depois chama rotinas específicas do dispositivo para ler e escrever, usando os ponteiros para as funções *tp->tty_devread* e *tp->tty devwrite* (linhas 14382 a 14385).

Essas funções são chamadas incondicionalmente, pois não há como testar se uma leitura ou uma escrita ativou o *flag* — foi feita uma escolha de projeto aqui, pois verificar dois *flags* para cada dispositivo seria mais dispendioso do que fazer duas chamadas sempre que um dispositivo estivesse ativo. Além disso, na maioria das vezes, um caractere recebido de um terminal deve ser ecoado; portanto, as duas chamadas serão necessárias. Conforme observado na discussão sobre o tratamento das chamadas de *tcsetattr* por *do_ioctl*, o POSIX pode adiar operações de controle nos dispositivos até que a saída corrente tenha terminado; portanto, imediatamente após chamar a função *tty_devwrite* específica do dispositivo é um bom momento para cuidar das operações de ioctl. Isso é feito na linha 14388, onde *dev_ioctl* é chamada se houver uma requisição de controle pendente.

Como o *flag tp->tty_events* é ativado por interrupções e como os caracteres podem chegar de um dispositivo rápido, existe a chance de que, quando as chamadas para as rotinas de leitura e escrita específicas do dispositivo e *dev_ioctl* tiverem terminado, outra interrupção tenha ativado o *flag* novamente. É dada uma alta prioridade para a retirada da entrada do buffer, onde a rotina de interrupção a colocou inicialmente. Assim, *handle_events* repete as chamadas para as rotinas específicas do dispositivo, desde que o *flag tp->tty_events* seja encontrado ativo no final do laço (linha 14389). Quando o fluxo de entrada pára (também poderia ser o de saída, mas é mais provável que a entrada faça tais exigências repetidas), *in_transfer* é chamada para transferir caracteres da fila de entrada para o buffer do processo que solicitou a requisição de leitura. A própria função *in_transfer* envia a mensagem de resposta se a transferência concluir a requisição, seja transferindo o número máximo de caracteres solicitados ou encontrando o final de uma linha (no modo canônico). Se ela fizer isso, *tp->tty_left* será zero no retorno para *handle_events*. Aqui, mais um teste é feito e uma mensagem de resposta é enviada se o número de caracteres transferidos tiver atingido o número mínimo solicitado. Testar *tp->tty_inleft* impede o envio de uma mensagem duplicada.

A seguir, veremos *in_transfer* (linha 14416), que é responsável por mover dados da fila de entrada no espaço de memória do *driver* para o buffer do processo de usuário que solicitou a entrada. Entretanto, uma cópia de bloco simples não é possível aqui. A fila de entrada é um buffer circular e os caracteres precisam ser verificados para ver se o final do arquivo não foi atingido ou, se o modo canônico estiver em vigor, se a transferência simplesmente continua até o fim de uma linha. Além disso, a fila de entrada tem quantidades de 16 bits, mas o buffer do destinatário é um *array* de caracteres representados em 8 bits. Assim, é usado um buffer local intermediário. Os caracteres são verificados um a um, à medida que são colocados no buffer local, e quando o buffer for preenchido, ou quando a fila de entrada estiver vazia, *sys_vircopy* será chamada para mover o conteúdo do buffer local para o buffer do processo receptor (linhas 14432 a 14459).

São usadas três variáveis na estrutura *tty*, *tp->tty_inleft*, *tp->tty_eotct* e *tp->tty_min*, para decidir se *in_transfer* tem algum trabalho a fazer, e as duas primeiras controlam seu laço principal. Conforme mencionado anteriormente, *tp->tty_inleft* é configurada inicialmente com o número de caracteres solicitados por uma chamada read. Normalmente, ela é decrementada por um quando um caractere é transferido, mas pode ser posta abruptamente para zero, quando uma condição sinalizando o fim da entrada é atingida. Ao atingir zero, é gerada uma mensagem de resposta para o leitor; portanto, ela também serve como um *flag* para indicar se uma mensagem foi enviada ou não. Assim, no teste da linha 14429, verificar se *tp->tty_inleft* é zero é um motivo suficiente para cancelar a execução de *in_transfer* sem enviar uma resposta.

Na parte seguinte do teste, *tp->tty_eotct* e *tp->tty_min* são comparadas. No modo canônico, essas duas variáveis se referem a linhas de entrada completas e no modo não-canônico elas se referem a caracteres. *Tp->tty_eotct* é incrementada quando uma "quebra de linha" ou um byte é colocado na fila de entrada e é decrementada por *in_transfer*, quando uma linha ou um byte é removido da fila. Em outras palavras, ela conta o número de linhas ou bytes recebidos pelo *driver* de terminal, mas que ainda não foram passados para um leitor. *Tp->tty_min* indica o número mínimo de linhas (no modo canônico) ou os caracteres (no modo não-canônico) que devem ser transferidos para concluir uma requisição de leitura. Seu valor é sempre 1 no modo canônico e pode ser qualquer valor de 0 a *MAX_INPUT* (255, no MINIX 3) no modo não-canônico. A segunda metade do teste na linha 14429 faz *in_transfer* retornar imediatamente no modo canônico, caso uma linha completa ainda não tenha sido recebida. A transferência não é feita até que uma linha esteja completa, de modo que o conteúdo da fila pode ser modificado se, por exemplo, um caractere ERASE ou KILL for digitado subseqüentemente pelo usuário, antes que a tecla ENTER seja pressionada. No modo não-canônico, ocorrerá um retorno imediato se o número mínimo de caracteres ainda não estiver disponível.

Algumas linhas mais adiante, *tp->tty_inleft* e *tp->tty_eotct* são usadas para controlar o laço principal de *in_transfer*. No modo canônico, a transferência continua até que não reste mais nenhuma linha completa na fila. No modo não-canônico, *tp->tty_eotct* contabiliza os caracteres pendentes. *Tp->tty_min* controla se o laço é iniciado, mas não é usada para determinar quando parar. Uma vez iniciado o laço, são transferidos todos os caracteres disponíveis no momento ou o número de caracteres solicitados na chamada original, o que for menor.

Os caracteres são quantidades de 16 bits na fila de entrada. O código de caractere real a ser transferido para o processo de usuário é dado nos 8 bits inferiores. A Figura 3-40 mostra como os bits superiores são usados. Três são usados para sinalizar se o caractere tem escape (por meio de CTRL-V), se significa fim de arquivo ou se representa um dos vários códigos que indicam que uma linha está completa. Quatro bits são usados para fornecer o número de espaços usados na tela quando o caractere for ecoado. O teste na linha 14435 verifica se o bit *IN_EOF* (*D*, na figura) está ativado. Isso é testado no início do laço interno, pois um fim de arquivo (CTRL-D) em si não é transferido para um leitor nem computado na contagem de caracteres. À medida que cada caractere é transferido, uma máscara é aplicada para zerar os 8 bits superiores e apenas o valor ASCII nos 8 bits inferiores é transferido para o buffer local (linha 14437).

Há mais de uma maneira de sinalizar o fim da entrada, mas a rotina de entrada específica do dispositivo é que deve determinar se um caractere recebido é um avanço de linha, CTRL-D ou outro caractere desse tipo, e marcar cada caractere. *In_transfer* só precisa testar essa marca, o bit *IN_EOT* (*N*, na Figura 3-40), na linha 14454. Se isso for detectado, *tp->tty_eotct* será decrementada. No modo não-canônico, todo caractere é contado dessa maneira ao ser colocado na fila de entrada e todo caractere também é marcado nesse momento com o bit *IN_EOT*, de modo que *tp->tty_eotct* fornece a quantidade de caracteres ainda não removidos da fila. A única diferença na operação do laço principal de *in_transfer* nos dois modos diferentes é encontrada na linha 14457. Aqui, *tp->tty_inleft* é zerada em resposta ao fato de um caractere

| 0 | V | D | N | c | c | c | c | 7 | 6 | 5 | 4 | 3 | 2 | 1 | 0 |

V:	IN_ESC, escape com LNEXT (CTRL-V)
D:	IN_EOF, fim de arquivo (CTRL-D)
N:	IN_EOT, quebra de linha (NL e outros)
cccc:	contagem de caracteres ecoados
7:	Bit 7, pode ser zerado, se ISTRIP estiver ativo
6-0:	Bits 0-6, código ASCII

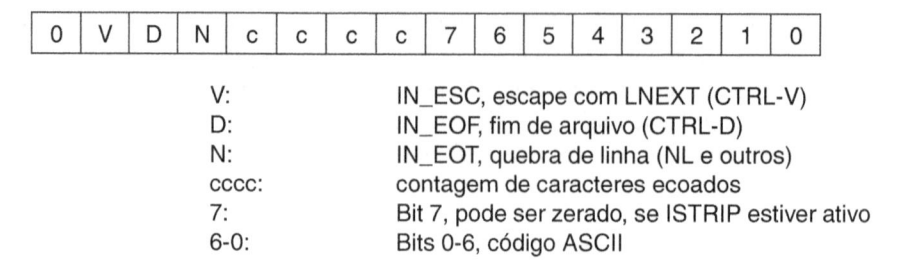

Figura 3-40 Os campos em um código de caractere, conforme ele é colocado na fila de entrada.

marcado como quebra de linha ter sido encontrado, mas apenas se o modo canônico estiver em vigor. Assim, quando o controle retorna para o início do laço, o laço termina corretamente após uma quebra de linha no modo canônico, mas no modo não-canônico, as quebras de linha são ignoradas.

Quando o laço termina, normalmente há um buffer local parcialmente preenchido para ser transferido (linhas 14461 a 14468). Então, uma mensagem de resposta será enviada, se *tp->tty_inleft* tiver chegado a zero. Isso sempre acontece no modo canônico, mas se o modo não-canônico estiver em vigor e o número de caracteres transferidos for menor do que a requisição completa, a resposta não será enviada. Isso pode ser confuso, se você tiver boa memória para detalhes a ponto de lembrar que, quando vimos as chamadas para *in_transfer* (em *do_read* e *handle_events*), o código após a chamada para *in_transfer* enviava uma mensagem de resposta, se *in_transfer* retornasse tendo transferido mais do que a quantidade especificada em *tp->tty_min*, o que certamente acontecerá aqui. O motivo pelo qual uma resposta não é dada incondicionalmente a partir de *in_transfer* será visto quando discutirmos a próxima função, que chama *in_transfer* sob um conjunto de circunstâncias diferentes.

A próxima função é *in_process* (linha 14486). Ela é chamada a partir do software específico do dispositivo, para tratar do processamento comum que deve ser feito em toda entrada. Seus parâmetros são um ponteiro para a estrutura *tty* do dispositivo de origem, um ponteiro para o *array* de caracteres de 8 bits a ser processado e uma quantidade. A quantidade é retornada para o processo que fez a chamada. *In_process* é uma função comprida, mas suas ações não são complicadas. Ela adiciona caracteres de 16 bits na fila de entrada que, posteriormente, é processada por *in_transfer*.

Existem várias categorias de tratamento fornecidas por *in_transfer*.

1. Os caracteres normais são adicionados na fila de entrada, estendidos para 16 bits.

2. Os caracteres que afetam o processamento posterior modificam *flags* para sinalizar o efeito, mas não são colocados na fila.

3. Os caracteres que controlam o eco têm efeito imediato, sem serem colocados na fila.

4. Os caracteres com significado especial têm códigos, como o bit *EOT*, adicionados em seus bytes superiores, à medida que são colocados na fila de entrada.

Vamos ver primeiro uma situação completamente normal: um caractere comum, como "x" (código ASCII 0x78), digitado no meio de uma linha curta, sem nenhuma seqüência de escape vigorando, em um terminal configurado com as propriedades padrão do MINIX 3. Quando é recebido do dispositivo de entrada, esse caractere ocupa os bits de 0 a 7 na Figura 3-40. Na linha 14504, ele teria seu bit mais significativo, o bit 7, posto como zero, se o bit *ISTRIP* estivesse ativo, mas o padrão no MINIX 3 é não retirar o bit, permitindo a entrada de códigos de 8 bits completos. De qualquer modo, isso não afetaria nosso "x". O padrão do

MINIX 3 é permitir o processamento estendido da entrada; portanto, o teste do bit *IEXTEN* em *tp->tty_termios.c_lflag* (linha 14507) é aprovado, mas os testes seguintes falham sob as condições que postulamos: nenhum escape de caractere está em vigor (linha 14510), essa entrada não é o caractere de escape de caractere (linha 14517) e também não é o caractere *REPRINT* (linha 14524).

Os testes nas linhas seguintes verificam se o caractere de entrada não é o caractere especial *_POSIX_VDISABLE* nem *CR* ou *NL*. Finalmente, um resultado positivo: o modo canônico está em vigor; esse é o padrão normal (linha 14324). Entretanto, nosso "x" não é o caractere *ERASE*, tampouco é *KILL*, *EOF* (CTRL-D), *NL* ou *EOL*; portanto, na linha 14576 nada ainda terá acontecido com ele. Aqui, se descobre que o bit *IXON* está ativo (por padrão) permitindo o uso dos caracteres *STOP* (CTRL-S) e *START* (CTRL-Q), mas nos testes seguintes para eles, nenhuma correspondência é encontrada. Na linha 14597, descobre-se que o bit *ISIG*, que permite o uso dos caracteres *INTR* e *QUIT*, está ativo por padrão, mas, novamente, nenhuma correspondência é encontrada.

Na verdade, a primeira coisa interessante que poderia acontecer com um caractere comum ocorre na linha 14610, onde é feito um teste para saber se a fila de entrada já está cheia. Se isso acontecesse, o caractere seria descartado nesse ponto, pois o modo canônico está vigorando, e o usuário não o veria ecoado na tela. (A instrução continue descarta o caractere, pois ela faz o laço externo reiniciar). Entretanto, como postulamos condições completamente normais para esta ilustração, vamos supor que o buffer ainda não esteja cheio. O próximo teste, para ver se é necessário processamento especial do modo não-canônico (linha 14616), falha, causando um salto para frente, até a linha 14629. Aqui, *echo* é chamada para mostrar o caractere para o usuário, pois o bit *ECHO* em *tp->tty_termios.c_lflag* é ativado por padrão.

Finalmente, nas linhas 14632 a 14636, o caractere é utilizado, sendo colocado na fila de entrada. Nesse momento, *tp->tty_incount* é incrementado, mas como se trata de um caractere comum, não marcado pelo bit *EOT*, *tp->tty_eotct* não é alterada.

A última linha no laço chama *in_transfer* se o caractere que acabou de ser transferido lotar a fila. Entretanto, sob as condições normais que postulamos para este exemplo, *in_transfer* não faria nada, mesmo que fosse chamada, pois (supondo que a fila tenha sido servida normalmente e a entrada anterior tenha sido aceita quando a linha de entrada anterior estava completa) *tp->tty_eotct* é zero, *tp->tty_min* é 1 e o teste no início de *in_transfer* (linha 14429) causa um retorno imediato.

Tendo passado por *in_process* com um caractere comum sob condições normais, vamos voltar agora para o início de *in_process* e ver o que acontece em circunstâncias menos normais. Primeiramente, veremos o escape de caractere, que permite a um caractere que normalmente tem efeito especial passar para o processo de usuário. Se um escape de caractere está em vigor, o *flag tp->tty_escaped* está ativado e, quando isso é detectado (na linha 14510), o *flag* é desativado imediatamente e o bit *IN_ESC*, bit V na Figura 3-40, é adicionado ao caractere corrente. Isso causa processamento especial quando o caractere é ecoado—os caracteres de controle com escape são exibidos como "^", mais o caractere para torná-los visíveis. O bit *IN_ESC* também impede que o caractere seja reconhecido pelos testes de caracteres especiais.

As linhas seguintes processam o caractere de escape em si, o caractere *LNEXT* (CTRL-V, por padrão). Quando o código *LNEXT* é detectado, o *flag tp->tty_escaped* é ativado e *rawecho* é chamada duas vezes para produzir a saída de "^", seguida de um retrocesso. Isso lembra o usuário que está no teclado de que um escape está vigorando e, quando o caractere seguinte é ecoado, ele sobrescreve "^". *LNEXT* é um exemplo de caractere que afeta os caracteres posteriores (neste caso, apenas o próximo caractere). Ele não é colocado na fila e o laço recomeça após as duas chamadas para *rawecho*. A ordem desses dois testes é importante, tornando possível inserir o próprio caractere *LNEXT* duas vezes em seqüência, para passar a segunda cópia como dados reais para um processo.

O próximo caractere especial processado por *in_process* é *REPRINT* (CTRL-R). Quando ele é encontrado, ocorre uma chamada para *reprint* (linha 14525), fazendo com que a saída ecoada corrente seja reapresentada. Então, o caractere *REPRINT* em si é descartado, sem nenhum efeito sobre a fila de entrada.

Entrar nos detalhes sobre o tratamento de cada caractere especial seria maçante e o código-fonte de *in_process* é simples. Mencionaremos apenas mais alguns pontos. Um deles é que o uso de bits especiais no byte superior do valor de 16 bits colocado na fila de entrada torna fácil identificar uma classe de caracteres que têm efeitos semelhantes. Assim, *EOT* (CTRL-D), *LF* e o caractere alternativo *EOL* (indefinido por padrão) são todos marcados pelo bit *EOT*, o bit D na Figura 3-40 (linhas 14566 a 14573), facilitando o reconhecimento posterior.

Finalmente, justificaremos o comportamento peculiar de *in_transfer* observado anteriormente. Não é gerada uma resposta sempre que ela termina, embora nas chamadas para *in_transfer* que vimos anteriormente, parecia que uma resposta sempre seria gerada no retorno. Lembre-se de que a chamada para *in_transfer* feita por *in_process* quando a fila de entrada está cheia (linha 14639) não tem nenhum efeito quando o modo canônico está vigorando. Mas, se for desejado processamento não-canônico, cada caractere será marcado com o bit *EOT* na linha 14618 e, assim, cada caractere será contado por *tp->tty_eotct* na linha 14636. Por sua vez, isso causa a entrada no laço principal de *in_transfer* quando ela é chamada por causa de uma fila de entrada cheia no modo não-canônico. Nessas ocasiões, nenhuma mensagem deve ser enviada no término de *in_transfer*, pois provavelmente haverá mais caracteres lidos após retornar para *in_process*. Na verdade, embora a entrada no modo canônico para uma única operação **read** seja limitada pelo tamanho da fila de entrada (255 caracteres, no MINIX 3), no modo não-canônico, uma chamada **read** deve ser capaz de enviar o número de caracteres constante *_POSIX_SSIZE_MAX* exigido pelo POSIX. Seu valor no MINIX 3 é 32767.

As próximas funções em *tty.c* suportam entrada de caractere. *Tty_echo* (linha 14647) trata alguns caracteres de maneira especial, mas a maioria é simplesmente exibida no lado da saída do mesmo dispositivo que está sendo usado para entrada. A saída de um processo pode estar indo para um dispositivo ao mesmo tempo em que a entrada está sendo ecoada, o que torna as coisas complicadas se o usuário que estiver no teclado tentar retroceder. Para tratar disso, o *flag tp->tty_reprint* é sempre configurado como *TRUE* pelas rotinas de saída específicas do dispositivo para uma saída normal. Dessa forma, a função que trata o retrocesso pode identificar que foi produzida uma saída mista. Como *tty_echo* também usa as rotinas de saída do dispositivo, o valor corrente de *tp->tty_reprint* é preservado durante o eco, usando a variável local *rp* (linhas 14668 a 14701). Entretanto, se uma nova linha de entrada acabou de começar, *rp* é configurada como *FALSE*, em vez de assumir o valor antigo, garantindo assim que *tp->tty_reprint* seja reconfigurado quando *echo* terminar.

Talvez você tenha notado que *tty_echo* retorna um valor, por exemplo, na chamada da linha 14629 em *in_process*:

ch = tty_echo(tp, ch)

O valor retornado por *echo* contém o número de espaços usados na tela para exibição do eco, que pode ser até oito, se o caractere for *TAB*. Essa contagem é colocada no campo *cccc* na Figura 3-40. Os caracteres normais ocupam um único espaço na tela, mas se um caractere de controle (que não seja *TAB*, *NL* ou *CR*) ou um *DEL* (0x7F) for ecoado, ele será exibido como "^", mais um caractere ASCII imprimível, e ocupará duas posições na tela. Por outro lado, um *NL* ou *CR* não ocupa nenhum espaço. É claro que o eco deve ser feito por uma rotina específica do dispositivo e, quando um caractere precisa ser passado para o dispositivo, é feita uma chamada indireta usando *tp->tty_echo*, como, por exemplo, na linha 14696, para caracteres normais.

A próxima função, *rawecho*, é usada para evitar o tratamento especial feito por *echo*. Ela verifica se o *flag ECHO* está ativo e, se estiver, envia o caractere para a rotina específica do dispositivo *tp->tty_echo*, sem qualquer processamento especial. Uma variável local *rp* é usada aqui, para impedir que a própria chamada de *rawecho* para a rotina de saída altere o valor de *tp->tty_reprint*.

Quando um retrocesso é encontrado por *in_process*, a próxima função, *back_over* (linha 14721), é chamada. Ela manipula a fila de entrada para remover o início da fila anterior, se for possível retroceder — se a fila estiver vazia ou se o último caractere for uma quebra de linha, então o retrocesso não será possível. Aqui, é testado o *flag tp->tty_reprint*, mencionado nas discussões sobre *echo* e *rawecho*. Se ele for *TRUE*, então *reprint* será chamada (linha 14732) para colocar uma cópia da linha de saída na tela. Em seguida, o campo *len* do último caractere exibido (o campo *cccc* da Figura 3-40) é consultado para se descobrir quantos caracteres precisam ser excluídos na tela e, para cada caractere, uma seqüência de caracteres de retrocesso-espaço-retrocesso é enviada por *rawecho* para remover o caractere indesejado da tela e substituí-lo por um espaço.

Reprint é a função seguinte. Além de ser chamada por *back_over*, ela pode ser ativada pelo usuário pressionando a tecla *REPRINT* (CTRL-R). O laço nas linhas 14764 a 14769 faz uma pesquisa para trás na fila de entrada, em busca da última quebra de linha. Se ela for encontrada na última posição preenchida, não haverá nada para fazer e *reprint* retornará. Caso contrário, ela ecoará o CTRL-R, que aparece no monitor como a seqüência de dois caracteres "^R", e depois irá para a linha seguinte e reapresentará a fila da última quebra de linha até o final.

Agora, chegamos a *out_process* (linha 14789). Assim como *in_process*, ela é chamada por rotinas de saída específicas do dispositivo, mas é mais simples. Ela é chamada pelas rotinas de saída específicas de dispositivos RS-232 e pseudoterminal, mas não pela rotina de console. *Out_process* trabalha sobre um buffer circular de bytes, mas não os remove do buffer. A única alteração que ela faz no *array* é inserir um caractere *CR* na frente de um caractere *NL* no buffer, caso os bits *OPOST* (ativar processamento de saída) e *ONLCR* (fazer o mapeamento de NL para CR-NL) em *tp->tty_termios.oflag* estejam ativos. Esses dois bits são ativados por padrão no MINIX 3. Sua tarefa é manter a variável *tp->tty_position* atualizada na estrutura *tty* do dispositivo. Tabulações e retrocessos complicam a vida.

A rotina seguinte é *dev_ioctl* (linha 14874). Ela apóia *do_ioctl* na execução da função *tcdrain* e da função *tcsetattr*, quando é chamada com as opções *TCSADRAIN* ou *TCSAFLUSH*. Nesses casos, *do_ioctl* não pode completar a ação imediatamente, caso a saída esteja incompleta; portanto, informações sobre a requisição são armazenadas nas partes da estrutura *tty* reservadas para operações ioctl postergadas. Quando *handle_events* é executada, ela primeiro verifica o campo *tp->tty_ioreq*, após chamar a rotina de saída específica do dispositivo, e chama *dev_ioctl* se uma operação estiver pendente. *Dev_ioctl* testa *tp->tty_outleft* para ver se a saída está concluída e, se estiver, executa as mesmas ações que *do_ioctl* teria executado imediatamente, caso não houvesse nenhum atraso. Para atender *tcdrain*, a única ação é reconfigurar o campo *tp->tty_ioreq* e enviar a mensagem de resposta para o sistema de arquivos, dizendo a ele para que desperte o processo que fez a chamada original. A variante *TCSAFLUSH* de *tcsetattr* chama *tty_icancel* para cancelar a entrada. Para as duas variantes de *tcsetattr*, a estrutura *termios* cujo endereço foi passado na chamada original para ioctl é copiada na estrutura *tp->tty_termios* do dispositivo. Então, *setattr* é chamada, seguida, assim como acontece com *tcdrain*, pelo envio de uma mensagem de resposta para despertar o processo bloqueado que fez a chamada original.

Setattr (linha 14899) é a função seguinte. Como vimos, ela é chamada por *do_ioctl* ou por *dev_ioctl* para alterar os atributos de um dispositivo de terminal e por *do_close* para reconfigurar os atributos novamente com o padrão. *Setattr* é sempre chamada após copiar uma nova estrutura *termios* na estrutura *tty* do dispositivo, pois copiar apenas os parâmetros não é suficiente. Se o dispositivo que está sendo controlado estiver agora no modo não-canônico, a primeira ação será marcar todos os caracteres correntemente na fila de entrada com o bit *IN_EOT*, como seria feito quando esses caracteres fossem originalmente inseridos na fila se o modo não-canônico estivesse em vigor. É mais fácil apenas ir em frente e fazer isso (linhas 14913 a 14919) do que testar se os caracteres já têm o bit ativado. Não há como saber quais atributos acabaram de ser alterados e quais ainda mantêm seus valores antigos.

A próxima ação é verificar os valores de *MIN* e *TIME*. No modo canônico, *tp->tty_min* é sempre 1, que é configurado na linha 14926. No modo não-canônico, a combinação dos dois valores possibilita quatro modos de operação diferentes, conforme vimos na Figura 3-31. Nas linhas 14931 a 14933, *tp->tty_min* primeiro é configurada com o valor passado em *tp->tty_termios.cc[VMIN]*, que, então, é modificado se for zero e *tp->tty_termios.cc[VTIME]* não for zero.

Finalmente, *setattr* garante que a saída não seja interrompida, caso o controle XON/XOFF esteja desativado; envia um sinal *SIGHUP*, se a velocidade de saída for configurada como zero; e faz uma chamada indireta para a rotina específica do dispositivo apontada por *tp->tty_ioctl*, para fazer o que só pode ser feito no nível do dispositivo.

A próxima função, *tty_reply* (linha 14952), foi mencionada muitas vezes na discussão anterior. Sua ação é muito simples: construir uma mensagem e enviá-la. Se, por algum motivo, a resposta falhar, resultará uma situação de pânico. As funções seguintes são igualmente simples. *Sigchar* (linha 14973) pede para que o gerenciador de memória (*Memory Manager* — MM) envie um sinal. Se o *flag* NOFLSH não estiver ativo, a entrada enfileirada será removida — a contagem de caracteres ou linhas recebidas será zerada e os ponteiros para o final e para o início da fila serão igualados. Essa é a ação padrão. Quando um sinal *SIGHUP* precisa ser capturado, *NOFLSH* pode ser ativado para permitir a retomada da entrada e da saída após a captura do sinal. *Tty_icancel* (linha 15000) descarta incondicionalmente a entrada pendente da maneira descrita para *sigchar* e, além disso, chama a função específica do dispositivo apontada por *tp->tty_icancel* para cancelar a entrada que possa existir no próprio dispositivo ou que esteja em buffer no código de baixo nível.

Tty_init (linha 15013) é chamada quando *tty_task* é iniciada pela primeira vez. Ela faz um laço por todos os terminais possíveis e configura os padrões. Inicialmente, um ponteiro para *tty_devnop*, uma função fictícia que não faz nada, é configurado nas variáveis *tp->tty_icancel*, *tp->tty_ocancel*, *tp->tty_ioctl* e *tp->tty_close*. Então, *tty_init* chama as funções de inicialização específicas do dispositivo para a categoria de terminal apropriada (console, linha serial ou pseudoterminal). Essas funções configuram os ponteiros reais para as funções específicas do dispositivo chamadas indiretamente. Lembre-se de que, se não houver dispositivo configurado em uma categoria de dispositivo em particular, uma macro que retorna imediatamente será criada; portanto, nenhuma parte do código para um dispositivo não configurado precisará ser compilada. A chamada para *scr_init* inicializa o *driver* de console e também chama a rotina de inicialização do teclado.

As próximas três funções suportam temporizadores. Um temporizador de cão de guarda é inicializado com um ponteiro para uma função a ser executada quando o tempo expirar. *Tty_timed_out* é essa função para a maioria dos temporizadores configurados pela tarefa de terminal. Ela configura o *flag* de eventos para obrigar o processamento de entrada e saída. *Ex-*

pire_timers manipula a fila de temporizadores do *driver* de terminal. Lembre-se de que essa é a função chamada a partir do laço principal de *tty_task*, quando uma mensagem *SYN_ALARM* é recebida. Uma rotina de biblioteca, *tmrs_exptimers*, é usada para percorrer a lista encadeada de temporizadores, expirando e chamando as funções de cão de guarda de qualquer um que tenha atingido o tempo limite. No retorno da função de biblioteca, se a fila ainda estiver ativa, é feita uma chamada de núcleo sys_setalarm para solicitar outra mensagem *SYN_ALARM*. Finalmente, *settimer* (linha 15089), configura temporizadores para determinar quando deve retornar de uma chamada read no modo não-canônico. Ela é chamada com parâmetros de *tty_ptr*, um ponteiro para uma estrutura *tty* e *enable*, um valor inteiro que representa *TRUE* ou *FALSE*. As funções de biblioteca *tmrs_settimer* e *tmrs_clrtimer* são usadas para ativar ou desativar um temporizador, conforme determinado pelo argumento *enable*. Quando um temporizador é ativado, a função de cão de guarda é sempre *tty_timed_out*, descrita anteriormente.

Uma descrição de *tty_devnop* (linha 15125) é necessariamente mais longa do que seu código executável, pois ela não tem nenhum. Ela é uma função "sem operação" para ser endereçada indiretamente quando um dispositivo não exigir serviço. Vimos *tty_devnop* usada em *tty_init* como o valor padrão inserido em vários ponteiros de função, antes da chamada da rotina de inicialização de um dispositivo.

O último item em *tty.c* precisa de alguma explicação. Select é uma chamada de sistema usada quando vários dispositivos de E/S podem exigir serviço em momentos imprevisíveis por parte de um único processo. Um exemplo clássico é um programa de comunicação que precisa prestar atenção a um teclado local e a um sistema remoto, talvez conectado por meio de um modem. A chamada select permite abrir vários arquivos de dispositivo e monitorar todos eles para ver quando podem ser lidos ou escritos sem bloquear. Sem select, é necessário usar dois processos para manipular a comunicação bilateral, um atuando como mestre, manipulando a comunicação em uma direção, e o outro como escravo, manipulando a comunicação na outra direção. Select é um exemplo de recurso muito interessante de se ter, mas que complica substancialmente o sistema. Um dos objetivos de projeto do MINIX 3 é ser simples o suficiente para ser entendido com um esforço razoável, em um tempo também razoável, e temos de estabelecer alguns limites. Por isso, não discutiremos aqui *do_select* (linha 15135) e as rotinas de suporte *select_try* (linha 14313) e *select_retry* (linha 14348).

3.8.5 Implementação do *driver* de teclado

Vamos ver agora o código dependente de dispositivo que suporta o console do MINIX 3, que consiste em um teclado de IBM PC e em um monitor mapeado me memória. Os dispositivos físicos que os suportam são totalmente separados: em um sistema de *desktop* padrão, o monitor usa uma placa adaptadora (da qual existem pelo menos meia dúzia de tipos básicos) conectada ao barramento, enquanto o teclado é suportado por circuitos incorporados à placa-mãe que interagem com um processador simples de 8 bits dentro da unidade de teclado. Os dois subdispositivos exigem suporte de software totalmente separado, o qual é encontrado nos arquivos *keyboard.c* e *console.c*.

O sistema operacional vê o teclado e o console como partes do mesmo dispositivo, */dev/console*. Se houver memória suficiente disponível no adaptador de vídeo, poderá ser compilado o suporte para **console virtual** e, além de */dev/console*, poderão existir dispositivos lógicos adicionais, */dev/ttyc1*, */dev/ttyc2* etc. Apenas a saída de um deles vai para a tela em dado momento e há apenas um teclado para usar para entrada no console que estiver ativo. Logicamente, o teclado é subserviente ao console, mas isso é manifestado apenas de duas maneiras relativamente secundárias. Primeiramente, *tty_table* contém uma estrutura *tty* para o console e onde são fornecidos campos separados para entrada e saída, por exemplo, os campos *tty_devread* e *tty_devwrite*, os ponteiros para funções em *keyboard.c* e *console.c* são atribuídos no momento da inicialização. Entretanto, existe apenas um campo *tty_priv* e isso aponta apenas para as estruturas de dados do console. Segundo, antes de entrar em seu laço principal, *tty_task* chama cada dispositivo lógico uma vez, para inicializá-lo. A rotina chamada para /dev/console está em *console.c* e o código de inicialização do teclado é chamado a partir de lá. Contudo, a hierarquia implícita também poderia ter sido invertida. Sempre vimos a entrada antes da saída ao tratar com dispositivos de E/S e continuaremos com esse padrão, discutindo *keyboard.c* nesta seção e deixando a discussão de *console.c* para a seção seguinte.

Keyboard.c começa, assim como a maioria dos arquivos-fonte que vimos, com várias diretivas #include. Entretanto, uma delas é incomum. O arquivo *keymaps/us-std.src* (incluído na linha 15218) não é um cabeçalho normal; trata-se de um arquivo-fonte em C que resulta na compilação dos mapas de teclado padrão dentro de *keyboard.o* como um *array* inicializado. O arquivo-fonte de mapas de teclado não está incluído no Apêndice B por causa de seu tamanho, mas algumas entradas representativas estão ilustradas na Figura 3-37. Após as diretibas #include existem macros para definir várias constantes. O primeiro grupo é usado na interação de baixo nível com a controladora do teclado. Muitas delas são endereços de porta de E/S ou combinações de bits que têm significado nessas interações. O grupo seguinte inclui nomes simbólicos para teclas especiais. Na linha 15249, o tamanho do buffer circular de entrada de teclado é definido simbolicamente como *KB_IN_BYTES*, com o valor 32, e o próprio buffer e as variáveis para gerenciá-lo são definidos em seguida. Como existe apenas um desses buffers, deve-se tomar o cuidado de garantir que todo seu conteúdo seja processado antes que os consoles virtuais sejam alterados.

As variáveis do grupo seguinte são usadas para conter vários estados que devem ser lembrados para a interpretação correta de um pressionamento de tecla. Elas são usadas de diferentes maneiras. Por exemplo, o valor do *flag caps_down* (linha 15266) alterna entre *TRUE* e *FALSE* cada vez que a tecla *Caps Lock* é pressionada. O *flag shift* (linha 15264) é configurado como *TRUE* quando uma das teclas *Shift* é pressionada e como *FALSE* quando as duas teclas *Shift* são liberadas. A variável *esc* é configurada quando é recebido um escape de código de varredura. Ela é sempre reconfigurada na recepção do próximo caractere.

Map_key0 (linha 15297) é definida como uma macro. Ela retorna o código ASCII correspondente a um código de varredura, ignorando modificadores. Isso é equivalente à primeira coluna (sem *Shift*) no *array* de mapas de teclado. Sua grande irmã é *map_key* (linha 15303), que realiza o mapeamento completo de um código de varredura em um código ASCII, incluindo o cômputo das (várias) teclas modificadoras que são pressionadas ao mesmo tempo que as teclas normais.

A rotina de serviço de interrupção de teclado é *kbd_interrupt* (linha 15335), chamada quando uma tecla é pressionada ou liberada. Ela chama *scode* para obter o código de varredura dado pela controladora de teclado. O bit mais significativo do código de varredura é ativado quando a liberação de uma tecla causa a interrupção; tais códigos poderiam ser ignorados, a não ser que fosse uma das teclas modificadoras. Entretanto, com o objetivo de fazer o mínimo possível para atender uma interrupção o mais rápido possível, todos os códigos de varredura brutos são colocados no buffer circular e o *flag tp->tty_events* do console corrente é ativado (linha 15350). Para os propósitos desta discussão, presumimos, como fizemos anteriormente, que nenhuma chamada **select** foi feita e que *kbd_interrupt* retorna imediatamente depois disso. A Figura 3-41 mostra códigos de varredura no buffer para uma linha de entrada curta que contém dois caracteres maiúsculos, cada um precedido pelo código de varredura do pressionamento de uma tecla *Shift* e seguido pelo código da liberação da tecla *Shift*. Inicialmente, são armazenados os códigos dos pressionamentos e das liberações de tecla.

Quando uma mensagem *HARD_INT* do teclado é recebida por *tty_task*, não é executado o laço principal completo. O comando **continue** na linha 13795 faz uma nova iteração do laço principal iniciar imediatamente, na linha 13764. (Isso está ligeiramente simplificado; deixamos algum código condicional na listagem para mostrar que, se o *driver* de linha serial estiver ativado, sua rotina de tratamento de interrupção em espaço de usuário também poderá ser chamada.) Quando a execução é transferida para o início do laço, o *flag tp->tty_events* do dispositivo de console agora é encontrado ativado e *kb_read* (linha 15360), a rotina específica do dispositivo, é chamada usando o ponteiro no campo *tp->tty_devread* da estrutura *tty* do console.

42	35	163	170	18	146	38	166	38	166	24	152	57	185
L+	h+	h-	L-	e+	e-	l+	l-	l+	l-	o+	o-	SP+	SP-

54	17	145	182	24	152	19	147	38	166	32	160	28	156
R+	w+	w-	R-	o+	o-	r+	r-	l+	l-	d+	d-	CR+	CR-

Figura 3-41 Códigos de varredura no buffer de entrada, com as ações de tecla correspondentes abaixo, para uma linha de texto digitada no teclado. L e R representam as teclas *Shift* da direita e da esquerda. + e – indicam um pressionamento e uma liberação de tecla. O código para uma liberação é 128 a mais do que o código para um pressionamento da mesma tecla.

Kb_read recupera os códigos de varredura do buffer circular do teclado e coloca códigos ASCII em seu buffer local, que é grande o suficiente para conter as seqüências de escape que devem ser geradas em resposta a alguns códigos de varredura do teclado numérico. Em seguida, ela chama *in_process* no código independente de hardware para colocar os caracteres na fila de entrada. Na linha 15379, *icount* é decrementada. A chamada para *make_break* retorna o código ASCII como um valor inteiro. As teclas especiais, como as do teclado numérico e as teclas de função, têm valores maiores do que 0xFF nesse ponto. Os códigos no intervalo de *HOME* a *INSRT* (0x101 a 0x10C, definido no arquivo *include/minix/keymaps.h*) resultam do pressionamento do teclado numérico e são convertidos nas seqüências de escape de 3 caracteres mostradas na Figura 3-42, usando o *array numpad_map*.

Então, as seqüências são passadas para *in_process* (linhas 15392 a 15397). Os códigos mais altos não são passados para *in_process*. Em vez disso, é feita uma verificação para os códigos de ALT-SETA PARA A ESQUERDA, ALT-SETA PARA A DIREITA e de ALT-F1 a ALT-F12, e se um deles for encontrado, *select_console* será chamada para trocar os consoles virtuais. Semelhantemente, de CTRL-F1 a CTRL-F12 recebem tratamento especial. CTRL-F1 mostra os mapeamentos das teclas de função (mais informações sobre isso posteriormente). CTRL-F3 alterna entre rolagem por hardware e rolagem por software da tela do console. CTRL-F7, CTRL-F8 e CTRL-F9 geram sinais com os mesmos efeitos de CTRL-\, CTRL-C e CTRL-U respectivamente, exceto que não podem ser alteradas pelo comando stty.

Make_break (linha 15431) converte códigos de varredura em ASCII e depois atualiza as variáveis que monitoram o estado das teclas modificadoras. Primeiramente, entretanto, ela verifica a combinação mágica CTRL-ALT-DEL que todos os usuários de PC conhecem como a maneira de forçar uma reinicialização no MS-DOS. Observe o comentário de que seria melhor fazer isso em um nível mais baixo. Entretanto, a simplicidade do tratamento de interrupção do MINIX 3 em espaço de núcleo torna a detecção de CTRL-ALT-DEL impossível ali; quando uma notificação de interrupção é enviada, o código de varredura ainda não foi lido.

Uma parada de sistema de forma ordenada é desejável; portanto, em vez de tentar iniciar as rotinas da BIOS do PC, é feita uma chamada de núcleo **sys_kill** para iniciar o envio de

Tecla	Código de varredura	"ASCII"	Seqüência de escape
Home	71	0x101	ESC [H
Seta para cima	72	0x103	ESC [A
Pg Up	73	0x107	ESC [V
-	74	0x10A	ESC [S
Seta para a esquerda	75	0x105	ESC [D
5	76	0x109	ESC [G
Seta para a direita	77	0x106	ESC [C
+	78	0x10B	ESC [T
End	79	0x102	ESC [Y
Seta para baixo	80	0x104	ESC [B
Pg Dn	81	0x108	ESC [U
Ins	82	0x10C	ESC [@

Figura 3-42 Códigos de escape gerados pelo teclado numérico. Enquanto os códigos de varredura de teclas normais são transformados em códigos ASCII, as teclas especiais recebem códigos "pseudo-ASCII", com valores maiores do que 0xFF.

um sinal *SIGKILL* para *init*, o processo pai de todos os outros processos (linha 15448). *Init* deve capturar esse sinal e interpretá-lo como um comando para iniciar um procedimento de desligamento ordenado, antes de causar um retorno para o monitor de inicialização, a partir do qual uma reinicialização completa do sistema, ou uma reinicialização do MINIX 3, pode ser comandada.

Naturalmente, não é realista esperar que isso funcione sempre. A maioria dos usuários entende os perigos de um desligamento abrupto e não pressiona CTRL-ALT-DEL até que algo esteja dando realmente errado e o controle normal do sistema tenha se tornado impossível. Nesse ponto, é provável que o sistema possa estar tão instável que a sinalização para outro processo pode ser impossível. É por isso que há uma variável *static CAD_count* em *make_break*. A maioria das falhas de sistema deixa o sistema de interrupção ainda em funcionamento; portanto, a entrada do teclado ainda pode ser recebida e o *driver* de terminal permanecerá ativo. Aqui, o MINIX 3 tira proveito do comportamento esperado dos usuários de computador, que tendem a pressionar teclas repetidamente quando algo parece não funcionar corretamente (possivelmente, uma evidência de que nossos ancestrais eram realmente macacos). Se a tentativa de eliminar *init* falha e o usuário pressiona CTRL-ALT-DEL mais duas vezes, é feita uma chamada de núcleo **sys_abort**, causando um retorno para o monitor sem passar pela chamada de *init*.

A parte principal de *make_break* não é difícil de acompanhar. A variável *make* registra se o código de varredura foi gerado por um pressionamento ou por uma liberação de tecla e, então, a chamada para *map_key* retorna o código ASCII para *ch*. Em seguida, vem um comando **switch** baseado no valor de *ch* (linhas 15460 a 15499). Vamos considerar dois casos, uma tecla normal e uma tecla especial. Para uma tecla normal, não há correspondência em nenhum dos casos e, no caso padrão (linha 15498), o código da tecla é retornado se *make* for verdadeira. Se, de algum modo, o código de uma tecla normal for aceito na liberação da tecla, um valor igual a -1 será substituído aqui, e isso será ignorado pela função que fez a chamada, *kb_read*. Uma tecla especial, por exemplo *CTRL*, é identificada no lugar apropriado do **switch**, neste caso, na linha 15461. A variável correspondente, neste caso, *ctrl*, registra o estado de *make*, e -1 é substituído pelo código de caractere a ser retornado (e ignorado). O tratamento das teclas *ALT*, *CALOCK*, *NLOCK* e *SLOCK* é mais complicado, mas para todas essas teclas especiais, o efeito é semelhante: uma variável registra o estado corrente (para teclas que só têm efeito enquanto estão pressionadas) ou alterna o estado anterior (para as teclas de bloqueio).

Há mais um caso a considerar, o do código *EXTKEY* e a variável *esc*. Isso não deve ser confundido com a tecla ESC no teclado, que retorna o código ASCII 0x1B. Não há como gerar o código *EXTKEY* sozinho, pressionando uma tecla ou uma combinação de teclas; ele é o **prefixo de tecla estendida** do teclado do PC, o primeiro byte de um código de varredura de dois bytes que significa que foi pressionada uma tecla que não fazia parte do complemento de teclas original do PC, mas que tem o mesmo código de varredura. Em muitos casos, o software trata as duas teclas de modo idêntico. Por exemplo, isso quase sempre acontece com a tecla "/" normal e com a tecla "/" do teclado numérico. Em outros casos, pode-se querer distinguir essas teclas. Por exemplo, muitos *layouts* de teclado de idiomas que não o inglês tratam das teclas ALT da esquerda e da direita de formas diferentes para suportar teclas que precisam gerar três códigos de caractere diferentes. As duas teclas ALT geram o mesmo código de varredura (56), mas o código *EXTKEY* precede isso quando a tecla ALT da direita é pressionada. Quando o código *EXTKEY* é retornado, o *flag esc* é ativado. Neste caso, *make_break* retorna de dentro do switch, pulando assim a última etapa antes de um retorno normal, o que configura *esc* como zero em qualquer outro caso (linha 15458). Isso tem o efeito de tornar o *esc* efetivo somente para o próximo código recebido. Se você estiver familiarizado com as complexidades do teclado do PC conforme é utilizado normalmente, isso será tanto conhecido como um pouco estranho, pois a BIOS do PC não permite ler o código de varredura de uma tecla ALT e retornar um valor diferente para o código estendido, como faz o MINIX 3.

Set_leds (linha 15508) liga e desliga as luzes que indicam se as teclas *Num Lock*, *Caps Lock* ou *Scroll Lock* no teclado de um PC foram pressionadas. Um byte de controle, *LED_CODE*, é enviado para uma porta de saída dizendo ao teclado que o próximo byte escrito nessa porta é para o controle das luzes e que o status das três luzes é codificado em 3 bits desse próximo byte. Naturalmente, essas operações são executadas por chamadas de núcleo que pedem para que a tarefa de sistema escreva nas portas de saída. As duas funções seguintes suportam essa operação. *Kb_wait* (linha 15530) é chamada para determinar se o teclado está pronto para receber uma seqüência de comandos e *kb_ack* (linha 15552) é chamada para verificar se o comando foi reconhecido. Esses dois comandos utilizam espera ativa, lendo continuamente até que seja visto um código desejado. Essa não é uma técnica recomendada para tratar da maioria das operações de E/S, mas ligar e desligar luzes no teclado não vai ser feito com muita freqüência e fazer isso de modo ineficiente não desperdiça muito tempo. Note também que tanto *kb_wait* como *kb_ack* poderiam falhar e que é possível determinar, a partir do código de retorno, se isso aconteceu. Os tempos limites são manipulados restringindo-se o número de novas tentativas por meio de um contador no laço. Mas ligar a luz no teclado não é importante o bastante para merecer a verificação do valor retornado por uma dessas chamadas e *set_leds* apenas prossegue cegamente.

Como o teclado faz parte do console, sua rotina de inicialização, *kb_init* (linha 15572), é chamada a partir de *scr_init* em *console.c* e não diretamente a partir de *tty_init* em *tty.c*. Se os consoles virtuais estiverem ativados (isto é, *NR_CONS* em *include/minix/config.h* é maior do que 1), *kb_init* é chamada uma vez para cada console lógico. A próxima função, *kb_init_once* (linha 15583), é chamada apenas uma vez, conforme seu nome implica (*once*—uma vez). Ela liga as luzes no teclado e varre o teclado para certificar-se de que nenhum pressionamento de tecla restante seja lido. Em seguida, ela inicializa dois *arrays*, *fkey_obs* e *sfkey_obs*, que são usados para vincular teclas de função aos processos que devem responder a elas. Quando tudo está pronto, ela faz duas chamadas de núcleo, **sys_irqsetpolicy** e **sys_irqenable**, para configurar o IRQ do teclado e configurá-lo como automaticamente reativado, para que uma mensagem de notificação seja enviada para *tty_task* quando uma tecla for pressionada ou liberada.

Embora, em breve, iremos ter mais oportunidades de discutir como as teclas de função funcionam, este é um bom lugar para descrevermos os *arrays fkey_obs* e *sfkey_obs*. Cada um deles tem 12 elementos, pois os teclados de PC modernos têm 12 teclas de função. O primeiro *array* serve para teclas de função não modificadas; o segundo é usado quando é detectada uma tecla de função com *Shift*. Eles são compostos de elementos de tipo *obs_t*, que é uma estrutura que pode conter um número de processo e um valor inteiro. Essa estrutura e esses *arrays* são declarados em *keyboard.c*, nas linhas 15279 a 15281. A inicialização armazena um valor especial (representado simbolicamente como *NONE*) no componente *proc_nr* da estrutura, para indicar que ele não está sendo usado. *NONE* é um valor fora do intervalo de números de processo válidos. Note que o número do processo não é um *pid*; ele identifica uma entrada na tabela de processos. Essa terminologia pode ser confusa. Mas, para enviar uma notificação, é usado um número de processo e não um *pid*, pois os números de processo são usados para indexar a tabela *priv* que determina se um processo pode receber notificações. O valor inteiro *events* também é inicialmente configurado como zero. Ele será usado para contar eventos.

As próximas três funções são todas muito simples. *Kbd_loadmap* (linha 15610) é quase trivial. Ela é chamada por *do_ioctl* em *tty.c* para fazer a cópia de um mapa de teclado do espaço de usuário, para sobrescrever o mapa de teclado padrão. O padrão é compilado pela inclusão de um arquivo-fonte de mapa de teclado no início de *keyboard.c*.

Desde sua primeira versão, o MINIX provê diferentes tipos de *dumps* de informações de sistema ou outras ações especiais, em resposta ao pressionamento das teclas de função F1, F2 etc., no console do sistema. Esse serviço geralmente não é fornecido em outros sistemas operacionais, mas o MINIX sempre teve como objetivo ser uma ferramenta de ensino. Os usuários são estimulados a mexer com ele, o que significa que talvez precisem de ajuda extra para depuração. Em muitos casos, a saída produzida pelo pressionamento de uma das teclas de função estará disponível mesmo quando o sistema tiver falhado. A Figura 3-43 resume essas teclas e seus efeitos.

Essas teclas caem em duas categorias. Conforme mencionado anteriormente, as combinações de teclas CTRL-F1 a CTRL-F12 são detectadas por *kb_read*. Elas disparam eventos que podem ser manipulados pelo *driver* de terminal. Esses eventos não são necessariamente *dumps* na tela. Na verdade, atualmente apenas CTRL-F1 fornece uma tela de informações; ela lista as correspondências das teclas de função. CTRL-F3 alterna entre rolagem por software e por hardware da tela do console e as outras causam o envio de sinais.

As teclas de função pressionadas sozinhas ou junto com a tecla *Shift* são usadas para disparar eventos que não podem ser manipulados pelo *driver* de terminal. Elas podem resultar em mensagens de notificação para um servidor ou *driver*. Como os servidores e *drivers* podem ser carregados, ativados e desativados após o MINIX 3 já estar em execução, a associação estática no momento da compilação dessas teclas a essas funções não é satisfatória. Para permitir alterações em tempo de execução, *tty_task* aceita mensagens de tipo *FKEY_CONTROL*. *Do_fkey_ctl* (linha 15624) atende tais requisições. Os tipos de requisição são *FKEY_MAP*, *FKEY_UNMAP* ou *FKEY_EVENTS*. Os dois primeiros registram ou anulam o registro de um processo com uma tecla especificada em um mapa de bits na mensagem e o terceiro tipo de mensagem retorna um mapa de bits das teclas que foram pressionadas pertencentes ao processo que fez a chamada e reconfigura o campo *events* dessas teclas. Um processo servidor, o **servidor de informações** (*Information Server* – IS) inicializa as configurações dos processos na imagem de inicialização e também serve como intermediário na geração de respostas. Mas

Tecla	Objetivo
F1	Tabela de processos do núcleo
F2	Mapas de memória de processo
F3	Imagem de inicialização
F4	Privilégios do processo
F5	Parâmetros do monitor de inicialização
F6	Ganchos de IRQ e políticas
F7	Mensagens do núcleo
F10	Parâmetros do núcleo
F11	Detalhes do temporização (se estiver ativado)
F12	Filas de escalonamento
SF1	Tabela de processos do gerenciador de processos
SF2	Sinais
SF3	Tabela de processos do sistema de arquivos
SF4	Mapeamento de dispositivo/*driver*
SF5	Mapeamentos de tecla de impressão
SF9	Estatísticas de Ethernet (somente para RTL8139)
CF1	Exibe mapeamentos de tecla
CF3	Alterna rolagem de console por software/hardware
CF7	Envia SIGQUIT, mesmo efeito que CTRL-\
CF8	Envia SIGINT, mesmo efeito que CTRL-C
CF9	Envia SIGKILL, mesmo efeito que CTRL-U

Figura 3-43 As teclas de função detectadas por *func_key( )*.

drivers individuais também podem ser registrados para responder a uma tecla de função. Os *drivers* Ethernet fazem isso normalmente, pois um *dump* mostrando as estatísticas sobre pacotes pode ser útil na solução de problemas de rede.

Func_key (linha 15715) é chamada a partir de *kb_read* para verificar se foi pressionada uma tecla especial destinada a processamento local. Isso é feito para cada código de varredura recebido, antes de qualquer outro processamento. Se não for uma tecla de função, no máximo três comparações são feitas antes que o controle seja retornado para *kb_read*. Se uma tecla de função é registrada, uma mensagem de notificação é enviada para o processo apropriado. Se esse processo registrou apenas uma tecla, a notificação sozinha é suficiente para o processo saber o que fazer. Se um processo é o servidor de informações ou outro que tenha registrado várias teclas, é exigido um diálogo — o processo deve enviar uma requisição de *FKEY_EVENTS* para o *driver* de terminal, para ser processada por *do_fkey_ctl*, que informará o processo que fez a chamada sobre quais teclas estavam ativas. O processo que fez a chamada pode, então, despachar para a rotina de cada tecla que foi pressionada.

Scan_keyboard (linha 15800) trabalha no nível da interface de hardware, lendo e enviando bytes em portas de E/S. A controladora de teclado é informada de que um caractere foi lido pela seqüência nas linhas 15809 e 15810, a qual lê um byte e o escreve novamente com o bit mais significativo configurado como 1 e, então, o reescreve com o mesmo bit reconfigurado como 0. Isso impede que os mesmos dados sejam lidos em uma leitura subseqüente. Não há verificação de status na leitura do teclado, mas não deverá haver problema de qualquer modo, pois *scan_keyboard* só é chamada em resposta a uma interrupção.

A última função em *keyboard.c* é *do_panic_dumps* (linha 15819). Se for ativada como resultado de uma situação de pânico no sistema, ela proporciona uma oportunidade para o usuário utilizar as teclas de função para exibir informações de depuração. O laço nas linhas 15830 a 15854 é outro exemplo de espera ativa. O teclado é lido repetidamente até que a tecla ESC seja pressionada. Certamente, ninguém pode dizer que uma técnica mais eficiente é necessária após uma falha, enquanto se espera um comando para reinicializar. Dentro do laço, a operação de recepção sem bloqueio raramente usada, nb_receive, é utilizada para permitir mensagens de aceite alternativas, se estiverem disponíveis, e testar a existência de entrada no teclado, que pode ser uma das opções sugeridas na mensagem

> Hit ESC to reboot, DEL to shutdown, F-keys for debug dumps

impressa ao se entrar nessa função. Na próxima seção, veremos o código que implementa *do_newkmess* e *do_diagnostics*.

3.8.6 Implementação do *driver* de vídeo

O vídeo do IBM PC pode ser configurado como vários terminais virtuais, caso haja memória suficiente disponível. Nesta seção, examinaremos o código dependente de dispositivo do console. Veremos também as rotinas de *dump* de depuração que utilizam serviços de mais baixo nível do teclado e do vídeo. Elas fornecem uma interação limitada com o usuário que está diante do console, mesmo quando outras partes do sistema MINIX 3 não estão funcionando, e podem fornecer informações úteis, mesmo após uma falha quase total do sistema.

O suporte específico do hardware para saída de console para a tela mapeada em memória do PC está em *console.c*. A estrutura *console* está definida nas linhas 15981 a 15998. De certa forma, essa estrutura é uma extensão da estrutura *tty* definida em *tty.c*. Na inicialização, o campo *tp->tty_priv* da estrutura *tty* de um console recebe um ponteiro para sua própria estrutura *console*. O primeiro item na estrutura *console* é um ponteiro de volta para a estrutura *tty* correspondente. Os campos de uma estrutura *console* são os que se esperaria para um monitor de vídeo: variáveis para registrar linha e coluna da posição do cursor, os endereços de memória do início e do limite de memória usado para a tela, o endereço de memória apontado pelo ponteiro de base da controladora e o endereço corrente do cursor. Outras variáveis são usadas para gerenciar seqüências de escape. Como os caracteres são inicialmente recebidos como bytes (8 bits) e devem ser combinados com bytes de atributo e transferidos como palavras de 16 bits para a memória de vídeo, é feito um bloco para ser transferido em *c_ramqueue*. Esse bloco é um *array* grande o suficiente para conter uma linha inteira de 80 colunas de pares de atributos de caracteres de 16 bits. Cada console virtual precisa de uma estrutura *console* e o armazenamento é alocado no *array cons_table* (linha 16001). Assim como fizemos com a estrutura *tty* e com outras estruturas, normalmente vamos nos referir aos elementos de uma estrutura *console* usando um ponteiro; por exemplo, *cons->c_tty*.

A função cujo endereço é armazenado na entrada *tp->tty_devwrite* de cada console é *cons_write* (linha 16036). Ela é chamada a partir de um lugar apenas, *handle_events* em *tty.c*. A maior parte das outras funções em *console.c* existe para suportar essa função. Quando ela é chamada pela primeira vez, após um processo cliente fazer uma chamada **write**, os dados a serem gerados na saída estão no buffer do cliente, que pode ser encontrado usando-se os campos *tp->tty_outproc* e *tp->out_vir* na estrutura *tty*. O campo *tp->tty_outleft* informa quantos caracteres devem ser transferidos e o campo *tp->tty_outcum* é inicialmente zero, indicando que nada ainda foi transferido. Essa é a situação normal ao se entrar em *cons_write*, pois, normalmente, quando chamada, a função transfere todos os dados solicitados na chamada original. Entretanto, se o usuário quiser diminuir a velocidade do processo para examinar os dados na tela, ele pode digitar um caractere *STOP* (CTRL-S) no teclado, resultando na ativação do *flag tp->tty_inhibited*. *Cons_write* retorna imediatamente quando esse *flag* é ativado, mesmo que a operação write não tenha terminado. Nesse caso, *handle_events* continuará a chamar *cons_write* e, quando *tp->tty_inhibited* for finalmente desativado, pelo usuário digitando um caractere *START* (CTRL-Q), *cons_write* continuará com a transferência interrompida.

O primeiro argumento de *cons_write* é um ponteiro para a estrutura *tty* de um console em particular; portanto, a primeira coisa que deve ser feita é inicializar *cons*, o ponteiro para a estrutura *console* desse console (linha 16049). Então, como *handle_events* chama *cons_write* ao ser executada, a primeira ação é um teste para ver se há realmente trabalho a ser feito. Se não houver, é feito um rápido retorno (linha 16056). Depois disso, entra-se no laço principal, nas linhas 16061 a 16089. Esse laço é estruturalmente semelhante ao laço principal de *in_transfer* em *tty.c*. Um buffer local, que pode conter 64 caracteres, é preenchido pelo uso da chamada de núcleo *sys_vircopy* para obter os dados do buffer do cliente. Depois disso, o ponteiro para a origem e as contabilizações são atualizados e, então, cada caractere no buffer local é transferido para o *array cons->c_ramqueue*, junto com um byte de atributo, para transferência posterior para a tela, feita por *flush*.

A transferência de caracteres de *cons->c_ramqueue* pode ser feita de mais de uma maneira, conforme vimos na Figura 3-35. *Out_char* pode ser chamada para fazer isso para cada caractere, mas é possível que nenhum dos serviços especiais de *out_char* seja necessário, caso que o caractere seja um caractere visível, que uma seqüência de escape não esteja em andamento, que a largura da tela não tenha sido ultrapassada e que *cons->c_ramqueue* não esteja completa. Se o serviço completo de *out_char* não é necessário, o caractere é colocado diretamente em *cons->c_ramqueue*, junto com o byte de atributo (que é recuperado de *cons->c_attr*), e *cons->c_rwords* (que é o índice para a fila), *cons->c_column* (que monitora a coluna na tela) e *tbuf*, o ponteiro para o buffer, são todos incrementados. Essa colocação direta de caracteres em *cons->c_ramqueue* corresponde à linha tracejada no lado esquerdo da Figura 3-35. Se necessário, *out_char* é chamada (linha 16082). Ela faz toda a contabilização e, além disso, chama *flush*, que realiza a transferência final para a memória da tela, quando necessário.

A transferência do buffer de usuário para o buffer local e para a fila é repetida, contanto que *tp->tty_outleft* indique que ainda existem caracteres a serem transferidos e o *flag tp->tty_inhibited* não tenha sido ativado. Quando a transferência pára, seja porque a operação write terminou, seja porque *tp->tty_inhibited* foi ativado, *flush* é chamada novamente para transferir os últimos caracteres da fila para a memória da tela. Se a operação tiver terminado (o que é testado vendo-se se *tp->tty_outleft* é zero), uma mensagem de resposta será enviada pela chamada de *tty_reply*, nas linhas 16096 e 16097).

Além das chamadas para *cons_write* feitas por *handle_events*, os caracteres a serem exibidos também são enviados para o console por *echo* e *rawecho* na parte independente de hardware do *driver* de terminal. Se o console é o dispositivo de saída corrente, as chamadas feitas por meio do ponteiro *tp->tty_echo* são dirigidas para a próxima função, *cons_echo* (linha 16105). *Cons_echo* faz todo o seu trabalho chamando *out_char* e, em seguida, *flush*. A entrada do teclado chega caractere por caractere e a pessoa que está digitando deseja ver o eco sem nenhum atraso perceptível; portanto, colocar os caracteres na fila de saída seria insatisfatório.

Out_char (linha 16119) faz um teste para ver se uma seqüência de escape está em andamento, chamando *parse_escape* e depois retornando imediatamente, se estiver (linhas 16124 a 16126). Caso contrário, executa-se um comando switch para verificar os casos especiais: caractere nulo, de retrocesso, sinal sonoro etc. O tratamento da maioria deles é fácil de acompanhar. O avanço de linha e a tabulação são os mais complicados, pois envolvem mudanças complicadas na posição do cursor na tela e também podem exigir rolagem. O último teste é para o código *ESC*. Se ele for encontrado, o *flag cons->c_esc_state* será ativado (linha 16181) e as futuras chamadas para *out_char* serão desviadas para *parse_escape* até que a seqüência esteja completa. No final, o padrão é adotado para caracteres imprimíveis. Se a largura da tela tiver sido ultrapassada, talvez a tela precise ser rolada, e *flush* é chamada. Antes que um caractere seja colocado na fila de saída é feito um teste para ver se a fila não está cheia e, caso esteja, *flush* é acionada. Colocar um caractere na fila exige a mesma contabilização que vimos anteriormente em *cons_write*.

A próxima função é *scroll_screen* (linha 16205). *Scroll_screen* manipula tanto a rolagem para cima, a situação normal que deve ser tratada quando a linha inferior da tela estiver cheia, quanto a rolagem para baixo, que ocorre quando os comandos de posicionamento do cursor tentam movê-lo para além da linha superior da tela. Para cada direção de rolagem, existem três métodos possíveis. Eles são exigidos para suportar diferentes tipos de placas de vídeo.

Veremos o caso da rolagem para cima. Para começar, *chars* recebe o tamanho da tela, menos uma linha. A rolagem por software é feita por meio de uma única chamada para *vid_vid_copy*, para mover *chars* caracteres mais para baixo na memória, sendo a amplitude do movimento o número de caracteres presentes em uma linha. *Vid_vid_copy* pode fazer uma referência circular à memória; isto é, se solicitada a mover um bloco de memória que ultrapasse a extremidade superior do bloco atribuído ao monitor de vídeo, ela busca a parte que transbordou da extremidade inferior do bloco de memória e a coloca em um endereço mais alto do que a parte movida para baixo, tratando o bloco inteiro como um *array* circular. A simplicidade da chamada oculta uma operação bastante lenta, mesmo sendo *vid_vid_copy* uma rotina em linguagem *assembly* (definida em *drivers/tty/vidcopy.s* e não listada no Apêndice B). Essa chamada exige que a CPU mova 3840 bytes, o que é trabalhoso, mesmo em linguagem *assembly*.

O método de rolagem por software nunca é o padrão; o operador só deve selecioná-lo se a rolagem por hardware não funcionar ou não for desejada por alguma razão. Um motivo poderia ser o desejo de usar o comando *screendump*, seja para salvar a memória da tela em um arquivo, seja para ver a tela do console principal ao trabalhar em um terminal remoto. Quando a rolagem por hardware estiver vigorando, é provável que *screendump* forneça resultados inesperados, pois o início da memória da tela provavelmente não coincidirá com o início da tela visível.

Na linha 16226, a variável *wrap* é testada como a primeira parte de um teste composto. *Wrap* é verdadeira para vídeos mais antigos que podem suportar rolagem por hardware e, se o teste falhar, a rolagem por hardware simples ocorrerá na linha 16230, onde o ponteiro de origem usado pela controladora de vídeo, *cons->c_org*, é atualizado para apontar para o primeiro caractere a ser exibido no canto superior esquerdo da tela. Se *wrap* for *FALSE*, o teste continuará para verificar se o bloco a ser movido para cima na operação de rolagem ultrapassa os limites do bloco de memória designado para esse console. Se assim for, *vid_vid_copy* será chamada novamente para fazer o movimento circular no qual o bloco vai para o início da memória alocada do console, e o ponteiro de origem será atualizado. Se não houver sobreposição, o controle passará para o método de rolagem por hardware simples, sempre utilizado pelas controladoras de vídeo mais antigas. Isso consiste em ajustar *cons->c_org* e depois colocar a nova origem no registrador correto do chip da controladora. A chamada para fazer isso é executada posteriormente, assim como uma chamada para limpar a linha inferior na tela para obter o efeito de "rolagem".

O código para rolar para baixo é muito parecido com o da rolagem para cima. Finalmente, *mem_vid_copy* é chamada para limpar a linha inferior (ou superior) endereçada por *new_line*. Então, *set_6845* é chamada para escrever a nova origem de *cons->c_org* nos registradores apropriados e *flush* garante que todas as alterações se tornem visíveis na tela.

Mencionamos *flush* (linha 16259) várias vezes. Ela transfere os caracteres que estão na fila para a memória de vídeo usando *mem_vid_copy*, atualiza algumas variáveis e, em seguida, garante que os números de linha e coluna sejam razoáveis, ajustando-os se, por exemplo, uma seqüência de escape tiver tentado mover o cursor para uma posição de coluna negativa. Finalmente, é feito um cálculo de onde o cursor deveria estar e é comparado com *cons->c_cur*. Se eles não coincidirem e se a memória de vídeo correntemente manipulada pertencer ao console virtual corrente, será feita uma chamada para *set_6845* para configurar o valor correto no registrador de cursor da controladora.

A Figura 3-44 mostra como o tratamento da seqüência de escape pode ser representado com uma máquina de estado finito. Isso é implementado por *parse_escape* (linha 16293), que é chamada no início de *out_char* se *cons->c_esc_state* não for zero. Um ESC em si é detectado por *out_char* e torna *cons->c_esc_state* igual a 1. Quando o próximo caractere é recebido, *parse_escape* se prepara para mais processamento colocando "\0" em *cons->c_esc_intro*, um ponteiro para o início do *array* de parâmetros, *cons->c_esc_parmv*[0] em *cons->c_esc_parmp*, e zeros no *array* de parâmetros em si. Então, o primeiro caractere imediatamente após o ESC é examinado—os valores válidos são "[" ou "M". No primeiro caso, o "[" é copiado em *cons->c_esc_intro* e o estado avança para 2. No segundo caso, *do_escape* é chamada para executar a ação e o estado do escape é reconfigurado com zero. Se o primeiro caractere após o ESC não for um dos que são válidos, ele será ignorado e os caracteres seguintes serão novamente exibidos da forma normal.

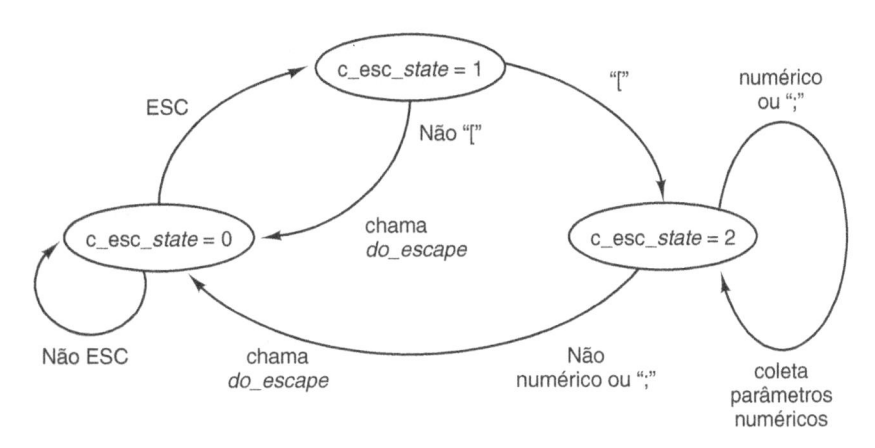

Figura 3-44 Máquina de estado finito para processamento de seqüências de escape.

Quando é encontrada uma seqüência ESC [, o próximo caractere inserido é processado pelo código de estado de escape 2. Nesse ponto, existem três possibilidades. Se o caractere for numérico, seu valor será extraído e adicionado a 10 vezes o valor existente na posição correntemente apontada por *cons->c_esc_parmp*, inicialmente *cons->c_esc_parmv*[0] (que foi inicializado com zero). O estado de escape não muda. Isso torna possível inserir uma série de dígitos decimais e acumular um parâmetro numérico grande, embora o valor máximo correntemente reconhecido pelo MINIX 3 seja 80, usado pela seqüência que move o cursor para uma posição arbitrária (linhas 16335 a 16337). Se o caractere for um ponto-e-vírgula, haverá outro parâmetro; portanto, o ponteiro para a string de parâmetros avança, permitindo que sucessivos valores numéricos sejam acumulados no segundo parâmetro (linhas 16339 a 16341). Se fosse necessário modificar *MAX_ESC_PARMS* para alocar um *array* maior para os parâmetros, esse código não precisaria ser alterado para acumular valores numéricos adicionais, após a entrada de parâmetros adicionais. Finalmente, se o caractere não for um dígito numérico nem um ponto-e-vírgula, *do_escape* será chamada.

Do_escape (linha 16352) é uma das funções mais longas no código-fonte do sistema MINIX 3, mesmo sendo o complemento de seqüências de escape reconhecidas do MINIX 3 relativamente modesto. Entretanto, apesar de seu tamanho, o código deve ser fácil de seguir. Após uma chamada inicial para *flush*, para garantir que o monitor de vídeo seja completamente atualizado, através de um simples if, é feito uma tomada de decisão dependendo de o caractere imediatamente após o caractere ESC ter sido um introdutor de seqüência de controle especial ou não. Se não foi, há apenas uma ação válida: mover o cursor uma linha para cima, caso a seqüência tenha sido ESC M. Note que o teste do "M" é feito dentro de um **switch** na clausula **default**, como uma verificação de validade e antecipando a adição de outras seqüências que não usam o formato ESC [. A ação é típica de muitas seqüências de escape: a variável *cons->c_row* é inspecionada para determinar se é necessário rolar. Se o cursor já está na linha 0, é feita uma chamada de *SCROLL_DOWN* para *scroll_screen*; caso contrário, o cursor é movido uma linha para cima. Esta última ação é realizada apenas decrementando-se *cons->c_row* e, então, chamando-se *flush*. Se for encontrado um introdutor de seqüência de controle, será usado o código após a instrução **else** na linha 16377. É feito um teste para "[", o único introdutor de seqüência de controle correntemente reconhecido pelo MINIX 3. Se a seqüência for válida, o primeiro parâmetro encontrado na seqüência de escape (ou zero, se nenhum parâmetro numérico foi inserido) será atribuído a *value* (linha 16380). Se a seqüência for inválida, nada acontecerá, exceto que o grande **switch** que se segue (linhas 16381 a 16586) será pulado e o estado de escape será reconfigurado como zero antes de retornar de *do_escape*. No caso mais interessante, em que a seqüência é válida, entra-se no **switch**. Não vamos discutir todos os casos; mencionaremos apenas vários que são representativos dos tipos de ações governadas pelas seqüências de escape.

As primeiras cinco seqüências são geradas, sem argumentos numéricos, pelas quatro teclas de seta e pela tecla *Home* no teclado do IBM PC. As duas primeiras, ESC [A e ESC [B, são semelhantes à ESC M, exceto que podem aceitar um parâmetro numérico e mover para cima e para baixo por mais de uma linha, e elas não rolam a tela se o parâmetro especificar um movimento que ultrapasse os limites da tela. Em tais casos, *flush* captura as requisições para mover fora dos limites e restringe o movimento à última ou à primeira linha, conforme for apropriado. As duas seqüências seguintes, ESC [C e ESC [D, que movem o cursor para a direita e para a esquerda, são semelhantemente limitadas por *flush*. Quando geradas pelas teclas de seta, não há nenhum argumento numérico e, assim, ocorre o movimento padrão de uma única linha ou coluna.

ESC [H pode receber dois parâmetros numéricos; por exemplo, ESC [20;60H. Os parâmetros especificam uma posição absoluta (em vez de relativa) para a posição corrente e são convertidos de números de base 1 para números de base 0, para uma interpretação correta. A tecla *Home* gera a seqüência padrão (sem parâmetros) que move o cursor para a posição (1, 1).

ESC [*s*J e ESC [*s*K limpam uma parte da tela inteira ou da linha corrente, dependendo do parâmetro inserido. Em cada caso, é calculada uma contagem de caracteres. Por exemplo, para ESC [1J, *count* recebe o número de caracteres desde o início da tela até a posição do cursor, e a contagem e um parâmetro de posição, *dst*, que pode ser o início da tela, *cons->c_org*, ou a posição corrente do cursor, *cons->c_cur*, são usados como parâmetros em uma chamada para *mem_vid_copy*. Essa função é chamada com um parâmetro que a faz preencher a região especificada com a cor de fundo corrente.

As quatro seqüências seguintes inserem e excluem linhas e espaços na posição do cursor, e suas ações não exigem explicação detalhada. O último caso, ESC [*nm* (observe que *n* representa um parâmetro numérico, mas *m* é um caractere literal) tem seu efeito sobre *cons->c_attr*, o byte de atributo intercalado entre os códigos de caractere quando são escritos na memória de vídeo.

A próxima função, *set_6845* (linha 16594), é usada quando é necessário atualizar a controladora de vídeo. O 6845 tem registradores de 16 bits internos que são programados 8 bits por vez, e inicializar um único registrador exige quatro operações de escrita na porta de E/S. Elas são executadas pela configuração de um *array* (vetor) de pares (porta, valor) e por uma chamada de núcleo **sys_voutb** para fazer com que a tarefa de sistema realize a E/S. Alguns dos registradores da controladora de vídeo 6845 aparecem na Figura 3-45

Registradores	Função
10 – 11	Tamanho do cursor
12 – 13	Endereço inicial para desenhar na tela
14 – 15	Posição do cursor

Figura 3-45 Alguns registradores do 6845.

A próxima função é *get_6845* (linha 16613), que retorna os valores dos registradores da controladora de vídeo passíveis de leitura. Ela também usa chamadas de núcleo para executar seu trabalho. Essa função não parece ser chamada de nenhum lugar no código corrente do MINIX 3, mas pode ser útil para aprimoramentos futuros, como a adição de suporte para imagens gráficas.

A função *beep* (linha 16629) é chamada quando um caractere CTRL-G precisa ser gerado na saída. Ela tira proveito do suporte interno fornecido pelo PC para emitir sons por meio do envio de uma onda quadrada para o alto-falante. O som é iniciado pelo tipo de manipulação mágica de portas de E/S que apenas os programadores de linguagem *assembly* podem gostar. A parte mais interessante do código é o uso da capacidade de configurar um alarme para desligar o bip. Como um processo com privilégios de sistema (isto é, uma entrada na tabela *priv*), o *driver* de terminal pode configurar um temporizador usando a função de biblioteca *tmrs_settimers*. Isso é feito na linha 16655, com a próxima função, *stop_beep*, especificada como aquela a ser executada quando o temporizador expirar. Esse temporizador é colocado na fila de temporizadores da própria tarefa de terminal. A chamada de núcleo **sys_setalarm** seguinte pede para que a tarefa de sistema configure um temporizador no núcleo. Quando ele expira, uma mensagem SYN_ALARM é detectada pelo laço principal do *driver* de terminal, *tty_task*, o qual chama *expire_timers* para tratar de todos os temporizadores pertencentes ao *driver* de terminal, um dos quais é aquele configurado por *beep*.

A próxima rotina, *stop_beep* (linha 16666), é aquela cujo endereço é colocado no campo *tmr_func* do temporizador iniciado por *beep*. Ela interrompe o bip depois que o tempo designado tiver decorrido e também desativa o *flag beeping*. Isso impede que chamadas supérfluas à rotina *beep* tenham qualquer efeito.

Scr_init (linha 16679) é chamada por *tty_init NR_CONS* vezes. A cada vez, seu argumento é um ponteiro para uma estrutura *tty*, um elemento de *tty_table*. Nas linhas 16693 e 16694, *line*, a ser usada como índice para o *array cons_table*, é calculada, sua validade é testada e, se for válida, é usada para inicializar *cons*, o ponteiro para a entrada da tabela de console corrente. Nesse ponto, o campo *cons->c_tty* pode ser inicializado com o ponteiro para a estrutura *tty* principal do dispositivo e, por sua vez, *tp->tty_priv* pode apontar para a estrutura *console_t* desse dispositivo. Em seguida, *kb_init* é chamada para inicializar o teclado e, então, são configurados os ponteiros para rotinas específicas do dispositivo, *tp->tty_devwrite* apontando para *cons_write*, *tp->tty_echo* apontando para *cons_echo* e *tp->tty_ioctl* apontando para *cons_ioctl*. O endereço de E/S do registrador de base da controladora do CRT é buscado na BIOS, o endereço e o tamanho da memória de vídeo são determinados nas linhas 16708 a 16731 e o *flag wrap* (usado para determinar como será a rolagem) é configurado de acordo com a classe de controladora de vídeo em uso. Na linha 16735, o descritor de segmento da memória de vídeo é inicializado na tabela de descritores global pela tarefa de sistema.

Em seguida, vem a inicialização de consoles virtuais. Sempre que *scr_init* é chamada, o argumento é um valor diferente de *tp* e, assim, um valor de *line* e de *cons* diferentes são usados nas linhas 16750 a 16753 para fornecer a cada console virtual sua própria fatia da memória de vídeo disponível. Então, cada tela é limpa, fica pronta para iniciar e, finalmente, o console 0 é selecionado para ser o primeiro ativo.

Várias rotinas exibem saída em nome do *driver* de terminal em si, do núcleo ou de outro componente do sistema. A primeira, *kputc* (linha 16775) apenas chama *putk*, uma rotina para produzir saída de texto um byte por vez, a ser descrita a seguir. Essa rotina está aqui porque a rotina de biblioteca que fornece a função *printf* usada dentro de componentes do sistema é escrita para ser ligada a uma rotina de impressão de caracteres que tem esse nome, mas outras funções no *driver* de terminal esperam uma função chamada *putk*.

Do_new_kmess (linha 16784) é usada para imprimir mensagens do núcleo. Na verdade, *mensagens* não é a melhor palavra para usar aqui; não queremos dizer mensagens conforme utilizadas para comunicação entre processos. Essa função serve para exibir texto no console para fornecer informações, alertas ou relatos de erros para o usuário.

O núcleo precisa de um mecanismo especial para exibir informações. Ele também precisa ser robusto, para que possa ser usado durante a inicialização, antes que todos os componentes do MINIX 3 estejam em funcionamento, ou durante uma situação de pânico, outro momento em que as principais partes do sistema podem estar indisponíveis. O núcleo escreve texto em um buffer circular de caracteres, parte de uma estrutura que também contém ponteiros para o próximo byte a ser escrito e o tamanho do texto ainda a ser processado. O núcleo envia uma mensagem *SYS_SIG* para o *driver* de terminal quando existe um texto novo e *do_new_kmess* é chamada quando o laço principal em *tty_task* está em execução. Quando as coisas não transcorrerem normalmente (isto é, quando o sistema falhar), a mensagem *SYS_SIG* será detectada pelo laço, que inclui uma operação de leitura sem bloqueio, em *do_panic_dumps*, que vimos em *keyboard.c*, e *do_new_kmess* será chamada a partir de lá. Em qualquer caso, a chamada de núcleo sys_getkmessages recupera uma cópia da estrutura do núcleo e os bytes são exibidos, um por um, passando-os para *putk*, seguido de uma chamada final para *putk* com um byte nulo, para obrigá-la a gerar a saída. Uma variável estática local é usada para monitorar a posição no buffer entre as mensagens.

Do_diagnostics (linha 16823) tem uma função semelhante à de *do_new_kmess*, mas é usada para exibir mensagens de processos de sistema, em vez do núcleo. Uma mensagem *DIAGNOSTICS* pode ser recebida pelo laço principal de *tty_task* ou pelo laço em *do_panic_dumps* e, em qualquer caso, é feita uma chamada para *do_diagnostics*. A mensagem contém um ponteiro para um buffer no processo que fez a chamada e uma contagem do tamanho da mensagem. Nenhum buffer local é usado; em vez disso, são feitas chamadas de núcleo sys_vircopy repetidas para obter o texto um byte por vez. Isso protege o *driver* de terminal; caso algo dê errado e um processo começar a gerar um volume de saída excessivo, não haverá nenhum buffer para inundar. Os caracteres aparecem na saída um por um, pela chamada de *putk*, seguida de um byte nulo.

Putk (linha 16850) pode imprimir caracteres em nome de qualquer código vinculado ao *driver* de terminal e é usada pelas funções que acabamos de descrever para gerar texto na saída em nome do núcleo ou de outros componentes do sistema. Ela apenas chama *out_char* para cada byte não-nulo recebido e, então, chama *flush* para o byte nulo no final da string.

As rotinas restantes em *console.c* são curtas e simples, e as examinaremos rapidamente. *Toggle_scroll* (linha 16869) faz o que seu nome diz: ela alterna o *flag* que determina se vai ser usada rolagem por software ou por hardware. Ela também exibe uma mensagem na posição corrente do cursor para identificar o modo selecionado. *Cons_stop* (linha 16881) reinicializa o console com o estado esperado pelo monitor de inicialização, antes de um desligamento ou de uma reinicialização. *Cons_org0* (linha 16893) é usada apenas quando uma mudança no modo de rolagem é imposta pela tecla F3 ou na preparação para desligar. *Select_console* (linha 16917) seleciona um console virtual. Ela é chamada com o novo índice e chama *set_6845* duas vezes para fazer a controladora de vídeo exibir a parte correta da memória de vídeo.

As duas rotinas seguintes são altamente específicas do hardware. *Con_loadfont* (linha 16931) carrega uma fonte em um adaptador gráfico, no suporte da operação ioctl *TIOCSFON*. Ela chama *ga_program* (linha 16971) para realizar uma série de escritas mágicas em uma porta de E/S, que fazem com que a memória de fonte do adaptador de vídeo, que normalmente não pode ser endereçada pela CPU, seja visível. Então, *phys_copy* é chamada para copiar os dados da fonte nessa área da memória e outra seqüência mágica é ativada para retornar o adaptador gráfico ao seu modo de operação normal.

A última função é *cons_ioctl* (linha 16987). Ela executa apenas uma tarefa, configurar o tamanho da tela, e é chamada apenas por *scr_init*, que utiliza valores obtidos da BIOS. Se houvesse necessidade de uma chamada ioctl real para alterar o tamanho da tela do MINIX 3, o código para fornecer as novas dimensões precisaria ser escrito.

3.9 RESUMO

Entrada/saída é um assunto importante, freqüentemente negligenciado. Uma parte significativa de qualquer sistema operacional está relacionada com a E/S. Mas os *drivers* de dispositivo de E/S muitas vezes são responsáveis por problemas do sistema operacional. Freqüentemente, os *drivers* são escritos por programadores que trabalham para fabricantes de dispositivos. Normalmente, os projetos de sistema operacional convencionais exigem permitir que os *drivers* tenham acesso a recursos críticos, como interrupções, portas de E/S e memória pertencente a outros processos. O projeto do MINIX 3 isola os *drivers* como processos independentes, com privilégios limitados, de modo que um erro em um *driver* não pode fazer o sistema inteiro falhar.

Começamos vendo o hardware de E/S e o relacionamento dos dispositivos de E/S com as controladoras de E/S, que são o que o software precisa tratar. Em seguida, passamos para os quatro níveis de software de E/S: as rotinas de interrupção, os *drivers* de dispositivo, o software de E/S independente de dispositivo e as bibliotecas de E/S e o *spool* executados em espaço de usuário.

Então, examinamos o problema do impasse e como ele pode ser atacado. O impasse ocorre quando a cada processo de um grupo de processos é garantido o acesso exclusivo a alguns recursos e cada um quer ainda outro recurso pertencente a outro processo do grupo. Todos eles serão bloqueados e nenhum jamais será executado novamente. O impasse pode ser evitado estruturando-se o sistema de modo que ele nunca possa ocorrer; por exemplo, permitindo que um processo possua apenas um recurso em dado momento. Ele também pode ser evitado examinando-se cada pedido de recurso para ver se ele leva a uma situação na qual um impasse é possível (um estado inseguro) e negando ou retardando aqueles que geram problemas.

No MINIX 3, os *drivers* de dispositivo são implementados como processos independentes executando em espaço dd usuário. Vimos o *driver* de disco em RAM, o *driver* de disco rígido e o *driver* de terminal. Cada um desses *drivers* tem um laço principal que recebe requisições, as processam, e no fim envia respostas de retorno para relatar o que aconteceu. O código-fonte dos laços principais e das funções comuns do disco em RAM, do disco rígido e dos *drivers* de disquete é fornecido em uma biblioteca de *drivers* comum, mas cada *driver* é compilado e ligado com sua própria cópia das rotinas de biblioteca. Cada *driver* de dispositivo é executado em seu próprio espaço de endereço. Vários terminais diferentes, usando o console do sistema, as linhas seriais e conexões de rede, são suportados por um único processo de *driver* de terminal.

Os *drivers* de dispositivo possuem relacionamentos variados com o sistema de interrupção. Os dispositivos que podem concluir seu trabalho rapidamente, como o disco em RAM e o vídeo mapeado em memória, não utilizam interrupções. O *driver* de disco rígido executa a maior parte de seu trabalho no próprio código do *driver* e as rotinas de tratamento de interrupção apenas retornam informações de status. As interrupções são sempre esperadas e uma operação receive pode ser executada para esperar uma interrupção. Uma interrupção de teclado pode acontecer a qualquer momento. As mensagens geradas por todas as interrupções para o *driver* de terminal são recebidas e processadas no laço principal do *driver*. Quando ocorre uma interrupção de teclado, o primeiro estágio do processamento da entrada é executado o mais rapidamente possível, para estar pronto para as interrupções subseqüentes.

Os *drivers* do MINIX 3 têm privilégios limitados e não podem manipular interrupções nem acessar portas de E/S por conta própria. As interrupções são manipuladas pela tarefa de sistema, a qual envia uma mensagem para notificar um *driver* quando ocorre uma interrupção. Analogamente, o acesso às portas de E/S é intermediado pela tarefa de sistema. Os *drivers* não podem ler nem escrever diretamente em portas de E/S.

PROBLEMAS

1. Um leitor de DVD-1x pode fornecer dados a uma velocidade de 1,32 MB/s. Qual é a unidade de DVD de velocidade mais alta que poderia ser conectada por meio de uma conexão USB 2.0 sem perda de dados?

2. Muitos discos contêm um ECC no final de cada setor. Se o ECC estiver errado, quais ações podem ser executadas e por qual parte do hardware ou do software?

3. O que é E/S mapeada em memória? Por que ela é usada às vezes?

4. Explique o que é DMA e por que ele é usado.

5. Embora o DMA não utilize a CPU, a taxa de transferência máxima ainda é limitada. Considere a leitura de um bloco do disco. Cite três fatores que poderiam, em última análise, limitar a taxa de transferência.

6. Uma música com qualidade de CD exige a amostragem do sinal de áudio 44.100 vezes por segundo. Suponha que um temporizador gere uma interrupção a essa velocidade e que cada interrupção demore 1 microssegundo para ser manipulada em uma CPU de 1 GHz. Qual é a menor velocidade de relógio que poderia ser usada e não perder nenhum dado? Suponha que o número de instruções a serem processadas para uma interrupção seja constante, de modo que reduzir a velocidade do relógio pela metade duplica o tempo de tratamento da interrupção.

7. Uma alternativa às interrupções é o *polling*. Você consegue imaginar circunstâncias nas quais o *polling* é a melhor escolha?

8. As controladoras de disco têm buffers internos e estão ficando maiores a cada novo modelo. Por quê?

9. Cada *driver* de dispositivo tem duas interfaces diferentes com o sistema operacional. Uma interface é um conjunto de chamadas de função que o sistema operacional faz no *driver*. A outra é um conjunto de chamadas que o *driver* faz no sistema operacional. Cite uma provável chamada em cada interface.

10. Por que os projetistas de sistema operacional tentam fornecer E/S independente de dispositivo quando possível?

11. Em qual das quatro camadas de software de E/S cada uma das seguintes atividades é realizada?
    (a) Calcular a trilha, setor e cabeçote para uma leitura de disco.
    (b) Manter uma cache dos blocos usados recentemente.
    (c) Enviar comandos nos registradores do dispositivo.
    (d) Verificar se o usuário pode utilizar o dispositivo.
    (e) Converter inteiros binários em ASCII para impressão.

12. Por que os arquivos de saída da impressora normalmente são colocados em *spool* no disco antes de serem impressos?

13. Dê um exemplo de impasse que poderia ocorrer no mundo físico.

14. Considere a Figura 3-10. Suponha que no passo (o) C solicitasse S, em vez de solicitar R. Isso levaria a um impasse? Suponha que ele solicitasse S e R.

15. Dê uma boa olhada na Figura 3-13(b). Se D solicitar mais uma unidade, isso levará a um estado seguro ou a um estado inseguro? E se a requisição viesse de C, em vez de D?

16. Todas as trajetórias na Figura 3-14 são horizontais ou verticais. Você consegue imaginar circunstâncias nas quais também fossem possíveis trajetórias diagonais?

17. Suponha que o processo A na Figura 3-15 solicite a última unidade de fita. Essa ação leva a um impasse?

18. Um computador tem seis unidades de fita, com n processos competindo por elas. Cada processo pode precisar de duas unidades. Para quais valores de n o sistema está livre de impasses?

19. Um sistema pode estar em um estado que não cause impasse nem seja seguro? Se assim for, dê um exemplo. Caso contrário, prove que todos os estados causam impasse ou são seguros.

20. Um sistema distribuído, usando caixas de correio, tem duas primitivas de IPC: SEND e RECEIVE. Esta última primitiva especifica um processo do qual vai receber e bloqueia, caso nenhuma mensagem desse processo esteja disponível, mesmo que possa estar esperando mensagens de outros processos. Não existem recursos compartilhados, mas os processos precisam se comunicar freqüentemente a respeito de outros assuntos. É possível haver um impasse? Discuta.

21. Em um sistema de transferência eletrônica de fundos, existem centenas de processos idênticos que funcionam como segue. Cada processo lê uma linha de entrada especificando uma quantidade de dinheiro, a conta a ser creditada e a conta a ser debitada. Então, ele bloqueia as duas contas e transfere o dinheiro, liberando os bloqueios ao terminar. Com muitos processos executando em paralelo, existe o perigo muito real de que, tendo bloqueado a conta x, ele seja incapaz de bloquear y, pois y foi bloqueada por um processo que agora está esperando por x. Esboce um esquema que evite impasses. Não libere um registro de conta até que você tenha concluído as transações. (Em outras palavras, não são permitidas soluções que bloqueiam uma conta e então a liberam imediatamente, caso a outra esteja bloqueada.)

22. O algoritmo do banqueiro está sendo executado em um sistema com m classes de recurso e n processos. No limite de m e n grandes, o número de operações que devem ser efetuadas para verificar a segurança de um estado é proporcional a $m^a n^b$. Quais são os valores de a e b?

23. Considere o algoritmo do banqueiro da Figura 3-15. Suponha que os processos A e D mudem suas requisições para um (1, 2, 1, 0) e um (1, 2, 1, 0) adicionais, respectivamente. Essas requisições podem ser atendidas e o sistema ainda permanecer em um estado seguro?

24. Cinderela e o príncipe estão se divorciando. Para dividir seus bens, eles concordaram com o seguinte algoritmo. Toda manhã, cada um pode mandar uma carta para o advogado do outro pedindo um item dos bens. Como demora um dia para as cartas serem entregues, eles concordaram que, se ambos descobrirem que pediram o mesmo item no mesmo dia, no dia seguinte eles enviarão uma carta cancelando o pedido. Dentre seus bens está seu cachorro, Woofer, a casinha de Woofer, seu canário, Tweeter, e a gaiola de Tweeter. Os animais amam suas casas, de modo que ficou acertado que qualquer divisão de bens separando um animal de sua casa é inválida, exigindo que a divisão inteira recomece desde o início. Tanto a Cinderela como o príncipe querem Woofer desperadamente. Então, eles saem de férias (separados), tendo cada um programado um computador pessoal para tratar da negociação. Quando eles voltam das férias, os computadores ainda estão negociando. Por quê? É possível ocorrer um impasse? É possível ocorrer inanição (esperar para sempre)? Discuta.

25. Considere um disco com 1000 setores/trilha de 512 bytes, oito trilhas por cilindro e 10.000 cilindros, com um tempo de rotação de 10 ms. O tempo de busca de trilha para trilha é de 1 ms. Qual é a taxa de rajada (*burst*) máxima suportável? Quanto tempo pode durar uma rajada assim?

26. Uma rede local é usada como segue. O usuário executa uma chamada de sistema para enviar pacotes de dados na rede. O sistema operacional copia os dados em um buffer do núcleo. Então, ele copia os dados na placa controladora de rede. Quando todos os bytes estão em segurança dentro da controladora, eles são enviados pela rede a uma velocidade de 10 megabits/s. A controladora de rede receptora armazena cada bit um microssegundo após ser enviado. Quando o último bit chega, a CPU de destino é interrompida e o núcleo copia o pacote que acabou de chegar em um buffer para inspecioná-lo. Quando tiver descoberto para qual usuário é o pacote, o núcleo copia os dados no espaço de usuário. Se presumirmos que cada interrupção e seu processamento associado demoram 1 ms, que os pacotes têm 1024 bytes (ignore os cabeçalhos) e que a cópia de um byte leva 1 ms, qual é a velocidade máxima com que um processo pode enviar dados para outro? Suponha que o remetente seja bloqueado até que o trabalho tenha terminado no lado receptor e que um sinal de confirmação (*ack*) seja devolvido. Por simplicidade, suponha que o tempo para obter o sinal de confirmação é tão pequeno que pode ser ignorado.

27. O formato de mensagem da Figura 3-17 é usado para enviar mensagens de requisição para *drivers* de dispositivos de bloco. Alguns campos poderiam ser omitidos para dispositivos de caractere? Quais?

28. Requisições de disco chegam no *driver* para os cilindros 10, 22, 20, 2, 40, 6 e 38, nessa ordem. Uma busca leva 6 ms por cilindro movido. Quanto tempo de busca é necessário para:

    (a) Primeiro a chegar, primeiro a ser atendido.
    (b) Cilindro mais próximo em seguida.
    (c) Algoritmo do elevador (inicialmente movendo-se para cima).

    Em todos os casos, o braço está inicialmente no cilindro 20.

29. Um vendedor de computadores pessoais em visita a uma universidade no sudoeste de Amsterdã comentava, durante sua apresentação, que sua empresa tinha se esforçado ao máximo para tornar a versão do UNIX muito rápida. Como exemplo, ele dizia que o *driver* de disco deles usava o algoritmo do elevador e também enfileirava várias requisições dentro de um cilindro pela ordem dos setores. Um aluno, Harry Hacker, ficou impressionado e comprou um computador. Levou-o para casa e escreveu um programa para ler aleatoriamente 10.000 blocos espalhados pelo disco. Para seu espanto, o desempenho que mediu foi idêntico ao que seria esperado do algoritmo do primeiro a chegar, primeiro a ser atendido. O vendedor estava mentindo?

30. Um processo do UNIX tem duas partes: a parte do usuário e a parte do núcleo. A parte do núcleo é como uma sub-rotina ou como uma co-rotina?

31. A rotina de tratamento de interrupção de relógio em determinado computador exige 2 ms (incluindo a sobrecarga do chaveamento de processos) por tique de relógio. O relógio funciona a 60 Hz. Que fração da CPU é dedicada ao relógio?

32. No texto, foram dados dois exemplos de temporizadores de cão de guarda: sincronização na inicialização do motor de disquete e permissão para retorno de carro em terminais de impressão. Dê um terceiro exemplo.

33. Por que os terminais RS232 são baseados em interrupção, mas os terminais mapeados em memória não?

34. Considere o funcionamento de um terminal. O *driver* gera um caractere na saída e então é bloqueado. Quando o caractere tiver sido impresso, uma interrupção ocorre e uma mensagem é enviada para o *driver* bloqueado, o qual gera na saída o próximo caractere e então é novamente bloqueado. Se o tempo para passar uma mensagem, gerar a saída de um caractere e bloquear é de 4 ms, esse método funciona bem em linhas de 110 baud? E em linhas de 4800 baud?

35. Um terminal de mapa de bits contém 1200 por 800 *pixels*. Para rolar uma janela, a CPU (ou a controladora) deve mover todas as linhas de texto para cima, copiando seus bits de uma parte para outra da RAM de vídeo. Se uma janela em particular tem 66 linhas de altura por 80 caracteres de largura (5280 caracteres no total) e o espaço reservado para um caractere é de 8 *pixels* de largura por 12 *pixels* de altura, quanto tempo demora para rolar a janela inteira a uma velocidade de cópia de 500 ns por byte? Se todas as linhas têm 80 caracteres de comprimento, qual é a taxa de transmissão de dados equivalente do terminal? Colocar um caractere na tela exige 50 ms. Agora, calcule a taxa de transmissão de dados para o mesmo terminal colorido, com 4 bits/*pixel*. (Colocar um caractere na tela exige agora 200 ms.)

36. Por que os sistemas operacionais fornecem caracteres de escape, como o CTRL-V no MINIX?

37. Após receber um caractere CTRL-C (SIGINT), o *driver* do MINIX descarta toda a saída correntemente enfileirada para esse terminal. Por quê?

38. Muitos terminais RS232 têm seqüências de escape para excluir a linha corrente e mover todas as linhas que estão abaixo dela uma linha para cima. Como você acha que esse recurso é implementado dentro do terminal?

39. No monitor em cores original do IBM PC, escrever na RAM de vídeo em qualquer momento que não seja durante o retraço vertical do feixe do CRT fazia manchas horríveis aparecerem por toda a tela. Uma imagem de tela tem 25 por 80 caracteres, cada um dos quais se encaixa em um espaço de 8 *pixels* por 8 *pixels*. Cada linha de 640 *pixels* é desenhada em uma única varredura horizontal do feixe, o que leva 63,6 ms, incluindo o retraço horizontal. A tela é redesenhada 60 vezes por segundo, cada uma das quais exige um período de retraço vertical para fazer o feixe voltar ao topo. Em que fração do tempo a RAM de vídeo está disponível para ser escrita?

40. Escreva um *driver* gráfico para o monitor em cores da IBM ou para algum outro monitor de mapa de bits conveniente. O *driver* deve aceitar comandos para ativar e desativar *pixels* individualmente, mover retângulos pela tela e quaisquer outros recursos que você ache interessantes. Os programas de usuário fazem a interface com o *driver* abrindo /dev/graphics e escrevendo comandos aí.

41. Modifique o *driver* de disquete do MINIX para colocar uma trilha por vez na cache.

42. Implemente um *driver* de disquete que funcione como um dispositivo de caractere, em vez de dispositivo de bloco, para ignorar a cache de blocos do sistema de arquivos. Desse modo, os usuários podem ler grandes trechos de dados do disco, os quais passam diretamente para o espaço de usuário por meio de DMA, aumentando substancialmente o desempenho. Esse *driver* seria interessante principalmente para programas que precisam ler bits no disco de forma "bruta", sem considerar o sistema de arquivos. Os verificadores de sistema de arquivos entram nessa categoria.

43. Implemente a chamada de sistema **PROFIL** do UNIX, que está faltando no MINIX.

44. Modifique o *driver* de terminal de modo que, além de ter uma tecla especial para apagar o caractere anterior, exista uma tecla para apagar a palavra anterior.

45. Um novo dispositivo de disco rígido com mídia removível foi adicionado em um sistema MINIX 3. Esse dispositivo deve atingir a velocidade de rotação sempre que as mídias são trocadas e o tempo de giro é muito longo. Já se sabe que as trocas de mídia serão feitas freqüentemente, enquanto o sistema estiver executando. De repente, a rotina *waitfor* em *at_wini.c* torna-se insatisfatória. Projete uma nova rotina *waitfor* na qual, se o padrão de bits que está sendo esperado não for encontrado após 1 segundo de espera ativa, o código entre em uma fase na qual o *driver* de disco ficará em repouso por 1 segundo, testará a porta e voltará a entrar em repouso por mais um segundo, até que o padrão buscado seja encontrado ou que o período de *TIMEOUT* predefinido expire.

4
GERENCIAMENTO DE MEMÓRIA

A memória é um recurso importante que deve ser cuidadosamente gerenciado. Embora, hoje em dia, um computador doméstico médio tenha duas mil vezes mais memória do que o IBM 7094 (o maior computador do mundo no início dos anos 60), os programas e os dados que eles devem manipular também cresceram tremendamente. Parafraseando a lei de Parkinson, "os programas e seus dados aumentam de forma a ocupar toda a memória disponível para contê-los". Neste capítulo, estudaremos o modo como os sistemas operacionais gerenciam a memória.

Teoricamente, o que todo programador gostaria é de uma memória infinitamente grande, infinitamente rápida e que também fosse não-volátil; isto é, que não perdesse seu conteúdo na falta de energia elétrica. E já que estamos nessa, por que não pedir também que fosse barata? Infelizmente, a tecnologia não consegue tornar esses sonhos uma realidade. Conseqüentemente, a maioria dos computadores tem uma **hierarquia de memória**, com uma pequena quantidade de memória cache, volátil, muito rápida e cara; centenas de megabytes de memória principal volátil (RAM) de velocidade e preço médios; e dezenas ou centenas de gigabytes de armazenamento em disco, não-volátil, lento e barato. A tarefa do sistema operacional é coordenar a utilização desses diferentes tipos de memória.

A parte do sistema operacional que gerencia a hierarquia de memória é chamada de **gerenciador de memória**. Sua tarefa é monitorar as partes da memória que estão em uso e as que não estão, alocar memória para os processos quando eles precisarem dela e liberá-la quando terminam, e gerenciar a transferência (*swapping*) entre a memória principal e o disco, quando a memória principal for pequena demais para conter todos os processos. Na maioria dos sistemas (mas não no MINIX 3), o gerenciador de memória fica no núcleo.

Neste capítulo, investigaremos vários esquemas de gerenciamento de memória diferentes, variando desde o muito simples até o altamente sofisticado. Começaremos do princípio e veremos primeiro o sistema de gerenciamento de memória mais simples possível e, então, progrediremos gradualmente para os cada vez mais elaborados.

Conforme mencionamos no Capítulo 1, a história tem a tendência de se repetir no mundo da computação: inicialmente, o software de um minicomputador era como o software de um computador de grande porte e, posteriormente, o software de um computador pessoal era como o software de um minicomputador. Agora o ciclo está se repetindo com os *palmtops*, PDAs e sistemas embarcados. Nesses sistemas, ainda estão em uso esquemas de gerenciamento de memória simples. Por isso, ainda vale a pena estudá-los.

4.1 GERENCIAMENTO BÁSICO DE MEMÓRIA

Os sistemas de gerenciamento de memória podem ser divididos em duas classes fundamentais: aqueles que alternam os processos entre a memória principal e o disco durante a execução (*swapping*) e aqueles que não alternam. Estes últimos são mais simples, portanto, estudaremos primeiro. Posteriormente, neste capítulo, examinaremos o *swapping* e a paginação. Ao longo de todo este capítulo o leitor deverá lembrar que *swapping* e paginação são artifícios usados para contornar a falta de memória principal suficiente para conter todos os programas e dados simultaneamente. Se a memória principal ficar tão grande que haja realmente o suficiente, os argumentos a favor de um tipo de esquema de gerenciamento de memória ou de outro podem se tornar obsoletos.

Por outro lado, conforme mencionamos anteriormente, o software parece crescer tão rápido quanto a memória; portanto, o gerenciamento eficiente da memória sempre pode ser necessário. Nos anos 80, havia muitas universidades que usavam um sistema de compartilhamento de tempo com dezenas de usuários (mais ou menos satisfeitos), em um VAX de 4 MB. Agora, a Microsoft recomenda ter pelo menos 128 MB para um sistema Windows XP monousuário. A tendência em direção à multimídia impõe ainda mais exigências sobre a memória; portanto, um bom gerenciamento de memória provavelmente ainda vai ser necessário no mínimo por mais uma década.

4.1.1 Monoprogramação sem *swapping* ou paginação

O esquema de gerenciamento de memória mais simples possível é executar apenas um programa por vez, compartilhando a memória entre esse programa e o sistema operacional. Três variações sobre esse tema aparecem na Figura 4-1. O sistema operacional pode estar na parte inferior da memória na RAM (*Random Access Memory* – memória de acesso aleatório), como se vê na Figura 4-1(a), pode estar na ROM (*Read-Only Memory* – memória somente de leitura), na parte superior da memória, como se vê na Figura 4-1(b), ou os *drivers* de dispositivo podem estar na parte superior da memória em uma ROM e o restante do sistema na RAM abaixo dela, como se vê na Figura 4-1(c). O primeiro modelo foi usado inicialmente em computadores de grande porte e em minicomputadores, mas hoje em dia raramente é usado. O segundo modelo é usado em alguns *palmtops* e em sistemas embarcados. O terceiro modelo foi usado pelos primeiros computadores pessoais (por exemplo, executando MS-DOS), onde a parte do sistema que fica na ROM é chamada de **BIOS** (*Basic Input Output System* – sistema básico de entrada e saída).

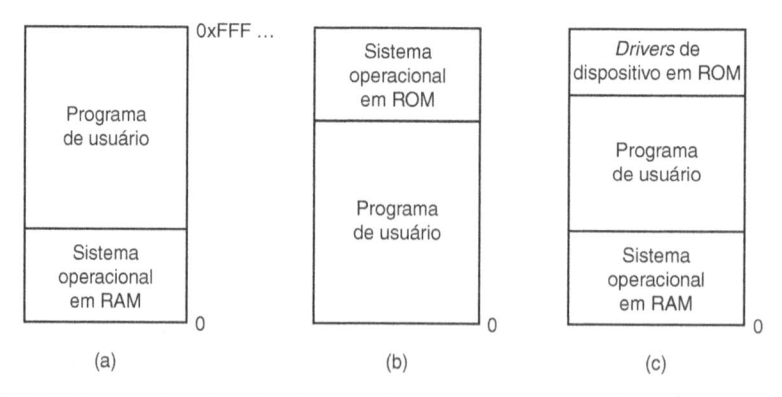

Figura 4-1 Três maneiras simples de organizar a memória com um sistema operacional e um único processo de usuário. Também existem outras possibilidades.

Quando o sistema é organizado dessa maneira, apenas um processo por vez pode estar em execução. Assim que o usuário digita um comando, o sistema operacional copia o programa solicitado do disco para a memória e o executa. Quando o processo termina, o sistema operacional exibe um caractere de aviso e espera por um novo comando. Ao receber o comando, ele carrega um novo programa na memória, sobrescrevendo o primeiro.

4.1.2 Multiprogramação com partições fixas

A não ser em sistemas embarcados muito simples, a monoprogramação dificilmente é usada hoje em dia. A maioria dos sistemas modernos permite que vários processos sejam executados ao mesmo tempo. Ter vários processos executando simultaneamente significa que, quando um processo está bloqueado esperando o término de uma operação de E/S, outro processo pode usar a CPU. Assim, a multiprogramação aumenta a utilização da CPU. Os servidores de rede sempre têm a capacidade de executar vários processos (para diferentes clientes) ao mesmo tempo, mas hoje em dia a maioria das máquinas clientes (isto é, de *desktop*) também tem essa capacidade.

A maneira mais fácil de obter multiprogramação é simplesmente dividir a memória em até *n* partições (possivelmente de tamanhos diferentes). Esse particionamento pode ser feito manualmente, por exemplo, quando o sistema é inicializado.

Quando chega um *job*, ele pode ser colocado na fila de entrada da menor partição grande o bastante para contê-lo. Como as partições são fixas nesse esquema, todo espaço não utilizado por um *job* em uma partição é desperdiçado, enquanto esse *job* é executado. Na Figura 4-2(a), vemos como é esse sistema de partições fixas e filas de entrada separadas.

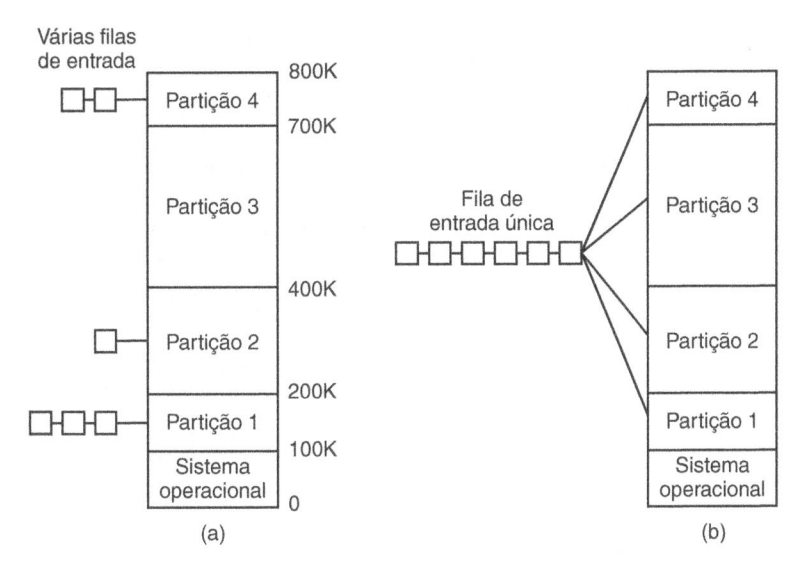

Figura 4-2 (a) Partições fixas de memória com filas de entrada separadas para cada partição. (b) Partições fixas de memória com uma única fila de entrada.

A desvantagem de ordenar os *jobs* recebidos em filas separadas se torna evidente quando a fila de uma partição grande está vazia, mas a de uma partição pequena está cheia, como acontece nas partições 1 e 3 da Figura 4-2(a). Aqui, os *jobs* pequenos têm de esperar para entrar na memória, mesmo havendo muita memória livre. Uma organização alternativa é manter uma única fila, como na Figura 4-2(b). Quando uma partição fica livre, o *job* mais próximo do início da fila, e que caiba na partição vazia, poderia ser carregado nessa partição e executado. Como é indesejável desperdiçar uma partição grande com um *job* pequeno, uma estratégia diferente é, quando uma partição ficar livre, pesquisar a fila de entrada inteira e escolher o maior *job* que caiba nela. Note que este último algoritmo discrimina os *jobs* pequenos, tratando-os como indignos de terem uma partição inteira, embora normalmente seja desejável fornecer o melhor serviço para *jobs* menores (freqüentemente *jobs* interativos) e não o pior.

Uma saída é dispor de pelo menos uma partição pequena. Essa partição permitirá que os *jobs* pequenos sejam executados sem precisar alocar uma partição grande para eles.

Outra estratégia é ter uma regra dizendo que um *job* pronto para executar não pode ser preterido mais do que *k* vezes. Sempre que for preterido, ele recebe um ponto. Quando tiver adquirido *k* pontos, ele não poderá ser preterido novamente.

Esse sistema, com partições fixas configuradas de manhã pelo operador e não mais alteradas depois disso, foi usado durante muitos anos pelo OS/360 em computadores IBM de grande porte. Ele se chamava **MFT** (multiprogramação com um número fixo de tarefas ou OS/MFT). Ele é simples de entender e igualmente simples de implementar: os *jobs* (tarefas) recebidos são enfileirados até que uma partição conveniente esteja disponível, no momento em que o *job* é carregado nessa partição e executado até terminar. Entretanto, hoje em dia poucos (se houver) sistemas operacionais suportam esse modelo, mesmo em sistemas de lote de computadores de grande porte.

4.1.3 Realocação e proteção

A multiprogramação introduz dois problemas básicos que devem ser resolvidos: realocação e proteção. Veja a Figura 4-2. A partir da figura fica claro que diferentes tarefas serão executadas em diferentes endereços. Quando um programa é ligado (isto é, o programa principal, as funções escritas pelo usuário e as funções de biblioteca são combinados em um único espaço de endereçamento), o ligador deve saber em que endereço o programa começará na memória.

Por exemplo, suponha que a primeira instrução seja uma chamada para uma função no endereço absoluto 100, dentro do arquivo binário produzido pelo ligador. Se esse programa for carregado na partição 1 (no endereço 100K), essa instrução pulará para o endereço absoluto 100, que está dentro do sistema operacional. O que é preciso é uma chamada para 100K + 100. Se o programa for carregado na partição 2, ele deverá ser executado como uma chamada para 200K + 100 e assim por diante. Esse problema é conhecido como problema da **realocação**.

Uma possível solução é modificar realmente as instruções quando o programa é carregado na memória. Os programas carregados na partição 1 têm 100K somados a cada endereço, os programas carregados na partição 2 têm 200K somados aos endereços e assim por diante. Para realizar a realocação dessa forma, durante a carga, o ligador precisa incluir no programa binário uma lista, ou um mapa de bits, informando quais palavras do programa são endereços a serem corrigidas (realocadas) e quais são códigos de operação, constantes ou outros itens que não devem ser realocadas. O OS/MFT funcionava assim.

A realocação durante a carga não resolve o problema da proteção. Um programa maldoso sempre pode construir uma nova instrução e pular para ela. Como os programas nesse sistema usam endereços de memória absolutos em vez de endereços relativos ao valor de um registrador, não há como impedir que um programa construa uma instrução que leia ou escreva qualquer palavra na memória. Nos sistemas multiusuário, é altamente indesejável permitir que os processos leiam e escrevam na memória pertencente a outros usuários.

A solução escolhida pela IBM para proteger o 360 foi dividir a memória em blocos de 2 Kbytes e atribuir um código de proteção de 4 bits a cada bloco. O PSW (*Program Status*

Word) continha uma chave de 4 bits. O hardware do 360 detectava qualquer tentativa por parte de um processo em execução de acessar memória cujo código de proteção fosse diferente da chave PSW. Como apenas o sistema operacional podia mudar os códigos de proteção e a chave, os processos de usuário eram impedidos de interferir uns nos outros e no sistema operacional em si.

Uma solução alternativa para os problemas de realocação e proteção é fornecer dois registradores de hardware especiais, chamados de **base** e **limite**. Quando um processo é escalonado, o registrador de base é carregado com o endereço do início de sua partição e o registrador de limite é carregado com o tamanho dessa partição. Todo endereço de memória gerado tem o conteúdo do registrador de base automaticamente somado a ele, antes de ser enviado para a memória. Assim, se o registrador de base contém o valor 100K, uma instrução CALL 100 é efetivamente transformada em uma instrução CALL 100K + 100, sem que a instrução em si seja modificada. Os endereços também são verificados em relação ao registrador de limite para garantir que não tentem endereçar memória fora da partição corrente. O hardware protege os registradores de base e de limite para impedir que programas de usuário os modifiquem.

Uma desvantagem desse esquema é a necessidade de efetuar uma adição e uma comparação em cada referência de memória. As comparações podem ser feitas rapidamente, mas as adições são lentas, devido ao tempo de propagação do transporte, a não ser que sejam usados circuitos de adição especiais.

O CDC 6600 – o primeiro supercomputador do mundo – usava esse esquema. A CPU Intel 8088 usada pelo IBM PC original utilizava uma versão ligeiramente menos eficiente desse esquema – com registradores de base, mas sem registradores de limite. Atualmente, poucos computadores o utilizam.

4.2 SWAPPING

Com um sistema de lotes, organizar a memória em partições fixas é simples e eficiente. Cada *job* é carregado em uma partição quando chega no começo da fila. O *job* permanece na memória até que tenha terminado. Contanto que *jobs* suficientes possam ser mantidos em memória para conservar a CPU ocupada o tempo todo, não há porque usar algo mais complicado.

Com sistemas de compartilhamento de tempo a situação é diferente. Às vezes, não há memória principal suficiente para conter todos os processos correntemente ativos, de modo que os processos excedentes devem ser mantidos no disco e trazidos para execução dinamicamente.

Podem ser usadas duas estratégias gerais de gerenciamento de memória, dependendo (em parte) do hardware disponível. A estratégia mais simples, chamada de ***swapping***, consiste em trazer cada processo em sua totalidade, executá-lo por algum tempo e, então, colocá-lo de volta no disco. A outra estratégia, chamada de **memória virtual**, permite que os programas sejam executados mesmo quando estão apenas parcialmente na memória principal. A seguir, estudaremos o *swapping*; na Seção 4.3, examinaremos a memória virtual.

O funcionamento de um sistema de *swapping* está ilustrado na Figura 4-3. Inicialmente, apenas o processo *A* está na memória. Então, os processos *B* e *C* são criados ou recuperados do disco. Na Figura 4-3(d), *A* é enviado para o disco. Então, *D* entra e *B* sai. Finalmente, *A* entra outra vez. Como *A* está agora em um local diferente, os endereços contidos nele devem ser realocados, ou pelo software, quando ele é colocado na memória, ou (mais provavelmente) pelo hardware, durante a execução do programa.

A principal diferença entre as partições fixas da Figura 4-2 e as partições variáveis da Figura 4-3 é que, nestas, o número, a posição e o tamanho das partições variam dinamicamente à medida que os processos entram e saem, ao passo que, nas primeiras, as partições são fixas. A flexibilidade de não estar vinculado a uma determinada partição, que pode ser grande ou pequena demais, melhora a utilização da memória, mas também complica a alocação e a liberação da memória, assim como seu monitoramento.

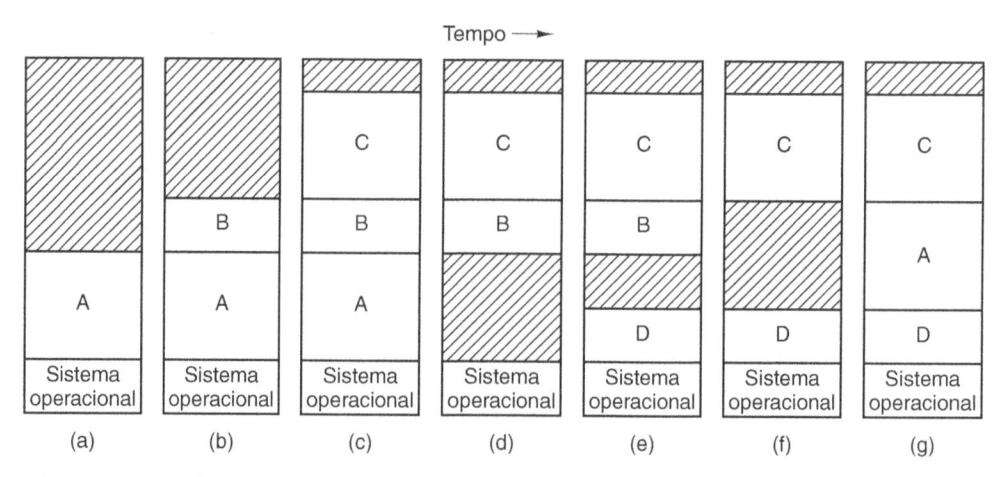

Figura 4-3 A alocação da memória muda à medida que os processos entram e saem da memória. As regiões sombreadas representam memória não utilizada.

Quando o *swapping* cria várias lacunas na memória, é possível combiná-las em apenas uma lacuna grande, movendo todos os processos o mais para baixo possível. Essa técnica é conhecida como **compactação de memória**. Normalmente ela não é feita porque exige muito tempo de CPU. Por exemplo, em uma máquina de 1 GB, que executa cópia com uma velocidade de 2 GB/s (0,5 ns/byte), demoraria cerca de 0,5 s para compactar toda a memória. Isso pode não parecer muito tempo, mas seria perceptível para um usuário que estivesse vendo um vídeo.

Um ponto que merece ser considerado é a quantidade de memória que deve ser alocada para um processo quando ele é criado ou recuperado do disco. Se os processos são criados com um tamanho fixo que nunca muda, então a alocação é simples: o sistema operacional aloca exatamente o que é necessário, nem mais nem menos.

Entretanto, se os segmentos de dados dos processos podem crescer, por exemplo, pela alocação dinâmica de memória a partir de um *heap*, como acontece em muitas linguagens de programação, ocorre um problema quando um processo tentar crescer. Se houver uma lacuna adjacente ao processo, ela poderá ser alocada e o processo poderá crescer utilizando a lacuna. Por outro lado, se o processo for adjacente a outro processo, o processo em crescimento terá de ser movido para uma lacuna na memória que seja grande o suficiente para ele ou, então, um ou mais processos terão de ser enviados para o disco para criar uma lacuna suficientemente grande. Se um processo não puder crescer na memória e a área de *swap* no disco estiver cheia, o processo terá de esperar ou ser eliminado.

Se a expectativa for de que a maioria dos processos crescerá quando executados, provavelmente será uma boa idéia alocar um pouco de memória extra, quando um processo for colocado ou movido da memória, para reduzir a sobrecarga associada à movimentação ou *swapping* de processos que não cabem mais em sua memória alocada. Entretanto, ao fazer *swapping* dos processos no disco, apenas a memória realmente em uso deverá ser transferida; é um desperdício transferir a memória extra. Na Figura 4-4(a), vemos uma configuração de memória na qual o espaço para crescimento foi alocado para dois processos.

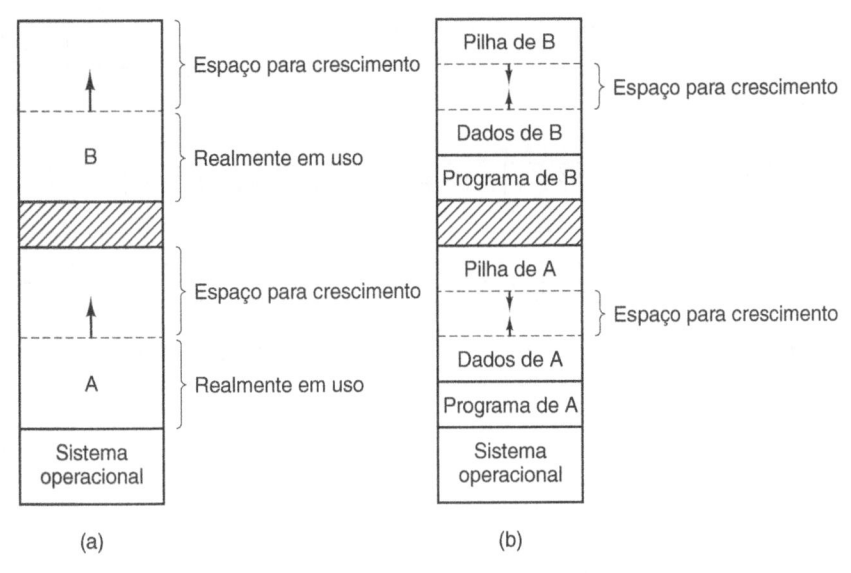

Figura 4-4 (a) Alocando espaço para um segmento de dados em crescimento. (b) Alocando espaço para uma pilha em crescimento e para um segmento de dados em crescimento.

Se os processos puderem ter dois segmentos em crescimento, por exemplo, o segmento de dados sendo usado como *heap* para variáveis alocadas e liberadas dinamicamente e um segmento de pilha para as variáveis locais e endereços de retorno, sugere-se uma organização alternativa, a saber, a da Figura 4-4(b). Nessa figura, vemos que cada processo ilustrado tem uma pilha, no início de sua memória alocada, que está crescendo para baixo, e um segmento de dados imediatamente após o texto do programa, que está crescendo para cima. A memória entre eles pode ser usada por qualquer um dos dois segmentos. Se ela acabar, um dos dois processos terá de ser movido para uma lacuna com espaço suficiente, sendo retirado da memória até que uma lacuna grande o bastante possa ser criada, ou ser eliminado.

4.2.1 Gerenciamento de memória com mapas de bits

Quando a memória é atribuída dinamicamente, o sistema operacional precisa gerenciá-la. Em termos gerais, há duas maneiras de monitorar a utilização da memória: mapas de bits e listas de regiões livres. Nesta seção e na próxima, veremos esses dois métodos.

Com um mapa de bits, a memória é dividida em unidades de alocação, talvez tão pequenas quanto algumas palavras e talvez tão grandes quanto vários quilobytes. Há um bit no mapa de bits, correspondendo a cada unidade de alocação, que é 0 se a unidade estiver livre e 1 se estiver ocupada (ou vice-versa). A Figura 4-5 mostra parte da memória e o mapa de bits correspondente.

O tamanho da unidade de alocação é uma importante questão de projeto. Quanto menor for a unidade de alocação, maior será o mapa de bits. Entretanto, mesmo com uma unidade de alocação tão pequena quanto 4 bytes, 32 bits de memória exigirão apenas 1 bit do mapa. Uma memória de $32n$ bits usará n bits do mapa; portanto, o mapa de bits ocupará apenas 1/33 da memória. Se for escolhida uma unidade de alocação grande, o mapa de bits será menor, mas uma quantidade de memória apreciável poderá ser desperdiçada na última unidade alocada ao processo, isso se o tamanho do processo não for um múltiplo exato da unidade de alocação.

Um mapa de bits proporciona uma maneira simples de monitorar palavras de memória em uma quantidade fixa de memória, pois o tamanho do mapa de bits depende apenas do

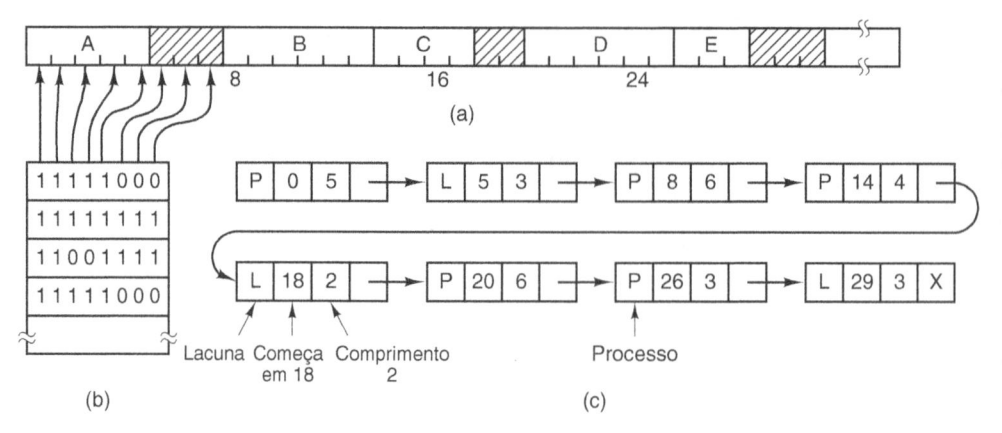

Figura 4-5 (a) Uma parte da memória com cinco processos e três lacunas. Os tracinhos mostram as unidades de alocação de memória. As regiões sombreadas (0 no mapa de bits) estão livres. (b) O mapa de bits correspondente. (c) As mesmas informações como uma lista.

tamanho da memória e da unidade de alocação. O principal problema disso é que, quando for decidido trazer um processo de k unidades para a memória, o gerenciador de memória deverá pesquisar o mapa de bits para encontrar uma seqüência de k bits em 0 consecutivos no mapa. Pesquisar um mapa de bits para encontrar uma seqüência de determinado comprimento é uma operação lenta (porque a seqüência pode se esparramar nos limites de palavra do mapa); esse é um argumento contra os mapas de bits.

4.2.2 Gerenciamento de memória com listas encadeadas

Outra maneira de monitorar a memória é manter uma lista encadeada de segmentos de memória alocados e livres, onde um segmento é um processo ou uma lacuna entre dois processos. A memória da Figura 4-5(a) está representada na Figura 4-5(c) como uma lista encadeada de segmentos. Cada entrada na lista especifica uma lacuna (L) ou processo (P), o endereço em que inicia, o comprimento e um ponteiro para a próxima entrada.

Nesse exemplo, a lista de segmentos está ordenada pelo endereço. Ordenar dessa maneira tem a vantagem de que, quando um processo termina, ou é enviado para o disco, atualizar a lista é simples. Normalmente, um processo que está terminando tem dois vizinhos (exceto quando está no início ou no final da memória) que podem ser processos ou lacunas, levando às quatro combinações mostradas na Figura 4-6. Na Figura 4-6(a), atualizar a lista exige substituir um P por um L. Na Figura 4-6(b) e também na Figura 4-6(c), duas entradas são aglutinadas em uma e a lista se torna uma única entrada mais curta. Na Figura 4-6(d), três entradas são aglutinadas e dois itens são removidos da lista. Como a entrada da tabela de

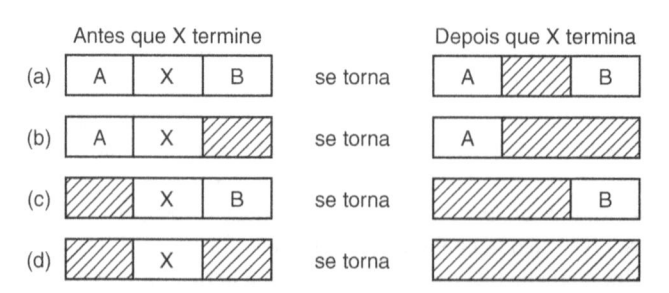

Figura 4-6 Quatro combinações de vizinhos para o processo que está terminando, X.

processos referente ao processo que está terminando normalmente apontará para a entrada na lista do próprio processo, pode ser mais conveniente ter uma lista duplamente encadeada, em vez da lista encadeada simples da Figura 4-5(c). Essa estrutura torna mais fácil encontrar a entrada anterior e ver se um aglutinamento é possível.

Quando os processos e lacunas são mantidos em uma lista ordenada pelo endereço, vários algoritmos podem ser usados para alocar memória para um processo recentemente criado (ou para um processo já existente que esteja sendo sofrendo *swap* do disco para a memória). Supomos que o gerenciador de memória sabe qual é a quantidade de memória a ser alocada. O algoritmo mais simples é o do **o primeiro que couber (*first fit*)**. O gerenciador de processos percorre toda a lista de segmentos até encontrar uma lacuna que seja grande o suficiente. Então, a lacuna é dividida em duas partes, uma para o processo e uma para a memória não utilizada, exceto no caso estatisticamente improvável em que caiba justamente. O algoritmo do *o primeiro que couber* é rápido, pois pesquisa o mínimo possível.

Uma variação de menor interesse do algoritmo do *o primeiro que couber* é o do **o próximo que melhor couber (*next fit*)**. Ele funciona da mesma maneira que o algoritmo do *o primeiro que couber* exceto que procura até encontrar uma lacuna conveniente e memoriza essa posição. Na próxima vez que for chamado para encontrar uma lacuna, ele inicia a pesquisar a lista a partir de onde estava da última vez, em vez de começar do início, como acontece com o algoritmo do *o primeiro que couber*. Simulações feitas por Bays (1977) mostram que o algoritmo do *o próximo que melhor couber* oferece um desempenho ligeiramente pior do que o do *o primeiro que couber*.

Outro algoritmo conhecido é o do **que melhor couber (*best fit*)**. Esse algoritmo pesquisa a lista inteira e pega a menor lacuna que seja adequada. Em vez de dividir uma lacuna grande, que poderia ser necessária posteriormente, o algoritmo do *o que melhor couber* tenta encontrar uma lacuna cujo tamanho seja próximo ao realmente necessário.

Como exemplo dos algoritmos do *o primeiro que couber* e do *o que melhor couber*, considere a Figura 4-5 novamente. Se for necessário um bloco de tamanho 2, o algoritmo do *o primeiro que couber* alocará a lacuna que está em 5, mas o algoritmo do *o que melhor couber* alocará a lacuna que está em 18.

O algoritmo do *o que melhor couber* é mais lento do que o algoritmo do *o primeiro que couber*, pois precisa pesquisar a lista inteira sempre que é chamado. Um tanto surpreendentemente, ele também resulta em mais memória desperdiçada do que o algoritmo do *o primeiro que couber* ou do *o próximo que melhor couber*, pois tende a preencher a memória com lacunas minúsculas e inúteis. Em média, o algoritmo do *o primeiro que couber* gera lacunas maiores.

Para contornar o problema da divisão em correspondências exatas em um processo e de uma lacuna minúscula, pode-se pensar no algoritmo do **o que pior couber (*worst fit*)**; isto é, pegar sempre a maior lacuna disponível, de modo que a lacuna dividida será grande o bastante para ser útil. Resultados de simulação mostram que o algoritmo do *o que pior couber* também não é uma idéia muito boa.

A velocidade de todos os quatro algoritmos pode aumentar mantendo-se listas separadas para processos e lacunas. Desse modo, todos eles dedicam toda a sua energia para inspecionar lacunas e não processos. O preço inevitável a ser pago por essa maior velocidade na alocação é a complexidade adicional e o atraso ao liberar a memória, pois um segmento liberado precisa ser removido da lista de processos e inserido na lista de lacunas.

Se forem mantidas listas distintas para processos e lacunas, a lista de lacunas poderá ser mantida ordenada pelo tamanho, para tornar o algoritmo *o que melhor couber* mais rápido. Quando o algoritmo *o que melhor couber* pesquisa uma lista de lacunas da menor para a maior, assim que encontra uma lacuna adequada ele já sabe que ela é a menor possível; daí, *o que melhor cou-*

ber. Não é necessária mais nenhuma pesquisa, como acontece no esquema da lista simples. Com uma lista de lacunas ordenada pelo tamanho, os algoritmos do *o primeiro que couber* e do *o que melhor couber* são igualmente rápidos e o algoritmo do *o próximo que couber* é inútil.

Quando as lacunas são mantidas em listas separadas dos processos, é possível uma pequena otimização. Em vez de ter um conjunto de estruturas de dados separadas para manter a lista de lacunas, como foi feito na Figura 4-5(c), as próprias lacunas podem ser usadas. A primeira palavra de cada lacuna poderia ser o tamanho da lacuna e a segunda palavra poderia ser um ponteiro para a entrada seguinte. Os nós da lista da Figura 4-5(c), que exige três palavras e um bit (P/L), não são mais necessários.

Um outro algoritmo de alocação é o do **o que mais rápido couber** (*quick fit*), que mantém listas separadas para alguns dos tamanhos mais comuns solicitados. Por exemplo, poderia haver uma tabela com *n* entradas, na qual a primeira entrada é um ponteiro para o início de uma lista de lacunas de 4 KB, a segunda entrada é um ponteiro para uma lista de lacunas de 8 KB, a terceira entrada é um ponteiro para lacunas de 12 KB e assim por diante. Lacunas de, digamos, 21 KB, poderiam ser colocadas na lista de 20 KB ou em uma lista especial de lacunas de tamanho peculiar. Com o algoritmo do *o que mais rápido couber*, encontrar uma lacuna do tamanho exigido é extremamente rápido, mas ele tem a mesma desvantagem de todos os esquemas que ordenam pelo tamanho da lacuna; a saber, quando um processo termina ou é transferido para o disco, é dispendioso localizar seus vizinhos para ver se é possível aglutinar lacunas. Se a aglutinação não for feita, a memória se fragmentará rapidamente em um grande número de lacunas pequenas, nas quais nenhum processo caberá.

4.3 MEMÓRIA VIRTUAL

Há muitos anos, as pessoas defrontaram-se pela primeira vez com programas que eram grandes demais para caber na memória disponível. A solução normalmente adotada era dividir o programa em partes chamadas de **overlays** (sobreposição). O *overlay* 0 era posto em execução primeiro. Quando terminava, ele chamava outro *overlay*. Alguns sistemas de *overlay* eram altamente complexos, permitindo a existência de vários *overlays* na memória simultaneamente. Os *overlays* eram mantidos no disco e levados para a memória e trazidos de volta dinamicamente pelo sistema operacional, conforme fossem necessários.

Embora o trabalho real de alternância de *overlays* entre a memória e o disco fosse feito pelo sistema, a decisão sobre como dividir o programa em partes tinha de ser tomada pelo programador. Dividir programas grandes em pequenas partes modulares era demorado e maçante. Não demorou muito para que alguém pensasse em uma maneira de transferir o trabalho todo para o computador.

O método inventado se tornou conhecido como **memória virtual** (Fotheringham, 1961). A idéia básica por trás da memória virtual é que o tamanho combinado do programa, dos dados e da pilha pode exceder a quantidade de memória física disponível para eles. O sistema operacional mantém na memória principal as partes do programa correntemente em uso e o restante no disco. Por exemplo, um programa de 512 MB pode ser executado em uma máquina de 256 MB escolhendo-se cuidadosamente quais 256 MB serão mantidos na memória a cada instante, com partes do programa sendo alternadas entre o disco e a memória, conforme for necessário.

A memória virtual também funciona em um sistema de multiprogramação, com dados e partes de vários programas mantidos simultaneamente em memória. Enquanto um programa está esperando que uma parte dele seja transferida do disco para a memória, ele está bloqueado em uma operação de E/S e não pode ser executado; portanto, a CPU pode ser concedida a outro processo, da mesma maneira que em qualquer outro sistema de multiprogramação.

4.3.1 Paginação

A maioria dos sistemas de memória virtual usa uma técnica chamada **paginação**, que vamos descrever agora. Em qualquer computador, existe um conjunto de endereços de memória que os programas podem gerar. Quando um programa usa uma instrução como

    MOV REG,1000

ele faz isso para copiar o conteúdo do endereço de memória 1000 em REG (ou vice-versa, dependendo do computador). Os endereços podem ser gerados usando-se indexação, registradores de base, registradores de segmento e outras maneiras.

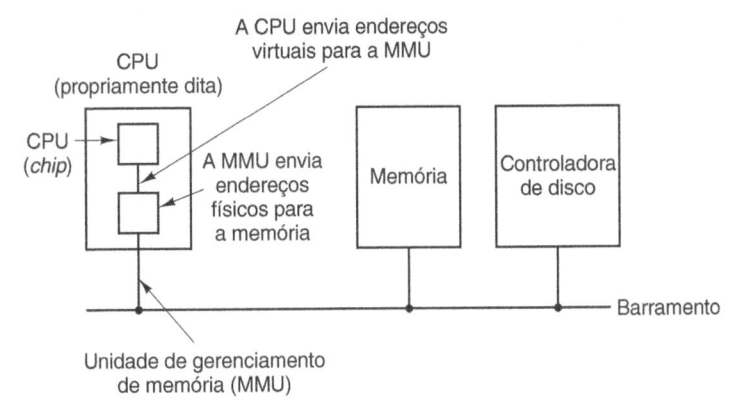

Figura 4-7 A posição e a função da MMU (*Memory Management Unit*). Aqui, a MMU é mostrada como uma parte integrante do chip da CPU (processador), pois hoje em dia normalmente é assim. Entretanto, logicamente ela poderia ser um chip separado e, no passado, era mesmo.

Esses endereços gerados pelo programa são chamados de **endereços virtuais** e formam o **espaço de endereçamento virtual**. Nos computadores sem memória virtual, o endereço virtual é posto diretamente no barramento de memória e faz com que a palavra de memória física com o mesmo endereço venha a ser lida ou escrita. Quando é usada memória virtual, os endereços virtuais não vão diretamente para o barramento da memória. Em vez disso, eles vão para uma **MMU** (*Memory Management Unit* – unidade de gerenciamento de memória) que faz o mapeamento dos endereços virtuais em endereços físicos de memória, como ilustrado na Figura 4-7.

Um exemplo muito simples do funcionamento desse mapeamento aparece na Figura 4-8. Nesse exemplo, temos um computador que pode gerar endereços de 16 bits, de 0 a 64K. Esses são os endereços virtuais. Esse computador, entretanto, tem apenas 32 KB de memória física; portanto, embora programas de 64 KB possam ser escritos, eles não podem ser carregados em sua totalidade na memória e executar. Contudo, uma cópia completa da imagem de memória de um programa, até 64 KB, deve estar presente no disco para que essas partes possam ser trazidas conforme for necessário.

O espaço de endereçamento virtual é dividido em unidades chamadas **páginas**. As unidades correspondentes na memória física são chamadas de **quadros de página**. As páginas e os quadros de página têm sempre o mesmo tamanho. Nesse exemplo, eles têm 4 KB, mas tamanhos de página de 512 bytes a 1 MB são usados em sistemas reais. Com 64 KB de espaço de endereçamento virtual e 32 KB de memória física, temos 16 páginas virtuais e 8 quadros de página. As transferências entre a memória RAM e o disco são sempre feitas em unidades de uma página.

Quando o programa tenta acessar o endereço 0, por exemplo, usando a instrução

MOV REG,0

o endereço virtual 0 é enviado para a MMU. A MMU vê que esse endereço virtual cai na página 0 (de 0 a 4095), a qual, de acordo com seu mapeamento, é o quadro de página 2 (de 8192 a 12287). Assim, ela transforma o endereço virtual 0 no endereço físico 8192 e o coloca no barramento. A memória não sabe absolutamente nada sobre a MMU e vê apenas uma requisição para ler ou escrever no endereço 8192, a qual executa. Assim, a MMU efetivamente fez o mapeamento de todos os endereços virtuais entre 0 e 4095 nos endereços físicos de 8192 a 12287.

Analogamente, uma instrução

MOV REG,8192

é efetivamente transformada em

MOV REG,24576

pois o endereço virtual 8192 está na página virtual 2 e essa página é mapeada no quadro de página 6 (endereços físicos de 24576 a 28671). Como um terceiro exemplo, o endereço virtual 20500 está a 20 bytes a partir do início da página virtual 5 (endereços virtuais de 20480 a 24575) e é mapeado no endereço físico 12288 + 20 = 12308.

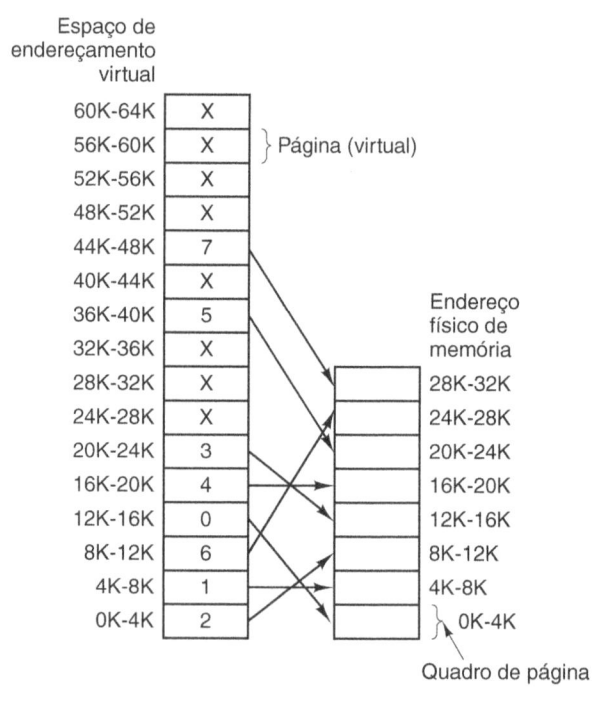

Espaço de endereçamento virtual			Endereço físico de memória
60K-64K	X	} Página (virtual)	
56K-60K	X		
52K-56K	X		
48K-52K	X		
44K-48K	7		
40K-44K	X		
36K-40K	5		
32K-36K	X		
28K-32K	X		28K-32K
24K-28K	X		24K-28K
20K-24K	3		20K-24K
16K-20K	4		16K-20K
12K-16K	0		12K-16K
8K-12K	6		8K-12K
4K-8K	1		4K-8K
0K-4K	2		0K-4K (Quadro de página)

Figura 4-8 O relacionamento entre endereços virtuais e endereços físicos de memória é dado pela tabela de páginas.

Por si só, essa capacidade de fazer o mapeamento das 16 páginas virtuais em qualquer um dos oito quadros de página, configurando apropriadamente o mapa da MMU, não resolve o problema de o espaço de endereçamento virtual ser maior do que a memória física. Como temos apenas oito quadros de página, apenas oito páginas virtuais da Figura 4-8 são mapeadas na memória física. As outras, mostradas como um X na figura, não são mapeadas. No hardware real, um **bit presente/ausente** monitora quais páginas estão fisicamente presentes na memória.

O que acontece se o programa tenta usar uma página não mapeada, por exemplo, utilizando a instrução

MOV REG,32780

que é o byte 12 dentro da página virtual 8 (começando em 32768)? A MMU nota que a página não está mapeada (indicada por um X na figura) e faz a CPU interromper o sistema operacional. Essa interrupção é chamada de **falta de página**. O sistema operacional escolhe um quadro de página pouco usado e armazena seu conteúdo de volta no disco. Em seguida, busca a página que acabou de ser referenciada e a carrega no quadro de página que acabou de ser liberado, altera o mapa e reinicia a instrução interrompida.

Por exemplo, se o sistema operacional decidisse retirar o quadro de página 1, ele carregaria a página virtual 8 no endereço físico 4K e faria duas alterações no mapa da MMU. Primeiramente, ele marcaria a entrada da página virtual 1 como não mapeada, para impedir quaisquer futuros acessos aos endereços virtuais entre 4K e 8K. Então, substituiria o X na entrada da página virtual 8 por 1, para que, quando a instrução interrompida fosse executada novamente, fizesse o mapeamento do endereço virtual 32780 no endereço físico 4108.

Agora, vamos olhar dentro da MMU para vermos como ela funciona e porque optamos por usar um tamanho de página que é uma potência de 2. Na Figura 4-9, vemos um exemplo de endereço virtual, 8196 (0010000000000100, em binário), sendo mapeado com o mapa da MMU da Figura 4-8. O endereço virtual de 16 bits recebido é dividido em um número de página de 4 bits e um deslocamento de 12 bits. Com 4 bits para o número de página, podemos ter 16 páginas, e com 12 bits para o deslocamento, podemos endereçar todos os 4096 bytes dentro de uma página.

O número de página é usado como índice na **tabela de páginas**, gerando o número do quadro de página correspondente a essa página virtual. Se o bit *presente/ausente* é 0, é causada uma interrupção no sistema operacional. Se o bit é 1, o número do quadro de página encontrado na tabela de páginas é copiado nos 3 bits de ordem superior do registrador de endereço de saída, junto com o deslocamento de 12 bits, que é copiado sem modificação do endereço virtual recebido. Juntos, eles formam um endereço físico de 15 bits. Então, o registrador de saída é colocado no barramento da memória como o endereço de memória físico.

4.3.2 Tabelas de página

No caso mais simples, o mapeamento de endereços virtuais em endereços físicos é como acabamos de descrever. O endereço virtual é dividido em um número de página virtual (bits de ordem superior) e um deslocamento (bits de ordem inferior). Por exemplo, com um endereço de 16 bits e um tamanho de página de 4 KB, os 4 bits superiores poderiam especificar uma das 16 páginas virtuais e os 12 bits inferiores especificariam então o deslocamento de byte (de 0 a 4095) dentro da página selecionada. Entretanto, também é possível uma divisão com 3, 5 ou algum outro número de bits para a página. Diferentes divisões implicam em diferentes tamanhos de página.

O número de página virtual é usado como índice na tabela de páginas para localizar a entrada dessa página virtual. A partir da entrada na tabela de páginas, é encontrado o número do quadro de página (se houver). O número do quadro de página é anexado à extremidade de

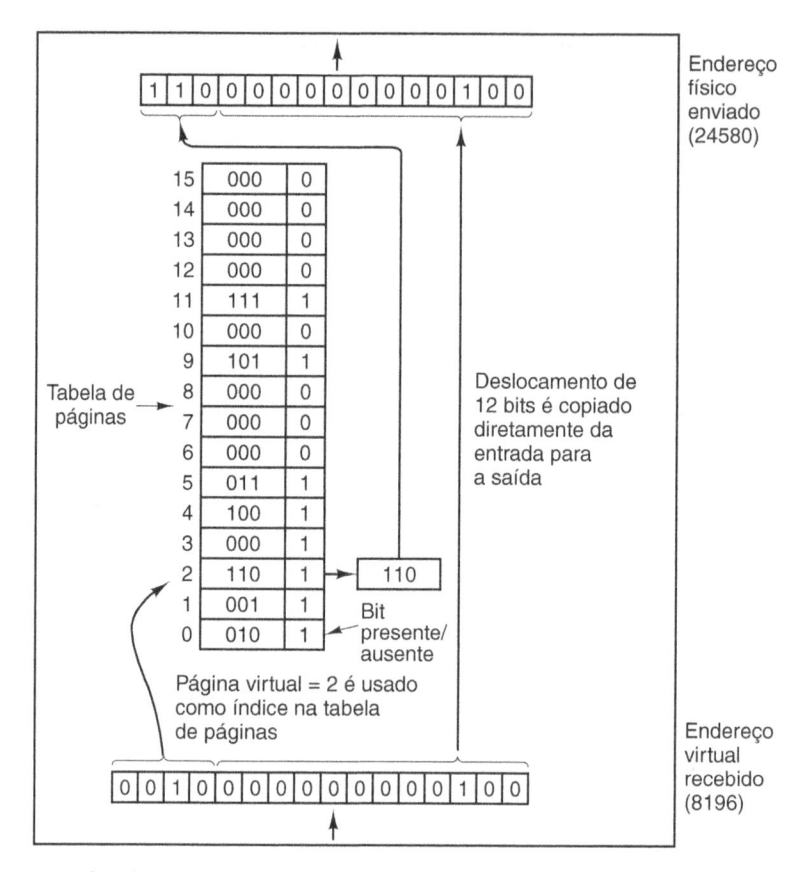

Figura 4-9 O funcionamento interno da MMU com 16 páginas de 4 KB.

ordem superior do deslocamento, substituindo o número de página virtual, para formar um endereço físico que pode ser enviado para a memória.

O objetivo da tabela de páginas é fazer o mapeamento de páginas virtuais em quadros de página. Matematicamente falando, a tabela de páginas é uma função, com o número de página virtual como argumento e o número de quadro físico como resultado. Usando o resultado dessa função, o campo da página virtual em um endereço virtual pode ser substituído por um campo de quadro de página, formando assim um endereço de memória físico.

Apesar dessa descrição simples, dois problemas importantes devem ser enfrentados:

1. A tabela de páginas pode ser extremamente grande.
2. O mapeamento deve ser rápido.

O primeiro ponto é conseqüência do fato de que os computadores modernos usam endereços virtuais de pelo menos 32 bits. Com, digamos, um tamanho de página de 4 KB, um espaço de endereçamento de 32 bits tem 1 milhão de páginas e um espaço de endereçamento de 64 bits tem muito mais do que você desejaria acessar. Com 1 milhão de páginas no espaço de endereçamento virtual, a tabela de páginas deve ter 1 milhão de entradas. E lembre-se de que cada processo precisa de sua própria tabela de páginas (porque possui seu próprio espaço de endereçamento virtual).

O segundo ponto é uma conseqüência do fato de que o mapeamento de endereço virtual para físico deve ser feito a cada referência à memória. Uma instrução típica tem uma palavra de instrução e, freqüentemente, tem também um operando em memória. Conseqüentemente, é necessário fazer uma, duas ou, às vezes, mais referências à tabela de páginas por instrução. Se uma instrução demora, digamos, 1 ns, a pesquisa da tabela de páginas deve ser feita em menos de 250 ps para que não se torne um gargalo sério.

A necessidade de fazer um mapeamento rápido e eficiente de páginas a partir de uma tabela de páginas grande é um desafio na maneira como os computadores são construídos. Embora o problema seja mais sério nas máquinas de ponta, que precisam ser muito rápidas, também é um problema nas de baixo poder computacional, onde o custo e a relação preço/desempenho são críticos. Nesta seção e nas seguintes, veremos o projeto da tabela de páginas em detalhes e mostraremos diversas soluções de hardware que têm sido utilizadas nos computadores reais.

O projeto mais simples (pelo menos conceitualmente) é ter uma única tabela de páginas composta por um conjunto de registradores em hardware bastante rápidos, com uma entrada para cada página virtual, indexada pelo número de página virtual, como se vê na Figura 4-9. Quando um processo é iniciado, o sistema operacional carrega os registradores com a tabela de páginas do processo, extraída de uma cópia mantida na memória principal. Durante a execução do processo, mais nenhuma referência de memória é necessária à tabela de páginas. As vantagens desse método são que ele é simples e não exige referências de memória durante o mapeamento. Uma desvantagem é que ele é potencialmente dispendioso (caso a tabela de páginas seja grande). Além disso, a necessidade de carregar a tabela de páginas inteira em cada troca de contexto prejudica o desempenho.

No outro extremo, a tabela de páginas pode estar inteiramente na memória principal. Então, tudo que o hardware precisa é de um único registrador que aponte para o início da tabela de páginas em memória. Esse projeto permite que o mapa de memória seja alterado em uma troca de contexto, por meio da carga de um único registrador. Naturalmente, ele tem a desvantagem de exigir uma ou mais referências de memória para ler as entradas da tabela de páginas durante a execução de cada instrução. Por isso, essa estratégia raramente é usada em sua forma mais pura, mas a seguir estudaremos algumas variações que têm desempenho muito melhor.

Tabelas de página multinível

Para evitar o problema de ter de armazenar tabelas de página enormes na memória o tempo todo, muitos computadores usam uma tabela de páginas de vários níveis. Um exemplo simples aparece na Figura 4-10. Na Figura 4-10(a), temos um endereço virtual de 32 bits particionado em um campo *PT1* de 10 bits, um campo *PT2* de 10 bits e um campo *Deslocamento* de 12 bits. Como os deslocamentos são de 12 bits, as páginas têm 4 KB e existe um total de 2^{20} delas.

O segredo do método da tabela de páginas multinível é não manter toda a tabela de página na memória o tempo todo a dividindo em subtabelas. Em particular, as tabelas que não são necessárias não devem ser mantidas em memória. Suponha, por exemplo, que um processo precise de 12 megabytes, com os 4 megabytes inferiores da memória para texto do programa, os 4 megabytes seguintes para dados e os 4 megabytes superiores para a pilha. Entre a parte superior dos dados e a parte inferior da pilha existe uma lacuna gigantesca que não é utilizada.

Na Figura 4-10(b), vemos como uma tabela de páginas de dois níveis funciona nesse exemplo. À esquerda, temos a tabela de páginas de nível superior, com 1024 entradas, correspondentes ao campo *PT1* de 10 bits. Quando um endereço virtual é apresentado para a MMU, ela primeiro extrai o campo *PT1* e usa esse valor como índice na tabela de páginas de nível superior. Cada uma dessas 1024 entradas representa 4M, pois o espaço de endereçamento virtual de 4 gigabytes (isto é, 32 bits) inteiro foi dividido em trechos de 1024 bytes.

A entrada localizada pela indexação na tabela de páginas de nível superior fornece o endereço ou o número do quadro de página de uma tabela de páginas de segundo nível. A entrada 0 da tabela de páginas de nível superior aponta para a tabela de páginas do texto do programa, a entrada 1 aponta para a tabela de páginas dos dados e a entrada 1023 aponta para a tabela de páginas da pilha. As outras entradas (sombreadas) não são usadas. Agora, o campo *PT2* é usado como índice na tabela de páginas de segundo nível selecionada, para encontrar o número do quadro de página da página em si.

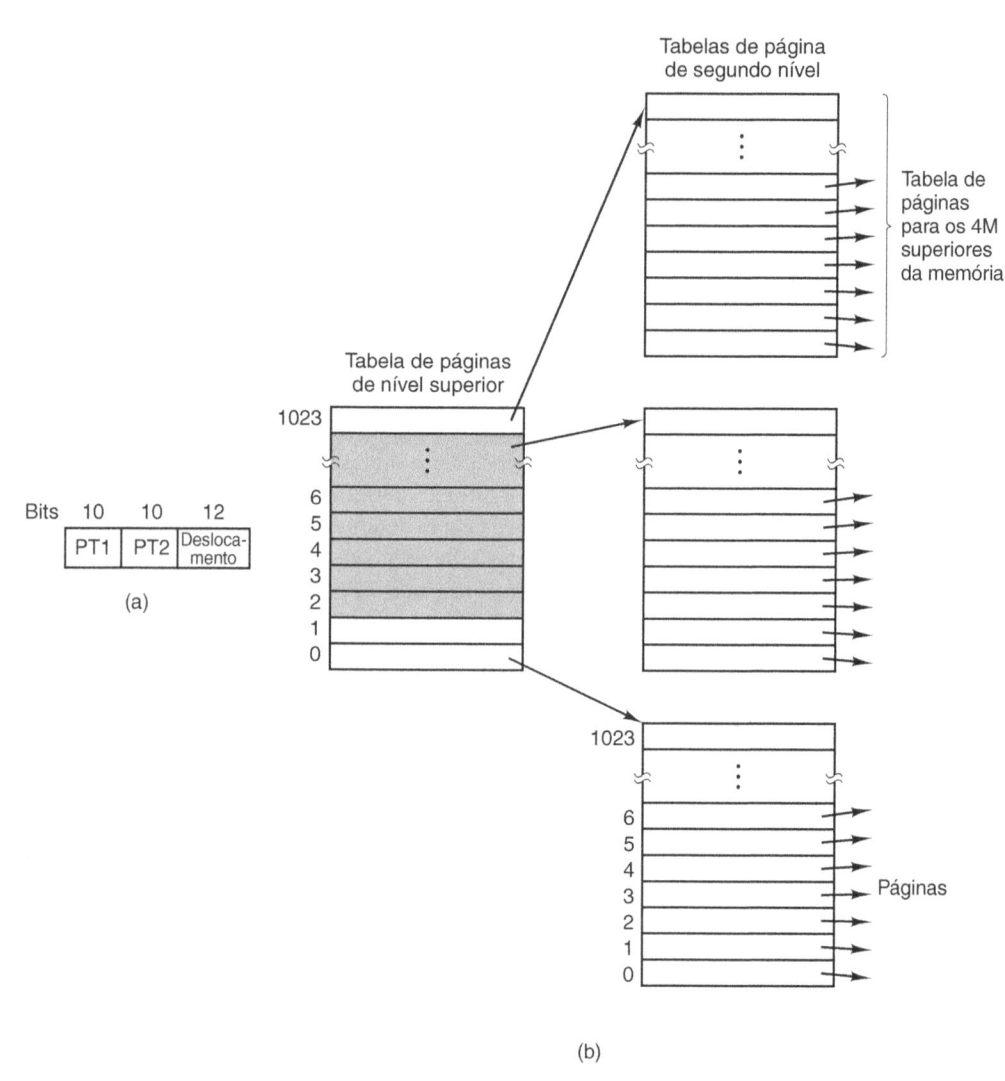

Figura 4-10 (a) Um endereço de 32 bits com dois campos de tabela de páginas. (b) Tabelas de página de dois níveis.

Como exemplo, considere o endereço virtual de 32 bits 0x00403004 (4.206.596 em decimal), que tem 12.292 bytes nos dados. Esse endereço virtual corresponde a *PT1* = 1, *PT2* = 2 e *Deslocamento* = 4. A MMU primeiro utiliza *PT1* para indexar na tabela de páginas de nível superior e obter a entrada 1, que corresponde aos endereços de 4M a 8M. Então, ela usa *PT2* para indexar na tabela de páginas de segundo nível que acabou de encontrar e extrair a entrada 3, que corresponde aos endereços de 12.288 a 16.383 dentro de seu trecho de 4M (isto é, os endereços absolutos de 4.206.592 a 4.210.687). Essa entrada possui o número do quadro de página física que contém a página virtual associada ao endereço (virtual) 0x00403004. Se essa página não estiver na memória, o bit *presente/ausente* na entrada da tabela de páginas será zero, causando uma exceção de falta de página. Se a página estiver na memória, o número do quadro de página extraído da tabela de páginas de segundo nível será combinado com o deslocamento (4) para construir um endereço físico. Esse endereço é colocado no barramento e enviado para a memória.

O interessante a notar na Figura 4-10 é que, embora o espaço de endereçamento contenha mais de um milhão de páginas, apenas quatro tabelas de página são realmente necessárias: a tabela de nível superior e as tabelas de segundo nível para as porções de memória de 0 a 4M, de 4M a 8M e para os 4M superiores. Os bits *presente/ausente* nas 1021 entradas da tabela de páginas de nível superior são configurados como 0, forçando uma exceção de falta de página se forem acessadas. Se isso ocorrer, o sistema operacional notará que o processo está tentando referenciar memória que não deveria e executará a ação apropriada, como enviar um sinal para ele ou eliminá-lo. Nesse exemplo, escolhemos números redondos para os diversos tamanhos e selecionamos *PT1* igual a *PT2*, mas na prática, obviamente, outros valores também são possíveis.

O sistema de tabela de páginas de dois níveis da Figura 4-10 pode ser expandido para três, quatro ou mais níveis. Níveis adicionais proporcionam mais flexibilidade, mas há dúvidas de que a complexidade adicional além de dois níveis compense.

Estrutura de uma entrada da tabela de páginas

Vamos passar agora da estrutura geral da tabela de página para vermos os detalhes de uma única entrada sua. O *layout* exato de uma entrada é altamente dependente da máquina, mas o tipo de informação presente é praticamente o mesmo de uma máquina para outra. Na Figura 4-11, damos um exemplo de entrada da tabela de páginas. O tamanho varia de um computador para outro, mas 32 bits é um tamanho comum. O campo mais importante é o *número do quadro de página*. Afinal, o objetivo do mapeamento de página é localizar esse valor. Depois dele, temos o bit *presente/ausente*. Se esse bit for 1, a entrada será válida e poderá ser usada. Se ele for 0, a página virtual à qual a entrada pertence não está correntemente na memória. Acessar uma entrada da tabela de páginas com esse bit configurado como 0 causa uma exceção de falta de página.

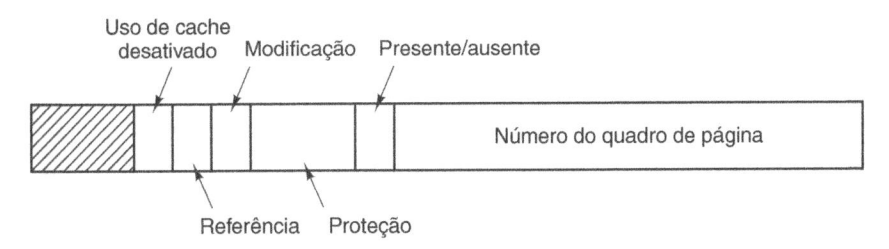

Figura 4-11 Uma entrada típica de tabela de páginas.

O bits *proteção* informam quais tipos de acesso são permitidos. Na forma mais simples, esse campo contém 1 bit, com 0 para leitura/escrita e 1 para leitura somente. Uma organização mais sofisticada é ter 3 bits independentes, cada bit para ativar individualmente a leitura, escrita e execução da página.

Os bits *modificação* e *referência* monitoram a utilização da página. Quando uma página é escrita, o hardware ativa automaticamente o bit *modificação*. Esse bit é usado quando o sistema operacional decide recuperar um quadro de página. Se a página que está nele foi modificada (isto é, está "suja"), ela deve ser reescrita no disco. Se ela não tiver sido modificada (isto é, está "limpa"), pode ser simplesmente abandonada, pois a cópia do disco ainda é válida. Às vezes, o bit é chamado de **bit sujo** (*dirty bit*), pois reflete o estado da página.

O bit *referência* é ativado quando uma página é acessada, seja para leitura ou para escrita. Seu objetivo é ajudar o sistema operacional a escolher uma página para substituir quando ocorrer uma falta de página. As páginas que não estão sendo usadas são candidatas melhores do que as que estão, e esse bit desempenha uma função importante em vários algoritmos de substituição de página que estudaremos posteriormente neste capítulo.

Finalmente, o último bit permite que o uso de cache seja desativado para a página. Esse recurso é importante para páginas que são mapeadas em registradores de dispositivo, em vez da memória. Se o sistema operacional estiver executando um laço, esperando que algum dispositivo de E/S responda a um comando que acabou de receber, é fundamental que o hardware continue buscando a palavra do dispositivo e não utilize uma cópia antiga armazenada na cache. Com esse bit, a operação da cache pode ser desligada. As máquinas que têm um espaço de E/S separado e não utilizam E/S mapeada na memória não precisam desse bit.

Note que o endereço do disco usado para conter a página quando ela não está na memória não faz parte da tabela de páginas. O motivo é simples. A tabela de páginas contém apenas as informações que o hardware precisa para transformar um endereço virtual em endereço físico. As informações que o sistema operacional precisa para tratar as exceções de falta de página são mantidas em estruturas de dados internas do próprio sistema operacional. O hardware não precisa delas.

4.3.3 *Translation Lookaside Buffers (TLB)*

Na maioria dos esquemas de paginação, as tabelas de página são mantidas em memória, devido ao seu tamanho grande. Potencialmente, esse projeto tem um impacto enorme sobre o desempenho. Considere, por exemplo, uma instrução que copia o valor de um registrador para outro. Na ausência de paginação, essa instrução faz apenas uma referência de memória, para buscar a instrução. Com paginação, referências adicionais de memória serão necessárias para acessar a tabela de páginas. Como a velocidade de execução geralmente é limitada pela velocidade com que a CPU pode obter instruções e dados da memória, a necessidade de fazer duas referências à tabela de páginas por referência de memória reduz o desempenho em 2/3. Sob essas condições, ninguém a utilizaria.

Os projetistas de computador sabem desse problema há anos e apresentaram uma solução. A solução é baseada na observação de que a maioria dos programas tende a fazer um grande número de referências para um pequeno número de páginas e não o contrário. Assim, apenas uma pequena fração das entradas da tabela de páginas é lida intensamente; as restantes são muito pouco utilizadas. Esse é um exemplo de **localidade de referência**, um conceito ao qual voltaremos em uma seção posterior.

A solução imaginada foi equipar os computadores com um pequeno dispositivo de hardware para mapear endereços virtuais em endereços físicos rapidamente, sem passar pela tabela de páginas. O dispositivo, chamado de **TLB** (*Translation Lookaside Buffer*), ou, às vezes, de **memória associativa**, está ilustrado na Figura 4-12. Normalmente, ele fica dentro da MMU e consiste em um pequeno número de entradas, oito neste exemplo, mas raramente mais do que 64. Cada entrada contém informações sobre uma página, incluindo o número de página virtual, um bit que é ativado quando a página é modificada, o código de proteção (permissões para ler/escrever/executar) e o quadro físico de página no qual a página está localizada. Esses campos têm uma correspondência biunívoca com os campos da tabela de páginas. Outro bit indica se a entrada é válida (isto é, está em uso) ou não.

Válida	Página virtual	Modificada	Proteção	Quadro de página
1	140	1	RW	31
1	20	0	R X	38
1	130	1	RW	29
1	129	1	RW	62
1	19	0	R X	50
1	21	0	R X	45
1	860	1	RW	14
1	861	1	RW	75

Figura 4-12 Um TLB para acelerar a paginação.

Um exemplo que poderia gerar o TLB da Figura 4-12 é um processo em um laço que abrange as páginas virtuais 19, 20 e 21, de modo que essas entradas de TLB têm permissões de proteção para ler e executar. Os principais dados correntemente em uso (digamos, um *array* que esteja sendo acessado) estão nas páginas 129 e 130. A página 140 contém os índices usados nos cálculos do *array*. Finalmente, a pilha está nas páginas 860 e 861.

Vamos ver agora como o TLB funciona. Quando um endereço virtual é apresentado para a MMU para transformação, primeiro o hardware verifica se seu número de página virtual está presente no TLB, comparando-o simultaneamente com todas as entradas (isto é, em paralelo). Se for encontrada uma correspondência válida e o acesso não violar os bits de proteção, o quadro de página será extraído diretamente do TLB, sem passar pela tabela de páginas. Se o número de página virtual estiver presente no TLB, mas a instrução estiver tentando escrever em uma página somente de leitura, será gerado um erro de proteção, da mesma maneira que aconteceria na própria tabela de páginas.

O caso interessante é o que acontece quando o número de página virtual não está no TLB. A MMU detecta a ausência e faz uma pesquisa na tabela de páginas normal (em memória). Então, ela substitui uma das entradas do TLB pela entrada da tabela de páginas que acabou de ser pesquisada. Assim, se essa página for usada novamente em breve, a segunda vez resultará em um número de página virtual encontrado e não em uma falta. Quando uma entrada é retirado do TLB, o bit modificação é copiado de volta na entrada da tabela de páginas, na memória. Os outros valores já estão lá. Quando o TLB é carregado da tabela de páginas, todos os campos são extraídos da memória.

Gerenciamento do TLB por software

Até agora, assumimos que cada máquina que possui memória virtual baseada em paginação possui tabelas de página reconhecidas pelo hardware, além de um TLB. Neste projeto, o gerenciamento do TLB e o tratamento de erros de TLB são feitos inteiramente pelo hardware da MMU. As interrupções no sistema operacional só ocorrem quando uma página não está na memória.

No passado, essa suposição era verdadeira. Entretanto, muitas máquinas RISC modernas, incluindo SPARC, MIPS, HP PA e PowerPC, fazem praticamente todo esse gerenciamento de páginas em software. Nessas máquinas, as entradas do TLB são carregadas explicitamente pelo sistema operacional. Quando ocorre uma falta na TLB (TLB *miss*), em vez da MMU ir simplesmente até as tabelas de página para localizar e buscar a referência de página desejada, ela apenas gera uma exceção de falta na TLB e joga o problema para o sistema operacional. O sistema operacional deve encontrar a página, remover uma entrada do TLB, inserir uma nova e reiniciar a instrução que falhou. E, é claro, tudo isso deve ser feito com poucas instruções, pois as faltas na TLB ocorrem muito mais freqüentemente do que as faltas de página.

Surpreendentemente, se o TLB for razoavelmente grande (digamos, com 64 entradas) para reduzir a taxa de perdas, o gerenciamento por software do TLB se mostrará aceitavelmente eficiente. A principal vantagem dessa abordagem é ter uma MMU muito mais simples, que libera uma área considerável no chip da CPU para caches e outros recursos que podem melhorar o desempenho. O gerenciamento do TLB por software está discutido em Uhlig et al. (1994).

Várias estratégias foram desenvolvidas para melhorar o desempenho em máquinas que fazem gerenciamento do TLB por software. Uma delas ataca a redução da quantidade de faltas na TLB e do custo para tratar cada uma delas quando ocorrem (Bala et al., 1994). Para reduzir as faltas na TLB, às vezes o sistema operacional pode usar sua intuição para descobrir quais páginas provavelmente serão usadas em seguida e carregar previamente as entradas para elas no TLB. Por exemplo, quando um processo cliente envia uma mensagem para um processo servidor na mesma máquina, é muito provável que o servidor tenha que executar em breve. Sabendo disso, enquanto processa a interrupção para executar a operação **send**, o sistema também pode verificar onde estão as páginas de código, dados e pilha do servidor e fazer seu mapeamento antes que elas possam causar faltas na TLB.

A maneira normal de processar uma falta na TLB, seja no hardware ou no software, é ir até a tabela de páginas e executar as operações de indexação para localizar a página referenciada. O problema de fazer essa pesquisa no software é que as páginas que contêm a tabela de páginas podem não estar no TLB, o que causará faltas adicionais na TLB durante o processamento. Esses faltas podem ser reduzidas mantendo-se uma cache de software grande (por exemplo, de 4 KB ou mais) de entradas de TLB em um local fixo, cuja página seja sempre mantida no TLB. Verificando primeiro a cache de software, o sistema operacional pode reduzir substancialmente o número de faltas na TLB.

4.3.4 Tabela de páginas invertida

As tabelas de página tradicionais do tipo descrito até aqui exigem uma única entrada por página virtual, pois são indexadas pelo número de página virtual. Se o espaço de endereçamento consiste em 2^{32} bytes, com 4096 bytes por página, então são necessárias mais de 1 milhão de entradas na tabela de páginas. No mínimo, a tabela de páginas terá pelo menos 4 megabytes. Em sistemas grandes, esse tamanho provavelmente é viável.

Entretanto, à medida que os computadores de 64 bits se tornam mais comuns, a situação muda drasticamente. Se agora o espaço de endereçamento é de 2^{64} bytes, com páginas de 4 KB, precisamos de uma tabela de páginas com 2^{52} entradas. Se cada entrada tem 8 bytes, a tabela tem mais de 30 milhões de gigabytes. Ocupar 30 milhões de gigabytes apenas para a tabela de páginas não é viável, nem agora nem nos próximos anos, se é que algum dia será. Conseqüentemente, é necessária uma solução diferente para espaços de endereçamentos virtuais paginados de 64 bits.

Uma solução para isso é a **tabela de páginas invertida**. Nesse projeto, há uma entrada por quadro de página na memória real, em vez de uma entrada por página de espaço de endereçamento virtual. Por exemplo, com endereços virtuais de 64 bits, uma página de 4 KB e

256 MB de memória RAM, uma tabela de páginas invertida exige apenas 65.536 entradas. A entrada monitora qual par (processo, página virtual) está localizado no quadro de página.

Embora as tabelas de página invertidas economizem grandes quantidades de espaço em memória, pelo menos quando o espaço de endereçamento virtual é muito maior do que a memória física, elas têm um sério inconveniente: o mapeamento de endereço virtual para físico se torna muito mais difícil. Quando o processo *n* referencia a página virtual *p*, o hardware não pode mais encontrar a página física usando *p* como índice na tabela de páginas. Em vez disso, ele precisa pesquisar a tabela de páginas invertida inteira em busca de uma entrada (*n*, *p*). Além disso, essa pesquisa deve ser feita a cada referência de memória e não apenas nas faltas de página. Pesquisar uma tabela de 64K a cada referência de memória definitivamente não é uma boa maneira de tornar sua máquina rápida.

A saída para esse dilema é usar o TLB. Se o TLB puder conter todas as páginas freqüentemente mais utilizadas, a transformação poderá acontecer com a mesma rapidez das tabelas de página normais. Contudo, no caso de uma falta na TLB, a tabela de páginas invertida precisará ser pesquisada no software. Uma maneira viável de fazer essa pesquisa é ter uma tabela *hash* calculada com base no endereço virtual. Todas as páginas virtuais correntemente na memória que tenham o mesmo valor de *hash* são encadeadas, como se vê na Figura 4-13. Se a tabela de *hash* tiver tantas entradas quanto a máquina tiver páginas físicas, o encadeamento médio terá apenas uma entrada, acelerando bastante o mapeamento. Uma vez que o número do quadro de página tiver sido encontrado, o novo par (virtual, físico) será inserido no TLB e a instrução que provocou a falta na TLB poderá ser reiniciada.

As tabelas de página invertidas são correntemente usadas em estações de trabalho IBM, Sun e Hewlett-Packard e serão mais comuns à medida que as máquinas de 64 bits se tornarem mais difundidas. As tabelas de página invertidas são fundamentais nessas máquinas. Outras estratégias para o tratamento de espaço de endereçamento virtual grande podem ser encontradas em Huck e Hays (1993), em Talluri e Hill (1994) e em Talluri et al. (1995). Algumas questões de hardware na implementação da memória virtual são discutidas por Jacob e Mudge (1998).

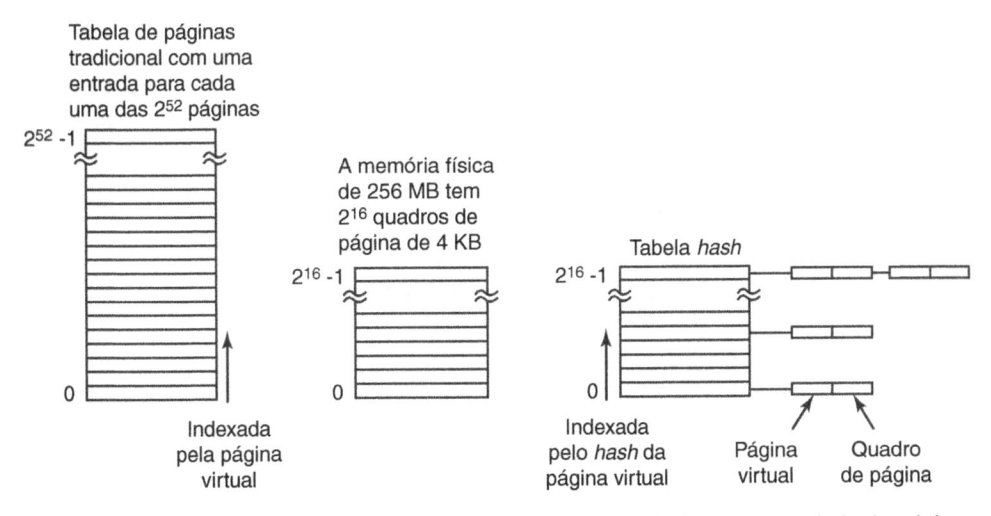

Figura 4-13 Comparação de uma tabela de páginas tradicional com uma tabela de páginas invertida.

4.4 ALGORITMOS DE SUBSTITUIÇÃO DE PÁGINA

Quando ocorre uma falta de página, o sistema operacional precisa escolher uma página para remover da memória, para liberar espaço para a página que precisa ser trazida. Se a página a ser removida tiver sido modificada enquanto estava na memória, ela deverá ser escrita no disco para atualizar sua cópia no disco. Entretanto, se a página não foi alterada (por exemplo, ela contém o código do programa), a cópia do disco já está atualizada; portanto, nenhuma escrita é necessária. A página a ser lida simplesmente sobrescreve a página que está sendo substituída.

Embora seja possível a cada falta de página escolher uma página aleatória para ser substituída, o desempenho do sistema será muito melhor se for escolhida uma página não muito utilizada. Se for removida uma página muito utilizada, ela provavelmente terá de ser trazida de volta rapidamente, resultando em sobrecarga extra. Muito trabalho foi feito sobre o assunto dos algoritmos de substituição de página, tanto teórico como experimental. A seguir, descreveremos alguns dos algoritmos mais importantes.

Vale notar que o problema da "substituição de página" também ocorre em outras áreas de projeto de computador. Por exemplo, a maioria dos computadores tem uma ou mais caches de memória consistindo em blocos de memória de 32 bytes ou de 64 bytes recentemente usados. Quando a cache está cheia, algum bloco precisa ser escolhido para remoção. Esse problema é precisamente igual ao da substituição de página, exceto que em uma escala de tempo mais curta (isso precisa ser feito em alguns nanossegundos e não em milissegundos, como acontece com a substituição de página). O motivo da escala de tempo mais curta é que as faltas de blocos na cache são escritas a partir da memória principal, que não tem tempo de busca nem latência rotacional.

Um segundo exemplo é um navegador web. O navegador mantém cópias das páginas web acessadas anteriormente em uma cache no disco. Normalmente, o tamanho máximo da cache é fixado antecipadamente, de modo que é provável que ela fique cheia, caso o navegador seja muito usado. Quando uma página web é referenciada, é feita uma verificação para ver se há uma cópia na cache e, se houver, se a página web é mais recente. Se a cópia colocada na cache estiver atualizada, ela será usada; caso contrário, uma cópia nova será buscada na web. Se a página não estiver na cache, ou se uma versão mais recente estiver disponível, ela será carregada por *download*. Se for uma cópia mais recente de uma página colocada na cache, ela substituirá a que está na cache. Quando a cache está cheia, uma decisão precisa ser tomada para substituir alguma outra página, no caso de uma página nova ou de uma página que seja maior do que uma versão mais antiga. As considerações são semelhantes às das páginas de memória virtual, exceto quanto ao fato de que as páginas web nunca são modificadas na cache e, assim, nunca são escritas de volta no servidor web. Em um sistema de memória virtual, as páginas na memória principal podem ser limpas ou sujas.

4.4.1 O algoritmo de substituição de página ótimo

O melhor algoritmo de substituição de página possível é fácil de descrever, mas impossível de implementar. Acompanhe o raciocínio. No momento em que ocorre uma falta de página, um conjunto de páginas está na memória. Uma dessas páginas será referenciada na próxima instrução (a página que contém essa instrução). Eventualmente, as outras páginas só serão referenciadas daqui a 10, 100 ou talvez 1000 instruções. Cada página pode ser rotulada com o número de instruções que serão executadas antes que a página seja referenciada pela primeira vez.

O algoritmo de página ótimo diz simplesmente que a página com o rótulo mais alto deve ser removida. Se uma página não vai ser usada por 8 milhões de instruções e outra não vai ser usada por 6 milhões de instruções, remover a primeira postergará por mais tempo possível a falta de página que fará buscá-la de volta. Os computadores, assim como as pessoas, tentam adiar os eventos desagradáveis o máximo que podem.

O único problema desse algoritmo é que ele não pode ser realizado. No momento da falta de página, o sistema operacional não tem como saber quando cada uma das páginas será referenciada no futuro. (Vimos uma situação semelhante anteriormente, no algoritmo de escalonamento da tarefa mais curta primeiro – como o sistema pode saber qual é a tarefa mais curta?) Apesar disso, executando um programa em um simulador e monitorando todas as referências de página, é possível implementar a substituição de página ótima na *segunda* execução, usando as informações de referência de página reunidas durante a *primeira* execução.

Dessa forma é possível comparar o desempenho de algoritmos realizáveis com o melhor possível. Se um sistema operacional alcançar um desempenho de, digamos, apenas 1% pior do que o algoritmo ótimo, o esforço gasto em procurar um algoritmo melhor resultará em uma melhoria de 1%, no máximo.

Para evitar qualquer possível confusão, deve ficar claro que esse registro de referência de página refere-se apenas ao programa que acabou de ser medido e, além disso, com apenas uma entrada específica. Assim, o algoritmo de substituição de página derivado dele é específico para esse programa e para esses dados de entrada. Embora esse método seja útil para avaliar algoritmos de substituição de página, ele é inútil em sistemas reais. A seguir, estudaremos algoritmos que *são* úteis em sistemas reais.

4.4.2 O algoritmo de substituição de página não usada recentemente

Para permitir que o sistema operacional reúna estatísticas úteis a respeito de quais páginas estão sendo utilizadas e quais não, a maioria dos computadores com memória virtual tem dois bits de status associados a cada página. O bit R é ativado quando a página é referenciada (lida ou escrita). O bit M é ativado quando a página é escrita (isto é, modificada). Os bits estão contidos em cada entrada da tabela de páginas, como se vê na Figura 4-11. É importante perceber que esses bits devem ser atualizados a cada referência de memória; portanto, é fundamental que eles sejam ativados pelo hardware. Uma vez que um bit tiver sido configurado como 1, ele continuará sendo 1 até que o sistema operacional o recoloque em 0 por software.

Se o hardware não tiver esses bits, eles podem ser simulados, como segue. Quando um processo é iniciado, todas as suas entradas da tabela de páginas são marcadas como não presentes na memória. Assim que uma página for referenciada, ocorrerá uma falta de página. Então, o sistema operacional ativa o bit R (em suas tabelas internas), altera a entrada da tabela de páginas para apontar para a página correta, com modo READ ONLY, e reinicia a instrução. Assim, subseqüentemente, quando for feita uma escrita na página será gerado um erro de proteção na página e o tratamento dessa exceção permitirá que o sistema operacional ative o bit M e altere o modo da página para READ/WRITE.

Os bits R e M podem ser usados para construir um algoritmo de paginação simples, como segue. Quando um processo é iniciado, esses dois bits de todas as suas páginas são configurados como 0 pelo sistema operacional. Periodicamente (por exemplo, em cada interrupção de relógio), o bit R é zerado, para distinguir as páginas que não foram referenciadas recentemente das que foram.

Quando ocorre uma falta de página, o sistema operacional inspeciona todas as páginas e as divide em quatro categorias, baseadas nos valores correntes de seus bits R e M:

Classe 0: não referenciada, não modificada.
Classe 1: não referenciada, modificada.
Classe 2: referenciada, não modificada.
Classe 3: referenciada, modificada.

Embora, à primeira vista, as páginas de classe 1 pareçam impossíveis, elas ocorrem quando uma página de classe 3 tem seu bit R zerado por uma interrupção de relógio. As interrupções de relógio não zeram o bit M porque essa informação é necessária para saber se a página precisa ser reescrita no disco ou não. Zerar R, mas não M, leva a uma página de classe 1.

O algoritmo **NRU** (*Not Recently Used* – não utilizada recentemente) remove aleatoriamente uma página da classe não-vazia de numeração mais baixa. Está implícito nesse algoritmo o fato de que é melhor remover uma página modificada que não foi referenciada em pelo menos um tique de relógio (normalmente 20 ms) do que uma página limpa que está sendo muito utilizada. O principal atrativo do algoritmo NRU é que ele é fácil de entender, sua implementação é moderadamente eficiente e fornece um desempenho que, embora certamente não seja ótimo, pode ser adequado.

4.4.3 O algoritmo de substituição de página FIFO (primeira a entrar, primeira a sair)

Outro algoritmo de paginação de baixa sobrecarga é o **FIFO** (*First-In, First-Out* – primeira a entrar, primeira a sair). Para ilustrar seu funcionamento, considere um supermercado com prateleiras suficientes para exibir exatamente k produtos diferentes. Um dia, uma empresa introduz um novo alimento prático – um iogurte orgânico, congelado e seco, de preparo instantâneo, que pode ser reconstituído em um forno de microondas. O produto é um sucesso imediato; portanto, nosso supermercado limitado em espaço precisa livrar-se de um produto antigo para armazenar o novo.

Uma possibilidade é localizar o produto que o supermercado armazena há mais tempo (isto é, algo que começou a comercializar 120 anos atrás) e desfazer-se dele com base no fato de que ninguém mais está interessado. Na verdade, o supermercado mantém uma lista encadeada de todos os produtos que vende atualmente, na ordem que eles foram introduzidos. O produto novo entra no fim da lista; o que está no início da lista é eliminado.

Como um algoritmo de substituição de página, a mesma idéia pode ser aplicada. O sistema operacional mantém uma lista de todas as páginas correntemente na memória, com a página que está no início da lista sendo a mais antiga e a página que está no fim, sendo a que chegou mais recentemente. No caso de uma falta de página, a página que está no início da lista é removida e a nova página é adicionada no final. Quando aplicado a estoques, o algoritmo FIFO poderia remover cera para bigode, mas também poderia remover farinha de trigo, sal ou manteiga. Quando aplicado aos computadores, surge o mesmo problema. Por isso, o algoritmo FIFO raramente é usado em sua forma pura.

4.4.4 O algoritmo de substituição de página segunda chance

Uma modificação simples no algoritmo FIFO, que evita o problema de jogar fora uma página muito utilizada, é inspecionar o bit R da página mais antiga. Se ele for 0, a página é antiga e não utilizada; portanto, é substituída imediatamente. Se o bit R é 1, o bit é zerado, a página é colocada no final da lista de páginas e seu tempo de carga é atualizado como se ela tivesse acabado de chegar na memória. Então, a pesquisa continua.

O funcionamento desse algoritmo, chamado de **segunda chance**, está mostrado na Figura 4-14. Na Figura 4-14(a), vemos as páginas de A até H mantidas em uma lista encadeada e ordenada pelo tempo que foram carregadas na memória.

Suponha que ocorra uma falta de página no instante de tempo 20. A página mais antiga é A, que chegou no instante de tempo 0, quando o processo começou. Se A tem o bit R zerado, ela é retirada da memória, ou sendo escrita no disco (se ela for suja) ou apenas abandonada (se for limpa). Por outro lado, se o bit R estiver ativo, A será colocada no final da lista e seu "tempo de carga" será reconfigurado com o tempo corrente (20). O bit R também é zerado. A procura por uma página continua com B.

O que o algoritmo da segunda chance está fazendo é procurando uma página antiga que não tenha sido referenciada no intervalo de relógio anterior. Se todas as páginas tiverem sido referenciadas, o algoritmo da segunda chance degenerará para o algoritmo FIFO puro. Especificamente, imagine que todas as páginas na Figura 4-14(a) tenham seus bits R ativos. Uma por uma, o sistema operacional move as páginas para o final da lista, zerando o bit R sempre que anexa uma página no fim da lista. Finalmente, ele volta para a página A, que agora tem seu bit R zerado. Nesse ponto, A é a página a ser substituída. Assim, o algoritmo sempre termina.

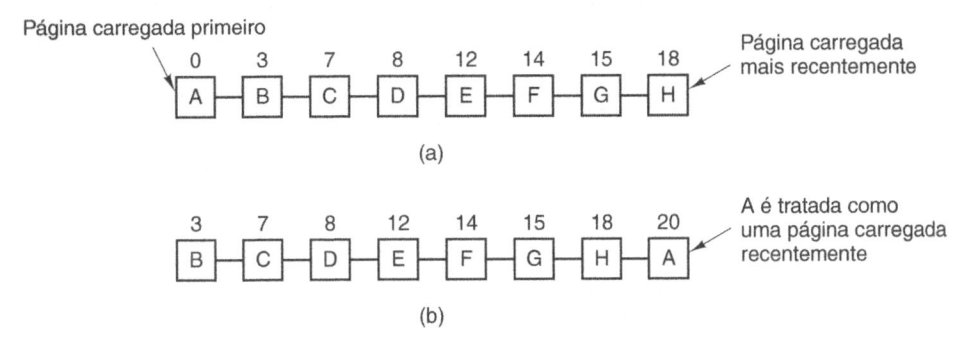

Figura 4-14 Funcionamento do algoritmo da segunda chance. (a) Páginas classificadas na ordem FIFO. (b) Lista de páginas se ocorre uma falta de página no tempo 20 e A tem seu bit R ativo. Os números acima das páginas são seus instantes de tempo de carga.

4.4.5 O algoritmo do relógio para substituição de página

Embora o algoritmo da segunda chance seja razoável, ele é desnecessariamente ineficiente, pois está constantemente movendo páginas em sua lista. Uma estratégia melhor é manter todos os quadros de página em uma lista circular na forma de um relógio, como se vê na Figura 4-15. Um ponteiro aponta para a página mais antiga.

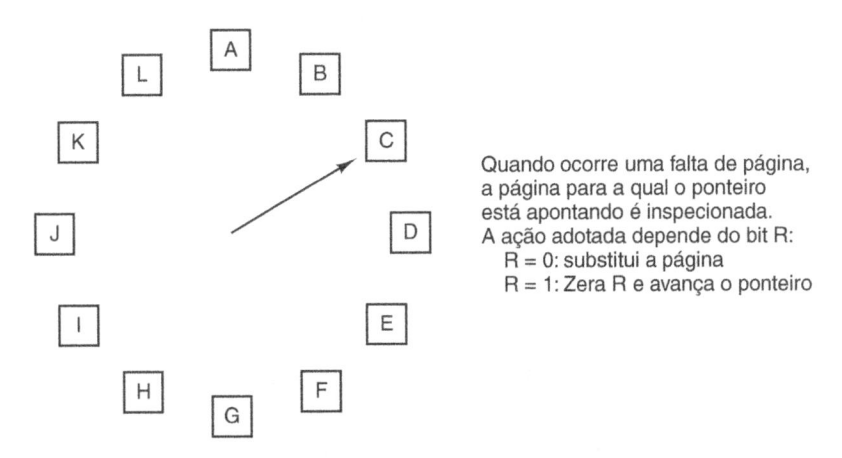

Figura 4-15 O algoritmo do relógio para substituição de página.

Quando ocorre uma falta de página, a página que está sendo apontada pelo ponteiro é inspecionada. Se seu bit R for 0, a página será substituída, a nova página será inserida no relógio em seu lugar e o ponteiro avançará uma posição. Se R for 1, ele será zerado e o ponteiro avançará para a próxima página. Esse processo se repete até que seja encontrada uma página com $R = 0$. Não é de surpreender que esse algoritmo seja chamado do **relógio**. Ele difere do algoritmo da segunda chance apenas na implementação e não na página selecionada.

4.4.6 O algoritmo de substituição de página LRU (menos recentemente utilizada)

Uma boa aproximação do algoritmo ótimo é baseada na observação de que as páginas que foram muito utilizadas nas últimas instruções provavelmente continuarão a ser muito usadas nas seguintes. Inversamente, as páginas que não foram utilizadas por muito tempo provavelmente continuarão sem uso por mais tempo. Essa idéia sugere um algoritmo realizável: quando ocorrer uma falta de página, descartar a página que não foi utilizada por mais tempo. Essa estratégia é chamada de paginação **LRU** (*Least Recently Used* – menos recentemente utilizada).

Embora o algoritmo LRU seja realizável teoricamente, ele não é computacionalmente barato. Para implementar o algoritmo LRU completamente, é necessário manter uma lista encadeada de todas as páginas na memória, com a página mais recentemente usada no início e a página menos recentemente usada no final. A dificuldade é que a lista deve ser atualizada a cada referência de memória. Encontrar uma página na lista, excluí-la e depois movê-la para o início da lista é uma operação muito demorada, mesmo em hardware (supondo que esse hardware possa ser construído).

Entretanto, existem outras maneiras de implementar o algoritmo LRU com auxílio de hardware específico. Vamos considerar a maneira mais simples primeiro. Esse método exige equipar o hardware com um contador de 64 bits, C, que é incrementado automaticamente após cada instrução. Além disso, cada entrada da tabela de páginas também deve ter um campo grande o bastante para conter o contador. Após cada referência de memória, o valor corrente de C é armazenado na entrada da tabela de páginas da página que acabou de ser referenciada. Quando ocorre uma falta de página, o sistema operacional examina todos os contadores na tabela de páginas para localizar o menor deles. Essa página é a menos recentemente utilizada.

Agora, vamos ver um segundo algoritmo LRU em hardware. Para uma máquina com n quadros de página, o hardware de LRU pode manter uma matriz de $n \times n$ bits, inicialmente todos iguais a zero. Quando o quadro de página k é referenciado, o hardware primeiramente configura todos os bits da linha k como 1 e, em seguida, configura todos os bits da coluna k como 0. Em qualquer instante, a linha cujo valor binário é o menor é a menos recentemente usada, a linha cujo valor é o próximo mais baixo é a página menos recentemente usada seguinte e assim sucessivamente. O funcionamento desse algoritmo aparece na Figura 4-16 para quatro quadros de página e referências de página na ordem

0 1 2 3 2 1 0 3 2 3

Após a página 0 ser referenciada, temos a situação da Figura 4-16(a). Após a página 1 ser referenciada, temos a situação da Figura 4-16(b) e assim por diante.

4.4.7 Simulando o algoritmo LRU em software

Embora, em princípio, os dois algoritmos LRU anteriores sejam realizáveis, poucas máquinas (se houver) têm esse hardware; portanto, eles têm pouca utilidade para o projetista de sistema

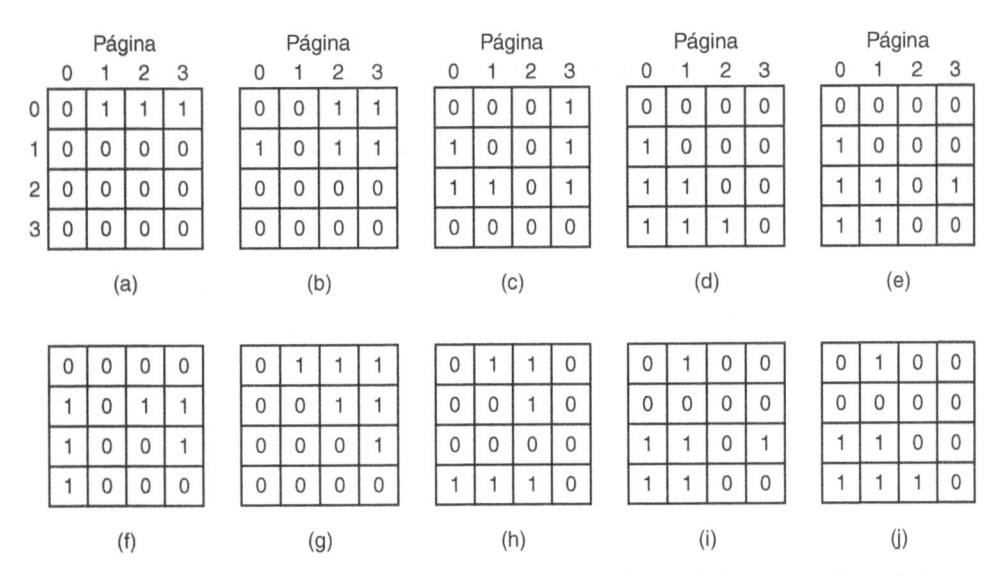

```
         Página              Página              Página              Página              Página
      0  1  2  3          0  1  2  3          0  1  2  3          0  1  2  3          0  1  2  3
   0 [0  1  1  1]       [0  0  1  1]       [0  0  0  1]       [0  0  0  0]       [0  0  0  0]
   1 [0  0  0  0]       [1  0  1  1]       [1  0  0  1]       [1  0  0  0]       [1  0  0  0]
   2 [0  0  0  0]       [0  0  0  0]       [1  1  0  1]       [1  1  0  0]       [1  1  0  1]
   3 [0  0  0  0]       [0  0  0  0]       [0  0  0  0]       [1  1  1  0]       [1  1  0  0]
           (a)                 (b)                 (c)                 (d)                 (e)


      [0  0  0  0]       [0  1  1  1]       [0  1  1  0]       [0  1  0  0]       [0  1  0  0]
      [1  0  1  1]       [0  0  1  1]       [0  0  1  0]       [0  0  0  0]       [0  0  0  0]
      [1  0  0  1]       [0  0  0  1]       [0  0  0  0]       [1  1  0  1]       [1  1  0  0]
      [1  0  0  0]       [0  0  0  0]       [1  1  1  0]       [1  1  0  0]       [1  1  1  0]
           (f)                 (g)                 (h)                 (i)                 (j)
```

Figura 4-16 Algoritmo LRU usando uma matriz quando as páginas são referenciadas na ordem 0, 1, 2, 3, 2, 1, 0, 3, 2, 3.

operacional que esteja fazendo um sistema para uma máquina que não tenha esse hardware. Em vez disso, é necessária uma solução que possa ser implementada em software. Uma possível solução de software é o chamado algoritmo **NFU** (*Not Frequently Used* – não utilizada freqüentemente). Ele exige um contador de software associado a cada página, inicialmente igual a zero. Em cada interrupção de relógio, o sistema operacional percorre todas as páginas na memória. Para cada página, o bit R, que é 0 ou 1, é adicionado no contador. Na verdade, os contadores são uma tentativa de monitorar a freqüência com que cada página é referenciada. Quando ocorre uma falta de página, a página com o menor contador é escolhida para substituição.

O principal problema do algoritmo NFU é que ele nunca se esquece de nada. Por exemplo, em um compilador de múltiplas passagens, as páginas que foram muito utilizadas durante a passagem 1 ainda podem ter uma contagem alta nas últimas passagens. Na verdade, se acontecer de a passagem 1 ter o tempo de execução mais longo de todas as passagens, as páginas contendo o código das passagens subseqüentes podem ter sempre contagens menores do que as páginas da passagem 1. Assim, o sistema operacional removerá páginas úteis, em vez de páginas que não estão mais sendo usadas.

Felizmente, uma pequena modificação no algoritmo NFU o torna capaz de simular muito bem o algoritmo LRU. A modificação tem duas partes. Primeiramente, cada contador é deslocado 1 bit para a direita, antes que o bit R seja adicionado. Segundo, o bit R é adicionado ao bit mais à esquerda, em vez do bit mais à direita.

A Figura 4-17 ilustra o funcionamento do algoritmo modificado, conhecido como algoritmo do **envelhecimento** (*aging*). Suponha que, após o primeiro tique de relógio, o bit R das páginas de 0 a 5 tenham os valores 1, 0, 1, 0, 1 e 1 respectivamente (a página 0 é 1, a página 1 é 0, a página 2 é 1 etc.). Em outras palavras, entre o tique 0 e o tique 1, as páginas 0, 2, 4 e 5 foram referenciadas, configurando seus bits R como 1, enquanto as outras permanecem como 0. Após os seis contadores correspondentes terem sido deslocados e o bit R inserido à esquerda, eles têm os valores mostrados na Figura 4-17(a). As quatro colunas restantes mostram os valores dos seis contadores após os próximos quatro tiques de relógio, respectivamente.

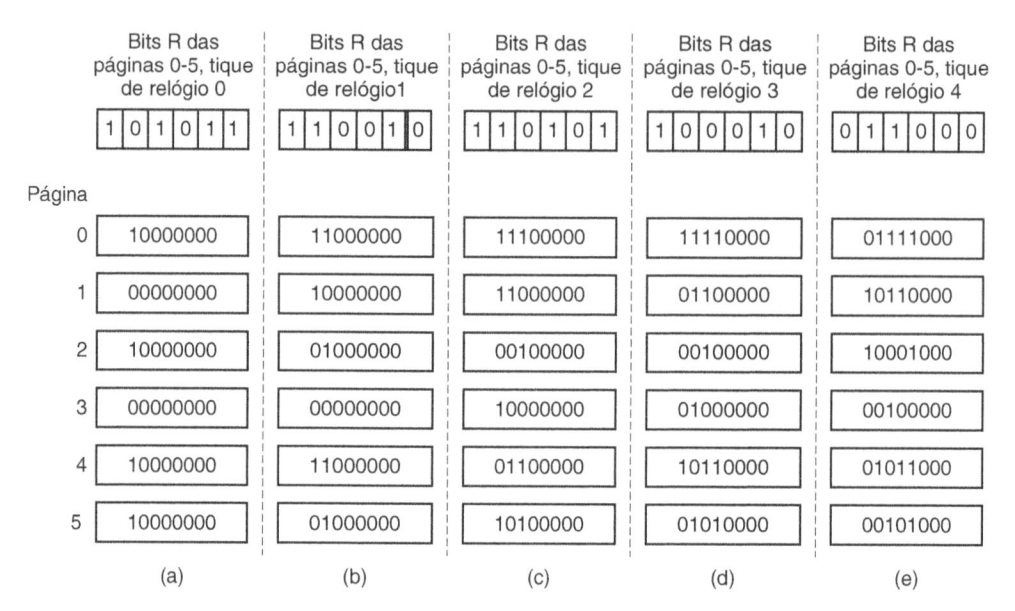

Bits R das páginas 0-5, tique de relógio 0	Bits R das páginas 0-5, tique de relógio 1	Bits R das páginas 0-5, tique de relógio 2	Bits R das páginas 0-5, tique de relógio 3	Bits R das páginas 0-5, tique de relógio 4
1 0 1 0 1 1	1 1 0 0 1 0	1 1 0 1 0 1	1 0 0 0 1 0	0 1 1 0 0 0

Página					
0	10000000	11000000	11100000	11110000	01111000
1	00000000	10000000	11000000	01100000	10110000
2	10000000	01000000	00100000	00100000	10001000
3	00000000	00000000	10000000	01000000	00100000
4	10000000	11000000	01100000	10110000	01011000
5	10000000	01000000	10100000	01010000	00101000
	(a)	(b)	(c)	(d)	(e)

Figura 4-17 O algoritmo do envelhecimento simula o algoritmo LRU no software. São mostradas seis páginas para cinco tiques de relógio. Os cinco tiques de relógio são representados por (a) a (e).

Quando ocorre uma falta de página, a página cujo contador é o menor é removida. É claro que uma página que não foi referenciada por, digamos, quatro tiques de relógio, terá quatro zeros iniciais em seu contador e, assim, terá um valor menor do que um contador que não tenha sido referenciado por três tiques de relógio.

Esse algoritmo difere do LRU sob dois aspectos. Considere as páginas 3 e 5 na Figura 4-17(e). Nenhuma delas foi referenciada por dois tiques de relógio; ambas foram referenciadas no tique anterior a esses. De acordo com o algoritmo LRU, se uma página precisa ser substituída, devemos escolher uma dessas duas. O problema é que não sabemos qual dessas duas foi referenciada por último no intervalo entre o tique 1 e o tique 2. Registrando apenas um bit por intervalo de tempo, perdemos a capacidade de distinguir as referências que ocorreram no início do intervalo do relógio daquelas que ocorreram depois. Tudo que podemos fazer é remover a página 3, pois a página 5 também foi referenciada dois tiques antes e a página 3, não.

A segunda diferença entre os algoritmos LRU e do envelhecimento é que neste último os contadores têm um número finito de bits, 8 bits neste exemplo. Suponha que duas páginas tenham, cada uma, o valor de contador 0. Tudo que podemos fazer é escolher uma delas aleatoriamente. Na realidade, pode muito bem acontecer de uma das páginas ter sido referenciada pela última vez há 9 tiques atrás e a outra ter sido referenciada pela última vez há 1000 tiques atrás. Não temos meios de ver isso. Na prática, entretanto, 8 bits geralmente são suficientes, caso um tique de relógio tenha aproximadamente 20 ms. Se uma página não foi referenciada há 160 ms, provavelmente ela não é importante.

4.5 QUESTÕES DE PROJETO PARA SISTEMAS DE PAGINAÇÃO

Nas seções anteriores explicamos o funcionamento da paginação, fornecemos alguns dos algoritmos básicos de substituição de página e mostramos como modelá-los. Mas conhecer apenas a mecânica não é suficiente. Para projetar um sistema, você precisa saber muito mais, para fazê-lo funcionar bem. É como a diferença entre saber como mover a torre, o cavalo e outras peças no xadrez e ser um bom enxadrista. Nas seções a seguir, veremos outros problemas que os projetistas de sistema operacional devem considerar para obter um bom desempenho de um sistema de paginação.

4.5.1 O modelo do conjunto de trabalho

Na forma mais pura da paginação, os processos são iniciados sem nenhuma de suas páginas na memória. Assim que a CPU tenta buscar a primeira instrução, ela obtém uma falta de página, fazendo o sistema operacional trazer a página que contém a primeira instrução. Normalmente, rapidamente ocorrem outras faltas de página devido aos acessos às variáveis globais e à pilha. Depois de algum tempo, o processo tem a maioria das páginas que precisa e estabiliza-se, executando com relativamente poucas faltas de página. Essa estratégia é chamada de **paginação por demanda**, pois as páginas são carregadas apenas sob demanda e não antecipadamente.

É muito fácil escrever um programa de teste que leia sistematicamente todas as páginas de um espaço de endereçamento grande, provocando tantas faltas de página até um ponto em que não há memória suficiente para conter tudo. Felizmente, a maioria dos processos não funciona assim. Eles apresentam uma **localidade de referência**, significando que, durante qualquer fase da execução, o processo referencia apenas uma fração relativamente pequena de suas páginas. Cada passagem de um compilador de múltiplas passagens, por exemplo, referencia apenas uma fração das páginas e, mesmo assim, uma fração diferente. O conceito de localidade de referência é amplamente aplicável na ciência da computação; para ver uma história, consulte Denning (2005).

O conjunto de páginas correntemente em uso por um processo é chamado de **conjunto de trabalho**, ou *working set*, no termo original (Denning, 1968a; Denning, 1980). Se o conjunto de trabalho inteiro estiver na memória, o processo será executado sem causar muitas faltas de página, até que se mova para outra fase da execução (por exemplo, a próxima passagem do compilador). Se a memória disponível for pequena demais para conter o conjunto de trabalho inteiro, o processo causará várias faltas de página e será executado lentamente, pois executar uma instrução demora alguns nanossegundos e ler uma página do disco normalmente leva 10 milissegundos. A uma taxa de uma ou duas instruções a cada 10 milissegundos, o processo demorará muito para terminar. Quando um programa gera muitas faltas de página para poucas instruções executadas, diz-se que ele está em **ultrapaginação** (*thrashing*) (Denning, 1968b).

Em um sistema de multiprogramação, os processos são movidos para o disco freqüentemente (isto é, todas as suas páginas são removidas da memória) para permitir que outros processos tenham sua vez na CPU. Surge a questão do que fazer quando um processo é trazido de volta novamente. Tecnicamente, nada precisa ser feito. O processo apenas provocará várias faltas de página até que seu conjunto de trabalho tenha sido carregado. O problema é que ter 20, 100 ou mesmo 1000 faltas de página sempre que um processo é carregado é lento e também desperdiça um tempo considerável da CPU, pois o sistema operacional exige alguns milissegundos do tempo da CPU para processar uma falta de página, sem mencionar a quantidade considerável de E/S de disco.

Portanto, muitos sistemas de paginação tentam monitorar o conjunto de trabalho de cada processo e garantir que ele esteja na memória, antes de permitirem que o processo seja executado. Essa estratégia é chamada de **modelo do conjunto de trabalho** (Denning, 1970). Ela foi projetada para reduzir substancialmente a taxa de falta de página. O carregamento das páginas *antes* de permitir que os processos sejam executados também é chamado de **pré-paginação**. Note que o conjunto de trabalho muda com o passar do tempo.

Sabe-se, há muito tempo, que a maioria dos programas não referencia seu espaço de endereçamento uniformemente. Em vez disso, as referências tendem a se concentrarem em um pequeno número de páginas. Uma referência de memória pode buscar uma instrução, buscar ou armazenar dados. Em qualquer instante de tempo, t, existe um conjunto composto por todas as páginas usadas pelas k referências de memória mais recentes. Esse conjunto, $w(k, t)$, é o conjunto de trabalho. Um valor maior de k significa considerar mais o histórico passado de acesso a páginas. O número de páginas que compõem o conjunto de trabalho não pode diminuir à medida que k se torna maior. Portanto, $w(k, t)$ é uma função monotônica não-decrescente de k. O limite de $w(k, t)$, à medida que k se torna maior, é finito, pois um programa não pode referenciar mais páginas do que seu espaço de endereçamento contém, e poucos programas usarão todas as páginas. A Figura 4-18 mostra o tamanho do conjunto de trabalho como uma função de k.

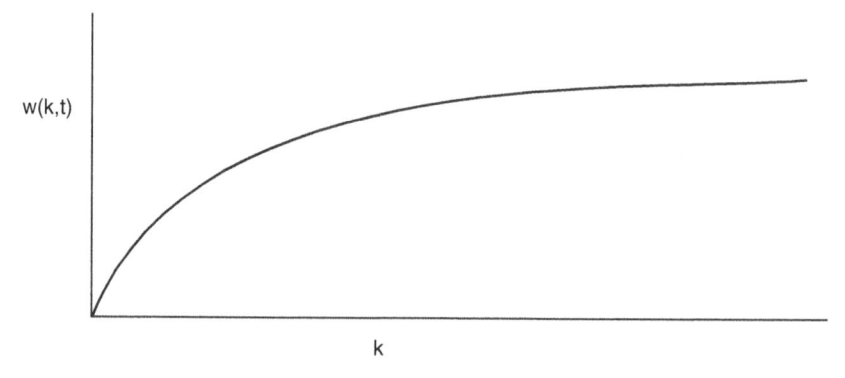

Figura 4-18 O conjunto de trabalho é o conjunto das páginas usadas pelas k referências de memória mais recentes. A função $w(k, t)$ é o tamanho do conjunto de trabalho no tempo t.

O fato de que a maioria dos programas acessa aleatoriamente um pequeno número de páginas, mas que esse conjunto muda lentamente no tempo, explica a rápida subida inicial da curva e depois um crescimento lento à medida que k aumenta. Por exemplo, um programa que esteja executando um laço que ocupa duas páginas e que acessa dados localizados em quatro páginas, pode referenciar todas as seis páginas a cada 1000 instruções, mas a referência mais recente para alguma outra página pode ter sido a um milhão de instruções atrás, durante a fase de inicialização. Devido a esse comportamento assintótico, o conteúdo do conjunto de trabalho não é sensível ao valor de k escolhido. Mais exatamente, em outras palavras, existe uma ampla gama de valores k para os quais o conjunto de trabalho não muda. Como o conjunto de trabalho varia lentamente com o tempo, é possível ter um palpite razoável sobre quais páginas serão necessárias quando o programa for reiniciado, com base em seu conjunto de trabalho no momento em que foi interrompido pela última vez. A pré-paginação consiste em carregar essas páginas antes que o processo tenha permissão para ser executado novamente.

Para implementar o modelo do conjunto de trabalho, é necessário que o sistema operacional monitore quais páginas estão no conjunto de trabalho. Uma maneira de monitorar essa informação é usar o algoritmo do envelhecimento discutido anteriormente. Qualquer página contendo um bit 1 entre os n bits de ordem superior do contador é considerada membro do conjunto de trabalho. Se uma página não for referenciada em n tiques consecutivos de relógios, ela é retirada do conjunto de trabalho. O parâmetro n precisa ser determinado experimentalmente para cada sistema, mas o desempenho do sistema normalmente não é particularmente sensível ao valor exato.

As informações sobre o conjunto de trabalho podem ser usadas para melhorar o desempenho do algoritmo do relógio. Normalmente, quando o ponteiro aponta para uma página cujo bit *R* é 0, a página é retirada da memória. O aprimoramento é verificar se essa página faz parte do conjunto de trabalho do processo corrente. Se fizer, a página é poupada. Esse algoritmo é chamado de **wsclock**, de *working set* para o algoritmo do relógio (*clock*).

4.5.2 Políticas de alocação local *versus* global

Nas seções anteriores, discutimos vários algoritmos para escolher uma página para substituir quando ocorre uma falta. Um problema importante associado a essa escolha (que, até agora, varremos cuidadosamente para baixo do tapete) é como a memória deve ser alocada entre os processos concorrentes.

Dê uma olhada na Figura 4-19(a). Nessa figura, três processos, *A*, *B* e *C*, compõem o conjunto de processos em execução. Suponha que *A* gere uma falta de página. O algoritmo de substituição de página deve tentar encontrar a página utilizada menos recentemente considerando apenas as seis páginas correntemente alocadas para *A* ou deve considerar todas as páginas que estão na memória? Se ele examinar apenas as páginas de *A*, a página com o valor de idade mais baixo será *A5*; então, teremos a situação da Figura 4-19(b).

Por outro lado, se a página com o valor de idade mais baixo for removida sem considerar a quem pertence essa página, a página *B3* será escolhida e teremos a situação da Figura 4-19(c). O algoritmo da Figura 4-19(b) é chamado de algoritmo de substituição de página **local**, enquanto o da Figura 4-19(c) é chamado de algoritmo **global**. Os algoritmos locais correspondem efetivamente a alocar uma fração fixa da memória para cada processo. Os algoritmos globais alocam quadros de página dinamicamente entre os processos executáveis. Assim, o número de quadros de página atribuídos a cada processo varia com o tempo.

Em geral, os algoritmos globais funcionam melhor, especialmente quando o tamanho do conjunto de trabalho pode variar durante o tempo de vida de um processo. Se for usado um algoritmo local e o conjunto de trabalho crescer, isso resultará em ultrapaginação, mesmo que existam muitos quadros de página livres. Se o conjunto de trabalho diminuir, os algoritmos

	Idade			
A0	10	A0		A0
A1	7	A1		A1
A2	5	A2		A2
A3	4	A3		A3
A4	6	A4		A4
A5	3	(A6)		A5
B0	9	B0		B0
B1	4	B1		B1
B2	6	B2		B2
B3	2	B3		(A6)
B4	5	B4		B4
B5	6	B5		B5
B6	12	B6		B6
C1	3	C1		C1
C2	5	C2		C2
C3	6	C3		C3
(a)		(b)		(c)

Figura 4-19 Substituição de página local *versus* global. (a) Configuração original. (b) Substituição de página local. (c) Substituição de página global.

locais desperdiçarão memória. Se for usado um algoritmo global, o sistema deverá decidir continuamente quantos quadros de página devem ser atribuídos para cada processo. Uma maneira de fazer isso é monitorar o tamanho do conjunto de trabalho, conforme indicado pelos bits de envelhecimento, mas essa estratégia não evita necessariamente a ultrapaginação. O conjunto de trabalho pode mudar de tamanho em questão de microssegundos, enquanto os bits de envelhecimento são uma medida grosseira, abrangendo vários tiques de relógio.

Outra estratégia é ter um algoritmo para alocar quadros de página para os processos. Uma maneira de fazer isso é determinar periodicamente o número de processos em execução e alocar a cada processo uma parte igual. Assim, com 12.416 quadros de página disponíveis (isto é, não pertencentes ao sistema operacional) e 10 processos, cada processo recebe 1241 quadros. Os 6 restantes ficam em um *pool* para serem usados quando ocorrerem faltas de página.

Embora esse método pareça justo, faz pouco sentido dar partes iguais da memória para um processo de 10 KB e para um processo de 300 KB. Em vez disso, as páginas podem ser alocadas na proporção do tamanho total de cada processo, com um processo de 300 KB recebendo 30 vezes mais do que a parte destinada a um processo de 10 KB. Provavelmente é sensato dar a cada processo algum número mínimo, para que ele possa ser executado sem provocar muitas faltas de página independentemente de ser grande ou pequeno. Em algumas máquinas, por exemplo, uma única instrução de dois operandos talvez precise, no pior caso, de até seis páginas, pois a instrução em si, o operando de origem e o operando de destino podem ultrapassar os limites de uma página. Com uma alocação de apenas cinco páginas, os programas contendo tais instruções não podem ser executados.

Se for usado um algoritmo global, pode-se iniciar cada processo com um número de páginas proporcional ao tamanho do processo, mas a alocação precisa ser atualizada dinamicamente, à medida que os processos são executados. Uma maneira de gerenciar a alocação é usar o algoritmo de **freqüência de faltas de páginas – FFP** (*Page Fault Frequency* – **PFF**). Ele diz quando aumentar ou diminuir a alocação de página de um processo, mas não diz nada sobre qual página substituir no caso de uma falta de página. Ele apenas controla o tamanho do conjunto alocado.

Para muitos algoritmos de substituição de página, incluindo o LRU, sabe-se que a taxa de faltas diminui à medida que mais páginas são atribuídas, conforme discutimos anteriormente. Essa é a suposição que há por trás do algoritmo FFP. Essa propriedade está ilustrada na Figura 4-20.

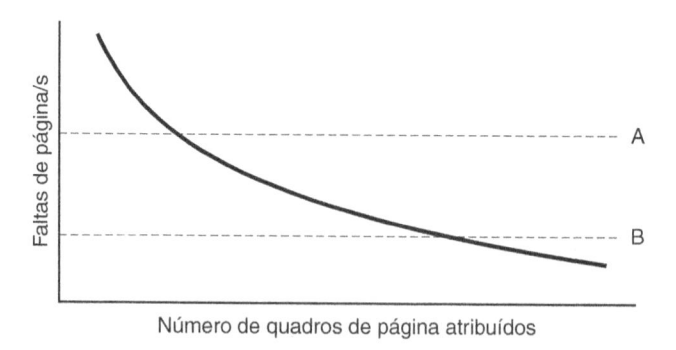

Figura 4-20 Taxa de faltas de página como uma função do número de quadros de página atribuídos.

Medir a taxa de faltas de página é simples: basta contar a quantidade de vezes que elas ocorrem por segundo, possivelmente tirando também a média dos segundos passados. Uma maneira fácil de fazer isso é somar o valor do segundo presente à média corrente e dividir por dois. A linha tracejada *A* corresponde a uma taxa de faltas de página inaceitavelmente alta, de modo que o processo falho recebe mais quadros de página para reduzir a taxa de faltas. A linha tracejada *B* corresponde a uma taxa de faltas de página tão baixa que se pode concluir que o processo tem memória demais. Nesse caso, quadros de página podem ser retirados dele. Assim, o algoritmo FFP tenta manter a taxa de paginação de cada processo dentro de limites aceitáveis.

Se o algoritmo descobre que existem tantos processos na memória que não é possível manter todos eles abaixo de *A*, então algum processo é removido da memória e seus quadros de página são divididos entre os processos restantes ou colocados em um *pool* de quadros de páginas disponíveis que podem ser usados nas faltas de página subseqüentes. A decisão de remover um processo da memória é uma forma de **controlar a carga** do sistema (*load control*). Ela mostra que, mesmo com paginação, o *swapping* ainda é necessário, somente que agora ele é usado para reduzir a demanda de memória em potencial, em vez de recuperar blocos para uso imediato. A colocação de processos no disco para aliviar a carga na memória recorda o escalonamento em dois níveis, no qual alguns processos são postos no disco (escalonador de médio prazo) e um escalonador de curto prazo é utilizado selecionar qual dos processos restantes (em memória) utilizará o processador. Claramente, as duas idéias podem ser combinadas, com apenas processos suficientes colocados no disco para tornar a taxa de faltas de página aceitável.

4.5.3 Tamanho de página

O tamanho da página é freqüentemente um parâmetro que pode ser escolhido pelo sistema operacional. Mesmo que o hardware tenha sido projetado para páginas de 512 bytes, por exemplo, o sistema operacional pode considerar facilmente as páginas 0 e 1, 2 e 3, 4 e 5 etc., como páginas de 1 KB, alocando sempre dois quadros de página de 512 bytes consecutivos para cada uma delas.

Determinar o melhor tamanho de página exige contrabalançar vários fatores conflitantes. Como resultado, não há uma situação ótima geral. Para começar, existem dois fatores a favor de um tamanho de página pequeno. Um segmento de texto, de dados ou de pilha escolhido aleatoriamente não preencherá um número de páginas integral. Em média, metade da última página ficará vazia. O espaço extra nessa página é desperdiçado. Esse desperdício é chamado de **fragmentação interna**. Com n segmentos na memória e com um tamanho de página de p bytes, $np/2$ bytes serão desperdiçados na fragmentação interna. Esse é um fator a favor de um tamanho de página pequeno.

Outro argumento a favor de um tamanho de página pequeno se torna evidente se pensarmos em um programa consistindo em oito fases seqüenciais de 4 KB cada uma. Com um tamanho de página de 32 KB, deve-se alocar 32 KB para o programa o tempo todo. Com um tamanho de página de 16 KB, são necessários apenas 16 KB. Com um tamanho de página de 4 KB ou menos, são necessários apenas 4 KB em dado instante. Em geral, um tamanho de página grande fará com que mais porções não utilizadas de um programa estejam carregadas em memória do que com um tamanho de página pequeno.

Por outro lado, páginas pequenas significam que os programas precisarão de muitas páginas e, daí, uma tabela de páginas grande. Um programa de 32 KB precisa somente de quatro páginas de 8 KB, mas 64 páginas de 512 bytes. As transferências para o disco (e dele para a memória) geralmente são feitas uma página por vez, sendo a maior parte do tempo gasta no tempo de busca (*seek*) e atraso rotacional (*rotational delay*), de modo que transferir uma página pequena demora quase o mesmo tempo que transferir uma página grande. Poderia demorar 10 ms para carregar cada uma das 64 páginas de 512 bytes, mas apenas 10,1 ms para carregar cada página de 8 KB.

Em algumas máquinas, a tabela de páginas precisa ser carregada em registradores de hardware sempre que a CPU troca de um processo para outro. Nessas máquinas, ter um tamanho de página pequeno significa que o tempo exigido para carregar os registradores de página fica maior à medida que o tamanho da página fica menor. Além disso, o espaço ocupado pela tabela de páginas aumenta à medida que o tamanho da página diminui.

Este último ponto pode ser analisado matematicamente. Suponha que o tamanho médio dos processos seja de s bytes e que o tamanho de página seja de p bytes. Além disso, suponha que cada entrada de página exija e bytes. Então, o número aproximado de páginas necessárias por processo é de s/p, ocupando se/p bytes de espaço na tabela de páginas. A memória desperdiçada na última página do processo, devido à fragmentação interna, é de $p/2$. Assim, a sobrecarga total devida à tabela de páginas e à perda pela fragmentação interna é dada pela soma desses dois termos:

$$\text{sobrecarga} = se/p + p/2$$

O primeiro termo (tamanho da tabela de páginas) é grande quando o tamanho da página é pequeno. O segundo termo (fragmentação interna) é grande quando o tamanho da página é grande. O valor ótimo deve estar em algum lugar entre os dois. Tomando a primeira derivada com relação à p e igualando-a a zero, obtemos a equação

$$-se/p^2 + 1/2 = 0$$

A partir dessa equação, podemos derivar uma fórmula para fornecer o tamanho de página ótimo (considerando apenas a memória desperdiçada na fragmentação e no tamanho da tabela de páginas). O resultado é:

$$p = \sqrt{2se}$$

Para $s = 1$MB e $e = 8$ bytes por entrada da tabela de páginas, o tamanho de página ótimo será de 4 KB. Os computadores disponíveis comercialmente têm usado tamanhos de página que variam de 512 bytes a 1 MB. Um valor típico costumava ser 1 KB, mas hoje em dia, 4 KB ou 8 KB são mais comuns. À medida que as memórias ficam maiores, o tamanho de página tende a ficar maior também (mas não linearmente). Quadruplicar o tamanho da memória RAM raramente duplica o tamanho da página.

4.5.4 Interface de memória virtual

Até agora, nossa discussão inteira pressupôs que a memória virtual é transparente para processos e programadores. Isto é, tudo que eles vêem é um grande espaço de endereçamento virtual em um computador com uma memória física pequena (menor). No caso de muitos sistemas, isso é verdade, mas em alguns sistemas avançados os programadores têm algum controle sobre o mapa de memória e podem usá-lo de maneiras não tradicionais para melhorar o comportamento do programa. Nesta seção, veremos brevemente algumas delas.

Uma razão para dar aos programadores o controle sobre seus mapas de memória é permitir que dois ou mais processos compartilhem a mesma memória. Se os programadores puderem dar nomes às regiões de suas memórias, será possível um processo fornecer a outro o nome de uma região de memória para que esse processo também possa fazer o mapeamento nela. Com dois (ou mais) processos compartilhando as mesmas páginas, torna-se possível um alto compartilhamento de largura de banda: um processo escreve na memória compartilhada e o outro lê.

O compartilhamento de páginas também pode ser usado para implementar um sistema de passagem de mensagens de alto desempenho. Normalmente, quando as mensagens são passadas, os dados são copiados de um espaço de endereçamento para outro a um custo considerável. Se os processos puderem controlar seus mapas de página, uma mensagem poderá ser passada, com o processo remetente desfazendo o mapeamento da(s) página(s) que contém(êm) a mensagem e o processo receptor mapeando-a(s) novamente. Aqui, apenas os nomes de página precisam ser copiados, em vez de todos os dados.

Uma outra técnica avançada de gerenciamento de memória é a **memória compartilhada distribuída** (Feeley et al., 1995; Li e Hudak, 1989; e Zekauskas et al., 1994). A idéia aqui é permitir que vários processos em uma rede compartilhem um conjunto de páginas, possivelmente (mas não necessariamente) como um único espaço de endereçamento linear compartilhado. Quando um processo referencia uma página que não está correntemente mapeada, obtém uma falta de página. Então, a rotina de tratamento de falta de página, que pode estar em espaço de núcleo ou em espaço de usuário, localiza a máquina que contém a página e envia para ela uma mensagem pedindo para que desfaça o mapeamento da página e a envie pela rede. Quando a página chega, é mapeada e a instrução que provocou a falta de página é reiniciada.

4.6 SEGMENTAÇÃO

A memória virtual discutida até aqui é unidimensional, pois os endereços virtuais vão de 0 até algum endereço máximo, um endereço após o outro. Para muitos problemas, ter dois ou mais espaços de endereçamento virtuais separados pode ser muito melhor do que ter apenas um. Por exemplo, um compilador tem muitas tabelas que são construídas à medida que a compilação prossegue, possivelmente incluindo:

1. O salvamento do texto do código-fonte para a listagem impressa (em sistemas de lote).
2. A tabela de símbolos, contendo os nomes e atributos das variáveis.
3. A tabela contendo todas as constantes inteiras e em ponto flutuante usadas.
4. A árvore de análise, contendo a análise sintática do programa.
5. A pilha usada para chamadas de função dentro do compilador.

Cada uma das quatro primeiras tabelas cresce continuamente, à medida que a compilação prossegue. A última aumenta e diminui de maneiras imprevisíveis durante a compilação. Em uma memória unidimensional, para essas cinco tabelas, teriam de ser alocados trechos adjacentes do espaço de endereçamento virtual, como se vê na Figura 4-21.

Considere o que acontecerá se um programa tiver um número excepcionalmente grande de variáveis, mas uma quantidade normal do restante. O trecho do espaço de endereçamento alocado para a tabela de símbolos poderá ser totalmente preenchido, mas ainda poderá haver muito espaço disponível nas outras tabelas. Naturalmente, o compilador poderia simplesmente emitir uma mensagem dizendo que a compilação não pode continuar devido à existência de variáveis demais, mas fazer isso não parece muito justo, quando resta espaço sem utilização nas outras tabelas.

Outra possibilidade é brincar de Robin Hood, roubando espaço das tabelas com excesso de espaço e dando-o para as tabelas com pouco espaço. Essa troca pode ser feita, mas é análogo a gerenciar os próprios *overlays* – na melhor das hipóteses, um incômodo, e, na pior, um trabalho enorme e sem recompensa.

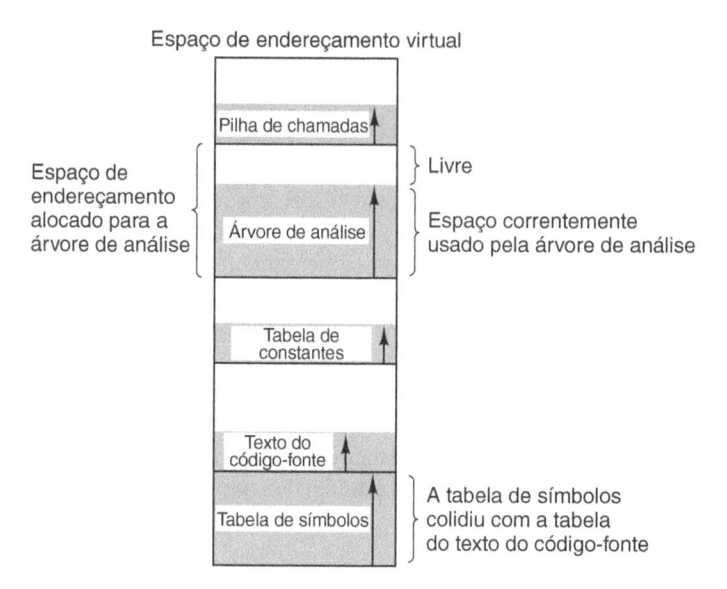

Figura 4-21 Em um espaço de endereçamento unidimensional com tabelas que crescem, uma tabela pode colidir com outra.

O que é realmente necessário é uma maneira de fazer com que o programador não tenha que gerenciar o aumento e a redução das tabelas, da mesma maneira que a memória virtual elimina a preocupação de organizar o programa em *overlays*.

Uma solução simples e extremamente geral é fornecer à máquina vários espaços de endereçamento completamente independentes, chamados de **segmentos**. Cada segmento consiste em uma seqüência linear de endereços, de 0 até algum máximo. O comprimento de cada segmento pode ser qualquer um, de 0 até o máximo permitido. Diferentes segmentos podem ter (e normalmente têm) comprimentos diferentes. Além disso, o comprimento dos segmentos pode mudar durante a execução. O comprimento de um segmento de pilha pode aumentar quando algo for colocado na pilha e diminuir quando algo for retirado dela.

Como cada segmento constitui um espaço de endereçamento separado, diferentes segmentos podem aumentar ou diminuir independentemente, sem afetar uns aos outros. Se uma pilha em determinado segmento precisa de mais espaço de endereçamento para crescer, ela pode tê-lo, pois não há mais nada em seu espaço de endereçamento para colidir. É claro que um segmento pode ser preenchido, mas os segmentos normalmente são muito grandes, de modo que essa ocorrência é rara. Para especificar um endereço nessa memória segmentada, ou bidimensional, o programa precisa fornecer um endereço de duas partes, um número de segmento e um endereço dentro do segmento. A Figura 4-22 ilustra uma memória segmentada sendo usada para as tabelas de compilador discutidas anteriormente. Cinco segmentos independentes são mostrados aqui.

Salientamos que, em sua forma mais pura, um segmento é uma entidade lógica, da qual o programador está ciente e a usa como tal. Um segmento pode conter uma ou mais funções, um *array*, uma pilha ou um conjunto de variáveis escalares, mas normalmente ele não contém uma mistura de tipos diferentes.

Uma memória segmentada tem outras vantagens, além de simplificar a manipulação de estruturas de dados que crescem ou diminuem. Se cada função ocupa um segmento separado, com o endereço 0 como seu endereço inicial, a ligação de funções compiladas separadamente é bastante simplificada. Depois que todas as funções que constituem um programa tiverem

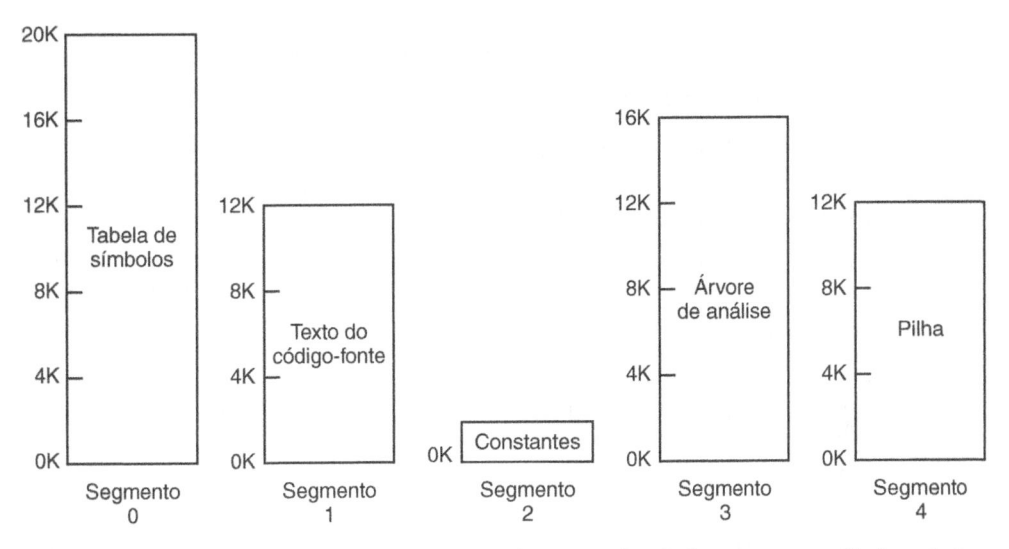

Figura 4-22 Uma memória segmentada permite que cada tabela aumente ou diminua independentemente das outras tabelas.

sido compiladas e ligadas, uma chamada para a função no segmento n usará o endereço de duas partes $(n, 0)$ para endereçar a palavra 0 (o ponto de entrada).

Se a função no segmento n for subseqüentemente modificada e recompilada, nenhuma outra função precisará ser alterada (pois nenhum endereço inicial foi modificado), mesmo que a nova versão seja maior do que a antiga. Com uma memória unidimensional, as funções são concisamente empacotadas uma ao lado da outra, sem nenhum espaço de endereçamento entre elas. Conseqüentemente, alterar o tamanho de uma função pode afetar o endereço inicial de outras funções não relacionadas. Isso, por sua vez, exige modificar todas as funções que chamam qualquer uma das funções deslocadas por essa alteração para incorporar seus novos endereços iniciais. Se um programa contém centenas de funções, esse processo pode ser dispendioso.

A segmentação também facilita o compartilhamento de funções ou dados entre vários processos. Um exemplo comum é o de **biblioteca compartilhada**. As estações de trabalho modernas que executam avançados sistemas de janelas, freqüentemente têm bibliotecas gráficas extremamente grandes compiladas em praticamente todo programa. Em um sistema segmentado, a biblioteca gráfica pode ser colocada em um segmento e compartilhada por vários processos, eliminando a necessidade de tê-la no espaço de endereçamento de cada processo. Embora também seja possível ter bibliotecas compartilhadas nos sistemas de paginação puros, isso é muito mais complicado. Na verdade, esses sistemas fazem isso simulando a segmentação.

Como cada segmento forma uma entidade lógica da qual o programador está ciente, como uma função, um *array* ou uma pilha, diferentes segmentos podem ter diferentes tipos de proteção. Um segmento de função pode ser especificado como apenas de execução, proibindo tentativas de leitura ou de armazenamento de dados nele. Um *array* em ponto flutuante pode ser especificado como de leitura/escrita, mas não execução, e as tentativas de "executá-lo" serão detectadas. Tal proteção é útil na identificação de erros de programação.

Você deve tentar entender por que a proteção faz sentido em uma memória segmentada, mas não em uma memória paginada unidimensional. Em uma memória segmentada, o usuário está ciente do que há em cada segmento. Normalmente, um segmento não conteria uma função e uma pilha, por exemplo, mas uma ou a outra. Como cada segmento contém apenas um tipo de objeto, o segmento pode ter a proteção apropriada para esse tipo em particular. A paginação e a segmentação são comparadas na Figura 4-23.

Consideração	Paginação	Segmentação
O programador precisa estar ciente de que essa técnica está sendo utilizada?	Não	Sim
Quantos espaços de endereços lineares existem?	1	Muitos
O espaço de endereçamento total pode ultrapassar o tamanho da memória física?	Sim	Sim
As funções e os dados podem ser distinguidos e protegidos separadamente?	Não	Sim
As tabelas cujo tamanho varia podem ser acomodadas facilmente?	Não	Sim
O compartilhamento de funções entre os usuários é facilitado?	Não	Sim
Por que essa técnica foi inventada?	Para se obter um espaço de endereçamento linear sem ter de comprar mais memória física	Para permitir que programas e dados sejam divididos em espaços de endereçamento logicamente independentes e para ajudar no compartilhamento e na proteção

Figura 4-23 Comparação entre paginação e segmentação.

De certo modo, o conteúdo de uma página é acidental. O programador ignora até mesmo o fato de que a paginação está ocorrendo. Embora fosse possível colocar alguns bits em cada entrada da tabela de páginas para especificar o acesso permitido, o programador para utilizar esse recurso teria de monitorar onde estariam todos os limites de página em seu espaço de endereçamento. Entretanto, a paginação foi inventada para eliminar precisamente esse tipo de gerenciamento mais complexo. Como o usuário de uma memória segmentada tem a ilusão de que todos os segmentos estão o tempo todo na memória principal – isto é, ele pode endereçá-los como se estivessem lá –, ele pode proteger cada segmento separadamente, sem precisar se preocupar com a administração de *overlays*.

4.6.1 Implementação da segmentação pura

A implementação da segmentação difere da paginação de uma maneira fundamental: as páginas têm tamanho fixo e os segmentos, não. A Figura 4-24(a) mostra um exemplo de memória física contendo inicialmente cinco segmentos. Agora, considere o que acontece se o segmento 1 é eliminado e o segmento 7, que é menor, for colocado em seu lugar. Chegamos à configuração de memória da Figura 4-24(b). Entre o segmento 7 e o segmento 2 existe uma área não utilizada – isto é, uma lacuna. Então, o segmento 4 é substituído pelo segmento 5, como na Figura 4-24(c), e o segmento 3 é substituído pelo segmento 6, como na Figura 4-24(d). Depois que o sistema tiver executado por algum tempo, a memória será dividida em várias porções, algumas contendo segmentos e outras contendo lacunas. Esse fenômeno, chamado de **checkboarding** (formação de um tabuleiro de xadrez) ou **fragmentação externa**, desperdiça memória nas lacunas. Isso pode ser tratado com compactação, como se vê na Figura 4-24(e).

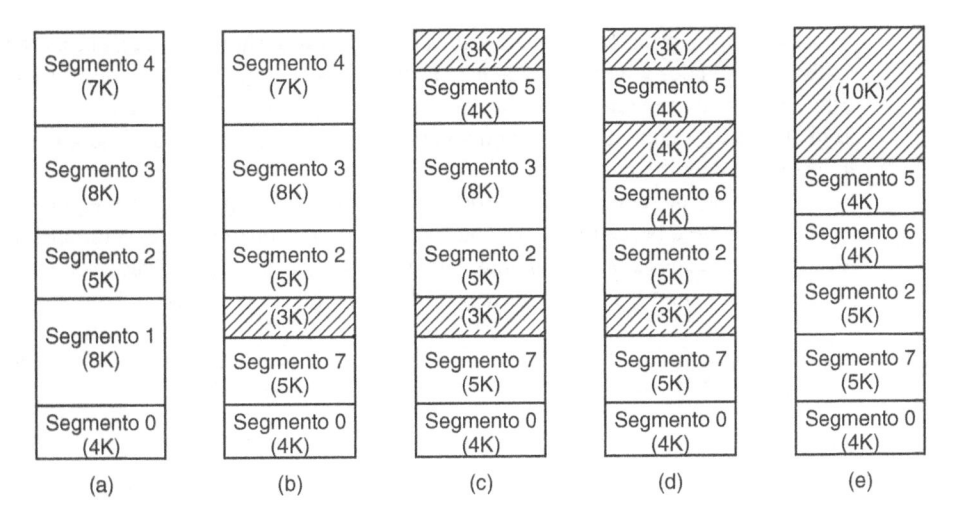

Figura 4-24 (a)-(d) Desenvolvimento da fragmentação externa. (e) Eliminação da fragmentação externa pela compactação.

4.6.2 Segmentação com paginação: o Pentium Intel

O Pentium suporta até 16K segmentos, cada um com até 2^{32} bytes de espaço de endereçamento virtual. O Pentium pode ser configurado (pelo sistema operacional) para usar apenas segmentação, apenas paginação ou ambos. A maioria dos sistemas operacionais, incluindo o Windows XP e todos os tipos de UNIX, usa o modelo de paginação puro, no qual cada processo tem um único segmento de 2^{32} bytes. Como o Pentium é capaz de fornecer aos processos um espaço de endereçamento muito maior, e apenas um sistema operacional (OS/2) usava todo esse poder de endereçamento, descreveremos o funcionamento da memória virtual do Pentium em toda sua generalidade.

O centro da memória virtual do Pentium consiste em duas tabelas, a **LDT** (*Local Descriptor Table* – tabela de descritores local) e a **GDT** (*Global Descriptor Table* – tabela de descritores global). Cada programa tem sua própria LDT, mas há apenas uma GDT, compartilhada por todos os programas no computador. A LDT descreve os segmentos locais de cada programa, incluindo seu código, dados, pilha etc., enquanto a GDT descreve os segmentos de sistema, incluindo o sistema operacional em si.

Para acessar um segmento, um programa primeiro carrega um seletor para esse segmento em um dos seis registradores de segmento do processador. Durante a execução, o registrador CS armazena o seletor do segmento de código e o registrador DS armazena o seletor do segmento de dados. Os outros registradores de segmento são menos importantes. Cada seletor é um número de 16 bits, como se vê na Figura 4-25.

Um dos bits do seletor informa se o segmento é local ou global (isto é, se ele está na LDT ou na GDT). Outros 13 bits especificam o número de entrada da LDT ou da GDT; por-

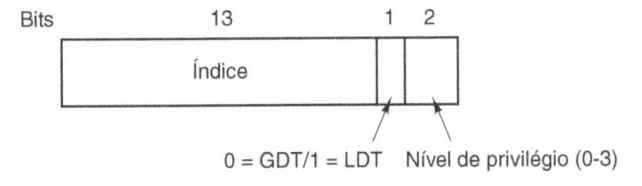

Figura 4-25 Um seletor do Pentium.

tanto, cada uma das tabelas está restrita a conter 8K descritores de segmento. Os outros 2 bits estão relacionados com a proteção e serão descritos posteriormente. O descritor 0 é proibido. Ele pode ser carregado com segurança em um registrador de segmento para indicar que o registrador de segmento não está disponível correntemente. Se for usado, ele causará uma interrupção de software (*trap*).

No momento em que um seletor é carregado em um registrador de segmento, o descritor correspondente é buscado da LDT ou da GDT e armazenado em registradores internos para que possa ser acessado rapidamente. Um descritor consiste em 8 bytes, incluindo o endereço de base, o tamanho e outras informações do segmento, como se vê na Figura 4-26.

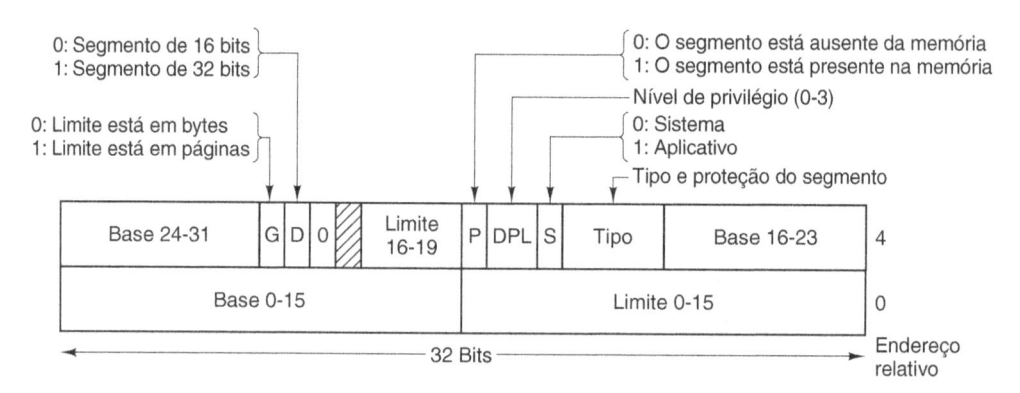

```
0: Segmento de 16 bits  ⎫           ⎧ 0: O segmento está ausente da memória
1: Segmento de 32 bits  ⎭           ⎩ 1: O segmento está presente na memória
                                    ─ Nível de privilégio (0-3)
0: Limite está em bytes ⎫           ⎧ 0: Sistema
1: Limite está em páginas⎭          ⎩ 1: Aplicativo
                                    ─ Tipo e proteção do segmento

┌──────────────┬───┬───┬──────┬───┬─────┬───┬──────┬──────────────┬───┐
│  Base 24-31  │ G │ D │ 0 ▒  │Limite│ P │ DPL │ S │ Tipo │  Base 16-23  │ 4 │
│              │   │   │      │16-19 │   │     │   │      │              │   │
├──────────────┴───┴───┴──────┴──────┴───┴─────┴───┴──────┴──────────────┤───┤
│          Base 0-15                    │            Limite 0-15          │ 0 │
└───────────────────────────────────────┴─────────────────────────────────┴───┘
◄─────────────────── 32 Bits ──────────────────────►   Endereço
                                                        relativo
```

Figura 4-26 O descritor de segmento de código do Pentium. Os segmentos de dados diferem ligeiramente.

O formato do seletor foi inteligentemente escolhido para facilitar a localização do descritor. Primeiro, a LDT ou a GDT é selecionada, com base no terceiro bit menos significativo do seletor. Então, o seletor é copiado em um registrador de rascunho interno e os 3 bits de ordem inferior são configurados como 0. Finalmente, o endereço da tabela LDT ou da tabela GDT é somado a ele, para fornecer um ponteiro direto para o descritor. Por exemplo, o seletor 72 se refere à entrada 9 na GDT, que está localizado no endereço GDT + 72.

Vamos seguir as etapas pelas quais um par (seletor, deslocamento) é convertido em um endereço físico. Logo que o microprograma de controle do processador sabe qual registrador de segmento está sendo usado, ele pode localizar o descritor completo correspondente a esse seletor em seus registradores internos. Se o segmento não existe (seletor 0) ou não está correntemente em memória, ocorre uma interrupção (*trap*).

Na seqüência, ele verifica se o deslocamento está além do fim do segmento, no caso em que também ocorre uma interrupção. Logicamente, deve haver simplesmente um campo de 32 bits no descritor fornecendo o tamanho do segmento, mas existem apenas 20 bits disponíveis; dessa forma, é usado um esquema diferente. Se o campo *bit G* (Granularidade) for 0, o campo *limite* será o tamanho exato do segmento, até 1 MB. Se ele for 1, o campo *limite* fornecerá o tamanho do segmento em páginas, em vez de bytes. O tamanho de página do Pentium é fixado em 4 KB; portanto, 20 bits são suficientes para segmentos de até 2^{32} bytes.

Supondo que o segmento esteja na memória e o deslocamento esteja no intervalo correto, o Pentium adicionará ao deslocamento o campo *base* de 32 bits no descritor, para formar o que é chamado de **endereço linear**, como se vê na Figura 4-27. O campo *base* é dividido em três partes e distribuído por todo o descritor para manter a compatibilidade com o 286, no qual o campo *base* tem apenas 24 bits. Na verdade, o campo *base* permite que cada segmento comece em um lugar arbitrário dentro de um espaço de endereçamento linear de 32 bits.

```
                Seletor                              Deslocamento
                   │                                       │
                   │          Descritor                    │
                   │    ┌  ┌─────────────────┐             ▼
                   │    │  │ Endereço de base├──────────►(  +  )
                   └──►─┤  ├─────────────────┤             │
                        │  │     Limite      │             │
                        │  ├─────────────────┤             │
                        └  │  Outros campos  │             │
                           └─────────────────┘             │
                                                           ▼
                                              ┌────────────────────────┐
                                              │ Endereço linear de 32 bits │
                                              └────────────────────────┘
```

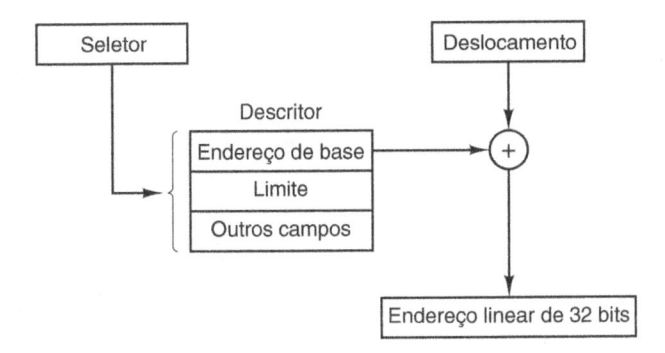

Figura 4-27   Conversão de um par (seletor, deslocamento) em um endereço linear.

Se a paginação estiver desativada (por um bit em um registrador de controle global), o endereço linear será interpretado como o endereço físico e enviado para a memória para leitura ou escrita. Assim, com a paginação desativada, temos um esquema de segmentação puro, com o endereço de base de cada segmento dado em seu descritor. Casualmente, os segmentos podem se sobrepor, provavelmente porque daria muito trabalho e demoraria muito tempo para verificar se todos estariam disjuntos.

Por outro lado, se a paginação estiver ativada, o endereço linear será interpretado como um endereço virtual e mapeado no endereço físico usando tabelas de página, de maneira muito parecida com nossos exemplos anteriores. A única complicação real é que, com um endereço virtual de 32 bits e uma página de 4 KB, um segmento poderia conter 1 milhão de páginas; portanto, é usado um mapeamento em dois níveis para reduzir o tamanho da tabela de páginas para segmentos menores.

Cada programa em execução tem um **diretório de páginas** composto por 1024 entradas de 32 bits. Ele está localizado em um endereço apontado por um registrador global. Cada entrada nesse diretório aponta para uma tabela de páginas que também contém 1024 entradas de 32 bits. As entradas da tabela de páginas apontam para quadros de página. O esquema aparece na Figura 4-28.

Na Figura 4-28(a), vemos um endereço linear dividido em três campos, *dir*, *página* e *deslocamento*. O campo *dir* é usado como índice no diretório de páginas para localizar um ponteiro para a tabela de páginas correta. Em seguida, o campo *página* é usado como índice na tabela de páginas para localizar o endereço físico do quadro de página. Finalmente, *deslocamento* é somado ao endereço do quadro de página para obter o endereço físico do byte ou da palavra necessária.

As entradas da tabela de páginas têm 32 bits cada uma, 20 dos quais contêm um número de quadro de página. Os bits restantes são para controle (referência e sujo), configurados pelo hardware para proveito do sistema operacional, para proteção e para outros fins.

Cada tabela de páginas tem entradas para 1024 quadros de página de 4 KB; portanto, uma única tabela de páginas manipula 4 megabytes de memória. Um segmento menor do que 4 MB terá um diretório de páginas com uma única entrada, um ponteiro para sua única tabela de páginas. Desse modo, a sobrecarga dos segmentos pequenos é de somente duas páginas, em vez dos milhões de páginas que seriam necessárias em uma tabela de páginas de um nível apenas.

Para evitar referências repetidas à memória, o Pentium tem um TLB pequeno que faz o mapeamento direto das combinações *dir-página* mais recentemente usadas no endereço físico do quadro de página. Somente quando a combinação corrente não está presente no TLB é que o mecanismo da Figura 4-28 é realmente executado e o TLB atualizado. Desde que as faltas na TLB sejam raras, o desempenho será bom.

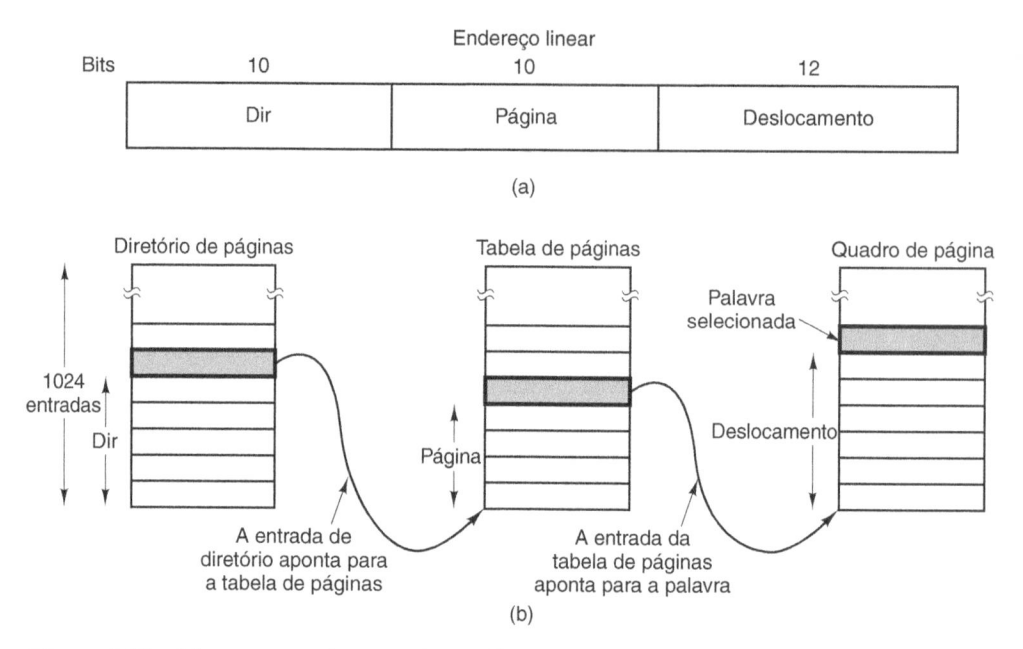

Figura 4-28 Mapeamento de um endereço linear em um endereço físico.

Pensando um pouco, percebemos que, quando é usada paginação, não há motivo para que o campo *base* no descritor seja diferente de zero. Tudo que esse campo faz é causar um pequeno deslocamento para usar uma entrada no meio do diretório de páginas, em vez do início. O motivo real para incluir o campo *base* é permitir a segmentação pura (não paginada) e para manter a compatibilidade com o 286, que sempre tem a paginação desativada (isto é, o 286 tem apenas segmentação pura, mas não tem paginação).

Também vale notar que, se algum aplicativo não precisar de segmentação, mas estiver satisfeito com um único espaço de endereçamento paginado de 32 bits, esse modelo será possível. Todos os registradores de segmento podem ser configurados com o mesmo seletor, cujo descritor tem *base* = 0 e *limite* configurado com o máximo. Então, o deslocamento da instrução será o endereço linear, com apenas um espaço de endereçamento usado – com efeito, uma paginação normal. Na verdade, todos os sistemas operacionais atuais para o Pentium funcionam assim. O OS/2 era o único que usava o poder total da arquitetura MMU da Intel.

Considerando tudo, devemos parabenizar os projetistas do Pentium. Dados os objetivos conflitantes da implementação da paginação pura, da segmentação pura e dos segmentos paginados e, ao mesmo tempo, ser compatível com o 286, e fazer tudo isso eficientemente, o projeto resultante é surpreendentemente simples e limpo.

Embora tenhamos abordado a arquitetura completa da memória virtual do Pentium, mesmo que resumidamente, vale dizer algumas palavras sobre proteção, pois esse assunto está intimamente relacionado com a memória virtual. O Pentium suporta quatro níveis de proteção, sendo o nível 0 o mais privilegiado e o nível 3 o menos privilegiado. Eles aparecem na Figura 4-29. A cada instante, um programa em execução está em certo nível, indicado por um campo de 2 bits em seu PSW. Cada segmento no sistema também tem um nível.

Contanto que um programa se restrinja a usar segmentos em seu próprio nível, tudo correrá bem. Tentativas de acessar dados em um nível mais alto são permitidas. Tentativas de acessar dados em um nível mais baixo são ilegais e causam interrupções (*traps*). Tentativas de chamar funções em um nível diferente (mais alto ou mais baixo) são permitidas, mas de maneira cuidadosamente controlada. Para fazer uma chamada em outro nível, a instrução CALL

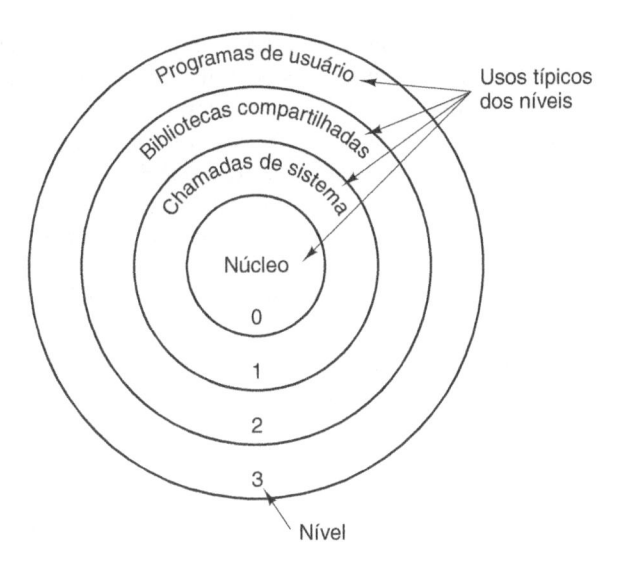

Figura 4-29 Proteção no Pentium.

deve conter um seletor, em vez de um endereço. Esse seletor designa um descritor chamado **portão de chamada** (*call gate*), o qual fornece o endereço da função a ser chamada. Assim, não é possível ir para o meio de um segmento de código arbitrário em um nível diferente. Apenas os pontos de entrada oficiais podem ser usados.

Um uso típico desse mecanismo está sugerido na Figura 4-29. No nível 0, encontramos o núcleo do sistema operacional, o qual manipula a E/S, o gerenciamento de memória e outras coisas importantes. No nível 1, está presente a rotina de tratamento de chamada de sistema. Os programas de usuário podem chamar funções desse nível, para executar chamadas de sistema, mas apenas uma lista de funções específica e protegida pode ser usada. O nível 2 contém funções de biblioteca, possivelmente compartilhadas entre muitos programas em execução. Os programas de usuário podem chamar essas funções e ler seus dados, mas não podem modificá-las. Finalmente, os programas de usuário são executados no nível 3, que tem a menor proteção.

As interrupções de software e de hardware usam um mecanismo semelhante ao portão de chamadas. Elas também referenciam descritores, em vez de endereços absolutos, e esses descritores apontam para funções específicas a serem executadas. O campo *tipo* da Figura 4-26 distingue entre segmentos de código, segmentos de dados e os vários tipos de portões (*gates*).

4.7 VISÃO GERAL DO GERENCIADOR DE PROCESSOS DO MINIX 3

O gerenciamento de memória no MINIX 3 é simples: não se utiliza paginação. O gerenciamento de memória do MINIX 3, conforme discutiremos aqui, também não faz *swapping*. O código do *swapping* está disponível no código-fonte completo e poderia ser ativado para fazer o MINIX 3 trabalhar em um sistema com limitação de memória física. Na prática, as memórias são tão grandes atualmente que raramente o *swapping* é necessário.

Neste capítulo, estudaremos um servidor que executa em espaço de usuário designado como **gerenciador de processos** ou, abreviadamente, **PM**, de seu nome original, *process manager*. O gerenciador de processos manipula as chamadas de sistema relacionadas ao gerenciamento de processos. Dessas, algumas estão intimamente envolvidas com o gerenciamento de memória. As chamadas **fork, exec** e **brk** estão nessa categoria. O gerenciamento de processos também inclui as chamadas de sistema relacionadas a sinais, configuração e consulta a propriedades dos processos, como informações de usuário e grupo, e contabilização de tempos de utilização da CPU. O gerenciador de processos do MINIX 3 também manipula a configuração e a consulta do relógio de tempo real.

Às vezes, quando estivermos nos referindo à parte do gerenciador de processos que manipula o gerenciamento da memória, vamos nos referir a ela como "gerenciador de memória". É possível que em uma versão futura o gerenciamento de processos e o gerenciamento da memória sejam completamente separados, mas no MINIX 3 as duas funções estão mescladas em uma única.

O PM mantém uma lista de lacunas ordenadas pelo endereço numérico de memória. Quando é necessária memória, seja devido a uma chamada de sistema **fork** ou **exec**, a lista de lacunas é pesquisada usando o algoritmo do primeiro que couber, em busca de uma lacuna que seja suficientemente grande. Sem *swapping*, o processo carregado em memória permanece exatamente no mesmo lugar durante sua execução inteira. Ele nunca é movido para outro lugar na memória nem sua área de memória alocada jamais aumenta ou diminui.

Essa estratégia de gerenciamento de memória é um tanto incomum e merece alguma explicação. Ela foi originalmente derivada de três fatores:

1. O desejo de manter o sistema fácil de ser entendido.
2. A arquitetura da CPU original do IBM PC (um 8088 da Intel),
3. O objetivo de tornar fácil portar o MINIX 3 para outro hardware,

Primeiramente, como um sistema voltado para o ensino, evitar a complexidade era altamente desejável; uma listagem de código-fonte de quase 250 páginas foi considerada longa o bastante. Segundo, o sistema foi projetado para o IBM PC original, que nem tinha uma MMU; portanto, para começo de conversa, incluir paginação era impossível. Terceiro, como outros computadores de sua época também não possuíam MMUs, essa estratégia de gerenciamento de memória tornava mais fácil portar para o Macintosh, Atari, Amiga e outras máquinas.

Naturalmente, poderia ser questionado se essa estratégia ainda faz sentido. O primeiro ponto ainda é válido, embora o sistema tenha definitivamente crescido com o passar dos anos. Entretanto, vários fatores novos também entram em questão agora. Os PCs modernos têm mais de 1000 vezes a quantidade da memória disponível no IBM PC original. Embora os programas sejam maiores, a maioria dos sistemas tem tanta memória que o *swapping* e a paginação dificilmente são necessários. Finalmente, até certo ponto, o MINIX 3 é destinado a sistemas de baixo poder de computação, como os sistemas embarcados. Hoje em dia, câmaras digitais, DVD *players*, equipamentos estéreos, telefones celulares e outros produtos têm sistemas operacionais, mas certamente não suportam *swapping* nem paginação. O MINIX 3 é uma escolha bastante razoável nesse mundo; portanto, o *swapping* e a paginação não têm alta prioridade. Contudo, existe um trabalho sendo realizado para ver o que pode ser feito em relação ao uso de memória virtual da maneira mais simples possível. O site web deve ser consultado para acompanhamento dos desenvolvimentos correntes.

Também vale mencionar outra maneira pela qual a implementação do gerenciamento de memória no MINIX 3 difere da de muitos outros sistemas operacionais. O PM não faz parte do núcleo. Em vez disso, ele é um processo executado em espaço de usuário e se comunica com o núcleo por meio do mecanismo de mensagens padrão. A posição do PM aparece na Figura 2-29.

Retirar o gerenciador de processos do núcleo é um exemplo da separação de **política** e **mecanismo**. As decisões sobre qual processo será carregado na memória, e onde (política), são tomadas pelo PM. A configuração real dos mapas de memória dos processos (mecanismo) é feita pela tarefa de sistema dentro do núcleo. Essa divisão torna relativamente fácil alterar a política de gerenciamento de memória (algoritmos etc.) sem ter de modificar as camadas inferiores do sistema operacional.

A maior parte do código do PM é dedicada ao tratamento das chamadas de sistema do MINIX 3 que envolvem a criação de processos, principalmente **fork** e **exec**, em vez de apenas manipularem listas de processos e lacunas. Na próxima seção, veremos o *layout* da memória, e nas seções subseqüentes teremos um panorama de como as chamadas de sistema de gerenciamento de processo são manipuladas pelo PM.

4.7.1 *Layout* da memória

Os programas do MINIX 3 podem ser compilados para usar os **espaços I** (instruções-código) **e D** (dados e pilha) **combinados**, nos quais todas as partes do processo (texto, dados e pilha) compartilham um bloco de memória alocado e liberado como uma unidade. Esse era o padrão da versão original do MINIX. No MINIX 3, entretanto, o padrão é compilar programas para usar **espaços I e D separados**. Por clareza, a alocação de memória do modelo combinado, mais simples, será discutida primeiro. Os processos que utilizam os espaços I e D separados podem usar a memória mais eficientemente, mas tirar proveito desse recurso complica as coisas. Vamos discutir as complicações depois que o caso mais simples for esboçado.

No MINIX 3, a memória de operação é alocada em duas ocasiões. Primeiro, quando um processo executa um **fork**, é alocada a quantidade de memória necessária pelo filho. Segundo, quando um processo altera sua imagem de memória por meio da chamada de sistema **exec**, o espaço ocupado pela imagem antiga retorna como uma lacuna para a lista de regiões livres e memória é alocada para a nova imagem. A nova imagem pode estar em uma parte da memória diferente da memória liberada. Sua localização dependerá de onde for encontrada uma lacuna adequada. Memória também é liberada quando um processo termina, seja saindo ou sendo eliminado por um sinal. Há um terceiro caso: um processo de sistema pode solicitar memória para seu próprio uso; por exemplo, o *driver* de memória pode solicitar memória para o disco de RAM. Isso só pode acontecer durante a inicialização do sistema.

A Figura 4-30 mostra a alocação de memória durante uma operação **fork** e uma operação **exec**. Na Figura 4-30(a), vemos dois processos, *A* e *B*, na memória. Se *A* faz um **fork**, temos a situação da Figura 4-30(b). O filho é uma cópia exata de *A*. Se agora o filho executa uma operação **exec** no arquivo *C*, a memória fica semelhante à Figura 4-30(c). A imagem do filho é substituída por *C*.

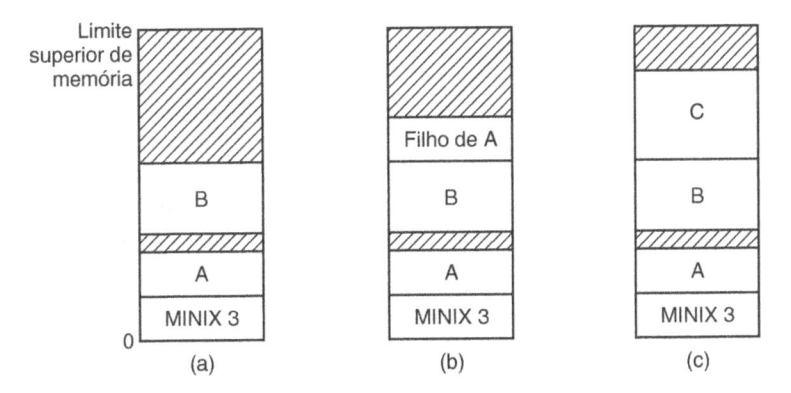

Figura 4-30 Alocação de memória. (a) Originalmente. (b) Após uma operação **fork**. (c) Após o filho executar uma operação **exec**. As regiões sombreadas representam memória não utilizada. O processo é um I&D comum.

Note que a memória antiga do filho é liberada antes que seja alocada a nova memória para *C*; portanto, *C* pode usar parte da memória anteriormente usada pelo filho. Desse modo, uma série de pares **fork** e **exec** (como no caso do *shell* usando *pipes*) pode resultar em todos os processos sendo adjacentes, sem nenhuma lacuna entre eles, supondo que exista um bloco grande de memória não alocada. As lacunas permaneceriam se a nova memória fosse alocada antes que a memória antiga tivesse sido liberada.

Fazer isso dessa maneira não é simples. Considere a possível condição de erro pelo fato de não haver memória suficiente para executar uma operação **exec**. Deve ser feito um teste para saber se há memória suficiente para completar a operação, antes que a memória do filho seja liberada, para que este possa responder ao erro de algum modo. Isso significa que a memória do filho deve ser considerada como se fosse uma lacuna, enquanto ainda estiver sendo usada.

Quando ocorre a alocação de memória, seja por **fork** ou pela chamada de sistema **exec**, uma determinada quantidade da memória total é dedicada para o novo processo. No primeiro caso, essa quantidade é idêntica à que o processo pai possui. No último caso, o PM aloca a quantidade especificada no cabeçalho do arquivo executado. Uma vez feita essa alocação, sob nenhuma condição o processo receberá mais memória.

O que foi dito até aqui se aplica aos programas que foram compilados com os espaços I e D combinados. Os programas com espaços I e D separados tiram proveito de um modo de gerenciamento de memória melhorado, chamado **texto compartilhado**. Quando tal processo executa uma operação **fork**, é alocada apenas a quantidade de memória necessária para uma cópia dos dados e da pilha do novo processo. Tanto o pai como o filho compartilham o código executável que já está sendo usado pelo pai. Quando o novo processo executa uma operação **exec**, a tabela de processos é pesquisada para ver ser existe outro processo usando o código executável necessário. Se for encontrado um, será alocada nova memória apenas para os dados e para a pilha, e o texto que já está na memória será compartilhado. O texto compartilhado complica o término de um processo. Quando um processo termina, ele sempre libera a memória ocupada por seus dados e por sua pilha. Mas ele libera a memória ocupada por seu segmento de texto (código) somente depois que uma pesquisa da tabela de processos revela que nenhum outro processo corrente está compartilhando essa memória. Assim, para um processo pode ser alocada mais memória quando ele começa do que a que é liberada quando termina, caso tenha carregado seu próprio texto ao ser iniciado, mas esse texto esteja sendo compartilhado por um ou mais outros processos ao terminar.

A Figura 4-31 mostra como um programa é armazenado como um arquivo de disco e como isso é transferido para o *layout* de memória interno de um processo do MINIX 3. O cabeçalho no arquivo de disco contém informações sobre os tamanhos das diferentes partes da imagem, assim como o tamanho total. No cabeçalho de um programa com espaços I e D comuns, um campo especifica o tamanho total das partes referentes ao texto (código) e aos dados; essas partes são copiadas diretamente na imagem da memória. A parte referente aos dados na imagem é ampliada pela quantidade especificada no campo *bss* do cabeçalho. Essa área de memória é zerada e é usada para dados estáticos não inicializados. A quantidade total de memória a ser alocada é especificada pelo campo *total* no cabeçalho. Se, por exemplo, um programa tem 4 KB de texto, 2 KB de dados mais uma área para o *bss* e 1 KB de pilha, e o cabeçalho diz para alocar 40 KB no total, a lacuna de memória não utilizada entre o segmento de dados e o segmento de pilha será de 33 KB. Um arquivo de programa no disco também pode conter uma tabela de símbolos. Isso serve para depuração e não é copiado na memória.

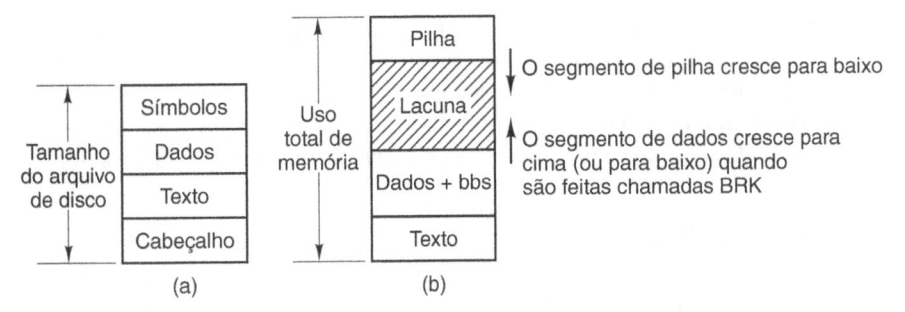

Figura 4-31 (a) Um programa conforme é armazenado em um arquivo de disco. (b) Layout interno da memória para um único processo. Nas duas partes da figura, o endereço de disco, ou de memória, mais baixo está na parte inferior e o endereço mais alto está na parte superior da figura.

Se o programador souber que a memória total necessária para o crescimento combinado dos segmentos de dados e de pilha para o arquivo *a.out* será no máximo de 10 KB, poderá executar o comando

```
chmem =10240 a.out
```

que alterará o campo de cabeçalho de modo que, ao executar a operação **exec**, o PM alocará um espaço de 10240 bytes a mais do que a soma dos segmentos de texto e de dados iniciais. Para o exemplo anterior, será alocado um total de 16 KB nas chamadas **exec** subseqüentes do arquivo. Dessa quantidade, os 1 KB superiores serão usados para a pilha e 9 KB estarão na lacuna, onde poderão ser usados pelo crescimento da pilha, pela área de dados ou por ambos, conforme for necessário.

Para um programa que utiliza espaços I e D separados (o que é indicado por um bit no cabeçalho, ativado pelo ligador), o campo de total no cabeçalho se aplica apenas aos espaços de dados e de pilha combinados. Para um programa com 4 KB de texto, 2 KB de dados, 1 KB de pilha e um tamanho total de 64 KB, serão alocados 68 KB (4 KB de espaço de instrução, 64 KB de espaço de pilha e dados), deixando 61 KB para o segmento de dados e a pilha consumirem durante a execução. O limite do segmento de dados só pode ser movido pela chamada de sistema brk. Tudo que brk faz é verificar se o novo segmento de dados colide com o ponteiro de pilha corrente e, se não colidir, anotar a alteração em algumas tabelas internas. Isso é totalmente interno à memória originalmente alocada para o processo; nenhuma memória adicional é alocada pelo sistema operacional. Se o novo segmento de dados colidir com a pilha, a chamada falhará.

Este é um bom lugar para mencionar uma possível dificuldade semântica. Quando usamos a palavra "segmento", nos referimos a uma área da memória definida pelo sistema operacional. Os processadores Intel têm um conjunto de **registradores de segmento** internos e **tabelas de descritores de segmento** que fornecem suporte de hardware para "segmentos". O conceito de segmento dos projetistas de hardware da Intel é semelhante (mas nem sempre igual) ao dos segmentos usados e definidos pelo MINIX 3. Todas as referências a segmentos neste texto devem ser interpretadas como referências às áreas de memória delineadas pelas estruturas de dados do MINIX 3. Vamos nos referir explicitamente aos "registradores de segmento" ou aos "descritores de segmento", quando falarmos sobre o hardware.

Esse alerta pode ser generalizado. Os projetistas de hardware freqüentemente tentam fornecer suporte para os sistemas operacionais que esperam que sejam utilizados em suas máquinas e a terminologia usada para descrever registradores e outros aspectos da arquitetura de um processador normalmente reflete uma idéia de como os recursos serão usados. Tais recursos freqüentemente são úteis para o desenvolvedor de um sistema operacional, mas eles podem não serem usados da maneira prevista pelo projetista de hardware. Isso pode levar a mal-entendidos, quando a mesma palavra tem diferentes significados ao ser usada para descrever um aspecto de um sistema operacional ou do hardware subjacente.

4.7.2 Tratamento de mensagens

Assim como todos os outros componentes do MINIX 3, o gerenciador de processos é orientado a troca de mensagens. Após a inicialização do sistema, o PM entra em seu laço principal, o qual consiste em esperar uma mensagem, executar a requisição nela contida e enviar uma resposta.

Duas categorias de mensagens podem ser recebidas pelo gerenciador de processos. Para comunicação de alta prioridade entre o núcleo e os servidores do sistema, como o PM, é usada uma **mensagem de notificação do sistema**. Esses são casos especiais a serem discutidos na seção sobre implementação deste capítulo. A maioria das mensagens recebidas pelo gerenciador de processos resulta de chamadas de sistema originadas por processos de usuário. Para essa categoria, a Figura 4-32 fornece a lista de tipos de mensagem válidos, parâmetros de entrada e valores enviados de volta na mensagem de resposta.

Fork, exit, wait, waitpid, brk e exec são claramente intimamente relacionados com alocação e liberação de memória. As chamadas kill, alarm e pause são todas relacionadas com sinais, assim como sigaction, sigsuspend, sigpending, sigmask e sigreturn. Elas também podem afetar o que está na memória, pois quando um sinal elimina um processo, a memória usada por esse processo é liberada. As sete chamadas de get/set nada têm a ver com gerenciamento de memória, mas certamente estão relacionadas com gerenciamento de processos. Outras chamadas poderiam ficar no sistema de arquivos ou no PM, pois toda chamada de sistema é manipulada por um ou pelo outro. Elas foram colocadas aqui simplesmente por que o sistema de arquivos já estava bastante grande. As chamadas time, stime e times foram colocadas aqui por esse motivo, assim como ptrace, que é usada na depuração.

Reboot tem efeitos em todo o sistema operacional, mas sua primeira tarefa é enviar sinais para terminar todos os processos de maneira controlada, de modo que o PM é um bom lugar para ela. O mesmo vale para svrctl, cujo uso mais importante é ativar ou desativar o *swapping* no PM.

Talvez você tenha notado que as duas últimas chamadas mencionadas aqui, reboot e svrctl, não foram listadas na Figura 1-9. Isso também vale para as chamadas restantes da Figura 4-32, getsysinfo, getprocnr, memalloc, memfree e getsetpriority. Nenhuma delas se destina a ser usada por processos de usuário normais e não fazem parte do padrão POSIX. Elas são fornecidas porque são necessárias em um sistema como o MINIX 3. Em um sistema com um núcleo monolítico, as operações fornecidas por essas chamadas poderiam ser providas por funções compiladas no núcleo. Mas, no MINIX 3, os componentes normalmente considerados como parte do sistema operacional são executados em espaço de usuário e chamadas de sistema adicionais são necessárias. Algumas delas fazem pouco mais do que implementar uma interface para uma chamada de núcleo, um termo que usamos para as chamadas que solicitam serviços do núcleo por intermédio da tarefa de sistema.

Conforme mencionado no Capítulo 1, embora exista uma rotina de biblioteca *sbrk*, não há nenhuma chamada de sistema sbrk. A rotina de biblioteca calcula a quantidade de memória necessária somando o incremento ou decremento especificado como parâmetro ao tamanho corrente e faz uma chamada de brk para configurar o tamanho. Analogamente, não existem chamadas de sistema separadas para *geteuid* e *getegid*. As chamadas getuid e getgid

Tipo de mensagem	Parâmetros de entrada	Valor da resposta
fork	(nenhum)	PID do filho, (para filho: 0)
exit	Status de saída	(Nenhuma resposta se tiver êxito)
wait	(nenhum)	Status
waitpid	Identificador de processo e *flags*	Status
brk	Novo tamanho	Novo tamanho
exec	Ponteiro para pilha inicial	(Nenhuma resposta se tiver êxito)
kill	Identificador de processo e sinal	Status
alarm	Número de segundos a esperar	Tempo residual
pause	(nenhum)	(Nenhuma resposta se tiver êxito)
sigaction	Número do sinal, ação, ação antiga	Status
sigsuspend	Máscara de sinal	(Nenhuma resposta se tiver êxito)
sigpending	(nenhum)	Status
sigprocmask	Como, configuração, configuração antiga	Status
sigreturn	Contexto	Status
getuid	(nenhum)	Uid, uid efetiva
getgid	(nenhum)	Gid, gid efetiva
getpid	(nenhum)	PID, PID do pai
setuid	Novo uid	Status
setgid	Novo gid	Status
setsid	Novo sid	Grupo do processo
getpgrp	Novo gid	Grupo do processo
time	Ponteiro para o lugar onde fica o tempo corrente	Status
stime	Ponteiro para o tempo corrente	Status
times	Ponteiro para buffer de tempos de processo e filho	Tempo de funcionamento desde a inicialização
ptrace	Requisição, PID, endereço, dados	Status
reboot	Modo (suspende, reinicializa ou pânico)	(Nenhuma resposta se tiver êxito)
svrctl	Requisição, dados (depende da função)	Status
getsysinfo	Requisição, dados (depende da função)	Status
getprocnr	(nenhum)	Número do processo
memalloc	Tamanho, ponteiro para endereço	Status
memfree	Tamanho, endereço	Status
getpriority	Pid, tipo, valor	Prioridade (valor de *nice*)
setpriority	Pid, tipo, valor	Prioridade (valor de *nice*)
gettimeofday	(nenhum)	Tempo, tempo de funcionamento

Figura 4-32 Os tipos de mensagens, parâmetros de entrada e valores de resposta usados para comunicação com o PM.

retornam os identificadores efetivo e real. Da mesma maneira, **getpid** retorna o PID do processo que fez a chamada e de seu pai.

Uma estrutura de dados importante, usada para processamento de mensagens, é a tabela *call_vec*, declarada em *table.c*. Ela contém ponteiros para as funções que manipulam os vários tipos de mensagem. Quando uma mensagem chega no PM, o laço principal extrai o tipo da mensagem e o coloca na variável global *call_nr*. Então, esse valor é usado como índice para *call_vec*, para encontrar o ponteiro para a função que manipula a mensagem que acabou de chegar. Essa função executa a chamada de sistema. O valor que ela retorna é enviado de volta na mensagem de resposta ao processo origem para relatar o sucesso ou a falha da chamada. O mecanismo é semelhante à tabela de ponteiros para as rotinas de tratamento de chamada de sistema usadas na etapa 7 da Figura 1-16, somente que ele opera em espaço de usuário, em vez de operar no núcleo.

4.7.3 Estruturas de dados e algoritmos do gerenciador de processos

Duas estruturas de dados importantes são usadas pelo gerenciador de processos: a tabela de processos e a tabela de lacunas. Veremos agora cada uma delas por sua vez.

Na Figura 2-4, vimos que alguns campos da tabela de processos são necessários para o núcleo, outros para o gerenciador de processos e ainda outros para o sistema de arquivos. No MINIX 3, cada uma dessas três partes do sistema operacional tem sua própria tabela de processos, contendo apenas os campos que ela precisa. Com algumas exceções, as entradas correspondem exatamente, para manter as coisas simples. Assim, a entrada *k* da tabela do PM se refere ao mesmo processo que a entrada *k* da tabela do sistema de arquivos. Quando um processo é criado ou destruído, todas as três partes atualizam suas tabelas para refletir a nova situação, para mantê-las sincronizadas.

As exceções são os processos que não são conhecidos fora do núcleo, ou porque são compilados no núcleo, como as tarefas *CLOCK* e *SYSTEM*, ou porque são de suporte como *IDLE* e *KERNEL*. Na tabela de processos do núcleo, suas entradas são designadas por números negativos. Essas entradas não existem nas tabelas de processos do gerenciador de processos e do sistema de arquivos. Assim, rigorosamente falando, o que foi dito anteriormente sobre a entrada *k* nas tabelas é verdade para *k* igual ou maior do que zero.

Processos na memória

A tabela de processos do PM é chamada *mproc* e sua definição é dada em *src/servers/pm/mproc.h*. Ela contém todos os campos relacionados à alocação de memória de um processo, assim como alguns itens adicionais. O campo mais importante é o *array mp_seg*, que tem três entradas, para os segmentos de texto, de dados e de pilha respectivamente. Cada entrada é uma estrutura contendo o endereço virtual, o endereço físico e o tamanho do segmento, todos medidos em **clicks**, em vez de bytes. O tamanho de um *click* depende da implementação. Nas primeiras versões do MINIX ele era de 256 bytes. Para o MINIX 3 ele tem 1024 bytes. Todos os segmentos devem começar em um limite de *click* e ocupar um número inteiro de *clicks*.

O método usado para registrar a alocação de memória está mostrado na Figura 4-33. Nessa figura, temos um processo com 3 KB de texto, 4 KB de dados, uma lacuna de 1 KB e, em seguida, uma pilha de 2 KB, para uma alocação de memória total de 10 KB. Na Figura 4-33(b), vemos como são os campos de endereço virtual, físico e de comprimento de cada um dos três segmentos, supondo que o processo não tenha espaços I e D separados. Nesse modelo, o segmento de texto está sempre vazio e o segmento de dados contém tanto texto como dados. Quando um processo referenciar o endereço virtual 0, seja para ir para ele ou para lê-lo (isto é, como espaço de instrução ou como espaço de dados), será usado o endereço físico 0x32000 (em decimal, 200K). Esse endereço está no *click* 0xc8.

(a)

```
           Endereço (hexa)
 ┌─────┐
 ~     ~
 │Pilha│── 210K (0x34800)
 │     │── 208K (0x34000)
 │▓▓▓▓▓│── 207K (0x33c00)
 │Dados│
 │     │── 203K (0x32c00)
 │Texto│
 │     │── 200K (0x32000)
 ~     ~
 └─────┘
```

(b)

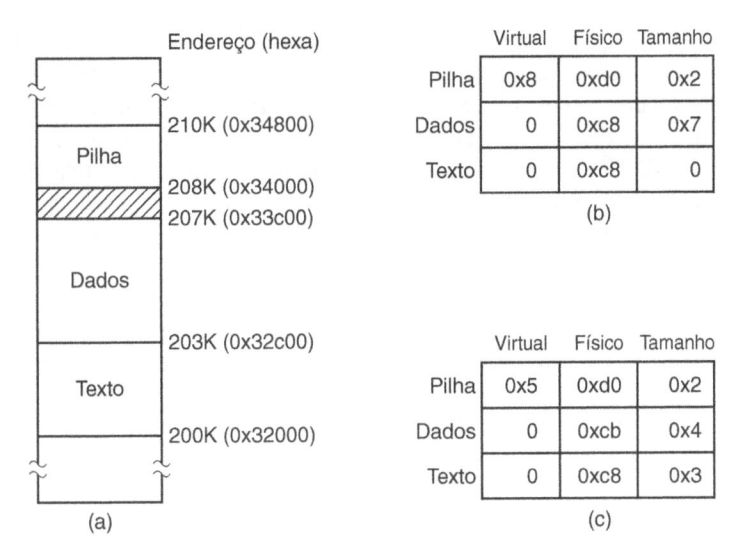

	Virtual	Físico	Tamanho
Pilha	0x8	0xd0	0x2
Dados	0	0xc8	0x7
Texto	0	0xc8	0

(c)

	Virtual	Físico	Tamanho
Pilha	0x5	0xd0	0x2
Dados	0	0xcb	0x4
Texto	0	0xc8	0x3

Figura 4-33 (a) Um processo na memória. (b) Sua representação de memória para espaços I e D combinados. (c) Sua representação de memória para espaços I e D separados.

Note que o endereço virtual em que a pilha começa depende inicialmente da quantidade total de memória alocada para o processo. Se o comando *chmem* fosse usado para modificar o cabeçalho do arquivo, para fornecer uma área de alocação dinâmica maior (uma lacuna maior entre os segmentos de dados e de pilha), na próxima vez que o arquivo fosse executado, a pilha começaria em um endereço virtual mais alto. Se a pilha ficar um *click* mais longa, a entrada da pilha *deverá* mudar da tupla (0x8, 0xd0, 0x2) para a tupla (0x7, 0xcf, 0x3). Note que, neste exemplo, o crescimento da pilha por um *click* reduziria a lacuna a nada, caso não houvesse nenhum aumento da alocação de memória total.

O hardware do 8088 não tem interrupção de estouro de limite de pilha e o MINIX define a pilha de maneira que em processadores de 32 bits não seja disparada essa interrupção até que a pilha já tenha sobrescrito o segmento de dados. Assim, essa alteração não será feita até a próxima chamada de sistema **brk**, ponto em que o sistema operacional lerá o SP (*Stack Pointer*) explicitamente e recalculará as entradas do segmento. Em uma máquina com interrupção de limite de pilha, a entrada do segmento de pilha poderia ser atualizada assim que a pilha ultrapassasse seu segmento. Isso não é feito pelo MINIX 3 em processadores Intel de 32 bits, por razões que discutiremos agora.

Mencionamos anteriormente que os esforços dos projetistas de hardware podem nem sempre produzir exatamente o que o projetista de software precisa. Mesmo no modo protegido em um Pentium, o MINIX 3 não interrompe quando a pilha ultrapassa seu segmento. Embora, no modo protegido, o hardware Intel detecte tentativas de acessar a memória fora de um segmento (conforme definido por um descritor de segmento como o da Figura 4-26), no MINIX 3 o descritor de segmento de dados e o descritor de segmento de pilha são sempre idênticos. Os segmentos de dados e de pilha do MINIX 3 usam parte desse espaço e, assim, um deles ou ambos podem expandir-se na lacuna entre eles. Entretanto, apenas o MINIX 3 pode gerenciar isso. A CPU não tem meios de detectar erros envolvendo a lacuna, pois no que diz respeito ao hardware, a lacuna é uma parte válida da área de dados e da área de pilha. É claro que o hardware pode detectar um erro muito grande, como uma tentativa de acessar memória fora da área de dados, lacuna e pilha combinadas. Isso protegerá um processo dos erros de outro processo, mas não é suficiente para proteger um processo de si mesmo.

Uma decisão de projeto foi tomada aqui. Reconhecemos que pode se argumentar a favor de abandonar o segmento compartilhado definido pelo hardware e permitir ao MINIX 3 alocar dinamicamente a área de lacuna. A alternativa, usar o hardware para definir segmentos de pilha e de dados não sobrepostos, ofereceria bem mais segurança para certos erros, mas faria o MINIX 3 utilizar mais memória. O código-fonte está disponível para quem quiser avaliar a outra estratégia.

A Figura 4-33(c) mostra as entradas de segmento para o layout de memória da Figura 4-33(a), para espaços I e D separados. Aqui, os segmentos de texto e de dados têm tamanho diferente de zero. O *array mp_seg* mostrado na Figura 4-33(b) ou (c) é usado principalmente para fazer o mapeamento de endereços virtuais em endereços de memória físicos. Dado um endereço virtual e o espaço ao qual ele pertence, é simples ver se o endereço virtual é válido ou não (isto é, se cai dentro de um segmento) e, se for válido, qual é o endereço físico correspondente. A função de núcleo *umap_local* realiza esse mapeamento para as tarefas de E/S e de cópia em espaço de usuário (e dele), por exemplo.

Processo 1 (a)

	Virtual	Físico	Tamanho
Pilha	0x5	0xd0	0x2
Dados	0	0xcb	0x4
Texto	0	0xc8	0x3

(b)

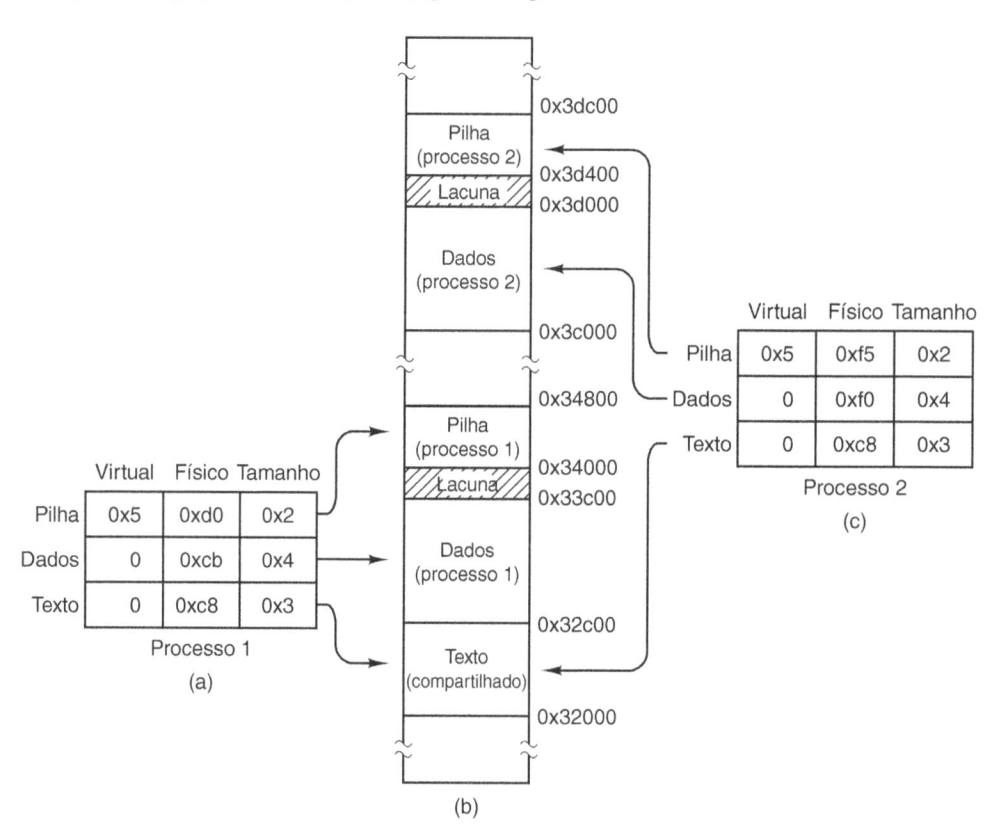

Endereços (processo 2): 0x3dc00, Pilha (processo 2), 0x3d400, Lacuna, 0x3d000, Dados (processo 2), 0x3c000, 0x34800, Pilha (processo 1), 0x34000, Lacuna, 0x33c00, Dados (processo 1), 0x32c00, Texto (compartilhado), 0x32000

Processo 2 (c)

	Virtual	Físico	Tamanho
Pilha	0x5	0xf5	0x2
Dados	0	0xf0	0x4
Texto	0	0xc8	0x3

Figura 4-34 (a) O mapa de memória de um processo com espaços I e D separados, como na figura anterior. (b) O *layout* na memória após um segundo processo começar, executando a mesma imagem de programa com texto compartilhado. (c) O mapa de memória do segundo processo.

Texto compartilhado

O conteúdo das áreas de dados e de pilha pertencentes a um processo pode mudar à medida que o processo executa, mas o texto (código) não muda. É comum vários processos estarem executando cópias do mesmo programa; por exemplo, vários usuários podem estar executando o mesmo *shell*. A eficiência da memória melhora com o uso de **texto compartilhado**. Quando a operação exec está para instanciar um processo, ela abre o arquivo que contém a imagem de disco do programa a ser carregado e lê seu cabeçalho. Se o processo usa espaços I e D separados, é feita uma pesquisa dos campos *mp_dev*, *mp_ino* e *mp_ctime* em cada entrada de *mproc*. Esses campos contêm os números de dispositivo e *i-nodes* e os estados das imagens que estão sendo executadas por outros processos. Se for encontrado na memória um processo executando o mesmo programa que está para ser carregado, não há necessidade de alocar memória para outra cópia do texto. Em vez disso, a parte *mp_seg[T]* do mapa de memória do novo processo é inicializada de forma a apontar para o mesmo lugar onde o segmento de texto já está carregado e apenas as partes dos dados e da pilha são configuradas em uma nova alocação de memória. Isso está mostrado na Figura 4-34. Se o programa usa espaços I e D combinados, ou nenhuma correspondência é encontrada, a memória é alocada como se vê na Figura 4-33 e o texto e os dados do novo processo são copiados do disco.

Além das informações de segmento, *mproc* também contém informações adicionais sobre o processo. Isso inclui a ID do processo (PID) em si e de seu pai, os UIDs e GIDs (reais e efetivos), informações sobre sinais e o status de saída, caso o processo já tenha terminado, mas seu pai ainda não executou uma operação wait para ele. Além disso, em *mproc* existem campos para um temporizador para sigalarm e para o tempo acumulado do usuário e do sistema usado pelos processos filhos. O núcleo era responsável por esses itens nas versões anteriores do MINIX, mas a responsabilidade por eles foi transferida para o gerenciador de processos no MINIX 3.

A lista de lacunas

A outra estrutura de dados importante do gerenciador de processos é a **tabela de lacunas**, *hole*, definida em *src/servers/pm/alloc.c*, que lista cada lacuna presente na memória pela ordem ascendente do endereço de memória. Os espaços entre os segmentos de dados e de pilha não são considerados lacunas; eles já foram alocados para processos. Conseqüentemente, eles não estão contidos na lista de lacunas livres. Cada entrada da lista de lacunas tem três campos: o endereço de base da lacuna, em *clicks*; o tamanho da lacuna, também em *clicks*; e um ponteiro para a próxima entrada na lista. A lista é de encadeada simples, de modo que é fácil encontrar a próxima lacuna a partir de qualquer lacuna dada, mas para encontrar a lacuna anterior, você precisa pesquisar a lista inteira desde o início, até chegar à lacuna dada. Devido às limitações de espaço, *alloc.c* não foi incluída na listagem impressa, embora esteja no CD-ROM. Mas o código que define a lista de lacunas é simples e está mostrado na Figura 4-35.

```
PRIVATE struct hole {
        struct hole *h_next;        /* ponteiro para a próxima entrada na lista */
        phys_clicks h_base;         /* onde a lacuna começa? */
        phys_clicks h_len;          /* qual é o tamanho da lacuna? */
} hole[NR_HOLES];
```

Figura 4-35 A lista de lacunas é um *array* de *struct hole*.

O motivo para registrar tudo sobre segmentos e lacunas em *clicks*, em vez de usar bytes, é simples: é muito mais eficiente. No modo de 16 bits, são usados inteiros de 16 bits para registrar endereços de memória; portanto, com *clicks* de 1024 bytes, até 64 MB de memória podem ser suportados. Em 32 bits, os campos de endereço podem se referir a até $2^{32} \times 2^{10} = 2^{42}$ bytes, o que dá 4 terabytes (4096 gigabytes).

As principais operações na lista de lacunas são a alocação de uma parte da memória de determinado tamanho e o retorno de uma alocação existente. Para alocar memória, a lista de lacunas é pesquisada, a partir da lacuna com o endereço mais baixo, até que seja encontrada uma lacuna suficientemente grande (algoritmo do primeiro que couber). Então, o segmento é alocado e a lacuna é atualizada diminuindo-se a quantidade necessária ao segmento ou, no caso raro da lacuna ser do tamanho exato, removendo-a da lista. Esse esquema é rápido e simples, mas sofre de uma pequena fragmentação interna (até 1023 bytes podem ser desperdiçados no último *click*, pois é sempre alocado um múltiplo inteiro de *clicks*) e de fragmentação externa.

Quando um processo termina é feito uma "limpeza", sua memória de dados e de pilha é retornada para a lista de lacunas livres. Se ele utiliza I e D combinados, isso libera toda a sua memória, pois esses programas nunca têm uma alocação de memória separada para texto. Se o programa usa I e D separados, e uma pesquisa da tabela de processos identificar que nenhum outro processo está compartilhando o texto, a área de memória do texto também será liberada. Uma vez que, com texto compartilhado, as regiões de texto e dados não são necessariamente adjacentes, duas regiões de memória podem ser liberadas. Para cada região retornada, se um dos vizinhos dessa região, ou ambos, forem lacunas, eles serão fusionados, de modo que nunca ocorrem lacunas adjacentes. Assim, o número, a localização e os tamanhos das lacunas variam continuamente durante a operação do sistema. Quando todos os processos de usuário tiverem terminado, toda a memória disponível estará pronta para alocação mais uma vez. Entretanto, essa não é necessariamente uma única lacuna, pois a memória física pode ser intercalada por regiões não usadas pelo sistema operacional, como nos sistemas compatíveis com as máquinas IBM, onde a memória somente de leitura (ROM) e a memória reservada para transferências de E/S separam a memória abaixo do endereço 640K, da memória acima de 1 MB.

4.7.4 As chamadas de sistema FORK, EXIT e WAIT

Quando processos são criados ou destruídos, memória deve ser alocada ou liberada. Além disso, a tabela de processos deve ser atualizada, incluindo as partes mantidas pelo núcleo e pelo sistema de arquivos. O gerenciador de processos coordena toda essa atividade. A criação de processos é feita por **fork** e executada na série de etapas mostradas na Figura 4-36.

1. Verificar se a tabela de processos está plena.
2. Tentar alocar memória para os dados e para a pilha do filho.
3. Copiar os dados e a pilha do pai na memória do filho.
4. Encontrar uma entrada de processo livre e copiar nela a entrada do pai.
5. Inserir o mapa de memória do filho na tabela de processos.
6. Escolher um PID para o filho.
7. Informar o núcleo e o sistema de arquivos sobre o filho.
8. Apresentar o mapa de memória do filho para o núcleo.
9. Enviar mensagens de resposta para o pai e para o filho.

Figura 4-36 As etapas exigidas para executar a chamada de sistema fork.

É difícil e inconveniente parar uma chamada de fork no meio do caminho; portanto, o PM mantém o tempo todo uma contagem do número de processos correntemente existentes para ver facilmente se uma entrada está disponível na tabela de processos. Se a tabela não estiver cheia, é feita uma tentativa de alocar memória para o filho. Se o programa usa espaços I e D separados, é solicitada apenas memória suficiente para as novas alocações de dados e de pilha. Se essa etapa também for bem-sucedida, é garantido o sucesso da operação fork. Então, a memória recentemente alocada é preenchida, uma entrada de processo é localizada e preenchida, um PID é escolhido e as outras partes do sistema são informadas de que um novo processo foi criado.

Um processo termina completamente quando dois eventos tiverem acontecido: (1) o próprio processo saiu (ou foi eliminado por um sinal) e (2) seu pai executou uma chamada de sistema wait para descobrir o que aconteceu. Um processo que saiu ou foi eliminado, mas cujo pai (ainda) não executou uma operação wait para ele, entra em uma espécie de animação suspensa, às vezes conhecida como **estado zumbi**. Ele é impedido de ser escalonado e seu temporizador de alarme é desligado (se estava ligado), mas não é removido da tabela de processos. Sua memória é liberada. O estado zumbi é temporário e raramente dura muito tempo. Quando o pai finalmente executa a operação wait, a entrada da tabela de processos é liberada e o sistema de arquivos e o núcleo são informados.

Um problema surge se o pai de um processo que está terminando já foi eliminado. Se nenhuma ação especial fosse executada, o processo que está saindo permaneceria como zumbi para sempre. Em vez disso, as tabelas são alteradas para torná-lo filho do processo *init*. Quando o sistema inicializa, *init* lê o arquivo */etc/ttytab* para obter uma lista de todos os terminais e, então, cria um processo *login* para tratar de cada um. Em seguida, ele é bloqueado, esperando que os processos terminem. Dessa maneira, zumbis órfãos são eliminados rapidamente.

4.7.5 A chamada de sistema EXEC

Quando um comando é digitado no terminal, o *shell* cria um novo processo, o qual executa então o comando solicitado. Seria possível ter uma única chamada de sistema para executar as operações fork e exec simultaneamente, mas elas foram fornecidas como duas chamadas distintas por um motivo muito bom: facilitar a implementação de redirecionamento de E/S. Quando o *shell* cria um outro processo, se a entrada padrão é redirecionada, o filho a fecha e, então, abre uma nova entrada padrão, antes de executar o comando. Dessa maneira, o processo recentemente iniciado herda a entrada padrão redirecionada. A saída padrão é tratada da mesma maneira.

Exec é a chamada de sistema mais complexa no MINIX 3. Ela precisa substituir a imagem de memória corrente por uma nova, incluindo a configuração de uma nova pilha. Evidentemente, a nova imagem deve ser um arquivo binário executável. Um arquivo executável também pode ser um *script*, que deve ser interpretado por outro programa, como o *shell* ou *perl*. Nesse caso, o arquivo cuja imagem deve ser colocada na memória é o binário do interpretador, com o nome do *script* como argumento. Nesta seção, discutimos o caso simples de uma chamada exec que se refere a um binário executável. Posteriormente, quando discutirmos a implementação de exec, será descrito o processamento adicional exigido para executar um *script*.

Exec executa sua tarefa em uma série de etapas, como se vê na Figura 4-37.

Cada etapa, por sua vez, consiste em etapas menores, algumas das quais podem falhar. Por exemplo, pode não haver memória suficiente disponível. A ordem na qual os testes são feitos foi cuidadosamente escolhida para garantir que a imagem de memória antiga não seja liberada até que seja certo que a operação exec será bem-sucedida, para evitar a situação embaraçosa de não ser possível configurar uma nova imagem de memória e também não ter a antiga para restaurar. Normalmente, exec não retorna, mas se falhar, o processo que fez a chamada deverá obter o controle novamente, com uma indicação de erro.

1. Verificar permissões—o arquivo é executável?
2. Ler o cabeçalho para obter os tamanhos de segmento e total.
3. Buscar os argumentos e o ambiente do processo que fez a chamada.
4. Alocar nova memória e liberar a memória antiga desnecessária.
5. Copiar a pilha na nova imagem de memória.
6. Copiar o segmento de dados (e, possivelmente, o de texto) na nova imagem de memória.
7. Verificar e manipular os bits setuid, setgid.
8. Corrigir a entrada da tabela de processos.
9. Informar o núcleo de que, agora, o processo é executável.

Figura 4-37 As etapas exigidas para executar a chamada de sistema exec.

Algumas etapas da Figura 4-37 merecem mais comentários. Primeiro, há a questão de haver espaço suficiente ou não. Após determinar a quantidade de memória necessária, o que exige determinar se a memória de texto de outro processo pode ser compartilhada, a lista de lacunas é pesquisada para verificar se há memória física suficiente *antes* de liberar a memória antiga. Se a memória antiga fosse liberada primeiro e não houvesse memória suficiente, seria difícil reaver a imagem antiga novamente e estaríamos em apuros.

Entretanto, esse teste é demasiadamente restrito. Às vezes, ele rejeita chamadas de exec que, na verdade, poderiam ser bem-sucedidas. Suponha, por exemplo, que o processo que está fazendo a chamada de exec ocupe 20 KB e seu texto não seja compartilhado por nenhum outro processo. Suponha ainda que exista uma lacuna de 30 KB disponível e que a nova imagem exija 50 KB. Fazendo o teste antes de liberar, descobriremos que apenas 30 KB estão disponíveis e rejeitamos a chamada. Se tivéssemos liberado primeiro, poderíamos ter êxito, dependendo de a nova lacuna de 20 KB ser adjacente ou não e, assim, ser fusionada com a lacuna de 30 KB. Uma implementação mais sofisticada poderia tratar dessa situação de forma um pouco melhor.

Outro possível aprimoramento seria procurar duas lacunas, uma para o segmento de texto e outra para o segmento de dados, caso o processo a executar a operação exec use espaços I e D separados. Os segmentos não precisam ser adjacentes.

Um problema mais sutil é se o arquivo executável cabe no espaço de endereçamento *virtual*. O problema é que a memória é alocada não em bytes, mas em *clicks* de 1024 bytes. Cada *click* deve pertencer a um único segmento e pode não ser, por exemplo, metade dados, metade pilha, pois a gerência da memória inteira é feita em *clicks*.

Para ver como essa restrição pode causar problemas, note que o espaço de endereçamento nos processadores Intel de 16 bits (8086 e 80286) é limitado a 64 KB, o qual, com um tamanho de *click* de 1024 permite a existência de 64 *clicks*. Suponha que um programa que use espaços I e D separados tenha 40.000 bytes de texto, 32.770 bytes de dados e 32.760 bytes de pilha. O segmento de dados ocupa 33 *clicks*, embora apenas 2 bytes do último *click* seja usado; apesar disso, o *click* inteiro deve ser dedicado ao segmento de dados. O segmento de pilha tem 32 *clicks*. Juntos, eles ultrapassam os 64 *clicks* e, portanto, não podem coexistir, mesmo que o número de *bytes* necessários caiba (no limite) no espaço de endereçamento virtual. Teoricamente, esse problema existe em todas as máquinas cujo tamanho de *click* é maior do que 1 byte, mas na prática ele raramente ocorre nos processadores da classe Pentium, pois eles permitem segmentos grandes (de 4 GB). Infelizmente, o código tem que verificar esse caso. Um sistema que não verifica as condições raras, mas possíveis, provavelmente falhará de uma maneira inesperada, se uma delas vier a ocorrer.

Outro problema importante é o modo como a pilha inicial é configurada. A chamada de biblioteca normalmente usada para ativar **exec** com argumentos e um ambiente é

execve(name, argv, envp);

onde *name* é um ponteiro para o nome do arquivo a ser executado, *argv* é um ponteiro para um *array* de ponteiros, cada um apontando para um argumento, e *envp* é um ponteiro para um *array* de ponteiros, onde cada um apontando para uma string de ambiente.

Seria muito fácil implementar **exec** apenas colocando os três ponteiros na mensagem para o PM e deixando que ele buscasse o nome de arquivo e os dois *arrays* sozinho. Então, ele teria que buscar cada argumento e cada string, um por vez. Fazer isso dessa maneira exige pelo menos uma mensagem para a tarefa de sistema por argumento ou string e, provavelmente, mais, pois o PM não tem meios de saber antecipadamente o tamanho de cada um.

Para evitar a sobrecarga de múltiplas mensagens para ler todas essas partes, foi escolhida uma estratégia completamente diferente. A função de biblioteca *execve* constrói a pilha inicial inteira dentro de si mesma e passa seu endereço de base e seu tamanho para o PM. Construir a nova pilha dentro do espaço de usuário é altamente eficiente, pois as referências aos argumentos e strings são apenas referências de memória locais e não referências para um espaço de endereçamento diferente.

Para tornar esse mecanismo mais claro, considere um exemplo. Quando um usuário digita

ls –l f.c g.c

no *shell*, este interpreta o comando e então faz a chamada

execve("/bin/ls", argv, envp);

para a função de biblioteca. O conteúdo dos dois *arrays* de ponteiros aparece na Figura 4-38(a). Agora, a função *execve*, dentro do espaço de endereçamento do *shell*, constrói a pilha inicial, como se vê na Figura 4-38(b). Finalmente, essa pilha é copiada intacta no PM, durante o processamento da chamada de **exec**.

Quando a pilha for finalmente copiada no processo de usuário, ela não será colocada no endereço virtual 0. Em vez disso, será colocada no final da alocação de memória, conforme determinado pelo campo de tamanho de memória total no cabeçalho do arquivo executável. Como exemplo, vamos supor arbitrariamente que o tamanho total seja de 8192 bytes, de modo que o último byte disponível para o programa está no endereço 8191. Cabe ao PM reposicionar os ponteiros dentro da pilha para que, quando depositada no novo endereço, a pilha seja semelhante à Figura 4-38(c).

Quando a chamada **exec** terminar e o programa começar a ser executado, a pilha será mesmo exatamente como a Figura 4-38(c), com o ponteiro de pilha tendo o valor 8136. Entretanto, outro problema ainda precisa ser resolvido. O programa principal do arquivo executado provavelmente é declarado como segue:

main(argc, argv, envp);

No que diz respeito ao compilador C, *main* é apenas outra função. Ele não sabe que *main* é especial; portanto, compila o código para acessar os três parâmetros, supondo que eles serão passados na pilha de acordo com a convenção de chamada padrão da linguagem C, com o último parâmetro primeiro. Com um inteiro e dois ponteiros, espera-se que os três parâmetros ocupem as três palavras imediatamente anteriores ao endereço de retorno. É claro que a pilha da Figura 4-38(c) não se parece nada com isso.

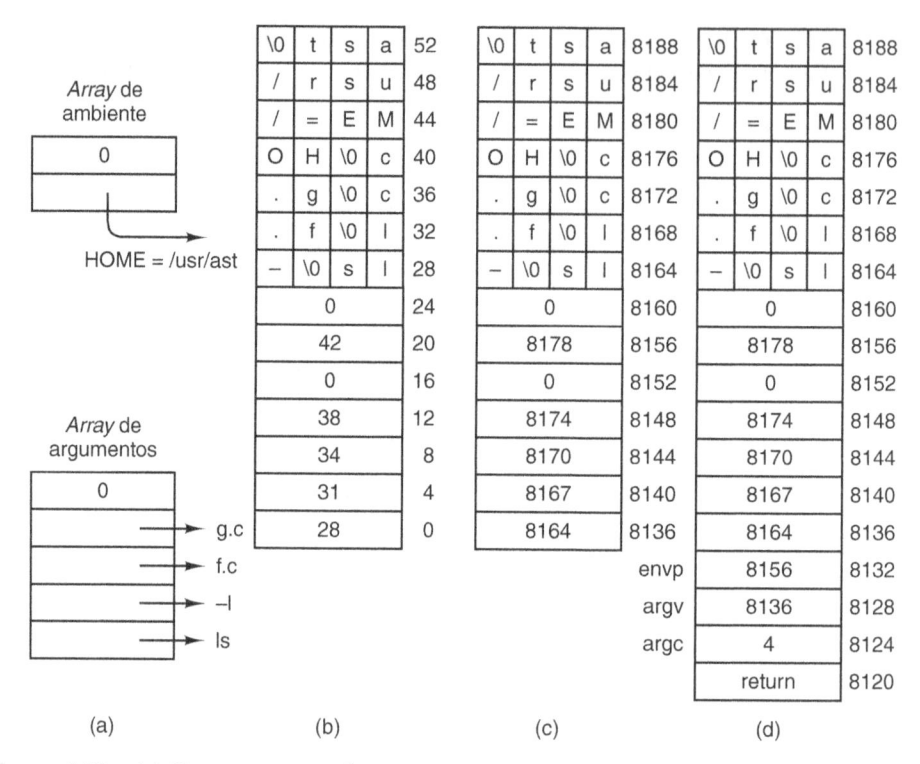

\0	t	s	a	52		\0	t	s	a	8188		\0	t	s	a	8188
/	r	s	u	48		/	r	s	u	8184		/	r	s	u	8184
/	=	E	M	44		/	=	E	M	8180		/	=	E	M	8180
O	H	\0	c	40		O	H	\0	c	8176		O	H	\0	c	8176
.	g	\0	c	36		.	g	\0	c	8172		.	g	\0	c	8172
.	f	\0	l	32		.	f	\0	l	8168		.	f	\0	l	8168
–	\0	s	l	28		–	\0	s	l	8164		–	\0	s	l	8164
		0		24				0		8160				0		8160
		42		20				8178		8156				8178		8156
		0		16				0		8152				0		8152
		38		12				8174		8148				8174		8148
		34		8				8170		8144				8170		8144
		31		4				8167		8140				8167		8140
		28		0				8164		8136				8164		8136
										envp				8156		8132
										argv				8136		8128
										argc				4		8124
														return		8120

Array de ambiente
0
HOME = /usr/ast

Array de argumentos
0
g.c
f.c
–l
ls

(a)   (b)   (c)   (d)

Figura 4-38 (a) Os *arrays* passados para *execve*. (b) A pilha construída por *execve*. (c) A pilha após a realocação feita pelo PM. (d) A pilha conforme ela aparece para *main* no início da execução.

A solução é o programa não começar com o *main*. Em vez disso, uma pequena rotina em linguagem *assembly*, chamada função **C run-time, start-off** ou **crtso**, é sempre ligada no endereço de texto 0, de modo que ela recebe o controle primeiro. Sua tarefa é colocar mais três palavras na pilha e, então, chamar *main* de forma padrão. Isso resulta na pilha da Figura 4-38(d) no momento em que *main* começa a executar. Assim, *main* é enganada, pensando que foi chamada da maneira normal (na verdade, não se trata realmente de um truque; ela *é* chamada dessa maneira).

Se o programador esquecer de chamar *exit* no final de *main*, o controle voltará para a rotina C *run-time, start-off*, quando *main* tiver terminado. Novamente, o compilador apenas vê *main* como uma função normal e gera o código usual para retornar dela após a última instrução. Assim, *main* retorna para quem a chamou, a rotina C *run-time, start-off*, a qual, então, chama *exit*. A maior parte do código de 32 bits de *crtso* aparece na Figura 4-39. Os comentários devem tornar seu funcionamento mais claro. Foram omitidos a inicialização do ambiente, se não for definida pelo programador, o código que define os valores dos registradores que são postos na pilha e algumas linhas que ativam um *flag* indicativo da presença ou não de um co-processador em ponto flutuante. O código-fonte completo está no arquivo *src/lib/i386/rts/crtso.s*.

4.7.6 A chamada de sistema BRK

As funções de biblioteca *brk* e *sbrk* são usadas para ajustar o limite superior do segmento de dados. A primeira recebe um tamanho absoluto (em bytes) e chama brk. A segunda recebe

```
push ecx                    ! empilha environ
push edx                    ! empilha argv
push eax                    ! empilha argc
call _main                  ! main(argc, argv, envp)
push eax                    ! empilha status de saída
call _exit
hlt                         ! força uma interrupção se a saída falhar
```

Figura 4-39 A parte principal de *crtso*, a rotina *C run-time, start-off*.

um incremento positivo ou negativo para o tamanho corrente, calcula o novo tamanho do segmento de dados e, então, chama brk. Na verdade, não há nenhuma chamada de sistema sbrk.

Uma questão interessante é: "como sbrk monitora o tamanho corrente para poder calcular o novo tamanho?" A resposta é que uma variável, *brksize*, sempre contém o tamanho corrente para que sbrk possa encontrá-lo. Essa variável é inicializada com um símbolo gerado pelo compilador, que fornece o tamanho inicial do texto mais os dados (I e D combinados) ou apenas dos dados (I e D separados). O nome e, na verdade, a própria existência desse símbolo depende do compilador e, assim, sua definição não será encontrada em nenhum dos arquivos de cabeçalho nos diretórios de arquivo-fonte. Ele é definido na biblioteca, no arquivo *brksize.s*. Exatamente onde ele será encontrado depende do sistema, mas estará no mesmo diretório que *crtso.s*.

Executar brk é fácil para o gerenciador de processos. Basta verificar se tudo ainda cabe no espaço de endereçamento, ajustar as tabelas e informar o núcleo.

4.7.7 Tratamento de sinais

No Capítulo 1, os **sinais** foram descritos como um mecanismo para transmitir informações para um processo que não está necessariamente esperando por uma entrada de dados. Existe um conjunto de sinais definido e cada sinal tem uma ação padrão – eliminar o processo para o qual foi direcionado ou ser ignorado. Seria fácil entender e implementar o processamento dos sinais, se essas fossem as únicas alternativas. Entretanto, os processos podem usar chamadas de sistema para alterar essas respostas. Um processo pode pedir para que qualquer sinal (exceto o sinal especial sigkill) seja ignorado. Além disso, um processo de usuário pode se preparar para **capturar** um sinal, solicitando que uma função de **tratamento de sinal**, interna ao processo, seja executada no lugar da ação padrão. Isso para qualquer sinal (exceto, novamente, quanto a sigkill). Assim, para o programador, quando o sistema operacional trata com sinais, parece que são dois momentos distintos: uma fase de preparação, quando um processo pode modificar sua resposta para um futuro sinal, e uma fase de resposta, quando um sinal é gerado e sofre uma ação. A ação pode ser a execução de uma rotina de tratamento de sinal personalizada. Uma terceira fase também ocorre, como se vê na Figura 4-40. Quando uma rotina de tratamento escrita pelo usuário termina, uma chamada de sistema especial faz a limpeza e restaura a operação normal do processo sinalizado. O programador não precisa saber a respeito dessa terceira fase. Ele escreve uma rotina de tratamento de sinal exatamente como qualquer outra função. O sistema operacional cuida dos detalhes de chamar e terminar a rotina de tratamento e de gerenciar a pilha.

Preparação: o código do programa se prepara para um possível sinal.
Resposta: o sinal é recebido e a ação executada.
Limpeza: restaura a operação normal do processo.

Figura 4-40 Três fases do tratamento de sinais.

Na fase de preparação, existem várias chamadas de sistema que um processo pode executar a qualquer momento para alterar sua resposta a um sinal. A mais geral delas é **sigaction**, que pode especificar se o processo vai ignorar, capturar (substituindo a ação padrão pela execução de um código de tratamento de sinal definido pelo usuário, dentro do processo) ou restaurar a resposta padrão para algum sinal. Outra chamada de sistema, **sigprocmask**, pode bloquear um sinal, memorizando-o e acionando a ação somente quando, e se, o processo desbloquear posteriormente esse sinal em particular. Essas chamadas podem ser feitas a qualquer momento, mesmo dentro de uma função de captura de sinal. No MINIX 3, a fase de preparação de processamento de sinal é manipulada inteiramente pelo gerenciador de processos, pois as estruturas de dados necessárias estão todas na parte do PM da tabela de processos. Para cada processo existem diversas variáveis *sigset_t*. Elas são mapas de bits nos quais cada sinal possível é representado por um bit. Uma dessas variáveis define um conjunto de sinais a serem ignorados, outra define um conjunto de sinais a serem capturados e assim por diante. Para cada processo também existe um grupo de estruturas *sigaction*, uma para cada sinal. A estrutura está definida na Figura 4-41. Cada elemento da estrutura *sigaction* possui uma variável para conter o endereço de uma rotina de tratamento personalizada para esse sinal e uma variável *sigset_t* adicional para mapear os sinais a serem bloqueados enquanto essa rotina de tratamento está em execução. O campo usado para o endereço da rotina de tratamento pode, em vez disso, conter valores especiais significando que o sinal deve ser ignorado ou tratado da maneira padrão definida para ele.

```
struct sigaction {
    __sighandler_t sa_handler;   /* SIG_DFL, SIG_IGN, SIG_MESS, ou ponteiro para função */
    sigset_t sa_mask;            /* sinais a serem bloqueados durante a execução da rotina de
                                    tratamento */
    int sa_flags;                /* flags especiais */
}
```

Figura 4-41 A estrutura *sigaction*.

Este é um bom lugar para mencionar que um processo de sistema, como o próprio gerenciador de processos, não pode capturar sinais. Os processos de sistema usam um novo tipo de rotina de tratamento *SIG_MESS*, que diz ao PM para que encaminhe um sinal por meio de uma mensagem de notificação *SYS_SIG*. Nenhuma limpeza é necessária para sinais do tipo *SIG_MESS*.

Quando um sinal é gerado, várias partes do sistema MINIX 3 podem ser envolvidas. A resposta começa no PM, o qual descobre quais processos devem receber o sinal usando as estruturas de dados que acabamos de mencionar. Se o sinal é para ser capturado, ele deve ser enviado para o processo de destino. Isso exige salvar informações sobre o estado do processo, para que a execução normal possa ser retomada. As informações são armazenadas na pilha do processo sinalizado e deve ser feita uma verificação para determinar se há espaço suficiente na pilha. O PM faz essa verificação, pois isso está dentro de seu âmbito, e então chama a tarefa de sistema no núcleo para colocar as informações na pilha. A tarefa de sistema também manipula o contador de programa do processo, para que o processo possa executar o código da rotina de tratamento. Quando a rotina de tratamento termina, é feita uma chamada de sistema **sigreturn**. Por meio dessa chamada, o PM e o núcleo participam na restauração do contexto do sinal e dos registradores do processo sinalizado, para que ele possa retomar a execução normal. Se o sinal não for capturado, a ação padrão será executada, a qual pode envolver a chamada do sistema de arquivos para produzir um ***core dump*** (gravar a imagem de memória do processo em um arquivo para ser examinado posteriormente com um depurador), assim como eliminar o processo, o que envolve o PM, o sistema de arquivos e o núcleo. O PM pode designar uma ou mais repetições dessas ações, pois um único sinal talvez precise ser enviado para um grupo de processos.

Os sinais conhecidos pelo MINIX 3 são definidos em *include/signal.h*, um arquivo exigido pelo padrão POSIX. Eles estão listados na Figura 4-42. Todos os sinais obrigatórios do POSIX estão definidos no MINIX 3, mas nem todos os opcionais estão. Por exemplo, o POSIX exige vários sinais relacionados ao controle de tarefas, como a capacidade de colocar um programa em execução em segundo plano e trazê-lo de volta. O MINIX 3 não suporta controle de tarefas, mas os programas que poderiam gerar esses sinais podem ser portados para o MINIX 3. Se forem gerados, esses sinais serão ignorados. O controle de tarefas não foi implementado porque se destinava a fornecer uma maneira de iniciar a execução de um programa e, então, separar-se dele para permitir que o usuário fizesse outra coisa. No MINIX 3, após iniciar um programa, o usuário pode simplesmente pressionar ALT+F2 para trocar para um novo terminal virtual para fazer outra coisa, enquanto o programa é executado. Os terminais virtuais são uma espécie de "primo pobre" dos sistemas de janelas, mas eliminam a necessidade do controle de tarefas e seus sinais, pelo menos se você estiver trabalhando no console local. O MINIX 3 também define, para uso interno, alguns sinais que não são do POSIX e alguns sinônimos dos nomes POSIX para compatibilidade com código-fonte mais antigo.

Em um sistema UNIX tradicional, os sinais podem ser gerados de duas maneiras: pela chamada de sistema kill e pelo núcleo. No MINIX 3, alguns processos do espaço de usuário fazem coisas que seriam feitas pelo núcleo em um sistema tradicional. A Figura 4-42 mostra todos os sinais conhecidos do MINIX 3 e suas origens. **Sigint**, **sigquit** e **sigkill** podem ser iniciados pelo pressionamento de combinações de tecla especiais no teclado. **Sigalrm** é gerenciado pelo gerenciador de processos. **Sigpipe** é gerado pelo sistema de arquivos. O programa *kill* pode ser usado para enviar qualquer sinal para qualquer processo. Alguns sinais do núcleo dependem de suporte do hardware. Por exemplo, os processadores 8086 e 8088 não suportam detecção de códigos de instrução inválidos, mas essa capacidade está disponível no 286 e superiores, que capturam uma tentativa de executar uma instrução inválida. Esse serviço é fornecido pelo hardware. O desenvolvedor do sistema operacional deve fornecer código para gerar um sinal em resposta à interrupção. Vimos, no Capítulo 2, que *kernel/exception.c* contém código para fazer exatamente isso para diversas condições diferentes. Assim, um sinal **sigill** será gerado em resposta a uma instrução inválida, quando o MINIX 3 for executado em um processador 286 ou superior; no 8088 original, ele nunca era visto.

Apenas porque o hardware pode capturar determinada condição não significa que a capacidade pode ser usada completamente pelo desenvolvedor do sistema operacional. Por exemplo, vários tipos de violações da integridade da memória resultam em exceções em todos os processadores Intel a partir do 286. O código presente em *kernel/exception.c* transforma essas exceções em sinais **sigsegv**. Exceções separadas são geradas para violações dos limites do segmento de pilha definido pelo hardware e para outros segmentos, pois talvez elas precisem ser tratadas de formas diferentes. Entretanto, devido à maneira como o MINIX 3 utiliza a memória, o hardware não consegue detectar todos os erros que podem ocorrer. O hardware define uma base e um limite para cada segmento. Os segmentos de pilha e de dados são combinados em um único segmento de hardware. A base do segmento de dados definido pelo hardware é a mesma base de segmento de dados do MINIX 3, mas o limite do segmento de dados definido pelo hardware é mais alto do que o limite que o MINIX 3 impõe no software. Em outras palavras, o hardware define o segmento de dados como a máxima quantidade de memória que o MINIX 3 poderia utilizar para dados, caso a pilha possa de alguma forma ser reduzida a nada. Analogamente, o hardware define a pilha como a quantidade máxima de memória que a pilha do MINIX 3 poderia usar caso a área de dados pudesse ser reduzida a

Sinal	Descrição	Gerado por
SIGHUP	Parada total	Chamada de sistema KILL
SIGINT	Interrupção	TTY
SIGQUIT	Encerramento	TTY
SIGILL	Instrução inválida	núcleo (*)
SIGTRAP	Geração de traços	núcleo (M)
SIGABRT	Término anormal	TTY
SIGFPE	Exceção de ponto flutuante	núcleo (*)
SIGKILL	Eliminação (não pode ser capturado nem ignorado)	Chamada de sistema KILL
SIGUSR1	Sinal definido pelo usuário	Não suportado
SIGSEGV	Violação de segmentação	Núcleo (*)
SIGUSR2	Sinal definido pelo usuário	Não suportado
SIGPIPE	Escrita em um *pipe* sem ninguém para ler	FS
SIGALRM	Alarme, tempo limite	PM
SIGTERM	Sinal de software para encerramento de kill	Chamada de sistema KILL
SIGCHLD	Processo filho terminou ou parou	PM
SIGCONT	Continua se estiver parado	Não suportado
SIGSTOP	Sinal de parada	Não suportado
SIGTSTP	Sinal de parada interativo	Não suportado
SIGTTIN	Processo de segundo plano quer ler	Não suportado
SIGTTOU	Processo de segundo plano quer escrever	Não suportado
SIGKMESS	Mensagem do núcleo	núcleo
SIGKSIG	Sinal do núcleo pendente	núcleo
SIGKSTOP	Desligamento do núcleo	núcleo

Figura 4-42 Sinais definidos pelo POSIX e pelo MINIX 3. Os indicados por (*) dependem de suporte do hardware. Os marcados com (M) não são definidos pelo POSIX, mas são definidos pelo MINIX 3 para compatibilidade com programas mais antigos. Os sinais do núcleo são gerados pelo núcleo e são específicos do MINIX 3, pois são usados para informar os processos de sistema sobre eventos. Vários nomes e sinônimos obsoletos não estão listados aqui.

nada. Embora certas violações possam ser detectadas pelo hardware, o hardware não consegue detectar a violação de pilha mais provável, o crescimento da pilha na área de dados, pois, no que diz respeito aos registradores de hardware e às tabelas descritoras, a área de dados e a área da pilha se sobrepõem.

Com certeza, um código poderia ser adicionado no núcleo para verificar o conteúdo do registrador de um processo, após cada vez que o processo tiver a chance de ser executado e gerar um sinal **sigsegv** ao detectar uma violação da integridade das áreas de dados ou de pilha definidas pelo MINIX 3. Não está claro se isso vale a pena; as interrupções de hardware podem capturar uma violação imediatamente. Uma verificação de software poderia não ter chance de fazer seu trabalho até que muitos milhares de instruções adicionais tivessem sido executadas e, nesse ponto, talvez uma rotina de tratamento de sinal pouco pudesse fazer para tentar a recuperação.

Qualquer que seja sua origem, o PM processa todos os sinais da mesma maneira. Para cada processo a ser sinalizado, são feitas várias verificações para ver se o sinal é viável. Um processo pode sinalizar outro, se o sinalizador for o superusuário ou se o UID real ou efetivo do sinalizador for igual ao UID real ou efetivo do processo sinalizado. Mas existem várias condições que podem impedir que um sinal seja enviado. Os zumbis não podem ser sinalizados, por exemplo. Um processo não pode ser sinalizado se tiver chamado **sigaction** explicitamente para ignorar o sinal ou **sigprocmask** para bloqueá-lo. Bloquear um sinal é diferente de ignorá-lo; a recepção de um sinal bloqueado é memorizada e ele é enviado quando e se o processo sinalizado remover o bloqueio. Finalmente, se seu espaço de pilha não for adequado, o processo sinalizado será eliminado.

Se todas as condições forem satisfeitas, o sinal poderá ser enviado. Se o processo não tiver feito preparativos para o sinal ser capturado, nenhuma informação precisará ser passada para o processo. Nesse caso, o PM executará a ação padrão para o sinal, que normalmente é eliminar o processo, possivelmente produzindo também um *core dump*. Para alguns sinais, a ação padrão é ignorar o sinal. Os sinais marcados como "Não suportados", na Figura 4-42, têm sua definição imposta pelo POSIX, mas são ignorados pelo MINIX 3, conforme permitido pelo padrão.

Capturar um sinal significa executar código de tratamento de sinal personalizado, cujo endereço é armazenado em uma estrutura *sigaction* na tabela de processos. No Capítulo 2, vimos como o quadro de pilha dentro de sua entrada na tabela de processos recebe as informações necessárias para reiniciar um processo quando ele é interrompido. Modificando-se o quadro de pilha de um processo a ser sinalizado, pode-se fazer com que, na próxima vez que o processo tiver permissão para executar, a rotina de tratamento de sinal seja executada. Modificando-se a pilha do processo no espaço de usuário, pode-se fazer com que, quando a rotina de tratamento de sinal terminar, seja feita a chamada de sistema **sigreturn**. Essa chamada de sistema nunca é feita por código escrito pelo usuário. Ela é executada depois que o núcleo coloca seu endereço na pilha, de maneira tal que este se torne o endereço de retorno extraído da pilha quando uma rotina de tratamento de sinal terminar. **Sigreturn** restaura o quadro de pilha original do processo sinalizado para que ele possa retomar a execução no ponto onde foi interrompido pelo sinal.

Embora o último estágio do envio de um sinal seja executado pela tarefa de sistema, este é um bom lugar para resumir como isso é feito, pois os dados usados são passados para o núcleo a partir do PM. Capturar um sinal exige algo muito parecido com a troca de contexto que ocorre quando um processo é retirado da execução e outro é posto em execução, pois quando a rotina de tratamento termina, o processo deve ser capaz de continuar como se nada tivesse acontecido. Entretanto, na tabela de processos só há espaço para armazenar uma cópia do conteúdo de todos os registradores da CPU necessários para restaurar o processo ao seu estado original. A solução desse problema aparece na Figura 4-43. A parte (a) da figura é uma visão simplificada da pilha de um processo e parte de sua entrada na tabela de processos, imediatamente após ele ter sido retirado de execução depois de uma interrupção. No momento da suspensão, o conteúdo de todos os registradores da CPU é copiado na estrutura de quadro de pilha na entrada da tabela de processos do processo suspenso, na parte da tabela de processos referente ao núcleo. Essa será a situação no momento em que um sinal for gerado. Um sinal é gerado por um processo ou tarefa diferente do destinatário pretendido; portanto, o destinatário não pode estar em execução nesse momento.

Na preparação para tratar do sinal, o quadro de pilha da tabela de processos é copiado na pilha do processo receptor como uma estrutura *sigcontext*, preservando-o, portanto. Então, uma estrutura *sigframe* é colocada na pilha. Essa estrutura contém informações a serem usadas por **sigreturn** depois que a rotina de tratamento terminar. Ela também contém o endereço

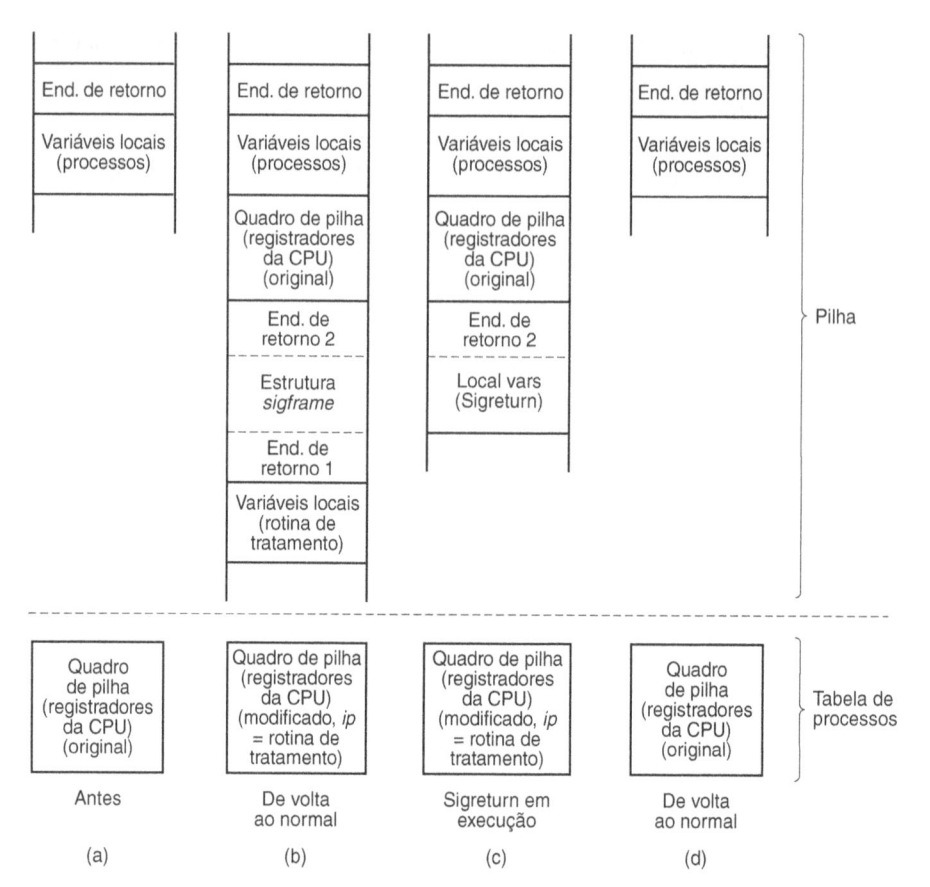

Figura 4-43 A pilha de um processo (em cima) e seu quadro de pilha na tabela de processos (em baixo) correspondente às fases do tratamento de um sinal. (a) Estado quando o processo é retirado da execução. (b) Estado quando a rotina de tratamento começa a execução. (c) Estado enquanto **sigreturn** está executando. (d) Estado após **sigreturn** concluir a execução. (*ip* significa *instruction pointer*, ou seja, contador de programa)

da função de biblioteca que ativa **sigreturn** em si, *end de ret1*, e outro endereço de retorno, *end de ret2*, que é o endereço onde a execução do programa interrompido será retomada. Conforme veremos, entretanto, este último endereço não é usado durante a execução normal.

Embora a rotina de tratamento seja escrita como uma função normal pelo programador, ela não é chamada através de uma invocação normal. O campo do *instruction pointer* (contador de programa) no quadro de pilha da tabela de processos é alterado para fazer a rotina de tratamento de sinal começar a executar quando *restart* colocar o processo sinalizado novamente em execução. A Figura 4-43(b) mostra a situação após essa preparação ter terminado e quando a rotina de tratamento de sinal é executada. Lembre-se de que a rotina de tratamento de sinal é uma função normal; portanto, quando ela termina, *end de ret1* é retirado da pilha e **sigreturn** executa.

A parte (c) mostra a situação enquanto **sigreturn** está em execução. Agora, o restante da estrutura *sigframe* são variáveis locais de **sigreturn**. Parte da ação de **sigreturn** é ajustar seu próprio ponteiro de pilha (*stack pointer*) de modo que, se fosse terminar como uma função normal, usaria *end de ret2* como endereço de retorno. Entretanto, **sigreturn** não termina dessa maneira realmente. Ela termina como outras chamadas de sistema, permitindo que o escalonador decida qual processo será executado. Quando o processo sinalizado for executado ele reiniciará nesse endereço, pois o endereço também está no quadro de pilha original do processo. O motivo desse endereço estar na pilha é que um usuário pode querer rastrear a execução de um programa usando um depurador, e isso engana o depurador, fazendo-o ter uma interpretação razoável da pilha enquanto uma rotina de tratamento de sinal está sendo rastreada. Em cada fase, a pilha é parecida com a de um processo normal, com variáveis locais no topo de um endereço de retorno.

O trabalho real de sigreturn é restaurar as coisas no estado em que estavam antes que o sinal fosse recebido, além de fazer a limpeza. Sobretudo, o quadro de pilha na tabela de processos é restaurado ao seu estado original, usando a cópia que foi salva na pilha do processo sinalizado. Quando sigreturn terminar, a situação será a da Figura 4-43(d), que mostra o processo esperando para entrar novamente em execução, no mesmo estado em que estava quando foi interrompido.

Para a maioria dos sinais, a ação padrão é eliminar o processo sinalizado. O gerenciador de processos trata disso para todo sinal que não seja ignorado por padrão e que o processo de destino não tenha sido preparado para manipular, bloquear ou ignorar. Se o processo pai estiver esperando pelo filho, o processo filho será eliminado e removido da tabela de processos. Se o processo pai não estiver esperando, ele se tornará um zumbi. Para certos sinais (por exemplo, SIGQUIT), o PM também gera um *core dump* do processo no diretório corrente.

Facilmente pode acontecer de um sinal ser enviado para um processo que está correntemente bloqueado, esperando por uma operação read em um terminal para o qual nenhuma entrada está disponível. Se o processo não tiver especificado que o sinal deve ser capturado, ele é simplesmente eliminado da maneira normal. Entretanto, se o sinal for capturado, surge a questão do que fazer após a interrupção do sinal ter sido processada. O processo deve voltar a esperar ou deve continuar com a próxima instrução? Decisões, decisões.

O que o MINIX 3 faz é o seguinte: a chamada de sistema termina de modo a retornar o código de erro *EINTR*, para que o processo possa ver que a chamada foi interrompida por um sinal. Determinar que um processo sinalizado foi bloqueado em uma chamada de sistema não é totalmente simples. O PM precisa pedir para que o sistema de arquivos verifique isso.

Esse comportamento é sugerido (mas não exigido) pelo POSIX, que também permite que uma operação read retorne o número de bytes lidos até o momento da recepção do sinal. Retornar *EINTR* torna possível configurar um alarme e capturar sigalrm. Essa é uma maneira fácil de implementar um tempo limite, por exemplo, para terminar *login* e desligar uma linha de modem, caso um usuário não responda dentro de certo período de tempo.

Temporizadores em espaço de usuário

Gerar um alarme para despertar um processo após um período de tempo predefinido é um dos usos mais comuns dos sinais. Em um sistema operacional convencional, os alarmes seriam gerenciados inteiramente pelo núcleo ou por um *driver* de relógio executando em espaço de núcleo. No MINIX 3, a responsabilidade sobre alarmes para processos de usuário é delegada ao gerenciador de processos. A idéia é aliviar a carga do núcleo e simplificar o código executado em espaço de núcleo. Se é verdade que algum número b de erros são inevitáveis por algum número l de linhas de código, é razoável esperar que um núcleo menor contenha menos erros. Mesmo que o número total de erros permaneça o mesmo, seus efeitos deverão ser menos sérios se eles ocorrerem em componentes do sistema operacional em espaço de usuário, em vez de ocorrerem no próprio núcleo.

Podemos manipular alarmes sem depender de código em espaço de núcleo? No MINIX 3, pelo menos, a resposta é não, claro que não. Os alarmes são gerenciados em primeiro lugar pela tarefa de relógio em espaço de núcleo, que mantém uma lista encadeada (ou fila) de temporizadores, conforme esquematizado na Figura 2-49. Em cada interrupção do relógio, o tempo de expiração do temporizador que está no início da fila é comparado com o tempo corrente e, se ele tiver expirado, o laço principal da tarefa de relógio será ativado. Então, a tarefa de relógio fará uma notificação ser enviada para o processo que solicitou o alarme.

A inovação no MINIX 3 é que os temporizadores em espaço de núcleo são mantidos apenas para processos de sistema. O gerenciador de processos mantém outra fila de temporizadores em nome dos processos de usuário que solicitaram alarmes. O gerenciador de processos solicita um alarme do relógio apenas para o temporizador que está no início de sua fila. Se uma nova requisição não for adicionada no início da fila, nenhuma requisição para o relógio será necessária no momento em que ela for adicionada. (É claro que, na verdade, uma requisição de alarme é feita por meio da tarefa de sistema, pois a tarefa de relógio não se comunica diretamente com nenhum outro processo.) Quando a expiração de um alarme for detectada após uma interrupção de relógio vem uma notificação para o gerenciador de processos. Então, o PM faz todo o trabalho de verificar sua própria fila de temporizadores, sinalizar os processos de usuário e, possivelmente, solicitar outro alarme, se ainda houver uma requisição de alarme ativa no início de sua lista.

Até aqui, não parece que há muita economia de trabalho no nível do núcleo, mas existem várias outras considerações. Primeiro, existe a possibilidade de que mais de um temporizador expirado possa ser encontrado em um tique de relógio específico. Pode parecer improvável que dois processos solicitem alarmes ao mesmo tempo. Entretanto, embora o relógio verifique as expirações de temporizador a cada interrupção de relógio, conforme vimos, às vezes as interrupções estão desativadas. Uma chamada para a BIOS do PC pode causar uma perda de interrupções suficiente para que seja feito um preparativo especial para capturá-las. Isso significa que o tempo mantido pela tarefa de relógio pode pular por múltiplos tiques, tornando possível que vários tempos limites precisem ser manipulados simultaneamente. Se eles forem manipulados pelo gerenciador de processos, o código em espaço dd núcleo não precisará percorrer sua própria lista encadeada, limpando-a e gerando várias notificações.

Segundo, os alarmes podem ser cancelados. Um processo de usuário pode terminar antes que um temporizador configurado em seu nome expire. Ou então, um temporizador pode ter sido configurado como *backup* para evitar que um processo espere para sempre por um evento que poderia nunca ocorrer. Quando o evento ocorrer, o alarme poderá ser cancelado. Claramente, a carga sobre o código em espaço de núcleo será diminuída se o cancelamento de temporizadores for feito em uma fila mantida pelo gerenciador de processos e não no núcleo. A fila em espaço de núcleo só precisa de atenção quando o temporizador que está em seu início expira, ou quando o gerenciador de processos fizer uma alteração no início de sua fila.

A implementação de temporizadores será mais fácil de entender se dermos uma rápida olhada agora nas funções usadas no tratamento de um alarme. Muitas funções no gerenciador de processos e no núcleo são complicadas e é difícil ver o quadro geral quando se examina os detalhes, uma função por vez.

Quando o PM configura um alarme em nome de um processo de usuário, um temporizador é inicializado por *set_alarm*. A estrutura do temporizador tem campos para o tempo de expiração, para o processo em nome do qual o alarme é configurado e um ponteiro para uma função a ser executada. Para alarmes, essa função é sempre *cause_sigalarm*. Então, a tarefa de sistema é solicitada a configurar um alarme em espaço de núcleo. Quando esse temporizador expira, um processo cão de guarda, no núcleo, *cause_alarm*, é executado e envia uma notificação para o gerenciador de processos. Várias funções e macros estão envolvidos nisso, mas finalmente essa notificação é recebida pela função *get_work* do gerenciador de processos e detectada como uma mensagem de tipo *SYN_ALARM* no laço principal do PM, o qual chama sua função *pm_expire_timers*. Agora, várias outras funções no espaço do gerenciador de processos são usadas. Uma função de biblioteca, *tmrs_exptimers*, faz a função de cão de guarda *cause_sigalrm* ser executada, a qual chama *checksig*, que chama *sig_proc*. Em seguida, *sig_proc* decide se vai eliminar o processo ou enviar *SIGALRM* para ele. Finalmente, é claro que o envio do sinal exige pedir ajuda para a tarefa de sistema em espaço de núcleo, pois são manipulados dados na tabela de processos e no espaço de pilha do processo sinalizado, conforme foi descrito na Figura 4-43.

4.7.8 Outras chamadas de sistema

O gerenciador de processos também manipula algumas chamadas de sistema mais simples. Time e stime tratam com o relógio de tempo real. A chamada times obtém tempos de contabilização do processo. Eles são manipuladas aqui principalmente porque o PM é um lugar conveniente para colocá-los. (Vamos discutir outra chamada relacionada ao tempo, utime, quando estudarmos sistemas de arquivos, no Capítulo 5, pois ela armazena nos *i-nodes* as informações temporais de modificação de arquivo.)

As funções de biblioteca *getuid* e *geteuid* ativam, ambas, a chamada de sistema getuid, a qual retorna os dois valores em sua mensagem de retorno. Analogamente, a chamada de sistema getgid também retorna valores real e efetivo para uso das funções *getgid* e *getegid*. getpid funciona da mesma maneira para retornar o ID do processo e o ID do processo pai, e setuid e setgid configuram, cada uma delas, os valores real e efetivo em uma única chamada. Existem duas chamadas de sistema adicionais nesse grupo, getpgrp e setsid. A primeira retorna o ID de grupo do processo e a última o configura com o valor do PID corrente. Essas sete chamadas de sistema são as mais simples do MINIX 3.

As chamadas de sistema ptrace e reboot também são manipuladas pelo PM. A primeira oferece suporte para a depuração de programas. A última afeta muitos aspectos do sistema. É apropriado colocá-la no PM, pois sua primeira ação é enviar sinais para eliminar todos os processos, exceto o *init*. Depois disso, ela chama o sistema de arquivos e a tarefa de sistema para concluir seu trabalho.

4.8 IMPLEMENTAÇÃO DO GERENCIADOR DE PROCESSOS DO MINIX 3

Munidos com uma visão geral do funcionamento do gerenciador de processos, vamos passar agora ao código propriamente dito. O PM é escrito inteiramente em C, é simples e contém um volume substancial de comentários no próprio código; portanto, nosso tratamento da maioria das partes não precisa ser longo nem complicado. Primeiro, veremos resumidamente os arquivos de cabeçalho, em seguida o programa principal e, finalmente, os arquivos dos vários grupos de chamada de sistema discutidos anteriormente.

4.8.1 Os arquivos de cabeçalho e as estruturas de dados

Vários arquivos de cabeçalho no diretório de código-fonte do PM têm os mesmos nomes dos arquivos no diretório do núcleo; esses nomes serão vistos novamente no sistema de arquivos. Esses arquivos têm funções semelhantes em seus próprios contextos. A estrutura paralela é projetada para tornar mais fácil entender a organização do sistema MINIX 3 inteiro. O PM também tem vários cabeçalhos com nomes exclusivos. Assim como acontece em outras partes do sistema, o armazenamento de variáveis globais é reservado quando a versão do PM de *table.c* é compilada. Nesta seção, veremos todos os arquivos de cabeçalho, assim como *table.c*.

Assim como acontece com outras partes importantes do MINIX 3, o PM tem um arquivo de cabeçalho mestre, *pm.h* (linha 17000). Ele é incluído em cada compilação e, por sua vez, inclui todos os arquivos de cabeçalho gerais do sistema a partir de */usr/include* e de seus subdiretórios, necessários para cada módulo objeto. A maioria dos arquivos incluídos em *kernel/kernel.h* também é incluída aqui. O PM também precisa de algumas definições em *include/fcntl.h* e *include/unistd.h*. As versões do próprio PM de *const.h*, *type.h*, *proto.h* e *glo.h* também são incluídas. Vimos uma estrutura semelhante no núcleo.

Const.h (linha 17100) define algumas constantes usadas pelo PM.

Type.h não é utilizado atualmente e existe em forma de esqueleto apenas para que os arquivos do PM tenham a mesma organização das outras partes do MINIX 3. *Proto.h* (linha 17300) reúne em um só lugar os protótipos de função necessários em todo o PM. Definições "vazias" de algumas funções necessárias quando o *swapping* é compilado no MINIX 3 são encontradas nas linhas 17313 e 17314. Colocar essas macros aqui simplifica a compilação de uma versão sem *swapping*; caso contrário, muitos outros arquivos de código-fonte teriam de ser modificados para remover as chamadas para essas funções.

As variáveis globais do PM são declaradas em *glo.h* (linha 17500). O mesmo truque usado no núcleo, com *EXTERN*, é usado aqui; a saber, *EXTERN* normalmente é uma macro que se expande em *extern*, exceto no arquivo *table.c*. Lá, ela se torna a string nula para que possa ser reservado armazenamento para as variáveis declaradas como *EXTERN*.

A primeira dessas variáveis, *mp*, é um ponteiro para uma estrutura *mproc*, a parte do PM da tabela de processos do processo cuja chamada de sistema está sendo processada. A segunda variável, *procs_in_use*, monitora quantas entradas de processo estão correntemente em uso, facilitando verificar se uma chamada de fork é viável.

O buffer de mensagens *m_in* serve para mensagens de requisição. *Who* é o índice do processo corrente; ele é relacionado a *mp* por

```
mp = &mproc[who];
```

Quando chega uma mensagem, o número da chamada de sistema é extraído e colocado em *call_nr*.

O MINIX 3 escreve a imagem de um processo em um arquivo *core* quando um processo termina de forma anormal. *Core_name* define o nome que esse arquivo terá, *core_sset* é um mapa de bits que define quais sinais devem produzir *core dumps* e *ign_sset* é um mapa de bits informando quais sinais devem ser ignorados. Note que *core_name* é definida como *extern* e não como *EXTERN*. O *array call_vec* também é declarado como *extern*. O motivo de fazer essas duas declarações dessa maneira será explicado quando discutirmos *table.c*.

A parte do PM da tabela de processos está no próximo arquivo, *mproc.h* (linha 17600). A maioria dos campos está adequadamente descrita por seus comentários. Vários campos tratam com manipulação de sinal. *Mp_ignore*, *mp_catch*, *mp_sig2mess*, *mp_sigmask*, *mp_sigmask2* e *mp_sigpending* são mapas de bits, nos quais cada bit representa um dos sinais que podem ser enviados para um processo. O tipo *sigset_t* é um inteiro de 32 bits, de modo que o MINIX 3 poderia suportar até 32 sinais. Atualmente, são definidos 22 sinais, embora alguns não sejam suportados, conforme permitido pelo padrão POSIX. O sinal 1 é o bit menos significativo (mais à direita). Em qualquer caso, o POSIX exige funções padrão para adicionar ou excluir membros dos conjuntos de sinais representados por esses mapas de bits, de modo que todas as manipulações necessárias podem ser feitas sem que o programador saiba desses detalhes. O *array mp_sigact* é importante para tratamento de sinais. É fornecido um elemento para cada tipo de sinal e cada elemento é uma estrutura *sigaction* (definida no arquivo *include/signal.h*). Cada estrutura *sigaction* consiste em três campos:

1. O campo *sa_handler* define se o sinal deve ser manipulado da maneira padrão, ignorado ou manipulado por uma rotina de tratamento especial.

2. O campo *sa_mask* é uma variável *sigset_t* que define quais sinais devem ser bloqueados quando o sinal está sendo manipulado por uma rotina de tratamento personalizada.

3. O campo *sa_flags* é um conjunto de *flags* que se aplicam ao sinal.

Essa organização aumenta muito a flexibilidade no tratamento de sinais.

O campo *mp_flags* é usado para conter um conjunto diversificado de bits, conforme indicado no final do arquivo. Esse campo é um inteiro sem sinal, de 16 bits em CPUs de baixo poder de computação ou de 32 bits em um 386 e superiores.

O campo seguinte na tabela de processos é *mp_procargs*. Quando um novo processo é iniciado, é construída uma pilha como a que aparece na Figura 4-38 e um ponteiro para o início do *array argv* do novo processo é armazenado aqui. Isso é usado pelo comando *ps*. Por exemplo, para o caso da Figura 4-38, o valor 8164 seria armazenado aqui, tornando possível que *ps* exiba a linha de comando,

ls –l f.c g.c

se for executado enquanto o comando *ls* estiver ativo.

O campo *mp_swapq* não é usado no MINIX 3, conforme descrito aqui. Ele é usado quando o *swapping* está ativado e aponta para uma fila de processos que estão esperando por *swap*. O campo *mp_reply* é onde é construída uma mensagem de resposta. Nas versões anteriores do MINIX era fornecido um campo assim, definido em *glo.h* e, portanto, compilado quando *table.c* era compilado. No MINIX 3, é fornecido uma área para cada processo para construir uma mensagem de resposta. Fornecer um lugar para uma resposta em cada entrada da tabela de processos permite que o PM trate de outra mensagem recebida, caso uma resposta não possa ser enviada imediatamente após o término da construção da resposta. O PM não pode tratar de duas requisições simultaneamente, mas pode adiar respostas, se necessário, e pôr em dia esse tratamento tentando enviar todas as respostas pendentes sempre que concluir uma requisição.

Os dois últimos itens na tabela de processos podem ser considerados supérfluos. *Mp_nice* fornece um lugar, em cada processo, para ser atribuído um "valor de cortesia" (*nice*), para que os usuários possam diminuir a prioridade de seus processos, por exemplo, para permitir que um processo em execução passe a vez para outro mais importante. Entretanto, o MINIX 3 usa esse campo internamente para fornecer diferentes prioridades aos processos de sistema (servidores e *drivers*), dependendo de suas necessidades. O campo *mp_name* é conveniente para depuração, ajudando o programador a identificar uma entrada na tabela de processos em um *dump* de memória. Está disponível uma chamada de sistema para procurar um nome de processo na tabela de processos e retornar o ID de um processo.

Finalmente, note que a parte do gerenciador de processos da tabela de processos é declarada como um *array* de tamanho NR_PROCS (linha 17655). Lembre-se de que a parte do núcleo da tabela de processos foi declarada como um *array* de tamanho NR_TASKS + NR_PROCS em *kernel/proc.h* (linha 5593). Conforme mencionado anteriormente, os processos compilados no núcleo não são conhecidos dos componentes do espaço de usuário do sistema operacional, como o gerenciador de processos. Eles não são realmente processos de primeira classe.

O próximo arquivo é *param.h* (linha 17700), que contém macros para muitos parâmetros de chamadas de sistema contidos na mensagem de requisição. Ele também contém 12 macros para campos na mensagem de resposta e três macros usadas apenas em mensagens para o sistema de arquivos. Por exemplo, se a instrução

k = m_in.pid;

aparece em qualquer arquivo no qual *param.h* é incluído, o pré-processador C a converte em

k = m_in.m1_i1;

antes de enviá-la para o compilador correto (linha 17707).

Antes de continuarmos com o código executável, vamos ver *table.c* (linha 17800). A compilação desse arquivo reserva espaço de armazenamento para as diversas variáveis *EXTERN* e estruturas que vimos em *glo.h* e *mproc.h*. A instrução

#define _TABLE

faz *EXTERN* se tornar a string nula. Esse é o mesmo mecanismo que vimos no código do núcleo. Conforme mencionamos anteriormente, *core_name* foi declarada como *extern* e não como *EXTERN* em *glo.h*. Agora, podemos ver porque. Aqui, *core_name* é declarada com uma string de inicialização. A inicialização não é possível dentro de uma definição *extern*.

O outro recurso importante de *table.c* é o *array call_vec* (linha 17815). Ele também é um *array* inicializado e, assim, não poderia ser declarado como *EXTERN* em *glo.h*. Quando chega uma mensagem de requisição, o número da chamada de sistema é extraído e usado como índice em *call_vec* para localizar a função que executa essa chamada de sistema. Todos os números de chamada de sistema que não são chamadas válidas ativam *no_sys*, que apenas retorna um código de erro. Note que, embora a macro *_PROTOTYPE* seja usada na definição de *call_vec*, essa não é uma declaração de um protótipo, mas a definição de um *array* inicializado. Entretanto, trata-se de um *array* de funções e o uso de *_PROTOTYPE* é a maneira mais fácil de fazer isso, que é compatível com a linguagem C clássica (Kernighan & Ritchie) e com o Standard C.

Uma última nota sobre os arquivos de cabeçalho: como o MINIX 3 ainda está sendo ativamente desenvolvido, ainda existem algumas rebarbas. Uma delas é que alguns arquivos de código-fonte em *pm/* incluem arquivos de cabeçalho do diretório do núcleo. Se você não estiver ciente disso, poderá ser difícil encontrar algumas definições importantes. Com certeza, as definições usadas por mais de um componente importante do MINIX 3 deverão ser consolidadas em arquivos de cabeçalho no diretório *include/*.

4.8.2 O programa principal

O gerenciador de processos é compilado e ligado independentemente do núcleo e do sistema de arquivos. Conseqüentemente, ele tem seu próprio programa principal, o qual é executado logo depois que o núcleo tiver terminado de inicializar. O ponto de entrada está na linha 18041 em *main.c*. Após fazer sua própria inicialização, chamando *pm_init*, o PM entra em seu laço na linha 18051. Nesse laço, ele chama *get_work* para esperar o recebimento de uma mensagem de requisição. Então, ele chama uma de suas funções *do_xxx*, por meio da tabela *call_vec*, para executar essa requisição. Finalmente, se necessário, ele envia uma resposta. Essa construção já deve ser conhecida agora: é a mesma usada pelas tarefas de E/S.

A descrição anterior está ligeiramente simplificada. Conforme mencionado no Capítulo 2, **mensagens de notificação** podem ser enviadas para qualquer processo. Elas são identificadas por valores especiais no campo *call_nr*. Nas linhas 18055 a 18062, é feito um teste para os dois tipos de mensagens de notificação que o PM pode receber e uma ação especial é executada nesses casos. Além disso, é feito um teste para uma variável *call_nr* válida na linha 18064, antes de ser feita uma tentativa de executar uma requisição (na linha 18067). Embora uma requisição inválida seja improvável, não custa muito fazer esse teste se comparado com as conseqüências desastrosas de uma requisição inválida.

Outro ponto digno de nota é a chamada para *swap_in*, na linha 18073. Conforme mencionamos no contexto de *proto.h*, no MINIX 3, da forma como ele está configurado para a descrição neste texto, essa é uma chamada vazia. Mas se o sistema for compilado com o conjunto de código-fonte completo, com o *swapping* ativado, é aí que será feito o teste para ver se um processo poderia ser trazido do disco.

Finalmente, embora o comentário na linha 18070 indique que é aqui que uma resposta de retorno é enviada, essa também é uma simplificação. A chamada para *setreply* constrói uma resposta na área que mencionamos anteriormente, na entrada da tabela de processos do processo corrente. Então, nas linhas 18078 a 18091 do laço, todas as entradas da tabela de processos são verificadas e todas as respostas pendentes que puderem ser enviadas são enviadas, pulando as que não puderem ser nesse momento.

As funções *get_work* (linha 18099) e *setreply* (linha 18116) manipulam a recepção e o envio reais, respectivamente. A função *get_work* realiza um pequeno truque para fazer com que uma mensagem do núcleo pareça ter sido do próprio PM, pois o núcleo não tem uma entrada para si na tabela de processos. A função *setreply* não envia a resposta realmente; ela a configura para ser enviada posteriormente, conforme mencionamos antes.

Inicialização do gerenciador de processos

A função mais longa em *main.c* é *pm_init*, que inicializa o PM. Depois que o sistema começou a executar, ela não é mais usada. Mesmo que os *drivers* e servidores sejam compilados separadamente e executados como processos separados, alguns deles são carregados como parte da **imagem de inicialização** (*boot image*) pelo monitor de inicialização. É difícil ver como qualquer sistema operacional poderia ser iniciado sem um PM e um sistema de arquivos; portanto, esses componentes provavelmente sempre precisarão ser carregados na memória pelo monitor de inicialização. Alguns *drivers* de dispositivo também são carregados como parte da imagem. Embora seja um objetivo do MINIX 3 tornar o máximo possível de *drivers* carregáveis independentemente, é difícil, por exemplo, como fazer para evitar o carregamento de um *driver* de disco no início das atividades.

A maior parte do trabalho de *pm_init* é inicializar as tabelas do PM para que todos os processos carregados possam ser executados. Conforme observado anteriormente, o PM mantém duas estruturas de dados importantes, a **tabela de lacunas** (ou **tabela de memória livre**) e uma parte da tabela de processos. Consideraremos primeiro a tabela de lacunas. A inicialização da memória é complicada. Será mais fácil entender a descrição a seguir se mostrarmos primeiro como a memória é organizada quando o PM é ativado. O MINIX 3 fornece todas as informações que precisamos para isso.

Antes que a imagem de inicialização em si do MINIX 3 seja carregada na memória, o monitor de inicialização determina o layout da memória disponível. No menu de inicialização, você pode pressionar a tecla ESC para ver os parâmetros que estão sendo usados. Uma linha na tela mostra os blocos de memória não utilizados e é semelhante à seguinte:

memory = 800:923e0,100000:3df0000

(Depois que o MINIX 3 inicia, você também pode ver essas informações usando o comando *sysenv* ou a tecla F5. Os números exatos que você vai ver podem ser diferentes, é claro.)

Isso mostra dois blocos de memória livres. Além disso, existem dois blocos de memória utilizados. A memória abaixo de 0x800 é usada para dados da BIOS, pelo registro de inicialização mestre (***master boot record***) e pelo bloco de inicialização (***bootblock***). Na verdade, não importa como a memória é usada; ela não está disponível quando o monitor de inicialização começa. A memória livre a partir de 0x800 é a "memória de base" dos computadores compatíveis com IBM. Nesse exemplo, a partir do endereço 0x800 (2048) existem 0x923e0 (599008) bytes disponíveis. Acima disso está a "área de memória superior", de 640 KB a 1 MB, que está fora dos limites para programas normais – ela é reservada para ROM e RAM dedicada em adaptadores de E/S. Finalmente, no endereço 0x100000 (1 MB) existem 0x3df0000 bytes livres. Esse intervalo é comumente referenciado como "memória estendida". Esse exemplo indica que o computador tem um total de 64 MB de memória RAM instalados.

Se você está acompanhando esses números, terá notado que a quantidade de memória de base livre é menor do que os 638 KB que poderia esperar. O monitor de inicialização do MINIX 3 é carregado o mais alto possível nesse intervalo e exige cerca de 52 KB. Neste exemplo, cerca de 584 KB estão realmente livres. Este é um bom lugar para observar que o uso da memória poderia ser mais complicado do que neste exemplo. Por exemplo, um método de execução do MINIX, ainda não portado para o MINIX 3 quando este livro estava sendo produzido, utiliza um arquivo do MS-DOS para simular um disco do MINIX. A técnica exige carregar alguns componentes do MS-DOS antes de iniciar o monitor de inicialização do MINIX 3. Se eles não forem carregados em posições adjacentes às regiões de memória que já estão em uso, mais de duas regiões de memória livre serão relatadas pelo monitor de inicialização.

Quando o monitor de inicialização carrega a imagem de inicialização na memória, informações sobre os componentes da imagem são exibidas na tela do console. A Figura 4-44 mostra parte dessa tela. Neste exemplo (típico, mas possivelmente não idêntico ao que você verá, pois este foi extraído de uma versão de pré-lançamento do MINIX 3), o monitor de inicialização carregou o núcleo na memória livre no endereço 0x800. O PM, o sistema de arquivos, o servidor de reencarnação e outros componentes não mostrados na figura, são instalados no bloco de memória livre que começa em 1 MB. Essa foi uma escolha de projeto arbitrária; permanece memória suficiente abaixo do limite de 588 KB para alguns desses componentes. Entretanto, quando o MINIX 3 é compilado com uma cache de bloco grande, como acontece neste exemplo, o sistema de arquivos não cabe no espaço imediatamente acima do núcleo. Foi mais fácil, mas de modo algum fundamental, apenas carregar tudo na região superior da memória. Nada é perdido por isso, o gerenciador de memória pode usar a lacuna na memória abaixo de 588 KB quando o sistema estiver executando e os processos de usuário forem iniciados.

cs	ds	text	data	bss	stack	
0000800	0005800	19552	3140	30076	0	núcleo
0100000	0104c00	19456	2356	48612	1024	pm
0111800	011c400	43216	5912	6224364	2048	fs
070e000	070f400	4352	616	4696	131072	rs

Figura 4-44 Tela do monitor de inicialização com a utilização de memória dos primeiros componentes da imagem de inicialização.

A inicialização do PM começa com um laço pela tabela de processos para desativar o temporizador de cada entrada, para que nenhum alarme espúrio possa ocorrer. Então, são inicializadas as variáveis globais que definem os conjuntos padrão de sinais que serão ignorados ou que causarão *core dumps*. Em seguida, são processadas as informações que vimos sobre o uso da memória. Na linha 18182, a tarefa de sistema recupera a string *memory* do monitor de inicialização, que vimos anteriormente. Em nosso exemplo, existem dois pares *base:tamanho* mostrando blocos de memória livres. A chamada para *get_mem_chunks* (linha 18184) converte os dados da string em ASCII para binário e insere os valores de base e tamanho no *array mem_chunks* (linha 18192), cujos elementos são definidos como

    struct memory {phys_clicks base; phys_clicks size;};

Mem_chunks ainda não está na lista de lacunas; ele é apenas um pequeno *array* no qual essas informações são reunidas, antes da inicialização da lista de lacunas.

Após consultar o núcleo e converter informações sobre o uso de memória do núcleo em unidades de *clicks*, *patch_mem_chunks* é chamada para subtrair a utilização do núcleo do *array mem_chunks*. Agora, a memória que estava sendo usada antes da inicialização do MINIX 3 é contabilizada, assim como a memória usada pelo núcleo. *Mem_chunks* não está completa, mas a memória usada por processos normais na imagem de inicialização será contabilizada dentro do laço, nas linhas 18201 a 18239, que inicializa entradas da tabela de processos.

Informações sobre atributos de todos os processos que fazem parte da imagem de inicialização estão na tabela *image*, que foi declarada em *kernel/table.c* (linhas 6095 a 6109). Antes de entrar no laço principal, a chamada de núcleo sys_getimage, na linha 18197, fornece ao gerenciador de processos uma cópia da tabela *image*. (Rigorosamente falando, essa não é exatamente uma chamada de núcleo; trata-se de uma das mais de doze macros definidas em *include/minix/syslib.h* que fornecem interfaces fáceis de usar para a chamada de núcleo sys_getinfo.) Os processos do núcleo não são conhecidos no espaço de usuário e as partes do PM (e do FS – *file system*) da tabela de processos não precisam da inicialização de processos do núcleo. Na verdade, não é reservado espaço para entradas de processo do núcleo. Cada uma delas tem um número de processo negativo (índice na tabela de processos) e são ignoradas pelo teste feito na linha 18202. Além disso, não é necessário chamar *patch_mem_chunks* para processos do núcleo; a consideração feita sobre o uso de memória do núcleo também vale para as tarefas compiladas no núcleo.

Processos de sistema e processos de usuário precisam ser adicionados na tabela de processos, embora recebam tratamentos ligeiramente diferentes (linhas 18210 a 18219). O único processo de usuário carregado na imagem de inicialização é *init*; portanto, é feito um teste para *INIT_PROC_NR* (linha 18210). Todos os outros processos na imagem de inicialização são processos de sistema. Os processos de sistema são especiais – eles não podem sofrer *swap*, cada um tem uma entrada dedicada na tabela *priv* no núcleo e possuem privilégios especiais, conforme indicado pelos seus *flags*. Para cada processo, os padrões corretos são configurados para processamento de sinal (com algumas diferenças entre os padrões para processos de sistema e *init*). Então, o mapa de memória de cada processo é obtido do núcleo, usando *get_mem_map* que, em última análise, ativa a chamada de núcleo sys_getinfo, e *patch_mem_chunks* é chamada para ajustar o *array mem_chunks* (linhas 18225 a 18230) dessa maneira.

Finalmente, uma mensagem é enviada para o sistema de arquivos, para que uma entrada para cada processo possa ser inicializada na parte do FS da tabela de processos (linhas 18233 a 18236). A mensagem contém apenas o número do processo e o PID; isso é suficiente para inicializar a entrada da tabela de processos do FS, pois todos os processos na imagem de inicialização do sistema pertencem ao superusuário e podem receber os mesmos valores padrão. Cada mensagem é enviada com uma operação send; portanto, nenhuma resposta é esperada. Após o envio da mensagem, o nome do processo é exibido no console (linha 18237):

    Building process table: pm fs rs tty memory log *driver* init

Nessa tela, driver é um substituto do *driver* de disco padrão; vários *drivers* de disco podem ser compilados na imagem de inicialização, sendo um deles selecionado como padrão por uma instrução *label=* nos parâmetros de inicialização.

A entrada do próprio PM na tabela de processos é um caso especial. Depois que o laço principal está terminado, o PM faz algumas alterações em sua própria entrada e então envia uma mensagem final para o sistema de arquivos com o valor simbólico *NONE* como número de processo. Essa mensagem é enviada com uma chamada **sendrec** e o gerenciador de processos é bloqueado, esperando uma resposta. Enquanto o PM executa o laço do código de inicialização, o sistema de arquivos faz um laço *receive* (nas linhas 24189 a 24202, caso você queira dar uma olhada no código a ser descrito no próximo capítulo). Receber a mensagem com o número de processo *NONE* informa ao FS que todos os processos de sistema foram inicializados, de modo que ele pode sair de seu laço e enviar (com **send**) uma mensagem de sincronização para desbloquear o PM.

Agora, o FS está livre para continuar sua própria inicialização e, aqui no PM, a inicialização também está quase concluída. Na linha 18253, *mem_init* é chamada. Essa função recebe as informações que foram coletadas no *array mem_chunks* e inicializa a lista encadeada de regiões livres de memória e as variáveis relacionadas que serão usadas para gerenciamento de memória quando o sistema estiver sendo executado. O gerenciamento normal da memória começa após a impressão de uma mensagem no console, listando a memória total, a memória em uso pelo MINIX 3 e a memória disponível:

    Physical memory: total 63996 KB, system 12834 KB, free 51162 KB.

A próxima função é *get_nice_value* (linha 18263). Ela é chamada para determinar o "nível de cortesia (*nice*)" de cada processo na imagem de inicialização. A tabela *image* fornece um valor de *queue* para cada processo da imagem de inicialização, definindo qual fila de prioridade será usada para o escalonamento do processo. Isso varia de 0 (para processos de alta prioridade, como *CLOCK*) até 15 (para *IDLE*). Mas o significado tradicional de "nível de cortesia" nos sistemas UNIX é um valor que pode ser positivo ou negativo. Assim, *get_nice_value* gradua os valores de prioridade do núcleo em uma escala centralizada em zero para processos de usuário. Isso é feito usando-se as constantes *PRIO_MIN* e *PRIO_MAX* definidas como macros em *include/sys/resource.h* (não listado), com valores de –20 e +20. Elas são graduadas entre *MIN_USER_Q* e *MAX_USER_Q*, definidos em *kernel/proc.h*; portanto, se for tomada a decisão de fornecer menos ou mais filas para o escalonamento, o comando *nice* ainda funcionará. *Init*, o processo-raiz na árvore de processos de usuário, é posto na fila de prioridade 7 e recebe um valor *nice* igual a 0, que é herdado por um filho após uma operação **fork**.

As duas últimas funções contidas em *main.c* já foram mencionadas de passagem. *Get_mem_chunks* (linha 18280) é chamada apenas uma vez. Ela recebe as informações de memória retornadas pelo monitor de inicialização como uma string em ASCII de pares hexadecimais *base:tamanho*, converte as informações em unidades de *clicks* e as armazena no *array mem_chunks*. *Patch_mem_chunks* (linha 18333) continua a construção da lista de memória livre e é chamada várias vezes, uma para o próprio núcleo, uma para *init* e uma para cada um dos processos de sistema inicializados durante o laço principal de *pm_init*. Ela corrige as informações brutas do monitor de inicialização. Sua tarefa é mais fácil porque recebe seus dados em unidades de *click*. Para cada processo, *pm_init* recebe a base e o tamanho das alocações de texto e dados desse processo. Para cada processo, a base do último elemento no *array* de blocos livres é aumentada pela soma dos tamanhos dos segmentos de texto e de dados. Então, o tamanho desse bloco é diminuído pela mesma quantidade para marcar a memória desse processo como em uso.

4.8.3 Implementação de FORK, EXIT e WAIT

As chamadas de sistema fork, exit e wait são implementadas pelas funções *do_fork*, *do_pm_exit* e *do_waitpid* no arquivo *forkexit.c*. A função *do_fork* (linha 18430) segue as etapas mostradas na Figura 4-36. Note que a segunda chamada para *procs_in_use* (linha 18445) reserva as últimas entradas da tabela de processos para o superusuário. No cálculo da quantidade de memória necessária para o filho, é incluída a lacuna entre os segmentos de dados e de pilha, mas o segmento de texto, não. O texto do pai é compartilhado ou, se o processo tiver espaços de I e D comum, seu segmento de texto terá tamanho igual a zero. Após efetuar o cálculo, é feita uma chamada para *alloc_mem* para obter a memória. Se isso for bem-sucedido, os endereços de base do filho e do pai serão convertidos de *clicks* para bytes absolutos e sys_copy será chamada para enviar uma mensagem para a tarefa de sistema, para realizar a cópia.

Agora é encontrada uma entrada na tabela de processos. O teste anterior envolvendo *procs_in_use* garante a existência de uma. Após a entrada ser encontrada, ela é preenchida, primeiro copiando a entrada do pai e depois atualizando os campos *mp_parent*, *mp_flags*, *mp_child_utime*, *mp_child_stime*, *mp_seg*, *mp_exitstatus* e *mp_sigstatus*. Alguns desses campos precisam de tratamento especial. Apenas certos bits no campo *mp_flags* são herdados. O campo *mp_seg* é um *array* contendo elementos dos segmentos de texto, de dados e de pilha, e a parte referente ao texto fica apontando para o segmento de texto do pai, caso os *flags* indiquem que esse é um programa de I e D separados que pode compartilhar texto.

O próximo passo é atribuir um PID ao filho. A chamada para *get_free_pid* faz o que seu nome indica (obter *pid* livre). Isso não é tão simples como se pensa e descreveremos a função mais adiante.

Sys_fork e *tell_fs* informam ao núcleo e ao sistema de arquivos, respectivamente, que um novo processo foi criado, para que eles possam atualizar suas tabelas de processos. (Todas as funções que começam com *sys_* são rotinas de biblioteca que enviam uma mensagem para a tarefa de sistema no núcleo para solicitar um dos serviços da Figura 2-45.) A criação e a destruição de processos são sempre iniciadas pelo PM e depois propagadas para o núcleo e para o sistema de arquivos, quando concluída.

A mensagem de resposta para o filho é enviada explicitamente no final de *do_fork*. A resposta para o pai, contendo o PID do filho, é enviada pelo laço em *main*, como a resposta normal a uma requisição.

A próxima chamada de sistema manipulada pelo PM é exit. A função *do_pm_exit* (linha 18509) aceita a chamada, mas a maior parte do trabalho é feita pela chamada para *pm_exit*, algumas linhas depois. O motivo dessa divisão de trabalho é que *pm_exit* também é chamada para cuidar dos processos terminados por um sinal. O trabalho é o mesmo, mas os parâmetros são diferentes; portanto, é conveniente dividir as coisas dessa maneira.

A primeira atividade de *pm_exit* é parar o temporizador, caso o processo tenha um em execução. Então, o tempo usado pelo filho é adicionado na contagem do pai. Em seguida, o núcleo e o sistema de arquivos são notificados de que o processo não é mais executável (linhas 18550 e 18551). A chamada de núcleo sys_exit envia uma mensagem para a tarefa de sistema dizendo para que ela limpe a entrada utilizada por esse processo na tabela de processos do núcleo. Em seguida, a memória é liberada. Uma chamada para *find_share* determina se o segmento de texto está sendo compartilhado por outro processo e, se não estiver, o segmento de texto será liberado por uma chamada para *free_mem*. Isso é seguido por outra chamada para a mesma função, para liberar os dados e a pilha. Não vale a pena o trabalho de decidir se toda a memória poderia ser liberada em uma única chamada para *free_mem*. Se o pai estiver esperando, *cleanup* será chamada para liberar a entrada da tabela de processos. Se o pai não estiver esperando, o processo se tornará um zumbi, o que é indicado pelo bit *ZOMBIE* na palavra *mp_flags*, e será enviado um sinal *SIGCHILD* ao pai.

Seja o processo completamente eliminado ou transformado em um zumbi, a última ação de *pm_exit* é varrer a tabela de processos procurando os filhos do processo que acabou de terminar (linhas 18582 a 18589). Se forem encontrados, eles serão deserdados e se tornarão filhos de *init*. Se *init* estiver esperando, e um filho estiver pendente, *cleanup* será chamada para esse filho. Isso trata de situações como aquela que aparece na Figura 4-45(a). Nessa figura, vemos que o processo 12 está para terminar e que seu pai, 7, está esperando por ele. *Cleanup* será chamada para se desfazer de 12, de modo que 52 e 53 se transformam em filhos de *init*, como se vê na Figura 4-45(b). Agora temos uma situação em que 53, que quando terminar, será filho de um processo que está executando uma operação wait. Conseqüentemente, ele também pode ser eliminado.

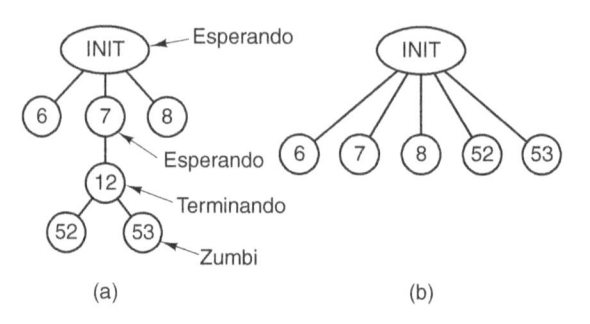

Figura 4-45   (a) A situação quando o processo 12 está para terminando. (b) A situação após ele ter terminado.

Quando o processo pai executa uma operação wait ou waitpid, o controle vai para a função *do_waitpid* na linha 18598. Os parâmetros fornecidos pelas duas chamadas são diferentes e as ações esperadas também, mas a configuração feita nas linhas 18613 a 18615 prepara as variáveis internas de modo que *do_waitpid* possa executar as ações de uma chamada ou de outra. O laço nas linhas 18623 a 18642 percorre a tabela de processos inteira para ver se o processo tem filhos e, se tiver, verifica se existem zumbis que agora possam se eliminados. Se for encontrado um zumbi (linha 18630), ele será eliminado e *do_waitpid* retornará o código de retorno *SUSPEND*. Se for encontrado um filho que está sofrendo uma ação de geração de rastros (*tracing*), a mensagem de resposta que está sendo construída será modificada para indicar que o processo está parado e *do_waitpid* retornará.

Se o processo que está executando a operação wait não tiver filhos, ele simplesmente receberá o retorno de um erro (linha 18653). Se ele tiver filhos, mas nenhum for zumbi ou estiver sendo rastreado, é feito um teste para verificar se o pai executou *do_waitpid* com a opção de não esperar pelo filho. Se ele estiver esperando (o caso normal), um bit é posicionado na linha 18648 para indicar esta situação e o pai será suspenso até que um filho termine.

Quando um processo tiver terminado e seu pai estiver esperando por ele, qualquer que seja a ordem em que esses eventos ocorram, a função *cleanup* (linha 18660) será chamada para cumprir os ritos finais. Não resta muito a ser feito, nesse ponto. O pai é despertado a partir de sua chamada de wait ou waitpid e recebe o PID do filho terminado, assim como seu status de término e de sinal. O sistema de arquivos já liberou a memória do filho e o núcleo já suspendeu seu escalonamento e liberou a entrada do filho na tabela de processos. Nesse ponto, o processo filho deixou de existir para sempre.

4.8.4 Implementação de EXEC

O código de exec segue o esquema da Figura 4-40. Ele está contido na função *do_exec* (linha 18747) em *exec.c*. Após fazer algumas verificações de validade, o PM busca o nome do arquivo a ser executado a partir do espaço de usuário (linhas 18773 a 18776). Lembre-se de que as funções de biblioteca que implementam exec constroem uma pilha dentro da imagem de núcleo antiga, como vimos na Figura 4-38. Essa pilha é buscada em seguida, no espaço de memória do PM (linha 18782).

Os próximos passos são escritos como um laço (linhas 18789 a 18801). Entretanto, para executáveis binários normais, ocorre apenas uma passagem pelo laço. Descreveremos esse caso primeiro. Na linha 18791, uma mensagem para o sistema de arquivos muda o diretório corrente para que o caminho até o arquivo seja interpretado relativamente ao diretório de trabalho do usuário e não do PM. Então, *allowed* é chamada – se o arquivo tiver permissão de execução, ele é aberto. Se o teste falhar, um número negativo será retornado, em vez de um descritor de arquivo válido, e *do_exit* terminará indicando falha. Se o arquivo estiver presente e for executável, o PM chamará *read_header* e obterá os tamanhos de segmento. Para um binário normal, o código de retorno de *read_header* causará uma saída do laço na linha 18800.

Agora, veremos o que acontece se o executável for um *script*. O MINIX 3, assim como a maioria dos sistemas operacionais do tipo UNIX, suporta *scripts* executáveis. *Read_header* testa os dois primeiros bytes do arquivo em busca da seqüência mágica **shebang** (#!) e retorna um código especial se ela for encontrada, indicando a presença de um *script*. A primeira linha de um *script* marcado dessa maneira especifica o interpretador do *script* e, possivelmente, especifica também *flags* e opções do interpretador. Por exemplo, um *script* pode ser escrito com uma primeira linha como

   #! /bin/sh

para mostrar que deve ser interpretado pelo *Bourne shell* ou como

   #! /usr/local/bin/perl –wT

para ser interpretado com Perl, com *flags* ativadas para alertar sobre possíveis problemas. Contudo, isso complica a tarefa de exec. Quando um *script* precisa ser executado, o arquivo que *do_exec* deve carregar na memória não é o *script* em si. Em vez disso, deve ser carregado o binário do interpretador. Quando um *script* é identificado, *patch_stack* é chamada na linha 18801, no final do laço.

O que *patch_stack* faz pode ser ilustrado com um exemplo. Suponha que um *script* Perl seja chamado com alguns argumentos na linha de comando, como segue:

   perl_prog.pl file1 file2

Se o *script* perl foi escrito com uma linha de *shebang* semelhante à que vimos anteriormente, *patch_stack* cria uma pilha para executar o binário perl como se a linha de comando fosse:

   /usr/local/bin/perl -wT perl_prog.pl file1 file2

Se ela for bem-sucedida nisso, será retornada a primeira parte dessa linha, isto é, o caminho para o binário executável do interpretador. Então, o miolo do laço será executado mais uma vez, agora lendo o cabeçalho de arquivo e obtendo os tamanhos dos segmentos do arquivo a ser executado. Não é permitido que a primeira linha de um *script* aponte para outro *script* como seu interpretador. É por isso que foi usada a variável *r*. Ela só pode ser incrementada uma vez, possibilitando apenas uma chance de chamar *patch_stack*. Se, na segunda vez que percorrer o laço, for encontrado o código que indica um *script*, o teste na linha 18800 terminará o laço. O código de um *script*, representado simbolicamente como *ESCRIPT*, é um número negativo (definido na linha 18741). Nesse caso, o teste na linha 18803 fará *do_exit* retornar com um código de erro informando se o problema é um arquivo que não pode ser executado ou uma linha de comando longa demais.

Ainda resta algum trabalho a ser feito para completar a operação de **exec**. *Find_share* verifica se o novo processo pode compartilhar texto com um processo que já está em execução (linha 18809) e *new_mem* aloca memória para a nova imagem e libera a memória antiga. Tanto a imagem na memória como a tabela de processos precisam estar prontas antes que o programa passado como argumento para **exec** possa ser executado. Nas linhas 18819 a 18821, o *i-node* do arquivo executável, o sistema de arquivos e a hora de modificação são salvos na tabela de processos. Então, a pilha é corrigida, como na Figura 4-38(c), e copiada na nova imagem na memória. Em seguida, o texto (se já não estiver compartilhando texto) e os segmentos de dados são copiados do disco na imagem de memória, chamando *rw_seg* (linhas 18834 a 18841). Se os bits *setuid* ou *setgid* estiverem ativos, o sistema de arquivos precisará ser notificado para colocar as informações de ID efetivo na parte do FS da entrada da tabela de processos (linhas 18845 a 18852). Na parte do PM da tabela de arquivos, é salvo um ponteiro para os argumentos do novo programa para que o comando *ps* possa mostrar a linha de comando, máscaras de bit de sinal são inicializadas, o FS é notificado para fechar os descritores de arquivo que devem ser fechados após uma operação **exec** e, finalmente, o nome do comando é salvo para exibição por *ps* ou durante a depuração (linhas 18856 a 18877). Normalmente, o último passo é informar o núcleo, mas se o rastreamento (*tracing*) estiver ativado, um sinal deverá ser enviado (linhas 18878 a 18881).

Na descrição do funcionamento de *do_exec*, mencionamos várias funções de suporte fornecidas em *exec.c*. *Read_header* (linha 18889) não apenas lê o cabeçalho e retorna os tamanhos de segmento, como também verifica se o arquivo é um executável válido do MINIX 3 para o mesmo tipo de CPU para o qual o sistema operacional foi compilado. O valor constante *A_I80386*, na linha 18944, é determinado por uma seqüência *#ifdef ... #endif* no momento da compilação. Os programas executáveis binários para o MINIX 3 de 32 bits em plataformas Intel devem ter essa constante em seus cabeçalhos para serem aceitos. Se o MINIX 3 fosse compilado para executar no modo de 16 bits, o valor aqui seria *A_I8086*. Se estiver curioso, você pode ver os valores definidos para outras CPUs em *include/a.out.h*.

A função *new_mem* (linha 18980) verifica se há memória disponível suficiente para a nova imagem de memória. Ela procura uma lacuna grande o bastante apenas para os dados e para a pilha, caso o texto esteja sendo compartilhado; caso contrário, ela procura uma única lacuna grande o bastante para o texto, para os dados e para a pilha combinados. Um possível aprimoramento aqui seria procurar duas lacunas separadas. Nas versões anteriores do MINIX, era exigido que os segmentos de texto e de dados/pilha fossem adjacentes, mas no MINIX 3 isso não é necessário. Se for encontrada memória suficiente, a memória antiga será liberada e a nova memória será adquirida. Se não houver memória suficiente disponível, a chamada de **exec** falhará. Após a nova memória ser alocada, *new_mem* atualiza o mapa de memória (em *mp_seg*) e informa para o núcleo com a chamada de núcleo **sys_newmap**.

A última tarefa de *new_mem* é zerar o segmento *bss*, a lacuna e o segmento de pilha. (O segmento *bss* é aquela parte do segmento de dados que contém todas as variáveis globais não inicializadas.) O trabalho é realizado pela tarefa de sistema, chamada por **sys_memset** na linha 19064. Muitos compiladores geram código explícito para zerar o segmento *bss*, mas fazer isso aqui permite que o MINIX 3 funcione mesmo com compiladores que não geram. A lacuna entre os segmentos de dados e de pilha também é zerada para que, quando o segmento de dados for estendido por **brk**, a memória recentemente adquirida contenha zeros. Isso não é conveniente apenas para o programador, que pode contar com as variáveis novas tendo um valor inicial igual a zero, mas também é uma característica de segurança em um sistema operacional multiusuário, onde um processo que estava usando essa memória anteriormente pode ter utilizado dados que não devem ser vistos por outros processos.

A função seguinte, *patch_ptr* (linha 19074), reposiciona ponteiros, como aqueles da Figura 4-38(b), na forma da Figura 4-38(c). O funcionamento é simples: examinar a pilha para encontrar todos os ponteiros e adicionar o endereço de base a cada um deles.

As duas funções seguintes trabalham juntas. Descrevemos seus objetivos anteriormente. Quando um *script* é executado com **exec**, o binário do interpretador do *script* é o executável que deve ser executado. *Insert_arg* (linha 19106) insere strings na cópia da pilha do PM. Isso é dirigido por *patch_stack* (linha 19162), que encontra todas as strings na linha *shebang* do *script* e chama *insert_arg*. Naturalmente, os ponteiros também têm de ser corrigidos. A tarefa de *insert_arg* é simples, mas existem várias coisas que podem dar errado e devem ser testadas. Este é um bom lugar para mencionar que é particularmente importante verificar problemas ao tratar com *scripts*. Afinal, os *scripts* podem ser escritos pelos usuários e todos os profissionais de computação reconhecem que os usuários freqüentemente são a principal causa de problemas. Mas, falando sério, uma diferença importante entre um *script* e um binário compilado é que você geralmente pode confiar no fato de o compilador não gerar um arquivo binário quando encontra uma ampla variedade de erros sintáticos (e às vezes, semânticos) no código-fonte. Um *script* não é validado dessa maneira.

A Figura 4-46 mostra como isso funcionaria para uma chamada para um *shell script*, *s.sh*, que opera em um arquivo *f1*. A linha de comando é como a seguinte:

s.sh f1

e a linha de *shebang* do *script* indica que ele deve ser interpretado pelo *Bourne shell*:

#! /bin/sh

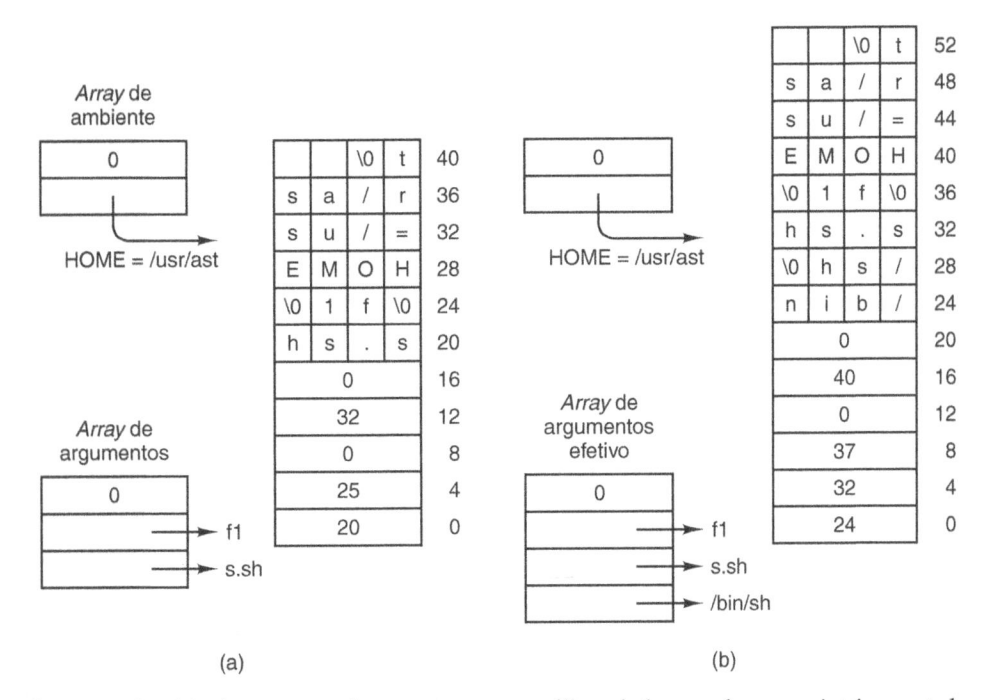

Figura 4-46 (a). *Arrays* passados para *execve* e a pilha criada quando um *script* é executado. (b). Após o processamento por *patch_stack*, os *arrays* e a pilha ficam assim. O nome do *script* é passado para o programa que o interpreta.

Na parte (a) da figura está a pilha copiada do espaço do processo que fez a chamada. A parte (b) mostra como isso é transformado por *patch_stack* e *insert_arg*. Esses dois diagramas correspondem à Figura 4-38(b).

A função seguinte definida em in *exec.c* é *rw_seg* (linha 19208). Ela é chamada uma ou duas vezes por **exec**, possivelmente para carregar o segmento de texto e sempre para carregar o segmento de dados. Em vez de apenas ler o arquivo, bloco por bloco, e depois copiar os blocos para o usuário, é usado um truque para permitir que o sistema de arquivos carregue o segmento inteiro diretamente no espaço de usuário. Na verdade, a chamada é decodificada pelo sistema de arquivos de uma maneira ligeiramente especial, para que pareça ser uma leitura do segmento inteiro para o processo de usuário em si. Apenas algumas linhas no início da rotina de leitura do sistema de arquivos sabem que uma artimanha está acontecendo aqui. A carga é sensivelmente acelerada por essa manobra.

A última função em *exec.c* é *find_share* (linha 19256). Ela procura um processo que possa compartilhar texto, comparando os tempos do *i-node*, do dispositivo e de modificação do arquivo a ser executado com os dos processos existentes. Essa é apenas uma pesquisa simples dos campos apropriados em *mproc*. É claro que ela deve ignorar o processo em nome do qual a pesquisa está sendo feita.

4.8.5 Implementação de BRK

Conforme acabamos de ver, o modelo básico de memória usado pelo MINIX 3 é muito simples: ao ser criado, cada processo recebe uma alocação adjacente para seus dados e sua pilha. Ele nunca é movido na memória, nunca cresce e nunca diminui. Tudo que pode acontecer é que o segmento de dados pode ir consumindo a lacuna a partir de baixo para cima e a pilha no sentido contrário. Sob essas circunstâncias, a implementação da chamada de brk em *break.c* é particularmente fácil. Ela consiste em verificar se os novos tamanhos são viáveis e, então, atualizar as tabelas para refleti-los.

A função de nível superior é *do_brk* (linha 19328), mas a maior parte do trabalho é feito em *adjust* (linha 19361). Esta última verifica se os segmentos de pilha e de dados se colidem, sobrepondo-se. Se colidiram, a chamada de brk não poderá ser executada, mas o processo não será eliminado imediatamente. Um fator de segurança, *SAFETY_BYTES*, é adicionado no topo do segmento de dados, antes de fazer o teste, para que (espera-se) a decisão de que a pilha cresceu demais possa ser tomada enquanto ainda há espaço suficiente nela para o processo continuar por um pouco mais de tempo. Ele recebe o controle de volta (com uma mensagem de erro), para que possa imprimir as mensagens apropriadas e desligar normalmente.

Note que *SAFETY_BYTES* e *SAFETY_CLICKS* são definidos usando declarações #define no meio da função (linha 19393). Esse uso é bastante incomum; normalmente tais definições aparecem no início dos arquivos ou em arquivos de cabeçalho separados. O comentário associado revela que o programador achou difícil decidir-se sobre o tamanho do fator de segurança. Sem dúvida, essa definição foi feita dessa maneira para chamar a atenção e, talvez, para estimular mais experiências.

A base do segmento de dados é constante; portanto, se *adjust* tiver de ajustar o segmento de dados, tudo que fará será atualizar o campo de comprimento. A pilha cresce para baixo, a partir de um ponto final fixo; portanto, se *adjust* também notar que o ponteiro de pilha, que é fornecido a ela como parâmetro, cresceu além do segmento de pilha (para um endereço mais baixo), tanto a origem como o tamanho serão atualizados.

4.8.6 Implementação do tratamento de sinais

Oito chamadas de sistema do POSIX estão relacionadas com sinais. Elas estão resumidas na Figura 4-47. Essas chamadas de sistema, assim como os sinais em si, são processadas no arquivo *signal.c*.

Chamada de sistema	Objetivo
sigaction	Modifica ação para sinal futuro
sigprocmask	Altera conjunto de sinais bloqueados
kill	Envia sinal para outro processo
alarm	Decorrido um tempo, envia sinal ALRM para si mesmo
pause	Suspende a si mesmo até a ocorrência de um sinal
sigsuspend	Altera conjunto de sinais bloqueados, então PAUSE
sigpending	Examina conjunto de sinais pendentes (bloqueados)
sigreturn	Limpeza após a rotina de tratamento de sinal

Figura 4-47 Chamadas de sistema relacionadas aos sinais.

A chamada de sistema **sigaction** suporta as funções *sigaction* e *signal*, as quais permitem que um processo altere o modo como responderá aos sinais. *Sigaction* é exigida pelo POSIX e é a chamada preferida para a maioria dos propósitos, mas a função de biblioteca *signal* é exigida pela linguagem C Standard e os programas que precisam ser portados para sistemas que não são POSIX devem ser escritos fazendo uso dela. O código de *do_sigaction* (linha 19544) começa verificando se um o número de sinal é válido e se a chamada não é uma tentativa de alterar a ação para um sinal sigkill (linhas 19550 e 19551). (Não é permitido ignorar, capturar nem bloquear sigkill. Sigkill é a maneira final pela qual um usuário pode controlar seus processos e pela qual um gerente de sistema pode controlar seus usuários.) *Sigaction* é chamada com ponteiros para uma estrutura *sigaction*, *sig_osa*, a qual recebe os atributos de sinal antigos que estavam em vigor antes da chamada, e para outra estrutura assim, *sig_nsa*, contendo o novo conjunto de atributos.

O primeiro passo é chamar a tarefa de sistema para copiar os atributos correntes na estrutura apontada por *sig_osa*. *Sigaction* pode ser chamada com um ponteiro *NULL* em *sig_nsa*, para examinar os atributos de sinal antigos sem alterá-los. Nesse caso, *do_sigaction* retorna imediatamente (linha 19560). Se *sig_nsa* não for *NULL*, a estrutura que define a nova ação do sinal será copiada no espaço do PM.

O código nas linhas 19567 a 19585 modifica os mapas de bits *mp_catch*, *mp_ignore* e *mp_sigpending*, dependendo se a nova ação vai ignorar o sinal, usar a rotina de tratamento padrão ou capturar o sinal. O campo *sa_handler* da estrutura *sigaction* é usado para passar um ponteiro para a função a ser executada, se um sinal precisar ser capturado ou um dos códigos especiais *SIG_IGN* ou *SIG_DFL*, cujos significados devem ser claros se você entendeu o procedimento de tratamento de sinal do padrão POSIX discutidos anteriormente. Um código especial, próprio do MINIX 3, *SIG_MESS*, também é possível; isso será explicado a seguir.

As funções de biblioteca *sigaddset* e *sigdelset* são usadas para modificar os mapas de bits do sinal, embora as ações sejam operações de manipulação de bit elementares que poderiam ter sido implementadas através de simples macros. Entretanto, essas funções são exigidas pelo padrão POSIX para tornar os programas que as utilizam facilmente portáveis, mesmo para sistemas nos quais a quantidade de sinais ultrapasse o número de bits disponíveis em um valor inteiro. O uso das funções de biblioteca ajuda a tornar o próprio MINIX 3 facilmente portável para diferentes arquiteturas.

Mencionamos um caso especial anteriormente. O código *SIG_MESS*, detectado na linha 19576, está disponível apenas para processos privilegiados (de sistema). Tais processos normalmente são bloqueados, esperando por mensagens de requisição. Assim, o método normal de recepção de sinal, no qual o PM solicita ao núcleo para que coloque um quadro de sinal na pilha do destinatário, será retardado até que uma mensagem desperte o destinatário. Um código *SIG_MESS* diz ao PM para que envie uma mensagem de notificação, a qual tem prioridade mais alta do que as mensagens normais. Uma mensagem de notificação contém como argumento o conjunto de sinais pendentes, permitindo que vários sinais sejam passados em uma única mensagem.

Finalmente, são preenchidos os outros campos relacionados com sinal na parte do PM da tabela de processos. Para cada sinal em potencial existe um mapa de bits, o *sa_mask*, que define quais sinais devem ser bloqueados enquanto uma rotina de tratamento para esse sinal está em execução. Para cada sinal também existe um ponteiro, *sa_handler*. Ele pode conter um ponteiro para a função de tratamento; ou valores especiais para indicar se o sinal deve ser ignorado, tratado da maneira padrão ou usado para gerar uma mensagem. O endereço da rotina de biblioteca que ativa **sigreturn** quando a rotina de tratamento termina é armazenado em *mp_sigreturn*. Esse endereço é um dos campos da mensagem recebida pelo PM.

O POSIX permite que um processo manipule seu próprio tratamento de sinal, mesmo enquanto está dentro de uma rotina de tratamento de sinal. Isso pode ser usado para alterar a ação a ser realizada para sinais subseqüentes, enquanto um sinal está sendo tratado, e então, restaurar o conjunto de ações normais. O próximo grupo de chamadas de sistema suporta esses recursos de manipulação de sinal. **Sigpending** é manipulada por *do_sigpending* (linha 19597), a qual retorna o mapa de bits *mp_sigpending*, para que um processo possa determinar se possui sinais pendentes. **Sigprocmask**, manipulada por *do_sigprocmask*, retorna o conjunto de sinais que estão correntemente bloqueados e também pode ser usada para mudar o estado de um sinal do conjunto ou para substituir o conjunto inteiro por outro novo. Quando um sinal é desbloqueado é um momento adequado para verificar sinais pendentes e isso é feito por chamadas para *check_pending* na linha 19635 e na linha 19641. *Do_sigsuspend* (linha 19657) executa a chamada de sistema **sigsuspend**. Essa chamada suspende um processo até que um sinal seja recebido. Assim como as outras funções que discutimos aqui, ela manipula mapas de bits. Ela também configura o bit **sigsuspended** em *mp_flags*, que é tudo que é necessário para evitar a execução do processo. Novamente, esse é um bom momento para fazer uma chamada para *check_pending*. Finalmente, *do_sigreturn* manipula **sigreturn**, que é usada para retornar de uma rotina de tratamento personalizada. Ela restaura o contexto de sinal que existia quando a rotina de tratamento foi iniciada e também chama *check_pending* na linha 19682.

Quando um processo de usuário, como o comando *kill*, ativa a chamada de sistema kill, a função *do_kill* do PM (linha 19689) é ativada. Uma única chamada para kill pode exigir o envio de sinais para um grupo de vários processos e *do_kill* apenas chama *check_sig*, que verifica a tabela de processos inteira em busca de possíveis destinatários.

Alguns sinais, como **sigint**, são originados no próprio núcleo. *Ksig_pending* (linha 19699) é gerado quando uma mensagem do núcleo sobre sinais pendentes é enviada para o PM. Pode haver mais de um processo com sinais pendentes; portanto, o laço nas linhas 19714 a 19722 solicita repetidamente um sinal pendente para a tarefa de sistema, passa o sinal para *handle_sig* e, então, informa à tarefa de sistema que terminou, até que não haja mais processos com sinais pendentes. As mensagens vêm com um mapa de bits, permitindo que o núcleo gere vários sinais com uma só mensagem. A próxima função, *handle_sig*, processa o mapa de bits, um bit por vez, nas linhas 19750 a 19763. Alguns sinais do núcleo precisam de atenção especial: o ID de processo é alterado em alguns casos, para fazer o sinal ser enviado para um grupo de processos (linhas 19753 a 19757). Caso contrário, cada bit de ativação resulta em uma chamada para *check_sig*, exatamente como em *do_kill*.

Alarmes e temporizadores

A chamada de sistema **alarm** é manipulada por *do_alarm* (linha 19769). Ela chama a função seguinte, *set_alarm*, que é uma função a parte porque também é usada para desativar um temporizador quando um processo termina com um temporizador ainda ativo. Isso é feito chamando-se *set_alarm* com um tempo de alarme igual a zero. *Set_alarm* faz seu trabalho com temporizadores mantidos dentro do gerenciador de processos. Primeiramente, ela determina se um temporizador já está ativo em nome do processo solicitante e, se assim for, se ele expirou, para que a chamada de sistema possa retornar o tempo (em segundos) restante em um alarme anterior ou zero, se nenhum temporizador foi configurado. Um comentário dentro do código explica alguns problemas no tratamento de tempos longos. Um código "muito sujo", na linha 19918, multiplica o argumento da chamada (um tempo, em segundos) pela constante *HZ* (o número de tiques de relógio por segundo), para obter um tempo em unidades de tique. Três conversões são necessárias para transformar o resultado no tipo de dados *clock_t* correto. Então, na linha seguinte, o cálculo é invertido, com conversões de *tiques* de *clock_t* para *unsigned long*. O resultado é comparado com uma conversão do argumento do tempo de alarme original para *unsigned long*. Se eles não forem iguais, isso significa que o tempo solicitado resultou em um número que estava fora do intervalo de um dos tipos de dados usados e é substituído por um valor que significa "nunca". Finalmente, *pm_set_timer* ou *pm_cancel_timer* é chamada para adicionar ou remover um temporizador da fila de temporizadores do gerenciador de processos. O principal argumento da primeira chamada é *cause_sigalarm*, a função de cão de guarda a ser executada quando o temporizador expirar.

Toda interação com o temporizador mantida no espaço de núcleo é ocultada nas chamadas para as rotinas *pm_XXX_timer*. Toda requisição de alarme que culmina na sua ocorrência resultará em uma requisição para configurar um temporizador no espaço de núcleo. A única exceção seria se ocorresse mais de uma requisição de tempo limite exatamente ao mesmo tempo. Entretanto, os processos podem cancelar seus alarmes ou terminar antes que eles expirem. Uma chamada de núcleo para solicitar a configuração de um temporizador no espaço de núcleo só precisa ser feita quando há uma alteração no temporizador no início da fila de temporizadores do gerenciador de processos.

No momento da expiração de um temporizador da fila de temporizadores do espaço de núcleo, que foi configurado em nome do PM, a tarefa de sistema anuncia o fato enviando ao PM uma mensagem de notificação, detectada como o tipo *SYN_ALARM* pelo laço principal do PM. Isso resulta em uma chamada para *pm_expire_timers*, que, em última análise, resulta na execução da função seguinte, *cause_sigalrm*.

Cause_sigalarm (linha 19935) é a função de cão de guarda, mencionada anteriormente. Ela recebe o número do processo a ser sinalizado, verifica alguns *flags*, desativa o *flag* *ALARM_ON* e chama *check_sig* para enviar o sinal *SIGALRM*.

A ação padrão do sinal *SIGALRM* é eliminar o processo, se não for capturado. Se o sinal *SIGALRM* precisa ser capturado, uma rotina de tratamento deve ser instalada por **sigaction**. A Figura 4-48 mostra a seqüência de eventos completa de um sinal *SIGALRM* com uma rotina de tratamento personalizada. A figura mostra que ocorrem três seqüências de mensagens. Primeiramente, na mensagem (1), o usuário executa uma chamada **alarm** por meio de uma mensagem para o PM. Nesse ponto, o gerenciador de processos configura um temporizador na fila de temporizadores que mantém para processos de usuário e confirma com a mensagem (2).

Nada mais pode acontecer, por enquanto. Quando o temporizador dessa requisição chegar no início da fila de temporizadores do PM, porque os temporizadores que estavam na frente dele expiraram ou foram cancelados, a mensagem (3) será enviada para a tarefa de sistema, para que ela configure um novo temporizador para o gerenciador de processos, e é confirmado pela mensagem (4). Novamente, passará algum tempo antes que algo mais aconteça. Mas depois que esse temporizador chegar no início da fila de temporizadores, a rotina de tratamento de interrupção de relógio verá que ele expirou. As mensagens restantes da seqüência seguirão rapidamente. A rotina de tratamento de interrupção de relógio envia uma mensagem *HARD_INT* (5) para a tarefa de relógio, que a faz ser executada e atualizar seus temporizadores. A função de cão de guarda do temporizador, *cause_alarm*, inicia a mensagem (6), uma notificação para o PM. Agora, o PM atualiza seus temporizadores e, após determinar, a partir de sua parte da tabela de processos, que uma rotina de tratamento está instalada para *SIGALRM* no processo de destino, envia a mensagem (7) para a tarefa de sistema, para que sejam feitas as manipulações de pilha necessárias para enviar o sinal para o processo do usuário. Isso é confirmado pela mensagem (8). O processo do usuário será escalonado, executará a rotina de tratamento e, então, fará uma chamada de **sigreturn** (9) para o gerenciador de processos. Então, o gerenciador de processos envia a mensagem (10) para a tarefa de sistema para completar a limpeza e isso é confirmado pela mensagem (11). Nesse diagrama não aparece outro par de mensagens do PM para a tarefa de sistema, para obter o tempo de funcionamento, enviadas antes da mensagem (3).

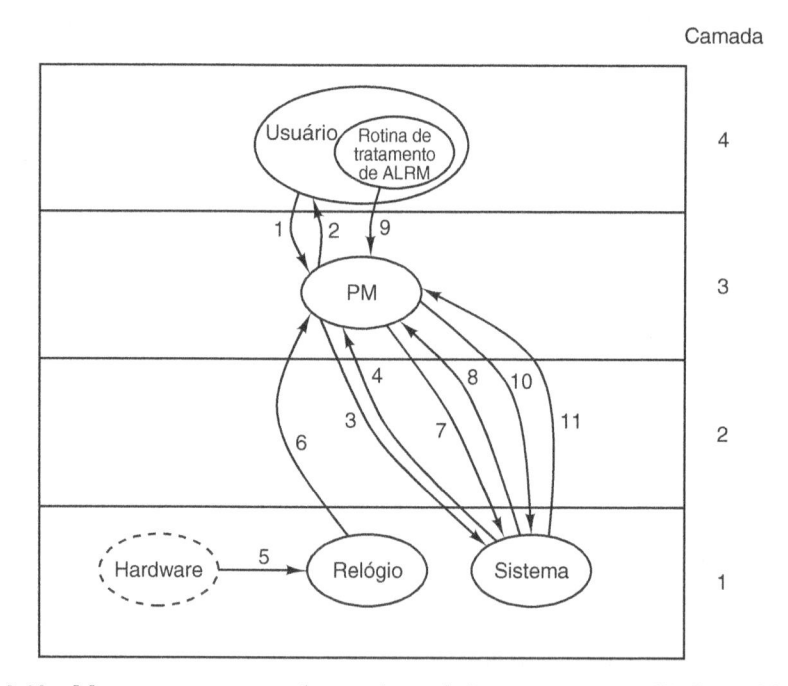

Figura 4-48 Mensagens para um alarme. As mais importantes são: (1) O usuário executa uma chamada **alarm**. (3) O PM pede à tarefa de sistema para que configure o temporizador. (6) O relógio diz ao PM que o tempo expirou. (7) O PM solicita sinal para o usuário. (9) A rotina de tratamento termina com chamada para **sigreturn**. Veja os detalhes no texto.

A próxima função, *do_pause*, trata da chamada de sistema **pause** (linha 19853). Na verdade ela não está relacionada com alarmes e temporizadores, embora possa ser usada em um programa para suspender a execução até que um alarme (ou algum outro sinal) seja recebido. Tudo que é necessário é ativar um bit e retornar o código *SUSPEND*, o qual faz o laço principal do PM deixar de responder, mantendo assim o processo que fez a chamada bloqueado. O núcleo nem mesmo precisa ser informado, pois sabe que o processo que fez a chamada está bloqueado.

Funções de suporte para sinais

Várias funções de suporte em *signal.c* foram mencionadas de passagem. Vamos vê-las agora com mais detalhes. A mais importante delas é *sig_proc* (linha 19864), que realmente envia um sinal. Primeiro, são feitos vários testes. Tentativas de envio para processos eliminados ou zumbis são problemas sérios que causam uma situação de pânico em um sistema (linhas 19889 a 19893). Um processo que está correntemente sendo rastreado (*tracing*) é interrompido ao ser sinalizado (linhas 19894 a 19899). Se o sinal deve ser ignorado, o trabalho de *sig_proc* termina na linha 19902. Essa é a ação padrão para alguns sinais; por exemplo, os sinais que são obrigados a existir pelo POSIX, mas que não precisam ser (e não são) suportados pelo MINIX 3. Se o sinal é bloqueado, a única ação que precisa ser executada é ativar um bit no mapa de bits *mp_sigpending* desse processo. O teste principal (linha 19910) serve para distinguir processos que habilitaram a captura desses sinais daqueles que não o fizeram. Com a exceção dos sinais que são convertidos em mensagens a serem enviadas para serviços do sistema, todas as outras considerações especiais foram eliminadas por esse ponto e um processo que não pode capturar o sinal deve ser terminado.

Primeiramente, veremos o processamento de sinais que podem ser capturados (linhas 19911 a 19950). É construída uma mensagem para ser enviada ao núcleo, algumas partes da mensagem são cópias das informações presentes na parte da tabela de processos que está no PM. Se o processo a ser sinalizado foi suspenso anteriormente por **sigsuspend**, a máscara de sinal que foi salva no momento da suspensão é incluída na mensagem; caso contrário, será incluída a máscara de sinal corrente (linha 19914). Outros itens incluídos na mensagem são endereços do espaço do processo sinalizado, como: a rotina de tratamento de sinal, a rotina de biblioteca *sigreturn* a ser chamada no término da rotina de tratamento e o ponteiro de pilha corrente.

Em seguida, é alocado espaço na pilha do processo. A Figura 4-49 mostra a estrutura colocada na pilha. A parte *sigcontext* é colocada na pilha para preservá-la para posterior restauração, pois a estrutura correspondente na tabela de processos em si é alterada na preparação para execução da rotina de tratamento de sinal. A parte *sigframe* fornece um endereço de retorno para a rotina de tratamento de sinal e os dados necessários por **sigreturn** para concluir a restauração do estado do processo, quando a rotina de tratamento terminar. O endereço de retorno e o ponteiro de quadro não são usados em nenhuma parte do MINIX 3. Eles existem para lubridiar um depurador, caso alguém tente rastrear a execução de uma rotina de tratamento de sinal.

A estrutura a ser colocada na pilha do processo sinalizado é muito grande. O código nas linhas 19923 e 19924 reserva espaço para ela, após o qual uma chamada para *adjust* faz um teste para ver se há espaço suficiente na pilha do processo. Se não houver espaço suficiente na pilha, o processo será eliminado desviando para o rótulo *doterminate*, via comando **goto**, raramente utilizado, da linguagem C (linhas 19926 e 19927).

A chamada para *adjust* tem um problema em potencial. Lembre-se, de nossa discussão sobre a implementação de **brk**, que *adjust* retorna um erro se a pilha estiver dentro de *SAFETY_BYTES* de execução no segmento de dados. A margem de erro extra é fornecida porque a validade da pilha só pode ser verificada ocasionalmente pelo software. Essa margem de erro provavelmente é excessiva no caso presente, pois se sabe exatamente quanto espaço é necessário na pilha para o sinal; e é necessário espaço adicional apenas para a rotina de tra-

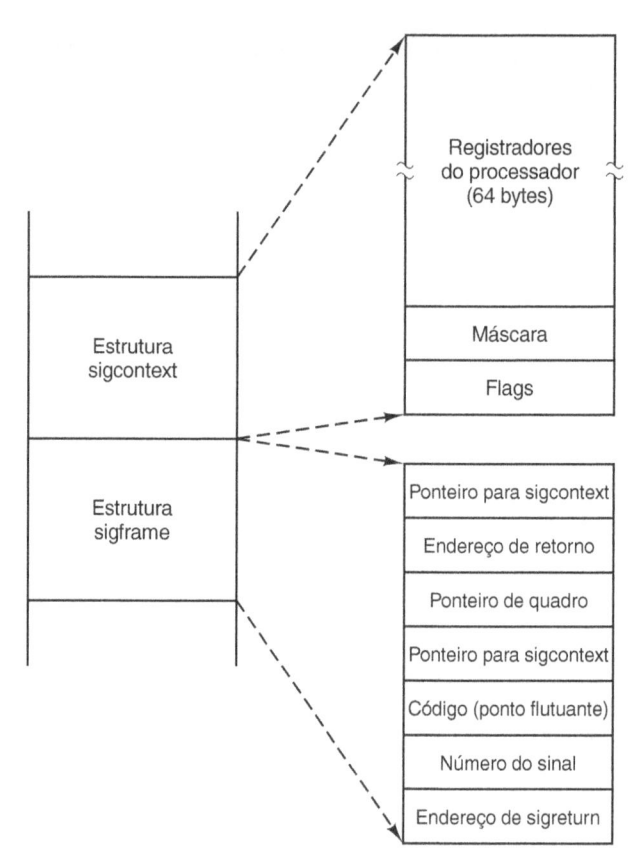

Figura 4-49 As estruturas *sigcontext* e *sigframe* colocadas na pilha para preparar uma rotina de tratamento de sinal. Os registradores do processador são uma cópia do quadro de pilha usado durante uma troca de contexto.

tamento de sinal, presumivelmente uma função relativamente simples. É possível que alguns processos sejam desnecessariamente terminados porque a chamada para *adjust* falha. Isso certamente é melhor do que ter programas que falham misteriosamente em outras ocasiões, mas uma otimização desses testes pode ser viável em algum momento no futuro.

Se há espaço suficiente na pilha para a estrutura, mais dois *flags* são verificados. O *flag FS_NODEFER* indica se o processo sinalizado deve bloquear mais sinais do mesmo tipo, enquanto trata uma ocorrência desse sinal. O *flag FS_RESETHAND* informa se a rotina de tratamento de sinal deve ser reconfigurada ao receber esse sinal. (Isso proporciona uma simulação fiel da antiga chamada *signal*. Embora esse "recurso" seja freqüentemente considerado uma falha na chamada antiga, o suporte de recursos antigos exige também o suporte para suas falhas.) Então, o núcleo é notificado, usando a chamada de núcleo sys_sigsend (linha 19940) para colocar a estrutura sigframe na pilha. Finalmente, o bit indicando que existe um sinal pendente é zerado e *unpause* é chamada para terminar qualquer chamada de sistema em que o processo possa estar suspenso. Na próxima vez que o processo sinalizado for executado, a rotina de tratamento de sinal também será. Se, por algum motivo, todos os testes anteriores falharem, o PM entrará em uma situação de pânico (linha 19949).

A exceção mencionada anteriormente – sinais convertidos em mensagens para serviços do sistema – é testada na linha 19951 e executada pela chamada de núcleo sys_kill que aparece em seguida. Isso faz a tarefa de sistema enviar uma mensagem de notificação para o processo sinalizado. Lembre-se de que, ao contrário da maioria das outras notificações, uma notificação da tarefa de sistema carrega uma carga útil, além das informações básicas sobre sua origem e uma indicação de tempo. Ela também transmite um mapa de bits de sinais para que o processo de sistema sinalizado conheça todos os sinais pendentes. Se a chamada sys_kill falhar, o PM entrará em uma situação de pânico. Se ela tiver êxito, *sig_proc* retornará (linha 19954). Se o teste na linha 19951 falhasse, a execução iria para o rótulo *doterminate*.

Agora, vamos ver o código de término, marcado pelo rótulo *doterminate* (linha 19957). O comando goto é a maneira mais fácil de tratar da possível falha da chamada para *adjust*. Aqui são processados sinais que, por um motivo ou outro, não podem ou não devem ser capturados. É possível que o sinal deva ser ignorado, situação em que *sig_proc* apenas retorna. Caso contrário, o processo deve ser terminado. A única questão é se também é necessário gerar um *core dump*. Finalmente, o processo é terminado como se tivesse terminado, por meio de uma chamada para *pm_exit* (linha 19967).

Check_sig (linha 19973) é onde o PM verifica se um sinal pode ser enviado. A chamada

kill(0, sig);

faz o sinal indicado ser enviado para todos os processos no grupo do processo que fez a chamada (isto é, todos os processos iniciados a partir do mesmo terminal). Os sinais originados no núcleo e a chamada de sistema reboot também podem afetar vários processos. Por isso, *check_sig* faz um laço nas linhas 19996 a 20026, para percorrer a tabela de processos a fim de localizar todos os processos para os quais um sinal deve ser enviado. O laço contém um grande número de testes. Somente se todos eles forem passados é que o sinal será enviado, pela chamada de *sig_proc* na linha 20023.

Check_pending (linha 20036) é outra função importante, chamada várias vezes no código que acabamos de examinar. Ela faz um laço por todos os bits no mapa de bits *mp_sigpending*, para o processo referido por *do_sigmask*, *do_sigreturn* ou *do_sigsuspend*, para ver se algum sinal bloqueado foi desbloqueado. Ela chama *sig_proc* para enviar o primeiro sinal desbloqueado pendente que encontrar. Como todas as rotinas de tratamento de sinal finalmente causam a execução de *do_sigreturn*, esse código é suficiente para enviar todos os sinais desmascarados pendentes.

A função *unpause* (linha 20065) está relacionada com os sinais enviados para processos suspensos em chamadas pause, wait, read, write ou sigsuspend. Pause, wait e sigsuspend podem ser verificadas consultando-se a parte do PM da tabela de processos, mas se nenhuma delas for encontrada, deverá ser solicitado ao sistema de arquivos para que utilize sua própria função *do_unpause* para verificar um possível problema em read ou write. Em cada caso, a ação é a mesma: uma resposta de erro é enviada para a chamada que está esperando e o bit de *flag* correspondente à causa da espera é zerado para que o processo possa retomar a execução e processar o sinal.

A última função nesse arquivo é *dump_core* (linha 20093), que escreve *core dumps* no disco. Um *core dump* consiste em um cabeçalho com informações sobre o tamanho dos segmentos ocupados por um processo, uma cópia de todas as informações de estado do processo, obtidas pela cópia das informações da tabela de processos do núcleo para o processo, e a imagem de memória de cada um dos segmentos. Um depurador pode interpretar essas informações para ajudar o programador a determinar o que deu errado durante uma execução do processo.

O código para escrever o arquivo é simples. O problema em potencial mencionado na seção anterior surge novamente, mas de uma forma bastante diferente. Para garantir que o segmento de pilha registrado no *core dump* seja atualizado, *adjust* é chamada na linha 20120.

Essa chamada pode falhar por causa da margem de segurança incorporada. O sucesso da chamada não é verificado por *dump_core*; portanto o *core dump* será gerado de qualquer forma, mas dentro do arquivo, as informações sobre a pilha podem estar incorretas.

Funções de suporte para temporizadores

O gerenciador de processos do MINIX 3 manipula solicitações de alarmes de processos de usuário, os quais não podem entrar diretamente em contato com o núcleo nem com a tarefa de sistema. Todos os detalhes do escalonamento de um alarme na tarefa de relógio ficam ocultos por trás dessa interface. Somente processos de sistema podem configurar um temporizador de alarme no núcleo. O suporte para isso é fornecido no arquivo *timers.c* (linha 20200).

O gerenciador de processos mantém uma lista de solicitações de alarmes e pede à tarefa de sistema para que o notifique quando for hora de um alarme. Quando um alarme vem do núcleo, o gerenciador de processos passa para o processo que deve recebê-lo.

Três funções são fornecidas aqui para suportar temporizadores. *Pm_set_timer* configura um temporizador e o adiciona na lista de temporizadores do PM, *pm_expire_timer* verifica a existência de temporizadores expirados e *pm_cancel_timer* remove um temporizador da lista do PM. Todas as três tiram proveito de funções existentes na biblioteca de temporizadores, declarada em *include/timers.h*. A função *Pm_set_timer* chama *tmrs_settimer*, *pm_expire_timer* chama *tmrs_exptimers* e *pm_cancel_timer* chama *tmrs_clrtimers*. Todas elas gerenciam a atividade de percorrer uma lista encadeada e inserir ou remover um item, conforme for exigido. Somente quando um item é inserido ou removido do início da fila, é que se torna necessário envolver a tarefa de sistema para ajustar a fila de temporizadores que está em espaço de núcleo. Para tanto, cada uma das funções *pm_XXX_timer* usa uma chamada de núcleo sys_setalarm.

4.8.7 Implementação de outras chamadas de sistema

O gerenciador de processos manipula três chamadas de sistema que envolvem tempo, em *time.c*: time, stime e times. Elas estão resumidas na Figura 4-50.

Chamada	Função
time	Obtém o tempo corrente real e o tempo de funcionamento (*uptime*), em segundos
stime	Configura o relógio de tempo real
times	Obtém os tempos de contabilização do processo

Figura 4-50 Três chamadas de sistema envolvendo tempo.

O tempo real é mantido pela tarefa de relógio dentro do núcleo, mas ela em si não troca mensagens com nenhum processo, exceto a tarefa de sistema. Como conseqüência, a única maneira de obter ou configurar o tempo real é enviar uma mensagem para a tarefa de sistema. É isso, na verdade, que *do_time* (linha 20320) e *do_stime* (linha 20341) fazem. O tempo real é medido em segundos decorridos desde 1º de janeiro de 1970.

As informações de contabilização também são mantidas pelo núcleo para cada processo. Cada tique de relógio é cobrado de algum processo. O núcleo não sabe sobre os relacionamentos pai-filho; portanto, ele recorre ao gerenciador de processos para acumular informações de tempo dos filhos de um processo. Quando um filho sai, seus tempos são acumulados na entrada do pai na tabela de processos que faz parte do PM. *Do_times* (linha 20366) recupera da tarefa de sistema a utilização de tempo de um processo pai, com uma chamada de núcleo sys_times e, depois, cria uma mensagem de resposta com o tempo de usuário e de sistema cobrado dos filhos.

O arquivo *getset.c* contém uma única função, *do_getset* (linha 20415), a qual executa sete chamadas de sistema do PM exigidas pelo POSIX. Elas aparecem na Figura 4-51. Todas são tão simples que não merecem uma função inteira para cada uma. As chamadas de **getuid** e **getgid** retornam ambas o UID ou o GID real e efetivo.

Configurar o *uid* ou o *gid* é ligeiramente mais complexo do que apenas ler. Precisa ser feita uma verificação para ver se o processo que fez a chamada está autorizado a configurá-los. Se o processo que fez a chamada for autorizado, o sistema de arquivos deverá ser informado do novo *uid* ou *gid*, pois a proteção do arquivo depende disso. A chamada de **setsid** cria uma nova sessão e um processo que já é líder de um grupo de processos não pode fazer isso. O teste na linha 20463 verifica essa condição. O sistema de arquivos conclui a tarefa de transformar um processo em líder de sessão sem nenhum terminal de controle.

Chamada de sistema	Descrição
getuid	Retorna o UID real e efetivo
getgid	Retorna o GID real e efetivo
getpid	Retorna os PIDs do processo e de seu pai
setuid	Configura o UID real e efetivo do processo que fez a chamada
setgid	Configura o GID real e efetivo do processo que fez a chamada
setsid	Cria uma nova sessão, retorna o PID
getpgrp	Retorna a ID do grupo de processos

Figura 4-51 As chamadas de sistema suportadas em *servers/pm/getset.c*.

Em contraste com as chamadas de sistema consideradas até aqui, neste capítulo, as chamadas em *misc.c* não são exigidas pelo POSIX. Essas chamadas são necessárias porque os *drivers* de dispositivo e servidores no espaço dd usuário do MINIX 3 precisam de suporte para comunicação com o núcleo que não é necessário em sistemas operacionais monolíticos. A Figura 4-52 mostra essas chamadas e seus objetivos.

Chamada de sistema	Descrição
do_allocmem	Aloca uma área de memória
do_freemem	Libera uma área de memória
do_getsysinfo	Obtém informações sobre o PM a partir do núcleo
do_getprocnr	Obtém o índice para a tabela de processos a partir do PID ou do nome
do_reboot	Elimina todos os processos, informa o FS e o núcleo
do_getsetpriority	Obtém ou configura a prioridade do sistema
do_svrctrl	Transforma um processo em servidor

Figura 4-52 Chamadas de sistema de propósito especial do MINIX 3 em *servers/pm/misc.c*.

As duas primeiras são manipuladas inteiramente pelo PM. *do_allocmem* lê a requisição de uma mensagem recebida, converte para unidades de *click* e chama *alloc_mem*. Isso é usado, por exemplo, pelo *driver* de memória para alocar memória do disco de RAM. *Do_freemem* é semelhante, mas chama *free_mem*.

As chamadas seguintes normalmente precisam de ajuda de outras partes do sistema. Elas podem ser consideradas como interfaces para a tarefa de sistema. *Do_getsysinfo* (linha 20554) pode fazer várias coisas, dependendo da requisição presente na mensagem recebida. Ela pode chamar a tarefa de sistema para obter informações sobre o núcleo, contidas na estrutura *kinfo* (definida no arquivo *include/minix/type.h*). Ela também pode ser usada para fornecer o endereço da parte do PM em si da tabela de processos ou uma cópia da tabela de processos inteira para outro processo, mediante solicitação. A última ação é executada por uma chamada para *sys_datacopy* (linha 20582). *Do_getprocnr* pode encontrar um índice para a tabela de processos em sua própria seção, se for dado o PID, e chama a tarefa de sistema para solicitar auxílio, caso tenha apenas o nome do processo de destino para trabalhar.

As duas chamadas seguintes, embora não sejam exigidas pelo POSIX, são provavelmente encontradas em alguma forma na maioria dos sistemas do tipo UNIX. *Do_reboot* envia um sinal *KILL* para todos os processos e diz ao sistema de arquivos para que fique pronto para uma reinicialização. Somente depois que o sistema de arquivos se sincronizar é que o núcleo será notificado com uma chamada de *sys_abort* (linha 20667). Uma reinicialização pode ser o resultado de uma situação de pânico ou um pedido do superusuário para causar uma parada ou reiniciar, e o núcleo precisa saber qual caso se aplica. *Do_getsetpriority* suporta o famoso utilitário *nice* do UNIX, o qual permite a um usuário reduzir a prioridade de um processo para ser um bom vizinho para outros processos (possivelmente os dele próprio). Essa chamada é usada pelo sistema MINIX 3 principalmente para fornecer um controle refinado sobre as prioridades relativas dos componentes do sistema. Um dispositivo de rede ou de disco que precisa manipular um fluxo de dados com uma taxa alta pode ter prioridade sobre outro que recebe dados mais lentamente, como o teclado. Além disso, um processo de alta prioridade que esteja em um laço, e impedindo que outros processos sejam executados, pode ter sua prioridade diminuída temporariamente. A alteração da prioridade é feita pondo o processo em uma fila de prioridade mais baixa (ou mais alta), conforme descrito na discussão sobre implementação do escalonamento, no Capítulo 2. Quando isso é feito pelo escalonador no núcleo, não há necessidade de envolver o PM, é claro, mas um processo normal precisa usar uma chamada de sistema. No PM, isso é apenas uma questão de ler o valor corrente retornado em uma mensagem ou gerar uma mensagem com um novo valor. Uma chamada de núcleo, *sys_nice* envia o novo valor para a tarefa de sistema.

A última função em *misc.c* é *do_svrctl*. Correntemente, ela é usada para habilitar e desabilitar o *swapping*. Uma vez atendidas por essa chamada, outras funções devem ser implementadas no servidor de reencarnação.

A última chamada de sistema que consideraremos neste capítulo é **ptrace**, manipulada por *trace.c*. Esse arquivo não está listado no Apêndice B, mas pode ser encontrado no CD-ROM e no site web do MINIX 3. **Ptrace** é usada por programas de depuração. O parâmetro dessa chamada pode ser um de 11 comandos. Eles estão mostrados na Figura 4-53. No PM, *do_trace* processa quatro deles: *T_OK, T_RESUME, T_EXIT* e *T_STEP*. As requisições para entrar e sair de rastreamento são completados aqui. Todos os outros comandos são passados para a tarefa de sistema, a qual tem acesso à parte do núcleo da tabela de processos. Isso é feito chamando-se a função de biblioteca *sys_trace*. São fornecidas duas funções de suporte para rastreamento. *Find_proc* procura o processo a ser rastreado na tabela de processos e *stop_proc* interrompe um processo rastreado, quando ele é sinalizado.

4.8.8 Utilitários de gerenciamento de memória

Concluiremos este capítulo descrevendo sucintamente mais dois arquivos que fornecem funções de suporte para o gerenciador de processos. São eles *alloc.c* e *utility.c*. Como os detalhes

Comando	Descrição
T_STOP	Interrompe o processo
T_OK	Ativa o rastreamento pelo pai desse processo
T_GETINS	Retorna valor do espaço de texto (instrução)
T_GETDATA	Retorna valor do espaço de dados
T_GETUSER	Retorna valor da tabela de processos de usuário
T_SETINS	Atribui valor no espaço de instrução
T_SETDATA	Atribui valor no espaço de dados
T_SETUSER	Atribui valor na tabela de processos de usuário
T_RESUME	Retoma a execução
T_EXIT	Termina
T_STEP	Ativa o bit de rastreamento

Figura 4-53 Comandos de depuração suportados por *servers/pm/trace.c*.

internos desses arquivos não são discutidos aqui, eles não foram impressos no Apêndice B (para evitar que este livro, que já é grande, se tornasse ainda maior). Entretanto, estão disponíveis no CD-ROM e no site web do MINIX 3.

Alloc.c é onde o sistema monitora quais partes da memória estão em uso e quais estão livres. Ele tem três pontos de entrada:

1. *alloc_mem* – solicita um bloco de memória de determinado tamanho.
2. *free_mem* – retorna memória que não é mais necessária.
3. *mem_init* – inicializa a lista de regiões de memória livres quando o PM começa a executar.

Conforme dissemos anteriormente, *alloc_mem* usa o algoritmo o primeiro que couber em uma lista de lacunas ordenada pelo endereço de memória. Ao encontrar uma lacuna grande demais, é alocado apenas o necessário e deixa o restante na lista de regiões livres, mas reduzida no tamanho pela quantidade tomada. Se for necessária a lacuna inteira, *del_slot* é chamada para remover a entrada da lista de regiões livres.

A tarefa de *free_mem* é verificar se uma porção de memória recentemente liberada pode ser fusionada com lacunas de qualquer dos lados. Se puder, *merge* é chamada para unir as lacunas e atualizar as listas.

Mem_init constrói a lista de regiões livres inicial, consistindo em toda a memória disponível.

O último arquivo a ser descrito é *utility.c*, que contém algumas funções variadas, usadas em diversos lugares no PM. Assim como *alloc.c*, *utility.c* não está listada no Apêndice B.

Get_free_pid encontra um PID livre para um processo filho. Ela evita um problema que possivelmente poderia ocorrer. O valor de PID máximo é 30.000. Esse deve ser o valor máximo que pode estar em *PID_t*. Esse valor foi escolhido para evitar problemas com alguns programas mais antigos que usam um tipo menor. Após atribuir, digamos, o PID 20 para um processo de duração muito longa, mais 30.000 processos poderiam ser criados e destruídos, e simplesmente incrementar uma variável sempre que um novo PID é necessário, voltando a zero quando o limite é atingido, se poderia chegar ao valor 20 novamente. Atribuir um PID que ainda está em uso seria um desastre (suponha que posteriormente alguém tentasse sinalizar o processo 20). Uma variável contendo o último PID atribuído é incrementada e, se ela ultrapassar um valor máximo fixo, recomeça com o PID 2 (porque *init* sempre tem o PID 1).

Então, a tabela de processos inteira é pesquisada para garantir que o PID a ser atribuído ainda não esteja em uso. Se estiver em uso, o procedimento será repetido até que seja encontrado um PID livre.

A função *allowed* verifica se determinado acesso é permitido a um arquivo. Por exemplo, *do_exec* precisa saber se um arquivo é executável.

A função *no_sys* nunca deve ser chamada. Ela é fornecida apenas para o caso de um usuário chamar o PM com um número de chamada de sistema inválido.

Panic é chamada apenas quando o PM detectou um erro do qual não pode se recuperar. Ela relata o erro para a tarefa de sistema, a qual, então, interrompe o MINIX 3. Ela não deve ser chamada frequentemente.

A próxima função em *utility.c* é *tell_fs*, que constrói uma mensagem e a envia para o sistema de arquivos quando este precisa ser informado sobre eventos manipulados pelo PM.

Find_param é usada para analisar os parâmetros do monitor. Seu uso corrente é na extração de informações sobre a utilização de memória antes que o MINIX 3 seja carregado na memória, mas poderia ser usada para encontrar outras informações, caso houvesse necessidade.

As duas funções seguintes nesse arquivo fornecem interfaces para a função de biblioteca *sys_getproc*, a qual chama a tarefa de sistema para obter informações da parte do núcleo da tabela de processos. *Sys_getproc*, por sua vez, é na verdade uma macro definida em *include/minix/syslib.h*, a qual passa parâmetros para a chamada de núcleo sys_getinfo. *Get_mem_map* obtém o mapa de memória de um processo. *Get_stack_ptr* obtém o ponteiro de pilha. Ambas precisam de um número de processo, isto é, um índice para a tabela de processos, o qual não é o mesmo que um PID. A última função em *utility.c* é *proc_from_pid*, que fornece esse suporte — ela é chamada com um PID e retorna um índice para a tabela de processos.

4.9 RESUMO

Neste capítulo, examinamos o gerenciamento de memória, tanto em geral como no MINIX 3. Vimos que os sistemas mais simples não fazem *swapping* nem paginação. Uma vez que um programa é carregado na memória, ele permanece lá até terminar. Os sistemas embarcados normalmente funcionam assim, possivelmente até com o código na memória ROM. Alguns sistemas operacionais permitem apenas um processo por vez na memória, enquanto outros suportam multiprogramação.

O passo seguinte é o *swapping*. Quando o *swapping* é usado, o sistema pode manipular mais processos do que tem de espaço disponível na memória. Os processos para os quais não há espaço são levados para o disco. O espaço livre na memória e no disco pode ser monitorado com um mapa de bits ou com uma lista de lacunas.

Os computadores mais avançados freqüentemente têm alguma forma de memória virtual. Na forma mais simples, o espaço de endereçamento de cada processo é dividido em blocos de tamanho uniforme chamados de páginas, que podem ser colocados em qualquer quadro de página disponível na memória. Muitos algoritmos de substituição de página foram propostos. Dois dos mais conhecidos são o da segunda chance e do envelhecimento. Para fazer os sistemas de paginação funcionarem bem, escolher um algoritmo não é suficiente; é necessário dar atenção a questões como determinar o conjunto de trabalho, a política de alocação de memória e o tamanho de página.

A segmentação ajuda na manipulação de estruturas de dados que mudam de tamanho durante a execução e simplifica a ligação e o compartilhamento. Ela também facilita oferecer proteção diferente para diferentes segmentos. Às vezes, a segmentação e a paginação são combinadas para fornecer uma memória virtual bidimensional. O Pentium da Intel suporta segmentação e paginação.

O gerenciamento de memória no MINIX 3 é simples. A memória é alocada quando um processo executa uma chamada de sistema fork ou exec. A memória assim alocada nunca é aumentada nem diminuída durante a vida do processo. Nos processadores Intel, existem dois modelos de memória usados pelo MINIX 3. Os programas pequenos podem ter instruções e dados no mesmo segmento de memória. Os programas maiores usam espaços de instrução e de dados separados (I e D separados). Os processos com espaços I e D separados podem compartilhar a parte de sua memória relativa ao texto; portanto, apenas memória de dados e de pilha devem ser alocados durante uma operação fork. Isso também pode ser verdade durante uma operação exec, caso outro processo já esteja usando o texto necessário para o novo programa.

A maior parte do trabalho do PM não está ligada ao monitoramento da memória livre, o que ele faz usando uma lista de lacunas e o algoritmo o primeiro que couber, mas sim à execução das chamadas de sistema relacionadas ao gerenciamento de processos. Diversas chamadas de sistema suportam sinais POSIX e, como a ação padrão da maioria dos sinais é terminar o processo sinalizado, é apropriado manipulá-las no PM, o qual inicia o término de todos os processos. Várias chamadas de sistema não diretamente relacionadas com a memória também são manipuladas pelo PM, principalmente porque ele é menor do que o sistema de arquivos e, assim, foi mais conveniente colocá-las aqui.

PROBLEMAS

1. Um sistema de computador tem espaço suficiente para conter quatro programas em sua memória principal. Cada um desses programas fica ocioso metade do tempo, esperando por E/S. Que fração do tempo da CPU é desperdiçada?

2. Considere um sistema com *swapping* no qual a memória consiste nos tamanhos de lacuna a seguir, pela ordem de memória: 10 KB, 4 KB, 20 KB, 18 KB, 7 KB, 9 KB, 12 KB e 15 KB. Qual lacuna é tomada para solicitações de segmento sucessivos de

    (a) 12 KB
    (b) 10 KB
    (c) 9 KB

    para o algoritmo o primeiro que couber? Agora, repita a questão para o algoritmo o que melhor couber, o que pior couber e o próximo que couber.

3. Um computador tem 1 GB de memória RAM alocada em unidades de 64 KB. Quantos KB serão necessários se um mapa de bits for usado para monitorar a memória livre?

4. Agora, refaça a questão anterior usando uma lista de lacunas. Qual é a quantidade de memória necessária para a lista no melhor e no pior caso? Suponha que o sistema operacional ocupe os 512 KB inferiores da memória.

5. Qual é a diferença entre um endereço físico e um endereço virtual?

6. Usando o mapeamento de página da Figura 4-8, dê o endereço físico correspondente a cada um dos seguintes endereços virtuais:

    (a) 20
    (b) 4100
    (c) 8300

7. Na Figura 4-9, o campo de página do endereço virtual tem 4 bits e o campo de página do endereço físico tem 3 bits. Em geral, é permitido que o número de bits de página do endereço virtual seja menor, igual ou maior do que o número de bits de página do endereço físico? Discuta sua resposta.

8. O processador Intel 8086 não suporta memória virtual. Contudo, algumas empresas chegaram a comercializar sistemas que continham uma CPU 8086 não modificada e faziam paginação. Faça uma suposição abalizada sobre como elas faziam isso. (*Dica*: pense sobre a posição lógica da MMU.)

9. Se uma instrução demora 1 ns e uma falta de página demora mais n ns, dê uma fórmula para o tempo de instrução efetivo, se os erros de página ocorrem a cada k instruções.

10. Uma máquina tem um espaço de endereçamento de 32 bits e uma página de 8 KB. A tabela de páginas está inteiramente no hardware, com uma palavra de 32 bits por entrada. Quando um processo começa, a tabela de páginas é copiada no hardware a partir da memória, a uma taxa de uma palavra a cada 100 ns. Se cada processo executa por 100 ms (incluindo o tempo para carregar a tabela de páginas), que fração do tempo da CPU é dedicada ao carregamento das tabelas de página?

11. Um computador com um endereçamento de 32 bits usa uma tabela de páginas de dois níveis. Os endereços virtuais são divididos em um campo de tabela de páginas de nível superior de 9 bits, um campo de tabela de páginas de segundo nível de 11 bits e um deslocamento. Qual é o tamanho das páginas e quantas existem no espaço de endereços?

12. A seguir está a listagem de um pequeno programa em um pseudo-*assembly* para um computador com páginas de 512 bytes. O programa está localizado no endereço 1020 e seu ponteiro de pilha está em 8192 (a pilha cresce em direção a 0). Forneça a string de referência de página gerada por esse programa. Cada instrução ocupa 4 bytes (1 palavra) e tanto referências de instrução como de dados contam na string de referência.

Carregar a palavra 6144 no registrador 0
Colocar o registrador 0 na pilha
Chamar uma função em 5120, empilhando o endereço de retorno
Subtrair a constante imediata 16 do ponteiro de pilha
Comparar o parâmetro real com a constante imediata 4
Pular se for igual a 5152

13. Suponha que um endereço virtual de 32 bits seja dividido em quatro campos, a, b, c e d. Os três primeiros são usados por um sistema de tabela de páginas de três níveis. O quarto campo, d, é o deslocamento. O número de páginas depende dos tamanhos de todos os quatro campos? Se não depende, quais importam e quais não importam?

14. Um computador cujos processos têm 1024 páginas em seus espaços de endereçamento mantém suas tabelas de página na memória. A sobrecarga exigida para ler uma palavra da tabela de páginas é de 500 ns. Para reduzir essa sobrecarga, o computador tem um TLB, o qual contém 32 pares (página virtual, quadro de página físico), e pode fazer uma pesquisa em 100 ns. Qual é a taxa de acertos necessária para reduzir a sobrecarga média para 200 ns?

15. O TLB no VAX não continha um bit R (referência). Essa omissão era apenas um artefato de seu tempo (anos 80) ou há algum outro motivo para sua ausência?

16. Uma máquina tem endereços virtuais de 48 bits e endereços físicos de 32 bits. As páginas têm 8 KB. Quantas entradas são necessárias para a tabela de páginas?

17. Uma CPU RISC com endereços virtuais de 64 bits e 8 GB de memória RAM usa uma tabela de páginas invertida com páginas de 8 KB. Qual é o tamanho mínimo do TLB?

18. Um computador tem quatro quadros de página. O tempo de carga, o tempo do último acesso e os bits R e M de cada página são mostrados a seguir (os tempos estão em tiques de relógio):

Página	Carregada	Última ref.	R	M
0	126	279	0	0
1	230	260	1	0
2	120	272	1	1
3	160	280	1	1

(a) Qual página o algoritmo NRU substituirá?
(b) Qual página o algoritmo FIFO substituirá?
(c) Qual página o algoritmo LRU substituirá?
(d) Qual página o algoritmo da segunda chance substituirá?

19. Se o algoritmo de substituição de página FIFO for usado com quatro quadros de página e oito páginas, quantas faltas de página ocorrerão com a string de referência 0172327103 se os quatro quadros estiverem inicialmente vazios? Agora, repita este problema para o algoritmo LRU.

20. Um pequeno computador tem 8 quadros de página, cada um contendo uma página. Os quadros de página contêm as páginas virtuais A, C, G, H, B, L, N, D e F, nessa ordem. Seus respectivos tempos de carga foram de 18, 23, 5, 7, 32, 19, 3 e 8. Seus bits de referência são 1, 0, 1, 1, 0, 1, 1 e 0 e seus bits modificados são 1, 1, 1, 0, 0, 0, 1 e 1 respectivamente. Qual é a ordem em que o algoritmo da segunda chance considera as páginas e qual delas é selecionada?

21. Existem *quaisquer* circunstâncias nas quais o algoritmo do relógio e da segunda chance escolherão páginas diferentes para substituir? Se houver, quais são elas?

22. Suponha que um computador utilize o algoritmo de substituição de página FFP, mas haja memória suficiente para conter todos os processos, sem faltas de página. O que acontece?

23. Um pequeno computador tem quatro quadros de página. No primeiro tique de relógio, os bits R são 0111 (a página 0 é 0 e as restantes são 1). Nos tiques de relógio subseqüentes, os valores são 1011, 1010, 1101, 0010, 1010, 1100 e 0001. Se o algoritmo do envelhecimento for usado com um contador de 8 bits, dê os valores dos quatro contadores após o último tique.

24. Quanto tempo demora para carregar um programa de 64 KB de um disco cujo tempo de busca médio é de 10 ms, seu tempo de rotação é de 8 ms e suas trilhas contêm 1 MB

    (a) para um tamanho de página de 2 KB?
    (b) para um tamanho de página de 4 KB?
    (c) para um tamanho de página de 64 KB?

    As páginas estão espalhadas aleatoriamente no disco.

25. Dados os resultados do problema anterior, por que as páginas são tão pequenas? Cite duas desvantagens das páginas de 64 KB com relação às páginas de 4 KB.

26. Uma das primeiras máquinas de compartilhamento de tempo, o PDP-1, tinha uma memória de 4 K palavras de 18 bits. Ele mantinha um processo por vez na memória. Quando o escalonador decidia executar outro processo, o que estava na memória era escrito em um tambor de paginação (um tipo de disco), com 4K palavras de 18 bits em torno da circunferência do tambor. O tambor podia iniciar a escrita (ou leitura) em qualquer palavra, em vez de somente na palavra 0. Por que você acha que esse tambor foi escolhido?

27. Um sistema embarcado fornece a cada processo 65.536 bytes de espaço de endereçamento, divididos em páginas de 4096 bytes. Um programa em particular tem um tamanho de texto de 32.768 bytes, um tamanho de dados de 16.386 bytes e um tamanho de pilha de 15.870 bytes. Esse programa caberá no espaço de endereçamento? Se o tamanho de página fosse de 512 bytes, ele caberia? Lembre-se de que uma página não pode conter partes de dois segmentos diferentes.

28. Foi observado que o número de instruções executadas entre faltas de página é diretamente proporcional ao número de quadros de página alocados para um programa. Se a memória disponível for duplicada, o intervalo médio entre faltas de página também é duplicado. Suponha que uma instru-

ção normal demore 1 microssegundo, mas se ocorre uma falta de página, ele demora 2001 microssegundos (isto é, 2 ms) para tratar do erro. Se um programa demora 60 s para executar, durante os quais ocorrem 15.000 erros de página, quanto tempo ele demoraria para ser executado se o dobro de memória estivesse disponível?

29. Um grupo de projetistas de sistema operacional da Empresa de Computação Frugal está pensando a respeito de maneiras de reduzir o espaço necessário para seu novo sistema operacional. O guru-chefe sugeriu apenas não se incomodar com o salvamento do texto do programa na área de *swapping*, mas apenas paginá-lo diretamente do arquivo binário, quando for necessário. Há algum problema nessa estratégia?

30. Explique a diferença entre fragmentação interna e fragmentação externa. Qual delas ocorre nos sistemas de paginação? Qual delas ocorre nos sistemas que usam segmentação pura?

31. Quando estão sendo usadas segmentação e paginação, como no Pentium, primeiro deve ser pesquisado o descritor de segmento e, depois, o descritor de página. O TLB também funciona dessa maneira, com dois níveis de pesquisa?

32. Por que o esquema de gerenciamento de memória do MINIX 3 torna necessário ter um programa como *chmem*?

33. A Figura 4-44 mostra a utilização de memória inicial dos quatro primeiros componentes de um sistema MINIX 3. Qual será o valor de *cs* para o próximo componente carregado após *rs*?

34. Os computadores compatíveis com IBM têm a memória ROM e a memória de dispositivo de E/S não disponíveis para uso de programas no intervalo de 640 KB a 1 MB e, depois que o monitor de inicialização do MINIX 3 se reposiciona abaixo do limite de 640 KB, a memória disponível para uso de programas é ainda mais reduzida. Na Figura 4-44, qual é a quantidade de memória disponível para carregar um programa na região entre o núcleo e a região indisponível, se o monitor de inicialização tem 52256 bytes alocados para si?

35. No problema anterior, importa se o monitor de inicialização ocupa exatamente a quantidade de memória que precisa ou se ela é arredondada para unidades de *clicks*?

36. Na Seção 4.7.5, foi mencionado que, em uma chamada de **exec**, testando a existência de uma lacuna adequada antes de liberar a memória do processo corrente, é obtida uma implementação menos que ótima. Refaça esse algoritmo para melhorar isso.

37. Na Seção 4.8.4, foi mencionado que seria melhor procurar lacunas para os segmentos de texto e de dados separadamente. Implemente esse aprimoramento.

38. Reprojete *adjust* para evitar o problema dos processos que recebem sinais serem eliminados desnecessariamente por causa de um teste de espaço de pilha restrito demais.

39. Para identificar a alocação de memória corrente de um processo do MINIX 3, você pode usar o comando

    chmem +0 a.out

mas isso tem o incômodo efeito colateral de reescrever o arquivo e, assim, alterar suas informações de data e hora. Modifique o comando *chmem* para fazer um novo comando *showmem*, o qual simplesmente exibe a alocação de memória corrente de seu argumento.

5

SISTEMA DE ARQUIVOS

Todos os aplicativos de computador precisam armazenar e recuperar informações. Enquanto um processo está em execução, ele pode armazenar um volume de informações limitado dentro de seu próprio espaço de endereçamento. Entretanto, a capacidade de armazenamento está restrita ao tamanho do espaço de endereçamento virtual. Para algumas aplicações, esse tamanho é adequado, mas para outras, como reservas de passagens aéreas, sistemas bancários ou registros coorporativos, ele é pequeno demais.

Um segundo problema na manutenção de informações dentro do espaço de endereçamento de um processo é que, quando o processo termina, as informações são perdidas. Para muitas aplicações, (por exemplo, para bancos de dados), as informações devem ser mantidas por semanas, meses ou até para sempre. É inaceitável perdê-las quando o processo que as está usando termina. Além disso, elas não devem desaparecer quando uma falha no computador elimina o processo.

Um terceiro problema é que, freqüentemente, é necessário vários processos acessarem as informações (partes delas) ao mesmo tempo. Por exemplo, se temos um catálogo telefônico *on-line* armazenado dentro do espaço de endereçamento de um único processo, apenas esse processo pode acessá-lo. A maneira de resolver esse problema é tornar as informações em si independentes de qualquer processo.

Assim, temos três requisitos fundamentais para o armazenamento de informações a longo prazo:

1. Deve ser possível armazenar um volume muito grande de informações.
2. As informações devem sobreviver ao término do processo que as estão utilizando.
3. Vários processos devem ser capazes de acessar as informações concomitantemente.

A solução usual para todos esses problemas é armazenar as informações em discos e outras mídias externas, em unidades chamadas **arquivos**. Então, os processos podem ler e escrever informações novas, se for necessário. As informações armazenadas em arquivos devem ser **persistentes**; isto é, não devem ser afetadas pela criação e pelo término do processo. Um arquivo só deve desaparecer quando seu criador o remover.

Os arquivos são gerenciados pelo sistema operacional. O modo como eles são estruturados, nomeados, acessados, usados, protegidos e implementados são tópicos importantes no projeto do sistema operacional. Como um todo, a parte do sistema operacional que trata com arquivos é conhecida como **sistema de arquivos** e esse é o assunto deste capítulo.

Do ponto de vista dos usuários, o aspecto mais importante de um sistema de arquivos é como ele aparece para eles; isto é, o que constitui um arquivo, como os arquivos recebem seus nomes e como são protegidos, quais operações são permitidas etc. Os detalhes de serem utilizadas listas encadeadas ou mapas de bits para monitorar o espaço de armazenamento livre e de que existem muitos setores em um bloco lógico têm menos interesse, embora sejam de grande importância para os projetistas do sistema de arquivos. Por isso, estruturamos este capítulo com várias seções. As duas primeiras são dedicadas à interface do usuário para arquivos e diretórios, respectivamente. Em seguida, há uma discussão sobre maneiras alternativas pelas quais um sistema de arquivos pode ser implementado. Após uma discussão sobre segurança e mecanismos de proteção, concluímos com uma descrição do sistema de arquivos do MINIX 3.

5.1 ARQUIVOS

Nas páginas a seguir, veremos os arquivos do ponto de vista do usuário; isto é, como eles são usados e quais são suas propriedades.

5.1.1 Atribuição de nomes de arquivo

Os arquivos são um mecanismo de abstração. Eles proporcionam uma maneira de armazenar informações no disco e de lê-las posteriormente. Isso deve ser feito de modo a esconder do usuário os detalhes sobre como e onde as informações são armazenadas e como os discos realmente funcionam.

Provavelmente, a característica mais importante de qualquer mecanismo de abstração é a maneira de atribuir nomes aos objetos que estão sendo gerenciados; portanto, começaremos nosso estudo dos sistemas de arquivos com o assunto da atribuição de nomes de arquivo. Quando um processo cria um arquivo, é dado um nome a ele. Quando o processo termina, o arquivo continua a existir e pode ser acessado por outros processos, usando seu nome.

As regras de atribuição de nomes de arquivo exatas variam de um sistema para outro, mas todos os sistemas operacionais atuais permitem strings de uma a oito letras como nomes de arquivo válidos. Assim, *andrea*, *bruce* e *cathy* são possíveis nomes de arquivo. Freqüentemente, algarismos e caracteres especiais também são permitidos; assim, nomes como *2*, *urgente!* e *Fig.2-14* freqüentemente também são válidos. Muitos sistemas de arquivos suportam nomes de até 255 caracteres.

Alguns sistemas de arquivos fazem distinção entre letras maiúsculas e minúsculas, enquanto outros, não. O UNIX (incluindo todas as suas variantes) entra na primeira categoria; o MS-DOS, na segunda. Assim, um sistema UNIX pode ter todos os seguintes nomes como três arquivos distintos: *maria*, *Maria* e *MARIA*. No MS-DOS, todos esses nomes referem-se ao mesmo arquivo.

O Windows fica entre esses extremos. Os sistemas de arquivos do Windows 95 e Windows 98 são baseados no sistema de arquivos do MS-DOS e, assim, herdam muitas de suas propriedades, como o modo de construir nomes de arquivo. A cada nova versão foram adicionados aprimoramentos, mas os recursos que discutiremos são comuns no MS-DOS de modo geral e nas versões clássicas do Windows. Além disso, o Windows NT, o Windows 2000 e o Windows XP suportam o sistema de arquivos do MS-DOS. Entretanto, estes últimos sistemas também têm um sistema de arquivos nativo (o **NTFS**), que tem propriedades diferentes (como nomes de arquivo em Unicode). Esse sistema de arquivos também passou por alterações nas sucessivas versões. Neste capítulo, vamos nos referir aos sistemas mais antigos como sistema de arquivos do Windows 98. Se um recurso não se aplicar às versões do MS-DOS ou do Windows 95, indicaremos isso. Do mesmo modo, vamos nos referir ao sistema mais recente como sistema de arquivos NTFS ou como sistema de arquivos do Windows XP e destacaremos isso, caso um aspecto que esteja sendo discutido também não se aplique aos sistemas de arquivos do Windows NT ou do Windows 2000. Quando dissermos apenas Windows, isso significará todos os sistemas de arquivos do Windows, desde o Windows 95.

Muitos sistemas operacionais suportam nomes de arquivo com duas partes, sendo elas separadas por um ponto, como em *prog.c*. A parte após o ponto é chamada de **extensão de arquivo** e normalmente indica algo a respeito do arquivo (neste exemplo, que se trata de um arquivo-fonte da linguagem de programação C. No MS-DOS, por exemplo, os nomes de arquivo têm de 1 a 8 caracteres, mais uma extensão opcional de 1 a 3 caracteres. No UNIX, o tamanho da extensão, se houver, fica por conta do usuário, e um arquivo pode até ter duas ou mais extensões, como em *prog.c.bz2*, onde *.bz2* é comumente usado para indicar que o arquivo (*prog.c*) foi compactado usando o algoritmo de compactação bzip2. Algumas das extensões de arquivo mais comuns e seus significados aparecem na Figura 5-1.

Extensão	Significado
arquivo.bak	Arquivo de *backup*
arquivo.c	Programa fonte em C
arquivo.gif	Imagem no formato *Graphical Interchange Format*
arquivo.html	Documento em *HyperText Markup Language* da *World Wide Web*
arquivo.iso	Imagem ISO de um CD-ROM (para gravar no CD)
arquivo.jpg	Fotografia codificada com o padrão JPEG
arquivo.mp3	Música codificada no formato de áudio MPEG camada 3
arquivo.mpg	Filme codificado com o padrão MPEG
arquivo.o	Arquivo-objeto (saída do compilador ainda não vinculada)
arquivo.pdf	Arquivo no formato *Portable Document Format*
arquivo.ps	Arquivo em *PostScript*
arquivo.tex	Entrada para o programa de formatação TEX
arquivo.txt	Arquivo de texto geral
arquivo.zip	Repositório de arquivos compactado

Figura 5-1 Algumas extensões de arquivo típicas.

Em alguns sistemas (por exemplo, o UNIX), as extensões de arquivo são apenas convenções e não são impostas pelo sistema operacional. Um arquivo chamado *arquivo.txt* poderia ser algum tipo de arquivo de texto, mas esse nome serve mais para lembrar o proprietário do que para transmitir qualquer informação para o computador. Por outro lado, um compilador C pode fazer questão de que os arquivos a serem compilados terminem com *.c* e se recusar a compilá-los, caso não terminem.

Convenções como essas são particularmente úteis quando o mesmo programa pode manipular vários tipos diferentes de arquivos. O compilador C, por exemplo, pode receber uma lista de arquivos para compilar e ligar, alguns deles sendo arquivos em C (por exemplo, *foo.c*), alguns em linguagem *assembly* (por exemplo, *bar.s*) e alguns sendo arquivos-objeto (por exemplo, *other.o*). Então, a extensão torna-se fundamental para o compilador identificar quais são os arquivos em C, quais são arquivos em *assembly* e quais são arquivos-objeto.

Em contraste, o Windows é muito atento quanto às extensões e atribui significado para elas. Os usuários (ou processos) podem registrar extensões no sistema operacional e especificar qual programa esta associado a cada uma delas. Quando um usuário dá um duplo clique em um nome de arquivo, o programa atribuído a sua extensão de arquivo é ativado e recebe o nome do arquivo como parâmetro. Por exemplo, dar um duplo clique em *arquivo.doc* inicia o programa *Word* da Microsoft, com *arquivo.doc* sendo o arquivo inicial a ser editado.

Pode-se achar estranho a Microsoft ter optado por tornar as extensões comuns invisíveis por padrão, devido a sua importância. Felizmente, a maioria das configurações "erradas por padrão" do Windows pode ser alterada por um usuário sofisticado que saiba onde procurar.

5.1.2 Estrutura do arquivo

Os arquivos podem ser estruturados de várias maneiras. Três possibilidades comuns aparecem na Figura 5-2. O arquivo da Figura 5-2(a) é apenas uma seqüência não estruturada de bytes. Na verdade, o sistema operacional não sabe ou não se preocupa com o que há no arquivo. Tudo que ele vê são bytes. Qualquer significado deve ser imposto pelos programas em nível de usuário. Tanto o UNIX como o Windows 98 usam essa estratégia.

O fato de o sistema operacional enxergar os arquivos como nada mais do que seqüências de bytes proporciona o máximo de flexibilidade. Os programas de usuário podem colocar o que quiserem em seus arquivos e chamá-los da maneira que for conveniente. O sistema operacional não ajuda, mas também não atrapalha. Para usuários que queiram fazer coisas incomuns, este último aspecto pode ser muito importante.

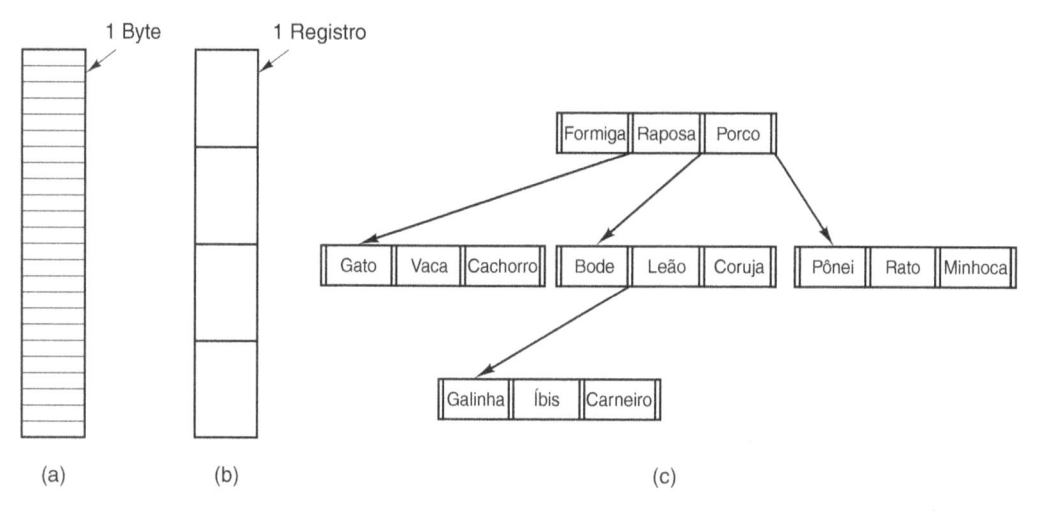

Figura 5-2 Três tipos de arquivos. (a) Seqüência de bytes. (b) Seqüência de registros. (c) Árvore.

A primeira etapa na estrutura aparece na Figura 5-2(b). Nesse modelo, um arquivo é uma seqüência de registros de tamanho fixo, cada um com alguma estrutura interna. O mais importante na idéia de um arquivo ser uma seqüência de registros é a noção de que a operação de leitura retorna apenas um registro e a operação de escrita sobrescreve ou anexa apenas um registro. Como um dado histórico, quando o cartão perfurado de 80 colunas reinava, os sistemas operacionais (de computadores de grande porte) baseavam seus sistemas de arquivos em arquivos compostos de registros de 80 caracteres, na verdade, imagens de cartão. Esses sistemas também suportavam arquivos de registros de 132 caracteres, os quais se destinavam à impressora de linha (as quais, naquela época, eram impressoras enormes com 132 colunas).

Os programas liam a entrada em unidades de 80 caracteres e escreviam em unidades de 132 caracteres, embora os últimos 52 pudessem ser espaços, naturalmente. Nenhum sistema de propósito geral atual funciona assim.

O terceiro tipo de estrutura de arquivo aparece na Figura 5-2(c). Nessa organização, um arquivo consiste em uma árvore de registros, não necessariamente todos do mesmo tamanho, mas cada um contendo um campo de **chave** em uma posição fixa no registro. A árvore é ordenada pelo campo de chave, permitindo localizar rapidamente uma chave em particular.

A operação básica aqui não é obter o "próximo" registro, embora isso também seja possível, mas obter o registro com uma chave específica. Para o arquivo *zoo* da Figura 5-2(c), poderia ser solicitado que o sistema obtivesse o registro cuja chave é *pônei*, por exemplo, sem se preocupar com sua posição exata no arquivo. Além disso, novos registros podem ser adicionados no arquivo, com o sistema operacional (e não o usuário) decidindo onde colocá-los. Esse tipo de arquivo é claramente muito diferente dos fluxos de bytes não estruturados utilizados no UNIX e no Windows 98, mas é amplamente usado nos computadores de grande porte ainda utilizados no processamento de dados comerciais.

5.1.3 Tipos de arquivo

Muitos sistemas operacionais suportam vários tipos de arquivos. O UNIX e o Windows, por exemplo, têm arquivos normais e diretórios. O UNIX tem também arquivos especiais de caractere e de bloco. O Windows XP também usa arquivos de **metadados**, os quais mencionaremos posteriormente. Os **arquivos normais** são aqueles que contêm informações do usuário. Todos os arquivos da Figura 5-2 são normais. Os **diretórios** são arquivos de sistema para manter a estrutura do sistema de arquivos. Estudaremos os diretórios a seguir. Os **arquivos especiais de caractere** são relacionados à entrada/saída e usados para modelar dispositivos de E/S seriais, como terminais, impressoras e redes. Os **arquivos especiais de bloco** são usados para modelar discos. Neste capítulo, estaremos interessados principalmente nos arquivos normais.

Os arquivos normais geralmente são arquivos ASCII ou arquivos binários. Os arquivos ASCII consistem em linhas de texto. Em alguns sistemas, cada linha termina com um caractere de *carriage return*. Em outros, é usado o caractere de avanço de linha (*line feed*). Alguns sistemas usam ambos (por exemplo, o Windows). As linhas não precisam ter todas a mesma largura.

A grande vantagem dos arquivos ASCII é que eles podem ser exibidos e impressos no estado em que se encontram e podem ser editados com qualquer editor de textos. Além disso, se um grande número de programas utiliza arquivos ASCII para entrada e saída, é fácil conectar a saída de um programa na entrada de outro, como ocorre no caso de *pipes* em um *shell*. (comunicar processos não é nada fácil, mas interpretar as informações certamente é, caso uma convenção padrão, como o ASCII, for usado para expressá-las.)

Outros arquivos são binários, o que significa apenas que não são arquivos ASCII. Imprimi-los resulta em uma listagem incompreensível, repleta do que aparentemente é apenas lixo. Normalmente, eles têm alguma estrutura interna, conhecida dos programas que os utilizam.

Por exemplo, na Figura 5-3(a), vemos um arquivo binário executável simples, obtido de uma versão UNIX mais antiga. Embora, tecnicamente, o arquivo seja apenas uma seqüência de bytes, o sistema operacional só executará um arquivo se ele tiver o formato correto. Ele tem cinco seções: cabeçalho, texto, dados, bits de realocação e tabela de símbolos. O cabeçalho começa com o chamado **número mágico**, identificando o arquivo como executável (para impedir a execução acidental de um arquivo que não esteja nesse formato). Em seguida, vêm os tamanhos das várias partes do arquivo, o endereço no qual a execução começa e alguns bits de *flag*. Após o cabeçalho estão o texto e os dados do programa em si. Eles são carregados na memória e os endereços corrigidos usando os bits de realocação. A tabela de símbolos é usada para depuração.

Nosso segundo exemplo de arquivo binário é um repositório de arquivos, também do UNIX. Ele consiste em um conjunto de funções de biblioteca (módulos) compiladas, mas não ligadas. Cada uma tem como prefácio um cabeçalho indicando seu nome, data da criação, proprietário, código de proteção e tamanho. Exatamente como acontece com o arquivo executável, os cabeçalhos do módulo estão repletos de números binários. Copiá-los na impressora produziria simplesmente lixo.

Todo sistema operacional deve reconhecer pelo menos um tipo de arquivo – seu próprio arquivo executável –, mas alguns sistemas operacionais reconhecem mais. O antigo sistema TOPS-20 (da DECsystem 20) ia a ponto de examinar a hora da criação de qualquer arquivo a ser executado. Então, localizava o arquivo-fonte e via se o código-fonte tinha sido modificado desde a criação do binário. Se tivesse sido, recompilava o código-fonte automaticamente. Em termos de UNIX, o programa *make* foi incorporado ao *shell*. As extensões de arquivo eram obrigatórias, de modo que o sistema operacional podia identificar qual programa binário era derivado de qual código-fonte.

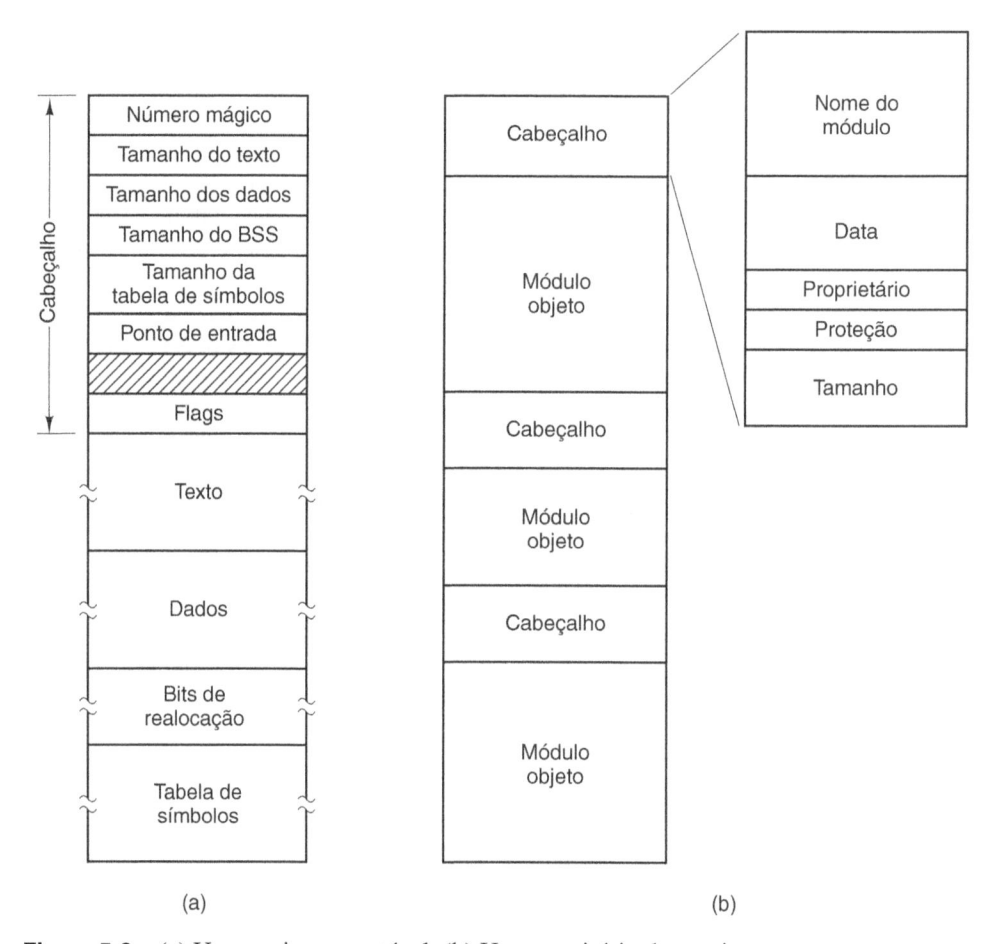

Figura 5-3 (a) Um arquivo executável. (b) Um repositório de arquivos.

Ter arquivos fortemente tipados como esse causa problemas quando o usuário faz algo que os projetistas do sistema não esperavam. Considere, como exemplo, um sistema no qual os arquivos de saída do programa têm extensão *.dat* (arquivos de dados). Se um usuário escrever um formatador de programa que leia um arquivo .c (programa em C), o transforme (por exemplo, convertendo-o para um *layout* de alinhamento padrão) e depois escreva o arquivo transformado como saída, o arquivo de saída será de tipo .*dat*. Se o usuário tentar compilá-lo, o sistema se recusará, pois ele tem a extensão errada. As tentativas de copiar *arquivo.dat* em *arquivo.c* serão rejeitadas pelo sistema como inválidas (para proteger o usuário contra erros).

Embora esse tipo de "camaradagem com o usuário" possa ajudar os iniciantes, deixa os usuários experientes desesperados, pois precisam dedicar um esforço considerável para contornar a idéia que o sistema operacional tem sobre o que é razoável e o que não é.

5.1.4 Acesso a arquivo

Os sistemas operacionais antigos forneciam apenas um tipo de acesso a arquivo: o **acesso seqüencial**. Nesses sistemas, um processo podia ler todos os bytes ou registros em um arquivo na ordem, começando no princípio, mas não podia pular e lê-los fora de ordem. Entretanto, era possível voltar ao início do arquivo, de modo que eles podiam ser lidos quantas vezes fossem necessárias. Os arquivos seqüenciais eram convenientes quando o meio de armazenamento era uma fita magnética, em vez de disco.

Quando os discos começaram a ser usados para armazenar arquivos, tornou-se possível ler os bytes ou registros de um arquivo fora de ordem ou acessar registros pela chave, em vez de ler pela posição. Os arquivos cujos bytes ou registros podem ser lidos em qualquer ordem são chamados de **arquivos de acesso aleatório**. Eles são exigidos por muitos aplicativos.

Os arquivos de acesso aleatório são fundamentais para muitos aplicativos, como por exemplo, os sistemas de banco de dados. Se um cliente de uma companhia aérea telefonar e quiser reservar um assento em determinado vôo, o programa de reservas deve ser capaz de acessar o registro desse vôo sem ter de ler primeiro os registros de milhares de outros vôos.

Dois métodos são usados para especificar onde a leitura vai começar. No primeiro, cada operação **read** fornece a posição no arquivo na qual a leitura deve começar. No segundo, uma operação especial, **seek**, é fornecida para estabelecer a posição corrente. Após uma operação **seek**, o arquivo pode ser lido seqüencialmente a partir da posição corrente atual.

Em alguns sistemas operacionais de computadores de grande porte mais antigos, os arquivos são classificados como sendo de acesso seqüencial ou aleatório no momento em que são criados. Isso possibilita que o sistema utilize diferentes técnicas de armazenamento para as duas classes. Os sistemas operacionais modernos não fazem essa distinção. Todos os seus arquivos são automaticamente de acesso aleatório.

5.1.5 Atributos de arquivo

Todo arquivo tem um nome e dados. Além disso, todos os sistemas operacionais associam outras informações a cada arquivo, por exemplo, a data e hora em que o arquivo foi criado e o tamanho do arquivo. Chamaremos esses itens extras de **atributos** do arquivo, embora algumas pessoas os chamem de **metadados**. A lista de atributos varia consideravelmente de um sistema para outro. A tabela da Figura 5-4 mostra algumas das possibilidades, mas também existem outras. Nenhum sistema tem todas elas, mas cada uma está presente em algum sistema.

Os quatro primeiros atributos se relacionam com a proteção do arquivo e informam quem pode acessá-lo e quem não pode. Todos os tipos de esquemas são possíveis, alguns dos quais estudaremos posteriormente. Em alguns sistemas, o usuário precisa apresentar uma senha para acessar um arquivo, no caso em que a senha deve ser um dos atributos.

Atributo	Significado
Proteção	Quem pode acessar o arquivo e de que maneira
Senha	A senha necessária para acessar o arquivo
Criador	ID da pessoa que criou o arquivo
Proprietário	Proprietário atual
Flag de leitura somente	0 para leitura/escrita; 1 para leitura somente
Flag de oculto	0 para normal; 1 para não exibir em listagens
Flag de sistema	0 para arquivos normais; 1 para arquivo de sistema
Flag de arquivamento	0 para salvo em *backup*; 1 para ser salvo em *backup*
Flag de ASCII/binário	0 para arquivo ASCII; 1 para arquivo binário
Flag de acesso aleatório	0 para acesso seqüencial somente; 1 para acesso aleatório
Flag de temporário	0 para normal; 1 para excluir arquivo na saída do processo
Flags de travamento	0 para destravado; diferente de zero para travado
Tamanho do registro	Número de bytes em um registro
Posição da chave	Deslocamento da chave dentro de cada registro
Tamanhos da chave	Número de bytes no campo de chave
Tempo da criação	Data e hora em que o arquivo foi criado
Tempo do último acesso	Data e hora em que o arquivo foi acessado pela última vez
Tempo da última alteração	Data e hora em que o arquivo foi alterado pela última vez
Tamanho corrente	Número de bytes no arquivo
Tamanho máximo	Número de bytes até o qual o arquivo pode crescer

Figura 5-4 Alguns atributos de arquivo possíveis.

Os *flags* são bits, ou campos simples, que controlam ou ativam alguma propriedade específica. Os arquivos ocultos, por exemplo, não aparecem nas listagens dos arquivos. O *flag* de arquivamento é um bit que monitora se foi feito o *backup* do arquivo. O programa de *backup* desativa o bit e o sistema operacional o ativa quando um arquivo é alterado. Desse modo, o programa de *backup* pode identificar quais arquivos precisam de *backup*. O *flag* de temporário permite que um arquivo seja marcado para exclusão automática, quando o processo que o criou terminar.

Os campos de tamanho do registro, posição da chave e tamanho da chave só estão presentes em arquivos cujos registros podem ser pesquisados usando uma chave. Eles fornecem as informações exigidas para encontrar as chaves.

Os vários tempos monitoram quando o arquivo foi criado, acessado mais recentemente e o modificado. Eles são úteis para uma variedade de propósitos. Por exemplo, um arquivo-fonte que foi modificado após a criação do arquivo-objeto correspondente precisa ser recompilado. Esses campos fornecem as informações necessárias.

O tamanho corrente informa o tamanho atual do arquivo. Alguns sistemas operacionais de computadores de grande porte antigos exigem que o tamanho máximo seja especificado quando o arquivo é criado, para permitir que o sistema operacional reserve a máxima quantidade de armazenamento antecipadamente. Os sistemas operacionais modernos são inteligentes o suficiente para prescindirem desse recurso.

5.1.6 Operações sobre arquivos

Os arquivos existem para armazenar informações e permitir que elas sejam recuperadas posteriormente. Diferentes sistemas fornecem diferentes operações para permitir o armazenamento e a recuperação. A seguir está uma discussão sobre as chamadas de sistema mais comuns relacionadas aos arquivos.

1. **Create**. O arquivo é criado sem dados. O objetivo da chamada é anunciar que o arquivo está sendo criado e configurar alguns atributos.

2. **Delete**. Quando o arquivo não é mais necessário, precisa ser excluído para liberar espaço em disco. Sempre é fornecida uma chamada de sistema para esse propósito.

3. **Open**. Antes de usar um arquivo, um processo precisa abri-lo. O objetivo da chamada de open é permitir que o sistema busque os atributos e a lista de endereços de disco na memória principal, para acesso rápido nas chamadas posteriores.

4. **Close**. Quando todos os acessos tiverem terminado, os atributos e os endereços de disco não serão mais necessários; portanto, o arquivo deve ser fechado para liberar espaço em tabelas internas do sistema operacional. Muitos sistemas estimulam isso, impondo um número máximo de arquivos abertos nos processos. Um disco é escrito em blocos e o fechamento de um arquivo obriga a escrita do último bloco do arquivo, mesmo que esse bloco possa ainda não estar totalmente cheio.

5. **Read**. Os dados são lidos do arquivo. Normalmente, os bytes são provenientes da posição corrente. O processo que fez a chamada deve especificar quantos dados são necessários e também fornecer um buffer para colocá-los.

6. **Write**. Os dados são escritos no arquivo, em geral, novamente, na posição corrente. Se a posição corrente for o final do arquivo, o tamanho do arquivo aumentará. Se a posição corrente for no meio do arquivo, os dados existentes serão sobrescritos e perdidos para sempre.

7. **Append**. Esta chamada é uma forma restrita de write. Ela só pode adicionar dados no final do arquivo. Os sistemas que fornecem um conjunto mínimo de chamadas de sistema geralmente não têm a operação append, mas muitos sistemas fornecem várias maneiras de fazer a mesma coisa e, às vezes, esses sistemas têm a operação append.

8. **Seek**. Para arquivos de acesso aleatório, é necessário um método para especificar de onde os dados serão extraídos. Uma estratégia comum é uma chamada de sistema, seek, que reposiciona o ponteiro de arquivo para um local específico no arquivo. Depois que essa chamada termina, os dados podem ser lidos ou escritos nessa posição.

9. **Get attributes**. Freqüentemente, os processos precisam ler atributos de arquivo para fazer seu trabalho. Por exemplo, o programa *make* do UNIX é usado normalmente para gerenciar projetos de desenvolvimento de software compostos de muitos arquivos-fonte. Quando o programa *make* é chamado, ele examina os tempos de modificação de todos os arquivos-fonte e arquivos-objeto, e faz as compilações necessárias para que tudo esteja atualizado. Para realizar seu trabalho, *make* precisa ler os atributos, a saber, os tempos de modificação.

10. **Set attributes**. Alguns atributos são configurados pelo usuário e podem ser alterados depois que o arquivo foi criado. Esta chamada de sistema torna isso possível. As informações de modo de proteção são um exemplo óbvio. A maioria dos *flags* também entra nesta categoria.

11. **Rename.** Freqüentemente acontece de um usuário precisar alterar o nome de um arquivo já existente. Esta chamada de sistema torna isso possível. Ela nem sempre é rigorosamente necessária, pois o arquivo normalmente pode ser copiado em um novo arquivo com o novo nome e, então, o arquivo antigo pode ser excluído.

12. **Lock.** Travar um arquivo ou uma parte de um arquivo impede a existência de vários acessos simultâneos por diferentes processos. Para um sistema de reservas de passagens aéreas, por exemplo, travar o banco de dados enquanto se faz uma reserva evita a marcação de um assento para dois passageiros diferentes.

5.2 DIRETÓRIOS

Para monitorar os arquivos, os sistemas de arquivos normalmente têm **diretórios** ou **pastas**, os quais, em muitos sistemas, também são arquivos. Nesta seção, discutiremos os diretórios, sua organização, suas propriedades e as operações que podem ser efetuadas neles.

5.2.1 Diretórios simples

Normalmente, um diretório contém várias entradas, uma por arquivo. Uma possibilidade aparece na Figura 5-5(a), na qual cada entrada contém o nome do arquivo, os atributos do arquivo e os endereços de disco onde os dados estão armazenados. Outra possibilidade aparece na Figura 5-5(b). Aqui, uma entrada de diretório contém o nome do arquivo e um ponteiro para outra estrutura de dados onde são encontrados os atributos e os endereços de disco. Esses dois sistemas são comumente usados.

Quando um arquivo é aberto, o sistema operacional pesquisa seu diretório até encontrar o nome do arquivo a ser aberto. Então, ele extrai os atributos e endereços de disco, ou diretamente a partir da entrada de diretório ou da estrutura de dados apontada, e os coloca em uma tabela na memória principal. Todas as referências subseqüentes ao arquivo usam as informações que estão na memória principal.

O número de diretórios varia de um sistema para outro. A forma mais simples de sistema de diretório é um único diretório contendo todos os arquivos de todos os usuários, como ilustrado na Figura 5-6(a). Nos primeiros computadores pessoais, esse sistema de diretório único era comum, em parte porque havia apenas um usuário.

jogos	atributos
correio	atributos
notícias	atributos
trabalho	atributos

(a)

jogos
correio
notícias
trabalho

(b)

Estrutura de dados contendo os atributos

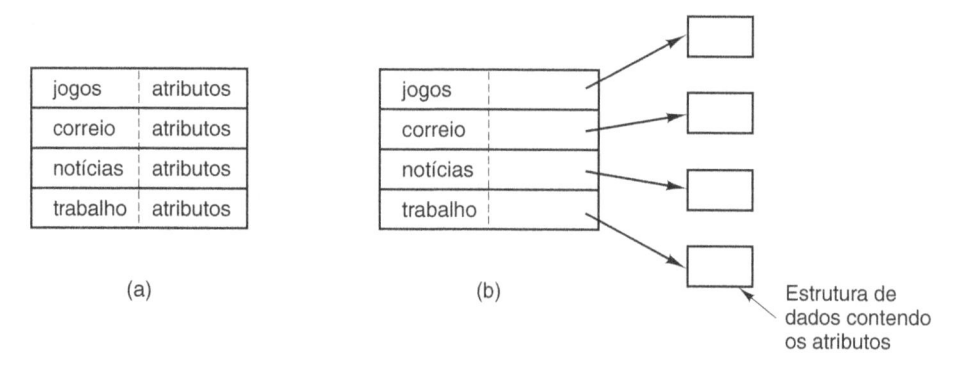

Figura 5-5 (a) Atributos na própria entrada de diretório. (b) Atributos em outro lugar.

O problema de ter apenas um diretório em um sistema com vários usuários é que diferentes usuários podem, acidentalmente, usar os mesmos nomes para seus arquivos. Por exemplo, se o usuário *A* cria um arquivo chamado *mailbox* e, posteriormente, o usuário *B* também cria um arquivo chamado *mailbox*, o arquivo de *B* sobrescreverá o arquivo de *A*. Conseqüentemente, esse esquema não é mais usado em sistemas multiusuário, mas poderia ser usado em um pequeno sistema embarcado, por exemplo, um assistente digital pessoal portátil (PDA) ou um telefone celular.

Para evitar os conflitos causados pelo fato de diferentes usuários escolherem o mesmo nome de arquivo para seus próprios arquivos, o próximo passo é fornecer a cada usuário um diretório privado. Desse modo, os nomes escolhidos por um usuário não interferem nos nomes escolhidos por outro, e não há nenhum problema causado pelo fato de o mesmo nome ocorrer em dois ou mais diretórios. Esse projeto leva ao sistema da Figura 5-6(b). Ele poderia ser usado, por exemplo, em um computador multiusuário ou em uma rede de computadores pessoais simples que compartilhasse um servidor de arquivos comum em uma rede local.

Implícito nesse projeto está o fato de que, quando um usuário tenta abrir um arquivo, o sistema operacional sabe quem é ele, para saber qual diretório deve pesquisar. Como conseqüência, é necessário algum tipo de procedimento de *login*, no qual o usuário especifique um nome de *login* ou uma identificação, algo não exigido em um sistema de diretório de um único nível.

Quando esse sistema é implementado em sua forma mais básica, os usuários só podem acessar arquivos em seus próprios diretórios.

5.2.2 Sistemas de diretório hierárquicos

A hierarquia de dois níveis elimina os conflitos de nome de arquivo entre os usuários. Mas outro problema é que os usuários com muitos arquivos talvez queiram agrupá-los em subgrupos menores; por exemplo, um professor talvez queira separar anotações para uma aula a partir de rascunhos de capítulos de um novo livro-texto. O que é necessário é uma hierarquia geral (isto é, uma árvore de diretórios). Com essa estratégia, cada usuário pode ter quantos diretórios forem necessários para que os arquivos possam ser agrupados naturalmente. Essa estratégia aparece na Figura 5-6(c). Aqui, os diretórios *A*, *B* e *C* contidos no diretório-raiz pertencem cada um a um usuário diferente, dois dos quais criaram subdiretórios para projetos em que estão trabalhando.

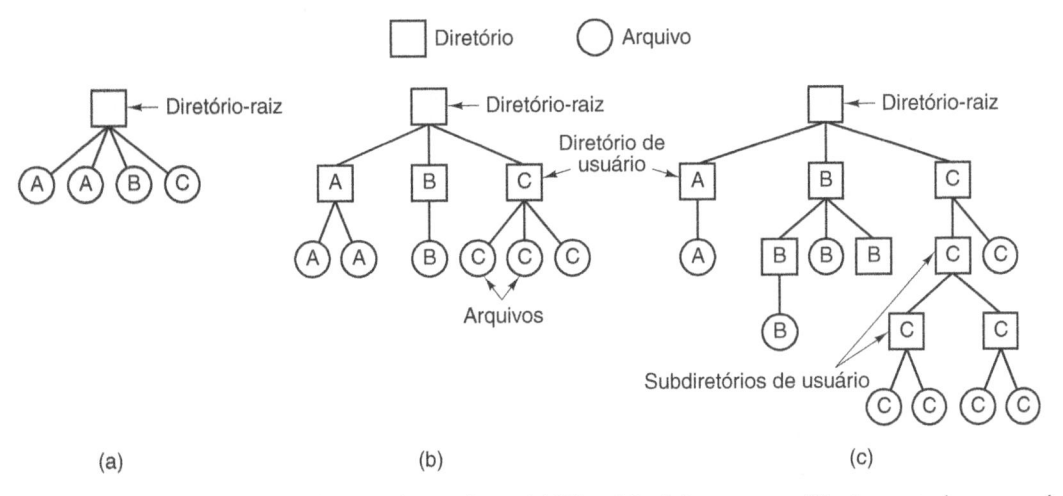

Figura 5-6 Três projetos de sistema de arquivos. (a) Diretório único compartilhado por todos os usuários. (b) Um diretório por usuário. (c) Árvore arbitrária por usuário. As letras indicam o proprietário do diretório ou arquivo.

A capacidade de criar um número arbitrário de subdiretórios fornece uma ferramenta de estruturação poderosa para os usuários organizarem seu trabalho. Por isso, praticamente todos os sistemas de arquivos de PCs e servidores modernos são organizados dessa maneira.

Entretanto, conforme mencionamos antes, a história freqüentemente se repete com novas tecnologias. As câmaras digitais precisam registrar suas imagens em algum lugar, normalmente em uma memória *flash*. As primeiras câmaras digitais tinham um único diretório e chamavam os arquivos de *DSC0001.JPG*, *DSC0002.JPG* etc. Entretanto, não demorou muito para os fabricantes de câmaras construírem sistemas de arquivos com vários diretórios, como se vê na Figura 5-6(b). Que diferença faz se nenhum dos proprietários de câmara sabe usar vários diretórios e, provavelmente, não poderiam imaginar qualquer uso para esse recurso, mesmo que soubessem? Afinal, isso é apenas software (incorporado) e, assim, não custa quase nada para o fabricante fornecer. Será que vai demorar muito para surgirem câmaras digitais com sistemas de arquivos hierárquicos completos, múltiplos *logins* e nomes de arquivo de 255 caracteres?

5.2.3 Nomes de caminho

Quando o sistema de arquivos é organizado como uma árvore de diretórios, é necessário alguma maneira de especificar os nomes de arquivo. Dois métodos diferentes são comumente usados. No primeiro método, cada arquivo recebe um **nome de caminho absoluto** (*absolute path name*), consistindo no caminho do diretório-raiz até o arquivo. Como exemplo, o caminho */usr/ast/mailbox* significa que o diretório-raiz contém um subdiretório *usr/* que, por sua vez, contém um subdiretório *ast/*, o qual contém o arquivo *mailbox*. Os nomes de caminho absolutos sempre começam no diretório-raiz e são exclusivos. No UNIX, os componentes do caminho são separados por /. No Windows, o separador é \. Assim, nesses dois sistemas, o mesmo nome de caminho seria escrito como segue:

```
Windows    \usr\ast\mailbox
UNIX       /usr/ast/mailbox
```

Independente do caractere usado, se o primeiro caractere do nome de caminho é o separador, então o caminho é absoluto.

O outro tipo de nome é o **nome de caminho relativo** (*relative path name*). Ele é usado em conjunto com o conceito de **diretório de trabalho** (*working directory*), também chamado de **diretório corrente** (*current directory*). Um usuário pode designar um diretório como diretório de trabalho corrente, no caso em que todos os nomes de caminho que não começam no diretório-raiz são considerados relativos ao diretório de trabalho. Por exemplo, se o diretório de trabalho corrente é */usr/ast*, então o arquivo cujo caminho absoluto é */usr/ast/mailbox* pode ser referenciado simplesmente como *mailbox*. Em outras palavras, o comando UNIX

```
cp /usr/ast/mailbox /usr/ast/mailbox.bak
```

e o comando

```
cp mailbox mailbox.bak
```

fazem exatamente a mesma coisa, se o diretório de trabalho é */usr/ast/*. Freqüentemente, a forma relativa é mais conveniente, mas faz a mesma coisa que a forma absoluta.

Alguns programas precisam acessar um arquivo específico sem considerar qual é o diretório de trabalho. Nesse caso, eles sempre devem usar nomes de caminho absolutos. Por exemplo, um corretor ortográfico talvez precise ler */usr/lib/dictionary* para fazer seu trabalho. Nesse caso, ele deve usar o nome de caminho absoluto completo, pois não sabe qual será o diretório de trabalho quando for chamado. O nome de caminho absoluto sempre funciona, independente de qual seja o diretório de trabalho.

É claro que, se o corretor ortográfico precisar de um grande número de arquivos de /usr/lib/, uma estratégia alternativa será executar uma chamada de sistema para mudar seu diretório de trabalho para /usr/lib/ e, então, usar apenas *dictionary* como primeiro parâmetro de **open**. Mudando o diretório de trabalho explicitamente, ele sabe com certeza onde está na árvore de diretórios, de modo que, então, pode usar caminhos relativos.

Cada processo tem seu próprio diretório de trabalho; portanto, quando um processo muda seu diretório de trabalho e depois sai, nenhum outro processo é afetado e não resta nenhum vestígio da mudança no sistema de arquivos. Dessa maneira, é sempre perfeitamente seguro um processo alterar seu diretório de trabalho quando for conveniente. Por outro lado, se uma *função de biblioteca* mudar o diretório de trabalho e não voltar para onde estava ao terminar, o restante do programa poderá não funcionar, porque sua suposição sobre onde está pode agora ser repentinamente inválida. Por isso, as funções de biblioteca raramente mudam o diretório de trabalho e quando precisam fazer isso, elas sempre voltam ao inicial, antes de retornar.

A maioria dos sistemas operacionais que suportam um sistema de diretório hierárquico tem duas entradas especiais em cada diretório, "." e "..", geralmente pronunciadas como "ponto" e "ponto-ponto". O ponto refere-se ao diretório corrente; ponto-ponto refere-se ao seu pai. Para ver como eles são usados, considere a árvore de arquivos UNIX da Figura 5-7. Certo processo tem /usr/ast/ como diretório de trabalho. Ele pode usar .. para subir na árvore.

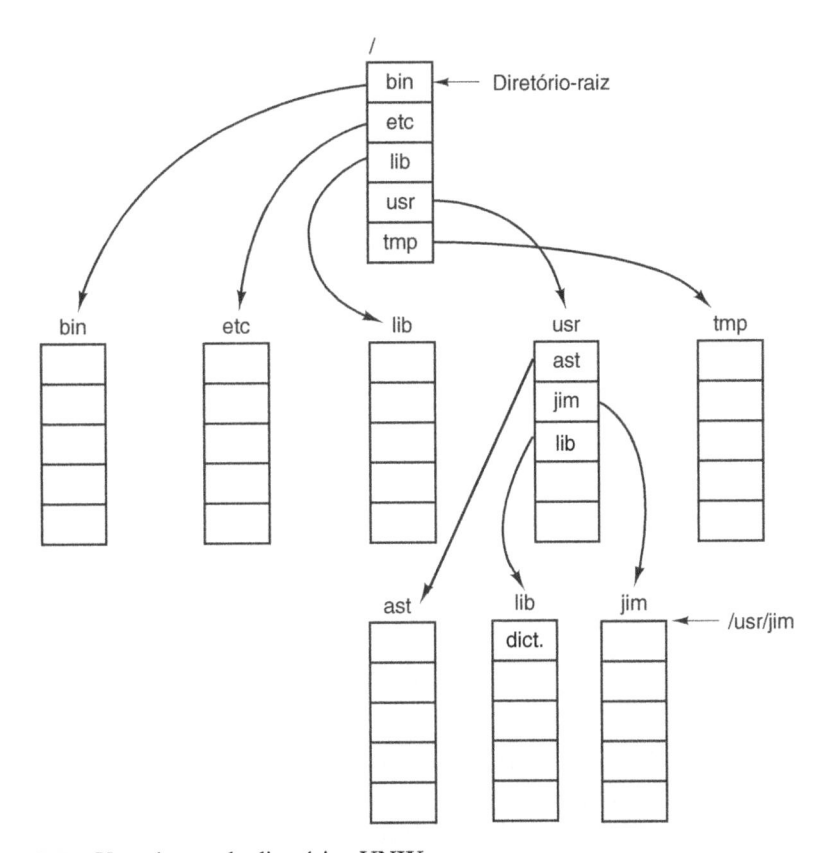

Figura 5-7 Uma árvore de diretórios UNIX.

Por exemplo, ele pode copiar o arquivo */usr/lib/dictionary* em seu próprio diretório, usando o comando

    cp ../lib/dictionary .

O primeiro caminho instrui o sistema a ir para cima (para o diretório *usr*) e, depois, para ir para baixo até o diretório *lib/*, para encontrar o arquivo *dictionary*.

O segundo argumento (o ponto) fornece o nome do diretório corrente. Quando o comando *cp* recebe um nome de diretório (incluindo o ponto) como último argumento, ele copia todos os arquivos lá. É claro que uma maneira mais normal de fazer a cópia seria digitar

    cp /usr/lib/dictionary .

Aqui, o uso do ponto evita que o usuário digite *dictionary* uma segunda vez. Contudo, digitar

    cp /usr/lib/dictionary dictionary

também funciona bem, assim como

    cp /usr/lib/dictionary /usr/ast/dictionary

Todos esses comandos fazem exatamente a mesma coisa.

5.2.4 Operações sobre diretórios

As chamadas de sistema para gerenciamento de diretórios apresentam mais variações de um sistema para outro do que as chamadas de sistema para arquivos. Para dar uma idéia do que são e de como funcionam, daremos um exemplo (tirado do UNIX).

1. **Create.** Um diretório é criado. Ele está vazio, exceto pelo ponto e pelo ponto-ponto, que são colocados lá automaticamente pelo sistema (ou, em alguns casos, pelo programa *mkdir*).

2. **Delete.** Um diretório é excluído. Somente um diretório vazio pode ser excluído. Um diretório contendo apenas ponto e ponto-ponto é considerado vazio, pois eles normalmente não podem ser excluídos.

3. **Opendir.** Os diretórios podem ser lidos. Por exemplo, para listar todos os arquivos em um diretório, um programa de listagem abre o diretório para ler os nomes de todos os arquivos que ele contém. Antes que um diretório possa ser lido, ele deve ser aberto, o que é análogo a abrir e ler um arquivo.

4. **Closedir.** Quando um diretório foi lido, ele deve ser fechado para liberar espaço em tabelas internas do sistema operacional.

5. **Readdir.** Esta chamada retorna a próxima entrada em um diretório aberto. Antigamente, era possível ler diretórios usando a chamada de sistema **read** normal, mas essa estratégia tem a desvantagem de obrigar o programador a conhecer e a lidar com a estrutura interna dos diretórios. Em contraste, **readdir** sempre retorna uma entrada em um formato padrão, independente de qual das possíveis estruturas de diretório esteja sendo usada.

6. **Rename.** Sob muitos aspectos, os diretórios são exatamente como os arquivos e podem ser renomeados da mesma maneira que os arquivos.

7. **Link.** A vinculação, ou atalhos, é uma técnica que permite a um arquivo aparecer em mais de um diretório. Esta chamada de sistema especifica um arquivo existente

e um nome de caminho, e cria um vínculo (atalho) do arquivo existente com o nome especificado pelo caminho. Desse modo, o mesmo arquivo pode aparecer em vários diretórios. Um vínculo desse tipo, que incrementa o contador no *i-node* do arquivo (para monitorar o número de entradas de diretório contendo o arquivo), às vezes é chamado de **vínculo estrito** (*hard link*).

8. Unlink. Uma entrada de diretório é removida. Se o arquivo que está sendo desvinculado estiver presente apenas em um diretório (o caso normal), ele é removido do sistema de arquivos. Se ele estiver presente em vários diretórios, somente o nome de caminho especificado será removido. Os outros permanecem. Na verdade, no UNIX, a chamada de sistema para excluir arquivos (discutida anteriormente) é unlink.

A lista anterior fornece as chamadas mais importantes, mas também existem algumas outras, por exemplo, para gerenciar as informações de proteção associadas a um diretório.

5.3 IMPLEMENTAÇÃO DO SISTEMA DE ARQUIVOS

Agora é hora de mudarmos da visão que o usuário tem do sistema de arquivos para a visão do projetista. Os usuários estão preocupados com a maneira pela qual os arquivos recebem seus nomes, quais operações são permitidas, como é a árvore de diretórios e questões semelhantes de interface. Os projetistas estão interessados em como arquivos e diretórios são armazenados, como o espaço em disco é gerenciado e em como fazer tudo funcionar de modo eficiente e confiável. Nas seções a seguir, examinaremos várias dessas áreas para vermos quais são os problemas e compromissos envolvidos.

5.3.1 *Layout* do sistema de arquivos

Normalmente, os sistemas de arquivos são armazenados em discos. Vimos o *layout* de um disco básico no Capítulo 2, na seção sobre a inicialização do MINIX 3. Revendo esse assunto sucintamente, a maioria dos discos pode ser dividida em partições, com sistemas de arquivos independentes em cada partição. O setor 0 do disco é chamado de **MBR** (*Master Boot Record* – registro mestre de inicialização) e é usado para inicializar o computador. O final do MBR contém a tabela de partições. Essa tabela fornece os endereços inicial e final de cada partição. Uma das partições da tabela pode ser marcada como ativa. Quando o computador é inicializado, a BIOS lê e executa o código que está no MBR. A primeira ação do programa do MBR é localizar a partição ativa, ler seu primeiro bloco, chamado de **bloco de inicialização** (*boot block*), e executá-lo. O programa que está no bloco de inicialização carrega o sistema operacional contido nessa partição. Por homogeneidade, toda partição começa com um bloco de inicialização, mesmo que não contenha um sistema operacional que possa ser inicializado. Além disso, ela poderá futuramente conter um; portanto, de qualquer modo, reservar um bloco de inicialização é uma boa idéia.

A descrição anterior é verdadeira, independentemente do sistema operacional que está sendo usado, para qualquer plataforma de hardware na qual a BIOS é capaz de iniciar mais de um sistema operacional. A terminologia pode ser distinta entre os diferentes sistemas operacionais. Por exemplo, às vezes, o registro de inicialização mestre pode ser chamado de **IPL** (*Initial Program Loader* – carregador de programa inicial), *Volume Boot Code* (código de inicialização de volume) ou, simplesmente, *masterboot*. Alguns sistemas operacionais não exigem que uma partição seja marcada como ativa para serem inicializados e fornecem um menu para o usuário escolher uma partição a inicializar, as vezes com um tempo limite após o qual uma escolha padrão é feita automaticamente. Uma vez que a BIOS tenha carregado um MBR, ou setor de inicialização, as ações podem variar. Por exemplo, mais de um bloco de uma partição pode ser usado para conter o programa que carrega o sistema operacional. Só se pode contar com a BIOS para carregar o primeiro bloco, mas esse bloco pode, então, carregar mais blocos, se o projetista do sistema operacional escrever o bloco de inicialização dessa maneira. O projetista também pode fornecer um MBR personalizado, mas ele deve funcionar com uma tabela de partições padrão, caso sejam suportados vários sistemas operacionais.

Em sistemas compatíveis com o PC não pode haver mais do que quatro **partições primárias**, pois há espaço apenas para um *array* de quatro elementos de descritores de partição entre o registro de inicialização mestre e o final do primeiro setor de 512 bytes. Alguns sistemas operacionais permitem que uma entrada na tabela de partições seja uma **partição estendida**, a qual aponta para uma lista encadeada de **partições lógicas**. Isso torna possível ter qualquer número de partições adicionais. A BIOS não pode iniciar um sistema operacional a partir de uma partição lógica; portanto, a partida inicial de uma partição primária é exigida para carregar o código que pode gerenciar partições lógicas.

Uma alternativa às partições estendidas é usada pelo MINIX 3, a qual permite que uma partição contenha uma **tabela de subpartições**. Uma vantagem disso é que o mesmo código que gerencia uma tabela de partições primárias pode gerenciar uma tabela de subpartições, que tem a mesma estrutura. Potenciais usos para as subpartições são: ter subpartições diferentes para o dispositivo-raiz, para *swapping*, para os binários do sistema e para os arquivos dos usuários. Desse modo, os problemas existentes em uma subpartição não se propagam para outra e uma nova versão do sistema operacional pode ser facilmente instalada por meio da substituição do conteúdo de algumas das subpartições, mas não de todas.

Nem todos os discos são particionados. Os disquetes normalmente começam com um bloco de inicialização no primeiro setor. A BIOS lê o primeiro setor de um disco e procura um número mágico que o identifique como código executável válido, isso para impedir uma tentativa de executar o primeiro setor de um disco não formatado ou corrompido. Um registro de inicialização mestre e um bloco de inicialização usam o mesmo número mágico; portanto, o código executável pode estar em qualquer um deles. Além disso, o que dissemos aqui não está limitado aos dispositivos de disco eletromecânicos. Um equipamento, como uma câmara ou um assistente digital pessoal (PDA), que utilize memória não-volátil (por exemplo, *flash*), normalmente tem parte da memória organizada de forma a simular um disco.

Fora o fato de iniciar com um bloco de inicialização, o *layout* de uma partição de disco varia consideravelmente de um sistema de arquivos para outro. Um sistema de arquivos do tipo UNIX conterá alguns dos itens mostrados na Figura 5-8. O primeiro deles é o **superblo-**

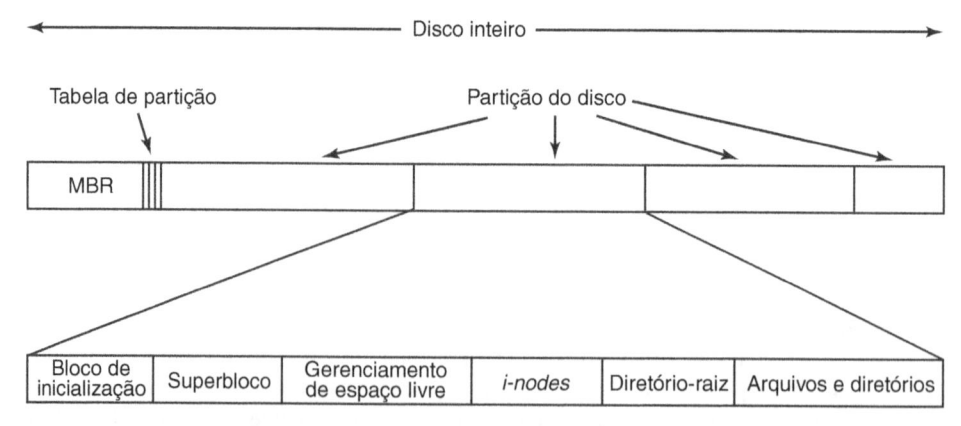

Figura 5-8 Um possível *layout* de sistema de arquivos.

co (*superblock*). Ele contém todos os parâmetros importantes sobre o sistema de arquivos e é lido na memória quando o computador é inicializado ou quando o sistema de arquivos é usado pela primeira vez.

Em seguida, vêm informações sobre os blocos livres no sistema de arquivos. Isso é seguido dos *i-nodes*, um *array* de estruturas de dados, uma entrada por arquivo, que fornece uma série de informações sobre os arquivos e onde seus blocos estão localizados no disco. Depois disso vem o diretório-raiz, que contém o topo da árvore do sistema de arquivos. Finalmente, o restante do disco normalmente contém todos os outros diretórios e arquivos.

5.3.2 Implementando arquivos

Provavelmente, a questão mais importante na implementação do armazenamento de arquivos é determinar quais blocos do disco pertencem a quais arquivos. Vários métodos são usados nos diferentes sistemas operacionais. Nesta seção, examinaremos alguns deles.

Alocação contígua

O esquema de alocação mais simples é armazenar cada arquivo como uma seqüência contígua de blocos do disco. Assim, em um disco com blocos de 1 KB, um arquivo de 50 KB alocaria 50 blocos consecutivos. A alocação contígua de espaço em disco tem duas vantagens significativas. Primeiro, ela é simples de implementar, pois o controle de onde estão os blocos de um arquivo fica reduzido a lembrar dois números: o endereço de disco do primeiro bloco e o número de blocos no arquivo. Dado o número do primeiro bloco, o número de qualquer outro bloco pode ser encontrado por uma simples adição.

Segundo, o desempenho de leitura é excelente, pois o arquivo inteiro pode ser lido do disco em uma única operação. Apenas uma operação de busca (*seek*) é necessária (para o primeiro bloco). Depois disso, mais nenhuma busca (seek) ou atraso rotacional é necessário e os dados podem ser transferidos na largura de banda total do disco. Assim, a alocação contígua é simples de implementar e tem alto desempenho.

Infelizmente, a alocação contígua também tem um inconveniente sério: com o tempo, o disco se torna fragmentado, consistindo em arquivos e lacunas. Inicialmente, essa fragmentação não é problema, pois cada arquivo novo pode ser escrito no final do disco, após o anterior. Entretanto, finalmente o disco ficará cheio e se tornará necessário compactá-lo, o que é proibitivamente caro, para reutilizar o espaço livre das lacunas. Reutilizar o espaço exige manter uma lista de lacunas, o que é viável. Entretanto, quando um novo arquivo vai ser criado, é necessário saber seu tamanho final para escolher uma lacuna do tamanho correto para colocá-lo.

Conforme mencionamos no Capítulo 1, a história pode se repetir na ciência da computação, à medida que surgem novas gerações da tecnologia. A alocação contígua foi usada nos sistemas de arquivos de disco magnético há anos, devido a sua simplicidade e seu alto desempenho (a facilidade de uso por parte do usuário não contava muito naquela época). Então, a idéia foi abandonada devido ao incômodo de ter de especificar o tamanho final do arquivo no momento de sua criação. Mas com o advento dos CD-ROMs, DVDs e outras mídias óticas de gravação única, repentinamente os arquivos contíguos se tornaram uma boa idéia outra vez. Para essa mídia, a alocação contígua é viável e, na verdade, amplamente usada. Aqui, todos os tamanhos de arquivo são conhecidos antecipadamente e não mudarão durante o uso subseqüente do sistema de arquivos do CD-ROM. Assim, é importante estudar os sistemas de arquivos e idéias antigas que eram conceitualmente limpos e simples, pois podem ser aplicados em sistemas futuros de maneiras surpreendentes.

Alocação encadeada

O segundo método de armazenamento de arquivos é manter cada arquivo como uma lista encadeada de blocos de disco, como se vê na Figura 5-9. A primeira palavra de cada bloco é usada como um ponteiro para a próxima. O restante do bloco serve para dados.

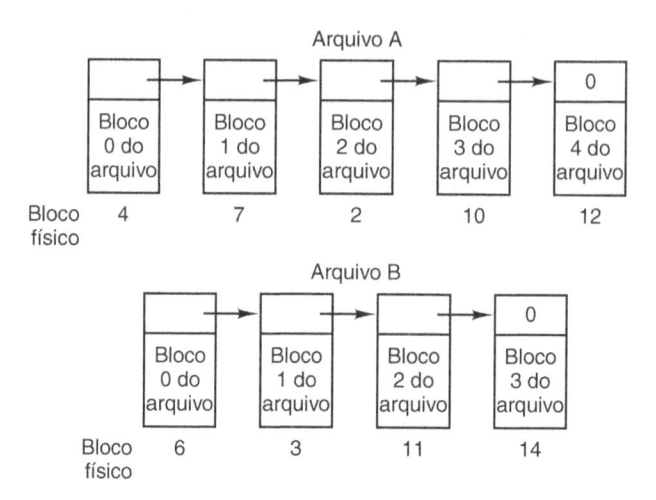

Figura 5-9 Armazenando um arquivo como uma lista encadeada de blocos de disco.

Ao contrário da alocação contígua, neste método todos os blocos do disco podem ser usados. Nenhum espaço é perdido com fragmentação do disco (exceto quanto à fragmentação interna no último bloco de cada arquivo). Além disso, é suficiente que a entrada de diretório armazene simplesmente o endereço de disco do primeiro bloco. O restante pode ser encontrado a partir dele

Por outro lado, embora ler um arquivo seqüencialmente seja simples, o acesso aleatório é extremamente lento. Para chegar ao bloco n, o sistema operacional tem de começar no início e ler os $n - 1$ blocos antes dele, um por vez. Claramente, fazer tantas leituras será demasiadamente lento.

Além disso, o volume de armazenamento de dados em um bloco não é mais uma potência de dois, pois o ponteiro ocupa alguns bytes. Embora não seja fatal, ter um tamanho peculiar, é menos eficiente, pois muitos programas lêem e escrevem em blocos cujo tamanho é uma potência de dois. Com os primeiros bytes de cada bloco ocupados com um ponteiro para o próximo bloco, as leituras do tamanho do bloco inteiro exigem adquirir e concatenar informações de dois blocos do disco, o que gera sobrecarga extra devido à cópia.

Alocação encadeada usando uma tabela na memória

As duas desvantagens da alocação encadeada podem ser eliminadas pegando-se a palavra do ponteiro de cada bloco do disco e colocando-a em uma tabela na memória. A Figura 5-10 mostra como é essa tabela para o exemplo da Figura 5-9. Nas duas figuras, temos dois arquivos. O arquivo *A* usa os blocos de disco 4, 7, 2, 10 e 12, nessa ordem, e o arquivo *B* usa os blocos de disco 6, 3, 11 e 14, nessa ordem. Usando a tabela da Figura 5-10, podemos começar com o bloco 4 e seguir o encadeamento até o fim. O mesmo pode ser feito começando no bloco 6. Os dois encadeamentos terminam com um marcador especial (por exemplo, –1) que não é um número de bloco válido. Essa tabela na memória principal é chamada de **FAT** (*File Allocation Table* – tabela de alocação de arquivo).

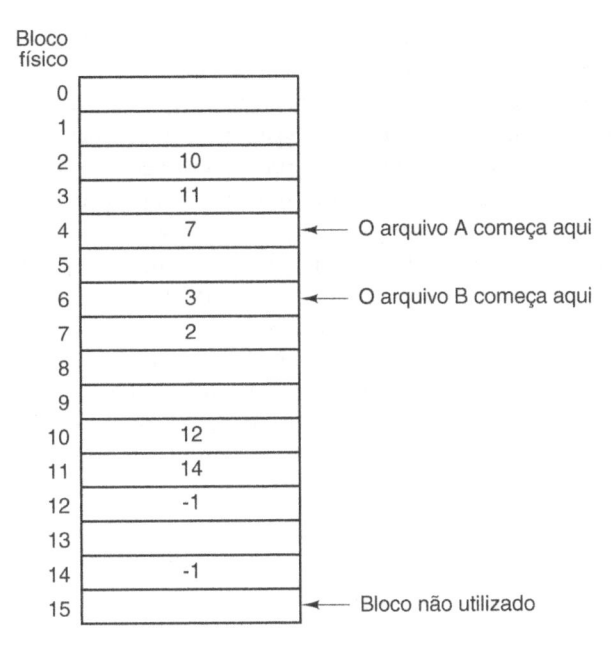

Bloco físico	
0	
1	
2	10
3	11
4	7	← O arquivo A começa aqui
5	
6	3	← O arquivo B começa aqui
7	2
8	
9	
10	12
11	14
12	-1
13	
14	-1
15		← Bloco não utilizado

Figura 5-10 Alocação encadeada usando uma tabela de alocação de arquivo na memória principal.

Nessa organização, o bloco inteiro está disponível para dados. Além disso, o acesso aleatório é muito mais fácil. Embora o encadeamento ainda deva ser seguido para encontrar determinado deslocamento dentro do arquivo, ele está inteiramente na memória, de modo que pode ser seguido sem necessidade de nenhuma referência de disco. Assim como o método anterior, é suficiente que a entrada de diretório mantenha um único valor inteiro (o número do bloco inicial) e ainda seja capaz de localizar todos os blocos, independente do tamanho do arquivo.

A principal desvantagem desse método é que a tabela inteira precisa estar na memória o tempo todo. Com um disco de 20 GB e um tamanho de bloco de 1 KB, a tabela precisa de 20 milhões de entradas, uma para cada um dos 20 milhões de blocos de disco. Cada entrada tem de ter no mínimo 3 bytes para manter o endereço de blocos. Para facilitar sua pesquisa, as entradas acabam ocupando 4 bytes. Assim, a tabela ocupará 60 MB ou 80 MB de memória principal o tempo todo, dependendo do sistema ser otimizado para espaço ou para tempo. Com certeza, a tabela poderia ser colocada de forma paginada em memória, mas ainda ocuparia muita memória virtual e espaço em disco, assim como geraria tráfego de paginação. O MS-DOS e o Windows 98 usam apenas sistemas de arquivos FAT e as versões posteriores do Windows também os suportam.

I-nodes

Nosso último método para monitorar quais blocos pertencem a qual arquivo é associar a cada arquivo uma estrutura de dados chamada de ***i-node*** (***nó-índice***), a qual lista os atributos e endereços de disco dos blocos do arquivo. Um exemplo simples aparece na Figura 5-11. Dado o *i-node*, é possível então localizar todos os blocos do arquivo. A grande vantagem desse esquema em relação à alocação encadeada usando uma tabela na memória é que o *i-node* só precisa estar na memória quando o arquivo correspondente for aberto. Se cada *i-node* ocupa n bytes e no máximo k arquivos podem ser abertos por vez, a memória total ocupada pelo *array* que contém os *i-nodes* para os arquivos abertos é de apenas *kn* bytes. Apenas esse espaço precisa ser reservado antecipadamente.

Normalmente, esse *array* é bem menor do que o espaço ocupado pela tabela de arquivos descrita na seção anterior. O motivo é simples. A tabela para conter a lista encadeada de todos os blocos de disco tem um tamanho proporcional ao próprio disco. Se o disco tem *n* blocos, a tabela precisa de *n* entradas. À medida que os discos ficam maiores, essa tabela aumenta linearmente com eles. Em contraste, o esquema do *i-node* exige um *array* na memória cujo tamanho é proporcional ao número máximo de arquivos que podem ser abertos simultaneamente. Não importa se o disco é de 1, 10 ou 100 GB.

Um problema dos *i-nodes* é que, se cada um tiver espaço para um número fixo de endereços de disco, o que acontecerá quando um arquivo crescer além desse limite? Uma solução é reservar o último endereço do disco não para um bloco de dados, mas para o endereço de um **bloco de indireção simples** contendo mais endereços de bloco de disco. Essa idéia pode ser estendida para usar **blocos indiretos duplos** e **blocos indiretos triplos**, como se vê na Figura 5-11.

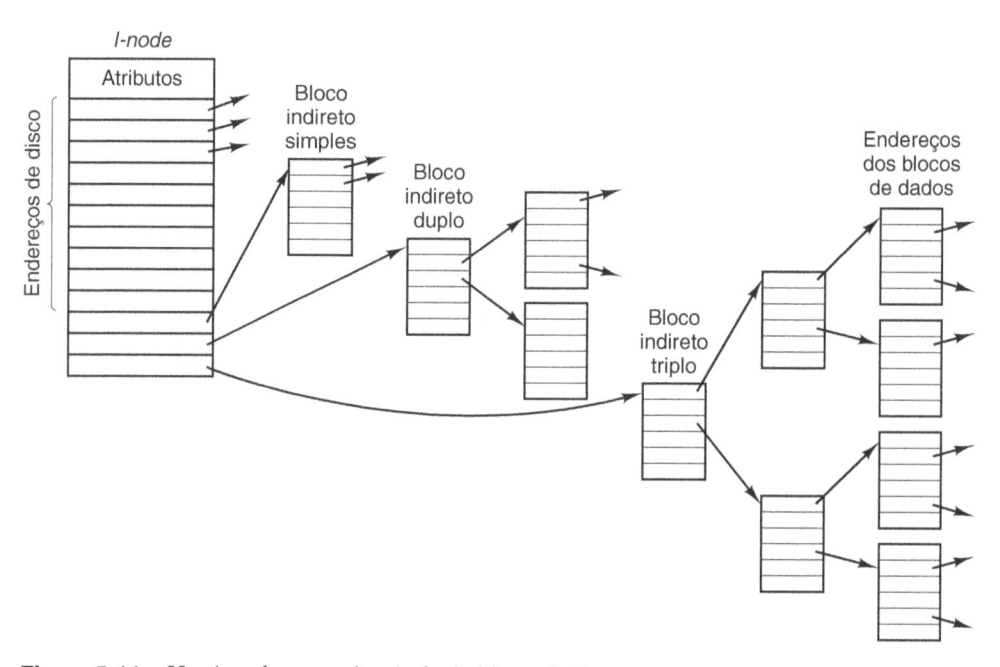

Figura 5-11   Um *i-node* com três níveis de blocos indiretos.

5.3.3   Implementando diretórios

Antes que um arquivo possa ser lido, ele deve ser aberto. Quando um arquivo é aberto, o sistema operacional usa o nome de caminho fornecido pelo usuário para localizar a entrada de diretório. Localizar uma entrada de diretório significa, naturalmente, que o diretório-raiz deve ser localizado primeiro. O diretório-raiz pode estar em um local fixo relativo ao início de uma partição. Como alternativa, sua posição pode ser determinada a partir de outras informações; por exemplo, em um sistema de arquivos UNIX clássico, o *superbloco* contém informações sobre o tamanho das estruturas de dados do sistema de arquivos que precedem a área de dados. A partir do superbloco, a localização dos *i-nodes* pode ser encontrada. O primeiro *i-node* apontará para o diretório-raiz, que é criado quando um sistema de arquivos UNIX é feito. No Windows XP, as informações presentes no setor de inicialização (que, na verdade, é muito maior do que um setor) localizam a **MFT** (*Master File Table* – tabela de arquivos mestra), que é usada para localizar outras partes do sistema de arquivos.

Uma vez localizado o diretório-raiz, uma pesquisa na árvore de diretórios localiza a entrada de diretório desejada. A entrada de diretório fornece a informação necessária para encontrar os blocos de disco do arquivo associado a essa entrada. Dependendo do sistema, essa informação pode ser o endereço de disco do arquivo inteiro (alocação contígua), o número do primeiro bloco (os dois esquemas de lista encadeada) ou o número do *i-node*. Em todos os casos, a função principal do sistema de diretório é fazer o mapeamento do nome ASCII do arquivo para as informações necessárias para localizar os dados.

Uma questão intimamente relacionada é onde os atributos devem ser armazenados. Todo sistema de arquivos mantém atributos de arquivo, como o proprietário e a hora de criação de cada arquivo, e eles devem ser armazenados em algum lugar. Uma possibilidade óbvia é armazená-los diretamente na entrada de diretório. Em sua forma mais simples, um diretório consiste em uma lista de entradas de tamanho fixo, uma por arquivo, contendo um nome de arquivo (de tamanho fixo), uma estrutura dos atributos do arquivo e um ou mais endereços de disco (até algum máximo) informando onde estão os blocos de disco, conforme vimos na Figura 5-5(a).

Para sistemas que usam *i-nodes*, outra possibilidade para o armazenamento dos atributos é nos *i-nodes*, em vez de usar as entradas de diretório, como se vê na Figura 5-5(b). Nesse caso, a entrada de diretório pode ser mais curta: apenas um nome de arquivo e um número de *i-node*.

Arquivos compartilhados

No Capítulo 1, mencionamos brevemente os **vínculos** (*links*) entre arquivos, os quais tornam fácil o compartilhamento de arquivos por vários usuários que estejam trabalhando em um projeto. A Figura 5-12 mostra o sistema de arquivos da Figura 5-6(c) novamente, apenas que, agora, com os arquivos de *C* presentes também em um dos diretórios de *B*.

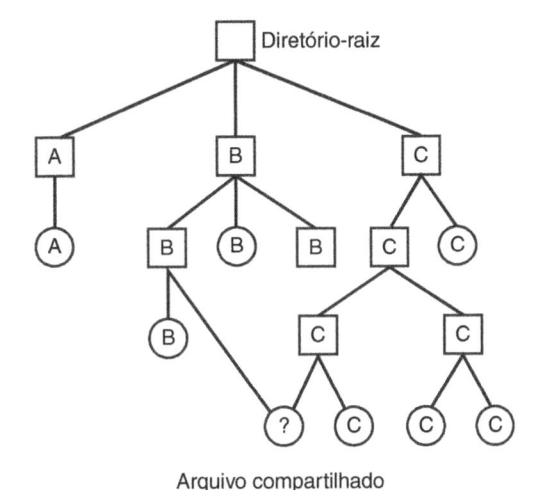

Figura 5-12 Sistema de arquivos contendo um arquivo compartilhado.

No UNIX, o uso de *i-nodes* para armazenar atributos de arquivo facilita o compartilhamento; qualquer número de entradas de diretório pode apontar para um único *i-node*. O *i-node* contém um campo que é incrementado quando um novo vínculo é adicionado e que é decrementado quando um vínculo é excluído. Somente quando a contagem de vínculos chega à zero é que os dados reais e o *i-node* em si são excluídos.

Esse tipo de vínculo às vezes é chamado de **vínculo estrito** (*hard link*). Nem sempre é possível o compartilhamento de arquivos usando vínculos estritos. Uma limitação importante é que os diretórios e *i-nodes* são estruturas de dados de um único sistema de arquivos (partição); portanto, um diretório em um sistema de arquivos não pode apontar para um *i-node* em outro sistema de arquivos. Além disso, um arquivo só pode ter um proprietário e um conjunto de permissões. Se o proprietário de um arquivo compartilhado excluir sua própria entrada de diretório para esse arquivo, outro usuário poderá ficar preso com um arquivo em seu diretório que não pode excluir, caso as permissões não o autorizem a isso.

Uma maneira alternativa de compartilhar arquivos é criar um novo tipo de arquivo cujos dados sejam o caminho para outro arquivo. Esse tipo de vínculo funciona entre sistemas de arquivos montados. Na verdade, se for providenciada uma maneira de os nomes de caminho incluírem endereços de rede, esse vínculo poderá se referir a um arquivo em outro computador. Esse segundo tipo de vínculo é chamado de **vínculo simbólico** (*soft link*) nos sistemas do tipo UNIX, de **atalho** no Windows e de **alias** no Mac OS da Apple. Os vínculos simbólicos podem ser usados nos sistemas onde os atributos são armazenados dentro das entradas de diretório. Pensando um pouco, você deverá se convencer de que seria difícil sincronizar várias entradas de diretório contendo atributos de arquivo. Qualquer mudança em um arquivo teria de afetar todas as entradas de diretório desse arquivo. Mas as entradas de diretório extras para vínculos simbólicos não contêm os atributos do arquivo para o qual apontam. Uma desvantagem dos vínculos simbólicos é que, quando um arquivo é excluído ou mesmo apenas renomeado, um vínculo se torna órfão.

Diretórios no Windows 98

O sistema de arquivos da versão original do Windows 95 era idêntico ao sistema de arquivos do MS-DOS, mas uma segunda versão acrescentou suporte para nomes e arquivos maiores. Vamos nos referir a ele como sistema de arquivos do Windows 98, mesmo sendo encontrado em alguns sistemas Windows 95. Existem dois tipos de entrada de diretório no Windows 98. Vamos chamar a primeira, mostrado na Figura 5-13, de entrada de base.

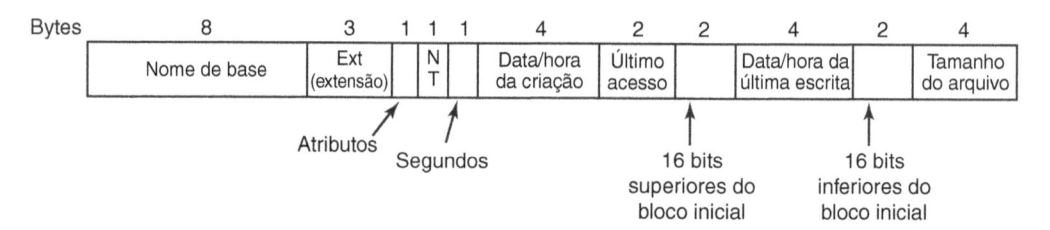

Bytes	8	3	1	1	1	4	2	2	4	2	4
	Nome de base	Ext (extensão)	N T			Data/hora da criação	Último acesso		Data/hora da última escrita		Tamanho do arquivo

Atributos
Segundos
16 bits superiores do bloco inicial
16 bits inferiores do bloco inicial

Figura 5-13 Uma entrada de diretório de base do Windows 98.

A entrada de diretório de base tem todas as informações que havia nas entradas de diretório das versões mais antigas do Windows e muitas outras. Os 10 bytes a partir do campo *NT* foram acrescentados na estrutura do antigo Windows 95, que felizmente (ou, é mais provável, deliberadamente, com um aprimoramento posterior em mente) não foram usadas antes. A modificação mais importante é o campo que aumenta o número de bits disponíveis para apontar para o bloco inicial, de 16 para 32. Isso aumenta o tamanho máximo em potencial do sistema de arquivos de 2^{16} blocos para 2^{32} blocos.

Essa estrutura é preparada apenas para os nomes de arquivo do antigo estilo de 8 + 3 caracteres, herdados do MS-DOS (e do CP/M). E quanto aos nomes de arquivo longos? A resposta para o problema de fornecer nomes de arquivo longos, enquanto se mantém a compatibilidade com os sistemas mais antigos, foi usar entradas de diretório adicionais. A Figura 5-14 mostra uma forma alternativa de entrada de diretório para conter até 13 caracteres de um nome de arquivo longo. Para arquivos com nomes longos, uma forma reduzida do nome é gerada automaticamente e colocada nos campos *Nome de base* e *Ext* de uma entrada de diretório de base no estilo da Figura 5-13. Tantas entradas como a da Figura 5-14 quantas forem necessárias para conter o nome de arquivo longo, são colocadas antes da entrada de base, em ordem inversa. O campo *Atributos* de cada entrada de nome longo contém o valor 0x0F, que é um valor impossível para sistemas de arquivos mais antigos (MS-DOS e Windows 95); portanto, essas entradas serão ignoradas se o diretório for lido por um sistema mais antigo (em um disquete, por exemplo). Um bit no campo *Seqüência* informa ao sistema qual é a última entrada.

Bytes	1	10	1	1	1	12	2	4
		5 caracteres		0		6 caracteres	0	2 caracteres

Seqüência — Atributos — Soma de verificação

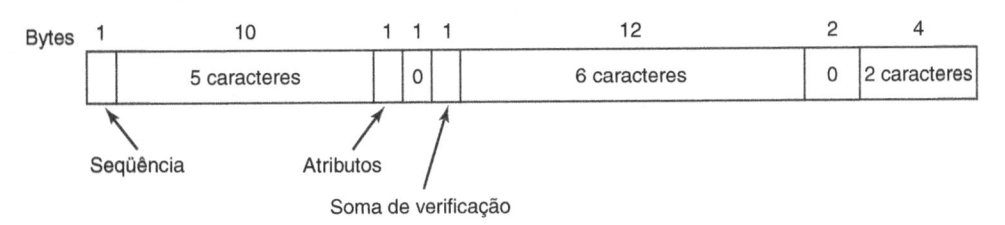

Figura 5-14 Uma entrada para (parte de) um nome de arquivo longo no Windows 98.

Se isso parece muito complexo, bem, é mesmo. É complicado fornecer compatibilidade com versões anteriores para que um sistema mais simples possa continuar a funcionar, enquanto se fornece recursos adicionais para um sistema mais recente. Um purista pode optar por não ter tantos problemas. Entretanto, um purista provavelmente não se tornaria rico vendendo novas versões dos sistemas operacionais.

Diretórios no UNIX

A estrutura de diretório tradicional do UNIX é extremamente simples, como se vê na Figura 5-15. Cada entrada contém apenas um nome de arquivo e seu número de *i-node*. Todas as informações sobre tipo, tamanho, tempos, propriedade e blocos de disco estão contidas no *i-node*. Alguns sistemas UNIX têm um *layout* diferente, mas em todos os casos uma entrada de diretório contém, em última análise, apenas uma string em ASCII e um número de *i-node*.

Bytes	2	14
		Nome do arquivo

Número do *i-node*

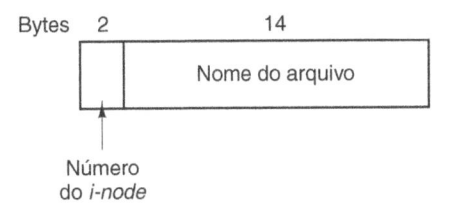

Figura 5-15 Uma entrada de diretório do UNIX Versão 7.

Quando um arquivo é aberto, o sistema de arquivos deve pegar o nome de arquivo fornecido e localizar seus blocos de disco. Vamos considerar como o nome de caminho */usr/ast/mbox* é pesquisado. Usaremos o UNIX como exemplo, mas o algoritmo é basicamente o mesmo para todos os sistemas de diretório hierárquicos. Primeiramente, o sistema localiza o diretório-raiz. Os *i-nodes* formam um *array* simples que é localizado usando-se as informações presentes no superbloco. A primeira entrada nesse *array* é o *i-node* do diretório-raiz.

O sistema de arquivos pesquisa o primeiro componente do caminho, *usr*, no diretório-raiz para encontrar o número do *i-node* do arquivo */usr/*. Localizar um *i-node* a partir de seu número é simples, pois cada um tem uma localização fixa relativa ao primeiro. A partir desse *i-node*, o sistema localiza o diretório de */usr/* e pesquisa nele o próximo componente, *ast*. Quando tiver encontrado a entrada de *ast*, ele terá o *i-node* do diretório */usr/ast/*. A partir desse *i-node*, ele pode encontrar o diretório em si e pesquisar *mbox*. Então, o *i-node* desse arquivo é lido na memória e mantido nela até que o arquivo seja fechado. O processo de pesquisa está ilustrado na Figura 5-16.

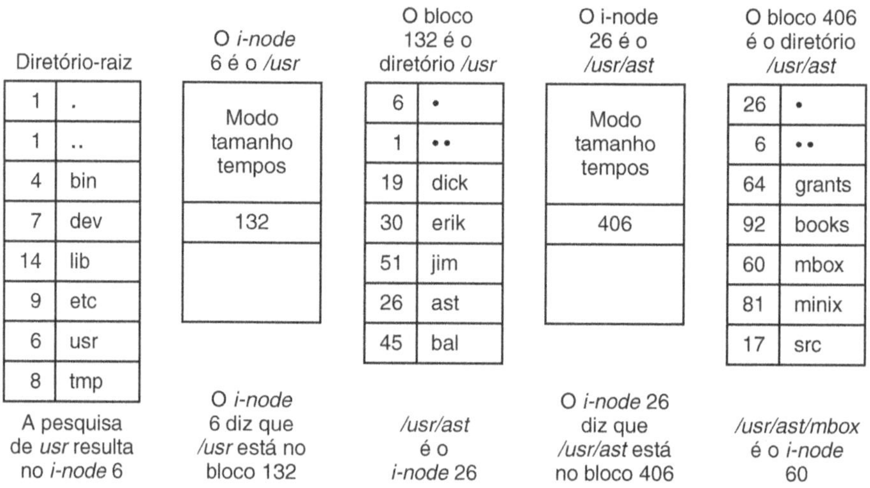

Diretório-raiz		O *i-node* 6 é o */usr*	O bloco 132 é o diretório */usr*		O *i-node* 26 é o */usr/ast*	O bloco 406 é o diretório */usr/ast*	
1	.	Modo tamanho tempos	6	.	Modo tamanho tempos	26	.
1	..		1	..		6	..
4	bin		19	dick		64	grants
7	dev	132	30	erik	406	92	books
14	lib		51	jim		60	mbox
9	etc		26	ast		81	minix
6	usr		45	bal		17	src
8	tmp						

A pesquisa de *usr* resulta no *i-node* 6 | O *i-node* 6 diz que */usr* está no bloco 132 | */usr/ast* é o *i-node* 26 | O *i-node* 26 diz que */usr/ast* está no bloco 406 | */usr/ast/mbox* é o *i-node* 60

Figura 5-16 Os passos na pesquisa de */usr/ast/mbox*.

Os nomes de caminho relativos são pesquisados da mesma maneira que os absolutos, somente que a partir do diretório de trabalho, em vez do diretório-raiz. Todo diretório tem entradas para . e .., que são colocadas lá quando o diretório é criado. A entrada . tem o número do *i-node* do diretório corrente e a entrada de .. tem o número do *i-node* do diretório pai. Assim, uma busca por *../dick/prog.c* pesquisará simplesmente .. no diretório de trabalho, encontrará o número do *i-node* do diretório pai e procurará esse diretório em busca de *dick*. Nenhum mecanismo especial é necessário para tratar desses nomes. No que diz respeito ao sistema de diretório, eles são apenas strings ASCII normais, exatamente iguais a qualquer outro nome.

Diretórios no NTFS

O **NTFS** (*New Technology File System*) da Microsoft é o sistema de arquivos padrão das novas versões do Windows. Não temos espaço para uma descrição detalhada do NTFS, mas veremos brevemente alguns dos problemas que ele trata e as soluções utilizadas.

Um problema são os nomes de arquivo e de caminho longos. O NTFS permite nomes de arquivo longos (até 255 caracteres) e nomes de caminho longos (até 32.767 caracteres). Mas, como as versões antigas do Windows não podem ler sistemas de arquivos NTFS, não é necessária uma estrutura de diretório complicada compatível com versões anteriores e os campos de nome de arquivo têm comprimento variável. Foram feitos preparativos para ter um segundo nome de 8 + 3 caracteres, para que um sistema mais antigo possa acessar arquivos NTFS via rede.

O NTFS fornece vários conjuntos de caracteres, usando Unicode para nomes de arquivo. O Unicode usa 16 bits para cada caractere, que são suficientes para representar vários idiomas com conjuntos de símbolos muito grandes (por exemplo, o japonês). Mas usar vários idiomas acarreta problemas, além da representação de diferentes conjuntos de caracteres. Mesmo entre os idiomas derivados do latim existem sutilezas. Por exemplo, no idioma espanhol, algumas combinações de dois caracteres contam como caracteres simples, quando ordenadas. As palavras que começam com "ch" ou "ll" devem aparecer nas listas ordenadas depois das palavras que começam com "cz" ou "lz", respectivamente. O problema do mapeamento da caixa alta e baixa é mais complexo. Se o padrão é fazer os nomes de arquivo diferenciar letras maiúsculas e minúsculas, ainda pode haver necessidade de fazer pesquisas que não as levam em consideração. Para idiomas baseados no latim, o modo de fazer isso é evidente, pelo menos para usuários nativos desses idiomas. Em geral, se apenas um idioma estiver sendo usado, os usuários provavelmente conhecerão as regras. Entretanto, o Unicode permite uma mistura de idiomas: Nomes de arquivo em grego, russo e japonês poderiam aparecer todos em um único diretório em uma organização internacional. A solução do NTFS é um atributo para cada arquivo, que define as convenções de caixa para o idioma do nome de arquivo.

A solução do NTFS para muitos problemas é adicionar mais atributos. No UNIX, um arquivo é uma seqüência de bytes. No NTFS, um arquivo é um conjunto de atributos e cada atributo é um fluxo (*stream*) de bytes. A estrutura de dados básica do NTFS é a **MFT** (*Master File Table* – tabela de arquivos mestra), que fornece 16 atributos, cada um dos quais podendo ter um comprimento de até 1 KB dentro da MFT. Se isso não for suficiente, um atributo dentro da MFT pode ser um cabeçalho apontando para um arquivo adicional com uma extensão dos valores de atributo. Isso é conhecido como **atributo não-residente**. A própria MFT é um arquivo e tem uma entrada para cada arquivo e cada diretório no sistema de arquivos. Como ela pode ficar muito grande, quando um sistema de arquivos NTFS é criado, cerca de 12,5% do espaço na partição são reservados para o crescimento da MFT. Assim, ela pode crescer sem se fragmentar, pelo menos até que o espaço inicial reservado seja usado, após o que outro grande trecho de espaço será reservado. Portanto, se a MFT se fragmentar, ela consistirá em um pequeno número de fragmentos muito grandes.

E quanto aos dados no NTFS? Os dados são apenas outro atributo. Na verdade, um arquivo NTFS pode ter mais de um fluxo de dados. Essa característica foi fornecida originalmente para permitir que servidores Windows enviassem arquivos para clientes Apple MacIntosh. No sistema operacional original do MacIntosh (até o Mac OS 9), todos os arquivos tinham dois fluxos de dados, chamados de bifurcação de recursos e de bifurcação de dados. Vários fluxos de dados têm outros usos; por exemplo, uma imagem gráfica grande pode ter uma imagem em miniatura menor associada. Um fluxo pode conter até 2^{64} bytes. No outro extremo, o NTFS pode manipular arquivos pequenos colocando algumas centenas de bytes no cabeçalho do atributo. Isso é chamado de **arquivo imediato** (Mullender e Tanenbaum, 1984).

Apenas mencionamos algumas maneiras pelas quais o NTFS trata das questões não resolvidas pelos sistemas de arquivos mais antigos e simples. O NTFS também fornece recursos como um sistema de proteção sofisticado, criptografia e compactação de dados. Descrever todos esses recursos e sua implementação exigiria muito mais espaço do que podemos dispor aqui. Para ver mais completamente o NTFS, consulte Tanenbaum (2001) ou procure mais informações na web.

5.3.4 Gerenciamento do espaço em disco

Normalmente, os arquivos são armazenados no disco, de modo que o gerenciamento do espaço em disco é uma preocupação importante para os projetistas de sistema de arquivos. Duas estratégias gerais são possíveis para armazenar um arquivo de *n* bytes: são alocados *n* bytes consecutivos de espaço em disco ou o arquivo é dividido em vários blocos (não necessariamente) contíguos. O mesmo compromisso está presente nos sistemas de gerenciamento de memória entre usar segmentação pura e paginação.

Conforme vimos, armazenar um arquivo como uma seqüência contígua de bytes tem o problema óbvio de que, se um arquivo crescer, provavelmente terá de ser movido no disco. O mesmo problema vale para os segmentos na memória, exceto que mover um segmento na memória é uma operação relativamente rápida, comparada a mover um arquivo de uma posição para outra no disco. Por isso, quase todos os sistemas de arquivos dividem os arquivos em blocos de tamanho fixo que não precisam ser contíguos.

Tamanho do bloco

Uma vez decidido que os arquivos serão armazenados em blocos de tamanho fixo, surge a questão do tamanho que os blocos devem ter. Dada a maneira como os discos são organizados, o setor, a trilha e o cilindro são candidatos óbvios para a unidade de alocação (embora todos eles sejam dependentes do dispositivo, o que é ruim). Em um sistema de paginação, o tamanho da página também é um candidato importante. Entretanto, ter uma unidade de alocação grande, como um cilindro, significa que todo arquivo, mesmo um arquivo de 1 byte, ocupa um cilindro inteiro.

Por outro lado, usar uma unidade de alocação pequena significa que cada arquivo consistirá em muitos blocos. Ler cada bloco normalmente exige uma busca (*seek*) e um atraso rotacional; portanto, será lento ler um arquivo consistindo em muitos blocos pequenos.

Como exemplo, considere um disco com 131.072 bytes/trilha, um tempo de rotação de 8,33 ms e um tempo de busca médio de 10 ms. Então, o tempo em milissegundos para ler um bloco de k bytes é a soma dos tempos de busca, do atraso rotacional e da transferência:

$$10 + 4{,}165 + (k/131072) \times 8{,}33$$

A curva em linha cheia da Figura 5-17 mostra a taxa de transferência de dados para esse disco como uma função do tamanho do bloco.

Para calcular a eficiência do espaço, precisamos fazer uma suposição a respeito do tamanho de arquivo médio. Um estudo anterior mostrou que o tamanho de arquivo médio nos ambientes UNIX é de cerca de 1 KB (Mullender e Tanenbaum, 1984). Uma medida feita em 2005, no departamento de um dos autores (AST), que tem 1000 usuários e mais de 1 milhão de arquivos UNIX em disco, forneceu um tamanho mediano de 2475 bytes, significando que metade dos arquivos é menor do que 2475 bytes e metade, maior. Além disso, a mediana é uma métrica melhor do que a média, pois um número muito pequeno de arquivos pode influenciar enormemente a média, mas não a mediana. Alguns manuais de hardware com tamanhos de 100 MB, ou vídeos promocionais, podem distorcer muito a média, mas têm pouco efeito sobre a mediana.

Em uma experiência para ver se a utilização de arquivo do Windows NT era consideravelmente diferente da utilização de arquivo do UNIX, Vogels (1999) fez medidas em arquivos na Universidade de Cornell. Ele observou que a utilização de arquivo do NT é mais complicada do que no UNIX. Ele escreveu:

> *Quando digitamos alguns caracteres no editor de textos notepad, salvar isso em um arquivo acarreta 26 chamadas de sistema, incluindo 3 tentativas de abertura falhas, 1 arquivo sobrescrito e 4 seqüências de abertura e fechamento adicionais.*

Contudo, ele observou um tamanho mediano (ponderado pela utilização) de 1 KB para arquivos apenas de leitura, de 2,3 KB para arquivos apenas de escrita e de 4,2 KB para arquivos de leitura e escrita. Dado o fato que a Universidade de Cornell faz computação científica em larga escala de forma considerável e a diferença na técnica de medida (estática *versus* dinâmica), os resultados são razoavelmente consistentes com um tamanho de arquivo mediano de cerca de 2 KB.

Por simplicidade, vamos supor que todos os arquivos têm 2 KB, o que leva à curva tracejada da Figura 5-17 para a eficiência do espaço em disco.

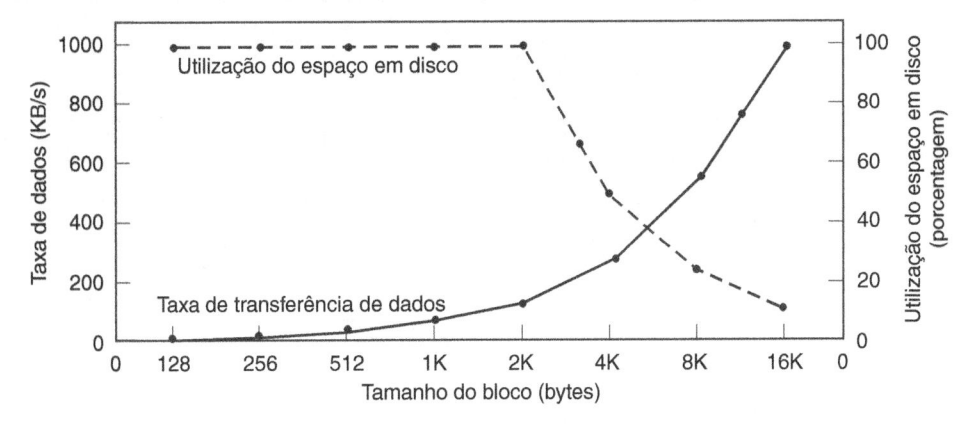

Figura 5-17 A curva em linha cheia (escala da esquerda) fornece a taxa de transferência de dados de um disco. A curva tracejada (escala da direita) fornece a eficiência do espaço em disco. Todos os arquivos têm 2 KB.

As duas curvas podem ser entendidas como segue. O tempo de acesso para um bloco é fortemente influenciado pelo tempo de busca e pelo atraso rotacional; portanto, dado que vai custar 14 ms para acessar um bloco, quanto mais dados forem lidos, melhor. Portanto, a taxa de transferência de dados aumenta com o tamanho do bloco (até que as transferências demorem tanto que o tempo de transferência comece a dominar). Com blocos pequenos, que são potências de dois, e arquivos de 2 KB, nenhum espaço é desperdiçado em um bloco. Entretanto, com arquivos de 2 KB e blocos de 4 KB ou maiores, certo espaço em disco é desperdiçado. Na realidade, alguns arquivos são um múltiplo do tamanho do bloco no disco; portanto, algum espaço sempre é desperdiçado no último bloco de um arquivo.

Entretanto, o que as curvas mostram é que o desempenho e a utilização de espaço estão inerentemente em conflito. Blocos pequenos são ruins para o desempenho, mas bons para a utilização do espaço em disco. É necessário um tamanho de meio-termo. Para esses dados, 4 KB poderia ser uma boa escolha, mas alguns sistemas operacionais fizeram suas escolhas há muito tempo, quando os parâmetros do disco e os tamanhos de arquivo eram diferentes. Para o UNIX, 1 KB é comumente usado. Para o MS-DOS, o tamanho do bloco pode ser qualquer potência de dois, de 512 bytes a 32 KB, mas é determinado pelo tamanho do disco e por motivos não relacionados a esses argumentos (o número máximo de blocos em uma partição de disco é de 2^{16}, o que impõe blocos grandes em discos grandes).

Monitorando os blocos livres

Uma vez escolhido o tamanho do bloco, a próxima questão é como manter a informação de quais são os blocos livres. Dois métodos, que aparecem na Figura 5-18, são amplamente usados. O primeiro consiste em usar uma lista encadeada de blocos de disco, com cada bloco contendo tantos quantos números de bloco de disco livre couberem. Com um bloco de 1 KB e um número de bloco de disco de 32 bits, cada bloco na lista de regiões livres contém os números de 255 blocos livres. (Uma entrada é necessária para o ponteiro para o próximo bloco). Um disco de 256 GB precisa de uma lista de regiões livres de no máximo 1.052.689 blocos para conter todos os 2^{28} números de bloco de disco. Freqüentemente, os blocos livres são usados para conter a lista de regiões livres.

Blocos de disco livres: 16, 17, 18

42	230	86	1001101101101100
136	162	234	0110110111110111
210	612	897	1010110110110110
97	342	422	0110110110111011
41	214	140	1110111011101111
63	160	223	1101101010001111
21	664	223	0000111011010111
48	216	160	1011101101101111
262	320	126	1100100011101111
≈	≈	≈	≈
310	180	142	0111011101110111
516	482	141	1101111101110111

Um bloco de disco de 1 KB pode conter 256 números de bloco de disco de 32 bits

(a)

Mapa de bits

(b)

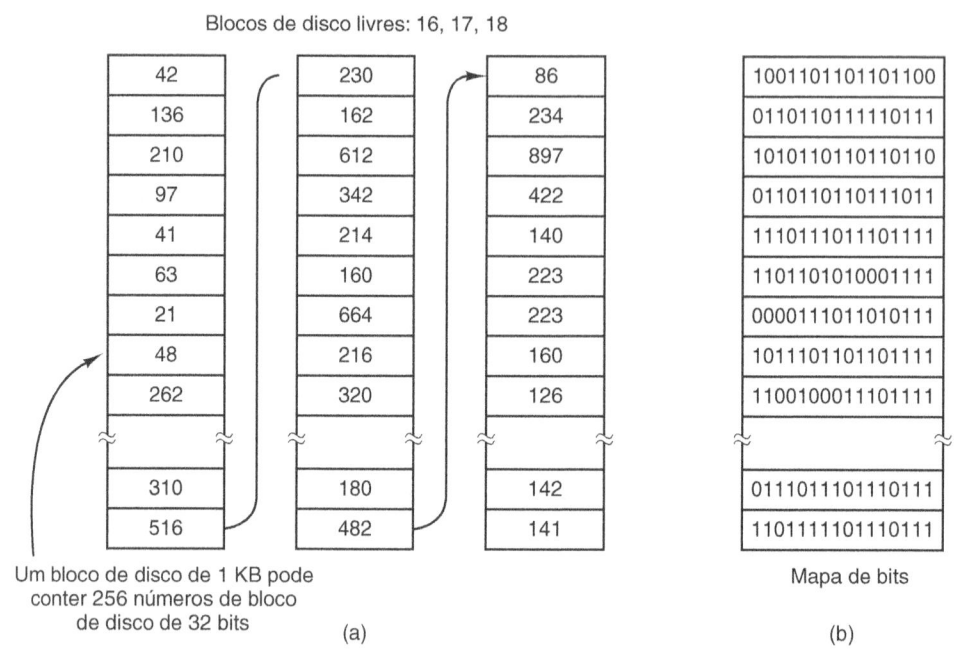

Figura 5-18 (a) Armazenando a lista de regiões livres em uma lista encadeada. (b) Um mapa de bits.

A outra técnica de gerenciamento do espaço livre é o mapa de bits. Um disco com *n* blocos exige um mapa de bits com *n* bits. Os blocos livres são representados pelos valores 1 no mapa, os blocos alocados, pelos valores 0 (ou vice-versa). Um disco de 256 GB tem 2^{28} blocos de 1 KB e, assim, exige 2^{28} bits para o mapa, o que exige 32.768 blocos. Não é surpresa o fato de o mapa de bits exigir menos espaço, pois ele utiliza 1 bit por bloco, *versus* 32 bits no modelo da lista encadeada. Somente se o disco estiver praticamente cheio (isto é, tiver poucos blocos livres) é que o esquema da lista encadeada exigirá menos blocos do que o mapa de bits. Por outro lado, se houver muitos blocos livres, alguns deles poderão ser emprestados para conter a lista de regiões livres sem nenhuma perda da capacidade do disco.

Quando é usado o método da lista de regiões livres, apenas um bloco de ponteiros precisa ser mantido na memória principal. Quando um arquivo é criado, os blocos necessários são tirados do bloco de ponteiros. Quando não tiver mais, um novo bloco de ponteiros é lido do disco. Analogamente, quando um arquivo é excluído, seus blocos são liberados e adicionados ao bloco de ponteiros na memória principal. Quando esse bloco é preenchido, ele é escrito no disco.

5.3.5 Confiabilidade do sistema de arquivos

A destruição de um sistema de arquivos é freqüentemente um desastre muito maior do que a destruição de um computador. Se um computador é destruído por causa de um incêndio, sobretensão devida a raios ou uma xícara de café derramada no teclado, isso é irritante e custa dinheiro, mas geralmente uma peça de reposição pode ser adquirida sem muitos problemas. Os computadores pessoais baratos podem até ser substituídos dentro de poucas horas (exceto nas universidades, onde emitir uma ordem de compra exige a anuência de três comitês, cinco assinaturas e 90 dias), bastando ir até uma loja para comprar.

Se o sistema de arquivos de um computador for irrevogavelmente perdido, seja devido ao hardware, ao software ou ratos roendo as fitas de *backup*, restaurar todas as informações será, na melhor das hipóteses, difícil e demorado, e em muitos casos, impossível. Para as pessoas cujos programas, documentos, arquivos de clientes, registros de imposto, bancos de dados, planos de marketing ou outros dados perderam-se para sempre, as conseqüências podem ser catastróficas. Embora o sistema de arquivos não possa oferecer nenhuma proteção contra a destruição física do equipamento e da mídia, ele pode ajudar a proteger as informações. Nesta seção, veremos alguns dos problemas envolvidos na proteção do sistema de arquivos.

Os disquetes geralmente estão perfeitos quando saem da fábrica, mas podem revelar blocos defeituosos durante o uso. Pode-se dizer que isso é mais provável agora do que quando os disquetes eram mais utilizados. As redes e os dispositivos removíveis de grande capacidade, como os CDs graváveis, fazem com que os disquetes sejam menos utilizados. As ventoinhas drenam o ar e transportam poeira para dentro das unidades de disquete e uma unidade de disco que não foi utilizada por um longo tempo pode ficar tão suja, a ponto de arruinar o próximo disco que for inserido. Uma unidade de disquete usada freqüentemente tem menos probabilidade de danificar um disco.

Os discos rígidos freqüentemente têm blocos defeituosos desde o início: é simplesmente dispendioso demais fabricá-los completamente livres de todos os defeitos. Conforme vimos no Capítulo 3, os blocos defeituosos em discos rígidos geralmente são tratados pela controladora por meio da substituição de setores danificados por sobressalentes fornecidos para esse propósito. Nesses discos, as trilhas são pelo menos um setor maior do que o necessário, para que pelo menos um ponto defeituoso possa ser pulado, deixando-o em uma lacuna entre dois setores consecutivos. Alguns setores sobressalentes são fornecidos em cada cilindro para que a controladora possa fazer o remapeamento automático de setores, caso perceba que um setor precisa de mais do que certo número de tentativas para ser lido ou escrito. Assim, o usuário normalmente não sabe da existência de blocos defeituosos ou de seu gerenciamento. Contudo, quando um disco IDE ou SCSI moderno falhar, normalmente a falha será grave, porque esgotaram-se os setores sobressalentes. Os discos SCSI fornecem um aviso de "erro recuperado" quando fazem o remapeamento de um bloco. Se o *driver* notar isso e exibir uma mensagem no monitor, o usuário saberá que é hora de comprar um novo disco, quando essas mensagens começarem a aparecer freqüentemente.

Existe uma solução de software simples para o problema do bloco danificado, conveniente para uso em discos mais antigos. Essa estratégia exige que o usuário, ou o sistema de arquivos, construa cuidadosamente um arquivo contendo todos os blocos defeituosos. Essa técnica os remove da lista de regiões livres, de modo que nunca ocorrerão em arquivos de dados. Contanto que o arquivo de blocos danificados nunca seja lido nem escrito, não haverá problema algum. É preciso tomar cuidado durante os *backups* de disco, para evitar a leitura desse arquivo e a tentativa de fazer seu *backup*.

Backups

A maioria das pessoas não acha que fazer *backups* de seus arquivos vale o tempo e o trabalho necessários – até que um belo dia, seu disco estraga repentinamente, quando então a maioria delas se arrepende de não ter aproveitado para fazer *backup* nos últimos momentos de vida do disco. Entretanto, as empresas (normalmente) entendem bem o valor de seus dados e geralmente fazem *backup* pelo menos uma vez ao dia, normalmente em fita. As fitas modernas armazenam dezenas ou, às vezes, até centenas de gigabytes e custam pouco por gigabyte. Contudo, fazer *backups* não é tão simples quanto parece; portanto, a seguir, examinaremos algumas das questões relacionadas.

Os *backups* em fita geralmente são feitos para tratar de um de dois problemas em potencial:

1. Recuperação de um desastre.
2. Recuperação de uma estupidez.

O primeiro consiste em fazer com que o computador funcione novamente, após uma falha de disco, um incêndio, uma inundação ou outra catástrofe natural. Na prática, essas coisas não acontecem muito freqüentemente e esse é o motivo pelo qual muitas pessoas não se preocupam com os *backups*. Essas pessoas também tendem a não ter seguro contra incêndio para suas casas, pelo mesmo motivo.

O segundo motivo é que, muitas vezes, os usuários removem acidentalmente arquivos que depois precisam novamente. Esse problema ocorre com tanta freqüência que quando um arquivo é removido no Windows, ele não é realmente excluído, mas apenas movido para um diretório especial, a **lixeira** (*recycle bin*), para que depois possa ser buscado e restaurado rapidamente. Os *backups* levam esse princípio mais adiante e permitem que arquivos que foram removidos há dias, ou mesmo há semanas atrás, sejam restaurados a partir de fitas de *backup* antigas.

Fazer um *backup* leva um longo tempo e ocupa uma grande quantidade de espaço; portanto, é importante fazê-lo eficiente e convenientemente. Essas considerações levantam as seguintes perguntas. Primeiramente, deve-se fazer o *backup* do sistema de arquivos inteiro ou apenas de parte dele? Em muitas instalações, os programas executáveis (binários) são mantidos em uma parte limitada da árvore do sistema de arquivos. Não é necessário fazer o *backup* desses arquivos, caso eles possam ser todos reinstalados a partir dos CD-ROMs dos fabricantes. Além disso, a maioria dos sistemas tem um diretório para arquivos temporários. Normalmente, também não há motivos para fazer *backup* deles. No UNIX, todos os arquivos especiais (dispositivos de E/S) são mantidos em um diretório */dev/*. Não apenas o *backup* desse diretório não é necessário, como também é muito perigoso, pois o programa de *backup* travaria para sempre se tentasse ler cada um deles até o fim. Em suma, normalmente é desejável fazer *backup* apenas de diretórios específicos e de tudo que há neles, em vez do sistema de arquivos inteiro.

Segundo, é um desperdício fazer *backup* de arquivos que não mudaram desde o último *backup*, o que leva à idéia dos **backups incrementais**. A forma mais simples de *backup* incremental é fazer um *backup* completo periodicamente, digamos, semanalmente ou mensalmente, e fazer um *backup* diário apenas dos arquivos que foram modificados desde o último *backup* completo. Embora esse esquema minimize o tempo de *backup*, ele torna a recuperação mais complicada, porque primeiro é necessário restaurar o *backup* completo mais recente, seguido de todos os *backups* incrementais na ordem inversa, ou seja, o mais antigo primeiro. Para facilitar a recuperação, freqüentemente são usados esquemas de *backup* incremental mais sofisticados.

Terceiro, como o *backup* normalmente envolve imensos volumes de dados, talvez seja desejável compactá-los antes de gravá-los em fita. Entretanto, em muitos algoritmos de compactação, um único ponto defeituoso na fita de *backup* pode fazer o algoritmo de descompactação desandar e tornar o arquivo inteiro ou mesmo uma fita inteira ilegível. Assim, a decisão de compactar o fluxo de *backup* deve ser cuidadosamente considerada.

Quarto, é difícil fazer um *backup* em um sistema de arquivos em uso. Se arquivos e diretórios estiverem sendo adicionados, excluídos e modificados durante o processo de *backup*, o resultado poderá ser inconsistente. Entretanto, como fazer um *backup* pode demorar várias horas, talvez seja necessário deixar o sistema *off-line* grande parte da noite para fazer o *backup*, algo que nem sempre é aceitável. Por isso, foram elaborados algoritmos para tirar rápidos instantâneos do estado do sistema de arquivos, copiando estruturas de dados críticas e então exigindo que as futuras alterações nos arquivos e diretórios copiem os blocos, em vez de atualizá-los no local (Hutchinson et al., 1999). Desse modo, o sistema de arquivos fica efetivamente congelado no momento do instantâneo, para que o *backup* possa ser feito tranqüilamente.

Quinto e último, fazer *backups* introduz muitos problemas não-técnicos em uma organização. O melhor sistema de segurança *on-line* do mundo pode ser inútil se o administrador do sistema mantiver todas as fitas de *backup* em seu escritório e deixá-lo aberto e sem vigilância ao sair para pegar a saída da impressora. Tudo que um espião precisa fazer é entrar por um segundo, colocar uma pequena fita em seu bolso e sair rapidinho. Adeus segurança. Além disso, fazer um *backup* diário não será muito útil se um incêndio que venha a queimar os computadores queime também todas as fitas de *backup*. Por isso, as fitas de *backup* devem ser guardadas em outro lugar, mas isso introduz mais riscos para a segurança. Para ver uma discussão completa sobre essas e outras questões práticas de administração, consulte Nemeth et al. (2001). A seguir, discutiremos apenas as questões técnicas envolvidas nos *backups* do sistema de arquivos.

Duas estratégias podem ser usadas para copiar um disco em fita: uma cópia física ou uma cópia lógica. A **cópia física** começa no bloco 0 do disco, grava todos os blocos de disco na fita de saída, em ordem, e pára quando tiver copiado o último. Esse programa é tão simples que provavelmente pode ser executado 100% sem erros, algo que possivelmente não se pode dizer a respeito de nenhum outro programa útil.

Contudo, é interessante tecer alguns comentários sobre a cópia física. Por exemplo, não há nenhum valor em fazer *backup* de blocos de disco não utilizados. Se o programa de cópia puder acessar a estrutura de dados do bloco livre, poderá evitar a cópia de blocos não utilizados. Entretanto, pular blocos não utilizados exige gravar o número de cada bloco na frente do bloco (ou o equivalente), pois não é mais verdade que o bloco k na fita seja o bloco k no disco.

Uma segunda preocupação é a cópia de blocos defeituosos. Se todos os blocos defeituosos forem remapeados pela controladora de disco e ocultos do sistema operacional, conforme descreveremos na Seção 5.4.4, a cópia funcionará bem. Por outro lado, se eles forem visíveis para o sistema operacional e mantidos em um ou mais "arquivos de blocos danificados" ou mapas de bits, será absolutamente fundamental que o programa de cópia física tenha acesso a essas informações e evite copiá-los, para impedir erros de leitura de disco sem fim durante o processo de *backup*.

As principais vantagens da cópia física são a simplicidade e a grande velocidade (basicamente, ele pode ser feito na velocidade do disco). As principais desvantagens são a incapacidade de pular diretórios selecionados, de fazer *backups* incrementais e de restaurar arquivos individuais de acordo com o solicitado. Por esses motivos, a maioria das instalações faz cópias lógicas.

A **cópia lógica** começa em um ou mais diretórios especificados e copia recursivamente todos os arquivos e diretórios lá encontrados que tenham mudado desde alguma data base dada (por exemplo, o último *backup* incremental ou completo). Assim, em uma cópia lógica, a fita de *backup* recebe uma série de diretórios e arquivos cuidadosamente identificados, o que facilita restaurar um arquivo ou diretório específico mediante solicitação.

Para poder restaurar corretamente mesmo um único arquivo, todas as informações necessárias para recriar o caminho até esse arquivo devem ser salvas na mídia de *backup*. Assim, o primeiro passo de uma cópia lógica é fazer uma análise da árvore de diretórios. Obviamente, precisamos salvar todo arquivo ou diretório que tenha sido modificado. Mas para uma restauração correta, devem ser salvos todos os diretórios (mesmo os não modificados) que ficam no caminho para um arquivo ou diretório modificado. Isso significa salvar não apenas os dados (nomes de arquivo e ponteiros para *i-nodes*), mas todos os atributos dos diretórios devem ser salvos, para que eles possam ser restaurados com as permissões originais. Os diretórios e seus atributos são gravados na fita primeiro e, depois, são salvos os arquivos modificados (com seus atributos). Isso torna possível restaurar os arquivos e diretórios em um sistema de arquivos novo, em um computador diferente. Desse modo, os programas de *backup* e restauração podem ser usados para transportar sistemas de arquivos inteiros entre computadores.

Um segundo motivo para copiar diretórios não modificados que estão acima dos arquivos modificados é tornar possível restaurar um único arquivo por incrementos (possivelmente para tratar da recuperação de uma exclusão acidental). Suponha que um *backup* completo do sistema de arquivos seja feito na segunda-feira, ao anoitecer. Na terça-feira, o diretório */usr/jhs/proj/nr3/* é removido, junto com todos os diretórios e arquivos que estão abaixo dele. Na quarta-feira de manhã cedo, um usuário quer restaurar o arquivo */usr/jhs/proj/nr3/plans/summary*. Entretanto, não é possível simplesmente restaurar o arquivo *summary*, pois não há lugar para colocá-lo. Os diretórios *nr3/* e *plans/* devem ser restaurados primeiro. Para obter seus proprietários, modos, tempos e tudo mais corretos, esses diretórios devem estar presentes na fita de *backup*, mesmo que eles próprios não tenham sido modificados desde o *backup* completo anterior.

Restaurar um sistema de arquivos a partir das fitas de *backup* é simples. Para começar, um sistema de arquivos vazio é criado no disco. Então, o *backup* completo mais recente é restaurado. Como os diretórios aparecem primeiro na fita, todos eles são restaurados primeiro, fornecendo um esqueleto do sistema de arquivos. Em seguida, são restaurados os arquivos em si. Então, esse processo é repetido com o primeiro *backup* incremental feito após o *backup* completo, em seguida com o próximo e assim por diante.

Embora a cópia lógica seja simples, existem algumas questões complicadas. Por exemplo, como a lista de blocos livres não é um arquivo, ela não é copiada e, portanto, precisa ser reconstruída desde o início, depois que todos os *backups* tiverem sido restaurados. Fazer isso sempre é possível, pois o conjunto de blocos livres é apenas o complemento do conjunto de blocos contidos em todos os arquivos combinados.

Outro problema são os vínculos (*links*). Se um arquivo está vinculado a dois ou mais diretórios, é importante que ele seja restaurado apenas uma vez e que todos os diretórios que devem apontar para ele façam isso.

Uma outra questão é o fato de que os arquivos UNIX podem conter lacunas. É legítimo abrir um arquivo, escrever alguns bytes, realizar um deslocamento e escrever mais alguns bytes. Os blocos intermediários não fazem parte do arquivo e não devem ser copiados nem restaurados. Freqüentemente, os arquivos de *core dump* têm uma grande lacuna entre o segmento de dados e a pilha. Se não for manipulado corretamente, cada arquivo de núcleo restaurado preencherá essa área com zeros e, assim, terá o mesmo tamanho do espaço de endereçamento virtual (por exemplo, 2^{32} bytes ou, pior ainda, 2^{64} bytes).

Finalmente, arquivos especiais, *pipes* nomeados e coisas assim nunca devem ser copiados, independente do diretório em que possam ocorrer (eles não precisam estar confinados em */dev/*). Para obter mais informações sobre *backups* de sistema de arquivos, consulte Chervenak et al. (1998) e Zwicky (1991).

Consistência do sistema de arquivos

Outra área onde a confiabilidade é importante é a consistência do sistema de arquivos. Muitos sistemas de arquivos lêem blocos, os modificam e escrevem posteriormente. Se o sistema falhar antes que todos os blocos modificados tenham sido escritos, o sistema de arquivos poderá ficar em um estado inconsistente. Esse problema será particularmente crítico se alguns dos blocos que não foram escritos são blocos contendo *i-nodes*, diretórios ou a lista de regiões livres.

Para tratar do problema de sistemas de arquivos inconsistentes, a maioria dos computadores tem um programa utilitário que verifica a consistência do sistema de arquivos. Por exemplo, o UNIX tem o programa *fsck* e o Windows tem o programa *chkdsk* (ou *scandisk*, nas versões anteriores). Esse utilitário pode ser executado quando o sistema for inicializado, especialmente após uma falha. A descrição a seguir diz como o programa *fsck* funciona. O programa *chkdsk* é bastante diferente, pois trabalha em um sistema de arquivos diferente, mas o princípio geral de uso da redundância inerente do sistema de arquivos para repará-lo ainda é válido. Todos os verificadores de sistema de arquivos conferem cada sistema de arquivos (partição de disco) independentemente dos outros.

Podem ser feitos dois tipos de verificações de consistência: em blocos e em arquivos. Para verificar a consistência de bloco, o programa constrói duas tabelas, cada uma contendo um contador para cada bloco, inicialmente configurado como 0. Os contadores na primeira tabela monitoram quantas vezes cada bloco está presente em um arquivo; os contadores na segunda tabela registram com que freqüência cada bloco está presente na lista de regiões livres (ou no mapa de bits de blocos livres).

Então, o programa lê todos os *i-nodes*. Começando a partir de um *i-node*, é possível construir uma lista de todos os números de bloco usados no arquivo correspondente. À medida que cada número de bloco é lido, seu contador na primeira tabela é incrementado. Então, o programa examina a lista de regiões livres ou o mapa de bits, para localizar todos os blocos que não estão sendo usados. Cada ocorrência de um bloco na lista de regiões livres resulta no incremento de seu contador na segunda tabela.

Se o sistema de arquivos for consistente, cada bloco terá um valor 1 na primeira tabela ou na segunda tabela, conforme ilustrado na Figura 5-19(a). Entretanto, como resultado de uma falha, as tabelas podem ficar como na Figura 5-19(b), na qual o bloco 2 não ocorre em nenhuma das tabelas. Ele constará como um **bloco ausente**. Embora os blocos ausentes não prejudiquem, eles desperdiçam espaço e, portanto, reduzem a capacidade do disco. A solução para os blocos ausentes é simples: o verificador de sistema de arquivos apenas os adiciona na lista de regiões livres.

Outra situação que poderia ocorrer é a da Figura 5-19(c). Aqui, vemos um bloco, o de número 4, que ocorre duas vezes na lista de regiões livres (duplicatas podem ocorrer apenas se a lista de regiões livres for realmente uma lista; com um mapa de bits isso é impossível). A solução aqui também é simples: reconstruir a lista de regiões livres.

A pior coisa que pode acontecer é o mesmo bloco de dados pertencer a dois ou mais arquivos simultaneamente, como se vê na Figura 5-19(d), no caso do bloco 5. Se um desses arquivos for removido, o bloco 5 será colocado na lista de regiões livres, levando a uma situação na qual o mesmo bloco está sendo usado e, ao mesmo tempo, está livre. Se os dois arquivos forem removidos, o bloco será colocado na lista de regiões livres duas vezes.

A ação apropriada do verificador de sistema de arquivos é alocar um bloco livre, copiar o conteúdo do bloco 5 nele e inserir a cópia em um dos arquivos. Desse modo, o conteúdo das informações dos arquivos não muda (embora, quase certamente, seja truncado), mas pelo menos a estrutura do sistema de arquivos se torna consistente. O erro deve ser informado, para permitir que o usuário inspecione o dano.

Além de verificar se cada bloco é contado corretamente, o verificador de sistema de arquivos também confere o sistema de diretório. Ele também usa uma tabela de contadores, mas eles são por arquivo, em vez de serem por bloco. O verificador começa no diretório-

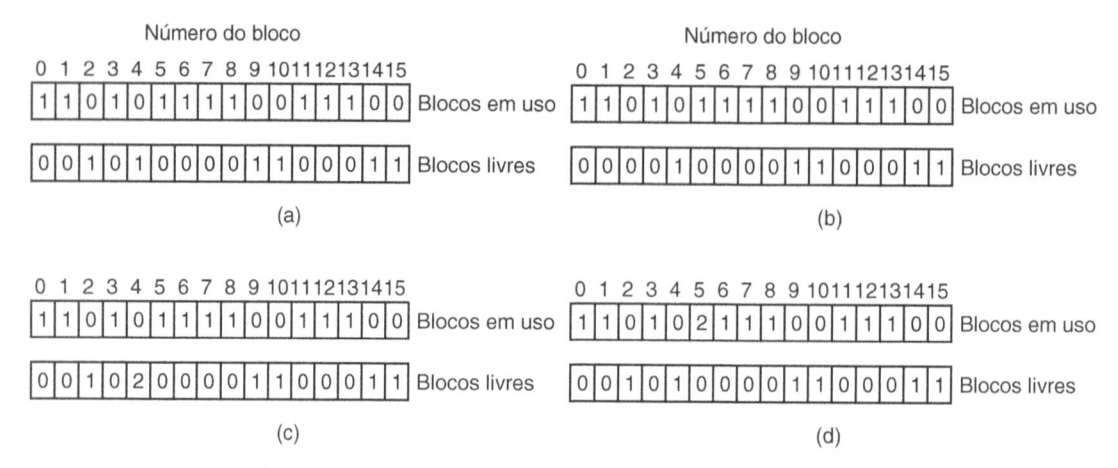

	Número do bloco	
0 1 2 3 4 5 6 7 8 9 10 11 12 13 14 15		
1 1 0 1 0 1 1 1 1 0 0 1 1 1 0 0	Blocos em uso	
0 0 1 0 1 0 0 0 0 1 1 0 0 0 1 1	Blocos livres	
(a)		

	Número do bloco	
0 1 2 3 4 5 6 7 8 9 10 11 12 13 14 15		
1 1 0 1 0 1 1 1 1 0 0 1 1 1 0 0	Blocos em uso	
0 0 0 0 1 0 0 0 0 1 1 0 0 0 1 1	Blocos livres	
(b)		

0 1 2 3 4 5 6 7 8 9 10 11 12 13 14 15		
1 1 0 1 0 1 1 1 1 0 0 1 1 1 0 0	Blocos em uso	
0 0 1 0 2 0 0 0 0 1 1 0 0 0 1 1	Blocos livres	
(c)		

0 1 2 3 4 5 6 7 8 9 10 11 12 13 14 15		
1 1 0 1 0 2 1 1 1 0 0 1 1 1 0 0	Blocos em uso	
0 0 1 0 1 0 0 0 0 1 1 0 0 0 1 1	Blocos livres	
(d)		

Figura 5-19 Estado do sistema de arquivos. (a) Consistente. (b) Bloco ausente. (c) Bloco duplicado na lista de regiões livres. (d) Bloco de dados duplicado.

raiz e desce recursivamente na árvore, inspecionando cada diretório presente no sistema de arquivos. Para cada arquivo em cada diretório, ele incrementa um contador que registra a utilização desse arquivo. Lembre-se de que, devido aos vínculos estritos (*hard link*), um arquivo pode aparecer em dois ou mais diretórios. Os vínculos simbólicos não contam e não fazem o contador do arquivo de destino ser incrementado.

Quando tudo isso for feito, ele terá uma lista, indexada pelo número do *i-node*, informando quantos diretórios contêm cada arquivo. Então, ele compara esses números com as contagens de vínculo armazenadas nos próprios *i-nodes*. Essas contagens começam em 1, quando um arquivo é criado, e são incrementadas sempre que um vínculo (estrito) é estabelecido no arquivo. Em um sistema de arquivos consistente, as duas contagens devem concordar. Entretanto, dois tipos de erros podem ocorrer: a contagem de vínculos no *i-node* pode ser maior ou menor do que uma em relação a outra.

Se a contagem de vínculos for maior do que o número de entradas de diretório, então, mesmo que todos os arquivos sejam removidos dos diretórios, a contagem ainda será diferente de zero e o *i-node* não será removido. Esse erro não é grave, mas desperdiça espaço no disco com arquivos que não estão em nenhum diretório. Isso deve ser corrigido configurando-se a contagem de vínculos no *i-node* com o valor correto.

O outro erro é potencialmente catastrófico. Se duas entradas de diretório estão vinculadas a um arquivo, mas o *i-node* diz que existe apenas uma, quando uma das entradas de diretório for removida, a contagem do *i-node* irá a zero. Quando uma contagem de *i-node* chega a zero, o sistema de arquivos marca o *i-node* como não usado e libera todos os seus blocos. Essa ação resultará em um dos diretórios agora apontando para um *i-node* não utilizado, cujos blocos podem logo ser atribuídos a outros arquivos. Novamente, a solução é apenas forçar a contagem de vínculos no *i-node* a ser igual ao número real de entradas de diretório.

Essas duas operações, verificar blocos e verificar diretórios, são freqüentemente integradas por motivos de eficiência (isto é, é exigida apenas uma passagem pelos *i-nodes*). Outras verificações também são possíveis. Por exemplo, os diretórios têm um formato definido, com números de *i-node* e nomes em ASCII. Se um número de *i-node* for maior do que o número de *i-nodes* presentes no disco, o diretório foi danificado.

Além disso, cada *i-node* tem um modo, alguns dos quais são válidos, mas estranhos, como 0007, que não permite nenhum acesso ao proprietário e seu grupo, mas permite que intrusos leiam, escrevam e executem o arquivo. Poderia ser útil pelo menos informar quais são os arquivos que dão mais direitos aos intrusos do que ao seu proprietário. Os diretórios com mais de, digamos, 1000 entradas, também são suspeitos. Os arquivos localizados em diretórios de usuário, mas que pertencem ao superusuário e têm o bit SETUID ativo, são problemas de segurança em potencial, pois esses arquivos adquirem os poderes do superusuário quando executados por qualquer usuário. Com um pouco de esforço, alguém pode construir uma lista razoavelmente longa de situações tecnicamente válidas, mas ainda peculiares, que poderiam valer a pena relatar.

Os parágrafos anteriores discutiram o problema da proteção do usuário contra falhas. Alguns sistemas de arquivos também se preocupam em proteger o usuário contra ele mesmo. Se o usuário pretende digitar

   rm *.o

para remover todos os arquivos que terminam com .o (arquivos-objeto gerados pelo compilador), mas acidentalmente digita

   rm * .o

(observe o espaço após o asterisco), *rm* removerá todos os arquivos do diretório corrente e depois reclamará que não consegue encontrar .o. Em alguns sistemas, quando um arquivo é removido, tudo que acontece é que um bit é ativado no diretório ou no *i-node*, marcando o arquivo como removido. Nenhum bloco de disco é retornado para a lista de regiões livres até que seja realmente necessário. Assim, se o usuário descobrir o erro imediatamente, será possível executar um programa utilitário especial que restaura os arquivos removidos. No Windows, os arquivos removidos são colocados na lixeira (*recycle bin*), a partir da qual eles podem ser recuperados posteriormente, se for necessário. É claro que nenhum espaço de armazenamento é recuperado até que eles sejam realmente excluídos desse diretório.

Mecanismos como esse são inseguros. Um sistema seguro sobrescreveria realmente os blocos de dados com zeros ou bits aleatórios, quando um disco fosse excluído, para que outro usuário não pudesse recuperá-lo. Muitos usuários não sabem por quanto tempo os dados podem sobreviver. Dados confidenciais ou sigilosos freqüentemente podem ser recuperados de discos que foram descartados (Garfinkel e Shelat, 2003).

5.3.6 Desempenho do sistema de arquivos

O acesso ao disco é muito mais lento do que o acesso à memória. A leitura de uma palavra da memória é cerca de 10 ns. A leitura de um disco rígido ocorre em torno de 10 MB/s, o que é 40 vezes mais lento por palavra de 32 bits, e a isso devem ser somados de 5 a 10 ms para buscar a trilha e, então, esperar que o setor desejado chegue sob o cabeçote de leitura. Se apenas uma palavra for necessária, o acesso à memória será da ordem de um milhão de vezes mais rápido do que o acesso ao disco. Como resultado dessa diferença no tempo de acesso, muitos sistemas de arquivos foram projetados com várias otimizações para melhorar o desempenho. Nesta seção, abordaremos três delas.

Uso de cache

A técnica mais comum utilizada para reduzir o tempo de acesso ao disco é a **cache de blocos** ou **cache de buffer**. (Cache é pronunciado como "cáche" e deriva do francês *cacher*, que significa "ocultar".) Neste contexto, uma cache é um conjunto de blocos logicamente pertencentes ao disco, mas que são na memória por motivos de desempenho.

Vários algoritmos podem ser usados para gerenciar a cache, mas um algoritmo comum é verificar as requisições de leitura para verificar se o bloco necessário está na cache. Se estiver, a requisição de leitura poderá ser atendida sem acesso ao disco. Se o bloco não estiver na cache, ele primeiro é lido na cache e depois copiado onde for necessário. As requisições subseqüentes para o mesmo bloco podem ser atendidas a partir da cache.

O funcionamento da cache está ilustrado na Figura 5-20. Como existem muitos blocos na cache (freqüentemente, milhares deles), é necessária alguma maneira de determinar rapidamente se determinado bloco está presente. A maneira usual é aplicar uma função de *hash* no endereço do dispositivo e do bloco de disco e pesquisar o resultado em uma tabela *hash*. Todos os blocos com o mesmo valor de *hash* (isso é denominado de colisão) são concatenados em uma lista encadeada a qual deve ser percorrida para se encontrar o bloco desejado.

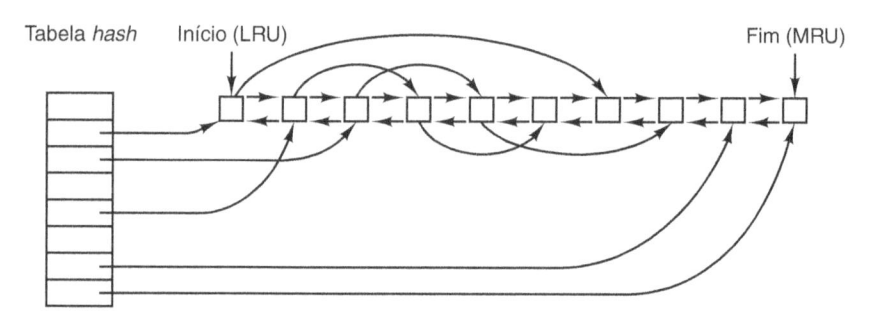

Figura 5-20 As estruturas de dados da cache de buffer.

Quando um bloco precisa ser carregado na cache e ela estiver plena, um bloco deve ser removido (e reescrito no disco, caso tenha sido modificado desde que foi trazido da memória). Essa situação é muito parecida com a paginação e todos os algoritmos de substituição de página normais descritos no Capítulo 4, como FIFO, segunda chance e LRU, são aplicáveis. Uma diferença agradável entre paginação e uso de cache é que as referências de cache são relativamente raras, de modo que é possível manter todos os blocos na ordem LRU exata, com listas encadeadas.

Na Figura 5-20, vemos que, além da lista encadeada para tratar de colisão, começando na tabela *hash*, existe também uma lista bidirecional percorrendo todos os blocos na ordem de utilização, com o bloco menos recentemente usado no início dessa lista e o bloco mais recentemente usado no final. Quando um bloco é referenciado, ele pode ser removido de sua posição na lista bidirecional e colocado no final. Desse modo, a ordem LRU exata pode ser mantida.

Infelizmente, há um problema. Agora que temos uma situação na qual a ordem LRU exata é possível, verifica-se que o algoritmo LRU é indesejável. O problema está relacionado com as falhas e com a consistência do sistema de arquivos, discutida na seção anterior. Se um bloco crítico, como um bloco de *i-node*, for lido na cache e modificado, mas não for reescrito no disco, uma falha deixará o sistema de arquivos em um estado inconsistente. Se o bloco do *i-node* for colocado no final do encadeamento LRU, poderá demorar muito para que ele alcance o início e seja reescrito no disco.

Além disso, alguns blocos, como os blocos de *i-node*, raramente são referenciados duas vezes dentro de um curto intervalo de tempo. Essas considerações levam a um esquema LRU modificado, considerando dois fatores:

1. O bloco será utilizado em breve?
2. O bloco é fundamental para a consistência do sistema de arquivos?

Para as duas perguntas, os blocos podem ser divididos em categorias como blocos de *i-node*, blocos indiretos, blocos de diretório, blocos de dados completos e blocos de dados parcialmente completos. Os blocos que provavelmente não serão necessários novamente em breve ficam no início, em vez de ficarem no fim da lista LRU, para que seus buffers sejam reutilizados rapidamente. Os blocos que podem ser utilizados em breve, como um bloco parcialmente completo que está sendo escrito, ficam no fim da lista, para que estejam à mão por bastante tempo.

A segunda questão é independente da primeira. Se o bloco é fundamental para a consistência do sistema de arquivos (basicamente tudo, exceto os blocos de dados) e foi modificado, ele deve ser escrito no disco imediatamente, independente da extremidade da lista LRU em que seja colocado. Escrevendo os blocos críticos rapidamente, reduzimos enormemente a probabilidade de uma falha destruir o sistema de arquivos. Embora um usuário possa ficar descontente se um de seus arquivos for arruinado em uma falha, provavelmente ficará bem mais descontente se o sistema de arquivos inteiro for perdido.

Mesmo com essa medida para manter a integridade do sistema de arquivos intacta, é indesejável manter blocos de dados na cache por tempo demais, antes de escrevê-los. Considere a situação angustiosa de alguém que esteja usando um computador pessoal para escrever um livro. Mesmo que nosso escritor faça o editor salvar periodicamente no disco o arquivo que está sendo editado, há uma boa chance de que tudo esteja na cache e nada no disco. Se o sistema falhar, a estrutura do sistema de arquivos não será corrompida, mas o trabalho de um dia inteiro será perdido.

Essa situação não precisa acontecer com muita freqüência, antes que tenhamos um usuário completamente infeliz. Os sistemas adotam duas estratégias para tratar disso. A maneira do UNIX é ter uma chamada de sistema, **sync**, que obriga todos os blocos modificados serem colocados no disco imediatamente. Quando o sistema é inicializado, um programa, normalmente chamado de *update*, é iniciado em segundo plano para ficar em um laço infinito executando periodicamente, a cada 30 segundos, chamadas **sync**. Como resultado, não mais do que 30 segundos de trabalho é perdido devido a uma falha do sistema, um pensamento reconfortante para muitas pessoas.

No Windows, cada bloco é gravado no disco assim que ele é modificado. As caches nas quais todos os blocos modificados são gravados de volta no disco imediatamente são chamadas de **caches de escrita direta** (*write-through*). Elas exigem mais operações de E/S de disco do que as caches que não são de escrita direta. A diferença entre essas duas estratégias pode ser vista quando um programa escreve um bloco de 1 KB completo, um caractere por vez. O UNIX reunirá todos os caracteres na cache e escreverá o bloco uma vez a cada 30 segundos ou quando o bloco for removido da cache. O Windows fará um acesso ao disco para cada caractere escrito. É claro que a maioria dos programas utiliza buffers internos, de modo que, normalmente, eles escrevem não um caractere, mas uma linha ou uma unidade maior em cada chamada de sistema **write**.

Uma conseqüência dessa diferença na estratégia de uso de cache é que apenas remover um disco (disquete) de um sistema UNIX, sem executar uma chamada de **sync**, quase sempre resultará em dados perdidos e, freqüentemente, em um sistema de arquivos corrompido também. No Windows, nenhum problema surge. Essas estratégias diferentes foram escolhidas porque o UNIX foi desenvolvido em um ambiente no qual todos os discos eram discos rígidos e não removíveis, enquanto o Windows começou no mundo dos disquetes. À medida que os discos rígidos se tornaram norma, a estratégia do UNIX, com sua melhor eficiência, tornou-se a regra, e agora também é usada no Windows para discos rígidos.

Leitura de bloco antecipada

Uma segunda técnica para melhorar o desempenho do sistema de arquivos é tentar colocar os blocos na cache antes que sejam necessários. Isso para aumentar a taxa de acertos. Em particular, quando o sistema de arquivos é solicitado a acessar o bloco *k* em um arquivo, ele faz isso, mas ao terminar, realiza uma verificação sorrateira na cache para ver se o bloco *k* + 1 já está lá. Se não estiver, ele escalona a leitura do bloco *k* + 1, na esperança de que, quando for necessário, ele já tenha chegado na cache. No mínimo, ele estará a caminho.

Naturalmente, essa estratégia de leitura antecipada só funciona para arquivos que estão sendo lidos seqüencialmente. Se um arquivo estiver sendo acessado aleatoriamente, a leitura antecipada não ajudará. Na verdade, é prejudicial ocupar largura de banda do disco lendo blocos inúteis e removendo blocos potencialmente úteis da cache (e, possivelmente, ocupando mais largura de banda do disco em sua escrita de volta no disco, caso tenham sido modificados). Para ver se vale a pena fazer a leitura antecipada, o sistema de arquivos pode monitorar os padrões de acesso a cada arquivo aberto. Por exemplo, um bit associado a cada arquivo pode monitorar se o arquivo está no "modo de acesso seqüencial" ou no "modo de acesso aleatório". Inicialmente, o arquivo recebe o benefício da dúvida e é colocado no modo de acesso seqüencial. Entretanto, quando é feita uma busca, o bit é zerado. Se leituras seqüenciais começarem a acontecer novamente, o bit será ativado outra vez. Desse modo, o sistema de arquivos pode fazer uma estimativa razoável sobre o fato de fazer a leitura antecipada ou não. Se ele errar de vez em quando, isso não será um desastre, mas apenas um pequeno desperdício de largura de banda do disco.

Reduzindo o movimento do braço do disco

O uso de cache e a leitura antecipada não são as únicas maneiras de aumentar o desempenho do sistema de arquivos. Outra técnica importante é reduzir a quantidade de movimento do braço do disco, colocando os blocos que provavelmente serão acessados em seqüência próximos uns dos outros, preferivelmente no mesmo cilindro. Quando um arquivo de saída é escrito, o sistema de arquivos precisa alocar os blocos, um por vez, conforme forem necessários. Se os blocos livres forem dados por um mapa de bits e o mapa de bits inteiro estiver na memória principal, será muito fácil escolher um bloco livre o mais próximo possível do bloco anterior. Com uma lista de regiões livres, parte da qual está no disco, é muito mais difícil alocar blocos que estejam próximos.

Entretanto, mesmo com uma lista de regiões livres, algum agrupamento de blocos pode ser feito. O truque é monitorar o armazenamento de disco não em blocos, mas em grupos de blocos consecutivos. Se os setores consistem em 512 bytes, o sistema pode usar blocos de 1 KB (2 setores), mas alocar armazenamento em disco em unidades de 2 blocos (4 setores). Isso não é o mesmo que ter blocos de disco de 2 KB, pois a cache ainda usaria blocos de 1 KB e as transferências de disco ainda seriam de 1 KB, mas ler um arquivo seqüencialmente em um sistema que, de outro modo, estaria ocioso, reduziria o número de buscas por um fator de dois, melhorando consideravelmente o desempenho. Uma variação sobre o mesmo tema é levar em conta o posicionamento rotacional. Ao alocar blocos, o sistema tenta colocar os blocos consecutivos em um arquivo no mesmo cilindro.

Outro gargalo de desempenho nos sistemas que usam *i-nodes*, ou algo equivalente a eles, é que a leitura, mesmo de um arquivo pequeno, exige dois acessos ao disco: um para o *i-node* e outro para o bloco. A disposição normal do *i-node* aparece na Figura 5-21(a). Aqui, todos os *i-nodes* estão próximos ao início do disco; portanto, a distância média entre um *i-node* e seus blocos será cerca de metade do número de cilindros, exigindo buscas longas.

Uma melhora no desempenho fácil de obter é colocar os *i-nodes* no meio do disco, em vez de colocar no início, reduzindo assim o tempo de busca médio entre o *i-node* e o primeiro bloco por um fator de dois. Outra idéia, mostrada na Figura 5-21(b), é dividir o disco em grupos de cilindros, cada um com seus próprios *i-nodes*, blocos e lista de regiões livres (McKusick et al., 1984). Ao se criar um novo arquivo, qualquer *i-node* pode ser escolhido, mas é feita

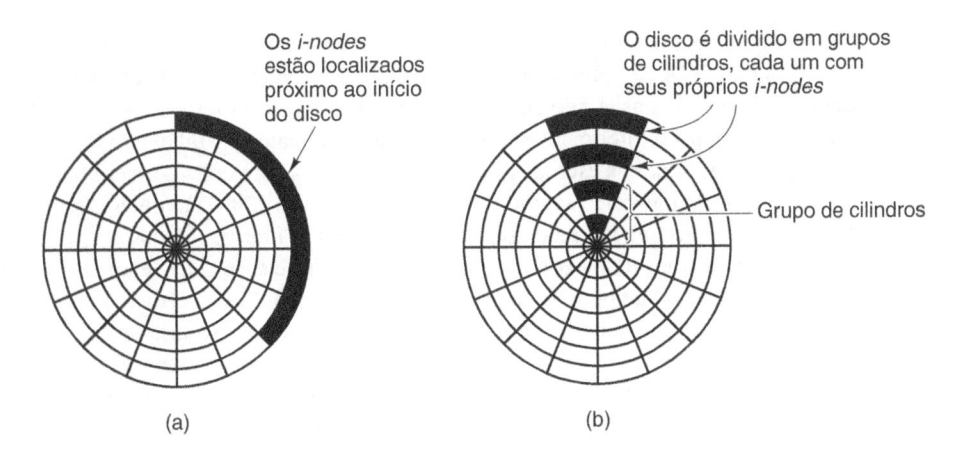

Figura 5-21 (a) *I-nodes* armazenados no início do disco. (b) Disco dividido em grupos de cilindros, cada um com seus próprios blocos e *i-nodes*.

uma tentativa de encontrar um bloco no mesmo grupo de cilindros do *i-node*. Se não houver nenhum disponível, então será usado um bloco em um grupo de cilindros próximo.

5.3.7 Sistemas de arquivos estruturados em *log*

As mudanças na tecnologia estão pressionando os sistemas de arquivos atuais. Em particular, as CPUs estão ficando mais rápidas, os discos estão se tornando muito maiores e mais baratos (mas não muito mais rápidos) e as memórias estão crescendo exponencialmente. O único parâmetro que não está melhorando bruscamente é o tempo de busca no disco. A combinação desses fatores significa que um gargalo de desempenho está surgindo em muitos sistemas de arquivos. Uma pesquisa realizada em Berkeley tentou atenuar esse problema projetando um tipo de sistema de arquivos completamente novo, o **LFS** (*Log-structured File System* – sistema de arquivos estruturado em *log*). Nesta seção, descreveremos sucintamente o funcionamento do LFS. Para um tratamento mais completo, consulte Rosenblum e Ousterhout (1991).

A idéia que guiou o projeto do LFS é que, à medida que as CPUs ficam mais rápidas e as memórias RAM ficam maiores, as caches de disco também estão aumentando rapidamente. Conseqüentemente, agora é possível atender uma fração significativa de todas as requisições de leitura diretamente a partir da cache do sistema de arquivos, sem necessidade de nenhum acesso ao disco. A partir dessa observação, conclui-se que, no futuro, a maior parte dos acessos ao disco será para escritas, de modo que o mecanismo de leitura antecipada usado em alguns sistemas de arquivos, para buscar blocos antes que sejam necessários, não produz mais muitos ganhos no desempenho.

Para piorar as coisas, na maioria dos sistemas de arquivos as escritas são feitas em trechos muito pequenos. Escritas de um volume pequeno de dados são altamente ineficientes, pois uma escrita em disco equivalente a 50 µs é freqüentemente precedida por uma busca de 10 ms e de um atraso rotacional de 4 ms. Com esses parâmetros, a eficiência do disco cai para uma fração de 1%.

Para ver de onde vêm todas as pequenas escritas, considere a criação de um novo arquivo em um sistema UNIX. Para escrever esse arquivo, o *i-node* do diretório, o bloco do diretório, o *i-node* do arquivo e o arquivo em si devem ser todos modificados. Embora essas escritas possam ser retardadas, fazer isso expõe o sistema de arquivos a sérios problemas de consistência, caso ocorra uma falha antes que a escrita seja realizada. Por isso, as escritas de *i-node* geralmente são feitas imediatamente.

A partir desse raciocínio, os projetistas do LFS decidiram reimplementar o sistema de arquivos do UNIX de maneira a obter a largura de banda total do disco, mesmo perante uma carga de trabalho consistindo em grande parte de pequenas escritas aleatórias. A idéia básica é estruturar o disco inteiro como um *log*. Periodicamente (e também quando há necessidade especial disso), todas as escritas pendentes que estão sendo colocadas em buffer na memória são reunidas em um único segmento e escritas no disco como um único segmento adjacente no final do *log*. Assim, um único segmento pode conter *i-nodes*, blocos de diretório, blocos de dados e outros tipos de blocos, tudo misturado. No início de cada segmento existe um resumo, informando o que pode ser encontrado no segmento. Se o segmento médio puder ser de cerca de 1 MB, praticamente toda largura de banda do disco poderá ser utilizada.

Nesse projeto, os *i-nodes* ainda existem e têm a mesma estrutura que no UNIX, mas agora eles estão espalhados por todo o *log*, em vez de estarem em uma posição fixa no disco. Contudo, quando um *i-node* é encontrado, a localização dos blocos é feita da maneira normal. É claro que, agora, encontrar um *i-node* é muito mais difícil, pois seu endereço não pode ser simplesmente calculado a partir de seu número de *i-node*, como acontece no UNIX. Para tornar possível encontrar os *i-nodes*, é mantido um mapa de *i-nodes*, indexado pelo número do *i-node*. A entrada *i* nesse mapa aponta para o *i-node i* no disco. O mapa é mantido no disco, mas também é colocado na cache, de modo que as partes mais usadas estarão na memória na maior parte do tempo, para melhorar o desempenho.

Para resumirmos o que dissemos até aqui, todas as escritas são inicialmente colocadas em buffer na memória e, periodicamente, todas as informações postas no buffer são escritas no disco, em um único segmento, no final do *log*. Agora, a abertura de um arquivo consiste em usar o mapa para localizar o *i-node* do arquivo. Uma vez localizado o *i-node*, os endereços dos blocos podem ser encontrados a partir dele. Todos os blocos estarão, eles próprios, em segmentos, em algum lugar no *log*.

Se os discos fossem infinitamente grandes, a descrição anterior seria a história toda. Entretanto, os discos reais são finitos; portanto, o *log* crescerá até ocupar o disco inteiro, no momento em que mais nenhum segmento novo poderá ser escrito no *log*. Felizmente, muitos segmentos existentes podem ter blocos que não são mais necessários; por exemplo, se um arquivo for sobrescrito, seu *i-node* apontará agora para os novos blocos, mas os antigos ainda estarão ocupando espaço nos segmentos escritos anteriormente.

Para tratar desse problema, o LFS tem uma *thread* **limpadora** (*cleaner*) que passa o tempo percorrendo o *log* de maneira circular para compactá-lo. Ela começa lendo o resumo do primeiro segmento no *log* para ver quais *i-nodes* e arquivos estão presentes. Então, ela verifica o mapa de *i-nodes* corrente para ver se os *i-nodes* ainda estão atualizados e se os blocos de arquivo ainda estão sendo usados. Se não estiverem, essas informações serão descartadas. Os *i-nodes* e os blocos que ainda estão sendo usados vão para a memória para serem escritos no próximo segmento. Então, o segmento original é marcado como livre para que o *log* possa usá-lo para novos dados. Desse modo, a *thread* limpadora percorre o *log*, removendo os segmentos antigos do final e colocando os dados ativos na memória para reescrever no próximo segmento. Conseqüentemente, o disco é um grande buffer circular, com uma *thread* escritora adicionando novos segmentos no início e com a *thread* limpadora removendo os antigos do final.

A contabilidade aqui não é simples, pois quando um bloco de arquivo é escrito de volta em um novo segmento, o *i-node* do arquivo (em algum lugar no *log*) deve ser localizado, atualizado e colocado na memória para ser escrito no próximo segmento. Então, o mapa de *i-nodes* deve ser atualizado para apontar para a nova cópia. Contudo, é possível fazer a administração e os resultados no desempenho mostram que toda essa complexidade vale a pena. Medidas feitas nos artigos citados anteriormente mostram que o LFS supera em muito o UNIX para escritas de pequeno volume de dados, ao passo que tem um desempenho tão bom ou melhor do que o UNIX para leituras e escritas de grande quantidade de dados.

5.4 SEGURANÇA

Os sistemas de arquivos geralmente contêm informações altamente valiosas para seus usuários. Portanto, proteger essas informações contra uso não autorizado é uma preocupação importante em todos os sistemas de arquivos. Nas seções a seguir, veremos uma variedade de questões relacionadas com segurança e proteção. Essas questões se aplicam igualmente bem aos sistemas de compartilhamento de tempo, bem como às redes de computadores pessoais conectados em servidores compartilhados por meio de redes locais.

5.4.1 O ambiente de segurança

As pessoas freqüentemente usam os termos "segurança" e "proteção" indistintamente. Contudo, muitas vezes é útil fazer uma distinção entre os problemas gerais envolvidos na garantia de que os arquivos não sejam lidos nem modificados por pessoas não autorizadas, o que por um lado inclui questões técnicas, administrativas, jurídicas e políticas, e por outro, os mecanismos específicos do sistema operacional usados para proporcionar segurança. Para evitar confusão, usaremos o termo **segurança** quando nos referirmos ao problema geral e o termo **mecanismos de proteção** para nos referirmos aos elementos específicos do sistema operacional usados para proteger as informações no computador. Entretanto, o limite entre eles não é bem definido. Primeiramente, veremos a segurança para saber qual é a natureza do problema. Posteriormente neste capítulo, veremos os mecanismos de proteção e os modelos disponíveis para ajudar a obter segurança.

A segurança tem muitas facetas. Três das mais importantes são a natureza das ameaças, a natureza dos intrusos e a perda acidental de dados. Veremos agora cada uma delas por sua vez.

Ameaças

Da perspectiva da segurança, os sistemas de computador têm três objetivos gerais, com ameaças correspondentes a eles, conforme listado na Figura 5-22. O primeiro deles, o **caráter confidencial dos dados**, está relacionado com o fato de manter dados sigilosos em segredo. Mais especificamente, se o proprietário de alguns dados tiver decidido que eles só devem se tornar disponíveis para certas pessoas e não para outras, o sistema deve garantir que não ocorra a liberação dos dados para pessoas não autorizadas. No mínimo, o proprietário deve ser capaz de especificar quem pode ver o que e o sistema deve impor essas especificações.

O segundo objetivo, a **integridade dos dados**, significa que usuários não autorizados não devem ser capazes de modificar quaisquer dados sem a permissão do proprietário. Nesse contexto, a modificação dos dados inclui não apenas alterá-los, mas também remover dados e adicionar dados falsos. Se um sistema não pode garantir que os dados nele depositados permaneçam inalterados até que o proprietário decida alterá-los, ele não serve como sistema de informações. A integridade normalmente é mais importante do que o caráter confidencial.

Objetivo	Ameaça
Confidencialidade dos dados	Exposição dos dados
Integridade dos dados	Falsificação de dados
Disponibilidade do sistema	Negação de serviço

Figura 5-22 Objetivos da segurança e ameaças.

O terceiro objetivo, **disponibilidade do sistema**, significa que ninguém deve ser capaz de perturbar o sistema para torná-lo inútil. Esses ataques de **negação de serviço** (*denial of* *service*) são cada vez mais comuns. Por exemplo, se um computador é um servidor de Internet, enviar uma avalanche de requisições para ele pode incapacitá-lo, consumindo todo seu tempo de CPU apenas para examinar e descartar as requisições recebidas. Se demora, digamos, 100 μs para processar uma requisição recebida para ler uma página web, então alguém que consiga enviar 10.000 requisições/s poderá saturar o computador. Estão disponíveis modelos e tecnologia razoáveis para lidar com ataques sobre o caráter confidencialidade e a integridade; frustrar ataques de negação de serviços é muito mais difícil.

Outro aspecto do problema da segurança é a **privacidade**: proteger os indivíduos contra o uso impróprio das informações sobre eles. Isso leva rapidamente a muitas questões jurídicas e morais. O governo deve manter dossiês sobre todo mundo para capturar fraudadores de X, onde X pode ser "bem-estar" ou "imposto", dependendo de sua política? A polícia deve ser capaz de pesquisar tudo sobre alguém para impedir o crime organizado? Os funcionários e companhias de seguro têm direitos? O que acontece quando esses direitos entram em conflito com os direitos individuais? Todas essas perguntas são extremamente importantes, mas estão fora dos objetivos deste livro.

Intrusos

A maioria das pessoas é correta e obedece a lei; então, por que se preocupar com a segurança? Porque, infelizmente, existem algumas pessoas que não são tão corretas e querem causar problemas (possivelmente para seu próprio ganho comercial). Na literatura sobre segurança, as pessoas que metem o nariz onde não são chamadas estão sendo chamadas de **intrusos** ou, às vezes, de **adversários**. Os intrusos agem de duas maneiras diferentes. Os intrusos passivos querem apenas ler arquivos que não estão autorizados a ler. Os intrusos ativos são mais nocivos; eles querem fazer alterações não autorizadas. Ao se projetar um sistema para ser seguro contra intrusos, é importante ter em mente o tipo de intruso contra o qual está sendo feita a proteção. Algumas categorias comuns são:

1. Intromissão casual feita por usuários que não são técnicos. Muitas pessoas possuem em suas mesas computadores pessoais conectados a um servidor de arquivos compartilhado e, sendo a natureza humana como ela é, algumas delas lerão o correio eletrônico e outros arquivos de outras pessoas, se nenhuma barreira for colocada no caminho. A maioria dos sistemas UNIX, por exemplo, tem o padrão de que todos os arquivos recentemente criados são legíveis publicamente.

2. Espionagem feita por pessoal interno. Estudantes, desenvolvedores de sistema, operadores e outro pessoal técnico muitas vezes consideram como um desafio pessoal violar a segurança do sistema de computador local. Freqüentemente, eles são altamente capacitados e estão dispostos a dedicar uma quantidade de tempo substancial nesse esforço.

3. Tentativas decididas de ganhar dinheiro. Alguns programadores de instituições bancárias têm tentado roubar o banco para os quais trabalham. Os esquemas têm variado desde alterar o software para truncar (em vez de arredondar) as taxas de juros, guardar para si a fração dos centavos, roubar contas não utilizadas há anos, até a chantagem ("Pague-me, senão vou destruir todos os registros do banco").

4. Espionagem comercial ou militar. Espionagem refere-se a uma tentativa séria e financiada de um concorrente, ou outro país, para roubar programas, segredos comerciais, idéias a serem patenteadas, tecnologia, projetos de circuitos integrados, planos comerciais etc. Freqüentemente, essa tentativa envolve grampos telefônicos ou mesmo montar antenas direcionadas para o computador, para captar sua radiação eletromagnética.

Deve ficar claro que tentar impedir um governo hostil de roubar segredos militares é muito diferente de tentar impedir alunos de inserir uma "mensagem do dia" engraçada no sistema. A quantidade de esforço necessária para a segurança e para a proteção depende claramente de quem é o inimigo.

Programas nocivos (*malware*)

Outra categoria de peste contra a segurança são os programas nocivos, às vezes chamados de ***malware***. De certo modo, um escritor de *malware* também é um intruso, freqüentemente com muitos conhecimentos técnicos. A diferença entre um intruso convencional e o *malware* é que o primeiro se refere a alguém que está pessoalmente tentando invadir um sistema para causar danos, enquanto o último é um programa escrito por essa pessoa e depois lançado para o mundo. Alguns programas de *malware* parecem ter sido escritos apenas para causar danos, mas alguns têm um objetivo mais específico. Isso está se tornando um problema sério e muito se tem escrito a respeito (Aycock e Barker, 2005; Cerf, 2005; Ledin, 2005; McHugh e Deek, 2005; Treese, 2004; e Weiss, 2005).

O tipo de *malware* mais conhecido é o **vírus**. Basicamente, um vírus é um código que pode se reproduzir anexando uma cópia de si mesmo em outro programa, o que é análogo à reprodução do vírus biológico. O vírus pode fazer outras coisas, além de se reproduzir. Por exemplo, ele pode digitar uma mensagem, exibir uma imagem na tela, tocar música ou qualquer coisa inofensiva. Infelizmente, ele também pode modificar, destruir ou roubar arquivos (enviando-os por e-mail para algum lugar).

Outra coisa que um vírus pode fazer é inutilizar o computador enquanto o vírus estiver em execução. Isso é chamado de ataque de **DOS** (*Denial Of Service* – negação de serviço). A estratégia normal é consumir recursos como a CPU desenfreadamente, ou encher o disco de lixo. Os vírus (e as outras formas de *malware* a serem descritas) também podem ser usados para causar um ataque de **DDOS** (*Distributed Denial Of Service* – negação de serviço distribuída). Nesse caso, ao infectar um computador, o vírus não faz nada imediatamente. Em uma data e hora predeterminadas, milhares de cópias do vírus em computadores de todo o mundo começam a solicitar páginas web ou outros serviços de rede a partir de seu alvo, por exemplo, o site web de um partido político ou de uma empresa. Isso pode sobrecarregar o servidor pretendido e as redes que o atendem.

Os programas de *malware* freqüentemente são criados para se obter lucros. Muitos (se não a maioria) e-mails indesejados (*spams*) são retransmitidos para seus destinos finais por redes de computadores infectados por vírus ou outras formas de *malware*. Um computador infectado por um programa nocivo assim torna-se um escravo e informa seu status para seu mestre em algum lugar na Internet. Então, o mestre envia *spam* para ser retransmitido a todos os endereços de e-mail que puderem ser obtidos de catálogos de endereço de e-mail e outros arquivos presentes no escravo. Outro tipo de *malware* para um esquema de obtenção de lucros instala um **interceptador de teclado** (*key logger*) em um computador infectado. O interceptador registra tudo que é digitado no teclado. Não é muito difícil filtrar esses dados e extrair informações como combinações de nome de usuário-senha ou números e datas de expiração de cartões de crédito. Essas informações são então enviadas de volta para um mestre, onde podem ser usadas ou vendidas para uso criminoso.

Ainda relacionado ao vírus temos o **verme** (*worm*). Enquanto um vírus é espalhado anexando-se em outro programa e executado quando seu programa hospedeiro é executado, um verme é um programa independente. Os vermes se espalham usando redes para transmitir cópias deles mesmos para outros computadores. Os sistemas Windows sempre tem um diretório *Startup* (Iniciar) para cada usuário; qualquer programa presente nessa pasta será executado quando o usuário se conectar. Então, tudo que o verme tem de fazer é dar um jeito de se colocar (ou um atalho para si mesmo) no diretório *Startup* em um sistema remoto. Existem outras maneiras, algumas mais difíceis de detectar, de fazer um computador remoto executar um arquivo de programa que tenha sido copiado em seu sistema de arquivos. Os efeitos de um verme podem ser iguais aos de um vírus. Na verdade, a distinção entre vírus e verme nem sempre é clara; alguns programas de *malware* usam os dois métodos para se espalhar.

Outra categoria de *malware* é o **cavalo de Tróia** (*Trojan horse*). Trata-se de um programa que aparentemente executa uma função válida – talvez um jogo ou uma versão supostamente "melhorada" de um utilitário. Mas quando o cavalo de Tróia é executado, alguma outra função é realizada, talvez ativando um verme ou um vírus ou fazendo uma das coisas irritantes que o *malware* faz. Os efeitos de um cavalo de Tróia provavelmente são sutis e furtivos. Ao contrário dos vermes e dos vírus, os cavalos de Tróia são voluntariamente carregados por *download* pelos usuários, e assim que forem reconhecidos para que servem e a notícia for divulgada, um cavalo de Tróia será excluído dos sites de *download* respeitáveis.

Outro tipo de *malware* é a **bomba lógica** (*logical bomb*). Esse dispositivo é um código escrito por um dos programadores (no momento, empregado) de uma empresa e inserido secretamente no sistema operacional de produção. Contanto que o programador o alimente com sua senha diariamente, ele não fará nada. Entretanto, se o programador for despedido repentinamente e retirado fisicamente do prédio, sem aviso, no dia seguinte a bomba lógica não receberá a senha; portanto, ela explodirá.

A explosão poderia limpar o disco, apagar arquivos aleatoriamente, fazer cuidadosamente alterações difíceis de detectar em programas importantes ou cifrar arquivos essenciais. Neste último caso, a empresa precisará fazer uma escolha difícil entre chamar a polícia (o que pode ou não resultar em uma condenção muitos meses depois) ou ceder a essa chantagem e recontratar o ex-programador como "consultor", por um salário astronômico, para corrigir o problema (e esperar que ele não plante novas bombas lógicas enquanto faz isso).

Uma outra forma de *malware* é o ***spyware***. Normalmente, ele é adquirido na visita a um site web. Em sua forma mais simples, o *spyware* pode ser nada mais do que um ***cookie***. Os *cookies* são pequenos arquivos trocados entre os navegadores e os servidores web. Eles têm um propósito legítimo. Um *cookie* contém algumas informações que permitem o site web identificar você. É como o comprovante que você recebe quando deixa uma bicicleta para consertar. Quando você volta à loja, sua parte do comprovante combina com o da sua bicicleta (e o preço do reparo). As conexões web não são persistentes; portanto, por exemplo, se você mostrar interesse em adquirir este livro quando visitar uma livraria *on-line*, a livraria pedirá para que seu navegador aceite um *cookie*. Quando tiver terminado de navegar e talvez tenha escolhido outros livros para comprar, você clica na página onde seu pedido é finalizado. Nesse ponto, o servidor web solicita para seu navegador retornar os *cookies* que armazenou na sessão corrente. Ele pode usar as informações presentes neles para gerar a lista de itens que você disse que quer comprar.

Normalmente, os *cookies* usados para um propósito como esse expiram rapidamente. Eles são muito úteis e o comércio eletrônico depende deles. Mas alguns sites web usam *cookies* para propósitos que não são tão benignos. Por exemplo, nos sites web, os anúncios são freqüentemente fornecidos por empresas diferentes do provedor de informações. Os anunciantes pagam aos proprietários do site web por esse privilégio. Se um *cookie* for colocado quando você visita uma página com informações sobre, digamos, equipamentos de bicicleta e então você for para outro site web que vende roupas, a mesma empresa anunciante pode fornecer anúncios nessa página e reunir os *cookies* que você obteve de outros lugares. Assim, você pode, repentinamente, encontrar-se vendo anúncios de luvas especiais ou jaquetas especialmente feitas para ciclistas. Dessa maneira, os anunciantes podem reunir muitas informações sobre seus interesses; talvez você não queira compartilhar tantas informações a seu respeito.

O que é pior, existem várias maneiras pelas quais um site web pode carregar por *download* um código de programa executável em seu computador. A maioria dos navegadores aceita *plug-ins* para adicionar mais funções, como a exibição de novos tipos de arquivos. Freqüentemente, os usuários aceitam ofertas de novos *plug-ins* sem saber muito sobre o que eles fazem. Ou então, um usuário pode voluntariamente aceitar uma oferta oferecida com um novo cursor para a área de trabalho que parece um gatinho dançando. E um erro em um navegador web permitir que um site remoto instale um programa indesejado, talvez após atrair o usuário para uma página cuidadosamente construída para tirar proveito da vulnerabilidade. Sempre que um programa é aceito de outra fonte, voluntariamente ou não, existe o risco de ele conter código que cause danos a você.

Perda acidental de dados

Além das ameaças causadas por intrusos maldosos, dados valiosos podem ser perdidos por acidente. Algumas das causas comuns de perda acidental de dados são:

1. Ações divinas: incêndios, inundações, terremotos, guerras, tumultos ou ratos roendo fitas ou disquetes.
2. Erros de hardware ou software: defeitos da CPU, discos ou fitas ilegíveis, erros de telecomunicação, erros de programa.
3. Erros humanos: entrada de dados incorreta, montagem errada de sistemas de arquivos em fitas ou discos, execução de programa errado, perda de disco ou fita ou algum outro erro.

A maioria pode ser resolvida mantendo-se *backups* adequados, preferivelmente bem longe dos dados originais. Embora a proteção de dados contra perda acidental possa parecer mundana comparada à proteção contra intrusos inteligentes, na prática, provavelmente mais danos são causados pela primeira do que pela última.

5.4.2 Ataques genéricos contra a segurança

Não é fácil encontrar falhas de segurança. A maneira usual de testar a segurança de um sistema é contratar um grupo de especialistas, conhecidos como **equipes de tigres** ou **equipes de invasão**, para ver se eles conseguem invadi-lo. Hebbard et al. (1980) tentaram a mesma coisa com alunos de graduação. Com o passar dos anos, essas equipes de invasão descobriram várias áreas nas quais os sistemas provavelmente são fracos. A seguir, listamos alguns dos ataques mais comuns que freqüentemente são bem-sucedidos. Ao projetar um sistema, certifique-se de que ele possa resistir a ataques como esses.

1. Solicitar páginas da memória, espaço em disco ou fitas e apenas lê-los. Muitos sistemas não os apagam antes de os alocar e eles podem estar repletos de informações interessantes gravadas pelo proprietário anterior.
2. Tentar chamadas de sistema inválidas ou chamadas de sistemas válidas com parâmetros inválidos, ou mesmo chamadas de sistemas válidas com parâmetros válidos, mas improváveis. Muitos sistemas podem ser facilmente confundidos.
3. Começar o *login* e depois pressionar DEL, RUBOUT ou BREAK no meio da seqüência de *login*. Em alguns sistemas, o programa de verificação de senha será eliminado e o *login* considerado bem-sucedido.
4. Tentar modificar estruturas complexas do sistema operacional mantidas em espaço de usuário (se houver). Em alguns sistemas (especialmente em computadores de

grande porte), para abrir um arquivo, o programa constrói uma grande estrutura de dados, contendo o nome do arquivo e muitos outros parâmetros, e a passa para o sistema. À medida que o arquivo é lido e escrito, às vezes o sistema atualiza a própria estrutura. Alterar esses campos pode acabar com a segurança.

5. Enganar o usuário, escrevendo um programa que exiba "*login:*" na tela e desapareça. Muitos usuários irão até o terminal e voluntariamente informarão seus nomes e suas senhas de *login*, que o programa cuidadosamente registrará para seu mestre maligno.

6. Procurar manuais que dizem "Não faça *X*". Tentar o máximo de variações de *X* possível.

7. Convencer um programador de sistema a alterar o sistema para contornar certas verificações de segurança vitais para qualquer usuário com seu nome de *login*. Esse ataque é conhecido como **porta dos fundos** (*back door*).

8. Se tudo isso falhar, o invasor pode encontrar a secretária do diretor do centro de computação e oferecer-lhe um suborno polpudo. A secretária provavelmente tem fácil acesso a todos os tipos de informações interessantes e normalmente ganha pouco. Não subestime os problemas causados por funcionários.

Esses e outros ataques são discutidos por Linde (1975). Muitas outras fontes de informação sobre segurança e teste de segurança podem ser encontradas, especialmente na web. Um trabalho recente voltado para o Windows é o de Johansson e Riley (2005).

5.4.3 Princípios de projeto voltados à segurança

Saltzer e Schroeder (1975) identificaram vários princípios gerais que podem ser usados como guia no projeto de sistemas seguros. Um breve resumo de suas idéias (baseadas na experiência com o MULTICS) é descrito a seguir.

Primeiro, o projeto do sistema deve ser público. Supor que o intruso não vai saber como o sistema funciona serve apenas para iludir os projetistas.

Segundo, o padrão deve ser nenhum acesso. Os erros nos quais um acesso legítimo é recusado serão relatados muito mais rapidamente do que os erros nos quais um acesso não autorizado é permitido.

Terceiro, verifique a autorização corrente. O sistema não deve verificar a permissão, determinar que o acesso é permitido e depois guardar essas informações para uso subseqüente. Muitos sistemas verificam a permissão quando um arquivo é aberto e não depois. Isso significa que um usuário que abra um arquivo e o mantenha aberto por várias semanas continuará a ter acesso, mesmo que o proprietário tenha mudado a proteção do arquivo há muito tempo.

Quarto, conceda a cada processo o mínimo privilégio possível. Se um editor tiver autorização apenas para acessar o arquivo a ser editado (especificado quando o editor é ativado), editores com cavalos de Tróia não poderão causar muitos danos. Este princípio implica em um esquema de proteção refinado. Discutiremos esses esquemas posteriormente neste capítulo.

Quinto, o mecanismo de proteção deve ser simples, uniforme e incorporado nas camadas mais baixas do sistema. Tentar adaptar segurança em um sistema inseguro já existente é praticamente impossível. A segurança, assim como a correção, não é uma característica complementar.

Sexto, o esquema escolhido deve ser psicologicamente aceitável. Se os usuários acharem que proteger seus arquivos dá muito trabalho, eles simplesmente não protegerão. Contudo, reclamarão espalhafatosamente se algo der errado. Respostas do tipo "A culpa é sua" geralmente não serão bem recebidas.

5.4.4 Autenticação de usuário

Muitos esquemas de proteção são baseados na suposição de que o sistema conhece a identidade de cada usuário. O problema de identificar os usuários quando eles se conectam é chamado de **autenticação do usuário**. A maioria dos métodos de autenticação é baseada na identificação de algo que o usuário conhece, em algo que tem ou em algo que ele é.

Senhas

A forma de autenticação mais amplamente usada é exigir que o usuário digite uma senha. A proteção por senha é fácil de entender e implementar. No UNIX, ela funciona assim: o programa de *login* pede para que o usuário digite seu nome e sua senha. A senha é cifrada imediatamente. Então, o programa de *login* lê o arquivo de senhas, que é uma série de linhas em código ASCII, uma por usuário, até encontrar a linha contendo o nome de *login* do usuário. Se a senha (cifrada) contida nessa linha corresponder à senha cifrada que acabou de ser computada, o *login* será permitido; caso contrário, será recusado.

A autenticação por senha é fácil de anular. Lemos com freqüência sobre grupos de alunos de faculdade ou mesmo de segundo grau que, com a ajuda de seus leais computadores domésticos, têm invadido algum sistema ultra-secreto de uma grande corporação ou de um órgão do governo. Quase sempre a invasão consiste em adivinhar uma combinação de nome de usuário e senha.

Embora existam estudos mais recentes (por exemplo, Klein, 1990), o trabalho clássico sobre segurança com senhas continua sendo o de Morris e Thompson (1979) sobre sistemas UNIX. Eles compilaram uma lista de senhas prováveis: nomes e sobrenomes, nomes de rua, nomes de cidade, palavras de um dicionário de tamanho médio (palavras escritas de trás para frente também), números de placa de automóvel e seqüências curtas de caracteres aleatórios.

Então, eles cifraram cada uma delas usando um conhecido algoritmo de criptografia de senhas e verificaram se uma das senhas cifradas combinava com as entradas de sua lista. Mais de 86% de todas as senhas apareceram na lista.

Se todas as senhas consistissem em 7 caracteres escolhidos aleatoriamente a partir dos 95 caracteres ASCII imprimíveis, o espaço de pesquisa seria de 95^7, o que dá cerca de 7×10^{13}. À velocidade de 1000 cifragens por segundo, demoraria 2000 anos para construir a lista para confrontar com o arquivo de senhas. Além disso, a lista encheria 20 milhões de fitas magnéticas. Mesmo exigir que as senhas contenham pelo menos uma letra minúscula, uma letra maiúscula, um caractere especial e tenha pelo menos sete caracteres de comprimento, seria uma melhora importante em relação às senhas irrestritas escolhidas pelo usuário.

Mesmo que seja considerado politicamente impossível exigir que os usuários escolham senhas razoáveis, Morris e Thompson descreveram uma técnica que torna o próprio ataque deles (cifrar um grande número de senhas antecipadamente) quase inútil. A idéia é associar a cada senha um número aleatório de *n* bits. O número aleatório é alterado quando a senha é alterada. O número aleatório é armazenado no arquivo de senhas em forma não cifrada, de modo que qualquer um pode lê-lo. Em vez de apenas armazenar a senha cifrada no arquivo de senhas, primeiramente a senha e o número aleatório são concatenados e depois cifrados em conjunto. Esse resultado é armazenado no arquivo de senhas.

Agora, considere as implicações para um intruso que queira construir uma lista de senhas prováveis, cifrá-las e salvar os resultados em um arquivo ordenado, *f*, para que qualquer senha cifrada possa ser pesquisada facilmente. Se um intruso suspeitar que *Marilyn* poderia ser uma senha, não será mais suficiente apenas cifrar *Marilyn* e colocar o resultado em *f*. Ele precisará cifrar 2^n strings, como *Marilyn0000*, *Marilyn0001*, *Marilyn0002* e assim por diante, e inserir todas elas em *f*. Essa técnica aumenta o tamanho de *f* por 2^n. O UNIX usa esse método com $n = 12$. Isso é conhecido como **salgar** o arquivo de senhas. Algumas versões do

UNIX tornam o próprio arquivo de senhas ilegível, mas fornecem um programa para pesquisar entradas mediante solicitação, acrescentando apenas um atraso suficiente para reduzir significativamente a velocidade da ação de qualquer invasor.

Embora esse método ofereça proteção contra intrusos que tentem computar previamente uma lista grande de senhas cifrar, ele pouco faz para proteger um usuário *David* cuja senha também é *David*. Uma maneira de estimular as pessoas a escolherem senhas melhores é fazer com que o computador aconselhe isso. Alguns computadores têm um programa que gera palavras sem sentido, aleatórias e fáceis de pronunciar, como *fotally*, *garbungy* ou *bipitty*, que podem ser usadas como senhas (preferivelmente com algumas letras maiúsculas e alguns caracteres especiais no meio).

Outros computadores exigem que os usuários mudem suas senhas regularmente, para limitar o dano causado se uma senha vazar. A forma mais extrema dessa estratégia é a **senha usada apenas uma vez** (*one time password*). Quando essas senhas são utilizadas, o usuário recebe um catálogo contendo uma lista de senhas. Cada *login* usa a próxima senha da lista. Se um intruso descobrir uma senha, não adiantará nada, pois na próxima vez deverá ser usada uma senha diferente. Recomenda-se que o usuário não perca o catálogo de senhas.

É evidente que, enquanto uma senha está sendo digitada, o computador não deve exibir os caracteres para ocultá-los de bisbilhoteiros que estejam próximos ao terminal. O que é menos evidente é que as senhas nunca devem ser armazenadas no computador na forma não cifrada. Além disso, nem mesmo o gerente do centro de computação deve ter cópias não cifradas. Manter senhas não cifradas em qualquer lugar é procurar problemas.

Uma variação da idéia das senhas é fazer com que cada novo usuário receba uma longa lista de perguntas e respostas que, então, são armazenadas no computador em forma cifradas. As perguntas devem ser escolhidas de modo que o usuário não precise escrevê-las. Em outras palavras, devem ser coisas que ninguém esquece. Perguntas típicas são:

1. Quem é a irmã de Marjorie?
2. Em que rua ficava sua escola primária?
3. A professora Woroboff ensinava o quê?

No *login*, o computador pergunta uma delas aleatoriamente e verifica a resposta.

Outra variação é o **desafio-resposta** (*challenge-response*). Quando ela é usada, a pessoa escolhe um algoritmo ao se inscrever como usuário, por exemplo x^2. Quando o usuário se conecta, o computador apresenta um argumento, digamos, 7, no caso em que o usuário digita 49. O algoritmo pode ser diferente de manhã e à tarde, em diferentes dias da semana, em diferentes terminais etc.

Identificação física

Uma estratégia de autorização completamente diferente é verificar se o usuário tem algum item, normalmente um cartão de plástico com uma tarja magnética. O cartão é inserido no terminal, o qual então verifica de quem é esse cartão. Este método pode ser combinado com uma senha, de modo que um usuário só possa se conectar se (1) tiver o cartão e (2) souber a senha. Os caixas automáticos de bancos normalmente funcionam assim.

Uma outra estratégia é medir características físicas que são difíceis de falsificar. Por exemplo, uma leitora de impressão digital ou de reconhecimento de voz no terminal poderia verificar a identidade do usuário. (A pesquisa será mais rápida se o usuário disser ao computador quem ele é, em vez de fazer o computador comparar a impressão digital dada com a base de dados inteira.) O reconhecimento visual direto ainda não é viável, mas um dia poderá ser.

Outra técnica é a análise da assinatura. O usuário assina seu nome com uma caneta especial conectada ao terminal e o computador a compara com uma amostra conhecida armazenada *on-line*. Melhor ainda é comparar, não a assinatura, mas os movimentos da caneta feitos enquanto se escreve. Um bom falsificador pode copiar a assinatura, mas não terá a menor idéia da ordem exata em que os movimentos foram feitos.

A análise do comprimento dos dedos é surpreendentemente prática. Quando ela é usada, cada terminal tem um dispositivo como o da Figura 5-23. O usuário insere sua mão nele e o comprimento de cada um de seus dedos é medido e conferido com a base de dados.

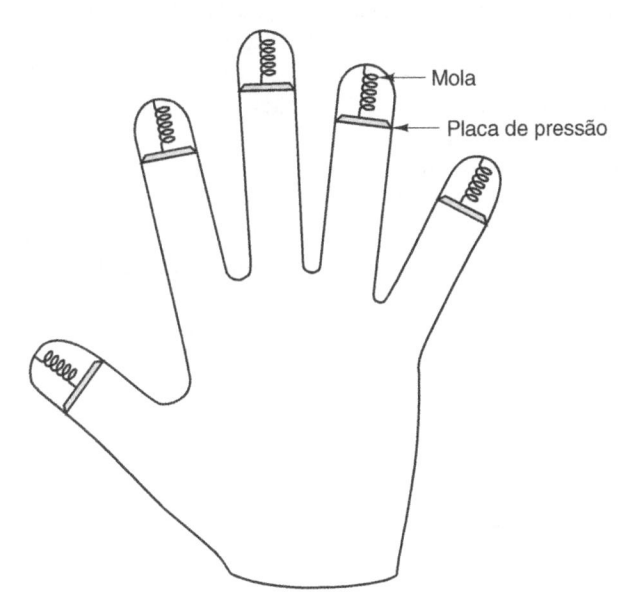

Figura 5-23 Um dispositivo para medir o comprimento dos dedos.

Poderíamos prosseguir com mais exemplos, porém dois ajudarão a tornar claro um ponto importante. Os gatos e outros animais demarcam seu território urinando em seu perímetro. Aparentemente, os gatos conseguem identificar uns aos outros dessa maneira. Suponha que alguém apareça com um dispositivo minúsculo capaz de fazer a análise instantânea da urina, fornecendo assim uma identificação segura. Cada terminal poderia ser equipado com um desses dispositivos, junto com um aviso discreto dizendo: "Para se conectar, deposite a amostra aqui". Esse sistema poderia ser absolutamente inviolável, mas provavelmente teria um problema de aceitação muito sério por parte dos usuários.

O mesmo poderia ser dito sobre um sistema composto de um percevejo e um pequeno espectrógrafo. Seria solicitado para que o usuário pressionasse seu polegar contra o percevejo, extraindo assim uma gota de sangue para análise espectrográfica. A questão é que qualquer esquema de autenticação deve ser psicologicamente aceitável para a comunidade de usuários. As medidas do comprimento dos dedos provavelmente não causarão nenhum problema, mas mesmo algo não tão intrusivo como armazenar impressões digitais *on-line* pode ser inaceitável para muitas pessoas.

Contramedidas

As instalações de computador que levam a segurança realmente a sério – e poucas levam, até o dia em que um intruso tiver invadido o sistema e causado danos – freqüentemente adotam medidas para tornar a entrada não autorizada muito mais difícil. Por exemplo, cada usuário poderia receber permissão para se conectar apenas em um terminal específico e somente durante certos dias da semana e certas horas do dia.

Poderia-se fazer com que as linhas telefônicas funcionassem como segue. Qualquer pessoa pode discar e se conectar, mas após um *login* bem-sucedido, o sistema interrompe imediatamente a conexão e liga de volta para o usuário em um número previamente definido. Essa medida significa que um intruso não poderá simplesmente tentar invadir a partir de qualquer linha telefônica; somente o telefone (de casa) do usuário funcionará. Em qualquer caso, com ou sem retorno de chamada, o sistema deve levar pelo menos 10 segundos para verificar qualquer senha digitada em uma linha discada e deve aumentar esse tempo após várias tentativas de *login* malsucedidas consecutivas, para reduzir a velocidade de tentativas dos intrusos. Após três tentativas de *login* malsucedidas, a linha deverá ser desconectada por 10 minutos e o pessoal da segurança notificado.

Todos os *logins* devem ser registrados. Quando um usuário se conecta, o sistema deve informar a hora e o terminal do *login* anterior, para que ele possa detectar possíveis invasões.

O próximo passo é colocar armadilhas com iscas para capturar intrusos. Um esquema simples é ter um nome de *login* especial com uma senha fácil (por exemplo, nome de *login*: *guest*, senha: *guest*). Quando alguém se conecta usando esse nome, os especialistas em segurança do sistema são notificados imediatamente. Outras armadilhas podem ser erros fáceis de encontrar no sistema operacional e coisas semelhantes, projetadas com a intenção de pegar intrusos no ato. Stoll (1989) escreveu um divertido relato sobre as armadilhas que montou para rastrear um espião que invadiu um computador de uma universidade, procurando segredos militares.

5.5 MECANISMOS DE PROTEÇÃO

Nas seções anteriores, vimos muitos problemas em potencial, alguns deles técnicos, alguns, não. Nas seções a seguir, nos concentraremos em algumas das maneiras técnicas detalhadas que são usadas nos sistemas operacionais para proteger arquivos e outras coisas. Todas essas técnicas fazem uma distinção clara entre política (os dados de quem devem ser protegidos de quem) e mecanismo (como o sistema impõe a política). A separação entre política e mecanismo é discutida por Sandhu (1993). Nossa ênfase serão os mecanismos e não as políticas.

Em alguns sistemas, a proteção é imposta por um programa chamado **monitor de referência**. Sempre que é tentado o acesso a um recurso possivelmente protegido, o sistema primeiro pede ao monitor de referência para verificar sua legalidade. Então, o monitor de referência examina suas tabelas de política e toma uma decisão. A seguir, descreveremos o ambiente no qual um monitor de referência opera.

5.5.1 Domínios de proteção

Um sistema de computador contém muitos objetos (recursos) que precisam ser protegidos. Esses objetos podem ser hardware (por exemplo, CPUs, áreas de memória, unidades de disco ou impressoras) ou software (por exemplo, processos, arquivos, bancos de dados ou semáforos).

Cada objeto tem um nome exclusivo por meio do qual é referenciado e um conjunto finito de operações que os processos podem executar nele. As operações **read** e **write** são apropriadas para um arquivo; **up** e **down** fazem sentido em um semáforo.

É óbvio que é necessário uma maneira de proibir que os processos acessem objetos que não estão autorizados a acessar. Além disso, esse mecanismo também deve tornar possível restringir os processos a um subconjunto das operações válidas, quando isso for necessário. Por exemplo, o processo *A* pode ser autorizado a ler o arquivo *F*, mas não a escrever.

Para discutirmos os diferentes mecanismos de proteção, é útil apresentar o conceito de domínio. Um **domínio** é um conjunto de pares (objeto, direitos). Cada par especifica um objeto e algum subconjunto das operações que podem ser efetuadas nele. Neste contexto, **direito** significa permissão para executar uma das operações. Freqüentemente, um domínio corresponde a um único usuário, indicando o que ele pode ou não fazer, mas um domínio também pode ser mais geral do que apenas um usuário.

A Figura 5-24 ilustra três domínios, mostrando os objetos em cada domínio e os direitos (*Read, Write, eXecute*) disponíveis em cada objeto. Note que *Impressora1* está em dois domínios ao mesmo tempo. Embora não apareça neste exemplo, é possível que o mesmo objeto esteja em vários domínios, com direitos *diferentes* em cada um.

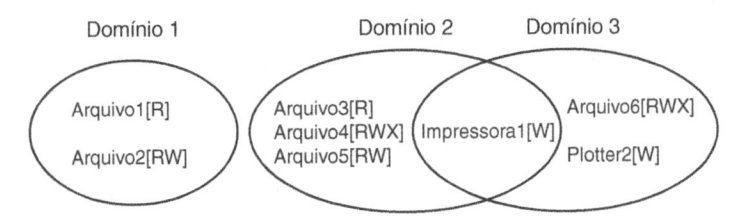

Figura 5-24 Três domínios de proteção.

A todo instante, cada processo é executado em algum domínio de proteção. Em outras palavras, existe um conjunto de objetos que ele pode acessar e, para cada objeto, ele tem um conjunto de direitos. Durante a execução, os processos também podem trocar de um domínio para outro. As regras da troca de domínio são altamente dependentes do sistema.

Para tornarmos a idéia do domínio de proteção mais concreta, vamos ver o UNIX. No UNIX, o domínio de um processo é definido por seu UID e seu GID. Dada qualquer combinação de (UID, GID), é possível fazer uma lista completa de todos os objetos (arquivos, incluindo dispositivos de E/S representados por arquivos especiais etc.) que podem ser acessados e se eles podem ser acessados para leitura, escrita ou execução. Dois processos com a mesma combinação de (UID, GID) terão acesso a exatamente o mesmo conjunto de objetos. Os processos com valores de (UID, GID) diferentes terão acesso a um conjunto de arquivos diferente, embora possa haver uma sobreposição considerável na maioria dos casos.

Além disso, cada processo no UNIX tem duas metades: a parte do usuário e a parte do núcleo. Quando o processo faz uma chamada de sistema, ele troca da parte do usuário para a parte do núcleo. A parte do núcleo tem acesso a um conjunto de objetos diferente da parte do usuário. Por exemplo, o núcleo pode acessar todas as páginas na memória física, o disco inteiro e todos os outros recursos protegidos. Assim, uma chamada de sistema causa uma troca de domínio.

Quando um processo executa uma operação **exec** em um arquivo com o bit SETUID ou SETGID ativo, ele adquire um novo UID ou GID efetivo. Com uma combinação de (UID, GID) diferente, ele tem um conjunto de arquivos e operações diferentes disponíveis. Executar um programa com SETUID ou SETGID também causa uma troca de domínio, pois os direitos disponíveis mudam.

Uma questão importante é como o sistema monitora qual objeto pertence a qual domínio. Pelo menos conceitualmente, pode-se imaginar uma grande matriz, com as linhas sendo os domínios e as colunas sendo os objetos. Cada elemento da matriz lista os direitos, se houver, que o domínio tem sobre o objeto. A matriz da Figura 5-24 aparece na Figura 5-25. Dada essa matriz e o número de domínio corrente, o sistema pode saber se é permitido um acesso a determinado objeto, de uma maneira particular, a partir de um domínio especificado.

	Objeto							
Domínio	Arquivo1	Arquivo2	Arquivo3	Arquivo4	Arquivo5	Arquivo6	Impressora1	Plotter2
1	Leitura	Leitura Escrita						
2			Leitura	Leitura Escrita Execução	Leitura Escrita		Escrita	
3						Leitura Escrita Execução	Escrita	Escrita

Figura 5-25 Uma matriz de proteção.

A troca de domínio em si pode ser facilmente incluída no modelo de matriz, percebendo-se que um domínio é ele próprio um objeto, com a operação **enter**. A Figura 5-26 mostra a matriz da Figura 5-25 novamente, só que agora com os três domínios como objetos. Os processos no domínio 1 podem trocar para o domínio 2, mas, uma vez lá, eles não podem voltar. Essa situação modela a execução de um programa SETUID no UNIX. Nenhuma outra troca de domínio é permitida neste exemplo.

	Objeto										
Domínio	Arquivo1	Arquivo2	Arquivo3	Arquivo4	Arquivo5	Arquivo6	Impressora1	Plotter2	Domínio1	Domínio2	Domínio3
1	Leitura	Leitura Escrita								Enter	
2			Leitura	Leitura Escrita Execução	Leitura Escrita		Escrita				
3						Leitura Escrita Execução	Escrita	Escrita			

Figura 5-26 Uma matriz de proteção com domínios como objetos.

5.5.2 Listas de controle de acesso

Na prática, raramente se armazena a matriz da Figura 5-26, pois ela é grande e esparsa. A maioria dos domínios não tem acesso à maioria dos objetos; portanto, armazenar uma matriz muito grande, praticamente vazia, é desperdiçar espaço no disco. Entretanto, dois métodos possíveis são armazenar a matriz por linhas ou por colunas e, então, armazenar apenas os elementos que não estejam vazios. As duas estratégias são surpreendentemente diferentes. Nesta seção, veremos o armazenamento por coluna; na próxima, estudaremos o armazenamento por linha.

A primeira técnica consiste em associar a cada objeto uma lista (ordenada) contendo todos os domínios que podem acessar um objeto e como podem acessá-lo. Essa lista é chamada de **Lista de Controle de Acesso** ou **ACL** (*Access Control List*) e está ilustrada na Figura 5-27. Aqui, vemos três processos, A, B e C, cada um pertencente a um domínio diferente, e três arquivos: $F1$, $F2$ e $F3$. Por simplicidade, vamos supor que cada domínio corresponde a exatamente um usuário; neste caso, os usuários A, B e C. Freqüentemente, na literatura sobre segurança, os usuários são chamados de **sujeitos** ou **principais**, para contrastá-los com as coisas possuídas, os **objetos**, como os arquivos.

Cada arquivo tem uma ACL associada. O arquivo $F1$ tem duas entradas em sua ACL (separadas por um ponto-e-vírgula). A primeira entrada diz que todo processo pertencente ao usuário A pode ler e escrever o arquivo. A segunda entrada diz que todo processo pertencente

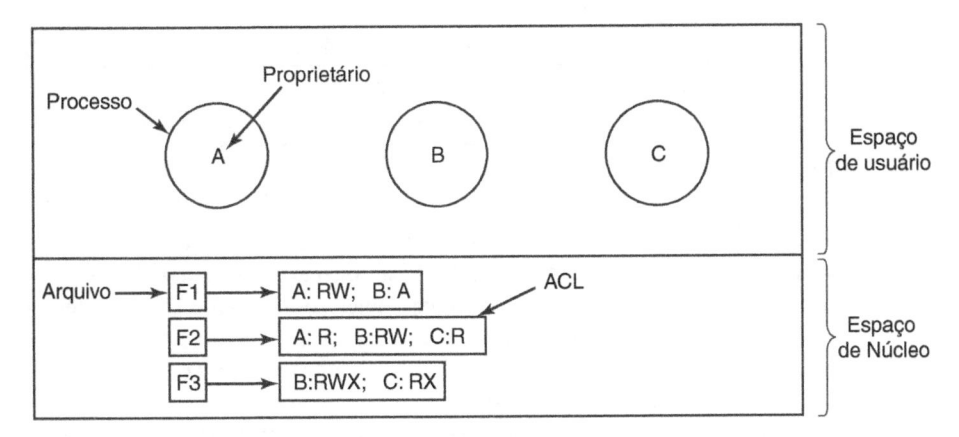

```
                    Proprietário
        Processo ↙
                   ◯         ◯         ◯
                   A         B         C              ⎫ Espaço
                                                      ⎬ de usuário
                                                      ⎭

        Arquivo → [F1] → A: RW;  B: A      ACL        ⎫
                  [F2] → A: R;  B:RW;  C:R  ↙         ⎬ Espaço
                  [F3] → B:RWX;  C: RX                ⎭ de Núcleo
```

Figura 5-27 Uso de listas de controle de acesso para gerenciar acesso a arquivo.

ao usuário *B* pode escrever o arquivo. Todos os outros acessos por parte desses usuários e todos os acessos por parte de outros usuários são proibidos. Note que os direitos são garantidos por usuário e não por processo. No que diz respeito ao sistema de proteção, todo processo pertencente ao usuário *A* pode ler e escrever o arquivo *F1*. Não importa se há apenas um processo assim ou 100 deles. É o proprietário que importa e não o ID do processo.

O arquivo *F2* tem três entradas em sua ACL: *A*, *B* e *C* podem todos ler o arquivo e, além disso, *B* também pode escrevê-lo. Nenhum outro acesso é permitido. Aparentemente, o arquivo *F3* é um programa executável, pois *B* e *C* podem ambos lê-lo e executá-lo. *B* também pode escrevê-lo.

Esse exemplo ilustra a forma mais básica de proteção com ACLs. Na prática, freqüentemente são usados sistemas mais sofisticados. Para começo de conversa, mostramos apenas três direitos até agora: leitura, escrita e execução. Também pode haver mais direitos. Alguns deles podem ser genéricos, isto é, serem aplicados a todos os objetos, e alguns podem ser específicos a objetos. Exemplos de direitos genéricos são destruir objeto e copiar objeto. Eles poderiam valer para qualquer objeto, independente de seu tipo. Os direitos específicos do objeto poderiam incluir anexar mensagem, para um objeto caixa de correio, e classificar em ordem alfabética, para um objeto diretório.

Até aqui, nossas entradas de ACL foram para usuários individuais. Muitos sistemas aceitam o conceito de **grupo** de usuários. Os grupos têm nomes e podem ser incluídos em ACLs. São possíveis duas variações sobre a semântica dos grupos. Em alguns sistemas, cada processo tem um ID de usuário (UID) e um ID de grupo (GID). Nesses sistemas, uma entrada de ACL contém entradas da forma

UID1, GID1: direitos1; UID2, GID2: direitos2; ...

Sob essas condições, quando é feito uma requisição para acessar um objeto, é realizada uma verificação usando o UID e o GID do processo que fez a chamada. Se eles estiverem presentes na ACL, os direitos listados estarão disponíveis. Se a combinação de (UID, GID) não estiver na lista, o acesso não será permitido.

O uso de grupos dessa maneira introduz efetivamente o conceito de **função**. Considere uma instalação na qual Tana seja administradora de sistema e, portanto, esteja no grupo *sysadm*. Entretanto, suponha que a empresa também tenha alguns clubes para funcionários e Tana seja membro do clube dos amadores de pomba. Os membros do clube pertencem ao grupo *pombafan* e têm acesso aos computadores da empresa para gerenciar seu banco de dados de pombas. Uma parte da ACL poderia ser como se vê na Figura 5-28.

Arquivo	Lista de controle de acesso
Senha	tana, sysadm: RW
Pomba_dados	bill, pombafan: RW; tana, pombafan: RW; ...

Figura 5-28 Duas listas de controle de acesso.

Se Tana tentar acessar um desses arquivos, o resultado dependerá do grupo em que ela estiver conectada no momento. Quando ela se conecta, o sistema pode pedir para que escolha o grupo que vai usar ou podem existir até nomes de *login* e/ou senhas diferentes para mantê-los separados. O objetivo desse esquema é impedir que Tana acesse o arquivo de senhas quando estiver fazendo parte dos amadores de pomba. Ela só pode fazer isso quando estiver conectada como administradora do sistema.

Em alguns casos, um usuário pode ter acesso a certos arquivos independentemente do grupo em que esteja conectado no momento. Esse caso pode ser tratado com a introdução de **curingas** (*wildcards*), os quais significam "todos". Por exemplo, a entrada

tana, *: RW

do arquivo de senhas, daria acesso a Tana independente do grupo em que estivesse no momento.

Uma outra possibilidade é que, se um usuário pertencer a qualquer um dos grupos que tenham certos direitos de acesso, o acesso será permitido. Nesse caso, um usuário pertencente a vários grupos não precisa especificar o grupo a ser usado no momento do *login*. Todos eles valem o tempo todo. Uma desvantagem dessa estratégia é que ela proporciona menos encapsulamento: Tana pode editar o arquivo de senhas durante uma reunião do clube de amadores de pomba.

O uso de grupos e curingas introduz a possibilidade de bloqueio seletivo de um usuário específico no acesso a um arquivo. Por exemplo, a entrada

virgil, *: (none); *, *: RW

dá ao mundo todo, exceto a Virgil, acesso de leitura e escrita ao arquivo. Isso funciona porque as entradas são percorridas em ordem e a primeira que se aplica é considerada; as entradas subseqüentes nem mesmo são examinadas. Uma combinação é encontrada para Virgil na primeira entrada e os direitos de acesso, neste caso, (*none*), são encontrados e aplicados. A pesquisa termina nesse ponto. O fato de o resto do mundo ter acesso nunca é visto.

A outra maneira de tratar com grupos é não ter entradas de ACL consistindo em pares (UID, GID), mas fazer com que cada entrada seja um UID ou um GID. Por exemplo, uma entrada para o arquivo *pomba_dados* poderia ser

debbie: RW;   phil: RW;   pombafan: RW

significando que Debbie, Phil e todos os membros do grupo *pombafan* têm acesso de leitura e escrita ao arquivo.

Às vezes, ocorre de um usuário ou grupo ter certas permissões com relação a um arquivo, que o proprietário do arquivo posteriormente deseja revogar. Com as listas de controle de acesso, é relativamente simples revogar um direito de acesso concedido anteriormente. Basta editar a ACL para fazer a alteração. Entretanto, se a ACL for verificada somente quando um arquivo for aberto, muito provavelmente a alteração só entrará em vigor nas chamadas futuras de **open**. Qualquer arquivo que já esteja aberto continuará a ter os direitos que tinha quando foi aberto, mesmo que o usuário não esteja mais autorizado a acessar o arquivo.

5.5.3 Capacidades

A outra forma de dividir a matriz da Figura 5-26 é por linhas. Quando esse método é usado, uma lista dos objetos que podem ser acessados é associada a cada processo, junto com uma indicação de quais operações são permitidas em cada um; em outras palavras, seu domínio. Essa lista é chamada de **lista de capacitação** ou **lista C** e os itens individuais nela presentes são chamados de **capacidades** (Dennis e Van Horn, 1966; Fabry, 1974). Um conjunto de três processos e suas respectivas listas de capacitação aparecem na Figura 5-29.

Cada capacidade garante ao proprietário certos direitos sobre determinado objeto. Na Figura 5-29, o processo pertencente ao usuário A pode ler os arquivos *F1* e *F2*, por exemplo. Normalmente, uma capacidade consiste em um identificador de arquivo (ou, mais genericamente, de objeto) e um mapa de bits com seus vários direitos. Em um sistema do tipo UNIX, o identificador de arquivo provavelmente seria o número do *i-node*. As próprias listas de capacitação são objetos e podem ser apontadas por outras listas de capacitação, facilitando assim o compartilhamento de subdomínios.

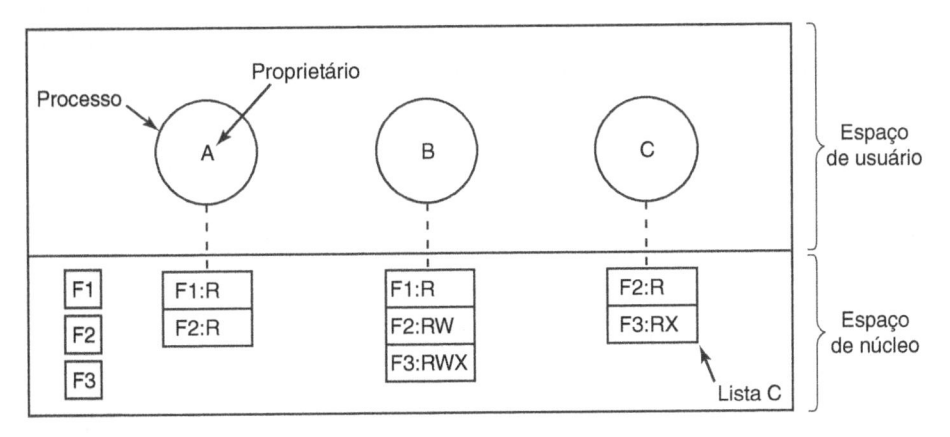

Figura 5-29 Quando são usadas capacidades, cada processo tem uma lista de capacitação.

É bastante óbvio que as listas de capacitação devem ser protegidas contra falsificação por parte dos usuários. São conhecidos três métodos de proteção para elas. O primeiro exige uma **arquitetura etiquetada, ou rotulada** (*tagged architecture*), ou seja, o projeto do hardware inclui para cada palavra da memória um bit extra (etiqueta ou rótulo) indicando se a palavra contém uma capacidade ou não. O bit de rótulo não é usado por instruções aritméticas, de comparação ou instruções normais semelhantes e só pode ser modificado por programas em execução no modo núcleo (isto é, pelo sistema operacional). Foram construídas máquinas de arquitetura rotulada e elas funcionavam bem (Feustal, 1972). O AS/400 da IBM é um exemplo popular.

A segunda maneira é manter a lista C dentro do sistema operacional. Então, as capacidades são referenciadas por sua posição na lista de capacitação. Um processo poderia dizer: "Leia 1 KB do arquivo apontado pela capacidade 2". Essa forma de endereçamento é semelhante ao uso de descritores de arquivo no UNIX. O Hydra funcionava assim (Wulf et al., 1974).

A terceira maneira é manter a lista C no espaço de usuário, mas gerenciar as capacidades usando técnicas de criptografia para que os usuários não possam falsificá-las. Essa estratégia é particularmente conveniente para sistemas distribuídos e funciona como segue. Quando um processo cliente envia uma mensagem para um servidor remoto (por exemplo, um servidor de arquivos), solicitando a criação de um objeto, o servidor cria o objeto e gera um número aleatório longo, o campo de verificação, para acompanhá-lo. Uma entrada na tabela de arquivos do servidor é reservada para o objeto e o campo de verificação é armazenado lá, junto com os endereços dos blocos de disco etc. Em termos de UNIX, o campo de verificação é armazenado no servidor, no *i-node*. Ele não é enviado de volta para o usuário e nunca é colocado na rede. Então, o servidor gera e retorna uma capacidade para o usuário, da forma mostrada na Figura 5-30.

| Servidor | Objeto | Direitos | f(Objetos,Direitos,Verificação) |

Figura 5-30 Uma capacidade protegida por criptografia.

A capacidade retornada para o usuário contém o identificador do servidor, o número do objeto (o índice nas tabelas do servidor, basicamente o número do *i-node*) e os direitos, armazenados como um mapa de bits. Para um objeto recentemente criado, todos os bits de direito são ativados. O último campo consiste na concatenação do objeto, dos seus direitos e de um campo de verificação os quais são passados a uma função de cifragem *f* de sentido único, do tipo que discutimos anteriormente.

Quando o usuário quer acessar o objeto, ele envia a capacidade para o servidor como parte da requisição. Então, o servidor extrai o número do objeto para usá-lo como índice em suas tabelas para localizar o objeto. Depois, ele calcula *f(Objeto, Direitos, Verificação)*, extraindo os dois primeiros parâmetros da própria capacidade e o terceiro de suas próprias tabelas. Se o resultado concordar com o quarto campo na capacidade, a requisição será atendida; caso contrário, rejeitada. Se um usuário tentar acessar o objeto de outra pessoa, não poderá fabricar o quarto campo corretamente, pois não conhece o campo de verificação, e a requisição será rejeitada.

Um usuário pode solicitar para que o servidor produza e retorne uma capacidade menos poderosa, por exemplo, acesso somente para leitura. Primeiro, o servidor verifica se a capacidade é válida. Se for, ele calcula *f (Objeto, Novos_direitos, Verificação)* e gera uma nova capacidade, colocando esse valor no quarto campo. Note que o valor de *Verificação* original é usado, porque outras capacidades a resolver dependem dele.

Essa nova capacidade é enviada de volta para o processo solicitante. Agora, o usuário pode dar isso a um amigo apenas enviando em uma mensagem. Se o amigo ativar os bits de direitos que devem estar desativados, o servidor detectará isso quando a capacidade for usada, pois o valor de *f* não corresponderá ao campo de direitos falso. Como o amigo não conhece o campo de verificação verdadeiro, ele não pode fabricar uma capacidade que corresponda aos bits de direitos falsos. Esse esquema foi desenvolvido para o sistema Amoeba e usado extensivamente nele (Tanenbaum et al., 1990).

Além dos direitos específicos dependentes do objeto, como leitura e execução, as capacidades (do núcleo e protegidas por técnicas de criptografia) normalmente têm **direitos genéricos** que são aplicáveis a todos os objetos. Exemplos de direitos genéricos são:

1. Copiar capacidade: criar uma nova capacidade para o mesmo objeto.
2. Copiar objeto: criar um objeto duplicado com uma nova capacidade.
3. Remover capacidade: excluir uma entrada da lista C; não afeta o objeto.
4. Destruir objeto: remover permanentemente um objeto e uma capacidade.

Uma última observação importante sobre os sistemas de capacitação é que revogar o acesso a um objeto é muito difícil na versão gerenciada pelo núcleo. É difícil para o sistema encontrar todas as capacidades pendentes de qualquer objeto para tomá-las de volta, pois elas podem estar armazenadas em listas C por todo o disco. Uma estratégia é fazer com que cada capacidade aponte para um objeto indireto, em vez de apontar para o objeto em si. Fazendo-se com que o objeto indireto aponte para o objeto real, o sistema sempre pode desfazer essa conexão, invalidando assim as capacidades. (Quando uma capacidade no objeto indireto for apresentada posteriormente para o sistema, o usuário descobrirá que o objeto indireto agora está apontando para um objeto nulo.)

No esquema Amoeba, a revogação é fácil. Basta alterar o campo de verificação armazenado com o objeto. Todas as capacidades existentes são invalidadas de uma só vez. Entretanto, o esquema não permite revogação seletiva, isto é, pegar de volta, digamos, a permissão de John, nem a de mais ninguém. Esse defeito é geralmente reconhecido como sendo um problema de todos os sistemas de capacitação.

Outro problema geral é garantir que o proprietário de uma capacidade válida não forneça uma cópia para 1000 de seus melhores amigos. Fazer com que o núcleo gerencie as capacidades, como no Hydra, resolve esse problema, mas essa solução não funciona bem em um sistema distribuído como o Amoeba.

Por outro lado, as capacidades resolvem muito elegantemente o problema do confinamento (*sandboxing*) de código móvel. Quando um programa estranho é iniciado, ele recebe uma lista de capacitação contendo apenas as capacidades que o proprietário da máquina deseja conceder, como a capacidade de escrever na tela e de ler e escrever arquivos em um diretório de rascunho que acabou de ser criado para ele. Se o código móvel for colocado em seu próprio processo, apenas com essas capacidades limitadas, ele não poderá acessar nenhum outro recurso do sistema e, assim, ficará efetivamente confinado em uma *sandbox*, sem necessidade de modificar seu código nem executá-lo de forma interpretativa. Executar código com os mínimos direitos de acesso possíveis é conhecido como **princípio do privilégio mínimo** e é uma diretriz poderosa para produzir sistemas seguros.

Resumindo, brevemente, as ACLs e as capacidades têm propriedades um tanto complementares. As capacidades são muito eficientes, pois se um processo diz "Abra o arquivo apontado pela capacidade 3", nenhuma verificação é necessária. Com ACLs, pode ser necessária uma pesquisa (potencialmente longa) em uma ACL. Se não são suportados grupos, então conceder a todo mundo acesso de leitura a um arquivo exigirá enumerar todos os usuários na ACL. As capacidades também permitem que um processo seja facilmente encapsulado, enquanto as ACLs, não. Por outro lado, as ACLs permitem a revogação seletiva de direitos, o que as capacidades não permitem. Finalmente, se um objeto é removido e as capacidades não ou se as capacidades são removidas e um objeto não, surgem problemas. As ACLs não têm esse problema.

5.5.4 Canais secretos

Mesmo com listas de controle de acesso e capacidades, ainda podem ocorrer problemas na segurança como o vazamento de informações. Nesta seção, discutiremos como isso pode ocorrer mesmo quando tiver sido rigorosamente provado que tal vazamento é matematicamente impossível. Essas idéias devem-se a Lampson (1973).

O modelo de Lampson foi originalmente formulado em termos de um único sistema de compartilhamento de tempo, mas as mesmas idéias podem ser adaptadas para redes locais e outros ambientes multiusuário. Na forma mais pura, ele envolve três processos em uma máquina protegida. O primeiro processo é o cliente, o qual deseja algum trabalho realizado pelo segundo, o servidor. O cliente e o servidor não confiam inteiramente um no outro. Por exemplo, a tarefa do servidor é ajudar os clientes no preenchimento de seus formulários de imposto. Os clientes estão preocupados com o fato de o servidor registrar secretamente seus dados financeiros, como manter uma lista secreta de quem ganha quanto e depois vender a lista. O servidor está preocupado com o fato de os clientes tentarem roubar o valioso programa de imposto.

O terceiro processo é o colaborador, o qual está conspirando com o servidor para roubar de fato os dados confidenciais do cliente. O colaborador e o servidor normalmente pertencem à mesma pessoa. Esses três processos aparecem na Figura 5-31. O objetivo deste exercício é projetar um sistema no qual seja impossível o processo servidor vazar para o processo colaborador as informações que recebeu legitimamente do processo cliente. Lampson chamou isso de **problema do confinamento**.

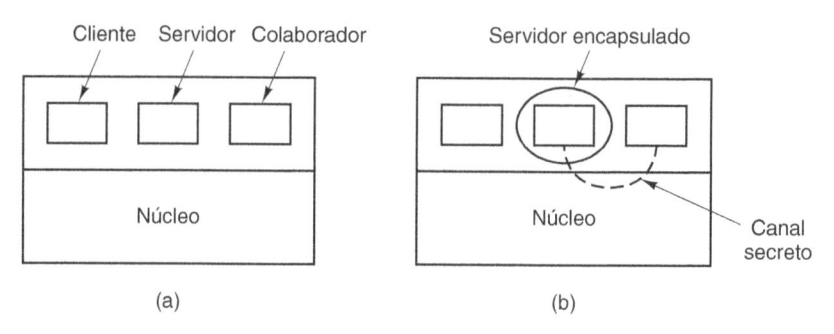

Figura 5-31 (a) Os processos cliente, servidor e colaborador. (b) O servidor encapsulado ainda pode vazar para o colaborador por meio de canais secretos.

Do ponto de vista do projetista de sistema, o objetivo é encapsular ou confinar o servidor de maneira tal que ele não possa passar informações para o colaborador. Usando um esquema de matriz de proteção, podemos garantir facilmente que o servidor não possa se comunicar com o colaborador escrevendo um arquivo para o qual o colaborador tenha acesso de leitura. Provavelmente, também podemos garantir que o servidor não possa se comunicar com o colaborador usando o mecanismo de comunicação entre processos normal do sistema.

Infelizmente, canais de comunicação mais sutis podem estar disponíveis. Por exemplo, o servidor pode tentar comunicar um fluxo de bits binário, como segue: para enviar um bit 1, ele computa o máximo que puder, por um intervalo de tempo fixo. Para enviar um bit 0, ele entra em repouso pelo mesmo período de tempo.

O colaborador pode tentar detectar o fluxo de bits monitorando cuidadosamente seu tempo de resposta. Em geral, ele obterá melhor resposta quando o servidor estiver enviando um 0 do que quando estiver enviando um 1. Esse canal de comunicação é conhecido como **canal secreto** e está ilustrado na Figura 5-31(b).

É claro que o canal secreto tem muito ruído, contendo muitas informações estranhas, mas informações confiáveis podem ser enviadas por meio de um canal com muito ruído usando-se um código de correção de erro (por exemplo, um código de Hamming ou mesmo algo mais sofisticado). O uso de um código de correção de erro reduz ainda mais a já estreita largura de banda do canal secreto, mas ainda pode ser suficiente para vazar informações substanciais. É bastante óbvio que nenhum modelo de proteção baseado em uma matriz de objetos e domínios consiga evitar esse tipo de vazamento.

Modular o uso da CPU não é o único canal secreto existente. A taxa de paginação também pode ser modulada (muitas faltas de página para um 1, nenhuma falta de página para um 0). Na verdade, praticamente qualquer maneira de degradar o desempenho do sistema de maneira cronometrada é uma possibilidade. Se o sistema fornecer uma maneira de bloquear arquivos, então o servidor poderá bloquear algum arquivo para indicar um 1 e desbloqueá-lo para indicar um 0. Em alguns sistemas, é possível que um processo detecte o status de um bloqueio, mesmo em um arquivo que ele não pode acessar. Esse canal secreto está ilustrado na Figura 5-32, com o arquivo bloqueado ou desbloqueado por algum intervalo de tempo fixo, conhecido pelo servidor e pelo colaborador. Nesse exemplo, está sendo transmitido o fluxo de bits secreto 11010100.

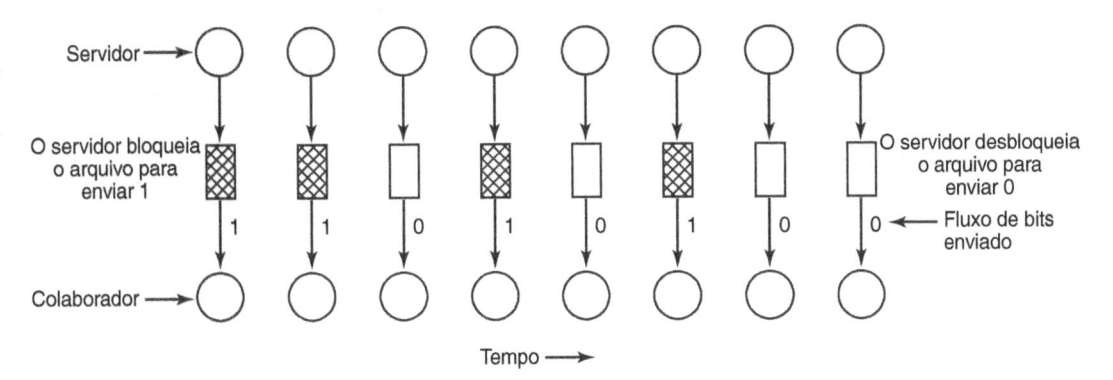

Figura 5-32   Um canal secreto usando bloqueio de arquivo.

Bloquear e desbloquear um arquivo previamente preparado cria um canal secreto S que não possui muito ruído de comunicação, mas exige uma cronometragem muito precisa, a não ser que a taxa de bits seja muito lenta. A confiabilidade e o desempenho podem ser ainda mais aumentados usando-se um protocolo de confirmação. Esse protocolo usa mais dois arquivos, $F1$ e $F2$, bloqueados pelo servidor e pelo colaborador, respectivamente, para manter os dois processos sincronizados. Depois que o servidor bloqueia ou desbloqueia S, ele muda rapidamente o status de bloqueio de $F1$ para indicar que um bit foi enviado. Assim que o colaborador tiver lido o bit, ele muda rapidamente o status de bloqueio de $F2$ para informar o servidor que está pronto para outro bit e espera até que o status de $F1$ seja alterado rapidamente outra vez, para indicar que outro bit está sendo enviado no canal secreto S. Como não há mais cronometragem envolvida, esse protocolo é totalmente confiável, mesmo em um sistema com muita carga, e pode prosseguir na mesma rapidez com que os dois processos são escalonados para executar. Para obter uma largura de banda mais alta, por que não usar dois arquivos por tempo de bit ou torná-lo um canal do tamanho de um byte, com oito arquivos de sinalização, de $S0$ a $S7$?

Adquirir e liberar recursos dedicados (unidades de fita, *plotters* etc.) também pode ser usado para a sinalizar bits. O servidor adquire o recurso para enviar um 1 e o libera para enviar um 0. No UNIX, o servidor poderia criar um arquivo para indicar um 1 e removê-lo para indicar um 0; o colaborador poderia usar a chamada de sistema **access** para ver se o arquivo existe. Essa chamada funciona mesmo que o colaborador não tenha permissão para usar o arquivo. Infelizmente, existem muitos outros canais secretos.

Lampson também menciona uma maneira de vazar informações para o proprietário (humano) do processo servidor. Presumivelmente, o processo servidor será autorizado a dizer ao seu proprietário quanto trabalho fez em nome do cliente, para que o mesmo possa ser cobrado. Se o preço da computação for, digamos, U$100 e o salário do cliente for de U$53.000, o servidor poderá informar para seu proprietário a conta como sendo U$100,53.

Apenas encontrar todos os canais secretos, sem bloqueá-los, é extremamente difícil. Na prática, pouco se pode fazer. Introduzir um processo que cause falta de página aleatoriamente ou que de alguma forma passe o tempo degradando o desempenho do sistema para reduzir a largura de banda dos canais secretos não é uma proposta atraente.

5.6 VISÃO GERAL DO SISTEMA DE ARQUIVOS DO MINIX 3

Assim como qualquer sistema de arquivos, o sistema de arquivos do MINIX 3 deve tratar de todas as questões que acabamos de estudar. Ele deve alocar e liberar espaço para arquivos, monitorar blocos de disco e o espaço livre, fornecer alguma maneira de proteger os arquivos contra utilização não autorizada etc. No restante deste capítulo, estudaremos detidamente o MINIX 3 para vermos como ele atinge esses objetivos.

Na primeira parte deste capítulo, por questões de generalidade, nos referimos repetidamente ao UNIX, em vez do MINIX 3, embora as interfaces externas dos dois sejam praticamente idênticas. Agora, vamos nos concentrar no projeto interno do MINIX 3. Para obter informações sobre os detalhes internos do UNIX, consulte Thompson (1978), Bach (1987), Lions (1996) e Vahalia (1996).

O sistema de arquivos do MINIX 3 é apenas um grande programa em C executado em espaço de usuário (veja a Figura 2-29). Para ler e escrever arquivos, os processos de usuário enviam mensagens para o sistema de arquivos informando o que querem fazer. O sistema de arquivos realiza o trabalho e depois envia de volta uma resposta. Na verdade, o sistema de arquivos é um servidor de arquivos de rede que por acaso está sendo executado na mesma máquina do processo que fez a chamada.

Esse projeto tem algumas implicações importantes. Por um lado, o sistema de arquivos pode ser modificado, experimentado e testado de forma quase completamente independente do restante do MINIX 3. Por outro, é muito fácil mover o sistema de arquivos para qualquer computador que tenha um compilador C, compilá-lo lá e usá-lo como um servidor de arquivos remoto independente, do tipo UNIX. As únicas alterações que precisam ser feitas são o modo como as mensagens são enviadas e recebidas, que difere de um sistema para outro.

Nas seções a seguir, apresentaremos um panorama de muitas áreas importantes do projeto do sistema de arquivos. Especificamente, veremos as mensagens, o *layout* do sistema de arquivos, os mapas de bits, os *i-nodes*, a cache de blocos, os diretórios e caminhos, os descritores de arquivo, o travamento de arquivo e os arquivos especiais (além dos *pipes*). Após estudarmos esses assuntos, mostraremos um exemplo simples de como as partes se encaixam, investigando o que acontece quando um processo de usuário executa a chamada de sistema read.

5.6.1 Mensagens

O sistema de arquivos aceita 39 tipos de mensagens solicitando trabalho. Todas, menos duas, são para chamadas de sistema do MINIX 3. As duas exceções são mensagens geradas por outras partes do MINIX 3. Das chamadas de sistema, 31 são aceitas a partir de processos do usuário. Seis mensagens servem para chamadas de sistema tratadas primeiramente pelo gerenciador de processos (PM – *Process Manager*), as quais então chamam o sistema de arquivos para fazer uma parte do trabalho. Duas outras mensagens também são manipuladas pelo sistema de arquivos. As mensagens aparecem na Figura 5-33.

A estrutura do sistema de arquivos é basicamente a mesma do gerenciador de processos e de todos os *drivers* de dispositivo de E/S. Ela tem um laço principal que espera a chegada de uma mensagem. Quando chega uma mensagem, seu tipo é extraído e usado como índice em uma tabela contendo ponteiros para as funções dentro do sistema de arquivos que as manipulam. Então, a função apropriada é chamada, faz seu trabalho e retorna um valor de status. O sistema de arquivos envia, então, uma resposta para o processo que fez a chamada e volta para o início do laço para esperar a próxima mensagem.

Mensagens dos usuários	Parâmetros de entrada	Valor da resposta
access	Nome do arquivo, modo de acesso	Status
chdir	Nome do novo diretório de trabalho	Status
chmod	Nome do arquivo, novo modo	Status
chown	Nome do arquivo, novo proprietário, grupo	Status
chroot	Nome do novo diretório-raiz	Status
close	Descritor do arquivo a fechar	Status
creat	Nome do arquivo a ser criado, modo	Descritor de arquivo
dup	Descritor de arquivo (para dup2, dois fds)	Novo descritor de arquivo
fcntl	Descritor de arquivo, código de função, arg	Depende da função
fstat	Nome de arquivo, buffer	Status
ioctl	Descritor de arquivo, código de função, arg	Status
link	Nome do arquivo a ser vinculado, nome do vínculo	Status
lseek	Descritor de arquivo, deslocamento, de onde	Nova posição
mkdir	Nome do arquivo, modo	Status
mknod	Nome do dir ou arquivo especial, modo, endereço	Status
mount	Arquivo especial, onde montar, *flag* ro	Status
open	Nome do arquivo a abrir, *flag* r/w	Descritor de arquivo
pipe	Ponteiro para 2 descritores de arquivo (modificado)	Status
read	Descritor de arquivo, buffer, quantos bytes	Número de bytes lidos
rename	Nome do arquivo, nome do arquivo	Status
rmdir	Nome do arquivo	Status
stat	Nome do arquivo, buffer de status	Status
stime	Ponteiro para o tempo corrente	Status
sync	(Nenhum)	Sempre OK
time	Ponteiro para onde o tempo corrente é armazenado	Status
times	Ponteiro para buffer de tempos de processo e filho	Status
umask	Complemento da máscara de modo	Sempre OK
umount	Nome do arquivo a desmontar	Status
unlink	Nome do arquivo a desvincular	Status
utime	Nome do arquivo, tempos do arquivo	Sempre OK
write	Descritor de arquivo, buffer, quantos bytes	Número de bytes escritos
Mensagens do PM	**Parâmetros de entrada**	**Valor da resposta**
exec	Pid	Status
exit	Pid	Status
fork	Pid do pai, pid do filho	Status
setgid	Pid, gid real e efetiva	Status
setsid	Pid	Status
setuid	Pid, uid real e efetiva	Status
Outras mensagens	**Parâmetros de entrada**	**Valor da resposta**
revive	Processo a reanimar	(Nenhuma resposta)
unpause	Processo a verificar	(Veja o texto)

Figura 5-33 Mensagens do sistema de arquivos. Os parâmetros de nome de arquivo são sempre ponteiros para o nome. O código status como valor de resposta significa *OK* ou *ERROR*.

5.6.2 *Layout* do sistema de arquivos

O sistema de arquivos do MINIX 3 é uma entidade lógica independente, com *i-nodes*, diretórios e blocos de dados. Ele pode ser armazenado em qualquer dispositivo de bloco, como um disquete ou uma partição de disco rígido. Em todos os casos, o *layout* do sistema de arquivos tem a mesma estrutura. A Figura 5-34 mostra esse *layout* para um disquete ou para uma partição de disco rígido pequena com 64 *i-nodes* e um tamanho de bloco de 1 KB. Nesse exemplo simples, o mapa de bits de zona é apenas um bloco de 1 KB; portanto, ele não pode monitorar mais do que 8192 zonas (blocos) de 1 KB, limitando assim o sistema de arquivos a 8 MB. Mesmo para um disquete, apenas 64 *i-nodes* impõem um sério limite para o número de arquivos; portanto, em vez dos quatro blocos reservados para *i-nodes* na figura, provavelmente seriam usados mais. Reservar oito blocos para *i-nodes* seria mais prático, mas nosso diagrama não ficaria tão bom. É claro que, para um disco rígido moderno, os mapas de bits de *i-node* e de zona seriam muito maiores do que 1 bloco. O tamanho relativo dos vários componentes na Figura 5-34 pode variar de um sistema de arquivos para outro, dependendo de seus tamanhos, de quantos arquivos são permitidos no máximo etc. Mas todos os componentes estão sempre presentes e na mesma ordem.

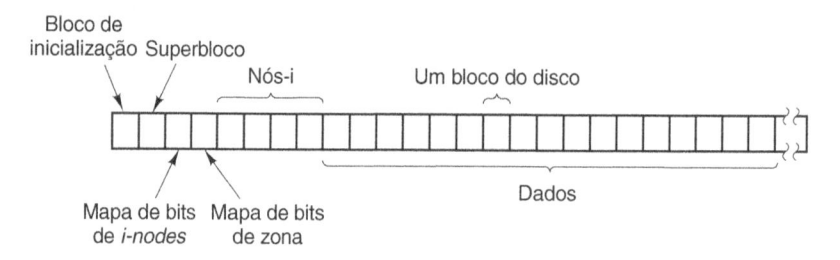

Figura 5-34 *Layout* de disco para um disquete, ou para uma partição de disco rígido pequena, com 64 *i-nodes* e um tamanho de bloco de 1 KB (isto é, dois setores consecutivos de 512 bytes são tratados como um único bloco).

Cada sistema de arquivos começa com um **bloco de inicialização** (*boot block*). Ele contém código executável. O tamanho de um bloco de inicialização é sempre de 1024 bytes (dois setores do disco), mesmo que o MINIX 3 possa usar (e, por padrão, use) um tamanho de bloco maior em outros lugares. Quando o computador é ligado, o hardware lê o bloco de inicialização a partir do dispositivo de inicialização na memória, desvia para ele e começa a executar seu código. O código do bloco de inicialização inicia o processo de caraga do sistema operacional em si. Uma vez que o sistema tenha sido inicializado, o bloco de inicialização não será mais usado. Nem toda unidade de disco pode ser usada como dispositivo de inicialização, mas para manter a estrutura uniforme, todo dispositivo de bloco tem um bloco reservado para código do bloco de inicialização. Na pior das hipóteses, essa estratégia desperdiça um bloco. Para impedir que o hardware tente inicializar a partir de um dispositivo inválido, um **número mágico** é armazenado em uma determinada posição do bloco de inicialização, quando, e somente quando, o código executável é escrito nesse dispositivo. Ao inicializar a partir de um dispositivo, o hardware (na verdade, o código da BIOS) se recusará a tentar carregar a partir de um dispositivo que não possua o número mágico. Isso impede o uso acidental de lixo como programa de inicialização.

O **superbloco** (*superblock*) contém informações descrevendo o *layout* do sistema de arquivos. Assim como o bloco de inicialização, o superbloco tem sempre 1024 bytes, independentemente do tamanho de bloco usado para o restante do sistema de arquivos. Ele está ilustrado na Figura 5-35.

Presente no disco e na memória	Número de *i-nodes*
	(não utilizado)
	Número de blocos de mapa de bits de *i-node*
	Número de blocos de mapa de bits de zona
	Primeira zona de dados
	Log_2 (bloco/zona)
	Preenchimento
	Tamanho máximo de arquivo
	Número de zonas
	Número mágico
	preenchimento
	Tamanho do bloco (bytes)
	Versão de revisão do sistema de arquivos
Presente na memória, mas não no disco	Ponteiro para o *i-node* da raiz do sistema de arquivos montado
	Ponteiro para o *i-node* montado
	i-nodes/bloco
	Número do dispositivo
	Flag somente para leitura
	Flag nativo ou de byte trocado
	Versão do sistema de arquivos
	Zonas diretas/*i-node*
	Zonas indiretas/bloco de indireção simples
	Primeiro bit livre no mapa de bits de *i-node*
	Primeiro bit livre no mapa de bits de zona

Figura 5-35 O superbloco do MINIX 3.

A principal função do superbloco é informar ao sistema de arquivos qual é o tamanho das suas várias partes. Dados o tamanho do bloco e o número de *i-nodes*, é fácil calcular o tamanho do mapa de bits de *i-nodes* e o número de blocos de *i-nodes*. Por exemplo, para um bloco de 1 KB, cada bloco do mapa de bits tem 1024 bytes (8192 bits) e, assim, pode monitorar o status de até 8192 *i-nodes*. (Na verdade, o primeiro bloco pode manipular apenas até 8191 *i-nodes*, pois não há nenhum *i-node* 0, mas mesmo assim ele recebe um bit no mapa de bits). Para 10.000 *i-nodes*, são necessários dois blocos de mapa de bits. Como cada *i-node* ocupa 64 bytes, um bloco de 1 KB contém até 16 *i-nodes*. Com 64 *i-nodes*, quatro blocos de disco são necessários para conter todos eles.

Explicaremos a diferença entre zonas e blocos em detalhes, posteriormente, mas por enquanto é suficiente dizer que o armazenamento em disco pode ser alocado em unidades (zonas) de 1, 2, 4, 8 ou, genericamente, 2^n blocos. O mapa de bits de zona monitora o espaço de armazenamento livre em zonas, não em blocos. Para todos os discos padrão usados pelo MINIX 3, os tamanhos de zona e bloco são os mesmos (4 KB, por padrão); portanto, para uma primeira aproximação, zona é o mesmo que bloco nesses dispositivos. Até entrarmos nos detalhes da alocação de espaço de armazenamento, posteriormente neste capítulo, é adequado pensar em "bloco", quando você ler "zona".

Note que o número de blocos por zona não é armazenado no superbloco, pois ele nunca é necessário. Basta o logaritmo de base 2 da zona para se obter a relação com o número de blocos, o que é usado como contagem de deslocamento para converter zonas em blocos e vice-versa. Por exemplo, com 8 blocos por zona, $\log_2 8 = 3$; portanto, para encontrar a zona que contém o bloco 128, deslocamos o número 128 3 bits para a direita, obtendo assim a zona 16.

O mapa de bits de zona inclui apenas as zonas de dados (isto é, os blocos usados para os mapas de bits e para os *i-nodes* não estão no mapa), com a primeira zona de dados designada como zona 1 no mapa de bits. Assim como no mapa de bits de *i-nodes*, o bit 0 no mapa de zonas não é usado; portanto, o primeiro bloco no mapa de bits de zona pode fazer o mapeamento de 8191 zonas e os blocos subseqüentes podem fazer o mapeamento de 8192 zonas cada um. Se você examinar os mapas de bits em um disco recém formatado, verá que os mapas de bits de *i-node* e de zona têm ambos 2 bits configurados como 1. Um deles serve para o *i-node* ou zona 0 inexistente e o outro serve para o *i-node* e zona usados pelo diretório-raiz no dispositivo, que é colocado lá quando o sistema de arquivos é criado.

As informações presentes no superbloco são redundantes porque, às vezes são necessárias em uma forma e, às vezes, em outra. Com 1 KB dedicados ao superbloco, faz sentido calcular essas informações de todas as formas necessárias, em vez de ter de recalculá-las freqüentemente, durante a execução. O número de zona da primeira zona de dados no disco, por exemplo, pode ser calculado a partir do tamanho do bloco, do tamanho da zona, do número de *i-nodes* e do número de zonas, mas é mais rápido apenas mantê-lo no superbloco. De qualquer forma, o restante do superbloco é desperdiçado; portanto, usar outra palavra dele não custa nada.

Quando o MINIX 3 é inicializado, o superbloco do dispositivo-raiz é lido em uma tabela na memória. Analogamente, assim como acontece quando outros sistemas de arquivos são montados, seus superblocos também são levados para a memória. A tabela de superblocos contém vários campos que não estão presentes no disco. Isso inclui *flags* que permitem a um dispositivo ser especificado como somente para leitura ou como seguindo uma convenção de ordem de byte oposta ao padrão, e campos para acelerar o acesso, indicando pontos nos mapas de bits abaixo dos quais todos os bits estão marcados como usados. Além disso, existe um campo descrevendo o dispositivo de onde veio o superbloco.

Antes que um disco possa ser usado como sistema de arquivos do MINIX 3, ele precisa receber a estrutura da Figura 5-34. O programa utilitário *mkfs* foi fornecido para construir sistemas de arquivos. Esse programa pode ser chamado por um comando como

    mkfs /dev/fd1 1440

para construir um sistema de arquivos vazio de 1440 blocos no disquete, na unidade de disco 1, ou pode receber um arquivo listando os diretórios e arquivos a serem incluídos no novo sistema de arquivos. Esse comando também coloca um número mágico no superbloco para identificar o sistema de arquivos como válido no MINIX. O sistema de arquivos do MINIX evoluiu e alguns aspectos dele (por exemplo, o tamanho dos *i-nodes*) eram diferentes nas versões anteriores. O número mágico identifica a versão de *mkfs* que criou o sistema de arquivos, para que as diferenças possam ser acomodadas. Tentativas de montar um sistema de arquivos que não esteja no formato do MINIX 3, como um disquete MS-DOS, serão rejeitadas pela chamada de sistema mount, que verifica o superbloco para encontrar um número mágico válido entre outras coisas.

5.6.3 Mapas de bits

O MINIX 3 monitora os *i-nodes* e as zonas livres usando dois mapas de bits. Quando um arquivo é removido, basta calcular qual bloco do mapa de bits contém o bit correspondente ao *i-node* que está sendo liberado e encontrá-lo usando o mecanismo de cache normal. Uma vez encontrado o bloco, o bit correspondente ao *i-node* liberado é configurado como 0. As zonas são liberadas no mapa de bits de zona da mesma maneira.

Logicamente, quando um arquivo precisa ser criado, o sistema de arquivos deve percorrer os blocos do mapa de bits, um por vez, para encontrar o primeiro *i-node* livre. Então, esse *i-node* é alocado para o novo arquivo. Na verdade, a cópia do superbloco que está na memória tem um campo que aponta para o primeiro *i-node* livre; portanto, nenhuma pesquisa é necessária até o *i-node* ser usado. Após o ponteiro deve ser atualizado para apontar para o próximo novo *i-node* livre, o qual, freqüentemente, será o seguinte ou um que esteja próximo. Analogamente, quando um *i-node* é liberado, é feita uma verificação para ver se o *i-node* livre vem antes do que está sendo correntemente apontado e, se necessário, o ponteiro é atualizado. Se cada entrada de *i-node* no disco estiver cheia, a função de pesquisa retornará 0. Esse é o motivo pelo qual o *i-node* 0 não é usado (isto é, para que ele possa ser usado para indicar que a pesquisa falhou). Quando o programa *mkfs* cria um novo sistema de arquivos, ele zera o *i-node* 0 e configura o bit mais baixo no mapa de bits como 1, para que o sistema de arquivos nunca tente alocá-lo. Tudo que foi dito aqui sobre os mapas de bits de *i-node* também se aplica ao mapa de bits de zona; logicamente, sempre que for necessário espaço em disco, ele é pesquisado para se buscar a primeira zona livre. Novamente, para eliminar a maior parte das pesquisas seqüenciais necessárias pelo mapa de bits, também é mantido um ponteiro para a primeira zona livre.

Com esse conhecimento, podemos agora explicar a diferença entre zonas e blocos. A idéia por trás das zonas é ajudar a garantir que os blocos do disco pertencentes ao mesmo arquivo estejam localizados no mesmo cilindro, para melhorar o desempenho quando o arquivo for lido seqüencialmente. A estratégia escolhida é tornar possível alocar vários blocos por vez. Se, por exemplo, o tamanho do bloco for de 1 KB e o tamanho da zona for de 4 KB, o mapa de bits de zona monitorará as zonas e não os blocos. Um disco de 20 MB tem 5K zonas de 4 KB; portanto, 5K bits em seu mapa de zona.

A maior parte do sistema de arquivos trabalha com blocos. As transferências de disco são feitas sempre um bloco por vez e a cache de buffer também trabalha com blocos individuais. Apenas algumas partes do sistema que monitoram endereços de disco físicos (por exemplo, o mapa de bits de zona e os *i-nodes*) sabem a respeito das zonas.

Algumas decisões de projeto tiveram de ser tomadas no desenvolvimento do sistema de arquivos do MINIX 3. Em 1985, quando o MINIX foi concebido, a capacidade dos discos era pequena e esperava-se que muitos usuários tivessem apenas disquetes. Foi tomada a decisão de restringir os endereços de disco a 16 bits no sistema de arquivos V1, principalmente para poder armazenar muitos deles em blocos de indireção. Com um número de zona de 16 bits e uma zona de 1 KB, apenas 64 KB zonas podem ser endereçadas, limitando os discos a 64 MB. Essa era uma quantidade de armazenamento enorme naquela época e pensou-se que, à medida que os discos ficassem maiores, seria fácil trocar para zonas de 2 KB ou 4 KB, sem alterar o tamanho do bloco. Os números de zona de 16 bits também tornaram fácil manter o tamanho do *i-node* em 32 bytes.

À medida que o MINIX se desenvolveu e discos maiores tornaram-se muito mais comuns, ficou evidente que alterações eram desejáveis. Muitos arquivos são menores do que 1 KB; portanto, aumentar o tamanho do bloco significaria desperdiçar largura de banda do disco, lendo e escrevendo blocos vazios e desperdiçando memória principal preciosa com seu armazenamento na cache de buffer. O tamanho da zona poderia ter sido aumentado, mas um tamanho de zona maior significaria mais espaço em disco desperdiçado e ainda era desejável manter a operação eficiente em discos pequenos. Uma alternativa razoável teria sido ter diferentes tamanhos de zona para se adaptar a dispositivos pequenos e grandes.

No final foi decidido aumentar o tamanho dos ponteiros de disco para 32 bits. Isso tornou possível para o sistema de arquivos da versão 2 do MINIX tratar com tamanhos de dispositivo de até 4 TB com blocos e zonas de 1 KB e 16 TB com blocos e zonas de 4 KB (o valor padrão, agora). Entretanto, outros fatores restringem esse tamanho (por exemplo, com ponteiros de 32 bits, o endereçamento "bruto" dentro de dispositivos está limitado a 4 GB). Aumentar o tamanho dos ponteiros de disco exigiu um aumento no tamanho dos *i-nodes*. Isso não é necessariamente ruim – significa que o *i-node* versão 2 (e, agora, o da versão 3) do MINIX é compatível com os *i-nodes* padrão do UNIX, com espaço para três valores de tempo, mais zonas indiretas e de dupla indireção, e espaço para expansão posterior com zonas com tripla indireção.

As zonas também introduzem um problema inesperado, melhor ilustrado com um exemplo simples, novamente com zonas de 4 KB e blocos de 1 KB. Suponha que um arquivo tenha comprimento de 1 KB, significando que uma zona foi alocada para ele. Os três blocos entre os deslocamentos 1024 e 4095 contêm lixo (resíduo do proprietário anterior), mas nenhum dano estrutural é causado no sistema de arquivos porque o tamanho do arquivo é claramente marcado no *i-node* como 1 KB. Na verdade, os blocos contendo lixo não serão lidos na cache de blocos, pois as leituras são feitas por blocos e não por zonas. As leituras além do fim de um arquivo sempre retornam uma contagem igual a 0 e nenhum dado.

Agora, alguém busca 32.768 bytes e escreve 1 byte. Então, o tamanho do arquivo é configurado como 32.769. As buscas subseqüentes ao byte 1024 (imediatamente superior ao tamanho do bloco), seguidas de tentativas de leitura de dados, permitiria a leitura do conteúdo anterior do bloco, uma brecha séria na segurança.

A solução é verificar essa situação quando é feita uma escrita que aumente o tamanho original do arquivo e zerar explicitamente todos os blocos ainda não alocados na zona. Embora essa situação raramente ocorra, o código tem de tratar dela, tornando o sistema ligeiramente mais complexo.

5.6.4 *I-nodes*

O *layout* do *i-node* do MINIX 3 aparece na Figura 5-36. Ele é quase igual a um *i-node* padrão do UNIX. Os ponteiros de zona do disco têm 32 bits e existem apenas 9 deles, 7 diretos e 2 de indireção simples. Os *i-nodes* do MINIX 3 ocupam 64 bytes, o mesmo que os *i-nodes* padrão do UNIX, e há espaço disponível para um 10º ponteiro (indireção tripla), embora seu uso não seja suportado pela versão padrão do sistema de arquivos. Os tempos de acesso, modificação e alteração do *i-node* do MINIX 3 são padrão, como no UNIX. O último deles é atualizado para quase todas as operações de arquivo, exceto por uma leitura do arquivo.

Quando um arquivo é aberto, seu *i-node* é localizado e trazido para a tabela *inode* na memória, onde permanece até que o arquivo seja fechado. A tabela *inode* tem alguns campos adicionais não presentes no disco, como o dispositivo e número do *i-node*, para que o sistema de arquivos saiba onde reescrever o *i-node*, caso ele seja modificado enquanto estiver na memória. Ela também tem um contador por *i-node*. Se o mesmo arquivo for aberto mais de uma vez, apenas uma cópia do *i-node* será mantida na memória, mas o contador será incrementado sempre que o arquivo for aberto e decrementado sempre que o arquivo for fechado. Somente quando o contador finalmente chegar a zero é que o *i-node* é removido da tabela. Se ele tiver sido modificado desde que foi carregado na memória, também será reescrito no disco.

A principal função do *i-node* de um arquivo é informar onde estão os blocos de dados. Os sete primeiros números de zona são dados diretamente no próprio *i-node*. Para a distribuição padrão, com zonas e blocos de 1 KB, arquivos de até 7 KB não precisam de blocos de indireção Além de 7 KB, zonas de indireção são necessárias, usando o esquema da Figura

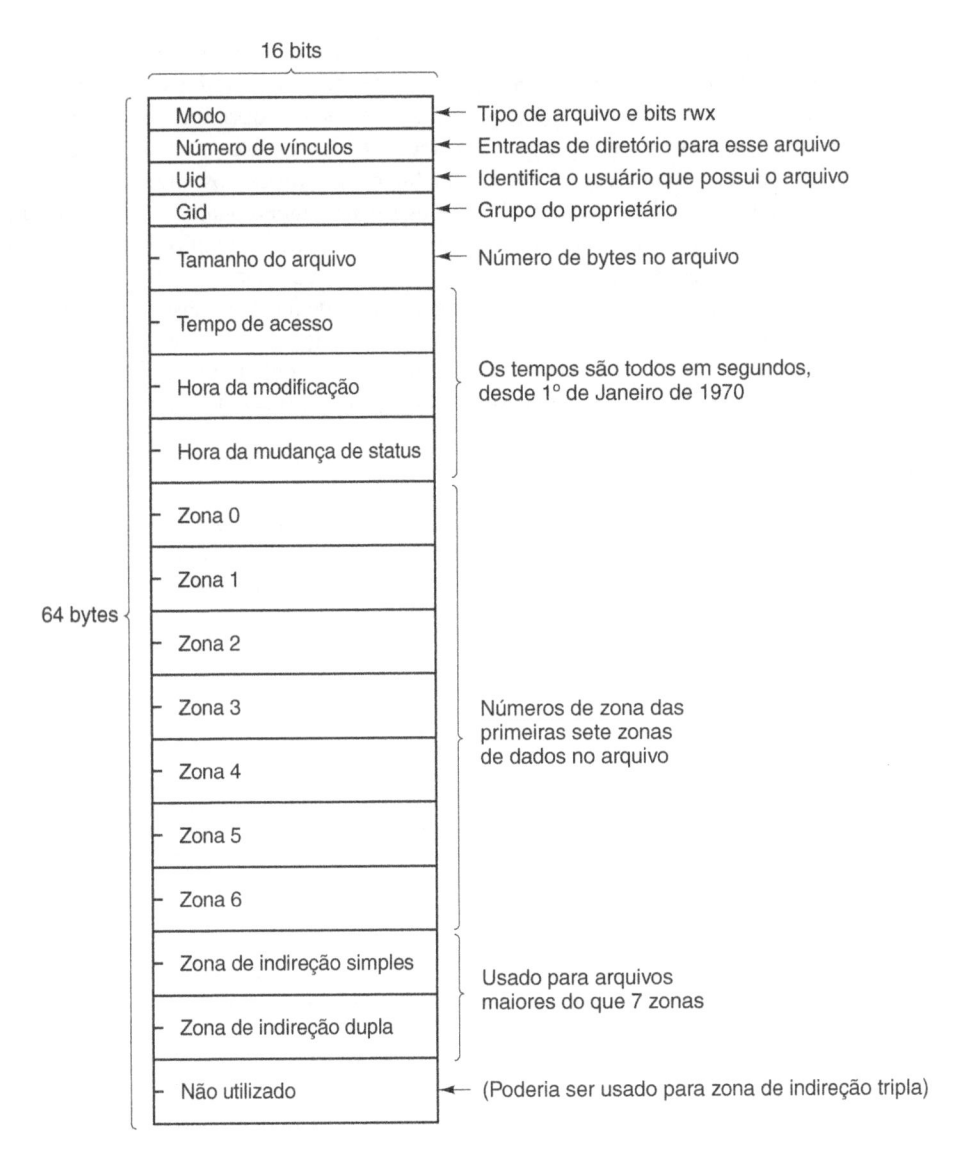

```
                        16 bits
                   ┌─────────────┐
         ┌  │ Modo                    │ ◄── Tipo de arquivo e bits rwx
         │  │ Número de vínculos      │ ◄── Entradas de diretório para esse arquivo
         │  │ Uid                     │ ◄── Identifica o usuário que possui o arquivo
         │  │ Gid                     │ ◄── Grupo do proprietário
         │  │ Tamanho do arquivo      │ ◄── Número de bytes no arquivo
         │  │ Tempo de acesso         │ ┐
         │  │ Hora da modificação     │ ├ Os tempos são todos em segundos,
         │  │ Hora da mudança de status│ ┘ desde 1º de Janeiro de 1970
         │  │ Zona 0                  │
         │  │ Zona 1                  │
64 bytes │  │ Zona 2                  │
         │  │ Zona 3                  │ ┐ Números de zona das
         │  │ Zona 4                  │ ├ primeiras sete zonas
         │  │ Zona 5                  │ │ de dados no arquivo
         │  │ Zona 6                  │ ┘
         │  │ Zona de indireção simples│ ┐ Usado para arquivos
         │  │ Zona de indireção dupla │ ┘ maiores do que 7 zonas
         └  │ Não utilizado           │ ◄── (Poderia ser usado para zona de indireção tripla)
```

Figura 5-36   O *i-node* do MINIX.

5-10, exceto que apenas os blocos de indireção simples e dupla são utilizados. Com blocos e zonas de 1 KB e números de zona de 32 bits, um único bloco de indireção simples contém 256 entradas, representando um quarto de megabyte de armazenamento. O bloco de indireção dupla aponta para 256 blocos de indireção simples, fornecendo acesso a até 64 megabytes. Com blocos de 4 KB, o bloco de indireção dupla leva a 1024 x 1024 blocos, o que dá mais de um milhão de blocos de 4 KB, tornando o tamanho de arquivo máximo de mais de 4 GB. Na prática, o uso de números de 32 bits como deslocamentos de arquivo limita o tamanho de arquivo máximo a $2^{32} - 1$ bytes. Como conseqüência desses números, quando são usados blocos de disco de 4 KB, o MINIX 3 não tem necessidade de blocos de indireção tripla; o tamanho de arquivo máximo é limitado pelo tamanho do ponteiro e não pela capacidade de monitorar blocos suficientes.

O *i-node* também contém a informação de modo, que indica qual é o tipo de um arquivo (normal, diretório, bloco especial, caractere especial ou *pipe*), e fornece a proteção e os bits

SETUID e SETGID. O campo *número de vínculos* no *i-node* registra quantas entradas de diretório apontam para esse *i-node*, para que o sistema de arquivos saiba quando deve liberar o espaço de armazenamento do arquivo. Esse campo não deve ser confundido com o contador (presente apenas na tabela *inode* na memória e não no disco), que informa quantas vezes o arquivo está correntemente aberto, normalmente por processos diferentes.

Como uma observação final sobre os *i-nodes*, mencionamos que a estrutura da Figura 5-36 pode ser modificada para propósitos especiais. Um exemplo usado no MINIX 3 são os *i-nodes* para arquivos especiais de dispositivo de bloco e caractere. Eles não precisam de ponteiros de zona, pois não precisam referenciar áreas de dados no disco. Os números de dispositivo principal e secundário são armazenados no espaço *Zona 0* na Figura 5-36. Outra maneira pela qual um *i-node* poderia ser usado, embora não implementada no MINIX 3, é como um arquivo imediato com um pequeno volume de dados armazenados no próprio *i-node*.

5.6.5 A cache de blocos

O MINIX 3 usa uma cache de blocos para melhorar o desempenho do sistema de arquivos. A cache é implementada como um conjunto fixo de buffers, cada um consistindo em um cabeçalho contendo ponteiros, contadores e *flags*, e um com espaço para um bloco de disco. Todos os buffers que não estão em uso são concatenados em uma lista duplamente encadeada, do mais recentemente utilizado (MRU – *most recently used*) para o menos recentemente utilizado (LRU – *least recently used*), como ilustrado na Figura 5-37.

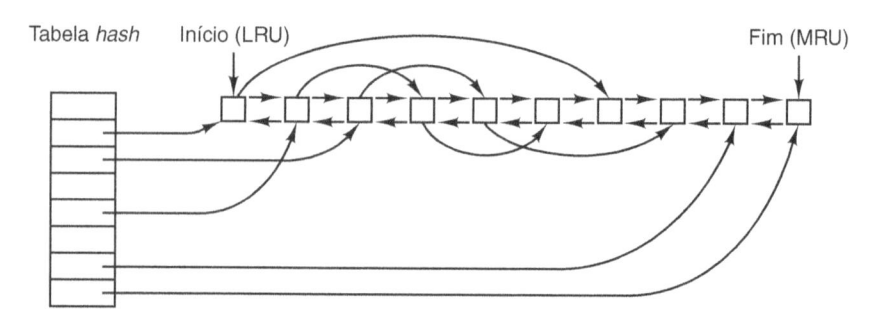

Figura 5-37   As listas encadeadas usadas pela cache de blocos.

Além disso, para poder determinar rapidamente se um bloco dado está na cache ou não, é usada uma tabela *hash*. Todos os buffers contendo um bloco que tenha um código de *hash* igual a *k* são concatenados em uma lista encadeada simples apontada pela *k-ésima* entrada na tabela *hash*. A função de *hash* apenas extrai os *n* bits de ordem inferior do número do bloco, para que blocos de diferentes dispositivos apareçam no mesmo encadeamento de *hash*. Cada buffer está em um desses encadeamentos. Quando o sistema de arquivos é inicializado, todos os buffers não estão em uso, é claro, e todos estão em um encadeamento simples apontado pela entrada 0 da tabela de *hash*. Nesse momento, todas as outras entradas da tabela *hash* contêm um ponteiro nulo, mas quando o sistema for posto em funcionamento, os buffers serão removidos do encadeamento 0 e outros encadeamentos serão construídos.

Quando o sistema de arquivos precisa de um bloco, ele chama uma função, *get_block*, a qual calcula o código de *hash* desse bloco e pesquisa a lista apropriada. *Get_block* é chamada com um número de dispositivo e com um número de bloco, e a pesquisa compara os dois números com os campos correspondentes no encadeamento de buffers. Se for encontrado um buffer contendo o bloco, um contador no cabeçalho do buffer é incrementado para mostrar que o bloco está em uso e é retornado um ponteiro para ele. Se não for encontrado um bloco na lista de *hash*, o primeiro buffer na lista LRU poderá ser usado; a informação armazenada poderá ser descartada para liberar o buffer.

Uma vez escolhido um bloco da cache de blocos para ser usado, outro *flag* em seu cabeçalho é verificado para ver se o mesmo foi modificado desde que foi carregado na cache. Se foi, ele é reescrito no disco. Nesse ponto, o bloco necessário é lido mediante o envio de uma mensagem para o *driver* de disco. O sistema de arquivos é suspenso até que o bloco chegue, momento este em que ele continua e um ponteiro para o bloco é retornado para o processo que fez a chamada.

Quando a função que solicitou o bloco tiver terminado sua tarefa, ela chama outra função, *put_block*, para liberar esse bloco. Normalmente, um bloco é usado imediatamente e depois liberado, mas como é possível que pedidos adicionais para um bloco sejam feitos antes que ele tenha sido liberado, *put_block* decrementa o contador de uso e coloca o buffer de volta na lista LRU somente quando o contador de uso atingir zero. Enquanto o contador é diferente de zero, o bloco permanece no limbo.

Um dos parâmetros de *put_block* indica qual classe de bloco (por exemplo, *i-nodes*, diretório, dados) está sendo liberada. Dependendo da classe, duas decisões importantes são tomadas:

1. Colocar o bloco no início ou no fim da lista LRU.
2. Escrever o bloco (se tiver sido modificado) no disco imediatamente ou não.

Quase todos os blocos entram no fim da lista, no verdadeiro padrão LRU. A exceção são os blocos do disco de RAM; como eles já estão na memória, há pouca vantagem em mantê-los na cache de blocos.

Um bloco modificado não é reescrito até que um de dois eventos ocorra:

1. Ele chega no início do encadeamento LRU e deve liberar o espaço.
2. Uma chamada de sistema **sync** é executada.

Sync não percorre o encadeamento LRU, mas, em vez disso, indexa o conjunto de buffers na cache. Mesmo que um buffer não tenha ainda sido liberado, se ele tiver sido modificado, **sync** o encontrará e garantirá que a cópia no disco será atualizada.

Políticas como essa provocam remendos. Em uma versão antiga do MINIX, um superbloco era modificado quando um sistema de arquivos era montado e era sempre reescrito imediatamente para reduzir a chance de corromper o sistema de arquivos no caso de uma falha. Os superblocos são modificados apenas se o tamanho de um disco de RAM precisa ser ajustado no momento da inicialização, porque o disco de RAM foi criado com um tamanho maior do que o dispositivo da imagem da RAM. Entretanto, o superbloco não é lido nem escrito como um bloco normal, pois tem sempre tamanho de 1024 bytes, como o bloco de inicialização, independentemente do tamanho de bloco usado para blocos manipulados pela cache. Outra experiência abandonada foi que, nas versões anteriores do MINIX havia uma macro *ROBUST* que podia ser definida no arquivo de configuração do sistema, *include/minix/config.h*, a qual, se definida, fazia o sistema de arquivos marcar blocos de *i-node*, diretório, indireção simples e de mapa de bits para serem escritos imediatamente após a liberação. Isso se destinava a tornar o sistema de arquivos mais robusto; o preço pago era uma operação mais lenta. Verificou-se que isso não era eficiente. Se ocorresse falta de energia quando todos os blocos ainda não tivessem sido escritos, seria uma dor de cabeça, caso fosse perdido um bloco de *i-node* ou de dados.

Note que o *flag* do cabeçalho indicando que um bloco foi modificado é ativado pela função dentro do sistema de arquivos que solicitou e usou o bloco. As funções *get_block* e *put_block* se preocupam apenas com a manipulação das listas encadeadas. Elas não têm a mínima idéia sobre qual função do sistema de arquivos deseja qual bloco ou por que.

5.6.6 Diretórios e caminhos

Outro subsistema importante dentro do sistema de arquivos gerencia diretórios e nomes de caminho. Muitas chamadas de sistema, como **open**, têm um nome de arquivo como parâmetro. O que é realmente necessário é o *i-node* desse arquivo; portanto, cabe ao sistema de arquivos procurar o arquivo na árvore de diretórios e localizar seu *i-node*.

Um diretório do MINIX é um arquivo que, nas versões anteriores, continha entradas de 16 bytes, 2 bytes para um número do *i-node* e 14 bytes para o nome de arquivo. Esse projeto limitava as partições de disco a arquivos de 64 KB e os nomes de arquivo a 14 caracteres, o mesmo que o UNIX V7. Quando os discos ficaram maiores, os nomes de arquivo também ficaram. No MINIX 3, o sistema de arquivos V3 fornece entradas de diretório de 64 bytes, com 4 bytes para o número do *i-node* e 60 bytes para o nome de arquivo. Ter até 4 bilhões de arquivos por partição de disco é efetivamente infinito e qualquer programador que escolha um nome de arquivo maior do que 60 caracteres deve ser mandado de volta à escola de programação.

Note que *caminhos* como

/usr/ast/ material_do_curso_para_este_ano/sistemas_operacionais/exame-1.ps

não estão limitados a 60 caracteres — apenas os nomes dos componentes individuais estão. O uso de entradas de diretório de comprimento fixo, neste caso, 64 bytes, é um exemplo de compromisso envolvendo simplicidade, velocidade e espaço de armazenamento. Outros sistemas operacionais normalmente organizam os diretórios como uma lista, com um cabeçalho fixo para cada arquivo apontando para o próximo arquivo, sucessivamente, até atingir o final do diretório. O esquema do MINIX 3 é muito simples e praticamente não exigiu nenhuma alteração no código da versão 2. Ele também é muito rápido para pesquisa de nomes e para armazenar novos nomes, pois nenhum gerenciamento de listas é exigido. O preço pago é espaço de armazenamento em disco desperdiçado, pois a maioria dos arquivos é muito menor do que 60 caracteres.

Acreditamos piamente que otimizar para economizar espaço de armazenamento em disco (e algum espaço de armazenamento na RAM, pois ocasionalmente os diretórios estão na memória) é a escolha errada. A simplicidade e a correção do código devem vir primeiro e a velocidade deve vir logo depois. Com os discos modernos normalmente ultrapassando os 100 GB, economizar uma pequena quantidade de espaço em disco ao preço de um código mais complicado e mais lento geralmente não é uma boa idéia. Infelizmente, muitos programadores cresceram em uma época de discos pequenos e memórias RAM menores ainda, e foram treinados desde o primeiro dia a resolver todos os compromissos entre complexidade e velocidade do código e espaço, favorecendo a minimização dos requisitos de espaço. Essa suposição implícita precisa ser revista à luz da realidade atual.

Agora, vamos ver como o caminho */usr/ast/mbox/* é pesquisado. O sistema pesquisa primeiro *usr* no diretório-raiz, em seguida, pesquisa *ast* em */usr/* e, finalmente, pesquisa *mbox* em */usr/ast/*. A pesquisa real passa por um componente do caminho por vez, como ilustrado na Figura 5-16.

A única complicação é o que acontece quando é encontrado um sistema de arquivos montado. A configuração normal do MINIX 3, e de muitos outros sistemas do tipo UNIX, é ter um sistema de arquivos raiz pequeno, contendo os arquivos necessários para iniciar o sistema e realizar sua manutenção básica, e ter a maioria dos arquivos, incluindo os diretórios dos usuários, em um dispositivo separado, montado em */usr*. Este é um bom momento para vermos como é feita uma montagem de sistema de arquivos. Quando o usuário digita o comando

mount /dev/c0d1p2 /usr

no terminal, o sistema de arquivos contido no disco rígido 1, partição 2 é montado em */usr/* no sistema de arquivos raiz. Os sistemas de arquivos, antes e depois da montagem, aparecem na Figura 5-38.

O segredo de toda a montagem é um *flag* ativado na cópia da memória do *i-node* de */usr* após uma montagem bem-sucedida. Esse *flag* indica que o *i-node* está montado. A chamada mount também carrega na tabela *super_block* o superbloco do sistema de arquivos recentemente montado e configura dois ponteiros nela. Além disso, ela coloca o *i-node* raiz do sistema de arquivos montado na tabela *inode*.

Na Figura 5-35, vemos que os superblocos na memória contêm dois campos relacionados aos sistemas de arquivos montados. O primeiro deles, *i-node-raiz-do-sistema-de-arquivo-montado*, é configurado de forma a apontar para o *i-node* raiz do sistema de arquivos recentemente montado. O segundo, *i-node-montado*, é configurado de forma a apontar para o *i-node* onde ocorreu a montagem, neste caso, o *i-node* de */usr*. Esses dois ponteiros servem para conectar o sistema de arquivos montado à raiz e representam a "cola" que mantém o sistema de arquivos montado na raiz (mostrado como pontos na Figura 5-38(c)). Essa cola é o que faz os sistemas de arquivos montados funcionarem.

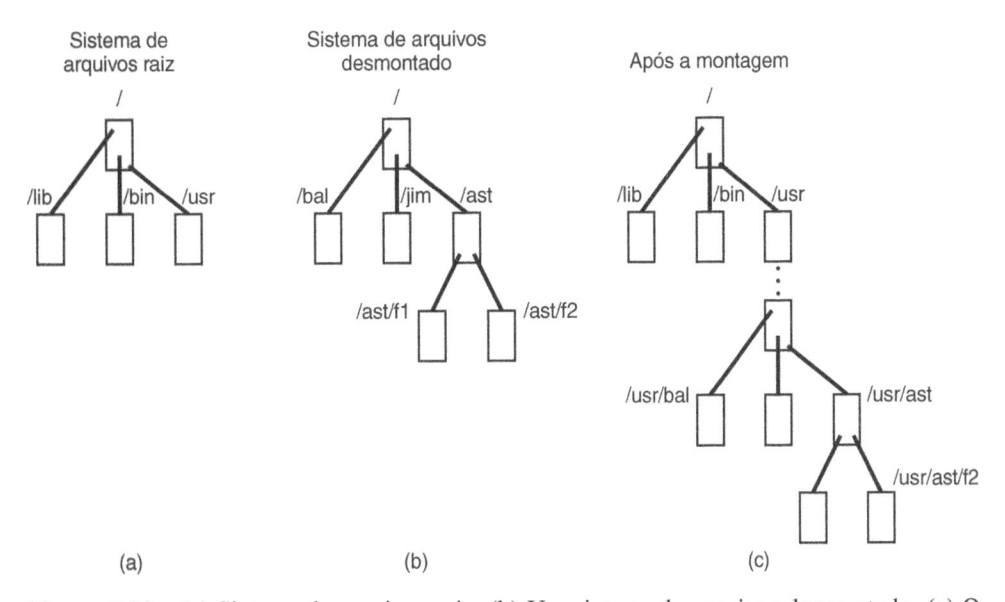

Figura 5-38 (a) Sistema de arquivos raiz. (b) Um sistema de arquivos desmontado. (c) O resultado da montagem do sistema de arquivos de (b) em */usr/*.

Quando um caminho como */usr/ast/f2* estiver sendo pesquisado, o sistema de arquivos verá um *flag* no *i-node* de */usr/* e perceberá que deve continuar pesquisando o *i-node* raiz do sistema de arquivos montado em */usr/*. A questão é: "como ele encontra esse *i-node* raiz?"

A resposta é simples. O sistema pesquisa todos os superblocos na memória, até encontrar aquele cujo campo *i-node-montado* aponte para */usr/*. Esse deve ser o superbloco do sistema de arquivos montado em */usr/*. Uma vez que tenha o superbloco, é fácil seguir o outro ponteiro para encontrar o *i-node* raiz do sistema de arquivos montado. Agora, o sistema de arquivos pode continuar a pesquisa. Neste exemplo, ele procura *ast* no diretório-raiz da partição 2 do disco rígido.

5.6.7 Descritores de arquivo

Uma vez que um arquivo tenha sido aberto, um descritor de arquivo é retornado para o processo do usuário para uso nas chamadas de read e write subseqüentes. Nesta seção, veremos como os descritores de arquivo são gerenciados dentro do sistema de arquivos.

Assim como o núcleo e o gerenciador de processos, o sistema de arquivos mantém parte da tabela de processos dentro de seu espaço de endereçamento. Três de seus campos têm interesse especial. Os dois primeiros são ponteiros para os *i-nodes* do diretório-raiz e do diretório de trabalho. As pesquisas de caminho, como a da Figura 5-16, sempre começam em um ou no outro, dependendo de o caminho ser absoluto ou relativo. Esses ponteiros são alterados pelas chamadas de sistema chroot e chdir, para apontar para o novo diretório-raiz ou para o novo diretório de trabalho, respectivamente.

O terceiro campo interessante na tabela de processos é um *array* indexado pelo número do descritor de arquivo. Ele é usado para localizar o arquivo correto quando um descritor de arquivo é apresentado. À primeira vista, poderia parecer suficiente fazer a *k*-ésima entrada desse *array* apenas apontar para o *i-node* do arquivo pertencente ao descritor de arquivo *k*. Afinal, o *i-node* é buscado na memória quando o arquivo é aberto e mantido lá até que ele seja fechado; portanto, seguramente ele está disponível.

Infelizmente, esse plano simples tem uma falha, pois os arquivos podem ser compartilhados de maneiras sutis no MINIX 3 (assim como no UNIX). O problema surge porque, associado a cada arquivo existe um número de 32 bits que indica o próximo byte a ser lido ou escrito. É esse número, chamado de **posição no arquivo**, que é alterado pela chamada de sistema lseek. O problema pode ser facilmente exposto: "onde o ponteiro de arquivo deve ser armazenado?"

A primeira possibilidade é colocá-lo no *i-node*. Infelizmente, se dois ou mais processos tiverem o mesmo arquivo aberto ao mesmo tempo, todos deverão ter seus próprios ponteiros de arquivo, pois seria difícil fazer com que uma chamada lseek realizada por um processo afetasse a próxima leitura de um processo diferente. Conclusão: a posição do arquivo não pode ser no *i-node*.

Que tal colocá-la na tabela de processos? Por que não ter um segundo *array*, paralelo ao *array* de descritores de arquivo, fornecendo a posição corrente de cada arquivo? Essa idéia também não funciona, mas o raciocínio é mais sutil. Basicamente, o problema vem da semântica da chamada de sistema fork. Quando um processo executa um fork, o pai e o filho são obrigados a compartilhar um único ponteiro que fornece a posição corrente de cada arquivo aberto.

Para entender melhor o problema, considere o caso de um *script shell* cuja saída foi redirecionada para um arquivo. Quando o *shell* cria o primeiro programa, sua posição de arquivo para a saída padrão é 0. Então, essa posição é herdada pelo filho, o qual escreve, digamos, 1 KB nessa saída. Quando o filho termina, a posição do arquivo compartilhado deve ser agora 1024.

Agora o *shell* lê algo mais do *script* e cria outro filho. É fundamental que o segundo filho herde uma posição de arquivo igual a 1024 do *shell*; portanto, ele começará a escrever no lugar onde o primeiro programa parou. Se o *shell* não compartilhasse a posição do arquivo com seus filhos, o segundo programa sobrescreveria a saída do primeiro, em vez de anexar nela.

Como resultado, não é possível colocar a posição do arquivo na tabela de processos. Ela realmente precisa ser compartilhada. A solução usada no UNIX e no MINIX 3 é introduzir uma nova tabela compartilhada, *filp*, contendo todas as posições de arquivo. Seu uso está ilustrado na Figura 5-39. Tendo-se a posição do arquivo realmente compartilhada, a semântica do fork pode ser implementada corretamente e os *scripts shell* podem funcionar adequadamente.

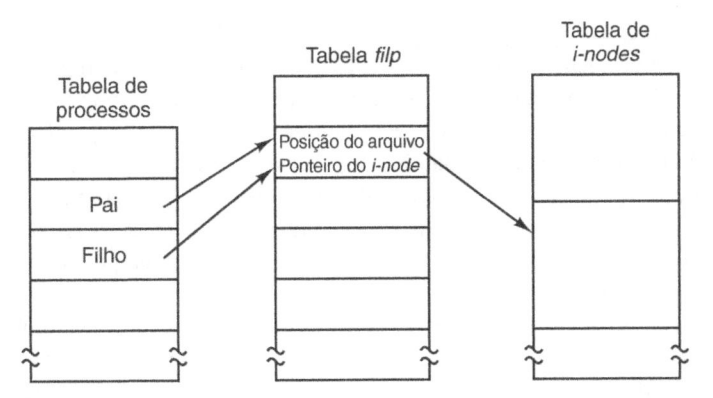

Figura 5-39 Como as posições de arquivo são compartilhadas entre um pai e um filho.

Embora a única coisa que a tabela *filp* realmente precisa conter seja a posição do arquivo compartilhado, é conveniente também colocar lá o ponteiro do *i-node*. Desse modo, tudo que o *array* de descritores de arquivo na tabela de processos contém é um ponteiro para uma entrada de *filp*. A entrada de *filp* também contém o modo do arquivo (bits de permissão), alguns *flags* indicando se o arquivo foi aberto em um modo especial e uma contagem do número de processos que o estão utilizando, para que o sistema de arquivos possa identificar quando o último processo que está usando a entrada tiver terminado e reavê-la.

5.6.8 Travamento de arquivos

Um outro aspecto do gerenciamento do sistema de arquivos exige uma tabela especial. Trata-se do travamento de arquivos. O MINIX 3 suporta o mecanismo de comunicação entre processos POSIX de **travamento de arquivo consultivo (*advisory file locking*)**. Isso permite que qualquer parte ou que várias partes de um arquivo sejam marcadas como travadas. O sistema operacional não impõe o travamento, mas os processos devem ter bom comportamento e verificar se um arquivo possui travamentos antes de fazerem qualquer coisa que entre em conflito com outro processo.

Os motivos para fornecer uma tabela separada para travas são semelhantes às justificativas para a tabela *filp* discutida na seção anterior. Um único processo pode ter mais de um trava ativa e diferentes partes de um arquivo podem ser travadas por mais de um processo (embora, evidentemente, as travas não possam se sobrepor); portanto, nem a tabela de processos nem a tabela *filp* é um bom lugar para registrar travas. Como um arquivo pode ter mais de uma trava em vigor, o *i-node* também não é um bom lugar.

O MINIX 3 usa outra tabela, a tabela *file_lock*, para registrar todas as travas. Cada entrada nessa tabela tem espaço para o tipo de trava, indicando se o arquivo está travado (protegido) para leitura ou escrita, o ID do processo que mantém a trava, um ponteiro para o *i-node* do arquivo travado e os deslocamentos do primeiro e do último byte da região protegida por essa trava.

5.6.9 *Pipes* e arquivos especiais

Os *pipes* e arquivos especiais diferem dos arquivos normais de uma maneira importante. Quando um processo tenta ler ou escrever um bloco de dados de um arquivo do disco, é quase certo que a operação terminará, no máximo, dentro de poucas centenas de milissegundos. No pior caso, dois ou três acessos ao disco podem ser necessários, não mais do que isso. Ao ler um *pipe*, a situação é diferente: se o *pipe* estiver vazio, o leitor terá de esperar até que algum outro processo coloque dados no *pipe*, o que poderia levar várias horas. Analogamente, ao ler de um terminal, um processo terá de esperar até que alguém digite alguma coisa.

Como conseqüência, a regra normal do sistema de arquivos, de tratar de uma requisição até que ele tenha terminado, não funciona. É necessário suspender essas requisições e reiniciá-las posteriormente. Quando um processo tenta ler ou escrever em um *pipe*, o sistema de arquivos pode verificar o estado do *pipe* imediatamente, para ver se a operação pode ser concluída. Se puder, ela será, mas se não puder, o sistema de arquivos registrará os parâmetros da chamada de sistema na tabela de processos, para que possa reiniciar o processo quando chegar a hora.

Note que o sistema de arquivos não precisa executar nenhuma ação para suspender o processo que fez a chamada. Tudo que ele tem de fazer é abster-se de enviar uma resposta, deixando o processo que fez a chamada bloqueado, esperando pela resposta. Assim, após suspender um processo, o sistema de arquivos volta para seu laço principal para esperar pela próxima chamada de sistema. Assim que outro processo modifica o estado do *pipe*, para que o processo suspenso possa terminar, o sistema de arquivos ativa um *flag* para que, na próxima passagem pelo laço principal, ele extraia os parâmetros do processo suspenso da tabela de processos e execute a chamada.

A situação no caso de terminais e outros arquivos especiais de caractere é ligeiramente diferente. O *i-node* de cada arquivo especial contém dois números: o de dispositivo principal (*major number*) e o de dispositivo secundário (*minor number*). O número de dispositivo principal indica a classe do dispositivo (por exemplo, disco de RAM, disquete, disco rígido, terminal). Ele é usado como índice em uma tabela do sistema de arquivos que faz seu mapeamento para o número do *driver* de dispositivo de E/S correspondente. Na verdade, o dispositivo principal determina o *driver* de E/S a ser chamado. O número de dispositivo secundário é passado para o *driver* como parâmetro. Ele especifica o dispositivo a ser usado, por exemplo, terminal 2 ou unidade de disco 1.

Em alguns casos, principalmente nos dispositivos de terminal, o número de dispositivo secundário codifica algumas informações sobre uma categoria de dispositivos manipulada por um *driver*. Por exemplo, o console principal do MINIX 3, */dev/console*, é o dispositivo 4, 0 (principal, secundário). Os consoles virtuais são manipulados pela mesma parte do software do *driver*. Esses são os dispositivos */dev/ttyc1* (4,1), */dev/ttyc2* (4,2) e assim por diante. Os terminais de linha serial precisam de um tratamento de software diferente e esses dispositivos, */dev/tty00* e */dev/tty01*, recebem os números de dispositivo 4,16 e 4,17. Analogamente, os terminais de rede usam *drivers* de pseudoterminal e eles também precisam de tratamento específico. No MINIX 3, esses dispositivos, *ttyp0*, *ttyp1* etc., recebem números de dispositivo como 4,128 e 4,129. Cada um desses pseudodispositivos tem um dispositivo associado, *ptyp0*, *ptyp1* etc. Os pares número de dispositivo principal e secundário para eles são 4,192 e 4,193 etc. Esses números foram escolhidos para tornar fácil para o *driver* de dispositivo chamar as funções de baixo nível exigidas para cada grupo de dispositivos. Não se espera que alguém equipe um sistema MINIX 3 com 192 terminais ou mais.

Quando um processo lê um arquivo especial, o sistema de arquivos extrai os números de dispositivo principal e secundário do *i-node* do arquivo e usa o número de dispositivo principal como índice em uma tabela do sistema de arquivos para mapear o número de processo do *driver* de dispositivo correspondente. Uma vez que tenha identificado o *driver*, o sistema de arquivos envia uma mensagem para ele, incluindo como parâmetros o dispositivo secundário, a operação a ser executada, o número de processo e o endereço do buffer do processo que fez a chamada, e a quantidade de bytes a serem transferidos. O formato é o mesmo da Figura 3-15, exceto que *POSITION* não é usado.

Se o *driver* for capaz de realizar o trabalho imediatamente (por exemplo, uma linha de entrada já foi digitada no terminal), ele copiará os dados de seus próprios buffers internos para o usuário e enviará para o sistema de arquivos uma mensagem de resposta dizendo que o trabalho está terminado. Então, o sistema de arquivos envia uma mensagem de resposta para o usuário e a chamada termina. Note que o *driver* não copia os dados no sistema de arquivos. Os dados de dispositivos de bloco passam pela cache de blocos, mas os dados de arquivos especiais de caractere, não.

Por outro lado, se o *driver* não for capaz de realizar o trabalho, ele registrará os parâmetros da mensagem em suas tabelas internas e enviará imediatamente uma resposta para o sistema de arquivos, dizendo que a chamada não pode ser concluída. Nesse ponto, o sistema de arquivos está na mesma situação de ter descoberto que alguém está tentando ler um *pipe* vazio. Ele registra o fato de que o processo está suspenso e espera pela próxima mensagem.

Quando o *driver* tiver adquirido dados suficientes para completar a chamada, ele os transfere para o buffer do usuário que ainda está bloqueado e, então, enviará para o sistema de arquivos uma mensagem relatando o que fez. Tudo que o sistema de arquivos tem de fazer é enviar uma mensagem de resposta para o usuário, para desbloqueá-lo, e informar o número de bytes transferidos.

5.6.10 Um exemplo: a chamada de sistema READ

Conforme veremos em breve, a maior parte do código do sistema de arquivos é dedicada à execução de chamadas de sistema. Portanto, é adequado concluirmos esta visão geral com um breve esboço sobre o funcionamento da chamada mais importante, **read**.

Quando um programa de usuário executa a instrução

n = read(fd, buffer, nbytes);

para ler um arquivo normal, a função de biblioteca *read* é chamada com três parâmetros. Ela constrói uma mensagem contendo esses parâmetros, junto com o código de **read** como o tipo da mensagem, e envia essa mensagem para o sistema de arquivos e bloqueia, esperando a resposta. Quando a mensagem chega, o sistema de arquivos usa o tipo da mensagem como índice em suas tabelas para chamar a função que trata da leitura.

Essa função extrai o descritor de arquivo da mensagem e o utiliza para localizar a entrada *filp* e, depois, o *i-node* do arquivo a ser lido (veja a Figura 5-39). Então, a requisição é dividida em partes, de modo que cada parte caiba dentro de um bloco. Por exemplo, se a posição do arquivo corrente é 600 e foram solicitados 1024 bytes, a requisição será dividida em duas partes, de 600 a 1023 e de 1024 a 1623 (supondo blocos de 1 KB).

Para cada uma dessas partes, por sua vez, é feita uma verificação para ver se o bloco relevante está na cache. Se o bloco não estiver presente, o sistema de arquivos selecionará o buffer usado menos recentemente que não esteja em uso e o reivindicará, enviando uma mensagem para o *driver* de dispositivo de disco para reescrevê-lo, caso esteja sujo. Então, o *driver* de disco é solicitado a buscar o bloco a ser lido.

Quando o bloco estiver na cache, o sistema de arquivos enviará uma mensagem para a tarefa de sistema pedindo para que ela copie os dados no lugar apropriado no buffer do usuário (isto é, os bytes de 600 a 1023 no início do buffer e os bytes de 1024 a 1623 no deslocamento 424 dentro do buffer). Após a cópia ser feita, o sistema de arquivos envia uma mensagem de resposta para o usuário, especificando quantos bytes foram copiados.

Quando a resposta volta para o usuário, a função de biblioteca *read* extrai o código da resposta e o retorna como o valor da função para o processo que fez a chamada.

Um passo extra não faz parte realmente da chamada de read em si. Depois que o sistema de arquivos conclui uma leitura e envia uma resposta, ele inicia a leitura de blocos adicionais, desde que a leitura seja a partir de um dispositivo de bloco e certas outras condições sejam satisfeitas. Como as leituras de arquivos seqüenciais são comuns, é razoável esperar que os próximos blocos em um arquivo sejam solicitados na próxima requisição de leitura, e isso torna provável que o bloco desejado já esteja na cache quando for necessário. O número de blocos solicitados depende do tamanho da cache de blocos; até 32 blocos adicionais podem ser solicitados. O *driver* de dispositivo não retorna necessariamente essa quantidade de blocos e, se pelo menos um bloco for retornado, a requisição será considerada bem-sucedida.

5.7 IMPLEMENTAÇÃO DO SISTEMA DE ARQUIVOS DO MINIX 3

O sistema de arquivos do MINIX 3 é relativamente grande (mais de 100 páginas de código em C), mas muito simples. As requisições para executar chamadas de sistema chegam, são executadas e as respostas são enviadas. Nas seções a seguir, estudaremos um arquivo por vez, indicando os destaques. Existem muitos comentários no próprio código para ajudar o leitor.

Ao examinarmos o código de outras partes do MINIX 3, geralmente olhamos primeiro o laço principal de um processo e depois as rotinas que manipulam os diferentes tipos de mensagem. Organizaremos nossa abordagem do sistema de arquivos de um modo diferente. Primeiro, estudaremos os subsistemas importantes (gerenciamento de cache, gerenciamento de *i-nodes* etc.). Depois, veremos o laço principal e as chamadas de sistema que operam sobre arquivos. Em seguida, veremos as chamadas de sistema que operam sobre diretórios e, então, discutiremos as chamadas de sistema restantes que não entram em nenhuma dessas categorias. Finalmente, veremos como os arquivos especiais de dispositivo são manipulados.

5.7.1 Arquivos de cabeçalho e estruturas de dados globais

Assim como no núcleo e no gerenciador de processos, várias estruturas de dados e tabelas usadas no sistema de arquivos são definidas em arquivos de cabeçalho. Algumas dessas estruturas de dados são colocadas em arquivos de cabeçalho em nível de sistema, em *include/* e seus subdiretórios. Por exemplo, *include/sys/stat.h* define o formato por meio do qual as chamadas de sistema podem fornecer informações de *i-node* para outros programas e a estrutura de uma entrada de diretório é definida em *include/sys/dir.h*. Esses dois arquivos são exigidos pelo POSIX. O sistema de arquivos é afetado por várias definições contidas no arquivo de configuração global *include/minix/config.h*, como NR_BUFS e NR_BUF_HASH, que controlam o tamanho da cache de blocos.

Cabeçalhos do sistema de arquivos

Os arquivos de cabeçalho do próprio sistema de arquivos estão no diretório de código-fonte do sistema de arquivos *src/fs/*. Muitos nomes de arquivo já são conhecidos do estudo de outras partes do sistema MINIX 3. O arquivo de cabeçalho mestre do sistema de arquivos (*file system*), *fs.h* (linha 20900), é muito parecido com *src/kernel/kernel.h* e *src/pm/pm.h*. Ele inclui outros arquivos de cabeçalho necessários para todos os arquivos-fonte em C no sistema de arquivos. Assim como acontece nas outras partes do MINIX 3, o cabeçalho-mestre do sistema de arquivos inclui os arquivos *const.h*, *type.h*, *proto.h* e *glo.h* do próprio sistema de arquivos. Veremos esses arquivos a seguir.

Const.h (linha 21000) define algumas constantes, como os tamanhos de tabela e *flags*, que são usadas por todo o sistema de arquivos. O MINIX 3 já tem história. As versões anteriores do MINIX tinham sistemas de arquivos diferentes. Embora o MINIX 3 não suporte os antigos sistemas de arquivos das versões 1 e 2, algumas definições foram mantidas, tanto para referência como na expectativa de que alguém adicione suporte para eles posteriormente. O suporte para versões mais antigas é útil não apenas para acessar arquivos em sistemas de arquivos MINIX mais antigos, como também para a troca de arquivos.

Outros sistemas operacionais podem usar sistemas de arquivos mais antigos do MINIX — por exemplo, originalmente, o Linux usava e ainda suporta sistemas de arquivos do MINIX. (Talvez seja um tanto irônico o fato de o Linux ainda suportar o sistema de arquivos original do MINIX, mas o MINIX 3 não suportar.) Estão disponíveis alguns utilitários do MS-DOS e do Windows para acessar diretórios e arquivos mais antigos do MINIX. O superbloco de um sistema de arquivos contém um **número mágico** para permitir que o sistema operacional identifique o tipo do sistema de arquivos; as constantes *SUPER_MAGIC*, *SUPER_V2* e *SUPER_V3* definem esses números para as três versões do sistema de arquivos do MINIX. Também existem versões deles, com sufixo *_REV*, para o V1 e o V2, nas quais os bytes do número mágico são invertidos. Eles eram usados com portes das versões anteriores do MINIX para sistemas que usam uma ordem de byte diferente (*little-endian*, em vez de *big-endian*), para que um disco removível escrito em uma máquina com uma ordem de byte diferente pudesse ser identificado como tal. Na versão 3.1.0 do MINIX não foi necessário definir um número mágico *SUPER_V3_REV*, mas é provável que essa definição seja adicionada no futuro.

Type.h (linha 21100) define as estruturas de *i-node* V1 antigas e V2 novas, conforme são dispostas no disco. O *i-node* é uma estrutura que não mudou no MINIX 3; portanto, o *i-node* V2 é usado com o sistema de arquivos V3. O *i-node* V2 é duas vezes maior do que o antigo, que foi projetado para ser compacto nos sistemas sem unidade de disco rígido e com disquetes de 360 KB. A nova versão fornece espaço para os três campos de tempo que os sistemas UNIX fornecem. No *i-node* V1 havia apenas um campo de tempo, mas uma operação **stat** ou **fstat** "o falsificava" e retornava uma estrutura *stat* contendo todos os três campos. Há uma pequena dificuldade em oferecer suporte para as duas versões de sistema de arquivos. Isso está indicado pelo comentário na linha 21116. O software mais antigo do MINIX 3 esperava que o tipo gid_t fosse um valor em 8 bits; portanto, *d2_gid* deve ser declarado como tipo *u16_t*.

Proto.h (linha 21200) fornece protótipos de função em formas aceitáveis para compiladores K&R antigos ou ANSI C Standard, mais recentes. Trata-se de um arquivo longo, mas não tem grande interesse. Entretanto, há um ponto a destacar: como existem tantas chamadas de sistema diferentes manipuladas pelo sistema de arquivos e devido à maneira como o sistema de arquivos é organizado, as diversas funções *do_XXX* estão espalhadas por vários arquivos. *Proto.h* é organizado por arquivo, e é uma maneira útil de encontrar o arquivo a ser consultado, quando você quiser ver o código que manipula uma chamada de sistema em particular.

Finalmente, *glo.h* (linha 21400) define variáveis globais. Os buffers de mensagem para as mensagens recebidas e de resposta também estão aqui. O já conhecido truque com a macro *EXTERN* é usado, para que essas variáveis possam ser acessadas por todas as partes do sistema de arquivos. Assim como acontece nas outras partes do MINIX 3, o espaço de armazenamento será reservado quando *table.c* for compilado.

A parte do sistema de arquivos da tabela de processos está contida em *fproc.h* (linha 21500). O *array fproc* é declarado com a macro *EXTERN*. Ele contém a máscara de modo, ponteiros para os *i-nodes* do diretório-raiz e do diretório de trabalho corrente, o *array* de descritores de arquivo, *uid*, *gid* e o número de terminal para cada processo. O *id* de processo e o *id* de grupo do processo também são encontrados aqui. O *id* de processo é duplicado na parte da tabela de processos localizada no gerenciador de processos.

Vários campos são usados para armazenar os parâmetros das chamadas de sistema que podem ser suspensas no meio do caminho, como as leituras de um *pipe* vazio. Os campos *fp_suspended* e *fp_revived* exigem apenas bits simples, mas praticamente todos os compiladores geram código melhor para caracteres do que para campos de bit. Também existe um campo para os bits *FD_CLOEXEC* exigidos pelo padrão POSIX. Eles são usados para indicar se um arquivo deve ser fechado quando for feita uma chamada exec.

Agora, chegamos aos arquivos que definem outras tabelas mantidas pelo sistema de arquivos. O primeiro, *buf.h* (linha 21600), define a cache de blocos. Todas as estruturas aqui são declaradas com *EXTERN*. O array *buf* contém todos os buffers, cada um dos quais contém uma parte de dados, *b*, e um cabeçalho repleto de ponteiros, *flags* e contadores. A parte dos dados é declarada como a união de cinco tipos (linhas 21618 a 21632), pois às vezes é conveniente referir-se ao bloco como um *array* de caracteres, às vezes como um diretório etc.

A maneira realmente correta de se referir à parte dos dados de buffer 3 como um *array* de caracteres é *buf*[3].*b.b_ _data*, pois *buf*[3].*b* se refere à união como um todo, a partir da qual o campo *b_ _data* é selecionado. Embora essa sintaxe esteja correta, ela é complicada; portanto, nas linha 21649, definimos uma macro *b_data*, a qual nos permite escrever *buf*[3].*b_data* em seu lugar. Note que *b_ _data* (o campo da união) contém dois sublinhados, enquanto *b_data* (a macro) contém apenas um, para distingui-los. Macros para outras maneiras de acessar o bloco estão definidas nas linhas 21650 a 21655.

A tabela *hash* para buffers, *buf_hash*, é definida na linha 21657. Cada entrada aponta para uma lista de buffers. Originalmente, todas as listas estão vazias. As macros no final de *buf.h* definem diferentes tipos de bloco. O bit *WRITE_IMMED* indica que um bloco deve ser reescrito imediatamente no disco, caso seja alterado, e o bit *ONE_SHOT* é usado para indicar que um bloco provavelmente não será necessário em breve. Nenhum deles é usado atualmente, mas permanecem disponíveis para quem tiver uma idéia brilhante sobre como melhorar o desempenho, ou a confiabilidade, modificando a maneira como os blocos são enfileirados na cache.

Finalmente, na última linha, *HASH_MASK* é definida, baseada no valor de *NR_BUF_HASH* configurado em *include/minix/config.h*. *HASH_MASK* é associada a um número de bloco por meio da operação lógica E, para determinar qual entrada em *buf_hash* vai ser usada como ponto de partida em uma pesquisa de buffer de bloco.

File.h (linha 21700) contém a tabela intermediária *filp* (declarada como *EXTERN*), usada para conter a posição do arquivo corrente e o ponteiro do *i-node* (veja a Figura 5-39). Ela também informa se o arquivo foi aberto para leitura, escrita ou ambos, e quantos descritores de arquivo estão correntemente apontando para a entrada.

A tabela de travas de arquivo, *file_lock* (declarada como *EXTERN*), está em *lock.h* (linha 21800). O tamanho do *array* é determinado por *NR_LOCKS*, que é definida como 8 em *const.h*. Esse número deve ser aumentado, caso se queira implementar uma base de dados multiusuário em um sistema MINIX 3.

Em *inode.h* (linha 21900), a tabela de *i-nodes inode* é declarada (usando *EXTERN*). Ela contém os *i-nodes* que estão correntemente em uso. Conforme dissemos anteriormente, quando um arquivo é aberto, seu *i-node* é lido na memória e mantido lá até que o arquivo seja fechado. A definição da estrutura *inode* fornece informações que são mantidas em memória, mas não são escritas no *i-node* do disco. Note que existe apenas uma versão e que, aqui, nada é específico da versão. Quando o *i-node* é lido do disco, são tratadas as diferenças entre os sistemas de arquivos V1 e V2/V3. O restante do sistema de arquivos não precisa saber sobre o formato do sistema de arquivos no disco, pelo menos até que chegue a hora de escrever informações modificadas.

A maioria dos campos deve ser evidente neste ponto. Entretanto, *i_seek* merece alguns comentários. Foi mencionado anteriormente que, como uma otimização, quando o sistema de arquivos nota que um arquivo está sendo lido seqüencialmente, ele tenta ler blocos na cache, mesmo antes de serem solicitados. Para arquivos acessados aleatoriamente não há nenhuma leitura antecipada. Quando é feita uma chamada lseek, o campo *i_seek* é configurado de forma a inibir a leitura antecipada (*read ahead*).

O arquivo *param.h* (linha 22000) é análogo ao arquivo de mesmo nome no gerenciador de processos. Ele define nomes de campos de mensagem contendo parâmetros, para que o código possa se referir, por exemplo, a *m_in.buffer*, em vez de *m_in.m1_p1*, que seleciona um dos campos do buffer de mensagem *m_in*.

Em *super.h* (linha 22100), temos a declaração da tabela de superblocos. Quando o sistema é inicializado, o superbloco do dispositivo-raiz é carregado aqui. Quando os sistemas de arquivos são montados, seus superblocos ficam aqui também. Assim como acontece com outras tabelas, *super_block* é declarada como *EXTERN*.

Alocação de espaço de armazenamento no sistema de arquivos

O último arquivo que discutiremos nesta seção não é um cabeçalho. Entretanto, exatamente como fizemos quando discutimos o gerenciador de processos, parece apropriado discutirmos *table.c* imediatamente após examinarmos os arquivos de cabeçalho, pois todos eles são incluídos quando *table.c* (linha 22200) é compilado. A maioria das estruturas de dados que mencionamos – a cache de blocos, a tabela *filp* etc. – é definida com a macro *EXTERN*, como também as variáveis globais do sistema de arquivos e a parte da tabela de processos do sistema de arquivos. Da mesma maneira que vimos em outras partes do sistema MINIX 3, o espaço de armazenamento é reservado realmente quando *table.c* é compilado. Esse arquivo também contém um importante *array* inicializado. *Call_vector* contém o *array* de ponteiros usado no laço principal para determinar qual função manipula qual número de chamada de sistema. Vimos uma tabela semelhante dentro do gerenciador de processos.

5.7.2 Gerenciamento de tabelas

Associado a cada uma das tabelas principais – blocos, *i-nodes*, superblocos etc. – está um arquivo que contém as funções que gerenciam a tabela. Essas funções são bastante utilizadas pelo restante do sistema de arquivos e formam a principal interface entre as tabelas e o sistema de arquivos. Por isso, é adequado iniciar com elas nosso estudo sobre o código do sistema de arquivos.

Gerenciamento de blocos

A cache de blocos é gerenciada pelas funções presentes no arquivo *cache.c*. Esse arquivo contém as nove funções listadas na Figura 5-40. A primeira delas, *get_block* (linha 22426), é a maneira padrão pela qual o sistema de arquivos obtém blocos de dados. Quando uma função do sistema de arquivos precisa ler um bloco de dados do usuário, um bloco de diretório, um superbloco ou qualquer outro tipo de bloco, ela chama *get_block*, especificando o dispositivo e o número do bloco.

Quando *get_block* é chamada, ela primeiro examina a cache de blocos para ver se o bloco solicitado está presente. Se estiver, é retornado um ponteiro para ele. Caso contrário, é preciso ler o bloco no disco. Os blocos na cache estão encadeados na lista *NR_BUF_HASH*. *NR_BUF_HASH* é um parâmetro que pode ser ajustado, junto com *NR_BUFS*, o tamanho da cache de blocos. Ambos são configurados em *include/minix/config.h*. No final desta seção, falaremos um pouco sobre a otimização do tamanho da cache de blocos e da tabela *hash*. O valor de *HASH_MASK* é *NR_BUF_HASH* – 1. Com 256 listas de *hash*, a máscara é 255; portanto, todos os blocos em cada lista têm números de bloco que terminam com a mesma string de 8 bits; isto é, 00000000, 00000001, ..., ou 11111111.

Função	Descrição
get_block	Buscar um bloco para leitura ou escrita
put_block	Retornar um bloco solicitado anteriormente com get_block
alloc_zone	Alocar uma nova zona (para tornar um arquivo maior)
free_zone	Liberar uma zona (quando um arquivo é removido)
rw_block	Transferir um bloco entre o disco e a cache
invalidate	Expurgar todos os blocos de cache de algum dispositivo
flushall	Descarregar todos os blocos modificados (sujos) de um dispositivo
rw_scattered	Ler ou escrever dados dispersos de (ou para) um dispositivo
rm_lru	Remover um bloco de seu encadeamento LRU

Figura 5-40 Funções usadas para gerenciamento de blocos.

Normalmente, o primeiro passo é pesquisar um encadeamento *hash* em busca de um bloco, embora exista um caso especial, quando está sendo lida uma lacuna em um arquivo esparso, onde essa pesquisa é pulada. Esse é o motivo do teste na linha 22454. Caso contrário, as duas linhas seguintes põem *bp* de modo que aponte para o início da lista na qual o bloco solicitado estaria, caso estivesse na cache, aplicando *HASH_MASK* no número do bloco. O laço na linha seguinte pesquisa essa lista para ver se o bloco pode ser encontrado. Se ele for encontrado e não estiver sendo usado, será removido da lista LRU. Se já estiver sendo usado, de qualquer forma não estará na lista LRU. O ponteiro para o bloco encontrado é retornado para o processo que fez a chamada, na linha 22463.

Se o bloco não está na lista de *hash*, ele não está na cache; portanto, é tomado o bloco usado menos recentemente da lista LRU. O buffer escolhido é removido de seu encadeamento *hash*, pois está para receber um novo número de bloco e, assim, pertencerá a um encadeamento *hash* diferente. Se ele estiver sujo, será reescrito no disco, na linha 22495. Fazer isso com uma chamada para *flushall* implica em que sejam escritos todos os blocos sujos associados ao mesmo dispositivo. Essa chamada é a maneira pela qual a maioria dos blocos é escrita no disco. Os blocos que estão correntemente em uso nunca são escolhidos para descarregados, pois não estão no encadeamento LRU. Contudo, dificilmente os blocos serão encontrados em uso; normalmente, um bloco é liberado por *put_block* imediatamente após se usado.

Assim que o buffer estiver disponível, todos os campos, incluindo *b_dev*, são atualizados com os novos parâmetros (linhas 22499 a 22504) e o bloco pode ser lido do disco. Entretanto, existem duas ocasiões em que pode não ser necessário ler o bloco do disco. *Get_block* é chamada com o parâmetro *only_search*. Isso pode indicar que se trata de uma busca antecipada. Durante uma busca antecipada, um buffer disponível é encontrado, escrevendo o conteúdo antigo no disco, se necessário, e um novo número de bloco é atribuído ao buffer, mas o campo *b_dev* é configurado como *NO_DEV* para sinalizar que ainda não existem dados válidos nesse bloco. Veremos como isso é usado quando discutirmos a função *rw_scattered*. *Only_search* também pode ser usada para sinalizar que o sistema de arquivos precisa de um bloco apenas para reescrevê-lo inteiramente. Nesse caso, é desperdício ler primeiro a versão antiga. Em ambos os casos os parâmetros são atualizados, mas a leitura de disco real é omitida (linhas 22507 a 22513). Quando o novo bloco for lido, *get_block* retornará para o processo que fez sua chamada, com um ponteiro para o bloco.

Suponha que o sistema de arquivos precise de um bloco de diretório temporariamente, para pesquisar um nome de arquivo. Ele chama *get_block* para adquirir o bloco de diretório. Quando tiver pesquisado seu nome de arquivo, ele chamará *put_block* (linha 22520) para retornar o bloco para a cache, tornando assim o buffer disponível, para o caso de ser necessário posteriormente, para um bloco diferente.

Put_block coloca o bloco recentemente retornado na lista LRU e, em alguns casos, o reescreve no disco. Na linha 22544, é tomada a decisão de colocá-lo no início ou no fim da lista LRU. Os blocos em um disco de RAM são sempre colocados no início da fila. A cache de blocos não tem muita utilidade para um disco de RAM, pois seus dados já estão na memória e são acessíveis sem uma E/S real. O *flag ONE_SHOT* é testado para ver se o bloco foi marcado como um que provavelmente não será necessário novamente em breve, e tais blocos são colocados no início, onde serão reutilizados rapidamente. Entretanto, isso raramente é usado, se é que será usado. Quase todos os blocos, exceto os do disco de RAM, são colocados no final, para o caso de serem necessários novamente em breve.

Após o bloco ter sido reposicionado na lista LRU, é feita outra verificação para ver se ele deve ser escrito imediatamente no disco. Assim como o teste anterior, o teste de *WRITE_IMMED* é um vestígio de uma experiência abandonada; atualmente, nenhum bloco é marcado para escrita imediata.

À medida que um arquivo cresce, de tempos em tempos, uma nova zona precisa ser alocada para conter os novos dados. A função *alloc_zone* (linha 22580) trata da alocação de novas zonas. Ela faz isso encontrando uma zona livre no mapa de bits de zona. Não haverá necessidade de pesquisar o mapa de bits se essa for a primeira zona em um arquivo; o campo *s_zsearch* no superbloco, que sempre aponta para a primeira zona disponível no dispositivo, é consultado. Caso contrário, é feita uma tentativa de encontrar uma zona próxima à última zona existente do arquivo corrente, para manter juntas as zonas de um arquivo. Isso é feito iniciando-se a pesquisa do mapa de bits nessa última zona (linha 22603). O mapeamento entre o número do bit no mapa de bits e o número da zona é realizado na linha 22615, com o bit 1 correspondendo à primeira zona de dados.

Quando um arquivo é removido, suas zonas devem ser retornadas para o mapa de bits. *Free_zone* (linha 22621) é responsável por retornar essas zonas. Tudo que ela faz é chamar *free_bit*, passando o mapa de zonas e o número do bit como parâmetros. *Free_bit* também é usada para retornar *i-nodes* livres, mas, então, com o mapa de *i-nodes* como primeiro parâmetro, é claro.

Gerenciar a cache exige ler e escrever blocos. Para fornecer uma interface de disco simples, foi fornecida a função *rw_block* (linha 22641). Ela lê ou escreve um bloco. Analogamemte, *rw_inode* existe para ler e escrever *i-nodes*.

A função seguinte no arquivo é *invalidate* (linha 22680). Ela é chamada quando um disco é desmontado, por exemplo, para remover da cache todos os blocos pertencentes ao sistema de arquivos que acabou de ser desmontado. Se isso não fosse feito, então, quando o dispositivo fosse reutilizado (com um disquete diferente), o sistema de arquivos poderia encontrar os blocos antigos, em vez dos novos.

Mencionamos anteriormente que *flushall* (linha 22694), chamada a partir de *get_block* quando um bloco sujo é removido da lista LRU, é a função responsável por escrever a maioria dos dados. Ela também é chamada pela chamada de sistema sync, para descarregar no disco todos os buffers sujos pertencentes a um dispositivo específico. Sync é ativada periodicamente pelo *daemon* de atualização e chama *flushall* uma vez para cada dispositivo montado. *Flushall* trata a cache de buffer como um *array* linear, de modo que todos os buffers sujos são encontrados, mesmo aqueles que estão correntemente em uso e não estão na lista LRU. Todos os buffers na cache são percorridos e aqueles que pertencem ao dispositivo a ser descarregado, e que precisam ser escritos, são adicionados em um *array* de ponteiros, *dirty*. Esse *array* é declarado como *static* para mantê-lo fora da pilha. Então, ele é passado para *rw_scattered*.

No MINIX 3, o escalonamento de escrita em disco foi removido dos *drivers* de dispositivo de disco e tornou-se responsabilidade exclusiva de *rw_scattered* (linha 22711). Essa função recebe um identificador de dispositivo, um ponteiro para um *array* de ponteiros para buffers, o tamanho do *array* e um *flag* indicando se a operação é de leitura ou escrita. A primeira coisa que ela faz é ordenar o *array* que recebe pelos números de bloco, para que a operação de leitura ou escrita seja realizada em uma ordem eficiente. Então, ela constrói vetores de blocos adjacentes para enviar para o *driver* de dispositivo com uma chamada para *dev_io*. O *driver* não precisa fazer nenhum escalonamento adicional. Com um disco moderno, é provável que os circuitos eletrônicos da unidade de disco otimizem ainda mais a ordem das requisições, mas isso não é visível para o MINIX 3. *Rw_scattered* é chamada com o *flag WRITING* apenas a partir da função *flushall* descrita anteriormente. Nesse caso, a origem desses números de bloco é fácil de entender. Eles são buffers que contêm dados de blocos lidos anteriormente, mas agora modificados. A única chamada para *rw_scattered* para uma operação de leitura é a partir de *rahead* em *read.c*. Nesse ponto, precisamos saber apenas que, antes de chamar *rw_scattered*, *get_block* foi chamada repetidamente no modo de busca antecipada, reservando assim um grupo de buffers. Esses buffers contêm números de bloco, mas nenhum parâmetro de dispositivo válido. Isso não é problema, pois *rw_scattered* é chamada com um parâmetro de dispositivo como um de seus argumentos.

Há uma diferença importante na maneira como um *driver* de dispositivo pode responder a uma requisição de leitura (em oposição a uma escrita) a partir de *rw_scattered*. Uma requisição de escrita de vários blocos *precisa* ser atendida completamente, mas uma requisição de leitura de vários blocos pode ser tratada de forma diversa por diferentes *drivers*, dependendo do que for mais eficiente para o *driver* em particular. *Rahead* freqüentemente chama *rw_scattered* requisitando uma lista de blocos que podem não ser realmente necessários; portanto, a melhor resposta é fornecer o máximo de blocos que possam ser obtidos facilmente, mas não fazer buscas alucinadas por todo um dispositivo, o que pode levar a um tempo de busca substancial. Por exemplo, o *driver* de disquete pode parar em um limite de trilha e muitos outros *drivers* lerão apenas blocos consecutivos. Quando a leitura termina, *rw_scattered* marca os blocos lidos preenchendo o campo de número de dispositivo em seus buffers de bloco.

A última função na Figura 5-40 é *rm_lru* (linha 22809). Essa função é usada para remover um bloco da lista LRU. Ela é usada apenas por *get_block* nesse arquivo, de modo que é declarada como *PRIVATE*, em vez de *PUBLIC*, para ocultá-la de funções de fora do arquivo.

Antes de concluirmos a cache de blocos, vamos dizer algumas coisas sobre sua otimização. *NR_BUF_HASH* deve ser uma potência de 2. Se for maior do que *NR_BUFS*, o comprimento médio de um encadeamento *hash* será menor do que um. Se houver memória suficiente para um número grande de buffers, haverá espaço para um número grande de encadeamentos *hash*; portanto, a escolha usual é tornar *NR_BUF_HASH* a próxima potência de 2 maior do que *NR_BUFS*. A listagem no texto mostra configurações de 128 blocos e 128 listas de *hash*. O tamanho ótimo depende de como o sistema é usado, pois isso determina o quanto deve ser colocado em buffer. O código-fonte completo usado para compilar os binários padrão do MINIX 3, que são instalados a partir do CD-ROM que acompanha este texto, tem configurações de 1280 buffers e 2048 encadeamentos *hash*. Empiricamente, foi determinado que aumentar o número de buffers além disso não melhorava o desempenho ao se recompilar o sistema MINIX 3; portanto, aparentemente isso é grande o suficiente para conter os binários de todas as passagens do compilador. Para algum outro tipo de trabalho, um tamanho menor poderia ser adequado ou um tamanho maior poderia melhorar o desempenho.

Os buffers do sistema MINIX 3 padrão no CD-ROM ocupam mais de 5 MB de memória RAM. É fornecido um binário adicional, designado como *image_small*, que foi compilado com apenas 128 buffers na cache de blocos e os buffers para esse sistema só precisam de pouco mais do que 0,5 MB. Isso pode ser instalado em um sistema com apenas 8 MB de memória RAM. A versão padrão exige 16 MB de memória RAM. Com jeito, ele sem dúvida poderia caber em uma memória de 4 MB ou menos.

Gerenciamento de *i-nodes*

A cache de blocos não é a única tabela do sistema de arquivos que precisa de funções de suporte. A tabela de *i-nodes* também. Muitas funções têm função semelhante às funções de gerenciamento de bloco. Elas estão listadas na Figura 5-41.

Função	Descrição
get_inode	Obter um *i-node* na memória
put_inode	Devolver *i-node* que não é mais necessário
alloc_inode	Alocar um novo *i-node* (para um novo arquivo)
wipe_inode	Limpar alguns campos em um *i-node*
free_inode	Liberar um *i-node* (quando um arquivo é removido)
update_times	Atualizar campos de tempo em um *i-node*
rw_inode	Transferir um *i-node* entre a memória e o disco
old_icopy	Converter o conteúdo do *i-node* para escrever no *i-node* de disco (versão 1)
new_icopy	Converter os dados lidos do *i-node* de disco do sistema de arquivos (versão 1)
dup_inode	Indicar que o *i-node* já está em uso

Figura 5-41 Funções usadas para gerenciamento de *i-node*.

A função *get_inode* (linha 22933) é análoga a *get_block*. Quando qualquer parte do sistema de arquivos precisa de um *i-node*, ela chama *get_inode* para adquiri-lo. *Get_inode* primeiro pesquisa a tabela *inode* para ver se o *i-node* está presente. Se estiver, ela incrementa o contador de utilização e retorna um ponteiro para o nó. Essa pesquisa está contida nas linhas 22945 a 22955. Se o *i-node* não estiver presente na memória, ele será carregado chamando-se *rw_inode*.

Quando a função que precisou do *i-node* terminar de usá-lo, o *i-node* é devolvido pela chamada da função *put_inode* (linha 22976), a qual decrementa o contador de utilização *i_count*. Se, então, a contagem for zero, o arquivo não está mais sendo usado e o *i-node* pode ser removido da tabela. Se ele estiver sujo, será reescrito no disco.

Se o campo *i_link* é zero, nenhuma entrada de diretório está apontando para o arquivo; portanto, todas as suas zonas podem ser liberadas. Note que o contador de utilização se tornar zero e o número de vínculos se tornar zero são eventos diferentes, com diferentes causas e conseqüências. Se o *i-node* é para um *pipe*, todas as zonas devem ser liberadas, mesmo que o número de vínculos possa não ser zero. Isso acontece quando um processo que está lendo um *pipe* libera o *pipe*. Não tem sentido possuir um *pipe* para um único processo.

Quando um novo arquivo é criado, um *i-node* deve ser alocado por *alloc_inode* (linha 23003). O MINIX 3 permite a montagem de dispositivos no modo somente para leitura; portanto, o superbloco é verificado para garantir que o dispositivo seja gravável. Ao contrário das zonas, onde é feita uma tentativa de manter as zonas de um arquivo próximas, qualquer *i-node* servirá. Para poupar o tempo de pesquisar o mapa de bits de *i-nodes*, tira-se proveito do campo no superbloco onde é registrado o primeiro *i-node* não utilizado.

Depois que o *i-node* for adquirido, *get_inode* é chamada para buscar o *i-node* na tabela, na memória. Então, seus campos são inicializados, parcialmente, um a um (linhas 23038 a 23044), e usando a função *wipe_inode* (linha 23060). Essa divisão de trabalho em particular foi escolhida porque *wipe_inode* também é necessária em outra parte do sistema de arquivos, para limpar certos campos de *i-node* (mas não todos eles).

Quando um arquivo é removido, seu *i-node* é liberado pela chamada de *free_inode* (linha 23079). Tudo que acontece aqui é que o bit correspondente no mapa de bits de *i-nodes* é configurado como 0 e o registro do superbloco do primeiro *i-node* não utilizado é atualizado.

A próxima função, *update_times* (linha 23099), é chamada para obter o tempo do relógio do sistema e alterar os campos de tempo que exigem atualização. *Update_times* também é chamada pelas chamadas de sistema stat e fstat, de modo que é declarada como *PUBLIC*.

A função *rw_inode* (linha 23125) é análoga a *rw_block*. Sua tarefa é buscar um *i-node* do disco. Ela realiza seu trabalho executando os seguintes passos:

1. Calcular qual bloco contém o *i-node* exigido.
2. Ler o bloco, chamando *get_block*.
3. Extrair o *i-node* e copiá-lo na tabela *inode*.
4. Retornar o bloco, chamando *put_block*.

Rw_inode é um pouco mais complexa do que o esboço básico dado acima, de modo que algumas funções adicionais são necessárias. Primeiro, como obter o tempo corrente exige uma chamada de núcleo, qualquer necessidade de alteração nos campos de tempo no *i-node* é apenas marcada, configurando-se bits no campo *i_update* do *i-node*, enquanto o *i-node* está na memória. Se esse campo for diferente de zero quando um *i-node* precisar ser escrito, *update_times* será chamada.

Segundo, a história do MINIX acrescenta uma complicação: no sistema de arquivos antigo da versão 1 (V1), os *i-nodes* no disco têm uma estrutura diferente da versão 2 (V2). Duas funções, *old_icopy* (linha 23168) e *new_icopy* (linha 23214), são fornecidas para tratar das conversões. A primeira faz a conversão entre as informações de *i-node* na memória e o formato usado pelo sistema de arquivos *V1*. A segunda faz a mesma conversão para discos dos sistemas de arquivos *V2* e *V3*. Essas duas funções são chamadas apenas dentro desse arquivo, de modo que são declaradas como *PRIVATE*. Cada função manipula conversões nas duas direções (do disco para a memória ou da memória para o disco).

As versões antigas do MINIX foram portadas para sistemas que usavam uma ordem de byte diferente dos processadores Intel e o MINIX 3 provavelmente também será portado para essas arquiteturas no futuro. Toda implementação usa a ordem de byte nativa em seu disco; o campo *sp->native* no superbloco identifica qual ordem é usada. Tanto *old_icopy* como *new_icopy* chamam as funções *conv2* e *conv4* para trocar as ordens de byte, se necessário. É claro que grande parte do que acabamos de descrever não é usada pelo MINIX 3, pois ele não suporta o sistema de arquivos V1 a ponto de discos V1 poderem ser usados. E quando este livro estava sendo produzido, ninguém havia portado o MINIX 3 para uma plataforma que utilizasse uma ordem de byte diferente. Mas esses itens permanecem lá para o dia em que alguém decida tornar o MINIX 3 mais versátil.

A função *dup_inode* (linha 23257) apenas incrementa o contador de utilização do *i-node*. Ela é chamada quando um arquivo aberto é novamente aberto. Na segunda abertura, o *i-node* não precisa ser buscado do disco outra vez.

Gerenciamento de superbloco

O arquivo *super.c* contém funções que gerenciam o superbloco e os mapas de bits. Seis funções são definidas nesse arquivo e estão listadas na Figura 5-42.

Função	Descrição
alloc_bit	Alocar um bit do mapa de zonas ou de *i-nodes*
free_bit	Liberar um bit no mapa de zonas ou de *i-nodes*
get_super	Procurar um dispositivo na tabela de tabela de superblocos
get_block_size	Encontrar tamanho de bloco para usar
mounted	Informar se determinado *i-node* está em um sistema de arquivos montado (ou raiz)
read_super	Ler um superbloco

Figura 5-42 Funções usadas para gerenciar o superbloco e mapas de bits.

Quando um *i-node* ou uma zona é necessária, *alloc_inode* ou *alloc_zone* é chamada, conforme vimos anteriormente. Ambas chamam *alloc_bit* (linha 23324) para realmente pesquisar o mapa de bits relevante. A pesquisa envolve três laços aninhados, como segue:

1. O laço externo percorre todos os blocos de um mapa de bits.
2. O laço do meio percorre todas as palavras de um bloco.
3. O laço interno percorre todos os bits de uma palavra.

O laço do meio funciona vendo se a palavra corrente é igual ao complemento de um de zero; isto é, uma palavra apenas com valores binários 1. Se for, ela não tem *i-nodes* ou zonas livres; portanto, a próxima palavra é tentada. Quando for encontrada uma palavra com um valor diferente, ela deverá conter pelo menos um bit 0; portanto, entra-se no laço interno para encontrar o bit livre (isto é, 0). Se todos os blocos foram testados sem sucesso, não existem *i-nodes* ou zonas livres; portanto, é retornado o código *NO_BIT* (0). Pesquisas como essa podem consumir muito tempo do processador, mas o uso dos campos do superbloco que apontam para o primeiro *i-node* e zona não utilizados, passados para *alloc_bit* em *origin*, ajuda a manter essas pesquisas curtas.

Liberar um bit é mais simples do que alocar, pois nenhuma pesquisa é exigida. *Free_bit* (linha 23400) calcula qual bloco do mapa de bits contém o bit a ser liberado e configura o bit correto como 0, chamando *get_block*, zerando o bit na memória e, então, chamando *put_block*.

A função seguinte, *get_super* (linha 23445), é usada para pesquisar a tabela de superblocos em busca de um dispositivo específico. Por exemplo, quando um sistema de arquivos precisa ser montado, é necessário verificar se ele já não está montado. Essa verificação pode ser realizada pedindo-se para que *get_super* encontre o dispositivo do sistema de arquivos. Se ela não encontrar o dispositivo, então o sistema de arquivos não está montado.

No MINIX 3, o servidor de sistema de arquivos é capaz de tratar de sistemas de arquivos com tamanhos de bloco diferentes, embora dentro de determinada partição de disco apenas um tamanho de bloco possa ser utilizado. A função *get_block_size* (linha 23467) destina-se a determinar o tamanho do bloco de um sistema de arquivos. Ela pesquisa a tabela de superblocos para encontrar o dispositivo dado e retorna o tamanho do bloco do dispositivo, se estiver montado. Caso contrário, é retornado o tamanho de bloco mínimo, *MIN_BLOCK_SIZE*.

A próxima função, *mounted* (linha 23489), é chamada somente quando um dispositivo de bloco é fechado. Normalmente, todos os dados colocados na cache de um dispositivo são descartados quando ele é fechado. Mas se o dispositivo estiver montado, isso não é desejável. *Mounted* é chamada com um ponteiro para o *i-node* de um dispositivo. Ela apenas retorna *TRUE* se o dispositivo for o dispositivo-raiz ou se for um dispositivo montado.

Finalmente, temos *read_super* (linha 23509). Ela é parcialmente semelhante a *rw_block* e *rw_inode*, mas é chamada somente para leitura. O superbloco não é lido na cache de blocos; uma requisição é feita diretamente para o dispositivo, para 1024 bytes a partir de um deslocamento da mesma quantidade, a partir do início do dispositivo. A escrita de um superbloco não é necessária na operação normal do sistema. *Read_super* verifica a versão do sistema de arquivos do qual acabou de ler e realiza as conversões, se necessário, para que a cópia do superbloco na memória tenha a estrutura padrão, mesmo ao ler de um disco com uma estrutura de superbloco ou uma ordem de byte diferente.

Mesmo não sendo atualmente usado no MINIX 3, o método de determinar se um disco foi escrito em um sistema com uma ordem de byte diferente é inteligente e vale a menção. O número mágico de um superbloco é escrito com a ordem de byte nativa do sistema no qual o sistema de arquivos foi criado e, quando um superbloco é lido, é feito um teste para superblocos com ordem de byte invertida.

Gerenciamento de descritores de arquivo

O MINIX 3 contém funções especiais para gerenciar descritores de arquivo e a tabela *filp* (veja a Figura 5-39). Elas estão contidas no arquivo *filedes.c*. Quando um arquivo é criado ou aberto, são necessários um descritor de arquivo livre e uma entrada livre de *filp*. A função *get_fd* (linha 23716) é usada para encontrá-los. Entretanto, eles não são marcados como em uso, pois muitas verificações precisam ser feitas primeiro, antes que se saiba com certeza que a operação creat ou open será bem-sucedida.

Get_filp (linha 23761) é usada para ver se um descritor de arquivo está no intervalo e, se estiver, retorna seu ponteiro *filp*.

A última função nesse arquivo é *find_filp* (linha 23774). Ela é necessária para se descobrir quando um processo está escrevendo em um *pipe* quebrado (isto é, um *pipe* que não foi aberto para leitura por nenhum outro processo). Ela localiza leitores em potencial por meio de uma pesquisa de força bruta da tabela *filp*. Se não puder encontrar um leitor, o *pipe* será quebrado e a escrita falhará.

Travamento de arquivos

As funções de travamento do POSIX aparecem na Figura 5-43. Uma parte de um arquivo pode ser protegida para leitura e escrita ou apenas para escrita, por uma chamada fcntl especificando uma requisição de *F_SETLK* ou *F_SETLKW*. O fato de existir uma trava em uma parte de um arquivo pode ser determinado usando-se a requisição *F_GETLK*.

Operação	Descrição
F_SETLK	Trava a região para leitura e para escrita
F_SETLKW	Trava a região para escrita
F_GETLK	Informa se a região está travada

Figura 5-43 As operações de travamento do POSIX. Essas operações são solicitadas usando-se uma chamada de sistema FCNTL.

O arquivo *lock.c* contém apenas duas funções. *Lock_op* (linha 23820) é chamada pela chamada de sistema fcntl com o código de uma das operações mostradas na Figura 5-43. Ela faz algumas verificações de erro para certificar-se de que a região especificada é válida. Quando uma trava está sendo estabelecida, ela não deve entrar em conflito com outra já existente, e quando uma trava está sendo liberada, uma trava já existente não deve ser dividida em duas. Quando qualquer trava é retirada, a outra função nesse arquivo, *lock_revive* (linha 23964), é chamada. Ela desperta todos os processos que estão bloqueados esperando por liberação dos travamentos.

Essa estratégia é um compromisso: ela deve usar código extra para descobrir exatamente quais processos estão esperando que uma trava em particular seja liberada. Os processos que ainda estão esperando por um arquivo com travamento serão bloqueados novamente, quando iniciarem. Essa estratégia é baseada na suposição de que travas raramente serão usadas. Se uma base de dados multiusuário importante tivesse de ser construída em um sistema MINIX 3, poderia ser desejável reimplementar isso.

Lock_revive também é chamada quando um arquivo com travamento é fechado, como poderia acontecer, por exemplo, se um processo fosse eliminado antes de terminar de usar um arquivo com travamento.

5.7.3 O programa principal

O laço principal do sistema de arquivos está contido no arquivo *main.c*, (linha 24040). Após uma chamada para *fs_init*, para inicialização, entra-se no laço principal. Estruturalmente, ele é muito parecido com o laço principal do gerenciador de processos e dos *drivers* de dispositivo de E/S. A chamada de *get_work* espera a chegada da próxima mensagem de requisição (a não ser que um processo anteriormente suspenso em um *pipe* ou terminal agora possa ser manipulado). Ela também configura uma variável global, *who*, com o número da entrada da tabela de processos do processo que fez a chamada, e outra variável global, *call_nr*, com o número da chamada de sistema a ser executada.

Uma vez de volta ao laço principal, a variável *fp* é apontada para a entrada da tabela de processos do processo que fez a chamada e o *flag super_user* informa se esse processo é o superusuário ou não. As mensagens de notificação têm alta prioridade e a existência de uma mensagem *SYS_SIG* é verificada primeiro, para ver se o sistema está sendo desligado. A segunda prioridade mais alta é uma mensagem *SYN_ALARM*, que significa que um temporizador configurado pelo sistema de arquivos expirou. Uma mensagem *NOTIFY_MESSAGE* significa que um *driver* de dispositivo está pronto para receber atenção e é despachada para *dev_status*. Então, vem a atração principal — a chamada para a função que executa a chamada de sistema. A função a ser chamada é selecionada usando-se *call_nr* como índice no *array* de ponteiros de função, *call_vecs*.

Quando o controle volta para o laço principal, se *dont_reply* tiver sido configurada, a resposta será inibida (por exemplo, um processo foi bloqueado tentando ler um *pipe* vazio). Caso contrário, uma resposta será enviada pela chamada de *reply* (linha 24087). A última instrução no laço principal foi projetada para detectar se um arquivo está sendo lido seqüencialmente e para carregar o próximo bloco na cache, antes que seja realmente solicitado, para melhorar o desempenho.

Duas outras funções nesse arquivo estão intimamente envolvidas com o laço principal do sistema de arquivos. *Get_work* (linha 24099) verifica se quaisquer funções bloqueadas anteriormente agora foram reanimadas. Em caso positivo, elas terão prioridade em relação às novas mensagens. Quando não houver nenhum trabalho interno a fazer, o sistema de arquivos chamará o núcleo para obter uma mensagem, na linha 24124. Pulando algumas linhas para frente, encontramos *reply* (linha 24159), que é chamada após uma chamada de sistema ter terminado, com êxito ou não. Ela envia uma resposta de volta para o processo que fez a chamada. O processo pode ter sido eliminado por um sinal, de modo que o código de status retornado pelo núcleo é ignorado. Nesse caso, de qualquer modo, não há nada a ser feito.

Inicialização do sistema de arquivos

As funções que restam ser discutidas em *main.c* são usadas na inicialização do sistema. A principal é *fs_init*, que é chamada pelo sistema de arquivos antes que ele entre em seu laço principal, durante a inicialização do sistema inteiro. No contexto da discussão sobre escalonamento de processos, no Capítulo 2, mostramos, na Figura 2-43, o enfileiramento inicial de processos quando o sistema MINIX 3 inicia. O sistema de arquivos é posto em uma fila de prioridade mais baixa do que o gerenciador de processos, para que possamos ter certeza de que, no momento da inicialização, o gerenciador de processos terá uma chance de executar antes do sistema de arquivos. No Capítulo 4, examinamos a inicialização do gerenciador de processos. Quando ele constrói sua parte da tabela de processos, adicionando entradas para si mesmo e para todos os outros processos na imagem de inicialização, ele envia, a cada um, uma mensagem para o sistema de arquivos para que este possa inicializar a entrada correspondente na sua parte do sistema de arquivos. Agora, podemos ver a outra metade dessa interação.

Quando o sistema de arquivos começa, ele entra em seu próprio laço, em *fs_init*, nas linhas 24189 a 24202. A primeira instrução no laço é uma chamada para receive, para enviar uma mensagem na linha 18235, na função de inicialização *pm_init* do gerenciador de processo. Cada mensagem contém um número de processo e um PID. O primeiro é usado como índice na tabela de processos do sistema de arquivos e o segundo é salvo no campo *fp_pid* de cada entrada selecionada. Depois disso, o *uid* e o *gid* reais e efetivos do superusuário e uma *umask* ~0 (todos os bits ativos) é configurada para cada entrada selecionada. Quando é recebida uma mensagem com o valor simbólico *NONE* no campo de número de processo, o laço termina e uma mensagem é enviada de volta para o gerenciador de processos, para informar que tudo está OK.

Em seguida, a inicialização do próprio sistema de arquivos é concluída. Primeiro, constantes importantes são testadas para ver se seus valores são válidos. Então, várias outras funções são ativadas para inicializar a cache de blocos e a tabela de dispositivos, para carregar o disco de RAM, se necessário, e para carregar o superbloco do dispositivo-raiz. Nesse ponto, o dispositivo-raiz pode ser acessado e outro laço é feito na parte do sistema de arquivos da tabela de processos, para que cada processo carregado a partir da imagem de inicialização reconheça o diretório-raiz e o utilize como seu diretório de trabalho (linhas 24228 a 24235).

A primeira função chamada por *fs_init* após terminar sua interação com o gerenciador de processos é *buf_pool*, que começa na linha 24132. Ela constrói as listas encadeadas usadas pela cache de blocos. A Figura 5-37 mostra o estado normal da cache de blocos, no qual todos os blocos são vinculados no encadeamento LRU e em um encadeamento *hash*. Pode ser interessante ver como a situação da Figura 5-37 acontece. Imediatamente após a cache ser inicializada por *buf_pool*, todos os buffers estarão no encadeamento LRU e todos serão vinculados no encadeamento *hash* 0, como se vê na Figura 5-44(a). Quando um buffer é solicitado e enquanto está em uso, temos a situação da Figura 5-44(b), na qual vemos que um bloco foi removido do encadeamento LRU e agora está em um encadeamento *hash* diferente.

Normalmente, os blocos são liberados e retornados imediatamente para o encadeamento LRU. A Figura 5-44(c) mostra a situação após o bloco ter retornado para o encadeamento LRU. Embora não esteja mais em uso, se for necessário, ele pode ser acessado novamente, para fornecer os mesmos dados e, assim, é mantido no encadeamento *hash*. Após o sistema estar em funcionamento por algum tempo, pode-se esperar que quase todos os blocos tenham sido usados e estejam distribuídos aleatoriamente entre os diferentes encadeamentos de *hash*. Então, o encadeamento LRU será como aparece na Figura 5-37.

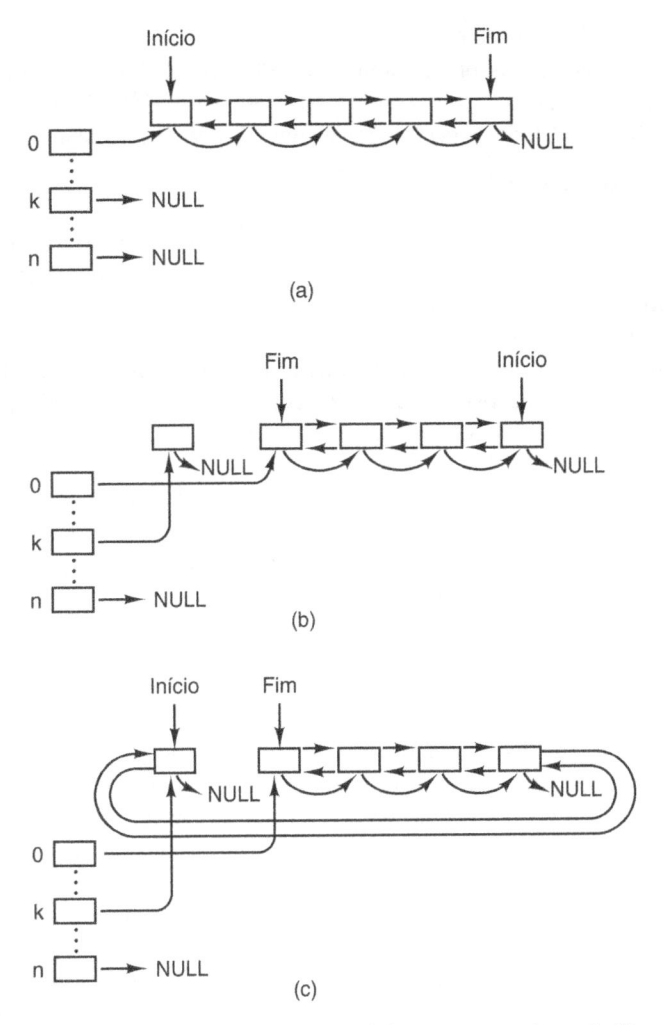

Figura 5-44 Inicialização da cache de blocos. (a) Antes que qualquer buffer tenha sido usado. (b) Depois que um bloco foi solicitado. (c) Após o bloco ter sido liberado.

A próxima função chamada após *buf_pool* é *build_dmap*, que descreveremos posteriormente, junto com outras funções que tratam com arquivos de dispositivo. Depois disso, *load_ram* é chamada, a qual usa a próxima função que examinaremos, *igetenv* (linha 2641). Essa função recupera um identificador de dispositivo numérico do núcleo, usando o nome de um parâmetro de inicialização como chave. Se você tiver usado o comando *sysenv* para ver os parâmetros de inicialização em um sistema MINIX 3 em funcionamento, então terá visto que *sysenv* apresenta os dispositivos numericamente, exibindo strings como

   rootdev=912

O sistema de arquivos usa números como esse para identificar dispositivos. O número é simplesmente 256 x *principal* + *secundário*, onde *principal* e *secundário* são os números de dispositivo principal e secundário. Nesse exemplo, o par principal, secundário é 3, 144, que corresponde a */dev/c0d1p0s0*, um lugar típico para instalar o MINIX 3 em um sistema com duas unidades de disco.

Load_ram (linha 24260) aloca espaço para um disco de RAM e carrega nele o sistema de arquivos raiz, se for exigido pelos parâmetros de inicialização. Ela usa *igetenv* para configurar os parâmetros *rootdev*, *ramimagedev* e *ramsize* no ambiente de inicialização (linhas 24278 a 24280). Se os parâmetros de inicialização especificam

    rootdev = ram

o sistema de arquivos raiz é copiado, bloco por bloco, do dispositivo nomeado por *ramimagedev* para o disco de RAM, começando com o bloco de inicialização, sem nenhuma interpretação das diversas estruturas de dados do sistema de arquivos. Se o parâmetro de inicialização *ramsize* for menor do que o tamanho de *ramimagedev*, o disco de RAM se tornará grande o suficiente para contê-lo. Se *ramsize* especificar um tamanho maior do que o sistema de arquivos do dispositivo de inicialização, o tamanho solicitado será alocado e o sistema de arquivos do disco de RAM será ajustado para usar o tamanho total especificado (linhas 24404 a 24420). Essa é a única vez que o sistema de arquivos escreve um superbloco, mas, exatamente como acontece na leitura de um superbloco, a cache de blocos não é usada e os dados são escritos diretamente no dispositivo, usando *dev_io*.

    Dois itens são dignos de nota neste ponto. O primeiro é o código das linhas 24291 a 24307, que trata do caso da inicialização a partir de um CD-ROM. É usada a função *cdprobe*, não discutida neste texto. Os leitores que estiverem interessados devem examinar o código presente em *fs/cdprobe.c*, que pode ser encontrado no CD-ROM ou no site web. Segundo, independentemente do tamanho do bloco de disco usado pelo MINIX 3 para acesso a disco normal, o bloco de inicialização tem sempre 1 KB e o superbloco é carregado a partir do segundo 1 KB do dispositivo de disco. Algo a mais seria complicado, pois o tamanho do bloco não pode ser conhecido até que o superbloco tenha sido carregado.

    Load_ram aloca espaço para um disco de RAM vazio, caso seja especificado um parâmetro *ramsize* diferente de zero, sem uma requisição para usar o disco de RAM como sistema de arquivos raiz. Nesse caso, como nenhuma estrutura do sistema de arquivos é copiada, o dispositivo de RAM não pode ser usado como sistema de arquivos até que tenha sido inicializado pelo comando *mkfs*. Como alternativa, tal disco de RAM pode ser usado para uma cache secundária, se suporte para isso for compilado no sistema de arquivos.

    A última função em *main.c* é *load_super* (linha 24426). Ela inicializa a tabela de superblocos e lê o superbloco do dispositivo-raiz.

5.7.4 Operações sobre arquivos individuais

Nesta seção, veremos as chamadas de sistema que operam sobre arquivos individualmente (em oposição às operações sobre diretórios). Começaremos com a maneira como os arquivos são criados, abertos e fechados. Depois disso, examinaremos com alguns detalhes o mecanismo por meio do qual os arquivos são lidos e escritos. Em seguida, veremos os *pipes* e como as operações sobre eles diferem das operações sobre arquivos.

Criando, abrindo e fechando arquivos

O arquivo *open.c* contém o código de seis chamadas de sistema: **creat**, **open**, **mknod**, **mkdir**, **close** e **lseek**. Examinaremos **creat** e **open** juntas e, depois, veremos cada uma das outras.

    Nas versões mais antigas do UNIX, as chamadas de **creat** e **open** tinham objetivos distintos. Tentar abrir um arquivo que não existia gerava um erro e um novo arquivo tinha de ser criado com **creat**, que também podia ser usada para truncar um arquivo existente com o comprimento zero. Entretanto, a necessidade de duas chamadas distintas não existe mais em um sistema POSIX. Sob o padrão POSIX, a chamada de **open** agora permite criar um novo arquivo ou truncar um arquivo antigo, de modo que a chamada de creat agora representa um subconjunto dos possíveis usos da chamada de open e só é necessária para compatibilidade com programas mais antigos. As funções que manipulam creat e open são *do_creat* (linha 24537) e *do_open* (linha 24550). (Assim como no gerenciador de processos, no sistema de arquivos é usada a convenção de que a chamada de sistema *XXX* é executada pela função *do_XXX*.) Abrir ou criar um arquivo envolve três passos:

1. Encontrar o *i-node* (alocar e inicializar, se o arquivo for novo).
2. Encontrar ou criar a entrada de diretório.
3. Configurar e retornar um descritor para o arquivo.

As chamadas de creat e de open fazem duas coisas: elas buscam o nome de um arquivo e depois chamam *common_open*, que trata das tarefas comuns às duas chamadas.

Common_open (linha 24573) começa certificando-se de que estejam disponíveis entradas livres na tabela de descritores de arquivo e na tabela *filp*. Se a função que fez a chamada especificou a criação de um novo arquivo (fazendo a chamada com o bit *O_CREAT* ativo), *new_node* é chamada na linha 24594. Se entrada de diretório já existe, *new_node* retorna um ponteiro para um *i-node* existente; caso contrário, ela cria uma nova entrada de diretório e um novo *i-node*. Se o *i-node* não puder ser criado, *new_node* configurará a variável global *err_code*. Um código de erro nem sempre significa um erro. Se *new_node* encontrar um arquivo já existente, o código de erro retornado indicará que o arquivo existe, mas, nesse caso, esse erro é aceitável (linha 24597). Se o bit *O_CREAT* não for ativado, será feita uma busca do *i-node* usando um método alternativo, a função *eat_path* em *path.c*, que discutiremos mais adiante. Nesse ponto, o importante a entender é que, se um *i-node* não for encontrado ou criado com sucesso, *common_open* terminará com um erro antes de chegar na linha 24606. Caso contrário, a execução continuará aqui, com a atribuição de um descritor de arquivo e a reivindicação de uma entrada na tabela *filp*. Depois disso, se um novo arquivo acabou de ser criado, as linhas 24612 a 24680 serão puladas.

Se o arquivo não é novo, então o sistema de arquivos deve fazer um teste para ver qual é o tipo do arquivo, qual é seu modo etc., para determinar se ele pode ser aberto. A chamada para *forbidden*, na linha 24614, primeiro faz uma verificação geral dos bits *rwx*. Se for um arquivo regular e *common_open* foi chamada com o bit *O_TRUNC* ativo, ele será truncado para comprimento zero e *forbidden* será chamada novamente (linha 24620), desta vez para certificar-se de que o arquivo pode ser escrito. Se as permissões admitirem, *wipe_inode* e *rw_inode* serão chamadas para reinicializar o *i-node* e escrevê-lo no disco. Outros tipos de arquivo (diretórios, arquivos especiais e *pipes* nomeados) são submetidos a testes apropriados. No caso de um dispositivo, é feita uma chamada, na linha 24640 (usando a estrutura *dmap*), para a rotina apropriada, para abrir o dispositivo. No caso de um *pipe* nomeado, é feita uma chamada para *pipe_open* (linha 24646) e são feitos vários testes relevantes para *pipes*.

O código de *common_open*, assim como muitas outras funções do sistema de arquivos, contém uma grande quantidade de código que verifica vários erros e combinações inválidas. Embora não seja fascinante, esse código é fundamental para se ter um sistema de arquivos robusto e sem erros. Se algo der errado, o descritor de arquivo, a entrada de *filp* alocados anteriormente e o *i-node* serão liberados (linhas 24683 a 24689). Nesse caso, o valor retornado por *common_open* será um número negativo, indicando um erro. Se não houver problemas, será retornado o descritor de arquivo, um valor positivo.

Este é um bom lugar para discutirmos com mais detalhes o funcionamento de *new_node* (linha 24697), que faz a alocação do *i-node* e a entrada do nome de caminho no sistema de arquivos para chamadas de creat e open. Ela também é usada pelas chamadas de mknod e mkdir, que ainda serão discutidas. A instrução na linha 24711 analisa o nome de caminho (isto é, o pesquisa componente por componente) até o diretório final; a chamada para *advance*, três linhas depois, tenta ver se o último componente pode ser aberto.

Por exemplo, na chamada

fd = creat("/usr/ast/foobar", 0755);

last_dir tenta carregar o *i-node* de */usr/ast/* nas tabelas e retornar um ponteiro para ele. Se o arquivo não existir, precisaremos desse *i-node* em breve, para adicionar *foobar* no diretório. Todas as outras chamadas de sistema que adicionam ou excluem arquivos também usam *last_dir* para primeiro abrir o último diretório do caminho.

Se *new_node* descobrir que o arquivo não existe, ela chamará *alloc_inode*, na linha 24717, para alocar e carregar um novo *i-node*, retornando um ponteiro para ele. Se não restarem *i-nodes* livres, *new_node* falhará e retornará *NIL_INODE*.

Se um *i-node* puder ser alocado, a operação continuará na linha 24727, preenchendo alguns dos campos, escrevendo-o no disco e inserindo o nome de arquivo no diretório final (na linha 24732). Novamente, vemos que o sistema de arquivos deve constantemente verificar a existência de erros e, ao encontrar um, liberar cuidadosamente todos os recursos, como os *i-nodes* e blocos que está mantendo. Se precisássemos apenas preparar o MINIX 3 para entrar em uma situação de pânico ao ficarmos, digamos, sem *i-nodes*, em vez de desfazer todos os efeitos da chamada corrente e retornar um código de erro para o processo que fez a chamada, o sistema de arquivos seria consideravelmente mais simples.

Conforme mencionado anteriormente, os *pipes* exigem tratamento especial. Se não houver pelo menos um par leitor/escritor para um *pipe*, *pipe_open* (linha 24758) suspenderá o processo que fez a chamada. Caso contrário, chamará *release*, que percorre a tabela de processos em busca de processos que estejam bloqueados no *pipe*. Se ela tiver êxito, os processos serão reanimados.

A chamada de mknod é manipulada por *do_mknod* (linha 24785). Essa função é semelhante a *do_creat*, exceto que apenas cria o *i-node* e estabelece uma entrada de diretório para ele. Na verdade, a maior parte do trabalho é feita pela chamada para *new_node*, na linha 24797. Se o *i-node* já existir, será retornado um código de erro. Esse é o mesmo código de erro que era um resultado aceitável de *new_node*, quando foi chamada por *common_open*; neste caso, entretanto, o código de erro é passado de volta para o processo que fez a chamada, o qual presumivelmente reagirá de acordo. A análise caso a caso que vimos em *common_open* não é necessária aqui.

A chamada de mkdir é manipulada pela função *do_mkdir* (linha 24805). Assim como acontece com as outras chamadas de sistema que discutimos aqui, *new_node* desempenha um papel importante. Ao contrário dos arquivos, os diretórios sempre têm vínculos e nunca estão completamente vazios, pois todo diretório deve conter duas entradas desde o momento de sua criação: As entradas "." e "..", que se referem ao diretório em si e ao seu diretório pai. O número de vínculos que um arquivo pode ter é limitado a *LINK_MAX* (definida em *include/limits.h* como *SHRT_MAX*, 32767 para o MINIX 3, em um sistema Intel 32 bits padrão). Como a referência para um diretório pai em um filho é um vínculo para o pai, a primeira coisa que *do_mkdir* faz é ver se é possível estabelecer outro vínculo no diretório pai (linhas 24819 e 24820). Uma vez que esse teste tenha sido aprovado, *new_node* é chamada. Se *new_node* tiver êxito, então serão feitas as entradas de diretório para "." e ".." (linhas 24841 e 24842). Tudo isso é simples, mas poderia haver falhas (por exemplo, se o disco estiver cheio); portanto, para evitar confusão, foram tomadas providências para desfazer os estágios iniciais do processo, caso ele não possa ser concluído.

Fechar um arquivo é mais fácil do que abrir. O trabalho é feito por *do_close* (linha 24865). *Pipes* e arquivos especiais precisam de alguma atenção, mas para arquivos regulares, quase tudo que precisa ser feito é decrementar o contador *filp* e verificar se ele é zero, no caso em que o *i-node* será retornado com *put_inode*. O último passo é remover todas as travas e reanimar todos os processos que possam estar suspensos esperando que uma trava no arquivo seja liberada.

Note que retornar um *i-node* significa que seu contador na tabela *inode* é decrementado, para que finalmente ele possa ser removido da tabela. Essa operação não tem nada a ver com a liberação do *i-node* (isto é, ativar um bit no mapa de bits dizendo que ele está disponível). O *i-node* só será liberado quando o arquivo tiver sido removido de todos os diretórios.

A última função em *open.c* é *do_lseek* (linha 24939). Quando é feita uma busca, essa função é chamada para configurar a posição do arquivo com um novo valor. Na linha 24968, a leitura antecipada é inibida; uma tentativa explícita de fazer uma busca em uma posição em um arquivo é incompatível com o acesso seqüencial.

Lendo um arquivo

Uma vez que um arquivo tenha sido aberto, ele pode ser lido ou escrito. Muitas funções são usadas durante a leitura e a escrita. Elas são encontradas no arquivo *read.c*. Discutiremos essas primeiro e depois passaremos ao arquivo seguinte, *write.c*, para examinarmos o código usado especificamente para escrita. A leitura e a escrita diferem de diversas maneiras, mas têm semelhanças suficientes para que de *do_read* (linha 25030), seja exigido apenas chamar a função comum *read_write* com um *flag* configurado como *READING*. Na próxima seção, veremos que *do_write* é igualmente simples.

Read_write começa na linha 25038. Um código especial, nas linhas 25063 a 25066, é usado pelo gerenciador de processos para fazer o sistema de arquivos carregar os segmentos inteiros para ele em espaço de usuário. As chamadas normais são processadas a partir da linha 25068. Algumas verificações de validade aparecem a seguir (por exemplo, ler um arquivo aberto apenas para escrita) e algumas variáveis são inicializadas. As leituras de arquivos especiais de caractere não passam pela cache de blocos, de modo que elas são filtradas na linha 25122.

Os testes nas linhas 25132 a 25145 se aplicam somente às escritas e estão relacionados com arquivos que podem ficar maiores do que o dispositivo pode conter ou com escritas que criarão uma lacuna no arquivo, escrevendo *além* do fim do arquivo. Conforme discutimos na visão geral sobre o MINIX 3, a presença de vários blocos por zona causa problemas que devem ser tratados explicitamente. Os *pipes* também são especiais e são verificados.

O centro do mecanismo de leitura, pelo menos para arquivos regulares, é o laço que começa na linha 25157. Esse laço divide a requisição em trechos, cada um dos quais cabendo em um único bloco de disco. Um trecho começa na posição corrente e se estende até que uma das seguintes condições seja satisfeita:

1. Todos os bytes foram lidos.
2. Um limite de bloco foi encontrado.
3. O fim do arquivo foi atingido.

Essas regras significam que um trecho nunca exige dois blocos de disco para comportá-lo. A Figura 5-45 mostra três exemplos de como o tamanho do trecho é determinado, para tamanhos de trecho de 6, 2 e 1 bytes, respectivamente. O cálculo em si é feito nas linhas 25159 a 25169.

A leitura real do trecho é feita por *rw_chunk*. Quando o controle retorna, vários contadores e ponteiros são incrementados e a próxima iteração começa. Quando o laço termina, a posição do arquivo e outras variáveis podem ser atualizadas (por exemplo, ponteiros de *pipe*).

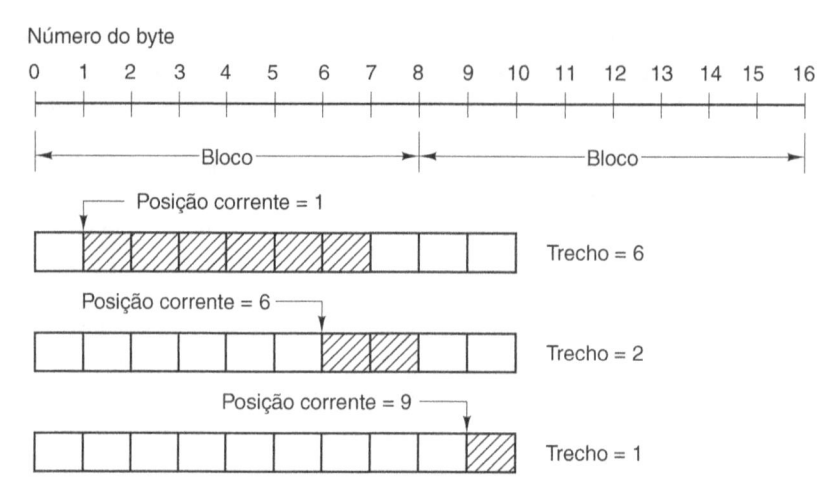

```
              Número do byte
      0   1   2   3   4   5   6   7   8   9   10  11  12  13  14  15  16
      ├───┼───┼───┼───┼───┼───┼───┼───┼───┼───┼───┼───┼───┼───┼───┼───┤
      ├────────────Bloco────────────┤├────────────Bloco────────────┤
```

Figura 5-45 Três exemplos de como o primeiro tamanho de trecho é determinado para um arquivo de 10 bytes. O tamanho do bloco é de 8 bytes e o número de bytes solicitados é 6. O trecho aparece sombreado.

Finalmente, se for solicitada leitura antecipada, o *i-node* e a posição a serem lidos são armazenados em variáveis globais para que, depois que a mensagem de resposta for enviada para o usuário, o sistema de arquivos possa começar a obter o próximo bloco. Em muitos casos, o sistema de arquivos será bloqueado, esperando pelo próximo bloco de disco, tempo durante o qual o processo do usuário poderá trabalhar nos dados que acabou de receber. Essa organização sobrepõe o processamento e a E/S e pode melhorar o desempenho substancialmente.

A função *rw_chunk* (linha 25251) está relacionada à obtenção de um *i-node* e de uma posição de arquivo, convertê-los em um número de bloco de disco físico e solicitar a transferência desse bloco (ou de uma parte dele) para o espaço de usuário. O mapeamento da posição relativa do arquivo no endereço de disco físico é feito por *read_map*, que entende a respeito de *i-nodes* e blocos indiretos. Para um arquivo regular, as variáveis *b* e *dev*, na linha 25280 e na linha 25281, contêm o número de bloco físico e o número do dispositivo, respectivamente. A chamada para *get_block*, na linha 25303, é onde a rotina de tratamento de cache é chamada para encontrar o bloco, lendo-o, se necessário. Então, a chamada de *rahead*, na linha 25295, garante que o bloco seja lido na cache.

Uma vez que tenhamos um ponteiro para o bloco, a chamada de núcleo *sys_vircopy*, na linha 25317, trata da transferência da parte exigida dele para o espaço de usuário. Então, o bloco é liberado por *put_block*, para que possa ser descarregado da cache posteriormente. (Após ser adquirido por *get_block*, ele não estará na fila LRU e não será retornado para lá enquanto o contador no cabeçalho do bloco mostrar que ele está em uso, de modo que estará livre do despejo; *put_block* decrementa o contador e retorna o bloco para a fila LRU quando o contador chega a zero.) O código da linha 25327 indica se uma operação de escrita preencheu o bloco. Entretanto, o valor passado para *put_block* em *n* não afeta o modo como o bloco é colocado na fila; agora, todos os blocos são colocados no fim do encadeamento LRU.

Read_map (linha 25337) converte uma posição de arquivo lógica no número de bloco físico, inspecionando o *i-node*. Para blocos próximos do início do arquivo o suficiente para que caiam dentro de uma das sete primeiras zonas (aquelas exatamente no *i-node*), basta um cálculo simples para determinar qual zona é necessária e, depois, qual bloco. Para blocos mais adiante no arquivo, talvez um ou mais blocos indiretos precisem ser lidos.

Rd_indir (linha 25400) é chamada para ler um bloco de indireção simples. Os comentários dessa função estão um pouco desatualizados; o código para suportar o processador 68000 foi removido e o suporte para o sistema de arquivos V1 do MINIX não é utilizado e também poderia ser eliminado. Entretanto, vale notar que, se alguém quisesse adicionar suporte para outras versões do sistema de arquivos ou para outras plataformas onde os dados poderiam ter um formato diferente no disco, os problemas dos tipos de dados e ordens de byte diferentes poderiam ser relegados a esse arquivo. Se conversões confusas fossem necessárias, fazê-las aqui permitiria que o restante do sistema de arquivos visse dados em apenas uma forma.

Read_ahead (linha 25432) converte a posição lógica em um número de bloco físico, chama *get_block* para certificar-se de que o bloco está na cache (ou para trazê-lo) e, então, retorna o bloco imediatamente. No momento, talvez não se precise do bloco, mas é desejável melhorar a chance de que ele esteja por perto, caso se torne necessário em breve. Note que *read_ahead* é chamada apenas a partir do laço principal em *main*. Ela não é chamada como parte do processamento da chamada de sistema read. É importante perceber que a chamada para *read_ahead* é realizada *depois* que a resposta é enviada, para que o usuário possa continuar executando, mesmo que o sistema de arquivos tenha de esperar por um bloco de disco, enquanto faz a leitura antecipada.

Read_ahead em si é projetada para solicitar apenas mais um bloco. Ela chama a última função em *read.c*, *rahead*, para fazer o trabalho. *Rahead* (linha 25451) funciona de acordo com a teoria de que, se um pouco mais é bom, muito mais é melhor. Como os discos e outros dispositivos de armazenamento freqüentemente demoram um tempo relativamente longo para localizar o primeiro bloco solicitado, mas então podem ler vários blocos adjacentes de forma relativamente rápida, é possível ler muito mais blocos com pouco esforço adicional. Um pedido de busca antecipada é feito para *get_block*, a qual prepara a cache de blocos para receber vários blocos de uma vez. Então, *rw_scattered* é chamada com uma lista de blocos. Já discutimos isso anteriormente; lembre-se de que, quando os *drivers* de dispositivo são realmente chamados por *rw_scattered*, cada um fica livre para responder apenas à quantidade da requisição que puder manipular eficientemente. Tudo isso parece muito complicado, mas as complicações tornam possível acelerar significativamente os aplicativos que lêem grandes volumes de dados do disco.

A Figura 5-46 mostra as relações entre algumas das principais funções envolvidas na leitura de um arquivo – em particular, quem chama quem.

Escrevendo um arquivo

O código para escrever em arquivos está em *write.c*. A escrita em um arquivo é semelhante à leitura e *do_write* (linha 25625) apenas chama *read_write* com o *flag* WRITING. Uma diferença importante entre leitura e escrita é que escrever exige a alocação de novos blocos de disco. *Write_map* (linha 25635) é análoga a *read_map*, somente que, em vez de pesquisar números de bloco físicos no *i-node* e seus blocos de indireção simples, ela insere outros novos (para sermos precisos, ela insere números de zona e não números de bloco).

O código de *write_map* é longo e detalhado porque precisa tratar de vários casos. Se a zona a ser inserida estiver próxima ao início do arquivo, ela é apenas inserida no *i-node* (linha 25658).

O pior caso acontece quando um arquivo ultrapassa o tamanho que pode ser manipulado por um único bloco de indireção simples, de modo que, agora, é exigido um bloco de dupla indireção. Em seguida, um único bloco de indireção simples é alocado e seu endereço colocado no bloco de indireção dupla. Assim como acontece na leitura, é chamada uma função separada, *wr_indir*. Se o bloco de indireção dupla for adquirido corretamente, mas o

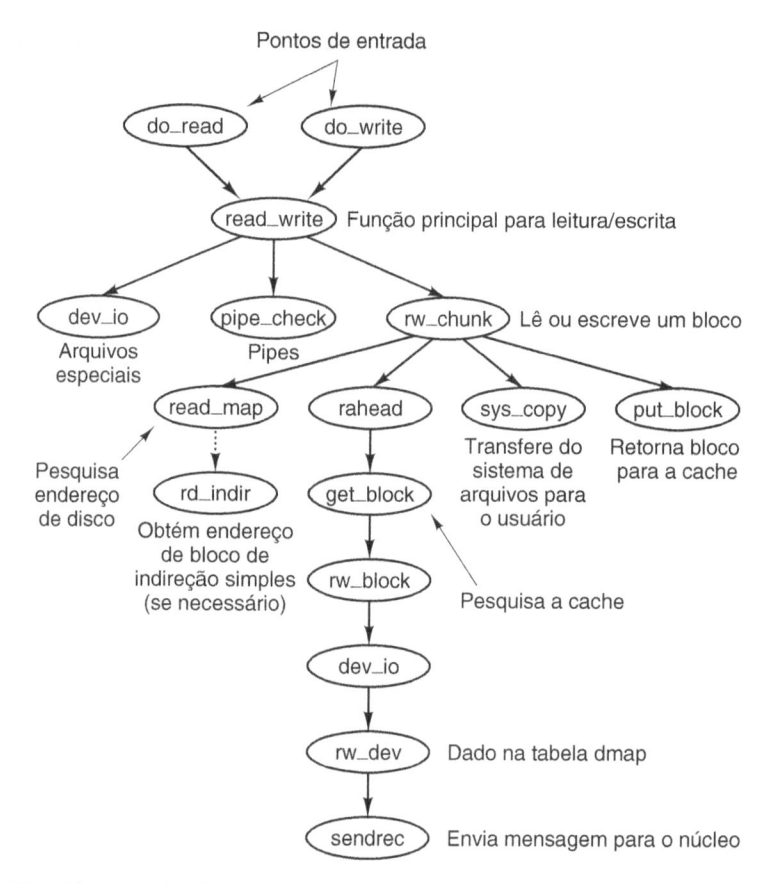

```
                        Pontos de entrada
                           ↙      ↘
                     (do_read)  (do_write)
                           ↘      ↙
                         (read_write)  Função principal para leitura/escrita
                    ↙        ↓         ↘
             (dev_io)   (pipe_check)   (rw_chunk)  Lê ou escreve um bloco
             Arquivos      Pipes        ↙   ↓   ↘   ↘
             especiais                 ↙    ↓    ↘    ↘
                        (read_map)  (rahead) (sys_copy) (put_block)
                           ↑                 Transfere do  Retorna bloco
              Pesquisa     ┊                 sistema de    para a cache
              endereço  (rd_indir)  (get_block)  arquivos para
              de disco                            o usuário
                        Obtém endereço    ↓
                        de bloco de
                        indireção simples (rw_block)
                        (se necessário)    ↓        ↖
                                                    Pesquisa a cache
                                       (dev_io)
                                          ↓
                                       (rw_dev)  Dado na tabela dmap
                                          ↓
                                       (sendrec)  Envia mensagem para o núcleo
```

Figura 5-46 Algumas das funções envolvidas na leitura de um arquivo.

disco estiver cheio, de modo que o bloco de indireção simples não pode ser alocado, então o bloco de indireção dupla deverá ser retornado para evitar a corrupção do mapa de bits.

Novamente, se pudéssemos apenas desistir e aceitar uma situação de pânico neste ponto, o código seria muito mais simples. Entretanto, do ponto de vista do usuário é muito melhor que o fato de ficar sem espaço em disco apenas retorne um erro de write, do que o computador pare com um sistema de arquivos corrompido.

Wr_indir (linha 25726) chama as rotinas de conversão, *conv2* e *conv4*, para fazer a conversão de dados necessária e colocar um novo número de zona em um bloco de indireção simples. (Novamente, há código de sobra aqui para manipular o antigo sistema de arquivos V1, mas apenas o código do V2 é usado atualmente.) Lembre-se de que o nome dessa função, assim como os nomes de muitas outras funções que envolvem leitura e escrita, não é literalmente verdadeiro. A escrita real no disco é manipulada pelas funções que mantêm a cache de blocos.

A função seguinte em *write.c* é *clear_zone* (linha 25747), que trata do problema do apagamento de blocos que estão repentinamente no meio de um arquivo. Isso acontece quando é feita uma busca além do fim de um arquivo, seguida da escrita de alguns dados. Felizmente, essa situação não ocorre com muita freqüência.

New_block (linha 25787) é chamada por *rw_chunk* quando um novo bloco é necessário. A Figura 5-47 mostra seis estágios sucessivos do crescimento de um arquivo seqüencial. O tamanho do bloco é de 1 KB e o tamanho da zona é de 2 KB, nesse exemplo.

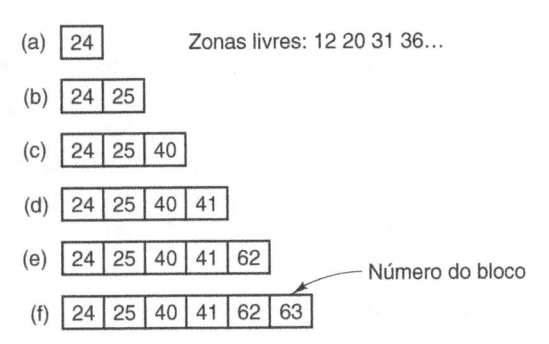

```
(a) │ 24 │         Zonas livres: 12 20 31 36...

(b) │ 24 │ 25 │

(c) │ 24 │ 25 │ 40 │

(d) │ 24 │ 25 │ 40 │ 41 │

(e) │ 24 │ 25 │ 40 │ 41 │ 62 │         ── Número do bloco

(f) │ 24 │ 25 │ 40 │ 41 │ 62 │ 63 │
```

Figura 5-47 (a) – (f) A alocação sucessiva de blocos de 1 KB com uma zona de 2 KB.

Na primeira vez que *new_block* é chamada, ela aloca a zona 12 (blocos 24 e 25). Na próxima vez, ela usa o bloco 25, que já foi alocado, mas ainda não está em uso. Na terceira chamada, a zona 20 (blocos 40 e 41) é alocada e assim por diante. *Zero_block* (linha 25839) limpa um bloco, apagando seu conteúdo anterior. Esta descrição é consideravelmente mais longa do que o código real.

Pipes

Sob muitos aspectos, os *pipes* são semelhantes aos arquivos regulares. Nesta seção, focalizaremos as diferenças. O código que vamos discutir está todo em *pipe.c*.

Antes de tudo, os *pipes* são criados de forma diferente, pela chamada **pipe**, em vez da chamada **creat**. A chamada **pipe** é manipulada por *do_pipe* (linha 25933). Tudo que *do_pipe* faz é alocar um *i-node* para o *pipe* e retornar dois descritores de arquivo para ele. Os *pipes* pertencem ao sistema (e não ao usuário) e estão localizados no dispositivo de *pipe* designado (configurado em *include/minix/config.h*), o qual poderia muito bem ser um disco RAM, pois os dados do *pipe* não precisam ser preservados permanentemente.

Ler e escrever em um *pipe* é ligeiramente diferente de ler e escrever em um arquivo, pois um *pipe* tem capacidade finita. Uma tentativa de escrever em um *pipe* que já está cheio fará com que o escritor seja suspenso. Analogamente, ler um *pipe* vazio suspenderá o leitor. Na verdade, um *pipe* tem dois ponteiros, a posição corrente (usada pelos leitores) e o tamanho (usado pelos escritores), para determinar de onde vem os dados ou para onde vão.

As diversas verificações para ver se uma operação sobre um *pipe* é possível são realizadas por *pipe_check* (linha 25986). Além desses testes, que podem levar à suspensão do processo que fez a chamada, *pipe_check* chama *release* para ver se um processo suspenso anteriormente, devido à falta ou ao excesso de dados, agora pode ser reanimado. Essas reanimações são feitas na linha 26017 e na linha 26052, para escritores e leitores em repouso, respectivamente. A escrita em um *pipe* quebrado (nenhum leitor) também é detectada aqui.

O ato de suspender um processo é realizado por *suspend* (linha 26073). Tudo que ela faz é salvar os parâmetros da chamada na tabela de processos e configurar o *flag dont_reply* como *TRUE*, para inibir a mensagem de resposta do sistema de arquivos.

A função *release* (linha 26099) é chamada para verificar se um processo que foi suspenso em um *pipe* agora pode continuar. Se ela encontrar um, chamará *revive* para ativar um *flag* para que o laço principal observe isso posteriormente. Essa função não é uma chamada de sistema, mas está listada na Figura 5-33(c) porque utiliza o mecanismo de passagem de mensagens.

A última função em *pipe.c* é *do_unpause* (linha 26189). Quando o gerenciador de processos está tentando sinalizar um processo, precisa descobrir se esse processo está pendente em um *pipe* ou em um arquivo especial (no caso em que ele deve ser despertado com um erro *EINTR*). Como o gerenciador de processos não sabe nada sobre *pipes* ou arquivos especiais, ele envia uma mensagem para o sistema de arquivos. Essa mensagem é processada por *do_unpause*, que reanima o processo, caso ele esteja bloqueado. Assim como *revive*, *do_unpause* tem alguma semelhança com uma chamada de sistema, embora não seja uma.

As duas últimas funções em *pipe.c*, *select_request_pipe* (linha 26247) e *select_match_pipe* (linha 26278), suportam a chamada **select**, que não será discutida aqui.

5.7.5 Diretórios e caminhos

Agora, acabamos de ver como os arquivos são lidos e escritos. Nossa próxima tarefa é ver como os nomes de caminho e diretórios são manipulados.

Convertendo um caminho em um *i-node*

Muitas chamadas de sistema (por exemplo, **open**, **unlink** e **mount**) têm nomes de caminho (isto é, nomes de arquivo) como parâmetro. A maioria dessas chamadas precisa buscar o *i-node* do arquivo referenciado, antes que possam começar o trabalhar na chamada em si. O modo como um nome de caminho é convertido em *i-node* é o assunto que veremos agora em detalhes. Já vimos o esboço geral na Figura 5-16.

A análise de nomes de caminho é feita no arquivo *path.c*. A primeira função, *eat_path* (linha 26327), aceita um ponteiro para um nome de caminho, o analisa, faz com que seu *i-node* seja carregado na memória e retorna um ponteiro para o *i-node*. Ela faz seu trabalho chamando *last_dir* para chegar ao *i-node* do diretório final e depois chamando *advance* para obter o último componente do caminho. Se a pesquisa falha, por exemplo, porque um dos diretórios ao longo do caminho não existe ou existe, mas está protegido contra pesquisa, *NIL_INODE* é retornado, em vez de um ponteiro para o *i-node*.

Os nomes de caminho podem ser absolutos ou relativos e podem ter, arbitrariamente, muitos componentes, separados por barras. Essas questões são tratadas por *last_dir*, que começa examinando o primeiro caractere do nome do caminho para ver se ele é um caminho absoluto ou um caminho relativo (linha 26371). Para caminhos absolutos, *rip* é configurada para apontar para o *i-node* raiz; para caminhos relativos, ela é configurada para apontar para o *i-node* do diretório de trabalho corrente.

Nesse ponto, *last_dir* tem o nome de caminho e um ponteiro para o *i-node* do diretório onde o primeiro componente vai ser pesquisado. Agora, ela entra em um laço, na linha 26382, analisando o nome de caminho, componente por componente. Quando chega ao fim, ela retorna um ponteiro para o último diretório.

Get_name (linha 26413) é uma função auxiliar que extrai componentes de strings. Mais interessante é *advance* (linha 26454), que recebe um ponteiro de diretório e uma string como parâmetros e pesquisa a string no diretório. Se encontra a string, *advance* retorna um ponteiro para seu *i-node*. Os detalhes da transferência entre os sistemas de arquivos montados são tratados aqui.

Embora *advance* controle a pesquisa de string, a comparação real da string com as entradas de diretório é feita em *search_dir* (linha 26535), que é o único lugar no sistema de arquivos onde arquivos de diretório são examinados realmente. Ela contém dois laços aninhados, um para percorrer os blocos de um diretório e outro para percorrer as entradas de um bloco. *Search_dir* também é usada para inserir e excluir nomes de diretórios. A Figura 5-48 mostra os relacionamentos entre algumas das principais funções usadas na pesquisa de nomes de caminho.

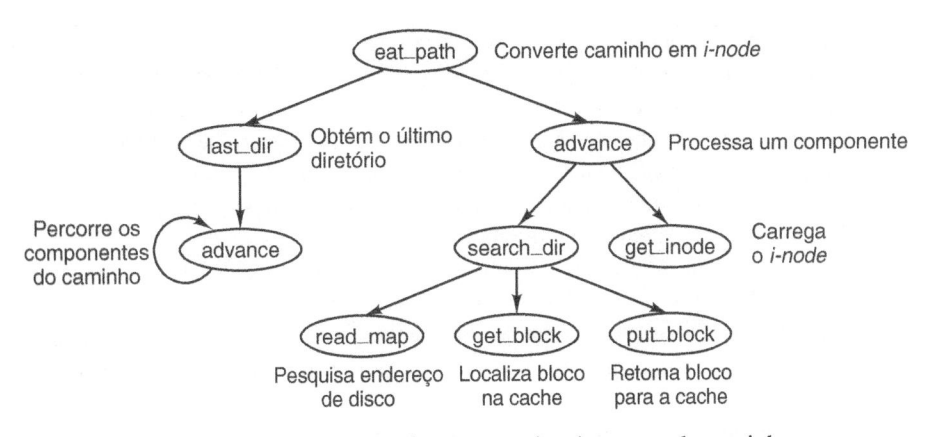

Figura 5-48 Algumas das funções usadas na pesquisa de nomes de caminho.

Montando sistemas de arquivos

Duas chamadas de sistema que afetam o sistema de arquivos como um todo são **mount** e **umount**. Elas permitem que sistemas de arquivos independentes, em diferentes dispositivos secundários, sejam "colados", formando uma única árvore de atribuição de nomes integral. A montagem, conforme vimos na Figura 5-38, é efetivamente obtida lendo-se o *i-node* raiz e o superbloco do sistema de arquivos a ser montado e configurando-se dois ponteiros em seu superbloco. Um deles aponta para o *i-node* que está sendo montado e o outro aponta para o *i-node* raiz do sistema de arquivos montado. Esses ponteiros ligam os sistemas de arquivos.

A configuração desses ponteiros é feita no arquivo *mount.c* por *do_mount*, nas linhas 26819 e 26820. As duas páginas de código que precedem a configuração dos ponteiros são quase inteiramente dedicadas à verificação de todos os erros que podem ocorrer enquanto um sistema de arquivos é montado, dentre eles:

1. O arquivo especial dado não é um dispositivo de bloco.
2. O arquivo especial é um dispositivo de bloco, mas já está montado.
3. O sistema de arquivos a ser montado tem um número mágico inválido.
4. O sistema de arquivos a ser montado é inválido (por exemplo, nenhum *i-node*).
5. O arquivo em que está sendo montado não existe ou é um arquivo especial.
6. Não há espaço para os mapas de bits do sistema de arquivos montado.
7. Não há espaço para o superbloco do sistema de arquivos montado.
8. Não há espaço para o *i-node* raiz do sistema de arquivos montado.

Talvez pareça inadequado ficar repetindo este ponto, mas a realidade de qualquer sistema operacional prático é que uma parte substancial do código é dedicada à execução de pequenas tarefas que não são intelectualmente muito estimulantes, mas são fundamentais para tornar um sistema utilizável. Se um usuário tentar montar acidentalmente um disquete errado, digamos, uma vez por mês, e isso levar a uma falha e a um sistema de arquivos corrompido, o usuário considerará o sistema não confiável, pondo a culpa no projetista e não em si mesmo.

Uma vez, o famoso inventor Thomas Edison fez um comentário que é relevante aqui. Ele disse que "gênio" é 1% inspiração e 99% transpiração. A diferença entre um bom sistema e um sistema medíocre não é o brilho do algoritmo de escalonamento do primeiro, mas sua atenção em fazer todos os detalhes direito.

Desmontar um sistema de arquivos é mais fácil do que montar – há menos coisas que podem dar errado. *Do_umount* (linha 26828) é chamada para iniciar o trabalho, que é dividido em duas partes. *Do_umount* em si verifica se a chamada foi feita pelo superusuário, converte o nome em um número de dispositivo e, então, chama *unmount* (linha 26846), que completa a operação. O único problema real é garantir que nenhum processo tenha quaisquer arquivos ou diretórios de trabalho abertos no sistema de arquivos a ser removido. Essa verificação é simples: basta percorrer a tabela de *i-nodes* inteira para ver se algum *i-node* na memória (outro que não seja o *i-node* raiz) pertence ao sistema de arquivos a ser removido. Se houver um, a chamada umount falhará.

A última função em *mount.c* é *name_to_dev* (linha 26893), que pega um nome de caminho de arquivo especial, obtém seu *i-node* e extrai seus números de dispositivo principal e secundário. Eles são armazenados no próprio *i-node*, no lugar onde a primeira zona normalmente ficaria. Essa entrada está disponível porque os arquivos especiais não possuem zonas.

Vinculando e desvinculando arquivos

O próximo arquivo a considerar é *link.c*, que trata da vinculação e da desvinculação de arquivos. A função *do_link* (linha 27034) é muito parecida com *do_mount*, pois quase todo o código é dedicado à verificação de erros. Alguns dos possíveis erros que podem ocorrer na chamada

　　　link(file_name, link_name);

estão listados a seguir:

1. *File_name* não existe ou não pode ser acessado.
2. *File_name* já tem o número máximo de vínculos.
3. *File_name* é um diretório (somente o superusuário pode criar vínculos para ele).
4. *Link_name* já existe.
5. *File_name* e *link_name* estão em dispositivos diferentes.

Se nenhum erro estiver presente, uma nova entrada de diretório será feita com a string *link_name* e o número do *i-node* de *file_name*. No código, *name1* corresponde a *file_name* e *name2* corresponde a *link_name*. A entrada real é feita por *search_dir*, chamada a partir de *do_link*, na linha 27086.

Arquivos e diretórios são removidos ao serem desvinculados. O trabalho das chamadas de sistema unlink e rmdir é feito por *do_unlink* (linha 27104). Novamente, devem ser feitas várias verificações; os testes para ver se um arquivo existe e se um diretório não é um ponto de montagem são feitos pelo código comum em *do_unlink* e, então, *remove_dir* ou *unlink_file* é chamada, dependendo da chamada de sistema que está sendo suportada. Discutiremos isso em breve.

A outra chamada de sistema suportada em *link.c* é rename. Os usuários do UNIX estão familiarizados com o comando *shell mv*, o qual, em última análise, utiliza essa chamada; seu nome reflete outro aspecto da chamada. Ela não apenas pode alterar o nome de um arquivo dentro de um diretório, como também pode mover efetivamente o arquivo de um diretório para outro, e pode fazer isso de forma atômica, o que evita certas condições de corrida. O trabalho é feito por *do_rename* (linha 27162). Muitas condições devem ser testadas antes que esse comando possa ser concluído. Dentre elas, estão:

1. O arquivo original deve existir (linha 27177).
2. O nome de caminho antigo não deve ser um diretório acima do novo nome de caminho na árvore de diretórios (linhas 27195 a 27212).

3. Nem "." nem ".." são aceitáveis como nome antigo ou novo (linhas 27217 e 27218).
4. Os dois diretórios pais devem estar no mesmo dispositivo (linha 27221).
5. Os dois diretórios pais devem permitir escrita, pesquisa e estar em um dispositivo gravável (linhas 27224 e 27225).
6. Nem o nome antigo nem o novo podem ser um diretório com um sistema de arquivos montado.

Algumas outras condições devem ser verificadas, caso o novo nome já exista. O principal é que deve ser possível remover um arquivo já existente com o novo nome.

No código de *do_rename* existem alguns exemplos de decisões de projeto que foram tomadas para minimizar a possibilidade de haver certos problemas. Renomear um arquivo com um nome que já existe poderia falhar em um disco cheio (mesmo que, no final, nenhum espaço adicional seja usado), se o arquivo antigo não fosse removido primeiro e é isso que é feito nas linhas 27260 a 27266. A mesma lógica é usada na linha 27280, removendo o nome de arquivo antigo antes de criar um novo nome no mesmo diretório, para evitar a possibilidade de que o diretório precise adquirir um bloco adicional. Entretanto, se o novo arquivo e o arquivo antigo vão ficar em diretórios diferentes, essa preocupação não é relevante e, na linha 27285, um novo nome de arquivo é criado (em um diretório diferente), antes que o antigo seja removido, pois do ponto de vista da integridade do sistema, uma falha que deixasse dois nomes de arquivo apontando para um *i-node* seria muito menos séria do que uma falha que deixasse um *i-node* não apontado por nenhuma entrada de diretório. A probabilidade de se ficar sem espaço durante uma operação de renomeação é baixa e a de uma falha de sistema é ainda menor, mas nesses casos não custa nada estar preparado para o pior caso.

As funções restantes em *link.c* suportam aquelas que já discutimos. Além disso, a primeira delas, *truncate* (linha 27316), é chamada a partir de vários outros lugares no sistema de arquivos. Ela percorre um *i-node*, uma zona por vez, liberando todas as zonas que encontra, assim como os blocos indiretos. *Remove_dir* (linha 27375) realiza vários testes adicionais para garantir que o diretório pode ser removido e, então, chama *unlink_file* (linha 27415). Se nenhum erro for encontrado, a entrada de diretório será limpa e a contagem de vínculos no *i-node* será reduzida por uma unidade.

5.7.6 Outras chamadas de sistema

O último grupo de chamadas de sistema é uma mistura de coisas envolvendo status, diretórios, proteção, tempo e outros serviços.

Alterando o status de diretórios e arquivos

O arquivo *stadir.c* contém o código de seis chamadas de sistema: chdir, fchdir, chroot, stat, fstat e fstatfs. Ao estudarmos *last_dir*, vimos como as pesquisas de caminho começam examinando o primeiro caractere do caminho, para ver se é uma barra ou não. Dependendo do resultado, um ponteiro é então configurado para o diretório de trabalho ou para o diretório-raiz.

Mudar de um diretório de trabalho (ou diretório-raiz) para outro é apenas uma questão de alterar esses dois ponteiros dentro da tabela de processos do processo que fez a chamada. Essas alterações são feitas por *do_chdir* (linha 27542) e por *do_chroot* (linha 27580). Ambas fazem a verificação necessária e, então, chamam *change* (linha 27594), que realiza mais alguns testes e, em seguida, chama *change_into* (linha 27611) para abrir o novo diretório e substituir o antigo.

Do_fchdir (linha 27529) suporta fchdir, que é uma maneira alternativa de efetuar a mesma operação que chdir, com o argumento de chamada sendo um descritor de arquivo, em vez de um caminho. Ela testa se o descritor é válido e, se for, chama *change_into* para realizar o trabalho.

Em *do_chdir*, o código nas linhas 27552 a 27570 não é executado em chamadas chdir feitas por processos de usuário. Ela serve especificamente para chamadas feitas pelo gerenciador de processos, para mudar para o diretório de um usuário com o objetivo de tratar de chamadas exec. Quando um usuário tenta executar um arquivo, digamos, *a.out*, em seu diretório de trabalho, é mais fácil para o gerenciador de processos mudar para esse diretório do que tentar descobrir onde ele está.

As duas chamadas de sistema stat e fstat são basicamente iguais, exceto pelo modo como o arquivo é especificado. A primeira fornece um nome de caminho, enquanto a última fornece o descritor de um arquivo aberto, semelhante ao que vimos para chdir e fchdir. As funções de nível superior, *do_stat* (linha 27638) e *do_fstat* (linha 27658), chamam ambas *stat_inode* para fazer o trabalho. Antes de chamar *stat_inode*, *do_stat* abre o arquivo para obter seu *i-node*. Desse modo, tanto *do_stat* como *do_fstat* passam um ponteiro de *i-node* para *stat_inode*.

Tudo que *stat_inode* (linha 27673) faz é extrair informações do *i-node* e copiá-las em um buffer. O buffer deve ser copiado explicitamente em espaço de usuário, por uma chamada de núcleo sys_datacopy, nas linhas 27713 e 27714, pois é grande demais para caber em uma mensagem.

Finalmente, chegamos a *do_fstatfs* (linha 27721). Fstatfs não é uma chamada do POSIX, embora o POSIX defina uma chamada fstatvfs semelhante, que retorna uma estrutura de dados muito maior. A função fstatfs do MINIX 3 retorna apenas uma parte das informações, o tamanho de bloco de um sistema de arquivos. O protótipo da chamada é

_PROTOTYPE(int fstatfs, (int fd, struct statfs *st)   );

A estrutura *statfs* que ela usa é simples e pode ser exibida em uma única linha:

struct statfs { off_t f_bsize;   /* tamanho de bloco do sistema de arquivos */ };

Essas definições estão em *include/sys/statfs.h*, que não está listado no Apêndice B.

Proteção

O mecanismo de proteção do MINIX 3 usa os bits *rwx*. Três conjuntos de bits estão presentes para cada arquivo: para o proprietário, para seu grupo e para outros. Os bits são configurados pela chamada de sistema chmod, que é executada por *do_chmod*, no arquivo *protect.c* (linha 27824). Após a realização de uma série de verificações de validade, o modo é alterado na linha 27850.

A chamada de sistema chown é semelhante a chmod no sentido de que ambas alteram um campo de *i-node* interno em algum arquivo. A implementação também é semelhante, embora *do_chown* (linha 27862) possa ser usada apenas pelo superusuário para mudar o proprietário. Os usuários normais podem usar essa chamada para mudar o grupo de seus próprios arquivos.

A chamada de sistema umask permite que o usuário configure uma máscara (armazenada na tabela de processos), a qual, então, mascara bits nas chamadas de sistema creat subseqüentes. A implementação completa seria apenas uma instrução, na linha 27907, exceto que a chamada deve retornar como resultado o valor antigo da máscara. Essa carga adicional triplica o número de linhas de código exigidas (linhas 27906 a 27908).

A chamada de sistema **access** torna possível para um processo descobrir se ele pode acessar um arquivo de uma maneira especificada (por exemplo, para leitura). Ela é implementada por *do_access* (linha 27914), que busca o *i-node* do arquivo e chama a função interna *forbidden* (linha 27938) para ver se o acesso é proibido. *Forbidden* verifica o *uid* e o *gid*, assim como as informações presentes no *i-node*. Dependendo do que encontra, ela seleciona um dos três grupos *rwx* e verifica se o acesso é permitido ou proibido.

Read_only (linha 27999) é uma pequena função interna que informa se o sistema de arquivos localizado em seu parâmetro de *i-node* está montado somente para leitura ou para leitura e escrita. É necessário impedir escritas em sistemas de arquivos montados somente para leitura.

5.7.7 A interface de dispositivo de E/S

Conforme mencionamos mais de uma vez, um objetivo de projeto foi tornar o MINIX 3 um sistema operacional mais robusto, fazendo todos os *drivers* de dispositivo serem executados como processos em espaço de usuário, sem acesso direto às estruturas de dados do núcleo ou ao código do núcleo. A principal vantagem dessa estratégia é que um *driver* de dispositivo defeituoso não fará o sistema inteiro falhar, mas existem algumas outras implicações. Uma delas é que os *drivers* de dispositivo que não são necessários na inicialização podem ser executados a qualquer momento, depois que a inicialização estiver concluída. Isso também implica que um *driver* de dispositivo pode ser parado, reiniciado ou substituído em qualquer instante por um outro *driver* para o mesmo dispositivo, enquanto o sistema está em execução. Essa flexibilidade está sujeita, é claro, a algumas restrições – você não pode iniciar vários *drivers* para o mesmo dispositivo. Entretanto, se o *driver* de disco rígido falhar, ele poderá ser reiniciado a partir de uma cópia no disco de RAM.

Os *drivers* de dispositivo do MINIX 3 são acessados a partir do sistema de arquivos. Em resposta às requisições de E/S do usuário, o sistema de arquivos envia mensagens para os *drivers* de dispositivo em espaço de usuário. A tabela *dmap* tem uma entrada para cada tipo de dispositivo principal possível. Ela fornece o mapeamento entre o número de dispositivo principal e o *driver* de dispositivo correspondente. Os próximos dois arquivos que consideraremos lidam com a tabela *dmap*. A tabela em si é declarada em *dmap.c*. Esse arquivo também suporta a inicialização da tabela e uma nova chamada de sistema, **devctl**, que se destina a suportar a inicialização, a parada e a reinicialização de *drivers* de dispositivo. Depois disso, veremos *device.c*, que suporta operações de tempo de execução normais sobre dispositivos, como **open**, **close**, **read**, **write** e **ioctl**.

Quando um dispositivo é aberto, fechado, lido ou escrito, *dmap* fornece o nome da função a ser chamada para manipular a operação. Todas essas funções estão localizadas no espaço de endereçamento do sistema de arquivos. Muitas delas não fazem nada, mas algumas chamam um *driver* de dispositivo para solicitar a E/S real. O número de processo correspondente a cada dispositivo principal também é fornecido pela tabela.

Quando um novo dispositivo principal é adicionado no MINIX 3, uma linha deve ser acrescentada nessa tabela, informando qual ação, se houver, será executada quando o dispositivo for aberto, fechado, lido ou escrito. Como um exemplo simples, se uma unidade de fita fosse adicionada no MINIX 3, quando seu arquivo especial fosse aberto, a função na tabela poderia verificar se a unidade de fita já está em uso.

Dmap.c começa com uma definição de macro, *DT* (linhas 28115 a 28117), que é usada para inicializar a tabela *dmap*. Essa macro torna mais fácil adicionar um novo *driver* de dispositivo ao se reconfigurar o MINIX 3. Os elementos da tabela *dmap* são definidos em *include/minix/dmap.h*; cada elemento consiste em um ponteiro para uma função a ser chamada em uma operação **open** ou **close**, outro ponteiro para uma função a ser chamada em uma operação **read** ou **write**, um número de processo (um índice na tabela de processos e não um PID) e um conjunto de *flags*. A tabela real é um *array* desses elementos, declarado na linha 28132. Essa tabela está globalmente disponível dentro do servidor de arquivos. O tamanho da tabela é *NR_DEVICES*, que é 32 na versão do MINIX 3 descrita aqui e quase duas vezes maior do que o necessário para o número de dispositivos correntemente suportados. Felizmente, o comportamento da linguagem C, de configurar todas as variáveis não inicializadas como zero, garantirá que nenhuma informação espúria apareça em entradas não utilizadas.

Após a declaração de *dmap* está uma declaração *PRIVATE* de *init_dmap*. Ela é definida por um *array* de macros *DT*, uma para cada dispositivo principal possível. Cada uma dessas macros se expande, no momento da compilação, para inicializar uma entrada no conjunto global. Uma olhada em algumas das macros ajudará a entender como elas são usadas. *Init_dmap[1]* define a entrada do *driver* de memória, que é o dispositivo principal 1. A macro é como segue:

DT(1, gen_opcl, gen_io, MEM_PROC_NR, 0)

O *driver* de memória está sempre presente e é carregado com a imagem de inicialização do sistema. O valor "1" como primeiro parâmetro significa que esse *driver* deve estar presente. Nesse caso, um ponteiro para *gen_opcl* será inserido como a função a ser chamada para abrir ou fechar e um ponteiro para *gen_io* será inserido para especificar a função a ser chamada para ler ou escrever; *MEM_PROC_NR* indica qual entrada na tabela de processos o *driver* de memória utiliza e "0" significa que nenhum *flag* está ativo. Agora, veja a entrada seguinte, *init_dmap[2]*. Essa é a entrada para o *driver* de disquete e é como segue:

DT(0, no_dev, 0, 0, DMAP_MUTABLE)

O primeiro "0" indica que essa entrada é para um *driver* que não precisa estar na imagem de inicialização. O padrão para o primeiro campo de ponteiro especifica uma chamada para *no_dev*, em uma tentativa de abrir o dispositivo. Essa função retorna o erro *ENODEV*, "dispositivo inexistente", para o processo que fez a chamada. Os dois zeros seguintes também são padrões: como o dispositivo não pode ser aberto, não há necessidade de especificar uma função a ser chamada para fazer E/S e um zero na entrada da tabela de processos é interpretado como nenhum processo especificado. O significado do *flag DMAP_MUTABLE* é que são permitidas alterações nessa entrada. (Note que a ausência desse *flag* para a entrada do *driver* de memória significa que sua entrada não pode ser alterada após a inicialização.) O MINIX 3 pode ser configurado com ou sem um *driver* de disquete na imagem de inicialização. Se o *driver* de disquete estiver na imagem de inicialização e for especificado por um parâmetro de inicialização *label=FLOPPY* para ser o dispositivo de disco padrão, essa entrada será alterada quando o sistema de arquivos iniciar. Se o *driver* de disquete não estiver na imagem de inicialização ou se estiver na imagem, mas não for especificado para ser o dispositivo de disco padrão, esse campo não será alterado quando o sistema de arquivos iniciar. Entretanto, ainda é possível que o *driver* de disquete seja ativado posteriormente. Normalmente, isso é feito pelo *script /etc/rc*, executado quando *init* é executado.

Do_devctl (linha 28157) é a primeira função executada para atender uma chamada devctl. A versão corrente é muito simples e reconhece duas requisições, *DEV_MAP* e *DEV_UNMAP*; este último retorna o erro *ENOSYS*, que significa "função não implementada". Obviamente, isso é provisório. No caso de *DEV_MAP*, é chamada a função seguinte, *map_driver*.

Pode ser útil descrever como a chamada devctl é usada e os planos para seu uso no futuro. Um processo servidor, o **servidor de reencarnação (RS)**, é usado no MINIX 3 para suportar a inicialização de servidores e *drivers* em espaço de usuário após o sistema operacional estar pronto e funcionando. A interface para o servidor de reencarnação é o utilitário *service* e exemplos de seu uso podem ser vistos em */etc/rc*. Um exemplo é

service up /sbin/floppy –dev /dev/fd0

Essa ação resulta no servidor de reencarnação fazendo uma chamada devctl para iniciar o binário */sbin/floppy* como *driver* de dispositivo para o arquivo especial de dispositivo */dev/fd0*. Para fazer isso, o servidor de reencarnação executa (com exec) o binário especificado, mas ativa um *flag* que o impede de executar até que tenha sido transformado em um processo de sistema. Uma vez que o processo esteja na memória e seu número de entrada na tabela de processos seja conhecido, é determinado o número de dispositivo principal do dispositivo especificado. Então, essa informação é incluída em uma mensagem para o servidor de arquivos que solicitou a operação *DEV_MAP* de devctl. Do ponto de vista da inicialização da interface de E/S, essa é a parte mais importante da tarefa do servidor de reencarnação. Para não faltar nada, mencionaremos também que, para completar a inicialização do *driver* de dispositivo, o servidor de reencarnação também faz uma chamada sys_privctl para que a tarefa de sistema inicialize a entrada da tabela *priv* do processo do *driver* e permita que ele execute. Lembre-se, do Capítulo 2, que uma entrada dedicada da tabela *priv* é o que transforma um processo normal do espaço de usuário em um processo de sistema.

O servidor de reencarnação é novo e na versão do MINIX 3 descrita aqui ele ainda é rudimentar. Os planos para as versões futuras do MINIX 3 incluem um servidor de reencarnação mais poderoso, que poderá parar e reiniciar *drivers*, além de iniciá-los. Ele também poderá monitorar *drivers* e reiniciá-los automaticamente, caso surjam problemas. Consulte o site web (*www.minix3.org*) e o *newsgroup* (*comp.os.minix*) para saber a situação atual.

Continuando com *dmap.c*, a função *map_driver* começa na linha 28178. Sua operação é simples. Se o *flag DMAP_MUTABLE* estiver ativo para a entrada na tabela *dmap*, valores apropriados serão escritos em cada entrada. Estão disponíveis três variantes diferentes da função para tratar da abertura e do fechamento do dispositivo; uma delas é selecionada por um parâmetro *style*, passado na mensagem do servidor de reencarnação para o sistema de arquivos (linhas 28204 a 28206). Note que *dmap_flags* não é alterado. Se a entrada foi marcada originalmente como *DMAP_MUTABLE*, ela mantém esse status após a chamada devctl.

A terceira função em *dmap.c* é *build_map*. Ela é chamada por *fs_init* quando o sistema de arquivos é iniciado pela primeira vez, antes de entrar em seu laço principal. Ela começa fazendo um laço por todas as entradas da tabela *init_dmap* local e copiando as macros expandidas na tabela *dmap* global, para cada entrada que não tenha *no_dev* especificado como o membro *dmap_opcl*. Isso inicializa corretamente essas entradas. Caso contrário, os valores padrão de um *driver* não inicializado são configurados no local, em *dmap*. O restante de *build_map* é mais interessante. Uma imagem de inicialização pode ser construída com vários *drivers* de dispositivo de disco. Por padrão, os *drivers at_wini*, *bios_wini* e *floppy* são adicionados na imagem de inicialização por *Makefile* em *src/tools/*. Um rótulo é adicionado para cada um deles e um item *label=* nos parâmetros de inicialização determina qual será realmente carregado na imagem e ativado como *driver* de disco padrão. As chamadas de *env_get_param* na linha 28248 e na linha 28250 usam rotinas de biblioteca que, em última análise, utilizam a chamada de núcleo sys_getinfo para obter as strings de parâmetro de inicialização *label* e *controller*. Finalmente, *build_map* é chamada na linha 28267, para modificar a entrada em *dmap* correspondente ao dispositivo de inicialização. O principal aqui é a configuração do número do processo como *DRVR_PROC_NR*, que é a entrada 6 na tabela de processos. Essa entrada é mágica; o *driver* que está nessa entrada é o padrão.

Agora, chegamos ao arquivo *device.c*, que contém as funções necessárias para E/S de dispositivo no momento da execução.

A primeira é *dev_open* (linha 28334). Ela é chamada por outras partes do sistema de arquivos, mais freqüentemente a partir de *common_open* em *main.c*, quando é determinado que uma operação open está acessando um arquivo especial de dispositivo, mas também a partir de *load_ram* e de *do_mount*. Seu funcionamento é típico de várias funções que veremos aqui. Ela determina o número de dispositivo principal, verifica se é válido, então o utiliza para configurar um ponteiro para uma entrada na tabela *dmap* e, depois, faz uma chamada para a função apontada nessa entrada, na linha 28349:

   r = (*dp->dmap_opcl)(DEV_OPEN, dev, proc, flags)

No caso de uma unidade de disco, a função chamada será *gen_opcl*, no caso de um dispositivo de terminal, será *tty_opcl*. Se for recebido o código de retorno *SUSPEND*, há um problema sério; uma chamada open não deve falhar dessa maneira.

A chamada seguinte, *dev_close* (linha 28357), é mais simples. Não se espera que seja feita uma chamada para um dispositivo inválido e nenhum dano será causado se uma operação de fechamento falhar; portanto, o código é mais curto do que este texto que o está descrevendo — apenas uma linha que terminará chamando a mesma função *_opcl* que a chamada de *dev_open*, quando o dispositivo foi aberto.

Quando o sistema de arquivos recebe uma mensagem de notificação de um *driver* de dispositivo, *dev_status* (linha 28366) é chamada. Uma notificação significa que ocorreu um evento e essa função é responsável por descobrir que tipo de evento ocorreu e iniciar a ação apropriada. A origem da notificação é especificada como um número de processo; portanto, o primeiro passo é pesquisar a tabela *dmap* para encontrar uma entrada que corresponda ao processo que está sendo notificado (linhas 18371 a 18373). É possível que a notificação tenha sido falsificada; assim, não será um erro se nenhuma entrada correspondente for encontrada e *dev_status* retornar sem encontrar uma correspondência. Se for encontrada uma correspondência, entra-se no laço das linhas 28378 a 28398. Em cada iteração, uma mensagem é enviada para o processo de *driver* que está solicitando seu status. Três tipos de respostas possíveis são esperados. Uma mensagem *DEV_REVIVE* pode ser recebida se o processo que originalmente solicitou a E/S foi suspenso anteriormente. Nesse caso, *revive* (em *pipe.c*, linha 26146) será chamada. Uma mensagem *DEV_IO_READY* pode ser recebida se uma chamada select tiver sido feita no dispositivo. Finalmente, uma mensagem *DEV_NO_STATUS* pode ser recebida e, na verdade, é esperada, mas possivelmente não até que um dos dois primeiros tipos de mensagem (ou ambos) sejam recebidos. Por isso, a variável *get_more* é usada para fazer o laço se repetir até que a mensagem *DEV_NO_STATUS* seja recebida.

Quando a E/S de dispositivo real é necessária, *dev_io* (linha 28406) é chamada a partir de *read_write* (linha 25124) para tratar de arquivos especiais de caractere e a partir de *rw_block* (linha 22661) para tratar de arquivos especiais de bloco. Ela constrói uma mensagem padrão (veja a Figura 3-17) e a envia para o *driver* de dispositivo especificado, chamando *gen_io* ou *ctty_io*, conforme determinado no campo *dp->dmap_driver* da tabela *dmap*. Enquanto *dev_io* está esperando uma resposta do *driver*, o sistema de arquivos espera. Ele não internamente multiprogramado. Normalmente, essas esperas são muito curtas (por exemplo, 50 ms). Mas é possível que nenhum dado esteja disponível — isso é especialmente provável se os dados foram solicitados a partir de um dispositivo de terminal. Nesse caso, a mensagem de resposta pode indicar *SUSPEND*, para suspender temporariamente o aplicativo que fez a chamada, mas permitir que o sistema de arquivos continue.

A função *gen_opcl* (linha 28455) é chamada para dispositivos de disco, sejam disquetes, discos rígidos ou dispositivos baseados na memória. Uma mensagem é construída e, assim como acontece na leitura e na escrita, a tabela *dmap* é usada para determinar se *gen_io* ou *ctty_io* será utilizada para enviar a mensagem para o processo de *driver* do dispositivo. *Gen_opcl* também é usada para fechar os mesmos dispositivos.

Para abrir um dispositivo de terminal, *tty_opcl* (linha 28482) é chamada. Ela chama *gen_opcl*, possivelmente após modificar os *flags*, e se a chamada fizer o *tty* se tornar o *tty* de controle do processo ativo, isso será registrado na entrada *fp_tty* da tabela de processos desse processo.

O dispositivo */dev/tty* é uma ficção que não corresponde a nenhum dispositivo em particular. Essa é uma designação "mágica" que um usuário interativo pode usar para se referir ao seu próprio terminal, independente do terminal físico que esteja realmente em uso. Para abrir ou fechar */dev/tty*, é feita uma chamada para *ctty_opcl* (linha 28518). Ela determina se a entrada *fp_tty* da tabela de processos do processo corrente foi realmente modificada por uma chamada de *ctty_opcl* anterior, para indicar um *tty* de controle.

A chamada de sistema **setsid** exige algum trabalho por parte do sistema de arquivos e isso é feito por *do_setsid* (linha 28534). Ela modifica a entrada da tabela de processos do processo corrente para registrar que ele é um líder de sessão e não possui processo de controle.

Uma chamada de sistema, **ioctl**, é manipulada principalmente em *device.c*. Essa chamada foi colocada aqui porque está intimamente ligada à interface do *driver* de dispositivo. Quando uma chamada **ioctl** é feita, *do_ioctl* (linha 28554) é executada para construir uma mensagem e enviá-la para o *driver* de dispositivo correto.

Para controlar dispositivos de terminal, uma das funções declaradas em *include/termios.h* deve ser usada em programas escritos para serem compatíveis com o padrão POSIX. A biblioteca C transformará essas funções em chamadas **ioctl**. Para outros dispositivos, que não os terminais, **ioctl** é usada para diversas operações, muitas das quais foram descritas no Capítulo 3.

A próxima função, *gen_io* (linha 28575), é o "burro de carga" real desse arquivo. Seja a operação em um dispositivo **open** ou **close**, **read** ou **write**, ou **ioctl**, essa função é chamada para completar o trabalho. Como */dev/tty* não é um dispositivo físico, quando uma mensagem que se refere a ele precisa ser enviada, a função seguinte, *ctty_io* (linha 28652), encontra o dispositivo principal e secundário corretos e os substitui na mensagem, antes de transmiti-la. A chamada é feita usando a entrada de *dmap* do dispositivo físico que está realmente em uso. Conforme o MINIX 3 está configurado correntemente, resultará em uma chamada para *gen_io*.

A função *no_dev* (linha 28677) é chamada a partir de entradas na tabela para as quais não existe um dispositivo; por exemplo, quando um dispositivo de rede é referenciado em uma máquina sem suporte para rede. Ela retorna o status *ENODEV*. Isso impede falhas quando dispositivos inexistentes são acessados.

A última função em *device.c* é *clone_opcl* (linha 28691). Alguns dispositivos precisam de processamento especial na abertura. Um dispositivo assim é "clonado"; isto é, no caso de uma abertura bem-sucedida, ele é substituído por um novo dispositivo com um novo número de dispositivo secundário exclusivo. No MINIX 3, conforme descrito aqui, essa capacidade não é usada. Entretanto, ela é usada quando a interligação em rede está ativada. Naturalmente, um dispositivo que precisar disso terá uma entrada na tabela *dmap* especificando *clone_opcl* no campo *dmap_opcl*. Isso é feito por uma chamada do servidor de reencarnação que especifica *STYLE_CLONE*. Quando *clone_opcl* abre um dispositivo, a operação começa exatamente da mesma maneira que em *gen_opcl*, mas, no retorno, um novo número de dispositivo secundário pode ser retornado no campo *REP_STATUS* da mensagem de resposta. Se assim for, um arquivo temporário será criado, caso seja possível alocar um novo i-node. Não é criada uma entrada de diretório visível. Isso não é necessário, pois o arquivo já está aberto.

Tempo

Associados a cada arquivo existem três números de 32 bits relacionados ao tempo. Dois deles registram os tempos em que o arquivo foi acessado e modificado pela última vez. O terceiro registra quando o status do *i-node* em si foi alterado pela última vez. Esse tempo muda para todo acesso a um arquivo, exceto para uma operação read ou exec. Esses tempos são mantidos no *i-node*. Com a chamada de sistema utime, os tempos de acesso e modificação podem ser configurados pelo proprietário do arquivo ou pelo superusuário. A função *do_utime* (linha 28818) no arquivo *time.c* executa a chamada de sistema buscando o *i-node* e armazenando o tempo nele. Na linha 28848, são zerados os *flags* que indicam que uma atualização de tempo é necessária, para que o sistema não faça uma chamada dispendiosa e redundante para *clock_time*.

Conforme vimos no capítulo anterior, o tempo real é determinado pela adição do tempo decorrido desde que o sistema foi iniciado (mantido pela tarefa de relógio) no tempo real quando a inicialização ocorreu. A chamada de sistema stime retorna o tempo real. A maior parte de seu trabalho é feita pelo gerenciador de processos, mas o sistema de arquivos também mantém um registro do tempo de inicialização em uma variável global, *boottime*. O gerenciador de processos envia uma mensagem para o sistema de arquivos quando é feita uma chamada stime. A função *do_stime* do sistema de arquivos (linha 28859) atualiza *boottime* a partir dessa mensagem.

5.7.8 Suporte adicional para chamadas de sistema

Vários arquivos não estão listados no Apêndice B, mas são exigidos para compilar um sistema funcional. Nesta seção, examinaremos alguns arquivos que suportam chamadas de sistema adicionais. Na próxima seção, mencionaremos os arquivos e as funções que fornecem suporte mais geral para o sistema de arquivos.

O arquivo *misc.c* contém funções para algumas chamadas de sistema e de núcleo que não se encaixam em nenhum outro lugar.

Do_getsysinfo é uma interface para a chamada de núcleo sys_datacopy. Ela se destina a suportar o servidor de informações para propósitos de depuração. Essa interface permite que o servidor de informações solicite uma cópia das estruturas de dados do sistema de arquivos para que possa exibi-las para o usuário.

A chamada de sistema dup duplica um descritor de arquivo. Em outras palavras, ela cria um novo descritor de arquivo que aponta para o mesmo arquivo que seu argumento. A chamada tem uma variante, dup2. As duas versões da chamada são manipuladas por *do_dup*. Essa função foi incluída no MINIX 3 para suportar programas binários antigos. As duas chamadas são obsoletas. A versão atual da biblioteca C do MINIX 3 acionará a chamada de sistema fcntl, quando uma dessas duas for encontrada em um arquivo-fonte em C.

Fcntl, manipulada por *do_fcntl*, é a maneira preferida para solicitar operações sobre um arquivo aberto. Os serviços são solicitados usando-se os *flags* definidos pelo POSIX, descritos na Figura 5-49. A chamada é ativada com um descritor de arquivo, um código de operação e argumentos adicionais, conforme for necessário para a requisição em particular. Por exemplo, a equivalente da antiga chamada

    dup2(fd, fd2);

seria

    fcntl(fd, F_DUPFD, fd2);

Operação	Descrição
F_DUPFD	Duplica um descritor de arquivo
F_GETFD	Obtém o *flag* close-on-exec (fechar ao executar)
F_SETFD	Configura o *flag* close-on-exec (fechar ao executar)
F_GETFL	Obtém *flags* de status do arquivo
F_SETFL	Configura *flags* de status do arquivo
F_GETLK	Obtém status do travamento de um arquivo
F_SETLK	Configura trava de leitura/escrita em um arquivo
F_SETLKW	Configura trava de escrita em um arquivo

Figura 5-49 Os parâmetros de operação do POSIX para a chamada de sistema FCNTL.

Vários dessas operações configuram ou lêem um *flag*; o código consiste em apenas poucas linhas. Por exemplo, uma requisição com *F_SETFD* ativa um bit que obriga o fechamento de um arquivo quando seu processo proprietário executa uma operação exec. Uma requisição a *F_GETFD* é usada para determinar se um arquivo deve ser fechado quando for feita uma chamada exec. *F_SETFL* e *F_GETFL* permitem a configuração de *flags* para indicar que um arquivo em particular está disponível no modo de forma não bloqueante ou para operações de append.

Do_fcntl também manipula o travamento de arquivos. Uma chamada com o comando *F_GETLK*, *F_SETLK* ou *F_SETLKW* especificado é transformada em uma chamada para *lock_op*, discutida em uma seção anterior.

A chamada de sistema seguinte é sync, que copia todos os blocos e *i-nodes* modificados desde que foram carregados de volta no disco. A chamada é processada por *do_sync*. Ela simplesmente pesquisa todas as tabelas, procurando por entradas sujas. Os *i-nodes* devem ser processados primeiro, pois *rw_inode* deixa seus resultados na cache de blocos. Após todos os *i-nodes* sujos serem escrito na cache de blocos, então, todos os blocos sujos são escritos no disco.

As chamadas de sistema fork, exec, exit e set são, na realidade, chamadas do gerenciador de processos, mas os resultados precisam ser postados aqui também. Quando um processo faz um fork, é fundamental que o núcleo, o gerenciador de processos e o sistema de arquivos saibam todos a respeito disso. Essas "chamadas de sistema" não são provenientes de processos do usuário, mas do gerenciador de processos. *Do_fork*, *do_exit* e *do_set* registram as informações relevantes na parte do sistema de arquivos da tabela de processos. *Do_exec* pesquisa e fecha (usando *do_close*) todos os arquivos marcados para serem encerrados ao executar.

A última função em *misc.c* não é realmente uma chamada de sistema, mas é tratada como se fosse. *Do_revive* é chamada quando um *driver* de dispositivo que anteriormente foi incapaz de concluir o trabalho solicitado pelo sistema de arquivos (como o fornecimento de dados de entrada para um processo de usuário), agora conseguiu. Então, o sistema de arquivos reanima o processo e envia a ele a mensagem de resposta.

Uma chamada de sistema merece um arquivo de cabeçalho, assim como um arquivo-fonte em C para suportá-la. *Select.h* e *select.c* fornecem suporte para a chamada de sistema select. Select é usada quando um único processo precisa lidar com vários fluxos de E/S, como, por exemplo, um programa de comunicação ou de rede. Descrevê-la em detalhes está fora dos objetivos deste livro.

5.7.9 Utilitários do sistema de arquivos

O sistema de arquivos contém algumas funções de propósito geral que são usadas em vários lugares. Elas foram reunidas no arquivo *utility.c*.

Clock_time envia mensagens para a tarefa de sistema para descobrir qual é o tempo real corrente.

Fetch_name é necessária porque muitas chamadas de sistema têm um nome de arquivo como parâmetro. Se o nome de arquivo é curto, ele é incluído na mensagem do usuário para o sistema de arquivos. Se ele é longo, um ponteiro para o nome no espaço de usuário é colocado na mensagem. *Fetch_name* verifica os dois casos e, de um modo ou de outro, obtém o nome.

Duas funções aqui tratam de classes de erros gerais. *No_sys* é a rotina de tratamento de erro chamada quando o sistema de arquivos recebe uma chamada de sistema que não é uma das suas. *Panic* imprime uma mensagem e diz ao núcleo para que "jogue a toalha" quando algo catastrófico acontecer. Funções semelhantes podem ser encontradas em *pm/utility.c*, no diretório de código-fonte do gerenciador de processos.

As duas últimas funções, *conv2* e *conv4*, existem para ajudar o MINIX 3 a tratar do problema das diferenças na ordem de byte entre diferentes famílias de CPU. Essas rotinas são chamadas ao se ler ou escrever em uma estrutura de dados de disco, como um *i-node* ou um mapa de bits. A ordem de byte no sistema que criou o disco é registrada no superbloco. Se ela for diferente da ordem usada pelo processador local, a ordem será trocada. O restante do sistema de arquivos não precisa saber nada sobre a ordem de byte no disco.

Finalmente, existem dois outros arquivos que fornecem serviços auxiliares específicos para o gerenciador de arquivos. O sistema de arquivos pode pedir à tarefa de sistema para que configure um alarme para ele, mas se precisar de mais de um temporizador, poderá manter sua própria lista encadeada de temporizadores, semelhante ao que vimos para o gerenciador de processos no capítulo anterior. O arquivo *timers.c* fornece esse suporte para o sistema de arquivos. Finalmente, o MINIX 3 implementa uma maneira única de usar um CD-ROM, que oculta um disco MINIX 3 simulado, com várias partições em um CD-ROM, e permite inicializar um sistema MINIX 3 ativo a partir de um CD-ROM. Os arquivos do MINIX 3 não são visíveis para os sistemas operacionais que suportam apenas formatos de arquivo de CD-ROM padrão. O arquivo *cdprobe.c* é usado no momento da inicialização para localizar um dispositivo de CD-ROM e os arquivos nele contidos, necessários para iniciar o MINIX 3.

5.7.10 Outros componentes do MINIX 3

O gerenciador de processos, discutido no capítulo anterior, e o sistema de arquivos, discutido neste capítulo, são servidores em espaço de usuário que fornecem suporte que, em um sistema operacional de projeto convencional, seria integrado em um núcleo monolítico. Entretanto, eles não são os únicos processos servidores em um sistema MINIX 3. Existem outros processos em espaço de usuário que possuem privilégios de sistema e devem ser considerados como parte do sistema operacional. Não temos espaço suficiente neste livro para discutirmos seus detalhes internos, mas devemos pelo menos mencioná-los aqui.

Um deles já foi mencionado neste capítulo. Trata-se do servidor de reencarnação, RS, que pode iniciar um processo normal e transformá-lo em um processo de sistema. Ele é usado na versão corrente do MINIX 3 para ativar *drivers* de dispositivo que não fazem parte da imagem de inicialização do sistema. Nas versões futuras, ele também poderá parar e reiniciar *drivers* e, na verdade, monitorar *drivers*, parando-os e reiniciando-os automaticamente, caso pareçam estar com defeito. O código-fonte do servidor de reencarnação está no diretório *src/servers/rs/*.

Outro servidor que foi mencionado de passagem é o servidor de informações (SI). Ele é usado para gerar os *core dumps* que podem ser disparados pelo pressionar das teclas de função em um teclado estilo PC. O código-fonte do servidor de informações está no diretório *src/servers/is/*.

O servidor de informações e os servidores de reencarnação são programas relativamente pequenos. Existe um terceiro servidor opcional, o servidor de rede ou INET. Ele é bem grande. A imagem do programa INET no disco tem um tamanho comparável à imagem de inicialização do MINIX 3. Ele é iniciado pelo servidor de reencarnação de maneira muito parecida com os *drivers* de dispositivo. O código-fonte de *inet* está no diretório *src/servers/inet/*.

Finalmente, mencionaremos um outro componente do sistema que é considerado um *driver* de dispositivo e não um servidor. Trata-se do *driver* de *log*. Com tantos componentes diferentes do sistema operacional sendo executados como processos independentes, é desejável fornecer uma maneira padronizada de manipular mensagens de diagnóstico, de alerta e de erro. A solução do MINIX 3 é ter um *driver* de dispositivo para um pseudo-dispositivo conhecido como */dev/klog*, o qual pode receber mensagens e escrevê-las em um arquivo. O código-fonte do *driver* de *log* está no diretório *src/drivers/log/*.

5.8 RESUMO

Quando visto de fora, um sistema de arquivos é uma coleção de arquivos e diretórios, mais as operações sobre eles. Os arquivos podem ser lidos e escritos, os diretórios podem ser criados e destruídos, e os arquivos podem ser movidos de um diretório para outro. A maioria dos sistemas de arquivos modernos suporta um sistema de diretório hierárquico, no qual os diretórios podem ter subdiretórios *ad infinitum*.

Quando visto de dentro, um sistema de arquivos parece bem diferente. Os projetistas de sistema de arquivos precisam preocupar-se com o modo como o espaço de armazenamento é alocado e como o sistema monitora qual bloco fica em qual arquivo. Também vimos como diferentes sistemas têm diferentes estruturas de diretório. A confiabilidade e o desempenho do sistema de arquivos também são questões importantes.

A segurança e a proteção são de interesse vital tanto para os usuários do sistema como para os projetistas. Discutimos algumas falhas de segurança nos sistemas mais antigos e problemas genéricos que muitos sistemas têm. Também vimos a autenticação, com e sem senhas, as listas de controle de acesso e as capacitações, assim como um modelo de matriz para pensar sobre a proteção.

Finalmente, estudamos o sistema de arquivos do MINIX 3 em detalhes. Ele é grande, mas não muito complicado. Ele aceita requisições de processos de usuário, indexa uma tabela de ponteiros de função e chama a função para executar a chamada de sistema solicitada. Devido a sua estrutura modular e a sua posição fora do núcleo, ele pode ser removido do MINIX 3 e usado como um servidor de arquivos de rede independente, com apenas pequenas modificações.

Internamente, o MINIX 3 coloca os dados em buffer em uma cache de blocos e tenta fazer leitura antecipada ao acessar um arquivo seqüencialmente. Se a cache for suficientemente grande, a maior parte do texto do programa já se encontrará na memória, durante operações que acessam repetidamente um conjunto de programas em particular, como no caso de uma compilação.

PROBLEMAS

1. O NTFS usa Unicode para nomear arquivos. O Unicode suporta caracteres de 16 bits. Cite uma vantagem da atribuição de nomes de arquivo Unicode em relação à atribuição de nomes de arquivo ASCII.

2. Alguns arquivos começam com um número mágico. Para que serve isso?

3. A Figura 5-4 lista alguns atributos de arquivo. Nessa tabela não está listada a paridade. Esse seria um atributo de arquivo útil? Em caso positivo, como ele poderia ser usado?

4. Apresente 5 nomes de caminho diferentes para o arquivo /etc/passwd. (*Dica:* pense a respeito das entradas de diretório "." e "..".)

5. Os sistemas que suportam arquivos seqüenciais sempre têm uma operação para retroceder arquivos. Os sistemas que suportam arquivos de acesso aleatório precisam disso também?

6. Alguns sistemas operacionais fornecem uma chamada de sistema **rename** para dar um novo nome a um arquivo. Existe alguma diferença entre usar essa chamada para mudar o nome de um arquivo e copiar o arquivo em um novo arquivo com o nome novo, seguido da exclusão do antigo?

7. Considere a árvore de diretórios da Figura 5-7. Se /usr/jim/ é o diretório de trabalho, qual é o nome de caminho absoluto do arquivo cujo nome de caminho relativo é ../ast/x?

8. Considere a seguinte proposta. Em vez de ter uma única raiz para o sistema de arquivos, fornecer a cada usuário uma raiz pessoal. Isso torna o sistema mais flexível? Por que, sim, ou por que, não?

9. O sistema de arquivos do UNIX tem uma chamada **chroot** que muda a raiz para um diretório dado. Isso tem implicações sobre a segurança? Se tiver, quais são elas?

10. O sistema UNIX tem uma chamada para ler uma entrada de diretório. Como os diretórios são apenas arquivos, por que é necessário ter uma chamada especial? Os usuários não podem apenas ler os próprios diretórios brutos?

11. Um PC padrão pode conter apenas quatro sistemas operacionais simultaneamente. Existe uma maneira de aumentar esse limite? Quais conseqüências sua proposta teria?

12. A alocação contígua de arquivos leva à fragmentação do disco, conforme mencionado no texto. Essa fragmentação é interna ou externa? Faça uma analogia com algo discutido no capítulo anterior.

13. A Figura 5-10 mostra a estrutura do sistema de arquivos FAT original usado no MS-DOS. Inicialmente, esse sistema de arquivos tinha apenas 4096 blocos, de modo que uma tabela com 4096 entradas (12 bits) era suficiente. Se esse esquema precisasse ser estendido diretamente para sistemas de arquivos com 2^{32} blocos, qual seria o espaço ocupado pela FAT?

14. Um sistema operacional suporta apenas um diretório, mas permite que o diretório tenha arbitrariamente muitos arquivos, com nomes de arquivo arbitrariamente longos. Algo parecido com um sistema de arquivos hierárquico pode ser simulado? Como?

15. O espaço livre em disco pode ser monitorado usando-se uma lista de regiões livres ou um mapa de bits. Os endereços de disco exigem D bits. Para um disco com B blocos, F dos quais são livres, declare a condição sob a qual a lista de regiões livres usa menos espaço do que o mapa de bits. Para D tendo o valor de 16 bits, expresse sua resposta como uma porcentagem do espaço em disco que deve estar livre.

16. Foi sugerido que a primeira parte de cada arquivo UNIX deve ser mantida no mesmo bloco de disco que seu *i-node*. Qual seria a vantagem disso?

17. O desempenho de um sistema de arquivos depende da taxa de acertos da cache (a fração dos blocos encontrados na cache). Se demora 1 ms para atender uma requisição que está na cache, mas 40 ms se for necessário uma leitura do disco, forneça uma fórmula para o tempo médio exigido para atender uma requisição se a taxa de acertos é h. Represente essa função graficamente, para valores de h de 0 a 1,0.

18. Qual é a diferença entre um vínculo estrito e um vínculo simbólico? Cite uma vantagem de cada um deles.

19. Cite três armadilhas a serem evitadas ao se fazer *backup* de um sistema de arquivos.

20. Um disco tem 4000 cilindros, cada um com 8 trilhas de 512 blocos. Uma busca demora 1 ms por cilindro movido. Se não for feita nenhuma tentativa de colocar os blocos de um arquivo próximos uns aos outros, dois blocos que são logicamente consecutivos (isto é, vêm um após o outro no arquivo) exigirão uma busca média, que demora 5 ms. Entretanto, se o sistema operacional faz uma tentativa de agrupar blocos relacionados, a distância média entre blocos pode ser reduzida para 2 cilindros e o tempo de busca pode ser reduzido para 100 microssegundos. Quanto tempo demora para ler um arquivo de 100 blocos nos dois casos, se a latência rotacional é de 10 ms e o tempo de transferência é de 20 microssegundos por bloco?

21. A compactação periódica do espaço de armazenamento no disco teria algum valor concebível? Explique.

22. Qual é a diferença entre um vírus e um verme? Como cada um deles se reproduz?

23. Depois de se formar, você se candidata a diretor do centro de computação de uma grande universidade que acabou de se desfazer de seu sistema operacional antigo e trocou para o UNIX. Você é contratado. Quinze minutos depois de começar a trabalhar, seu assistente entra em seu escritório e grita: "alguns alunos descobriram o algoritmo que usamos para criptografar senhas e divulgaram na Internet". O que você deve fazer?

24. Dois alunos de ciência da computação, Carolyn e Elinor, estão discutindo a respeito dos *i-nodes*. Carolyn sustenta que as memórias ficaram tão grandes e baratas que, quando um arquivo é aberto, é mais simples e rápido apenas buscar uma nova cópia do *i-node* na tabela de *i-nodes*, em vez de pesquisar a tabela inteira para ver se ele já está lá. Elinor discorda. Quem está com a razão?

25. O esquema proteção de Morris-Thompson, com os números aleatórios de *n* bits, foi projetado para tornar difícil para um intruso descobrir um grande número de senhas cifrando strings comuns antecipadamente. O esquema também oferece proteção contra um aluno usuário que esteja tentando adivinhar a senha do superusuário em sua máquina?

26. Um departamento de ciência da computação tem um grande número de máquinas UNIX em sua rede local. Os usuários em qualquer máquina podem executar um comando da forma

    machine4 who

    e executá-lo em *machine4*, sem que o usuário precise se conectar na máquina remota. Esse recurso é implementado fazendo-se com que o núcleo do usuário envie o comando e seu *uid* para a máquina remota. Esse esquema é seguro se todos os núcleos são confiáveis (por exemplo, grandes minicomputadores de compartilhamento de tempo com hardware de proteção)? E se algumas das máquinas forem computadores pessoais de alunos, sem nenhum hardware de proteção?

27. Quando um arquivo é removido, seus blocos geralmente são colocados de volta na lista de regiões livres, mas não são apagados. Você acha que seria uma boa idéia fazer o sistema operacional apagar cada bloco antes de liberá-lo? Considere os fatores de segurança e desempenho em sua resposta e explique o efeito de cada um.

28. Três mecanismos de proteção diferentes que foram discutidos são as capacitações, as listas de controle de acesso e os bits *rwx* do UNIX. Para cada um dos problemas de proteção a seguir, indique qual desses mecanismos pode ser usado.

    (a) Ken quer que seus arquivos sejam lidos por todo mundo, exceto por seu colega de escritório.
    (b) Mitch e Steve querem compartilhar alguns arquivos secretos.
    (c) Linda quer que alguns de seus arquivos sejam públicos.

    Para o UNIX, suponha que os grupos são categorias como corpo docente, alunos, secretárias etc.

29. O ataque com cavalo de Tróia pode funcionar em um sistema protegido por capacitações?

30. O tamanho da tabela *filp* é definido atualmente como uma constante, *NR_FILPS*, em *fs/const.h*. Para acomodar mais usuários em um sistema interligado em rede, você quer aumentar *NR_PROCS* em *include/minix/config.h*. De que modo *NR_FILPS* deve ser definida como uma função de *NR_PROCS*?

31. Suponha que ocorra um avanço tecnológico e que a memória RAM não-volátil, que mantém seu conteúdo confiável após uma falta de energia, torne-se disponível sem nenhuma desvantagem de preço ou desempenho em relação à memória RAM convencional. Quais aspectos do projeto do sistema de arquivos seriam afetados por esse desenvolvimento?

32. Os vínculos simbólicos são arquivos que apontam indiretamente para outros arquivos ou diretórios. Ao contrário dos vínculos escritos, como aqueles atualmente implementados no MINIX 3, um vínculo simbólico tem seu próprio *i-node*, o qual aponta para um bloco de dados. O bloco de dados contém o caminho para o arquivo que está sendo vinculado e o *i-node* torna possível que o vínculo tenha diferentes posses e permissões em relação ao arquivo vinculado. Um vínculo simbólico e o arquivo ou diretório para o qual ele aponta podem estar localizados em dispositivos diferentes. Os vínculos simbólicos não fazem parte do MINIX 3. Implemente vínculos simbólicos para o MINIX 3.

33. Embora o limite atual para o tamanho de um arquivo no MINIX 3 seja determinado pelo ponteiro de arquivo de 32 bits, no futuro, com ponteiros de arquivo de 64 bits, arquivos maiores do que $2^{32} - 1$ bytes poderão ser permitidos, no caso em que blocos de tripla indireção poderão ser necessários. Modifique o sistema de arquivos para adicionar blocos de tripla indireção.

34. Verifique se o *flag* ROBUST (agora não utilizado) poderia tornar o sistema de arquivos mais ou menos robusto na presença de uma falha. Não foi pesquisado se esse é o caso na versão corrente do MINIX 3; portanto, uma das duas hipóteses pode ser verdadeira. Dê uma boa olhada no que acontece quando um bloco modificado é retirado da cache. Leve em conta que um bloco de dados modificado pode ser acompanhado de um *i-node* e de um mapa de bits modificados.

35. Projete um mecanismo para adicionar suporte para um sistema de arquivos "estrangeiro", de modo que se poderia, por exemplo, montar um sistema de arquivos MS-DOS em um diretório no sistema de arquivos MINIX 3.

36. Escreva dois programas, em C ou como *scripts shell*, para enviar e receber uma mensagem por meio de um canal secreto em um sistema MINIX 3. *Dica*: um bit de permissão pode ser visto mesmo quando um arquivo é inacessível de outras formas e é garantido que o comando ou chamada de sistema *sleep* atrasa por um período de tempo fixo, configurado por seu argumento. Meça a taxa de dados em um sistema ocioso. Em seguida, crie uma carga artificialmente pesada, iniciando muitos processos de segundo plano diferentes e meça a taxa de dados novamente.

37. Implemente arquivos imediatos no MINIX 3, que sejam arquivos pequenos armazenados no próprio *i-node*, economizando assim um acesso ao disco para recuperá-los.

6

LEITURAS RECOMENDADAS E BIBLIOGRAFIA

Nos cinco capítulos anteriores, abordamos uma variedade de assuntos. Este capítulo se destina a ajudar os leitores que estejam interessados em levar adiante seu estudo sobre sistemas operacionais. A Seção 6.1 é uma lista de leituras sugeridas. A seção 6.2 é uma bibliografia em ordem alfabética de todos os livros e artigos citados neste livro.

Além das referências dadas a seguir, os *Proceedings of the n-th ACM Symposium on Operating Systems Principles* (ACM) realizados bianualmente e os *Proceedings of the n-th International Conference on Distributed Computing Systems* (IEEE) realizados anualmente são bons lugares para procurar artigos recentes sobre sistemas operacionais. Assim como o *Symposium on Operating Systems Design and Implementation* da USENIX. Além disso, o *ACM Transactions on Computer Systems* e o *Operating Systems Review* são dois periódicos que freqüentemente apresentam artigos relevantes.

6.1 SUGESTÕES PARA LEITURAS COMPLEMENTARES

A seguir está uma lista das leituras sugeridas dispostas por capítulo.

6.1.1 Introdução e funcionamentos gerais

Bovet e Cesati, *Understanding the Linux Kernel,* 3ª Ed. Para qualquer um que queira entender como o núcleo do Linux funciona internamente, este livro provavelmente é sua melhor aposta.

Brinch Hansen, *Classic Operating Systems*
O sistema operacional já existe há tempo suficiente para que alguns deles possam ser considerados clássicos: sistemas que mudaram o modo de ver os computadores. Este livro é uma coleção de 24 artigos sobre sistemas operacionais embrionários, classificados como sistemas operacionais abertos, de lote (*batch*), de multiprogramação, de tempo compartilhado, de computador pessoal e distribuídos. Quem estiver interessado na história dos sistemas operacionais deve ler este livro.

Brooks, *The Mythical Man-Month: Essays on Software Engineering*
Um livro informativo, divertido e engenhoso sobre como *não* escrever um sistema operacional, feito por alguém que aprendeu da maneira mais difícil. Está repleto de bons conselhos.

Corbató, "On Building Systems That Will Fail"
Em seu discurso no Turing Award, o pai do compartilhamento de tempo trata de muitas das mesmas preocupações abordadas por Brooks no livro *Mythical Man-Month*. Sua conclusão é a de que todos os sistemas complexos acabarão por apresentar problemas e que, para ter alguma chance de êxito, é absolutamente fundamental evitar a complexidade e lutar pela simplicidade e pela elegância no projeto.

Deitel et al, *Operating Systems,* 3ª Ed.
Um livro-texto geral sobre sistemas operacionais. Além do material padrão, ele contém estudos de caso detalhados do Linux e do Windows XP.

Dijkstra, "My Recollections of Operating System Design"
Lembranças de um dos pioneiros do projeto de sistemas operacionais, começando no tempo em que o termo "sistema operacional" ainda não era conhecido.

IEEE, *Information Technology—Portable Operating System Interface (POSIX), Part 1: System Application Program Interface (API) [C Language]*
Este é o padrão. Algumas partes são bastante fáceis de ler, especialmente o Anexo B, "Rationale and Notes", que esclarece por que as coisas são feitas como são. Uma vantagem de se referir ao documento padrão é que, por definição, não existem erros. Se um erro tipográfico em um nome de macro passa pelo processo de edição, ele não é mais um erro, é oficial.

Lampson, "Hints for Computer System Design"
Butler Lampson, um dos maiores projetistas do mundo de sistemas operacionais inovadores, colecionou muitas dicas, sugestões e diretrizes de seus vários anos de experiência e os reuniu neste artigo interessante e informativo. Assim como o livro de Brook, esta é uma leitura obrigatória para todo projetista de sistema operacional iniciante.

Lewine, *POSIX Programmer's Guide*
Este livro descreve o padrão POSIX de uma maneira muito mais fácil de ler do que o documento de padrões em si e inclui discussões sobre como converter programas antigos para o POSIX e como desenvolver novos programas para o ambiente POSIX. Existem muitos exemplos de código, incluindo vários programas completos. Estão descritas todas as funções de biblioteca e os arquivos de cabeçalho exigidos pelo POSIX.

McKusick e Neville-Neil, *The Design and Implementation of the FreeBSD Operating System*
Para uma explicação completa do funcionamento interno de uma versão moderna do UNIX, neste caso, o FreeBSD, este é o lugar certo para consultar. Ele aborda processos, E/S, gerenciamento de memória, interligação em rede e praticamente tudo mais.

Milojicic, "Operating Systems: Now and in the Future"
Suponha que você fosse fazer uma série de perguntas sobre sistemas operacionais e para onde eles estão indo, para seis dos maiores especialistas do mundo. Você obteria as mesmas respostas? *Dica*: Não. Descubra aqui o que eles disseram.

Ray e Ray, *Visual Quickstart Guide: UNIX,* 2ª Ed.
Se você se sente à vontade como usuário de UNIX, isso o ajudará a entender os exemplos deste livro. Este é apenas um dos vários guias para o iniciante, para trabalhar com o sistema operacional UNIX. Embora seja implementado de forma diferente, para o usuário, o MINIX é parecido com o UNIX e este livro ou um livro semelhante também será útil em seu trabalho com o MINIX.

Russinovich e Solomon, *Microsoft Windows Internals,* 4ª Ed.
Você já se perguntou como o Windows funciona por dentro? Não se pergunte mais. Este livro diz tudo que você provavelmente gostaria de saber sobre processos, gerenciamento de memória, E/S, interligação em rede, segurança e muito mais.

Silberschatz et al, *Operating System Concepts,* 7ª Ed.
Outro livro-texto sobre sistemas operacionais. Ele aborda processos, gerenciamento do espaço de armazenamento, arquivos e sistemas distribuídos. São dados dois estudos de caso: Linux e Windows XP.

Stallings, *Operating Systems,* 5ª Ed.
Um outro livro-texto sobre sistemas operacionais. Ele aborda todos os assuntos normais e também inclui um pequeno volume de material sobre sistemas distribuídos, além de um apêndice sobre teoria de filas.

Stevens e Rago, *Advanced Programming in the UNIX Environment,* 2ª Ed.
Este livro fala sobre como escrever programas em C que usam a interface de chamada de sistema do UNIX e a biblioteca C padrão. Os exemplos foram testados no FreeBSD 5.2.1, no kernel do Linux 2.4.22, no Solaris 9, no Darwin 7.4.0 e na base FreeBSD/Mach do Mac OS X 10.3. O relacionamento dessas implementações com o POSIX está descrita em detalhes.

6.1.2 Processos

Andrews e Schneider, "Concepts e Notations for Concurrent Programming"
Um exercício dirigido e um levantamento dos processos e da comunicação entre processos, incluindo espera ativa, semáforos, monitores, passagem de mensagens e outras técnicas. O artigo também mostra como esses conceitos são incorporados em várias linguagens de programação.

Ben-Ari, *Principles of Concurrent and Distributed Programming*
Este livro consiste em três partes; a primeira tem capítulos sobre exclusão mútua, semáforos, monitores e o problema da janta dos filósofos, entre outros. A segunda parte discute a programação distribuída e as linguagens úteis para a programação distribuída. A terceira parte fala sobre os princípios de implementação da concorrência.

Bic e Shaw, *Operating System Principles*
Este livro-texto sobre sistemas operacionais tem quatro capítulos sobre processos, incluindo não apenas os princípios normais, mas também bastante material sobre implementação.

Milo et al., "Process Migration"
À medida que agrupamentos de PCs (*clusters*) substituem gradualmente os supercomputadores, a questão de migrar processos de uma máquina para outra (por exemplo, para balancear a carga) está se tornando mais relevante. Neste levantamento, os autores discutem o funcionamento da migração de processos, junto com suas vantagens e armadilhas.

Silberschatz et al, *Operating System Concepts,* 7ª Ed.
Os capítulos 3 a 7 abordam processos e comunicação entre processos, incluindo escalonamento, seções críticas, semáforos, monitores e problemas clássicos da comunicação entre processos.

6.1.3 Entrada/saída

Chen et al., "RAID: High Performance Reliable Secondary Storage"
O uso de várias unidades de disco em paralelo para obter uma E/S rápida é uma tendência nos sistemas de ponta. Os autores discutem essa idéia e examinam diferentes organizações, em termos de desempenho, custo e confiabilidade.

Coffman et al., "System Deadlocks"
Uma breve introdução para os impasses, o que os causam e como eles podem ser evitados ou detectados.

Corbet et al., *Linux Device Drivers*, 3ª Ed.
Se você quer saber muito, mas muito, muito mesmo, de como a E/S funciona, tente escrever um *driver* de dispositivo. Este livro diz como você faz isso para o Linux.

Geist e Daniel, "A Continuum of Disk Scheduling Algorithms"
É apresentado um algoritmo generalizado para escalonamento de disco. São fornecidos muitos resultados de simulação e experimentais.

Holt, "Some Deadlock Properties of Computer Systems"
Uma discussão sobre impasses. Holt apresenta um modelo de grafo dirigido que pode ser usado para analisar algumas situações de impasse.

IEEE *Computer* Magazine, Março de 1994
Este volume da *Computer* contém oito artigos sobre E/S avançada e aborda simulação, armazenamento de alto desempenho, uso de cache, E/S para computadores paralelos e multimídia.

Levine, "Defining Deadlocks"
Neste artigo curto, Levine levanta interessantes questões sobre definições convencionais e exemplos de impasse.

Swift et al., "Recovering Device Drivers"
Os *drivers* de dispositivo têm uma taxa de erros bem mais alta do que qualquer outro código do sistema operacional. Há algo que possa ser feito para melhorar a confiabilidade? Este artigo descreve como se pode atingir esse objetivo.

Tsegaye e Foss, "A Comparison of the Linux and Windows Device Driver Architecture"
O Linux e o Windows têm arquiteturas muito diferentes para seus *drivers* de dispositivo. Este artigo discute as duas e mostra em que elas são semelhantes e como são diferentes.

Wilkes et al., "The HP AutoRAID Hierarchical Storage System"
Um importante novo desenvolvimento nos sistemas de disco de alto desempenho é o RAID (*Redundant Array of Inexpensive Disks*), no qual um grupo de discos trabalha em conjunto para produzir um sistema com alta largura de banda. Neste artigo, os autores descrevem com alguns detalhes o sistema que construíram nos laboratórios da HP.

6.1.4 Gerenciamento de memória

Bic e Shaw, *Operating System Principles*
Três capítulos deste livro são dedicados ao gerenciamento de memória, à memória física, à memória virtual e à memória compartilhada.

Denning, "Virtual Memory"
Um artigo clássico sobre muitos aspectos da memória virtual. Denning foi um dos pioneiros nesse setor e foi o inventor do conceito de conjunto de trabalho.

Denning, "Working Sets Past and Present"
Um bom panorama dos numerosos algoritmos de gerenciamento de memória e paginação. É incluída uma ampla bibliografia.

Denning, "The Locality Principle"
Uma retrospectiva recente da história do princípio da localidade e uma discussão sobre sua aplicabilidade em diversos problemas, além das questões sobre paginação da memória.

Halpern, "VIM: Taming Software with Hardware"
Neste artigo provocante, Halpern argumenta que um tremendo volume de dinheiro está sendo gasto para produzir, depurar e manter software que trata com otimização da memória e não apenas em sistemas operacionais, mas também em compiladores e outro software. Ele argumenta que, em uma visão macro-econômica, seria melhor gastar esse dinheiro apenas comprando mais memória e tendo software simples e mais confiável.

Knuth, *The Art of Computer Programming*, Vol. 1
Os algoritmos do primeiro que couber, do que melhor couber e outros algoritmos de gerenciamento de memória são discutidos e comparados neste livro.

Silberschatz et al, *Operating System Concepts*, 7ª Ed.
Os capítulos 8 e 9 tratam do gerenciamento de memória, incluindo *swapping*, paginação e segmentação. Vários algoritmos de paginação são mencionados.

6.1.5 Sistemas de arquivos

Denning, "The United States vs. Craig Neidorf"
Quando um jovem hacker descobriu e publicou informações sobre o funcionamento do sistema telefônico, ele foi indiciado por fraude de computador. Este artigo descreve o caso, que envolveu muitas questões fundamentais, incluindo a liberdade de expressão. O artigo é acompanhado por alguns pareceres discordantes e uma refutação de Denning.

Ghemawat et al., "The Google File System"
Suponha que você tenha decidido que deseja armazenar a Internet inteira em casa, para que possa encontrar as coisas de forma realmente rápida. Como você faria isso? O passo 1 seria comprar, digamos, 200.000 PCs. PCs comuns serviriam. Nada fantástico é necessário. O passo 2 seria ler este artigo para descobrir como o Google faz isso.

Hafner e Markoff, *Cyberpunk: Outlaws and Hackers on the Computer Frontier*
Três fascinantes contos sobre jovens hackers invadindo computadores pelo mundo são contadas aqui pelo repórter de informática do New York Times responsável pelo furo de reportagem sobre o verme que assolou a Internet, e seu co-autor.

Harbron, *File Systems: Structures and Algorithms*
Um livro sobre projeto de sistemas de arquivos, aplicações e desempenho. São abordados a estrutura e os algoritmos.

Harris et al., *Gray Hat Hacking: The Ethical Hacker's Handbook*
Este livro discute os aspectos jurídicos e éticos dos testes de vulnerabilidades nos sistemas de computador, assim como fornece informações técnicas sobre como elas são geradas e como podem ser detectadas.

McKusick et al., "A Fast File System for UNIX"
O sistema de arquivos do UNIX foi completamente reimplementado para o 4.2 BSD. Este artigo descreve o projeto do novo sistema de arquivos e discute seu desempenho.

Satyanarayanan, "The Evolution of Coda"
À medida que a computação móvel se torna mais comum, a necessidade de integrar e sincronizar sistemas de arquivos móveis e fixos se torna mais urgente. O Coda foi pioneiro nessa área. Sua evolução e operação são descritos neste artigo.

Silberschatz et al *Operating System Concepts,* 7ª Ed.
Os capítulos 10 e 11 falam sobre sistemas de arquivos. Eles abordam as operações de arquivo, os métodos de acesso, a semântica da consistência, diretórios, proteção e implementação, dentre outros assuntos.

Stallings, *Operating Systems,* 5ª Ed.
O capítulo 16 contém muito material sobre o ambiente de segurança, especialmente sobre hackers, vírus e outras ameaças.

Uppuluri et al., "Preventing Race Condition Attacks on File Systems"
Existem situações em que um processo presume que duas operações serão executadas de forma atômica, sem nenhuma operação intermediária. Se outro processo consegue entrar sorrateiramente e executar uma operação entre elas, a segurança pode ser comprometida. Este artigo discute o problema e propõe uma solução.

Yang et al., "Using Model Checking to Find Serious File System Errors"
Os erros do sistema de arquivos podem levar à perda de dados; portanto, depurá-los é muito importante. Este artigo descreve uma técnica formal que ajuda a detectar erros do sistema de arquivos antes que eles possam causar danos. É apresentado o resultado do uso do verificador de modelo no código do sistema de arquivos real.

6.2 BIBLIOGRAFIA EM ORDEM ALFABÉTICA

ANDERSON, T.E., BERSHAD, B.N., LAZOWSKA, E.D. E LEVY, H.M.: "Scheduler Activations: Effective Kernel Support for the User-Level Management of Parallelism", *ACM Trans. on Computer Systems*, vol. 10, pgs. 53-79, Fev. 1992.

ANDREWS, G.R. E SCHNEIDER, F.B.: "Concepts e Notations for Concurrent Programming", *Computing Surveys*, vol. 15, pgs. 3-43, Março 1983.

AYCOCK, J. E BARKER, K.: "Viruses 101", *Proc. Tech. Symp. on Comp. Sci. Education*, ACM, pgs. 152-156, 2005.

BACH, M.J.: *The Design of the UNIX Operating System*, Upper Saddle River, NJ: Prentice Hall, 1987.

BALA, K., KAASHOEK, M.F. E WEIHL, W.: "Software Prefetching and Caching for Translation Lookaside Buffers", *Proc. First Symp. on Oper. Syst. Design and Implementation*, USENIX, pgs. 243-254, 1994.

BASILI, V.R. E PERRICONE, B.T.: "Software errors and Complexity: An Empirical Investigation", *Commun. of the ACM*, vol. 27, pgs. 43-52, Jan. 1984.

BAYS, C.: "A Comparison of Next-Fit, First-Fit and Best-Fit", *Commun. of the ACM*, vol. 20, pgs. 191-192, Março 1977.

BEN-ARI, M: *Principles of Concurrent and Distributed Programming*, Upper Saddle River, NJ: Prentice Hall, 1990.

BIC, L.F. E SHAW, A.C.: *Operating System Principles*, Upper Saddle River, NJ: Prentice Hall, 2003.

BOEHM, H.-J.: "Threads Cannot be Implemented as a Library", *Proc. 2004 ACM SIGPLAN Conf. on Prog. Lang. Design e Impl.*, ACM, pgs. 261-268, 2005.

BOVET, D.P. E CESATI, M.: *Understanding the Linux Kernel*, 2ª Ed., Sebastopol, CA, O'Reilly, 2002.

BRINCH HANSEN, P.: *Operating System Principles* Upper Saddle River, NJ: Prentice Hall, 1973.

BRINCH HANSEN, P.: *Classic Operating Systems*, New York: Springer-Verlag, 2001.

BROOKS, F. P., JR.: *The Mythical Man-Month: Essays on Software Engineering*, Anniversary Ed., Boston: Addison-Wesley, 1995.

CERF, V.G.: "Spam, Spim and Spit", *Commun. of the ACM*, vol. 48, pgs. 39-43, Abril 2005.

CHEN, H, WAGNER, D. E DEAN, D.: "Setuid Demystified", *Proc. 11th USENIX Security Symposium*, pgs. 171-190, 2002.

CHEN, P.M., LEE, E.K., GIBSON, G.A., KATZ, R.H. E PATTERSON, D.A.: "RAID: High Performance Reliable Secondary Storage", *Computing Surveys*, vol. 26, pgs. 145-185, Junho 1994.

CHERITON, D.R.: "An Experiment Using Registers for Fast Message-Based Interprocess Communication", *Operating Systems Review*, vol. 18, pgs. 12-20, Out. 1984.

CHERVENAK, A., VELLANSKI, V. E KURMAS, Z.: "Protecting File Systems: A Survey of Backup Techniques", *Proc. 15th Symp. on Mass Storage Systems*, IEEE, 1998

CHOU, A., YANG, J.-F., CHELF, B. E HALLEM, S.: "An Empirical Study of Operating System Errors", *Proc. 18th Symp. on Oper. Syst. Prin.*, ACM, pgs. 73-88, 2001.

COFFMAN, E.G., ELPHICK, M.J. E SHOSHANI, A.: "System Deadlocks", *Computing Surveys*, vol. 3, pgs. 67-78, Junho 1971.

CORBATO´, F.J.: "On Building Systems That Will Fail", *Commun. of the ACM*, vol. 34, pgs. 72-81, Set. 1991.

CORBATO´, F.J., MERWIN-DAGGETT, M. E DALEY, R.C: "An Experimental Time-Sharing System", *Proc. AFIPS Fall Joint Computer Conf.*, AFIPS, pgs. 335-344, 1962.

CORBATO´, F.J., SALTZER, J.H. E CLINGEN, C.T.: "MULTICS—The First Seven Years", *Proc. AFIPS Spring Joint Computer Conf.*, AFIPS, pgs. 571-583, 1972.

CORBATO´, F.J. E VYSSOTSKY, V.A.: "Introduction and Overview of the MULTICS System", *Proc. AFIPS Fall Joint Computer Conf.*, AFIPS, pgs. 185-196, 1965.

CORBET, J., RUBINI, A. E KROAH-HARTMAN, G.: *Linux Device Drivers*, 3ª Ed. Sebastopol, CA: O'Reilly, 2005.

COURTOIS, P.J., HEYMANS, F. E PARNAS, D.L.: "Concurrent Control with Readers and Writers", *Commun. of the ACM*, vol. 10, pgs. 667-668, Out. 1971.

DALEY, R.C. E DENNIS, J.B.: "Virtual Memory, Processes and Sharing in MULTICS", *Commun. of the ACM*, vol. 11, pgs. 306-312, Maio 1968.

DEITEL, H.M., DEITEL, P. J. E CHOFFNES, D. R.: *Operating Systems*, 3ª Ed., Upper Saddle River, NJ: Prentice-Hall, 2004.

DENNING, D.: "The United states vs. Craig Neidorf", *Commun. of the ACM*, vol. 34, pgs. 22-43, Março 1991.

DENNING, P.J.: "The Working Set Model for Program Behavior", *Commun. of the ACM*, vol. 11, pgs. 323-333, 1968a.

DENNING, P.J.: "Thrashing: Its Causes and Prevention", *Proc. AFIPS National Computer Conf.*, AFIPS, pgs. 915-922, 1968b.

DENNING, P.J.: "Virtual Memory", *Computing Surveys*, vol. 2, pgs. 153-189, Set. 1970.

DENNING, P.J.: "Working Sets Past and Present", *IEEE Trans. on Software Engineering*, vol. SE-6, pgs. 64-84, Jan. 1980.

DENNING, P.J.: "The Locality Principle", *Commun. of the ACM*, vol. 48, pgs. 19-24, Julho 2005.

DENNIS, J.B. E VAN HORN, E.C.: "Programming Semantics for Multiprogrammed Computations", *Commun. of the ACM*, vol. 9, pgs. 143-155, Março 1966.

DIBONA, C., OCKMAN, S. E STONE, M. EDS.: *Open Sources: Voices from the Open Source Revolution*, Sebastopol, CA: O'Reilly, 1999.

DIJKSTRA, E.W.: "Co-operating Sequential Processes", in *Programming Languages*, Genuys, F. (Ed.), London: Academic Press, 1965.

DIJKSTRA, E.W.: "The Structure of THE Multiprogramming System", *Commun. of the ACM*, vol. 11, pgs. 341-346, Maio 1968.

DIJKSTRA, E.W.: "My Recollections of Operating System Design", *Operating Systems Review*, vol. 39, pgs. 4-40, Abril 2005.

DODGE, C., IRVINE, C. E NGUYEN, T.: "A Study of Initialization in Linux and OpenBSD", *Operating Systems Review*, vol. 39, pgs. 79-93 Abril 2005.

ENGLER, D., CHEN, D.Y. E CHOU, A.: "Bugs as Inconsistent Behavior: A General Approach to Inferring Errors in Systems Code", *Proc. 18th Symp. on Oper. Syst. Prin.*, ACM, pgs. 57-72, 2001.

ENGLER, D.R., KAASHOEK, M.F. E O'TOOLE, J. JR.: "Exokernel: An Operating System Architecture for Application-Level Resource Management", *Proc. 15th Symp. on Oper. Syst. Prin.*, ACM, pgs. 251-266, 1995.

FABRY, R.S.: "Capability-Based Addressing", *Commun. of the ACM*, vol. 17, pgs. 403-412, Julho 1974.

FEELEY, M.J., MORGAN, W.E., PIGHIN, F.H., KARLIN, A.R., LEVY, H.M. E THEKKATH, C.A.: "Implementing Global Memory Management in a Workstation CLuster", *Proc. 15th Symp. on Oper. Syst. Prin.*, ACM, pgs. 201-212, 1995.

FEUSTAL, E.A.: "The Rice Research Computer—A Tagged Architecture", *Proc. AFIPS Conf.* 1972.

FOTHERINGHAM, J.: "Dynamic Storage Allocation in the Atlas Including an Automatic Use of a Backing Store", *Commun. of the ACM*, vol. 4, pgs. 435-436, Out. 1961.

GARFINKEL, S.L. E SHELAT, A.: "Remembrance of Data Passed: A Study of Disk Sanitization Practices", *IEEE Security & Privacy*, vol. 1, pgs. 17-27, Jan.-Fev. 2003.

GEIST, R. E DANIEL, S.: "A Continuum of Disk Scheduling Algorithms", *ACM Trans. on Computer Systems*, vol. 5, pgs. 77-92, Fev. 1987.

GHEMAWAT, S., GOBIOFF, H. E LEUNG., S.-T.: "The Google File System", *Proc. 19th Symp. on Oper. Syst. Prin.*, ACM, pgs. 29-43, 2003.

GRAHAM, R.: "Use of High-Level Languages for System Programming", Project MAC Report TM-13, M.I.T., Set. 1970.

HAFNER, K. E MARKOFF, J.: *Cyberpunk: Outlaws and Hackers on the Computer Frontier*, New York: Simon e Schuster, 1991.

HALPERN, M.: "VIM: Taming Software with Hardware", *IEEE Computer*, vol. 36, pgs. 21-25, Out. 2003.

HARBRON, T.R.: *File Systems: Structures and Algorithms*, Upper Saddle River, NJ: Prentice Hall, 1988.

HARRIS, S., HARPER, A., EAGLE, C., NESS, J. E LESTER, M.: *Gray Hat Hacking: The Ethical Hacker's Handbook*, New York: McGraw-Hill Osborne Media, 2004.

HAUSER, C., JACOBI, C., THEIMER, M., WELCH, B. E WEISER, M.: "Using Threads in Interactive Systems: A Case Study", *Proc. 14th Symp. on Oper. Syst. Prin.*, ACM, pgs. 94-105, 1993.

HEBBARD, B. ET AL.: "A Penetration Analysis of the Michigan Terminal System", *Operating Systems Review*, vol. 14, pgs. 7-20, Jan. 1980.

HERBORTH, C.: *UNIX Advanced: Visual Quickpro Guide*, Berkeley, CA: Peachpit Press, 2005

HERDER, J.N.: "Towards a True Microkernel Operating System", M.S. Thesis, Vrije Universiteit, Amsterdam, Fev. 2005.

HOARE, C.A.R.: "Monitors, An Operating System Structuring Concept", *Commun. of the ACM*, vol. 17, pgs. 549-557, Out. 1974; Erratum in *Commun. of the ACM*, vol. 18, p. 95, Fev. 1975.

HOLT, R.C: "Some Deadlock Properties of Computer Systems", *Computing Surveys*, vol. 4, pgs. 179-196, Set. 1972.

HUCK, J. E HAYS, J.: "Architectural Support for Translation Table Management in Large Address Space Machines", *Proc. 20th Annual Int'l Symp. on Computer Arch.*, ACM, pgs. 39-50, 1993.

HUTCHINSON, N.C., MANLEY, S., FEDERWISCH, M., HARRIS, G., HITZ, D, KLEIMAN, S E O'MALLEY, S.: "Logical vs. Physical File System Backup", *Proc. Third USENIX Symp. on Oper. Syst. Design and Implementation*, USENIX, pgs. 239-249, 1999.

IEEE: *Information technology—Portable Operating System Interface (POSIX), Part 1: System Application Program Interface (API) [C Language]*, New York: IEEE, 1990.

JACOB, B. E MUDGE, T.: "Virtual Memory: Issues of Implementation", *IEEE Computer*, vol. 31, pgs. 33-43, Junho 1998.

JOHANSSON, J. E RILEY, S: *Protect Your Windows Network: From Perimeter to Data*, Boston: Addison-Wesley, 2005.

KERNIGHAN, B.W. E RITCHIE, D.M.: *The C Programming Language*, 2ª Ed., Upper Saddle River, NJ: Prentice Hall, 1988.

KLEIN, D.V.: "Foiling the Cracker: A Survey of e Improvements to, Password Security", *Proc. UNIX Security Workshop II*, USENIX, Ago. 1990.

KLEINROCK, L.: *Queueing Systems, Vol. 1*, New York: John Wiley, 1975.

KNUTH, D.E.: *The Art of Computer Programming, Volume 1: Fundamental Algorithms*, 3ª Ed., Boston: Addison-Wesley, 1997.

LAMPSON, B.W.: "A Scheduling Philosophy for Multiprogramming Systems", *Commun. of the ACM*, vol. 11, pgs. 347-360, Maio 1968.

LAMPSON, B.W.: "A Note on the Confinement Problem", *Commun. of the ACM*, vol. 10, pgs. 613-615, Out. 1973.

LAMPSON, B.W.: "Hints for Computer System Design", *IEEE Software*, vol. 1, pgs. 11-28, Jan. 1984.

LEDIN, G., JR.: "Not Teaching Viruses and Worms is Harmful", *Commun. of the ACM*, vol. 48, p. 144, Jan. 2005.

LESCHKE, T.: "Achieving Speed and Flexibility by Separating Management from Protection: Embracing the Exokernel Operating System", *Operating Systems Review*, vol. 38, pgs. 5-19, Out. 2004.

LEVINE, G.N.: "Defining Deadlocks", *Operating Systems Review* vol. 37, pgs. 54-64, Jan. 2003a.

LEVINE, G.N.: "Defining Deadlock with Fungible Resources", *Operating Systems Review*, vol. 37, pgs. 5-11, Julho 2003b.

LEVINE, G.N.: "The Classification of Deadlock Prevention and Avoidance is Erroneous", *Operating Systems Review*, vol. 39, 47-50, Abril 2005.

LEWINE, D.: *POSIX Programmer's Guide*, Sebastopol, CA: O'Reilly & Associates, 1991.

LI, K. E HUDAK, P.: "Memory Coherence in Shared Virtual Memory Systems", *ACM Trans. on Computer Systems*, vol. 7, pgs. 321-359, Nov. 1989.

LINDE, R.R.: "Operating System Penetration", *Proc. AFIPS National Computer Conf.*, AFIPS, pgs. 361-368, 1975.

LIONS, J.: *Lions' Commentary on Unix 6ª Edition, with Source Code*, San Jose, CA: Peer-to-Peer Communications, 1996.

MARSH, B.D., SCOTT, M.L., LEBLANC, T.J. E MARKATOS, E.P.: "First-Class User-Level Threads", *Proc. 13th Symp. on Oper. Syst. Prin.*, ACM, pgs. 110-121, 1991.

MCHUGH, J.A.M. E DEEK, F.P.: "An Incentive System for Reducing Malware Attacks", *Commun. of the ACM*, vol. 48, pgs. 94-99, Junho 2005.

MCKUSICK, M.K., JOY, W.N., LEFFLER, S.J. E FABRY, R.S.: "A Fast File System for UNIX", *ACM Trans. on Computer Systems*, vol. 2, pgs. 181-197, Ago. 1984.

MCKUSICK, M.K. E NEVILLE-NEIL, G.V.: *The Design andImplementation of the FreeBSD Operating System*, Addison-Wesley: Boston, 2005.

MILO, D., DOUGLIS, F., PAINDAVEINE, Y, WHEELER, R. E ZHOU, S.: "Process Migration", *ACM Computing Surveys*, vol. 32, pgs. 241-299, Julho-Set. 2000.

MILOJICIC, D.: "Operating Systems: Now and in the Future", *IEEE Concurrency*, vol. 7, pgs. 12-21, Jan.-Março 1999.

MOODY, G.: *Rebel Code* Cambridge, MA: Perseus, 2001.

MORRIS, R. E THOMPSON, K.: "Password Security: A Case History", *Commun. of the ACM*, vol. 22, pgs. 594-597, Nov. 1979.

MULLENDER, S.J. E TANENBAUM, A.S.: "Immediate Files", *Software—Practice and Experience*, vol. 14, pgs. 365-368, Abril 1984.

NAUGHTON, J.: *A Brief History of the Future*, Woodstock, NY: Overlook Books, 2000.

NEMETH, E., SNYDER, G., SEEBASS, S. E HEIN, T. R.: *UNIX System Administation*, 3ª Ed., Upper Saddle River, NJ, Prentice Hall, 2000.

ORGANICK, E.I.: *The Multics System*, Cambridge, MA: M.I.T. Press, 1972.

OSTRAND, T.J., WEYUKER, E.J. E BELL, R.M.: "Where the Bugs Are", *Proc. 2004 ACM Symp. on Softw. Testing and Analysis*, ACM, 86-96, 2004.

PETERSON, G.L.: "Myths about the Mutual Exclusion Problem", *Information Processing Letters*, vol. 12, pgs. 115-116, Junho 1981.

PRECHELT, L.: "An Empirical Comparison of Seven Programming Languages", *IEEE Computer*, vol. 33, pgs. 23-29, Out. 2000.

RAY, D.S. E RAY, E.J.: *Visual Quickstart Guide: UNIX*, 2ª Ed., Berkeley, CA: Peachpit Press, 2003.

ROSENBLUM, M. E OUSTERHOUT, J.K.: "The Design and Implementation of a Log-Structured File System", *Proc. 13th Symp. on Oper. Syst. Prin.*, ACM, pgs. 1-15, 1991.

RUSSINOVICH, M.E. E SOLOMON, D.A.: *Microsoft Windows Internals*, 4ª Ed., Redmond, WA: Microsoft Press, 2005.

SALTZER, J.H.: "Protection and Control of Information Sharing in MULTICS", *Commun. of the ACM*, vol. 17, pgs. 388-402, Julho 1974.

SALTZER, J.H. E SCHROEDER, M.D.: "The Protection of Information in Computer Systems", *Proc. IEEE*, vol. 63, pgs. 1278-1308, Set. 1975.

SALUS, P.H.: *A Quarter Century of UNIX*, Boston: Addison-Wesley, 1994.

SANDHU, R.S.: "Lattice-Based Access Control Models", *Computer*, vol. 26, pgs. 9-19, Nov. 1993.

SATYANARAYANAN, M.: "The Evolution of Coda", *ACM Trans. on Computer Systems*, vol. 20, pgs. 85-124, Maio 2002.

SEAWRIGHT, L.H. E MACKINNON, R.A.: "VM/370—A Study of Multiplicity and Usefulness", *IBM Systems Journal*, vol. 18, pgs. 4-17, 1979.

SILBERSCHATZ, A., GALVIN, P.B. E GAGNE, G.: *Operating System Concepts*, 7ª Ed., New York: John Wiley, 2004.

STALLINGS, W.: *Operating Systems*, 5ª Ed., Upper Saddle River, NJ: Prentice Hall, 2005.

STEVENS, W.R. E RAGO, S. A.: *Advanced Programming in the UNIX Environment*, 2ª Ed., Boston: Addison-Wesley, 2005.

STOLL, C.: *The Cuckoo's Egg: Tracking a Spy through the Maze of Computer Espionage*, New York: Doubleday, 1989.

SWIFT, M.M., ANNAMALAI, M., BERSHAD, B.N. E LEVY, H.M.: "Recovering Device Drivers", *Proc. Sixth Symp. on Oper. Syst. Design and Implementation*, USENIX, pgs. 1-16, 2004.

TAI, K.C. E CARVER, R.H.: "VP: A New Operation for Semaphores", *Operating Systems Review*, vol. 30, pgs. 5-11, Julho 1996.

TALLURI, M. E HILL, M.D.: "Surpassing the TLB Performance of Superpages with Less Operating System Support", *Proc. Sixth Int'l Conf. on Architectural Support for Progr. Lang. and Operating Systems*, ACM, pgs. 171-182, 1994.

TALLURI, M., HILL, M.D. E KHALIDI, Y.A.: "A New Page Table for 64-bit Address Spaces", *Proc. 15th Symp. on Oper. Syst. Prin.*, ACM, pgs. 184-200, 1995.

TANENBAUM, A.S.: *Modern Operating Systems*, 2ª Ed., Upper Saddle River: NJ, Prentice Hall, 2001

TANENBAUM, A.S., VAN RENESSE, R., STAVEREN, H. VAN, SHARP, G.J., MULLENDER, S.J., JANSEN, J. E ROSSUM, G. VAN: "Experiences with the Amoeba Distributed Operating System", *Commun. of the ACM*, vol. 33, pgs. 46-63, Dez. 1990.

TANENBAUM, A.S. E VAN STEEN, M.R.: *Distributed Systems: Principles and Paradigms*, Upper Saddle River, NJ, Prentice Hall, 2002.

TEORY, T.J.: "Properties of Disk Scheduling Policies in Multiprogrammed Computer Systems", *Proc. AFIPS Fall Joint Computer Conf.*, AFIPS, pgs. 1-11, 1972.

THOMPSON, K.: "UNIX Implementation", *Bell System Technical Journal*, vol. 57, pgs. 1931-1946, Julho-Ago. 1978.

TREESE, W.: "The State of Security on the Internet", *NetWorker*, vol. 8, pgs. 13-15, Set. 2004.

TSEGAYE, M. E FOSS, R.: "A Comparison of the Linux and Windows Device Driver Architectures", *Operating Systems Review*, vol. 38, pgs. 8-33, Abril 2004.

UHLIG, R., NAGLE, D., STANLEY, T, MUDGE, T., SECREST, S. E BROWN, R: "Design Tradeoffs for Software-Managed TLBs", *ACM Trans. on Computer Systems*, vol. 12, pgs. 175-205, Ago. 1994.

UPPULURI, P., JOSHI, U. E RAY, A.: "Preventing Race Condition Attacks on File Systems", *Proc. 2005 ACM Symp. on Applied Computing*, ACM, pgs. 346-353, 2005.

VAHALIA, U.: *UNIX Internals—The New Frontiers,* 2ª Ed., Upper Saddle River, NJ: Prentice Hall, 1996.

VOGELS, W.: "File System Usage in Windows NT 4.0", *Proc. ACM Symp. on Operating System Principles*, ACM, pgs. 93-109, 1999.

WALDSPURGER, C.A. E WEIHL, W.E.: "Lottery Scheduling: Flexible Proportional-Share Resource Management", *Proc. First Symp. on Oper. Syst. Design and Implementation*, USENIX, pgs. 1-11, 1994.

WEISS, A.: "Spyware Be Gone", *NetWorker*, vol. 9, pgs. 18-25, Março 2005.

WILKES, J., GOLDING, R., STAELIN, C, ABD SULLIVAN, T.: "The HP AutoRAID Hierarchical Storage System", *ACM Trans. on Computer Systems*, vol. 14, pgs. 108-136, Fev. 1996.

WULF, W.A., COHEN, E.S., CORWIN, W.M., JONES, A.K., LEVIN, R., PIERSON, C. E POLLACK, F.J.: "HYDRA: The Kernel of a Multiprocessor Operating System", *Commun. of the ACM*, vol. 17, pgs. 337-345, Junho 1974.

YANG, J., TWOHEY, P., ENGLER, D. E MUSUVATHI, M.: "Using Model Checking to Find Serious File System Errors", *Proc. Sixth Symp. on Oper. Syst. Design and Implementation*, USENIX, 2004.

ZEKAUSKAS, M.J., SAWDON, W.A. E BERSHAD, B.N.: "Software Write Detection for a Distributed Shared Memory", *Proc. First Symp. on Oper. Syst. Design and Implementation*, USENIX, pgs. 87-100, 1994.

ZWICKY, E.D.: "Torture-Testing Backup and Archive Programs: Things You Ought to Know but Probably Would Rather Not", *Prof. Fifth Conf. on Large Installation Systems Admin.*, USENIX, pgs. 181-190, 1991.

APÊNDICE A

INSTALANDO O MINIX 3

A
INSTALANDO O MINIX 3

Este apêndice explica como instalar o MINIX 3. Uma instalação completa do MINIX 3 exige um processador Pentium (ou compatível) com pelo menos 16 MB de memória RAM, 1 GB de espaço livre em disco, um CD-ROM IDE e um disco rígido IDE. Uma instalação mínima (sem os fontes) exige 8 MB de memória RAM e 50 MB de espaço em disco. Atualmente não são suportados discos do tipo ATA, interfaces USB e SCSI seriais. Para CD-ROMS USB, consulte o site da Web: *www.minix3.org*.

A.1 PREPARAÇÃO

Se você já tem o CD-ROM (por exemplo, do livro), então pode pular os passos 1 e 2, mas é aconselhável consultar o endereço *www.minix3.org* para ver se existe uma versão mais recente disponível. Se você quiser executar o MINIX 3 em um simulador, em vez de usar a forma nativa, consulte primeiro a Parte V. Se você não tem um CD-ROM IDE, obtenha a imagem de inicialização especial do CD-ROM USB ou use um simulador.

1. **Download da imagem de CD-ROM do MINIX 3**

    Faça o *download* da imagem de CD-ROM do MINIX 3 a partir do site web do MINIX 3 no endereço *www.minix3.org*.

2. **Crie um CD-ROM de inicialização do MINIX 3**

    Descompacte o arquivo obtido por *download*. Você obterá um arquivo de imagem de CD-ROM com a extensão *.iso* e este manual. O arquivo *.iso* é uma imagem de CD-ROM, bit por bit. Grave-o em um CD-ROM para ter um CD-ROM de inicialização.

    Se você estiver usando *Easy CD Creator 5*, selecione "*Record CD from CD image*" no menu Arquivo e mude o tipo de arquivo de *.cif* para *.iso*, na caixa de diálogo que aparece. Selecione o arquivo de imagem e clique em "*Open*". Em seguida, clique em "*Start Recording*".

    Se você estiver usando *Nero Express 5*, escolha "*Disc Image or Saved Project*" e mude o tipo para "*Image Files*", selecione o arquivo de imagem e clique em "*Open*". Selecione seu gravador de CD e clique em "*Next*".

    Se você estiver executando o Windows XP e não tem um programa de gravação de CD-ROM, dê uma olhada no endereço *alexfeinman.brinkster.net/isorecorder.htm* para obter um gratuitamente e utilize-o para criar uma imagem do CD.

3. **Determine a controladora Ethernet que você tem**

   O MINIX 3 suporta vários controladores Ethernet para conexãoão em rede local, ADSL e a cabo. Isso inclui os chips Intel Pro/100, RealTek 8029 e 8139, AMD LANCE e vários da 3Com. Durante a configuração, será perguntado qual controladora Ethernet você tem. Determine isso examinando a documentação de seu computador. Como alternativa, se você estiver usando Windows, vá até o gerenciador de dispositivos, como segue:

   Windows 2000: Iniciar > Configurações > Painel de Controle > Sistema > Hardware > Gerenciador de Dispositivos
   Windows XP: Iniciar > Painel de Controle > Sistema > Hardware > Gerenciador de Dispositivos

   A opção Sistema exige um duplo clique; o resto exige um clique simples. Expanda o sinal de + ao lado de "Adaptadores de rede" para ver quais você tem em sua máquina. Tome nota. Se você não tem uma controladora suportada, mesmo assim você ainda pode executar o MINIX 3, mas sem Ethernet.

4. **Particione seu disco rígido**

   Se desejar, você pode inicializar o computador com o MINIX 3 a partir de CD-ROM, mas para fazer algo útil, é preciso criar uma partição para ele em seu disco rígido. Mas, antes de particionar, certifique-se de **fazer backup de seus dados em uma mídia externa, como um CD-ROM ou DVD,** como precaução de segurança, apenas para o caso de algo dar errado. Seus arquivos são valiosos; proteja-os.

   A não ser que você tenha certeza de que é especialista em particionamento de disco, com muita experiência, recomenda-se veementemente que leia o exercício dirigido *on-line* sobre particionamento de disco, no endereço *www.minix3.org/doc/partitions.html*. Se você já sabe gerenciar partições, crie uma área livre em disco de pelo menos 50 MB ou, se quiser todas as fontes, crie uma área de 1 GB. Se você não sabe gerenciar partições, mas tem um programa de particionamento como o *Partition Magic*, utilize-o para criar uma região de espaço livre no disco. Além disso, certifique-se de que haja pelo menos uma partição principal (isto é, a entrada *Master Boot Record*) livre. O script de configuração do MINIX 3 o conduzirá na criação de uma partição MINIX no espaço livre, que pode estar no primeiro ou no segundo disco IDE.

   Se você estiver executando o Windows 95, 98, ME ou 2000 e seu disco consiste em uma única partição FAT, então pode usar o programa *presz134.exe* no CD-ROM (também disponível no endereço *zeleps.com*) para reduzir seu tamanho, a fim de deixar espaço para o MINIX. Em todos os outros casos, leia cuidadosamente o exercício dirigido *on-line* citado anteriormente.

   Se seu disco é maior do que 128 GB, a partição do MINIX 3 deverá ficar inteiramente nos primeiros 128 GB (devido à maneira como os blocos de disco são endereçados).

   Alerta: se você cometer um erro durante o particionamento de disco, poderá perder todos os dados do disco; portanto, antes de começar, faça o *backup* deles em um **CD-ROM ou em um DVD. O particionamento de disco exige muito cuidado; portanto, proceda com cautela.**

A.2 INICIALIZAÇÃO

Agora você já deve ter alocado algum espaço livre em seu disco. Se você ainda não fez isso, faça agora, a menos que já exista uma partição que queira converter para o MINIX 3.

1. **Inicialização a partir do CD-ROM**

   Insira o CD-ROM em sua respectiva unidade e inicialize o computador a partir dele. Se você tiver 16 MB de memória RAM ou mais, escolha "regular"; se tiver apenas 8 MB, escolha "small". Se o computador inicializar a partir do disco rígido, em vez do CDROM, repita o procedimento e entre no programa de configuração da BIOS para mudar a ordem dos dispositivos de inicialização, colocando o CD-ROM antes do disco rígido.

2. *Login* como *root*

   Quando o *prompt* do *login* aparecer, conecte-se como *root*. Após um *login* bem-sucedido como *root*, você verá o *prompt* do *shell* (#). Nesse ponto, você está executando o MINIX 3 de forma totalmente operacional. Se você digitar:

   ls /usr/bin | more

   poderá ver que software está disponível. Pressione a barra de espaço para rolar a lista. Para verificar o que o programa *foo* faz, digite:

   man foo

   As páginas de manual também estão disponíveis no endereço *www.minix3.org/manpages*.

3. **Inicie o *script* de configuração**

   Para iniciar a instalação do MINIX 3 no disco rígido, digite

   setup

   Depois desse e de todos os outros comandos, certifique-se de digitar ENTER (RETURN). Quando o *script* de instalação termina, aparece uma tela com dois-pontos; pressione ENTER para continuar. Se a tela ficar em branco repentinamente, pressione CTRL-F3 para selecionar a rolagem por software (isso só deve ser necessário em computadores muito antigos). Note que CTRL-tecla significa pressionar a tecla CTRL e, enquanto a mantém pressionada, pressionar "tecla".

A.3 INSTALANDO NO DISCO RÍGIDO

Estes passos correspondem aos que aparecem na tela.

1. **Selecione o tipo de teclado**

   Quando solicitado, selecione o seu tipo de teclado. Este e outros passos têm uma escolha padrão, entre colchetes. Se você concordar com ela, basta pressionar ENTER. Na maioria dos passos, o padrão geralmente é uma boa escolha para os iniciantes. O teclado *us-swap* permuta as teclas CAPS LOCK e CTRL, como é convenção nos sistemas UNIX.

2. **Selecione seu controlador Ethernet**

   Agora, será perguntado quais dos *drivers* Ethernet disponíveis você deseja instalar (ou nenhum). Escolha uma das opções.

3. **Distribuição mínima básica ou completa?**

   Se você tiver pouco espaço em disco, selecione *M*, para uma instalação mínima, que inclui todos os binários, mas apenas os códigos-fonte do sistema. A opção mínima não instala os códigos-fonte dos comandos. 50 MB são suficientes para um sistema básico. Se você tiver 1 GB ou mais, escolha F, para uma instalação completa.

4. **Crie ou selecione uma partição para o MINIX 3**

   Primeiro, será perguntado se você é especialista em particionamento de disco MINIX 3. Se for, você será levado ao programa *part* para receber o poder de editar o *Master Boot Record* (e corda suficiente para se enforcar). Se você não é especialista, pressione ENTER para a ação padrão, que é um guia passo a passo automatizado para formatar uma partição de disco para o MINIX 3.

   Sub-passo 4.1: Selecione um disco para instalar o MINIX 3

   Uma controladora IDE pode ter até quatro discos. O *script de configuração* procurará cada um deles. Ignore as mensagens de erro. Quando as unidades de disco forem listadas, selecione uma e confirme sua escolha. Se você tem dois discos rígidos e decidir instalar o MINIX 3 no segundo e tiver problemas para inicializar a partir dele, consulte o endereço *www.minix3. org/doc/using2disks.html* para ver a solução.

   Sub-passo 4.2: Selecione uma zona do disco

   Agora, escolha uma zona para instalar o MINIX 3. Você tem três escolhas:

   (1) Selecionar uma zona livre

   (2) Selecionar uma partição para sobrescrever

   (3) Excluir uma partição para liberar espaço e combiná-la com o espaço livre adjacente

   Para as escolhas (1) e (2), digite o número da zona. Para a (3), digite

   delete

   e, então, forneça o número da zona, quando solicitado. Essa zona será sobrescrita e seu conteúdo anterior será perdido para sempre.

   Sub-passo 4.3: Confirme suas escolhas

   Agora, você chegou ao ponto sem volta. Será perguntado se você deseja continuar. **Se você aceitar, os dados na zona selecionada serão removidos para sempre.** Se você tiver certeza, digite:

   yes

   e, em seguida, ENTER. Para sair do *script* de configuração sem mudar a tabela de partição, pressione CTRL-C.

5. **Escolha de reinstalação**

   Se você escolheu uma partição existente do MINIX 3, neste passo será oferecida uma escolha entre uma instalação completa, que apagará tudo que há na partição, e uma reinstalação, que não afetará sua partição */home* existente. Esse projeto significa que você pode colocar seus arquivos pessoais em */home* e reinstalar uma versão mais recente do MINIX 3, quando estiver disponível, sem perder seus arquivos pessoais.

6. **Selecione o tamanho de /home**

   A partição selecionada será dividida em três subpartições: *root*, */usr* e */home*. Esta última é para seus próprios arquivos. Especifique quanto da partição deve ser separado para seus arquivos. Será solicitado para que você confirme sua escolha.

7. **Selecione um tamanho de bloco**

    São suportados tamanhos de bloco de disco de 1 KB, 2 KB, 4 KB e 8 KB, mas para usar um tamanho maior do que 4 KB, você precisa alterar uma constante e recompilar o sistema. Se sua memória tem 16 MB ou mais, use o padrão (4 KB); caso contrário, use 1 KB.

8. **Espere pela detecção de blocos defeituosos**

    Agora, o *script* de configuração percorrerá cada partição para localizar blocos de disco defeituosos. Isso levará vários minutos, possivelmente 10 minutos ou mais em uma partição grande. Seja paciente. Se você tiver absoluta certeza de que não existem blocos defeituosos, pode eliminar cada varredura pressionando CTRL-C.

9. **Espere que os arquivos sejam copiados**

    Quando a varredura terminar, os arquivos serão copiados automaticamente do CD-ROM para o disco rígido. Cada arquivo copiado é mostrado na tela. Quando a cópia terminar, o MINIX 3 estará instalado. Desligue o sistema, digitando

    shutdown

    Para evitar perda de dados, sempre pare o MINIX 3 dessa maneira, pois o MINIX 3 mantém alguns arquivos no disco de RAM e só os copia no disco rígido no momento da parada (*shutdown*).

A.4 TESTANDO SUA INSTALAÇÃO

Esta seção diz como testar sua instalação, reconstruir o sistema após modificá-lo e inicializá-lo posteriormente. Para começar, inicialize seu novo sistema MINIX 3. Por exemplo, se você usou a controladora 0, disco 0, partição 3, digite

    boot c0d0p3

e conecte-se como *root*. Sob condições muito raras, o número da unidade de disco vista pela BIOS (e utilizada pelo monitor de inicialização) pode não concordar com aquele usado pelo MINIX 3. Tente primeiro o que foi anunciado pelo *script* de configuração. Esse é um bom momento para criar uma senha de root. Para obter ajuda, consulte *man passwd*.

1. **Compile a seqüência de testes**

    Para testar o MINIX 3, no *prompt* de comando (#), digite

    cd /usr/src/test
    make

    e espere até que ele termine todas as 40 compilações. Desconecte-se digitando CTRL-D,

2. **Execute a seqüência de teste**

    Para testar o sistema, conecte-se como *bin* (exigido) e digite

    cd /usr/src/test
    ./run

    para executar os programas de teste. Todos eles devem funcionar corretamente, mas podem demorar 20 min em uma máquina rápida e mais de uma hora em uma máquina lenta. *Nota*: é necessário compilar o conjunto de teste como *root*, mas execute-o como *bin* para ver se o bit *setuid* funciona corretamente.

3. **Reconstrua o sistema operacional inteiro**

    Se todos os testes funcionaram corretamente, você pode agora reconstruir o sistema. Isso não é necessário, pois ele vem previamente construído, mas se você pretende modificar o sistema, precisará saber como fazer isso. Além disso, reconstruir o sistema é um bom teste para ver se ele funciona. Digite:

    cd /usr/src/tools
    make

    para ver as diversas opções disponíveis. Agora, faça uma nova imagem de inicialização, digitando

    su
    make clean
    time make image

    Você acabou de reconstruir o sistema operacional, incluindo todas as partes do núcleo e do modo usuário. Isso não demorou muito, demorou? Se você tiver uma unidade de disquete, é possível fazer um disquete de inicialização para usar posteriormente, inserindo um disquete formatado e digitando

    make fdboot

    Quando for solicitado a completar o caminho, digite:

    fd0

    Essa estratégia atualmente não funciona com disquetes USB, pois ainda não há nenhum suporte a *drivers* de disquete USB no MINIX 3. Para atualizar a imagem de inicialização correntemente instalada no disco rígido, digite

    make hdboot

4. **Desligue e reinicialize o novo sistema**

    Para inicializar o novo sistema, primeiro desligue, digitando:

    shutdown

    Esse comando salva certos arquivos e leva de volta ao monitor de inicialização do MINIX 3. Para obter um resumo do que o monitor de inicialização pode fazer, enquanto se está nele, digite:

    help

    Para mais detalhes, consulte o endereço *www.minix3.org/manpages/man8/boot.8.html*. Agora, você pode remover o CD-ROM, ou o disquete, e desligar o computador.

5. **Reinicializando o sistema**

    Se você tem uma unidade de disquete, o modo mais simples de inicializar o MINIX 3 é inserindo seu novo disquete de inicialização e ligando a energia. Isso demora apenas alguns segundos. Como alternativa, inicialize a partir do CD-ROM do MINIX 3, conecte-se como *bin* e digite:

shutdown

para voltar ao monitor de inicialização do MINIX 3. Agora, digite:

boot c0d0p0

para inicializar a partir do arquivo de imagem do sistema operacional na controladora 0, *driver* 0, partição 0. Naturalmente, se você tiver posto o MINIX 3 no *driver* 0 partição 1, use:

boot c0d0p1

e assim sucessivamente.

Uma terceira possibilidade é tornar ativa a partição do MINIX 3 e usar o monitor de inicialização para disparar o MINIX 3 ou qualquer outro sistema operacional. Para ver os detalhes, consulte o endereço *www.minix3.org/manpages/man8/boot.8.html*.

Finalmente, uma quarta opção é instalar um carregador de inicialização múltipla, como o LILO ou o GRUB (*www.gnu.org/software/grub*). Então, você poderá inicializar qualquer um de seus sistemas operacionais facilmente. Uma discussão sobre os carregadores de inicialização múltipla está fora dos objetivos deste guia, mas existem algumas informações sobre o assunto no endereço *www.minix3.org/doc*.

A.5 USANDO UM SIMULADOR

Uma estratégia completamente diferente para executar o MINIX 3 é executá-lo sobre outro sistema operacional, em vez da forma nativa simples. Várias máquinas virtuais, simuladores e emuladores estão disponíveis para esse propósito. Alguns dos mais populares são:

- VMware (www.vmware.com)
- Bochs (www.bochs.org)
- QEMU (www.qemu.org)

Consulte a documentação de cada um deles. Executar um programa em um simulador é semelhante a executá-lo na máquina real; portanto, você deve voltar para a Parte I, obter o CD-ROM mais recente e continuar a partir desse ponto.

APÊNDICE B

O CÓDIGO-FONTE DO MINIX

```
+++++++++++++++++++++++++++++++++++++++++++++++++++++++++++++++++++++++++++
                              include/ansi.h
+++++++++++++++++++++++++++++++++++++++++++++++++++++++++++++++++++++++++++
00000   /* O cabeçalho <ansi.h> tenta decidir se o compilador é suficientemente
00001    * compatível com o Standard C para que o Minix tire proveito dele. Se for, o
00002    * símbolo _ANSI será definido (como 31459). Caso contrário, _ANSI não será definido
00003    * aqui, mas poderá ser definido pelos aplicativos que queiram se submeter às regras.
00004    * O número mágico na definição serve para inibir a submissão desnecessária
00005    * às regras. (Por consistência com os novos testes de '#ifdef _ANSI" nos
00006    * cabeçalhos, _ANSI deveria ser definido como nada, mas isso
00007    * danificaria muitas rotinas de biblioteca que utilizam"#if _ANSI".)
00008    *
00009    * Se _ANSI acabar sendo definido, uma macro
00010    *
00011    *      _PROTOTYPE(function, params)
00012    *
00013    * será definida. Essa macro se expande de diferentes maneiras, gerando
00014    * prototypes Standard C ANSI ou prototypes de estilo antigo K&R (Kernighan & Ritchie),
00015    * conforme for necessário. Finalmente, alguns programas usam _CONST, _VOIDSTAR etc
00016    * de maneira tal que eles são portáveis nos compiladores ANSI e K&R.
00017    * As macros apropriadas estão definidas aqui.
00018    */
00019
00020   #ifndef _ANSI_H
00021   #define _ANSI_H
00022
00023   #if __STDC__ == 1
00024   #define _ANSI           31459   /* o compilador exige tconformidade completa com ANSI */
00025   #endif
00026
00027   #ifdef __GNUC__
00028   #define _ANSI           31459   /* gcc adapta-se o suficiente, até mesmo no modo não-ANSI*/
00029   #endif
00030
00031   #ifdef _ANSI
00032
00033   /* Mantém tudo para prototypes ANSI. */
00034   #define _PROTOTYPE(function, params)    function params
00035   #define _ARGS(params)                   params
00036
00037   #define _VOIDSTAR       void *
00038   #define _VOID           void
00039   #define _CONST          const
00040   #define _VOLATILE       volatile
00041   #define _SIZET          size_t
00042
00043   #else
00044
00045   /* Se desfaz dos parâmetros dos prototypes K&R . */
00046   #define _PROTOTYPE(function, params)    function()
00047   #define _ARGS(params)                   ()
00048
00049   #define _VOIDSTAR       void *
00050   #define _VOID           void
00051   #define _CONST
00052   #define _VOLATILE
00053   #define _SIZET          int
00054
```

```
00055   #endif /* _ANSI */
00056
00057   /* Isto deve ser definido como restrito quando for usado o compilador C99. */
00058   #define _RESTRICT
00059
00060   /* Configurar _MINIX, _POSIX_C_SOURCE ou _POSIX2_SOURCE implica em
00061    * _POSIX_SOURCE.   (Parece errado colocar isso aqui, no espaço ANSI.)
00062    */
00063   #if defined(_MINIX) || _POSIX_C_SOURCE > 0 || defined(_POSIX2_SOURCE)
00064   #undef _POSIX_SOURCE
00065   #define _POSIX_SOURCE    1
00066   #endif
00067
00068   #endif /* ANSI_H */
```

++
                              include/limits.h
++

```
00100   /* O cabeçalho <limits.h> define alguns tamanhos básicos, tanto dos tipos de linguagem
00101    * (por exemplo, o número de bits em um valor inteiro) como do sistema operacional (por
00102    * exemplo, o número de caracteres em um nome de arquivo.
00103    */
00104
00105   #ifndef _LIMITS_H
00106   #define _LIMITS_H
00107
00108   /* Definições sobre valores char (8 bits no MINIX e com sinal). */
00109   #define CHAR_BIT          8     /* número de bits em um char */
00110   #define CHAR_MIN        128     /* valor mínimo de um char */
00111   #define CHAR_MAX        127     /* valor máximo de um char */
00112   #define SCHAR_MIN      -128     /* valor mínimo de um char com sinal */
00113   #define SCHAR_MAX       127     /* valor máximo de um char com sinal */
00114   #define UCHAR_MAX       255     /* valor máximo de um char sem sinal */
00115   #define MB_LEN_MAX        1     /* comprimento máximo de um caractere de vários bytes */
00116
00117   /* Definições sobre valores short (16 bits no MINIX). */
00118   #define SHRT_MIN   (-32767-1)   /* valor mínimo de um short */
00119   #define SHRT_MAX       32767    /* valor máximo de um short */
00120   #define USHRT_MAX     0xFFFF    /* valor máximo de um short sem sinal */
00121
00122   /* _EM_WSIZE é um símbolo gerado pelo compilador fornecendo o tamanho da palavra em bytes. */
00123   #define INT_MIN (-2147483647-1) /* valor mínimo de um int de 32 bits */
00124   #define INT_MAX   2147483647    /* valor máximo de um int de 32 bits */
00125   #define UINT_MAX  0xFFFFFFFF    /* valor máximo de um int de 32 bits sem sinal */
00126
00127   /*Definições sobre valores long (32 bits no MINIX). */
00128   #define LONG_MIN (-2147483647L-1) /* valor mínimo de um long */
00129   #define LONG_MAX  2147483647L     /* valor máximo de um long */
00130   #define ULONG_MAX 0xFFFFFFFFL     /* valor máximo de um long sem sinal */
00131
00132   #include <sys/dir.h>
00133
00134   /* Tamanhos mínimos exigidos pelo padrão POSIX P1003.1 (Tabela 2-3). */
00135   #ifdef _POSIX_SOURCE            /* esses só são visíveis para o POSIX */
00136   #define _POSIX_ARG_MAX    4096  /* exec() pode ter 4K de argumentos */
00137   #define _POSIX_CHILD_MAX     6  /* um processo pode ter 6 filhos */
00138   #define _POSIX_LINK_MAX      8  /* um arquivo pode ter 8 vínculos */
00139   #define _POSIX_MAX_CANON   255  /* tamanho da fila de entrada canônica */
```

```
00140   #define _POSIX_MAX_INPUT       255   /* você pode digitar 255 caracteres antecipadamente */
00141   #define _POSIX_NAME_MAX     DIRSIZ   /* um nome de arquivo pode ter 14 caracteres */
00142   #define _POSIX_NGROUPS_MAX       0   /* as IDs de grupo complementares são opcionais */
00143   #define _POSIX_OPEN_MAX         16   /* um processo pode ter 16 arquivos abertos */
00144   #define _POSIX_PATH_MAX        255   /* um nome de caminho pode conter 255 caracteres */
00145   #define _POSIX_PIPE_BUF        512   /* as escritas em pipes de 512 bytes devem ser atômicas */
00146   #define _POSIX_STREAM_MAX        8   /* pelo menos 8 arquivos podem ser abertos de uma vez */
00147   #define _POSIX_TZNAME_MAX        3   /* Nomes de fuso horário com pelo menos 3 caracteres */
00148   #define _POSIX_SSIZE_MAX     32767   /* read() deve suportar leituras de 32767 bytes */
00149
00150   /* Valores realmente implementados pelo MINIX (Tabelas 2-4, 2-5, 2-6 e 2-7). */
00151   /* Alguns desses nomes antigos devem ser melhor definidos quando não POSIX. */
00152   #define _NO_LIMIT              100   /* número arbitrário; limite não imposto */
00153
00154   #define NGROUPS_MAX              0   /* IDs de grupo suplementares não disponíveis */
00155   #define ARG_MAX              16384   /* número de bytes de args + ambiente para exec() */
00156   #define CHILD_MAX         NO_LIMIT   /* o MINIX não limita os filhos */
00157   #define OPEN_MAX                20   /* número de arquivos abertos que um processo pode ter */
00158   #define LINK_MAX          SHRT_MAX   /* número de vínculos que um arquivo pode ter */
00159   #define MAX_CANON              255   /* tamanho da fila de entrada canônica */
00160   #define MAX_INPUT              255   /* tamanho do buffer de antecipação de tipo */
00161   #define NAME_MAX            DIRSIZ   /* número de caracteres em um nome de arquivo */
00162   #define PATH_MAX               255   /* número de caracteres em um nome de caminho */
00163   #define PIPE_BUF              7168   /* número de bytes na escrita atômica em um pipe */
00164   #define STREAM_MAX              20   /* deve ser igual a FOPEN_MAX em stdio.h */
00165   #define TZNAME_MAX               3   /* o máximo de bytes em um nome de fuso horário é 3 */
00166   #define SSIZE_MAX            32767   /* contagem de byte máxima definida para read() */
00167
00168   #endif /* _POSIX_SOURCE */
00169
00170   #endif /* _LIMITS_H */
```

```
++++++++++++++++++++++++++++++++++++++++++++++++++++++++++++++++++++++++++
                                include/errno.h
++++++++++++++++++++++++++++++++++++++++++++++++++++++++++++++++++++++++++
00200   /* O cabeçalho <errno.h> define os números dos vários erros que podem
00201    * ocorrer durante a execução do programa. Eles são visíveis para programas de usuário e
00202    * devem ser valores inteiros positivos pequenos. Entretanto, eles também são usados
00203    * dentro do MINIX, onde devem ser negativos. Por exemplo, a chamada de sistema READ é
00204    * executada internamente pela chamada do_read(). Esta função retorna um número de
00205    * erro (negativo) ou o número (positivo) de bytes realmente lidos.
00206    *
00207    * Para resolver o problema de ter números de erro negativos dentro do
00208    * sistema e positivos fora, o seguinte mecanismo é usado. Todas as
00209    * definições são da forma:
00210    *
00211    *      #define EPERM           (_SIGN 1)
00212    *
00213    * Se a macro _SYSTEM for definida, então _SIGN será configurada como "-";caso contrário,
00214    * ela será configurada como "". Assim, ao compilar o sistema operacional, a macro _SYSTEM
00215    * será definida, configurando EPERM como (- 1), enquanto que, quando esse
00216    * arquivo for incluído em um programa de usuário normal, EPERM terá o valor ( 1).
00217    */
00218
00219   #ifndef _ERRNO_H                 /* verifica se <errno.h> já está incluído */
```

```
00220 #define _ERRNO_H                        /* não está incluído; anote esse fato */
00221
00222 /* Agora define _SIGN como "" ou "-", dependendo de _SYSTEM. */
00223 #ifdef _SYSTEM
00224 #   define _SIGN           -
00225 #   define OK              0
00226 #else
00227 #   define _SIGN
00228 #endif
00229
00230 extern int errno;                        /* lugar onde ficam os números de erro */
00231
00232 /* Aqui estão os valores numéricos dos números de erro. */
00233 #define _NERROR            70 /* número de error */
00234
00235 #define EGENERIC      (_SIGN 99) /* erro genérico */
00236 #define EPERM         (_SIGN  1) /* operação não permitida */
00237 #define ENOENT        (_SIGN  2) /* não existe tal arquivo ou diretório */
00238 #define ESRCH         (_SIGN  3) /* não existe tal processo */
00239 #define EINTR         (_SIGN  4) /* chamada de função interrompida */
00240 #define EIO           (_SIGN  5) /* erros de entrada/saída */
00241 #define ENXIO         (_SIGN  6) /* não existe tal dispositivo ou endereço */
00242 #define E2BIG         (_SIGN  7) /* lista de argumentos grande demais */
00243 #define ENOEXEC       (_SIGN  8) /* erro de formato de exec */
00244 #define EBADF         (_SIGN  9) /* descritor de arquivo defeituoso */
00245 #define ECHILD        (_SIGN 10) /* não existe processo filho */
00246 #define EAGAIN        (_SIGN 11) /* recurso temporariamente indisponível */
00247 #define ENOMEM        (_SIGN 12) /* sem espaço suficiente */
00248 #define EACCES        (_SIGN 13) /* permissão negada */
00249 #define EFAULT        (_SIGN 14) /* endereço defeituoso */
00250 #define ENOTBLK       (_SIGN 15) /* Extensão: não é um arquivo de bloco especial */
00251 #define EBUSY         (_SIGN 16) /* recurso ocupado */
00252 #define EEXIST        (_SIGN 17) /* o arquivo existe */
00253 #define EXDEV         (_SIGN 18) /* vínculo incorreto */
00254 #define ENODEV        (_SIGN 19) /* não existe tal dispositivo */
00255 #define ENOTDIR       (_SIGN 20) /* não é um diretório */
00256 #define EISDIR        (_SIGN 21) /* é um diretório */
00257 #define EINVAL        (_SIGN 22) /* argumento inválido */
00258 #define ENFILE        (_SIGN 23) /* arquivos abertos demais no sistema */
00259 #define EMFILE        (_SIGN 24) /* arquivos abertos demais */
00260 #define ENOTTY        (_SIGN 25) /* operação de controle de E/S inadequada */
00261 #define ETXTBSY       (_SIGN 26) /* não é mais usado */
00262 #define EFBIG         (_SIGN 27) /* arquivo grande demais */
00263 #define ENOSPC        (_SIGN 28) /* não resta espaço no dispositivo */
00264 #define ESPIPE        (_SIGN 29) /* busca inválida */
00265 #define EROFS         (_SIGN 30) /* sistema de arquivos somente de leitura */
00266 #define EMLINK        (_SIGN 31) /* vínculos demais */
00267 #define EPIPE         (_SIGN 32) /* pipe danificado */
00268 #define EDOM          (_SIGN 33) /* erro de do (do C ANSI padrão) */
00269 #define ERANGE        (_SIGN 34) /* resultado grande demais (do C ANSI padrão) */
00270 #define EDEADLK       (_SIGN 35) /* impasse de recurso evitado */
00271 #define ENAMETOOLONG  (_SIGN 36) /* nome de arquivo longo demais */
00272 #define ENOLCK        (_SIGN 37) /* nenhuma trava disponível */
00273 #define ENOSYS        (_SIGN 38) /* função não implementada */
00274 #define ENOTEMPTY     (_SIGN 39) /* diretório não vazio */
00275
00276 /* Os erros a seguir se relacionam com interligação em rede. */
00277 #define EPACKSIZE     (_SIGN 50) /* tamanho de pacote inválido para algum protocolo */
00278 #define EOUTOFBUFS    (_SIGN 51) /* não restam buffers suficientes */
00279 #define EBADIOCTL     (_SIGN 52) /* ioctl inválido para o dispositivo */
```

```
00280   #define EBADMODE       (_SIGN 53)   /* badmode em ioctl */
00281   #define EWOULDBLOCK    (_SIGN 54)
00282   #define EBADDEST       (_SIGN 55)   /* não é um endereço de destino válido */
00283   #define EDSTNOTRCH     (_SIGN 56)   /* destino inacessível */
00284   #define EISCONN        (_SIGN 57)   /* tudo pronto e conectado */
00285   #define EADDRINUSE     (_SIGN 58)   /* endereço em uso */
00286   #define ECONNREFUSED   (_SIGN 59)   /* conexão recusada */
00287   #define ECONNRESET     (_SIGN 60)   /* conexão reconfigurada */
00288   #define ETIMEDOUT      (_SIGN 61)   /* conexão expirada */
00289   #define EURG           (_SIGN 62)   /* dados urgentes presentes */
00290   #define ENOURG         (_SIGN 63)   /* dados não urgentes presentes */
00291   #define ENOTCONN       (_SIGN 64)   /* nenhuma conexão (ainda ou mais nenhuma) */
00292   #define ESHUTDOWN      (_SIGN 65)   /* uma chamada write para uma desfazer conexão */
00293   #define ENOCONN        (_SIGN 66)   /* não existe tal conexão */
00294   #define EAFNOSUPPORT   (_SIGN 67)   /* família de endereços não suportada */
00295   #define EPROTONOSUPPORT (_SIGN 68)  /* protocolo não suportado pelo AF */
00296   #define EPROTOTYPE     (_SIGN 69)   /* tipo de protocolo errado para o soquete */
00297   #define EINPROGRESS    (_SIGN 70)   /* Operação em andamento agora */
00298   #define EADDRNOTAVAIL  (_SIGN 71)   /* Impossível atribuir endereço solicitado */
00299   #define EALREADY       (_SIGN 72)   /* Conexão já em andamento */
00300   #define EMSGSIZE       (_SIGN 73)   /* Mensagem longa demais */
00301
00302   /* Os seguintes não são erros do POSIX, mas ainda podem acontecer.
00303    * Todos eles são gerados pelo núcleo e se relacionam à passagem de mensagens.
00304    */
00305   #define ELOCKED        (_SIGN 101)  /* impossível enviar mensagem devido a impasse */
00306   #define EBADCALL       (_SIGN 102)  /* número de chamada de sistema inválido */
00307   #define EBADSRCDST     (_SIGN 103)  /* processo de origem ou destino danificado */
00308   #define ECALLDENIED    (_SIGN 104)  /* não tem permissão para a chamada de sistema */
00309   #define EDEADDST       (_SIGN 105)  /* destino do envio não está ativo */
00310   #define ENOTREADY      (_SIGN 106)  /* origem ou destino não está pronto */
00311   #define EBADREQUEST    (_SIGN 107)  /* o destino não pode manipular o pedido */
00312   #define EDONTREPLY     (_SIGN 201)  /* pseudo-código: não envia uma resposta */
00313
00314   #endif /* _ERRNO_H */
```

++
                              include/unistd.h
++

```
00400   /* O cabeçalho <unistd.h> contém algumas constantes de manifesto misturadas. */
00401
00402   #ifndef _UNISTD_H
00403   #define _UNISTD_H
00404
00405   #ifndef _TYPES_H
00406   #include <sys/types.h>
00407   #endif
00408
00409   /* Valores usados por access(). Tabela 2-8 do POSIX. */
00410   #define F_OK           0    /* testa se o arquivo existe */
00411   #define X_OK           1    /* testa se o arquivo é executável */
00412   #define W_OK           2    /* testa se o arquivo é gravável*/
00413   #define R_OK           4    /* testa se o arquivo é legível */
00414
00415   /* Valores usados por whence em lseek(fd, offset, whence). Tabela 2-9 do POSIX. */
00416   #define SEEK_SET       0    /* o deslocamento é absoluto */
00417   #define SEEK_CUR       1    /* o deslocamento é relativo à posição corrente */
00418   #define SEEK_END       2    /* o deslocamento é relativo ao final do arquivo */
00419
```

```
00420   /* Este valor é exigido pela Tabela 2-10 do POSIX. */
00421   #define _POSIX_VERSION 199009L   /* qual padrão está sendo obedecido */
00422
00423   /* Estas três definições são exigidas pela Seção 8.2.1.2 do POSIX. */
00424   #define STDIN_FILENO      0     /* descritor de arquivo para stdin */
00425   #define STDOUT_FILENO     1     /* descritor de arquivo para stdout */
00426   #define STDERR_FILENO     2     /* descritor de arquivo para stderr */
00427
00428   #ifdef _MINIX
00429   /* Como sair do sistema ou interoómper um processo servidor. */
00430   #define RBT_HALT          0
00431   #define RBT_REBOOT        1
00432   #define RBT_PANIC         2     /* um servidor entra em pânico */
00433   #define RBT_MONITOR       3     /* permite que o monitor faça isso */
00434   #define RBT_RESET         4     /* reconfiguração incondicional do sistema */
00435   #endif
00436
00437   /* Quais informações de sistema recuperar com sysgetinfo(). */
00438   #define SI_KINFO          0     /* obtém informações do núcleo via GP */
00439   #define SI_PROC_ADDR      1     /* endereço da tabela de processos */
00440   #define SI_PROC_TAB       2     /* cópia da tabela de processos inteira */
00441   #define SI_DMAP_TAB       3     /* obtém mapeamentos de dispositivo <-> driver */
00442
00443   /* NULL deve ser definido em <unistd.h>, de acordo com a Seção 2.7.1 do POSIX. */
00444   #define NULL    ((void *)0)
00445
00446   /* Variáveis de sistema que podem ser configuradas . Tabela 4-2 do POSIX. */
00447   #define _SC_ARG_MAX         1
00448   #define _SC_CHILD_MAX       2
00449   #define _SC_CLOCKS_PER_SEC  3
00450   #define _SC_CLK_TCK         3
00451   #define _SC_NGROUPS_MAX     4
00452   #define _SC_OPEN_MAX        5
00453   #define _SC_JOB_CONTROL     6
00454   #define _SC_SAVED_IDS       7
00455   #define _SC_VERSION         8
00456   #define _SC_STREAM_MAX      9
00457   #define _SC_TZNAME_MAX     10
00458
00459   /* Variáveis de nome de caminho que podem ser configuradas. Tabela 5-2 do POSIX. */
00460   #define _PC_LINK_MAX        1   /* contador de vínculos */
00461   #define _PC_MAX_CANON       2   /* tamanho da fila de entrada canônica */
00462   #define _PC_MAX_INPUT       3   /* tamanho de buffer de tipo antecipado */
00463   #define _PC_NAME_MAX        4   /* tamanho de nome de arquivo */
00464   #define _PC_PATH_MAX        5   /* tamanho de nome de caminho */
00465   #define _PC_PIPE_BUF        6   /* tamanho de pipe */
00466   #define _PC_NO_TRUNC        7   /* tratamento de componentes de nome longo */
00467   #define _PC_VDISABLE        8   /* desativar tty */
00468   #define _PC_CHOWN_RESTRICTED 9  /* chown restrito ou não */
00469
00470   /* O POSIX define várias opções que podem ou não ser implementadas, de acordo
00471    * com o implementador. Este implementador fez as seguintes escolhas:
00472    *
00473    * _POSIX_JOB_CONTROL      não definido:      nenhum controle de tarefa
00474    * _POSIX_SAVED_IDS        não definido:      nenhum uid/gid salvo
00475    * _POSIX_NO_TRUNC         definido como -1:  os nomes de caminho longos são truncados
00476    * _POSIX_CHOWN_RESTRICTED definido:          você não pode desfazer-se de arquivos
00477    * _POSIX_VDISABLE         definido:          as funções tty podem ser desativadas
00478    */
00479   #define _POSIX_NO_TRUNC     (-1)
```

```
00480   #define _POSIX_CHOWN_RESTRICTED   1
00481
00482   /* Prototypes de Função */
00483   _PROTOTYPE( void _exit, (int _status)                                        );
00484   _PROTOTYPE( int access, (const char *_path, int _amode)                      );
00485   _PROTOTYPE( unsigned int alarm, (unsigned int _seconds)                      );
00486   _PROTOTYPE( int chdir, (const char *_path)                                   );
00487   _PROTOTYPE( int fchdir, (int fd)                                             );
00488   _PROTOTYPE( int chown, (const char *_path, _mnx_Uid_t _owner, _mnx_Gid_t _group)    );
00489   _PROTOTYPE( int close, (int _fd)                                             );
00490   _PROTOTYPE( char *ctermid, (char *_s)                                        );
00491   _PROTOTYPE( char *cuserid, (char *_s)                                        );
00492   _PROTOTYPE( int dup, (int _fd)                                               );
00493   _PROTOTYPE( int dup2, (int _fd, int _fd2)                                    );
00494   _PROTOTYPE( int execl, (const char *_path, const char *_arg, ...)            );
00495   _PROTOTYPE( int execle, (const char *_path, const char *_arg, ...)           );
00496   _PROTOTYPE( int execlp, (const char *_file, const char *_arg, ...)           );
00497   _PROTOTYPE( int execv, (const char *_path, char *const _argv[])              );
00498   _PROTOTYPE( int execve, (const char *_path, char *const _argv[],
00499                                               char *const _envp[])             );
00500   _PROTOTYPE( int execvp, (const char *_file, char *const _argv[])             );
00501   _PROTOTYPE( pid_t fork, (void)                                               );
00502   _PROTOTYPE( long fpathconf, (int _fd, int _name)                             );
00503   _PROTOTYPE( char *getcwd, (char *_buf, size_t _size)                         );
00504   _PROTOTYPE( gid_t getegid, (void)                                            );
00505   _PROTOTYPE( uid_t geteuid, (void)                                            );
00506   _PROTOTYPE( gid_t getgid, (void)                                             );
00507   _PROTOTYPE( int getgroups, (int _gidsetsize, gid_t _grouplist[])             );
00508   _PROTOTYPE( char *getlogin, (void)                                           );
00509   _PROTOTYPE( pid_t getpgrp, (void)                                            );
00510   _PROTOTYPE( pid_t getpid, (void)                                             );
00511   _PROTOTYPE( pid_t getppid, (void)                                            );
00512   _PROTOTYPE( uid_t getuid, (void)                                             );
00513   _PROTOTYPE( int isatty, (int _fd)                                            );
00514   _PROTOTYPE( int link, (const char *_existing, const char *_new)              );
00515   _PROTOTYPE( off_t lseek, (int _fd, off_t _offset, int _whence)               );
00516   _PROTOTYPE( long pathconf, (const char *_path, int _name)                    );
00517   _PROTOTYPE( int pause, (void)                                                );
00518   _PROTOTYPE( int pipe, (int _fildes[2])                                       );
00519   _PROTOTYPE( ssize_t read, (int _fd, void *_buf, size_t _n)                   );
00520   _PROTOTYPE( int rmdir, (const char *_path)                                   );
00521   _PROTOTYPE( int setgid, (_mnx_Gid_t _gid)                                    );
00522   _PROTOTYPE( int setpgid, (pid_t _pid, pid_t _pgid)                           );
00523   _PROTOTYPE( pid_t setsid, (void)                                             );
00524   _PROTOTYPE( int setuid, (_mnx_Uid_t _uid)                                    );
00525   _PROTOTYPE( unsigned int sleep, (unsigned int _seconds)                      );
00526   _PROTOTYPE( long sysconf, (int _name)                                        );
00527   _PROTOTYPE( pid_t tcgetpgrp, (int _fd)                                       );
00528   _PROTOTYPE( int tcsetpgrp, (int _fd, pid_t _pgrp_id)                         );
00529   _PROTOTYPE( char *ttyname, (int _fd)                                         );
00530   _PROTOTYPE( int unlink, (const char *_path)                                  );
00531   _PROTOTYPE( ssize_t write, (int _fd, const void *_buf, size_t _n)            );
00532
00533   /* Open Group Base Specifications Issue 6 (incompleto) */
00534   _PROTOTYPE( int symlink, (const char *path1, const char *path2)              );
00535   _PROTOTYPE( int getopt, (int _argc, char **_argv, char *_opts)               );
00536   extern char *optarg;
00537   extern int optind, opterr, optopt;
00538   _PROTOTYPE( int usleep, (useconds_t _useconds)                               );
00539
```

```
00540   #ifdef _MINIX
00541   #ifndef _TYPE_H
00542   #include <minix/type.h>
00543   #endif
00544   _PROTOTYPE( int brk, (char *_addr)                                        );
00545   _PROTOTYPE( int chroot, (const char *_name)                               );
00546   _PROTOTYPE( int mknod, (const char *_name, _mnx_Mode_t _mode, Dev_t _addr)     );
00547   _PROTOTYPE( int mknod4, (const char *_name, _mnx_Mode_t _mode, Dev_t _addr,
00548               long _size)                                                   );
00549   _PROTOTYPE( char *mktemp, (char *_template)                               );
00550   _PROTOTYPE( int mount, (char *_spec, char *_name, int _flag)              );
00551   _PROTOTYPE( long ptrace, (int _req, pid_t _pid, long _addr, long _data)   );
00552   _PROTOTYPE( char *sbrk, (int _incr)                                       );
00553   _PROTOTYPE( int sync, (void)                                              );
00554   _PROTOTYPE( int fsync, (int fd)                                           );
00555   _PROTOTYPE( int umount, (const char *_name)                               );
00556   _PROTOTYPE( int reboot, (int _how, ...)                                   );
00557   _PROTOTYPE( int gethostname, (char *_hostname, size_t _len)               );
00558   _PROTOTYPE( int getdomainname, (char *_domain, size_t _len)               );
00559   _PROTOTYPE( int ttyslot, (void)                                           );
00560   _PROTOTYPE( int fttyslot, (int _fd)                                       );
00561   _PROTOTYPE( char *crypt, (const char *_key, const char *_salt)            );
00562   _PROTOTYPE( int getsysinfo, (int who, int what, void *where)              );
00563   _PROTOTYPE( int getprocnr, (void)                                         );
00564   _PROTOTYPE( int findproc, (char *proc_name, int *proc_nr)                 );
00565   _PROTOTYPE( int allocmem, (phys_bytes size, phys_bytes *base)             );
00566   _PROTOTYPE( int freemem, (phys_bytes size, phys_bytes base)               );
00567   #define DEV_MAP 1
00568   #define DEV_UNMAP 2
00569   #define mapdriver(driver, device, style) devctl(DEV_MAP, driver, device, style)
00570   #define unmapdriver(device) devctl(DEV_UNMAP, 0, device, 0)
00571   _PROTOTYPE( int devctl, (int ctl_req, int driver, int device, int style));
00572
00573   /* Para compatibilidade com outros sistemas Unix */
00574   _PROTOTYPE( int getpagesize, (void)                                       );
00575   _PROTOTYPE( int setgroups, (int ngroups, const gid_t *gidset)             );
00576
00577   #endif
00578
00579   _PROTOTYPE( int readlink, (const char *, char *, int));
00580   _PROTOTYPE( int getopt, (int, char **, char *));
00581   extern int optind, opterr, optopt;
00582
00583   #endif /* _UNISTD_H */
```

++
                              include/string.h
++

```
00600   /* O cabeçalho <string.h> contém prototypes para as funções de tratamento
00601    * de string.
00602    */
00603
00604   #ifndef _STRING_H
00605   #define _STRING_H
00606
00607   #define NULL     ((void *)0)
00608
00609   #ifndef _SIZE_T
```

```
00610   #define _SIZE_T
00611   typedef unsigned int size_t; /* tipo retornado por sizeof */
00612   #endif /*_SIZE_T */
00613
00614   /* Prototypes de Função. */
00615   #ifndef _ANSI_H
00616   #include <ansi.h>
00617   #endif
00618
00619   _PROTOTYPE( void *memchr, (const void *_s, int _c, size_t _n)              );
00620   _PROTOTYPE( int memcmp, (const void *_s1, const void *_s2, size_t _n)     );
00621   _PROTOTYPE( void *memcpy, (void *_s1, const void *_s2, size_t _n)         );
00622   _PROTOTYPE( void *memmove, (void *_s1, const void *_s2, size_t _n)        );
00623   _PROTOTYPE( void *memset, (void *_s, int _c, size_t _n)                   );
00624   _PROTOTYPE( char *strcat, (char *_s1, const char *_s2)                    );
00625   _PROTOTYPE( char *strchr, (const char *_s, int _c)                        );
00626   _PROTOTYPE( int strncmp, (const char *_s1, const char *_s2, size_t _n)    );
00627   _PROTOTYPE( int strcmp, (const char *_s1, const char *_s2)                );
00628   _PROTOTYPE( int strcoll, (const char *_s1, const char *_s2)               );
00629   _PROTOTYPE( char *strcpy, (char *_s1, const char *_s2)                    );
00630   _PROTOTYPE( size_t strcspn, (const char *_s1, const char *_s2)            );
00631   _PROTOTYPE( char *strerror, (int _errnum)                                 );
00632   _PROTOTYPE( size_t strlen, (const char *_s)                               );
00633   _PROTOTYPE( char *strncat, (char *_s1, const char *_s2, size_t _n)        );
00634   _PROTOTYPE( char *strncpy, (char *_s1, const char *_s2, size_t _n)        );
00635   _PROTOTYPE( char *strpbrk, (const char *_s1, const char *_s2)             );
00636   _PROTOTYPE( char *strrchr, (const char *_s, int _c)                       );
00637   _PROTOTYPE( size_t strspn, (const char *_s1, const char *_s2)             );
00638   _PROTOTYPE( char *strstr, (const char *_s1, const char *_s2)              );
00639   _PROTOTYPE( char *strtok, (char *_s1, const char *_s2)                    );
00640   _PROTOTYPE( size_t strxfrm, (char *_s1, const char *_s2, size_t _n)       );
00641
00642   #ifdef _POSIX_SOURCE
00643   /* Open Group Base Specifications Issue 6 (incompleto) */
00644    char *strdup(const char *_s1);
00645   #endif
00646
00647   #ifdef _MINIX
00648   /* Para compatibilidade com versões anteriores. */
00649   _PROTOTYPE( char *index, (const char *_s, int _charwanted)                );
00650   _PROTOTYPE( char *rindex, (const char *_s, int _charwanted)               );
00651   _PROTOTYPE( void bcopy, (const void *_src, void *_dst, size_t _length)    );
00652   _PROTOTYPE( int bcmp, (const void *_s1, const void *_s2, size_t _length)  );
00653   _PROTOTYPE( void bzero, (void *_dst, size_t _length)                      );
00654   _PROTOTYPE( void *memccpy, (char *_dst, const char *_src, int _ucharstop,
00655                                                         size_t _size)      );
00656
00657   /* Funções extras misturadas */
00658   _PROTOTYPE( int strcasecmp, (const char *_s1, const char *_s2)            );
00659   _PROTOTYPE( int strncasecmp, (const char *_s1, const char *_s2,
00660                                                         size_t _len)       );
00661   _PROTOTYPE( size_t strnlen, (const char *_s, size_t _n)                   );
00662   #endif
00663
00664   #endif /* _STRING_H */
```

```
++++++++++++++++++++++++++++++++++++++++++++++++++++++++++++++++++++++++++++
                              include/signal.h
++++++++++++++++++++++++++++++++++++++++++++++++++++++++++++++++++++++++++++
00700  /* O cabeçalho <signal.h> define todos os sinais ANSI e POSIX.
00701   * O MINIX suporta todos os sinais exigidos pelo POSIX. Eles estão definidos abaixo.
00702   * Alguns sinais adicionais também são suportados.
00703   */
00704
00705  #ifndef _SIGNAL_H
00706  #define _SIGNAL_H
00707
00708  #ifndef _ANSI_H
00709  #include <ansi.h>
00710  #endif
00711  #ifdef _POSIX_SOURCE
00712  #ifndef _TYPES_H
00713  #include <sys/types.h>
00714  #endif
00715  #endif
00716
00717  /* Aqui estão os tipos intimamente associados ao tratamento de sinais. */
00718  typedef int sig_atomic_t;
00719
00720  #ifdef _POSIX_SOURCE
00721  #ifndef _SIGSET_T
00722  #define _SIGSET_T
00723  typedef unsigned long sigset_t;
00724  #endif
00725  #endif
00726
00727  #define _NSIG            20    /* número de sinais usados */
00728
00729  #define SIGHUP            1    /* desliga */
00730  #define SIGINT            2    /* interrupção (DEL) */
00731  #define SIGQUIT           3    /* sai (ASCII FS) */
00732  #define SIGILL            4    /* instrução inválida */
00733  #define SIGTRAP           5    /* trap de rastreamento (não reconfigura se capturado) */
00734  #define SIGABRT           6    /* instrução IOT */
00735  #define SIGIOT            6    /* SIGABRT para pessoas que falam PDP-11 */
00736  #define SIGUNUSED         7    /* código sobressalente */
00737  #define SIGFPE            8    /* exceção de ponto flutuante */
00738  #define SIGKILL           9    /* elimina (não pode ser capturado nem ignorado) */
00739  #define SIGUSR1          10    /* sinal definido pelo usuário # 1 */
00740  #define SIGSEGV          11    /* violação de segmentação */
00741  #define SIGUSR2          12    /* sinal definido pelo usuário # 2 */
00742  #define SIGPIPE          13    /* escreve em um pipe sem ninguém para ler */
00743  #define SIGALRM          14    /* despertador */
00744  #define SIGTERM          15    /* sinal de término de software kill */
00745  #define SIGCHLD          17    /* processo filho terminou ou parou */
00746
00747  #define SIGEMT            7    /* obsoleto */
00748  #define SIGBUS           10    /* obsoleto */
00749
00750  /* Sinais específicos do MINIX. Esses sinais não são usados por processos de usuário,
00751   * mas se destinam a informar processos de sistema, como o MP, sobre eventos de sistema.
00752   */
00753  #define SIGKMESS         18    /* nova mensagem de núcleo */
00754  #define SIGKSIG          19    /* sinal de núcleo pendente */
```

```
00755   #define SIGKSTOP            20      /* desligamento do núcleo */
00756
00757   /* O POSIX exige que os seguintes sinais sejam definidos, mesmo que não
00758    * sejam suportados. Aqui estão as definições, mas elas não são suportadas.
00759    */
00760   #define SIGCONT             18      /* continua, se for parado */
00761   #define SIGSTOP             19      /* sinal de parada */
00762   #define SIGTSTP             20      /* sinal de parada interativo */
00763   #define SIGTTIN             21      /* processo de segundo plano quer ler */
00764   #define SIGTTOU             22      /* processo de segundo plano quer escrever */
00765
00766   /* O tipo sighandler_t não é permitido, a menos que _POSIX_SOURCE seja definido. */
00767   typedef void _PROTOTYPE( (*__sighandler_t), (int) );
00768
00769   /* Macros usadas como ponteiros de função. */
00770   #define SIG_ERR     ((__sighandler_t) -1)    /* retorno de erro */
00771   #define SIG_DFL     ((__sighandler_t)  0)    /* tratamento de sinal padrão */
00772   #define SIG_IGN     ((__sighandler_t)  1)    /* ignora sinal */
00773   #define SIG_HOLD    ((__sighandler_t)  2)    /* bloqueia sinal */
00774   #define SIG_CATCH   ((__sighandler_t)  3)    /* captura signal */
00775   #define SIG_MESS    ((__sighandler_t)  4)    /* passa como mensagem (MINIX) */
00776
00777   #ifdef _POSIX_SOURCE
00778   struct sigaction {
00779     __sighandler_t sa_handler;  /* SIG_DFL, SIG_IGN ou ponteiro para função */
00780     sigset_t sa_mask;           /* sinais a serem bloqueados durante rot. de tratamento */
00781     int sa_flags;               /* flags especiais */
00782   };
00783
00784   /* Campos para sa_flags. */
00785   #define SA_ONSTACK     0x0001   /* envia sinal na pilha alternativa */
00786   #define SA_RESETHAND   0x0002   /* reconfigura rot. de trat. de sinal quando capturado */
00787   #define SA_NODEFER     0x0004   /* não bloqueia sinal enquanto o captura */
00788   #define SA_RESTART     0x0008   /* reinicia chamada de sistema automática */
00789   #define SA_SIGINFO     0x0010   /* tratamento de sinal estendido */
00790   #define SA_NOCLDWAIT   0x0020   /* não cria zumbis */
00791   #define SA_NOCLDSTOP   0x0040   /* não recebe SIGCHLD quando o filho pára */
00792
00793   /* O POSIX exige esses valores para uso com sigprocmask(2). */
00794   #define SIG_BLOCK      0        /* para bloquear sinais */
00795   #define SIG_UNBLOCK    1        /* para desbloquear sinais */
00796   #define SIG_SETMASK    2        /* para configurar a máscara do sinal */
00797   #define SIG_INQUIRE    4        /* apenas para uso interno */
00798   #endif   /* _POSIX_SOURCE */
00799
00800   /* prototypes de função POSIX e ANSI. */
00801   _PROTOTYPE( int raise, (int _sig)                                        );
00802   _PROTOTYPE( __sighandler_t signal, (int _sig, __sighandler_t _func)      );
00803
00804   #ifdef _POSIX_SOURCE
00805   _PROTOTYPE( int kill, (pid_t _pid, int _sig)                             );
00806   _PROTOTYPE( int sigaction,
00807         (int _sig, const struct sigaction *_act, struct sigaction *_oact)  );
00808   _PROTOTYPE( int sigaddset, (sigset_t *_set, int _sig)                    );
00809   _PROTOTYPE( int sigdelset, (sigset_t *_set, int _sig)                    );
00810   _PROTOTYPE( int sigemptyset, (sigset_t *_set)                            );
00811   _PROTOTYPE( int sigfillset, (sigset_t *_set)                             );
00812   _PROTOTYPE( int sigismember, (const sigset_t *_set, int _sig)            );
00813   _PROTOTYPE( int sigpending, (sigset_t *_set)                             );
00814   _PROTOTYPE( int sigprocmask,
```

```
00815                  (int _how, const sigset_t *_set, sigset_t *_oset)              );
00816    _PROTOTYPE( int sigsuspend, (const sigset_t *_sigmask)                        );
00817    #endif
00818
00819    #endif /* _SIGNAL_H */


++++++++++++++++++++++++++++++++++++++++++++++++++++++++++++++++++++++++++++
                                  include/fcntl.h
++++++++++++++++++++++++++++++++++++++++++++++++++++++++++++++++++++++++++++

00900    /* O cabeçalho <fcntl.h> é necessário para as chamadas de sistema open() e fcntl(),
00901     * as quais têm uma variedade de parâmetros e flags. Elas estão descritas aqui.
00902     * Os formatos das chamadas são:
00903     *
00904     *       open(path, oflag [,mode])        open a file
00905     *       fcntl(fd, cmd [,arg])            get or set file attributes
00906     *
00907     */
00908
00909    #ifndef _FCNTL_H
00910    #define _FCNTL_H
00911
00912    #ifndef _TYPES_H
00913    #include <sys/types.h>
00914    #endif
00915
00916    /* Esses valores são usados para cmd em fcntl(). Tabela 6-1 do POSIX. */
00917    #define F_DUPFD         0       /* descritor de arquivo duplicado */
00918    #define F_GETFD         1       /* obtém flags do descritor de arquivo */
00919    #define F_SETFD         2       /* configura flags do descritor de arquivo */
00920    #define F_GETFL         3       /* obtém flags de status do arquivo */
00921    #define F_SETFL         4       /* configura flags de status do arquivo */
00922    #define F_GETLK         5       /* obtém informação de trava de registro */
00923    #define F_SETLK         6       /* configura trava de registro */
00924    #define F_SETLKW        7       /* configura trava de registro; espera, se bloqueado */
00925
00926    /* Flags de descritor de arquivo usados para fcntl(). Tabela 6-2 do POSIX. */
00927    #define FD_CLOEXEC      1       /* fecha no flag exec para o terceiro arg de fcntl */
00928
00929    /* Valores de L_type para trava de registro com fcntl(). Tabela 6-3 do POSIX. */
00930    #define F_RDLCK         1       /* trava compartilhada ou de leitura */
00931    #define F_WRLCK         2       /* trava exclusiva ou de escrita */
00932    #define F_UNLCK         3       /* desbloqueia */
00933
00934    /* Valores do flag O para open(). Tabela 6-4 do POSIX. */
00935    #define O_CREAT         00100   /* cria arquivo, se ele não existe */
00936    #define O_EXCL          00200   /* flag de uso exclusivo */
00937    #define O_NOCTTY        00400   /* não atribui um terminal de controle */
00938    #define O_TRUNC         01000   /* trunca o flag */
00939
00940    /* Flags de status de arquivo para open() e fcntl(). Tabela 6-5 do POSIX. */
00941    #define O_APPEND        02000   /* configura modo anexar */
00942    #define O_NONBLOCK      04000   /* sem atraso */
00943
00944    /* Modos de acesso a arquivo para open() e fcntl(). Tabela 6-6 do POSIX. */
00945    #define O_RDONLY        0       /* open(name, O_RDONLY) abre somente para leitura */
00946    #define O_WRONLY        1       /* open(name, O_WRONLY) abre somente para escrita */
00947    #define O_RDWR          2       /* open(name, O_RDWR) abre para leitura/escrita */
00948
00949    /* Máscara para uso com os modos de acesso a arquivo. Tabela 6-7 do POSIX. */
```

```
00950   #define O_ACCMODE          03    /* máscara para os modos de acesso a arquivo */
00951
00952   /* Estrutura usada para travamento. Tabela 6-8 do POSIX. */
00953   struct flock {
00954     short l_type;                  /* tipo: F_RDLCK, F_WRLCK ou F_UNLCK */
00955     short l_whence;                /* flag para iniciar deslocamento */
00956     off_t l_start;                 /* deslocamento relativo, em bytes */
00957     off_t l_len;                   /* tamanho; se for 0, então até EOF */
00958     pid_t l_pid;                   /* id de processo do proprietário da trava */
00959   };
00960
00961   /* Prototypes de Função. */
00962   _PROTOTYPE( int creat, (const char *_path, _mnx_Mode_t _mode)   );
00963   _PROTOTYPE( int fcntl, (int _filedes, int _cmd, ...)            );
00964   _PROTOTYPE( int open,  (const char *_path, int _oflag, ...)     );
00965
00966   #endif /* _FCNTL_H */
```

++
                            include/termios.h
++

```
01000   /* O cabeçalho <termios.h> é usado para controlar modos de tty. */
01001
01002   #ifndef _TERMIOS_H
01003   #define _TERMIOS_H
01004
01005   typedef unsigned short tcflag_t;
01006   typedef unsigned char cc_t;
01007   typedef unsigned int speed_t;
01008
01009   #define NCCS           20    /* tamanho do array cc_c, algum espaço extra
01010                                * para extensões. */
01011
01012   /* Principal estrutura de controle de terminal. Tabela 7-1 do POSIX. */
01013   struct termios {
01014     tcflag_t c_iflag;              /* modos de entrada */
01015     tcflag_t c_oflag;              /* modos de saída */
01016     tcflag_t c_cflag;              /* modos de controle */
01017     tcflag_t c_lflag;              /* modos locais */
01018     speed_t  c_ispeed;             /* velocidade de entrada */
01019     speed_t  c_ospeed;             /* velocidade de saída */
01020     cc_t c_cc[NCCS];               /* caracteres de controle */
01021   };
01022
01023   /* Valores para mapa de bits c_iflag de termios. Tabela 7-2 do POSIX. */
01024   #define BRKINT         0x0001 /* sinaliza interrupção na pausa */
01025   #define ICRNL          0x0002 /* mapeia CR em NL na entrada */
01026   #define IGNBRK         0x0004 /* ignora pausa */
01027   #define IGNCR          0x0008 /* ignora CR */
01028   #define IGNPAR         0x0010 /* ignora caracteres com erros de paridade */
01029   #define INLCR          0x0020 /* mapeia NL em CR na entrada */
01030   #define INPCK          0x0040 /* habilita verificação de paridade de entrada */
01031   #define ISTRIP         0x0080 /* mascara o 8º bit */
01032   #define IXOFF          0x0100 /* habilita início/parada do controle de entrada */
01033   #define IXON           0x0200 /* habilita início/parada do controle de saída */
01034   #define PARMRK         0x0400 /* marca erros de paridade na fila de entrada */
```

```
01035
01036   /* Valores para mapa de bits c_oflag de termios. Seção 7.1.2.3 do POSIX. */
01037   #define OPOST              0x0001 /* realiza processamento de saída */
01038
01039   /* Valores para mapa de bits c_cflag de termios. Tabela 7-3 do POSIX. */
01040   #define CLOCAL             0x0001 /* ignora linhas de status de modem */
01041   #define CREAD              0x0002 /* habilita receptor */
01042   #define CSIZE              0x000C /* número de bits por caractere */
01043   #define         CS5        0x0000 /* se CSIZE é CS5, os caracteres têm 5 bits */
01044   #define         CS6        0x0004 /* se CSIZE é CS6, os caracteres têm 6 bits */
01045   #define         CS7        0x0008 /* se CSIZE é CS7, os caracteres têm 7 bits */
01046   #define         CS8        0x000C /* se CSIZE é CS8, os caracteres têm 8 bits */
01047   #define CSTOPB             0x0010 /* envia 2 bits de parada se configurado; senão, 1 */
01048   #define HUPCL              0x0020 /* desliga no último fechamento */
01049   #define PARENB             0x0040 /* habilita paridade na saída */
01050   #define PARODD             0x0080 /* usa paridade ímpar se configurado; senão, par */
01051
01052   /* Valores para mapa de bits c_lflag de termios. Tabela 7-4 do POSIX. */
01053   #define ECHO               0x0001 /* habilita eco de caracteres de entrada */
01054   #define ECHOE              0x0002 /* ecoa ERASE como retrocesso */
01055   #define ECHOK              0x0004 /* ecoa KILL */
01056   #define ECHONL             0x0008 /* ecoa NL */
01057   #define ICANON             0x0010 /* entrada canônica (erase e kill habilitados) */
01058   #define IEXTEN             0x0020 /* habilita funções estendidas */
01059   #define ISIG               0x0040 /* habilita sinais */
01060   #define NOFLSH             0x0080 /* desabilita flush após interromper ou encerrar */
01061   #define TOSTOP             0x0100 /* envia SIGTTOU (controle de tarefa, não implementado */
01062
01063   /* Índices no array c_cc. Valores padrão entre parênteses. Tabela 7-5 do POSIX. */
01064   #define VEOF                    0 /* cc_c[VEOF]   = EOF char (^D) */
01065   #define VEOL                    1 /* cc_c[VEOL]   = EOL char (undef) */
01066   #define VERASE                  2 /* cc_c[VERASE] = ERASE char (^H) */
01067   #define VINTR                   3 /* cc_c[VINTR]  = INTR char (DEL) */
01068   #define VKILL                   4 /* cc_c[VKILL]  = KILL char (^U) */
01069   #define VMIN                    5 /* cc_c[VMIN]   = valor de MIN para temporizador */
01070   #define VQUIT                   6 /* cc_c[VQUIT]  = QUIT char (^\) */
01071   #define VTIME                   7 /* cc_c[VTIME]  = valor de TIME para temporizador */
01072   #define VSUSP                   8 /* cc_c[VSUSP]  = SUSP (^Z, ignored) */
01073   #define VSTART                  9 /* cc_c[VSTART] = START char (^S) */
01074   #define VSTOP                  10 /* cc_c[VSTOP]  = STOP char (^Q) */
01075
01076   #define _POSIX_VDISABLE   (cc_t)0xFF    /* Você não pode gerar este
01077                                            * caractere com teclados 'normais'.
01078                                            * Mas alguns teclados específicos de idioma
01079                                            * podem gerar 0xFF. Parece que todos os
01080                                            * 256 são usados; portanto, cc_t deve ser um valor
01081                                            * short...
01082                                            */
01083
01084   /* Valores para as configurações de taxa de transmissão de dados. Tabela 7-6 do POSIX. */
01085   #define B0                 0x0000 /* desliga a linha */
01086   #define B50                0x1000 /* 50 baud */
01087   #define B75                0x2000 /* 75 baud */
01088   #define B110               0x3000 /* 110 baud */
01089   #define B134               0x4000 /* 134,5 baud */
01090   #define B150               0x5000 /* 150 baud */
01091   #define B200               0x6000 /* 200 baud */
01092   #define B300               0x7000 /* 300 baud */
01093   #define B600               0x8000 /* 600 baud */
01094   #define B1200              0x9000 /* 1200 baud */
```

```
01095   #define B1800           0xA000  /* 1800 baud */
01096   #define B2400           0xB000  /* 2400 baud */
01097   #define B4800           0xC000  /* 4800 baud */
01098   #define B9600           0xD000  /* 9600 baud */
01099   #define B19200          0xE000  /* 19200 baud */
01100   #define B38400          0xF000  /* 38400 baud */
01101
01102   /* Ações opcionais de tcsetattr(). Seção 7.2.1.2 do POSIX. */
01103   #define TCSANOW         1       /* alterações vigoram imediatamente */
01104   #define TCSADRAIN       2       /* alterações vigoram após a saída estar pronta */
01105   #define TCSAFLUSH       3       /* espera que a saída termine e descarrega a entrada */
01106
01107   /* Valores de queue_selector para tcflush(). Seção 7.2.2.2 do POSIX. */
01108   #define TCIFLUSH        1       /* descarrega dados de entrada acumulados */
01109   #define TCOFLUSH        2       /* descarrega dados de saída acumulados */
01110   #define TCIOFLUSH       3       /* descarrega dados de entrada e saída acumulados */
01111
01112   /* Valores de ação para tcflow(). Seção 7.2.2.2 do POSIX. */
01113   #define TCOOFF          1       /* suspende a saída */
01114   #define TCOON           2       /* reinicia a saída suspensa */
01115   #define TCIOFF          3       /* transmite um caractere STOP na linha */
01116   #define TCION           4       /* transmite um caractere START na linha */
01117
01118   /* Prototypes de Função. */
01119   #ifndef _ANSI_H
01120   #include <ansi.h>
01121   #endif
01122
01123   _PROTOTYPE( int tcsendbreak, (int _fildes, int _duration)             );
01124   _PROTOTYPE( int tcdrain, (int _filedes)                               );
01125   _PROTOTYPE( int tcflush, (int _filedes, int _queue_selector)          );
01126   _PROTOTYPE( int tcflow, (int _filedes, int _action)                   );
01127   _PROTOTYPE( speed_t cfgetispeed, (const struct termios *_termios_p)   );
01128   _PROTOTYPE( speed_t cfgetospeed, (const struct termios *_termios_p)   );
01129   _PROTOTYPE( int cfsetispeed, (struct termios *_termios_p, speed_t _speed) );
01130   _PROTOTYPE( int cfsetospeed, (struct termios *_termios_p, speed_t _speed) );
01131   _PROTOTYPE( int tcgetattr, (int _filedes, struct termios *_termios_p) );
01132   _PROTOTYPE( int tcsetattr, \
01133   (int _filedes, int _opt_actions, const struct termios *_termios_p)    );
01134
01135   #define cfgetispeed(termios_p)          ((termios_p)->c_ispeed)
01136   #define cfgetospeed(termios_p)          ((termios_p)->c_ospeed)
01137   #define cfsetispeed(termios_p, speed)   ((termios_p)->c_ispeed = (speed), 0)
01138   #define cfsetospeed(termios_p, speed)   ((termios_p)->c_ospeed = (speed), 0)
01139
01140   #ifdef _MINIX
01141   /* Aqui estão as extensões locais do padrão POSIX para o Minix. Os programas
01142    * compatíveis com o Posix não são capazes de acessá-las e, portanto, só são
01143    * definidos quando um programa Minix é compilado.
01144    */
01145
01146   /* Extensões para o mapa de bits c_iflag de termios. */
01147   #define IXANY 0x0800 /* permite qualquer tecla para continuar a saída */
01148
01149   /* Extensões para o mapa de bits c_oflag de termios. Elas só são ativadas
01150    * se OPOST estiver ativado. */
01151   #define ONLCR           0x0002  /* Mapeamento de NL para CR-NL na saída */
01152   #define XTABS           0x0004  /* Expande tabulações em espaços */
01153   #define ONOEOT          0x0008  /* descarta (^D) de EOT na saída */
01154
```

```
01155   /* Extensões para o mapa de bits c_lflag de termios. */
01156   #define LFLUSHO           0x0200 /* Descarrega a saída. */
01157
01158   /* Extensões para o array c_cc. */
01159   #define VREPRINT          11     /* cc_c[VREPRINT] (^R) */
01160   #define VLNEXT            12     /* cc_c[VLNEXT]   (^V) */
01161   #define VDISCARD          13     /* cc_c[VDISCARD] (^O) */
01162
01163   /* Extensões para configurações de taxa de transmissão de dados. */
01164   #define B57600            0x0100 /* 57600 baud */
01165   #define B115200           0x0200 /* 115200 baud */
01166
01167   /* Estas são as configurações padrão usadas pelo núcleo e por 'stty sane' */
01168
01169   #define TCTRL_DEF         (CREAD | CS8 | HUPCL)
01170   #define TINPUT_DEF        (BRKINT | ICRNL | IXON | IXANY)
01171   #define TOUTPUT_DEF       (OPOST | ONLCR)
01172   #define TLOCAL_DEF        (ISIG | IEXTEN | ICANON | ECHO | ECHOE)
01173   #define TSPEED_DEF        B9600
01174
01175   #define TEOF_DEF          '\4'    /* ^D */
01176   #define TEOL_DEF          _POSIX_VDISABLE
01177   #define TERASE_DEF        '\10'   /* ^H */
01178   #define TINTR_DEF         '\3'    /* ^C */
01179   #define TKILL_DEF         '\25'   /* ^U */
01180   #define TMIN_DEF          1
01181   #define TQUIT_DEF         '\34'   /* ^\ */
01182   #define TSTART_DEF        '\21'   /* ^Q */
01183   #define TSTOP_DEF         '\23'   /* ^S */
01184   #define TSUSP_DEF         '\32'   /* ^Z */
01185   #define TTIME_DEF         0
01186   #define TREPRINT_DEF      '\22'   /* ^R */
01187   #define TLNEXT_DEF        '\26'   /* ^V */
01188   #define TDISCARD_DEF      '\17'   /* ^O */
01189
01190   /* Tamanho da janela. Esta informação é armazenada no driver TTY, mas não é usada.
01191    * Isto pode ser usado por aplicativos baseados em tela, em um ambiente de janelas.
01192    * Os ioctls TIOCGWINSZ e TIOCSWINSZ podem ser usados para obter e configurar
01193    * essa informação.
01194    */
01195
01196   struct winsize
01197   {
01198           unsigned short   ws_row;    /* linhas, em caracteres */
01199           unsigned short   ws_col;    /* colunas, em caracteres */
01200           unsigned short   ws_xpixel; /* tamanho horizontal, pixels */
01201           unsigned short   ws_ypixel; /* tamanho vertical, pixels */
01202   };
01203   #endif /* _MINIX */
01204
01205   #endif /* _TERMIOS_H */
```

```
++++++++++++++++++++++++++++++++++++++++++++++++++++++++++++++++++++++++++
                              include/timers.h
++++++++++++++++++++++++++++++++++++++++++++++++++++++++++++++++++++++++++
01300 /* Esta bib. preve funções genéricas para gerência de temporizadores de cão de guarda.
01301  * Operam sobre a fila de temporizadores do processo que as chamam.
01302  * Os temporizadores devem usar tempo absoluto para permitir ordenação. A biblioteca fornece:
01303  *
01304  *      tmrs_settimer:    (re)configura um novo temporizador cão de guarda
01305  *      tmrs_clrtimer:    remove um temporizador das duas filas de temporizadores
01306  *      tmrs_exptimers:   verifica temporizadores expirados e executa funções cão de guarda
01307  *
01308  * Autor:
01309  *      Jorrit N. Herder <jnherder@cs.vu.nl>
01310  *      Adatado de tmr_settimer e tmr_clrtimer em src/kernel/clock.c.
01311  *      Última modificação: 30 de setembro de 2004.
01312  */
01313
01314 #ifndef _TIMERS_H
01315 #define _TIMERS_H
01316
01317 #include <limits.h>
01318 #include <sys/types.h>
01319
01320 struct timer;
01321 typedef void (*tmr_func_t)(struct timer *tp);
01322 typedef union { int ta_int; long ta_long; void *ta_ptr; } tmr_arg_t;
01323
01324 /* Uma variável timer_t deve ser declarada para cada temporizador distinto a ser usado.
01325  * A função cão de guarda e o tempo de expiração são configurados automaticamente pela
01326  * função de biblioteca tmrs_settimer, mas seu argumento não é.
01327  */
01328 typedef struct timer
01329 {
01330   struct timer    *tmr_next;     /* o próximo em um encadeamento de temporizadores */
01331   clock_t         tmr_exp_time;  /* tempo de expiração */
01332   tmr_func_t      tmr_func;      /* função a ser chamada quando expirado */
01333   tmr_arg_t       tmr_arg;       /* argumento aleatório */
01334 } timer_t;
01335
01336 /* Usado quando o temporizador não está ativo. */
01337 #define TMR_NEVER    ((clock_t) -1 < 0) ? ((clock_t) LONG_MAX) : ((clock_t) -1)
01338 #undef TMR_NEVER
01339 #define TMR_NEVER         ((clock_t) LONG_MAX)
01340
01341 /* Essas definições podem ser usadas para configurar ou obter dados de uma variável de
           temporizador. */
01342 #define tmr_arg(tp) (&(tp)->tmr_arg)
01343 #define tmr_exp_time(tp) (&(tp)->tmr_exp_time)
01344
01345 /* Os temporizadores devem ser inicializados uma vez, antes de serem usados. Cuidado
01346  * para não reinicializar um temporizador que esteja em uma lista de temporizadores,
01347  * senão o encadeamento será quebrado.
01348  */
01349 #define tmr_inittimer(tp) (void)((tp)->tmr_exp_time = TMR_NEVER, \
01350         (tp)->tmr_next = NULL)
01351
01352 /* As seguintes funções genéricas de gerenciamento de temporizador estão disponíveis.
01353  * Elas podem ser usadas para operar nas listas de temporizadores. A adição de um
01354  * temporizador em uma lista trata de sua remoção automaticamente.
```

```
01355           */
01356           _PROTOTYPE( clock_t tmrs_clrtimer, (timer_t **tmrs, timer_t *tp, clock_t *new_head)       );
01357           _PROTOTYPE( void tmrs_exptimers, (timer_t **tmrs, clock_t now, clock_t *new_head)          );
01358           _PROTOTYPE( clock_t tmrs_settimer, (timer_t **tmrs, timer_t *tp,
01359                   clock_t exp_time, tmr_func_t watchdog, clock_t *new_head) );
01360
01361           #endif /* _TIMERS_H */
01362
```

```
++++++++++++++++++++++++++++++++++++++++++++++++++++++++++++++++++++++++++
                              include/sys/types.h
++++++++++++++++++++++++++++++++++++++++++++++++++++++++++++++++++++++++++
01400           /* O cabeçalho <sys/types.h> contém importantes definições de tipo de dados.
01401            * É considerada uma boa prática de programação utilizar essas definições,
01402            * em vez do tipo de base subjacente. Por convenção, todos os nomes de tipo terminam
01403            * com _t.
01404            */
01405
01406           #ifndef _TYPES_H
01407           #define _TYPES_H
01408
01409           #ifndef _ANSI_H
01410           #include <ansi.h>
01411           #endif
01412
01413           /* O tipo size_t contém todos os resultados do operador sizeof. À primeira vista,
01414            * parece óbvio que ele deve ser um valor int sem sinal, mas nem sempre esse é o
01415            * caso. Por exemplo, o MINIX-ST (68000) tem ponteiros de 32 bits e inteiros de
01416            * 16 bits. Quando alguém solicita o tamanho de uma estrutura ou array de 70K, o resultado
01417            * exige 17 bits para ser expresso; portanto, size_t deve ser um tipo long. O tipo
01418            * ssize_t é a versão com sinal de size_t.
01419            */
01420           #ifndef _SIZE_T
01421           #define _SIZE_T
01422           typedef unsigned int size_t;
01423           #endif
01424
01425           #ifndef _SSIZE_T
01426           #define _SSIZE_T
01427           typedef int ssize_t;
01428           #endif
01429
01430           #ifndef _TIME_T
01431           #define _TIME_T
01432           typedef long time_t;                    /* tempo em seg. desde 1 janeiro de 1970 0000 GMT */
01433           #endif
01434
01435           #ifndef _CLOCK_T
01436           #define _CLOCK_T
01437           typedef long clock_t;                   /* unidade para contabilidade do sistema */
01438           #endif
01439
01440           #ifndef _SIGSET_T
01441           #define _SIGSET_T
01442           typedef unsigned long sigset_t;
01443           #endif
01444
```

```
01445   /* Open Group Base Specifications Issue 6 (incompletas) */
01446   typedef long useconds_t;        /* Tempo em microssegundos */
01447
01448   /* Tipos usados em estruturas de  dados de disco, i-node etc.. */
01449   typedef short            dev_t;     /* contém par de dispositivo (principal|secundário) */
01450   typedef char             gid_t;     /* id de grupo */
01451   typedef unsigned long    ino_t;     /* número i-node (sistema de arquivos V3) */
01452   typedef unsigned short mode_t;      /* tipo de arquivo e bits de permissões */
01453   typedef short            nlink_t;   /* número de vínculos em um arquivo */
01454   typedef unsigned long    off_t;     /* deslocamento dentro de um arquivo */
01455   typedef int              pid_t;     /* id de processo (deve ser com sinal) */
01456   typedef short            uid_t;     /* id de usuário */
01457   typedef unsigned long zone_t;       /* número da zona */
01458   typedef unsigned long block_t;      /* número do bloco */
01459   typedef unsigned long   bit_t;      /* número do bit em um mapa de bits */
01460   typedef unsigned short zone1_t;     /* número da zona para sistemas de arquivos V1 */
01461   typedef unsigned short bitchunk_t;  /* coleção de bits em um mapa de bits */
01462
01463   typedef unsigned char    u8_t;      /* tipo de 8 bits */
01464   typedef unsigned short  u16_t;      /* tipo de 16 bits */
01465   typedef unsigned long    u32_t;     /* tipo de 32 bits */
01466
01467   typedef char             i8_t;      /* tipo de 8 bits com sinal */
01468   typedef short           i16_t;      /* tipo de 16 bits com sinal */
01469   typedef long            i32_t;      /* tipo de 32 bits com sinal */
01470
01471   typedef struct { u32_t _[2]; } u64_t;
01472
01473   /* Os tipos a seguir são necessários porque o MINIX usa definições de função
01474    * estilo K&R (para máxima portabilidade). Quando um valor short, como dev_t,
01475    * é passado para uma função com uma definição K&R, o compilador o promove
01476    * automaticamente para um valor int. O prototype deve conter um valor int como parâmetro
01477    * e não um valor short, pois um valor int é o que uma definição de função de estilo antigo
01478    * espera. Assim, usar dev_t em um prototype seria incorreto. Seria
01479    * suficiente apenas usar int nos prototypes, em vez de dev_t, mas Dev_t
01480    * é mais claro.
01481    */
01482   typedef int              Dev_t;
01483   typedef int             _mnx_Gid_t;
01484   typedef int              Nlink_t;
01485   typedef int             _mnx_Uid_t;
01486   typedef int              U8_t;
01487   typedef unsigned long    U32_t;
01488   typedef int              I8_t;
01489   typedef int              I16_t;
01490   typedef long             I32_t;
01491
01492   /* O C-ANSI torna a escrita da promoção de tipos sem sinal muito complicada. Quando
01493    * sizeof(short) == sizeof(int), não há promoção; portanto, o tipo permanece sem sinal.
01494    * Quando o compilador não é ANSI, normalmente não há perda de entendimento do sinal,
01495    * e normalmente não existem prototypes; portanto o tipo promovido não importa.
01496    * O uso de tipos como Ino_t é uma tentativa de usar valores int (que não são
01497    * promovidos), enquanto fornece informações para o leitor.
01498    */
01499
01500   typedef unsigned long   Ino_t;
01501
01502   #if _EM_WSIZE == 2
01503   /*typedef unsigned int      Ino_t; Ino_t tem agora 32 bits */
01504   typedef unsigned int      Zone1_t;
```

```
01505   typedef unsigned int Bitchunk_t;
01506   typedef unsigned int     U16_t;
01507   typedef unsigned int_mnx_Mode_t;
01508
01509   #else /* _EM_WSIZE == 4, or _EM_WSIZE undefined */
01510   /*typedef int              Ino_t; Ino_t tem agora 32 bits */
01511   typedef int              Zone1_t;
01512   typedef int              Bitchunk_t;
01513   typedef int                  U16_t;
01514   typedef int              _mnx_Mode_t;
01515
01516   #endif /* _EM_WSIZE == 2, etc */
01517
01518   /* Tipo de rotina de tratamento de sinal, por exemplo SIG_IGN */
01519   typedef void _PROTOTYPE( (*sighandler_t), (int) );
01520
01521   /* Compatibilidade com outros sistemas */
01522   typedef unsigned char    u_char;
01523   typedef unsigned short   u_short;
01524   typedef unsigned int     u_int;
01525   typedef unsigned long    u_long;
01526   typedef char             *caddr_t;
01527
01528   #endif /* _TYPES_H */


++++++++++++++++++++++++++++++++++++++++++++++++++++++++++++++++++++++++++
                              include/sys/sigcontext.h
++++++++++++++++++++++++++++++++++++++++++++++++++++++++++++++++++++++++++

01600   #ifndef _SIGCONTEXT_H
01601   #define _SIGCONTEXT_H
01602
01603   /* A estrutura sigcontext é usada pela chamada de sistema sigreturn(2).
01604    * sigreturn() raramente é chamada por programas de usuário, mas é usada internamente
01605    * pelo mecanismo de captura de sinal.
01606    */
01607
01608   #ifndef _ANSI_H
01609   #include <ansi.h>
01610   #endif
01611
01612   #ifndef _MINIX_SYS_CONFIG_H
01613   #include <minix/sys_config.h>
01614   #endif
01615
01616   #if !defined(_MINIX_CHIP)
01617   #include "error, configuration is not known"
01618   #endif
01619
01620   /* A estrutura a seguir devem corresponder à estrutura stackframe_s usada
01621    * pelo código de troca de contexto do núcleo. Registradores em ponto flutuante devem ser
01622    * adicionados em uma estrutura diferente.
01623    */
01624   struct sigregs {
01625     short sr_gs;
01626     short sr_fs;
01627     short sr_es;
01628     short sr_ds;
01629     int sr_di;
```

```
01630       int sr_si;
01631       int sr_bp;
01632       int sr_st;                      /* topo da pilha - usado no núcleo */
01633       int sr_bx;
01634       int sr_dx;
01635       int sr_cx;
01636       int sr_retreg;
01637       int sr_retadr;                  /* endereço de retorno para quem chama save -- usado
01638                                        * no núcleo */
01639       int sr_pc;
01640       int sr_cs;
01641       int sr_psw;
01642       int sr_sp;
01643       int sr_ss;
01644   };
01645
01646   struct sigframe {                   /* quadro de pilha criado para processo sinalizado */
01647     _PROTOTYPE( void (*sf_retadr), (void) );
01648     int sf_signo;
01649     int sf_code;
01650     struct sigcontext *sf_scp;
01651     int sf_fp;
01652     _PROTOTYPE( void (*sf_retadr2), (void) );
01653     struct sigcontext *sf_scpcopy;
01654   };
01655
01656   struct sigcontext {
01657     int sc_flags;                     /* estado de sigstack a restaurar */
01658     long sc_mask;                     /* máscara de sinal a restaurar */
01659     struct sigregs sc_regs;           /* conjunto de registros a restaurar */
01660   };
01661
01662   #define sc_gs sc_regs.sr_gs
01663   #define sc_fs sc_regs.sr_fs
01664   #define sc_es sc_regs.sr_es
01665   #define sc_ds sc_regs.sr_ds
01666   #define sc_di sc_regs.sr_di
01667   #define sc_si sc_regs.sr_si
01668   #define sc_fp sc_regs.sr_bp
01669   #define sc_st sc_regs.sr_st           /* topo da pilha -- usado no núcleo */
01670   #define sc_bx sc_regs.sr_bx
01671   #define sc_dx sc_regs.sr_dx
01672   #define sc_cx sc_regs.sr_cx
01673   #define sc_retreg sc_regs.sr_retreg
01674   #define sc_retadr sc_regs.sr_retadr   /* endereço de retorno para quem chama
01675                                          save -- usado no núcleo */
01676   #define sc_pc sc_regs.sr_pc
01677   #define sc_cs sc_regs.sr_cs
01678   #define sc_psw sc_regs.sr_psw
01679   #define sc_sp sc_regs.sr_sp
01680   #define sc_ss sc_regs.sr_ss
01681
01682   /* Valores de sc_flags. Devem concordar com <minix/jmp_buf.h>. */
01683   #define SC_SIGCONTEXT    2            /* diferente de zero quando é incluído contexto de sinal */
01684   #define SC_NOREGLOCALS   4            /* diferente de zero quando os registradores não devem
01685                                          ser salvos e restaurados */
01686
01687   _PROTOTYPE( int sigreturn, (struct sigcontext *_scp)                  );
01688
01689   #endif /* _SIGCONTEXT_H */
```

```
++++++++++++++++++++++++++++++++++++++++++++++++++++++++++++++++++++++++++++
                              include/sys/stat.h
++++++++++++++++++++++++++++++++++++++++++++++++++++++++++++++++++++++++++++

01700   /* O cabeçalho <sys/stat.h> define uma estrutura usada nas funções stat() e
01701    * fstat. As informações dessa estrutura vêm do i-node de
01702    * algum arquivo. Essas chamadas são a única maneira aprovada de inspecionar i-nodes.
01703    */
01704
01705   #ifndef _STAT_H
01706   #define _STAT_H
01707
01708   #ifndef _TYPES_H
01709   #include <sys/types.h>
01710   #endif
01711
01712   struct stat {
01713     dev_t st_dev;                  /* número de dispositivo principal/secundário */
01714     ino_t st_ino;                  /* número do i-node */
01715     mode_t st_mode;                /* modo de arquivo, bits de proteção etc. */
01716     short int st_nlink;            /* # links; HACK TEMPORÁRIO: deve ser nlink_t*/
01717     uid_t st_uid;                  /* uid do proprietário do arquivo */
01718     short int st_gid;              /* gid; HACK TEMPORÁRIO: deve ser gid_t */
01719     dev_t st_rdev;
01720     off_t st_size;                 /* tamanho do arquivo */
01721     time_t st_atime;               /* hora do último acesso */
01722     time_t st_mtime;               /* hora da última modificação de dados */
01723     time_t st_ctime;               /* hora da última alteração de status de arquivo */
01724   };
01725
01726   /* Definições de máscara tradicionais para st_mode. */
01727   /* As conversões horríveis em apenas algumas das definições são para evitar extensões
01728    * de sinal inesperadas, como S_IFREG != (mode_t) S_IFREG quando os inteiros são de 32 bits.
01729    */
01730   #define S_IFMT  ((mode_t) 0170000)     /* tipo de arquivo */
01731   #define S_IFLNK ((mode_t) 0120000)     /* vínculo simbólico, não implementado */
01732   #define S_IFREG ((mode_t) 0100000)     /* normal */
01733   #define S_IFBLK 0060000                /* bloco especial */
01734   #define S_IFDIR 0040000                /* diretório */
01735   #define S_IFCHR 0020000                /* caractere especial */
01736   #define S_IFIFO 0010000                /* isto é um FIFO */
01737   #define S_ISUID 0004000                /* configura id de usuário na execução */
01738   #define S_ISGID 0002000                /* configura id de grupo na execução */
01739                                          /* o próximo é reservado para uso futuro */
01740   #define S_ISVTX   01000                /* salva texto trocado mesmo após o uso */
01741
01742   /* máscaras do POSIX para st_mode. */
01743   #define S_IRWXU   00700                /* proprietário: rwx------ */
01744   #define S_IRUSR   00400                /* proprietário: r-------- */
01745   #define S_IWUSR   00200                /* proprietário: -w------- */
01746   #define S_IXUSR   00100                /* proprietário: --x------ */
01747
01748   #define S_IRWXG   00070                /* grupo: ---rwx--- */
01749   #define S_IRGRP   00040                /* grupo: ---r----- */
01750   #define S_IWGRP   00020                /* grupo: ----w---- */
01751   #define S_IXGRP   00010                /* grupo: -----x--- */
01752
01753   #define S_IRWXO   00007                /* outros: ------rwx */
01754   #define S_IROTH   00004                /* outros: ------r-- */
```

```
01755   #define S_IWOTH    00002       /* outros: -------w- */
01756   #define S_IXOTH    00001       /* outros: --------x */
01757
01758   /* As macros a seguir testam st_mode (da Seção 5.6.1.1 do POSIX). */
01759   #define S_ISREG(m)      (((m) & S_IFMT) == S_IFREG)    /* é um arquivo regular */
01760   #define S_ISDIR(m)      (((m) & S_IFMT) == S_IFDIR)    /* é um diretório */
01761   #define S_ISCHR(m)      (((m) & S_IFMT) == S_IFCHR)    /* é um caractere especial */
01762   #define S_ISBLK(m)      (((m) & S_IFMT) == S_IFBLK)    /* é um bloco especial */
01763   #define S_ISFIFO(m)     (((m) & S_IFMT) == S_IFIFO)    /* é um pipe/FIFO */
01764   #define S_ISLNK(m)      (((m) & S_IFMT) == S_IFLNK)    /* é um vínculo simbólico */
01765
01766   /* Prototypes de Função. */
01767   _PROTOTYPE( int chmod, (const char *_path, _mnx_Mode_t _mode)           );
01768   _PROTOTYPE( int fstat, (int _fildes, struct stat *_buf)                 );
01769   _PROTOTYPE( int mkdir, (const char *_path, _mnx_Mode_t _mode)           );
01770   _PROTOTYPE( int mkfifo, (const char *_path, _mnx_Mode_t _mode)          );
01771   _PROTOTYPE( int stat, (const char *_path, struct stat *_buf)            );
01772   _PROTOTYPE( mode_t umask, (_mnx_Mode_t _cmask)                          );
01773
01774   /* Open Group Base Specifications Issue 6 (incompletas) */
01775   _PROTOTYPE( int lstat, (const char *_path, struct stat *_buf)           );
01776
01777   #endif /* _STAT_H */
```

```
++++++++++++++++++++++++++++++++++++++++++++++++++++++++++++++++++++++++++
                            include/sys/dir.h
++++++++++++++++++++++++++++++++++++++++++++++++++++++++++++++++++++++++++
01800   /* O cabeçalho <dir.h> fornece o layout de um diretório. */
01801
01802   #ifndef _DIR_H
01803   #define _DIR_H
01804
01805   #include <sys/types.h>
01806
01807   #define DIRBLKSIZ       512     /* tamanho do bloco do diretório */
01808
01809   #ifndef DIRSIZ
01810   #define DIRSIZ  60
01811   #endif
01812
01813   struct direct {
01814     ino_t d_ino;
01815     char d_name[DIRSIZ];
01816   };
01817
01818   #endif /* _DIR_H */
```

```
++++++++++++++++++++++++++++++++++++++++++++++++++++++++++++++++++++++++++
                            include/sys/wait.h
++++++++++++++++++++++++++++++++++++++++++++++++++++++++++++++++++++++++++
01900   /* O cabeçalho <sys/wait.h> contém macros relacionadas com wait(). O valor
01901    * retornado por wait() e waitpid() depende se o processo foi
01902    * terminado por uma chamada de exit(), eliminado por um sinal ou parado
01903    * devido ao controle de tarefas, como segue:
01904    *
```

```
01905    *                                            Byte alto Byte baixo
01906    *                                            +-------------------+
01907    *           saída(status)                    |  status  |    0   |
01908    *                                            +-------------------+
01909    *           eliminado pelo sinal             |    0     |  sinal |
01910    *                                            +-------------------+
01911    *           parado (controle de tarefas)     |  sinal   |  0177  |
01912    *                                            +-------------------+
01913    */
01914
01915    iifndef _WAIT_H
01916    #define _WAIT_H
01917
01918    #ifndef _TYPES_H
01919    #include <sys/types.h>
01920    #endif
01921
01922    #define _LOW(v)          ( (v) & 0377)
01923    #define _HIGH(v)         ( ((v) >> 8) & 0377)
01924
01925    #define WNOHANG          1        /* não espera o filho sair */
01926    #define WUNTRACED        2        /* para controle de tarefas; não implementado */
01927
01928    #define WIFEXITED(s)     (_LOW(s) == 0)                          /* saída normal */
01929    #define WEXITSTATUS(s)   (_HIGH(s))                              /* status de saída */
01930    #define WTERMSIG(s)      (_LOW(s) & 0177)                        /* valor do sinal */
01931    #define WIFSIGNALED(s)   (((unsigned int)(s)-1 & 0xFFFF) < 0xFF) /* sinalizado */
01932    #define WIFSTOPPED(s)    (_LOW(s) == 0177)                       /* parado */
01933    #define WSTOPSIG(s)      (_HIGH(s) & 0377)                       /* sinal de parada */
01934
01935    /* Prototypes de Função. */
01936    _PROTOTYPE( pid_t wait, (int *_stat_loc)                              );
01937    _PROTOTYPE( pid_t waitpid, (pid_t _pid, int *_stat_loc, int _options) );
01938
01939    #endif /* _WAIT_H */


+++++++++++++++++++++++++++++++++++++++++++++++++++++++++++++++++++++++++++++
                              include/sys/ioctl.h
+++++++++++++++++++++++++++++++++++++++++++++++++++++++++++++++++++++++++++++

02000    /*      sys/ioctl.h - Todos os códigos de comando octl(). Autor: Kees J. Bot
02001     *                                                           23 de nov de 2002
02002     *
02003     * Este arquivo de cabeçalho inclui todos os outros cabeçalhos de código de comando ioctl.
02004     */
02005
02006    #ifndef _S_IOCTL_H
02007    #define _S_IOCTL_H
02008
02009    /* Um driver que usa ioctl reivindica um caractere para sua série de comandos.
02010     * Por exemplo: #define TCGETS _IOR('T', 8, struct termios)
02011     * Esse é um ioctl de terminal que usa o caractere 'T'. O(s) caractere(s)
02012     * usado(s) em cada arquivo de cabeçalho são mostrados no comentário a seguir.
02013     */
02014
02015    #include <sys/ioc_tty.h>        /* 'T' 't' 'k'      */
02016    #include <sys/ioc_disk.h>       /* 'd'              */
02017    #include <sys/ioc_memory.h>     /* 'm'              */
02018    #include <sys/ioc_cmos.h>       /* 'c'              */
02019
```

```
02020   #endif /* _S_IOCTL_H */




++++++++++++++++++++++++++++++++++++++++++++++++++++++++++++++++++++++++++
                             include/sys/ioc_disk.h
++++++++++++++++++++++++++++++++++++++++++++++++++++++++++++++++++++++++++
02100   /*      sys/ioc_disk.h -- Códigos de comando ioctl() de disco. Autor: Kees J. Bot
02101    *                                                              23 de nov de 2002
02102    *
02103    */
02104
02105   #ifndef _S_I_DISK_H
02106   #define _S_I_DISK_H
02107
02108   #include <minix/ioctl.h>
02109
02110   #define DIOCSETP         _IOW('d', 3, struct partition)
02111   #define DIOCGETP         _IOR('d', 4, struct partition)
02112   #define DIOCEJECT        _IO ('d', 5)
02113   #define DIOCTIMEOUT      _IOW('d', 6, int)
02114   #define DIOCOPENCT       _IOR('d', 7, int)
02115
02116   #endif /* _S_I_DISK_H */




++++++++++++++++++++++++++++++++++++++++++++++++++++++++++++++++++++++++++
                             include/minix/ioctl.h
++++++++++++++++++++++++++++++++++++++++++++++++++++++++++++++++++++++++++
02200   /*      minix/ioctl.h - Definições auxiliares de ioctl. Autor: Kees J. Bot
02201    *                                                              23 de nov de 2002
02202    *
02203    * Este arquivo é incluído por todo arquivo de cabeçalho que define códigos ioctl.
02204    */
02205
02206   #ifndef _M_IOCTL_H
02207   #define _M_IOCTL_H
02208
02209   #ifndef _TYPES_H
02210   #include <sys/types.h>
02211   #endif
02212
02213   #if _EM_WSIZE >= 4
02214   /* Os ioctls têm o comando codificado na palavra de ordem inferior e o tamanho
02215    * do parâmetro na palavra de ordem superior. Os 3 bits superiores da palavra
02216    * de ordem superior são usados para codificar o status in/out/void do parâmetro.
02217    */
02218   #define _IOCPARM_MASK    0x1FFF
02219   #define _IOC_VOID        0x20000000
02220   #define _IOCTYPE_MASK    0xFFFF
02221   #define _IOC_IN          0x40000000
02222   #define _IOC_OUT         0x80000000
02223   #define _IOC_INOUT       (_IOC_IN | _IOC_OUT)
02224
```

```
02225   #define _IO(x,y)        ((x << 8) | y | _IOC_VOID)
02226   #define _IOR(x,y,t)     ((x << 8) | y | ((sizeof(t) & _IOCPARM_MASK) << 16) |\
02227                           _IOC_OUT)
02228   #define _IOW(x,y,t)     ((x << 8) | y | ((sizeof(t) & _IOCPARM_MASK) << 16) |\
02229                           _IOC_IN)
02230   #define _IORW(x,y,t)    ((x << 8) | y | ((sizeof(t) & _IOCPARM_MASK) << 16) |\
02231                           _IOC_INOUT)
02232   #else
02233   /* Não é uma codificação elegante em uma máquina de 16 bits. */
02234
02235   #define _IO(x,y)        ((x << 8) | y)
02236   #define _IOR(x,y,t)     _IO(x,y)
02237   #define _IOW(x,y,t)     _IO(x,y)
02238   #define _IORW(x,y,t)    _IO(x,y)
02239   #endif
02240
02241   int ioctl(int _fd, int _request, void *_data);
02242
02243   #endif /* _M_IOCTL_H */
```

```
++++++++++++++++++++++++++++++++++++++++++++++++++++++++++++++++++++++++++++
                            include/minix/config.h
++++++++++++++++++++++++++++++++++++++++++++++++++++++++++++++++++++++++++++
02300   #ifndef _CONFIG_H
02301   #define _CONFIG_H
02302
02303   /* Números de lançamento e versão do Minix. */
02304   #define OS_RELEASE "3"
02305   #define OS_VERSION "1.0"
02306
02307   /* Este arquivo define os parâmetros de configuração do núcleo do MINIX, FS e PM.
02308    * Ele está dividido em duas seções principais. A primeira seção contém
02309    * parâmetros configurados pelo usuário. Na segunda seção, vários parâmetros
02310    * internos do sistema são configurados com base nos parâmetros configurados pelo usuário.
02311    *
02312    * Partes de config.h foram movidas para sys_config.h, que pode ser incluído
02313    * por outros arquivos include que queiram obter os dados de configuração, mas
02314    * não querem poluir o espaço de nome dos usuários. Alguns valores que podem ser
02315    * editados foram para lá.
02316    *
02317    * Esta é uma versão modificada de config.h para compilar um sistema Minix pequeno
02318    * apenas com as opções descritas no texto deste livro.
02319    * Veja a versão de config.h no diretório
02320    * de código-fonte completo para obter informações sobre alternativas omitidas aqui.
02321    */
02322
02323   /* A configuração de MACHINE (chamada _MINIX_MACHINE) pode ser feita
02324    * em <minix/machine.h>.
02325    */
02326   #include <minix/sys_config.h>
02327
02328   #define MACHINE       _MINIX_MACHINE
02329
02330   #define IBM_PC        _MACHINE_IBM_PC
02331   #define SUN_4         _MACHINE_SUN_4
02332   #define SUN_4_60      _MACHINE_SUN_4_60
02333   #define ATARI         _MACHINE_ATARI
02334   #define MACINTOSH     _MACHINE_MACINTOSH
```

```
02335
02336   /* Número de entradas na tabela de processos para processos que não são do núcleo.
02337    * O número de processos de sistema define quantos processos com privilégios especiais
02338    * podem existir. Os processos de usuário compartilham as mesmas propriedades e contam como
                um.
02339    *
02340    * Isso pode ser alterado em sys_config.h.
02341    */
02342   #define NR_PROCS           _NR_PROCS
02343   #define NR_SYS_PROCS       _NR_SYS_PROCS
02344
02345   #define NR_BUFS 128
02346   #define NR_BUF_HASH 128
02347
02348   /* Número de tarefas da controladora (classes de dispositivo /dev/cN). */
02349   #define NR_CTRLRS          2
02350
02351   /* Ativa ou desativa a cache de sistema de arquivos de segundo nível no disco de RAM. */
02352   #define ENABLE_CACHE2      0
02353
02354   /* Ativa ou desativa a troca de processos no disco. */
02355   #define ENABLE_SWAP        0
02356
02357   /* Inclui ou exclui uma imagem de /dev/boot na imagem de inicialização.
02358    * Atualize também o arquivo make em /usr/src/tools/.
02359    */
02360   #define ENABLE_BOOTDEV     0    /* carrega a imagem de /dev/boot na inicialização */
02361
02362   /* DMA_SECTORS pode ser aumentado para acelerar drivers baseados em DMA. */
02363   #define DMA_SECTORS        1    /* tamanho do buffer de DMA (deve ser >= 1) */
02364
02365   /* Inclui ou exclui código de compatibilidade com versões anteriores. */
02366   #define ENABLE_BINCOMPAT   0    /* para binários usando chamadas obsoletas */
02367   #define ENABLE_SRCCOMPAT   0    /* para códigos-fonte usando chamadas obsoletas */
02368
02369   /* Qual processo deve receber diagnóstico do núcleo e do sistema?
02370    * Enviá-lo diretamente para TTY só exibe a saída. Enviá-lo para o
02371    * driver de log fará o diagnóstico ser colocado no buffer e exibido.
02372    */
02373   #define OUTPUT_PROC_NR LOG_PROC_NR      /* TTY_PROC_NR or LOG_PROC_NR */
02374
02375   /* NR_CONS, NR_RS_LINES e NR_PTYS determinam o número de terminais que o
02376    * sistema consegue manipular.
02377    */
02378   #define NR_CONS            4    /* # consoles de sistema (de 1 a 8) */
02379   #define NR_RS_LINES        0    /* # terminais rs232 (de 0 a 4) */
02380   #define NR_PTYS            0    /* # pseudo-terminais (de 0 a 64) */
02381
02382   /*===========================================================================*
02383    *      Não há parâmetros configurados pelo usuário após esta linha          *
02384    *===========================================================================*/
02385   /* Configura o tipo de CHIP com base na máquina selecionada. O símbolo CHIP é, na verdade,
02386    * uma indicação de mais do que apenas a CPU. Por exemplo, espera-se que as máquinas para as
               quais
02387    * CHIP == INTEL tenham controladoras de interrrupção 8259A e as
02388    * outras propriedades de máquinas tipo IBM PC/XT/AT/386 em geral. */
02389   #define INTEL              _CHIP_INTEL   /* tipo de CHIP para PC, XT, AT, 386 e clones */
02390   #define M68000             _CHIP_M68000  /* tipo de CHIP para Atari, Amiga, Macintosh */
02391   #define SPARC              _CHIP_SPARC   /* tipo de CHIP para SUN-4 (por exemplo,
                                                      SPARCstation) */
02392
02393   /* Configura o tipo de FP_FORMAT com base na máquina selecionada, ou hw ou sw */
02394   #define FP_NONE _FP_NONE        /* nenhum suporte para ponto flutuante       */
```

```
02395      #define FP_IEEE     _FP_IEEE      /* obedece o padrão de ponto flutuante IEEE */
02396
02397      /* _MINIX_CHIP é definido em sys_config.h. */
02398      #define CHIP        _MINIX_CHIP
02399
02400      /* _MINIX_FP_FORMAT é definido em sys_config.h. */
02401      #define FP_FORMAT        _MINIX_FP_FORMAT
02402
02403      /* _ASKDEV e _FASTLOAD são definidos em sys_config.h. */
02404      #define ASKDEV _ASKDEV
02405      #define FASTLOAD _FASTLOAD
02406
02407      #endif /* _CONFIG_H */
```

```
+++++++++++++++++++++++++++++++++++++++++++++++++++++++++++++++++++++++++++++
                              include/minix/sys_config.h
+++++++++++++++++++++++++++++++++++++++++++++++++++++++++++++++++++++++++++++
02500      #ifndef _MINIX_SYS_CONFIG_H
02501      #define _MINIX_SYS_CONFIG_H 1
02502
02503      /* Este é um arquivo sys_config.h modificado para compilar um sistema Minix pequeno
02504       * apenas com as opções descritas no texto deste livro.
02505       * Veja o arquivo sys_config.h no diretório
02506       * de código-fonte completo para obter informações sobre as alternativas omitidas aqui.
02507       */
02508
02509      /*===========================================================================*
02510       *              Esta seção contém parâmetros configurados pelo usuário       *
02511       *===========================================================================*/
02512      #define _MINIX_MACHINE         _MACHINE_IBM_PC
02513
02514      #define _MACHINE_IBM_PC              1    /* qualquer sistema baseado no 8088 no 80x86 */
02515
02516      /* Tamanho de palavra em bytes (uma constante igual a sizeof(int)). */
02517      #if __ACK__ || __GNUC__
02518      #define _WORD_SIZE        _EM_WSIZE
02519      #define _PTR_SIZE         _EM_WSIZE
02520      #endif
02521
02522      #define _NR_PROCS        64
02523      #define _NR_SYS_PROCS    32
02524
02525      /* Configura o tipo de CHIP com base na máquina selecionada. O símbolo CHIP é, na verdade,
02526       * uma indicação de mais do que apenas a CPU. Por exemplo, espera-se que máquinas
02527       * para as quais CHIP == INTEL tenham controladoras de interrrupção 8259A e as
02528       * outras propriedades das máquinas tipo IBM PC/XT/AT/386 em geral. */
02529      #define _CHIP_INTEL    1      /* tipo de CHIP para PC, XT, AT, 386 e clones */
02530
02531      /* Configura o tipo de FP_FORMAT com base na máquina selecionada, ou hw ou sw */
02532      #define _FP_NONE       0      /* nenhum suporte para ponto flutuante     */
02533      #define _FP_IEEE       1      /* obedece o padrão de ponto flutuante IEEE */
02534
02535      #define _MINIX_CHIP         _CHIP_INTEL
02536
02537      #define _MINIX_FP_FORMAT    _FP_NONE
02538
02539      #ifndef _MINIX_MACHINE
```

```
02540   error "In <minix/sys_config.h> please define _MINIX_MACHINE"
02541 #endif
02542
02543 #ifndef _MINIX_CHIP
02544   error "In <minix/sys_config.h> please define _MINIX_MACHINE to have a legal value"
02545 #endif
02546
02547 #if (_MINIX_MACHINE == 0)
02548   error "_MINIX_MACHINE has incorrect value (0)"
02549 #endif
02550
02551 #endif /* _MINIX_SYS_CONFIG_H */
02552
02553
```

++
                            include/minix/const.h
++

```
02600 /* Copyright (C) 2001 by Prentice-Hall, Inc. Veja o aviso de copyright no
02601  * arquivo /usr/src/LICENSE.
02602  */
02603
02604 #ifndef CHIP
02605 #error CHIP is not defined
02606 #endif
02607
02608 #define EXTERN         extern    /* usado em arquivos *.h */
02609 #define PRIVATE        static    /* PRIVATE x limita o escopo de x */
02610 #define PUBLIC                   /* PUBLIC é o oposto de PRIVATE */
02611 #define FORWARD        static    /* alguns compiladores exigem que isso seja 'static'*/
02612
02613 #define TRUE               1     /* usado para transformar valores inteiros em booleanos */
02614 #define FALSE              0     /* usado para transformar valores inteiros em booleanos */
02615
02616 #define HZ                60     /* freq. do relógio (configurável por software) */
02617
02618 #define SUPER_USER (uid_t) 0     /* uid_t do superusuário */
02619
02620 /* Dispositivos. */
02621 #define MAJOR              8     /* dispositivo principal = (dev>>MAJOR) & 0377 */
02622 #define MINOR              0     /* dispositivo secundário = (dev>>MINOR) & 0377 */
02623
02624 #define NULL       ((void *)0)   /* ponteiro nulo */
02625 #define CPVEC_NR          16     /* número máx de entradas em uma requisição de SYS_VCOPY */
02626 #define CPVVEC_NR         64     /* número máx de entradas em uma requisição de SYS_VCOPY */
02627 #define NR_IOREQS      MIN(NR_BUFS, 64)
02628                                 /* número máximo de entradas em um iorequest */
02629
02630 /* Constantes para passagem de mensagem. */
02631 #define MESS_SIZE (sizeof(message))   /* talvez precise de usizeof do DS aqui */
02632 #define NIL_MESS ((message *) 0)      /* ponteiro nulo */
02633
02634 /* Constantes relacionadas à memória. */
02635 #define SEGMENT_TYPE 0xFF00      /* máscara de bits para obter tipo do segmento */
02636 #define SEGMENT_INDEX 0x00FF     /* máscara de bits para obter índice do segmento */
02637
02638 #define LOCAL_SEG     0x0000     /* flags indicando segmento de memória local */
02639 #define NR_LOCAL_SEGS      3     /* número de segmentos locais por processo (fixo) */
```

```
02640   #define T                       0       /* proc[i].mem_map[T] é para texto */
02641   #define D                       1       /* proc[i].mem_map[D] é para dados */
02642   #define S                       2       /* proc[i].mem_map[S] é para pilha */
02643
02644   #define REMOTE_SEG              0x0100   /* flags indicando segmento de memória remoto */
02645   #define NR_REMOTE_SEGS          3        /* # regiões de memória remotas (variável) */
02646
02647   #define BIOS_SEG                0x0200   /* flags indicando segmento de memória da BIOS */
02648   #define NR_BIOS_SEGS            3        /* número de regiões de memória da BIOS (variável) */
02649
02650   #define PHYS_SEG                0x0400   /* flag indicando a memória física inteira */
02651
02652   /* Rótulos usados para desativar seções de código por diferentes motivos. */
02653   #define DEAD_CODE               0        /* código não utilizado na configuração normal */
02654   #define FUTURE_CODE             0        /* código novo a ser ativado e testado posteriormente */
02655   #define TEMP_CODE               1        /* código ativo a ser removido posteriormente */
02656
02657   /* Comprimento de nome de processo na tabela de processos do PM, incluindo '\0'. */
02658   #define PROC_NAME_LEN           16
02659
02660   /* Miscelânea */
02661   #define BYTE                    0377     /* máscara para 8 bits */
02662   #define READING                 0        /* copia dados para o usuário */
02663   #define WRITING                 1        /* copia dados do usuário */
02664   #define NO_NUM                  0x8000   /* usado como argumento numérico para panic() */
02665   #define NIL_PTR                 (char *) 0 /* expressão geralmente útil */
02666   #define HAVE_SCATTERED_IO1               /* E/S dispersa agora é padrão */
02667
02668   /* Macros. */
02669   #define MAX(a, b)    ((a) > (b) ? (a) : (b))
02670   #define MIN(a, b)    ((a) < (b) ? (a) : (b))
02671
02672   /* A memória é alocada em clicks. */
02673   #if (CHIP == INTEL)
02674   #define CLICK_SIZE              1024     /* unidade na qual a memória é alocada */
02675   #define CLICK_SHIFT             10       /* log2 de CLICK_SIZE */
02676   #endif
02677
02678   #if (CHIP == SPARC) || (CHIP == M68000)
02679   #define CLICK_SIZE              4096     /* unidade na qual a memória é alocada */
02680   #define CLICK_SHIFT             12       /* log2 de CLICK_SIZE */
02681   #endif
02682
02683   /* Conversões de click para byte (e vice-versa). */
02684   #define HCLICK_SHIFT            4        /* log2 de HCLICK_SIZE */
02685   #define HCLICK_SIZE             16       /* mágica da conversão de segmento de hardware */
02686   #if CLICK_SIZE >= HCLICK_SIZE
02687   #define click_to_hclick(n) ((n) << (CLICK_SHIFT - HCLICK_SHIFT))
02688   #else
02689   #define click_to_hclick(n) ((n) >> (HCLICK_SHIFT - CLICK_SHIFT))
02690   #endif
02691   #define hclick_to_physb(n) ((phys_bytes) (n) << HCLICK_SHIFT)
02692   #define physb_to_hclick(n) ((n) >> HCLICK_SHIFT)
02693
02694   #define ABS                     -999     /* este processo significa memória absoluta */
02695
02696   /* Bits de flag para i_mode no i-node. */
02697   #define I_TYPE                  0170000  /* este campo fornece o tipo de i-node */
02698   #define I_REGULAR               0100000  /* arquivo regular, não diretório nem especial */
02699   #define I_BLOCK_SPECIAL         0060000  /* arquivo especial de bloco */
```

```
02700   #define I_DIRECTORY        0040000 /* o arquivo é um diretório */
02701   #define I_CHAR_SPECIAL     0020000 /* arquivo de caractere especial */
02702   #define I_NAMED_PIPE       0010000 /* pipe nomeado (FIFO) */
02703   #define I_SET_UID_BIT      0004000 /* configura uid_t efetiva na execução */
02704   #define I_SET_GID_BIT      0002000 /* configura gid_t efetiva na execução */
02705   #define ALL_MODES          0006777 /* todos os bits para usuário, grupo e outros */
02706   #define RWX_MODES          0000777 /* bits de modo somente para RWX */
02707   #define R_BIT              0000004 /* bit de proteção Rwx */
02708   #define W_BIT              0000002 /* bit de proteção rWx */
02709   #define X_BIT              0000001 /* bit de proteção rwX */
02710   #define I_NOT_ALLOC        0000000 /* este i-node está livre */
02711
02712   /* Flag usado apenas em argumento de flags de dev_open. */
02713   #define RO_BIT             0200000 /* Abre disp. somente p/ leitura: erro se gravável */
02714
02715   /* Alguns limites. */
02716   #define MAX_BLOCK_NR  ((block_t) 077777777)    /* maior número de bloco */
02717   #define HIGHEST_ZONE  ((zone_t) 077777777)     /* maior número de zona */
02718   #define MAX_INODE_NR  ((ino_t) 037777777777)   /* maior número de i-node */
02719   #define MAX_FILE_POS  ((off_t) 037777777777)   /* maior deslocamento de arquivo válido */
02720
02721   #define NO_BLOCK              ((block_t) 0)    /* ausência de um número de bloco */
02722   #define NO_ENTRY              ((ino_t) 0)     /* ausência de uma entrada de diretório */
02723   #define NO_ZONE               ((zone_t) 0)    /* ausência de um número de zona */
02724   #define NO_DEV                ((dev_t) 0)     /* ausência de um número de dispositivo */
```

++
                              include/minix/type.h
++

```
02800   #ifndef _TYPE_H
02801   #define _TYPE_H
02802
02803   #ifndef _MINIX_SYS_CONFIG_H
02804   #include <minix/sys_config.h>
02805   #endif
02806
02807   #ifndef _TYPES_H
02808   #include <sys/types.h>
02809   #endif
02810
02811   /* Definições de tipo. */
02812   typedef unsigned int vir_clicks;     /* endereço/comprimento virtual em clicks */
02813   typedef unsigned long phys_bytes;    /* endereço/comprimento físico em bytes */
02814   typedef unsigned int phys_clicks;    /* endereço/comprimento físico em clicks */
02815
02816   #if (_MINIX_CHIP == _CHIP_INTEL)
02817   typedef unsigned int vir_bytes; /* endereços e comprimentos virtuais em bytes */
02818   #endif
02819
02820   #if (_MINIX_CHIP == _CHIP_M68000)
02821   typedef unsigned long vir_bytes;/* endereços e comprimentos virtuais em bytes */
02822   #endif
02823
02824   #if (_MINIX_CHIP == _CHIP_SPARC)
02825   typedef unsigned long vir_bytes;/* endereços e comprimentos virtuais em bytes */
02826   #endif
02827
02828   /* Mapa de memória para texto local, pilha, segmentos de dados. */
02829   struct mem_map {
```

```
02830      vir_clicks mem_vir;           /* endereço virtual */
02831      phys_clicks mem_phys;         /* endereço físico */
02832      vir_clicks mem_len;           /* comprimento */
02833    };
02834
02835    /* Mapa de memória para áreas de memória remotas, por exemplo, para o disco de RAM. */
02836    struct far_mem {
02837      int in_use;                   /* entrada em uso, a menos que seja zero */
02838      phys_clicks mem_phys;         /* endereço físico */
02839      vir_clicks mem_len;           /* comprimento */
02840    };
02841
02842    /* Estrutura para cópia virtual por meio de um vetor com requisições. */
02843    struct vir_addr {
02844      int proc_nr;
02845      int segment;
02846      vir_bytes offset;
02847    };
02848
02849    #define phys_cp_req vir_cp_req
02850    struct vir_cp_req {
02851      struct vir_addr src;
02852      struct vir_addr dst;
02853      phys_bytes count;
02854    };
02855
02856    typedef struct {
02857      vir_bytes iov_addr;           /* endereço de um buffer de E/S */
02858      vir_bytes iov_size;           /* tamanho de um buffer de E/S */
02859    } iovec_t;
02860
02861    /* O PM passa o endereço de uma estrutura desse tipo para o KERNEL quando
02862     * sys_sendsig() é chamada como parte do mecanismo de captura de sinal.
02863     * A estrutura contém todas as informações que o KERNEL precisa para construir
02864     * a pilha de sinais.
02865     */
02866    struct sigmsg {
02867      int sm_signo;                 /* número do sinal que está sendo capturado */
02868      unsigned long sm_mask;        /* máscara a restaurar no retorno da rot. tratamento */
02869      vir_bytes sm_sighandler;      /* endereço da rotina de tratamento */
02870      vir_bytes sm_sigreturn;       /* endereço de _sigreturn na biblioteca C */
02871      vir_bytes sm_stkptr;          /* ponteiro da pilha de usuário */
02872    };
02873
02874    /* Isto é usado para obter informações do sistema por meio de SYS_GETINFO. */
02875    struct kinfo {
02876      phys_bytes code_base;         /* base de código do núcleo */
02877      phys_bytes code_size;
02878      phys_bytes data_base;         /* base de dados do núcleo */
02879      phys_bytes data_size;
02880      vir_bytes proc_addr;          /* endereço virtual da tabela de processos */
02881      phys_bytes kmem_base;         /* layout da memória do núcleo (/dev/kmem) */
02882      phys_bytes kmem_size;
02883      phys_bytes bootdev_base;      /* dispositivo de inicialização da imagem (/dev/boot) */
02884      phys_bytes bootdev_size;
02885      phys_bytes bootdev_mem;
02886      phys_bytes params_base;       /* parâmetros passados pelo monitor de inicialização */
02887      phys_bytes params_size;
02888      int nr_procs;                 /* número de processos de usuário */
02889      int nr_tasks;                 /* número de tarefas do núcleo */
```

```
02890      char release[6];              /* número de lançamento do núcleo */
02891      char version[6];              /* número da versão do núcleo */
02892      int relocking;                /* verificação de novo travamento (para depuração) */
02893    };
02894
02895    struct machine {
02896      int pc_at;
02897      int ps_mca;
02898      int processor;
02899      int protected;
02900      int vdu_ega;
02901      int vdu_vga;
02902    };
02903
02904    #endif /* _TYPE_H */
```

```
++++++++++++++++++++++++++++++++++++++++++++++++++++++++++++++++++++++++++
                            include/minix/ipc.h
++++++++++++++++++++++++++++++++++++++++++++++++++++++++++++++++++++++++++
03000    #ifndef _IPC_H
03001    #define _IPC_H
03002
03003    /*===========================================================================*
03004     *                   Tipos relacionados às mensagens.                        *
03005     *===========================================================================*/
03006
03007    #define M1                 1
03008    #define M3                 3
03009    #define M4                 4
03010    #define M3_STRING         14
03011
03012    typedef struct {int m1i1, m1i2, m1i3; char *m1p1, *m1p2, *m1p3;} mess_1;
03013    typedef struct {int m2i1, m2i2, m2i3; long m2l1, m2l2; char *m2p1;} mess_2;
03014    typedef struct {int m3i1, m3i2; char *m3p1; char m3ca1[M3_STRING];} mess_3;
03015    typedef struct {long m4l1, m4l2, m4l3, m4l4, m4l5;} mess_4;
03016    typedef struct {short m5c1, m5c2; int m5i1, m5i2; long m5l1, m5l2, m5l3;}mess_5;
03017    typedef struct {int m7i1, m7i2, m7i3, m7i4; char *m7p1, *m7p2;} mess_7;
03018    typedef struct {int m8i1, m8i2; char *m8p1, *m8p2, *m8p3, *m8p4;} mess_8;
03019
03020    typedef struct {
03021      int m_source;                  /* quem enviou a mensagem */
03022      int m_type;                    /* qual é o tipo de mensagem */
03023      union {
03024            mess_1 m_m1;
03025            mess_2 m_m2;
03026            mess_3 m_m3;
03027            mess_4 m_m4;
03028            mess_5 m_m5;
03029            mess_7 m_m7;
03030            mess_8 m_m8;
03031      } m_u;
03032    } message;
03033
03034    /* As definições a seguir fornecem nomes de membros úteis. */
03035    #define m1_i1    m_u.m_m1.m1i1
03036    #define m1_i2    m_u.m_m1.m1i2
03037    #define m1_i3    m_u.m_m1.m1i3
03038    #define m1_p1    m_u.m_m1.m1p1
03039    #define m1_p2    m_u.m_m1.m1p2
```

```
03040   #define m1_p3        m_u.m_m1.m1p3
03041
03042   #define m2_i1        m_u.m_m2.m2i1
03043   #define m2_i2        m_u.m_m2.m2i2
03044   #define m2_i3        m_u.m_m2.m2i3
03045   #define m2_l1        m_u.m_m2.m2l1
03046   #define m2_l2        m_u.m_m2.m2l2
03047   #define m2_p1        m_u.m_m2.m2p1
03048
03049   #define m3_i1        m_u.m_m3.m3i1
03050   #define m3_i2        m_u.m_m3.m3i2
03051   #define m3_p1        m_u.m_m3.m3p1
03052   #define m3_ca1       m_u.m_m3.m3ca1
03053
03054   #define m4_l1        m_u.m_m4.m4l1
03055   #define m4_l2        m_u.m_m4.m4l2
03056   #define m4_l3        m_u.m_m4.m4l3
03057   #define m4_l4        m_u.m_m4.m4l4
03058   #define m4_l5        m_u.m_m4.m4l5
03059
03060   #define m5_c1        m_u.m_m5.m5c1
03061   #define m5_c2        m_u.m_m5.m5c2
03062   #define m5_i1        m_u.m_m5.m5i1
03063   #define m5_i2        m_u.m_m5.m5i2
03064   #define m5_l1        m_u.m_m5.m5l1
03065   #define m5_l2        m_u.m_m5.m5l2
03066   #define m5_l3        m_u.m_m5.m5l3
03067
03068   #define m7_i1        m_u.m_m7.m7i1
03069   #define m7_i2        m_u.m_m7.m7i2
03070   #define m7_i3        m_u.m_m7.m7i3
03071   #define m7_i4        m_u.m_m7.m7i4
03072   #define m7_p1        m_u.m_m7.m7p1
03073   #define m7_p2        m_u.m_m7.m7p2
03074
03075   #define m8_i1        m_u.m_m8.m8i1
03076   #define m8_i2        m_u.m_m8.m8i2
03077   #define m8_p1        m_u.m_m8.m8p1
03078   #define m8_p2        m_u.m_m8.m8p2
03079   #define m8_p3        m_u.m_m8.m8p3
03080   #define m8_p4        m_u.m_m8.m8p4
03081
03082   /*===========================================================================*
03083    *                 Sistema de tempo de execução do Minix (IPC).              *
03084    *===========================================================================*/
03085
03086   /* Oculta nomes para evitar poluição do espaço de nomes. */
03087   #define echo             _echo
03088   #define notify           _notify
03089   #define sendrec          _sendrec
03090   #define receive          _receive
03091   #define send             _send
03092   #define nb_receive       _nb_receive
03093   #define nb_send          _nb_send
03094
03095   _PROTOTYPE( int echo, (message *m_ptr)                              );
03096   _PROTOTYPE( int notify, (int dest)                                  );
03097   _PROTOTYPE( int sendrec, (int src_dest, message *m_ptr)             );
03098   _PROTOTYPE( int receive, (int src, message *m_ptr)                  );
03099   _PROTOTYPE( int send, (int dest, message *m_ptr)                    );
```

```
03100   _PROTOTYPE( int nb_receive, (int src, message *m_ptr)                );
03101   _PROTOTYPE( int nb_send, (int dest, message *m_ptr)                   );
03102
03103   #endif /* _IPC_H */


++++++++++++++++++++++++++++++++++++++++++++++++++++++++++++++++++++++++++
                            include/minix/syslib.h
++++++++++++++++++++++++++++++++++++++++++++++++++++++++++++++++++++++++++
03200   /* Prototypes para funções de biblioteca do sistema. */
03201
03202   #ifndef _SYSLIB_H
03203   #define _SYSLIB_H
03204
03205   #ifndef _TYPES_H
03206   #include <sys/types.h>
03207   #endif
03208
03209   #ifndef _IPC_H
03210   #include <minix/ipc.h>
03211   #endif
03212
03213   #ifndef _DEVIO_H
03214   #include <minix/devio.h>
03215   #endif
03216
03217   /* Declaração antecipada */
03218   struct reg86u;
03219
03220   #define SYSTASK SYSTEM
03221
03222   /*===========================================================================*
03223    *                      Biblioteca de sistema do Minix.                      *
03224    *===========================================================================*/
03225   _PROTOTYPE( int _taskcall, (int who, int syscallnr, message *msgptr));
03226
03227   _PROTOTYPE( int sys_abort, (int how, ...));
03228   _PROTOTYPE( int sys_exec, (int proc, char *ptr,
03229                                   char *aout, vir_bytes initpc));
03230   _PROTOTYPE( int sys_fork, (int parent, int child));
03231   _PROTOTYPE( int sys_newmap, (int proc, struct mem_map *ptr));
03232   _PROTOTYPE( int sys_exit, (int proc));
03233   _PROTOTYPE( int sys_trace, (int req, int proc, long addr, long *data_p));
03234
03235   _PROTOTYPE( int sys_svrctl, (int proc, int req, int priv,vir_bytes argp));
03236   _PROTOTYPE( int sys_nice, (int proc, int priority));
03237
03238   _PROTOTYPE( int sys_int86, (struct reg86u *reg86p));
03239
03240   /* Atalhos para a chamada de sistema sys_sdevio(). */
03241   #define sys_insb(port, proc_nr, buffer, count) \
03242           sys_sdevio(DIO_INPUT, port, DIO_BYTE, proc_nr, buffer, count)
03243   #define sys_insw(port, proc_nr, buffer, count) \
03244           sys_sdevio(DIO_INPUT, port, DIO_WORD, proc_nr, buffer, count)
03245   #define sys_outsb(port, proc_nr, buffer, count) \
03246           sys_sdevio(DIO_OUTPUT, port, DIO_BYTE, proc_nr, buffer, count)
03247   #define sys_outsw(port, proc_nr, buffer, count) \
03248           sys_sdevio(DIO_OUTPUT, port, DIO_WORD, proc_nr, buffer, count)
03249   _PROTOTYPE( int sys_sdevio, (int req, long port, int type, int proc_nr,
```

```
03250                    void *buffer, int count));
03251
03252   /* Relógio: obtém tempos do sistema ou (des)programa a execução de uma chamada de alarme. */
03253   _PROTOTYPE( int sys_times, (int proc_nr, clock_t *ptr));
03254   _PROTOTYPE(int sys_setalarm, (clock_t exp_time, int abs_time));
03255
03256   /* Atalhos para a chamada de sistema sys_irqctl(). */
03257   #define sys_irqdisable(hook_id) \
03258       sys_irqctl(IRQ_DISABLE, 0, 0, hook_id)
03259   #define sys_irqenable(hook_id) \
03260       sys_irqctl(IRQ_ENABLE, 0, 0, hook_id)
03261   #define sys_irqsetpolicy(irq_vec, policy, hook_id) \
03262       sys_irqctl(IRQ_SETPOLICY, irq_vec, policy, hook_id)
03263   #define sys_irqrmpolicy(irq_vec, hook_id) \
03264       sys_irqctl(IRQ_RMPOLICY, irq_vec, 0, hook_id)
03265   _PROTOTYPE ( int sys_irqctl, (int request, int irq_vec, int policy,
03266       int *irq_hook_id) );
03267
03268   /* Atalhos para as chamadas de sistema sys_vircopy() e sys_physcopy(). */
03269   #define sys_biosin(bios_vir, dst_vir, bytes) \
03270       sys_vircopy(SELF, BIOS_SEG, bios_vir, SELF, D, dst_vir, bytes)
03271   #define sys_biosout(src_vir, bios_vir, bytes) \
03272       sys_vircopy(SELF, D, src_vir, SELF, BIOS_SEG, bios_vir, bytes)
03273   #define sys_datacopy(src_proc, src_vir, dst_proc, dst_vir, bytes) \
03274       sys_vircopy(src_proc, D, src_vir, dst_proc, D, dst_vir, bytes)
03275   #define sys_textcopy(src_proc, src_vir, dst_proc, dst_vir, bytes) \
03276       sys_vircopy(src_proc, T, src_vir, dst_proc, T, dst_vir, bytes)
03277   #define sys_stackcopy(src_proc, src_vir, dst_proc, dst_vir, bytes) \
03278       sys_vircopy(src_proc, S, src_vir, dst_proc, S, dst_vir, bytes)
03279   _PROTOTYPE(int sys_vircopy, (int src_proc, int src_seg, vir_bytes src_vir,
03280       int dst_proc, int dst_seg, vir_bytes dst_vir, phys_bytes bytes));
03281
03282   #define sys_abscopy(src_phys, dst_phys, bytes) \
03283       sys_physcopy(NONE, PHYS_SEG, src_phys, NONE, PHYS_SEG, dst_phys, bytes)
03284   _PROTOTYPE(int sys_physcopy, (int src_proc, int src_seg, vir_bytes src_vir,
03285       int dst_proc, int dst_seg, vir_bytes dst_vir, phys_bytes bytes));
03286   _PROTOTYPE(int sys_memset, (unsigned long pattern,
03287           phys_bytes base, phys_bytes bytes));
03288
03289   /* Chamadas de cópia virtual / física vetorizadas. */
03290   #if DEAD_CODE          /* parte da biblioteca ainda não implementada */
03291   _PROTOTYPE(int sys_virvcopy, (phys_cp_req *vec_ptr,int vec_size,int *nr_ok));
03292   _PROTOTYPE(int sys_physvcopy, (phys_cp_req *vec_ptr,int vec_size,int *nr_ok));
03293   #endif
03294
03295   _PROTOTYPE(int sys_umap, (int proc_nr, int seg, vir_bytes vir_addr,
03296       vir_bytes bytes, phys_bytes *phys_addr));
03297   _PROTOTYPE(int sys_segctl, (int *index, u16_t *seg, vir_bytes *off,
03298       phys_bytes phys, vir_bytes size));
03299
03300   /* Atalhos para a chamada de sistema sys_getinfo(). */
03301   #define sys_getkmessages(dst)    sys_getinfo(GET_KMESSAGES, dst, 0,0,0)
03302   #define sys_getkinfo(dst)        sys_getinfo(GET_KINFO, dst, 0,0,0)
03303   #define sys_getmachine(dst)      sys_getinfo(GET_MACHINE, dst, 0,0,0)
03304   #define sys_getproctab(dst)      sys_getinfo(GET_PROCTAB, dst, 0,0,0)
03305   #define sys_getprivtab(dst)      sys_getinfo(GET_PRIVTAB, dst, 0,0,0)
03306   #define sys_getproc(dst,nr)      sys_getinfo(GET_PROC, dst, 0,0, nr)
03307   #define sys_getrandomness(dst)   sys_getinfo(GET_RANDOMNESS, dst, 0,0,0)
03308   #define sys_getimage(dst)        sys_getinfo(GET_IMAGE, dst, 0,0,0)
03309   #define sys_getirqhooks(dst)     sys_getinfo(GET_IRQHOOKS, dst, 0,0,0)
```

```
03310   #define sys_getmonparams(v,vl)sys_getinfo(GET_MONPARAMS, v,vl, 0,0)
03311   #define sys_getschedinfo(v1,v2) sys_getinfo(GET_SCHEDINFO, v1,0, v2,0)
03312   #define sys_getlocktimings(dst) sys_getinfo(GET_LOCKTIMING, dst, 0,0,0)
03313   #define sys_getbiosbuffer(virp, sizep) sys_getinfo(GET_BIOSBUFFER, virp, \
03314           sizeof(*virp), sizep, sizeof(*sizep))
03315   _PROTOTYPE(int sys_getinfo, (int request, void *val_ptr, int val_len,
03316                                void *val_ptr2, int val_len2)         );
03317
03318   /* Controle de sinal. */
03319   _PROTOTYPE(int sys_kill, (int proc, int sig) );
03320   _PROTOTYPE(int sys_sigsend, (int proc_nr, struct sigmsg *sig_ctxt) );
03321   _PROTOTYPE(int sys_sigreturn, (int proc_nr, struct sigmsg *sig_ctxt) );
03322   _PROTOTYPE(int sys_getksig, (int *k_proc_nr, sigset_t *k_sig_map) );
03323   _PROTOTYPE(int sys_endksig, (int proc_nr) );
03324
03325   /* NOTA: foram usadas duas estratégias diferentes para distinguir os tipos de
03326    * E/S de dispositivo 'byte', 'word', 'long': esta última usa #define e resulta em uma
03327    * implementação menor, mas perde a verificação de tipo estática.
03328    */
03329   _PROTOTYPE(int sys_voutb, (pvb_pair_t *pvb_pairs, int nr_ports)         );
03330   _PROTOTYPE(int sys_voutw, (pvw_pair_t *pvw_pairs, int nr_ports)         );
03331   _PROTOTYPE(int sys_voutl, (pvl_pair_t *pvl_pairs, int nr_ports)         );
03332   _PROTOTYPE(int sys_vinb, (pvb_pair_t *pvb_pairs, int nr_ports)          );
03333   _PROTOTYPE(int sys_vinw, (pvw_pair_t *pvw_pairs, int nr_ports)          );
03334   _PROTOTYPE(int sys_vinl, (pvl_pair_t *pvl_pairs, int nr_ports)          );
03335
03336   /* Atalhos para a chamada de sistema sys_out(). */
03337   #define sys_outb(p,v)   sys_out((p), (unsigned long) (v), DIO_BYTE)
03338   #define sys_outw(p,v)   sys_out((p), (unsigned long) (v), DIO_WORD)
03339   #define sys_outl(p,v)   sys_out((p), (unsigned long) (v), DIO_LONG)
03340   _PROTOTYPE(int sys_out, (int port, unsigned long value, int type)       );
03341
03342   /* Atalhos para a chamada de sistema sys_in(). */
03343   #define sys_inb(p,v)   sys_in((p), (unsigned long*) (v), DIO_BYTE)
03344   #define sys_inw(p,v)   sys_in((p), (unsigned long*) (v), DIO_WORD)
03345   #define sys_inl(p,v)   sys_in((p), (unsigned long*) (v), DIO_LONG)
03346   _PROTOTYPE(int sys_in, (int port, unsigned long *value, int type)       );
03347
03348   #endif /* _SYSLIB_H */
03349
++++++++++++++++++++++++++++++++++++++++++++++++++++++++++++++++++++++++++
                            include/minix/sysutil.h
++++++++++++++++++++++++++++++++++++++++++++++++++++++++++++++++++++++++++
03400   #ifndef _EXTRALIB_H
03401   #define _EXTRALIB_H
03402
03403   /* Definições de biblioteca de sistema extras para suportar drivers de dispositivo e
           servidores.
03404    *
03405    * Criado:
03406    *      15 de março de 2004 por Jorrit N. Herder
03407    *
03408    * Alterações:
03409    *      31 de maio de 2005: adicionados printf, kputc (reposicionado de syslib)
03410    *      31 de maio de 2005: adicionado getuptime
03411    *      18 de março de 2005: adicionado tickdelay
03412    *      01 de outubro de 2004: adicionados env_parse, env_prefix, env_panic
03413    *      13 de julho de 2004: adicionado fkey_ctl
03414    *      28 de abril de 2004: adicionados report, panic
```

```
03415        *         31 de março de 2004: configurado como outras bibliotecas, como syslib
03416        */
03417
03418   /*===========================================================================*
03419    * Funções auxiliares diversas.
03420    *===========================================================================*/
03421
03422   /* Valores de retorno para análise de ambiente. */
03423   #define EP_BUF_SIZE    128        /* buffer local para valor de ambiente */
03424   #define EP_UNSET         0        /* variável não configurada */
03425   #define EP_OFF           1        /* var = off */
03426   #define EP_ON            2        /* var = on (ou campo deixado em branco) */
03427   #define EP_SET           3        /* var = 1:2:3 (campo preenchido) */
03428   #define EP_EGETKENV      4        /* sys_getkenv() falhou ... */
03429
03430   _PROTOTYPE( void env_setargs, (int argc, char *argv[])                      );
03431   _PROTOTYPE( int env_get_param, (char *key, char *value, int max_size)  );
03432   _PROTOTYPE( int env_prefix, (char *env, char *prefix)                       );
03433   _PROTOTYPE( void env_panic, (char *key)                                     );
03434   _PROTOTYPE( int env_parse, (char *env, char *fmt, int field, long *param,
03435                               long min, long max)                             );
03436
03437   #define fkey_map(fkeys, sfkeys) fkey_ctl(FKEY_MAP, (fkeys), (sfkeys))
03438   #define fkey_unmap(fkeys, sfkeys) fkey_ctl(FKEY_UNMAP, (fkeys), (sfkeys))
03439   #define fkey_events(fkeys, sfkeys) fkey_ctl(FKEY_EVENTS, (fkeys), (sfkeys))
03440   _PROTOTYPE( int fkey_ctl, (int req, int *fkeys, int *sfkeys)            );
03441
03442   _PROTOTYPE( int printf, (const char *fmt, ...));
03443   _PROTOTYPE( void kputc, (int c));
03444   _PROTOTYPE( void report, (char *who, char *mess, int num));
03445   _PROTOTYPE( void panic, (char *who, char *mess, int num));
03446   _PROTOTYPE( int getuptime, (clock_t *ticks));
03447   _PROTOTYPE( int tickdelay, (clock_t ticks));
03448
03449   #endif /* _EXTRALIB_H */
03450
```

++
                            include/minix/callnr.h
++

```
03500   #define NCALLS         91       /* número de chamadas de sistema permitidas */
03501
03502   #define EXIT            1
03503   #define FORK            2
03504   #define READ            3
03505   #define WRITE           4
03506   #define OPEN            5
03507   #define CLOSE           6
03508   #define WAIT            7
03509   #define CREAT           8
03510   #define LINK            9
03511   #define UNLINK         10
03512   #define WAITPID        11
03513   #define CHDIR          12
03514   #define TIME           13
```

```
03515   #define MKNOD           14
03516   #define CHMOD           15
03517   #define CHOWN           16
03518   #define BRK             17
03519   #define STAT            18
03520   #define LSEEK           19
03521   #define GETPID          20
03522   #define MOUNT           21
03523   #define UMOUNT          22
03524   #define SETUID          23
03525   #define GETUID          24
03526   #define STIME           25
03527   #define PTRACE          26
03528   #define ALARM           27
03529   #define FSTAT           28
03530   #define PAUSE           29
03531   #define UTIME           30
03532   #define ACCESS          33
03533   #define SYNC            36
03534   #define KILL            37
03535   #define RENAME          38
03536   #define MKDIR           39
03537   #define RMDIR           40
03538   #define DUP             41
03539   #define PIPE            42
03540   #define TIMES           43
03541   #define SETGID          46
03542   #define GETGID          47
03543   #define SIGNAL          48
03544   #define IOCTL           54
03545   #define FCNTL           55
03546   #define EXEC            59
03547   #define UMASK           60
03548   #define CHROOT          61
03549   #define SETSID          62
03550   #define GETPGRP         63
03551
03552   /* O que segue não são chamadas de sistema, mas são processadas como elas. */
03553   #define UNPAUSE         65      /* para MM ou FS: verifica EINTR */
03554   #define REVIVE          67      /* para FS: reanima um processo em repouso */
03555   #define TASK_REPLY      68      /* para FS: código de resposta da tarefa tty */
03556
03557   /* Tratamento de sinal Posix. */
03558   #define SIGACTION       71
03559   #define SIGSUSPEND      72
03560   #define SIGPENDING      73
03561   #define SIGPROCMASK     74
03562   #define SIGRETURN       75
03563
03564   #define REBOOT          76      /* para PM */
03565
03566   /* chamadas específicas do MINIX, por exemplo, para suportar serviços de sistema. */
03567   #define SVRCTL          77
03568                                   /* não usado */
03569   #define GETSYSINFO      79      /* para PM ou FS */
03570   #define GETPROCNR       80      /* para PM */
03571   #define DEVCTL          81      /* para FS */
03572   #define FSTATFS         82      /* para FS */
03573   #define ALLOCMEM        83      /* para PM */
03574   #define FREEMEM         84      /* para PM */
```

```
03575   #define SELECT            85      /* para FS */
03576   #define FCHDIR            86      /* para FS */
03577   #define FSYNC             87      /* para FS*/
03578   #define GETPRIORITY       88      /* para PM */
03579   #define SETPRIORITY       89      /* para PM*/
03580   #define GETTIMEOFDAY      90      /* para PM */
```

```
++++++++++++++++++++++++++++++++++++++++++++++++++++++++++++++++++++++++++++
                              include/minix/com.h
++++++++++++++++++++++++++++++++++++++++++++++++++++++++++++++++++++++++++++
03600   #ifndef _MINIX_COM_H
03601   #define _MINIX_COM_H
03602
03603   /*===========================================================================*
03604    *                       Números mágicos de processo                         *
03605    *===========================================================================*/
03606
03607   #define ANY              0x7ace /* usado para indicar 'qualquer processo' */
03608   #define NONE             0x6ace /* usado para indicar 'absolutamente nenhum processo' */
03609   #define SELF             0x8ace /* usado para indicar 'próprio processo' */
03610
03611   /*===========================================================================*
03612    *                   Números de processos na imagem do sistema               *
03613    *===========================================================================*/
03614
03615   /* Os valores de vários números de tarefa dependem dessas ou outras tarefas
03616    * estarem ativadas. Eles são definidos como (PREVIOUS_TASK - ENABLE_TASK) em geral.
03617    * ENABLE_TASK é 0 ou 1, de modo que uma tarefa recebe um novo número ou
03618    * o mesmo número da tarefa anterior e não é mais usado. Note que a
03619    * ordem deve corresponder a ordem da tabela de tarefas definida em table.c.
03620    */
03621
03622   /* Tarefas do núcleo. Todas elas são executadas no mesmo espaço de endereçamento. */
03623   #define IDLE             -4      /* executa quando mais nenhuma pode ser executada */
03624   #define CLOCK            -3      /* alarmes e outras funções de relógio*/
03625   #define SYSTEM           -2      /* solicita funcionalidade de sistema */
03626   #define KERNEL           -1      /* pseudo-processo para IPC e escalonamento */
03627   #define HARDWARE      KERNEL     /* para rotinas de tratamento de interrupção de hardware */
03628
03629   /* Número de tarefas. Note que NR_PROCS é definido em <minix/config.h>. */
03630   #define NR_TASKS          4
03631
03632   /* Processos em espaço de usuário; isto é, drivers de dispositivo, servidores e INIT. */
03633   #define PM_PROC_NR        0      /* gerenciador de processo */
03634   #define FS_PROC_NR        1      /* sistema de arquivo */
03635   #define RS_PROC_NR        2      /* servidor de reencarnação */
03636   #define MEM_PROC_NR       3      /* driver de memória (disco de RAM, nulo etc.) */
03637   #define LOG_PROC_NR       4      /* driver de dispositivo de log */
03638   #define TTY_PROC_NR       5      /* driver de terminal (TTY) */
03639   #define DRVR_PROC_NR      6      /* driver de dispositivo para meio de inicialização */
03640   #define INIT_PROC_NR      7      /* init -- vai para multiusuário */
03641
03642   /* Número de processos contidos na imagem do sistema. */
03643   #define NR_BOOT_PROCS    (NR_TASKS + INIT_PROC_NR + 1)
03644
```

```
03645   /*===========================================================================*
03646    *                      Tipos de notificação do núcleo                       *
03647    *===========================================================================*/
03648
03649   /* Tipos de notificação do núcleo. Em princípio, eles podem ser enviados para qualquer
03650    * processo; portanto, certifique-se de que esses tipos não interfiram em outros tipos
03651    * de mensagem. As notificações são priorizadas por causa da maneira usada em unhold() e
03652    * notificações com bloqueio são distribuídas. Os números mais baixos aparecem primeiro.
03653    * O deslocamento é usado para os mapas de bits de notificação por processo.
03654    */
03655   #define NOTIFY_MESSAGE          0x1000
03656   #define NOTIFY_FROM(p_nr)       (NOTIFY_MESSAGE | ((p_nr) + NR_TASKS))
03657   #  define SYN_ALARM     NOTIFY_FROM(CLOCK)      /* alarme síncrono */
03658   #  define SYS_SIG       NOTIFY_FROM(SYSTEM)     /* sinal do sistema */
03659   #  define HARD_INT      NOTIFY_FROM(HARDWARE)   /* interrupção de hardware */
03660   #  define NEW_KSIG      NOTIFY_FROM(HARDWARE)   /* novo sinal do núcleo */
03661   #  define FKEY_PRESSED  NOTIFY_FROM(TTY_PROC_NR)/* pressionamento de tecla de função */
03662
03663   /* Atalhos para parâmetros de mensagem passados com notificações. */
03664   #define NOTIFY_SOURCE           m_source
03665   #define NOTIFY_TYPE             m_type
03666   #define NOTIFY_ARG              m2_l1
03667   #define NOTIFY_TIMESTAMP        m2_l2
03668   #define NOTIFY_FLAGS            m2_i1
03669
03670   /*===========================================================================*
03671    *              Mensagens para drivers de dispositivo BLOCK e CHARACTER      *
03672    *===========================================================================*/
03673
03674   /* Tipos de mensagem para drivers de dispositivo. */
03675   #define DEV_RQ_BASE     0x400    /* base para tipos de requisição de dispositivo */
03676   #define DEV_RS_BASE     0x500    /* base para tipos de resposta de dispositivo */
03677
03678   #define CANCEL          (DEV_RQ_BASE +  0) /* req. p/ forçar cancelamento de tarefa */
03679   #define DEV_READ        (DEV_RQ_BASE +  3) /* lê do dispositivo secundário */
03680   #define DEV_WRITE       (DEV_RQ_BASE +  4) /* escreve no dispositivo secundário */
03681   #define DEV_IOCTL       (DEV_RQ_BASE +  5) /* código de controle de E/S */
03682   #define DEV_OPEN        (DEV_RQ_BASE +  6) /* abre um dispositivo secundário */
03683   #define DEV_CLOSE       (DEV_RQ_BASE +  7) /* fecha um dispositivo secundário */
03684   #define DEV_SCATTER     (DEV_RQ_BASE +  8) /* escreve de um vetor */
03685   #define DEV_GATHER      (DEV_RQ_BASE +  9) /* lê em um vetor */
03686   #define TTY_SETPGRP     (DEV_RQ_BASE + 10) /* configura grupo de processos */
03687   #define TTY_EXIT        (DEV_RQ_BASE + 11) /* o líder do grupo de processos saiu */
03688   #define DEV_SELECT      (DEV_RQ_BASE + 12) /* solicita atenção de select() */
03689   #define DEV_STATUS      (DEV_RQ_BASE + 13) /* solicita status do driver */
03690
03691   #define DEV_REPLY       (DEV_RS_BASE + 0) /* resposta de tarefa geral */
03692   #define DEV_CLONED      (DEV_RS_BASE + 1) /* retorna secundário clonado */
03693   #define DEV_REVIVE      (DEV_RS_BASE + 2) /* driver reanima processo */
03694   #define DEV_IO_READY    (DEV_RS_BASE + 3) /* dispositivo selecionado pronto */
03695   #define DEV_NO_STATUS   (DEV_RS_BASE + 4) /* resposta de status vazia */
03696
03697   /* Nomes de campo para mensagens para drivers de dispositivo de bloco e de caractere. */
03698   #define DEVICE          m2_i1    /* dispositivo principal-secundário */
03699   #define PROC_NR         m2_i2    /* qual (processo) deseja E/S? */
03700   #define COUNT           m2_i3    /* quantos bytes vai transferir */
03701   #define REQUEST         m2_i3    /* código de requisição ioctl */
03702   #define POSITION        m2_l1    /* deslocamento de arquivo */
03703   #define ADDRESS         m2_p1    /* endereço do buffer do núcleo */
03704
```

```
03705   /* Nomes de campo para mensagens DEV_SELECT para drivers de dispositivo. */
03706   #define DEV_MINOR       m2_i1   /* dispositivo secundário */
03707   #define DEV_SEL_OPS     m2_i2   /* quais operações de seleção são solicitadas */
03708   #define DEV_SEL_WATCH   m2_i3   /* pede notificação se nenhuma operação estiver pronta */
03709
03710   /* Nomes de campo usados em mensagens de resposta de tarefas. */
03711   #define REP_PROC_NR     m2_i1   /* número de processos em cujo nome a E/S foi feita */
03712   #define REP_STATUS      m2_i2   /* bytes transferidos ou número do erro */
03713   #  define SUSPEND       -998    /*status p/ suspender processo: responde depois*/
03714
03715   /* Nomes de campo para mensagens para driver TTY. */
03716   #define TTY_LINE        DEVICE  /* parâmetro de mensagem: linha de terminal */
03717   #define TTY_REQUEST     COUNT   /* parâmetro de mensagem: código de requisição ioctl */
03718   #define TTY_SPEK        POSITION/* parâmetro de mensagem: velocidade de ioctl, apagando */
03719   #define TTY_FLAGS       m2_l2   /* parâmetro de mensagem: modo tty ioctl */
03720   #define TTY_PGRP        m2_i3   /* parâmetro de mensagem: grupo de processos */
03721
03722   /* Nomes de campo para a resposta de status QIC 02 de driver de fita */
03723   #define TAPE_STAT0      m2_l1
03724   #define TAPE_STAT1      m2_l2
03725
03726   /*===========================================================================*
03727    *                      Mensagens para camada de rede                        *
03728    *===========================================================================*/
03729
03730   /* Tipos de mensagem para pedidos da camada de rede. Essa camada atua como um driver. */
03731   #define NW_OPEN         DEV_OPEN
03732   #define NW_CLOSE        DEV_CLOSE
03733   #define NW_READ         DEV_READ
03734   #define NW_WRITE        DEV_WRITE
03735   #define NW_IOCTL        DEV_IOCTL
03736   #define NW_CANCEL       CANCEL
03737
03738   /* Tipo de base para requisições e respostas da camada de enlace de dados. */
03739   #define DL_RQ_BASE      0x800
03740   #define DL_RS_BASE      0x900
03741
03742   /* Tipos de mensagem para requisições da camada de enlace de dados. */
03743   #define DL_WRITE        (DL_RQ_BASE + 3)
03744   #define DL_WRITEV       (DL_RQ_BASE + 4)
03745   #define DL_READ         (DL_RQ_BASE + 5)
03746   #define DL_READV        (DL_RQ_BASE + 6)
03747   #define DL_INIT         (DL_RQ_BASE + 7)
03748   #define DL_STOP         (DL_RQ_BASE + 8)
03749   #define DL_GETSTAT      (DL_RQ_BASE + 9)
03750
03751   /* Tipo de mensagem para respostas da camada de enlace de dados. */
03752   #define DL_INIT_REPLY   (DL_RS_BASE + 20)
03753   #define DL_TASK_REPLY   (DL_RS_BASE + 21)
03754
03755   /* Nomes de campo para mensagens da camada de enlace de dados. */
03756   #define DL_PORT         m2_i1
03757   #define DL_PROC         m2_i2
03758   #define DL_COUNT        m2_i3
03759   #define DL_MODE         m2_l1
03760   #define DL_CLCK         m2_l2
03761   #define DL_ADDR         m2_p1
03762   #define DL_STAT         m2_l1
03763
03764   /* Bits no campo'DL_STAT' de respostas DL. */
```

```
03765   #   define DL_PACK_SEND            0x01
03766   #   define DL_PACK_RECV            0x02
03767   #   define DL_READ_IP              0x04
03768
03769   /* Bits no campo'DL_MODE' de requisições DL. */
03770   #   define DL_NOMODE                0x0
03771   #   define DL_PROMISC_REQ           0x2
03772   #   define DL_MULTI_REQ             0x4
03773   #   define DL_BROAD_REQ             0x8
03774
03775   /*===========================================================================*
03776    *                  Tipos de requisições SYSTASK e nomes de campo            *
03777    *===========================================================================*/
03778
03779   /* As chamadas da biblioteca de sistema são despachadas por meio de um vetor de chamada;
03780    * portanto, cuidado ao modificar os números de chamada de sistema. Os números aqui
03781    * determinam qual chamada é feita a partir do vetor de chamada.
03782    */
03783   #define KERNEL_CALL       0x600    /* base para chamadas do núcleo para SYSTEM */
03784
03785   #   define SYS_FORK        (KERNEL_CALL + 0)    /* sys_fork() */
03786   #   define SYS_EXEC        (KERNEL_CALL + 1)    /* sys_exec() */
03787   #   define SYS_EXIT        (KERNEL_CALL + 2)    /* sys_exit() */
03788   #   define SYS_NICE        (KERNEL_CALL + 3)    /* sys_nice() */
03789   #   define SYS_PRIVCTL     (KERNEL_CALL + 4)    /* sys_privctl() */
03790   #   define SYS_TRACE       (KERNEL_CALL + 5)    /* sys_trace() */
03791   #   define SYS_KILL        (KERNEL_CALL + 6)    /* sys_kill() */
03792
03793   #   define SYS_GETKSIG     (KERNEL_CALL + 7)    /* sys_getsig() */
03794   #   define SYS_ENDKSIG     (KERNEL_CALL + 8)    /* sys_endsig() */
03795   #   define SYS_SIGSEND     (KERNEL_CALL + 9)    /* sys_sigsend() */
03796   #   define SYS_SIGRETURN   (KERNEL_CALL + 10)   /* sys_sigreturn() */
03797
03798   #   define SYS_NEWMAP      (KERNEL_CALL + 11)   /* sys_newmap() */
03799   #   define SYS_SEGCTL      (KERNEL_CALL + 12)   /* sys_segctl() */
03800   #   define SYS_MEMSET      (KERNEL_CALL + 13)   /* sys_memset() */
03801
03802   #   define SYS_UMAP        (KERNEL_CALL + 14)   /* sys_umap() */
03803   #   define SYS_VIRCOPY     (KERNEL_CALL + 15)   /* sys_vircopy() */
03804   #   define SYS_PHYSCOPY    (KERNEL_CALL + 16)   /* sys_physcopy() */
03805   #   define SYS_VIRVCOPY    (KERNEL_CALL + 17)   /* sys_virvcopy() */
03806   #   define SYS_PHYSVCOPY   (KERNEL_CALL + 18)   /* sys_physvcopy() */
03807
03808   #   define SYS_IRQCTL      (KERNEL_CALL + 19)   /* sys_irqctl() */
03809   #   define SYS_INT86       (KERNEL_CALL + 20)   /* sys_int86() */
03810   #   define SYS_DEVIO       (KERNEL_CALL + 21)   /* sys_devio() */
03811   #   define SYS_SDEVIO      (KERNEL_CALL + 22)   /* sys_sdevio() */
03812   #   define SYS_VDEVIO      (KERNEL_CALL + 23)   /* sys_vdevio() */
03813
03814   #   define SYS_SETALARM    (KERNEL_CALL + 24)   /* sys_setalarm() */
03815   #   define SYS_TIMES       (KERNEL_CALL + 25)   /* sys_times() */
03816   #   define SYS_GETINFO     (KERNEL_CALL + 26)   /* sys_getinfo() */
03817   #   define SYS_ABORT       (KERNEL_CALL + 27)   /* sys_abort() */
03818
03819   #define NR_SYS_CALLS      28       /* número de chamadas de sistema */
03820
03821   /* Nomes de campo for SYS_MEMSET, SYS_SEGCTL. */
03822   #define MEM_PTR           m2_p1    /* base */
03823   #define MEM_COUNT         m2_l1    /* contador */
03824   #define MEM_PATTERN       m2_l2    /* padrão a escrever */
```

```
03825  #define MEM_CHUNK_BASE    m4_l1   /* endereço de base físico */
03826  #define MEM_CHUNK_SIZE    m4_l2   /* tamanho do trecho de memória */
03827  #define MEM_TOT_SIZE      m4_l3   /* tamanho total da memória */
03828  #define MEM_CHUNK_TAG     m4_l4   /* tag para identificar trecho de memória */
03829
03830  /* Nomes de campo para SYS_DEVIO, SYS_VDEVIO, SYS_SDEVIO. */
03831  #define DIO_REQUEST       m2_i3   /* entrada ou saída de dispositivo */
03832  #   define DIO_INPUT      0       /* entrada */
03833  #   define DIO_OUTPUT     1       /* saída */
03834  #define DIO_TYPE          m2_i1   /* flag indicando byte, word or long */
03835  #   define DIO_BYTE       'b'     /* valores de tipo byte */
03836  #   define DIO_WORD       'w'     /* valores de tipo word */
03837  #   define DIO_LONG       'l'     /* valores de tipo long */
03838  #define DIO_PORT          m2_l1   /* endereço de porta único */
03839  #define DIO_VALUE         m2_l2   /* valor de E/S único */
03840  #define DIO_VEC_ADDR      m2_p1   /* endereço de buffer ou pares (p,v) */
03841  #define DIO_VEC_SIZE      m2_l2   /* número de elementos no vetor */
03842  #define DIO_VEC_PROC      m2_i2   /* número de processo onde o vetor está */
03843
03844  /* Nomes de campo para SYS_SIGNARLM, SYS_FLAGARLM, SYS_SYNCALRM. */
03845  #define ALRM_EXP_TIME     m2_l1   /* tempo de expiração para a chamada de alarme */
03846  #define ALRM_ABS_TIME     m2_i2   /* configura como 1 para usar tempo de alarme absoluto */
03847  #define ALRM_TIME_LEFT    m2_l1   /* quantos tiques estavam restando */
03848  #define ALRM_PROC_NR      m2_i1   /* qual processo deseja o alarme? */
03849  #define ALRM_FLAG_PTR     m2_p1   /* endereço virtual do flag de tempo limite */
03850
03851  /* Nomes de campo para SYS_IRQCTL. */
03852  #define IRQ_REQUEST       m5_c1   /* o que fazer? */
03853  #   define IRQ_SETPOLICY  1       /* gerencia uma entrada da tabela de IRQs */
03854  #   define IRQ_RMPOLICY   2       /* remove uma entrada da tabela de IRQs */
03855  #   define IRQ_ENABLE     3       /* ativa interrupções */
03856  #   define IRQ_DISABLE    4       /* desativa interrupções */
03857  #define IRQ_VECTOR        m5_c2   /* vetor de irq */
03858  #define IRQ_POLICY        m5_i1   /* opções para requisições IRQCTL */
03859  #   define IRQ_REENABLE   0x001   /* reativa linha de IRQ após a interrupção */
03860  #   define IRQ_BYTE       0x100   /* valores byte */
03861  #   define IRQ_WORD       0x200   /* valores word */
03862  #   define IRQ_LONG       0x400   /* valores long */
03863  #define IRQ_PROC_NR       m5_i2   /* número do processo, SELF, NONE */
03864  #define IRQ_HOOK_ID       m5_l3   /* id do gancho de irq no núcleo */
03865
03866  /* Nomes de campo para SYS_SEGCTL. */
03867  #define SEG_SELECT        m4_l1   /* seletor de segmento retornado */
03868  #define SEG_OFFSET        m4_l2   /* deslocamento no segmento returned */
03869  #define SEG_PHYS          m4_l3   /* endereço físico do segmento */
03870  #define SEG_SIZE          m4_l4   /* tamanho do segmento */
03871  #define SEG_INDEX         m4_l5   /* índice do segmento no mapa remoto */
03872
03873  /* Nomes de campo para SYS_VIDCOPY. */
03874  #define VID_REQUEST       m4_l1   /* o que fazer? */
03875  #   define VID_VID_COPY   1       /* solicita vid_vid_copy() */
03876  #   define MEM_VID_COPY   2       /* solicita mem_vid_copy() */
03877  #define VID_SRC_ADDR      m4_l2   /* endereço virtual na memória */
03878  #define VID_SRC_OFFSET    m4_l3   /* deslocamento na memória de vídeo */
03879  #define VID_DST_OFFSET    m4_l4   /* deslocamento na memória de vídeo */
03880  #define VID_CP_COUNT      m4_l5   /* número de palavras a serem copiadas */
03881
03882  /* Nomes de campo para SYS_ABORT. */
03883  #define ABRT_HOW          m1_i1   /* RBT_REBOOT, RBT_HALT, etc. */
03884  #define ABRT_MON_PROC     m1_i2   /* processo onde estão os parâmetros do monitor */
```

```
03885   #define ABRT_MON_LEN     m1_i3    /* comprimento dos parâmetros do monitor */
03886   #define ABRT_MON_ADDR    m1_p1    /* endereço virtual dos parâmetros do monitor */
03887
03888   /* Nomes de campo para _UMAP, _VIRCOPY, _PHYSCOPY. */
03889   #define CP_SRC_SPACE     m5_c1    /* espaço T ou D (pilha também é D) */
03890   #define CP_SRC_PROC_NR   m5_i1    /* processo do qual copiar */
03891   #define CP_SRC_ADDR      m5_l1    /* endereço de onde vêm os dados */
03892   #define CP_DST_SPACE     m5_c2    /* espaço T ou D (pilha também é D) */
03893   #define CP_DST_PROC_NR   m5_i2    /* processo no qual copiar */
03894   #define CP_DST_ADDR      m5_l2    /* endereço para onde vão os dados */
03895   #define CP_NR_BYTES      m5_l3    /* número de bytes a copiar */
03896
03897   /* Nomes de campo para SYS_VCOPY e SYS_VVIRCOPY. */
03898   #define VCP_NR_OK        m1_i2    /* número de cópias bem-sucedidas */
03899   #define VCP_VEC_SIZE     m1_i3    /* tamanho do vetor de cópia */
03900   #define VCP_VEC_ADDR     m1_p1    /* ponteiro para o vetor de cópia */
03901
03902   /* Nomes de campo para SYS_GETINFO. */
03903   #define I_REQUEST        m7_i3    /* quais informações vai obter */
03904   #   define GET_KINFO       0    /* obtém estrutura de informações do núcleo */
03905   #   define GET_IMAGE       1    /* obtém tabela de imagem do sistema */
03906   #   define GET_PROCTAB     2    /* obtém tabela de processos do núcleo */
03907   #   define GET_RANDOMNESS  3    /* obtém buffer aleatório */
03908   #   define GET_MONPARAMS   4    /* obtém parâmetros do monitor */
03909   #   define GET_KENV        5    /* obtém string de ambiente do núcleo */
03910   #   define GET_IRQHOOKS    6    /* obtém a tabela de IRQs */
03911   #   define GET_KMESSAGES   7    /* obtém mensagens do núcleo*/
03912   #   define GET_PRIVTAB     8    /* obtém tabela de privilégios do núcleo */
03913   #   define GET_KADDRESSES  9    /* obtém vários endereços do núcleo */
03914   #   define GET_SCHEDINFO  10    /* obtém filas de escalonamento */
03915   #   define GET_PROC       11    /* obtém entrada de processo se for dado o processo */
03916   #   define GET_MACHINE    12    /* obtém informações da máquina */
03917   #   define GET_LOCKTIMING 13    /* obtém sincronismos de latência de lock()/unlock() */
03918   #   define GET_BIOSBUFFER 14    /* obtém um buffer para chamadas da BIOS */
03919   #define I_PROC_NR        m7_i4    /* processo que fez a chamada */
03920   #define I_VAL_PTR        m7_p1    /* endereço virtual no processo que fez a chamada */
03921   #define I_VAL_LEN        m7_i1    /* comprimento máximo do valor */
03922   #define I_VAL_PTR2       m7_p2    /* segundo endereço virtual */
03923   #define I_VAL_LEN2       m7_i2    /* segundo comprimento ou número do processo */
03924
03925   /* Nomes de campo para SYS_TIMES. */
03926   #define T_PROC_NR        m4_l1    /* processo para solicitar informações de tempo */
03927   #define T_USER_TIME      m4_l1    /* tempo de usuário consumido pelo processo */
03928   #define T_SYSTEM_TIME    m4_l2    /* tempo de sistema consumido pelo processo */
03929   #define T_CHILD_UTIME    m4_l3    /* tempo de usuário consumido pelos filhos do processo */
03930   #define T_CHILD_STIME    m4_l4    /* tempo de sistema consumido pelos filhos do processo */
03931   #define T_BOOT_TICKS     m4_l5    /* número de tiques de relógio desde a inicialização */
03932
03933   /* Nomes de campo para SYS_TRACE, SYS_SVRCTL. */
03934   #define CTL_PROC_NR      m2_i1    /* número de processo que fez a chamada */
03935   #define CTL_REQUEST      m2_i2    /* requisição de controle de servidor */
03936   #define CTL_MM_PRIV      m2_i3    /* privilégio visto pelo PM */
03937   #define CTL_ARG_PTR      m2_p1    /* ponteiro para argumento */
03938   #define CTL_ADDRESS      m2_l1    /* endereço no espaço do processo monitorado */
03939   #define CTL_DATA         m2_l2    /* campo de dados para monitoramento */
03940
03941   /* Nomes de campo para SYS_KILL, SYS_SIGCTL */
03942   #define SIG_REQUEST      m2_l2    /* requisição de controle de sinal de PM */
03943   #define S_GETSIG           0    /* obtém sinal do núcleo pendente */
03944   #define S_ENDSIG           1    /* termina um sinal do núcleo */
```

```
03945   #define S_SENDSIG          2         /* tratamento de sinal estilo POSIX */
03946   #define S_SIGRETURN        3         /* retorno do tratamento POSIX */
03947   #define S_KILL             4         /* servidores eliminam processo com sinal */
03948   #define SIG_PROC           m2_i1     /* número de processo para informação */
03949   #define SIG_NUMBER         m2_i2     /* número de sinal a enviar */
03950   #define SIG_FLAGS          m2_i3     /* campo de flags de sinal */
03951   #define SIG_MAP            m2_l1     /* usado pelo núcleo para passar mapa de bits de sinal */
03952   #define SIG_CTXT_PTR       m2_p1     /* ponteiro para restaurar contexto de sinal */
03953
03954   /* Nomes de campo para SYS_FORK, _EXEC, _EXIT, _NEWMAP. */
03955   #define PR_PROC_NR         m1_i1     /* indica um processo (filho) */
03956   #define PR_PRIORITY        m1_i2     /* prioridade do processo */
03957   #define PR_PPROC_NR        m1_i2     /* indica um processo (pai) */
03958   #define PR_PID             m1_i3     /* id de processo no gerenciador de processos */
03959   #define PR_STACK_PTR       m1_p1     /* usado para ponteiro de pilha em sys_exec, sys_getsp */
03960   #define PR_TRACING         m1_i3     /* flag indicativo se monitoramento está lig./deslig. */
03961   #define PR_NAME_PTR        m1_p2     /* informa onde está o nome do programa para dump */
03962   #define PR_IP_PTR          m1_p3     /* valor inicial de ip após a execução */
03963   #define PR_MEM_PTR         m1_p1     /* informa onde está o mapa de memória para sys_newmap */
03964
03965   /* Nomes de campo para SYS_INT86 */
03966   #define INT86_REG86        m1_p1     /* ponteiro para registradores */
03967
03968   /* Nomes de campo para SELECT (FS). */
03969   #define SEL_NFDS           m8_i1
03970   #define SEL_READFDS        m8_p1
03971   #define SEL_WRITEFDS       m8_p2
03972   #define SEL_ERRORFDS       m8_p3
03973   #define SEL_TIMEOUT        m8_p4
03974
03975   /*===========================================================================*
03976    *              Mensagens para servidor de gerenciamento de sistema          *
03977    *===========================================================================*/
03978
03979   #define SRV_RQ_BASE              0x700
03980
03981   #define SRV_UP             (SRV_RQ_BASE + 0)   /* inicia serviço de sistema */
03982   #define SRV_DOWN           (SRV_RQ_BASE + 1)   /* pára serviço de sistema */
03983   #define SRV_STATUS         (SRV_RQ_BASE + 2)   /* obtém status do serviço */
03984
03985   #  define SRV_PATH_ADDR        m1_p1     /* caminho do binário */
03986   #  define SRV_PATH_LEN         m1_i1     /* comprimento do binário */
03987   #  define SRV_ARGS_ADDR        m1_p2     /* argumentos a serem passados */
03988   #  define SRV_ARGS_LEN         m1_i2     /* comprimento dos argumentos */
03989   #  define SRV_DEV_MAJOR        m1_i3     /* número principal do dispositivo */
03990   #  define SRV_PRIV_ADDR        m1_p3     /* string de privilégios */
03991   #  define SRV_PRIV_LEN         m1_i3     /* comprimento dos privilégios */
03992
03993   /*===========================================================================*
03994    *                    Mensagens diversas usadas por TTY                      *
03995    *===========================================================================*/
03996
03997   /* Tipos de requisições e nomes de campo usados, por exemplo, pelo IS. */
03998   #define PANIC_DUMPS            97       /* dump de depuração no TTY em RBT_PANIC */
03999   #  define FKEY_CONTROL         98       /* controla uma tecla de função no TTY */
04000   #  define FKEY_REQUEST         m2_i1   /* requisição para executar em TTY */
04001   #  define FKEY_MAP             10      /* observa tecla de função */
04002   #  define FKEY_UNMAP           11      /* pára de observar tecla de função */
04003   #  define FKEY_EVENTS          12      /* solicita pressionamentos de tecla abertos */
04004   #  define FKEY_FKEYS           m2_l1   /* teclas F1-F12 pressionadas */
```

```
04005   #   define FKEY_SFKEYS         m2_l2      /* teclas Shift-F1-F12 pressionadas */
04006   #define DIAGNOSTICS      100       /* produz uma string na saída sem o FS no meio */
04007   #   define DIAG_PRINT_BUF      m1_p1
04008   #   define DIAG_BUF_COUNT      m1_i1
04009   #   define DIAG_PROC_NR        m1_i2
04010
04011   #endif /* _MINIX_COM_H */
```

++
                              include/minix/devio.h
++

```
04100   /* Este arquivo fornece tipos básicos e algumas constantes para as
04101    * chamadas de sistema SYS_DEVIO e SYS_VDEVIO, as quais permitem aos
04102    * processos em nível de usuário executar E/S de dispositivo.
04103    *
04104    * Criado:
04105    *       08 de abril de 2004 por Jorrit N. Herder
04106    */
04107
04108   #ifndef _DEVIO_H
04109   #define _DEVIO_H
04110
04111   #include <minix/sys_config.h>      /* necessário para incluir <minix/type.h> */
04112   #include <sys/types.h>      /* u8_t, u16_t, u32_t necessários */
04113
04114   typedef u16_t port_t;
04115   typedef U16_t Port_t;
04116
04117   /* Temos diferentes granularidades de E/S de porta: 8, 16, 32 bits.
04118    * Veja também <ibm/portio.h>, que tem funções para valores byte, word
04119    * e long. Assim, precisamos de diferentes tipos de par (porta,valor).
04120    */
04121   typedef struct { u16_t port; u8_t value; } pvb_pair_t;
04122   typedef struct { u16_t port; u16_t value; } pvw_pair_t;
04123   typedef struct { u16_t port; u32_t value; } pvl_pair_t;
04124
04125   /* Atalho de macro para configurar o par (porta,valor). */
04126   #define pv_set(pv, p, v) ((pv).port = (p), (pv).value = (v))
04127   #define pv_ptr_set(pv_ptr, p, v) ((pv_ptr)->port = (p), (pv_ptr)->value = (v))
04128
04129   #endif    /* _DEVIO_H */
```

++
                              include/minix/dmap.h
++

```
04200   #ifndef _DMAP_H
04201   #define _DMAP_H
04202
04203   #include <minix/sys_config.h>
04204   #include <minix/ipc.h>
04205
```

```
04206   /*===========================================================================*
04207    *                      Tabela de Dispositivos <-> Driver                    *
04208    *===========================================================================*/
04209
04210   /* Tabela de dispositivos. Essa tabela é indexada pelo número principal do dispositivo. Ela
04211    * fornece o vínculo entre números principais de dispositivo e as rotinas que os processam.
04212    * A tabela pode ser atualizada dinamicamente. O campo 'dmap_flags' descreve o
04213    * status corrente de uma entrada e determina quais opções de controle são possíveis.
04214    */
04215   #define DMAP_MUTABLE          0x01    /* o mapeamento pode ser alcançado */
04216   #define DMAP_BUSY             0x02    /* driver ocupado com requisição */
04217
04218   enum dev_style { STYLE_DEV, STYLE_NDEV, STYLE_TTY, STYLE_CLONE };
04219
04220   extern struct dmap {
04221     int _PROTOTYPE ((*dmap_opcl), (int, Dev_t, int, int) );
04222     void _PROTOTYPE ((*dmap_io), (int, message *) );
04223     int dmap_driver;
04224     int dmap_flags;
04225   } dmap[];
04226
04227   /*===========================================================================*
04228    *                    Números de dispositivo principal e secundário          *
04229    *===========================================================================*/
04230
04231   /* Número total de dispositivos diferentes. */
04232   #define NR_DEVICES            32    /* número de dispositivos (principal) */
04233
04234   /* Números de dispositivo principal e secundário para driver MEMORY. */
04235   #define MEMORY_MAJOR           1    /* dispositivo principal para /dev/mem */
04236   #  define RAM_DEV              0    /* dispositivo secundário para /dev/ram */
04237   #  define MEM_DEV              1    /* dispositivo secundário para /dev/mem */
04238   #  define KMEM_DEV             2    /* dispositivo secundário para /dev/kmem */
04239   #  define NULL_DEV             3    /* dispositivo secundário para /dev/null */
04240   #  define BOOT_DEV             4    /* dispositivo secundário para /dev/boot */
04241   #  define ZERO_DEV             5    /* dispositivo secundário para /dev/zero */
04242
04243   #define CTRLR(n) ((n)==0 ? 3 : (8 + 2*((n)-1))) /* fórmula mágica */
04244
04245   /* Número de dispositivo especiais para o monitor de inicialização e para o FS. */
04246   #  define DEV_RAM          0x0100    /* número de dispositivo de /dev/ram */
04247   #  define DEV_BOOT         0x0104    /* número de dispositivo de /dev/boot */
04248
04249   #define FLOPPY_MAJOR           2    /* dispositivo principal para disquetes */
04250   #define TTY_MAJOR              4    /* dispositivo principal para ttys */
04251   #define CTTY_MAJOR             5    /* dispositivo principal para /dev/tty */
04252
04253   #define INET_MAJOR             7    /* dispositivo principal para inet */
04254
04255   #define LOG_MAJOR             15    /* dispositivo principal para driver de log */
04256   #  define IS_KLOG_DEV          0    /* dispositivo secundário para /dev/klog */
04257
04258   #endif /* _DMAP_H */
```

```
++++++++++++++++++++++++++++++++++++++++++++++++++++++++++++++++++++++++++
                              include/ibm/portio.h
++++++++++++++++++++++++++++++++++++++++++++++++++++++++++++++++++++++++++

04300   /*
04301   ibm/portio.h
04302
04303   Criado:         15 de janeiro de 1992 por Philip Homburg
04304   */
04305
04306   #ifndef _PORTIO_H_
04307   #define _PORTIO_H_
04308
04309   #ifndef _TYPES_H
04310   #include <sys/types.h>
04311   #endif
04312
04313   unsigned inb(U16_t _port);
04314   unsigned inw(U16_t _port);
04315   unsigned inl(U32_t _port);
04316   void outb(U16_t _port, U8_t _value);
04317   void outw(U16_t _port, U16_t _value);
04318   void outl(U16_t _port, U32_t _value);
04319   void insb(U16_t _port, void *_buf, size_t _count);
04320   void insw(U16_t _port, void *_buf, size_t _count);
04321   void insl(U16_t _port, void *_buf, size_t _count);
04322   void outsb(U16_t _port, void *_buf, size_t _count);
04323   void outsw(U16_t _port, void *_buf, size_t _count);
04324   void outsl(U16_t _port, void *_buf, size_t _count);
04325   void intr_disable(void);
04326   void intr_enable(void);
04327
04328   #endif /* _PORTIO_H_ */


++++++++++++++++++++++++++++++++++++++++++++++++++++++++++++++++++++++++++
                              include/ibm/interrupt.h
++++++++++++++++++++++++++++++++++++++++++++++++++++++++++++++++++++++++++

04400   /* Números de interrupção e vetores de hardware. */
04401
04402   #ifndef _INTERRUPT_H
04403   #define _INTERRUPT_H
04404
04405   #if (CHIP == INTEL)
04406
04407   /* portas da controladora de interrupção 8259A. */
04408   #define INT_CTL         0x20    /* porta de E/S da controladora de interrupção */
04409   #define INT_CTLMASK     0x21    /* ativar bits nessa porta desativa valores int */
04410   #define INT2_CTL        0xA0    /* porta de E/S p/ segunda controladora de interrupção */
04411   #define INT2_CTLMASK    0xA1    /* ativar bits nessa porta desativa os valores int */
04412
04413   /* Números mágicos para a controladora de interrupção. */
04414   #define END_OF_INT      0x20    /* código usado para reativar após uma interrupção */
04415
04416   /* Vetores de interrupção definidos/reservados pelo processador. */
04417   #define DIVIDE_VECTOR   0       /* erro de divisão */
04418   #define DEBUG_VECTOR    1       /* passo único (monitoramento) */
04419   #define NMI_VECTOR      2       /* interrupção não mascarável */
```

```
04420   #define BREAKPOINT_VECTOR   3      /* ponto de interrupção de software */
04421   #define OVERFLOW_VECTOR     4      /* de INTO */
04422
04423   /* Vetor de chamada de sistema */
04424   #define SYS_VECTOR          32     /* as chamadas de sistema são feitas com int SYSVEC */
04425   #define SYS386_VECTOR       33     /* exceto quanto ao 386, as chamadas de sistema usam isto */
04426   #define LEVEL0_VECTOR       34     /* para execução de uma função no nível 0 */
04427
04428   /* Bases de irq conveniente para interrupções de hardware. Reprograma a(s) 8259(s) a
04429    * partir dos padrões da BIOS do PC, pois a BIOS não respeita todos os vetores
04430    * reservados do processador (de 0 a 31).
04431    */
04432   #define BIOS_IRQ0_VEC       0x08   /* base de vetores IRQ0-7 usados pela BIOS */
04433   #define BIOS_IRQ8_VEC       0x70   /* base de vetores IRQ8-15 usados pela BIOS */
04434   #define IRQ0_VECTOR         0x50   /* vetores ótimos para reposicionar IRQ0-7 */
04435   #define IRQ8_VECTOR         0x70   /* não precisa para mover IRQ8-15 */
04436
04437   /* Números de interrupção de hardware. */
04438   #define NR_IRQ_VECTORS      16
04439   #define CLOCK_IRQ           0
04440   #define KEYBOARD_IRQ        1
04441   #define CASCADE_IRQ         2      /* cascata ativa para 2ª controladora AT */
04442   #define ETHER_IRQ           3      /* vetor de interrupção ethernet padrão */
04443   #define SECONDARY_IRQ       3      /* vetor de interrupção RS232 para porta 2 */
04444   #define RS232_IRQ           4      /* vetor de interrupção RS232 para porta 1 */
04445   #define XT_WINI_IRQ         5      /* winchester do xt */
04446   #define FLOPPY_IRQ          6      /* disquete */
04447   #define PRINTER_IRQ         7
04448   #define AT_WINI_0_IRQ       14     /* na controladora 0 do winchester */
04449   #define AT_WINI_1_IRQ       15     /* na controladora 1 do winchester */
04450
04451   /* Número de interrupção para vetor de hardware. */
04452   #define BIOS_VECTOR(irq) \
04453           (((irq) < 8 ? BIOS_IRQ0_VEC : BIOS_IRQ8_VEC) + ((irq) & 0x07))
04454   #define VECTOR(irq) \
04455           (((irq) < 8 ? IRQ0_VECTOR : IRQ8_VECTOR) + ((irq) & 0x07))
04456
04457   #endif /* (CHIP == INTEL) */
04458
04459   #endif /* _INTERRUPT_H */
```

++
                              include/ibm/ports.h
++

```
04500   /* Endereços e números mágicos para portas diversas. */
04501
04502   #ifndef _PORTS_H
04503   #define _PORTS_H
04504
04505   #if (CHIP == INTEL)
04506
04507   /* Portas diversas. */
04508   #define PCR                 0x65   /* Registrador de Controle Planar */
04509   #define PORT_B              0x61   /* porta de E/S: porta B do 8255 (teclado, bip...) */
04510   #define TIMER0              0x40   /* porta de E/S para canal de temporizador 0 */
04511   #define TIMER2              0x42   /* porta de E/S para canal de temporizador 2 */
04512   #define TIMER_MODE          0x43   /* porta de E/S para controle de modo do temporizador */
04513
04514   #endif /* (CHIP == INTEL) */
```

```
04515
04516   #endif /* _PORTS_H */
```

```
++++++++++++++++++++++++++++++++++++++++++++++++++++++++++++++++++++++++++
                              kernel/kernel.h
++++++++++++++++++++++++++++++++++++++++++++++++++++++++++++++++++++++++++
04600   #ifndef KERNEL_H
04601   #define KERNEL_H
04602
04603   /* Este é o cabeçalho mestre do núcleo. Ele inclui alguns outros arquivos
04604    * e define as principais constantes.
04605    */
04606   #define _POSIX_SOURCE      1   /* diz aos cabeçalhos para incluírem detalhes do POSIX */
04607   #define _MINIX             1   /* diz aos cabeçalhos para incluírem detalhes do MINIX */
04608   #define _SYSTEM            1   /* diz aos cabeçalhos que este é o núcleo */
04609
04610   /* O que segue é básico, todos os arquivos *.c files os obtém automaticamente. */
04611   #include <minix/config.h>     /* configuração global, DEVE ser o primeiro */
04612   #include <ansi.h>             /* estilo C: ANSI ou K&R, DEVE ser o segundo */
04613   #include <sys/types.h>        /* tipos de sistema gerais */
04614   #include <minix/const.h>      /* constantes específicas do MINIX */
04615   #include <minix/type.h>       /* tipos específicos do MINIX, por exemplo, mensagem */
04616   #include <minix/ipc.h>        /* sistema de tempo de execução do MINIX */
04617   #include <timers.h>           /* gerenciamento de temporizador cão de guarda */
04618   #include <errno.h>            /* códigos de retorno e números de erro */
04619   #include <ibm/portio.h>       /* E/S de dispositivo e interrupções alternadas */
04620
04621   /* Importante arquivos de cabeçalho do núcleo */
04622   #include "config.h"           /* configuração, DEVE ser o primeiro */
04623   #include "const.h"            /* constantes, DEVE ser o segundo */
04624   #include "type.h"             /* definições de tipo, DEVE ser o terceiro */
04625   #include "proto.h"            /* prototypes de função */
04626   #include "glo.h"              /* variáveis globais */
04627   #include "ipc.h"              /* constantes IPC */
04628   /* #include "debug.h" */      /* depuração, DEVE ser o último cabeçalho do núcleo */
04629
04630   #endif /* KERNEL_H */
04631
```

```
++++++++++++++++++++++++++++++++++++++++++++++++++++++++++++++++++++++++++
                              kernel/config.h
++++++++++++++++++++++++++++++++++++++++++++++++++++++++++++++++++++++++++
04700   #ifndef CONFIG_H
04701   #define CONFIG_H
04702
04703   /* Este arquivo define a configuração do núcleo. Ele permite configurar o tamanho de alguns
04704    * buffers do núcleo e ativar ou desativar código de depuração, recursos de sincronismo
04705    * e chamadas do núcleo individuais.
04706    *
04707    * Alterações:
04708    *    11 de julho de 2005   Criado. (Jorrit N. Herder)
04709    */
```

```
04710
04711   /* Em aplicativos incorporados e de percepção, nem todas as chamadas de núcleo podem
04712    * ser necessárias. Nesta seção, você pode especificar quais chamadas de núcleo são
04713    * necessárias e quais não são. O código das chamadas de núcleo desnecessárias não é
04714    * incluído no binário do sistema, tornando-o menor. Se você não tiver certeza, é melhor
04715    * manter todas as chamadas de núcleo ativadas.
04716    */
04717   #define USE_FORK         1      /* cria um novo processo */
04718   #define USE_NEWMAP       1      /* configura um novo mapa de memória */
04719   #define USE_EXEC         1      /* atualiza o processo após executar */
04720   #define USE_EXIT         1      /* limpeza após a saída do processo */
04721   #define USE_TRACE        1      /* informações e monitoramento do processo */
04722   #define USE_GETKSIG      1      /* recupera sinais do núcleo pendentes */
04723   #define USE_ENDKSIG      1      /* finaliza sinais do núcleo pendentes */
04724   #define USE_KILL         1      /* envia um sinal para um processo */
04725   #define USE_SIGSEND      1      /* envia sinal estilo POSIX */
04726   #define USE_SIGRETURN    1      /* sys_sigreturn(proc_nr, ctxt_ptr, flags) */
04727   #define USE_ABORT        1      /* desliga o MINIX */
04728   #define USE_GETINFO      1      /* recupera uma cópia dos dados do núcleo */
04729   #define USE_TIMES        1      /* obtém informações de tempo do processo e do sistema */
04730   #define USE_SETALARM     1      /* programa um alarme síncrono */
04731   #define USE_DEVIO        1      /* lê ou escreve em uma única porta de E/S */
04732   #define USE_VDEVIO       1      /* processa vetor com requisições de E/S */
04733   #define USE_SDEVIO       1      /* executa requisição de E/S em um buffer */
04734   #define USE_IRQCTL       1      /* configura uma política de interrupção */
04735   #define USE_SEGCTL       1      /* configura um segmento remoto */
04736   #define USE_PRIVCTL      1      /* controle de privilégios do sistema */
04737   #define USE_NICE         1      /* altera prioridade do escalonamento */
04738   #define USE_UMAP         1      /* mapeamento de endereço virtual em físico */
04739   #define USE_VIRCOPY      1      /* copia usando endereçamento virtual */
04740   #define USE_VIRVCOPY     1      /* vetor com requisições de cópia virtual */
04741   #define USE_PHYSCOPY     1      /* copia usando endereçamento físico */
04742   #define USE_PHYSVCOPY    1      /* vetor com requisições de cópia física */
04743   #define USE_MEMSET       1      /* escreve caractere em determinada área da memória */
04744
04745   /* Comprimento de nomes de programa armazenados na tabela de processos. Isso só é
04746    * usado para dumps de depuração que podem ser gerados com o servidorde informações.
04747    * O servidor PM mantém sua própria cópia do nome do programa.
04748    */
04749   #define P_NAME_LEN       8
04750
04751   /* Os diagnósticos do núcleo são escritos em um buffer circular. Após cada mensagem,
04752    * um servidor do sistema é notificado e uma cópia do buffer pode ser recuperada para
04753    * exibir a mensagem. O tamanho dos buffers pode ser reduzido com segurança.
04754    */
04755   #define KMESS_BUF_SIZE   256
04756
04757   /* Buffer para reunir aleatoriedade. Isso é usado para gerar um fluxo aleatório pelo
04758    * driver MEMORY, ao ler de /dev/random.
04759    */
04760   #define RANDOM_ELEMENTS  32
04761
04762   /* Esta seção contém definições de recursos importantes do sistema que são usados
04763    * pelos drivers de dispositivo. O número de elementos dos vetores é determinado pela
04764    * necessidade máxima de qualquer driver dado. O número de ganchos de interrupção pode
04765    * ser aumentado em sistemas com muitos drivers de dispositivo.
04766    */
04767   #define NR_IRQ_HOOKS         16    /* número de ganchos de interrupção */
04768   #define VDEVIO_BUF_SIZE      64    /* máximo de elementos por requisição de VDEVIO */
04769   #define VCOPY_VEC_SIZE       16    /* máximo de elementos por requisição de VCOPY */
```

```
04770
04771   /* Quantos bytes para a pilha do núcleo. Espaço alocado em mpx.s. */
04772   #define K_STACK_BYTES    1024
04773
04774   /* Esta seção permite ativar funcionalidade de depuração e sincronismo do núcleo.
04775    * Para operação normal, todas as opções devem ser desativadas.
04776    */
04777   #define DEBUG_SCHED_CHECK  0   /* verificação de sanidade das filas de escalonamento */
04778   #define DEBUG_LOCK_CHECK   0   /* verificação de sanidade de lock() do núcleo */
04779   #define DEBUG_TIME_LOCKS   0   /* mede o tempo gasto em bloqueios */
04780
04781   #endif /* CONFIG_H */
04782
```

```
++++++++++++++++++++++++++++++++++++++++++++++++++++++++++++++++++++++++++
                              kernel/const.h
++++++++++++++++++++++++++++++++++++++++++++++++++++++++++++++++++++++++++
04800   /* Macros e constantes gerais usadas pelo núcleo */
04801   #ifndef CONST_H
04802   #define CONST_H
04803
04804   #include <ibm/interrupt.h>     /* números de interrupção e vetores de hardware */
04805   #include <ibm/ports.h>         /* endereços de porta e números mágicos */
04806   #include <ibm/bios.h>          /* endereços da BIOS, tamanhos e números mágicos */
04807   #include <ibm/cpu.h>           /* endereços da BIOS, tamanhos e números mágicos */
04808   #include <minix/config.h>
04809   #include "config.h"
04810
04811   /* Para transformar um endereço no espaço do núcleo em um endereço físico. Isso é
04812    * o mesmo que umap_local(proc_ptr, D, vir, sizeof(*vir)), mas menos dispendioso.
04813    */
04814   #define vir2phys(vir)   (kinfo.data_base + (vir_bytes) (vir))
04815
04816   /* Mapeamento de um número de processo em uma id de estrutura de privilégio. */
04817   #define s_nr_to_id(n)   (NR_TASKS + (n) + 1)
04818
04819   /* Transforma um ponteiro para um campo em uma estrutura em um ponteiro para a
04820    * estrutura em si. Portanto, transforma '&struct_ptr->field' de volta para 'struct_ptr'.
04821    */
04822   #define structof(type, field, ptr) \
04823           ((type *) (((char *) (ptr)) - offsetof(type, field)))
04824
04825   /* Constantes usadas em virtual_copy(). Os valores devem ser 0 e 1 respectivamente. */
04826   #define _SRC_   0
04827   #define _DST_   1
04828
04829   /* Número de fontes aleatórias */
04830   #define RANDOM_SOURCES   16
04831
04832   /* Constantes e macros para manipulação de mapa de bits. */
04833   #define BITCHUNK_BITS (sizeof(bitchunk_t) * CHAR_BIT)
04834   #define BITMAP_CHUNKS(nr_bits) (((nr_bits)+BITCHUNK_BITS-1)/BITCHUNK_BITS)
04835   #define MAP_CHUNK(map,bit) (map)[((bit)/BITCHUNK_BITS)]
04836   #define CHUNK_OFFSET(bit) ((bit)%BITCHUNK_BITS))
04837   #define GET_BIT(map,bit)   ( MAP_CHUNK(map,bit) &  (1 << CHUNK_OFFSET(bit) )
04838   #define SET_BIT(map,bit)   ( MAP_CHUNK(map,bit) |= (1 << CHUNK_OFFSET(bit) )
04839    define UNSET_BIT(map,bit) ( MAP_CHUNK(map,bit) &= ~(1 << CHUNK_OFFSET(bit) )
```

```
04840
04841   #define get_sys_bit(map,bit) \
04842           ( MAP_CHUNK(map.chunk,bit) & (1 << CHUNK_OFFSET(bit) )
04843   #define set_sys_bit(map,bit) \
04844           ( MAP_CHUNK(map.chunk,bit) |= (1 << CHUNK_OFFSET(bit) )
04845   #define unset_sys_bit(map,bit) \
04846           ( MAP_CHUNK(map.chunk,bit) &= ~(1 << CHUNK_OFFSET(bit) )
04847   #define NR_SYS_CHUNKS    BITMAP_CHUNKS(NR_SYS_PROCS)
04848
04849   /* Palavras da pilha do programa e máscaras. */
04850   #define INIT_PSW      0x0200    /* psw inicial */
04851   #define INIT_TASK_PSW 0x1200    /* psw inicial para tarefas (com IOPL 1) */
04852   #define TRACEBIT      0x0100    /* OU isso com psw em proc[] para monitoramento */
04853   #define SETPSW(rp, new)         /* permite apenas certos bits serem ativos */ \
04854           ((rp)->p_reg.psw = (rp)->p_reg.psw & ~0xCD5 | (new) & 0xCD5)
04855   #define IF_MASK 0x00000200
04856   #define IOPL_MASK 0x003000
04857
04858   /* Desativa/ativa interrupções de hardware. Os parâmetros de lock() e unlock()
04859    * são usados quando a depuração está ativada. Veja debug.h para obter mais informações.
04860    */
04861   #define lock(c, v)      intr_disable();
04862   #define unlock(c)       intr_enable();
04863
04864   /* Tamanhos de tabelas de memória. O monitor de inicialização distingue três áreas
04865    * a saber: memória baixa, abaixo de 1M, 1M-16M e memória após 16M. Mais trechos são
04866    * necessários para o MINIX do DOS.
04867    */
04868   #define NR_MEMS             8
04869
04870   #endif /* CONST_H */
04871
04872
04873
04874
04875



++++++++++++++++++++++++++++++++++++++++++++++++++++++++++++++++++++++++++++
                                  kernel/type.h
++++++++++++++++++++++++++++++++++++++++++++++++++++++++++++++++++++++++++++
04900   #ifndef TYPE_H
04901   #define TYPE_H
04902
04903   typedef _PROTOTYPE( void task_t, (void) );
04904
04905   /* Tabela de processos e tipos relacionados à propriedade do sistema. */
04906   typedef int proc_nr_t;                  /* número de entrada da tabela de processos */
04907   typedef short sys_id_t;                 /* índice de processo de sistema */
04908   typedef struct {                        /* mapa de bits para índices do sistema */
04909     bitchunk_t chunk[BITMAP_CHUNKS(NR_SYS_PROCS)];
04910   } sys_map_t;
04911
04912   struct boot_image {
04913     proc_nr_t proc_nr;                    /* número de processo a usar */
04914     task_t *initial_pc;                   /* função de início para tarefas */
```

```
04915      int flags;                          /* flags de processo */
04916      unsigned char quantum;              /* quantum (contador de tiques) */
04917      int priority;                       /* prioridade de escalonamento*/
04918      int stksize;                        /* tamanho da pilha para tarefas */
04919      short trap_mask;                    /* traps de chamada de sistema permitidas */
04920      bitchunk_t ipc_to;                  /* envia proteção por máscara */
04921      long call_mask;                     /* proteção de chamada de sistema */
04922      char proc_name[P_NAME_LEN];         /* nome na tabela de processos */
04923   };
04924
04925   struct memory {
04926      phys_clicks base;                   /* endereço inicial do trecho */
04927      phys_clicks size;                   /* tamanho do trecho de memória */
04928   };
04929
04930   /* O núcleo gera na saída mensagens de diagnóstico em um buffer circular. */
04931   struct kmessages {
04932      int km_next;                        /* próximo índice a escrever */
04933      int km_size;                        /* tamanho corrente no buffer */
04934      char km_buf[KMESS_BUF_SIZE];        /* buffer para mensagens */
04935   };
04936
04937   struct randomness {
04938     struct {
04939          int r_next;                     /* próximo índice a escrever */
04940          int r_size;                     /* número de elementos aleatórios */
04941          unsigned short r_buf[RANDOM_ELEMENTS]; /* buffer para informação aleatória */
04942     } bin[RANDOM_SOURCES];
04943   };
04944
04945   #if (CHIP == INTEL)
04946   typedef unsigned reg_t;         /* registrador de máquina */
04947
04948   /* O layout do quadro da pilha é determinado pelo software, mas por eficiência
04949    * é organizado de modo que o código assembly o utilize da maneira mais simples possível.
04950    * O modo protegido do 80286 e todos os modos reais usam o mesmo quadro, construído com
04951    * registradores de 16 bits. O modo real não possui troca de pilha automática; portanto,
04952    * pouco é perdido pelo fato de usar o quadro do 286 para ele. O quadro do 386 difere apenas
04953    * pelo fato de ter registradores de 32 bits e mais registradores de segmento. Os mesmos
04954    * nomes são usados para os registradores maiores, para evitar diferenças no código.
04955    */
04956   struct stackframe_s {           /* proc_ptr aponta para cá */
04957   #if _WORD_SIZE == 4
04958      u16_t gs;                            /* último item extraído por save */
04959      u16_t fs;                            /*   ^   */
04960   #endif
04961      u16_t es;                            /*   |   */
04962      u16_t ds;                            /*   |   */
04963      reg_t di;                            /* di a cx não são acessados em C */
04964      reg_t si;                            /* a ordem é para coincidir pusha/popa */
04965      reg_t fp;                            /* bp */
04966      reg_t st;                            /* lacuna para outra cópia de sp */
04967      reg_t bx;                            /*   |   */
04968      reg_t dx;                            /*   |   */
04969      reg_t cx;                            /*   |   */
04970      reg_t retreg;                        /* ax e acima são todos extraídos por save */
04971      reg_t retadr;                        /* endereço de retorno para save() em código assembly */
04972      reg_t pc;                            /*   ^ último item extraído pela interrupção */
04973      reg_t cs;                            /*   |   */
04974      reg_t psw;                           /*   |   */
```

```
04975       reg_t sp;                       /*  |  */
04976       reg_t ss;                       /* estes são extraídos pela CPU durante a interrupção */
04977   };
04978
04979   struct segdesc_s {                  /* descritor de segmento para modo protegido */
04980       u16_t limit_low;
04981       u16_t base_low;
04982       u8_t base_middle;
04983       u8_t access;                    /* |P|DL|1|X|E|R|A| */
04984       u8_t granularity;               /* |G|X|O|A|LIMT| */
04985       u8_t base_high;
04986   };
04987
04988   typedef unsigned long irq_policy_t;
04989   typedef unsigned long irq_id_t;
04990
04991   typedef struct irq_hook {
04992       struct irq_hook *next;          /* próximo gancho no encadeamento */
04993       int (*handler)(struct irq_hook *); /* rotina de tratamento de interrupção */
04994       int irq;                        /* número de vetor de IRQ */
04995       int id;                         /* id desse gancho */
04996       int proc_nr;                    /* NONE se não estiver em uso */
04997       irq_id_t notify_id;             /* id para retornar na interrupção */
04998       irq_policy_t policy;            /* máscara de bits da política */
04999   } irq_hook_t;
05000
05001   typedef int (*irq_handler_t)(struct irq_hook *);
05002
05003   #endif /* (CHIP == INTEL) */
05004
05005   #if (CHIP == M68000)
05006   /* os tipos específicos do M68000 ficam aqui. */
05007   #endif /* (CHIP == M68000) */
05008
05009   #endif /* TYPE_H */

++++++++++++++++++++++++++++++++++++++++++++++++++++++++++++++++++++++++++++
                              kernel/proto.h
++++++++++++++++++++++++++++++++++++++++++++++++++++++++++++++++++++++++++++

05100   /* Prototypes de função. */
05101
05102   #ifndef PROTO_H
05103   #define PROTO_H
05104
05105   /* Declarações de estrutura. */
05106   struct proc;
05107   struct timer;
05108
05109   /* clock.c */
05110   _PROTOTYPE( void clock_task, (void)                                      );
05111   _PROTOTYPE( void clock_stop, (void)                                      );
05112   _PROTOTYPE( clock_t get_uptime, (void)                                   );
05113   _PROTOTYPE( unsigned long read_clock, (void)                             );
05114   _PROTOTYPE( void set_timer, (struct timer *tp, clock_t t, tmr_func_t f) );
05115   _PROTOTYPE( void reset_timer, (struct timer *tp)                         );
05116
05117   /* main.c */
05118   _PROTOTYPE( void main, (void)                                            );
05119   _PROTOTYPE( void prepare_shutdown, (int how)                             );
```

```
05120
05121   /* utility.c */
05122   _PROTOTYPE( void kprintf, (const char *fmt, ...)              );
05123   _PROTOTYPE( void panic, (_CONST char *s, int n)               );
05124
05125   /* proc.c */
05126   _PROTOTYPE( int sys_call, (int function, int src_dest, message *m_ptr)  );
05127   _PROTOTYPE( int lock_notify, (int src, int dst)               );
05128   _PROTOTYPE( int lock_send, (int dst, message *m_ptr)          );
05129   _PROTOTYPE( void lock_enqueue, (struct proc *rp)              );
05130   _PROTOTYPE( void lock_dequeue, (struct proc *rp)              );
05131
05132   /* start.c */
05133   _PROTOTYPE( void cstart, (U16_t cs, U16_t ds, U16_t mds,
05134                           U16_t parmoff, U16_t parmsize)        );
05135
05136   /* system.c */
05137   _PROTOTYPE( int get_priv, (register struct proc *rc, int proc_type)  );
05138   _PROTOTYPE( void send_sig, (int proc_nr, int sig_nr)          );
05139   _PROTOTYPE( void cause_sig, (int proc_nr, int sig_nr)         );
05140   _PROTOTYPE( void sys_task, (void)                             );
05141   _PROTOTYPE( void get_randomness, (int source)                 );
05142   _PROTOTYPE( int virtual_copy, (struct vir_addr *src, struct vir_addr *dst,
05143                           vir_bytes bytes)                      );
05144   #define numap_local(proc_nr, vir_addr, bytes) \
05145           umap_local(proc_addr(proc_nr), D, (vir_addr), (bytes))
05146   _PROTOTYPE( phys_bytes umap_local, (struct proc *rp, int seg,
05147                   vir_bytes vir_addr, vir_bytes bytes)          );
05148   _PROTOTYPE( phys_bytes umap_remote, (struct proc *rp, int seg,
05149                   vir_bytes vir_addr, vir_bytes bytes)          );
05150   _PROTOTYPE( phys_bytes umap_bios, (struct proc *rp, vir_bytes vir_addr,
05151                   vir_bytes bytes)                              );
05152
05153   /* exception.c */
05154   _PROTOTYPE( void exception, (unsigned vec_nr)                 );
05155
05156   /* i8259.c */
05157   _PROTOTYPE( void intr_init, (int mine)                        );
05158   _PROTOTYPE( void intr_handle, (irq_hook_t *hook)              );
05159   _PROTOTYPE( void put_irq_handler, (irq_hook_t *hook, int irq,
05160                                           irq_handler_t handler) );
05161   _PROTOTYPE( void rm_irq_handler, (irq_hook_t *hook)           );
05162
05163   /* klib*.s */
05164   _PROTOTYPE( void int86, (void)                                );
05165   _PROTOTYPE( void cp_mess, (int src,phys_clicks src_clicks,vir_bytes src_offset,
05166                   phys_clicks dst_clicks, vir_bytes dst_offset) );
05167   _PROTOTYPE( void enable_irq, (irq_hook_t *hook)               );
05168   _PROTOTYPE( int disable_irq, (irq_hook_t *hook)               );
05169   _PROTOTYPE( u16_t mem_rdw, (U16_t segm, vir_bytes offset)     );
05170   _PROTOTYPE( void phys_copy, (phys_bytes source, phys_bytes dest,
05171                   phys_bytes count)                             );
05172   _PROTOTYPE( void phys_memset, (phys_bytes source, unsigned long pattern,
05173                   phys_bytes count)                             );
05174   _PROTOTYPE( void phys_insb, (U16_t port, phys_bytes buf, size_t count) );
05175   _PROTOTYPE( void phys_insw, (U16_t port, phys_bytes buf, size_t count) );
05176   _PROTOTYPE( void phys_outsb, (U16_t port, phys_bytes buf, size_t count) );
05177   _PROTOTYPE( void phys_outsw, (U16_t port, phys_bytes buf, size_t count) );
05178   _PROTOTYPE( void reset, (void)                                );
05179   _PROTOTYPE( void level0, (void (*func)(void))                 );
```

```
05180   _PROTOTYPE( void monitor, (void)                                      );
05181   _PROTOTYPE( void read_tsc, (unsigned long *high, unsigned long *low)  );
05182   _PROTOTYPE( unsigned long read_cpu_flags, (void)                      );
05183
05184   /* mpx*.s */
05185   _PROTOTYPE( void idle_task, (void)                                    );
05186   _PROTOTYPE( void restart, (void)                                      );
05187
05188   /* Os seguintes nunca são chamados a partir da linguagem C (processos asm puros). */
05189
05190   /* Rotinas de tratamento de exceção (modo real ou protegido), em ordem numérica. */
05191   void _PROTOTYPE( int00, (void) ), _PROTOTYPE( divide_error, (void) );
05192   void _PROTOTYPE( int01, (void) ), _PROTOTYPE( single_step_exception, (void) );
05193   void _PROTOTYPE( int02, (void) ), _PROTOTYPE( nmi, (void) );
05194   void _PROTOTYPE( int03, (void) ), _PROTOTYPE( breakpoint_exception, (void) );
05195   void _PROTOTYPE( int04, (void) ), _PROTOTYPE( overflow, (void) );
05196   void _PROTOTYPE( int05, (void) ), _PROTOTYPE( bounds_check, (void) );
05197   void _PROTOTYPE( int06, (void) ), _PROTOTYPE( inval_opcode, (void) );
05198   void _PROTOTYPE( int07, (void) ), _PROTOTYPE( copr_not_available, (void) );
05199   void                              _PROTOTYPE( double_fault, (void) );
05200   void                              _PROTOTYPE( copr_seg_overrun, (void) );
05201   void                              _PROTOTYPE( inval_tss, (void) );
05202   void                              _PROTOTYPE( segment_not_present, (void) );
05203   void                              _PROTOTYPE( stack_exception, (void) );
05204   void                              _PROTOTYPE( general_protection, (void) );
05205   void                              _PROTOTYPE( page_fault, (void) );
05206   void                              _PROTOTYPE( copr_error, (void) );
05207
05208   /* Rotinas de tratamento de interrupção de hardware. */
05209   _PROTOTYPE( void hwint00, (void) );
05210   _PROTOTYPE( void hwint01, (void) );
05211   _PROTOTYPE( void hwint02, (void) );
05212   _PROTOTYPE( void hwint03, (void) );
05213   _PROTOTYPE( void hwint04, (void) );
05214   _PROTOTYPE( void hwint05, (void) );
05215   _PROTOTYPE( void hwint06, (void) );
05216   _PROTOTYPE( void hwint07, (void) );
05217   _PROTOTYPE( void hwint08, (void) );
05218   _PROTOTYPE( void hwint09, (void) );
05219   _PROTOTYPE( void hwint10, (void) );
05220   _PROTOTYPE( void hwint11, (void) );
05221   _PROTOTYPE( void hwint12, (void) );
05222   _PROTOTYPE( void hwint13, (void) );
05223   _PROTOTYPE( void hwint14, (void) );
05224   _PROTOTYPE( void hwint15, (void) );
05225
05226   /* Rotinas de tratamento de interrupção de software, em ordem numérica. */
05227   _PROTOTYPE( void trp, (void) );
05228   _PROTOTYPE( void s_call, (void) ), _PROTOTYPE( p_s_call, (void) );
05229   _PROTOTYPE( void level0_call, (void) );
05230
05231   /* protect.c */
05232   _PROTOTYPE( void prot_init, (void)                                    );
05233   _PROTOTYPE( void init_codeseg, (struct segdesc_s *segdp, phys_bytes base,
05234                   vir_bytes size, int privilege)                        );
05235   _PROTOTYPE( void init_dataseg, (struct segdesc_s *segdp, phys_bytes base,
05236                   vir_bytes size, int privilege)                        );
05237   _PROTOTYPE( phys_bytes seg2phys, (U16_t seg)                          );
05238   _PROTOTYPE( void phys2seg, (u16_t *seg, vir_bytes *off, phys_bytes phys));
05239   _PROTOTYPE( void enable_iop, (struct proc *pp)                        );
```

```
05240      _PROTOTYPE( void alloc_segments, (struct proc *rp)                    );
05241
05242      #endif /* PROTO_H */
05243
05244


++++++++++++++++++++++++++++++++++++++++++++++++++++++++++++++++++++++++++++
                                kernel/glo.h
++++++++++++++++++++++++++++++++++++++++++++++++++++++++++++++++++++++++++++
05300      #ifndef GLO_H
05301      #define GLO_H
05302
05303      /* Variáveis globais usadas no núcleo. Este arquivo contém as declarações;
05304       * o espaço de armazenamento para as variáveis é alocado em table.c, pois EXTERN é
05305       * definida como extern, a não ser que a definição _TABLE seja vista. Contamos com a
05306       * inicialização padrão do compilador (0) para diversas variáveis globais.
05307       */
05308      #ifdef _TABLE
05309      #undef EXTERN
05310      #define EXTERN
05311      #endif
05312
05313      #include <minix/config.h>
05314      #include "config.h"
05315
05316      /* Variáveis relacionadas ao desligamento do MINIX. */
05317      EXTERN char kernel_exception;           /* TRUE após exceções do sistema */
05318      EXTERN char shutdown_started;           /* TRUE após desligamentos/reinicializações */
05319
05320      /* Estruturas de informação do núcleo. Isto agrupa informações vitais do núcleo. */
05321      EXTERN phys_bytes aout;                 /* endereço de cabeçalhos a.out */
05322      EXTERN struct kinfo kinfo;              /* informações do núcleo para usuários */
05323      EXTERN struct machine machine;          /* informações de máquina para usuários */
05324      EXTERN struct kmessages kmess;          /* mensagens de diagnóstico no núcleo */
05325      EXTERN struct randomness krandom;       /* reúne informações aleatórias do núcleo */
05326
05327      /* Informações de escalonamento de processo e a contador de reentrada do núcleo. */
05328      EXTERN struct proc *prev_ptr;      /* processo anteriormente em execução */
05329      EXTERN struct proc *proc_ptr;      /* ponteiro para processo correntemente em execução */
05330      EXTERN struct proc *next_ptr;      /* próximo processo a executar após restart() */
05331      EXTERN struct proc *bill_ptr;      /* processo a ser cobrado por tiques de relógio */
05332      EXTERN char k_reenter;             /* contador de reentrância (cont. de entrada -1) */
05333      EXTERN unsigned lost_ticks;        /* tiques de relógio contados fora da tarefa de relógio */
05334
05335      /* Variáveis relacionadas à interrupção. */
05336      EXTERN irq_hook_t irq_hooks[NR_IRQ_HOOKS];       /* ganchos para uso geral */
05337      EXTERN irq_hook_t *irq_handlers[NR_IRQ_VECTORS];/* lista de rotinas de tratamento de IRQ */
05338      EXTERN int irq_actids[NR_IRQ_VECTORS];           /* ID de IRQ de bits ativos */
05339      EXTERN int irq_use;                              /* mapa de todos os irq em uso */
05340
05341      /* Diversos. */
05342      EXTERN reg_t mon_ss, mon_sp;            /* pilha do monitor de inicialização */
05343      EXTERN int mon_return;                  /* verdadeiro se pudermos retornar ao monitor */
05344
05345      /* As variáveis inicializadas em outras partes são apenas extern aqui. */
05346      extern struct boot_image image[];       /* processos da imagem do sistema */
05347      extern char *t_stack[];                 /* espaço de pilha de tarefas */
05348      extern struct segdesc_s gdt[];          /* tabela descritora global */
05349
```

```
05350   EXTERN _PROTOTYPE( void (*level0_func), (void) );
05351
05352   #endif /* GLO_H */
05353
05354
05355
05356
05357
```

++
                              kernel/ipc.h
++

```
05400   #ifndef IPC_H
05401   #define IPC_H
05402
05403   /* Este arquivo de cabeçalho define constantes para comunicação entre processos do MINIX.
05404    * Essas definições são usadas no arquivo proc.c.
05405    */
05406   #include <minix/com.h>
05407
05408   /* Máscaras e flags para chamadas de sistema. */
05409   #define SYSCALL_FUNC    0x0F    /* máscara para função de chamada de sistema */
05410   #define SYSCALL_FLAGS   0xF0    /* máscara para flags de chamada de sistema */
05411   #define NON_BLOCKING    0x10    /* evita bloqueio, retorna erro */
05412
05413   /* Números de chamada de sistema que são passados quando da captura no núcleo. Os
05414    * números são cuidadosamente definidos para que possa ser facilmente vista (com base
05415    * nos bits que estão ativos) quais verificações devem ser feitas em sys_call().
05416    */
05417   #define SEND            1       /* 0 0 0 1 : envio com bloqueio */
05418   #define RECEIVE         2       /* 0 0 1 0 : recepção com bloqueio */
05419   #define SENDREC         3       /* 0 0 1 1 : SEND + RECEIVE */
05420   #define NOTIFY          4       /* 0 1 0 0 : notificação sem bloqueio */
05421   #define ECHO            8       /* 1 0 0 0 : eco de uma mensagem */
05422
05423   /* As máscaras de bits a seguir determinam quais verificações devem ser feitas. */
05424   #define CHECK_PTR       0x0B    /* 1 0 1 1 : valida buffer de mensagem */
05425   #define CHECK_DST       0x05    /* 0 1 0 1 : valida destino da mensagem */
05426   #define CHECK_SRC       0x02    /* 0 0 1 0 : valida origem da mensagem */
05427
05428   #endif /* IPC_H */
```

++
                              kernel/proc.h
++

```
05500   #ifndef PROC_H
05501   #define PROC_H
05502
05503   /* Aqui está a declaração da tabela de processos. Ela contém todos os dados de
05504    * processo, incluindo registradores, flags, prioridade de escalonamento, mapa de
05505    * memória, contabilidade, informações de passagem de mensagens (IPC) etc.
05506    *
05507    * Muitas rotinas em código assembly fazem referência a campos dela. Os deslocamentos
05508    * nesses campos são definidos no arquivo include sconst.h do montador. Ao alterar
05509    * struct proc, certifique-se de alterar sconst.h de acordo.
```

```
05510   */
05511   #include <minix/com.h>
05512   #include "protect.h"
05513   #include "const.h"
05514   #include "priv.h"
05515
05516   struct proc {
05517     struct stackframe_s p_reg;      /* registradores do processo salvos no quadro de pilha */
05518     reg_t p_ldt_sel;                /* seletor em gdt com base e limite ldt */
05519     struct segdesc_s p_ldt[2+NR_REMOTE_SEGS]; /* CS, DS e segmentos remotos */
05520
05521     proc_nr_t p_nr;                 /* número desse processo (para acesso rápido) */
05522     struct priv *p_priv;            /* estrutura de privilégios do sistema */
05523     char p_rts_flags;               /* SENDING, RECEIVING etc. */
05524
05525     char p_priority;                /* prioridade de escalonamento corrente */
05526     char p_max_priority;            /* prioridade de escalonamento máxima */
05527     char p_ticks_left;           /* número de tiques de escalonamento restantes */
05528     char p_quantum_size;            /* tamanho do quantum em tiques */
05529
05530     struct mem_map p_memmap[NR_LOCAL_SEGS];  /* mapa de memória (T, D, S) */
05531
05532     clock_t p_user_time;            /* tempo do usuário em tiques */
05533     clock_t p_sys_time;             /* tempo do sistema em tiques */
05534
05535     struct proc *p_nextready;       /* ponteiro para o próximo processo pronto */
05536     struct proc *p_caller_q;        /* início da lista de processos que desejam enviar */
05537     struct proc *p_q_link;          /* vínculo para o próximo processo que deseja enviar */
05538     message *p_messbuf;             /* ponteiro para buffer de mensagem passado */
05539     proc_nr_t p_getfrom;            /* de quem o processo deseja receber? */
05540     proc_nr_t p_sendto;             /* para quem o processo deseja enviar? */
05541
05542     sigset_t p_pending;             /* mapa de bits para sinais de núcleo pendentes */
05543
05544     char p_name[P_NAME_LEN];        /* nome do processo, incluindo \0 */
05545   };
05546
05547   /* Bits dos flags de tempo de execução. Um processo pode executar se p_rts_flags == 0. */
05548   #define SLOT_FREE       0x01    /* a entrada do processo está livre */
05549   #define NO_MAP          0x02    /* impede a execução de filho não mapeado */
05550   #define SENDING         0x04    /* processo bloqueado tentando ENVIAR */
05551   #define RECEIVING       0x08    /* processo bloqueado tentando RECEBER */
05552   #define SIGNALED        0x10    /* configurado quando chega o novo sinal do núcleo */
05553   #define SIG_PENDING     0x20    /* não está pronto enquanto o sinal está sendo processado */
05554   #define P_STOP          0x40    /* configurado quando o processo está sendo monitorado */
05555   #define NO_PRIV         0x80    /* impede a execução de processo de sistema bifurcado */
05556
05557   /* Prioridades de escalonamento para p_priority. Os valores devem começar em zero (prioridade
05558    * mais alta) e aumentar. As prioridades dos processos na imagem de inicialização
05559    * podem ser configuradas em table.c. IDLE deve ter uma fila para ela mesma, para evitar que
05560    * processos de usuário com baixa prioridade sejam executados em rodízio com IDLE.
05561    */
05562   #define NR_SCHED_QUEUES   16    /* DEVE ser igual à prioridade mínima + 1 */
05563   #define TASK_Q             0    /* mais alta, usada para tarefas do núcleo */
05564   #define MAX_USER_Q         0    /* prioridade mais alta para processos de usuário */
05565   #define USER_Q             7    /* padrão (deve corresponder a nice 0) */
05566   #define MIN_USER_Q        14    /* prioridade mínima para processos de usuário */
05567   #define IDLE_Q            15    /* mais baixa, somente o processo IDLE fica aqui */
05568
05569   /* Endereços mágicos da tabela de processos. */
```

```
05570   #define BEG_PROC_ADDR (&proc[0])
05571   #define BEG_USER_ADDR (&proc[NR_TASKS])
05572   #define END_PROC_ADDR (&proc[NR_TASKS + NR_PROCS])
05573
05574   #define NIL_PROC          ((struct proc *) 0)
05575   #define NIL_SYS_PROC      ((struct proc *) 1)
05576   #define cproc_addr(n)     (&(proc + NR_TASKS)[(n)])
05577   #define proc_addr(n)      (pproc_addr + NR_TASKS)[(n)]
05578   #define proc_nr(p)        ((p)->p_nr)
05579
05580   #define isokprocn(n)      ((unsigned) ((n) + NR_TASKS) < NR_PROCS + NR_TASKS)
05581   #define isemptyn(n)       isemptyp(proc_addr(n))
05582   #define isemptyp(p)       ((p)->p_rts_flags == SLOT_FREE)
05583   #define iskernelp(p)      iskerneln((p)->p_nr)
05584   #define iskerneln(n)      ((n) < 0)
05585   #define isuserp(p)        isusern((p)->p_nr)
05586   #define isusern(n)        ((n) >= 0)
05587
05588   /* A tabela de processos e ponteiros para entradas da tabela de processos. Os ponteiros
05589    * permitem acesso mais rápido, pois agora uma entrada de processo pode ser encontrada pela
05590    * indexação do array pproc_addr, enquanto o acesso a um elemento i exige uma
05591    * multiplicação com sizeof(struct proc) para determinar o endereço.
05592    */
05593   EXTERN struct proc proc[NR_TASKS + NR_PROCS];   /* tabela de processos */
05594   EXTERN struct proc *pproc_addr[NR_TASKS + NR_PROCS];
05595   EXTERN struct proc *rdy_head[NR_SCHED_QUEUES]; /* ponteiros para inícios de lista prontos */
05596   EXTERN struct proc *rdy_tail[NR_SCHED_QUEUES]; /* ponteiros para finais de lista prontos */
05597
05598   #endif /* PROC_H */
```

++
                                kernel/sconst.h
++

```
05600   ! Constantes diversas usadas em código de montador.
05601   W              =       _WORD_SIZE      ! Tamanho da palavra de máquina.
05602
05603   ! Deslocamentos em struct proc. Eles DEVEM corresponder a proc.h.
05604   P_STACKBASE    =       0
05605   GSREG          =       P_STACKBASE
05606   FSREG          =       GSREG + 2       ! 386 introduz segmentos FS e GS
05607   ESREG          =       FSREG + 2
05608   DSREG          =       ESREG + 2
05609   DIREG          =       DSREG + 2
05610   SIREG          =       DIREG + W
05611   BPREG          =       SIREG + W
05612   STREG          =       BPREG + W       ! lacuna para outro SP
05613   BXREG          =       STREG + W
05614   DXREG          =       BXREG + W
05615   CXREG          =       DXREG + W
05616   AXREG          =       CXREG + W
05617   RETADR         =       AXREG + W       ! endereço de retorno para chamada de save()
05618   PCREG          =       RETADR + W
05619   CSREG          =       PCREG + W
05620   PSWREG         =       CSREG + W
05621   SPREG          =       PSWREG + W
05622   SSREG          =       SPREG + W
05623   P_STACKTOP     =       SSREG + W
05624   P_LDT_SEL      =       P_STACKTOP
```

```
05625   P_LDT        =    P_LDT_SEL + W
05626
05627   Msize        =    9                    ! tamanho de uma mensagem em palavras de 32 bits
```

```
++++++++++++++++++++++++++++++++++++++++++++++++++++++++++++++++++++++++++
                              kernel/priv.h
++++++++++++++++++++++++++++++++++++++++++++++++++++++++++++++++++++++++++
05700   #ifndef PRIV_H
05701   #define PRIV_H
05702
05703   /* Declaração da estrutura de privilégios do sistema. Ela define flags, máscaras de
05704    * chamada de sistema, um temporizador de alarme síncrono, privilégios de E/S, interrupções
05705    * e notificações de hardware pendentes etc.Cada um dos processos de sistema recebe sua
05706    * própria estrutura com propriedades, enquanto todos os processos de usuário compartilham
05707    * uma única estrutura. Essa configuração proporciona uma separação clara entre os campos
05708    * de processo comuns e privilegiados e é muito eficiente quanto ao espaço.
05709    *
05710    * Alterações:
05711    *    01 de julho de 2005 Criado. (Jorrit N. Herder)
05712    */
05713   #include <minix/com.h>
05714   #include "protect.h"
05715   #include "const.h"
05716   #include "type.h"
05717
05718   struct priv {
05719     proc_nr_t s_proc_nr;          /* número do processo associado */
05720     sys_id_t s_id;                /* índice dessa estrutura de sistema */
05721     short s_flags;                /* PASSÍVEL DE PREEMPÇÃO, COBRANÇA etc. */
05722
05723     short s_trap_mask;            /* traps de chamada de sistema permitidas */
05724     sys_map_t s_ipc_from;         /* chamadores dos quais se pode receber */
05725     sys_map_t s_ipc_to;           /* processos de destino permitidos */
05726     long s_call_mask;             /* chamadas de núcleo permitidas */
05727
05728     sys_map_t s_notify_pending;   /* mapa de bits com notificações pendentes */
05729     irq_id_t s_int_pending;       /* interrupções de hardware pendentes */
05730     sigset_t s_sig_pending;       /* sinais pendentes */
05731
05732     timer_t s_alarm_timer;        /* temporizador de alarme síncrono */
05733     struct far_mem s_farmem[NR_REMOTE_SEGS];  /* mapa de memória remoto */
05734     reg_t *s_stack_guard;         /* palavra de guarda de pilha para tarefas do kernel*/
05735   };
05736
05737   /* Palavra de guarda para pilhas de tarefa. */
05738   #define STACK_GUARD     ((reg_t) (sizeof(reg_t) == 2 ? 0xBEEF : 0xDEADBEEF))
05739
05740   /* Bits para os flags de propriedade de sistema. */
05741   #define PREEMPTIBLE    0x01    /* tarefas do núcleo não sofrem preempção */
05742   #define BILLABLE       0x04    /* alguns processos não podem ser cobrados */
05743   #define SYS_PROC       0x10    /* os processos de sistema são privilegiados */
05744   #define SENDREC_BUSY   0x20    /* sendrec() em andamento */
05745
05746   /* Endereços mágicos da tabela de estruturas de sistema. */
05747   #define BEG_PRIV_ADDR (&priv[0])
05748   #define END_PRIV_ADDR (&priv[NR_SYS_PROCS])
05749
```

```
05750   #define priv_addr(i)        (ppriv_addr)[(i)]
05751   #define priv_id(rp)         ((rp)->p_priv->s_id)
05752   #define priv(rp)            ((rp)->p_priv)
05753
05754   #define id_to_nr(id)    priv_addr(id)->s_proc_nr
05755   #define nr_to_id(nr)    priv(proc_addr(nr))->s_id
05756
05757   /* A tabela de estruturas de sistema e ponteiros para entradas da tabela individuais. Os
05758    * ponteiros permitem acesso mais rápido, pois uma entrada de processo pode ser encontrada
05759    * pela indexação do array psys_addr, enquanto acessar um elemento i exige uma
05760    * multiplicação com sizeof(struct sys) para determinar o endereço.
05761    */
05762   EXTERN struct priv priv[NR_SYS_PROCS];          /* tabela de propriedades do sistema */
05763   EXTERN struct priv *ppriv_addr[NR_SYS_PROCS];   /* ponteiro de entrada direta */
05764
05765   /* Todos os processos de usuário não privilegiados dividem a mesma estrutura de privilégios.
05766    * Essa id deve ser fixa, pois é usada para verificar entradas da máscara de envio.
05767    */
05768   #define USER_PRIV_ID    0
05769
05770   /* Certifica-se de que o sistema pode ser inicializado. A verificação de sanidade a
05771    * seguir confere se a tabela de privilégios do sistema é grande o bastante para o número
05772    * de processos na imagem de inicialização.
05773    */
05774   #if (NR_BOOT_PROCS > NR_SYS_PROCS)
05775   #error NR_SYS_PROCS must be larger than NR_BOOT_PROCS
05776   #endif
05777
05778   #endif /* PRIV_H */


+++++++++++++++++++++++++++++++++++++++++++++++++++++++++++++++++++++++++++++++
                                kernel/protect.h
+++++++++++++++++++++++++++++++++++++++++++++++++++++++++++++++++++++++++++++++

05800   /* Constantes do modo protegido. */
05801
05802   /* Tamanhos de tabela. */
05803   #define GDT_SIZE (FIRST_LDT_INDEX + NR_TASKS + NR_PROCS)
05804                                           /* spec. and LDT's */
05805   #define IDT_SIZE (IRQ8_VECTOR + 8)      /* apenas até o vetor mais alto */
05806   #define LDT_SIZE (2 + NR_REMOTE_SEGS)   /* CS, DS e segmentos remotos */
05807
05808   /* Descritores globais fixos. de 1 a 7 são prescritos pela BIOS. */
05809   #define GDT_INDEX           1   /* descritor GDT */
05810   #define IDT_INDEX           2   /* descritor IDT */
05811   #define DS_INDEX            3   /* DS do núcleo */
05812   #define ES_INDEX            4   /* ES do núcleo (386: 4 Gb de flag na inicialização) */
05813   #define SS_INDEX            5   /* SS do núcleo (386: monitor SS na inicialização) */
05814   #define CS_INDEX            6   /* CS do núcleo */
05815   #define MON_CS_INDEX        7   /* temp para BIOS (386: monitor CS na inicialização) */
05816   #define TSS_INDEX           8   /* TSS do núcleo */
05817   #define DS_286_INDEX        9   /* segmento de origem de rascunho de 16 bits */
05818   #define ES_286_INDEX       10   /* segmento de destino de rascunho de 16 bits */
05819   #define A_INDEX            11   /* 64K segmento de memória em A0000 */
05820   #define B_INDEX            12   /* 64K segmento de memória em B0000 */
05821   #define C_INDEX            13   /* 64K segmento de memória em C0000 */
05822   #define D_INDEX            14   /* 64K segmento de memória em D0000 */
05823   #define FIRST_LDT_INDEX    15   /* o restante dos descritores são LDTs */
05824
```

```
05825 #define GDT_SELECTOR        0x08   /* (GDT_INDEX * DESC_SIZE) ruim para asld */
05826 #define IDT_SELECTOR        0x10   /* (IDT_INDEX * DESC_SIZE) */
05827 #define DS_SELECTOR         0x18   /* (DS_INDEX * DESC_SIZE) */
05828 #define ES_SELECTOR         0x20   /* (ES_INDEX * DESC_SIZE) */
05829 #define FLAT_DS_SELECTOR    0x21   /* ES menos privilegiado */
05830 #define SS_SELECTOR         0x28   /* (SS_INDEX * DESC_SIZE) */
05831 #define CS_SELECTOR         0x30   /* (CS_INDEX * DESC_SIZE) */
05832 #define MON_CS_SELECTOR     0x38   /* (MON_CS_INDEX * DESC_SIZE) */
05833 #define TSS_SELECTOR        0x40   /* (TSS_INDEX * DESC_SIZE) */
05834 #define DS_286_SELECTOR     0x49   /* (DS_286_INDEX*DESC_SIZE+TASK_PRIVILEGE) */
05835 #define ES_286_SELECTOR     0x51   /* (ES_286_INDEX*DESC_SIZE+TASK_PRIVILEGE) */
05836
05837 /* Descritores locais fixos. */
05838 #define CS_LDT_INDEX        0      /* CS de processo */
05839 #define DS_LDT_INDEX        1      /* DS=ES=FS=GS=SS de processo */
05840 #define EXTRA_LDT_INDEX     2      /* primeira das entradas de LDT extras */
05841
05842 /* Privilégios. */
05843 #define INTR_PRIVILEGE      0      /* núcleo e rotinas de tratamento de interrupção */
05844 #define TASK_PRIVILEGE      1      /* tarefas do núcleo */
05845 #define USER_PRIVILEGE      3      /* servidores e processos de usuário */
05846
05847 /* constantes de hardware do 286. */
05848
05849 /* Números de vetor de exceção. */
05850 #define BOUNDS_VECTOR       5      /* a verificação de limites falhou */
05851 #define INVAL_OP_VECTOR     6      /* código de operação inválido */
05852 #define COPROC_NOT_VECTOR   7      /* co-processador não disponível */
05853 #define DOUBLE_FAULT_VECTOR 8
05854 #define COPROC_SEG_VECTOR   9      /* inundação de segmento de co-processador */
05855 #define INVAL_TSS_VECTOR    10     /* TSS inválido */
05856 #define SEG_NOT_VECTOR      11     /* segmento não presente */
05857 #define STACK_FAULT_VECTOR  12     /* exceção de pilha */
05858 #define PROTECTION_VECTOR   13     /* proteção geral */
05859
05860 /* Bits de seletor. */
05861 #define TI                  0x04   /* indicador de tabela */
05862 #define RPL                 0x03   /* nível de privilégio do solicitante */
05863
05864 /* Deslocamentos da estrutura de descritor. */
05865 #define DESC_BASE           2      /* para base_low */
05866 #define DESC_BASE_MIDDLE    4      /* para base_middle */
05867 #define DESC_ACCESS         5      /* para byte de acesso */
05868 #define DESC_SIZE           8      /* sizeof (struct segdesc_s) */
05869
05870 /* Tamanhos e mudanças de base e limite. */
05871 #define BASE_MIDDLE_SHIFT   16     /* mudança de base --> base_middle */
05872
05873 /* Bits de byte de acesso e de byte de tipo. */
05874 #define PRESENT             0x80   /* configura para descritor presente */
05875 #define DPL                 0x60   /* máscara de nível de privilégio de descritor */
05876 #define DPL_SHIFT           5
05877 #define SEGMENT             0x10   /* configura para descritores de tipo de segmento */
05878
05879 /* Bits de byte de acesso. */
05880 #define EXECUTABLE          0x08   /* configura para segmento executável */
05881 #define CONFORMING          0x04   /* configura para conformar segmento se executável */
05882 #define EXPAND_DOWN         0x04   /* configura para expandir segmento se !executável */
05883 #define READABLE            0x02   /* configura para segmento legível se executável */
05884 #define WRITEABLE           0x02   /* configura para segmento gravável se !executável */
```

```
05885   #define TSS_BUSY            0x02  /* configura se descritor de TSS estiver ocupado */
05886   #define ACCESSED            0x01  /* configura se for segmento acessado */
05887
05888   /* Tipos especiais de descritor. */
05889   #define AVL_286_TSS         1     /* TSS de 286 disponível*/
05890   #define LDT                 2     /* tabela de descritores local */
05891   #define BUSY_286_TSS        3     /* configura de forma transparente para o software */
05892   #define CALL_286_GATE       4     /* não usado */
05893   #define TASK_GATE           5     /* usado apenas pelo depurador */
05894   #define INT_286_GATE        6     /* porta de interrupção, usada por todos os vetores */
05895   #define TRAP_286_GATE       7     /* não usado */
05896
05897   /* Constantes de hardware extras do 386. */
05898
05899   /* Números de vetor de exceção. */
05900   #define PAGE_FAULT_VECTOR   14
05901   #define COPROC_ERR_VECTOR   16    /* erro de co-processador */
05902
05903   /* Deslocamentos da estrutura de descritor. */
05904   #define DESC_GRANULARITY    6     /* para byte de granularidade */
05905   #define DESC_BASE_HIGH      7     /* para base_high */
05906
05907   /* Tamanhos e mudanças de base e limite. */
05908   #define BASE_HIGH_SHIFT     24    /* mudança de base --> base_high */
05909   #define BYTE_GRAN_MAX       0xFFFFFL  /* tamanho máximo para segmento granularidade de byte */
05910   #define GRANULARITY_SHIFT   16    /* mudança de elimit --> granularidade */
05911   #define OFFSET_HIGH_SHIFT   16    /* mudança de deslocamento (porta) --> offset_high */
05912   #define PAGE_GRAN_SHIFT     12    /* mudança extra para limites granularidade de página */
05913
05914   /* Bits de byte de tipo. */
05915   #define DESC_386_BIT 0x08 /* Tipos do 386 são obtidos via ou lógico com isto */
05916                            /* LDTs e TASK_GATEs não precisam disso */
05917
05918   /* Byte de granularidade. */
05919   #define GRANULAR            0x80  /* configura para granularidade de 4K */
05920   #define DEFAULT             0x40  /* configura p/ padrões de 32 bits (segmento executável) */
05921   #define BIG                 0x40  /* configura para "BIG" (segmento expandido para baixo) */
05922   #define AVL                 0x10  /* 0 para disponível */
05923   #define LIMIT_HIGH          0x0F  /* máscara para bits de limite altos */
```

++
                              kernel/table.c
++

```
06000   /* O arquivo objeto de "table.c" contém a maior parte dos dados do núcleo. As variáveis
06001    * declaradas nos arquivos *.h aparecem com EXTERN na frente, como em
06002    *
06003    *      EXTERN int x;
06004    *
06005    * Normalmente, EXTERN é definida como extern, para que ao serem incluídas em outro
06006    * arquivo, nenhum espaço de armazenamento seja alocado. Se fosse apenas,
06007    *
06008    *      int x;
06009    *
06010    * então, incluir esse arquivo em vários arquivos-fonte faria com que 'x' fosse
06011    * declarada várias vezes. Embora alguns ligadores aceitem isso, outros não aceitam;
06012    * portanto, elas são declaradas como extern ao serem incluídas normalmente. Entretanto,
06013    * 'x' deve ser realmente declarado em algum lugar. Isso é feito aqui, pela redefinição
06014    * de EXTERN como a string nula, para que a inclusão de todos os arquivos *.h em table.c
```

```
06015       * gere espaço de armazenamento para essas variáveis.
06016       *
06017       * Diversas variáveis não poderiam ser declaradas como EXTERN, mas são declaradas como PUBLIC
06018       * ou PRIVATE. O motivo disso é que as variáveis extern não podem ter uma
06019       * inicialização padrão. Se tais variáveis forem compartilhadas, elas também devem ser
06020       * declaradas em um dos arquivos *.h sem a inicialização. Exemplos
06021       * incluem 'boot_image' (este arquivo), 'idt' e 'gdt' (protect.c).
06022       *
06023       * Alterações: (Jorrit N. Herder)
06024       * 02 de agosto de 2005 configuração de privilégios e imagem de inicialização mínima
06025       * 17 de outubro de 2004 atualização anterior e comentários da tabela de tarefas
06026       * 01 de maio de 2004 estrutura alterada para imagem do sistema
06027       */
06028      #define _TABLE
06029
06030      #include "kernel.h"
06031      #include "proc.h"
06032      #include "ipc.h"
06033      #include <minix/com.h>
06034      #include <ibm/int86.h>
06035
06036      /* Define os tamanhos de pilha para as tarefas do núcleo incluídas na imagem do sistema. */
06037      #define NO_STACK        0
06038      #define SMALL_STACK     (128 * sizeof(char *))
06039      #define IDL_S    SMALL_STACK      /* 3 intr, 3 temps, 4 db para Intel */
06040      #define HRD_S    NO_STACK         /* tarefa fictícia, usa a pilha do núcleo */
06041      #define TSK_S    SMALL_STACK      /* tarefa de sistema e relógio */
06042
06043      /* Espaço de pilha para todas as pilhas de tarefa. Declarado como (char *) para alinhar. */
06044      #define TOT_STACK_SPACE (IDL_S + HRD_S + (2 * TSK_S))
06045      PUBLIC char *t_stack[TOT_STACK_SPACE / sizeof(char *)];
06046
06047      /* Define flags para os vários tipos de processo. */
06048      #define IDL_F   (SYS_PROC | PREEMPTIBLE | BILLABLE)    /* tarefa IDLE */
06049      #define TSK_F   (SYS_PROC)                             /* tarefas do núcleo */
06050      #define SRV_F   (SYS_PROC | PREEMPTIBLE)               /* serviços de sistema */
06051      #define USR_F   (BILLABLE | PREEMPTIBLE)               /* processos de usuário */
06052
06053      /* Define int. de chamada de sistema para os vários tipos de processo. Essas máscaras de
06054       * chamada determinam quais int. de chamada de sistema um processo pode fazer.
06055       */
06056      #define TSK_T   (1 << RECEIVE)                         /* relógio e sistema */
06057      #define SRV_T   (~0)                                   /* serviços de sistema */
06058      #define USR_T   ((1 << SENDREC) | (1 << ECHO))         /* processos de usuário */
06059
06060      /* As máscaras de envio determinam para quem os processos podem enviar mensagens ou
06061       * notificações. Os valores aqui são usados para os processos na imagem de inicialização.
06062       * Contamos com o código de inicialização em main() para casar o mapeamento de s_nr_ para
06063       * _id() para os processos na imagem de inicialização, para que a máscara de envio
06064       * definida aqui possa ser copiada diretamente em map[0] da máscara de envio atual. A
06065       * estrutura de privilégio 0 é compartilhada pelos processos de usuário.
06066       */
06067      #define s(n)           (1 << s_nr_to_id(n))
06068      #define SRV_M (~0)
06069      #define SYS_M (~0)
06070      #define USR_M (s(PM_PROC_NR) | s(FS_PROC_NR) | s(RS_PROC_NR))
06071      #define DRV_M (USR_M | s(SYSTEM) | s(CLOCK) | s(LOG_PROC_NR) | s(TTY_PROC_NR))
06072
06073      /* Define as chamadas de núcleo que os processos podem fazer. Isso não parece muito
06074       * bom, mas precisamos definir os direitos de acesso de acordo com a chamada.
```

```
06075       * Note que o servidor de reencarnação tem todos os bits ativos, pois ele deve
06076       * distribuir direitos para os serviços que inicia.
06077       */
06078      #define c(n)        (1 << ((n)-KERNEL_CALL))
06079      #define RS_C        ~0
06080      #define PM_C        ~(c(SYS_DEVIO) | c(SYS_SDEVIO) | c(SYS_VDEVIO) \
06081          | c(SYS_IRQCTL) | c(SYS_INT86))
06082      #define FS_C        (c(SYS_KILL) | c(SYS_VIRCOPY) | c(SYS_VIRVCOPY) | c(SYS_UMAP) \
06083          | c(SYS_GETINFO) | c(SYS_EXIT) | c(SYS_TIMES) | c(SYS_SETALARM))
06084      #define DRV_C       (FS_C | c(SYS_SEGCTL) | c(SYS_IRQCTL) | c(SYS_INT86) \
06085          | c(SYS_DEVIO) | c(SYS_VDEVIO) | c(SYS_SDEVIO))
06086      #define MEM_C       (DRV_C | c(SYS_PHYSCOPY) | c(SYS_PHYSVCOPY))
06087
06088      /* A tabela da imagem do sistema lista todos os programas que fazem parte da imagem de
06089       * inicialização. A ordem das entradas aqui PRECISA ser a ordem dos programas na imagem
06090       * de inicialização e todas as tarefas do núcleo devem vir primeiro. Cada entrada fornece
06091       * o número do processo, flags, o tamanho do quantum (q), a fila de escalonamento, as
06092       * int. permitidas, máscara de ipc e um nome para a tabela de processos. O contador de
06093       * programa inicial e o tamanho da pilha também são fornecidos para tarefas do núcleo.
06094       */
06095      PUBLIC struct boot_image image[] = {
06096      /* no. do processo, pc, flags, qs, fila, pilha, interrupções, ipcto, chamada, nome */
06097       { IDLE,       idle_task,  IDL_F,   8, IDLE_Q, IDL_S,    0,     0,     0, "IDLE"   },
06098       { CLOCK,      clock_task, TSK_F,  64, TASK_Q, TSK_S, TSK_T,    0,     0, "CLOCK"  },
06099       { SYSTEM,     sys_task,   TSK_F,  64, TASK_Q, TSK_S, TSK_T,    0,     0, "SYSTEM" },
06100       { HARDWARE,           0,  TSK_F,  64, TASK_Q, HRD_S,    0,     0,     0, "KERNEL" },
06101       { PM_PROC_NR,         0,  SRV_F,  32,     3,    0,  SRV_T, SRV_M,  PM_C, "pm"     },
06102       { FS_PROC_NR,         0,  SRV_F,  32,     4,    0,  SRV_T, SRV_M,  FS_C, "fs"     },
06103       { RS_PROC_NR,         0,  SRV_F,   4,     3,    0,  SRV_T, SYS_M,  RS_C, "rs"     },
06104       { TTY_PROC_NR,        0,  SRV_F,   4,     1,    0,  SRV_T, SYS_M, DRV_C, "tty"    },
06105       { MEM_PROC_NR,        0,  SRV_F,   4,     2,    0,  SRV_T, DRV_M, MEM_C, "memory" },
06106       { LOG_PROC_NR,        0,  SRV_F,   4,     2,    0,  SRV_T, SYS_M, DRV_C, "log"    },
06107       { DRVR_PROC_NR,       0,  SRV_F,   4,     2,    0,  SRV_T, SYS_M, DRV_C, "driver" },
06108       { INIT_PROC_NR,       0,  USR_F,   8, USER_Q,   0,  USR_T, USR_M,     0, "init"   },
06109      };
06110
06111      /* Verifica o tamanho da tabela da imagem do sistema no momento da compilação. Também
06112       * verifica se o primeiro trecho da máscara ipc tem bits suficientes para acomodar os
06113       * processos na imagem.
06114       * Se for detectado um problema, o tamanho do array 'fictício' será negativo,
06115       * causando um erro de tempo de compilação. Note que nenhum espeço é realmente alocado,
06116       * pois 'dummy' é declarado como extern.
06117       */
06118      extern int dummy[(NR_BOOT_PROCS==sizeof(image)/
06119              sizeof(struct boot_image))?1:-1];
06120      extern int dummy[(BITCHUNK_BITS > NR_BOOT_PROCS - 1) ? 1 : -1];
06121
```

++
                            kernel/mpx.s
++

```
06200      #
06201      ! Escolha entre as versões 8086 e 386 do código de inicialização do Minix.
06202
06203      #include <minix/config.h>
06204      #if _WORD_SIZE == 2
```

```
06205       #include "mpx88.s"
06206       #else
06207       #include "mpx386.s"
06208       #endif
```

```
++++++++++++++++++++++++++++++++++++++++++++++++++++++++++++++++++++++++++
                              kernel/mpx386.s
++++++++++++++++++++++++++++++++++++++++++++++++++++++++++++++++++++++++++

06300       #
06301       ! Este arquivo, mpx386.s, é incluído por mpx.s quando o Minix é compilado para
06302       ! CPUs Intel de 32 bits. O alternativo mpx88.s é compilado para CPUs de 16 bits.
06303
06304       ! Este arquivo faz parte da camada inferior do núcleo do MINIX. (A outra parte
06305       ! é "proc.c".) A camada inferior processa a troca e o tratamento de mensagens.
06306       ! Além disso, ela contém o código de inicialização em assembly do Minix e as rotinas de
06307       ! tratamento de interrupção de 32 bits. Ela coopera com o código presente em "start.c"
06308       ! para configurar um bom ambiente para main().
06309
06310       ! Toda transição para o núcleo passa por este arquivo. As transições para o
06311       ! núcleo podem ser aninhadas. A entrada inicial pode ser com uma chamada de sistema (isto é,
06312       ! enviar ou receber uma mensagem), uma exceção ou uma interrupção de hardware; as
06313       ! reentradas no núcleo só podem ser feitas por interrupções de hardware. A contagem de
06314       ! reentradas é mantida em "k_reenter". Ela é importante para decidir se vai haver troca
06315       ! para a pilha do núcleo e para proteger o código de passagem de mensagens em "proc.c".
06316
06317       ! Para a interrupção de passagem de mensagens, a maior parte do estado da máquina é salva na
06318       ! tabela de processos. (Alguns dos registradores não precisam ser salvos.) Então, a pilha é
06319       ! trocada para "k_stack" e as interrupções são reativadas. Finalmente, a rotina de tratamento
06320       ! de chamada de sistema (em C) é chamada. Quando ela retorna, as interrupções são desativadas
06321       ! novamente e o código entra na rotina de reinicialização, para finalizar as interrupções
06322       ! suspensas e executar o processo ou a tarefa cujo ponteiro está em "proc_ptr".
06323
06324       ! As rotinas de interrupção de hardware fazem o mesmo, exceto (1) O estado inteiro deve
06325       ! ser salvo. (2) Existem rotinas de tratamento demais para fazer isso em linha; portanto,
06326       ! a rotina de salvamento é chamada. Alguns ciclos são economizados pela colocação do
06327       ! endereço da rotina de reinicialização apropriada para um retorno posterior. (3) Uma
06328       ! troca de pilha é evitada quando a pilha já foi trocada. (4) A controladora de interrupção
06329       ! (mestra) 8259 é reativada de forma centralizada em save(). (5) Cada rotina de tratamento
06330       ! de interrupção mascara sua linha de interrupção usando a 8259 antes de ativar interrupções
06331       ! (outras, não mascaradas) e a desmascara após atender a interrupção. Isso limita o
06332       ! nível de aninhamento no número de linhas e protege a rotina de tratamento dela mesma.
06333
06334       ! Para comunicação com o monitor de inicialização no momento da inicialização, alguns dados
06335       ! constantes são compilados no início do segmento de texto. Isso facilita
06336       ! a leitura dos dados no início do processo de inicialização, pois apenas o primeiro
06337       ! setor do arquivo precisa ser lido.
06338
06339       ! Algum espaço de armazenamento de dados também é alocado no final deste arquivo. Esses
06340       ! dados estarão no início do segmento de dados do núcleo e serão lidos
06341       ! e modificados pelo monitor de inicialização antes que o núcleo inicie.
06342
06343       ! seções
06344
06345       .sect .text
06346       begtext:
06347       .sect .rom
06348       begrom:
06349       .sect .data
```

```
06350       begdata:
06351       .sect .bss
06352       begbss:
06353
06354       #include <minix/config.h>
06355       #include <minix/const.h>
06356       #include <minix/com.h>
06357       #include <ibm/interrupt.h>
06358       #include "const.h"
06359       #include "protect.h"
06360       #include "sconst.h"
06361
06362       /* Selected 386 tss offsets. */
06363       #define TSS3_S_SP0 4
06364
06365       ! Funções exportadas
06366       ! Nota: na linguagem assembly, a instrução .define aplicada a um nome de função
06367       ! é vagamente equivalente a um prototype em código na linguagem C -- ela torna possível
06368       ! vincular a uma entidade declarada no código assembly, mas não cria
06369       ! a entidade.
06370
06371       .define _restart
06372       .define save
06373
06374       .define _divide_error
06375       .define _single_step_exception
06376       .define _nmi
06377       .define _breakpoint_exception
06378       .define _overflow
06379       .define _bounds_check
06380       .define _inval_opcode
06381       .define _copr_not_available
06382       .define _double_fault
06383       .define _copr_seg_overrun
06384       .define _inval_tss
06385       .define _segment_not_present
06386       .define _stack_exception
06387       .define _general_protection
06388       .define _page_fault
06389       .define _copr_error
06390
06391       .define _hwint00            ! rotinas de tratamento para interrupções de hardware
06392       .define _hwint01
06393       .define _hwint02
06394       .define _hwint03
06395       .define _hwint04
06396       .define _hwint05
06397       .define _hwint06
06398       .define _hwint07
06399       .define _hwint08
06400       .define _hwint09
06401       .define _hwint10
06402       .define _hwint11
06403       .define _hwint12
06404       .define _hwint13
06405       .define _hwint14
06406       .define _hwint15
06407
06408       .define _s_call
06409       .define _p_s_call
```

```
06410           .define _level0_call
06411
06412           ! Variáveis exportadas.
06413           .define begbss
06414           .define begdata
06415
06416           .sect .text
06417 !*===========================================================================*
06418 !*                              MINIX                                        *
06419 !*===========================================================================*
06420 MINIX:                              ! este é o ponto de entrada do núcleo do MINIX
06421           jmp     over_flags        ! pula os próximos bytes
06422           .data2  CLICK_SHIFT       ! para o monitor: granularidade da memória
06423 flags:
06424           .data2  0x01FD            ! flags do monitor de inicialização:
06425                                     !     ativa o modo 386, faz bss, faz a pilha,
06426                                     !     carrega no alto, não emenda, retornará,
06427                                     !     usa INT genérica, vetor de memória,
06428                                     !     novo retorno do código de inicialização
06429           nop                       ! byte extra para sincronizar o desmontador
06430 over_flags:
06431
06432 ! Configura um quadro de pilha em C na pilha do monitor. (O monitor configura cs e ds
06433 ! corretamente. O descritor ss ainda referencia o segmento de dados do monitor.)
06434           movzx   esp, sp           ! a pilha do monitor é de 16 bits
06435           push    ebp
06436           mov     ebp, esp
06437           push    esi
06438           push    edi
06439           cmp     4(ebp), 0         ! o vetor de retorno do monitor é
06440           jz      noret             ! diferente de zero se o retorno é possível
06441           inc     (_mon_return)
06442 noret:    mov     (_mon_sp), esp    ! salva ponteiro de pilha para retorno posterior
06443
06444 ! Copia a tabela de descritores global do monitor no espaço de endereço do núcleo e
06445 ! troca para ele. Prot_init() pode então atualizá-lo, com efeito imediato.
06446
06447           sgdt    (_gdt+GDT_SELECTOR)      ! obtém a gdtr do monitor
06448           mov     esi, (_gdt+GDT_SELECTOR+2)  ! endereço absoluto da GTD
06449           mov     ebx, _gdt         ! endereço da GTD do núcleo
06450           mov     ecx, 8*8          ! copiando oito descritores
06451 copygdt:
06452 eseg      movb    al, (esi)
06453           movb    (ebx), al
06454           inc     esi
06455           inc     ebx
06456           loop    copygdt
06457           mov     eax, (_gdt+DS_SELECTOR+2)  ! base dos dados do núcleo
06458           and     eax, 0x00FFFFFF   ! somente 24 bits
06459           add     eax, _gdt         ! eax = vir2phys(gdt)
06460           mov     (_gdt+GDT_SELECTOR+2), eax  ! configura base da GTD
06461           lgdt    (_gdt+GDT_SELECTOR)      ! troca para a GTD do núcleo
06462
06463 ! Localiza parâmetros de inicialização, configura reg. de segmento e pilha do núcleo.
06464           mov     ebx, 8(ebp)       ! deslocamento dos parâmetros de inicialização
06465           mov     edx, 12(ebp)      ! comprimento dos parâmetros de inicialização
06466           mov     eax, 16(ebp)      ! endereço de cabeçalhos de a.out
06467           mov     (_aout), eax
06468           mov     ax, ds            ! dados do núcleo
06469           mov     es, ax
```

```
06470              mov       fs, ax
06471              mov       gs, ax
06472              mov       ss, ax
06473              mov       esp, k_stktop   ! configura sp para apontar para o início do pilha do núcleo
06474
06475    ! Chama código de inicialização em C para configurar execução de main().
06476              push      edx
06477              push      ebx
06478              push      SS_SELECTOR
06479              push      DS_SELECTOR
06480              push      CS_SELECTOR
06481              call      _cstart         ! cstart(cs, ds, mds, parmoff, parmlen)
06482              add       esp, 5*4
06483
06484    ! Recarrega gdtr, idtr e os reg. de segmento na tabela de descritores global configurada
06485    ! por prot_init().
06486
06487              lgdt      (_gdt+GDT_SELECTOR)
06488              lidt      (_gdt+IDT_SELECTOR)
06489
06490              jmpf      CS_SELECTOR:csinit
06491    csinit:
06492       o16 mov           ax, DS_SELECTOR
06493              mov       ds, ax
06494              mov       es, ax
06495              mov       fs, ax
06496              mov       gs, ax
06497              mov       ss, ax
06498       o16 mov           ax, TSS_SELECTOR   ! nenhum outro TSS é usado
06499              ltr       ax
06500              push      0                  ! configura flags com o estado bom conhecido
06501              popf                         ! esp, limpa tarefa aninhada e ativa int
06502
06503              jmp       _main              ! main()
06504
06505
06506    !*========================================================================*
06507    !*              rotinas de tratamento de interrupção                      *
06508    !*rotinas de tratamento de interrupção para modo protegido de 32 bits do 386 *
06509    !*========================================================================*
06510
06511    !*========================================================================*
06512    !*                      hwint00 - 07                                      *
06513    !*========================================================================*
06514    ! Note que esta é uma macro, ela apenas parece ser uma sub-rotina.
06515    #define hwint_master(irq)              \
06516              call      save              /* salva o estado do processo interrompido */;\
06517              push      (_irq_handlers+4*irq) /* irq_handlers[irq]                */;\
06518              call      _intr_handle      /* intr_handle(irq_handlers[irq]) */;\
06519              pop       ecx                                                    ;\
06520              cmp       (_irq_actids+4*irq), 0  /* interrupção ainda ativa?   */;\
06521              jz        0f                                                     ;\
06522              inb       INT_CTLMASK       /* obtém máscara corrente */         ;\
06523              orb       al, [1<<irq]      /* irq da máscara */                 ;\
06524              outb      INT_CTLMASK       /* desativa o irq */                 */;\
06525    0:        movb      al, END_OF_INT                                         ;\
06526              outb      INT_CTL           /* reativa a 8259 mestra */          */;\
06527              ret                         /* reinicia (outro) processo         */
06528
06529    ! Cada um desses pontos de entrada é uma expansão da macro hwint_master
```

```
06530               .align   16
06531   _hwint00:                       ! Rotina de interrupção para irq 0 (relógio).
06532               hwint_master(0)
06533
06534               .align   16
06535   _hwint01:                       ! Rotina de interrupção para irq 1 (teclado)
06536               hwint_master(1)
06537
06538               .align   16
06539   _hwint02:                       ! Rotina de interrupção para irq 2 (cascata!)
06540               hwint_master(2)
06541
06542               .align   16
06543   _hwint03:                       ! Rotina de interrupção para irq 3 (segunda serial)
06544               hwint_master(3)
06545
06546               .align   16
06547   _hwint04:                       ! Rotina de interrupção para irq 4 (primeira serial)
06548               hwint_master(4)
06549
06550               .align   16
06551   _hwint05:                       ! Rotina de interrupção para irq 5 (winchester XT)
06552               hwint_master(5)
06553
06554               .align   16
06555   _hwint06:                       ! Rotina de interrupção para irq 6 (disquete)
06556               hwint_master(6)
06557
06558               .align   16
06559   _hwint07:                       ! Rotina de interrupção para irq 7 (impressora)
06560               hwint_master(7)
06561
06562   !*===========================================================================*
06563   !*                              hwint08 - 15                                 *
06564   !*===========================================================================*
06565   ! Note que esta é uma macro, ela apenas parece ser uma sub-rotina.
06566   #define hwint_slave(irq)    \
06567               call    save                       /* salva o estado do processo interrompido */;\
06568               push    (_irq_handlers+4*irq)      /* irq_handlers[irq]                       */;\
06569               call    _intr_handle               /* intr_handle(irq_handlers[irq])          */;\
06570               pop     ecx                                                                    ;\
06571               cmp     (_irq_actids+4*irq), 0     /* interrupção ainda ativa?                */;\
06572               jz      0f                                                                     ;\
06573               inb     INT2_CTLMASK                                                           ;\
06574               orb     al, [1<<[irq-8]]                                                       ;\
06575               outb    INT2_CTLMASK               /* desativa o irq                          */;\
06576   0:          movb    al, END_OF_INT                                                         ;\
06577               outb    INT_CTL                    /* reativa a 8259 mestra                   */;\
06578               outb    INT2_CTL                   /* reativa a 8259 escrava                  */;\
06579               ret                                /* reinicia (outro) processo               */
06580
06581   ! Cada um desses pontos de entrada é uma expansão da macro hwint_slave
06582               .align   16
06583   _hwint08:                       ! Rotina de interrupção para irq 8 (relógio de tempo real)
06584               hwint_slave(8)
06585
06586               .align   16
06587   _hwint09:                       ! Rotina de interrupção para irq 9 (irq 2 redirecionado)
06588               hwint_slave(9)
06589
```

```
06590                .align 16
06591    _hwint10:                   ! Rotina de interrupção para irq 10
06592                hwint_slave(10)
06593
06594                .align 16
06595    _hwint11:                   ! Rotina de interrupção para irq 11
06596                hwint_slave(11)
06597
06598                .align 16
06599    _hwint12:                   ! Rotina de interrupção para irq 12
06600                hwint_slave(12)
06601
06602                .align 16
06603    _hwint13:                   ! Rotina de interrupção para irq 13 (exceção de FPU)
06604                hwint_slave(13)
06605
06606                .align 16
06607    _hwint14:                   ! Rotina de interrupção para irq 14 (winchester AT)
06608                hwint_slave(14)
06609
06610                .align 16
06611    _hwint15:                   ! Rotina de interrupção para irq 15
06612                hwint_slave(15)
06613
06614    !*===========================================================================*
06615    !*                               save                                        *
06616    !*===========================================================================*
06617    ! Salva para modo protegido.
06618    ! Isto é muito mais simples do que para o modo 8086, pois a pilha já aponta
06619    ! para a tabela de processos ou já foi trocada para a pilha do núcleo.
06620
06621                .align 16
06622    save:
06623                cld                     ! configura flag de direção com um valor conhecido
06624                pushad                  ! salva registradores "gerais"
06625        o16 push     ds                 ! salva ds
06626        o16 push     es                 ! salva es
06627        o16 push     fs                 ! salva fs
06628        o16 push     gs                 ! salva gs
06629                mov    dx, ss           ! ss é o segmento de dados do núcleo
06630                mov    ds, dx           ! carrega o restante dos segmentos do núcleo
06631                mov    es, dx           ! o núcleo não usa fs, gs
06632                mov    eax, esp         ! prepara para retornar
06633                incb   (_k_reenter)     ! a partir de -1 se não estiver reentrando
06634                jnz    set_restart1     ! a pilha já é a pilha do núcleo
06635                mov    esp, k_stktop
06636                push   _restart         ! constrói end. de retorno p/ rotina de tratamento de int
06637                xor    ebp, ebp         ! para rastreamento de pilha
06638                jmp    RETADR-P_STACKBASE(eax)
06639
06640                .align 4
06641    set_restart1:
06642                push   restart1
06643                jmp    RETADR-P_STACKBASE(eax)
06644
06645    !*===========================================================================*
06646    !*                               _s_call                                     *
06647    !*===========================================================================*
06648                .align 16
06649    _s_call:
```

```
06650   _p_s_call:
06651           cld                             ! configura flag de direção com um valor conhecido
06652           sub     esp, 6*4                ! pula RETADR, eax, ecx, edx, ebx, est
06653           push    ebp                     ! a pilha já aponta para a tabela de proc
06654           push    esi
06655           push    edi
06656   o16     push    ds
06657   o16     push    es
06658   o16     push    fs
06659   o16     push    gs
06660           mov     dx, ss
06661           mov     ds, dx
06662           mov     es, dx
06663           incb    (_k_reenter)
06664           mov     esi, esp                ! presume P_STACKBASE == 0
06665           mov     esp, k_stktop
06666           xor     ebp, ebp                ! para rastreamento de pilha
06667                                           ! fim do salvamento em linha
06668                                           ! agora, configura parâmetros para sys_call()
06669           push    ebx                     ! ponteiro para mensagem do usuário
06670           push    eax                     ! orig/dest
06671           push    ecx                     ! SEND/RECEIVE/BOTH
06672           call    _sys_call               ! sys_call(function, src_dest, m_ptr)
06673                                           ! processo que fez a chamada está em proc_ptr
06674           mov     AXREG(esi), eax         ! sys_call DEVE PRESERVAR si
06675
06676   ! Entra no código para reiniciar proc/tarefa em execução.
06677
06678   !*========================================================================*
06679   !*                              restart                                   *
06680   !*========================================================================*
06681   _restart:
06682
06683   ! Reinicia o process corrente ou o próximo processo, se estiver configurado.
06684
06685           cmp     (_next_ptr), 0          ! testa se outro processo está pronto p/ executar
06686           jz      0f
06687           mov     eax, (_next_ptr)
06688           mov     (_proc_ptr), eax        ! escalona execução do novo processo
06689           mov     (_next_ptr), 0
06690   0:      mov     esp, (_proc_ptr)        ! presumirá  P_STACKBASE == 0
06691           lldt    P_LDT_SEL(esp)          ! ativa descritores de segmento do processo
06692           lea     eax, P_STACKTOP(esp)    ! prepara a próxima interrupção
06693           mov     (_tss+TSS3_S_SP0), eax  ! para salvar o estado na tabela de processos
06694   restart1:
06695           decb    (_k_reenter)
06696   o16     pop     gs
06697   o16     pop     fs
06698   o16     pop     es
06699   o16     pop     ds
06700           popad
06701           add     esp, 4                  ! pula end de retorno
06702           iretd                           ! continua o processo
06703
06704   !*========================================================================*
06705   !*                      rotinas de tratamento de exceção                  *
06706   !*========================================================================*
06707   _divide_error:
06708           push    DIVIDE_VECTOR
06709           jmp     exception
```

```
06710
06711   _single_step_exception:
06712           push    DEBUG_VECTOR
06713           jmp     exception
06714
06715   _nmi:
06716           push    NMI_VECTOR
06717           jmp     exception
06718
06719   _breakpoint_exception:
06720           push    BREAKPOINT_VECTOR
06721           jmp     exception
06722
06723   _overflow:
06724           push    OVERFLOW_VECTOR
06725           jmp     exception
06726
06727   _bounds_check:
06728           push    BOUNDS_VECTOR
06729           jmp     exception
06730
06731   _inval_opcode:
06732           push    INVAL_OP_VECTOR
06733           jmp     exception
06734
06735   _copr_not_available:
06736           push    COPROC_NOT_VECTOR
06737           jmp     exception
06738
06739   _double_fault:
06740           push    DOUBLE_FAULT_VECTOR
06741           jmp     errexception
06742
06743   _copr_seg_overrun:
06744           push    COPROC_SEG_VECTOR
06745           jmp     exception
06746
06747   _inval_tss:
06748           push    INVAL_TSS_VECTOR
06749           jmp     errexception
06750
06751   _segment_not_present:
06752           push    SEG_NOT_VECTOR
06753           jmp     errexception
06754
06755   _stack_exception:
06756           push    STACK_FAULT_VECTOR
06757           jmp     errexception
06758
06759   _general_protection:
06760           push    PROTECTION_VECTOR
06761           jmp     errexception
06762
06763   _page_fault:
06764           push    PAGE_FAULT_VECTOR
06765           jmp     errexception
06766
06767   _copr_error:
06768           push    COPROC_ERR_VECTOR
06769           jmp     exception
```

```
06770
06771   !*===========================================================================*
06772   !*                              exception                                    *
06773   !*===========================================================================*
06774   ! Isto é chamado para todas as exceções que não extraem um código de erro.
06775
06776           .align  16
06777   exception:
06778    sseg   mov     (trap_errno), 0         ! limpa trap_errno
06779    sseg   pop     (ex_number)
06780           jmp     exception1
06781
06782   !*===========================================================================*
06783   !*                              errexception                                 *
06784   !*===========================================================================*
06785   ! Isto é chamado para todas as exceções que extraem um código de erro.
06786
06787           .align  16
06788   errexception:
06789    sseg   pop     (ex_number)
06790    sseg   pop     (trap_errno)
06791   exception1:                              ! Comum para todas as exceções.
06792           push    eax                     ! eax é registrador de rascunho
06793           mov     eax, 0+4(esp)           ! eip antigo
06794    sseg   mov     (old_eip), eax
06795           movzx   eax, 4+4(esp)           ! cs antigo
06796    sseg   mov     (old_cs), eax
06797           mov     eax, 8+4(esp)           ! eflags antigo
06798    sseg   mov     (old_eflags), eax
06799           pop     eax
06800           call    save
06801           push    (old_eflags)
06802           push    (old_cs)
06803           push    (old_eip)
06804           push    (trap_errno)
06805           push    (ex_number)
06806           call    _exception              ! (ex_number, trap_errno, old_eip,
06807                                           !     old_cs, old_eflags)
06808           add     esp, 5*4
06809           ret
06810
06811   !*===========================================================================*
06812   !*                              level0_call                                  *
06813   !*===========================================================================*
06814   _level0_call:
06815           call    save
06816           jmp     (_level0_func)
06817
06818   !*===========================================================================*
06819   !*                              data                                         *
06820   !*===========================================================================*
06821
06822   .sect .rom      ! Antes da tabela de string, por favor!
06823           .data2  0x526F          ! esta deve ser a primeira entrada de dados (no. mágico)
06824
06825   .sect .bss
06826   k_stack:
06827           .space  K_STACK_BYTES   ! pilha do núcleo
06828   k_stktop:                       ! início da pilha do núcleo
06829           .comm   ex_number, 4
```

```
06830                   .comm   trap_errno, 4
06831                   .comm   old_eip, 4
06832                   .comm   old_cs, 4
06833                   .comm   old_eflags, 4


        +++++++++++++++++++++++++++++++++++++++++++++++++++++++++++++++++++++++++
                                        kernel/start.c
        +++++++++++++++++++++++++++++++++++++++++++++++++++++++++++++++++++++++++

06900   /* Este arquivo contém o código de inicialização em C do Minix em processadores Intel.
06901    * Ele coopera com mpx.s para configurar um bom ambiente para main().
06902    *
06903    * Este código é executado no modo real para um núcleo de 16 bits e deve trocar
06904    * para modo protegido em um 286.
06905    * Para um núcleo de 32 bits este já executa no modo protegido, mas os seletores
06906    * ainda são aqueles dados pela BIOS com interrupções desativadas; portanto, os
06907    * descritores precisam ser recarregados e os descritores de interrupção criados.
06908    */
06909
06910   #include "kernel.h"
06911   #include "protect.h"
06912   #include "proc.h"
06913   #include <stdlib.h>
06914   #include <string.h>
06915
06916   FORWARD _PROTOTYPE( char *get_value, (_CONST char *params, _CONST char *key));
06917   /*===========================================================================*
06918    *                                  cstart                                   *
06919    *===========================================================================*/
06920   PUBLIC void cstart(cs, ds, mds, parmoff, parmsize)
06921   U16_t cs, ds;                   /* código e segmento de dados do núcleo */
06922   U16_t mds;                      /* segmento de dados do monitor */
06923   U16_t parmoff, parmsize;        /* desloc. e comprimento dos parâm. de inicialização */
06924   {
06925   /* Realiza inicializações do sistema antes de chamar main(). A maioria das configurações
06926    * é determinada com a ajuda das strings de ambiente passadas pelo carregador do MINIX.
06927    */
06928     char params[128*sizeof(char *)];              /* parâmetros do monitor de inicialização
                                                                                               */
06929     register char *value;                         /* valor no par chave=valor */
06930     extern int etext, end;
06931
06932     /* Decide se o modo é protegido; 386 ou acima implica no modo protegido.
06933      * Isto deve ser feito primeiro, pois é necessário, por exemplo, para seg2phys().
06934      * Para máquinas 286, não podemos optar ainda pelo modo protegido. Isso é
06935      * feito a seguir.
06936      */
06937   #if _WORD_SIZE != 2
06938     machine.protected = 1;
06939   #endif
06940
06941     /* Registra onde estão o núcleo e o monitor. */
06942     kinfo.code_base = seg2phys(cs);
06943     kinfo.code_size = (phys_bytes) &etext;         /* tamanho do segmento de código */
06944     kinfo.data_base = seg2phys(ds);
06945     kinfo.data_size = (phys_bytes) &end;           /* tamanho do segmento de dados */
06946
06947     /* Inicializa descritores de modo protegido. */
06948     prot_init();
06949
```

```
06950        /* Copia os parâmetros de inicialização no buffer local. */
06951        kinfo.params_base = seg2phys(mds) + parmoff;
06952        kinfo.params_size = MIN(parmsize,sizeof(params)-2);
06953        phys_copy(kinfo.params_base, vir2phys(params), kinfo.params_size);
06954
06955        /* Registra informações diversas para servidores em espaço de usuário. */
06956        kinfo.nr_procs = NR_PROCS;
06957        kinfo.nr_tasks = NR_TASKS;
06958        strncpy(kinfo.release, OS_RELEASE, sizeof(kinfo.release));
06959        kinfo.release[sizeof(kinfo.release)-1] = '\0';
06960        strncpy(kinfo.version, OS_VERSION, sizeof(kinfo.version));
06961        kinfo.version[sizeof(kinfo.version)-1] = '\0';
06962        kinfo.proc_addr = (vir_bytes) proc;
06963        kinfo.kmem_base = vir2phys(0);
06964        kinfo.kmem_size = (phys_bytes) &end;
06965
06966        /* Processador? 86, 186, 286, 386, ...
06967         * Decide se o modo é protegido para máquinas antigas.
06968         */
06969        machine.processor=atoi(get_value(params, "processor"));
06970    #if _WORD_SIZE == 2
06971        machine.protected = machine.processor >= 286;
06972    #endif
06973        if (! machine.protected) mon_return = 0;
06974
06975        /* XT, AT or MCA bus? */
06976        value = get_value(params, "bus");
06977        if (value == NIL_PTR || strcmp(value, "at") == 0) {
06978            machine.pc_at = TRUE;                    /* hardware compatível com PC-AT */
06979        } else if (strcmp(value, "mca") == 0) {
06980            machine.pc_at = machine.ps_mca = TRUE;   /* PS/2 com micro canal */
06981        }
06982
06983        /* Tipo de VDU: */
06984        value = get_value(params, "video");          /* unidade de vídeo EGA ou VGA */
06985        if (strcmp(value, "ega") == 0) machine.vdu_ega = TRUE;
06986        if (strcmp(value, "vga") == 0) machine.vdu_vga = machine.vdu_ega = TRUE;
06987
06988        /* Retorna para o código assembly para trocar para o modo protegido (se for 286),
06989         * recarrega seletores e chama main().
06990         */
06991    }

06993    /*===========================================================================*
06994     *                              get_value                                    *
06995     *===========================================================================*/
06996
06997    PRIVATE char *get_value(params, name)
06998    _CONST char *params;                    /* parâmetros do monitor de inicialização */
06999    _CONST char *name;                      /* chave a pesquisar */
07000    {
07001    /* Obtém valor de ambiente - versão do núcleo a partir de getenv para evitar a configuração
07002     * do array de ambiente normal.
07003     */
07004        register _CONST char *namep;
07005        register char *envp;
07006
07007        for (envp = (char *) params; *envp != 0;) {
07008            for (namep = name; *namep != 0 && *namep == *envp; namep++, envp++)
07009                ;
```

```
07010                if (*namep == '\0' && *envp == '=') return(envp + 1);
07011                while (*envp++ != 0)
07012                        ;
07013        }
07014        return(NIL_PTR);
07015 }
```

++
                                kernel/main.c
++

```
07100  /* Este arquivo contém o programa principal do MINIX, assim como seu código de
07101   * desativação/parada. A rotina main() inicializa o sistema e inicia as atividades
07102   * configurando a tabela de processos, os vetores de interrupção e o escalonamento de
07103   * cada tarefa a ser executada para se inicializar. A rotina shutdown() faz o oposto
07104   * e desliga o MINIX.
07105   *
07106   * As entradas neste arquivo são:
07107   *   main:                  programa principal do MINIX
07108   *   prepare_shutdown:      prepara para desativar(parar) o MINIX
07109   *
07110   * Alterações:
07111   *    24 de novembro de 2004 main()simplificado com imagem de sistema (Jorrit N. Herder)
07112   *    20 de agosto de 2004 novos prepare_shutdown() e shutdown() (Jorrit N. Herder)
07113   */
07114 #include "kernel.h"
07115 #include <signal.h>
07116 #include <string.h>
07117 #include <unistd.h>
07118 #include <a.out.h>
07119 #include <minix/callnr.h>
07120 #include <minix/com.h>
07121 #include "proc.h"
07122
07123 /* Declarações de prototype para funções PRIVATE. */
07124 FORWARD _PROTOTYPE( void announce, (void));
07125 FORWARD _PROTOTYPE( void shutdown, (timer_t *tp));
07126
07127 /*===========================================================================*
07128  *                                main                                       *
07129  *===========================================================================*/
07130 PUBLIC void main()
07131 {
07132 /* Inicia as atividades. */
07133   struct boot_image *ip;          /* ponteiro da imagem de inicialização */
07134   register struct proc *rp;       /* ponteiro de processo */
07135   register struct priv *sp;       /* ponteiro da estrutura de privilégios */
07136   register int i, s;
07137   int hdrindex;                   /* índice para array de cabeçalhos de a.out */
07138   phys_clicks text_base;
07139   vir_clicks text_clicks, data_clicks;
07140   reg_t ktsb;                     /* base da pilha de tarefas do núcleo */
07141   struct exec e_hdr;              /* para uma cópia de um cabeçalho de a.out */
07142
07143   /* Inicializa a controladora de interrupção. */
07144   intr_init(1);
```

```
07145
07146        /* Limpa a tabela de processos. Anuncia cada entrada como vazia e configura mapeamentos
07147         * para macros proc_addr() e proc_nr(). Faz o mesmo para a tabela com
07148         * estruturas de privilégio para os processos de sistema.
07149         */
07150        for (rp = BEG_PROC_ADDR, i = -NR_TASKS; rp < END_PROC_ADDR; ++rp, ++i) {
07151            rp->p_rts_flags = SLOT_FREE;           /* inicializa entrada livre */
07152            rp->p_nr = i;                          /* número de proc a partir do ptr */
07153            (pproc_addr + NR_TASKS)[i] = rp;       /* ptr de proc a partir do número */
07154        }
07155        for (sp = BEG_PRIV_ADDR, i = 0; sp < END_PRIV_ADDR; ++sp, ++i) {
07156            sp->s_proc_nr = NONE;                  /* inicializa como livre */
07157            sp->s_id = i;                          /* índice de estrutura priv */
07158            ppriv_addr[i] = sp;                    /* ptr priv a partir do número */
07159        }
07160
07161        /* Configura entrada da tabela de proc para tarefas e servidores. As pilhas das
07162         * tarefas do núcleo são inicializadas com um array no espaço de dados. As pilhas
07163         * dos servidores foram adicionadas no segmento de dados pelo monitor; portanto,
07164         * o ponteiro de pilha é configurado no final do segmento de dados. Todos os
07165         * processos ficam na memória inferior no 8086. No 386, apenas o núcleo
07166         * fica na memória inferior, o restante é carregado na memória estendida.
07167         */
07168
07169        /* Pilhas de tarefa. */
07170        ktsb = (reg_t) t_stack;
07171
07172        for (i=0; i < NR_BOOT_PROCS; ++i) {
07173            ip = &image[i];                        /* atributos do processo */
07174            rp = proc_addr(ip->proc_nr);           /* obtém ponteiro do processo */
07175            rp->p_max_priority = ip->priority;     /* prioridade de execução max */
07176            rp->p_priority = ip->priority;         /* prioridade corrente */
07177            rp->p_quantum_size = ip->quantum;      /* tamanho do quantum em tiques */
07178            rp->p_ticks_left = ip->quantum;        /* crédito corrente */
07179            strncpy(rp->p_name, ip->proc_name, P_NAME_LEN);/* configura nome do processo */
07180            (void) get_priv(rp, (ip->flags & SYS_PROC));  /* atribui estrutura */
07181            priv(rp)->s_flags = ip->flags;         /* flags de processo */
07182            priv(rp)->s_trap_mask = ip->trap_mask; /* interrupções permitidas */
07183            priv(rp)->s_call_mask = ip->call_mask; /* máscara de chamada do núcleo */
07184            priv(rp)->s_ipc_to.chunk[0] = ip->ipc_to;  /* restringe alvos */
07185            if (iskernel(proc_nr(rp))) {           /* parte do núcleo? */
07186                if (ip->stksize > 0) {             /* o tamanho da pilha de HARDWARE é 0 */
07187                    rp->p_priv->s_stack_guard = (reg_t *) ktsb;
07188                    *rp->p_priv->s_stack_guard = STACK_GUARD;
07189                }
07190                ktsb += ip->stksize;     /* aponta para extremidade superior da pilha */
07191                rp->p_reg.sp = ktsb;     /* ptr de pilha inicial desta tarefa */
07192                text_base = kinfo.code_base >> CLICK_SHIFT;
07193                                         /* processos que estão no núcleo */
07194                hdrindex = 0;            /* todos usam o primeiro cabeçalho de a.out */
07195            } else {
07196                hdrindex = 1 + i-NR_TASKS;     /* servidores, drivers, INIT */
07197            }
07198
07199            /* O carregador de inicialização criou um array dos cabeçalhos de a.out no
07200             * endereço absoluto 'aout'. Obtém um elemento para e_hdr.
07201             */
07202            phys_copy(aout + hdrindex * A_MINHDR, vir2phys(&e_hdr),
07203                                                  (phys_bytes) A_MINHDR);
07204            /* Converte endereços em clicks e constrói mapa de memória do processo */
```

```
07205              text_base = e_hdr.a_syms >> CLICK_SHIFT;
07206              text_clicks = (e_hdr.a_text + CLICK_SIZE-1) >> CLICK_SHIFT;
07207              if (!(e_hdr.a_flags & A_SEP)) text_clicks = 0; /* I&D comum */
07208              data_clicks = (e_hdr.a_total + CLICK_SIZE-1) >> CLICK_SHIFT;
07209              rp->p_memmap[T].mem_phys  = text_base;
07210              rp->p_memmap[T].mem_len   = text_clicks;
07211              rp->p_memmap[D].mem_phys  = text_base + text_clicks;
07212              rp->p_memmap[D].mem_len   = data_clicks;
07213              rp->p_memmap[S].mem_phys  = text_base + text_clicks + data_clicks;
07214              rp->p_memmap[S].mem_vir   = data_clicks; /* vazio – a pilha está nos dados */
07215
07216              /* Configura valores de registrador iniciais. A palavra de status do processador
07217               * para tarefas é diferente da de outros processos, pois as tarefas podem
07218               * acessar E/S; isso não é permitido para processos menos privilegiados
07219               */
07220              rp->p_reg.pc = (reg_t) ip->initial_pc;
07221              rp->p_reg.psw = (iskernelp(rp)) ? INIT_TASK_PSW : INIT_PSW;
07222
07223              /* Inicializa o ponteiro de pilha do servidor. Leva uma palavra para baixo
07224               * para dar a crtso.s algo para usar como "argc".
07225               */
07226              if (isusern(proc_nr(rp))) {            /* processo em espaço de usuário? */
07227                      rp->p_reg.sp = (rp->p_memmap[S].mem_vir +
07228                                      rp->p_memmap[S].mem_len) << CLICK_SHIFT;
07229                      rp->p_reg.sp -= sizeof(reg_t);
07230              }
07231
07232              /* Configura como pronto. A tarefa HARDWARE nunca está pronta. */
07233              if (rp->p_nr != HARDWARE) {
07234                      rp->p_rts_flags = 0;            /* executável se não houver flags */
07235                      lock_enqueue(rp);               /* adiciona nas filas do escalonador */
07236              } else {
07237                      rp->p_rts_flags = NO_MAP;       /* impede a execução */
07238              }
07239
07240              /* Os segmentos de código e de dados devem ser alocados no modo protegido. */
07241              alloc_segments(rp);
07242      }
07243
07244      /* Definitivamente não estamos desligando. */
07245      shutdown_started = 0;
07246
07247      /* O MINIX está pronto. Todos processos da imagem de inicialização estão na fila de
07248       * prontos. Retorna para o código assembly para começar a executar o processo corrente.
07249       */
07250      bill_ptr = proc_addr(IDLE);          /* ele precisa apontar para algum lugar */
07251      announce();                          /* imprime identificação do MINIX */
07252      restart();
07253 }

07255 /*===========================================================================*
07256  *                              announce                                     *
07257  *===========================================================================*/
07258 PRIVATE void announce(void)
07259 {
07260   /* Exibe a identificação de inicialização do MINIX. */
07261   kprintf("MINIX %s.%s."
07262       "Copyright 2006, Vrije Universiteit, Amsterdam, The Netherlands\n",
07263       OS_RELEASE, OS_VERSION);
07264
```

```
07265        /* Modo real ou modo protegido de 16/32 bits? */
07266        kprintf("Executing in %s mode.\n\n",
07267            machine.protected ? "32-bit protected" : "real");
07268    }

07270  /*===========================================================================*
07271   *                              prepare_shutdown                             *
07272   *===========================================================================*/
07273  PUBLIC void prepare_shutdown(how)
07274  int how;
07275  {
07276  /* Esta função prepara para desligar o MINIX. */
07277      static timer_t shutdown_timer;
07278      register struct proc *rp;
07279      message m;
07280
07281      /* Exibe dumps de depuração em caso de pânico. Certifica-se de que a tarefa TTY ainda
07282       * está disponível para manipulá-los. Isso é feito com a ajuda de um envio sem bloqueio.
07283       * Contamos com TTY para chamar sys_abort() quando tiver terminado os dumps.
07284       */
07285      if (how == RBT_PANIC) {
07286          m.m_type = PANIC_DUMPS;
07287          if (nb_send(TTY_PROC_NR,&m)==OK)  /* não bloqueia se TTY não estiver pronto */
07288              return;                        /* aguarda sys_abort() de TTY */
07289      }
07290
07291      /* Envia um sinal para todos os processos de sistema que ainda estão ativos para
07292       * informá-los que o núcleo do MINIX está sendo desligado. Uma seqüência de
07293       * desligamento correta deve ser implementada por um servidor em espaço de usuário.
07294       * Esse mecanismo é útil como backup no caso de pânico no sistema, para que os processos
07295       * de sistema ainda possam executar seu código de desligamento, por exemplo, para
07296       * sincronizar o FS ou permitir que o TTY troque para o primeiro console.
07297       */
07298      kprintf("Sending SIGKSTOP to system processes ...\n");
07299      for (rp=BEG_PROC_ADDR; rp<END_PROC_ADDR; rp++) {
07300          if (!isemptyp(rp) && (priv(rp)->s_flags & SYS_PROC) && !iskernelp(rp))
07301              send_sig(proc_nr(rp), SIGKSTOP);
07302      }
07303
07304      /* Estamos desligando. Os diagnósticos podem ter comportamento diferente agora. */
07305      shutdown_started = 1;
07306
07307      /* Notifica os processos de sistema sobre o desligamento a ocorrer e permite que eles
07308       * sejam escalonados, configurando um temporizador cão de guarda que chama shutdown().
07309       * O argumento do temporizador passa o status do desligamento.
07310       */
07311      kprintf("MINIX will now be shut down ...\n");
07312      tmr_arg(&shutdown_timer)->ta_int = how;
07313
07314      /* Continua após 1 segundo, para dar aos processos uma chance de serem
07315       * escalonados para fazer o desligamento funcionar.
07316       */
07317      set_timer(&shutdown_timer, get_uptime() + HZ, shutdown);
07318  }

07320  /*===========================================================================*
07321   *                                  shutdown                                 *
07322   *===========================================================================*/
07323  PRIVATE void shutdown(tp)
07324  timer_t *tp;
```

```
07325    {
07326    /* Esta função é chamada a partir de prepare_shutdown ou de stop_sequence para desligar
07327     * o MINIX. O modo de desligamento está no argumento: RBT_HALT (retorna para o
07328     * monitor), RBT_MONITOR (executa código dado), RBT_RESET (reconfiguração incondicional).
07329     */
07330        int how = tmr_arg(tp)->ta_int;
07331        u16_t magic;
07332
07333    /* Agora, mascara todas as interrupções, incluindo o relógio, e pára o relógio. */
07334        outb(INT_CTLMASK, ~0);
07335        clock_stop();
07336
07337        if (mon_return && how != RBT_RESET) {
07338            /* Reinicializa as controladoras de interrupção com os padrões da BIOS. */
07339            intr_init(0);
07340            outb(INT_CTLMASK, 0);
07341            outb(INT2_CTLMASK, 0);
07342
07343        /* Retorna p/ o monitor de inicialização. Configura programa, se ainda não foi feito. */
07344            if (how != RBT_MONITOR) phys_copy(vir2phys(""), kinfo.params_base, 1);
07345            level0(monitor);
07346        }
07347
07348    /* Reconfigura o sistema pulando para o endereços de reconfiguração (modo real) ou
07349     * forçando um desligamento do processador (modo protegido). Primeiro, interrompe o teste
07350     * de memória da BIOS, ativando um flag de reconfiguração condicional.
07351     */
07352        magic = STOP_MEM_CHECK;
07353        phys_copy(vir2phys(&magic), SOFT_RESET_FLAG_ADDR, SOFT_RESET_FLAG_SIZE);
07354        level0(reset);
07355    }
```

```
++++++++++++++++++++++++++++++++++++++++++++++++++++++++++++++++++++++++++
                                kernel/proc.c
++++++++++++++++++++++++++++++++++++++++++++++++++++++++++++++++++++++++++
07400    /* Este arquivo contém basicamente todo o tratamento de processo e mensagem.
07401     * Junto com "mpx.s", ele forma a camada de nível mais baixo do núcleo do MINIX.
07402     * Existe apenas um ponto de entrada a partir de fora:
07403     *
07404     *   sys_call:       uma chamada de sistema; isto é, o núcleo é interrompido com uma INT
07405     *
07406     * Assim como vários pontos de entrada usados do nível de interrupção e tarefa:
07407     *
07408     *   lock_notify:    notifica um processo a respeito de um evento do sistema
07409     *   lock_send:      envia uma mensagem para um processo
07410     *   lock_enqueue:   coloca um processo em uma das filas de escalonamento
07411     *   lock_dequeue:   remove um processo das filas de escalonamento
07412     *
07413     * Alterações:
07414     *   19 de agosto de 2005 código do escalonador reescrito (Jorrit N. Herder)
07415     *   25 de julho de 2005 tratamento de chamada de sistema reescrito (Jorrit N. Herder)
07416     *   26 de maio de 2005 funções de passagem de mensagem reescritas (Jorrit N. Herder)
07417     *   May 24, 2005 nova chamada de sistema de notificação (Jorrit N. Herder)
07418     *   28 de outubro de 2004 chamadas de envio e recepção sem bloqueio (Jorrit N. Herder)
07419     *
```

```
07420          * O código aqui é fundamental para fazer tudo funcionar e é importante para o
07421          * desempenho global do sistema. Grande parte do código trata com
07422          * manipulação de lista. Para tornar isso fácil de entender e rápido de executar
07423          * são usados ponteiros de ponteiro por todo o código. Os ponteiros de ponteiro evitam
07424          * exceções do início ou fim de uma lista encadeada.
07425          *
07426          *    node_t *queue, *new_node;          // assume isso como variáveis globais
07427          *    node_t **xpp = &queue;            // obtém ponteiro de ponteiro para início da fila
07428          *    while (*xpp != NULL)              // encontra o último ponteiro da lista encadeada
07429          *        xpp = &(*xpp)->next;          // obtém ponteiro para próximo ponteiro
07430          *    *xpp = new_node;                  // agora, substitui o fim (o ponteiro NULL)
07431          *    new_node->next = NULL;            // e marca o novo fim da lista
07432          *
07433          * Por exemplo, ao adicionar um novo nó no final da lista, normalmente
07434          * se faz uma exceção para uma lista vazia e pesquisa o final da lista em busca de
07435          * listas não vazias. Conforme mostrado acima, isso não é exigido com ponteiros de ponteiro.
07436          */
07437
07438         #include <minix/com.h>
07439         #include <minix/callnr.h>
07440         #include "kernel.h"
07441         #include "proc.h"
07442
07443         /* Funções de escalonamento e passagem de mensagem. As funções estão disponíveis para
07444          * outras partes do núcleo através de lock_...(). A trava desativa temporariamente
07445          * as interrupções para evitar condições de corrida.
07446          */
07447         FORWARD _PROTOTYPE( int mini_send, (struct proc *caller_ptr, int dst,
07448                         message *m_ptr, unsigned flags) );
07449         FORWARD _PROTOTYPE( int mini_receive, (struct proc *caller_ptr, int src,
07450                         message *m_ptr, unsigned flags) );
07451         FORWARD _PROTOTYPE( int mini_notify, (struct proc *caller_ptr, int dst) );
07452
07453         FORWARD _PROTOTYPE( void enqueue, (struct proc *rp) );
07454         FORWARD _PROTOTYPE( void dequeue, (struct proc *rp) );
07455         FORWARD _PROTOTYPE( void sched, (struct proc *rp, int *queue, int *front) );
07456         FORWARD _PROTOTYPE( void pick_proc, (void) );
07457
07458         #define BuildMess(m_ptr, src, dst_ptr) \
07459                 (m_ptr)->m_source = (src);                               \
07460                 (m_ptr)->m_type = NOTIFY_FROM(src);                      \
07461                 (m_ptr)->NOTIFY_TIMESTAMP = get_uptime();                \
07462                 switch (src) {                                           \
07463                 case HARDWARE:                                           \
07464                     (m_ptr)->NOTIFY_ARG = priv(dst_ptr)->s_int_pending;  \
07465                     priv(dst_ptr)->s_int_pending = 0;                    \
07466                     break;                                               \
07467                 case SYSTEM:                                             \
07468                     (m_ptr)->NOTIFY_ARG = priv(dst_ptr)->s_sig_pending;  \
07469                     priv(dst_ptr)->s_sig_pending = 0;                    \
07470                     break;                                               \
07471                 }
07472
07473         #define CopyMess(s,sp,sm,dp,dm) \
07474                 cp_mess(s, (sp)->p_memmap[D].mem_phys, \
07475                     (vir_bytes)sm, (dp)->p_memmap[D].mem_phys, (vir_bytes)dm)
07476
```

```
07477   /*===========================================================================*
07478    *                              sys_call                                    *
07479    *===========================================================================*/
07480   PUBLIC int sys_call(call_nr, src_dst, m_ptr)
07481   int call_nr;                    /* número e flags da chamada de sistema */
07482   int src_dst;                    /* src para recebimento ou dst para envio */
07483   message *m_ptr;                 /* ponteiro para msg no processador chamador */
07484   {
07485   /* As chamadas de sistema são feitas interrompendo-se o núcleo com uma instrução INT.
07486    * A interrupção é capturada e sys_call() é chamada para enviar ou receber uma mensagem
07487    * (ou ambos). O processo que fez a chamada é sempre dado por 'proc_ptr'.
07488    */
07489     register struct proc *caller_ptr = proc_ptr;  /* obtém ptr do processo que fez a chamada */
07490     int function = call_nr & SYSCALL_FUNC;        /* obtém função de chamada de sistema */
07491     unsigned flags = call_nr & SYSCALL_FLAGS;     /* obtém flags */
07492     int mask_entry;                               /* bit para verificar máscara de envio */
07493     int result;                                   /* o resultado da chamada de sistema */
07494     vir_clicks vlo, vhi;            /* clicks virtuais contendo a mensagem a ser enviada */
07495
07496     /* Verifica se o processo tem privilégios para a chamada solicitada. As chamadas para o
07497      * núcleo só podem ser SENDREC, pois as tarefas sempre respondem e não podem bloquear
07498      * se o processo que fez a chamada não executar receive().
07499      */
07500     if (! (priv(caller_ptr)->s_trap_mask & (1 << function)) ||
07501             (iskerneln(src_dst) && function != SENDREC
07502             && function != RECEIVE)) {
07503         kprintf("sys_call: trap %d not allowed, caller %d, src_dst %d\n",
07504             function, proc_nr(caller_ptr), src_dst);
07505         return(ECALLDENIED);            /* interrupção negada pela máscara ou pelo núcleo */
07506     }
07507
07508     /* Exige um processo de origem e/ou destino válido, a não ser que ecoe. */
07509     if (! (isokprocn(src_dst) || src_dst == ANY || function == ECHO)) {
07510         kprintf("sys_call: invalid src_dst, src_dst %d, caller %d\n",
07511             src_dst, proc_nr(caller_ptr));
07512         return(EBADSRCDST);             /* número de processo inválido */
07513     }
07514
07515     /* Se a chamada envolve um buffer de mensagem, isto é, para SEND, RECEIVE, SENDREC,
07516      * ou ECHO, verifica o ponteiro de mensagem. Essa verificação permite que uma mensagem
07517      * esteja em qualquer lugar nos dados, na pilha ou na lacuna. Ela terá que se tornar mais
07518      * elaborada para máquinas que não têm a lacuna mapeada.
07519      */
07520     if (function & CHECK_PTR) {
07521         vlo = (vir_bytes) m_ptr >> CLICK_SHIFT;
07522         vhi = ((vir_bytes) m_ptr + MESS_SIZE - 1) >> CLICK_SHIFT;
07523         if (vlo < caller_ptr->p_memmap[D].mem_vir || vlo > vhi ||
07524                 vhi >= caller_ptr->p_memmap[S].mem_vir +
07525                 caller_ptr->p_memmap[S].mem_len) {
07526             kprintf("sys_call: invalid message pointer, trap %d, caller %d\n",
07527                 function, proc_nr(caller_ptr));
07528             return(EFAULT);             /* ponteiro de mensagem inválido */
07529         }
07530     }
07531
07532     /* Se a chamada é para enviar para um processo, isto é, para SEND, SENDREC ou NOTIFY,
07533      * verifica se o processo que fez a chamada pode enviar para o destino dados e
07534      * se o destino ainda está ativo.
07535      */
07536     if (function & CHECK_DST) {
```

```
07537          if (! get_sys_bit(priv(caller_ptr)->s_ipc_to, nr_to_id(src_dst))) {
07538              kprintf("sys_call: ipc mask denied %d sending to %d\n",
07539                  proc_nr(caller_ptr), src_dst);
07540              return(ECALLDENIED);            /* chamada negada pela máscara de ipc */
07541          }
07542
07543          if (isemptyn(src_dst) && !shutdown_started) {
07544              kprintf("sys_call: dead dest; %d, %d, %d\n",
07545                  function, proc_nr(caller_ptr), src_dst);
07546              return(EDEADDST);               /* não pode enviar para o morto */
07547          }
07548      }
07549
07550      /* Agora, verifica se a chamada é conhecida e tenta executar a requisição. As únicas
07551       * chamadas de sistema que existem no MINIX são mensagens de envio e recepção.
07552       * - SENDREC: combina SEND e RECEIVE em uma única chamada de sistema
07553       * - SEND: o remetente é bloqueado até que sua mensagem tenha sido enviada
07554       * - RECEIVE: o receptor é bloqueado até que uma mensagem aceitável tenha chegado
07555       * - NOTIFY: chamada sem bloqueio; envia notificação ou marca como pendente
07556       * - ECHO: chamada sem bloqueio; ecoa a mensagem diretamente
07557       */
07558      switch(function) {
07559      case SENDREC:
07560          /* Um flag é ativado para que as notificações não possam interromper SENDREC. */
07561          priv(caller_ptr)->s_flags |= SENDREC_BUSY;
07562          /* falha */
07563      case SEND:
07564          result = mini_send(caller_ptr, src_dst, m_ptr, flags);
07565          if (function == SEND || result != OK) {
07566              break;                          /* pronto ou SEND falhou */
07567          }                                   /* falha para SENDREC */
07568      case RECEIVE:
07569          if (function == RECEIVE)
07570              priv(caller_ptr)->s_flags &= ~SENDREC_BUSY;
07571          result = mini_receive(caller_ptr, src_dst, m_ptr, flags);
07572          break;
07573      case NOTIFY:
07574          result = mini_notify(caller_ptr, src_dst);
07575          break;
07576      case ECHO:
07577          CopyMess(caller_ptr->p_nr, caller_ptr, m_ptr, caller_ptr, m_ptr);
07578          result = OK;
07579          break;
07580      default:
07581          result = EBADCALL;                  /* chamada de sistema ilegal */
07582      }
07583
07584      /* Agora, retorna o resultado da chamada de sistema para o processo que fez a chamada. */
07585      return(result);
07586  }

07588  /*===========================================================================*
07589   *                              mini_send                                    *
07590   *===========================================================================*/
07591  PRIVATE int mini_send(caller_ptr, dst, m_ptr, flags)
07592  register struct proc *caller_ptr;       /* quem está tentando enviar uma mensagem? */
07593  int dst;                                /* para quem a mensagem está sendo enviada? */
07594  message *m_ptr;                         /* ponteiro para buffer de mensagem */
07595  unsigned flags;                         /* flags da chamada de sistema */
07596  {
```

```
07597   /* Envia uma mensagem de 'caller_ptr' para 'dst'. Se 'dst' estiver bloqueado esperando
07598    * por essa mensagem, copia a mensagem nele e desbloqueia 'dst'. Se 'dst' não
07599    * estiver esperando nada ou se estiver esperando por outra origem, enfileira 'caller_ptr'.
07600    */
07601   register struct proc *dst_ptr = proc_addr(dst);
07602   register struct proc **xpp;
07603   register struct proc *xp;
07604
07605   /* Verifica impasse por causa de 'caller_ptr' e 'dst' enviando um para o outro. */
07606   xp = dst_ptr;
07607   while (xp->p_rts_flags & SENDING) {           /* verifica enquanto envia */
07608       xp = proc_addr(xp->p_sendto);             /* obtém destino de xp */
07609       if (xp == caller_ptr) return(ELOCKED);    /* impasse se for cíclico */
07610   }
07611
07612   /* Verifica se 'dst' está bloqueado esperando por essa mensagem. O flag SENDING do
07613    * destino pode ser ativado quando sua chamada de SENDREC bloqueou durante o envio.
07614    */
07615   if ( (dst_ptr->p_rts_flags & (RECEIVING | SENDING)) == RECEIVING &&
07616       (dst_ptr->p_getfrom == ANY || dst_ptr->p_getfrom == caller_ptr->p_nr)) {
07617       /* O destino está mesmo esperando por essa mensagem. */
07618       CopyMess(caller_ptr->p_nr, caller_ptr, m_ptr, dst_ptr,
07619               dst_ptr->p_messbuf);
07620       if ((dst_ptr->p_rts_flags &= ~RECEIVING) == 0) enqueue(dst_ptr);
07621   } else if ( ! (flags & NON_BLOCKING)) {
07622       /* O destino não está esperando. Bloqueia e retira o processo que fez a chamada da fila. */
07623       caller_ptr->p_messbuf = m_ptr;
07624       if (caller_ptr->p_rts_flags == 0) dequeue(caller_ptr);
07625       caller_ptr->p_rts_flags |= SENDING;
07626       caller_ptr->p_sendto = dst;
07627
07628       /* Agora o processo está bloqueado. Coloca na fila do destino. */
07629       xpp = &dst_ptr->p_caller_q;                /* find end of list */
07630       while (*xpp != NIL_PROC) xpp = &(*xpp)->p_q_link;
07631       *xpp = caller_ptr;                         /* add caller to end */
07632       caller_ptr->p_q_link = NIL_PROC;           /* marca o novo fim da lista */
07633   } else {
07634       return(ENOTREADY);
07635   }
07636   return(OK);
07637 }

07639 /*===========================================================================*
07640  *                              mini_receive                                 *
07641  *===========================================================================*/
07642 PRIVATE int mini_receive(caller_ptr, src, m_ptr, flags)
07643 register struct proc *caller_ptr;       /* processo tentando obter mensagem */
07644 int src;                                /* que origem de mensagem é desejada */
07645 message *m_ptr;                         /* ponteiro para buffer de mensagem */
07646 unsigned flags;                         /* flags da chamada de sistema */
07647 {
07648 /* Um processo ou uma tarefa quer obter uma msg. Se uma mensagem já estiver enfileirada,
07649  * adquire e desbloqueia o remetente. Se nenhuma msg da origem desejada estiver disponível,
07650  * bloqueia o processo que fez a chamada, a não ser que os flags não permitam bloqueio.
07651  */
07652   register struct proc **xpp;
07653   register struct notification **ntf_q_pp;
07654   message m;
07655   int bit_nr;
07656   sys_map_t *map;
```

```
07657       bitchunk_t *chunk;
07658       int i, src_id, src_proc_nr;
07659
07660       /* Verifica se uma mensagem da origem desejada já está disponível. O flag SENDING
07661        * do processo que fez a chamada pode ser ativado se SENDREC não conseguiu enviar.
07662        * Se ele for ativado, o processo deverá ser bloqueado.
07663        */
07664       if (!(caller_ptr->p_rts_flags & SENDING)) {
07665
07666           /* Verifica se existem notificações pendentes, exceto quanto a SENDREC. */
07667           if (! (priv(caller_ptr)->s_flags & SENDREC_BUSY)) {
07668
07669               map = &priv(caller_ptr)->s_notify_pending;
07670               for (chunk=&map->chunk[0]; chunk<&map->chunk[NR_SYS_CHUNKS]; chunk++) {
07671
07672                   /* Localiza uma notificação pendente a partir da origem solicitada. */
07673                   if (! *chunk) continue;                   /* nenhum bit no trecho */
07674                   for (i=0; ! (*chunk & (1<<i)); ++i) {}    /* pesquisa o bit */
07675                   src_id = (chunk - &map->chunk[0]) * BITCHUNK_BITS + i;
07676                   if (src_id >= NR_SYS_PROCS) break;        /* fora do intervalo */
07677                   src_proc_nr = id_to_nr(src_id);           /* obtém proc de origem */
07678                   if (src!=ANY && src!=src_proc_nr) continue; /* origem não ok */
07679                   *chunk &= ~(1 << i);                      /* não está mais pendente */
07680
07681                   /* Encontra uma origem conveniente, envia a mensagem de notificação. */
07682                   BuildMess(&m, src_proc_nr, caller_ptr);   /* monta a mensagem */
07683                   CopyMess(src_proc_nr, proc_addr(HARDWARE), &m, caller_ptr, m_ptr);
07684                   return(OK);                               /* relata êxito */
07685               }
07686           }
07687
07688           /* Testa fila do proc.chamador (uso de ponteiros simplifica o código) */
07689           xpp = &caller_ptr->p_caller_q;
07690           while (*xpp != NIL_PROC) {
07691               if (src == ANY || src == proc_nr(*xpp)) {
07692                   /* Encontra mensagem aceitável. A copia e atualiza o status. */
07693                   CopyMess((*xpp)->p_nr, *xpp, (*xpp)->p_messbuf, caller_ptr, m_ptr);
07694                   if (((*xpp)->p_rts_flags &= ~SENDING) == 0) enqueue(*xpp);
07695                   *xpp = (*xpp)->p_q_link;                  /* remove da fila */
07696                   return(OK);                               /* relata êxito */
07697               }
07698               xpp = &(*xpp)->p_q_link;                      /* passa para a próxima */
07699           }
07700       }
07701
07702       /* Nenhuma msg conveniente está disponível ou o processo que fez a chamada não pode enviar
07703        * em SENDREC. Bloqueia processo que tenta recebe-la, a não ser que flags digam o contrário.
07704        */
07705       if ( ! (flags & NON_BLOCKING)) {
07706           caller_ptr->p_getfrom = src;
07707           caller_ptr->p_messbuf = m_ptr;
07708           if (caller_ptr->p_rts_flags == 0) dequeue(caller_ptr);
07709           caller_ptr->p_rts_flags |= RECEIVING;
07710           return(OK);
07711       } else {
07712           return(ENOTREADY);
07713       }
07714   }
```

```
07716   /*===========================================================================*
07717    *                              mini_notify                                  *
07718    *===========================================================================*/
07719   PRIVATE int mini_notify(caller_ptr, dst)
07720   register struct proc *caller_ptr;       /* remetente da notificação */
07721   int dst;                                /* qual processo deve ser notificado */
07722   {
07723     register struct proc *dst_ptr = proc_addr(dst);
07724     int src_id;                           /* id da origem para envio posterior */
07725     message m;                            /* a mensagem de notificação */
07726
07727     /* Verifica se o destino está bloqueado esperando por essa mensagem. Um processo
07728      * pode estar enviando e recebendo durante uma chamada de sistema SENDREC.
07729      */
07730     if ((dst_ptr->p_rts_flags & (RECEIVING|SENDING)) == RECEIVING &&
07731         ! (priv(dst_ptr)->s_flags & SENDREC_BUSY) &&
07732         (dst_ptr->p_getfrom == ANY || dst_ptr->p_getfrom == caller_ptr->p_nr)) {
07733
07734         /* O destino está mesmo esperando por uma mensagem. Monta uma mensagem de
07735          * notificação e a envia. Copia da pseudo-origem HARDWARE, pois a
07736          * mensagem está no espaço de endereçamento do núcleo.
07737          */
07738         BuildMess(&m, proc_nr(caller_ptr), dst_ptr);
07739         CopyMess(proc_nr(caller_ptr), proc_addr(HARDWARE), &m,
07740             dst_ptr, dst_ptr->p_messbuf);
07741         dst_ptr->p_rts_flags &= ~RECEIVING;       /* desbloqueia o destino */
07742         if (dst_ptr->p_rts_flags == 0) enqueue(dst_ptr);
07743         return(OK);
07744     }
07745
07746     /* O destino não está pronto para receber a notificação. Adiciona-o no
07747      * mapa de bits com notificações pendentes. Observe o procedimento indireto: a id do
07748      * sistema, em vez do número do processo, é usada no mapa de bits pendente.
07749      */
07750     src_id = priv(caller_ptr)->s_id;
07751     set_sys_bit(priv(dst_ptr)->s_notify_pending, src_id);
07752     return(OK);
07753   }

07755   /*===========================================================================*
07756    *                              lock_notify                                  *
07757    *===========================================================================*/
07758   PUBLIC int lock_notify(src, dst)
07759   int src;                                /* o remetente da notificação */
07760   int dst;                                /* quem vai ser notificado */
07761   {
07762   /* Gateway seguro para mini_notify() para tarefas e rotinas de tratamento de interrupção.
07763    * O remetente é dado explicitamente para evitar confusão sobre a origem da chamada. O
07764    * núcleo do MINIX não é reentrante, o que significa que as interrupções são desativadas
07765    * após a primeira entrada do núcleo (interrupção de hardware, armadilha ou exceção).
07766    * O travamento é feito desativando-se a interrupções temporariamente.
07767    */
07768     int result;
07769
07770     /* Ocorreu uma exceção ou uma interrupção, assim já está travado. */
07771     if (k_reenter >= 0) {
07772         result = mini_notify(proc_addr(src), dst);
07773     }
07774
07775     /* Chamada do nível de tarefa, é exigido travamento. */
```

```
07776        else {
07777            lock(0, "notify");
07778            result = mini_notify(proc_addr(src), dst);
07779            unlock(0);
07780        }
07781        return(result);
07782   }

07784   /*===========================================================================*
07785    *                              enqueue                                      *
07786    *===========================================================================*/
07787   PRIVATE void enqueue(rp)
07788   register struct proc *rp;           /* agora este processo é executável */
07789   {
07790   /* Adiciona 'rp' em uma das filas de processos executáveis. Esta função é
07791    * responsável por inserir um processo em uma das filas do escalonador.
07792    * O mecanismo é implementado aqui. A política de escalonamento real é
07793    * definida em sched() e pick_proc().
07794    */
07795      int q;                               /* fila de escalonamento a usar */
07796      int front;                           /* adiciona no início ou no fim */
07797
07798      /* Determina onde vai inserir no processo. */
07799      sched(rp, &q, &front);
07800
07801      /* Agora adiciona o processo na fila. */
07802      if (rdy_head[q] == NIL_PROC) {       /* adiciona na fila vazia */
07803          rdy_head[q] = rdy_tail[q] = rp;  /* cria uma nova fila */
07804          rp->p_nextready = NIL_PROC;      /* marca o novo fim */
07805      }
07806      else if (front) {                    /* adiciona no início da fila */
07807          rp->p_nextready = rdy_head[q];   /* início do encadeamento da fila */
07808          rdy_head[q] = rp;                /* configura novo início da fila */
07809      }
07810      else {                               /* adiciona no fim da fila */
07811          rdy_tail[q]->p_nextready = rp;   /* fim do encadeamento da fila */
07812          rdy_tail[q] = rp;                /* configura novo fim da fila */
07813          rp->p_nextready = NIL_PROC;      /* marca novo fim */
07814      }
07815
07816      /* Agora seleciona o próximo processo a executar. */
07817      pick_proc();
07818   }

07820   /*===========================================================================*
07821    *                              dequeue                                      *
07822    *===========================================================================*/
07823   PRIVATE void dequeue(rp)
07824   register struct proc *rp;           /* este processo não é mais executável */
07825   {
07826   /* Um processo deve ser removido das filas de escalonamento, por exemplo, porque
07827    * ele foi bloqueado. Se o processo correntemente ativo for removido, um novo processo
07828    * será escolhido para executar, chamando pick_proc().
07829    */
07830      register int q = rp->p_priority;     /* fila a usar */
07831      register struct proc **xpp;          /* iteração na fila */
07832      register struct proc *prev_xp;
07833
07834      /* Efeito colateral do núcleo: verifica se a pilha da tarefa ainda está ok? */
07835      if (iskernelp(rp)) {
```

```
07836                if (*priv(rp)->s_stack_guard != STACK_GUARD)
07837                    panic("stack overrun by task", proc_nr(rp));
07838        }
07839
07840        /* Agora certifica-se de que o processo não está em sua fila de processos prontos. Remove
07841         * o processo, se for encontrado. Um processo pode deixar de estar pronto, mesmo que
07842         * não esteja em execução, sendo enviado um sinal que o elimina.
07843         */
07844        prev_xp = NIL_PROC;
07845        for (xpp = &rdy_head[q]; *xpp != NIL_PROC; xpp = &(*xpp)->p_nextready) {
07846
07847            if (*xpp == rp) {                           /* encontra processo a remover */
07848                *xpp = (*xpp)->p_nextready;             /* substitui pelo novo encadeamento */
07849                if (rp == rdy_tail[q])                  /* fim da fila removido */
07850                    rdy_tail[q] = prev_xp;              /* configura novo fim */
07851                if (rp == proc_ptr || rp == next_ptr)   /* processo ativo removido */
07852                    pick_proc();                        /* escolhe novo processo a executar */
07853                break;
07854            }
07855            prev_xp = *xpp;                             /* salva o anterior no encadeamento */
07856        }
07857 }
07858
07859 /*===========================================================================*
07860  *                              sched                                        *
07861  *===========================================================================*/
07862 PRIVATE void sched(rp, queue, front)
07863 register struct proc *rp;                              /* processo a ser escalonado */
07864 int *queue;                                            /* retorna: fila a usar */
07865 int *front;                                            /* retorna: início ou fim */
07866 {
07867 /* Esta função determina a política de escalonamento. Ela é chamada quando
07868  * um processo precisa ser adicionado em uma das filas de escalonamento para decidir onde
07869  * inseri-lo. Como um efeito colateral, a prioridade do processo pode ser atualizada.
07870  */
07871   static struct proc *prev_ptr = NIL_PROC;              /* anterior sem tempo */
07872   int time_left = (rp->p_ticks_left > 0);               /* quantum totalmente consumido */
07873   int penalty = 0;                                      /* mudança na prioridade */
07874
07875   /* Verifica se o processo tem tempo restante. Caso contrário, fornece um novo quantum
07876    * e, possivelmente, aumenta a prioridade. Os processos que usam vários quanta
07877    * em seqüência recebem menor prioridade para capturar laços infinitos em
07878    * processos de alta prioridade (servidores e drivers de sistema).
07879    */
07880   if ( ! time_left) {                                   /* quantum consumido ? */
07881       rp->p_ticks_left = rp->p_quantum_size;            /* recebe novo quantum */
07882       if (prev_ptr == rp) penalty ++;                   /* captura loops infinitos */
07883       else penalty --;                                  /* fornece retrocesso lento */
07884       prev_ptr = rp;                                    /* armazena ptr para o próximo */
07885   }
07886
07887   /* Determina a nova prioridade desse processo. Os limites são determinados
07888    * pela fila de IDLE e pela prioridade máxima desse processo. As tarefas do núcleo
07889    * e o processo ocioso nunca mudam de prioridade.
07890    */
07891   if (penalty != 0 && ! iskernelp(rp)) {
07892       rp->p_priority += penalty;                        /* atualização com penalidade */
07893       if (rp->p_priority < rp->p_max_priority)          /* verifica o limite superior */
07894           rp->p_priority=rp->p_max_priority;
07895       else if (rp->p_priority > IDLE_Q-1)               /* verifica o limite inferior */
```

```
07896              rp->p_priority = IDLE_Q-1;
07897       }
07898
07899       /* Se houver tempo restante, o processo é adicionado no início de sua fila,
07900        * para que possa ser executado imediatamente. A fila a ser usada é simplesmente sempre a
07901        * prioridade corrente do processo.
07902        */
07903       *queue = rp->p_priority;
07904       *front = time_left;
07905   }

07907   /*===========================================================================*
07908    *                              pick_proc                                    *
07909    *===========================================================================*/
07910   PRIVATE void pick_proc()
07911   {
07912   /* Decide quem vai executar agora. Um novo processo é selecionado configurando-se 'next_ptr'.
07913    * Quando um processo que pode ser cobrado é selecionado, registra-o em 'bill_ptr', para que
07914    * a tarefa de relógio possa saber de quem vai cobrar pelo tempo do sistema.
07915    */
07916     register struct proc *rp;                   /* processo a ser executado */
07917     int q;                                      /* iteração nas filas */
07918
07919     /* Verifica a existência de processos prontos em cada uma das filas de escalonamento.
07920      * O número de filas é definido em proc.h e as prioridades são configuradas na tabela
07921      * de imagem. A fila mais baixa contém IDLE, que está sempre pronto.
07922      */
07923     for (q=0; q < NR_SCHED_QUEUES; q++) {
07924         if ( (rp = rdy_head[q]) != NIL_PROC) {
07925             next_ptr = rp;                      /* executa o processo 'rp' em seguida */
07926             if (priv(rp)->s_flags & BILLABLE)
07927                 bill_ptr = rp;                  /* cobrança pelo tempo do sistema */
07928             return;
07929         }
07930     }
07931   }

07933   /*===========================================================================*
07934    *                              lock_send                                    *
07935    *===========================================================================*/
07936   PUBLIC int lock_send(dst, m_ptr)
07937   int dst;                            /* para quem a mensagem está sendo enviada? */
07938   message *m_ptr;                     /* ponteiro para buffer de mensagem */
07939   {
07940   /* Gateway seguro para mini_send() para tarefas. */
07941     int result;
07942     lock(2, "send");
07943     result = mini_send(proc_ptr, dst, m_ptr, NON_BLOCKING);
07944     unlock(2);
07945     return(result);
07946   }

07948   /*===========================================================================*
07949    *                              lock_enqueue                                 *
07950    *===========================================================================*/
07951   PUBLIC void lock_enqueue(rp)
07952   struct proc *rp;                    /* agora este processo é executável */
07953   {
07954   /* Gateway seguro para enqueue() para tarefas. */
07955     lock(3, "enqueue");
```

```
07956       enqueue(rp);
07957       unlock(3);
07958   }

07960   /*===========================================================================*
07961    *                              lock_dequeue                                 *
07962    *===========================================================================*/
07963   PUBLIC void lock_dequeue(rp)
07964   struct proc *rp;                  /* este processo não é mais executável */
07965   {
07966   /* Gateway seguro para dequeue() para tarefas. */
07967       lock(4, "dequeue");
07968       dequeue(rp);
07969       unlock(4);
07970   }
```

```
++++++++++++++++++++++++++++++++++++++++++++++++++++++++++++++++++++++++++++
                            kernel/exception.c
++++++++++++++++++++++++++++++++++++++++++++++++++++++++++++++++++++++++++++
```

```
08000   /* Este arquivo contém uma rotina de tratamento de exceção simples. As exceções nos
08001    * processos de usuário são convertidas em sinais. As exceções em uma tarefa do núcleo causam
08002    * uma situação de pânico.
08003    */
08004
08005   #include "kernel.h"
08006   #include <signal.h>
08007   #include "proc.h"
08008
08009   /*===========================================================================*
08010    *                              exception                                    *
08011    *===========================================================================*/
08012   PUBLIC void exception(vec_nr)
08013   unsigned vec_nr;
08014   {
08015   /* Ocorreu uma exceção ou uma interrupção inesperada. */
08016
08017       struct ex_s {
08018           char *msg;
08019           int signum;
08020           int minprocessor;
08021       };
08022       static struct ex_s ex_data[] = {
08023           { "Divide error", SIGFPE, 86 },
08024           { "Debug exception", SIGTRAP, 86 },
08025           { "Nonmaskable interrupt", SIGBUS, 86 },
08026           { "Breakpoint", SIGEMT, 86 },
08027           { "Overflow", SIGFPE, 86 },
08028           { "Bounds check", SIGFPE, 186 },
08029           { "Invalid opcode", SIGILL, 186 },
08030           { "Coprocessor not available", SIGFPE, 186 },
08031           { "Double fault", SIGBUS, 286 },
08032           { "Copressor segment overrun", SIGSEGV, 286 },
08033           { "Invalid TSS", SIGSEGV, 286 },
08034           { "Segment not present", SIGSEGV, 286 },
```

```
08035              { "Stack exception", SIGSEGV, 286 },   /* STACK_FAULT já usada */
08036              { "General protection", SIGSEGV, 286 },
08037              { "Page fault", SIGSEGV, 386 },         /* não fecha */
08038              { NIL_PTR, SIGILL, 0 },                 /* provavelmente interrupção de software */
08039              { "Coprocessor error", SIGFPE, 386 },
08040       };
08041       register struct ex_s *ep;
08042       struct proc *saved_proc;
08043
08044       /* Salva proc_ptr, pois não pode ser alterado por instruções de depuração. */
08045       saved_proc = proc_ptr;
08046
08047       ep = &ex_data[vec_nr];
08048
08049       if (vec_nr == 2) {          /* NMI espúrio em algumas máquinas */
08050           kprintf("got spurious NMI\n");
08051           return;
08052       }
08053
08054       /* Se ocorrer uma exceção durante a execução de um processo, a variável k_reenter
08055        * será zero. As exceções nas rotinas de tratamento de interrupção ou em interrupções
08056        * do sistema tornarão k_reenter maior do que zero.
08057        */
08058       if (k_reenter == 0 && ! iskernelp(saved_proc)) {
08059           cause_sig(proc_nr(saved_proc), ep->signum);
08060           return;
08061       }
08062
08063       /* Exceção no código do sistema. Isso não deveria acontecer. */
08064       if (ep->msg == NIL_PTR || machine.processor < ep->minprocessor)
08065           kprintf("\nIntel-reserved exception %d\n", vec_nr);
08066       else
08067           kprintf("\n%s\n", ep->msg);
08068       kprintf("k_reenter = %d ", k_reenter);
08069       kprintf("process %d (%s), ", proc_nr(saved_proc), saved_proc->p_name);
08070       kprintf("pc = %u:0x%x", (unsigned) saved_proc->p_reg.cs,
08071       (unsigned) saved_proc->p_reg.pc);
08072
08073       panic("exception in a kernel task", NO_NUM);
08074   }
```

```
++++++++++++++++++++++++++++++++++++++++++++++++++++++++++++++++++++++++++
                              kernel/i8259.c
++++++++++++++++++++++++++++++++++++++++++++++++++++++++++++++++++++++++++
08100   /* Este arquivo contém rotinas para inicializar a controladora de interrupção 8259:
08101    * put_irq_handler: registra uma rotina de tratamento de interrupção
08102    * rm_irq_handler: retira o registro de uma rotina de tratamento de interrupção
08103    * intr_handle: trata de uma interrupção de hardware
08104    * intr_init: inicializa a(s) controladora(s) de interrupção
08105    */
08106
08107   #include "kernel.h"
08108   #include "proc.h"
08109   #include <minix/com.h>
```

```
08110
08111   #define ICW1_AT            0x11    /* disparado pela margem, cascata, precisa de ICW4 */
08112   #define ICW1_PC            0x13    /* disparado pela margem, sem cascata, precisa de ICW4 */
08113   #define ICW1_PS            0x19    /* disparado pelo nível, cascata, precisa de ICW4 */
08114   #define ICW4_AT_SLAVE      0x01    /* sem SFNM, sem buffer, EOI normal, 8086 */
08115   #define ICW4_AT_MASTER     0x05    /* sem SFNM, sem buffer, EOI normal, 8086 */
08116   #define ICW4_PC_SLAVE      0x09    /* sem SFNM, com buffer, EOI normal, 8086 */
08117   #define ICW4_PC_MASTER     0x0D    /* sem SFNM, com buffer, EOI normal, 8086 */
08118
08119   #define set_vec(nr, addr)  ((void)0)
08120
08121   /*===========================================================================*
08122    *                              intr_init                                    *
08123    *===========================================================================*/
08124   PUBLIC void intr_init(mine)
08125   int mine;
08126   {
08127   /* Inicializa as 8259, terminando todas as interrupções desativadas. Isso só
08128    * é feito no modo protegido; no modo real, não mexemos nas 8259, mas
08129    * usamos, em vez disso, as posições da BIOS. O flag "mine" é ativado se as 8259
08130    * forem programadas para o MINIX ou reconfiguradas com o que a BIOS espera.
08131    */
08132     int i;
08133
08134     intr_disable();
08135
08136     /* O AT e o PS/2, mais recente, têm duas controladoras de interrupção, uma mestra e
08137      * uma escrava no IRQ 2. (Não temos que lidar com o PC, que
08138      * tem apenas uma controladora, pois ele deve executar no modo real.)
08139      */
08140     outb(INT_CTL, machine.ps_mca ? ICW1_PS : ICW1_AT);
08141     outb(INT_CTLMASK, mine ? IRQ0_VECTOR : BIOS_IRQ0_VEC);
08142                                                         /* ICW2 para a mestra */
08143     outb(INT_CTLMASK, (1 << CASCADE_IRQ));              /* ICW3 informa às escravas */
08144     outb(INT_CTLMASK, ICW4_AT_MASTER);
08145     outb(INT_CTLMASK, ~(1 << CASCADE_IRQ));             /* máscara IRQ 0-7 */
08146     outb(INT2_CTL, machine.ps_mca ? ICW1_PS : ICW1_AT);
08147     outb(INT2_CTLMASK, mine ? IRQ8_VECTOR : BIOS_IRQ8_VEC);
08148                                                         /* ICW2 para a escrava */
08149     outb(INT2_CTLMASK, CASCADE_IRQ);                    /* ICW3 é a escrava nr */
08150     outb(INT2_CTLMASK, ICW4_AT_SLAVE);
08151     outb(INT2_CTLMASK, ~0);                             /* máscara IRQ 8-15 */
08152
08153     /* Copia os vetores da BIOS para a posição do Minix; portanto, ainda
08154      * podemos fazer chamadas de BIOS sem reprogramar as i8259.
08155      */
08156     phys_copy(BIOS_VECTOR(0) * 4L, VECTOR(0) * 4L, 8 * 4L);
08157   }
08158
08159   /*===========================================================================*
08160    *                              put_irq_handler                              *
08161    *===========================================================================*/
08162   PUBLIC void put_irq_handler(hook, irq, handler)
08163   irq_hook_t *hook;
08164   int irq;
08165   irq_handler_t handler;
08166   {
08167   /* Registra uma rotina de tratamento de interrupção. */
08168     int id;
08169     irq_hook_t **line;
```

```
08170
08171        if (irq < 0 || irq >= NR_IRQ_VECTORS)
08172            panic("invalid call to put_irq_handler", irq);
08173
08174        line = &irq_handlers[irq];
08175        id = 1;
08176        while (*line != NULL) {
08177            if (hook == *line) return;           /* inicialização extra */
08178            line = &(*line)->next;
08179            id <<= 1;
08180        }
08181        if (id == 0) panic("Too many handlers for irq", irq);
08182
08183        hook->next = NULL;
08184        hook->handler = handler;
08185        hook->irq = irq;
08186        hook->id = id;
08187        *line = hook;
08188
08189        irq_use |= 1 << irq;
08190    }

08192 /*===========================================================================*
08193  *                              rm_irq_handler                               *
08194  *===========================================================================*/
08195 PUBLIC void rm_irq_handler(hook)
08196 irq_hook_t *hook;
08197 {
08198 /* Retira o registro de uma rotina de tratamento de interrupção. */
08199   int irq = hook->irq;
08200   int id = hook->id;
08201   irq_hook_t **line;
08202
08203   if (irq < 0 || irq >= NR_IRQ_VECTORS)
08204       panic("invalid call to rm_irq_handler", irq);
08205
08206   line = &irq_handlers[irq];
08207   while (*line != NULL) {
08208       if ((*line)->id == id) {
08209           (*line) = (*line)->next;
08210           if (! irq_handlers[irq]) irq_use &= ~(1 << irq);
08211           return;
08212       }
08213       line = &(*line)->next;
08214   }
08215   /* Quando a rotina de tratamento não é encontrada, normalmente retorna aqui. */
08216 }

08218 /*===========================================================================*
08219  *                              intr_handle                                  *
08220  *===========================================================================*/
08221 PUBLIC void intr_handle(hook)
08222 irq_hook_t *hook;
08223 {
08224 /* Chama as rotinas de tratamento de interrupção para uma interrupção com a lista de ganchos
08225  * dada. A parte em assembly da rotina de tratamento já mascarou o IRQ, reativou a(s)
08226  * controladora(s) e ativou as interrupções.
08227  */
08228
08229   /* Chama a lista de rotinas de tratamento para um IRQ. */
```

```
08230        while (hook != NULL) {
08231            /* Para cada rotina de tratamento da lista, marca como ativa ativando seu bit de ID,
08232             * chama a função e desmarca, caso a função retorne true.
08233             */
08234            irq_actids[hook->irq] |= hook->id;
08235            if ((*hook->handler)(hook)) irq_actids[hook->irq] &= ~hook->id;
08236            hook = hook->next;
08237        }
08238
08239        /* Agora, o código em assembly desativa as interrupções, desmascara o IRQ se e somente
08240         * se todos os bits de ID ativos estiverem zerados e reinicia um processo.
08241         */
08242    }


+++++++++++++++++++++++++++++++++++++++++++++++++++++++++++++++++++++++++++
                               kernel/protect.c
+++++++++++++++++++++++++++++++++++++++++++++++++++++++++++++++++++++++++++

08300    /* Este arquivo contém código para inicialização do modo protegido, para inicializar
08301     * descritores de segmento de código e de dados, e para inicializar descritores globais
08302     * para descritores locais na tabela de processos.
08303     */
08304
08305    #include "kernel.h"
08306    #include "proc.h"
08307    #include "protect.h"
08308
08309    #define INT_GATE_TYPE     (INT_286_GATE | DESC_386_BIT)
08310    #define TSS_TYPE          (AVL_286_TSS  | DESC_386_BIT)
08311
08312    struct desctableptr_s {
08313      char limit[sizeof(u16_t)];
08314      char base[sizeof(u32_t)];                /* really u24_t + pad for 286 */
08315    };
08316
08317    struct gatedesc_s {
08318      u16_t offset_low;
08319      u16_t selector;
08320      u8_t pad;                                 /* |000|XXXXX| ig & trpg, |XXXXXXXX| tarefa g */
08321      u8_t p_dpl_type;                          /* |P|DL|0|TYPE| */
08322      u16_t offset_high;
08323    };
08324
08325    struct tss_s {
08326      reg_t backlink;
08327      reg_t sp0;                                /* ponteiro de pilha para usar durante a interrupção */
08328      reg_t ss0;                                /* "     segmento  "     "           "          */
08329      reg_t sp1;
08330      reg_t ss1;
08331      reg_t sp2;
08332      reg_t ss2;
08333      reg_t cr3;
08334      reg_t ip;
08335      reg_t flags;
08336      reg_t ax;
08337      reg_t cx;
08338      reg_t dx;
08339      reg_t bx;
```

```
08340        reg_t sp;
08341        reg_t bp;
08342        reg_t si;
08343        reg_t di;
08344        reg_t es;
08345        reg_t cs;
08346        reg_t ss;
08347        reg_t ds;
08348        reg_t fs;
08349        reg_t gs;
08350        reg_t ldt;
08351        u16_t trap;
08352        u16_t iobase;
08353   /* u8_t iomap[0]; */
08354   };
08355
08356   PUBLIC struct segdesc_s gdt[GDT_SIZE];       /* usado em klib.s e mpx.s */
08357   PRIVATE struct gatedesc_s idt[IDT_SIZE];     /* inicialização zero; portanto, nenhum
                                                       presente */
08358   PUBLIC struct tss_s tss;                     /* inicialização zero */
08359
08360   FORWARD _PROTOTYPE( void int_gate, (unsigned vec_nr, vir_bytes offset,
08361                   unsigned dpl_type) );
08362   FORWARD _PROTOTYPE( void sdesc, (struct segdesc_s *segdp, phys_bytes base,
08363                   vir_bytes size) );
08364
08365   /*===========================================================================*
08366    *                              prot_init                                    *
08367    *===========================================================================*/
08368   PUBLIC void prot_init()
08369   {
08370   /* Configura tabelas para o modo protegido.
08371    * Todas as entradas da GDT são alocadas no momento da compilação.
08372    */
08373     struct gate_table_s *gtp;
08374     struct desctableptr_s *dtp;
08375     unsigned ldt_index;
08376     register struct proc *rp;
08377
08378     static struct gate_table_s {
08379           _PROTOTYPE( void (*gate), (void) );
08380           unsigned char vec_nr;
08381           unsigned char privilege;
08382     }
08383     gate_table[] = {
08384           { divide_error, DIVIDE_VECTOR, INTR_PRIVILEGE },
08385           { single_step_exception, DEBUG_VECTOR, INTR_PRIVILEGE },
08386           { nmi, NMI_VECTOR, INTR_PRIVILEGE },
08387           { breakpoint_exception, BREAKPOINT_VECTOR, USER_PRIVILEGE },
08388           { overflow, OVERFLOW_VECTOR, USER_PRIVILEGE },
08389           { bounds_check, BOUNDS_VECTOR, INTR_PRIVILEGE },
08390           { inval_opcode, INVAL_OP_VECTOR, INTR_PRIVILEGE },
08391           { copr_not_disponível, COPROC_NOT_VECTOR, INTR_PRIVILEGE },
08392           { double_fault, DOUBLE_FAULT_VECTOR, INTR_PRIVILEGE },
08393           { copr_seg_overrun, COPROC_SEG_VECTOR, INTR_PRIVILEGE },
08394           { inval_tss, INVAL_TSS_VECTOR, INTR_PRIVILEGE },
08395           { segment_not_present, SEG_NOT_VECTOR, INTR_PRIVILEGE },
08396           { stack_exception, STACK_FAULT_VECTOR, INTR_PRIVILEGE },
08397           { general_protection, PROTECTION_VECTOR, INTR_PRIVILEGE },
08398           { page_fault, PAGE_FAULT_VECTOR, INTR_PRIVILEGE },
08399           { copr_error, COPROC_ERR_VECTOR, INTR_PRIVILEGE },
```

```
08400                  { hwint00, VECTOR( 0), INTR_PRIVILEGE },
08401                  { hwint01, VECTOR( 1), INTR_PRIVILEGE },
08402                  { hwint02, VECTOR( 2), INTR_PRIVILEGE },
08403                  { hwint03, VECTOR( 3), INTR_PRIVILEGE },
08404                  { hwint04, VECTOR( 4), INTR_PRIVILEGE },
08405                  { hwint05, VECTOR( 5), INTR_PRIVILEGE },
08406                  { hwint06, VECTOR( 6), INTR_PRIVILEGE },
08407                  { hwint07, VECTOR( 7), INTR_PRIVILEGE },
08408                  { hwint08, VECTOR( 8), INTR_PRIVILEGE },
08409                  { hwint09, VECTOR( 9), INTR_PRIVILEGE },
08410                  { hwint10, VECTOR(10), INTR_PRIVILEGE },
08411                  { hwint11, VECTOR(11), INTR_PRIVILEGE },
08412                  { hwint12, VECTOR(12), INTR_PRIVILEGE },
08413                  { hwint13, VECTOR(13), INTR_PRIVILEGE },
08414                  { hwint14, VECTOR(14), INTR_PRIVILEGE },
08415                  { hwint15, VECTOR(15), INTR_PRIVILEGE },
08416                  { s_call, SYS386_VECTOR, USER_PRIVILEGE },     /* chamada de sistema do 386 */
08417                  { level0_call, LEVEL0_VECTOR, TASK_PRIVILEGE },
08418          };
08419
08420          /* Constrói ponteiros de gdt e idt na GDT, onde a BIOS espera que eles estejam. */
08421          dtp= (struct desctableptr_s *) &gdt[GDT_INDEX];
08422          * (u16_t *) dtp->limit = (sizeof gdt) - 1;
08423          * (u32_t *) dtp->base = vir2phys(gdt);
08424
08425          dtp= (struct desctableptr_s *) &gdt[IDT_INDEX];
08426          * (u16_t *) dtp->limit = (sizeof idt) - 1;
08427          * (u32_t *) dtp->base = vir2phys(idt);
08428
08429          /* Constrói descritores de segmento para tarefas e rotinas de tratamento de interrupção. */
08430          init_codeseg(&gdt[CS_INDEX],
08431                  kinfo.code_base, kinfo.code_size, INTR_PRIVILEGE);
08432          init_dataseg(&gdt[DS_INDEX],
08433                  kinfo.data_base, kinfo.data_size, INTR_PRIVILEGE);
08434          init_dataseg(&gdt[ES_INDEX], 0L, 0, TASK_PRIVILEGE);
08435
08436          /* Constrói descritores de rascunho para funções em klib88. */
08437          init_dataseg(&gdt[DS_286_INDEX], 0L, 0, TASK_PRIVILEGE);
08438          init_dataseg(&gdt[ES_286_INDEX], 0L, 0, TASK_PRIVILEGE);
08439
08440          /* Constrói descritores locais na GDT para LDTs na tabela de processos.
08441           * Os LDTs são alocados na tabela de processos no momento da compilação e
08442           * inicializados quando o mapa de um processo é inicializado ou alterado.
08443           */
08444          for (rp = BEG_PROC_ADDR, ldt_index = FIRST_LDT_INDEX;
08445                rp < END_PROC_ADDR; ++rp, ldt_index++) {
08446              init_dataseg(&gdt[ldt_index], vir2phys(rp->p_ldt),
08447                                      sizeof(rp->p_ldt), INTR_PRIVILEGE);
08448              gdt[ldt_index].access = PRESENT | LDT;
08449              rp->p_ldt_sel = ldt_index * DESC_SIZE;
08450          }
08451
08452          /* Constrói a TSS principal.
08453           * Isso é usado apenas para registrar o ponteiro de pilha para ser usado após
08454           * uma interrupção.
08455           * O ponteiro é configurado de modo que uma interrupção salve automaticamente os
08456           * registradores do processo corrente ip:cs:f:sp:ss nas entradas corretas da
08457           * tabela de processos.
08458           */
08459          tss.ss0 = DS_SELECTOR;
```

```
08460       init_dataseg(&gdt[TSS_INDEX], vir2phys(&tss), sizeof(tss), INTR_PRIVILEGE);
08461       gdt[TSS_INDEX].access = PRESENT | (INTR_PRIVILEGE << DPL_SHIFT) | TSS_TYPE;
08462
08463       /* Constrói descritores para portas de interrupção na IDT. */
08464       for (gtp = &gate_table[0];
08465            gtp < &gate_table[sizeof gate_table / sizeof gate_table[0]]; ++gtp) {
08466             int_gate(gtp->vec_nr, (vir_bytes) gtp->gate,
08467                     PRESENT | INT_GATE_TYPE | (gtp->privilege << DPL_SHIFT));
08468       }
08469
08470       /* Completa a construção da TSS principal. */
08471       tss.iobase = sizeof tss;      /* esvazia o mapa de permissões de E/S */
08472   }

08474   /*===========================================================================*
08475    *                              init_codeseg                                 *
08476    *===========================================================================*/
08477   PUBLIC void init_codeseg(segdp, base, size, privilege)
08478   register struct segdesc_s *segdp;
08479   phys_bytes base;
08480   vir_bytes size;
08481   int privilege;
08482   {
08483   /* Constrói descritor para um segmento de código. */
08484       sdesc(segdp, base, size);
08485       segdp->access = (privilege << DPL_SHIFT)
08486                     | (PRESENT | SEGMENT | EXECUTABLE | READABLE);
08487                     /* CONFORMING = 0, ACCESSED = 0 */
08488   }

08490   /*===========================================================================*
08491    *                              init_dataseg                                 *
08492    *===========================================================================*/
08493   PUBLIC void init_dataseg(segdp, base, size, privilege)
08494   register struct segdesc_s *segdp;
08495   phys_bytes base;
08496   vir_bytes size;
08497   int privilege;
08498   {
08499   /* Constrói descritor para um segmento de dados. */
08500       sdesc(segdp, base, size);
08501       segdp->access = (privilege << DPL_SHIFT) | (PRESENT | SEGMENT | WRITEABLE);
08502                     /* EXECUTABLE = 0, EXPAND_DOWN = 0, ACCESSED = 0 */
08503   }

08505   /*===========================================================================*
08506    *                                 sdesc                                    *
08507    *===========================================================================*/
08508   PRIVATE void sdesc(segdp, base, size)
08509   register struct segdesc_s *segdp;
08510   phys_bytes base;
08511   vir_bytes size;
08512   {
08513   /* Preenche os campos de tamanho (base, limite e granularidade) de um descritor. */
08514       segdp->base_low = base;
08515       segdp->base_middle = base >> BASE_MIDDLE_SHIFT;
08516       segdp->base_high = base >> BASE_HIGH_SHIFT;
08517
08518       --size;                       /* converte para um limite; o tamanho 0 significa 4G */
08519       if (size > BYTE_GRAN_MAX) {
```

```
08520              segdp->limit_low = size >> PAGE_GRAN_SHIFT;
08521              segdp->granularity = GRANULAR | (size >>
08522                                  (PAGE_GRAN_SHIFT + GRANULARITY_SHIFT));
08523       } else {
08524              segdp->limit_low = size;
08525              segdp->granularity = size >> GRANULARITY_SHIFT;
08526       }
08527       segdp->granularity |= DEFAULT;        /* significa BIG para seg de dados */
08528  }

08530  /*===========================================================================*
08531   *                               seg2phys                                    *
08532   *===========================================================================*/
08533  PUBLIC phys_bytes seg2phys(seg)
08534  U16_t seg;
08535  {
08536  /* Retorna o endereço de base de um segmento, sendo seg um registrador de segmento do
08537   * 8086 ou um seletor de segmento do 286/386.
08538   */
08539    phys_bytes base;
08540    struct segdesc_s *segdp;
08541
08542    if (! machine.protected) {
08543          base = hclick_to_physb(seg);
08544    } else {
08545          segdp = &gdt[seg >> 3];
08546          base =   ((u32_t) segdp->base_low << 0)
08547                 | ((u32_t) segdp->base_middle << 16)
08548                 | ((u32_t) segdp->base_high << 24);
08549    }
08550    return base;
08551  }

08553  /*===========================================================================*
08554   *                               phys2seg                                    *
08555   *===========================================================================*/
08556  PUBLIC void phys2seg(seg, off, phys)
08557  u16_t *seg;
08558  vir_bytes *off;
08559  phys_bytes phys;
08560  {
08561  /* Retorna um seletor de segmento e o deslocamento a ser usado para obter um end. físico,
08562   * para uso por um driver que esteja fazendo E/S de memória no intervalo A0000 - DFFFF.
08563   */
08564    *seg = FLAT_DS_SELECTOR;
08565    *off = phys;
08566  }

08568  /*===========================================================================*
08569   *                               int_gate                                    *
08570   *===========================================================================*/
08571  PRIVATE void int_gate(vec_nr, offset, dpl_type)
08572  unsigned vec_nr;
08573  vir_bytes offset;
08574  unsigned dpl_type;
08575  {
08576  /* Constrói descritor para um interrupt gate. */
08577    register struct gatedesc_s *idp;
08578
08579    idp = &idt[vec_nr];
```

```
08580       idp->offset_low = offset;
08581       idp->selector = CS_SELECTOR;
08582       idp->p_dpl_type = dpl_type;
08583       idp->offset_high = offset >> OFFSET_HIGH_SHIFT;
08584   }

08586   /*===========================================================================*
08587    *                              enable_iop                                   *
08588    *===========================================================================*/
08589   PUBLIC void enable_iop(pp)
08590   struct proc *pp;
08591   {
08592   /* Autoriza processo de usuário a usar instruções de E/S. Altera os bits I/O Permission
08593    * na psw. Eles especificam o Current Permission Level menos privilegiado
08594    * permitido para executar instruções de E/S. Os usuários e servidores têm CPL 3.
08595    * Você não pode ter menos privilégio do que isso. O núcleo tem CPL 0; as tarefas, CPL 1.
08596    */
08597       pp->p_reg.psw |= 0x3000;
08598   }

08600   /*===========================================================================*
08601    *                              alloc_segments                               *
08602    *===========================================================================*/
08603   PUBLIC void alloc_segments(rp)
08604   register struct proc *rp;
08605   {
08606   /* Isto é chamado na inicialização do sistema a partir de main() e por do_newmap().
08607    * O código tem uma função separada devido a todas as dependências de hardware.
08608    * Note que IDLE faz parte do núcleo e recebe TASK_PRIVILEGE aqui.
08609    */
08610       phys_bytes code_bytes;
08611       phys_bytes data_bytes;
08612       int privilege;
08613
08614       if (machine.protected) {
08615           data_bytes = (phys_bytes) (rp->p_memmap[S].mem_vir +
08616               rp->p_memmap[S].mem_len) << CLICK_SHIFT;
08617           if (rp->p_memmap[T].mem_len == 0)
08618               code_bytes = data_bytes;         /* I&D comum, proteção deficiente */
08619           else
08620               code_bytes = (phys_bytes) rp->p_memmap[T].mem_len << CLICK_SHIFT;
08621           privilege = (iskernelp(rp)) ? TASK_PRIVILEGE : USER_PRIVILEGE;
08622           init_codeseg(&rp->p_ldt[CS_LDT_INDEX],
08623               (phys_bytes) rp->p_memmap[T].mem_phys << CLICK_SHIFT,
08624               code_bytes, privilege);
08625           init_dataseg(&rp->p_ldt[DS_LDT_INDEX],
08626               (phys_bytes) rp->p_memmap[D].mem_phys << CLICK_SHIFT,
08627               data_bytes, privilege);
08628           rp->p_reg.cs = (CS_LDT_INDEX * DESC_SIZE) | TI | privilege;
08629           rp->p_reg.gs =
08630           rp->p_reg.fs =
08631           rp->p_reg.ss =
08632           rp->p_reg.es =
08633           rp->p_reg.ds = (DS_LDT_INDEX*DESC_SIZE) | TI | privilege;
08634       } else {
08635           rp->p_reg.cs = click_to_hclick(rp->p_memmap[T].mem_phys);
08636           rp->p_reg.ss =
08637           rp->p_reg.es =
08638           rp->p_reg.ds = click_to_hclick(rp->p_memmap[D].mem_phys);
08639       }
```

```
08640           }
```

++
                              kernel/klib.s
++

```
08700   #
08701   ! Escolhe entre as versões 8086 e 386 do código de núcleo de baixo nível.
08702
08703   #include <minix/config.h>
08704   #if _WORD_SIZE == 2
08705   #include "klib88.s"
08706   #else
08707   #include "klib386.s"
08708   #endif
```

++
                            kernel/klib386.s
++

```
08800   #
08801   ! seções
08802
08803   .sect .text; .sect .rom; .sect .data; .sect .bss
08804
08805   #include <minix/config.h>
08806   #include <minix/const.h>
08807   #include "const.h"
08808   #include "sconst.h"
08809   #include "protect.h"
08810
08811   ! Este arquivo contém várias rotinas utilitárias em código assembly necessárias para o
08812   ! núcleo. São elas:
08813
08814   .define _monitor         ! sai do Minix e retorna para o monitor
08815   .define _int86           ! deixa o monitor fazer uma chamada de interrupção do 8086
08816   .define _cp_mess         ! copia mensagens da origem para o destino
08817   .define _exit            ! fictícia para rotinas de biblioteca
08818   .define __exit           ! fictícia para rotinas de biblioteca
08819   .define ___exit          ! fictícia para rotinas de biblioteca
08820   .define ___main          ! fictícia para GCC
08821   .define _phys_insw       ! transfere dados da porta (controladora de disco) para a memória
08822   .define _phys_insb       ! do mesmo modo, byte por byte
08823   .define _phys_outsw      ! transfere dados da memória para a porta (controladora de disco)
08824   .define _phys_outsb      ! do mesmo modo, byte por byte
08825   .define _enable_irq      ! ativa um irq na controladora 8259
08826   .define _disable_irq     ! desativa um irq
08827   .define _phys_copy       ! copia dados de qualquer parte para qualquer parte na memória
08828   .define _phys_memset     ! escreve padrão em qualquer parte na memória
08829   .define _mem_rdw         ! copia uma palavra de [segmento:deslocamento]
08830   .define _reset           ! reconfigura o sistema
08831   .define _idle_task       ! tarefa executada quando não há nenhum trabalho
08832   .define _level0          ! chama uma função no nível 0
08833   .define _read_tsc        ! lê o contador de ciclos (Pentium e superiores)
08834   .define _read_cpu_flags  ! lê o flags da cpu
```

```
08835
08836   ! As rotinas só garantem a preservação dos registradores que o compilador C
08837   ! espera que o sejam (ebx, esi, edi, ebp, esp, registradores de segmento e
08838   ! bit de direção nos flags).
08839
08840   .sect .text
08841 !*===========================================================================*
08842 !*                              monitor                                      *
08843 !*===========================================================================*
08844   ! PUBLIC void monitor();
08845   ! Retorna para o monitor.
08846
08847 _monitor:
08848         mov     esp, (_mon_sp)          ! restaura ponteiro de pilha do monitor
08849   o16   mov     dx, SS_SELECTOR         ! segmento de dados do monitor
08850         mov     ds, dx
08851         mov     es, dx
08852         mov     fs, dx
08853         mov     gs, dx
08854         mov     ss, dx
08855         pop     edi
08856         pop     esi
08857         pop     ebp
08858   o16   retf                            ! retorna para o monitor
08859
08860
08861 !*===========================================================================*
08862 !*                              int86                                        *
08863 !*===========================================================================*
08864   ! PUBLIC void int86();
08865 _int86:
08866         cmpb    (_mon_return), 0        ! o monitor está presente?
08867         jnz     0f
08868         movb    ah, 0x01                ! um erro int 13 parece apropriado
08869         movb    (_reg86+ 0), ah         ! reg86.w.f = 1 (ativa flag de transporte)
08870         movb    (_reg86+13), ah         ! reg86.b.ah = 0x01 = "invalid command"
08871         ret
08872 0:      push    ebp                     ! salva registradores C
08873         push    esi
08874         push    edi
08875         push    ebx
08876         pushf                           ! salva flags
08877         cli                             ! nenhuma interrupção
08878
08879         inb     INT2_CTLMASK
08880         movb    ah, al
08881         inb     INT_CTLMASK
08882         push    eax                     ! salva máscaras de interrupção
08883         mov     eax, (_irq_use)         ! mapa de IRQs em uso
08884         and     eax, ~[1<<CLOCK_IRQ]    ! mantém o relógio pulsando
08885         outb    INT_CTLMASK             ! ativa todos os IRQs vv não usados.
08886         movb    al, ah
08887         outb    INT2_CTLMASK
08888
08889         mov     eax, SS_SELECTOR        ! segmento de dados do monitor
08890         mov     ss, ax
08891         xchg    esp, (_mon_sp)          ! troca pilhas
08892         push    (_reg86+36)             ! parâmetros usados na chamada de INT
08893         push    (_reg86+32)
08894         push    (_reg86+28)
```

```
08895              push         (_reg86+24)
08896              push         (_reg86+20)
08897              push         (_reg86+16)
08898              push         (_reg86+12)
08899              push         (_reg86+ 8)
08900              push         (_reg86+ 4)
08901              push         (_reg86+ 0)
08902              mov          ds, ax                  ! seletores de dados restantes
08903              mov          es, ax
08904              mov          fs, ax
08905              mov          gs, ax
08906              push         cs
08907              push         return                  ! endereço de retorno e seletor do núcleo
08908        o16 jmpf           20+2*4+10*4+2*4(esp)    ! faz a chamada
08909      return:
08910              pop          (_reg86+ 0)
08911              pop          (_reg86+ 4)
08912              pop          (_reg86+ 8)
08913              pop          (_reg86+12)
08914              pop          (_reg86+16)
08915              pop          (_reg86+20)
08916              pop          (_reg86+24)
08917              pop          (_reg86+28)
08918              pop          (_reg86+32)
08919              pop          (_reg86+36)
08920              lgdt         (_gdt+GDT_SELECTOR)     ! recarrega a tabela de descritores globais
08921              jmpf         CS_SELECTOR:csinit      ! restaura tudo
08922      csinit: mov          eax, DS_SELECTOR
08923              mov          ds, ax
08924              mov          es, ax
08925              mov          fs, ax
08926              mov          gs, ax
08927              mov          ss, ax
08928              xchg         esp, (_mon_sp)          ! destroca as pilhas
08929              lidt         (_gdt+IDT_SELECTOR)     ! recarrega a tabela de descritores de interrupção
08930              andb         (_gdt+TSS_SELECTOR+DESC_ACCESS), ~0x02   ! zer bit TSS ocupada
08931              mov          eax, TSS_SELECTOR
08932              ltr          ax                      ! set TSS register
08933
08934              pop          eax
08935              outb         INT_CTLMASK             ! restaura as máscaras de interrupção
08936              movb         al, ah
08937              outb         INT2_CTLMASK
08938
08939              add          (_lost_ticks), ecx      ! registra os tiques de relógio perdidos
08940
08941              popf                                 ! restaura os flags
08942              pop          ebx                     ! restaura os registradores C
08943              pop          edi
08944              pop          esi
08945              pop          ebp
08946              ret
08947
08948
08949      !*===========================================================================*
08950      !*                              cp_mess                                      *
08951      !*===========================================================================*
08952      ! PUBLIC void cp_mess(int src, phys_clicks src_clicks, vir_bytes src_offset,
08953      !                     phys_clicks dst_clicks, vir_bytes dst_offset);
08954      ! Esta rotina faz uma cópia rápida de uma mensagem de qualquer parte no espaço
```

```
08955    ! de endereçamento para qualquer outra parte. Ela também copia o endereço de origem
         fornecido como
08956    ! parâmetro para a chamada na primeira palavra da mensagem de destino.
08957    !
08958    ! Note que o tamanho da mensagem, "Msize", está em DWORDS (e não em bytes) e deve ser
08959    ! configurado corretamente. Alterar a definição da mensagem no arquivo de tipo e não
08960    ! alterá-la aqui levará a um desastre total.
08961
08962    CM_ARGS =        4 + 4 + 4 + 4 + 4        ! 4 + 4 + 4 + 4 + 4
08963    !                es ds edi esi eip          proc scl sof dcl dof
08964
08965            .align 16
08966    _cp_mess:
08967            cld
08968            push    esi
08969            push    edi
08970            push    ds
08971            push    es
08972
08973            mov     eax, FLAT_DS_SELECTOR
08974            mov     ds, ax
08975            mov     es, ax
08976
08977            mov     esi, CM_ARGS+4(esp)          ! clicks da orig
08978            shl     esi, CLICK_SHIFT
08979            add     esi, CM_ARGS+4+4(esp)        ! deslocamento da orig
08980            mov     edi, CM_ARGS+4+4+4(esp)      ! clicks do dst
08981            shl     edi, CLICK_SHIFT
08982            add     edi, CM_ARGS+4+4+4+4(esp)    ! deslocamento do dst
08983
08984            mov     eax, CM_ARGS(esp)            ! número de processo do remetente
08985            stos                                 ! copia número do remetente na mensagem do dest
08986            add     esi, 4                       ! não copia a primeira palavra
08987            mov     ecx, Msize - 1               ! lembre-se de que a primeira palavra não conta
08988            rep
08989            movs                                 ! copia a mensagem
08990
08991            pop     es
08992            pop     ds
08993            pop     edi
08994            pop     esi
08995            ret                                  ! isso é tudo, pessoal!
08996
08997
08998    !*===========================================================================*
08999    !*                              exit                                         *
09000    !*===========================================================================*
09001    ! PUBLIC void exit();
09002    ! Algumas rotinas de biblioteca usam exit; portanto, fornece uma versão fictícia.
09003    ! As chamadas reais para exit não podem ocorrer no núcleo.
09004    ! O GNU CC gosta de chamar __main a partir de main() por razões não evidentes.
09005
09006    _exit:
09007    __exit:
09008    ___exit:
09009            sti
09010            jmp     ___exit
09011
09012    ___main:
09013            ret
09014
```

```
09015
09016   !*============================================================================*
09017   !*                              phys_insw                                    *
09018   !*============================================================================*
09019   ! PUBLIC void phys_insw(Port_t port, phys_bytes buf, size_t count);
09020   ! Insere um array a partir de uma porta de E/S. Versão de endereço absoluto de insw().
09021
09022   _phys_insw:
09023           push    ebp
09024           mov     ebp, esp
09025           cld
09026           push    edi
09027           push    es
09028           mov     ecx, FLAT_DS_SELECTOR
09029           mov     es, cx
09030           mov     edx, 8(ebp)             ! porta para leitura
09031           mov     edi, 12(ebp)            ! endereço de destino
09032           mov     ecx, 16(ebp)            ! contador de bytes
09033           shr     ecx, 1                  ! contador de palavras
09034   rep o16 ins                             ! insere muitas palavras
09035           pop     es
09036           pop     edi
09037           pop     ebp
09038           ret
09039
09040
09041   !*============================================================================*
09042   !*                              phys_insb                                    *
09043   !*============================================================================*
09044   ! PUBLIC void phys_insb(Port_t port, phys_bytes buf, size_t count);
09045   ! Insere um array a partir de uma porta de E/S. Versão de endereço absoluto de insb().
09046
09047   _phys_insb:
09048           push    ebp
09049           mov     ebp, esp
09050           cld
09051           push    edi
09052           push    es
09053           mov     ecx, FLAT_DS_SELECTOR
09054           mov     es, cx
09055           mov     edx, 8(ebp)             ! porta para leitura
09056           mov     edi, 12(ebp)            ! endereço de destino
09057           mov     ecx, 16(ebp)            ! contador de bytes
09058   !       shr     ecx, 1                  ! contador de palavras
09059       rep insb                            ! insere muitos bytes
09060           pop     es
09061           pop     edi
09062           pop     ebp
09063           ret
09064
09065
09066   !*============================================================================*
09067   !*                              phys_outsw                                   *
09068   !*============================================================================*
09069   ! PUBLIC void phys_outsw(Port_t port, phys_bytes buf, size_t count);
09070   ! Saída de um array em uma porta de E/S. Versão de endereço absoluto de outsw().
09071
09072           .align  16
09073   _phys_outsw:
09074           push    ebp
```

```
09075                   mov     ebp, esp
09076                   cld
09077                   push    esi
09078                   push    ds
09079                   mov     ecx, FLAT_DS_SELECTOR
09080                   mov     ds, cx
09081                   mov     edx, 8(ebp)             ! porta para escrita
09082                   mov     esi, 12(ebp)            ! endereço de origem
09083                   mov     ecx, 16(ebp)            ! contador de bytes
09084                   shr     ecx, 1                  ! contador de palavras
09085           rep o16 outs                            ! saída de muitas palavras
09086                   pop     ds
09087                   pop     esi
09088                   pop     ebp
09089                   ret
09090
09091
09092           !*===========================================================================*
09093           !*                              phys_outsb                                    *
09094           !*===========================================================================*
09095           ! PUBLIC void phys_outsb(Port_t port, phys_bytes buf, size_t count);
09096           ! Saída de um array em uma porta de E/S. Versão de endereço absoluto de outsb().
09097
09098                   .align  16
09099           _phys_outsb:
09100                   push    ebp
09101                   mov     ebp, esp
09102                   cld
09103                   push    esi
09104                   push    ds
09105                   mov     ecx, FLAT_DS_SELECTOR
09106                   mov     ds, cx
09107                   mov     edx, 8(ebp)             ! porta para escrita
09108                   mov     esi, 12(ebp)            ! endereço de origem
09109                   mov     ecx, 16(ebp)            ! contador de bytes
09110           rep     outsb                           ! saída de muitos bytes
09111                   pop     ds
09112                   pop     esi
09113                   pop     ebp
09114                   ret
09115
09116
09117           !*===========================================================================*
09118           !*                              enable_irq                                    *
09119           !*===========================================================================*/
09120           ! PUBLIC void enable_irq(irq_hook_t *hook)
09121           ! Ativa uma linha de pedido de interrupção zerando um bit da 8259.
09122           ! Código equivalente em C para hook->irq < 8:
09123           !   if ((irq_actids[hook->irq] &= ~hook->id) == 0)
09124           !       outb(INT_CTLMASK, inb(INT_CTLMASK) & ~(1 << irq));
09125
09126                   .align  16
09127           _enable_irq:
09128                   push    ebp
09129                   mov     ebp, esp
09130                   pushf
09131                   cli
09132                   mov     eax, 8(ebp)             ! hook
09133                   mov     ecx, 8(eax)             ! irq
09134                   mov     eax, 12(eax)            ! id bit
```

```
09135              not     eax
09136              and     _irq_actids(ecx*4), eax  ! zera esse bit de id
09137              jnz     en_done                  ! ainda mascarado por outras rotinas de tratamento?
09138              movb    ah, ~1
09139              rolb    ah, cl                   ! ah = ~(1 << (irq % 8))
09140              mov     edx, INT_CTLMASK         ! ativa irq < 8 na 8259 mestra
09141              cmpb    cl, 8
09142              jb      0f
09143              mov     edx, INT2_CTLMASK        ! ativa irq >= 8 na 8259 escrava
09144      0:      inb     dx
09145              andb    al, ah
09146              outb    dx                       ! zera bit na 8259
09147      en_done:popf
09148              leave
09149              ret
09150
09151
09152      !*===========================================================================*
09153      !*                              disable_irq                                  *
09154      !*===========================================================================*/
09155      ! PUBLIC int disable_irq(irq_hook_t *hook)
09156      ! Desativa uma linha de pedido de interrupção configurando um bit da 8259.
09157      ! Código equivalente em C para irq < 8:
09158      ! irq_actids[hook->irq] |= hook->id;
09159      ! outb(INT_CTLMASK, inb(INT_CTLMASK) | (1 << irq));
09160      ! Retorna true se a interrupção ainda não foi desativada.
09161
09162              .align  16
09163      _disable_irq:
09164              push    ebp
09165              mov     ebp, esp
09166              pushf
09167              cli
09168              mov     eax, 8(ebp)              ! hook
09169              mov     ecx, 8(eax)              ! irq
09170              mov     eax, 12(eax)             ! id bit
09171              or      _irq_actids(ecx*4), eax  ! configura este bit de id
09172              movb    ah, 1
09173              rolb    ah, cl                   ! ah = (1 << (irq % 8))
09174              mov     edx, INT_CTLMASK         ! desativa irq < 8 na 8259 mestra
09175              cmpb    cl, 8
09176              jb      0f
09177              mov     edx, INT2_CTLMASK        ! desativa irq >= 8 na 8259 escrava
09178      0:      inb     dx
09179              testb   al, ah
09180              jnz     dis_already              ! já desativado?
09181              orb     al, ah
09182              outb    dx                       ! ativa bit na 8259
09183              mov     eax, 1                   ! desativado por esta função
09184              popf
09185              leave
09186              ret
09187      dis_already:
09188              xor     eax, eax                 ! já desativado
09189              popf
09190              leave
09191              ret
09192
09193
```

```
09194   !*===========================================================================*
09195   !*                              phys_copy                                    *
09196   !*===========================================================================*
09197   ! PUBLIC void phys_copy(phys_bytes source, phys_bytes destination,
09198   !                               phys_bytes bytecount);
09199   ! Copia um bloco de memória física.
09200
09201   PC_ARGS =       4 + 4 + 4 + 4    ! 4 + 4 + 4
09202   !               es edi esi eip   src dst len
09203
09204           .align  16
09205   _phys_copy:
09206           cld
09207           push    esi
09208           push    edi
09209           push    es
09210
09211           mov     eax, FLAT_DS_SELECTOR
09212           mov     es, ax
09213
09214           mov     esi, PC_ARGS(esp)
09215           mov     edi, PC_ARGS+4(esp)
09216           mov     eax, PC_ARGS+4+4(esp)
09217
09218           cmp     eax, 10         ! evita sobrecarga de alinhamento para contagens pequenas
09219           jb      pc_small
09220           mov     ecx, esi        ! alinha origem, espera que o destino também esteja alinhado
09221           neg     ecx
09222           and     ecx, 3          ! contador para alinhamento
09223           sub     eax, ecx
09224           rep
09225     eseg movsb
09226           mov     ecx, eax
09227           shr     ecx, 2          ! contador de dwords
09228           rep
09229     eseg movs
09230           and     eax, 3
09231   pc_small:
09232           xchg    ecx, eax        ! resto
09233           rep
09234     eseg movsb
09235
09236           pop     es
09237           pop     edi
09238           pop     esi
09239           ret
09240
09241   !*===========================================================================*
09242   !*                              phys_memset                                   *
09243   !*===========================================================================*
09244   ! PUBLIC void phys_memset(phys_bytes source, unsigned long pattern,
09245   !         phys_bytes bytecount);
09246   ! Preenche um bloco de memória física com padrão.
09247
09248           .align  16
09249   _phys_memset:
09250           push    ebp
09251           mov     ebp, esp
09252           push    esi
09253           push    ebx
```

```
09254                   push    ds
09255                   mov     esi, 8(ebp)
09256                   mov     eax, 16(ebp)
09257                   mov     ebx, FLAT_DS_SELECTOR
09258                   mov     ds, bx
09259                   mov     ebx, 12(ebp)
09260                   shr     eax, 2
09261           fill_start:
09262                   mov     (esi), ebx
09263                   add     esi, 4
09264                   dec     eax
09265                   jnz     fill_start
09266                   ! Ainda restam bytes?
09267                   mov     eax, 16(ebp)
09268                   and     eax, 3
09269           remain_fill:
09270                   cmp     eax, 0
09271                   jz      fill_done
09272                   movb    bl, 12(ebp)
09273                   movb    (esi), bl
09274                   add     esi, 1
09275                   inc     ebp
09276                   dec     eax
09277                   jmp     remain_fill
09278           fill_done:
09279                   pop     ds
09280                   pop     ebx
09281                   pop     esi
09282                   pop     ebp
09283                   ret
09284
09285           !*=============================================================*
09286           !*                         mem_rdw                             *
09287           !*=============================================================*
09288           ! PUBLIC u16_t mem_rdw(U16_t segment, u16_t *offset);
09289           ! Carrega e retorna palavra no segmento:deslocamento do ponteiro distante.
09290
09291                   .align  16
09292           _mem_rdw:
09293                   mov     cx, ds
09294                   mov     ds, 4(esp)              ! segmento
09295                   mov     eax, 4+4(esp)           ! deslocamento
09296                   movzx   eax, (eax)              ! palavra a retornar
09297                   mov     ds, cx
09298                   ret
09299
09300
09301           !*=============================================================*
09302           !*                         reset                               *
09303           !*=============================================================*
09304           ! PUBLIC void reset();
09305           ! Reconfigura o sistema carregando a IDT com deslocamento 0 e interrompendo.
09306
09307           _reset:
09308                   lidt    (idt_zero)
09309                   int     3               ! qualquer um serve, o 386 não gostará disso
09310           .sect .data
09311           idt_zero:       .data4  0, 0
09312           .sect .text
09313
```

```
09314
09315   !*========================================================================*
09316   !*                              idle_task                                 *
09317   !*========================================================================*
09318   _idle_task:
09319   ! Esta tarefa é chamada quando o sistema não tem mais nada a fazer. A instrução HLT
09320   ! coloca o processador em um estado onde ele consome o mínimo de energia.
09321           push    halt
09322           call    _level0         ! level0(halt)
09323           pop     eax
09324           jmp     _idle_task
09325   halt:
09326           sti
09327           hlt
09328           cli
09329           ret
09330
09331   !*========================================================================*
09332   !*                              level0                                    *
09333   !*========================================================================*
09334   ! PUBLIC void level0(void (*func)(void))
09335   ! Chama uma função no nível de permissão 0. Isso permite que as tarefas do núcleo façam
09336   ! coisas que só são possíveis no nível mais privilegiado da CPU.
09337   !
09338   _level0:
09339           mov     eax, 4(esp)
09340           mov     (_level0_func), eax
09341           int     LEVEL0_VECTOR
09342           ret
09343
09344
09345   !*========================================================================*
09346   !*                              read_tsc                                  *
09347   !*========================================================================*
09348   ! PUBLIC void read_tsc(unsigned long *high, unsigned long *low);
09349   ! Lê o contador de ciclos da CPU. Pentium e superiores.
09350   .align 16
09351   _read_tsc:
09352   .data1 0x0f             ! esta é a instrução RDTSC
09353   .data1 0x31             ! ela coloca TSC em EDX:EAX
09354           push ebp
09355           mov ebp, 8(esp)
09356           mov (ebp), edx
09357           mov ebp, 12(esp)
09358           mov (ebp), eax
09359           pop ebp
09360           ret
09361
09362   !*========================================================================*
09363   !*                              read_flags                                *
09364   !*========================================================================*
09365   ! PUBLIC unsigned long read_cpu_flags(void);
09366   ! Lê os flags de status da CPU a partir de C.
09367   .align 16
09368   _read_cpu_flags:
09369           pushf
09370           mov eax, (esp)
09371           popf
09372           ret
09373
```

```
++++++++++++++++++++++++++++++++++++++++++++++++++++++++++++++++++++++++++++
                               kernel/utility.c
++++++++++++++++++++++++++++++++++++++++++++++++++++++++++++++++++++++++++++

09400   /* Este arquivo contém uma coleção de diversas funções:
09401    * panic: aborta o MINIX devido a um erro fatal
09402    * kprintf: saída de diagnóstico do núcleo
09403    *
09404    * Alterações:
09405    *   10 de dezembro de 2004 impressão do núcleo no buffer circular (Jorrit N. Herder)
09406    *
09407    * Este arquivo contém as rotinas que cuidam das mensagens do núcleo, isto é,
09408    * saída de diagnóstico dentro do núcleo. As mensagens do núcleo não são exibidas
09409    * diretamente no console, pois isso deve ser feito pelo driver de saída.
09410    * Em vez disso, o núcleo acumula caracteres em um buffer e notifica o
09411    * driver de saída quando uma nova mensagem está pronta.
09412    */
09413
09414   #include <minix/com.h>
09415   #include "kernel.h"
09416   #include <stdarg.h>
09417   #include <unistd.h>
09418   #include <stddef.h>
09419   #include <stdlib.h>
09420   #include <signal.h>
09421   #include "proc.h"
09422
09423   #define END_OF_KMESS    -1
09424   FORWARD _PROTOTYPE(void kputc, (int c));
09425
09426   /*===========================================================================*
09427    *                              panic                                        *
09428    *===========================================================================*/
09429   PUBLIC void panic(mess,nr)
09430   _CONST char *mess;
09431   int nr;
09432   {
09433   /* O sistema travou devido a um erro fatal no núcleo. Termina a execução. */
09434     static int panicking = 0;
09435     if (panicking ++) return;              /* evita pânicos recursivos */
09436
09437     if (mess != NULL) {
09438         kprintf("\nKernel panic: %s", mess);
09439         if (nr != NO_NUM) kprintf(" %d", nr);
09440         kprintf("\n",NO_NUM);
09441     }
09442
09443     /* Aborta o MINIX. */
09444     prepare_shutdown(RBT_PANIC);
09445   }
09446
09447   /*===========================================================================*
09448    *                              kprintf                                      *
09449    *===========================================================================*/
09450   PUBLIC void kprintf(const char *fmt, ...)     /* formato a ser impresso */
09451   {
09452     int c;                                       /* próximo caractere em fmt */
09453     int d;
09454     unsigned long u;                             /* contém argumento de número */
```

```
09455      int base;                                    /* base do arg de número */
09456      int negative = 0;                            /* imprime sinal de subtração */
09457      static char x2c[] = "0123456789ABCDEF";      /* tabela de conversão de nr */
09458      char ascii[8 * sizeof(long) / 3 + 2];        /* string para número ascii */
09459      char *s = NULL;                              /* string a ser impressa */
09460      va_list argp;                                /* argumentos opcionais */
09461
09462      va_start(argp, fmt);                         /* argumentos de variável de inic */
09463
09464      while((c=*fmt++) != 0) {
09465
09466          if (c == '%') {                          /* espera formato '%key' */
09467              switch(c = *fmt++) {                 /* determina o que fazer */
09468
09469              /* As chaves conhecidas são %d, %u, %x, %s e %%. Isso é facilmente estendido
09470               * com tipos de número como %b e %o, fornecendo uma base diferente.
09471               * As chaves de tipo de número não configuram uma string como 's', mas usam a
09472               * conversão geral após a instrução switch.
09473               */
09474              case 'd':                            /* saída em decimal */
09475                  d = va_arg(argp, signed int);
09476                  if (d < 0) { negative = 1; u = -d; }  else { u = d; }
09477                  base = 10;
09478                  break;
09479              case 'u':                            /* saída em long sem sinal */
09480                  u = va_arg(argp, unsigned long);
09481                  base = 10;
09482                  break;
09483              case 'x':                            /* saída em hexadecimal */
09484                  u = va_arg(argp, unsigned long);
09485                  base = 0x10;
09486                  break;
09487              case 's':                            /* saída em string */
09488                  s = va_arg(argp, char *);
09489                  if (s == NULL) s = "(null)";
09490                  break;
09491              case '%':                            /* saída em porcentagem */
09492                  s = "%";
09493                  break;
09494
09495              /* Chave não reconhecida. */
09496              default:                             /* echo back %key */
09497                  s = "%?";
09498                  s[1] = c;                        /* configura chave desconhecida */
09499              }
09500
09501              /* Assume um número, se nenhuma string for configurada. Converte para ascii. */
09502              if (s == NULL) {
09503                  s = ascii + sizeof(ascii)-1;
09504                  *s = 0;
09505                  do { *--s = x2c[(u % base)]; }    /* vai para trás */
09506                  while ((u /= base) > 0);
09507              }
09508
09509              /* É aqui que a saída real do formato "%key" é feita. */
09510              if (negative) kputc('-');             /* imprime o sinal, se for negativo */
09511              while(*s != 0) { kputc(*s++); }       /* imprime string/número */
09512              s = NULL;                             /* reconfigura para próxima passagem */
09513          }
09514          else {
```

```
09515                 kputc(c);                          /* imprime e continua */
09516             }
09517         }
09518         kputc(END_OF_KMESS);                        /* termina a saída */
09519         va_end(argp);                               /* fim de argumentos de variável */
09520     }

09522     /*===========================================================================*
09523      *                              kputc                                        *
09524      *===========================================================================*/
09525     PRIVATE void kputc(c)
09526     int c;                                          /* caractere a anexar */
09527     {
09528     /* Acumula um único caractere para uma mensagem do núcleo. Envia uma notificação
09529      * para o driver de saída se for encontrado END_OF_KMESS.
09530      */
09531         if (c != END_OF_KMESS) {
09532             kmess.km_buf[kmess.km_next] = c; /* coloca car normal no buffer */
09533             if (kmess.km_size < KMESS_BUF_SIZE)
09534                 kmess.km_size += 1;
09535             kmess.km_next = (kmess.km_next + 1) % KMESS_BUF_SIZE;
09536         } else {
09537             send_sig(OUTPUT_PROC_NR, SIGKMESS);
09538         }
09539     }
```

```
++++++++++++++++++++++++++++++++++++++++++++++++++++++++++++++++++++++++++++
                              kernel/system.h
++++++++++++++++++++++++++++++++++++++++++++++++++++++++++++++++++++++++++++
09600   /* Prototypes de função para a biblioteca de sistema.
09601    * A implementação está contida em src/kernel/system/.
09602    *
09603    * A biblioteca de sistema permite acesso a serviços de sistema fazendo uma chamada de
09604    * núcleo. As chamadas de núcleo são transformadas em mensagens de requisição para a tarefa
09605    * SYS que é responsável por manipular a chamada. Por convenção, sys_call() é transformada
09606    * em uma mensagem com tipo SYS_CALL que é manipulada em uma função do_call().
09607    */
09608
09609   #ifndef SYSTEM_H
09610   #define SYSTEM_H
09611
09612   /* Inclusões comuns para a biblioteca de sistema. */
09613   #include "kernel.h"
09614   #include "proto.h"
09615   #include "proc.h"
09616
09617   /* Rotina de tratamento padrão para chamadas de núcleo não usadas. */
09618   _PROTOTYPE( int do_unused, (message *m_ptr) );
09619   _PROTOTYPE( int do_exec, (message *m_ptr) );
09620   _PROTOTYPE( int do_fork, (message *m_ptr) );
09621   _PROTOTYPE( int do_newmap, (message *m_ptr) );
09622   _PROTOTYPE( int do_exit, (message *m_ptr) );
09623   _PROTOTYPE( int do_trace, (message *m_ptr) );
09624   _PROTOTYPE( int do_nice, (message *m_ptr) );
```

```
09625   _PROTOTYPE( int do_copy, (message *m_ptr) );
09626   #define do_vircopy      do_copy
09627   #define do_physcopy     do_copy
09628   _PROTOTYPE( int do_vcopy, (message *m_ptr) );
09629   #define do_virvcopy     do_vcopy
09630   #define do_physvcopy    do_vcopy
09631   _PROTOTYPE( int do_umap, (message *m_ptr) );
09632   _PROTOTYPE( int do_memset, (message *m_ptr) );
09633   _PROTOTYPE( int do_abort, (message *m_ptr) );
09634   _PROTOTYPE( int do_getinfo, (message *m_ptr) );
09635   _PROTOTYPE( int do_privctl, (message *m_ptr) );
09636   _PROTOTYPE( int do_segctl, (message *m_ptr) );
09637   _PROTOTYPE( int do_irqctl, (message *m_ptr) );
09638   _PROTOTYPE( int do_devio, (message *m_ptr) );
09639   _PROTOTYPE( int do_vdevio, (message *m_ptr) );
09640   _PROTOTYPE( int do_int86, (message *m_ptr) );
09641   _PROTOTYPE( int do_sdevio, (message *m_ptr) );
09642   _PROTOTYPE( int do_kill, (message *m_ptr) );
09643   _PROTOTYPE( int do_getksig, (message *m_ptr) );
09644   _PROTOTYPE( int do_endksig, (message *m_ptr) );
09645   _PROTOTYPE( int do_sigsend, (message *m_ptr) );
09646   _PROTOTYPE( int do_sigreturn, (message *m_ptr) );
09647   _PROTOTYPE( int do_times, (message *m_ptr) );
09648   _PROTOTYPE( int do_setalarm, (message *m_ptr) );
09649
09650   #endif   /* SYSTEM_H */
09651
09652
09653
```

++
                              kernel/system.c
++

```
09700   /* Esta tarefa fornece uma interface entre os processos do sistema em espaço de núcleo e
09701    * de usuário. Os serviços de sistema podem ser acessados fazendo-se uma chamada de
09702    * núcleo. As chamadas de núcleo são transformads em mensagens de requisição, as quais são
09703    * manipuladas por essa tarefa. Por convenção, uma chamada sys_call() é transformada em
09704    * uma mensagem de requisição SYS_CALL que é manipulada em uma função chamada do_call().
09705    *
09706    * Um vetor de chamada privado é usado para fazer o mapeamento de todas as chamadas de
09707    * núcleo nas funções que as manipulam. As funções de tratamento reais estão contidas em
09708    * arquivos separados para manter este arquivo limpo. O vetor de chamada é usado no laço
09709    * principal da tarefa de sistema para tratar todas requisições recebidas.
09710    *
09711    * Além do ponto de entrada principal de sys_task(), que inicia o loop principal,
09712    * existem vários outros pontos de entrada secundários:
09713    *   get_priv:        atribui estrutura de privilégio para processo usuário ou sistema
09714    *   send_sig:        envia um sinal diretamente para um processo de sistema
09715    *   cause_sig:       executa ação para fazer um sinal ocorrer via GP
09716    *   umap_local:      faz o mapeamento de endereço virtual em LOCAL_SEG para físico
09717    *   umap_remote:     faz o mapeamento de endereço virtual em REMOTE_SEG para físico
09718    *   umap_bios:       faz o mapeamento de endereço virtual em BIOS_SEG para físico
09719    *   virtual_copy:    copia bytes de um endereço virtual para outro
09720    *   get_randomness:  acumula randomness em um buffer
09721    *
09722    * Alterações: (Jorrit N. Herder)
09723    *    04 de agosto de 2005 verifica se chamada de núcleo é permitida
09724    *    20 de julho de 2005 envia sinal para serviços com mensagem
```

```
09725        *   15 de janeiro de 2005 nova função de cópia virtual generalizada
09726        *   10 de outubro de 2004 despacha chamadas de sistema a partir do vetor de chamada
09727        *   30 de setembro de 2004 documentação do código-fonte atualizada
09728        */
09729
09730    #include "kernel.h"
09731    #include "system.h"
09732    #include <stdlib.h>
09733    #include <signal.h>
09734    #include <unistd.h>
09735    #include <sys/sigcontext.h>
09736    #include <ibm/memory.h>
09737    #include "protect.h"
09738
09739    /* Declaração do vetor de chamada que define o mapeamento de chamadas de núcleo
09740     * para funções de tratamento. O vetor é inicializado em sys_init() com map(),
09741     * que certifica-se de que os números de chamada de núcleo estejam certos. Nenhum espaço
09742     * é alocado, pois a função fictícia é declarada como extern. Se for feita uma chamada
09743     * inválida, o tamanho do array será negativo e isso não compilaria.
09744     */
09745    PUBLIC int (*call_vec[NR_SYS_CALLS])(message *m_ptr);
09746
09747    #define map(call_nr, handler) \
09748        {extern int dummy[NR_SYS_CALLS>(unsigned)(call_nr-KERNEL_CALL) ? 1:-1];} \
09749        call_vec[(call_nr-KERNEL_CALL)] = (handler)
09750
09751    FORWARD _PROTOTYPE( void initialize, (void));
09752
09753    /*===========================================================================*
09754     *                              sys_task                                     *
09755     *===========================================================================*/
09756    PUBLIC void sys_task()
09757    {
09758    /* Ponto de entrada principal de sys_task. Obtém a mensagem e despacha em type. */
09759        static message m;
09760        register int result;
09761        register struct proc *caller_ptr;
09762        unsigned int call_nr;
09763        int s;
09764
09765        /* Inicializa a tarefa de sistema. */
09766        initialize();
09767
09768        while (TRUE) {
09769            /* Recebe trabalho. Bloqueia e espera até a chegada de uma mensagem de requisição. */
09770            receive(ANY, &m);
09771            call_nr = (unsigned) m.m_type - KERNEL_CALL;
09772            caller_ptr = proc_addr(m.m_source);
09773
09774            /* Verifica se o processo que fez a chamada fez uma requisição válida e tenta
                    tratar dele. */
09775            if (! (priv(caller_ptr)->s_call_mask & (1<<call_nr))) {
09776                kprintf("SYSTEM: request %d from %d denied.\n", call_nr,m.m_source);
09777                result = ECALLDENIED;                    /* tipo de mensagem inválido */
09778            } else if (call_nr >= NR_SYS_CALLS) {        /* verifica número da chamada */
09779                kprintf("SYSTEM: illegal request %d from %d.\n", call_nr,m.m_source);
09780                result = EBADREQUEST;                    /* tipo de mensagem inválido */
09781            }
09782            else {
09783                result = (*call_vec[call_nr])(&m);     /* manipula a chamada de núcleo */
09784            }
```

```
09785                 /* Envia uma resposta, a não ser que seja inibido por uma função de tratamento. Usa
09786                  * a função de núcleo lock_send() para evitar uma interrupção de chamada de sistema.
09787                  * É sabido que o destino está bloqueado esperando por uma mensagem.
09788                  */
09789         if (result != EDONTREPLY) {
09790             m.m_type = result;                      /* relata status da chamada */
09791             if (OK != (s=lock_send(m.m_source, &m))) {
09792                 kprintf("SYSTEM, reply to %d failed: %d\n", m.m_source, s);
09793             }
09794         }
09795     }
09796 }
09797
09798 /*===========================================================================*
09799  *                              initialize                                   *
09800  *===========================================================================*/
09801 PRIVATE void initialize(void)
09802 {
09803     register struct priv *sp;
09804     int i;
09805
09806     /* Inicializa ganchos de rotina de tratamento de IRQ. Marca ganchos como disponíveis. */
09807     for (i=0; i<NR_IRQ_HOOKS; i++) {
09808         irq_hooks[i].proc_nr = NONE;
09809     }
09810
09811     /* Inicializa todos os temporizadores de alarme para todos os processos. */
09812     for (sp=BEG_PRIV_ADDR; sp < END_PRIV_ADDR; sp++) {
09813         tmr_inittimer(&(sp->s_alarm_timer));
09814     }
09815
09816     /* Inicializa vetor de chamada com rotina de tratamento padrão. Algumas chamadas de núcleo
09817      * podem ser desativadas ou inexistentes. Então, mapeia explicitamente chamadas conhecidas
09818      * para suas funções de tratamento. Isso é feito com uma macro que fornece um erro
09819      * de compilação, caso seja usado um número de chamada inválido. A ordem não é importante.
09820      */
09821     for (i=0; i<NR_SYS_CALLS; i++) {
09822         call_vec[i] = do_unused;
09823     }
09824
09825     /* Gerenciamento de processos. */
09826     map(SYS_FORK, do_fork);             /* um processo criou um novo processo */
09827     map(SYS_EXEC, do_exec);             /* atualiza processo após executar */
09828     map(SYS_EXIT, do_exit);             /* limpeza após a saída do processo */
09829     map(SYS_NICE, do_nice);             /* configura a prioridade da escalonamento */
09830     map(SYS_PRIVCTL, do_privctl);       /* controle de privilégios do sistema */
09831     map(SYS_TRACE, do_trace);           /* solicita uma operação de rastreamento */
09832
09833     /* Tratamento de sinais. */
09834     map(SYS_KILL, do_kill);             /* faz um processo ser sinalizado */
09835     map(SYS_GETKSIG, do_getksig);       /* PM verifica existência de sinais pendentes */
09836     map(SYS_ENDKSIG, do_endksig);       /* PM concluiu o processamento do sinal */
09837     map(SYS_SIGSEND, do_sigsend);       /* inicia sinal estilo POSIX */
09838     map(SYS_SIGRETURN, do_sigreturn);   /* retorno de sinal estilo POSIX */
09839
09840     /* E/S de dispositivo. */
09841     map(SYS_IRQCTL, do_irqctl);         /* operações de controle de interrupção */
09842     map(SYS_DEVIO, do_devio);           /* inb, inw, inl, outb, outw, outl */
09843     map(SYS_SDEVIO, do_sdevio);         /* phys_insb, _insw, _outsb, _outsw */
```

```
09845       map(SYS_VDEVIO, do_vdevio);           /* vetor com requisições de devio */
09846       map(SYS_INT86, do_int86);             /* chamadas da BIOS de modo real */
09847
09848       /* Gerenciamento de memória. */
09849       map(SYS_NEWMAP, do_newmap);           /* configura um mapa de memória de processo */
09850       map(SYS_SEGCTL, do_segctl);           /* adiciona segmento e obtém seletor */
09851       map(SYS_MEMSET, do_memset);           /* escreve na área de memória */
09852
09853       /* Cópia. */
09854       map(SYS_UMAP, do_umap);               /* mapeamento de endereço virtual para físico */
09855       map(SYS_VIRCOPY, do_vircopy);         /* usa endereçamento virtual puro */
09856       map(SYS_PHYSCOPY, do_physcopy);       /* usa endereçamento físico */
09857       map(SYS_VIRVCOPY, do_virvcopy);       /* vetor com requisições de cópia */
09858       map(SYS_PHYSVCOPY, do_physvcopy);     /* vetor com requisições de cópia */
09859
09860       /* Funcionalidade de relógio. */
09861       map(SYS_TIMES, do_times);             /* obtém tempos de funcionamento e processo */
09862       map(SYS_SETALARM, do_setalarm);       /* programa um alarme síncrono */
09863
09864       /* Controle de sistema. */
09865       map(SYS_ABORT, do_abort);             /* aborta o MINIX */
09866       map(SYS_GETINFO, do_getinfo);         /* solicita informações de sistema */
09867   }

09869   /*===========================================================================*
09870    *                              get_priv                                     *
09871    *===========================================================================*/
09872   PUBLIC int get_priv(rc, proc_type)
09873   register struct proc *rc;                 /* novo ponteiro de processo (filho) */
09874   int proc_type;                            /* flag de processo de sistema ou de usuário */
09875   {
09876   /* Obtém uma estrutura de privilégio. Todos os processos de usuário compartilham a mesma
09877    * estrutura de privilégio. Os processos de sistema recebem uma estrutura própria.
09878    */
09879     register struct priv *sp;               /* estrutura de privilégio */
09880
09881     if (proc_type == SYS_PROC) {            /* encontra uma nova entrada */
09882         for (sp = BEG_PRIV_ADDR; sp < END_PRIV_ADDR; ++sp)
09883             if (sp->s_proc_nr == NONE && sp->s_id != USER_PRIV_ID) break;
09884         if (sp->s_proc_nr != NONE) return(ENOSPC);
09885         rc->p_priv = sp;                    /* atribui nova entrada */
09886         rc->p_priv->s_proc_nr = proc_nr(rc); /* configura associação */
09887         rc->p_priv->s_flags = SYS_PROC;     /* marca como privilegiado */
09888     } else {
09889         rc->p_priv = &priv[USER_PRIV_ID];   /* usa entrada compartilhada */
09890         rc->p_priv->s_proc_nr = INIT_PROC_NR; /* configura associação */
09891         rc->p_priv->s_flags = 0;            /* sem flags iniciais */
09892     }
09893     return(OK);
09894   }

09896   /*===========================================================================*
09897    *                              get_randomness                               *
09898    *===========================================================================*/
09899   PUBLIC void get_randomness(source)
09900   int source;
09901   {
09902   /* Nas máquinas com RDTSC (instrução de leitura de contador de ciclos - pentium
09903    * e superiores), usa isso para aproveitar entropia bruta de alta resolução. Caso contrário,
09904    * usa o relógio de tempo real (resolução de tique).
```

```
09905        *
09906        * Infelizmente, este teste é de tempo de execução - não queremos nos incomodar com
09907        * a compilação de diferentes núcleos para diferentes máquinas.
09908        *
09909        * Nas máquinas sem RDTSC, usamos read_clock().
09910        */
09911          int r_next;
09912          unsigned long tsc_high, tsc_low;
09913
09914          source %= RANDOM_SOURCES;
09915          r_next= krandom.bin[source].r_next;
09916          if (machine.processor > 486) {
09917             read_tsc(&tsc_high, &tsc_low);
09918             krandom.bin[source].r_buf[r_next] = tsc_low;
09919          } else {
09920             krandom.bin[source].r_buf[r_next] = read_clock();
09921          }
09922          if (krandom.bin[source].r_size < RANDOM_ELEMENTS) {
09923              krandom.bin[source].r_size ++;
09924          }
09925          krandom.bin[source].r_next = (r_next + 1 ) % RANDOM_ELEMENTS;
09926        }

09928        /*===========================================================================*
09929         *                              send_sig                                     *
09930         *===========================================================================*/
09931        PUBLIC void send_sig(proc_nr, sig_nr)
09932        int proc_nr;                    /* processo de sistema a ser sinalizado */
09933        int sig_nr;                     /* sinal a ser enviado, de 1 a _NSIG */
09934        {
09935        /* Notifica um processo de sistema a respeito de um sinal. Isso é simples. Basta
09936         * configurar o sinal que vai ser enviado no mapa de sinais pendentes e
09937         * enviar uma notificação com SYSTEM de origem.
09938         */
09939          register struct proc *rp;
09940
09941          rp = proc_addr(proc_nr);
09942          sigaddset(&priv(rp)->s_sig_pending, sig_nr);
09943          lock_notify(SYSTEM, proc_nr);
09944        }

09946        /*===========================================================================*
09947         *                              cause_sig                                    *
09948         *===========================================================================*/
09949        PUBLIC void cause_sig(proc_nr, sig_nr)
09950        int proc_nr;                    /* processo a ser sinalizado */
09951        int sig_nr;                     /* sinal a ser enviado, de 1 a _NSIG */
09952        {
09953        /* Um processo de sistema quer enviar um sinal para um processo. Exemplos são:
09954         *  - HARDWARE querendo causar um SIGSEGV após uma exceção da CPU
09955         *  - TTY querendo causar SIGINT ao receber um DEL
09956         *  - FS querendo causar SIGPIPE para um pipe quebrado
09957         * Os sinais são manipulados pelo envio de uma mensagem para o PM. Esta função manipula
09958         * os sinais e garante que o PM os receba, enviando uma notificação. O processo que
09959         * está sendo sinalizado é bloqueado, enquanto o PM não tiver concluído todos os
09960         * sinais para ele. Não podem existir condições de corrida
09961         * entre as chamadas para esta função e as chamadas de sistema que
09962         * processam sinais de núcleo pendentes. As funções relacionadas a sinais só
09963         * são chamadas quando um processo de usuário causa uma exceção de CPU e a partir do
09964         * nível de processo do núcleo, que executa até o final.
```

```
09965       */
09966       register struct proc *rp;
09967
09968       /* Verifica se o sinal já está pendente. Caso contrário, o processa. */
09969       rp = proc_addr(proc_nr);
09970       if (! sigismember(&rp->p_pending, sig_nr)) {
09971           sigaddset(&rp->p_pending, sig_nr);
09972           if (! (rp->p_rts_flags & SIGNALED)) {            /* outro pendente */
09973               if (rp->p_rts_flags == 0) lock_dequeue(rp);   /* torna não pronto */
09974               rp->p_rts_flags |= SIGNALED | SIG_PENDING;    /* atualiza flags */
09975               send_sig(PM_PROC_NR, SIGKSIG);
09976           }
09977       }
09978   }

09980   /*===========================================================================*
09981    *                              umap_local                                   *
09982    *===========================================================================*/
09983   PUBLIC phys_bytes umap_local(rp, seg, vir_addr, bytes)
09984   register struct proc *rp;       /* ponteiro para entrada da tabela de proc do processo */
09985   int seg;                        /* segmento T, D ou S */
09986   vir_bytes vir_addr;             /* endereço virtual em bytes dentro do seg */
09987   vir_bytes bytes;                /* nº de bytes a serem copiados */
09988   {
09989   /* Calcula o endereço da memória física para determinado endereço virtual. */
09990       vir_clicks vc;              /* o endereço virtual em clicks */
09991       phys_bytes pa;              /* variáveis intermediárias como phys_bytes */
09992       phys_bytes seg_base;
09993
09994       /* Se 'seg' é D, poderia ser S e vice-versa. T significa realmente T.
09995        * Se o endereço virtual cai na lacuna, ele causa um problema. No
09996        * 8088 provavelmente é uma referência de pilha válida, pois os "erros de pilha" não
09997        * são detectados pelo hardware. Nos 8088, a lacuna é chamada S e
09998        * aceita, mas em outras máquinas ela é chamada D e rejeitada.
09999        * O Atari ST se comporta como o 8088 a esse respeito.
10000        */
10001
10002       if (bytes <= 0) return( (phys_bytes) 0);
10003       if (vir_addr + bytes <= vir_addr) return 0;    /* estouro */
10004       vc = (vir_addr + bytes - 1) >> CLICK_SHIFT;    /* último click de dados */
10005
10006       if (seg != T)
10007           seg = (vc < rp->p_memmap[D].mem_vir + rp->p_memmap[D].mem_len ? D : S);
10008
10009       if ((vir_addr>>CLICK_SHIFT) >= rp->p_memmap[seg].mem_vir +
10010           rp->p_memmap[seg].mem_len) return( (phys_bytes) 0 );
10011
10012       if (vc >= rp->p_memmap[seg].mem_vir +
10013           rp->p_memmap[seg].mem_len) return( (phys_bytes) 0 );
10014
10015       seg_base = (phys_bytes) rp->p_memmap[seg].mem_phys;
10016       seg_base = seg_base << CLICK_SHIFT;    /* origem do segmento em bytes */
10017       pa = (phys_bytes) vir_addr;
10018       pa -= rp->p_memmap[seg].mem_vir << CLICK_SHIFT;
10019       return(seg_base + pa);
10020   }
```

```
10022   /*===========================================================================*
10023    *                              umap_remote                                  *
10024    *===========================================================================*/
10025   PUBLIC phys_bytes umap_remote(rp, seg, vir_addr, bytes)
10026   register struct proc *rp;       /* ponteiro para entrada da tabela de proc do processo */
10027   int seg;                        /* índice de segmento remoto */
10028   vir_bytes vir_addr;             /* endereço virtual em bytes dentro do seg */
10029   vir_bytes bytes;                /* nº de bytes a serem copiados */
10030   {
10031   /* Calcula o endereço da memória física para determinado endereço virtual. */
10032     struct far_mem *fm;
10033
10034     if (bytes <= 0) return( (phys_bytes) 0);
10035     if (seg < 0 || seg >= NR_REMOTE_SEGS) return( (phys_bytes) 0);
10036
10037     fm = &rp->p_priv->s_farmem[seg];
10038     if (! fm->in_use) return( (phys_bytes) 0);
10039     if (vir_addr + bytes > fm->mem_len) return( (phys_bytes) 0);
10040
10041     return(fm->mem_phys + (phys_bytes) vir_addr);
10042   }

10044   /*===========================================================================*
10045    *                              umap_bios                                    *
10046    *===========================================================================*/
10047   PUBLIC phys_bytes umap_bios(rp, vir_addr, bytes)
10048   register struct proc *rp;       /* ponteiro para entrada da tabela de proc do processo */
10049   vir_bytes vir_addr;             /* endereço virtual em segmento da BIOS */
10050   vir_bytes bytes;                /* nº de bytes a serem copiados */
10051   {
10052   /* Calcula o endereço da memória física na BIOS. Nota: atualmente, o endereço zero
10053    * da BIOS (o primeiro vetor de interrupção da BIOS) não é considerado como
10054    * erro aqui, mas como o endereço físico também será zero, a
10055    * função que fez a chamada pensará que ocorreu um erro. Isso não é problema,
10056    * pois ninguém usa o primeiro vetor de interrupção da BIOS.
10057    */
10058
10059     /* Verifica todos os intervalos aceitáveis. */
10060     if (vir_addr >= BIOS_MEM_BEGIN && vir_addr + bytes <= BIOS_MEM_END)
10061         return (phys_bytes) vir_addr;
10062     else if (vir_addr >= BASE_MEM_TOP && vir_addr + bytes <= UPPER_MEM_END)
10063         return (phys_bytes) vir_addr;
10064     kprintf("Warning, error in umap_bios, virtual address 0x%x\n", vir_addr);
10065     return 0;
10066   }

10068   /*===========================================================================*
10069    *                              virtual_copy                                 *
10070    *===========================================================================*/
10071   PUBLIC int virtual_copy(src_addr, dst_addr, bytes)
10072   struct vir_addr *src_addr;      /* endereço virtual da origem */
10073   struct vir_addr *dst_addr;      /* endereço virtual do destino */
10074   vir_bytes bytes;                /* nº de bytes a copiar */
10075   {
10076   /* Copia bytes do endereço virtual src_addr no endereço virtual dst_addr.
10077    * Os endereços virtuais podem estar em ABS, LOCAL_SEG, REMOTE_SEG ou BIOS_SEG.
10078    */
10079     struct vir_addr *vir_addr[2];  /* endereço virtual de origem e destino */
10080     phys_bytes phys_addr[2];        /* origem e destino absoluto */
10081     int seg_index;
```

```
10082        int i;
10083
10084        /* Verifica contador de cópia. */
10085        if (bytes <= 0) return(EDOM);
10086
10087        /* Verifica e realiza o mapeamento de end. virtuais em end. físicos. */
10088        vir_addr[_SRC_] = src_addr;
10089        vir_addr[_DST_] = dst_addr;
10090        for (i=_SRC_; i<=_DST_; i++) {
10091
10092            /* Obtém endereço físico. */
10093            switch((vir_addr[i]->segment & SEGMENT_TYPE)) {
10094            case LOCAL_SEG:
10095                seg_index = vir_addr[i]->segment & SEGMENT_INDEX;
10096                phys_addr[i] = umap_local( proc_addr(vir_addr[i]->proc_nr),
10097                    seg_index, vir_addr[i]->offset, bytes );
10098                break;
10099            case REMOTE_SEG:
10100                seg_index = vir_addr[i]->segment & SEGMENT_INDEX;
10101                phys_addr[i] = umap_remote( proc_addr(vir_addr[i]->proc_nr),
10102                    seg_index, vir_addr[i]->offset, bytes );
10103                break;
10104            case BIOS_SEG:
10105                phys_addr[i] = umap_bios( proc_addr(vir_addr[i]->proc_nr),
10106                    vir_addr[i]->offset, bytes );
10107                break;
10108            case PHYS_SEG:
10109                phys_addr[i] = vir_addr[i]->offset;
10110                break;
10111            default:
10112                return(EINVAL);
10113            }
10114
10115            /* Verifica se o mapeamento teve êxito. */
10116            if (phys_addr[i] <= 0 && vir_addr[i]->segment != PHYS_SEG)
10117                return(EFAULT);
10118        }
10119
10120        /* Agora, copia bytes entre endereços físicos. */
10121        phys_copy(phys_addr[_SRC_], phys_addr[_DST_], (phys_bytes) bytes);
10122        return(OK);
10123    }
```

```
++++++++++++++++++++++++++++++++++++++++++++++++++++++++++++++++++++++++++
                            kernel/system/do_setalarm.c
++++++++++++++++++++++++++++++++++++++++++++++++++++++++++++++++++++++++++

10200    /* A chamada de núcleo implementada neste arquivo:
10201     *   m_type:        SYS_SETALARM
10202     *
10203     * Os parâmetros desta chamada de núcleo são:
10204     *   m2_l1:         ALRM_EXP_TIME          (tempo de expiração do alarme)
10205     *   m2_i2:         ALRM_ABS_TIME          (o tempo de expiração é absoluta?)
10206     *   m2_l1:         ALRM_TIME_LEFT         (retorna os segundos restantes do anterior)
10207     */
10208
10209    #include "../system.h"
```

```
10210
10211    #if USE_SETALARM
10212
10213    FORWARD _PROTOTYPE( void cause_alarm, (timer_t *tp) );
10214
10215    /*===========================================================================*
10216     *                              do_setalarm                                  *
10217     *===========================================================================*/
10218    PUBLIC int do_setalarm(m_ptr)
10219    message *m_ptr;                     /* ponteiro para mensagem de requisição */
10220    {
10221    /* Um processo solicita um alarme síncrono ou quer cancelar seu alarme. */
10222        register struct proc *rp;       /* ponteiro para processo solicitante */
10223        int proc_nr;                    /* que processo quer o alarme */
10224        long exp_time;                  /* tempo de expiração deste alarme */
10225        int use_abs_time;               /* usa tempo absoluto ou relativo */
10226        timer_t *tp;                    /* a estrutura de temporizadores do processo */
10227        clock_t uptime;                 /* lugar reservado para tempo de funcionamento corrente */
10228
10229        /* Extrai parâmetros compartilhados da mensagem de requisição. */
10230        exp_time = m_ptr->ALRM_EXP_TIME;         /* tempo de expiração do alarme */
10231        use_abs_time = m_ptr->ALRM_ABS_TIME;     /* flag para tempo absoluto */
10232        proc_nr = m_ptr->m_source;               /* processo a interromper posteriormente */
10233        rp = proc_addr(proc_nr);
10234        if (! (priv(rp)->s_flags & SYS_PROC)) return(EPERM);
10235
10236        /* Obtém a estrutura de temporizadores e configura os parâmetros desse alarme. */
10237        tp = &(priv(rp)->s_alarm_timer);
10238        tmr_arg(tp)->ta_int = proc_nr;
10239        tp->tmr_func = cause_alarm;
10240
10241        /* Retorna os tiques restantes no alarme anterior. */
10242        uptime = get_uptime();
10243        if ((tp->tmr_exp_time != TMR_NEVER) && (uptime < tp->tmr_exp_time) ) {
10244            m_ptr->ALRM_TIME_LEFT = (tp->tmr_exp_time - uptime);
10245        } else {
10246            m_ptr->ALRM_TIME_LEFT = 0;
10247        }
10248
10249        /* Finalmente, (re)configura o temporizador, dependendo do tempo de expiração. */
10250        if (exp_time == 0) {
10251            reset_timer(tp);
10252        } else {
10253            tp->tmr_exp_time = (use_abs_time) ? exp_time : exp_time + get_uptime();
10254            set_timer(tp, tp->tmr_exp_time, tp->tmr_func);
10255        }
10256        return(OK);
10257    }

10259    /*===========================================================================*
10260     *                              cause_alarm                                  *
10261     *===========================================================================*/
10262    PRIVATE void cause_alarm(tp)
10263    timer_t *tp;
10264    {
10265    /* Rotina chamada se um temporizador expira e o processo solicitou um
10266     * alarme síncrono. O número do processo é armazenado no argumento de temporizador 'ta_int'.
10267     * Notifica esse processo com uma mensagem de notificação de CLOCK.
10268     */
10269        int proc_nr = tmr_arg(tp)->ta_int;        /* obtém o número do processo */
```

```
10270      lock_notify(CLOCK, proc_nr);              /* notifica o processo */
10271   }

10273   #endif /* USE_SETALARM */


++++++++++++++++++++++++++++++++++++++++++++++++++++++++++++++++++++++++++++
                              kernel/system/do_exec.c
++++++++++++++++++++++++++++++++++++++++++++++++++++++++++++++++++++++++++++
10300   /* A chamada de núcleo implementada neste arquivo:
10301    *   m_type:     SYS_EXEC
10302    *
10303    * Os parâmetros desta chamada de núcleo são:
10304    *   m1_i1:      PR_PROC_NR              (processo que fez a chamada de exec)
10305    *   m1_p1:      PR_STACK_PTR            (novo ponteiro de pilha)
10306    *   m1_p2:      PR_NAME_PTR             (ponteiro para nome do programa)
10307    *   m1_p3:      PR_IP_PTR               (novo ponteiro de instrução)
10308    */
10309   #include "../system.h"
10310   #include <string.h>
10311   #include <signal.h>
10312
10313   #if USE_EXEC
10314
10315   /*===========================================================================*
10316    *                              do_exec                                      *
10317    *===========================================================================*/
10318   PUBLIC int do_exec(m_ptr)
10319   register message *m_ptr;          /* ponteiro para mensagem de requisição */
10320   {
10321   /* Manipula sys_exec(). Um processo executou uma operação EXEC bem-sucedida. O emenda. */
10322       register struct proc *rp;
10323       reg_t sp;                     /* new sp */
10324       phys_bytes phys_name;
10325       char *np;
10326
10327       rp = proc_addr(m_ptr->PR_PROC_NR);
10328       sp = (reg_t) m_ptr->PR_STACK_PTR;
10329       rp->p_reg.sp = sp;            /* configura o ponteiro de pilha */
10330       phys_memset(vir2phys(&rp->p_ldt[EXTRA_LDT_INDEX]), 0,
10331           (LDT_SIZE - EXTRA_LDT_INDEX) * sizeof(rp->p_ldt[0]));
10332       rp->p_reg.pc = (reg_t) m_ptr->PR_IP_PTR;     /* configura pc */
10333       rp->p_rts_flags &= ~RECEIVING;    /* o OM não responde à chamada de EXEC */
10334       if (rp->p_rts_flags == 0) lock_enqueue(rp);
10335
10336       /* Salva nome do comando para depuração, saída de ps(1) etc. */
10337       phys_name = numap_local(m_ptr->m_source, (vir_bytes) m_ptr->PR_NAME_PTR,
10338                               (vir_bytes) P_NAME_LEN - 1);
10339       if (phys_name != 0) {
10340           phys_copy(phys_name, vir2phys(rp->p_name), (phys_bytes) P_NAME_LEN - 1);
10341           for (np = rp->p_name; (*np & BYTE) >= ' '; np++) {}
10342           *np = 0;                                  /* marca o final */
10343       } else {
10344           strncpy(rp->p_name, "<unset>", P_NAME_LEN);
10345       }
10346       return(OK);
10347   }
10348   #endif /* USE_EXEC */
```

```
++++++++++++++++++++++++++++++++++++++++++++++++++++++++++++++++++++++++++++
                              kernel/clock.c
++++++++++++++++++++++++++++++++++++++++++++++++++++++++++++++++++++++++++++
10400  /* Este arquivo contém a tarefa de relógio, a qual manipula funções relacionadas ao tempo.
10401   * Os eventos importantes manipulados por CLOCK incluem configurar e
10402   * monitorar temporizadores de alarme e decidir sobre o momento de (re)escalonar processos.
10403   * O CLOCK oferece uma interface direta para processos do núcleo. Os serviços de sistema
10404   * podem acessar seus serviços por meio de chamadas de sistema, como sys_setalarm().
10405   * Assim, a tarefa CLOCK fica oculta do mundo exterior.
10406   *
10407   * Alterações:
10408   *    08 de outubro de 2005 reordenação e edição de comentários (A. S. Woodhull)
10409   *    18 de março de 2004 interface de relógio movida para a tarefa SYSTEM (Jorrit N. Herder)
10410   *    30 de setembro de 2004 documentação do código-fonte atualizada (Jorrit N. Herder)
10411   *    24 de setembro de 2004 temporizadores de alarme reprojetados (Jorrit N. Herder)
10412   *
10413   * A função do_clocktick() é ativada pela rotina de tratamento de interrupção
10414   * do relógio, quando um temporizador cão de guarda ou um processo precisa ser escalonado.
10415   *
10416   * Além do ponto de entrada principal de clock_task(), que inicia o
10417   * laço principal, existem vários outros pontos de entrada secundários:
10418   *    clock_stop:        chamada apenas antes do desligamento do MINIX
10419   *    get_uptime:        obtém o tempo real desde a inicialização, em tiques de relógio
10420   *    set_timer:         configura um temporizador de sentinela (+)
10421   *    reset_timer:       reconfigura um temporizador de sentinela (+)
10422   *    read_clock:        lê o contador de canal 0 do temporizador 8253A
10423   *
10424   * (+) A tarefa CLOCK monitora os temporizadores de cão de guarda do núcleo inteiro.
10425   * As funções de cão de guarda de temporizadores expirados são executadas em do_clocktick().
10426   * É fundamental que as funções de cão de guarda não sejam bloqueadas, senão, a tarefa
10427   * CLOCK pode ser bloqueada. Não envia uma mensagem (com send()) quando o receptor não
10428   * estiver esperando. Em vez disso, deve ser usada notify(), que retorna sempre.
10429   */
10430
10431  #include "kernel.h"
10432  #include "proc.h"
10433  #include <signal.h>
10434  #include <minix/com.h>
10435
10436  /* Protótipo de função para funções PRIVATE. */
10437  FORWARD _PROTOTYPE( void init_clock, (void) );
10438  FORWARD _PROTOTYPE( int clock_handler, (irq_hook_t *hook) );
10439  FORWARD _PROTOTYPE( int do_clocktick, (message *m_ptr) );
10440
10441  /* Parâmetros de relógio */
10442  #define COUNTER_FREQ (2*TIMER_FREQ) /* freqüência do contador usando onda quadrada */
10443  #define LATCH_COUNT     0x00    /* cc00xxxx, c = canal, x = qualquer um */
10444  #define SQUARE_WAVE     0x36    /* ccaammmb, a = acesso, m = modo, b = BCD */
10445                                  /*    11x11, 11 = LSB então MSB, x11 = onda quadrada */
10446  #define TIMER_COUNT ((unsigned) (TIMER_FREQ/HZ)) /* valor inicial do contador */
10447  #define TIMER_FREQ 1193182L     /* freqüência do relógio para temporizador em PC e AT */
10448
10449  #define CLOCK_ACK_BIT   0x80    /* bit de reconhecimento de interrupção de clock do PS/2 */
10450
10451  /* A fila de temporizadores de CLOCK. As funções em <timers.h> operam nisso.
10452   * Cada processo de sistema possui um único temporizador de alarme síncrono. Se outras
10453   * partes do núc;ep quiserem usar mais temporizadores, elas devem declarar suas próprias
10454   * estruturas de temporizadores persistentes (estáticas), as quais podem ser passadas
```

```
10455          * para o núcleo via (re)set_timer().
10456          * Quando um temporizador expira, sua função de cão de guarda é executada pela tarefa CLOCK.
10457          */
10458         PRIVATE timer_t *clock_timers;          /* fila de temporizadores de CLOCK */
10459         PRIVATE clock_t next_timeout;           /* tempo real em que o próximo temporizador
10460                                                    expira */
10461         /* O tempo é incrementado pela rotina de tratamento de interrupção em cada tique de
                  relógio. */
10462         PRIVATE clock_t realtime;               /* clock de tempo real */
10463         PRIVATE irq_hook_t clock_hook;          /* gancho da rotina de tratamento de interrupção */
10464
10465         /*===========================================================================*
10466          *                              clock_task                                   *
10467          *===========================================================================*/
10468         PUBLIC void clock_task()
10469         {
10470         /* Programa principal da tarefa de relógio. Se a chamada não for por HARD_INT, é um erro.
10471          */
10472           message m;                             /* buffer de mensagem para entrada e saída */
10473           int result;                            /* resultado retornado pela rotina de tratamento */
10474
10475           init_clock();                          /* inicializa a tarefa de relógio */
10476
10477           /* Laço principal da tarefa de relógio. Recebe o trabalho e o processa. Nunca responde. */
10478           while (TRUE) {
10479
10480               /* Recebe uma mensagem. */
10481               receive(ANY, &m);
10482
10483               /* Trata da requisição. Somente tiques de relógio são esperados. */
10484               switch (m.m_type) {
10485               case HARD_INT:
10486                   result = do_clocktick(&m);     /* manipula tique de relógio */
10487                   break;
10488               default:                           /* tipo de requisição inválida */
10489                   kprintf("CLOCK: illegal request %d from %d.\n", m.m_type,m.m_source);
10490               }
10491           }
10492         }
10493
10494         /*===========================================================================*
10495          *                              do_clocktick                                 *
10496          *===========================================================================*/
10497         PRIVATE int do_clocktick(m_ptr)
10498         message *m_ptr;                          /* ponteiro para mensagem de requisição */
10499         {
10500         /* Apesar de seu nome, esta rotina não é chamada em cada tique de relógio. Ela
10501          * é chamada apenas nos tiques de relógio em que há muito trabalho a ser feito.
10502          */
10503
10504           /* Processo usou um quantum inteiro. A rotina de tratamento de interrupção armazenou esse
10505            * processo em 'prev_ptr'. Primeiro, certifica-se de que o processo não está nas filas
10506            * de escalonamento. Então, anuncia que o processo está pronto novamente. Como ele não
10507            * tem mais tempo restante, recebe novo quantum e é inserido no lugar correto nas
10508            * filas. Como um efeito colateral, um novo processo é escalonado.
10509            */
10510           if (prev_ptr->p_ticks_left <= 0 && priv(prev_ptr)->s_flags & PREEMPTIBLE) {
10511               lock_dequeue(prev_ptr);             /* o retira das filas */
10512               lock_enqueue(prev_ptr);             /* e reinsere novamente */
10513           }
10514
```

```
10515      /* Verifica se um temporizador expirou e executa sua função cão de guarda. */
10516      if (next_timeout <= realtime) {
10517          tmrs_exptimers(&clock_timers, realtime, NULL);
10518          next_timeout = clock_timers == NULL ?
10519              TMR_NEVER : clock_timers->tmr_exp_time;
10520      }
10521
10522      /* Inibe o envio de uma resposta. */
10523      return(EDONTREPLY);
10524  }

10526  /*===========================================================================*
10527   *                              init_clock                                   *
10528   *===========================================================================*/
10529  PRIVATE void init_clock()
10530  {
10531      /* Inicializa o gancho de interrupção de CLOCK. */
10532      clock_hook.proc_nr = CLOCK;
10533
10534      /* Inicializa o canal 0 do temporizador 8253A como, por exemplo, 60 Hz. */
10535      outb(TIMER_MODE, SQUARE_WAVE);         /* configura o temporizador para executar
                                                    continuamente */
10536      outb(TIMER0, TIMER_COUNT);             /* carrega o byte inferior do temporizador */
10537      outb(TIMER0, TIMER_COUNT >> 8);        /* carrega o byte superior do temporizador */
10538      put_irq_handler(&clock_hook, CLOCK_IRQ, clock_handler);/* registra a rotina de
                                                                    tratamento */
10539      enable_irq(&clock_hook);               /* pronto para interrupções de relógio */
10540  }

10542  /*===========================================================================*
10543   *                              clock_stop                                   *
10544   *===========================================================================*/
10545  PUBLIC void clock_stop()
10546  {
10547  /* Reconfigura o relógio com a taxa da BIOS. (Para reinicialização) */
10548      outb(TIMER_MODE, 0x36);
10549      outb(TIMER0, 0);
10550      outb(TIMER0, 0);
10551  }

10553  /*===========================================================================*
10554   *                              clock_handler                                *
10555   *===========================================================================*/
10556  PRIVATE int clock_handler(hook)
10557  irq_hook_t *hook;
10558  {
10559  /* Isto executa em cada tique de relógio(isto é, sempre que o chip temporizador gera
10560   * uma interrupção). Realiza pouco trabalho para que a tarefa de relógio não tenha que ser
10561   * chamada em cada tique. A tarefa de relógio é chamada quando:
10562   *
10563   *     (1) a escalonamento do quantum do processo em execução expirou ou
10564   *     (2) um temporizador expirou e a função cão de guarda deve ser executada.
10565   *
10566   * Muitas variáveis globais e estáticas são acessadas aqui. A segurança disso
10567   * deve ser justificada. Todo código de escalonamento e passagem de mensagem adquire uma
10568   * trava desativando as interrupções temporariamente; portanto, nenhum conflito com chamadas
10569   * do nível da tarefa pode ocorrer. Além disso, as interrupções não são reentrantes, a
10570   * rotina de tratamento de interrupção não pode ser incomodada por outras interrupções.
10571   *
10572   * As variáveis que são atualizadas na rotina de tratamento de interrupção do relógio:
10573   *     lost_ticks:
10574   *             Tiques de relógio contados fora da tarefa de relógio. Usado, por exemplo,
```

```
10575          *                     quando o monitor de inicialização processa uma interrupção de modo real.
10576          *          tempo real:
10577          *                     O tempo de corrente é incrementado com todos os tiques pendentes.
10578          *          proc_ptr, bill_ptr:
10579          *                     Eles são usados para contabilidade. Não importa se proc.c
10580          *                     os está alterando, desde que sejam sempre ponteiros válidos,
10581          *                     pois na pior das hipóteses, o processo anterior seria cobrado.
10582          */
10583          register unsigned ticks;
10584
10585          /* Reconhece a interrupção de relógio do PS/2. */
10586          if (machine.ps_mca) outb(PORT_B, inb(PORT_B) | CLOCK_ACK_BIT);
10587
10588          /* Obtém o número de ticks e atualiza o tempo real. */
10589          ticks = lost_ticks + 1;
10590          lost_ticks = 0;
10591          realtime += ticks;
10592
10593          /* Atualiza contabilização de tempo de usuário e de sistema. Se for processo de usuário
10594           * que executa então credita tempo de usuário ao seu próprio campo tempo de usuário,
10595           * senão credita o tempo de sistema ao processo do usuário corrente. Assim, o tempo
10596           * de usuário não contabilizado é o tempo de sistema do processo de usuário.
10597           */
10598          proc_ptr->p_user_time += ticks;
10599          if (priv(proc_ptr)->s_flags & PREEMPTIBLE) {
10600               proc_ptr->p_ticks_left -= ticks;
10601          }
10602          if (! (priv(proc_ptr)->s_flags & BILLABLE)) {
10603               bill_ptr->p_sys_time += ticks;
10604               bill_ptr->p_ticks_left -= ticks;
10605          }
10606
10607          /* Verifica se do_clocktick() deve ser chamada. Feito para alarmes e escalonamento.
10608           * Alguns processos, como as tarefas do núcleo, não podem passar por preempção.
10609           */
10610          if ((next_timeout <= realtime) || (proc_ptr->p_ticks_left <= 0)) {
10611               prev_ptr = proc_ptr;                    /* armazena o processo em execução */
10612               lock_notify(HARDWARE, CLOCK);           /* envia notificação */
10613          }
10614          return(1);                                  /* reativa as interrupções */
10615     }

10617     /*===========================================================================*
10618      *                              get_uptime                                   *
10619      *===========================================================================*/
10620     PUBLIC clock_t get_uptime()
10621     {
10622     /* Obtém e retorna o tempo de funcionamento do relógio corrente, em tiques. */
10623          return(realtime);
10624     }

10626     /*===========================================================================*
10627      *                              set_timer                                    *
10628      *===========================================================================*/
10629     PUBLIC void set_timer(tp, exp_time, watchdog)
10630     struct timer *tp;                /* ponteiro para estrutura de temporizadores */
10631     clock_t exp_time;                /* tempo real da expiração */
10632     tmr_func_t watchdog;             /* cão de guarda a ser chamado */
10633     {
10634     /* Insere o novo temporizador na lista de temporizadores ativos. Sempre atualiza o
```

```
10635        *  próximo tempo limite, configurando-o na frente da lista ativa.
10636        */
10637       tmrs_settimer(&clock_timers, tp, exp_time, watchdog, NULL);
10638       next_timeout = clock_timers->tmr_exp_time;
10639   }

10641   /*===========================================================================*
10642    *                              reset_timer                                  *
10643    *===========================================================================*/
10644   PUBLIC void reset_timer(tp)
10645   struct timer *tp;              /* ponteiro para estrutura de temporizadores */
10646   {
10647   /* O temporizador apontado por 'tp' não é mais necessário. Remove-o das
10648    * listas ativa e expirada. Sempre atualiza o próximo tempo limite, configurando-o
10649    * na frente da lista ativa.
10650    */
10651       tmrs_clrtimer(&clock_timers, tp, NULL);
10652       next_timeout = (clock_timers == NULL) ?
10653               TMR_NEVER : clock_timers->tmr_exp_time;
10654   }

10656   /*===========================================================================*
10657    *                              read_clock                                   *
10658    *===========================================================================*/
10659   PUBLIC unsigned long read_clock()
10660   {
10661   /* Lê o contador do canal 0 do temporizador 8253A. Esse contador conta
10662    * para baixo a uma velocidade de TIMER_FREQ e reinicia em TIMER_COUNT-1, quando
10663    * chega a zero. Uma interrupção de hardware (tique de relógio) ocorre quando o contador
10664    * chega a zero e reinicia seu ciclo.
10665    */
10666     unsigned count;
10667
10668     outb(TIMER_MODE, LATCH_COUNT);
10669     count = inb(TIMER0);
10670     count |= (inb(TIMER0) << 8);
10671
10672     return count;
10673   }
```

```
++++++++++++++++++++++++++++++++++++++++++++++++++++++++++++++++++++++++++
                              drivers/drivers.h
++++++++++++++++++++++++++++++++++++++++++++++++++++++++++++++++++++++++++

10700   /* Este é o cabeçalho mestre de todos os drivers de dispositivo. Ele inclui alguns outros
10701    * arquivos e define as principais constantes.
10702    */
10703   #define _POSIX_SOURCE   1    /* diz aos cabeçalhos para incluírem material do POSIX */
10704   #define _MINIX          1    /* diz aos cabeçalhos para incluírem material do MINIX */
10705   #define _SYSTEM         1    /* obtém número de erro negativo em <errno.h> */
10706
10707   /* O que segue é básico, todos os arquivos *.c os obtêm automaticamente. */
10708   #include <minix/config.h>    /* DEVE ser o primeiro */
10709   #include <ansi.h>            /* DEVE ser o segundo */
10710   #include <minix/type.h>
10711   #include <minix/com.h>
10712   #include <minix/dmap.h>
10713   #include <minix/callnr.h>
10714   #include <sys/types.h>
```

```
10715   #include <minix/const.h>
10716   #include <minix/devio.h>
10717   #include <minix/syslib.h>
10718   #include <minix/sysutil.h>
10719   #include <minix/bitmap.h>
10720
10721   #include <ibm/interrupt.h>     /* vetores de IRQ e portas diversas */
10722   #include <ibm/bios.h>          /* números de índice da BIOS */
10723   #include <ibm/ports.h>         /* Portas conhecidas */
10724
10725   #include <string.h>
10726   #include <signal.h>
10727   #include <stdlib.h>
10728   #include <limits.h>
10729   #include <stddef.h>
10730   #include <errno.h>
10731   #include <unistd.h>
10732




++++++++++++++++++++++++++++++++++++++++++++++++++++++++++++++++++++++++++
                            drivers/libdriver/driver.h
++++++++++++++++++++++++++++++++++++++++++++++++++++++++++++++++++++++++++

10800   /* Tipos e constantes compartilhados entre o código de driver de dispositivo genérico e
10801    * dependente de dispositivo.
10802    */
10803
10804   #define _POSIX_SOURCE    1     /* diz aos cabeçalhos para incluírem material do POSIX */
10805   #define _MINIX           1     /* diz aos cabeçalhos para incluírem material do MINIX */
10806   #define _SYSTEM          1     /* obtém número de erro negativo em <errno.h> */
10807
10808   /* O que segue é básico, todos os arquivos *.c os obtêm automaticamente. */
10809   #include <minix/config.h>      /* DEVE ser o primeiro */
10810   #include <ansi.h>              /* DEVE ser o segundo */
10811   #include <minix/type.h>
10812   #include <minix/ipc.h>
10813   #include <minix/com.h>
10814   #include <minix/callnr.h>
10815   #include <sys/types.h>
10816   #include <minix/const.h>
10817   #include <minix/syslib.h>
10818   #include <minix/sysutil.h>
10819
10820   #include <string.h>
10821   #include <limits.h>
10822   #include <stddef.h>
10823   #include <errno.h>
10824
10825   #include <minix/partition.h>
10826   #include <minix/u64.h>
10827
10828   /* Informações sobre e pontos de entrada no código dependente de dispositivo. */
10829   struct driver {
10830     _PROTOTYPE( char *(*dr_name), (void) );
10831     _PROTOTYPE( int (*dr_open), (struct driver *dp, message *m_ptr) );
10832     _PROTOTYPE( int (*dr_close), (struct driver *dp, message *m_ptr) );
10833     _PROTOTYPE( int (*dr_ioctl), (struct driver *dp, message *m_ptr) );
10834     _PROTOTYPE( struct device *(*dr_prepare), (int device) );
```

```
10835      _PROTOTYPE( int (*dr_transfer), (int proc_nr, int opcode, off_t position,
10836                                       iovec_t *iov, unsigned nr_req) );
10837      _PROTOTYPE( void (*dr_cleanup), (void) );
10838      _PROTOTYPE( void (*dr_geometry), (struct partition *entry) );
10839      _PROTOTYPE( void (*dr_signal), (struct driver *dp, message *m_ptr) );
10840      _PROTOTYPE( void (*dr_alarm), (struct driver *dp, message *m_ptr) );
10841      _PROTOTYPE( int (*dr_cancel), (struct driver *dp, message *m_ptr) );
10842      _PROTOTYPE( int (*dr_select), (struct driver *dp, message *m_ptr) );
10843      _PROTOTYPE( int (*dr_other), (struct driver *dp, message *m_ptr) );
10844      _PROTOTYPE( int (*dr_hw_int), (struct driver *dp, message *m_ptr) );
10845   };
10846
10847   #if (CHIP == INTEL)
10848
10849   /* Número de bytes em que você pode usar DMA antes de atingir um limite de 64K: */
10850   #define dma_bytes_left(phys)   \
10851      ((unsigned) (sizeof(int) == 2 ? 0 : 0x10000) - (unsigned) ((phys) & 0xFFFF))
10852
10853   #endif /* CHIP == INTEL */
10854
10855   /* Base e tamanho de uma partição em bytes. */
10856   struct device {
10857      u64_t dv_base;
10858      u64_t dv_size;
10859   };
10860
10861   #define NIL_DEV         ((struct device *) 0)
10862
10863   /* Funções definidas por driver.c: */
10864   _PROTOTYPE( void driver_task, (struct driver *dr) );
10865   _PROTOTYPE( char *no_name, (void) );
10866   _PROTOTYPE( int do_nop, (struct driver *dp, message *m_ptr) );
10867   _PROTOTYPE( struct device *nop_prepare, (int device) );
10868   _PROTOTYPE( void nop_cleanup, (void) );
10869   _PROTOTYPE( void nop_task, (void) );
10870   _PROTOTYPE( void nop_signal, (struct driver *dp, message *m_ptr) );
10871   _PROTOTYPE( void nop_alarm, (struct driver *dp, message *m_ptr) );
10872   _PROTOTYPE( int nop_cancel, (struct driver *dp, message *m_ptr) );
10873   _PROTOTYPE( int nop_select, (struct driver *dp, message *m_ptr) );
10874   _PROTOTYPE( int do_diocntl, (struct driver *dp, message *m_ptr) );
10875
10876   /* Parâmetros da unidade de disco. */
10877   #define SECTOR_SIZE     512     /* tamanho do setor físico em bytes */
10878   #define SECTOR_SHIFT      9     /* para divisão */
10879   #define SECTOR_MASK     511     /* e resto */
10880
10881   /* Tamanho do buffer de DMA em bytes. */
10882   #define USE_EXTRA_DMA_BUF  0    /* normalmente, desnecessário */
10883   #define DMA_BUF_SIZE    (DMA_SECTORS * SECTOR_SIZE)
10884
10885   #if (CHIP == INTEL)
10886   extern u8_t *tmp_buf;                    /* o buffer de DMA */
10887   #else
10888   extern u8_t tmp_buf[];                   /* o buffer de DMA */
10889   #endif
10890   extern phys_bytes tmp_phys;              /* endereço físico do buffer de DMA */
```

```
++++++++++++++++++++++++++++++++++++++++++++++++++++++++++++++++++++++++++++
                          drivers/libdriver/drvlib.h
++++++++++++++++++++++++++++++++++++++++++++++++++++++++++++++++++++++++++++

10900   /* Definições de driver de dispositivo IBM       Autor: Kees J. Bot
10901    *                                                  7 de dezembro de 1995
10902    */
10903
10904   #include <ibm/partition.h>
10905
10906   _PROTOTYPE( void partition, (struct driver *dr, int device, int style, int atapi) );
10907
10908   /* layout da tabela de parâmetros da BIOS. */
10909   #define bp_cylinders(t)        (* (u16_t *) (&(t)[0]))
10910   #define bp_heads(t)            (* (u8_t *)  (&(t)[2]))
10911   #define bp_reduced_wr(t)       (* (u16_t *) (&(t)[3]))
10912   #define bp_precomp(t)          (* (u16_t *) (&(t)[5]))
10913   #define bp_max_ecc(t)          (* (u8_t *)  (&(t)[7]))
10914   #define bp_ctlbyte(t)          (* (u8_t *)  (&(t)[8]))
10915   #define bp_landingzone(t)      (* (u16_t *) (&(t)[12]))
10916   #define bp_sectors(t)          (* (u8_t *)  (&(t)[14]))
10917
10918   /* Diversos. */
10919   #define DEV_PER_DRIVE   (1 + NR_PARTITIONS)
10920   #define MINOR_t0        64
10921   #define MINOR_r0        120
10922   #define MINOR_d0p0s0    128
10923   #define MINOR_fd0p0     (28<<2)
10924   #define P_FLOPPY        0
10925   #define P_PRIMARY       1
10926   #define P_SUB           2



++++++++++++++++++++++++++++++++++++++++++++++++++++++++++++++++++++++++++++
                          drivers/libdriver/driver.c
++++++++++++++++++++++++++++++++++++++++++++++++++++++++++++++++++++++++++++

11000   /* Este arquivo contém a interface de driver de dispositivo independente de dispositivo.
11001    *
11002    * Alterações:
11003    *   25 de julho de 2005 tipo SYS_SIG adicionado para sinais (Jorrit N. Herder)
11004    *   15 de setembro de 2004 tipo SYN_ALARM adicionado para tempos limites (Jorrit N. Herder)
11005    *   23 de julho de 2004 dependência do núcleo removidas (Jorrit N. Herder)
11006    *   02 de abril de 1992 construído a partir de AT wini e driver de disquete (Kees J. Bot)
11007    *
11008    *
11009    * Os drivers suportam as seguintes operações (usando o formato de mensagem m2):
11010    *
11011    *    m_type       DEVICE    PROC_NR    COUNT   POSITION  ADRRESS
11012    * ----------------------------------------------------------------
11013    * | DEV_OPEN   | device  | proc nr |        |          |         |
11014    * |------------+---------+---------+--------+----------+---------|
11015    * | DEV_CLOSE  | device  | proc nr |        |          |         |
11016    * |------------+---------+---------+--------+----------+---------|
11017    * | DEV_READ   | device  | proc nr | bytes  | offset   | buf ptr |
11018    * |------------+---------+---------+--------+----------+---------|
11019    * | DEV_WRITE  | device  | proc nr | bytes  | offset   | buf ptr |
```

```
11020  *   |------------+---------+---------+---------+---------+--------|
11021  *   | DEV_GATHER | device  | proc nr | iov len |  offset | iov ptr|
11022  *   |------------+---------+---------+---------+---------+--------|
11023  *   | DEV_SCATTER| device  | proc nr | iov len |  offset | iov ptr|
11024  *   |------------+---------+---------+---------+---------+--------|
11025  *   | DEV_IOCTL  | device  | proc nr |func code|         | buf ptr|
11026  *   |------------+---------+---------+---------+---------+--------|
11027  *   | CANCEL     | device  | proc nr |   r/w   |         |        |
11028  *   |------------+---------+---------+---------+---------+--------|
11029  *   | HARD_STOP  |         |         |         |         |        |
11030  *   ---------------------------------------------------------------
11031  *
11032  * O arquivo contém um ponto de entrada:
11033  *
11034  *   driver_task:      chamada pela entrada de tarefa dependente de dispositivo
11035  */
11036
11037 #include "../drivers.h"
11038 #include <sys/ioc_disk.h>
11039 #include "driver.h"
11040
11041 #define BUF_EXTRA      0
11042
11043 /* Reivindica espaço para variáveis. */
11044 PRIVATE u8_t buffer[(unsigned) 2 * DMA_BUF_SIZE + BUF_EXTRA];
11045 u8_t *tmp_buf;                    /* o buffer de DMA finalmente */
11046 phys_bytes tmp_phys;              /* endereço físico do buffer de DMA */
11047
11048 FORWARD _PROTOTYPE( void init_buffer, (void) );
11049 FORWARD _PROTOTYPE( int do_rdwt, (struct driver *dr, message *mp) );
11050 FORWARD _PROTOTYPE( int do_vrdwt, (struct driver *dr, message *mp) );
11051
11052 int device_caller;
11053
11054 /*===========================================================================*
11055  *                              driver_task                                  *
11056  *===========================================================================*/
11057 PUBLIC void driver_task(dp)
11058 struct driver *dp;         /* Pontos de entrada dependentes de dispositivo. */
11059 {
11060 /* Programa principal de qualquer tarefa de driver de dispositivo. */
11061
11062   int r, proc_nr;
11063   message mess;
11064
11065   /* Obtém um buffer de DMA. */
11066   init_buffer();
11067
11068   /* Aqui está o laço principal da tarefa de disco. Ele espera por uma mensagem, a
11069    * executa e envia uma resposta.
11070    */
11071   while (TRUE) {
11072
11073         /* Espera por uma requisição para ler ou escrever um bloco de disco. */
11074         if(receive(ANY, &mess) != OK) continue;
11075
11076         device_caller = mess.m_source;
11077         proc_nr = mess.PROC_NR;
11078
11079         /* Agora realiza o trabalho. */
```

```
11080                   switch(mess.m_type) {
11081                   case DEV_OPEN:          r = (*dp->dr_open)(dp, &mess); break;
11082                   case DEV_CLOSE:         r = (*dp->dr_close)(dp, &mess); break;
11083                   case DEV_IOCTL:         r = (*dp->dr_ioctl)(dp, &mess); break;
11084                   case CANCEL:            r = (*dp->dr_cancel)(dp, &mess);break;
11085                   case DEV_SELECT:        r = (*dp->dr_select)(dp, &mess);break;
11086
11087                   case DEV_READ:
11088                   case DEV_WRITE:    r = do_rdwt(dp, &mess);          break;
11089                   case DEV_GATHER:
11090                   case DEV_SCATTER:  r = do_vrdwt(dp, &mess);         break;
11091
11092                   case HARD_INT:          /* interrupção restante ou temporizador expirado. */
11093                                      if(dp->dr_hw_int) {
11094                                           (*dp->dr_hw_int)(dp, &mess);
11095                                      }
11096                                      continue;
11097                   case SYS_SIG:      (*dp->dr_signal)(dp, &mess);
11098                                      continue;       /* não responde */
11099                   case SYN_ALARM:    (*dp->dr_alarm)(dp, &mess);
11100                                      continue;       /* não responde */
11101                   default:
11102                        if(dp->dr_other)
11103                             r = (*dp->dr_other)(dp, &mess);
11104                        else
11105                             r = EINVAL;
11106                        break;
11107                   }
11108
11109                   /* Limpeza do estado restante. */
11110                   (*dp->dr_cleanup)();
11111
11112                   /* Finalmente, prepara e envia a mensagem de resposta. */
11113                   if (r != EDONTREPLY) {
11114                        mess.m_type = TASK_REPLY;
11115                        mess.REP_PROC_NR = proc_nr;
11116                        /* O status é o nº de bytes transferidos ou código de erro. */
11117                        mess.REP_STATUS = r;
11118                        send(device_caller, &mess);
11119                   }
11120              }
11121         }
11122
11123    /*===========================================================================*
11124     *                              init_buffer                                  *
11125     *===========================================================================*/
11126    PRIVATE void init_buffer()
11127    {
11128    /* Seleciona um buffer que possa ser usado com segurança para transferências de DMA. Ele
11129     * também pode ser usado para ler tabelas de partição e coisas desse tipo. Seu endereço
11130     * absoluto é 'tmp_phys', o endereço normal é 'tmp_buf'.
11131     */
11132
11133      unsigned left;
11134
11135      tmp_buf = buffer;
11136      sys_umap(SELF, D, (vir_bytes)buffer, (phys_bytes)sizeof(buffer), &tmp_phys);
11137
11138      if ((left = dma_bytes_left(tmp_phys)) < DMA_BUF_SIZE) {
11139           /* A primeira metade do buffer ultrapassa um limite de 64K. Não se pode usar DMA. */
```

```
11140                    tmp_buf += left;
11141                    tmp_phys += left;
11142            }
11143    }

11145    /*===========================================================================*
11146     *                              do_rdwt                                      *
11147     *===========================================================================*/
11148    PRIVATE int do_rdwt(dp, mp)
11149    struct driver *dp;              /* pontos de entrada dependentes de dispositivo */
11150    message *mp;                    /* ponteiro para mensagem de leitura ou escrita */
11151    {
11152    /* Executa um único pedido de leitura ou escrita. */
11153      iovec_t iovec1;
11154      int r, opcode;
11155      phys_bytes phys_addr;

11157      /* Endereço de disco? Endereço e comprimento do buffer de usuário? */
11158      if (mp->COUNT < 0) return(EINVAL);

11160      /* Verifica o buffer de usuário. */
11161      sys_umap(mp->PROC_NR, D, (vir_bytes) mp->ADDRESS, mp->COUNT, &phys_addr);
11162      if (phys_addr == 0) return(EFAULT);

11164      /* Prepara para E/S. */
11165      if ((*dp->dr_prepare)(mp->DEVICE) == NIL_DEV) return(ENXIO);

11167      /* Cria um único vetor de dispersão/reunião de elementos para o buffer. */
11168      opcode = mp->m_type == DEV_READ ? DEV_GATHER : DEV_SCATTER;
11169      iovec1.iov_addr = (vir_bytes) mp->ADDRESS;
11170      iovec1.iov_size = mp->COUNT;

11172      /* Transfere bytes de/para o dispositivo. */
11173      r = (*dp->dr_transfer)(mp->PROC_NR, opcode, mp->POSITION, &iovec1, 1);

11175      /* Retorna o número de bytes transferidos ou um código de erro. */
11176      return(r == OK ? (mp->COUNT - iovec1.iov_size) : r);
11177    }

11179    /*===========================================================================*
11180     *                              do_vrdwt                                     *
11181     *===========================================================================*/
11182    PRIVATE int do_vrdwt(dp, mp)
11183    struct driver *dp;              /* pontos de entrada dependentes de dispositivo */
11184    message *mp;                    /* ponteiro para mensagem de leitura ou escrita */
11185    {
11186    /* Realiza uma leitura ou escrita de dispositivo para/a partir de um vetor de endereços
11187     * de usuário. Os "endereços de usuário" são supostamente seguros, isto é, o SA
11188     * transferindo para/de seus próprios buffers; portanto, eles não são verificados.
11189     */
11190      static iovec_t iovec[NR_IOREQS];
11191      iovec_t *iov;
11192      phys_bytes iovec_size;
11193      unsigned nr_req;
11194      int r;

11196      nr_req = mp->COUNT;     /* Comprimento do vetor de E/S */

11198      if (mp->m_source < 0) {
11199         /* Chamada por uma tarefa, não precisa copiar vetor. */
```

```
11200        iov = (iovec_t *) mp->ADDRESS;
11201      } else {
11202        /* Copia o vetor do processo que fez a chamada para o espaço do núcleo. */
11203        if (nr_req > NR_IOREQS) nr_req = NR_IOREQS;
11204        iovec_size = (phys_bytes) (nr_req * sizeof(iovec[0]));
11205
11206        if (OK != sys_datacopy(mp->m_source, (vir_bytes) mp->ADDRESS,
11207                    SELF, (vir_bytes) iovec, iovec_size))
11208            panic((*dp->dr_name)(),"bad I/O vector by", mp->m_source);
11209        iov = iovec;
11210      }
11211
11212      /* Prepara para E/S. */
11213      if ((*dp->dr_prepare)(mp->DEVICE) == NIL_DEV) return(ENXIO);
11214
11215      /* Transfere bytes do/para o dispositivo. */
11216      r = (*dp->dr_transfer)(mp->PROC_NR, mp->m_type, mp->POSITION, iov, nr_req);
11217
11218      /* Copia o vetor de E/S de volta no processo que fez a chamada. */
11219      if (mp->m_source >= 0) {
11220        sys_datacopy(SELF, (vir_bytes) iovec,
11221             mp->m_source, (vir_bytes) mp->ADDRESS, iovec_size);
11222      }
11223      return(r);
11224    }

11226    /*===========================================================================*
11227     *                                no_name                                    *
11228     *===========================================================================*/
11229    PUBLIC char *no_name()
11230    {
11231    /* Usa este nome padrão, se não houver nenhum nome específico para o dispositivo. Isso era
11232     * feito originalmente por meio da busca do nome da tabela de tarefas deste processo:
11233     * "return(tasktab[proc_number(proc_ptr) + NR_TASKS].name);", mas atualmente um
11234     * "noname" real é retornado. Talvez algum serviço de informação de sistema possa ser
11235     * consultado para se obter um nome, posteriormente.
11236     */
11237      static char name[] = "noname";
11238      return name;
11239    }

11241    /*===========================================================================*
11242     *                                do_nop                                     *
11243     *===========================================================================*/
11244    PUBLIC int do_nop(dp, mp)
11245    struct driver *dp;
11246    message *mp;
11247    {
11248    /* Nada ada para fazer. */
11249
11250      switch (mp->m_type) {
11251      case DEV_OPEN:         return(ENODEV);
11252      case DEV_CLOSE:        return(OK);
11253      case DEV_IOCTL:        return(ENOTTY);
11254      default:               return(EIO);
11255      }
11256    }
```

```
11258  /*===========================================================================*
11259   *                              nop_signal                                   *
11260   *===========================================================================*/
11261  PUBLIC void nop_signal(dp, mp)
11262  struct driver *dp;
11263  message *mp;
11264  {
11265  /* A ação padrão para sinal é ignorar. */
11266  }

11268  /*===========================================================================*
11269   *                              nop_alarm                                    *
11270   *===========================================================================*/
11271  PUBLIC void nop_alarm(dp, mp)
11272  struct driver *dp;
11273  message *mp;
11274  {
11275  /* Ignora o alarme restante. */
11276  }

11278  /*===========================================================================*
11279   *                              nop_prepare                                  *
11280   *===========================================================================*/
11281  PUBLIC struct device *nop_prepare(device)
11282  {
11283  /* Nada para preparar. */
11284      return(NIL_DEV);
11285  }

11287  /*===========================================================================*
11288   *                              nop_cleanup                                  *
11289   *===========================================================================*/
11290  PUBLIC void nop_cleanup()
11291  {
11292  /* Nada para limpar. */
11293  }

11295  /*===========================================================================*
11296   *                              nop_cancel                                   *
11297   *===========================================================================*/
11298  PUBLIC int nop_cancel(struct driver *dr, message *m)
11299  {
11300  /* Nada a fazer para cancelar. */
11301      return(OK);
11302  }

11304  /*===========================================================================*
11305   *                              nop_select                                   *
11306   *===========================================================================*/
11307  PUBLIC int nop_select(struct driver *dr, message *m)
11308  {
11309  /* Nada a fazer para selecionar. */
11310      return(OK);
11311  }

11313  /*===========================================================================*
11314   *                              do_diocntl                                   *
11315   *===========================================================================*/
11316  PUBLIC int do_diocntl(dp, mp)
11317  struct driver *dp;
```

```
11318   message *mp;                            /* ponteiro para requisição de ioctl */
11319   {
11320   /* Executa uma requisição de configuração/obtenção de partição. */
11321       struct device *dv;
11322       struct partition entry;
11323       int s;
11324
11325       if (mp->REQUEST != DIOCSETP && mp->REQUEST != DIOCGETP) {
11326             if(dp->dr_other) {
11327                     return dp->dr_other(dp, mp);
11328             } else return(ENOTTY);
11329       }
11330
11331       /* Decodifica os parâmetros da mensagem. */
11332       if ((dv = (*dp->dr_prepare)(mp->DEVICE)) == NIL_DEV) return(ENXIO);
11333
11334       if (mp->REQUEST == DIOCSETP) {
11335             /* Copia apenas esta entrada da tabela de partição. */
11336             if (OK != (s=sys_datacopy(mp->PROC_NR, (vir_bytes) mp->ADDRESS,
11337                     SELF, (vir_bytes) &entry, sizeof(entry))))
11338                 return s;
11339             dv->dv_base = entry.base;
11340             dv->dv_size = entry.size;
11341       } else {
11342             /* Retorna uma entrada da tabela de partição e a geometria da unidade de disco. */
11343             entry.base = dv->dv_base;
11344             entry.size = dv->dv_size;
11345             (*dp->dr_geometry)(&entry);
11346             if (OK != (s=sys_datacopy(SELF, (vir_bytes) &entry,
11347                     mp->PROC_NR, (vir_bytes) mp->ADDRESS, sizeof(entry))))
11348                 return s;
11349       }
11350       return(OK);
11351   }
```

++
                            drivers/libdriver/drvlib.c
++

```
11400   /* Funções utilitárias de driver de dispositivo IBM.      Autor: Kees J. Bot
11401    *                                                        7 de dezembro de 1995
11402    * Ponto de entrada:
11403    *   partição: particiona um disco na(s) tabela(s) de partição nele presente(s).
11404    */
11405
11406   #include "driver.h"
11407   #include "drvlib.h"
11408   #include <unistd.h>
11409
11410   /* Partição estendida? */
11411   #define ext_part(s)     ((s) == 0x05 || (s) == 0x0F)
11412
11413   FORWARD _PROTOTYPE( void extpartition, (struct driver *dp, int extdev,
11414                                           unsigned long extbase) );
11415   FORWARD _PROTOTYPE( int get_part_table, (struct driver *dp, int device,
11416                           unsigned long offset, struct part_entry *table));
11417   FORWARD _PROTOTYPE( void sort, (struct part_entry *table) );
11418
11419   #ifndef CD_SECTOR_SIZE
```

```
11420   #define CD_SECTOR_SIZE 2048
11421   #endif
11422
11423   /*===========================================================================*
11424    *                              partition                                    *
11425    *===========================================================================*/
11426   PUBLIC void partition(dp, device, style, atapi)
11427   struct driver *dp;      /* pontos de entrada dependentes de dispositivo */
11428   int device;             /* dispositivo a particionar */
11429   int style;              /* estilo de particionamento: disquete, primário, sub. */
11430   int atapi;              /* dispositivo atapi */
11431   {
11432   /* Esta rotina é chamada na primeira abertura para inicializar as tabelas de partição
11433    * de um dispositivo. Ela garante que cada partição caia seguramente dentro dos limites
11434    * do dispositivo. Dependendo do estilo de partição, estamos fazendo
11435    * partições de disquete, partições primárias ou subpartições. Apenas as partições
11436    * primárias são ordenadas, pois são compartilhadas com outros sistemas
11437    * operacionais que esperam isso.
11438    */
11439     struct part_entry table[NR_PARTITIONS], *pe;
11440     int disk, par;
11441     struct device *dv;
11442     unsigned long base, limit, part_limit;
11443
11444     /* Obtém a geometria do dispositivo a particionar */
11445     if ((dv = (*dp->dr_prepare)(device)) == NIL_DEV
11446                                 || cmp64u(dv->dv_size, 0) == 0) return;
11447     base = div64u(dv->dv_base, SECTOR_SIZE);
11448     limit = base + div64u(dv->dv_size, SECTOR_SIZE);
11449
11450     /* Lê a tabela de partição do dispositivo. */
11451     if(!get_part_table(dp, device, 0L, table)) {
11452         return;
11453     }
11454
11455     /* Calcula o número de dispositivo da primeira partição. */
11456     switch (style) {
11457     case P_FLOPPY:
11458         device += MINOR_fd0p0;
11459         break;
11460     case P_PRIMARY:
11461         sort(table);            /* ordena uma tabela de partição primária */
11462         device += 1;
11463         break;
11464     case P_SUB:
11465         disk = device / DEV_PER_DRIVE;
11466         par = device % DEV_PER_DRIVE - 1;
11467         device = MINOR_d0p0s0 + (disk * NR_PARTITIONS + par) * NR_PARTITIONS;
11468     }
11469
11470     /* Encontra um conjunto de dispositivos. */
11471     if ((dv = (*dp->dr_prepare)(device)) == NIL_DEV) return;
11472
11473     /* Configura a geometria das partições da tabela de partição. */
11474     for (par = 0; par < NR_PARTITIONS; par++, dv++) {
11475         /* Diminui a partição para caber dentro do dispositivo. */
11476         pe = &table[par];
11477         part_limit = pe->lowsec + pe->size;
11478         if (part_limit < pe->lowsec) part_limit = limit;
11479         if (part_limit > limit) part_limit = limit;
```

```
11480              if (pe->lowsec < base) pe->lowsec = base;
11481              if (part_limit < pe->lowsec) part_limit = pe->lowsec;
11482
11483              dv->dv_base = mul64u(pe->lowsec, SECTOR_SIZE);
11484              dv->dv_size = mul64u(part_limit - pe->lowsec, SECTOR_SIZE);
11485
11486              if (style == P_PRIMARY) {
11487                      /* Cada partição primária do Minix pode ser subparticionada. */
11488                      if (pe->sysind == MINIX_PART)
11489                              partition(dp, device + par, P_SUB, atapi);
11490
11491                      /* Uma partição estendida tem partições lógicas. */
11492                      if (ext_part(pe->sysind))
11493                              extpartition(dp, device + par, pe->lowsec);
11494              }
11495      }
11496  }

11498  /*===========================================================================*
11499   *                              extpartition                                 *
11500   *===========================================================================*/
11501  PRIVATE void extpartition(dp, extdev, extbase)
11502  struct driver *dp;            /* pontos de entrada dependentes de dispositivo */
11503  int extdev;                   /* partição estendida a percorrer */
11504  unsigned long extbase;        /* deslocamento de setor da partição estendida de base */
11505  {
11506  /* As partições estendidas não podem ser ignoradas, pois as pessoas gostam de mover
11507   * arquivos para (e de) partições do DOS. Evite ler este código, ele não tem graça.
11508   */
11509    struct part_entry table[NR_PARTITIONS], *pe;
11510    int subdev, disk, par;
11511    struct device *dv;
11512    unsigned long offset, nextoffset;
11513
11514    disk = extdev / DEV_PER_DRIVE;
11515    par = extdev % DEV_PER_DRIVE - 1;
11516    subdev = MINOR_d0p0s0 + (disk * NR_PARTITIONS + par) * NR_PARTITIONS;
11517
11518    offset = 0;
11519    do {
11520         if (!get_part_table(dp, extdev, offset, table)) return;
11521         sort(table);
11522
11523         /* A tabela deve conter uma partição lógica e, opcionalmente,
11524          * outra partição estendida.    (Trata-se de uma lista encadeada.)
11525          */
11526         nextoffset = 0;
11527         for (par = 0; par < NR_PARTITIONS; par++) {
11528                 pe = &table[par];
11529                 if (ext_part(pe->sysind)) {
11530                         nextoffset = pe->lowsec;
11531                 } else
11532                 if (pe->sysind != NO_PART) {
11533                         if ((dv = (*dp->dr_prepare)(subdev)) == NIL_DEV) return;
11534
11535                         dv->dv_base = mul64u(extbase + offset + pe->lowsec,
11536                                                         SECTOR_SIZE);
11537                         dv->dv_size = mul64u(pe->size, SECTOR_SIZE);
11538
11539                         /* Falta de dispositivos? */
```

```
11540                          if (++subdev % NR_PARTITIONS == 0) return;
11541                  }
11542          }
11543  } while ((offset = nextoffset) != 0);
11544  }

11546  /*===========================================================================*
11547   *                              get_part_table                               *
11548   *===========================================================================*/
11549  PRIVATE int get_part_table(dp, device, offset, table)
11550  struct driver *dp;
11551  int device;
11552  unsigned long offset;           /* deslocamento de setor para a tabela */
11553  struct part_entry *table;       /* quatro entradas */
11554  {
11555  /* Lê a tabela de partição do dispositivo, retorna true se não houve
11556   * erros.
11557   */
11558    iovec_t iovec1;
11559    off_t position;
11560    static unsigned char partbuf[CD_SECTOR_SIZE];
11561
11562    position = offset << SECTOR_SHIFT;
11563    iovec1.iov_addr = (vir_bytes) partbuf;
11564    iovec1.iov_size = CD_SECTOR_SIZE;
11565    if ((*dp->dr_prepare)(device) != NIL_DEV) {
11566          (void) (*dp->dr_transfer)(SELF, DEV_GATHER, position, &iovec1, 1);
11567    }
11568    if (iovec1.iov_size != 0) {
11569          return 0;
11570    }
11571    if (partbuf[510] != 0x55 || partbuf[511] != 0xAA) {
11572          /* Tabela de partição inválida. */
11573          return 0;
11574    }
11575    memcpy(table, (partbuf + PART_TABLE_OFF), NR_PARTITIONS * sizeof(table[0]));
11576    return 1;
11577  }

11579  /*===========================================================================*
11580   *                                  sort                                     *
11581   *===========================================================================*/
11582  PRIVATE void sort(table)
11583  struct part_entry *table;
11584  {
11585  /* Ordena uma tabela de partição. */
11586    struct part_entry *pe, tmp;
11587    int n = NR_PARTITIONS;
11588
11589    do {
11590          for (pe = table; pe < table + NR_PARTITIONS-1; pe++) {
11591                  if (pe[0].sysind == NO_PART
11592                      || (pe[0].lowsec > pe[1].lowsec
11593                                      && pe[1].sysind != NO_PART)) {
11594                          tmp = pe[0]; pe[0] = pe[1]; pe[1] = tmp;
11595                  }
11596          }
11597    } while (--n > 0);
11598  }
```

```
++++++++++++++++++++++++++++++++++++++++++++++++++++++++++++++++++++++++++
                              drivers/memory/memory.c
++++++++++++++++++++++++++++++++++++++++++++++++++++++++++++++++++++++++++
11600   /* Este arquivo contém a parte dependente de dispositivo dos drivers para os
11601    * arquivos especiais seguintes:
11602    *      /dev/ram        - disco de RAM
11603    *      /dev/mem        - memória absoluta
11604    *      /dev/kmem       - memória virtual do núcleo
11605    *      /dev/null       - dispositivo nulo (depósito de dados)
11606    *      /dev/boot       - dispositivo usado pela imagem de inicialização
11607    *      /dev/zero       - gerador de fluxo de byte nulo
11608    *
11609    *  Alterações:
11610    *      29 de abril de 2005 gerador de byte nulo adicionado (Jorrit N. Herder)
11611    *      09 de abril de 2005 suporte para dispositivo de inicialização (Jorrit N. Herder)
11612    *      26 de julho de 2004 driver de RAM em espaço do usuário (Jorrit N. Herder)
11613    *      20 de abril de 1992 divisão entre dependente/independente de dispositivo (K. J. Bot)
11614    */
11615
11616   #include "../drivers.h"
11617   #include "../libdriver/driver.h"
11618   #include <sys/ioc_memory.h>
11619   #include "../../kernel/const.h"
11620   #include "../../kernel/config.h"
11621   #include "../../kernel/type.h"
11622
11623   #include "assert.h"
11624
11625   #define NR_DEVS         6           /* número de dispositivos secundários */
11626
11627   PRIVATE struct device m_geom[NR_DEVS];  /* base e tamanho de cada dispositivo */
11628   PRIVATE int m_seg[NR_DEVS];             /* indice de segmento de cada dispositivo */
11629   PRIVATE int m_device;                   /* dispositivo corrente */
11630   PRIVATE struct kinfo kinfo;             /* informação do núcleo*/
11631   PRIVATE struct machine machine;         /* informação da máquina */
11632
11633   extern int errno;                       /* número de erro para chamadas do PM */
11634
11635   FORWARD _PROTOTYPE( char *m_name, (void)                            );
11636   FORWARD _PROTOTYPE( struct device *m_prepare, (int device)          );
11637   FORWARD _PROTOTYPE( int m_transfer, (int proc_nr, int opcode, off_t position,
11638                                   iovec_t *iov, unsigned nr_req)      );
11639   FORWARD _PROTOTYPE( int m_do_open, (struct driver *dp, message *m_ptr)  );
11640   FORWARD _PROTOTYPE( void m_init, (void) );
11641   FORWARD _PROTOTYPE( int m_ioctl, (struct driver *dp, message *m_ptr)    );
11642   FORWARD _PROTOTYPE( void m_geometry, (struct partition *entry)          );
11643
11644   /* Pontos de entrada para este driver. */
11645   PRIVATE struct driver m_dtab = {
11646     m_name,         /* nome do dispositivo corrente */
11647     m_do_open,      /* abre ou monta */
11648     do_nop,         /* nada em um fechamento */
11649     m_ioctl,        /* geometria especifica do disco de ram */
11650     m_prepare,      /* prepara para E/S em determinado dispositivo secundário */
11651     m_transfer,     /* realiza a E/S */
11652     nop_cleanup,    /* não precisa limpar */
11653     m_geometry,     /* "geometria" do dispositivo de memória */
11654     nop_signal,     /* sinais do sistema */
```

```
11655       nop_alarm,
11656       nop_cancel,
11657       nop_select,
11658       NULL,
11659       NULL
11660   };
11661
11662   /* Buffer para o alimentador de byte nulo /dev/zero. */
11663   #define ZERO_BUF_SIZE                    1024
11664   PRIVATE char dev_zero[ZERO_BUF_SIZE];
11665
11666   #define click_to_round_k(n) \
11667           ((unsigned) ((((unsigned long) (n) << CLICK_SHIFT) + 512) / 1024))
11668
11669   /*===========================================================================*
11670    *                                main                                       *
11671    *===========================================================================*/
11672   PUBLIC int main(void)
11673   {
11674   /* Programa principal. Inicializa o driver de memória e inicia o laço principal. */
11675     m_init();
11676     driver_task(&m_dtab);
11677     return(OK);
11678   }
11679
11680   /*===========================================================================*
11681    *                                m_name                                     *
11682    *===========================================================================*/
11683   PRIVATE char *m_name()
11684   {
11685   /* Retorna um nome para o dispositivo corrente. */
11686     static char name[] = "memory";
11687     return name;
11688   }
11689
11690   /*===========================================================================*
11691    *                                m_prepare                                  *
11692    *===========================================================================*/
11693   PRIVATE struct device *m_prepare(device)
11694   int device;
11695   {
11696   /* Prepara E/S em dispositivo: testa validade do nro de disp. secundário */
11697     if (device < 0 || device >= NR_DEVS) return(NIL_DEV);
11698     m_device = device;
11699
11700     return(&m_geom[device]);
11701   }
11702
11703   /*===========================================================================*
11704    *                                m_transfer                                 *
11705    *===========================================================================*/
11706   PRIVATE int m_transfer(proc_nr, opcode, position, iov, nr_req)
11707   int proc_nr;                    /* processo que está fazendo a requisição */
11708   int opcode;                     /* DEV_GATHER ou DEV_SCATTER */
11709   off_t position;                 /* deslocamento no dispositivo a ler ou escrever */
11710   iovec_t *iov;                   /* ponteiro para vetor de requisição de leit./esc. */
11711   unsigned nr_req;                /* comprimento do vetor de requisição */
11712   {
11713   /* Lê ou escreve um dos dispositivos secundários do driver. */
11714     phys_bytes mem_phys;
```

```
11715   int seg;
11716   unsigned count, left, chunk;
11717   vir_bytes user_vir;
11718   struct device *dv;
11719   unsigned long dv_size;
11720   int s;
11721
11722   /* Obtém número do dispositivo secundário e verifica /dev/null. */
11723   dv = &m_geom[m_device];
11724   dv_size = cv64ul(dv->dv_size);
11725
11726   while (nr_req > 0) {
11727
11728       /* Quanto deve transferir e para/de onde. */
11729       count = iov->iov_size;
11730       user_vir = iov->iov_addr;
11731
11732       switch (m_device) {
11733
11734       /* Nenhuma cópia; ignora o pedido. */
11735       case NULL_DEV:
11736           if (opcode == DEV_GATHER) return(OK);       /* sempre ao EOF */
11737           break;
11738
11739       /* Cópia virtual. Para disco de RAM, mem. do núcleo e disp. de inicialização. */
11740       case RAM_DEV:
11741       case KMEM_DEV:
11742       case BOOT_DEV:
11743           if (position >= dv_size) return(OK);        /* verifica EOF */
11744           if (position + count > dv_size) count = dv_size - position;
11745           seg = m_seg[m_device];
11746
11747           if (opcode == DEV_GATHER) {                 /* copia dados reais */
11748               sys_vircopy(SELF,seg,position, proc_nr,D,user_vir, count);
11749           } else {
11750               sys_vircopy(proc_nr,D,user_vir, SELF,seg,position, count);
11751           }
11752           break;
11753
11754       /* Cópia física. Usada apenas para acessar a memória inteira. */
11755       case MEM_DEV:
11756           if (position >= dv_size) return(OK);        /* check for EOF */
11757           if (position + count > dv_size) count = dv_size - position;
11758           mem_phys = cv64ul(dv->dv_base) + position;
11759
11760           if (opcode == DEV_GATHER) {                 /* copia dados */
11761               sys_physcopy(NONE, PHYS_SEG, mem_phys,
11762                   proc_nr, D, user_vir, count);
11763           } else {
11764               sys_physcopy(proc_nr, D, user_vir,
11765                   NONE, PHYS_SEG, mem_phys, count);
11766           }
11767           break;
11768
11769       /* Gerador de fluxo de byte nulo. */
11770       case ZERO_DEV:
11771           if (opcode == DEV_GATHER) {
11772               left = count;
11773               while (left > 0) {
11774                   chunk = (left > ZERO_BUF_SIZE) ? ZERO_BUF_SIZE : left;
```

```
11775                    if (OK != (s=sys_vircopy(SELF, D, (vir_bytes) dev_zero,
11776                        proc_nr, D, user_vir, chunk)))
11777                        report("MEM","sys_vircopy failed", s);
11778                    left -= chunk;
11779                    user_vir += chunk;
11780                }
11781            }
11782            break;
11783
11784        /* Dispositivo secundário desconhecido (inválido). */
11785        default:
11786            return(EINVAL);
11787        }
11788
11789        /* Registra o número de bytes transferidos. */
11790        position += count;
11791        iov->iov_addr += count;
11792        if ((iov->iov_size -= count) == 0) { iov++; nr_req--; }
11793
11794    }
11795    return(OK);
11796 }

11798 /*===========================================================================*
11799  *                              m_do_open                                    *
11800  *===========================================================================*/
11801 PRIVATE int m_do_open(dp, m_ptr)
11802 struct driver *dp;
11803 message *m_ptr;
11804 {
11805 /* Verifica nr. do dispositivo na abertura. (Isso é usado para dar privilégios de E/S para
11806  * um processo que abre /dev/mem ou /dev/kmem. Isso pode ser necessário no caso de E/S
11807  * mapeada em memória. Com chamadas de sistema para E/S, isso não é mais necessário.)
11808  */
11809    if (m_prepare(m_ptr->DEVICE) == NIL_DEV) return(ENXIO);
11810
11811    return(OK);
11812 }

11814 /*===========================================================================*
11815  *                              m_init                                       *
11816  *===========================================================================*/
11817 PRIVATE void m_init()
11818 {
11819   /* Inicializa esta tarefa. Todos os dispositivos secundários são inicializados um a um. */
11820   int i, s;
11821
11822   if (OK != (s=sys_getkinfo(&kinfo))) {
11823       panic("MEM","Couldn't get kernel information.",s);
11824   }
11825
11826   /* Instala segmento remoto para memória /dev/kmem. */
11827   m_geom[KMEM_DEV].dv_base = cvul64(kinfo.kmem_base);
11828   m_geom[KMEM_DEV].dv_size = cvul64(kinfo.kmem_size);
11829   if (OK != (s=sys_segctl(&m_seg[KMEM_DEV], (u16_t *) &s, (vir_bytes *) &s,
11830               kinfo.kmem_base, kinfo.kmem_size))) {
11831       panic("MEM","Couldn't install remote segment.",s);
11832   }
11833
11834   /* Instala segmento remoto para memória /dev/boot, se estiver ativado. */
```

```
11835        m_geom[BOOT_DEV].dv_base = cvul64(kinfo.bootdev_base);
11836        m_geom[BOOT_DEV].dv_size = cvul64(kinfo.bootdev_size);
11837        if (kinfo.bootdev_base > 0) {
11838            if (OK != (s=sys_segctl(&m_seg[BOOT_DEV], (u16_t *) &s, (vir_bytes *) &s,
11839                    kinfo.bootdev_base, kinfo.bootdev_size))) {
11840                panic("MEM","Couldn't install remote segment.",s);
11841            }
11842        }
11843
11844        /* Inicializa /dev/zero. Apenas escreve zeros no buffer. */
11845        for (i=0; i<ZERO_BUF_SIZE; i++) {
11846            dev_zero[i] = '\0';
11847        }
11848
11849        /* Configura intervalos de memória para /dev/mem. */
11850        if (OK != (s=sys_getmachine(&machine))) {
11851            panic("MEM","Couldn't get machine information.",s);
11852        }
11853        if (! machine.protected) {
11854            m_geom[MEM_DEV].dv_size = cvul64(0x100000); /* 1M para sistemas 8086 */
11855        } else {
11856            m_geom[MEM_DEV].dv_size = cvul64(0xFFFFFFFF); /* 4G-1 para sistemas 386 */
11857        }
11858   }

11860   /*===========================================================================*
11861    *                                m_ioctl                                    *
11862    *===========================================================================*/
11863   PRIVATE int m_ioctl(dp, m_ptr)
11864   struct driver *dp;                      /* ponteiro para estrutura de driver */
11865   message *m_ptr;                         /* ponteiro para mensagem de controle */
11866   {
11867   /* Controles de E/S para o driver de memória. Atualmente, existe apenas um controle de E/S:
11868    * - MIOCRAMSIZE: para configurar o tamanho do disco de RAM.
11869    */
11870        struct device *dv;
11871        if ((dv = m_prepare(m_ptr->DEVICE)) == NIL_DEV) return(ENXIO);
11872
11873        switch (m_ptr->REQUEST) {
11874          case MIOCRAMSIZE: {
11875            /* O FS quer criar um novo disco de RAM com o tamanho dado. */
11876            phys_bytes ramdev_size;
11877            phys_bytes ramdev_base;
11878            int s;
11879
11880            if (m_ptr->PROC_NR != FS_PROC_NR) {
11881                report("MEM", "warning, MIOCRAMSIZE called by", m_ptr->PROC_NR);
11882                return(EPERM);
11883            }
11884
11885            /* Tenta alocar uma parte da memória para o disco de RAM. */
11886            ramdev_size = m_ptr->POSITION;
11887            if (allocmem(ramdev_size, &ramdev_base) < 0) {
11888                report("MEM", "warning, allocmem failed", errno);
11889                return(ENOMEM);
11890            }
11891            dv->dv_base = cvul64(ramdev_base);
11892            dv->dv_size = cvul64(ramdev_size);
11893
11894            if (OK != (s=sys_segctl(&m_seg[RAM_DEV], (u16_t *) &s, (vir_bytes *) &s,
```

```
11895                    ramdev_base, ramdev_size))) {
11896                    panic("MEM","Couldn't install remote segment.",s);
11897            }
11898        break;
11899    }
11900
11901    default:
11902        return(do_diocntl(&m_dtab, m_ptr));
11903  }
11904  return(OK);
11905 }

11907 /*===========================================================================*
11908  *                              m_geometry                                   *
11909  *===========================================================================*/
11910 PRIVATE void m_geometry(entry)
11911 struct partition *entry;
11912 {
11913   /* Os dispositivos de memória não têm geometria, mas o mundo externo insiste. */
11914   entry->cylinders = div64u(m_geom[m_device].dv_size, SECTOR_SIZE) / (64 * 32);
11915   entry->heads = 64;
11916   entry->sectors = 32;
11917 }
```

++
                         drivers/at_wini/at_wini.h
++

```
12000  #include "../drivers.h"
12001  #include "../libdriver/driver.h"
12002  #include "../libdriver/drvlib.h"
12003
12004  _PROTOTYPE(int main, (void));
12005
12006  #define VERBOSE         0   /* exibe msg de identificação na inicialização */
12007  #define ENABLE_ATAPI    0   /* adiciona suporte para cd-rom ATAPI no driver */
```

++
                         drivers/at_wini/at_wini.c
++

```
12100  /* Este arquivo contém a parte dependente de dispositivo de um driver para a
12101   * controladora de winchester do IBM-AT. Escrito por Adri Koppes.
12102   *
12103   * O arquivo contém um ponto de entrada:
12104   *
12105   *   at_winchester_task:      entrada principal quando o sistema é criado
12106   *
12107   * Alterações:
12108   *    19 de agosto de 2005 suporte para pci ata, suporta SATA (Ben Gras)
12109   *    18 de novembro de 2004 driver de disco AT em espaço do usuário (Jorrit N. Herder)
12110   *    20 de agosto de 2004 cães de guarda trocado por alarmes síncronos (Jorrit N. Herder)
12111   *    23 de março de 2000 suporte para CDROM ATAPI adicionado (Michael Temari)
12112   *    14 de maio de 2000 d-d/i reescrito (Kees J. Bot)
12113   *    13 de abril de 1992 divisão entre dependente/independente de dispositivo (Kees J. Bot)
12114   */
```

```
12115
12116   #include "at_wini.h"
12117   #include "../libpci/pci.h"
12118
12119   #include <minix/sysutil.h>
12120   #include <minix/keymap.h>
12121   #include <sys/ioc_disk.h>
12122
12123   #define ATAPI_DEBUG         0       /* Para depurar código ATAPI. */
12124
12125   /* Portas de E/S usadas pelas controladoras de disco winchester. */
12126
12127   /* Registradores de leitura e escrita */
12128   #define REG_CMD_BASE0    0x1F0   /* registrador de base de comando da controladora 0 */
12129   #define REG_CMD_BASE1    0x170   /* registrador de base de comando da controladora 1 */
12130   #define REG_CTL_BASE0    0x3F6   /* registrador de base de controle da controladora 0 */
12131   #define REG_CTL_BASE1    0x376   /* registrador de base de controle da controladora 1 */
12132
12133   #define REG_DATA         0       /* registrador de dados (deslocamento a partir do reg. de
                                         base) */
12134   #define REG_PRECOMP      1       /* início da compensação prévia de escrita */
12135   #define REG_COUNT        2       /* setores a transferir */
12136   #define REG_SECTOR       3       /* número do setor */
12137   #define REG_CYL_LO       4       /* byte inferior do número do cilindro */
12138   #define REG_CYL_HI       5       /* byte superior do número do cilindro */
12139   #define REG_LDH          6       /* lba, unidade e cabeçote */
12140   #define   LDH_DEFAULT         0xA0    /* ECC ativo, 512 bytes por setor */
12141   #define   LDH_LBA             0x40    /* Usa endereçamento LBA */
12142   #define   ldh_init(drive)     (LDH_DEFAULT | ((drive) << 4))
12143
12144   /* Registradores de leitura e escrita */
12145   #define REG_STATUS       7       /* status */
12146   #define   STATUS_BSY        0x80    /* controladora ocupada */
12147   #define   STATUS_RDY        0x40    /* unidade de disco pronta */
12148   #define   STATUS_WF         0x20    /* erro de escrita */
12149   #define   STATUS_SC         0x10    /* busca completa (obsoleto) */
12150   #define   STATUS_DRQ        0x08    /* pedido de transferência de dados */
12151   #define   STATUS_CRD        0x04    /* dados corrigidos */
12152   #define   STATUS_IDX        0x02    /* pulso de índice */
12153   #define   STATUS_ERR        0x01    /* erro */
12154   #define   STATUS_ADMBSY     0x100   /* administrativamente ocupado (software) */
12155   #define REG_ERROR        1       /* código de erro */
12156   #define   ERROR_BB          0x80    /* bloco danificado */
12157   #define   ERROR_ECC         0x40    /* bytes ecc danificados */
12158   #define   ERROR_ID          0x10    /* id não encontrada */
12159   #define   ERROR_AC          0x04    /* comando cancelado */
12160   #define   ERROR_TK          0x02    /* rastreia erro zero */
12161   #define   ERROR_DM          0x01    /* nenhuma marca de endereço de dados */
12162
12163   /* Registradores apenas de escrita */
12164   #define REG_COMMAND      7       /* comando */
12165   #define   CMD_IDLE          0x00    /* para w_command: unidade de disco ociosa */
12166   #define   CMD_RECALIBRATE   0x10    /* recalibra unidade de disco */
12167   #define   CMD_READ          0x20    /* lê dados */
12168   #define   CMD_READ_EXT      0x24    /* lê dados (endereçados com LBA48) */
12169   #define   CMD_WRITE         0x30    /* grava dados */
12170   #define   CMD_WRITE_EXT     0x34    /* grava dados (endereçados com LBA48) */
12171   #define   CMD_READVERIFY    0x40    /* verificação da leitura */
12172   #define   CMD_FORMAT        0x50    /* formata trilha */
12173   #define   CMD_SEEK          0x70    /* busca cilindro */
12174   #define   CMD_DIAG          0x90    /* executa diagnóstico de dispositivo */
```

```
12175 #define    CMD_SPECIFY          0x91      /* especifica parâmetros */
12176 #define    ATA_IDENTIFY         0xEC      /* identifica unidade de disco */
12177 /* #define REG_CTL              0x206     */ /* registrador de controle */
12178 #define REG_CTL             0         /* registrador de controle */
12179 #define    CTL_NORETRY          0x80      /* desativa nova tentativa de acesso */
12180 #define    CTL_NOECC            0x40      /* desativa nova tentativa de ecc */
12181 #define    CTL_EIGHTHEADS       0x08      /* mais de oito cabeçotes */
12182 #define    CTL_RESET            0x04      /* reconfigura a controladora */
12183 #define    CTL_INTDISABLE       0x02      /* desativa interrupções */
12184
12185 #define    REG_STATUS        7           /* status */
12186 #define    STATUS_BSY           0x80      /* controladora ocupada */
12187 #define    STATUS_DRDY          0x40      /* unidade de disco pronta */
12188 #define    STATUS_DMADF         0x20      /* erro de dma pronto/ unidade de disco */
12189 #define    STATUS_SRVCDSC       0x10      /* serviço ou dsc */
12190 #define    STATUS_DRQ           0x08      /* pedido de transferência de dados */
12191 #define    STATUS_CORR          0x04      /* ocorreu erro que pode ser corrigido */
12192 #define    STATUS_CHECK         0x01      /* verifica erro */
12193
12194 /* Linhas de pedido de interrupção. */
12195 #define NO_IRQ          0           /* nenhum IRQ configurado ainda */
12196
12197 #define ATAPI_PACKETSIZE        12
12198 #define SENSE_PACKETSIZE        18
12199
12200 /* Bloco de comandos comum */
12201 struct command {
12202   u8_t precomp;          /* REG_PRECOMP, etc. */
12203   u8_t count;
12204   u8_t sector;
12205   u8_t cyl_lo;
12206   u8_t cyl_hi;
12207   u8_t ldh;
12208   u8_t command;
12209 };
12210
12211 /* Códigos de erro */
12212 #define ERR                  (-1)     /* erro geral */
12213 #define ERR_BAD_SECTOR       (-2)     /* bloco marcado como defeituoso detectado */
12214
12215 /* Algumas controladoras não interrompem, o relógio nos despertará. */
12216 #define WAKEUP           (32*HZ) /* unidade de disco pode estar fora por 31s no max */
12217
12218 /* Diversos. */
12219 #define MAX_DRIVES         8
12220 #define COMPAT_DRIVES      4
12221 #define MAX_SECS         256      /* qtde. de setores max. transferidos pela controladora */
12222 #define MAX_ERRORS         4      /* freqüência para tentar rd/wt antes de sair */
12223 #define NR_MINORS         (MAX_DRIVES * DEV_PER_DRIVE)
12224 #define SUB_PER_DRIVE     (NR_PARTITIONS * NR_PARTITIONS)
12225 #define NR_SUBDEVS        (MAX_DRIVES * SUB_PER_DRIVE)
12226 #define DELAY_USECS     1000      /* tempo limite da controladora em microssegundos */
12227 #define DELAY_TICKS        1      /* tempo limite da controladora em tiques */
12228 #define DEF_TIMEOUT_TICKS    300      /* tempo limite da controladora em tiques */
12229 #define RECOVERY_USECS 500000     /* tempo de recuperação da controladora em microssegundos */
12230 #define RECOVERY_TICKS    30      /* tempo de recuperação da controladora em tiques */
12231 #define INITIALIZED     0x01      /* a unidade de disco está inicializada */
12232 #define DEAF            0x02      /* a controladora deve ser reconfigurada */
12233 #define SMART           0x04      /* a unidade de disco suporta comandos ATA */
12234 #define ATAPI              0      /* não se preocupa com ATAPI; otimiza */
```

```
12235   #define IDENTIFIED      0x10    /* w_identify realizado com êxito */
12236   #define IGNORING        0x20    /* w_identify falhou uma vez */
12237
12238   /* Tempos limites e max de novas tentativas. */
12239   int timeout_ticks = DEF_TIMEOUT_TICKS, max_errors = MAX_ERRORS;
12240   int wakeup_ticks = WAKEUP;
12241   long w_standard_timeouts = 0, w_pci_debug = 0, w_instance = 0,
12242     w_lba48 = 0, atapi_debug = 0;
12243
12244   int w_testing = 0, w_silent = 0;
12245
12246   int w_next_drive = 0;
12247
12248   /* Variáveis. */
12249
12250   /* wini é indexado primeiro pela controladora e, em seguida, a unidade de disco (0-3).
12251    * a controladora 0 é sempre a controladora IDE de 'compatibilidade', nas
12252    * posições fixas, esteja presente ou não.
12253    */
12254   PRIVATE struct wini {           /* estrutura de unidade de disco, uma entrada por unidade */
12255     unsigned state;               /* estado: sem contato, inicializada, morta */
12256     unsigned w_status;            /* registrador de status de dispositivo */
12257     unsigned base_cmd;            /* registrador de base de comando */
12258     unsigned base_ctl;            /* registrador de base de controle */
12259     unsigned irq;                 /* linha de pedido de interrupção */
12260     unsigned irq_mask;            /* 1 << irq */
12261     unsigned irq_need_ack;        /* irq precisa ser reconhecida */
12262     int irq_hook_id;              /* id do gancho de irq no núcleo */
12263     int lba48;                    /* suporta lba48 */
12264     unsigned lcylinders;          /* número lógico de cilindros (BIOS) */
12265     unsigned lheads;              /* número lógico de cabeçotes */
12266     unsigned lsectors;            /* número lógico de setores por trilha */
12267     unsigned pcylinders;          /* número físico de cilindros (transformados) */
12268     unsigned pheads;              /* número físico de cabeçotes */
12269     unsigned psectors;            /* número físico de setores por trilha */
12270     unsigned ldhpref;             /* quatro bytes superiores do registrador LDH (cabeçote) */
12271     unsigned precomp;             /* cilindro de compensação prévia de gravação / 4 */
12272     unsigned max_count;           /* pedido max para essa unidade de disco */
12273     unsigned open_ct;             /* contagem de em uso */
12274     struct device part[DEV_PER_DRIVE];      /* discos e partições */
12275     struct device subpart[SUB_PER_DRIVE];   /* subpartições */
12276   } wini[MAX_DRIVES], *w_wn;
12277
12278   PRIVATE int w_device = -1;
12279   PRIVATE int w_controller = -1;
12280   PRIVATE int w_major = -1;
12281   PRIVATE char w_id_string[40];
12282
12283   PRIVATE int win_tasknr;         /* meu número de tarefa */
12284   PRIVATE int w_command;          /* comando corrente em execução */
12285   PRIVATE u8_t w_byteval;         /* usado por SYS_IRQCTL */
12286   PRIVATE int w_drive;            /* unidade de disco selecionada */
12287   PRIVATE int w_controller;       /* controladora selecionada */
12288   PRIVATE struct device *w_dv;    /* base e tamanho do dispositivo */
12289
12290   FORWARD _PROTOTYPE( void init_params, (void)                                    );
12291   FORWARD _PROTOTYPE( void init_drive, (struct wini *, int, int, int, int, int, int));
12292   FORWARD _PROTOTYPE( void init_params_pci, (int)                                 );
12293   FORWARD _PROTOTYPE( int w_do_open, (struct driver *dp, message *m_ptr)          );
12294   FORWARD _PROTOTYPE( struct device *w_prepare, (int dev)                         );
```

```
12295   FORWARD _PROTOTYPE( int w_identify, (void)                              );
12296   FORWARD _PROTOTYPE( char *w_name, (void)                                );
12297   FORWARD _PROTOTYPE( int w_specify, (void)                               );
12298   FORWARD _PROTOTYPE( int w_io_test, (void)                               );
12299   FORWARD _PROTOTYPE( int w_transfer, (int proc_nr, int opcode, off_t position,
12300                                       iovec_t *iov, unsigned nr_req)      );
12301   FORWARD _PROTOTYPE( int com_out, (struct command *cmd)                  );
12302   FORWARD _PROTOTYPE( void w_need_reset, (void)                           );
12303   FORWARD _PROTOTYPE( void ack_irqs, (unsigned int)                       );
12304   FORWARD _PROTOTYPE( int w_do_close, (struct driver *dp, message *m_ptr) );
12305   FORWARD _PROTOTYPE( int w_other, (struct driver *dp, message *m_ptr)    );
12306   FORWARD _PROTOTYPE( int w_hw_int, (struct driver *dp, message *m_ptr)   );
12307   FORWARD _PROTOTYPE( int com_simple, (struct command *cmd)               );
12308   FORWARD _PROTOTYPE( void w_timeout, (void)                              );
12309   FORWARD _PROTOTYPE( int w_reset, (void)                                 );
12310   FORWARD _PROTOTYPE( void w_intr_wait, (void)                            );
12311   FORWARD _PROTOTYPE( int at_intr_wait, (void)                            );
12312   FORWARD _PROTOTYPE( int w_waitfor, (int mask, int value)                );
12313   FORWARD _PROTOTYPE( void w_geometry, (struct partition *entry)          );
12314
12315   /* Pontos de entrada para este driver. */
12316   PRIVATE struct driver w_dtab = {
12317     w_name,              /* nome do dispositivo corrente */
12318     w_do_open,           /* requisição de abertura ou montagem, inicializa dispositivo */
12319     w_do_close,          /* libera dispositivo */
12320     do_diocntl,          /* obtém ou configura geometria de uma partição */
12321     w_prepare,           /* prepara para E/S em um dispositivo secundário dado */
12322     w_transfer,          /* faz a E/S */
12323     nop_cleanup,         /* nada para limpar */
12324     w_geometry,          /* informa a geometria do disco */
12325     nop_signal,          /* nenhuma limpeza necessária no desligamento */
12326     nop_alarm,           /* ignora alarmes restantes */
12327     nop_cancel,          /* ignora CANCELs */
12328     nop_select,          /* ignora seleções */
12329     w_other,             /* comandos não reconhecidos e ioctls */
12330     w_hw_int             /* interrupções de hardware restantes */
12331   };
12332
12333   /*===========================================================================*
12334    *                          at_winchester_task                               *
12335    *===========================================================================*/
12336   PUBLIC int main()
12337   {
12338   /* Configura parâmetros de disco especiais e depois chama o laços principal genérico. */
12339     init_params();
12340     driver_task(&w_dtab);
12341     return(OK);
12342   }
12343
12344   /*===========================================================================*
12345    *                              init_params                                  *
12346    *===========================================================================*/
12347   PRIVATE void init_params()
12348   {
12349   /* Esta rotina é chamada na partida para inicializar os parâmetros da unidade de disco. */
12350
12351     u16_t parv[2];
12352     unsigned int vector, size;
12353     int drive, nr_drives;
12354     struct wini *wn;
```

```
12355          u8_t params[16];
12356          int s;
12357
12358          /* Variáveis de inicialização. */
12359          env_parse("ata_std_timeout", "d", 0, &w_standard_timeouts, 0, 1);
12360          env_parse("ata_pci_debug", "d", 0, &w_pci_debug, 0, 1);
12361          env_parse("ata_instance", "d", 0, &w_instance, 0, 8);
12362          env_parse("ata_lba48", "d", 0, &w_lba48, 0, 1);
12363          env_parse("atapi_debug", "d", 0, &atapi_debug, 0, 1);
12364
12365          if (w_instance == 0) {
12366                  /* Obtém o número de unidades de disco a partir da área de dados da BIOS */
12367                  if ((s=sys_vircopy(SELF, BIOS_SEG, NR_HD_DRIVES_ADDR,
12368                          SELF, D, (vir_bytes) params, NR_HD_DRIVES_SIZE)) != OK)
12369                          panic(w_name(), "Couldn't read BIOS", s);
12370                  if ((nr_drives = params[0]) > 2) nr_drives = 2;
12371
12372                  for (drive = 0, wn = wini; drive < COMPAT_DRIVES; drive++, wn++) {
12373                          if (drive < nr_drives) {
12374                                  /* Copia o vetor de parâmetros da BIOS */
12375                                  vector = (drive == 0) ? BIOS_HD0_PARAMS_ADDR:BIOS_HD1_PARAMS_ADDR;
12376                                  size = (drive == 0) ? BIOS_HD0_PARAMS_SIZE:BIOS_HD1_PARAMS_SIZE;
12377                                  if ((s=sys_vircopy(SELF, BIOS_SEG, vector,
12378                                          SELF, D, (vir_bytes) parv, size)) != OK)
12379                                          panic(w_name(), "Couldn't read BIOS", s);
12380
12381                                  /* Calcula o endereço dos parâmetros e os copia */
12382                                  if ((s=sys_vircopy(
12383                                          SELF, BIOS_SEG, hclick_to_physb(parv[1]) + parv[0],
12384                                          SELF, D, (phys_bytes) params, 16L))!=OK)
12385                                          panic(w_name(),"Couldn't copy parameters", s);
12386
12387                                  /* Copia os parâmetros nas estruturas da unidade de disco */
12388                                  wn->lcylinders = bp_cylinders(params);
12389                                  wn->lheads = bp_heads(params);
12390                                  wn->lsectors = bp_sectors(params);
12391                                  wn->precomp = bp_precomp(params) >> 2;
12392                          }
12393
12394                          /* Preenche os parâmetros que não são da BIOS. */
12395                          init_drive(wn,
12396                                  drive < 2 ? REG_CMD_BASE0 : REG_CMD_BASE1,
12397                                  drive < 2 ? REG_CTL_BASE0 : REG_CTL_BASE1,
12398                                  NO_IRQ, 0, 0, drive);
12399                          w_next_drive++;
12400                  }
12401          }
12402
12403          /* Procura controladoras no barramento PCI. Não pula na primeira instância,
12404           * pula um e depois 2 para cada instância.
12405           */
12406          if (w_instance == 0)
12407                  init_params_pci(0);
12408          else
12409                  init_params_pci(w_instance*2-1);
12410
12411  }

12413  #define ATA_IF_NOTCOMPAT1 (1L << 0)
12414  #define ATA_IF_NOTCOMPAT2 (1L << 2)
```

```
12415
12416   /*===========================================================================*
12417    *                              init_drive                                   *
12418    *===========================================================================*/
12419   PRIVATE void init_drive(struct wini *w int base_cmd int base_ctl int irq int ack ...
12420   {
12421           w->state = 0;
12422           w->w_status = 0;
12423           w->base_cmd = base_cmd;
12424           w->base_ctl = base_ctl;
12425           w->irq = irq;
12426           w->irq_mask = 1 << irq;
12427           w->irq_need_ack = ack;
12428           w->irq_hook_id = hook;
12429           w->ldhpref = ldh_init(drive);
12430           w->max_count = MAX_SECS << SECTOR_SHIFT;
12431           w->lba48 = 0;
12432   }

12434   /*===========================================================================*
12435    *                              init_params_pci                              *
12436    *===========================================================================*/
12437   PRIVATE void init_params_pci(int skip)
12438   {
12439     int r, devind, drive;
12440     u16_t vid, did;
12441     pci_init();
12442     for(drive = w_next_drive; drive < MAX_DRIVES; drive++)
12443           wini[drive].state = IGNORING;
12444     for(r = pci_first_dev(&devind, &vid, &did);
12445           r!=0&&w_next_drive<MAX_DRIVES; r=pci_next_dev(&devind,&vid, &did)) {
12446           int interface, irq, irq_hook;
12447           /* A classe de base deve ser 01h (armazenamento de massa), a subclasse deve
12448            * ser 01h (ATA).
12449            */
12450           if (pci_attr_r8(devind, PCI_BCR) != 0x01 ||
12451               pci_attr_r8(devind, PCI_SCR) != 0x01) {
12452                   continue;
12453           }
12454           /* Encontrou uma controladora.
12455            * O registrador de interface de programação nos informa mais.
12456            */
12457           interface = pci_attr_r8(devind, PCI_PIFR);
12458           irq = pci_attr_r8(devind, PCI_ILR);

12460           /* Alguma unidade de disco não compatível? */
12461           if (interface & (ATA_IF_NOTCOMPAT1 | ATA_IF_NOTCOMPAT2)) {
12462                   int s;
12463                   irq_hook = irq;
12464                   if (skip > 0) {
12465                    if(w_pci_debug)printf("atapci skipping contr. (remain %d)\n",skip);
12466                           skip--;
12467                           continue;
12468                   }
12469                   if ((s=sys_irqsetpolicy(irq, 0, &irq_hook)) != OK) {
12470                           printf("atapci: couldn't set IRQ policy %d\n", irq);
12471                           continue;
12472                   }
12473                   if ((s=sys_irqenable(&irq_hook)) != OK) {
12474                           printf("atapci: couldn't enable IRQ line %d\n", irq);
```

```
12475                          continue;
12476                  }
12477          } else {
12478                  /* Se não.. esta não é a controladora ata-pci que estávamos
12479                   * procurando.
12480                   */
12481                  if (w_pci_debug) printf("atapci skipping compatability controller\n");
12482                  continue;
12483          }
12484
12485          /* Canal primário não está no modo de compatibilidade? */
12486          if (interface & ATA_IF_NOTCOMPAT1) {
12487                  u32_t base_cmd, base_ctl;
12488                  base_cmd = pci_attr_r32(devind, PCI_BAR) & 0xfffffffe0;
12489                  base_ctl = pci_attr_r32(devind, PCI_BAR_2) & 0xfffffffe0;
12490                  if (base_cmd != REG_CMD_BASE0 && base_cmd != REG_CMD_BASE1) {
12491                          init_drive(&wini[w_next_drive],
12492                                  base_cmd, base_ctl, irq, 1, irq_hook, 0);
12493                          init_drive(&wini[w_next_drive+1],
12494                                  base_cmd, base_ctl, irq, 1, irq_hook, 1);
12495                          if (w_pci_debug)
12496                  printf("atapci %d: 0x%x 0x%x irq %d\n",devind,base_cmd,base_ctl,irq)
12497                          } else printf("atapci: ignored drives on pri, base: %x\n",base_cmd);
12498          }
12499
12500          /* Canal secundário não está no modo de compatibilidade? */
12501          if (interface & ATA_IF_NOTCOMPAT2) {
12502                  u32_t base_cmd, base_ctl;
12503                  base_cmd = pci_attr_r32(devind, PCI_BAR_3) & 0xfffffffe0;
12504                  base_ctl = pci_attr_r32(devind, PCI_BAR_4) & 0xfffffffe0;
12505                  if (base_cmd != REG_CMD_BASE0 && base_cmd != REG_CMD_BASE1) {
12506                          init_drive(&wini[w_next_drive+2],
12507                                  base_cmd, base_ctl, irq, 1, irq_hook, 2);
12508                          init_drive(&wini[w_next_drive+3],
12509                                  base_cmd, base_ctl, irq, 1, irq_hook, 3);
12510                          if (w_pci_debug)
12511                  printf("atapci %d: 0x%x 0x%x irq %d\n",devind,base_cmd,base_ctl,irq);
12512                          } else printf("atapci: ignored drives on secondary %x\n", base_cmd);
12513          }
12514          w_next_drive += 4;
12515   }
12516 }

12518 /*===========================================================================*
12519  *                              w_do_open                                    *
12520  *===========================================================================*/
12521 PRIVATE int w_do_open(dp, m_ptr)
12522 struct driver *dp;
12523 message *m_ptr;
12524 {
12525 /* Abertura de dispositivo: Inicializa a controladora e lê a tabela de partição. */
12526
12527    struct wini *wn;
12528
12529    if (w_prepare(m_ptr->DEVICE) == NIL_DEV) return(ENXIO);
12530
12531    wn = w_wn;
12532
12533    /* Se testamos antes e falhou, não testa novamente. */
12534    if (wn->state & IGNORING) return ENXIO;
```

```
12535
12536          /* Se ainda não identificamos ou apresentou defeito,
12537           * (re)identifica.
12538           */
12539          if (!(wn->state & IDENTIFIED) || (wn->state & DEAF)) {
12540                  /* Tenta identificar o dispositivo. */
12541                  if (w_identify() != OK) {
12542                          if (wn->state & DEAF) w_reset();
12543                          wn->state = IGNORING;
12544                          return(ENXIO);
12545                  }
12546                  /* Realiza uma transação de teste, a não ser que seja uma unidade de CD (então,
12547                   * podemos acreditar na controladora e um teste pode falhar
12548                   * devido ao fato de não haver nenhum CD na unidade). Se falhar, ignora
12549                   * o dispositivo para sempre.
12550                   */
12551                  if (!(wn->state & ATAPI) && w_io_test() != OK) {
12552                          wn->state |= IGNORING;
12553                          return(ENXIO);
12554                  }
12555          }
12556
12557          /* Se não for um dispositivo ATAPI, então não abre com RO_BIT. */
12558          if (!(wn->state & ATAPI) && (m_ptr->COUNT & RO_BIT)) return EACCES;
12559
12560          /* Particiona a unidade de disco, se estiver sendo aberta pela primeira vez
12561           * ou sendo aberta após ser fechada.
12562           */
12563          if (wn->open_ct == 0) {
12564
12565                  /* Particiona o disco. */
12566                  memset(wn->part, sizeof(wn->part), 0);
12567                  memset(wn->subpart, sizeof(wn->subpart), 0);
12568                  partition(&w_dtab, w_drive * DEV_PER_DRIVE, P_PRIMARY, wn->state & ATAPI);
12569          }
12570          wn->open_ct++;
12571          return(OK);
12572  }
12573
12574  /*===========================================================================*
12575   *                              w_prepare                                    *
12576   *===========================================================================*/
12577  PRIVATE struct device *w_prepare(int device)
12578  {
12579  /* Prepara para E/S em um dispositivo. */
12580    struct wini *prev_wn;
12581    prev_wn = w_wn;
12582    w_device = device;
12583
12584    if (device < NR_MINORS) {                       /* d0, d0p[0-3], d1, ... */
12585            w_drive = device / DEV_PER_DRIVE;       /* salva o número da unidade de disco */
12586            w_wn = &wini[w_drive];
12587            w_dv = &w_wn->part[device % DEV_PER_DRIVE];
12588    } else
12589    if ((unsigned) (device -= MINOR_d0p0s0) < NR_SUBDEVS) {/*d[0-7]p[0-3]s[0-3]*/
12590            w_drive = device / SUB_PER_DRIVE;
12591            w_wn = &wini[w_drive];
12592            w_dv = &w_wn->subpart[device % SUB_PER_DRIVE];
12593    } else {
12594            w_device = -1;
```

```
12595               return(NIL_DEV);
12596       }
12597       return(w_dv);
12598 }

12600 /*===========================================================================*
12601  *                              w_identify                                   *
12602  *===========================================================================*/
12603 PRIVATE int w_identify()
12604 {
12605 /* Descobre se um dispositivo existe, se é um disco AT antigo ou uma unidade de disco ATA
12606  * mais recente, um dispositivo de mídia removível etc.
12607  */
12608
12609   struct wini *wn = w_wn;
12610   struct command cmd;
12611   int i, s;
12612   unsigned long size;
12613 #define id_byte(n)      (&tmp_buf[2 * (n)])
12614 #define id_word(n)      (((u16_t) id_byte(n)[0] << 0) \
12615                         |((u16_t) id_byte(n)[1] << 8))
12616 #define id_longword(n)  (((u32_t) id_byte(n)[0] << 0) \
12617                         |((u32_t) id_byte(n)[1] << 8) \
12618                         |((u32_t) id_byte(n)[2] << 16) \
12619                         |((u32_t) id_byte(n)[3] << 24))
12620
12621   /* Tenta identificar o dispositivo. */
12622   cmd.ldh = wn->ldhpref;
12623   cmd.command = ATA_IDENTIFY;
12624   if (com_simple(&cmd) == OK) {
12625         /* This is an ATA device. */
12626         wn->state |= SMART;
12627
12628         /* Informações do dispositivo. */
12629         if ((s=sys_insw(wn->base_cmd + REG_DATA, SELF, tmp_buf, SECTOR_SIZE)) != OK)
12630                 panic(w_name(),"Call to sys_insw() failed", s);
12631
12632         /* Por que as strings têm o byte trocado??? */
12633         for (i = 0; i < 40; i++) w_id_string[i] = id_byte(27)[i^1];
12634
12635         /* Modo de transformação CHS preferido. */
12636         wn->pcylinders = id_word(1);
12637         wn->pheads = id_word(3);
12638         wn->psectors = id_word(6);
12639         size = (u32_t) wn->pcylinders * wn->pheads * wn->psectors;
12640
12641         if ((id_byte(49)[1] & 0x02) && size > 512L*1024*2) {
12642                 /* A unidade de disco é capaz de LBA e é suficientemente grande para
12643                  * confiar que não vai ocorrer confusão.
12644                  */
12645                 wn->ldhpref |= LDH_LBA;
12646                 size = id_longword(60);
12647
12648                 if (w_lba48 && ((id_word(83)) & (1L << 10))) {
12649                         /* A unidade de disco é capaz de LBA48 (e LBA48 está ativado). */
12650                         if (id_word(102) || id_word(103)) {
12651                                 /* Se o nº de setores não couber em 32 bits,
12652                                  * trunca nisso. Portanto, é LBA32 por enquanto.
12653                                  * Contudo, isso ainda pode endereçar dispositivos de
12654                                  * até 2TB.
```

```
12655                                         */
12656                                         size = ULONG_MAX;
12657                                 } else {
12658                                         /* O número de setores atual cabe em 32 bits. */
12659                                         size = id_longword(100);
12660                                 }
12661
12662                                 wn->lba48 = 1;
12663                         }
12664                 }
12665
12666                 if (wn->lcylinders == 0) {
12667                         /* Nada de parâmetros da BIOS? Então, compõe alguns. */
12668                         wn->lcylinders = wn->pcylinders;
12669                         wn->lheads = wn->pheads;
12670                         wn->lsectors = wn->psectors;
12671                         while (wn->lcylinders > 1024) {
12672                                 wn->lheads *= 2;
12673                                 wn->lcylinders /= 2;
12674                         }
12675                 }
12676         } else {
12677                 /* Não é um dispositivo ATA; nenhuma transformação, nenhum recurso especial. Não
12678                  * mexa, a não ser que a BIOS saiba disso.
12679                  */
12680                 if (wn->lcylinders == 0) { return(ERR); }        /* nada de parâmetros da BIOS */
12681                 wn->pcylinders = wn->lcylinders;
12682                 wn->pheads = wn->lheads;
12683                 wn->psectors = wn->lsectors;
12684                 size = (u32_t) wn->pcylinders * wn->pheads * wn->psectors;
12685         }
12686
12687         /* Tamanho da unidade de disco inteira */
12688         wn->part[0].dv_size = mul64u(size, SECTOR_SIZE);
12689
12690         /* Reconfigura/calibra (onde necessário) */
12691         if (w_specify() != OK && w_specify() != OK) {
12692                 return(ERR);
12693         }
12694
12695         if (wn->irq == NO_IRQ) {
12696                 /* Tudo parece ok; registra o IRQ para interromper a consulta seqüencial. */
12697                 wn->irq = w_drive < 2 ? AT_WINI_0_IRQ : AT_WINI_1_IRQ;
12698                 wn->irq_hook_id = wn->irq;        /* id a ser retornada se ocorrer interrupção */
12699                 if ((s=sys_irqsetpolicy(wn->irq, IRQ_REENABLE, &wn->irq_hook_id)) != OK)
12700                         panic(w_name(), "couldn't set IRQ policy", s);
12701                 if ((s=sys_irqenable(&wn->irq_hook_id)) != OK)
12702                         panic(w_name(), "couldn't enable IRQ line", s);
12703         }
12704         wn->state |= IDENTIFIED;
12705         return(OK);
12706 }

12708 /*===========================================================================*
12709  *                              w_name                                       *
12710  *===========================================================================*/
12711 PRIVATE char *w_name()
12712 {
12713 /* Retorna um nome para o dispositivo corrente. */
12714     static char name[] = "AT-D0";
```

```
12715
12716       name[4] = '0' + w_drive;
12717       return name;
12718   }

12720   /*===========================================================================*
12721    *                              w_io_test                                    *
12722    *===========================================================================*/
12723   PRIVATE int w_io_test(void)
12724   {
12725           int r, save_dev;
12726           int save_timeout, save_errors, save_wakeup;
12727           iovec_t iov;
12728           static char buf[SECTOR_SIZE];
12729           iov.iov_addr = (vir_bytes) buf;
12730           iov.iov_size = sizeof(buf);
12731           save_dev = w_device;
12732
12733           /* Reduz os valores de tempo limite para esta transação de teste. */
12734           save_timeout = timeout_ticks;
12735           save_errors = max_errors;
12736           save_wakeup = wakeup_ticks;
12737
12738           if (!w_standard_timeouts) {
12739                   timeout_ticks = HZ * 4;
12740                   wakeup_ticks = HZ * 6;
12741                   max_errors = 3;
12742           }
12743
12744           w_testing = 1;
12745
12746           /* Tenta E/S na unidade de dispositivo real (não em qualquer (sub)partição). */
12747           if (w_prepare(w_drive * DEV_PER_DRIVE) == NIL_DEV)
12748                   panic(w_name(), "Couldn't switch devices", NO_NUM);
12749
12750           r = w_transfer(SELF, DEV_GATHER, 0, &iov, 1);
12751
12752           /* Troca de volta. */
12753           if (w_prepare(save_dev) == NIL_DEV)
12754                   panic(w_name(), "Couldn't switch back devices", NO_NUM);
12755
12756           /* Restaura parâmetros. */
12757           timeout_ticks = save_timeout;
12758           max_errors = save_errors;
12759           wakeup_ticks = save_wakeup;
12760           w_testing = 0;
12761
12762           /* Testa se tudo funcionou. */
12763           if (r != OK || iov.iov_size != 0) {
12764                   return ERR;
12765           }
12766
12767           /* Tudo funcionou. */
12768
12769           return OK;
12770   }
```

```
12772   /*===========================================================================*
12773    *                              w_specify                                    *
12774    *===========================================================================*/
12775   PRIVATE int w_specify()
12776   {
12777   /* Rotina para inicializar ou reconfigurar unidade de disco */
12778
12779     struct wini *wn = w_wn;
12780     struct command cmd;
12781
12782     if ((wn->state & DEAF) && w_reset() != OK) {
12783           return(ERR);
12784     }
12785
12786     if (!(wn->state & ATAPI)) {
12787           /* Especifica parâmetros: compensação prévia, número de cabeçotes e setores. */
12788           cmd.precomp = wn->precomp;
12789           cmd.count   = wn->psectors;
12790           cmd.ldh     = w_wn->ldhpref | (wn->pheads - 1);
12791           cmd.command = CMD_SPECIFY;                      /* Especifica alguns parâmetros */
12792
12793           /* Saída de bloco de comandos e vê se a controladora aceita os parâmetros. */
12794           if (com_simple(&cmd) != OK) return(ERR);
12795
12796           if (!(wn->state & SMART)) {
12797                 /* Calibra um disco antigo. */
12798                 cmd.sector  = 0;
12799                 cmd.cyl_lo  = 0;
12800                 cmd.cyl_hi  = 0;
12801                 cmd.ldh     = w_wn->ldhpref;
12802                 cmd.command = CMD_RECALIBRATE;
12803
12804                 if (com_simple(&cmd) != OK) return(ERR);
12805           }
12806     }
12807     wn->state |= INITIALIZED;
12808     return(OK);
12809   }

12811   /*===========================================================================*
12812    *                              do_transfer                                  *
12813    *===========================================================================*/
12814   PRIVATE int do_transfer(struct wini *wn, unsigned int precomp, unsigned int count,
12815           unsigned int sector, unsigned int opcode)
12816   {
12817     struct command cmd;
12818     unsigned secspcyl = wn->pheads * wn->psectors;
12819
12820     cmd.precomp = precomp;
12821     cmd.count   = count;
12822     cmd.command = opcode == DEV_SCATTER ? CMD_WRITE : CMD_READ;
12823     /*
12824     if (w_lba48 && wn->lba48) {
12825     } else   */
12826     if (wn->ldhpref & LDH_LBA) {
12827           cmd.sector  = (sector >>  0) & 0xFF;
12828           cmd.cyl_lo  = (sector >>  8) & 0xFF;
12829           cmd.cyl_hi  = (sector >> 16) & 0xFF;
12830           cmd.ldh     = wn->ldhpref | ((sector >> 24) & 0xF);
12831     } else {
```

```
12832                          int cylinder, head, sec;
12833                          cylinder = sector / secspcyl;
12834                          head    = (sector % secspcyl) / wn->psectors;
12835                          sec     = sector % wn->psectors;
12836                          cmd.sector  = sec + 1;
12837                          cmd.cyl_lo  = cylinder & BYTE;
12838                          cmd.cyl_hi  = (cylinder >> 8) & BYTE;
12839                          cmd.ldh     = wn->ldhpref | head;
12840                  }
12841
12842          return com_out(&cmd);
12843  }

12845  /*===========================================================================*
12846   *                              w_transfer                                   *
12847   *===========================================================================*/
12848  PRIVATE int w_transfer(proc_nr, opcode, position, iov, nr_req)
12849  int proc_nr;                        /* processo que faz a requisição */
12850  int opcode;                         /* DEV_GATHER ou DEV_SCATTER */
12851  off_t position;                     /* deslocamento no dispositivo a ler ou escrever*/
12852  iovec_t *iov;                       /* ponteiro para vetor de pedido de leitura ou escrita */
12853  unsigned nr_req;                    /* comprimento do vetor de requisição */
12854  {
12855    struct wini *wn = w_wn;
12856    iovec_t *iop, *iov_end = iov + nr_req;
12857    int r, s, errors;
12858    unsigned long block;
12859    unsigned long dv_size = cv64ul(w_dv->dv_size);
12860    unsigned cylinder, head, sector, nbytes;
12861
12862    /* Verifica endereço de disco. */
12863    if ((position & SECTOR_MASK) != 0) return(EINVAL);
12864
12865    errors = 0;
12866
12867    while (nr_req > 0) {
12868          /* Quantos bytes vai transferir? */
12869          nbytes = 0;
12870          for (iop = iov; iop < iov_end; iop++) nbytes += iop->iov_size;
12871          if ((nbytes & SECTOR_MASK) != 0) return(EINVAL);
12872
12873          /* Que bloco no disco e como vai fechar em EOF? */
12874          if (position >= dv_size) return(OK);           /* At EOF */
12875          if (position + nbytes > dv_size) nbytes = dv_size - position;
12876          block = div64u(add64ul(w_dv->dv_base, position), SECTOR_SIZE);
12877
12878          if (nbytes >= wn->max_count) {
12879                /* A unidade de disco não pode fazer mais do que max_count de uma vez. */
12880                nbytes = wn->max_count;
12881          }
12882
12883          /* Primeiro verifica se uma reinicialização é necessária. */
12884          if (!(wn->state & INITIALIZED) && w_specify() != OK) return(EIO);
12885
12886          /* Diz à controladora para que transfira nbytes bytes. */
12887          r = do_transfer(wn, wn->precomp, ((nbytes >> SECTOR_SHIFT) & BYTE),
12888                  block, opcode);
12889
12890          while (r == OK && nbytes > 0) {
12891                /* Para cada setor, espera por uma interrupção e busca os dados
```

```
12892                    * (leitura), ou fornece dados para a controladora e espera por uma
12893                    * interrupção (escrita).
12894                    */
12895
12896                   if (opcode == DEV_GATHER) {
12897                           /* Primeiro uma interrupção, depois dados. */
12898                           if ((r = at_intr_wait()) != OK) {
12899                                   /* Um erro, envia dados para um sumidouro de bits. */
12900                                   if (w_wn->w_status & STATUS_DRQ) {
12901               if ((s=sys_insw(wn->base_cmd + REG_DATA, SELF, tmp_buf, SECTOR_SIZE)) != OK)
12902                           panic(w_name(),"Call to sys_insw() failed", s);
12903                                   }
12904                                   break;
12905                           }
12906                   }
12907
12908                   /* Espera pela transferência de dados solicitada. */
12909                   if (!w_waitfor(STATUS_DRQ, STATUS_DRQ)) { r = ERR; break; }
12910
12911                   /* Copia bytes no (ou do) buffer do dispositivo. */
12912                   if (opcode == DEV_GATHER) { if((s=sys_insw(wn->base_cmd+REG_DATA,
12913                                   proc_nr,(void*)iov->iov_addr,SECTOR_SIZE))!=OK)
12914                   panic(w_name(),"Call to sys_insw() failed", s);
12915                   } else { if((s=sys_outsw(wn->base_cmd+REG_DATA,proc_nr,
12916                                   (void *) iov->iov_addr,SECTOR_SIZE))!=OK)
12917                   panic(w_name(),"Call to sys_insw() failed", s);
12918
12919                   /* Dados enviados, espera por uma interrupção. */
12920                   if ((r = at_intr_wait()) != OK) break;
12921                   }
12922
12923                   /* Registra os bytes transferidos com sucesso. */
12924                   nbytes -= SECTOR_SIZE;
12925                   position += SECTOR_SIZE;
12926                   iov->iov_addr += SECTOR_SIZE;
12927                   if ((iov->iov_size -= SECTOR_SIZE) == 0) { iov++; nr_req--; }
12928           }
12929
12930           /* Houve erros? */
12931           if (r != OK) {
12932                   /* Não retenta se setor foi marcado como defeituoso ou se ocorrem erros demais. */
12933                   if (r == ERR_BAD_SECTOR || ++errors == max_errors) {
12934                           w_command = CMD_IDLE;
12935                           return(EIO);
12936                   }
12937           }
12938   }
12939
12940   w_command = CMD_IDLE;
12941   return(OK);
12942 }
12943
12944 /*===========================================================================*
12945  *                              com_out                                      *
12946  *===========================================================================*/
12947 PRIVATE int com_out(cmd)
12948 struct command *cmd;            /* Bloco de comandos */
12949 {
12950 /* Saída do bloco de comandos para a controladora da winchester e retorna o status */
12951
```

```
12952       struct wini *wn = w_wn;
12953       unsigned base_cmd = wn->base_cmd;
12954       unsigned base_ctl = wn->base_ctl;
12955       pvb_pair_t outbyte[7];                      /* vector for sys_voutb() */
12956       int s;                                       /* status de sys_(v)outb() */
12957
12958       if (w_wn->state & IGNORING) return ERR;
12959
12960       if (!w_waitfor(STATUS_BSY, 0)) {
12961             printf("%s: controller not ready\n", w_name());
12962             return(ERR);
12963       }
12964
12965       /* Seleciona unidade de disco. */
12966       if ((s=sys_outb(base_cmd + REG_LDH, cmd->ldh)) != OK)
12967             panic(w_name(),"Couldn't write register to select drive",s);
12968
12969       if (!w_waitfor(STATUS_BSY, 0)) {
12970             printf("%s: com_out: drive not ready\n", w_name());
12971             return(ERR);
12972       }
12973
12974       /* Escalona uma tarefa para despertar, algumas controladoras são manhosas. Isso é feito com
12975        * um alarme síncrono. Se um tempo limite ocorre, uma mensagem SYN_ALARM é enviada
12976        * de HARDWARE, para que w_intr_wait() possa chamar w_timeout() no caso de a
12977        * controladora não ter sido capaz de executar o comando. Os tempos limites restantes são
12978        * simplesmente ignorados pelo laço principal.
12979        */
12980       sys_setalarm(wakeup_ticks, 0);
12981
12982       wn->w_status = STATUS_ADMBSY;
12983       w_command = cmd->command;
12984       pv_set(outbyte[0], base_ctl + REG_CTL, wn->pheads >= 8 ? CTL_EIGHTHEADS : 0);
12985       pv_set(outbyte[1], base_cmd + REG_PRECOMP, cmd->precomp);
12986       pv_set(outbyte[2], base_cmd + REG_COUNT, cmd->count);
12987       pv_set(outbyte[3], base_cmd + REG_SECTOR, cmd->sector);
12988       pv_set(outbyte[4], base_cmd + REG_CYL_LO, cmd->cyl_lo);
12989       pv_set(outbyte[5], base_cmd + REG_CYL_HI, cmd->cyl_hi);
12990       pv_set(outbyte[6], base_cmd + REG_COMMAND, cmd->command);
12991       if ((s=sys_voutb(outbyte,7)) != OK)
12992             panic(w_name(),"Couldn't write registers with sys_voutb()",s);
12993       return(OK);
12994  }


12996  /*===========================================================================*
12997   *                              w_need_reset                                 *
12998   *===========================================================================*/
12999  PRIVATE void w_need_reset()
13000  {
13001  /* A controladora precisa ser reconfigurada. */
13002    struct wini *wn;
13003    int dr = 0;
13004
13005    for (wn = wini; wn < &wini[MAX_DRIVES]; wn++, dr++) {
13006          if (wn->base_cmd == w_wn->base_cmd) {
13007                wn->state |= DEAF;
13008                wn->state &= ~INITIALIZED;
13009          }
13010    }
13011  }
```

```
13013   /*===========================================================================*
13014    *                              w_do_close                                   *
13015    *===========================================================================*/
13016   PRIVATE int w_do_close(dp, m_ptr)
13017   struct driver *dp;
13018   message *m_ptr;
13019   {
13020   /* Fechamento de dispositivo: Libera dispositivo. */
13021     if (w_prepare(m_ptr->DEVICE) == NIL_DEV)
13022         return(ENXIO);
13023     w_wn->open_ct--;
13024     return(OK);
13025   }

13027   /*===========================================================================*
13028    *                              com_simple                                   *
13029    *===========================================================================*/
13030   PRIVATE int com_simple(cmd)
13031   struct command *cmd;            /* Bloco de comandos */
13032   {
13033   /* Um comando de controladora simples, apenas uma interrupção e nenhuma fase de dados */
13034     int r;
13035
13036     if (w_wn->state & IGNORING) return ERR;
13037
13038     if ((r = com_out(cmd)) == OK) r = at_intr_wait();
13039     w_command = CMD_IDLE;
13040     return(r);
13041   }

13043   /*===========================================================================*
13044    *                              w_timeout                                    *
13045    *===========================================================================*/
13046   PRIVATE void w_timeout(void)
13047   {
13048     struct wini *wn = w_wn;
13049
13050     switch (w_command) {
13051     case CMD_IDLE:
13052         break;          /* fine */
13053     case CMD_READ:
13054     case CMD_WRITE:
13055         /* Impossível, mas não em PCs: A controladora não responde. */
13056
13057         /* Limitar a E/S de vários setores parece ajudar. */
13058         if (wn->max_count > 8 * SECTOR_SIZE) {
13059             wn->max_count = 8 * SECTOR_SIZE;
13060         } else {
13061             wn->max_count = SECTOR_SIZE;
13062         }
13063         /*FALHA*/
13064     default:
13065         /* Algum outro comando. */
13066         if (w_testing) wn->state |= IGNORING;   /* Jogue esta unidade de disco fora. */
13067         else if (!w_silent) printf("%s: timeout on command %02x\n", w_name(), w_command);
13068         w_need_reset();
13069         wn->w_status = 0;
13070     }
13071   }
```

```
13073   /*===========================================================================*
13074    *                              w_reset                                     *
13075    *===========================================================================*/
13076   PRIVATE int w_reset()
13077   {
13078   /* Executa uma reconfiguração na controladora. Isso é feito após qualquer catástrofe,
13079    * como a controladora se recusando a responder.
13080    */
13081     int s;
13082     struct wini *wn = w_wn;
13083
13084     /* Não se incomoda se essa unidade de disco é esquecida. */
13085     if (w_wn->state & IGNORING) return ERR;
13086
13087     /* Espera por qualquer recuperação de unidade de disco interna. */
13088     tickdelay(RECOVERY_TICKS);
13089
13090     /* Bit de reconfiguração de strobe */
13091     if ((s=sys_outb(wn->base_ctl + REG_CTL, CTL_RESET)) != OK)
13092         panic(w_name(),"Couldn't strobe reset bit",s);
13093     tickdelay(DELAY_TICKS);
13094     if ((s=sys_outb(wn->base_ctl + REG_CTL, 0)) != OK)
13095         panic(w_name(),"Couldn't strobe reset bit",s);
13096     tickdelay(DELAY_TICKS);
13097
13098     /* Espera que a controladora fique pronta */
13099     if (!w_waitfor(STATUS_BSY, 0)) {
13100         printf("%s: reset failed, drive busy\n", w_name());
13101         return(ERR);
13102     }
13103
13104     /* Reg. de erro deve ser testado agora, mas algumas unidades de disco bagunçam isso. */
13105
13106     for (wn = wini; wn < &wini[MAX_DRIVES]; wn++) {
13107         if (wn->base_cmd == w_wn->base_cmd) {
13108             wn->state &= ~DEAF;
13109             if (w_wn->irq_need_ack) {
13110                 /* Certifica-se de que o irq está realmente ativado.. */
13111                 sys_irqenable(&w_wn->irq_hook_id);
13112             }
13113         }
13114     }
13115
13116
13117     return(OK);
13118   }
13119
13120   /*===========================================================================*
13121    *                              w_intr_wait                                 *
13122    *===========================================================================*/
13123   PRIVATE void w_intr_wait()
13124   {
13125   /* Espera pela interrupção do término de uma tarefa. */
13126
13127     message m;
13128
13129     if (w_wn->irq != NO_IRQ) {
13130         /* Espera por uma interrupção que configura w_status como "not busy". */
13131         while (w_wn->w_status & (STATUS_ADMBSY|STATUS_BSY)) {
```

```
13132                   receive(ANY, &m);              /* mensagem HARD_INT esperada */
13133                   if (m.m_type == SYN_ALARM) {   /* mas verifica tempo limite */
13134                       w_timeout();               /* a.o. set w_status */
13135                   } else if (m.m_type == HARD_INT) {
13136                       sys_inb(w_wn->base_cmd + REG_STATUS, &w_wn->w_status);
13137                       ack_irqs(m.NOTIFY_ARG);
13138                   } else {
13139                       printf("AT_WINI got unexpected message %d from %d\n",
13140                                   m.m_type, m.m_source);
13141                   }
13142               }
13143       } else {
13144           /* Interrupção ainda não alocada; usa consulta seqüencial. */
13145           (void) w_waitfor(STATUS_BSY, 0);
13146       }
13147   }

13149   /*===========================================================================*
13150    *                              at_intr_wait                                 *
13151    *===========================================================================*/
13152   PRIVATE int at_intr_wait()
13153   {
13154   /* Espera por uma interrupção, verifica os bits de status e retorna erro/sucesso. */
13155       int r;
13156       int s,inbval;            /* lê valor com sys_inb */
13157
13158       w_intr_wait();
13159       if ((w_wn->w_status & (STATUS_BSY | STATUS_WF | STATUS_ERR)) == 0) {
13160           r = OK;
13161       } else {
13162           if ((s=sys_inb(w_wn->base_cmd + REG_ERROR, &inbval)) != OK)
13163               panic(w_name(),"Couldn't read register",s);
13164           if ((w_wn->w_status & STATUS_ERR) && (inbval & ERROR_BB)) {
13165               r = ERR_BAD_SECTOR;   /* setor defeituoso, novas tentativas não ajudam */
13166           } else {
13167               r = ERR;              /* qualquer outro erro */
13168           }
13169       }
13170       w_wn->w_status |= STATUS_ADMBSY;   /* presume que ainda está ocupado com E/S */
13171       return(r);
13172   }

13174   /*===========================================================================*
13175    *                              w_waitfor                                    *
13176    *===========================================================================*/
13177   PRIVATE int w_waitfor(mask, value)
13178   int mask;                    /* máscara de status */
13179   int value;                   /* status exigido */
13180   {
13181   /* Espera até que a controladora esteja no estado exigido. Retorna zero no tempo limite.
13182    * Um alarme que ativou um flag de tempo limite é usado. TIMEOUT é em micros, precisamos de
13183    * tiques. Não é necessário desativar o alarme, pois um flag estático é usado
13184    * e um tempo limite restante não pode causar danos.
13185    */
13186       clock_t t0, t1;
13187       int s;
13188       getuptime(&t0);
13189       do {
13190           if ((s=sys_inb(w_wn->base_cmd + REG_STATUS, &w_wn->w_status)) != OK)
13191               panic(w_name(),"Couldn't read register",s);
```

```
13192               if ((w_wn->w_status & mask) == value) {
13193                       return 1;
13194               }
13195       } while ((s=getuptime(&t1)) == OK && (t1-t0) < timeout_ticks );
13196       if (OK != s) printf("AT_WINI: warning, get_uptime failed: %d\n",s);
13197
13198       w_need_reset();                         /* a controladora deu defeito */
13199       return(0);
13200   }

13202   /*===========================================================================*
13203    *                              w_geometry                                   *
13204    *===========================================================================*/
13205   PRIVATE void w_geometry(entry)
13206   struct partition *entry;
13207   {
13208       struct wini *wn = w_wn;
13209
13210       if (wn->state & ATAPI) {                /* constroi alguns números */
13211               entry->cylinders = div64u(wn->part[0].dv_size, SECTOR_SIZE) / (64*32);
13212               entry->heads = 64;
13213               entry->sectors = 32;
13214       } else {                                /* Retorna a geometria lógica. */
13215               entry->cylinders = wn->lcylinders;
13216               entry->heads = wn->lheads;
13217               entry->sectors = wn->lsectors;
13218       }
13219   }

13221   /*===========================================================================*
13222    *                              w_other                                      *
13223    *===========================================================================*/
13224   PRIVATE int w_other(dr, m)
13225   struct driver *dr;
13226   message *m;
13227   {
13228       int r, timeout, prev;
13229
13230       if (m->m_type != DEV_IOCTL ) {
13231               return EINVAL;
13232       }
13233
13234       if (m->REQUEST == DIOCTIMEOUT) {
13235               if ((r=sys_datacopy(m->PROC_NR, (vir_bytes)m->ADDRESS,
13236                       SELF, (vir_bytes)&timeout, sizeof(timeout))) != OK)
13237                       return r;
13238
13239               if (timeout == 0) {
13240                       /* Restaura os padrões. */
13241                       timeout_ticks = DEF_TIMEOUT_TICKS;
13242                       max_errors = MAX_ERRORS;
13243                       wakeup_ticks = WAKEUP;
13244                       w_silent = 0;
13245               } else if (timeout < 0) {
13246                       return EINVAL;
13247               } else {
13248                       prev = wakeup_ticks;
13249
13250                       if (!w_standard_timeouts) {
13251                               /* Configura tempo limite (inferior), reduz tolerância de
```

```
13252                              * erro inferior e configura modo silencioso.
13253                              */
13254                             wakeup_ticks = timeout;
13255                             max_errors = 3;
13256                             w_silent = 1;
13257
13258                             if (timeout_ticks > timeout)
13259                                     timeout_ticks = timeout;
13260                     }
13261
13262                     if ((r=sys_datacopy(SELF, (vir_bytes)&prev,
13263                          m->PROC_NR,(vir_bytes)m->ADDRESS,sizeof(prev)))!=OK)
13264                             return r;
13265             }
13266
13267             return OK;
13268     } else if (m->REQUEST == DIOCOPENCT) {
13269             int count;
13270             if (w_prepare(m->DEVICE) == NIL_DEV) return ENXIO;
13271             count = w_wn->open_ct;
13272             if ((r=sys_datacopy(SELF, (vir_bytes)&count,
13273                     m->PROC_NR, (vir_bytes)m->ADDRESS, sizeof(count))) != OK)
13274                     return r;
13275             return OK;
13276     }
13277     return EINVAL;
13278 }

13280 /*===========================================================================*
13281  *                              w_hw_int                                     *
13282  *===========================================================================*/
13283 PRIVATE int w_hw_int(dr, m)
13284 struct driver *dr;
13285 message *m;
13286 {
13287   /* Interrupção(ões) restantes recebidas; reconhece. */
13288   ack_irqs(m->NOTIFY_ARG);
13289
13290   return OK;
13291 }


13294 /*===========================================================================*
13295  *                              ack_irqs                                     *
13296  *===========================================================================*/
13297 PRIVATE void ack_irqs(unsigned int irqs)
13298 {
13299   unsigned int drive;
13300   for (drive = 0; drive < MAX_DRIVES && irqs; drive++) {
13301         if (!(wini[drive].state & IGNORING) && wini[drive].irq_need_ack &&
13302            (wini[drive].irq_mask & irqs)) {
13303            if (sys_inb((wini[drive].base_cmd+REG_STATUS),&wini[drive].w_status)!=OK)
13304                    printf("couldn't ack irq on drive %d\n", drive);
13305            if (sys_irqenable(&wini[drive].irq_hook_id) != OK)
13306                    printf("couldn't re-enable drive %d\n", drive);
13307            irqs &= ~wini[drive].irq_mask;
13308         }
13309   }
13310 }
```

```
13313   #define STSTR(a) if (status & STATUS_ ## a) { strcat(str, #a); strcat(str, " "); }
13314   #define ERRSTR(a) if (e & ERROR_ ## a) { strcat(str, #a); strcat(str, " "); }
13315   char *strstatus(int status)
13316   {
13317           static char str[200];
13318           str[0] = '\0';
13319
13320           STSTR(BSY);
13321           STSTR(DRDY);
13322           STSTR(DMADF);
13323           STSTR(SRVCDSC);
13324           STSTR(DRQ);
13325           STSTR(CORR);
13326           STSTR(CHECK);
13327           return str;
13328   }

13330   char *strerr(int e)
13331   {
13332           static char str[200];
13333           str[0] = '\0';
13334
13335           ERRSTR(BB);
13336           ERRSTR(ECC);
13337           ERRSTR(ID);
13338           ERRSTR(AC);
13339           ERRSTR(TK);
13340           ERRSTR(DM);
13341
13342           return str;
13343   }
```

++
                              drivers/tty/tty.h
++

```
13400   /*      tty.h - Terminais       */
13401
13402   #include <timers.h>
13403
13404   /* Primeiros números secundários para as várias classes de dispositivos TTY. */
13405   #define CONS_MINOR       0
13406   #define LOG_MINOR        15
13407   #define RS232_MINOR      16
13408   #define TTYPX_MINOR      128
13409   #define PTYPX_MINOR      192
13410
13411   #define LINEWRAP         1      /* console.c - mudança automática de linha na coluna 80 */
13412
13413   #define TTY_IN_BYTES     256    /* tamanho da fila de entrada do tty */
13414   #define TAB_SIZE         8      /* distância entre pontos de tabulação */
13415   #define TAB_MASK         7      /* máscara p/ calcular posição de tabulação */
13416
13417   #define ESC              '\33'  /* escape */
13418
13419   #define O_NOCTTY         00400  /* de <fcntl.h> ou cc engasgará */
```

```
13420   #define O_NONBLOCK      04000
13421
13422   struct tty;
13423   typedef _PROTOTYPE( int (*devfun_t), (struct tty *tp, int try_only) );
13424   typedef _PROTOTYPE( void (*devfunarg_t), (struct tty *tp, int c) );
13425
13426   typedef struct tty {
13427     int tty_events;           /* configurado quando TTY deve inspecionar esta linha */
13428     int tty_index;            /* índice para tabela TTY */
13429     int tty_minor;            /* número secundário do dispositivo */
13430
13431     /* Fila de entrada. Os caracteres digitados são armazenados aqui até ficarem prontos */
13432     u16_t *tty_inhead;        /* ponteiro para onde o próximo caracter ficará */
13433     u16_t *tty_intail;        /* ponteiro para o próximo caracter a ser fornecido para o prog */
13434     int tty_incount;          /* nº de caracteres na fila de entrada */
13435     int tty_eotct;            /* número de "quebras de linha " na fila de entrada */
13436     devfun_t tty_devread;     /* rotina para ler os buffers de baixo nível */
13437     devfun_t tty_icancel;     /* cancela qualquer entrada de dispositivo */
13438     int tty_min;              /* nº mínimo de caracteres solicitados na fila de entrada */
13439     timer_t tty_tmr;          /* o temporizador desse tty */
13440
13441     /* Seção de saída. */
13442     devfun_t tty_devwrite;    /* rotina para iniciar a saída do dispositivo real */
13443     devfunarg_t tty_echo;     /* rotina para ecoar a entrada de caracteres */
13444     devfun_t tty_ocancel;     /* cancela qualquer saída de dispositivo em andamento */
13445     devfun_t tty_break;       /* permite que o dispositivo envie uma quebra */
13446
13447     /* Parâmetros e status de terminal. */
13448     int tty_position;         /* posição corrente na tela para ecoar */
13449     char tty_reprint;         /* 1 quando a entrada ecoada ficou bagunçada, senão 0 */
13450     char tty_escaped;         /* 1 quando LNEXT (^V) acabou de ser visto, senão 0 */
13451     char tty_inhibited;       /* 1 quando STOP (^S) acabou de ser visto (interrompe a saída) */
13452     char tty_pgrp;            /* número de entrada do processo de controle */
13453     char tty_openct;          /* contador do número de aberturas desse tty */
13454
13455     /* As informações sobre requisições de E/S incompletas são armazenadas aqui. */
13456     char tty_inrepcode;       /* código de resposta, TASK_REPLY ou REVIVE */
13457     char tty_inrevived;       /* configura como 1 se callback de reanimação estiver pendente */
13458     char tty_incaller;        /* processo que fez a chamada (normalmente, o SA) */
13459     char tty_inproc;          /* processo que quer ler do tty */
13460     vir_bytes tty_in_vir;     /* endereço virtual onde devem ficar os dados */
13461     int tty_inleft;           /* quantos caracteres ainda são necessários */
13462     int tty_incum;            /* nº de caracteres inseridos até aqui */
13463     char tty_outrepcode;      /* código de resposta, TASK_REPLY ou REVIVE */
13464     char tty_outrevived;      /* configura como 1 se callback de reanimação estiver pendente */
13465     char tty_outcaller;       /* processo que fez a chamada (normalmente, o SA) */
13466     char tty_outproc;         /* processo que quer escrever no tty */
13467     vir_bytes tty_out_vir;    /* endereço virtual de onde vêm os dados */
13468     int tty_outleft;          /* nº de caracteres ainda a aparecerem na saída */
13469     int tty_outcum;           /* nº de caracteres na saída até aqui */
13470     char tty_iocaller;        /* processo que fez a chamada (normalmente, o SA) */
13471     char tty_ioproc;          /* processo que quer fazer uma operação ioctl */
13472     int tty_ioreq;            /* código de requisição de ioctl */
13473     vir_bytes tty_iovir;      /* endereço virtual do buffer ioctl */
13474
13475     /* select() dados */
13476     int tty_select_ops;       /* quais operações são interessantes */
13477     int tty_select_proc;      /* qual processo quer notificação */
13478
13479     /* Diversos. */
```

```
13480      devfun_t tty_ioctl;              /* configura params. específicos ao disp.*/
13481      devfun_t tty_close;              /* informa ao dispositivo que o tty está fechado */
13482      void *tty_priv;                  /* ponteiro para dados privados por dispositivo */
13483      struct termios tty_termios;      /* atributos de terminal */
13484      struct winsize tty_winsize;      /* tamanho da janela (nº de linhas e nº de colunas) */
13485
13486      u16_t tty_inbuf[TTY_IN_BYTES];/* buffer de entrada do tty */
13487
13488   } tty_t;
13489
13490   /* Memória alocada em tty.c; portanto, extern aqui. */
13491   extern tty_t tty_table[NR_CONS+NR_RS_LINES+NR_PTYS];
13492   extern int ccurrent;                 /* console correntemente visível */
13493   extern int irq_hook_id;              /* id de gancho para irq de teclado */
13494
13495   extern unsigned long kbd_irq_set;
13496   extern unsigned long rs_irq_set;
13497
13498   /* Valores dos campos. */
13499   #define NOT_ESCAPED    0     /* o caractere anterior não é LNEXT (^V) */
13500   #define ESCAPED        1     /* o caractere anterior era LNEXT (^V) */
13501   #define RUNNING        0     /* nenhum STOP (^S) foi digitado para interromper a saída */
13502   #define STOPPED        1     /* STOP (^S) foi digitado para interromper a saída */
13503
13504   /* Campos e flags nos caracteres na fila de entrada. */
13505   #define IN_CHAR    0x00FF    /* os 8 bits inferiores são o próprio caractere */
13506   #define IN_LEN     0x0F00    /* comprimento do car, se tiver sido ecoado */
13507   #define IN_LSHIFT       8    /* comprimento = (c & IN_LEN) >> IN_LSHIFT */
13508   #define IN_EOT     0x1000    /* o car é uma quebra de linha (^D, LF) */
13509   #define IN_EOF     0x2000    /* o car é EOF (^D), não retorna para o usuário */
13510   #define IN_ESC     0x4000    /* escape por LNEXT (^V), nenhuma interpretação */
13511
13512   /* Tempos e tempos limites. */
13513   #define force_timeout() ((void) (0))
13514
13515   /* Memória alocada em tty.c; portanto, extern aqui. */
13516   extern timer_t *tty_timers;             /* fila de temporizadores de TTY */
13517   extern clock_t tty_next_timeout;        /* próximo tempo limite de TTY */
13518
13519   /* Número de elementos e limite de um buffer. */
13520   #define buflen(buf)    (sizeof(buf) / sizeof((buf)[0]))
13521   #define bufend(buf)    ((buf) + buflen(buf))
13522
13523   /* Memória alocada em tty.c; portanto, extern aqui. */
13524   extern struct machine machine;/* informações da máquina (a.o.: pc_at, ega) */
13525
13526   /* Prototypes de função para driver TTY. */
13527   /* tty.c */
13528   _PROTOTYPE( void handle_events, (struct tty *tp)                        );
13529   _PROTOTYPE( void sigchar, (struct tty *tp, int sig)                    );
13530   _PROTOTYPE( void tty_task, (void)                                       );
13531   _PROTOTYPE( int in_process, (struct tty *tp, char *buf, int count)     );
13532   _PROTOTYPE( void out_process, (struct tty *tp, char *bstart, char *bpos,
13533                                  char *bend, int *icount, int *ocount)   );
13534   _PROTOTYPE( void tty_wakeup, (clock_t now)                              );
13535   _PROTOTYPE( void tty_reply, (int code, int replyee, int proc_nr,
13536                                                       int status)         );
13537   _PROTOTYPE( int tty_devnop, (struct tty *tp, int try)                  );
13538   _PROTOTYPE( int select_try, (struct tty *tp, int ops)                  );
13539   _PROTOTYPE( int select_retry, (struct tty *tp)                         );
```

```
13540
13541   /* console.c */
13542   _PROTOTYPE( void kputc, (int c)                                         );
13543   _PROTOTYPE( void cons_stop, (void)                                      );
13544   _PROTOTYPE( void do_new_kmess, (message *m)                             );
13545   _PROTOTYPE( void do_diagnostics, (message *m)                           );
13546   _PROTOTYPE( void scr_init, (struct tty *tp)                             );
13547   _PROTOTYPE( void toggle_scroll, (void)                                  );
13548   _PROTOTYPE( int con_loadfont, (message *m)                              );
13549   _PROTOTYPE( void select_console, (int cons_line)                        );
13550
13551   /* keyboard.c */
13552   _PROTOTYPE( void kb_init, (struct tty *tp)                              );
13553   _PROTOTYPE( void kb_init_once, (void)                                   );
13554   _PROTOTYPE( int kbd_loadmap, (message *m)                               );
13555   _PROTOTYPE( void do_panic_dumps, (message *m)                           );
13556   _PROTOTYPE( void do_fkey_ctl, (message *m)                              );
13557   _PROTOTYPE( void kbd_interrupt, (message *m)                            );
13558
13559   /* vidcopy.s */
13560   _PROTOTYPE( void vid_vid_copy, (unsigned src, unsigned dst, unsigned count));
13561   _PROTOTYPE( void mem_vid_copy, (u16_t *src, unsigned dst, unsigned count));
```

++
                            drivers/tty/tty.c
++

```
13600   /* Este arquivo contém o driver de terminal, tanto para o console IBM como para
13601    * terminais ASCII normais. Ele manipula apenas a parte independente de dispositivo de um
13602    * TTY; as partes dependentes de dispositivo estão em console.c, rs232.c etc. Este arquivo
13603    * contém dois pontos de entrada principais, tty_task() e tty_wakeup(), e vários pontos de
13604    * entrada secundários, para uso pelo código dependente de dispositivo.
13605    *
13606    * A parte independente de dispositivo aceita entrada do "teclado" da
13607    * parte dependente de dispositivo, realiza processamento de entrada (interpretação de
13608    * tecla especial) e envia a entrada para um processo lendo do TTY. A saída para um TTY
13609    * é enviada para o código dependente de dispositivo para processamento de saída e exibição
13610    * na "tela". O processamento da entrada é feito pelo dispositivo chamando 'in_process'
13611    * nos caracteres de entrada; o processamento da saída pode ser feito pelo próprio
13612    * dispositivo ou chamando-se 'out_process'. O TTY trata do enfileiramento da entrada e o
13613    * dispositivo faz o enfileiramento da saída. Se um dispositivo recebe um sinal externo,
13614    * como uma interrupção, então ele faz com que tty_wakeup() seja executada pela tarefa CLOCK
13615    * para, você adivinhou, despertar o TTY a fim de verificar se a entrada ou saída pode
13616    * continuar.
13617    *
13618    * As mensagens válidas e seus parâmetros são:
13619    *
13620    *   HARD_INT:     a saída terminou ou a entrada chegou
13621    *   SYS_SIG:      ex., o MINIX quer desligar; executa código de parada normal
13622    *   DEV_READ:     um processo quer ler de um terminal
13623    *   DEV_WRITE:    um processo quer escrever em um terminal
13624    *   DEV_IOCTL:    um processo quer alterar os parâmetros de um terminal
13625    *   DEV_OPEN:     uma linha tty line foi aberta
13626    *   DEV_CLOSE:    uma linha tty foi fechada
13627    *   DEV_SELECT:   inicia o pedido de notificação de seleção
13628    *   DEV_STATUS:   o FS quer saber o status de SELECT ou REVIVE
13629    *   CANCEL:       termina imediatamente uma chamada de sistema incompleta anterior
```

```
13630   *
13631   *      m_type        TTY_LINE   PROC_NR    COUNT    TTY_SPEK   TTY_FLAGS  ADDRESS
13632   * ----------------------------------------------------------------------------------
13633   * | HARD_INT    |           |          |         |          |          |          |
13634   * |-------------+-----------+----------+---------+----------+----------+----------|
13635   * | SYS_SIG     | sig set   |          |         |          |          |          |
13636   * |-------------+-----------+----------+---------+----------+----------+----------|
13637   * | DEV_READ    |minor dev| proc nr    | count   |          |O_NONBLOCK| buf ptr  |
13638   * |-------------+-----------+----------+---------+----------+----------+----------|
13639   * | DEV_WRITE   |minor dev| proc nr    | count   |          |          | buf ptr  |
13640   * |-------------+-----------+----------+---------+----------+----------+----------|
13641   * | DEV_IOCTL   |minor dev| proc nr    |func code|erase etc|  flags    |          |
13642   * |-------------+-----------+----------+---------+----------+----------+----------|
13643   * | DEV_OPEN    |minor dev| proc nr    |O_NOCTTY |          |          |          |
13644   * |-------------+-----------+----------+---------+----------+----------+----------|
13645   * | DEV_CLOSE   |minor dev| proc nr    |         |          |          |          |
13646   * |-------------+-----------+----------+---------+----------+----------+----------|
13647   * | DEV_STATUS  |           |          |         |          |          |          |
13648   * |-------------+-----------+----------+---------+----------+----------+----------|
13649   * | CANCEL      |minor dev| proc nr    |         |          |          |          |
13650   * ----------------------------------------------------------------------------------
13651   *
13652   * Alterações:
13653   *    20 de janeiro de 2004 driver de TTY movido para o espaço de usuário (Jorrit N. Herder)
13654   *    20 de setembro de 2004 gerenciamento temporizador local/alarmes de sinc (J. N. Herder)
13655   *    13 de julho de 2004 suporte para observadores de tecla de função (Jorrit N. Herder)
13656   */
13657
13658   #include "../drivers.h"
13659   #include "../drivers.h"
13660   #include <termios.h>
13661   #include <sys/ioc_tty.h>
13662   #include <signal.h>
13663   #include <minix/callnr.h>
13664   #include <minix/keymap.h>
13665   #include "tty.h"
13666
13667   #include <sys/time.h>
13668   #include <sys/select.h>
13669
13670   extern int irq_hook_id;
13671
13672   unsigned long kbd_irq_set = 0;
13673   unsigned long rs_irq_set = 0;
13674
13675   /* Endereço de uma estrutura tty. */
13676   #define tty_addr(line)   (&tty_table[line])
13677
13678   /* Macros para tipos de tty mágicos. */
13679   #define isconsole(tp)    ((tp) < tty_addr(NR_CONS))
13680   #define ispty(tp)        ((tp) >= tty_addr(NR_CONS+NR_RS_LINES))
13681
13682   /* Macros para ponteiros mágicos da estrutura de tty. */
13683   #define FIRST_TTY        tty_addr(0)
13684   #define END_TTY          tty_addr(sizeof(tty_table) / sizeof(tty_table[0]))
13685
13686   /* Um dispositivo existe se pelo menos sua função 'devread' está definida. */
13687   #define tty_active(tp)   ((tp)->tty_devread != NULL)
13688
13689   /* linhas RS232 ou pseudo-terminais podem ser completamente configurados. */
```

```
13690   #if NR_RS_LINES == 0
13691   #define rs_init(tp)        ((void) 0)
13692   #endif
13693   #if NR_PTYS == 0
13694   #define pty_init(tp)       ((void) 0)
13695   #define do_pty(tp, mp)     ((void) 0)
13696   #endif
13697
13698   FORWARD _PROTOTYPE( void tty_timed_out, (timer_t *tp)                );
13699   FORWARD _PROTOTYPE( void expire_timers, (void)                      );
13700   FORWARD _PROTOTYPE( void settimer, (tty_t *tty_ptr, int enable)     );
13701   FORWARD _PROTOTYPE( void do_cancel, (tty_t *tp, message *m_ptr)     );
13702   FORWARD _PROTOTYPE( void do_ioctl, (tty_t *tp, message *m_ptr)      );
13703   FORWARD _PROTOTYPE( void do_open, (tty_t *tp, message *m_ptr)       );
13704   FORWARD _PROTOTYPE( void do_close, (tty_t *tp, message *m_ptr)      );
13705   FORWARD _PROTOTYPE( void do_read, (tty_t *tp, message *m_ptr)       );
13706   FORWARD _PROTOTYPE( void do_write, (tty_t *tp, message *m_ptr)      );
13707   FORWARD _PROTOTYPE( void do_select, (tty_t *tp, message *m_ptr)     );
13708   FORWARD _PROTOTYPE( void do_status, (message *m_ptr)                );
13709   FORWARD _PROTOTYPE( void in_transfer, (tty_t *tp)                   );
13710   FORWARD _PROTOTYPE( int tty_echo, (tty_t *tp, int ch)               );
13711   FORWARD _PROTOTYPE( void rawecho, (tty_t *tp, int ch)               );
13712   FORWARD _PROTOTYPE( int back_over, (tty_t *tp)                      );
13713   FORWARD _PROTOTYPE( void reprint, (tty_t *tp)                       );
13714   FORWARD _PROTOTYPE( void dev_ioctl, (tty_t *tp)                     );
13715   FORWARD _PROTOTYPE( void setattr, (tty_t *tp)                       );
13716   FORWARD _PROTOTYPE( void tty_icancel, (tty_t *tp)                   );
13717   FORWARD _PROTOTYPE( void tty_init, (void)                           );
13718
13719   /* Atributos padrão. */
13720   PRIVATE struct termios termios_defaults = {
13721     TINPUT_DEF, TOUTPUT_DEF, TCTRL_DEF, TLOCAL_DEF, TSPEED_DEF, TSPEED_DEF,
13722     {
13723           TEOF_DEF, TEOL_DEF, TERASE_DEF, TINTR_DEF, TKILL_DEF, TMIN_DEF,
13724           TQUIT_DEF, TTIME_DEF, TSUSP_DEF, TSTART_DEF, TSTOP_DEF,
13725           TREPRINT_DEF, TLNEXT_DEF, TDISCARD_DEF,
13726     },
13727   };
13728   PRIVATE struct winsize winsize_defaults;       /* = todos zero */
13729
13730   /* Variáveis globais para a tarefa TTY (declarada como extern em tty.h). */
13731   PUBLIC tty_t tty_table[NR_CONS+NR_RS_LINES+NR_PTYS];
13732   PUBLIC int ccurrent;                   /* console correntemente ativo */
13733   PUBLIC timer_t *tty_timers;            /* fila de temporizadores de TTY */
13734   PUBLIC clock_t tty_next_timeout;       /* tempo em que o próximo alarme é esperado */
13735   PUBLIC struct machine machine;         /* variáveis de ambiente do núcleo */
13736
13737   /*===========================================================================*
13738    *                              tty_task                                     *
13739    *===========================================================================*/
13740   PUBLIC void main(void)
13741   {
13742   /* Rotina principal da tarefa de terminal. */
13743
13744     message tty_mess;             /* buffer para todas as mensagens recebidas */
13745     unsigned line;
13746     int s;
13747     char *types[] = {"task","driver","server", "user"};
13748     register struct proc *rp;
13749     register tty_t *tp;
```

```
13750
13751          /* Inicializa o driver TTY. */
13752          tty_init();
13753
13754          /* Obtém ambiente do núcleo (protected_mode, pc_at e ega são necessários). */
13755          if (OK != (s=sys_getmachine(&machine))) {
13756            panic("TTY","Couldn't obtain kernel environment.", s);
13757          }
13758
13759          /* Última inicialização única do teclado. */
13760          kb_init_once();
13761
13762          printf("\n");
13763
13764          while (TRUE) {
13765
13766              /* Verifica e trata de todos os eventos em qualquer um dos ttys. */
13767              for (tp = FIRST_TTY; tp < END_TTY; tp++) {
13768                    if (tp->tty_events) handle_events(tp);
13769              }
13770
13771              /* Obtém uma mensagem de requisição. */
13772              receive(ANY, &tty_mess);
13773
13774              /* Primeiro manipula todos os tipos de notificação do núcleo suportados pelo TTY.
13775               *  - Um alarme foi disparado, expira todos os temporizadores e trata dos eventos.
13776               *  - Uma interrupção de hardware também é um convite para verificar eventos.
13777               *  - Uma nova mensagem do núcleo está disponível para impressão.
13778               *  - Reconfigura o console no desligamento do sistema. Então, vê
13779               *    se essa mensagem é diferente de uma requisição de driver de dispositivo
13780               * normal e se deve ser manipulada separadamente. Essas funções extras
13781               * não operam em um dispositivo, em constraste com as requisições de driver.
13782               */
13783              switch (tty_mess.m_type) {
13784              case SYN_ALARM:                   /* falha */
13785                    expire_timers();      /* chama cães de guarda de temporizadores expirados */
13786                    continue;             /* continua a verificar eventos */
13787              case HARD_INT: {              /* notificação de interrupção de hardware */
13788                    if (tty_mess.NOTIFY_ARG & kbd_irq_set)
13789                          kbd_interrupt(&tty_mess);/* busca caracteres do teclado */
13790 #if NR_RS_LINES > 0
13791                    if (tty_mess.NOTIFY_ARG & rs_irq_set)
13792                          rs_interrupt(&tty_mess);/* E/S serial */
13793 #endif
13794                    expire_timers();      /* chama cães de guarda de temporizadores expirados */
13795                    continue;             /* continua a verificar eventos */
13796              }
13797              case SYS_SIG: {              /* sinal do sistema */
13798                    sigset_t sigset = (sigset_t) tty_mess.NOTIFY_ARG;
13799
13800                    if (sigismember(&sigset, SIGKSTOP)) {
13801                          cons_stop();            /* troca para o console principal */
13802                          if (irq_hook_id != -1) {
13803                                sys_irqdisable(&irq_hook_id);
13804                                sys_irqrmpolicy(KEYBOARD_IRQ, &irq_hook_id);
13805                          }
13806                    }
13807                    if (sigismember(&sigset, SIGTERM)) cons_stop();
13808                    if (sigismember(&sigset, SIGKMESS)) do_new_kmess(&tty_mess);
13809                    continue;
```

```
13810                }
13811                case PANIC_DUMPS:              /* permite dumps de pânico */
13812                        cons_stop();            /* troca para o console principal */
13813                        do_panic_dumps(&tty_mess);
13814                        continue;
13815                case DIAGNOSTICS:              /* um servidor quer imprimir algo */
13816                        do_diagnostics(&tty_mess);
13817                        continue;
13818                case FKEY_CONTROL:             /* (un)register a fkey observer */
13819                        do_fkey_ctl(&tty_mess);
13820                         continue;
13821                default:                       /* deve ser uma requisição de driver */
13822                        ;                       /* não faz nada; fim do switch */
13823                }
13824
13825                /* Apenas requisições de dispositivo devem chegar até este ponto. Todas as
13826                 * requisições, exceto DEV_STATUS, têm um nr. do dispositivo secundário.
13827                 * Verifica essa exceção e obtém o nr. do dispositivo secundário, caso contrário.
13828                 */
13829                if (tty_mess.m_type == DEV_STATUS) {
13830                        do_status(&tty_mess);
13831                        continue;
13832                }
13833                line = tty_mess.TTY_LINE;
13834                if ((line - CONS_MINOR) < NR_CONS) {
13835                        tp = tty_addr(line - CONS_MINOR);
13836                } else if (line == LOG_MINOR) {
13837                        tp = tty_addr(0);
13838                } else if ((line - RS232_MINOR) < NR_RS_LINES) {
13839                        tp = tty_addr(line - RS232_MINOR + NR_CONS);
13840                } else if ((line - TTYPX_MINOR) < NR_PTYS) {
13841                        tp = tty_addr(line - TTYPX_MINOR + NR_CONS + NR_RS_LINES);
13842                } else if ((line - PTYPX_MINOR) < NR_PTYS) {
13843                        tp = tty_addr(line - PTYPX_MINOR + NR_CONS + NR_RS_LINES);
13844                        if (tty_mess.m_type != DEV_IOCTL) {
13845                                do_pty(tp, &tty_mess);
13846                                continue;
13847                        }
13848                } else {
13849                        tp = NULL;
13850                }
13851
13852                /* Se o dispositivo não existe ou não está configurado, retorna ENXIO. */
13853                if (tp == NULL || ! tty_active(tp)) {
13854                        printf("Warning, TTY got illegal request %d from %d\n",
13855                                tty_mess.m_type, tty_mess.m_source);
13856                        tty_reply(TASK_REPLY, tty_mess.m_source,
13857                                                tty_mess.PROC_NR, ENXIO);
13858                        continue;
13859                }
13860
13861                /* Executa a função de driver de dispositivo solicitada. */
13862                switch (tty_mess.m_type) {
13863                    case DEV_READ:      do_read(tp, &tty_mess);      break;
13864                    case DEV_WRITE:     do_write(tp, &tty_mess);     break;
13865                    case DEV_IOCTL:     do_ioctl(tp, &tty_mess);     break;
13866                    case DEV_OPEN:      do_open(tp, &tty_mess);      break;
13867                    case DEV_CLOSE:     do_close(tp, &tty_mess);     break;
13868                    case DEV_SELECT:    do_select(tp, &tty_mess);    break;
13869                    case CANCEL:        do_cancel(tp, &tty_mess);    break;
```

```
13870                  default:
13871                      printf("Warning, TTY got unexpected request %d from %d\n",
13872                                  tty_mess.m_type, tty_mess.m_source);
13873                  tty_reply(TASK_REPLY, tty_mess.m_source,
13874                                              tty_mess.PROC_NR, EINVAL);
13875              }
13876      }
13877  }

13879  /*===========================================================================*
13880   *                              do_status                                    *
13881   *===========================================================================*/
13882  PRIVATE void do_status(m_ptr)
13883  message *m_ptr;
13884  {
13885    register struct tty *tp;
13886    int event_found;
13887    int status;
13888    int ops;
13889
13890    /* Verifica eventos de seleção ou reanimação em qualquer um dos ttys. Se encontrarmos um
13891     * evento, retorna uma única mensagem de status para ele. O FS fará outra
13892     * chamada para ver se existem mais.
13893     */
13894    event_found = 0;
13895    for (tp = FIRST_TTY; tp < END_TTY; tp++) {
13896        if ((ops = select_try(tp, tp->tty_select_ops)) &&
13897                        tp->tty_select_proc == m_ptr->m_source) {
13898
13899            /* E/S para um dispositivo secundário selecionado que está pronto. */
13900            m_ptr->m_type = DEV_IO_READY;
13901            m_ptr->DEV_MINOR = tp->tty_index;
13902            m_ptr->DEV_SEL_OPS = ops;
13903
13904            tp->tty_select_ops &= ~ops;     /* desmarca o evento de seleção */
13905            event_found = 1;
13906            break;
13907        }
13908        else if (tp->tty_inrevived && tp->tty_incaller == m_ptr->m_source) {
13909
13910            /* Requisição suspensa concluída. Envia REVIVE. */
13911            m_ptr->m_type = DEV_REVIVE;
13912            m_ptr->REP_PROC_NR = tp->tty_inproc;
13913            m_ptr->REP_STATUS = tp->tty_incum;
13914
13915            tp->tty_inleft = tp->tty_incum = 0;
13916            tp->tty_inrevived = 0;          /* desmarca o evento de reanimação */
13917            event_found = 1;
13918            break;
13919        }
13920        else if (tp->tty_outrevived && tp->tty_outcaller == m_ptr->m_source) {
13921
13922            /* Requisição suspensa concluída. Envia REVIVE. */
13923            m_ptr->m_type = DEV_REVIVE;
13924            m_ptr->REP_PROC_NR = tp->tty_outproc;
13925            m_ptr->REP_STATUS = tp->tty_outcum;
13926
13927            tp->tty_outcum = 0;
13928            tp->tty_outrevived = 0;         /* desmarca o evento de reanimação */
13929            event_found = 1;
```

```
13930                    break;
13931            }
13932    }
13933
13934 #if NR_PTYS > 0
13935    if (!event_found)
13936            event_found = pty_status(m_ptr);
13937 #endif
13938
13939    if (! event_found) {
13940            /* Nenhum evento de interesse foi encontrado. Retorna uma mensagem vazia. */
13941            m_ptr->m_type = DEV_NO_STATUS;
13942    }
13943
13944    /* Quase pronto. Envia mensagem de resposta para o processo que fez a chamada. */
13945    if ((status = send(m_ptr->m_source, m_ptr)) != OK) {
13946            panic("TTY","send in do_status failed, status\n", status);
13947    }
13948 }
13949
13950 /*===========================================================================*
13951  *                              do_read                                      *
13952  *===========================================================================*/
13953 PRIVATE void do_read(tp, m_ptr)
13954 register tty_t *tp;                /* ponteiro para estrutura tty */
13955 register message *m_ptr;           /* ponteiro para mensagem enviada para a tarefa */
13956 {
13957 /* Um processo quer ler de um terminal. */
13958    int r, status;
13959    phys_bytes phys_addr;
13960
13961    /* Verifica se já existe um processo suspenso em uma leitura, verifica se os
13962     * parâmetros estão corretos, executa a E/S.
13963     */
13964    if (tp->tty_inleft > 0) {
13965            r = EIO;
13966    } else
13967    if (m_ptr->COUNT <= 0) {
13968            r = EINVAL;
13969    } else
13970    if (sys_umap(m_ptr->PROC_NR, D, (vir_bytes) m_ptr->ADDRESS, m_ptr->COUNT,
13971                    &phys_addr) != OK) {
13972            r = EFAULT;
13973    } else {
13974            /* Copia informações da mensagem na estrutura tty. */
13975            tp->tty_inrepcode = TASK_REPLY;
13976            tp->tty_incaller = m_ptr->m_source;
13977            tp->tty_inproc = m_ptr->PROC_NR;
13978            tp->tty_in_vir = (vir_bytes) m_ptr->ADDRESS;
13979            tp->tty_inleft = m_ptr->COUNT;
13980
13981            if (!(tp->tty_termios.c_lflag & ICANON)
13982                                    && tp->tty_termios.c_cc[VTIME] > 0) {
13983                    if (tp->tty_termios.c_cc[VMIN] == 0) {
13984                            /* MIN & TIME especificam um temporizador que termina a leitura
13985                             * em TIME/10 segundos, caso nenhum byte esteja disponível.
13986                             */
13987                            settimer(tp, TRUE);
13988                            tp->tty_min = 1;
13989                    } else {
```

```
13990                              /* MIN & TIME especificam um temporizador entre bytes que talvez
13991                               * tenha de ser cancelado, caso ainda não existam bytes.
13992                               */
13993                              if (tp->tty_eotct == 0) {
13994                                      settimer(tp, FALSE);
13995                                      tp->tty_min = tp->tty_termios.c_cc[VMIN];
13996                              }
13997                      }
13998              }
13999
14000              /* Algo está esperando no buffer de entrada? Limpa... */
14001              in_transfer(tp);
14002              /* ...então, volta para obter mais. */
14003              handle_events(tp);
14004              if (tp->tty_inleft == 0) {
14005                      if (tp->tty_select_ops)
14006                              select_retry(tp);
14007                      return;                   /* pronto */
14008              }
14009
14010              /* Não havia bytes disponíveis na fila de entrada; portanto, ou suspende
14011               * o processo que fez a chamada ou interrompe a leitura, se for não bloqueante.
14012               */
14013              if (m_ptr->TTY_FLAGS & O_NONBLOCK) {
14014                      r = EAGAIN;                       /* cancela a leitura */
14015                      tp->tty_inleft = tp->tty_incum = 0;
14016              } else {
14017                      r = SUSPEND;                      /* suspende o processo que fez a chamada */
14018                      tp->tty_inrepcode = REVIVE;
14019              }
14020      }
14021      tty_reply(TASK_REPLY, m_ptr->m_source, m_ptr->PROC_NR, r);
14022      if (tp->tty_select_ops)
14023              select_retry(tp);
14024 }

14026 /*===========================================================================*
14027  *                              do_write                                     *
14028  *===========================================================================*/
14029 PRIVATE void do_write(tp, m_ptr)
14030 register tty_t *tp;
14031 register message *m_ptr;        /* ponteiro para mensagem enviada para a tarefa */
14032 {
14033 /* Um processo quer escrever em um terminal. */
14034   int r;
14035   phys_bytes phys_addr;
14036
14037   /* Verifica se já existe um processo suspenso em uma escrita, verifica se os
14038    * parâmetros estão corretos, realiza a E/S.
14039    */
14040   if (tp->tty_outleft > 0) {
14041           r = EIO;
14042   } else
14043   if (m_ptr->COUNT <= 0) {
14044           r = EINVAL;
14045   } else
14046   if (sys_umap(m_ptr->PROC_NR, D, (vir_bytes) m_ptr->ADDRESS, m_ptr->COUNT,
14047                   &phys_addr) != OK) {
14048           r = EFAULT;
14049   } else {
```

```
14050           /* Copia parâmetros da mensagem na estrutura tty. */
14051           tp->tty_outrepcode = TASK_REPLY;
14052           tp->tty_outcaller = m_ptr->m_source;
14053           tp->tty_outproc = m_ptr->PROC_NR;
14054           tp->tty_out_vir = (vir_bytes) m_ptr->ADDRESS;
14055           tp->tty_outleft = m_ptr->COUNT;
14056
14057           /* Tenta escrever. */
14058           handle_events(tp);
14059           if (tp->tty_outleft == 0)
14060                   return; /* pronto */
14061
14062           /* Nenhum ou nem todos os bytes puderam ser escritos; portanto, ou suspende o
14063            * processo que fez a chamada ou interrompe a escrita se for não bloqueante.
14064            */
14065           if (m_ptr->TTY_FLAGS & O_NONBLOCK) {     /* cancela a escrita */
14066                   r = tp->tty_outcum > 0 ? tp->tty_outcum : EAGAIN;
14067                   tp->tty_outleft = tp->tty_outcum = 0;
14068           } else {
14069                   r = SUSPEND;                     /* suspende o processo que fez a chamada */
14070                   tp->tty_outrepcode = REVIVE;
14071           }
14072   }
14073   tty_reply(TASK_REPLY, m_ptr->m_source, m_ptr->PROC_NR, r);
14074   }

14076   /*===========================================================================*
14077    *                              do_ioctl                                     *
14078    *===========================================================================*/
14079   PRIVATE void do_ioctl(tp, m_ptr)
14080   register tty_t *tp;
14081   message *m_ptr;                  /* ponteiro para mensagem enviada para a tarefa */
14082   {
14083   /* Executa uma operação IOCTL nesse terminal. As chamadas de termios do Posix são
14084    * manipuladas pela chamada de sistema IOCTL
14085    */
14086
14087   int r;
14088   union {
14089           int i;
14090   } param;
14091   size_t size;
14092
14093   /* Tamanho do parâmetro ioctl. */
14094   switch (m_ptr->TTY_REQUEST) {
14095     case TCGETS:        /* função tcgetattr do Posix */
14096     case TCSETS:        /* função tcsetattr do Posix, opção TCSANOW */
14097     case TCSETSW:       /* função tcsetattr do Posix, opção TCSADRAIN */
14098     case TCSETSF:       /* função tcsetattr do Posix, opção TCSAFLUSH */
14099           size = sizeof(struct termios);
14100           break;
14101
14102     case TCSBRK:        /* função tcsendbreak do Posix */
14103     case TCFLOW:        /* função tcflow do Posix */
14104     case TCFLSH:        /* função tcflush do Posix */
14105     case TIOCGPGRP:     /* função tcgetpgrp do Posix */
14106     case TIOCSPGRP:     /* função tcsetpgrp do Posix */
14107           size = sizeof(int);
14108           break;
14109
```

```
14110          case TIOCGWINSZ:     /* obtém tamanho da janela (não é do Posix) */
14111          case TIOCSWINSZ:     /* configura tamanho da janela (não é do Posix) */
14112              size = sizeof(struct winsize);
14113              break;
14114
14115          case KIOCSMAP:       /* carrega mapa de teclas (extensão do Minix) */
14116              size = sizeof(keymap_t);
14117              break;
14118
14119          case TIOCSFON:       /* carrega fonte (extensão do Minix) */
14120              size = sizeof(u8_t [8192]);
14121              break;
14122
14123          case TCDRAIN:        /* função tcdrain do Posix - sem parâmetro */
14124          default:             size = 0;
14125      }
14126
14127      r = OK;
14128      switch (m_ptr->TTY_REQUEST) {
14129        case TCGETS:
14130          /* Obtém os atributos de termios. */
14131          r = sys_vircopy(SELF, D, (vir_bytes) &tp->tty_termios,
14132                  m_ptr->PROC_NR, D, (vir_bytes) m_ptr->ADDRESS,
14133                  (vir_bytes) size);
14134          break;
14135
14136        case TCSETSW:
14137        case TCSETSF:
14138        case TCDRAIN:
14139          if (tp->tty_outleft > 0) {
14140                  /* Espera por todo processamento de saída em andamento para terminar. */
14141                  tp->tty_iocaller = m_ptr->m_source;
14142                  tp->tty_ioproc = m_ptr->PROC_NR;
14143                  tp->tty_ioreq = m_ptr->REQUEST;
14144                  tp->tty_iovir = (vir_bytes) m_ptr->ADDRESS;
14145                  r = SUSPEND;
14146                  break;
14147          }
14148          if (m_ptr->TTY_REQUEST == TCDRAIN) break;
14149          if (m_ptr->TTY_REQUEST == TCSETSF) tty_icancel(tp);
14150          /*FALL THROUGH*/
14151        case TCSETS:
14152          /* Configura os atributos de termios. */
14153          r = sys_vircopy( m_ptr->PROC_NR, D, (vir_bytes) m_ptr->ADDRESS,
14154                  SELF, D, (vir_bytes) &tp->tty_termios, (vir_bytes) size);
14155          if (r != OK) break;
14156          setattr(tp);
14157          break;
14158
14159        case TCFLSH:
14160          r = sys_vircopy( m_ptr->PROC_NR, D, (vir_bytes) m_ptr->ADDRESS,
14161                  SELF, D, (vir_bytes) &param.i, (vir_bytes) size);
14162          if (r != OK) break;
14163          switch (param.i) {
14164              case TCIFLUSH:     tty_icancel(tp);                              break;
14165              case TCOFLUSH:     (*tp->tty_ocancel)(tp, 0);                    break;
14166              case TCIOFLUSH:    tty_icancel(tp); (*tp->tty_ocancel)(tp, 0);   break;
14167              default:           r = EINVAL;
14168          }
14169          break;
```

```
14170
14171          case TCFLOW:
14172              r = sys_vircopy( m_ptr->PROC_NR, D, (vir_bytes) m_ptr->ADDRESS,
14173                    SELF, D, (vir_bytes) &param.i, (vir_bytes) size);
14174              if (r != OK) break;
14175              switch (param.i) {
14176                  case TCOOFF:
14177                  case TCOON:
14178                      tp->tty_inhibited = (param.i == TCOOFF);
14179                      tp->tty_events = 1;
14180                      break;
14181                  case TCIOFF:
14182                      (*tp->tty_echo)(tp, tp->tty_termios.c_cc[VSTOP]);
14183                      break;
14184                  case TCION:
14185                      (*tp->tty_echo)(tp, tp->tty_termios.c_cc[VSTART]);
14186                      break;
14187                  default:
14188                      r = EINVAL;
14189              }
14190              break;
14191
14192          case TCSBRK:
14193              if (tp->tty_break != NULL) (*tp->tty_break)(tp,0);
14194              break;
14195
14196          case TIOCGWINSZ:
14197              r = sys_vircopy(SELF, D, (vir_bytes) &tp->tty_winsize,
14198                    m_ptr->PROC_NR, D, (vir_bytes) m_ptr->ADDRESS,
14199                    (vir_bytes) size);
14200              break;
14201
14202          case TIOCSWINSZ:
14203              r = sys_vircopy( m_ptr->PROC_NR, D, (vir_bytes) m_ptr->ADDRESS,
14204                    SELF, D, (vir_bytes) &tp->tty_winsize, (vir_bytes) size);
14205              /* SIGWINCH... */
14206              break;
14207
14208          case KIOCSMAP:
14209              /* Carrega um novo mapa de teclas (somente /dev/console). */
14210              if (isconsole(tp)) r = kbd_loadmap(m_ptr);
14211              break;
14212
14213          case TIOCSFON:
14214              /* Carrega uma font em uma placa EGA ou VGA (hs@hck.hr) */
14215              if (isconsole(tp)) r = con_loadfont(m_ptr);
14216              break;
14217
14218  /* Essas funções do Posix podem falhar se _POSIX_JOB_CONTROL não
14219   * estiver definida.
14220   */
14221          case TIOCGPGRP:
14222          case TIOCSPGRP:
14223          default:
14224              r = ENOTTY;
14225      }
14226
14227      /* Envia a resposta. */
14228      tty_reply(TASK_REPLY, m_ptr->m_source, m_ptr->PROC_NR, r);
14229  }
```

```
14231   /*===========================================================================*
14232    *                              do_open                                      *
14233    *===========================================================================*/
14234   PRIVATE void do_open(tp, m_ptr)
14235   register tty_t *tp;
14236   message *m_ptr;                 /* ponteiro para message enviada para a tarefa */
14237   {
14238   /* Uma linha de tty foi aberta. Faz os procedimentos que fizeram a chamada controlar o tty
14239    * se O_NOCTTY *não* estiver configurado e não for o dispositivo de log. 1 é retornado se
14240    * o tty tornou-se o tty de controle, caso contrário, OK ou um código de erro.
14241    */
14242     int r = OK;
14243
14244     if (m_ptr->TTY_LINE == LOG_MINOR) {
14245         /* O dispositivo de log é um dispositivo de diagnóstico somente para escrita. */
14246         if (m_ptr->COUNT & R_BIT) r = EACCES;
14247     } else {
14248         if (!(m_ptr->COUNT & O_NOCTTY)) {
14249             tp->tty_pgrp = m_ptr->PROC_NR;
14250             r = 1;
14251         }
14252         tp->tty_openct++;
14253     }
14254     tty_reply(TASK_REPLY, m_ptr->m_source, m_ptr->PROC_NR, r);
14255   }

14257   /*===========================================================================*
14258    *                              do_close                                     *
14259    *===========================================================================*/
14260   PRIVATE void do_close(tp, m_ptr)
14261   register tty_t *tp;
14262   message *m_ptr;                 /* ponteiro para a mensagem enviada para a tarefa */
14263   {
14264   /* Uma linha de tty foi fechada. Limpa a linha, se é o último fechamento. */
14265
14266     if (m_ptr->TTY_LINE != LOG_MINOR && --tp->tty_openct == 0) {
14267         tp->tty_pgrp = 0;
14268         tty_icancel(tp);
14269         (*tp->tty_ocancel)(tp, 0);
14270         (*tp->tty_close)(tp, 0);
14271         tp->tty_termios = termios_defaults;
14272         tp->tty_winsize = winsize_defaults;
14273         setattr(tp);
14274     }
14275     tty_reply(TASK_REPLY, m_ptr->m_source, m_ptr->PROC_NR, OK);
14276   }

14278   /*===========================================================================*
14279    *                              do_cancel                                    *
14280    *===========================================================================*/
14281   PRIVATE void do_cancel(tp, m_ptr)
14282   register tty_t *tp;
14283   message *m_ptr;                 /* ponteiro para a mensagem enviada para a tarefa */
14284   {
14285   /* Um sinal foi enviado para um processo que está travado tentando ler ou escrever.
14286    * A leitura ou escrever pendente deve ser concluída imediatamente.
14287    */
14288
14289     int proc_nr;
```

```
14290           int mode;
14291
14292           /* Verifica os parâmetros cuidadosamente para evitar cancelamento duplo. */
14293           proc_nr = m_ptr->PROC_NR;
14294           mode = m_ptr->COUNT;
14295           if ((mode & R_BIT) && tp->tty_inleft != 0 && proc_nr == tp->tty_inproc) {
14296                   /* O processo estava lendo quando foi eliminado. Limpa a entrada. */
14297                   tty_icancel(tp);
14298                   tp->tty_inleft = tp->tty_incum = 0;
14299           }
14300           if ((mode & W_BIT) && tp->tty_outleft != 0 && proc_nr == tp->tty_outproc) {
14301                   /* O processo estava escrevendo quando foi eliminado. Limpa a saída. */
14302                   (*tp->tty_ocancel)(tp, 0);
14303                   tp->tty_outleft = tp->tty_outcum = 0;
14304           }
14305           if (tp->tty_ioreq != 0 && proc_nr == tp->tty_ioproc) {
14306                   /* O processo estava esperando a saída terminar. */
14307                   tp->tty_ioreq = 0;
14308           }
14309           tp->tty_events = 1;
14310           tty_reply(TASK_REPLY, m_ptr->m_source, proc_nr, EINTR);
14311   }
14312
14313   PUBLIC int select_try(struct tty *tp, int ops)
14314   {
14315           int ready_ops = 0;
14316
14317           /* Caso especial. Se a linha foi desligada, nenhuma operacçao bloqueará.
14318            * (e isso pode ser visto como uma condição excepcional.)
14319            */
14320           if (tp->tty_termios.c_ospeed == B0) {
14321                   ready_ops |= ops;
14322           }
14323
14324           if (ops & SEL_RD) {
14325                   /* a e/s não bloqueará na leitura? */
14326                   if (tp->tty_inleft > 0) {
14327                           ready_ops |= SEL_RD;       /* EIO - não bloqueante */
14328                   } else if (tp->tty_incount > 0) {
14329                           /* Uma leitura normal é possível? tty_incount
14330                            * diz que há dados. Mas uma leitura só terá êxito
14331                            * no modo canônico se um caractere de nova linha foi visto.
14332                            */
14333                           if (!(tp->tty_termios.c_lflag & ICANON) ||
14334                                   tp->tty_eotct > 0) {
14335                                   ready_ops |= SEL_RD;
14336                           }
14337                   }
14338           }
14339
14340           if (ops & SEL_WR) {
14341                   if (tp->tty_outleft > 0) ready_ops |= SEL_WR;
14342                   else if ((*tp->tty_devwrite)(tp, 1)) ready_ops |= SEL_WR;
14343           }
14344
14345           return ready_ops;
14346   }
14347
14348   PUBLIC int select_retry(struct tty *tp)
14349   {
```

```
14350                    if (select_try(tp, tp->tty_select_ops))
14351                            notify(tp->tty_select_proc);
14352                    return OK;
14353            }

14355   /*===========================================================================*
14356    *                              handle_events                                *
14357    *===========================================================================*/
14358   PUBLIC void handle_events(tp)
14359   tty_t *tp;                      /* TTY para verificar eventos. */
14360   {
14361   /* Trata de todos os eventos pendentes em um TTY. Esses eventos normalmente são
14362    * interrupções de dispositivo.
14363    *
14364    * Dois tipos de eventos são importantes:
14365    *       - um caractere foi recebido do console ou de uma linha RS232.
14366    *       - uma linha RS232 concluiu uma requisição de escrita (em nome de um usuário).
14367    * A rotina de tratamento de interrupção pode atrasar a mensagem de interrupção à vontade
14368    * para não atolar a tarefa TTY. Mensagens podem ser sobrescritas quando as
14369    * linhas são rápidas ou quando há disputas entre diferentes linhas, entrada
14370    * e saída, pois o MINIX só fornece buffer do tipo simples para mensagens de
14371    * interrupção (em proc.c). Isso é tratado verificando-se explicitamente cada linha
14372    * quanto uma nova entrada e saída concluída em cada interrupção.
14373    */
14374     char *buf;
14375     unsigned count;
14376     int status;
14377
14378     do {
14379           tp->tty_events = 0;
14380
14381           /* Lê a entrada e realiza o processamento de entrada. */
14382           (*tp->tty_devread)(tp, 0);
14383
14384           /* Realiza o processamento de saída e escreve a saída. */
14385           (*tp->tty_devwrite)(tp, 0);
14386
14387           /* Ioctl esperando por algum evento? */
14388           if (tp->tty_ioreq != 0) dev_ioctl(tp);
14389     } while (tp->tty_events);
14390
14391     /* Transfere caracteres da fila de entrada para um processo que está esperando. */
14392     in_transfer(tp);
14393
14394     /* Responde se houver bytes suficientes disponíveis. */
14395     if (tp->tty_incum >= tp->tty_min && tp->tty_inleft > 0) {
14396           if (tp->tty_inrepcode == REVIVE) {
14397                 notify(tp->tty_incaller);
14398                 tp->tty_inrevived = 1;
14399           } else {
14400                 tty_reply(tp->tty_inrepcode, tp->tty_incaller,
14401                         tp->tty_inproc, tp->tty_incum);
14402                 tp->tty_inleft = tp->tty_incum = 0;
14403           }
14404     }
14405     if (tp->tty_select_ops)
14406           select_retry(tp);
14407   #if NR_PTYS > 0
14408     if (ispty(tp))
14409           select_retry_pty(tp);
```

```
14410        #endif
14411        }

14413        /*===========================================================================*
14414         *                              in_transfer                                  *
14415         *===========================================================================*/
14416        PRIVATE void in_transfer(tp)
14417        register tty_t *tp;                    /* ponteiro para terminal a ser lido */
14418        {
14419        /* Transfere bytes da fila de entrada para um processo que esteja lendo de um terminal. */
14420
14421          int ch;
14422          int count;
14423          char buf[64], *bp;
14424
14425          /* Obriga a leitura a ter êxito se a linha foi desligada, parece EOF para o leitor. */
14426          if (tp->tty_termios.c_ospeed == B0) tp->tty_min = 0;
14427
14428          /* Algo a fazer? */
14429          if (tp->tty_inleft == 0 || tp->tty_eotct < tp->tty_min) return;
14430
14431          bp = buf;
14432          while (tp->tty_inleft > 0 && tp->tty_eotct > 0) {
14433                ch = *tp->tty_intail;
14434
14435                if (!(ch & IN_EOF)) {
14436                        /* Um caractere a ser enviado para o usuário. */
14437                        *bp = ch & IN_CHAR;
14438                        tp->tty_inleft--;
14439                        if (++bp == bufend(buf)) {
14440                                /* Buffer temp cheio, copia no espaço de usuário. */
14441                                sys_vircopy(SELF, D, (vir_bytes) buf,
14442                                        tp->tty_inproc, D, tp->tty_in_vir,
14443                                        (vir_bytes) buflen(buf));
14444                                tp->tty_in_vir += buflen(buf);
14445                                tp->tty_incum += buflen(buf);
14446                                bp = buf;
14447                        }
14448                }
14449
14450                /* Remove o caractere da fila de entrada. */
14451                if (++tp->tty_intail == bufend(tp->tty_inbuf))
14452                        tp->tty_intail = tp->tty_inbuf;
14453                tp->tty_incount--;
14454                if (ch & IN_EOT) {
14455                        tp->tty_eotct--;
14456                        /* Não lê após uma quebra de linha no modo canônico. */
14457                        if (tp->tty_termios.c_lflag & ICANON) tp->tty_inleft = 0;
14458                }
14459          }
14460
14461          if (bp > buf) {
14462                /* Caracteres restantes no buffer. */
14463                count = bp - buf;
14464                sys_vircopy(SELF, D, (vir_bytes) buf,
14465                        tp->tty_inproc, D, tp->tty_in_vir, (vir_bytes) count);
14466                tp->tty_in_vir += count;
14467                tp->tty_incum += count;
14468          }
14469
```

```
14470          /* Normalmente, responde para o leitor, possivelmente mesmo se incum == 0 (EOF). */
14471          if (tp->tty_inleft == 0) {
14472                  if (tp->tty_inrepcode == REVIVE) {
14473                          notify(tp->tty_incaller);
14474                          tp->tty_inrevived = 1;
14475                  } else {
14476                          tty_reply(tp->tty_inrepcode, tp->tty_incaller,
14477                                  tp->tty_inproc, tp->tty_incum);
14478                          tp->tty_inleft = tp->tty_incum = 0;
14479                  }
14480          }
14481  }

14483  /*===========================================================================*
14484   *                              in_process                                   *
14485   *===========================================================================*/
14486  PUBLIC int in_process(tp, buf, count)
14487  register tty_t *tp;             /* terminal no qual o caractere chegou */
14488  char *buf;                      /* buffer com caracteres de entrada */
14489  int count;                      /* número de caracteres de entrada */
14490  {
14491  /* Os caracteres acabaram de ser digitados. Processa, salva e os ecoa. Retorna
14492   * o número de caracteres processados.
14493   */
14494
14495    int ch, sig, ct;
14496    int timeset = FALSE;
14497    static unsigned char csize_mask[] = { 0x1F, 0x3F, 0x7F, 0xFF };
14498
14499    for (ct = 0; ct < count; ct++) {
14500            /* Pega um caractere. */
14501            ch = *buf++ & BYTE;
14502
14503            /* Retira sete bits? */
14504            if (tp->tty_termios.c_iflag & ISTRIP) ch &= 0x7F;
14505
14506            /* Extensões de entrada? */
14507            if (tp->tty_termios.c_lflag & IEXTEN) {
14508
14509                    /* O caractere anterior era um escape de caractere? */
14510                    if (tp->tty_escaped) {
14511                            tp->tty_escaped = NOT_ESCAPED;
14512                            ch |= IN_ESC;    /* caractere protegido */
14513                    }
14514
14515                    /* LNEXT (^V) para fazer o escape do próximo caractere? */
14516                    if (ch == tp->tty_termios.c_cc[VLNEXT]) {
14517                            tp->tty_escaped = ESCAPED;
14518                            rawecho(tp, '^');
14519                            rawecho(tp, '\b');
14520                            continue;        /* não armazena o escape */
14521                    }
14522
14523                    /* REPRINT (^R) para reimprimir caracteres ecoados? */
14524                    if (ch == tp->tty_termios.c_cc[VREPRINT]) {
14525                            reprint(tp);
14526                            continue;
14527                    }
14528            }
14529
```

```
14530              /* _POSIX_VDISABLE é um valor de caractere normal, é melhor que tenha escape. */
14531              if (ch == _POSIX_VDISABLE) ch |= IN_ESC;
14532
14533              /* Faz o mapeamento de CR em LF, ignora CR ou faz o mapeamento de LF em CR. */
14534              if (ch == '\r') {
14535                      if (tp->tty_termios.c_iflag & IGNCR) continue;
14536                      if (tp->tty_termios.c_iflag & ICRNL) ch = '\n';
14537              } else
14538              if (ch == '\n') {
14539                      if (tp->tty_termios.c_iflag & INLCR) ch = '\r';
14540              }
14541
14542              /* Modo canônico? */
14543              if (tp->tty_termios.c_lflag & ICANON) {
14544
14545                      /* Processamento de apagamento (apaga o último caractere). */
14546                      if (ch == tp->tty_termios.c_cc[VERASE]) {
14547                              (void) back_over(tp);
14548                              if (!(tp->tty_termios.c_lflag & ECHOE)) {
14549                                      (void) tty_echo(tp, ch);
14550                              }
14551                              continue;
14552                      }
14553
14554                      /* Processamento de eliminação (remove a linha corrente). */
14555                      if (ch == tp->tty_termios.c_cc[VKILL]) {
14556                              while (back_over(tp)) {}
14557                              if (!(tp->tty_termios.c_lflag & ECHOE)) {
14558                                      (void) tty_echo(tp, ch);
14559                                      if (tp->tty_termios.c_lflag & ECHOK)
14560                                              rawecho(tp, '\n');
14561                              }
14562                              continue;
14563                      }
14564
14565                      /* EOF (^D) significa fim de arquivo, uma "quebra de linha" invisível. */
14566                      if (ch == tp->tty_termios.c_cc[VEOF]) ch |= IN_EOT | IN_EOF;
14567
14568                      /* A linha pode ser retornada para o usuário após um LF. */
14569                      if (ch == '\n') ch |= IN_EOT;
14570
14571                      /* A mesma coisa com EOL, o que quer que possa ser. */
14572                      if (ch == tp->tty_termios.c_cc[VEOL]) ch |= IN_EOT;
14573              }
14574
14575              /* Inicia/pára controle de entrada? */
14576              if (tp->tty_termios.c_iflag & IXON) {
14577
14578                      /* A saída pára em STOP (^S). */
14579                      if (ch == tp->tty_termios.c_cc[VSTOP]) {
14580                              tp->tty_inhibited = STOPPED;
14581                              tp->tty_events = 1;
14582                              continue;
14583                      }
14584
14585                      /* A saída recomeça em START (^Q) ou qualquer caractere, se IXANY. */
14586                      if (tp->tty_inhibited) {
14587                              if (ch == tp->tty_termios.c_cc[VSTART]
14588                                              || (tp->tty_termios.c_iflag & IXANY)) {
14589                                      tp->tty_inhibited = RUNNING;
```

```
14590                                  tp->tty_events = 1;
14591                                  if (ch == tp->tty_termios.c_cc[VSTART])
14592                                          continue;
14593                          }
14594                  }
14595          }
14596
14597          if (tp->tty_termios.c_lflag & ISIG) {
14598                  /* Verifica caracteres INTR (^?) e QUIT (^\). */
14599                  if (ch == tp->tty_termios.c_cc[VINTR]
14600                                  || ch == tp->tty_termios.c_cc[VQUIT]) {
14601                          sig = SIGINT;
14602                          if (ch == tp->tty_termios.c_cc[VQUIT]) sig = SIGQUIT;
14603                          sigchar(tp, sig);
14604                          (void) tty_echo(tp, ch);
14605                          continue;
14606                  }
14607          }
14608
14609          /* Há espaço no buffer de entrada? */
14610          if (tp->tty_incount == buflen(tp->tty_inbuf)) {
14611                  /* Não há espaço; descarta no modo canônico, mantém no modo bruto. */
14612                  if (tp->tty_termios.c_lflag & ICANON) continue;
14613                  break;
14614          }
14615
14616          if (!(tp->tty_termios.c_lflag & ICANON)) {
14617                  /* No modo bruto, todos os caracteres são "quebras de linha". */
14618                  ch |= IN_EOT;
14619
14620                  /* Inicia um temporizador entre bytes? */
14621                  if (!timeset && tp->tty_termios.c_cc[VMIN] > 0
14622                                  && tp->tty_termios.c_cc[VTIME] > 0) {
14623                          settimer(tp, TRUE);
14624                          timeset = TRUE;
14625                  }
14626          }
14627
14628          /* Executa a complicada função de ecoamento. */
14629          if (tp->tty_termios.c_lflag & (ECHO|ECHONL)) ch = tty_echo(tp, ch);
14630
14631          /* Salva o caractere na fila de entrada. */
14632          *tp->tty_inhead++ = ch;
14633          if (tp->tty_inhead == bufend(tp->tty_inbuf))
14634                  tp->tty_inhead = tp->tty_inbuf;
14635          tp->tty_incount++;
14636          if (ch & IN_EOT) tp->tty_eotct++;
14637
14638          /* Tenta terminar a saída se a fila ameaçar a estourar. */
14639          if (tp->tty_incount == buflen(tp->tty_inbuf)) in_transfer(tp);
14640  }
14641  return ct;
14642 }

14644 /*===========================================================================*
14645  *                              echo                                         *
14646  *===========================================================================*/
14647 PRIVATE int tty_echo(tp, ch)
14648 register tty_t *tp;            /* terminal no qual ecoar */
14649 register int ch;               /* ponteiro para caractere a ecoar */
```

```
14650  {
14651  /* Ecoa o caractere se o ecoamento estiver ativo. Alguns caracteres de controle são ecoados
14652   * com seus efeitos normais, outros caracteres de controle são ecoados como "^X",
14653   * os caracteres normais são ecoados diretamente. EOF (^D) é ecoado, mas imediatamente
14654   * apagado com um retrocesso. Retorna o caractere com o comprimento ecoado adicionado
14655   * em seus atributos.
14656   */
14657    int len, rp;
14658
14659    ch &= ~IN_LEN;
14660    if (!(tp->tty_termios.c_lflag & ECHO)) {
14661        if (ch == ('\n' | IN_EOT) && (tp->tty_termios.c_lflag
14662                                   & (ICANON|ECHONL)) == (ICANON|ECHONL))
14663            (*tp->tty_echo)(tp, '\n');
14664        return(ch);
14665    }
14666
14667    /* "Reprint" indica se a saída do eco foi bagunçada por outra saída. */
14668    rp = tp->tty_incount == 0 ? FALSE : tp->tty_reprint;
14669
14670    if ((ch & IN_CHAR) < ' ') {
14671        switch (ch & (IN_ESC|IN_EOF|IN_EOT|IN_CHAR)) {
14672            case '\t':
14673                len = 0;
14674                do {
14675                    (*tp->tty_echo)(tp, ' ');
14676                    len++;
14677                } while (len < TAB_SIZE && (tp->tty_position & TAB_MASK) != 0);
14678                break;
14679            case '\r' | IN_EOT:
14680            case '\n' | IN_EOT:
14681                (*tp->tty_echo)(tp, ch & IN_CHAR);
14682                len = 0;
14683                break;
14684            default:
14685                (*tp->tty_echo)(tp, '^');
14686                (*tp->tty_echo)(tp, '@' + (ch & IN_CHAR));
14687                len = 2;
14688        }
14689    } else
14690    if ((ch & IN_CHAR) == '\177') {
14691        /* A DEL prints as "^?". */
14692        (*tp->tty_echo)(tp, '^');
14693        (*tp->tty_echo)(tp, '?');
14694        len = 2;
14695    } else {
14696        (*tp->tty_echo)(tp, ch & IN_CHAR);
14697        len = 1;
14698    }
14699    if (ch & IN_EOF) while (len > 0) { (*tp->tty_echo)(tp, '\b'); len--; }
14700
14701    tp->tty_reprint = rp;
14702    return(ch | (len << IN_LSHIFT));
14703  }
14704
14705  /*===========================================================================*
14706   *                              rawecho                                      *
14707   *===========================================================================*/
14708  PRIVATE void rawecho(tp, ch)
14709  register tty_t *tp;
```

```
14710       int ch;
14711       {
14712       /* Ecoa sem interpretação se ECHO estiver configurado. */
14713         int rp = tp->tty_reprint;
14714         if (tp->tty_termios.c_lflag & ECHO) (*tp->tty_echo)(tp, ch);
14715         tp->tty_reprint = rp;
14716       }

14718       /*===========================================================================*
14719        *                              back_over                                    *
14720        *==========================================================================*/
14721       PRIVATE int back_over(tp)
14722       register tty_t *tp;
14723       {
14724       /* Retrocede para o caractere anterior na tela e o apaga. */
14725         u16_t *head;
14726         int len;
14727
14728         if (tp->tty_incount == 0) return(0);  /* fila vazia */
14729         head = tp->tty_inhead;
14730         if (head == tp->tty_inbuf) head = bufend(tp->tty_inbuf);
14731         if (*--head & IN_EOT) return(0);            /* não pode apagar "quebras de linha" */
14732         if (tp->tty_reprint) reprint(tp);           /* reimprime se bagunçou */
14733         tp->tty_inhead = head;
14734         tp->tty_incount--;
14735         if (tp->tty_termios.c_lflag & ECHOE) {
14736             len = (*head & IN_LEN) >> IN_LSHIFT;
14737             while (len > 0) {
14738                 rawecho(tp, '\b');
14739                 rawecho(tp, ' ');
14740                 rawecho(tp, '\b');
14741                 len--;
14742             }
14743         }
14744         return(1);                                  /* um caractere apagado */
14745       }

14747       /*===========================================================================*
14748        *                              reprint                                      *
14749        *==========================================================================*/
14750       PRIVATE void reprint(tp)
14751       register tty_t *tp;                 /* ponteiro para estrutura tty */
14752       {
14753       /* Restaura o que foi ecoado antes na tela, se a entrada do usuário foi
14754        * bagunçada pela saída ou se REPRINT (^R) for digitado.
14755        */
14756         int count;
14757         u16_t *head;
14758
14759         tp->tty_reprint = FALSE;
14760
14761         /* Encontra a última quebra de linha na entrada. */
14762         head = tp->tty_inhead;
14763         count = tp->tty_incount;
14764         while (count > 0) {
14765             if (head == tp->tty_inbuf) head = bufend(tp->tty_inbuf);
14766             if (head[-1] & IN_EOT) break;
14767             head--;
14768             count--;
14769         }
```

```
14770        if (count == tp->tty_incount) return;          /* nenhum motivo para reimprimir */
14771
14772        /* Mostra REPRINT (^R) e move para uma nova linha. */
14773        (void) tty_echo(tp, tp->tty_termios.c_cc[VREPRINT] | IN_ESC);
14774        rawecho(tp, '\r');
14775        rawecho(tp, '\n');
14776
14777        /* Reimprime da última quebra em diante. */
14778        do {
14779                if (head == bufend(tp->tty_inbuf)) head = tp->tty_inbuf;
14780                *head = tty_echo(tp, *head);
14781                head++;
14782                count++;
14783        } while (count < tp->tty_incount);
14784    }

14786    /*===========================================================================*
14787     *                              out_process                                  *
14788     *===========================================================================*/
14789    PUBLIC void out_process(tp, bstart, bpos, bend, icount, ocount)
14790    tty_t *tp;
14791    char *bstart, *bpos, *bend;    /* start/pos/end of circular buffer */
14792    int *icount;                   /* carac. de entrada / carac. de entrada usados */
14793    int *ocount;                   /* carac. de saída max / carac. de saída usados */
14794    {
14795    /* Realiza processamento de saída em um buffer circular. *icount é o número de
14796     * bytes a processar e o número de bytes realmente processados no retorno.
14797     * *ocount é o espaço disponível na entrada e o espaço usado na saída.
14798     * (Naturalmente, *icount < *ocount.) A posição de coluna é atualizada pelo módulo
14799     * de TAB, pois só precisamos disso para tabulações.
14800     */
14801
14802      int tablen;
14803      int ict = *icount;
14804      int oct = *ocount;
14805      int pos = tp->tty_position;
14806
14807      while (ict > 0) {
14808            switch (*bpos) {
14809            case '\7':
14810                    break;
14811            case '\b':
14812                    pos--;
14813                    break;
14814            case '\r':
14815                    pos = 0;
14816                    break;
14817            case '\n':
14818                    if ((tp->tty_termios.c_oflag & (OPOST|ONLCR))
14819                                                 == (OPOST|ONLCR)) {
14820                            /* Faz o mapeamento de LF em CR+LF se houver espaço. Note que o
14821                             * próximo caractere no buffer é sobrescrito; portanto,
14822                             * paramos neste ponto.
14823                             */
14824                            if (oct >= 2) {
14825                                    *bpos = '\r';
14826                                    if (++bpos == bend) bpos = bstart;
14827                                    *bpos = '\n';
14828                                    pos = 0;
14829                                    ict--;
```

```
14830                                    oct -= 2;
14831                                }
14832                                goto out_done;  /* sem espaço ou o buffer foi alterado */
14833                            }
14834                            break;
14835                    case '\t':
14836                            /* Melhor suposição para o comprimento da tabulação. */
14837                            tablen = TAB_SIZE - (pos & TAB_MASK);
14838
14839                            if ((tp->tty_termios.c_oflag & (OPOST|XTABS))
14840                                                        == (OPOST|XTABS)) {
14841                                /* As tabulações devem ser expandidas. */
14842                                if (oct >= tablen) {
14843                                    pos += tablen;
14844                                    ict--;
14845                                    oct -= tablen;
14846                                    do {
14847                                            *bpos = ' ';
14848                                            if (++bpos == bend) bpos = bstart;
14849                                    } while (--tablen != 0);
14850                                }
14851                                goto out_done;
14852                            }
14853                            /* As tabulações são enviadas diretamente para a saída. */
14854                            pos += tablen;
14855                            break;
14856                    default:
14857                            /* Presume que qualquer outro caractere seja impresso como um único. */
14858                            pos++;
14859                    }
14860                    if (++bpos == bend) bpos = bstart;
14861                    ict--;
14862                    oct--;
14863            }
14864  out_done:
14865        tp->tty_position = pos & TAB_MASK;
14866
14867        icount -= ict;         /* [io]ct são o número de caracteres não usados */
14868        *ocount -= oct;        /* *[io]count são o número de caracteres usados */
14869  }

14871  /*===========================================================================*
14872   *                              dev_ioctl                                    *
14873   *===========================================================================*/
14874  PRIVATE void dev_ioctl(tp)
14875  tty_t *tp;
14876  {
14877  /* As operações ioctl TCSETSW, TCSETSF e TCDRAIN esperam que a saída termine para
14878   * certificar-se de que uma mudança de atributo não afete o processamento da saída
14879   * corrente. Uma vez terminada a saída, a operação ioctl é executada como em do_ioctl().
14880   */
14881    int result;
14882
14883    if (tp->tty_outleft > 0) return;              /* saída não concluída */
14884
14885    if (tp->tty_ioreq != TCDRAIN) {
14886        if (tp->tty_ioreq == TCSETSF) tty_icancel(tp);
14887        result = sys_vircopy(tp->tty_ioproc, D, tp->tty_iovir,
14888                      SELF, D, (vir_bytes) &tp->tty_termios,
14889                      (vir_bytes) sizeof(tp->tty_termios));
```

```
14890              setattr(tp);
14891          }
14892          tp->tty_ioreq = 0;
14893          tty_reply(REVIVE, tp->tty_iocaller, tp->tty_ioproc, result);
14894      }
14895
14896      /*===========================================================================*
14897       *                              setattr                                      *
14898       *===========================================================================*/
14899      PRIVATE void setattr(tp)
14900      tty_t *tp;
14901      {
14902      /* Aplica os novos atributos de linha (bruto/canônico, velocidade da linha etc.) */
14903          u16_t *inp;
14904          int count;
14905
14906          if (!(tp->tty_termios.c_lflag & ICANON)) {
14907              /* Modo bruto; coloca uma "quebra de linha" em todos os caracteres na fila de
14908               * entrada. É indefinido o que acontece com a fila de entrada quando ICANON é
14909               * desligado, um processo deve usar TCSAFLUSH para descarregar a fila.
14910               * Manter a fila para preservar a digitação antecipada é a "coisa certa a fazer";
14911               * porém, quando um process usa TCSANOW para passar para o modo bruto.
14912               */
14913              count = tp->tty_eotct = tp->tty_incount;
14914              inp = tp->tty_intail;
14915              while (count > 0) {
14916                  *inp |= IN_EOT;
14917                  if (++inp == bufend(tp->tty_inbuf)) inp = tp->tty_inbuf;
14918                  --count;
14919              }
14920          }
14921
14922          /* Inspeciona MIN e TIME. */
14923          settimer(tp, FALSE);
14924          if (tp->tty_termios.c_lflag & ICANON) {
14925              /* Não há MIN & TIME no modo canônico. */
14926              tp->tty_min = 1;
14927          } else {
14928              /* No modo bruto, MIN é o número de caracteres desejados e TIME é o
14929               * tempo a esperar por eles. Com exceções interessantes se um dos dois for zero.
14930               */
14931              tp->tty_min = tp->tty_termios.c_cc[VMIN];
14932              if (tp->tty_min == 0 && tp->tty_termios.c_cc[VTIME] > 0)
14933                  tp->tty_min = 1;
14934          }
14935
14936          if (!(tp->tty_termios.c_iflag & IXON)) {
14937              /* Não há controle de início/parada de saída; portanto, não deixa a saída inibida. */
14938              tp->tty_inhibited = RUNNING;
14939              tp->tty_events = 1;
14940          }
14941
14942          /* Configurar a velocidade de saída como zero desliga o telefone. */
14943          if (tp->tty_termios.c_ospeed == B0) sigchar(tp, SIGHUP);
14944
14945          /* Configura velocidade da linha, tam. de carac. etc, no nível do dispositivo. */
14946          (*tp->tty_ioctl)(tp, 0);
14947      }
```

```
14949   /*===========================================================================*
14950    *                              tty_reply                                    *
14951    *===========================================================================*/
14952   PUBLIC void tty_reply(code, replyee, proc_nr, status)
14953   int code;                           /* TASK_REPLY ou REVIVE */
14954   int replyee;                        /* endereço de destino da resposta */
14955   int proc_nr;                        /* para quem a resposta deve ir? */
14956   int status;                         /* código de resposta */
14957   {
14958   /* Envia uma resposta para um processo que queria ler ou escrever dados. */
14959     message tty_mess;
14960
14961     tty_mess.m_type = code;
14962     tty_mess.REP_PROC_NR = proc_nr;
14963     tty_mess.REP_STATUS = status;
14964
14965     if ((status = send(replyee, &tty_mess)) != OK) {
14966           panic("TTY","tty_reply failed, status\n", status);
14967     }
14968   }


14970   /*===========================================================================*
14971    *                              sigchar                                      *
14972    *===========================================================================*/
14973   PUBLIC void sigchar(tp, sig)
14974   register tty_t *tp;
14975   int sig;                            /* SIGINT, SIGQUIT, SIGKILL ou SIGHUP */
14976   {
14977   /* Processa um caracter SIGINT, SIGQUIT ou SIGKILL do teclado ou SIGHUP de um
14978    * fechamento de tty, "stty 0" ou um desligamento de RS-232 real. O MM enviará o sinal para
14979    * o grupo do processo (INT, QUIT), para todos os processos (KILL) ou para o líder da sessão
14980    * (HUP).
14981    */
14982     int status;
14983
14984     if (tp->tty_pgrp != 0)
14985         if (OK != (status = sys_kill(tp->tty_pgrp, sig)))
14986            panic("TTY","Error, call to sys_kill failed", status);
14987
14988     if (!(tp->tty_termios.c_lflag & NOFLSH)) {
14989           tp->tty_incount = tp->tty_eotct = 0;    /* elimina entrada anterior */
14990           tp->tty_intail = tp->tty_inhead;
14991           (*tp->tty_ocancel)(tp, 0);                        /* elimina toda a saída */
14992           tp->tty_inhibited = RUNNING;
14993           tp->tty_events = 1;
14994     }
14995   }


14997   /*===========================================================================*
14998    *                              tty_icancel                                  *
14999    *===========================================================================*/
15000   PRIVATE void tty_icancel(tp)
15001   register tty_t *tp;
15002   {
15003   /* Descarta toda saída pendente, buffer de tty ou dispositivo. */
15004
15005     tp->tty_incount = tp->tty_eotct = 0;
15006     tp->tty_intail = tp->tty_inhead;
15007     (*tp->tty_icancel)(tp, 0);
15008   }
```

```
15010   /*===========================================================================*
15011    *                              tty_init                                     *
15012    *===========================================================================*/
15013   PRIVATE void tty_init()
15014   {
15015   /* Inicializa a estrutura tty e chama as rotinas de inicialização de dispositivo. */
15016
15017     register tty_t *tp;
15018     int s;
15019     struct sigaction sigact;
15020
15021     /* Inicializa as linhas de terminal. */
15022     for (tp = FIRST_TTY,s=0; tp < END_TTY; tp++,s++) {
15023
15024          tp->tty_index = s;
15025
15026          tmr_inittimer(&tp->tty_tmr);
15027
15028          tp->tty_intail = tp->tty_inhead = tp->tty_inbuf;
15029          tp->tty_min = 1;
15030          tp->tty_termios = termios_defaults;
15031          tp->tty_icancel = tp->tty_ocancel = tp->tty_ioctl = tp->tty_close =
15032                                                                tty_devnop;
15033          if (tp < tty_addr(NR_CONS)) {
15034                  scr_init(tp);
15035                  tp->tty_minor = CONS_MINOR + s;
15036          } else
15037          if (tp < tty_addr(NR_CONS+NR_RS_LINES)) {
15038                  rs_init(tp);
15039                  tp->tty_minor = RS232_MINOR + s-NR_CONS;
15040          } else {
15041                  pty_init(tp);
15042                  tp->tty_minor = s - (NR_CONS+NR_RS_LINES) + TTYPX_MINOR;
15043          }
15044     }
15045   }

15047   /*===========================================================================*
15048    *                              tty_timed_out                                *
15049    *===========================================================================*/
15050   PRIVATE void tty_timed_out(timer_t *tp)
15051   {
15052   /* Este temporizador expirou. Ativa o flag de eventos para forçar o processamento. */
15053     tty_t *tty_ptr;
15054     tty_ptr = &tty_table[tmr_arg(tp)->ta_int];
15055     tty_ptr->tty_min = 0;              /* obriga a leitura a ter êxito */
15056     tty_ptr->tty_events = 1;
15057   }

15059   /*===========================================================================*
15060    *                              expire_timers                                *
15061    *===========================================================================*/
15062   PRIVATE void expire_timers(void)
15063   {
15064   /* Uma mensagem de alarme síncrono foi recebida. Verifica se existem temporizadores
15065    * expirados. Possivelmente, ativa o flag de evento e reprograma outro alarme.
15066    */
15067     clock_t now;                       /* tempo corrente */
15068     int s;
```

```
15069
15070        /* Obtém o tempo corrente para comparar com os temporizadores. */
15071        if ((s=getuptime(&now)) != OK)
15072             panic("TTY","Couldn't get uptime from clock.", s);
15073
15074        /* Varre a fila em busca de temporizadores expirados. Isso chama as funções cão de guarda
15075         * de temporizadores expirados. Talvez, uma nova chamada de alarme deve ser escalonada.
15076         */
15077        tmrs_exptimers(&tty_timers, now, NULL);
15078        if (tty_timers == NULL) tty_next_timeout = TMR_NEVER;
15079        else {                                                    /* configura novo alarme síncrono */
15080             tty_next_timeout = tty_timers->tmr_exp_time;
15081             if ((s=sys_setalarm(tty_next_timeout, 1)) != OK)
15082                  panic("TTY","Couldn't set synchronous alarm.", s);
15083        }
15084 }

15086 /*===========================================================================*
15087  *                              settimer                                     *
15088  *===========================================================================*/
15089 PRIVATE void settimer(tty_ptr, enable)
15090 tty_t *tty_ptr;                     /* linha para configurar ou desconfigurar um temporizador */
15091 int enable;                         /* Configura temporizador apenas se verdadeiro */
15092 {
15093   clock_t now;                      /* tempo corrente */
15094   clock_t exp_time;
15095   int s;
15096
15097   /* Obtém o tempo corrente para calcular o tempo limite. */
15098   if ((s=getuptime(&now)) != OK)
15099        panic("TTY","Couldn't get uptime from clock.", s);
15100   if (enable) {
15101        exp_time = now + tty_ptr->tty_termios.c_cc[VTIME] * (HZ/10);
15102        /* Configura um novo temporizador para ativar os flags de eventos do TTY. */
15103        tmrs_settimer(&tty_timers, &tty_ptr->tty_tmr,
15104                  exp_time, tty_timed_out, NULL);
15105   } else {
15106        /* Remove o temporizador das listas ativa e expirada. */
15107        tmrs_clrtimer(&tty_timers, &tty_ptr->tty_tmr, NULL);
15108   }
15109
15110   /* Agora, verifica se um novo alarme deve ser reprogramado. Isso acontece quando o início
15111    * da fila de temporizadores foi desativado ou reinserido em outra posição, ou
15112    * quando um novo temporizador foi adicionado no início.
15113    */
15114   if (tty_timers == NULL) tty_next_timeout = TMR_NEVER;
15115   else if (tty_timers->tmr_exp_time != tty_next_timeout) {
15116        tty_next_timeout = tty_timers->tmr_exp_time;
15117        if ((s=sys_setalarm(tty_next_timeout, 1)) != OK)
15118             panic("TTY","Couldn't set synchronous alarm.", s);
15119   }
15120 }

15122 /*===========================================================================*
15123  *                              tty_devnop                                   *
15124  *===========================================================================*/
15125 PUBLIC int tty_devnop(tp, try)
15126 tty_t *tp;
15127 int try;
15128 {
```

```
15129           /* Algumas funções não precisam ser implementadas no nível do dispositivo. */
15130   }
15131
15132   /*===========================================================================*
15133    *                              do_select                                    *
15134    *===========================================================================*/
15135   PRIVATE void do_select(tp, m_ptr)
15136   register tty_t *tp;                  /* ponteiro para estrutura tty */
15137   register message *m_ptr;             /* ponteiro para a message enviada para a tarefa */
15138   {
15139           int ops, ready_ops = 0, watch;
15140
15141           ops = m_ptr->PROC_NR & (SEL_RD|SEL_WR|SEL_ERR);
15142           watch = (m_ptr->PROC_NR & SEL_NOTIFY) ? 1 : 0;
15143
15144           ready_ops = select_try(tp, ops);
15145
15146           if (!ready_ops && ops && watch) {
15147                   tp->tty_select_ops |= ops;
15148                   tp->tty_select_proc = m_ptr->m_source;
15149           }
15150
15151           tty_reply(TASK_REPLY, m_ptr->m_source, m_ptr->PROC_NR, ready_ops);
15152
15153           return;
15154   }
```

```
++++++++++++++++++++++++++++++++++++++++++++++++++++++++++++++++++++++++++++++
                              drivers/tty/keyboard.c
++++++++++++++++++++++++++++++++++++++++++++++++++++++++++++++++++++++++++++++
15200   /* Driver de teclado para PCs e ATs.
15201    *
15202    * Alterações:
15203    *    13 de julho de 2004 os processos podem observar teclas de função (Jorrit N. Herder)
15204    *    15 de junho de 2004 wreboot() removido, exceto nos dumps de pânico (Jorrit N. Herder)
15205    *    04 de fevereiro de 1994 mapas de teclas carregáveis (Marcus Hampel)
15206    */
15207
15208   #include "../drivers.h"
15209   #include <sys/time.h>
15210   #include <sys/select.h>
15211   #include <termios.h>
15212   #include <signal.h>
15213   #include <unistd.h>
15214   #include <minix/callnr.h>
15215   #include <minix/com.h>
15216   #include <minix/keymap.h>
15217   #include "tty.h"
15218   #include "keymaps/us-std.src"
15219   #include "../../kernel/const.h"
15220   #include "../../kernel/config.h"
15221   #include "../../kernel/type.h"
15222   #include "../../kernel/proc.h"
15223
15224   int irq_hook_id = -1;
```

```
15225
15226    /* Teclado padrão e AT. (PS/2 MCA implica em AT completamente.) */
15227    #define KEYBD              0x60    /* porta de E/S para dados de teclado */
15228
15229    /* teclado AT. */
15230    #define KB_COMMAND         0x64    /* porta de E/S para comandos no AT */
15231    #define KB_STATUS          0x64    /* porta de E/S para status no AT */
15232    #define KB_ACK             0xFA    /* resposta do ack do teclado */
15233    #define KB_OUT_FULL        0x01    /* bit de status ativado quando há pressionamento de
                                              tecla de caracter pendente */
15234    #define KB_IN_FULL         0x02    /* bit de status ativado quando não está pronto para
                                              receber */
15235    #define LED_CODE           0xED    /* comando para teclado para ativar LEDs */
15236    #define MAX_KB_ACK_RETRIES 0x1000         /* tempos max para esperar por ack do teclado */
15237    #define MAX_KB_BUSY_RETRIES 0x1000        /* tempos max para fazer laço enquanto teclado
                                                     está ocupado */
15238    #define KBIT               0x80    /* bit usado para reconhecer caracteres no teclado */
15239
15240    /* Diversos. */
15241    #define ESC_SCAN           0x01    /* tecla de reinicialização em situação de pânico */
15242    #define SLASH_SCAN         0x35    /* para reconhecer barra numérica */
15243    #define RSHIFT_SCAN        0x36    /* para distinguir shift da esquerda e da direita */
15244    #define HOME_SCAN          0x47    /* primeira tecla no teclado numérico */
15245    #define INS_SCAN           0x52    /* INS para uso na reinicialização com CTRL-ALT-INS */
15246    #define DEL_SCAN           0x53    /* DEL para uso na reinicialização com CTRL-ALT-DEL */
15247
15248    #define CONSOLE            0       /* número de linha para console */
15249    #define KB_IN_BYTES        32      /* tamanho do buffer de entrada do teclado */
15250    PRIVATE char ibuf[KB_IN_BYTES]; /* buffer de entrada */
15251    PRIVATE char *ihead = ibuf;      /* próximo ponto livre no buffer de entrada */
15252    PRIVATE char *itail = ibuf;      /* código de varredura a retornar para TTY */
15253    PRIVATE int icount;              /* nº de códigos no buffer */
15254
15255    PRIVATE int esc;                 /* código de varredura de escape detectado? */
15256    PRIVATE int alt_l;               /* estado da tecla alt da esquerda */
15257    PRIVATE int alt_r;               /* estado da tecla alt da direita */
15258    PRIVATE int alt;                 /* uma das duas teclas alt */
15259    PRIVATE int ctrl_l;              /* estado da tecla control da esquerda */
15260    PRIVATE int ctrl_r;              /* estado da tecla control da direita */
15261    PRIVATE int ctrl;                /* uma das duas teclas control */
15262    PRIVATE int shift_l;             /* estado da tecla shift da esquerda */
15263    PRIVATE int shift_r;             /* estado da tecla shift da direita */
15264    PRIVATE int shift;               /* uma das duas teclas shift */
15265    PRIVATE int num_down;            /* tecla num lock pressionada */
15266    PRIVATE int caps_down;           /* tecla caps lock pressionada */
15267    PRIVATE int scroll_down;         /* tecla scroll lock pressionada */
15268    PRIVATE int locks[NR_CONS];      /* estado das teclas de lock por console */
15269
15270    /* Bits ativos de tecla lock. Escolhidos iguais aos bits de LED do teclado. */
15271    #define SCROLL_LOCK        0x01
15272    #define NUM_LOCK           0x02
15273    #define CAPS_LOCK          0x04
15274
15275    PRIVATE char numpad_map[] =
15276             {'H', 'Y', 'A', 'B', 'D', 'C', 'V', 'U', 'G', 'S', 'T', '@'};
15277
15278    /* Variáveis e definição das teclas de função observadas. */
15279    typedef struct observer { int proc_nr; int events; } obs_t;
15280    PRIVATE obs_t fkey_obs[12];      /* observadores para F1-F12 */
15281    PRIVATE obs_t sfkey_obs[12];     /* observadores para SHIFT F1-F12 */
15282
15283    FORWARD _PROTOTYPE( int kb_ack, (void)                                   );
15284    FORWARD _PROTOTYPE( int kb_wait, (void)                                  );
```

```
15285   FORWARD _PROTOTYPE( int func_key, (int scode)                    );
15286   FORWARD _PROTOTYPE( int scan_keyboard, (void)                    );
15287   FORWARD _PROTOTYPE( unsigned make_break, (int scode)             );
15288   FORWARD _PROTOTYPE( void set_leds, (void)                        );
15289   FORWARD _PROTOTYPE( void show_key_mappings, (void)               );
15290   FORWARD _PROTOTYPE( int kb_read, (struct tty *tp, int try)       );
15291   FORWARD _PROTOTYPE( unsigned map_key, (int scode)                );
15292
15293   /*===========================================================================*
15294    *                              map_key0                                     *
15295    *===========================================================================*/
15296   /* Faz o mapeamento de um código de varredura em um código ASCII, ignorando modificadores. */
15297   #define map_key0(scode)    \
15298           ((unsigned) keymap[(scode) * MAP_COLS])
15299
15300   /*===========================================================================*
15301    *                              map_key                                      *
15302    *===========================================================================*/
15303   PRIVATE unsigned map_key(scode)
15304   int scode;
15305   {
15306   /* Faz o mapeamento de um código de varredura em um código ASCII. */
15307
15308     int caps, column, lk;
15309     u16_t *keyrow;
15310
15311     if (scode == SLASH_SCAN && esc) return '/';  /* não faz o mapeamento da barra numérica */
15312
15313     keyrow = &keymap[scode * MAP_COLS];
15314
15315     caps = shift;
15316     lk = locks[ccurrent];
15317     if ((lk & NUM_LOCK) && HOME_SCAN <= scode && scode <= DEL_SCAN) caps = !caps;
15318     if ((lk & CAPS_LOCK) && (keyrow[0] & HASCAPS)) caps = !caps;
15319
15320     if (alt) {
15321         column = 2;
15322         if (ctrl || alt_r) column = 3;  /* Ctrl + Alt == AltGr */
15323         if (caps) column = 4;
15324     } else {
15325         column = 0;
15326         if (caps) column = 1;
15327         if (ctrl) column = 5;
15328     }
15329     return keyrow[column] & ~HASCAPS;
15330   }

15332   /*===========================================================================*
15333    *                              kbd_interrupt                                *
15334    *===========================================================================*/
15335   PUBLIC void kbd_interrupt(m_ptr)
15336   message *m_ptr;
15337   {
15338   /* Ocorreu uma interrupção de teclado. Processa. */
15339     int scode;
15340     static timer_t timer;           /* o temporizador precisa ser static! */
15341
15342     /* Busca o caractere do hardware do teclado e o reconhece. */
15343     scode = scan_keyboard();
15344
```

```
15345           /* Armazena código de varredura na mem. para que a tarefa possa lê-lo posteriormente. */
15346           if (icount < KB_IN_BYTES) {
15347                 *ihead++ = scode;
15348                 if (ihead == ibuf + KB_IN_BYTES) ihead = ibuf;
15349                 icount++;
15350                 tty_table[ccurrent].tty_events = 1;
15351                 if (tty_table[ccurrent].tty_select_ops & SEL_RD) {
15352                       select_retry(&tty_table[ccurrent]);
15353                 }
15354           }
15355     }


15357     /*===========================================================================*
15358      *                              kb_read                                      *
15359      *===========================================================================*/
15360     PRIVATE int kb_read(tp, try)
15361     tty_t *tp;
15362     int try;
15363     {
15364     /* Processa caracteres do buffer de teclado circular. */
15365        char buf[3];
15366        int scode;
15367        unsigned ch;
15368
15369        tp = &tty_table[ccurrent];              /* sempre usa o console corrente */
15370
15371        if (try) {
15372              if (icount > 0) return 1;
15373              return 0;
15374        }
15375
15376        while (icount > 0) {
15377              scode = *itail++;                 /* pega um código de varredura de tecla */
15378              if (itail == ibuf + KB_IN_BYTES) itail = ibuf;
15379              icount--;
15380
15381              /* As teclas de função estão sendo usadas para dumps de depuração. */
15382              if (func_key(scode)) continue;
15383
15384              /* Realiza processamento de make/break. */
15385              ch = make_break(scode);
15386
15387              if (ch <= 0xFF) {
15388                    /* Um caractere normal. */
15389                    buf[0] = ch;
15390                    (void) in_process(tp, buf, 1);
15391              } else
15392              if (HOME <= ch && ch <= INSRT) {
15393                    /* Uma seqüência de escape ASCII gerada pelo teclado numérico. */
15394                    buf[0] = ESC;
15395                    buf[1] = '[';
15396                    buf[2] = numpad_map[ch - HOME];
15397                    (void) in_process(tp, buf, 3);
15398              } else
15399              if (ch == ALEFT) {
15400                    /* Escolhe console de número menor como corrente. */
15401                    select_console(ccurrent - 1);
15402                    set_leds();
15403              } else
15404              if (ch == ARIGHT) {
```

```
15405                        /* Escolhe console de número maior como corrente. */
15406                        select_console(ccurrent + 1);
15407                        set_leds();
15408               } else
15409               if (AF1 <= ch && ch <= AF12) {
15410                        /* Alt-F1 is console, Alt-F2 is ttyc1, etc. */
15411                        select_console(ch - AF1);
15412                        set_leds();
15413               } else
15414               if (CF1 <= ch && ch <= CF12) {
15415                   switch(ch) {
15416                        case CF1: show_key_mappings(); break;
15417                        case CF3: toggle_scroll(); break; /* hardware <-> software */
15418                        case CF7: sigchar(&tty_table[CONSOLE], SIGQUIT); break;
15419                        case CF8: sigchar(&tty_table[CONSOLE], SIGINT); break;
15420                        case CF9: sigchar(&tty_table[CONSOLE], SIGKILL); break;
15421                   }
15422               }
15423       }
15424
15425       return 1;
15426  }
15427
15428  /*===========================================================================*
15429   *                              make_break                                   *
15430   *===========================================================================*/
15431  PRIVATE unsigned make_break(scode)
15432  int scode;          /* código de varredura da tecla que acabou de ser pressionada ou liberada */
15433  {
15434  /* Esta rotina pode manipular teclados que interrompem apenas no pressionamento de teclas,
15435   * assim como teclados que interrompem no pressionamento e na liberação de teclas.
15436   * Por eficiência, a rotina de interrupção filtra a maioria das liberações de tecla.
15437   */
15438      int ch, make, escape;
15439      static int CAD_count = 0;
15440
15441      /* Verifica CTRL-ALT-DEL e, se encontrado, pára o computador. Isso seria
15442       * melhor se fosse feito em keyboard(), no caso de TTY ser desligado, exceto que control e
15443       * alt são configuradas no código de nível superior.
15444       */
15445      if (ctrl && alt && (scode == DEL_SCAN || scode == INS_SCAN))
15446      {
15447           if (++CAD_count == 3) sys_abort(RBT_HALT);
15448           sys_kill(INIT_PROC_NR, SIGABRT);
15449           return -1;
15450      }
15451
15452      /* Bit de ordem superior ativado na liberação da tecla. */
15453      make = (scode & KEY_RELEASE) == 0;              /* true, se pressionada */
15454
15455      ch = map_key(scode &= ASCII_MASK);              /* mapeamento para ASCII */
15456
15457      escape = esc;        /* A tecla tem escape? (true, se foi adicionado desde o XT) */
15458      esc = 0;
15459
15460      switch (ch) {
15461          case CTRL:                  /* Tecla control da esquerda ou da direita */
15462              *(escape ? &ctrl_r : &ctrl_l) = make;
15463              ctrl = ctrl_l | ctrl_r;
15464              break;
```

```
15465                  case SHIFT:              /* Tecla shift da esquerda ou da direita */
15466                          *(scode == RSHIFT_SCAN ? &shift_r : &shift_l) = make;
15467                          shift = shift_l | shift_r;
15468                          break;
15469                  case ALT:                /* Tecla alt da esquerda ou da direita */
15470                          *(escape ? &alt_r : &alt_l) = make;
15471                          alt = alt_l | alt_r;
15472                          break;
15473                  case CALOCK:             /* Caps lock - alterna na transição de 0 -> 1 */
15474                          if (caps_down < make) {
15475                                  locks[ccurrent] ^= CAPS_LOCK;
15476                                  set_leds();
15477                          }
15478                          caps_down = make;
15479                          break;
15480                  case NLOCK:              /* Num lock */
15481                          if (num_down < make) {
15482                                  locks[ccurrent] ^= NUM_LOCK;
15483                                  set_leds();
15484                          }
15485                          num_down = make;
15486                          break;
15487                  case SLOCK:              /* Scroll lock */
15488                          if (scroll_down < make) {
15489                                  locks[ccurrent] ^= SCROLL_LOCK;
15490                                  set_leds();
15491                          }
15492                          scroll_down = make;
15493                          break;
15494                  case EXTKEY:             /* Código de tecla de escape */
15495                          esc = 1;                 /* A próxima tecla tem escape */
15496                          return(-1);
15497                  default:                 /* Uma tecla normal */
15498                          if (make) return(ch);
15499          }
15500
15501          /* Libera tecla ou uma tecla tipo shift. */
15502          return(-1);
15503  }

15505  /*===========================================================================*
15506   *                                set_leds                                   *
15507   *===========================================================================*/
15508  PRIVATE void set_leds()
15509  {
15510  /* Configura os LEDs nas teclas caps, num e scroll lock */
15511    int s;
15512    if (! machine.pc_at) return;   /* O PC/XT não tem LEDs */
15513
15514    kb_wait();                     /* espera por buffer vazio */
15515    if ((s=sys_outb(KEYBD, LED_CODE)) != OK)
15516        printf("Warning, sys_outb couldn't prepare for LED values: %d\n", s);
15517                                   /* prepara o teclado para aceitar valores de LED */
15518    kb_ack();                      /* espera por resposta de rec */
15519
15520    kb_wait();                     /* espera por buffer vazio */
15521    if ((s=sys_outb(KEYBD, locks[ccurrent])) != OK)
15522        printf("Warning, sys_outb couldn't give LED values: %d\n", s);
15523                                   /* give keyboard LED values */
15524    kb_ack();                      /* espera por resposta de rec */
```

```
15525   }

15527   /*===========================================================================*
15528    *                              kb_wait                                      *
15529    *===========================================================================*/
15530   PRIVATE int kb_wait()
15531   {
15532   /* Espera que controladora fique pronta; retorna zero se atingir o tempo limite. */
15533
15534     int retries, status, temp;
15535     int s;
15536
15537     retries = MAX_KB_BUSY_RETRIES + 1;     /* espera até que não esteja ocupado */
15538     do {
15539         s = sys_inb(KB_STATUS, &status);
15540         if (status & KB_OUT_FULL) {
15541             s = sys_inb(KEYBD, &temp);    /* descarta valor */
15542         }
15543         if (! (status & (KB_IN_FULL|KB_OUT_FULL)) )
15544             break;                         /* espera até que esteja pronto */
15545     } while (--retries != 0);              /* continua, a não ser que atinja o tempo limite */
15546     return(retries);                       /* zero ao atingir tempo limite, positivo se pronto */
15547   }

15549   /*===========================================================================*
15550    *                              kb_ack                                       *
15551    *===========================================================================*/
15552   PRIVATE int kb_ack()
15553   {
15554   /* Espera que o teclado reconheça último comando; retorna zero se atingir tempo limite. */
15555
15556     int retries, s;
15557     u8_t u8val;
15558
15559     retries = MAX_KB_ACK_RETRIES + 1;
15560     do {
15561         s = sys_inb(KEYBD, &u8val);
15562         if (u8val == KB_ACK)
15563             break;                         /* wait for ack */
15564     } while(--retries != 0);               /* continue, a não ser que atinja o tempo limite*/
15565
15566     return(retries);                       /* diferente de zero se ack foi recebido */
15567   }

15569   /*===========================================================================*
15570    *                              kb_init                                      *
15571    *===========================================================================*/
15572   PUBLIC void kb_init(tp)
15573   tty_t *tp;
15574   {
15575   /* Inicializa o driver de teclado. */
15576
15577     tp->tty_devread = kb_read;    /* função de entrada */
15578   }

15580   /*===========================================================================*
15581    *                              kb_init_once                                 *
15582    *===========================================================================*/
15583   PUBLIC void kb_init_once(void)
15584   {
```

```
15585        int i;
15586
15587        set_leds();                    /* desliga o led de num lock */
15588        scan_keyboard();               /* descarta toque de tecla restante */
15589
15590            /* Limpa o array de observadores de tecla de função. Veja também func_key(). */
15591            for (i=0; i<12; i++) {
15592                fkey_obs[i].proc_nr = NONE;    /* observadores de F1-F12 */
15593                fkey_obs[i].events = 0;        /* observadores de F1-F12 */
15594                sfkey_obs[i].proc_nr = NONE;   /* observadores de Shift F1-F12 */
15595                sfkey_obs[i].events = 0;       /* observadores de Shift F1-F12 */
15596            }
15597
15598            /* Configura rotina de tratamento de interrupção e ativa IRQ de teclado. */
15599            irq_hook_id = KEYBOARD_IRQ;        /* id a ser retornada na interrupção */
15600            if ((i=sys_irqsetpolicy(KEYBOARD_IRQ, IRQ_REENABLE, &irq_hook_id)) != OK)
15601                panic("TTY", "Couldn't set keyboard IRQ policy", i);
15602            if ((i=sys_irqenable(&irq_hook_id)) != OK)
15603                panic("TTY", "Couldn't enable keyboard IRQs", i);
15604            kbd_irq_set |= (1 << KEYBOARD_IRQ);
15605        }

15607   /*===========================================================================*
15608    *                              kbd_loadmap                                  *
15609    *===========================================================================*/
15610   PUBLIC int kbd_loadmap(m)
15611   message *m;
15612   {
15613   /* Carrega um novo mapa de teclas. */
15614        int result;
15615        result = sys_vircopy(m->PROC_NR, D, (vir_bytes) m->ADDRESS,
15616            SELF, D, (vir_bytes) keymap,
15617            (vir_bytes) sizeof(keymap));
15618        return(result);
15619   }

15621   /*===========================================================================*
15622    *                              do_fkey_ctl                                  *
15623    *===========================================================================*/
15624   PUBLIC void do_fkey_ctl(m_ptr)
15625   message *m_ptr;                    /* ponteiro para a mensagem de requisição */
15626   {
15627   /* Esta rotina permite que os processos registrem uma tecla de função para receber
15628    * notificações se for pressionada. Pode existir no máximo um vínculo por tecla.
15629    */
15630        int i;
15631        int result;
15632
15633        switch (m_ptr->FKEY_REQUEST) {     /* vê o que devemos fazer */
15634        case FKEY_MAP:                     /* solicita novo mapeamento */
15635            result = OK;                   /* supõe que tudo estará ok*/
15636            for (i=0; i < 12; i++) {       /* verifica as teclas F1-F12 */
15637                if (bit_isset(m_ptr->FKEY_FKEYS, i+1) ) {
15638                    if (fkey_obs[i].proc_nr == NONE) {
15639                        fkey_obs[i].proc_nr = m_ptr->m_source;
15640                        fkey_obs[i].events = 0;
15641                        bit_unset(m_ptr->FKEY_FKEYS, i+1);
15642                    } else {
15643                        printf("WARNING, fkey_map failed F%d\n", i+1);
15644                        result = EBUSY;    /* relata a falha, mas tenta parar */
```

```
15645                   }
15646               }
15647           }
15648           for (i=0; i < 12; i++) {          /* verifica as teclas Shift+F1-F12 */
15649               if (bit_isset(m_ptr->FKEY_SFKEYS, i+1) ) {
15650                   if (sfkey_obs[i].proc_nr == NONE) {
15651                       sfkey_obs[i].proc_nr = m_ptr->m_source;
15652                       sfkey_obs[i].events = 0;
15653                       bit_unset(m_ptr->FKEY_SFKEYS, i+1);
15654                   } else {
15655                       printf("WARNING, fkey_map failed Shift F%d\n", i+1);
15656                       result = EBUSY;         /* relata a falha, mas tenta parar */
15657                   }
15658               }
15659           }
15660           break;
15661       case FKEY_UNMAP:
15662           result = OK;                        /* supõe que tudo estará ok*/
15663           for (i=0; i < 12; i++) {            /* verifica as teclas F1-F12 */
15664               if (bit_isset(m_ptr->FKEY_FKEYS, i+1) ) {
15665                   if (fkey_obs[i].proc_nr == m_ptr->m_source) {
15666                       fkey_obs[i].proc_nr = NONE;
15667                       fkey_obs[i].events = 0;
15668                       bit_unset(m_ptr->FKEY_FKEYS, i+1);
15669                   } else {
15670                       result = EPERM;         /* relata a falha, mas tenta parar */
15671                   }
15672               }
15673           }
15674           for (i=0; i < 12; i++) {            /* verifica as teclas Shift+F1-F12 */
15675               if (bit_isset(m_ptr->FKEY_SFKEYS, i+1) ) {
15676                   if (sfkey_obs[i].proc_nr == m_ptr->m_source) {
15677                       sfkey_obs[i].proc_nr = NONE;
15678                       sfkey_obs[i].events = 0;
15679                       bit_unset(m_ptr->FKEY_SFKEYS, i+1);
15680                   } else {
15681                       result = EPERM;         /* relata a falha, mas tenta parar */
15682                   }
15683               }
15684           }
15685           break;
15686       case FKEY_EVENTS:
15687           m_ptr->FKEY_FKEYS = m_ptr->FKEY_SFKEYS = 0;
15688           for (i=0; i < 12; i++) {            /* check (Shift+) F1-F12 keys */
15689               if (fkey_obs[i].proc_nr == m_ptr->m_source) {
15690                   if (fkey_obs[i].events) {
15691                       bit_set(m_ptr->FKEY_FKEYS, i+1);
15692                       fkey_obs[i].events = 0;
15693                   }
15694               }
15695               if (sfkey_obs[i].proc_nr == m_ptr->m_source) {
15696                   if (sfkey_obs[i].events) {
15697                       bit_set(m_ptr->FKEY_SFKEYS, i+1);
15698                       sfkey_obs[i].events = 0;
15699                   }
15700               }
15701           }
15702           break;
15703       default:
15704           result = EINVAL;                    /* tecla não pode ser observada */
```

```
15705        }
15706
15707        /* Quase pronto, retorna o resultado para o processo que fez a chamada. */
15708        m_ptr->m_type = result;
15709        send(m_ptr->m_source, m_ptr);
15710    }

15712    /*===========================================================================*
15713     *                              func_key                                     *
15714     *===========================================================================*/
15715    PRIVATE int func_key(scode)
15716    int scode;                              /* código de varredura para uma tecla de função */
15717    {
15718    /* Esta rotina captura teclas de função para propósitos de depuração. Os observadores
15719     * de teclas de função são mantidos em um array global. Se um sujeito (uma tecla) for
15720     * pressionado o observador será notificado do evento. A inicialização dos arrays é feita
15721     * em kb_init, onde NONE é configurado para indicar que não há interesse na tecla.
15722     * Retorna FALSE em um pressionamento de tecla ou se a tecla não pode ser observada.
15723     */
15724      message m;
15725      int key;
15726      int proc_nr;
15727      int i,s;
15728
15729      /* Ignora liberação de tecla. Se for pressionamento, obtém o código completo da tecla. */
15730      if (scode & KEY_RELEASE) return(FALSE);       /* liberação de tecla */
15731      key = map_key(scode);                         /* inclui modificadores */
15732
15733      /* Tecla pressionada, agora vê se existe um observador para a tecla pressionada.
15734       *           Os observadores de F1-F12 estão no array fkey_obs.
15735       *           Os observadores de SHIFT F1-F12 estão no array sfkey_req.
15736       *     CTRL    F1-F12    reservadas (veja kb_read)
15737       *     ALT     F1-F12    reservadas (veja kb_read)
15738       * Outras combinações não estão em uso. Note que Alt+Shift+F1-F12 ainda é
15739       * definida em <minix/keymap.h> e, assim, é fácil para extensões futuras.
15740       */
15741      if (F1 <= key && key <= F12) {                /* F1-F12 */
15742          proc_nr = fkey_obs[key - F1].proc_nr;
15743          fkey_obs[key - F1].events ++ ;
15744      } else if (SF1 <= key && key <= SF12) {       /* Shift F2-F12 */
15745          proc_nr = sfkey_obs[key - SF1].proc_nr;
15746          sfkey_obs[key - SF1].events ++;
15747      }
15748      else {
15749          return(FALSE);                            /* não observável */
15750      }
15751
15752      /* Vê se um observador está registrado e envia uma mensagem para ele. */
15753      if (proc_nr != NONE) {
15754          m.NOTIFY_TYPE = FKEY_PRESSED;
15755          notify(proc_nr);
15756      }
15757      return(TRUE);
15758    }

15760    /*===========================================================================*
15761     *                          show_key_mappings                                *
15762     *===========================================================================*/
15763    PRIVATE void show_key_mappings()
15764    {
```

```
15765        int i,s;
15766        struct proc proc;
15767
15768        printf("\n");
15769        printf("System information.   Known function key mappings to request debug dumps:\n");
15770        printf("--------------------------------------------------------------------------\n");
15771        for (i=0; i<12; i++) {
15772
15773           printf(" %sF%d: ", i+1<10? " ":"", i+1);
15774           if (fkey_obs[i].proc_nr != NONE) {
15775               if ((s=sys_getproc(&proc, fkey_obs[i].proc_nr))!=OK)
15776                   printf("sys_getproc: %d\n", s);
15777               printf("%-14.14s", proc.p_name);
15778           } else {
15779               printf("%-14.14s", "<none>");
15780           }
15781
15782           printf(" %sShift-F%d: ", i+1<10? " ":"", i+1);
15783           if (sfkey_obs[i].proc_nr != NONE) {
15784               if ((s=sys_getproc(&proc, sfkey_obs[i].proc_nr))!=OK)
15785                   printf("sys_getproc: %d\n", s);
15786               printf("%-14.14s", proc.p_name);
15787           } else {
15788               printf("%-14.14s", "<none>");
15789           }
15790           printf("\n");
15791        }
15792        printf("\n");
15793        printf("Press one of the registered function key to trigger a debug dump.\n");
15794        printf("\n");
15795     }

15797     /*===========================================================================*
15798      *                           scan_keyboard                                   *
15799      *===========================================================================*/
15800     PRIVATE int scan_keyboard()
15801     {
15802     /* Busca o caractere do hardware do teclado e o reconhece. */
15803        pvb_pair_t byte_in[2], byte_out[2];
15804
15805        byte_in[0].port = KEYBD;        /* obtém o código de varredura da tecla pressionada */
15806        byte_in[1].port = PORT_B;       /* strobe no teclado para reconhecer o caracter */
15807        sys_vinb(byte_in, 2);           /* solicita a entrada real */
15808
15809        pv_set(byte_out[0], PORT_B, byte_in[1].value | KBIT);  /* strobe no bit superior */
15810        pv_set(byte_out[1], PORT_B, byte_in[1].value);         /* então, strobe no inferior */
15811        sys_voutb(byte_out, 2);         /* solicita a saída real */
15812
15813        return(byte_in[0].value);               /* retorna código de varredura */
15814     }

15816     /*===========================================================================*
15817      *                           do_panic_dumps                                  *
15818      *===========================================================================*/
15819     PUBLIC void do_panic_dumps(m)
15820     message *m;                      /* mensagem de requisição para TTY */
15821     {
15822     /* Espera toques de tecla para imprimir informações de depuração e reinicializar. */
15823        int quiet, code;
15824
```

```
15825          /* Um pânico! Permite dumps de depuração até que o usuário queira desligar. */
15826          printf("\nHit ESC to reboot, DEL to shutdown, F-keys for debug dumps\n");
15827
15828          (void) scan_keyboard();          /* reconhece qualquer entrada antiga */
15829          quiet = scan_keyboard();/* valor quiescente (0 no PC, último código no AT)*/
15830          for (;;) {
15831                  tickdelay(10);
15832                  /* Vê se existe requisição de saída pendente, mas não bloqueia. O diagnóstico
15833                   * pode abranger várias funções printf(); portanto, faz isso em um laço.
15834                   */
15835                  while (nb_receive(ANY, m) == OK) {
15836                          switch(m->m_type) {
15837                          case FKEY_CONTROL: do_fkey_ctl(m);          break;
15838                          case SYS_SIG:      do_new_kmess(m);          break;
15839                          case DIAGNOSTICS: do_diagnostics(m);         break;
15840                          default:          ;        /* não faz nada */
15841                          }
15842                          tickdelay(1);              /* permite mais */
15843                  }
15844                  code = scan_keyboard();
15845                  if (code != quiet) {
15846                          /* Uma tecla foi pressionada. */
15847                          switch (code) {                    /* possivelmente, aborta o MINIX */
15848                          case ESC_SCAN: sys_abort(RBT_REBOOT);    return;
15849                          case DEL_SCAN: sys_abort(RBT_HALT);      return;
15850                          }
15851                          (void) func_key(code);          /* verifica tecla de função */
15852                          quiet = scan_keyboard();
15853                  }
15854          }
15855  }
```

```
++++++++++++++++++++++++++++++++++++++++++++++++++++++++++++++++++++++++++
                              drivers/tty/console.c
++++++++++++++++++++++++++++++++++++++++++++++++++++++++++++++++++++++++++
15900  /* Código e dados para o driver de console IBM.
15901   *
15902   * A controladora de vídeo 6845 usada pelo IBM PC compartilha sua memória de vídeo com
15903   * a CPU no banco de memória 0xB0000. Para a 6845, essa memória
15904   * consiste em palavras de 16 bits. Cada palavra tem um código de caractere no byte inferior
15905   * e um assim chamado byte de atributo no byte superior. A CPU modifica diretamente
15906   * a memória de vídeo para exibir caracteres e configura dois registradores na 6845 que
15907   * especificam a origem e a posição do cursor. A origem é o lugar na memória de vídeo
15908   * onde o primeiro caractere (canto superior esquerdo) pode ser encontrado. Mover
15909   * a origem é uma maneira rápida de rolar a tela. Alguns adaptadores de vídeo fazem
15910   * a mudança automática da parte superior da memória de vídeo, para que a origem possa
15911   * mover sem restrições. Para outros adaptadores, a memória de tela às vezes deve ser
15912   * movida para reconfigurar a origem. Todos os cálculos na memória de vídeo usam endereços
15913   * de caractere (palavra) por simplicidade e presumem que não há mudança automática. As
15914   * funções de suporte em assembly transformam os endereços de palavra em endereços de byte
15915   * e a função de rolagem se preocupa com a mudança automática.
15916   */
15917
15918  #include "../drivers.h"
15919  #include <termios.h>
```

```
15920   #include <minix/callnr.h>
15921   #include <minix/com.h>
15922   #include "tty.h"
15923
15924   #include "../../kernel/const.h"
15925   #include "../../kernel/config.h"
15926   #include "../../kernel/type.h"
15927
15928   /* Definições usadas pelo driver de console. */
15929   #define MONO_BASE       0xB0000L    /* base da memória de vídeo mono */
15930   #define COLOR_BASE      0xB8000L    /* base da memória de vídeo em cores */
15931   #define MONO_SIZE       0x1000      /* memória de vídeo mono de 4K */
15932   #define COLOR_SIZE      0x4000      /* memória de vídeo em cores de 16K */
15933   #define EGA_SIZE        0x8000      /* EGA & VGA têm pelo menos 32K */
15934   #define BLANK_COLO      0x0700      /* determina a cor do cursor em tela em branco */
15935   #define SCROLL_UP            0      /* rola para frente */
15936   #define SCROLL_DOWN          1      /* rola para trás */
15937   #define BLANK_MEM ((u16_t *) 0)     /* diz para que mem_vid_copy() deixe a tela em branco */
15938   #define CONS_RAM_WORDS      80      /* tamanho do buffer da ram de vídeo */
15939   #define MAX_ESC_PARMS        4      /* número de params de seqüência de escape permitidos */
15940
15941   /* Constantes relaciondas com os chips controladores. */
15942   #define M_6845          0x3B4       /* porta para 6845 mono */
15943   #define C_6845          0x3D4       /* porta para 6845 em cores */
15944   #define INDEX               0       /* registrador de índice da 6845 */
15945   #define DATA                1       /* registrador de dados da 6845 */
15946   #define STATUS              6       /* registrador de status da 6845 */
15947   #define VID_ORG            12       /* registrador de origem da 6845 */
15948   #define CURSOR             14       /* registrador de cursor da 6845 */
15949
15950   /* Gerador de bip. */
15951   #define BEEP_FREQ       0x0533      /* valor do temporizador para configurar a freq do bip */
15952   #define B_TIME               3      /* comprimento do bip CTRL-G é em tiques */
15953
15954   /* definições usadas para gerenciamento de fonts */
15955   #define GA_SEQUENCER_INDEX    0x3C4
15956   #define GA_SEQUENCER_DATA     0x3C5
15957   #define GA_GRAPHICS_INDEX     0x3CE
15958   #define GA_GRAPHICS_DATA      0x3CF
15959   #define GA_VIDEO_ADDRESS      0xA0000L
15960   #define GA_FONT_SIZE          8192
15961
15962   /* Variáveis globais usadas pelo driver de console e pelo suporte em assembly. */
15963   PUBLIC int vid_index;              /* índice do segmento de vídeo no mapa de mem remoto */
15964   PUBLIC u16_t vid_seg;
15965   PUBLIC vir_bytes vid_off;          /* ram de vídeo encontrada em vid_seg:vid_off */
15966   PUBLIC unsigned vid_size;          /* 0x2000 para cor ou 0x0800 para mono */
15967   PUBLIC unsigned vid_mask;          /* 0x1FFF para cor ou 0x07FF para mono */
15968   PUBLIC unsigned blank_color = BLANK_COLOR; /* código de exibição para branco */
15969
15970   /* Variáveis privadas usadas pelo driver de console. */
15971   PRIVATE int vid_port;              /* porta de E/S para acessar a 6845 */
15972   PRIVATE int wrap;                  /* o hardware pode fazer a mudança automática? */
15973   PRIVATE int softscroll;            /* 1 = rolagem por software, 0 = hardware */
15974   PRIVATE int beeping;               /* o alto-falante está fazendo o bip soar? */
15975   PRIVATE unsigned font_lines;       /* linhas de fonte por caractere */
15976   PRIVATE unsigned scr_width;        /* nº de caracteres em uma linha */
15977   PRIVATE unsigned scr_lines;        /* nº de linhas na tela */
15978   PRIVATE unsigned scr_size;         /* nº de caracteres na tela */
15979
```

```
15980   /* Dados por console. */
15981   typedef struct console {
15982     tty_t *c_tty;                    /* estrutura TTY associada */
15983     int c_column;                    /* número de coluna corrente (0-origem) */
15984     int c_row;                       /* linha corrente (0 no topo da tela) */
15985     int c_rwords;                    /* número de PALAVRAS (não bytes) na fila de saída */
15986     unsigned c_start;                /* início da memória de vídeo deste console */
15987     unsigned c_limit;                /* limite da memória de vídeo deste console */
15988     unsigned c_org;                  /* posição na RAM onde a base do 6845 aponta */
15989     unsigned c_cur;                  /* posição corrente do cursor na RAM de vídeo */
15990     unsigned c_attr;                 /* atributos de caractere */
15991     unsigned c_blank;                /* atributo de branco */
15992     char c_reverse;                  /* vídeo reverso */
15993     char c_esc_state;                /* 0=normal, 1=ESC, 2=ESC[ */
15994     char c_esc_intro;                /* Distinguindo caractere após ESC */
15995     int *c_esc_parmp;                /* ponteiro para parâmetro de escape corrente */
15996     int c_esc_parmv[MAX_ESC_PARMS];  /* lista de parâmetros de escape */
15997     u16_t c_ramqueue[CONS_RAM_WORDS];/* buffer para RAM de vídeo */
15998   } console_t;
15999
16000   PRIVATE int nr_cons= 1;           /* número real de consoles */
16001   PRIVATE console_t cons_table[NR_CONS];
16002   PRIVATE console_t *curcons;       /* correntemente visível */
16003
16004   /* Cor, se estiver usando uma controladora em cores. */
16005   #define color (vid_port == C_6845)
16006
16007   /* Mapa de cores ANSI para os atributos usados pelo PC */
16008   PRIVATE int ansi_colors[8] = {0, 4, 2, 6, 1, 5, 3, 7};
16009
16010   /* Estrutura usada para gerenciamento de fonte */
16011   struct sequence {
16012           unsigned short index;
16013           unsigned char port;
16014           unsigned char value;
16015   };
16016
16017   FORWARD _PROTOTYPE( int cons_write, (struct tty *tp, int try)          );
16018   FORWARD _PROTOTYPE( void cons_echo, (tty_t *tp, int c)                 );
16019   FORWARD _PROTOTYPE( void out_char, (console_t *cons, int c)            );
16020   FORWARD _PROTOTYPE( void putk, (int c)                                 );
16021   FORWARD _PROTOTYPE( void beep, (void)                                  );
16022   FORWARD _PROTOTYPE( void do_escape, (console_t *cons, int c)           );
16023   FORWARD _PROTOTYPE( void flush, (console_t *cons)                      );
16024   FORWARD _PROTOTYPE( void parse_escape, (console_t *cons, int c)        );
16025   FORWARD _PROTOTYPE( void scroll_screen, (console_t *cons, int dir)     );
16026   FORWARD _PROTOTYPE( void set_6845, (int reg, unsigned val)             );
16027   FORWARD _PROTOTYPE( void get_6845, (int reg, unsigned *val)            );
16028   FORWARD _PROTOTYPE( void stop_beep, (timer_t *tmrp)                    );
16029   FORWARD _PROTOTYPE( void cons_org0, (void)                             );
16030   FORWARD _PROTOTYPE( int ga_program, (struct sequence *seq)             );
16031   FORWARD _PROTOTYPE( int cons_ioctl, (tty_t *tp, int)                   );
16032
16033   /*===========================================================================*
16034    *                              cons_write                                   *
16035    *===========================================================================*/
16036   PRIVATE int cons_write(tp, try)
16037   register struct tty *tp;          /* tells which terminal is to be used */
16038   int try;
16039   {
```

```
16040   /* Copia o máximo de dados possível na fila de saída e, então, inicia a E/S. Nos
16041    * terminais mapeados na memória, como o console IBM, a E/S também será
16042    * concluída a as contagens atualizadas. Fica repetindo até que toda E/S esteja pronta.
16043    */
16044
16045   int count;
16046   int result;
16047   register char *tbuf;
16048   char buf[64];
16049   console_t *cons = tp->tty_priv;
16050
16051   if (try) return 1;      /* sempre podemos escrever no console */
16052
16053   /* Verifica rapidamente se não há nada a fazer; portanto, isso pode ser chamado
16054    * freqüentemente, sem testes não modulares em outros lugares.
16055    */
16056   if ((count = tp->tty_outleft) == 0 || tp->tty_inhibited) return;
16057
16058   /* Copia os bytes do usuário em buf[] para endereçá-los decentemente. Faz laço pelas
16059    * cópias, pois o buffer de usuário pode ser muito maior do que buf[].
16060    */
16061   do {
16062           if (count > sizeof(buf)) count = sizeof(buf);
16063           if ((result = sys_vircopy(tp->tty_outproc, D, tp->tty_out_vir,
16064                           SELF, D, (vir_bytes) buf, (vir_bytes) count)) != OK)
16065                   break;
16066           tbuf = buf;
16067
16068           /* Atualiza a estrutura de dados do terminal. */
16069           tp->tty_out_vir += count;
16070           tp->tty_outcum += count;
16071           tp->tty_outleft -= count;
16072
16073           /* Produz a saída de cada byte da cópia na tela. Evita chamar
16074            * out_char() para os caracteres "fáceis", os coloca no buffer
16075            * diretamente.
16076            */
16077           do {
16078                   if ((unsigned) *tbuf < ' ' || cons->c_esc_state > 0
16079                           || cons->c_column >= scr_width
16080                           || cons->c_rwords >= buflen(cons->c_ramqueue))
16081                   {
16082                           out_char(cons, *tbuf++);
16083                   } else {
16084                           cons->c_ramqueue[cons->c_rwords++] =
16085                                           cons->c_attr | (*tbuf++ & BYTE);
16086                           cons->c_column++;
16087                   }
16088           } while (--count != 0);
16089   } while ((count = tp->tty_outleft) != 0 && !tp->tty_inhibited);
16090
16091   flush(cons);                     /* transfere para a tela tudo que estiver no buffer */
16092
16093   /* Responde para o escritor se toda saída tiver terminado ou se ocorreu um erro. */
16094   if (tp->tty_outleft == 0 || result != OK) {
16095           /* REVIVE não é possível. A E/S em consoles mapeados na memória termina. */
16096           tty_reply(tp->tty_outrepcode, tp->tty_outcaller, tp->tty_outproc,
16097                                                   tp->tty_outcum);
16098           tp->tty_outcum = 0;
16099   }
```

```
16100   }

16102   /*===========================================================================*
16103    *                              cons_echo                                    *
16104    *===========================================================================*/
16105   PRIVATE void cons_echo(tp, c)
16106   register tty_t *tp;                 /* ponteiro para estrutura tty */
16107   int c;                              /* caractere a ser ecoado */
16108   {
16109   /* Ecoa entrada do teclado (imprime & descarrega). */
16110     console_t *cons = tp->tty_priv;
16111
16112     out_char(cons, c);
16113     flush(cons);
16114   }

16116   /*===========================================================================*
16117    *                              out_char                                     *
16118    *===========================================================================*/
16119   PRIVATE void out_char(cons, c)
16120   register console_t *cons;           /* ponteiro para estrutura console */
16121   int c;                              /* caractere a aparecer na saída */
16122   {
16123   /* Produz a saída de um caractere no console. Verifica as seqüências de escape primeiro. */
16124     if (cons->c_esc_state > 0) {
16125           parse_escape(cons, c);
16126           return;
16127     }
16128
16129     switch(c) {
16130         case 000:                   /* nulo é normalmente usado para preenchimento */
16131             return;                 /* melhor não fazer nada */
16132
16133         case 007:                   /* toca a campainha */
16134             flush(cons);    /* imprime todos os caracteres enfileirados para saída */
16135             beep();
16136             return;
16137
16138         case '\b':                  /* retrocesso */
16139             if (--cons->c_column < 0) {
16140                 if (--cons->c_row >= 0) cons->c_column += scr_width;
16141             }
16142             flush(cons);
16143             return;
16144
16145         case '\n':                  /* line feed */
16146             if ((cons->c_tty->tty_termios.c_oflag & (OPOST|ONLCR))
16147                                             == (OPOST|ONLCR)) {
16148                 cons->c_column = 0;
16149             }
16150             /*FALL THROUGH*/
16151         case 013:                   /* CTRL-K */
16152         case 014:                   /* CTRL-L */
16153             if (cons->c_row == scr_lines-1) {
16154                 scroll_screen(cons, SCROLL_UP);
16155             } else {
16156                 cons->c_row++;
16157             }
16158             flush(cons);
16159             return;
```

```
16160
16161                case '\r':                    /* carriage return */
16162                    cons->c_column = 0;
16163                    flush(cons);
16164                    return;
16165
16166                case '\t':                    /* tabulação */
16167                    cons->c_column = (cons->c_column + TAB_SIZE) & ~TAB_MASK;
16168                    if (cons->c_column > scr_width) {
16169                        cons->c_column -= scr_width;
16170                        if (cons->c_row == scr_lines-1) {
16171                            scroll_screen(cons, SCROLL_UP);
16172                        } else {
16173                            cons->c_row++;
16174                        }
16175                    }
16176                    flush(cons);
16177                    return;
16178
16179                case 033:                     /* ESC - início de uma seqüência de escape */
16180                    flush(cons);    /* imprime todos os caracteres enfileirados para saída */
16181                    cons->c_esc_state = 1;  /* marca ESC como visto */
16182                    return;
16183
16184                default:                      /* os caracteres imprimíveis são armazenados em ramqueue */
16185                    if (cons->c_column >= scr_width) {
16186                        if (!LINEWRAP) return;
16187                        if (cons->c_row == scr_lines-1) {
16188                            scroll_screen(cons, SCROLL_UP);
16189                        } else {
16190                            cons->c_row++;
16191                        }
16192                        cons->c_column = 0;
16193                        flush(cons);
16194                    }
16195                    if (cons->c_rwords == buflen(cons->c_ramqueue)) flush(cons);
16196                    cons->c_ramqueue[cons->c_rwords++] = cons->c_attr | (c & BYTE);
16197                    cons->c_column++;                            /* next column */
16198                    return;
16199        }
16200 }
16201
16202 /*===========================================================================*
16203  *                              scroll_screen                                *
16204  *===========================================================================*/
16205 PRIVATE void scroll_screen(cons, dir)
16206 register console_t *cons;        /* ponteiro para estrutura console */
16207 int dir;                         /* SCROLL_UP or SCROLL_DOWN */
16208 {
16209   unsigned new_line, new_org, chars;
16210
16211   flush(cons);
16212   chars = scr_size - scr_width;           /* uma tela menos uma linha */
16213
16214   /* Rolar a tela é um incômodo real, devido às várias placas de vídeo
16215    * incompatíveis. Este driver suporta rolagem por software (Hercules?),
16216    * rolagem por hardware (placas mono e CGA) e rolagem por hardware sem
16217    * mudança automática (placas EGA). Neste último caso, devemos nos certificarmos de que
16218    *          c_start <= c_org && c_org + scr_size <= c_limit
16219    * valha, pois a placa EGA não muda automaticamente para o início após o final da
       memória de vídeo.
```

```
16220          */
16221      if (dir == SCROLL_UP) {
16222          /* Rola linha para cima de 3 maneiras: soft, sem mudança automática, origem. */
16223          if (softscroll) {
16224              vid_vid_copy(cons->c_start + scr_width, cons->c_start, chars);
16225          } else
16226          if (!wrap && cons->c_org + scr_size + scr_width >= cons->c_limit) {
16227              vid_vid_copy(cons->c_org + scr_width, cons->c_start, chars);
16228              cons->c_org = cons->c_start;
16229          } else {
16230              cons->c_org = (cons->c_org + scr_width) & vid_mask;
16231          }
16232          new_line = (cons->c_org + chars) & vid_mask;
16233      } else {
16234          /* Rola linha para baixo de 3 maneiras: soft, sem mudança automática, origem. */
16235          if (softscroll) {
16236              vid_vid_copy(cons->c_start, cons->c_start + scr_width, chars);
16237          } else
16238          if (!wrap && cons->c_org < cons->c_start + scr_width) {
16239              new_org = cons->c_limit - scr_size;
16240              vid_vid_copy(cons->c_org, new_org + scr_width, chars);
16241              cons->c_org = new_org;
16242          } else {
16243              cons->c_org = (cons->c_org - scr_width) & vid_mask;
16244          }
16245          new_line = cons->c_org;
16246      }
16247      /* Limpa a nova linha no início ou no fim. */
16248      blank_color = cons->c_blank;
16249      mem_vid_copy(BLANK_MEM, new_line, scr_width);
16250
16251      /* Configura a nova origem do vídeo. */
16252      if (cons == curcons) set_6845(VID_ORG, cons->c_org);
16253      flush(cons);
16254  }

16256  /*===========================================================================*
16257   *                              flush                                        *
16258   *===========================================================================*/
16259  PRIVATE void flush(cons)
16260  register console_t *cons;         /* ponteiro para estrutura console */
16261  {
16262  /* Envia caracteres colocados no buffer em 'ramqueue' para a memória de tela, verifica a
16263   * nova posição do cursor, calcula a nova posição do cursor de hardware e a configura.
16264   */
16265      unsigned cur;
16266      tty_t *tp = cons->c_tty;
16267
16268      /* Tem os caracteres em 'ramqueue' transferidos para a tela. */
16269      if (cons->c_rwords > 0) {
16270          mem_vid_copy(cons->c_ramqueue, cons->c_cur, cons->c_rwords);
16271          cons->c_rwords = 0;
16272
16273          /* TTY gosta de conhecer a coluna corrente e se o eco bagunçou. */
16274          tp->tty_position = cons->c_column;
16275          tp->tty_reprint = TRUE;
16276      }
16277
16278      /* Verifica e atualiza a posição do cursor. */
16279      if (cons->c_column < 0) cons->c_column = 0;
```

```
16280        if (cons->c_column > scr_width) cons->c_column = scr_width;
16281        if (cons->c_row < 0) cons->c_row = 0;
16282        if (cons->c_row >= scr_lines) cons->c_row = scr_lines - 1;
16283        cur = cons->c_org + cons->c_row * scr_width + cons->c_column;
16284        if (cur != cons->c_cur) {
16285              if (cons == curcons) set_6845(CURSOR, cur);
16286              cons->c_cur = cur;
16287        }
16288  }

16290  /*===========================================================================*
16291   *                              parse_escape                                 *
16292   *===========================================================================*/
16293  PRIVATE void parse_escape(cons, c)
16294  register console_t *cons;        /* ponteiro para estrutura console */
16295  char c;                          /* próximo caractere na seqüência de escape */
16296  {
16297  /* As seguintes seqüências de escape ANSI são correntemente suportadas.
16298   * Se n e/ou m forem omitidas, o padrão delas será 1.
16299   *    ESC [nA move n linhas para cima
16300   *    ESC [nB move n linhas para baixo
16301   *    ESC [nC move n espaços para a direita
16302   *    ESC [nD move n espaços para a esquerda
16303   *    ESC [m;nH" move o cursor para (m,n)
16304   *    ESC [J limpa a tela a partir do cursor
16305   *    ESC [K limpa a linha a partir do cursor
16306   *    ESC [nL insere n linhas no cursor
16307   *    ESC [nM exclui n linhas no cursor
16308   *    ESC [nP exclui n cars no cursor
16309   *    ESC [n@ insere n cars no cursor
16310   *    ESC [nm ativa a exibição n (0=normal, 4=negrito, 5=intermitente, 7=inverso)
16311   *    ESC M rola a tela para trás, se o cursor estiver na linha superior
16312   */
16313
16314    switch (cons->c_esc_state) {
16315      case 1:                        /* ESC visto */
16316          cons->c_esc_intro = '\0';
16317          cons->c_esc_parmp = bufend(cons->c_esc_parmv);
16318          do {
16319                *--cons->c_esc_parmp = 0;
16320          } while (cons->c_esc_parmp > cons->c_esc_parmv);
16321          switch (c) {
16322            case '[':    /* Introdutor de Seqüência de Controle */
16323                cons->c_esc_intro = c;
16324                cons->c_esc_state = 2;
16325                break;
16326            case 'M':    /* Índice Inverso */
16327                do_escape(cons, c);
16328                break;
16329            default:
16330                cons->c_esc_state = 0;
16331          }
16332          break;
16333
16334      case 2:                        /* ESC [ visto */
16335          if (c >= '0' && c <= '9') {
16336                if (cons->c_esc_parmp < bufend(cons->c_esc_parmv))
16337                      *cons->c_esc_parmp = *cons->c_esc_parmp * 10 + (c-'0');
16338          } else
16339          if (c == ';') {
```

```
16340                         if (cons->c_esc_parmp < bufend(cons->c_esc_parmv))
16341                                 cons->c_esc_parmp++;
16342                 } else {
16343                         do_escape(cons, c);
16344                 }
16345                 break;
16346       }
16347 }

16349 /*===========================================================================*
16350  *                              do_escape                                    *
16351  *===========================================================================*/
16352 PRIVATE void do_escape(cons, c)
16353 register console_t *cons;       /* ponteiro para estrutura console */
16354 char c;                         /* próximo caractere na seqüência de escape */
16355 {
16356   int value, n;
16357   unsigned src, dst, count;
16358   int *parmp;
16359
16360   /* Algumas dessas coisas mexem na RAM de tela; portanto, é melhor atualizar */
16361   flush(cons);
16362
16363   if (cons->c_esc_intro == '\0') {
16364         /* Manipula uma seqüência começando apenas com ESC */
16365         switch (c) {
16366             case 'M':            /* Índice Inverso */
16367                 if (cons->c_row == 0) {
16368                         scroll_screen(cons, SCROLL_DOWN);
16369                 } else {
16370                         cons->c_row--;
16371                 }
16372                 flush(cons);
16373                 break;
16374
16375             default: break;
16376         }
16377   } else
16378   if (cons->c_esc_intro == '[') {
16379         /* Manipula uma seqüência começando com ESC [ e parâmetros */
16380         value = cons->c_esc_parmv[0];
16381         switch (c) {
16382             case 'A':            /* ESC [nA move n linhas para cima */
16383                 n = (value == 0 ? 1 : value);
16384                 cons->c_row -= n;
16385                 flush(cons);
16386                 break;
16387
16388             case 'B':            /* ESC [nB move n linhas para baixo */
16389                 n = (value == 0 ? 1 : value);
16390                 cons->c_row += n;
16391                 flush(cons);
16392                 break;
16393
16394             case 'C':            /* ESC [nC move n espaços para a direita */
16395                 n = (value == 0 ? 1 : value);
16396                 cons->c_column += n;
16397                 flush(cons);
16398                 break;
16399
```

```
16400            case 'D':              /* ESC [nD move n espaços para a esquerda */
16401                n = (value == 0 ? 1 : value);
16402                cons->c_column -= n;
16403                flush(cons);
16404                break;
16405
16406            case 'H':              /* ESC [m;nH" move o cursor para (m,n) */
16407                cons->c_row = cons->c_esc_parmv[0] - 1;
16408                cons->c_column = cons->c_esc_parmv[1] - 1;
16409                flush(cons);
16410                break;
16411
16412            case 'J':              /* ESC [sJ limpa a tela */
16413                switch (value) {
16414                    case 0:    /* Limpa do cursor até o final da tela */
16415                        count = scr_size - (cons->c_cur - cons->c_org);
16416                        dst = cons->c_cur;
16417                        break;
16418                    case 1:    /* Limpa do início da tela até o cursor */
16419                        count = cons->c_cur - cons->c_org;
16420                        dst = cons->c_org;
16421                        break;
16422                    case 2:    /* Limpa a tela inteira */
16423                        count = scr_size;
16424                        dst = cons->c_org;
16425                        break;
16426                    default:   /* Não faz nada */
16427                        count = 0;
16428                        dst = cons->c_org;
16429                }
16430                blank_color = cons->c_blank;
16431                mem_vid_copy(BLANK_MEM, dst, count);
16432                break;
16433
16434            case 'K':              /* ESC [sK limpa a linha a partir do cursor */
16435                switch (value) {
16436                    case 0:    /* Limpa do cursor até o final da linha */
16437                        count = scr_width - cons->c_column;
16438                        dst = cons->c_cur;
16439                        break;
16440                    case 1:    /* Limpa do início da linha até o cursor */
16441                        count = cons->c_column;
16442                        dst = cons->c_cur - cons->c_column;
16443                        break;
16444                    case 2:    /* Limpa a linha inteira */
16445                        count = scr_width;
16446                        dst = cons->c_cur - cons->c_column;
16447                        break;
16448                    default:   /* Não faz nada */
16449                        count = 0;
16450                        dst = cons->c_cur;
16451                }
16452                blank_color = cons->c_blank;
16453                mem_vid_copy(BLANK_MEM, dst, count);
16454                break;
16455
16456            case 'L':              /* ESC [nL insere n linhas no cursor */
16457                n = value;
16458                if (n < 1) n = 1;
16459                if (n > (scr_lines - cons->c_row))
```

```
16460                         n = scr_lines - cons->c_row;
16461
16462                 src = cons->c_org + cons->c_row * scr_width;
16463                 dst = src + n * scr_width;
16464                 count = (scr_lines - cons->c_row - n) * scr_width;
16465                 vid_vid_copy(src, dst, count);
16466                 blank_color = cons->c_blank;
16467                 mem_vid_copy(BLANK_MEM, src, n * scr_width);
16468                 break;
16469
16470           case 'M':             /* ESC [nM exclui n linhas no cursor */
16471                 n = value;
16472                 if (n < 1) n = 1;
16473                 if (n > (scr_lines - cons->c_row))
16474                         n = scr_lines - cons->c_row;
16475
16476                 dst = cons->c_org + cons->c_row * scr_width;
16477                 src = dst + n * scr_width;
16478                 count = (scr_lines - cons->c_row - n) * scr_width;
16479                 vid_vid_copy(src, dst, count);
16480                 blank_color = cons->c_blank;
16481                 mem_vid_copy(BLANK_MEM, dst + count, n * scr_width);
16482                 break;
16483
16484           case '@':             /* ESC [n@ insere n cars no cursor */
16485                 n = value;
16486                 if (n < 1) n = 1;
16487                 if (n > (scr_width - cons->c_column))
16488                         n = scr_width - cons->c_column;
16489
16490                 src = cons->c_cur;
16491                 dst = src + n;
16492                 count = scr_width - cons->c_column - n;
16493                 vid_vid_copy(src, dst, count);
16494                 blank_color = cons->c_blank;
16495                 mem_vid_copy(BLANK_MEM, src, n);
16496                 break;
16497
16498           case 'P':             /* ESC [nP exclui n cars no cursor */
16499                 n = value;
16500                 if (n < 1) n = 1;
16501                 if (n > (scr_width - cons->c_column))
16502                         n = scr_width - cons->c_column;
16503
16504                 dst = cons->c_cur;
16505                 src = dst + n;
16506                 count = scr_width - cons->c_column - n;
16507                 vid_vid_copy(src, dst, count);
16508                 blank_color = cons->c_blank;
16509                 mem_vid_copy(BLANK_MEM, dst + count, n);
16510                 break;
16511
16512           case 'm':             /* ESC [nm ativa exibição de n */
16513                 for (parmp = cons->c_esc_parmv; parmp <= cons->c_esc_parmp
16514                                 && parmp < bufend(cons->c_esc_parmv); parmp++) {
16515                         if (cons->c_reverse) {
16516                                 /* Destroca cores fg e bg */
16517                                 cons->c_attr =    ((cons->c_attr & 0x7000) >> 4) |
16518                                                   ((cons->c_attr & 0x0700) << 4) |
16519                                                   ((cons->c_attr & 0x8800));
```

```
16520                           }
16521                           switch (n = *parmp) {
16522                               case 0:     /* NORMAL */
16523                                   cons->c_attr = cons->c_blank = BLANK_COLOR;
16524                                   cons->c_reverse = FALSE;
16525                                   break;
16526
16527                               case 1:     /* NEGRITO */
16528                                   /* Configura o bit de intensidade */
16529                                   cons->c_attr |= 0x0800;
16530                                   break;
16531
16532                               case 4:     /* SUBLINHADO */
16533                                   if (color) {
16534                                       /* Muda branco para ciano, isto é vermelho fraco
16535                                        */
16536                                       cons->c_attr = (cons->c_attr & 0xBBFF);
16537                                   } else {
16538                                       /* Configura atributo de sublinhado */
16539                                       cons->c_attr = (cons->c_attr & 0x99FF);
16540                                   }
16541                                   break;
16542
16543                               case 5:     /* INTERMITENTE */
16544                                   /* Configura o bit de intermitência */
16545                                   cons->c_attr |= 0x8000;
16546                                   break;
16547
16548                               case 7:     /* INVERSO */
16549                                   cons->c_reverse = TRUE;
16550                                   break;
16551
16552                               default:    /* COLORIDO */
16553                                   if (n == 39) n = 37;    /* configura a cor padrão */
16554                                   if (n == 49) n = 40;
16555
16556                                   if (!color) {
16557                                       /* Não bagunça uma tela monocromática */
16558                                   } else
16559                                   if (30 <= n && n <= 37) {
16560                                       /* Cor de primeiro plano */
16561                                       cons->c_attr =
16562                                           (cons->c_attr & 0xF8FF) |
16563                                           (ansi_colors[(n - 30)] << 8);
16564                                       cons->c_blank =
16565                                           (cons->c_blank & 0xF8FF) |
16566                                           (ansi_colors[(n - 30)] << 8);
16567                                   } else
16568                                   if (40 <= n && n <= 47) {
16569                                       /* Cor de segundo plano */
16570                                       cons->c_attr =
16571                                           (cons->c_attr & 0x8FFF) |
16572                                           (ansi_colors[(n - 40)] << 12);
16573                                       cons->c_blank =
16574                                           (cons->c_blank & 0x8FFF) |
16575                                           (ansi_colors[(n - 40)] << 12);
16576                                   }
16577                           }
16578                           if (cons->c_reverse) {
16579                               /* Troca as cores fg e bg */
```

```
16580                                       cons->c_attr =  ((cons->c_attr & 0x7000) >> 4) |
16581                                                       ((cons->c_attr & 0x0700) << 4) |
16582                                                       ((cons->c_attr & 0x8800));
16583                           }
16584                   }
16585                   break;
16586           }
16587   }
16588   cons->c_esc_state = 0;
16589 }

16591 /*===========================================================================*
16592  *                              set_6845                                     *
16593  *===========================================================================*/
16594 PRIVATE void set_6845(reg, val)
16595 int reg;                              /* qual par de registradores vai configurar */
16596 unsigned val;                         /* valor de 16 bits para configurar */
16597 {
16598 /* Configura umpar de registradores dentro da 6845.
16599  * Os registradores 12-13 informam a 6845 onde começar na ram de vídeo
16600  * Os registradores 14-15 informam a 6845 onde colocar o cursor
16601  */
16602   pvb_pair_t char_out[4];
16603   pv_set(char_out[0], vid_port + INDEX, reg);        /* configura registrador de índice */
16604   pv_set(char_out[1], vid_port + DATA, (val>>8) & BYTE);   /* byte superior */
16605   pv_set(char_out[2], vid_port + INDEX, reg + 1);          /* novamente */
16606   pv_set(char_out[3], vid_port + DATA, val&BYTE);          /* byte inferior */
16607   sys_voutb(char_out, 4);                            /* realiza a saída real */
16608 }

16610 /*===========================================================================*
16611  *                              get_6845                                     *
16612  *===========================================================================*/
16613 PRIVATE void get_6845(reg, val)
16614 int reg;                              /* qual par de registradores vai configurar */
16615 unsigned *val;                        /* valor de 16 bits para configurar */
16616 {
16617   char v1, v2;
16618 /* Obtém um par de registradores dentro da 6845. */
16619   sys_outb(vid_port + INDEX, reg);
16620   sys_inb(vid_port + DATA, &v1);
16621   sys_outb(vid_port + INDEX, reg+1);
16622   sys_inb(vid_port + DATA, &v2);
16623   *val = (v1 << 8) | v2;
16624 }

16626 /*===========================================================================*
16627  *                              beep                                         *
16628  *===========================================================================*/
16629 PRIVATE void beep()
16630 {
16631 /* Faz um bip soar no alto-falante (saída de CRTL-G).
16632  * Esta rotina funciona ativando os bits 0 e 1 na porta B do chip
16633  * 8255 que ativa o alto-falante.
16634  */
16635   static timer_t tmr_stop_beep;
16636   pvb_pair_t char_out[3];
16637   clock_t now;
16638   int port_b_val, s;
16639
```

```
16640           /* Busca o tempo corrente antecipadamente para evitar que o bip atrase. */
16641           if ((s=getuptime(&now)) != OK)
16642                   panic("TTY","Console couldn't get clock's uptime.", s);
16643           if (!beeping) {
16644                   /* Configura o canal de temporizador 2, onda quadrada, com a freqüência dada. */
16645                   pv_set(char_out[0], TIMER_MODE, 0xB6);
16646                   pv_set(char_out[1], TIMER2, (BEEP_FREQ >> 0) & BYTE);
16647                   pv_set(char_out[2], TIMER2, (BEEP_FREQ >> 8) & BYTE);
16648                   if (sys_voutb(char_out, 3)==OK) {
16649                           if (sys_inb(PORT_B, &port_b_val)==OK &&
16650                                   sys_outb(PORT_B, (port_b_val|3))==OK)
16651                                   beeping = TRUE;
16652                   }
16653           }
16654           /* Adiciona um temporizador na lista. Possivelmente reprograma o alarme. */
16655           tmrs_settimer(&tty_timers, &tmr_stop_beep, now+B_TIME, stop_beep, NULL);
16656           if (tty_timers->tmr_exp_time != tty_next_timeout) {
16657                   tty_next_timeout = tty_timers->tmr_exp_time;
16658                   if ((s=sys_setalarm(tty_next_timeout, 1)) != OK)
16659                           panic("TTY","Console couldn't set alarm.", s);
16660           }
16661   }
16662
16663   /*===========================================================================*
16664    *                              stop_beep                                    *
16665    *===========================================================================*/
16666   PRIVATE void stop_beep(tmrp)
16667   timer_t *tmrp;
16668   {
16669   /* Desliga o bip, desativando os bits 0 e 1 em PORT_B. */
16670     int port_b_val;
16671     if (sys_inb(PORT_B, &port_b_val)==OK &&
16672         sys_outb(PORT_B, (port_b_val & ~3))==OK)
16673             beeping = FALSE;
16674   }
16675
16676   /*===========================================================================*
16677    *                              scr_init                                     *
16678    *===========================================================================*/
16679   PUBLIC void scr_init(tp)
16680   tty_t *tp;
16681   {
16682   /* Inicializa o driver de tela. */
16683     console_t *cons;
16684     phys_bytes vid_base;
16685     u16_t bios_columns, bios_crtbase, bios_fontlines;
16686     u8_t bios_rows;
16687     int line;
16688     int s;
16689     static int vdu_initialized = 0;
16690     unsigned page_size;
16691
16692     /* Associa console e TTY. */
16693     line = tp - &tty_table[0];
16694     if (line >= nr_cons) return;
16695     cons = &cons_table[line];
16696     cons->c_tty = tp;
16697     tp->tty_priv = cons;
16698
16699     /* Inicializa o driver de teclado. */
```

```
16700        kb_init(tp);
16701
16702        /* Preenche os ganchos de função TTY. */
16703        tp->tty_devwrite = cons_write;
16704        tp->tty_echo = cons_echo;
16705        tp->tty_ioctl = cons_ioctl;
16706
16707        /* Obtém os parâmetros da BIOS que descrevem o VDU. */
16708        if (! vdu_initialized++) {
16709
16710                /* E quanto a verificação de erros? O que fazer em caso de falha??? */
16711                s=sys_vircopy(SELF, BIOS_SEG, (vir_bytes) VDU_SCREEN_COLS_ADDR,
16712                        SELF, D, (vir_bytes) &bios_columns, VDU_SCREEN_COLS_SIZE);
16713                s=sys_vircopy(SELF, BIOS_SEG, (vir_bytes) VDU_CRT_BASE_ADDR,
16714                        SELF, D, (vir_bytes) &bios_crtbase, VDU_CRT_BASE_SIZE);
16715                s=sys_vircopy(SELF, BIOS_SEG, (vir_bytes) VDU_SCREEN_ROWS_ADDR,
16716                        SELF, D, (vir_bytes) &bios_rows, VDU_SCREEN_ROWS_SIZE);
16717                s=sys_vircopy(SELF, BIOS_SEG, (vir_bytes) VDU_FONTLINES_ADDR,
16718                        SELF, D, (vir_bytes) &bios_fontlines, VDU_FONTLINES_SIZE);
16719
16720                vid_port = bios_crtbase;
16721                scr_width = bios_columns;
16722                font_lines = bios_fontlines;
16723                scr_lines = machine.vdu_ega ? bios_rows+1 : 25;
16724
16725                if (color) {
16726                        vid_base = COLOR_BASE;
16727                        vid_size = COLOR_SIZE;
16728                } else {
16729                        vid_base = MONO_BASE;
16730                        vid_size = MONO_SIZE;
16731                }
16732                if (machine.vdu_ega) vid_size = EGA_SIZE;
16733                wrap = ! machine.vdu_ega;
16734
16735                s = sys_segctl(&vid_index, &vid_seg, &vid_off, vid_base, vid_size);
16736
16737                vid_size >>= 1;         /* contagem de palavras */
16738                vid_mask = vid_size - 1;
16739
16740                /* Tamanho da tela (número de caracteres exibidos.) */
16741                scr_size = scr_lines * scr_width;
16742
16743                /* Pode haver tantos consoles quantos a memória de vídeo permitir. */
16744                nr_cons = vid_size / scr_size;
16745                if (nr_cons > NR_CONS) nr_cons = NR_CONS;
16746                if (nr_cons > 1) wrap = 0;
16747                page_size = vid_size / nr_cons;
16748        }
16749
16750        cons->c_start = line * page_size;
16751        cons->c_limit = cons->c_start + page_size;
16752        cons->c_cur = cons->c_org = cons->c_start;
16753        cons->c_attr = cons->c_blank = BLANK_COLOR;
16754
16755        if (line != 0) {
16756                /* Limpa os vtys que não são do console. */
16757                blank_color = BLANK_COLOR;
16758                mem_vid_copy(BLANK_MEM, cons->c_start, scr_size);
16759        } else {
```

```
16760                int i, n;
16761                /* Configura o cursor do console vty na parte inferior. c_cur
16762                 * é atualizada automaticamente, mais tarde.
16763                 */
16764                scroll_screen(cons, SCROLL_UP);
16765                cons->c_row = scr_lines - 1;
16766                cons->c_column = 0;
16767        }
16768        select_console(0);
16769        cons_ioctl(tp, 0);
16770 }

16772 /*===========================================================================*
16773  *                              kputc                                        *
16774  *===========================================================================*/
16775 PUBLIC void kputc(c)
16776 int c;
16777 {
16778        putk(c);
16779 }

16781 /*===========================================================================*
16782  *                           do_new_kmess                                    *
16783  *===========================================================================*/
16784 PUBLIC void do_new_kmess(m)
16785 message *m;
16786 {
16787 /* Notificação de uma nova mensagem de núcleo. */
16788   struct kmessages kmess;                      /* estrutura kmessages */
16789   static int prev_next = 0;                    /* next anterior visto */
16790   int size, next;
16791   int bytes;
16792   int r;
16793
16794   /* Tenta obter uma cópia atualizada do buffer com mensagens de núcleo. */
16795   sys_getkmessages(&kmess);
16796
16797   /* Imprime apenas a parte nova. Determina quantos bytes novos existem, com a
16798    * ajuda do índice 'next' corrente e anterior. Note que o buffer do
16799    * núcleo é circular. Isso funciona bem se menos de KMESS_BUF_SIZE bytes
16800    * forem dados novos; senão, perdemos % KMESS_BUF_SIZE aqui.
16801    * Verifica se o tamanho é positivo, o buffer também poderia ser esvaziado!
16802    */
16803   if (kmess.km_size > 0) {
16804        bytes = ((kmess.km_next + KMESS_BUF_SIZE) - prev_next) % KMESS_BUF_SIZE;
16805        r=prev_next;                            /* início em 'previous' antigo */
16806        while (bytes > 0) {
16807            putk( kmess.km_buf[(r%KMESS_BUF_SIZE)] );
16808            bytes --;
16809            r ++;
16810        }
16811        putk(0);                        /* termina para descarregar a saída */
16812   }
16813
16814   /* Quase pronto, armazena 'next' para que possamos determinar qual parte do
16815    * buffer de mensagens do núcleo será impressa na próxima vez que uma notificação chegar.
16816    */
16817   prev_next = kmess.km_next;
16818 }
```

```
16820   /*===========================================================================*
16821    *                              do_diagnostics                               *
16822    *===========================================================================*/
16823   PUBLIC void do_diagnostics(m_ptr)
16824   message *m_ptr;                    /* ponteiro para mensagem de requisição */
16825   {
16826   /* Imprime uma string para um servidor. */
16827     char c;
16828     vir_bytes src;
16829     int count;
16830     int result = OK;
16831     int proc_nr = m_ptr->DIAG_PROC_NR;
16832     if (proc_nr == SELF) proc_nr = m_ptr->m_source;
16833
16834     src = (vir_bytes) m_ptr->DIAG_PRINT_BUF;
16835     for (count = m_ptr->DIAG_BUF_COUNT; count > 0; count--) {
16836         if (sys_vircopy(proc_nr, D, src++, SELF, D, (vir_bytes) &c, 1) != OK) {
16837             result = EFAULT;
16838             break;
16839         }
16840         putk(c);
16841     }
16842     putk(0);                        /* sempre termina, mesmo com EFAULT */
16843     m_ptr->m_type = result;
16844     send(m_ptr->m_source, m_ptr);
16845   }


16847   /*===========================================================================*
16848    *                                  putk                                     *
16849    *===========================================================================*/
16850   PRIVATE void putk(c)
16851   int c;                             /* caractere to print */
16852   {
16853   /* Esta rotina é usada pela versão de printf() vinculada ao
16854    * driver TTY. A que está na biblioteca envia uma mensagem para o FS, que não é
16855    * o que é necessário para imprimir dentro do TTY. Esta versão apenas enfileira o
16856    * caractere e inicia a saída.
16857    */
16858     if (c != 0) {
16859         if (c == '\n') putk('\r');
16860         out_char(&cons_table[0], (int) c);
16861     } else {
16862         flush(&cons_table[0]);
16863     }
16864   }


16866   /*===========================================================================*
16867    *                               toggle_scroll                               *
16868    *===========================================================================*/
16869   PUBLIC void toggle_scroll()
16870   {
16871   /* Alterna entre rolagem por hardware e por software. */
16872
16873     cons_org0();
16874     softscroll = !softscroll;
16875     printf("%sware scrolling enabled.\n", softscroll ? "Soft" : "Hard");
16876   }
```

```
16878   /*===========================================================================*
16879    *                              cons_stop                                    *
16880    *===========================================================================*/
16881   PUBLIC void cons_stop()
16882   {
16883   /* Prepara para parar ou reinicializar. */
16884     cons_org0();
16885     softscroll = 1;
16886     select_console(0);
16887     cons_table[0].c_attr = cons_table[0].c_blank = BLANK_COLOR;
16888   }

16890   /*===========================================================================*
16891    *                              cons_org0                                    *
16892    *===========================================================================*/
16893   PRIVATE void cons_org0()
16894   {
16895   /* Rola a memória de vídeo para trás, para colocar a origem em 0. */
16896     int cons_line;
16897     console_t *cons;
16898     unsigned n;
16899
16900     for (cons_line = 0; cons_line < nr_cons; cons_line++) {
16901         cons = &cons_table[cons_line];
16902         while (cons->c_org > cons->c_start) {
16903             n = vid_size - scr_size;         /* quantidade de memória não utilizada */
16904             if (n > cons->c_org - cons->c_start)
16905                 n = cons->c_org - cons->c_start;
16906             vid_vid_copy(cons->c_org, cons->c_org - n, scr_size);
16907             cons->c_org -= n;
16908         }
16909         flush(cons);
16910     }
16911     select_console(ccurrent);
16912   }

16914   /*===========================================================================*
16915    *                              select_console                               *
16916    *===========================================================================*/
16917   PUBLIC void select_console(int cons_line)
16918   {
16919   /* Configura o console corrente com o número de console 'cons_line'. */
16920
16921     if (cons_line < 0 || cons_line >= nr_cons) return;
16922     ccurrent = cons_line;
16923     curcons = &cons_table[cons_line];
16924     set_6845(VID_ORG, curcons->c_org);
16925     set_6845(CURSOR, curcons->c_cur);
16926   }

16928   /*===========================================================================*
16929    *                              con_loadfont                                 *
16930    *===========================================================================*/
16931   PUBLIC int con_loadfont(m)
16932   message *m;
16933   {
16934   /* Carrega uma fonte no adaptador EGA ou VGA. */
16935     int result;
16936     static struct sequence seq1[7] = {
16937         { GA_SEQUENCER_INDEX, 0x00, 0x01 },
```

```
16938                  { GA_SEQUENCER_INDEX, 0x02, 0x04 },
16939                  { GA_SEQUENCER_INDEX, 0x04, 0x07 },
16940                  { GA_SEQUENCER_INDEX, 0x00, 0x03 },
16941                  { GA_GRAPHICS_INDEX,  0x04, 0x02 },
16942                  { GA_GRAPHICS_INDEX,  0x05, 0x00 },
16943                  { GA_GRAPHICS_INDEX,  0x06, 0x00 },
16944          };
16945          static struct sequence seq2[7] = {
16946                  { GA_SEQUENCER_INDEX, 0x00, 0x01 },
16947                  { GA_SEQUENCER_INDEX, 0x02, 0x03 },
16948                  { GA_SEQUENCER_INDEX, 0x04, 0x03 },
16949                  { GA_SEQUENCER_INDEX, 0x00, 0x03 },
16950                  { GA_GRAPHICS_INDEX,  0x04, 0x00 },
16951                  { GA_GRAPHICS_INDEX,  0x05, 0x10 },
16952                  { GA_GRAPHICS_INDEX,  0x06,    0 },
16953          };
16954
16955          seq2[6].value= color ? 0x0E : 0x0A;
16956
16957          if (!machine.vdu_ega) return(ENOTTY);
16958          result = ga_program(seq1);  /* apresenta a memória de fonte */
16959
16960          result = sys_physcopy(m->PROC_NR, D, (vir_bytes) m->ADDRESS,
16961                  NONE, PHYS_SEG, (phys_bytes) GA_VIDEO_ADDRESS, (phys_bytes)GA_FONT_SIZE);
16962
16963          result = ga_program(seq2);    /* restaura */
16964
16965          return(result);
16966  }

16968  /*===========================================================================*
16969   *                              ga_program                                   *
16970   *===========================================================================*/
16971  PRIVATE int ga_program(seq)
16972  struct sequence *seq;
16973  {
16974    pvb_pair_t char_out[14];
16975    int i;
16976    for (i=0; i<7; i++) {
16977        pv_set(char_out[2*i], seq->index, seq->port);
16978        pv_set(char_out[2*i+1], seq->index+1, seq->value);
16979        seq++;
16980    }
16981    return sys_voutb(char_out, 14);
16982  }

16984  /*===========================================================================*
16985   *                              cons_ioctl                                   *
16986   *===========================================================================*/
16987  PRIVATE int cons_ioctl(tp, try)
16988  tty_t *tp;
16989  int try;
16990  {
16991  /* Configura as dimensões da tela. */
16992
16993    tp->tty_winsize.ws_row= scr_lines;
16994    tp->tty_winsize.ws_col= scr_width;
16995    tp->tty_winsize.ws_xpixel= scr_width * 8;
16996    tp->tty_winsize.ws_ypixel= scr_lines * font_lines;
16997  }
```

```
++++++++++++++++++++++++++++++++++++++++++++++++++++++++++++++++++++++++++
                            servers/pm/pm.h
++++++++++++++++++++++++++++++++++++++++++++++++++++++++++++++++++++++++++
17000   /* Este é o cabeçalho mestre do PM. Ele inclui alguns outros arquivos
17001    * e define as principais constantes.
17002    */
17003   #define _POSIX_SOURCE      1    /* diz aos cabeçalhos para incluírem material do POSIX */
17004   #define _MINIX             1    /* diz aos cabeçalhos para incluírem material do MINIX */
17005   #define _SYSTEM            1    /* diz aos cabeçalhos que este é o núcleo */
17006
17007   /* O que segue é básico, todos os arquivos *.c os obtêm automaticamente. */
17008   #include <minix/config.h>       /* DEVE ser o primeiro */
17009   #include <ansi.h>               /* DEVE ser o segundo */
17010   #include <sys/types.h>
17011   #include <minix/const.h>
17012   #include <minix/type.h>
17013
17014   #include <fcntl.h>
17015   #include <unistd.h>
17016   #include <minix/syslib.h>
17017   #include <minix/sysutil.h>
17018
17019   #include <limits.h>
17020   #include <errno.h>
17021
17022   #include "const.h"
17023   #include "type.h"
17024   #include "proto.h"
17025   #include "glo.h"
```

```
++++++++++++++++++++++++++++++++++++++++++++++++++++++++++++++++++++++++++
                           servers/pm/const.h
++++++++++++++++++++++++++++++++++++++++++++++++++++++++++++++++++++++++++
17100   /* Constantes usadas pelo Gerenciador de Processos. */
17101
17102   #define NO_MEM ((phys_clicks) 0) /* retornado por alloc_mem() com mem é acima */
17103
17104   #define NR_PIDS         30000   /* as ids de processo variam de 0 a NR_PIDS-1.
17105                                    * (constante mágica: alguns aplicativos antigos usam
17106                                    * 'short', em vez de pid_t.)
17107                                    */
17108
17109   #define PM_PID          0       /* número da id de processo do PM */
17110   #define INIT_PID        1       /* número da id de processo de INIT */
17111
```

```
++++++++++++++++++++++++++++++++++++++++++++++++++++++++++++++++++++++++++
                            servers/pm/type.h
++++++++++++++++++++++++++++++++++++++++++++++++++++++++++++++++++++++++++

17200   /* Se houvesse quaisquer definições de tipo locais para o Gerenciador de Processos, elas
17201    * ficariam aqui. Este arquivo foi incluído apenas por simetria com o núcleo e com o Sistema
17202    * de Arquivos, que têm algumas definições de tipo locais.
17203    */
17204


++++++++++++++++++++++++++++++++++++++++++++++++++++++++++++++++++++++++++
                            servers/pm/proto.h
++++++++++++++++++++++++++++++++++++++++++++++++++++++++++++++++++++++++++

17300   /* Prototypes de função. */
17301
17302   struct mproc;
17303   struct stat;
17304   struct mem_map;
17305   struct memory;
17306
17307   #include <timers.h>
17308
17309   /* alloc.c */
17310   _PROTOTYPE( phys_clicks alloc_mem, (phys_clicks clicks)                  );
17311   _PROTOTYPE( void free_mem, (phys_clicks base, phys_clicks clicks)       );
17312   _PROTOTYPE( void mem_init, (struct memory *chunks, phys_clicks *free)   );
17313   #define swap_in()                       ((void)0)
17314   #define swap_inqueue(rmp)               ((void)0)
17315
17316   /* break.c */
17317   _PROTOTYPE( int adjust, (struct mproc *rmp,
17318                           vir_clicks data_clicks, vir_bytes sp)           );
17319   _PROTOTYPE( int do_brk, (void)                                           );
17320   _PROTOTYPE( int size_ok, (int file_type, vir_clicks tc, vir_clicks dc,
17321                           vir_clicks sc, vir_clicks dvir, vir_clicks s_vir) );
17322
17323   /* devio.c */
17324   _PROTOTYPE( int do_dev_io, (void) );
17325   _PROTOTYPE( int do_dev_io, (void) );
17326
17327   /* dmp.c */
17328   _PROTOTYPE( int do_fkey_pressed, (void)                                  );
17329
17330   /* exec.c */
17331   _PROTOTYPE( int do_exec, (void)                                          );
17332   _PROTOTYPE( void rw_seg, (int rw, int fd, int proc, int seg,
17333                           phys_bytes seg_bytes)                            );
17334   _PROTOTYPE( struct mproc *find_share, (struct mproc *mp_ign, Ino_t ino,
17335                           Dev_t dev, time_t ctime)                         );
17336
17337   /* forkexit.c */
17338   _PROTOTYPE( int do_fork, (void)                                          );
17339   _PROTOTYPE( int do_pm_exit, (void)                                       );
17340   _PROTOTYPE( int do_waitpid, (void)                                       );
17341   _PROTOTYPE( void pm_exit, (struct mproc *rmp, int exit_status)           );
17342
17343   /* getset.c */
17344   _PROTOTYPE( int do_getset, (void)                                        );
```

```
17345
17346   /* main.c */
17347   _PROTOTYPE( int main, (void)                                          );
17348
17349   /* misc.c */
17350   _PROTOTYPE( int do_reboot, (void)                                     );
17351   _PROTOTYPE( int do_getsysinfo, (void)                                 );
17352   _PROTOTYPE( int do_getprocnr, (void)                                  );
17353   _PROTOTYPE( int do_svrctl, (void)                                     );
17354   _PROTOTYPE( int do_allocmem, (void)                                   );
17355   _PROTOTYPE( int do_freemem, (void)                                    );
17356   _PROTOTYPE( int do_getsetpriority, (void)                                    );
17357
17358   _PROTOTYPE( void setreply, (int proc_nr, int result)                  );
17359
17360   /* signal.c */
17361   _PROTOTYPE( int do_alarm, (void)                                      );
17362   _PROTOTYPE( int do_kill, (void)                                       );
17363   _PROTOTYPE( int ksig_pending, (void)                                  );
17364   _PROTOTYPE( int do_pause, (void)                                      );
17365   _PROTOTYPE( int set_alarm, (int proc_nr, int sec)                     );
17366   _PROTOTYPE( int check_sig, (pid_t proc_id, int signo)                 );
17367   _PROTOTYPE( void sig_proc, (struct mproc *rmp, int sig_nr)            );
17368   _PROTOTYPE( int do_sigaction, (void)                                  );
17369   _PROTOTYPE( int do_sigpending, (void)                                 );
17370   _PROTOTYPE( int do_sigprocmask, (void)                                );
17371   _PROTOTYPE( int do_sigreturn, (void)                                  );
17372   _PROTOTYPE( int do_sigsuspend, (void)                                 );
17373   _PROTOTYPE( void check_pending, (struct mproc *rmp)                   );
17374
17375   /* time.c */
17376   _PROTOTYPE( int do_stime, (void)                                      );
17377   _PROTOTYPE( int do_time, (void)                                       );
17378   _PROTOTYPE( int do_times, (void)                                      );
17379   _PROTOTYPE( int do_gettimeofday, (void)                               );
17380
17381   /* timers.c */
17382   _PROTOTYPE( void pm_set_timer, (timer_t *tp, int delta,
17383               tmr_func_t watchdog, int arg));
17384   _PROTOTYPE( void pm_expire_timers, (clock_t now));
17385   _PROTOTYPE( void pm_cancel_timer, (timer_t *tp));
17386
17387   /* trace.c */
17388   _PROTOTYPE( int do_trace, (void)                                      );
17389   _PROTOTYPE( void stop_proc, (struct mproc *rmp, int sig_nr)           );
17390
17391   /* utility.c */
17392   _PROTOTYPE( pid_t get_free_pid, (void)                                );
17393   _PROTOTYPE( int allowed, (char *name_buf, struct stat *s_buf, int mask) );
17394   _PROTOTYPE( int no_sys, (void)                                        );
17395   _PROTOTYPE( void panic, (char *who, char *mess, int num)              );
17396   _PROTOTYPE( void tell_fs, (int what, int p1, int p2, int p3)          );
17397   _PROTOTYPE( int get_stack_ptr, (int proc_nr, vir_bytes *sp)           );
17398   _PROTOTYPE( int get_mem_map, (int proc_nr, struct mem_map *mem_map)   );
17399   _PROTOTYPE( char *find_param, (const char *key));
17400   _PROTOTYPE( int proc_from_pid, (pid_t p));
```

```
++++++++++++++++++++++++++++++++++++++++++++++++++++++++++++++++++++++++++
                              servers/pm/glo.h
++++++++++++++++++++++++++++++++++++++++++++++++++++++++++++++++++++++++++

17500   /* EXTERN deve ser extern, exceto em table.c */
17501   #ifdef _TABLE
17502   #undef EXTERN
17503   #define EXTERN
17504   #endif
17505
17506   /* Variáveis globais. */
17507   EXTERN struct mproc *mp;            /* ptr para entrada 'mproc' do processo corrente */
17508   EXTERN int procs_in_use;            /* quantos processos estão marcados como IN_USE */
17509   EXTERN char monitor_params[128*sizeof(char *)]; /* parâm. do monitor de inicialização */
17510   EXTERN struct kinfo kinfo;                      /* informações do núcleo */
17511
17512   /* Os parâmetros da chamada são mantidos aqui. */
17513   EXTERN message m_in;                /* a própria mensagem recebida é mantida aqui. */
17514   EXTERN int who;                     /* número do processo que fez a chamada */
17515   EXTERN int call_nr;                 /* número da chamada de sistema */
17516
17517   extern _PROTOTYPE (int (*call_vec[]), (void) ); /* rot. de tratamento de chamada de sistema */
17518   extern char core_name[];            /* nome de arquivo onde core dump são geradas */
17519   EXTERN sigset_t core_sset;          /* quais sinais causam imagens do núcleo */
17520   EXTERN sigset_t ign_sset;           /* quais sinais são ignorados por padrão */
17521


++++++++++++++++++++++++++++++++++++++++++++++++++++++++++++++++++++++++++
                              servers/pm/mproc.h
++++++++++++++++++++++++++++++++++++++++++++++++++++++++++++++++++++++++++

17600   /* Esta tabela tem uma entrada por processo. Ela contém todas as informações de
17601    * gerenciamento de processo para cada processo. Dentre outras coisas, ela define os
17602    * segmentos de texto, dados e pilha, uids e gids, e vários flags. O núcleo e os sistemas
17603    * de arquivos têm tabelas que também são indexadas pelo processo, com o conteúdo
17604    * das entradas correspondentes se referindo ao mesmo processo em todos os três.
17605    */
17606   #include <timers.h>
17607
17608   EXTERN struct mproc {
17609     struct mem_map mp_seg[NR_LOCAL_SEGS]; /* aponta para texto, dados, pilha */
17610     char mp_exitstatus;           /* armazenamento para status quando o processo sai */
17611     char mp_sigstatus;            /* armazenamento para sinal # para processos eliminados */
17612     pid_t mp_pid;                 /* id de processo */
17613     pid_t mp_procgrp;             /* pid de grupo de processo (usado para sinais) */
17614     pid_t mp_wpid;                /* pid pelo qual este processo está esperando */
17615     int mp_parent;                /* índice do processo pai */
17616
17617     /* Tempos de usuário filho e sistema. Contabilidade feita na saída do filho. */
17618     clock_t mp_child_utime;       /* tempo de usuário acumulativo dos filhos */
17619     clock_t mp_child_stime;       /* tempo de sistema acumulativo dos filhos */
17620
17621     /* Uids e gids reais e efetivas. */
17622     uid_t mp_realuid;             /* uid real do processo */
17623     uid_t mp_effuid;              /* uid efetiva do processo */
17624     gid_t mp_realgid;             /* gid real do processo */
```

```
17625      gid_t mp_effgid;              /* gid efetiva do processo */
17626
17627      /* Identificação de arquivo para compartilhamento. */
17628      ino_t mp_ino;                 /* número do i-node do arquivo */
17629      dev_t mp_dev;                 /* número do dispositivo do sistema de arquivos */
17630      time_t mp_ctime;              /* tempo do i-node alterado */
17631
17632      /* Informações de tratamento de sinal. */
17633      sigset_t mp_ignore;           /* 1: captura sinal; 0: não captura */
17634      sigset_t mp_catch;            /* 1: ignora sinal; 0: não ignora */
17635      sigset_t mp_sig2mess;         /* 1 significa transformar em mensagem de notificação */
17636      sigset_t mp_sigmask;          /* sinais a serem bloqueados */
17637      sigset_t mp_sigmask2;         /* cópia salva de mp_sigmask */
17638      sigset_t mp_sigpending;       /* sinais pendentes a serem manipulados */
17639      struct sigaction mp_sigact[_NSIG + 1]; /* como em sigaction(2) */
17640      vir_bytes mp_sigreturn;       /* endereço da função __sigreturn da biblioteca C */
17641      struct timer mp_timer;        /* temporizador cão de guarda de alarm(2) */
17642
17643      /* Compatibilidade com versões anteriores para sinais. */
17644      sighandler_t mp_func;         /* todos os sinais para uma única função de usuário */
17645
17646      unsigned mp_flags;            /* bits de flag */
17647      vir_bytes mp_procargs;        /* ptr para argumentos de pilha iniciais do processo */
17648      struct mproc *mp_swapq;       /* fila de processos esperando para irem para a memória */
17649      message mp_reply;             /* mensagem de resposta a ser enviada para um */
17650
17651      /* Prioridade de escalonamento. */
17652      signed int mp_nice;           /* nice é PRIO_MIN..PRIO_MAX, o padrão é 0. */
17653
17654      char mp_name[PROC_NAME_LEN];  /* nome do processo */
17655    } mproc[NR_PROCS];
17656
17657    /* Valores de flag */
17658    #define IN_USE            0x001   /* ativado quando a entrada 'mproc' está em uso */
17659    #define WAITING           0x002   /* ativado pela chamada de sistema WAIT */
17660    #define ZOMBIE            0x004   /* ativado por EXIT, desativado por WAIT */
17661    #define PAUSED            0x008   /* ativado pela chamada de sistema PAUSE */
17662    #define ALARM_ON          0x010   /* ativado quando o temporizador SIGALRM é iniciado */
17663    #define SEPARATE          0x020   /* ativado se o arquivo tem espaço I & D separado */
17664    #define TRACED            0x040   /* ativado se o processo vai ser rastreado */
17665    #define STOPPED           0x080   /* ativado se o processo parou de rastrear */
17666    #define SIGSUSPENDED      0x100   /* ativado pela chamada de sistema SIGSUSPEND */
17667    #define REPLY             0x200   /* ativado se uma mensagem de resposta estiver pendente */
17668    #define ONSWAP            0x400   /* ativado se o seg. de dados for transferido para disco */
17669    #define SWAPIN            0x800   /* ativado se estiver na fila "swap this in" */
17670    #define DONT_SWAP        0x1000   /* nunca faz swap neste processo */
17671    #define PRIV_PROC        0x2000   /* processo de sistema, privilégios especiais */
17672
17673    #define NIL_MPROC ((struct mproc *) 0)
17674
++++++++++++++++++++++++++++++++++++++++++++++++++++++++++++++++++++++++++
                              servers/pm/param.h
++++++++++++++++++++++++++++++++++++++++++++++++++++++++++++++++++++++++++

17700    /* Os nomes a seguir são sinônimos para as variáveis na mensagem de entrada. */
17701    #define addr         m1_p1
17702    #define exec_name    m1_p1
17703    #define exec_len     m1_i1
17704    #define func         m6_f1
```

```
17705   #define grp_id           m1_i1
17706   #define namelen          m1_i2
17707   #define pid              m1_i1
17708   #define procnr           m1_i1
17709   #define seconds          m1_i1
17710   #define sig              m6_i1
17711   #define stack_bytes      m1_i2
17712   #define stack_ptr        m1_p2
17713   #define status           m1_i1
17714   #define usr_id           m1_i1
17715   #define request          m2_i2
17716   #define taddr            m2_l1
17717   #define data             m2_l2
17718   #define sig_nr           m1_i2
17719   #define sig_nsa          m1_p1
17720   #define sig_osa          m1_p2
17721   #define sig_ret          m1_p3
17722   #define sig_set          m2_l1
17723   #define sig_how          m2_i1
17724   #define sig_flags        m2_i2
17725   #define sig_context      m2_p1
17726   #define info_what        m1_i1
17727   #define info_where       m1_p1
17728   #define reboot_flag      m1_i1
17729   #define reboot_code      m1_p1
17730   #define reboot_strlen    m1_i2
17731   #define svrctl_req       m2_i1
17732   #define svrctl_argp      m2_p1
17733   #define stime            m2_l1
17734   #define memsize          m4_l1
17735   #define membase          m4_l2
17736
17737   /* Os nomes a seguir são sinônimos para as variáveis na mensagem de resposta. */
17738   #define reply_res        m_type
17739   #define reply_res2       m2_i1
17740   #define reply_ptr        m2_p1
17741   #define reply_mask       m2_l1
17742   #define reply_trace      m2_l2
17743   #define reply_time       m2_l1
17744   #define reply_utime      m2_l2
17745   #define reply_t1         m4_l1
17746   #define reply_t2         m4_l2
17747   #define reply_t3         m4_l3
17748   #define reply_t4         m4_l4
17749   #define reply_t5         m4_l5
17750
17751   /* Os nomes a seguir são usados para informar o FS sobre certos eventos. */
17752   #define tell_fs_arg1     m1_i1
17753   #define tell_fs_arg2     m1_i2
17754   #define tell_fs_arg3     m1_i3
17755
```

```
++++++++++++++++++++++++++++++++++++++++++++++++++++++++++++++++++++++++++
                            servers/pm/table.c
++++++++++++++++++++++++++++++++++++++++++++++++++++++++++++++++++++++++++
17800   /* Este arquivo contém a tabela usada para fazer o mapeamento de números de chamada
17801    * de sistema nas rotinas que as executam.
17802    */
17803
17804   #define _TABLE
17805
17806   #include "pm.h"
17807   #include <minix/callnr.h>
17808   #include <signal.h>
17809   #include "mproc.h"
17810   #include "param.h"
17811
17812   /* Miscelânea */
17813   char core_name[] = "core";        /* nome de arquivo onde os core dump são gerados */
17814
17815   _PROTOTYPE (int (*call_vec[NCALLS]), (void) ) = {
17816           no_sys,          /*  0 = não usado */
17817           do_pm_exit,      /*  1 = exit      */
17818           do_fork,         /*  2 = fork      */
17819           no_sys,          /*  3 = read      */
17820           no_sys,          /*  4 = write     */
17821           no_sys,          /*  5 = open      */
17822           no_sys,          /*  6 = close     */
17823           do_waitpid,      /*  7 = wait      */
17824           no_sys,          /*  8 = creat     */
17825           no_sys,          /*  9 = link      */
17826           no_sys,          /* 10 = unlink    */
17827           do_waitpid,      /* 11 = waitpid   */
17828           no_sys,          /* 12 = chdir     */
17829           do_time,         /* 13 = time      */
17830           no_sys,          /* 14 = mknod     */
17831           no_sys,          /* 15 = chmod     */
17832           no_sys,          /* 16 = chown     */
17833           do_brk,          /* 17 = break     */
17834           no_sys,          /* 18 = stat      */
17835           no_sys,          /* 19 = lseek     */
17836           do_getset,       /* 20 = getpid    */
17837           no_sys,          /* 21 = mount     */
17838           no_sys,          /* 22 = umount    */
17839           do_getset,       /* 23 = setuid    */
17840           do_getset,       /* 24 = getuid    */
17841           do_stime,        /* 25 = stime     */
17842           do_trace,        /* 26 = ptrace    */
17843           do_alarm,        /* 27 = alarm     */
17844           no_sys,          /* 28 = fstat     */
17845           do_pause,        /* 29 = pause     */
17846           no_sys,          /* 30 = utime     */
17847           no_sys,          /* 31 = (stty)    */
17848           no_sys,          /* 32 = (gtty)    */
17849           no_sys,          /* 33 = access    */
17850           no_sys,          /* 34 = (nice)    */
17851           no_sys,          /* 35 = (ftime)   */
17852           no_sys,          /* 36 = sync      */
17853           do_kill,         /* 37 = kill      */
17854           no_sys,          /* 38 = rename    */
```

```
17855          no_sys,          /* 39 = mkdir   */
17856          no_sys,          /* 40 = rmdir   */
17857          no_sys,          /* 41 = dup     */
17858          no_sys,          /* 42 = pipe    */
17859          do_times,        /* 43 = times   */
17860          no_sys,          /* 44 = (prof)  */
17861          no_sys,          /* 45 = não usado*/
17862          do_getset,       /* 46 = setgid  */
17863          do_getset,       /* 47 = getgid  */
17864          no_sys,          /* 48 = (signal)*/
17865          no_sys,          /* 49 = não usado */
17866          no_sys,          /* 50 = não usado */
17867          no_sys,          /* 51 = (acct)  */
17868          no_sys,          /* 52 = (phys)  */
17869          no_sys,          /* 53 = (lock)  */
17870          no_sys,          /* 54 = ioctl   */
17871          no_sys,          /* 55 = fcntl   */
17872          no_sys,          /* 56 = (mpx)   */
17873          no_sys,          /* 57 = não usado */
17874          no_sys,          /* 58 = não usado */
17875          do_exec,         /* 59 = execve  */
17876          no_sys,          /* 60 = umask   */
17877          no_sys,          /* 61 = chroot  */
17878          do_getset,       /* 62 = setsid  */
17879          do_getset,       /* 63 = getpgrp */
17880
17881          no_sys,          /* 64 = não usado */
17882          no_sys,          /* 65 = UNPAUSE */
17883          no_sys,          /* 66 = não usado */
17884          no_sys,          /* 67 = REVIVE  */
17885          no_sys,          /* 68 = TASK_REPLY */
17886          no_sys,          /* 69 = não usado */
17887          no_sys,          /* 70 = não usado */
17888          do_sigaction,    /* 71 = sigaction  */
17889          do_sigsuspend,   /* 72 = sigsuspend */
17890          do_sigpending,   /* 73 = sigpending */
17891          do_sigprocmask,  /* 74 = sigprocmask*/
17892          do_sigreturn,    /* 75 = sigreturn  */
17893          do_reboot,       /* 76 = reboot  */
17894          do_svrctl,       /* 77 = svrctl  */
17895
17896          no_sys,          /* 78 = não usado */
17897          do_getsysinfo,   /* 79 = getsysinfo */
17898          do_getprocnr,    /* 80 = getprocnr */
17899          no_sys,          /* 81 = não usado */
17900          no_sys,          /* 82 = fstatfs */
17901          do_allocmem,     /* 83 = memalloc */
17902          do_freemem,      /* 84 = memfree */
17903          no_sys,          /* 85 = select */
17904          no_sys,          /* 86 = fchdir */
17905          no_sys,          /* 87 = fsync */
17906          do_getsetpriority,   /* 88 = getpriority */
17907          do_getsetpriority,   /* 89 = setpriority */
17908          do_time,         /* 90 = gettimeofday */
17909       };
17910       /* Isso não deve falhar com "array size is negative":   */
17911       extern int dummy[sizeof(call_vec) == NCALLS * sizeof(call_vec[0]) ? 1 : -1];
```

```
++++++++++++++++++++++++++++++++++++++++++++++++++++++++++++++++++++++++++++
                              servers/pm/main.c
++++++++++++++++++++++++++++++++++++++++++++++++++++++++++++++++++++++++++++
18000   /* Este arquivo contém o programa principal do gerenciador de processos e algumas
18001    * rotinas relacionadas. Quando o MINIX inicia, o núcleo é executado por algum tempo,
18002    * inicializando-se e às suas tarefas, e então executa o PM e o FS. Tanto o PM
18003    * quanto o FS se inicializam o máximo que podem. O solicita ao núcleo toda a
18004    * memória livre e começa a atender requisições.
18005    *
18006    * Os pontos de entrada para este aquivos são:
18007    * main: inicia a execução do PM
18008    * setreply: resposta a ser enviada para o processo que faz chamada de sistema do PM
18009    */
18010
18011   #include "pm.h"
18012   #include <minix/keymap.h>
18013   #include <minix/callnr.h>
18014   #include <minix/com.h>
18015   #include <signal.h>
18016   #include <stdlib.h>
18017   #include <fcntl.h>
18018   #include <sys/resource.h>
18019   #include <string.h>
18020   #include "mproc.h"
18021   #include "param.h"
18022
18023   #include "../../kernel/const.h"
18024   #include "../../kernel/config.h"
18025   #include "../../kernel/type.h"
18026   #include "../../kernel/proc.h"
18027
18028   FORWARD _PROTOTYPE( void get_work, (void)                              );
18029   FORWARD _PROTOTYPE( void pm_init, (void)                               );
18030   FORWARD _PROTOTYPE( int get_nice_value, (int queue)                    );
18031   FORWARD _PROTOTYPE( void get_mem_chunks, (struct memory *mem_chunks)   );
18032   FORWARD _PROTOTYPE( void patch_mem_chunks, (struct memory *mem_chunks,
18033           struct mem_map *map_ptr)         );
18034
18035   #define click_to_round_k(n) \
18036           ((unsigned) ((((unsigned long) (n) << CLICK_SHIFT) + 512) / 1024))
18037
18038   /*===========================================================================*
18039    *                                main                                       *
18040    *===========================================================================*/
18041   PUBLIC int main()
18042   {
18043   /* Rotina principal do gerenciador de processos. */
18044     int result, s, proc_nr;
18045     struct mproc *rmp;
18046     sigset_t sigset;
18047
18048     pm_init();                    /* inicializa as tabelas do gerenciador de processos */
18049
18050     /* Este é o loop principal do PM - obtém trabalho e o executa, para sempre e sempre. */
18051     while (TRUE) {
18052           get_work();             /* espera por uma chamada de sistema de PM */
18053
18054           /* Verifica primeiro notificações de sistema. Casos especiais. */
```

```
18055                if (call_nr == SYN_ALARM) {
18056                        pm_expire_timers(m_in.NOTIFY_TIMESTAMP);
18057                        result = SUSPEND;              /* não responde */
18058                } else if (call_nr == SYS_SIG) {       /* sinais pendentes */
18059                        sigset = m_in.NOTIFY_ARG;
18060                        if (sigismember(&sigset, SIGKSIG)) (void) ksig_pending();
18061                        result = SUSPEND;              /* não responde */
18062                }
18063                /* Senão, se o número da chamada de sistema for válido, executa a chamada. */
18064                else if ((unsigned) call_nr >= NCALLS) {
18065                        result = ENOSYS;
18066                } else {
18067                        result = (*call_vec[call_nr])();
18068                }
18069
18070                /* Envia os resultados de volta para o usuário, para indicar término. */
18071                if (result != SUSPEND) setreply(who, result);
18072
18073                swap_in();              /* talvez um processo possa ir para a memória? */
18074
18075                /* Envia todas as respostas pendentes, incluindo a resposta para
18076                 * a chamada que acabou de ser feita acima. Os processos não devem ir para o disco.
18077                 */
18078                for (proc_nr=0, rmp=mproc; proc_nr < NR_PROCS; proc_nr++, rmp++) {
18079                        /* Nesse meio-tempo, o processo pode ter sido eliminado por um
18080                         * sinal (por exemplo, se um sinal pendente fatal foi desbloqueado)
18081                         * sem que o PM percebesse. Se a entrada não está mais em
18082                         * uso ou é apenas um zumbi, não tenta responder.
18083                         */
18084                        if ((rmp->mp_flags & (REPLY | ONSWAP | IN_USE | ZOMBIE)) ==
18085                            (REPLY | IN_USE)) {
18086                                if ((s=send(proc_nr, &rmp->mp_reply)) != OK) {
18087                                        panic(__FILE__,"PM can't reply to", proc_nr);
18088                                }
18089                                rmp->mp_flags &= ~REPLY;
18090                        }
18091                }
18092        }
18093        return(OK);
18094 }

18096 /*===========================================================================*
18097  *                              get_work                                     *
18098  *===========================================================================*/
18099 PRIVATE void get_work()
18100 {
18101 /* Espera pela próxima mensagem e extrai informações úteis dela. */
18102   if (receive(ANY, &m_in) != OK) panic(__FILE__,"PM receive error", NO_NUM);
18103   who = m_in.m_source;              /* quem enviou a mensagem */
18104   call_nr = m_in.m_type;            /* número da chamada de sistema */
18105
18106   /* Entrada do processo que fez a chamada. Usa incorretamente a entrada de processo do
18107    * próprio PM, caso o núcleo esteja chamando. Isso pode acontecer no caso de alarmes
18108    * síncronos (CLOCK) ou de um evento como sinais de núcleo pendentes (SYSTEM).
18109    */
18110   mp = &mproc[who < 0 ? PM_PROC_NR : who];
18111 }
```

```
18113   /*===========================================================================*
18114    *                              setreply                                     *
18115    *===========================================================================*/
18116   PUBLIC void setreply(proc_nr, result)
18117   int proc_nr;                    /* processo para o qual responder */
18118   int result;                     /* resultado da chamada (normalmente OK ou nº do erro) */
18119   {
18120   /* Cria uma mensagem de resposta a ser enviada posteriormente para um processo de
18121    * usuário. Ocasionalmente, as chamadas de sistema podem preencher outros campos, isto é
18122    * apenas para o valor de retorno principal e para ativar o flag "must send reply".
18123    */
18124     register struct mproc *rmp = &mproc[proc_nr];
18125
18126     rmp->mp_reply.reply_res = result;
18127     rmp->mp_flags |= REPLY;         /* resposta pendente */
18128
18129     if (rmp->mp_flags & ONSWAP)
18130         swap_inqueue(rmp);          /* deve transferir esse processo de volta na memória */
18131   }

18133   /*===========================================================================*
18134    *                              pm_init                                      *
18135    *===========================================================================*/
18136   PRIVATE void pm_init()
18137   {
18138   /* Inicializa o gerenciador de processos.
18139    * A informação de uso da memória é coletada do monitor de inicialização, do núcleo e
18140    * de todos os processos compilados na imagem do sistema. Inicialmente, essa informação
18141    * é colocada em um array mem_chunks. Os elementos de mem_chunks são memória de estrutura,
18142    * e contêm pares base,tamanho, em unidades de clicks. Esse array é pequeno, não deve
18143    * haver mais do que 8 trechos. Após o array de trechos ser construído
18144    * o conteúdo é usado para inicializar a lista de lacunas. O espaço para a lista de lacunas
18145    * é reservado como um array com duas vezes mais elementos do que o número máximo
18146    * de processos permitidos. Ele é gerenciado como uma lista encadeada e os elementos do
18147    * array são lacuna de estrutura, que, além de armazenar uma base e tamanho em unidades
18148    * de click também contém espaço para um vínculo, um ponteiro para outro elemento.
18149    */
18150     int s;
18151     static struct boot_image image[NR_BOOT_PROCS];
18152     register struct boot_image *ip;
18153     static char core_sigs[] = { SIGQUIT, SIGILL, SIGTRAP, SIGABRT,
18154                         SIGEMT, SIGFPE, SIGUSR1, SIGSEGV, SIGUSR2 };
18155     static char ign_sigs[] = { SIGCHLD };
18156     register struct mproc *rmp;
18157     register char *sig_ptr;
18158     phys_clicks total_clicks, minix_clicks, free_clicks;
18159     message mess;
18160     struct mem_map mem_map[NR_LOCAL_SEGS];
18161     struct memory mem_chunks[NR_MEMS];
18162
18163     /* Inicializa a tabela de processos, incluindo os temporizadores. */
18164     for (rmp=&mproc[0]; rmp<&mproc[NR_PROCS]; rmp++) {
18165         tmr_inittimer(&rmp->mp_timer);
18166     }
18167
18168     /* Constrói o conjunto de sinais que causam core dumps e o conjunto de sinais
18169      * que são ignorados por padrão.
18170      */
18171     sigemptyset(&core_sset);
18172     for (sig_ptr = core_sigs; sig_ptr < core_sigs+sizeof(core_sigs); sig_ptr++)
```

```
18173                sigaddset(&core_sset, *sig_ptr);
18174        sigemptyset(&ign_sset);
18175        for (sig_ptr = ign_sigs; sig_ptr < ign_sigs+sizeof(ign_sigs); sig_ptr++)
18176                sigaddset(&ign_sset, *sig_ptr);
18177
18178        /* Obtém cópia dos parâmetros do monitor de inicialização e da estrutura de informações
18179         * do núcleo. Analisa a lista de trechos de mem. livre relatada pelo monitor de
18180         * inicialização, mas deve ser corrigida para os processos do núcleo e do sistema.
18181         */
18182        if ((s=sys_getmonparams(monitor_params, sizeof(monitor_params))) != OK)
18183            panic(__FILE__,"get monitor params failed",s);
18184        get_mem_chunks(mem_chunks);
18185        if ((s=sys_getkinfo(&kinfo)) != OK)
18186            panic(__FILE__,"get kernel info failed",s);
18187
18188        /* Obtém o mapa de memória do núcleo para ver a quantidade de memória que ele utiliza. */
18189        if ((s=get_mem_map(SYSTASK, mem_map)) != OK)
18190            panic(__FILE__,"couldn't get memory map of SYSTASK",s);
18191        minix_clicks = (mem_map[S].mem_phys+mem_map[S].mem_len)-mem_map[T].mem_phys;
18192        patch_mem_chunks(mem_chunks, mem_map);
18193
18194        /* Inicializa a tabela de processos do OM. Solicita uma cópia da tabela da imagem do
18195         * sistema que é definida no nível do núcleo para ver quais entradas deve preencher.
18196         */
18197        if (OK != (s=sys_getimage(image)))
18198            panic(__FILE__,"couldn't get image table: %d\n", s);
18199        procs_in_use = 0;                          /* começa a preencher a tabela */
18200        printf("Building tabela de processos:");   /* mostra o que está acontecendo */
18201        for (ip = &image[0]; ip < &image[NR_BOOT_PROCS]; ip++) {
18202            if (ip->proc_nr >= 0) {                /* a tarefa tem nrs negativos */
18203                procs_in_use += 1;                 /* processo de usuário encontrado */
18204
18205                /* Configura os detalhes do processo encontrados na tabela da imagem. */
18206                rmp = &mproc[ip->proc_nr];
18207                strncpy(rmp->mp_name, ip->proc_name, PROC_NAME_LEN);
18208                rmp->mp_parent = RS_PROC_NR;
18209                rmp->mp_nice = get_nice_value(ip->priority);
18210                if (ip->proc_nr == INIT_PROC_NR) {   /* processo de usuário */
18211                    rmp->mp_pid = INIT_PID;
18212                    rmp->mp_flags |= IN_USE;
18213                    sigemptyset(&rmp->mp_ignore);
18214                }
18215                else {                               /* processo de sistema */
18216                    rmp->mp_pid = get_free_pid();
18217                    rmp->mp_flags |= IN_USE | DONT_SWAP | PRIV_PROC;
18218                    sigfillset(&rmp->mp_ignore);
18219                }
18220                sigemptyset(&rmp->mp_sigmask);
18221                sigemptyset(&rmp->mp_catch);
18222                sigemptyset(&rmp->mp_sig2mess);
18223
18224                /* Obtém mapa de memória para esse processo a partir do núcleo. */
18225                if ((s=get_mem_map(ip->proc_nr, rmp->mp_seg)) != OK)
18226                    panic(__FILE__,"couldn't get process entry",s);
18227                if (rmp->mp_seg[T].mem_len != 0) rmp->mp_flags |= SEPARATE;
18228                minix_clicks += rmp->mp_seg[S].mem_phys +
18229                    rmp->mp_seg[S].mem_len - rmp->mp_seg[T].mem_phys;
18230                patch_mem_chunks(mem_chunks, rmp->mp_seg);
18231
18232                /* Informa o FS sobre esse processo de sistema. */
```

```
18233                    mess.PR_PROC_NR = ip->proc_nr;
18234                    mess.PR_PID = rmp->mp_pid;
18235                    if (OK != (s=send(FS_PROC_NR, &mess)))
18236                            panic(__FILE__,"can't sync up with FS", s);
18237                    printf(" %s", ip->proc_name);   /* mostra o nome do processo */
18238            }
18239    }
18240    printf(".\n");                                  /* último processo pronto */
18241
18242    /* Ignora alguns detalhes. O PM é muito especial. */
18243    mproc[PM_PROC_NR].mp_pid = PM_PID;               /* ignora o pid por mágica */
18244    mproc[PM_PROC_NR].mp_parent = PM_PROC_NR;        /* o PM não tem pai */
18245
18246    /* Diz ao FS que não existem mais processos de sistema e sincroniza. */
18247    mess.PR_PROC_NR = NONE;
18248    if (sendrec(FS_PROC_NR, &mess) != OK || mess.m_type != OK)
18249            panic(__FILE__,"can't sync up with FS", NO_NUM);
18250
18251    /* Inicializa tabelas para toda memória física e imprime informações de memória. */
18252    printf("Physical memory:");
18253    mem_init(mem_chunks, &free_clicks);
18254    total_clicks = minix_clicks + free_clicks;
18255    printf(" total %u KB,", click_to_round_k(total_clicks));
18256    printf(" system %u KB,", click_to_round_k(minix_clicks));
18257    printf(" free %u KB.\n", click_to_round_k(free_clicks));
18258  }

18260 /*===========================================================================*
18261  *                            get_nice_value                                 *
18262  *===========================================================================*/
18263 PRIVATE int get_nice_value(queue)
18264 int queue;                                   /* armazena trechos de memória */
18265 {
18266 /* Os processos da imagem de inicialização têm sua prioridade atribuída. O PM não conhece
18267  * prioridades, mas usa valores 'nice' em seu lugar. A prioridade fica entre
18268  * MIN_USER_Q e MAX_USER_Q. É necessário criar escala entre PRIO_MIN e PRIO_MAX.
18269  */
18270    int nice_val = (queue - USER_Q) * (PRIO_MAX-PRIO_MIN+1) /
18271        (MIN_USER_Q-MAX_USER_Q+1);
18272    if (nice_val > PRIO_MAX) nice_val = PRIO_MAX;  /* não deve acontecer */
18273    if (nice_val < PRIO_MIN) nice_val = PRIO_MIN;  /* não deve acontecer */
18274    return nice_val;
18275 }


18277 /*===========================================================================*
18278  *                            get_mem_chunks                                 *
18279  *===========================================================================*/
18280 PRIVATE void get_mem_chunks(mem_chunks)
18281 struct memory *mem_chunks;                   /* store mem chunks here */
18282 {
18283 /* Inicializa a lista de memória livre a partir da variável de inicialização 'memory'.
18284  * Transforma os deslocamentos de byte e tamanhos dessa lista em clicks, truncados correta-
18285  * mente. Além disso, certifica-se de que não ultrapassamos o espaço de endereçamento máximo
18286  * do 286 ou do 8086, isto é, ao executar no modo protegido de 16 bits ou no modo real.
18287  */
18288    long base, size, limit;
18289    char *s, *end;                           /* usa para analisar a variável de inicialização */
18290    int i, done = 0;
18291    struct memory *memp;
18292
```

```
18293          /* Inicializa tudo como zero. */
18294          for (i = 0; i < NR_MEMS; i++) {
18295                  memp = &mem_chunks[i];          /* o próximo trecho de memória é armazenado aqui */
18296                  memp->base = memp->size = 0;
18297          }
18298
18299          /* A memória disponível é determinada pelo carregador de inicialização do MINIX como uma
18300           * lista de pares (base:tamanho) em boothead.s. A variável de inicialização 'memory' é
18301           * configurada em boot.s. O formato é "b0:s0,b1:s1,b2:s2", onde b0:s0 é a mem inferior,
18302           * b1:s1 é a mem entre 1M e 16M, b2:s2 é a mem acima de 16M. Os pares b1:s1
18303           * e b2:s2 são combinados, se a memória é adjacente.
18304           */
18305          s = find_param("memory"); /* obtém a variável de inicialização memory */
18306          for (i = 0; i < NR_MEMS && !done; i++) {
18307                  memp = &mem_chunks[i];          /* o próximo trecho de memória é armazenado aqui */
18308                  base = size = 0;                /* inicializa o próximo par base:tamanho */
18309                  if (*s != 0) {                  /* obtém dados atualizados, a não ser que esteja
18310                                                     no fim */
18311                          /* Lê a base atualizada e espera dois-pontos como o próximo caracter. */
18312                          base = strtoul(s, &end, 0x10);          /* obtém número */
18313                          if (end != s && *end == ':') s = ++end;  /* pula ':' */
18314                          else *s=0;                       /* termina, não deve acontecer */
18315
18316                          /* Lê tamanho atualizado e espera vírgula ou presume fim. */
18317                          size = strtoul(s, &end, 0x10);          /* obtém número */
18318                          if (end != s && *end == ',') s = ++end;  /* pula ',' */
18319                          else done = 1;
18320                  }
18321                  limit = base + size;
18322                  base = (base + CLICK_SIZE-1) & ~(long)(CLICK_SIZE-1);
18323                  limit &= ~(long)(CLICK_SIZE-1);
18324                  if (limit <= base) continue;
18325                  memp->base = base >> CLICK_SHIFT;
18326                  memp->size = (limit - base) >> CLICK_SHIFT;
18327          }
18328  }

18330  /*===========================================================================*
18331   *                              patch_mem_chunks                             *
18332   *===========================================================================*/
18333  PRIVATE void patch_mem_chunks(mem_chunks, map_ptr)
18334  struct memory *mem_chunks;                      /* armazena trechos de mem aqui */
18335  struct mem_map *map_ptr;                        /* memória a remover */
18336  {
18337  /* Remove memória do servidor da lista de memória livre. O monitor de inicialização
18338   * promete colocar os processos no início de trechos de memória. Todas as
18339   * tarefas usam o mesmo endereço de base; portanto, apenas a primeira tarefa altera
18340   * as listas de memória. Os servidores e init têm seus próprios espaços de
18341   * memória e sua memória será removida da lista.
18342   */
18343    struct memory *memp;
18344    for (memp = mem_chunks; memp < &mem_chunks[NR_MEMS]; memp++) {
18345            if (memp->base == map_ptr[T].mem_phys) {
18346                    memp->base += map_ptr[T].mem_len + map_ptr[D].mem_len;
18347                    memp->size -= map_ptr[T].mem_len + map_ptr[D].mem_len;
18348            }
18349    }
18350  }
```

```
++++++++++++++++++++++++++++++++++++++++++++++++++++++++++++++++++++++++++
                            servers/pm/forkexit.c
++++++++++++++++++++++++++++++++++++++++++++++++++++++++++++++++++++++++++
18400   /* Este arquivo trata da criação de processos (via FORK) e de sua exclusão (via
18401    * EXIT/WAIT). Quando um processo realiza fork, uma nova entrada na tabela 'mproc' é
18402    * alocada para ele e uma cópia da imagem do núcleo do pai é feita para o
18403    * filho. Então, o núcleo e o sistema de arquivos são informados. Um processo será removido
18404    * da tabela 'mproc' quando dois eventos tiverem ocorrido: (1) ele saiu ou
18405    * foi eliminado por um sinal e (2) o pai executou uma operação WAIT. Se o processo
18406    * sai primeiro, ele continua a ocupar uma entrada até que o pai execute uma operação WAIT.
18407    *
18408    * Os pontos de entrada para este arquivo são:
18409    *   do_fork:    executa a chamada de sistema FORK
18410    *   do_pm_exit: executa a chamada de sistema EXIT (chamando pm_exit())
18411    *   pm_exit:    realiza a saída realmente
18412    *   do_wait:    executa a chamada de sistema WAITPID ou WAIT
18413    */
18414
18415   #include "pm.h"
18416   #include <sys/wait.h>
18417   #include <minix/callnr.h>
18418   #include <minix/com.h>
18419   #include <signal.h>
18420   #include "mproc.h"
18421   #include "param.h"
18422
18423   #define LAST_FEW            2   /* últimas entradas reservadas para o superusuário */
18424
18425   FORWARD _PROTOTYPE (void cleanup, (register struct mproc *child) );
18426
18427   /*===========================================================================*
18428    *                              do_fork                                      *
18429    *===========================================================================*/
18430   PUBLIC int do_fork()
18431   {
18432   /* O processo apontado por 'mp' fez fork. Cria um processo filho. */
18433     register struct mproc *rmp;    /* ponteiro para o pai */
18434     register struct mproc *rmc;    /* ponteiro para o filho */
18435     int child_nr, s;
18436     phys_clicks prog_clicks, child_base;
18437     phys_bytes prog_bytes, parent_abs, child_abs; /* somente para Intel */
18438     pid_t new_pid;
18439
18440     /* Se as tabelas puderem ser preenchidas durante a operação FORK, nem mesmo começa,
18441      * pois a recuperação no meio do caminho é um incômodo.
18442      */
18443     rmp = mp;
18444     if ((procs_in_use == NR_PROCS) ||
18445                 (procs_in_use >= NR_PROCS-LAST_FEW && rmp->mp_effuid != 0))
18446     {
18447         printf("PM: warning, process table is full!\n");
18448         return(EAGAIN);
18449     }
18450
18451     /* Determina a quantidade de memória a alocar. Somente os dados e a pilha precisam
18452      * ser copiados, pois o segmento de texto é compartilhado ou tem comprimento zero.
18453      */
18454     prog_clicks = (phys_clicks) rmp->mp_seg[S].mem_len;
```

```
18455           prog_clicks += (rmp->mp_seg[S].mem_vir - rmp->mp_seg[D].mem_vir);
18456           prog_bytes = (phys_bytes) prog_clicks << CLICK_SHIFT;
18457           if ( (child_base = alloc_mem(prog_clicks)) == NO_MEM) return(ENOMEM);
18458
18459           /* Cria uma cópia da imagem do núcleo do pai para o filho. */
18460           child_abs = (phys_bytes) child_base << CLICK_SHIFT;
18461           parent_abs = (phys_bytes) rmp->mp_seg[D].mem_phys << CLICK_SHIFT;
18462           s = sys_abscopy(parent_abs, child_abs, prog_bytes);
18463           if (s < 0) panic(__FILE__,"do_fork can't copy", s);
18464
18465           /* Encontra uma entrada em 'mproc' para o processo filho. Deve existir uma entrada. */
18466           for (rmc = &mproc[0]; rmc < &mproc[NR_PROCS]; rmc++)
18467                 if ( (rmc->mp_flags & IN_USE) == 0) break;
18468
18469           /* Configura o filho e seu mapa de memória; copia sua entrada 'mproc' do pai. */
18470           child_nr = (int)(rmc - mproc);          /* número da entrada do filho */
18471           procs_in_use++;
18472           *rmc = *rmp;                    /* copia a entrada de processo do pai na do filho */
18473           rmc->mp_parent = who;           /* registra o pai do filho */
18474           /* herda apenas estes flags */
18475           rmc->mp_flags &= (IN_USE|SEPARATE|PRIV_PROC|DONT_SWAP);
18476           rmc->mp_child_utime = 0;        /* reconfigura a administração */
18477           rmc->mp_child_stime = 0;        /* reconfigura a administração */
18478
18479           /* Um filho com I&D separado mantém o segmento de texto dos pais. Os segmentos de
18480            * dados e de pilha devem se referir à nova cópia.
18481            */
18482           if (!(rmc->mp_flags & SEPARATE)) rmc->mp_seg[T].mem_phys = child_base;
18483           rmc->mp_seg[D].mem_phys = child_base;
18484           rmc->mp_seg[S].mem_phys = rmc->mp_seg[D].mem_phys +
18485                                     (rmp->mp_seg[S].mem_vir - rmp->mp_seg[D].mem_vir);
18486           rmc->mp_exitstatus = 0;
18487           rmc->mp_sigstatus = 0;
18488
18489           /* Encontra um pid livre para o filho e o coloca na tabela. */
18490           new_pid = get_free_pid();
18491           rmc->mp_pid = new_pid;          /* atribui o pid ao filho */
18492
18493           /* Informa ao núcleo e ao FS sobre a operação FORK (agora bem-sucedida). */
18494           sys_fork(who, child_nr);
18495           tell_fs(FORK, who, child_nr, rmc->mp_pid);
18496
18497           /* Relata o mapa de memória do filho para o núcleo. */
18498           sys_newmap(child_nr, rmc->mp_seg);
18499
18500           /* Responde para o filho para despertá-lo. */
18501           setreply(child_nr, 0);          /* apenas o pai obtém os detalhes */
18502           rmp->mp_reply.procnr = child_nr;    /* número de processo do filho */
18503           return(new_pid);                /* pid do filho */
18504     }
18505
18506     /*===========================================================================*
18507      *                              do_pm_exit                                   *
18508      *===========================================================================*/
18509     PUBLIC int do_pm_exit()
18510     {
18511     /* Executa a chamada de sistema exit(status). O trabalho real é feito por pm_exit(),
18512      * que também é chamada quando um processo é eliminado por um sinal.
18513      */
18514       pm_exit(mp, m_in.status);
```

```
18515          return(SUSPEND);                 /* não pode se comunicar do além */
18516    }
18517
18518    /*===========================================================================*
18519     *                              pm_exit                                      *
18520     *===========================================================================*/
18521    PUBLIC void pm_exit(rmp, exit_status)
18522    register struct mproc *rmp;     /* ponteiro para o processo a ser terminado */
18523    int exit_status;                /* o status de saída do processo (para o pai) */
18524    {
18525    /* Um processo está pronto. Libera a maior parte das posses do processo. Se seu
18526     * pai estiver esperando, libera o restante, setão mantém a entrada do processo e
18527     * se torna um zumbi.
18528     */
18529      register int proc_nr;
18530      int parent_waiting, right_child;
18531      pid_t pidarg, procgrp;
18532      struct mproc *p_mp;
18533      clock_t t[5];
18534
18535      proc_nr = (int) (rmp - mproc);         /* obtém número da entrada do processo */
18536
18537      /* Lembra do grupo do processo do líder da sessão. */
18538      procgrp = (rmp->mp_pid == mp->mp_procgrp) ? mp->mp_procgrp : 0;
18539
18540      /* Se o processo que saiu tinha um temporizador pendente, elimina-o. */
18541      if (rmp->mp_flags & ALARM_ON) set_alarm(proc_nr, (unsigned) 0);
18542
18543      /* Faz a contabilidade: busca os tempos de utilização e acumula no pai. */
18544      sys_times(proc_nr, t);
18545      p_mp = &mproc[rmp->mp_parent];                  /* pai do processo */
18546      p_mp->mp_child_utime += t[0] + rmp->mp_child_utime;   /* soma o tempo do usuário */
18547      p_mp->mp_child_stime += t[1] + rmp->mp_child_stime;   /* soma o tempo do sistema */
18548
18549      /* Informa ao núcleo e ao FS que o processo não é mais executável. */
18550      tell_fs(EXIT, proc_nr, 0, 0); /* o sistema de arquivos pode liberar a entrada do proc */
18551      sys_exit(proc_nr);
18552
18553      /* As mensagens de resposta pendentes do processo eliminado não podem ser distribuídas. */
18554      rmp->mp_flags &= ~REPLY;
18555
18556      /* Libera a memória ocupada pelo filho. */
18557      if (find_share(rmp, rmp->mp_ino, rmp->mp_dev, rmp->mp_ctime) == NULL) {
18558            /* Nenhum outro processo compartilha o segmento de texto; portanto, o libera. */
18559            free_mem(rmp->mp_seg[T].mem_phys, rmp->mp_seg[T].mem_len);
18560      }
18561      /* Libera os segmentos de dados e de pilha. */
18562      free_mem(rmp->mp_seg[D].mem_phys,
18563          rmp->mp_seg[S].mem_vir
18564            + rmp->mp_seg[S].mem_len - rmp->mp_seg[D].mem_vir);
18565
18566      /* A entrada do processo só é liberada se o pai tiver executado uma operação WAIT. */
18567      rmp->mp_exitstatus = (char) exit_status;
18568
18569      pidarg = p_mp->mp_wpid;                /* quem está sendo esperado? */
18570      parent_waiting = p_mp->mp_flags & WAITING;
18571      right_child =                          /* o filho satisfaz um dos 3 testes? */
18572          (pidarg == -1 || pidarg == rmp->mp_pid || -pidarg == rmp->mp_procgrp);
18573
18574      if (parent_waiting && right_child) {
```

```
18575              cleanup(rmp);                    /* informa o pai e libera a entrada do filho */
18576         } else {
18577              rmp->mp_flags = IN_USE|ZOMBIE;   /* pai não está esperando, torna filho um zumbi */
18578              sig_proc(p_mp, SIGCHLD);         /* envia ao pai um sinal "child died" */
18579         }
18580
18581         /* Se o processo tem filhos, os deserda. INIT é o novo pai. */
18582         for (rmp = &mproc[0]; rmp < &mproc[NR_PROCS]; rmp++) {
18583              if (rmp->mp_flags & IN_USE && rmp->mp_parent == proc_nr) {
18584                    /* agora, 'rmp' aponta para um filho a ser deserdado. */
18585                    rmp->mp_parent = INIT_PROC_NR;
18586                    parent_waiting = mproc[INIT_PROC_NR].mp_flags & WAITING;
18587                    if (parent_waiting && (rmp->mp_flags & ZOMBIE)) cleanup(rmp);
18588              }
18589         }
18590
18591         /* Envia um desligamento para o grupo do processo se ele era um líder de sessão. */
18592         if (procgrp != 0) check_sig(-procgrp, SIGHUP);
18593    }
18594
18595    /*===========================================================================*
18596     *                                do_waitpid                                 *
18597     *===========================================================================*/
18598    PUBLIC int do_waitpid()
18599    {
18600    /* Um processo quer esperar que um filho termine. Se um filho já está
18601     * esperando, libera estruturas de dados e permite que esta chamada de WAIT termine. Caso
18602     * contrário, realmente espera. Um processo chamando WAIT nunca recebe uma resposta
18603     * da maneira usual, no fim do laço principal (a não ser que WNOHANG esteja
18604     * configurado ou que não exista nenhum filho qualificado).
18605     * Se um filho já saiu, a rotina cleanup() envia a resposta
18606     * para despertar o processo que fez a chamada.
18607     * Tanto WAIT como WAITPID são manipulados por este código.
18608     */
18609        register struct mproc *rp;
18610        int pidarg, options, children;
18611
18612        /* Configura variáveis internas, dependendo de ser WAIT ou WAITPID. */
18613        pidarg  = (call_nr == WAIT ? -1 : m_in.pid);     /* 1º param de waitpid */
18614        options = (call_nr == WAIT ? 0 : m_in.sig_nr);   /* 3º param de waitpid */
18615        if (pidarg == 0) pidarg = -mp->mp_procgrp;       /* pidarg < 0 ==> grp proc */
18616
18617        /* Há um filho esperando para ser coletado? Neste ponto, pidarg != 0:
18618         *       pidarg  >  0 significa que pidarg é o pid de um processo específico a esperar
18619         *       pidarg == -1 significa wait para qualquer filho
18620         *       pidarg  < -1 significa wait para qualquer filho cujo grupo de processo = -pidarg
18621         */
18622        children = 0;
18623        for (rp = &mproc[0]; rp < &mproc[NR_PROCS]; rp++) {
18624              if ( (rp->mp_flags & IN_USE) && rp->mp_parent == who) {
18625                    /* O valor de pidarg determina quais filhos são qualificados */
18626                    if (pidarg  > 0 && pidarg != rp->mp_pid) continue;
18627                    if (pidarg < -1 && -pidarg != rp->mp_procgrp) continue;
18628
18629                    children++;                  /* este filho é aceitável */
18630                    if (rp->mp_flags & ZOMBIE) {
18631                          /* Este filho satisfaz o teste de pid e saiu. */
18632                          cleanup(rp);           /* este filho já saiu */
18633                          return(SUSPEND);
18634                    }
```

```
18635                    if ((rp->mp_flags & STOPPED) && rp->mp_sigstatus) {
18636                            /* Este filho satisfaz o teste do pid e está sendo rastreado.*/
18637                            mp->mp_reply.reply_res2 = 0177|(rp->mp_sigstatus << 8);
18638                            rp->mp_sigstatus = 0;
18639                            return(rp->mp_pid);
18640                    }
18641            }
18642    }
18643
18644    /* Nenhum filho qualificado saiu. Espera por um, a menos que não exista nenhum. */
18645    if (children > 0) {
18646            /* Existe pelo menos 1 fliho que satisfaz o teste de pid, mas não saiu. */
18647            if (options & WNOHANG) return(0);    /* o pai não quer esperar */
18648            mp->mp_flags |= WAITING;             /* o pai quer esperar */
18649            mp->mp_wpid = (pid_t) pidarg;        /* salva o pid para depois */
18650            return(SUSPEND);                      /* não responde, deixa esperar */
18651    } else {
18652            /* Nenhum filho satisfaz o teste de pid. Retorna erro imediatamente. */
18653            return(ECHILD);                       /* não - o pai não tem filhos */
18654    }
18655    }
18656
18657    /*===========================================================================*
18658     *                              cleanup                                      *
18659     *===========================================================================*/
18660    PRIVATE void cleanup(child)
18661    register struct mproc *child;    /* informa qual processo está saindo */
18662    {
18663    /* Conclui a saída de um processo. O processo saiu ou foi eliminado
18664     * por um sinal e seu pai está esperando.
18665     */
18666      struct mproc *parent = &mproc[child->mp_parent];
18667      int exitstatus;
18668
18669      /* Desperta o pai, enviando a mensagem de resposta. */
18670      exitstatus = (child->mp_exitstatus << 8) | (child->mp_sigstatus & 0377);
18671      parent->mp_reply.reply_res2 = exitstatus;
18672      setreply(child->mp_parent, child->mp_pid);
18673      parent->mp_flags &= ~WAITING;            /* o pai não está mais esperando */
18674
18675      /* Libera a entrada da tabela de processos e reinicializa algum campo. */
18676      child->mp_pid = 0;
18677      child->mp_flags = 0;
18678      child->mp_child_utime = 0;
18679      child->mp_child_stime = 0;
18680      procs_in_use--;
18681    }
```

```
++++++++++++++++++++++++++++++++++++++++++++++++++++++++++++++++++++++++
                            servers/pm/exec.c
++++++++++++++++++++++++++++++++++++++++++++++++++++++++++++++++++++++++
18700   /* Este arquivo manipula a chamada de sistema EXEC. Ele executa o trabalho a seguir:
18701    *    - verifica se as permissões deixam que o arquivo seja executado
18702    *    - lê o cabeçalho e extrai os tamanhos
18703    *    - busca os args iniciais e o ambiente do espaço de usuário
18704    *    - aloca a memória para o novo processo
```

```
18705   *      - copia a pilha inicial do PM no processo
18706   *      - lê os segmentos de texto e de dados e copia no processo
18707   *      - cuida dos bits setuid e setgid
18708   *      - corrige a tabela 'mproc'
18709   *      - informa o núcleo sobre EXEC
18710   *      - salva o deslocamento no argc inicial (para ps)
18711   *
18712   * Os pontos de entrada para esse arquivo são:
18713   *    do_exec:    executa a chamada de sistema EXEC
18714   *    rw_seg:     lê ou escreve um segmento em um arquivo
18715   *    find_share: encontra um processo cujo segmento de texto pode ser compartilhado
18716   */
18717
18718  #include "pm.h"
18719  #include <sys/stat.h>
18720  #include <minix/callnr.h>
18721  #include <minix/com.h>
18722  #include <a.out.h>
18723  #include <signal.h>
18724  #include <string.h>
18725  #include "mproc.h"
18726  #include "param.h"
18727
18728  FORWARD _PROTOTYPE( int new_mem, (struct mproc *sh_mp, vir_bytes text_bytes,
18729                  vir_bytes data_bytes, vir_bytes bss_bytes,
18730                  vir_bytes stk_bytes, phys_bytes tot_bytes)            );
18731  FORWARD _PROTOTYPE( void patch_ptr, (char stack[ARG_MAX], vir_bytes base) );
18732  FORWARD _PROTOTYPE( int insert_arg, (char stack[ARG_MAX],
18733                  vir_bytes *stk_bytes, char *arg, int replace)         );
18734  FORWARD _PROTOTYPE( char *patch_stack, (int fd, char stack[ARG_MAX],
18735                  vir_bytes *stk_bytes, char *script)                   );
18736  FORWARD _PROTOTYPE( int read_header, (int fd, int *ft, vir_bytes *text_bytes,
18737                  vir_bytes *data_bytes, vir_bytes *bss_bytes,
18738                  phys_bytes *tot_bytes, long *sym_bytes, vir_clicks sc,
18739                  vir_bytes *pc)                                        );
18740
18741  #define ESCRIPT (-2000) /* Retornado por read_header para um script #!. */
18742  #define PTRSIZE sizeof(char *) /* Tamanho dos ponteiros em argv[] e envp[]. */
18743
18744  /*===========================================================================*
18745   *                              do_exec                                      *
18746   *===========================================================================*/
18747  PUBLIC int do_exec()
18748  {
18749  /* Executa a chamada de execve(name, argv, envp). A biblioteca do usuário constrói
18750   * uma imagem completa da pilha, incluindo ponteiros, args, ambiente etc. A pilha
18751   * é copiada em um buffer dentro do PM e, depois, na nova imagem do núcleo.
18752   */
18753    register struct mproc *rmp;
18754    struct mproc *sh_mp;
18755    int m, r, fd, ft, sn;
18756    static char mbuf[ARG_MAX];      /* buffer para pilha e zeros */
18757    static char name_buf[PATH_MAX]; /* o nome do arquivo a executar */
18758    char *new_sp, *name, *basename;
18759    vir_bytes src, dst, text_bytes, data_bytes, bss_bytes, stk_bytes, vsp;
18760    phys_bytes tot_bytes;           /* espaço total do programa, incluindo a lacuna */
18761    long sym_bytes;
18762    vir_clicks sc;
18763    struct stat s_buf[2], *s_p;
18764    vir_bytes pc;
```

```
18765
18766        /* Realiza algumas verificações de validade. */
18767        rmp = mp;
18768        stk_bytes = (vir_bytes) m_in.stack_bytes;
18769        if (stk_bytes > ARG_MAX) return(ENOMEM);          /* pilha grande demais */
18770        if (m_in.exec_len <= 0 || m_in.exec_len > PATH_MAX) return(EINVAL);
18771
18772        /* Obtém o nome do arquivo exec e verifica se o arquivo é executável. */
18773        src = (vir_bytes) m_in.exec_name;
18774        dst = (vir_bytes) name_buf;
18775        r = sys_datacopy(who, (vir_bytes) src,
18776                        PM_PROC_NR, (vir_bytes) dst, (phys_bytes) m_in.exec_len);
18777        if (r != OK) return(r);          /* o nome de arquivo não está no seg. de dados do usuário */
18778
18779        /* Busca a pilha do usuário antes de destruir a imagem do núcleo antiga. */
18780        src = (vir_bytes) m_in.stack_ptr;
18781        dst = (vir_bytes) mbuf;
18782        r = sys_datacopy(who, (vir_bytes) src,
18783                        PM_PROC_NR, (vir_bytes) dst, (phys_bytes)stk_bytes);
18784        /* não pode buscar a pilha (por exemplo, endereço virtual inválido) */
18785        if (r != OK) return(EACCES);
18786
18787        r = 0;          /* r = 0 (primeira tentativa) ouj 1 (script interpretado) */
18788        name = name_buf;     /* nome do arquivo a executar. */
18789        do {
18790                s_p = &s_buf[r];
18791                tell_fs(CHDIR, who, FALSE, 0);   /* troca para o ambiente do FS do usuário */
18792                fd = allowed(name, s_p, X_BIT);  /* o arquivo é executável? */
18793                if (fd < 0) return(fd);                    /* o arquivo não era executável */
18794
18795                /* Lê o cabeçalho do arquivo e extrai os tamanhos de segmento. */
18796                sc = (stk_bytes + CLICK_SIZE - 1) >> CLICK_SHIFT;
18797
18798                m = read_header(fd, &ft, &text_bytes, &data_bytes, &bss_bytes,
18799                                &tot_bytes, &sym_bytes, sc, &pc);
18800                if (m != ESCRIPT || ++r > 1) break;
18801        } while ((name = patch_stack(fd, mbuf, &stk_bytes, name_buf)) != NULL);
18802
18803        if (m < 0) {
18804                close(fd);                    /* há algo errado com o cabeçalho */
18805                return(stk_bytes > ARG_MAX ? ENOMEM : ENOEXEC);
18806        }
18807
18808        /* O texto do processo pode ser compartilhado com o que já está sendo executado? */
18809        sh_mp = find_share(rmp, s_p->st_ino, s_p->st_dev, s_p->st_ctime);
18810
18811        /* Aloca nova memória e libera a memória antiga. Corrige o mapa e informa o núcleo. */
18812        r = new_mem(sh_mp, text_bytes, data_bytes, bss_bytes, stk_bytes, tot_bytes);
18813        if (r != OK) {
18814                close(fd);                    /* núcleo insuficiente ou programa grande demais */
18815                return(r);
18816        }
18817
18818        /* Salva a identificação do arquivo para permitir que ele seja compartilhado. */
18819        rmp->mp_ino = s_p->st_ino;
18820        rmp->mp_dev = s_p->st_dev;
18821        rmp->mp_ctime = s_p->st_ctime;
18822
18823        /* Emenda a pilha e copia do PM para a nova imagem do núcleo. */
18824        vsp = (vir_bytes) rmp->mp_seg[S].mem_vir << CLICK_SHIFT;
```

```
18825           vsp += (vir_bytes) rmp->mp_seg[S].mem_len << CLICK_SHIFT;
18826           vsp -= stk_bytes;
18827           patch_ptr(mbuf, vsp);
18828           src = (vir_bytes) mbuf;
18829           r = sys_datacopy(PM_PROC_NR, (vir_bytes) src,
18830                             who, (vir_bytes) vsp, (phys_bytes)stk_bytes);
18831           if (r != OK) panic(__FILE__,"do_exec stack copy err on", who);
18832
18833           /* Lê os segmentos de texto e de dados. */
18834           if (sh_mp != NULL) {
18835                 lseek(fd, (off_t) text_bytes, SEEK_CUR);  /* compartilhado: pula o texto */
18836           } else {
18837                 rw_seg(0, fd, who, T, text_bytes);
18838           }
18839           rw_seg(0, fd, who, D, data_bytes);
18840
18841           close(fd);                      /* não precisa mais executar o arquivo */
18842
18843           /* Cuida dos bits setuid/setgid. */
18844           if ((rmp->mp_flags & TRACED) == 0) { /* suprime, se houver rastreamento */
18845                 if (s_buf[0].st_mode & I_SET_UID_BIT) {
18846                       rmp->mp_effuid = s_buf[0].st_uid;
18847                       tell_fs(SETUID,who, (int)rmp->mp_realuid, (int)rmp->mp_effuid);
18848                 }
18849                 if (s_buf[0].st_mode & I_SET_GID_BIT) {
18850                       rmp->mp_effgid = s_buf[0].st_gid;
18851                       tell_fs(SETGID,who, (int)rmp->mp_realgid, (int)rmp->mp_effgid);
18852                 }
18853           }
18854
18855           /* Salva o deslocamento no argc inicial (para ps) */
18856           rmp->mp_procargs = vsp;
18857
18858           /* Acerta 'mproc', avisa núcleo do término de exec e zera sinais capturados. */
18859           for (sn = 1; sn <= _NSIG; sn++) {
18860                 if (sigismember(&rmp->mp_catch, sn)) {
18861                       sigdelset(&rmp->mp_catch, sn);
18862                       rmp->mp_sigact[sn].sa_handler = SIG_DFL;
18863                       sigemptyset(&rmp->mp_sigact[sn].sa_mask);
18864                 }
18865           }
18866
18867           rmp->mp_flags &= ~SEPARATE;    /* desativa o bit SEPARATE */
18868           rmp->mp_flags |= ft;           /* ativa para arquivos I & D separados */
18869           new_sp = (char *) vsp;
18870
18871           tell_fs(EXEC, who, 0, 0);      /* permite que o FS manipule arquivos FD_CLOEXEC */
18872
18873           /* O sistema salvará a linha de comando para depuração, saída de ps(1) etc. */
18874           basename = strrchr(name, '/');
18875           if (basename == NULL) basename = name; else basename++;
18876           strncpy(rmp->mp_name, basename, PROC_NAME_LEN-1);
18877           rmp->mp_name[PROC_NAME_LEN] = '\0';
18878           sys_exec(who, new_sp, basename, pc);
18879
18880           /* Causa um sinal se esse processo for rastreado. */
18881           if (rmp->mp_flags & TRACED) check_sig(rmp->mp_pid, SIGTRAP);
18882
18883           return(SUSPEND);                /* não responde, o novo programa apenas executa */
18884     }
```

```
18886   /*===========================================================================*
18887    *                              read_header                                  *
18888    *===========================================================================*/
18889   PRIVATE int read_header(fd, ft, text_bytes, data_bytes, bss_bytes,
18890                                           tot_bytes, sym_bytes, sc, pc)
18891   int fd;                         /* descritor de arquivo para ler arquivo de exec */
18892   int *ft;                        /* lugar para retornar número de ft */
18893   vir_bytes *text_bytes;          /* lugar para retornar tamanho do texto */
18894   vir_bytes *data_bytes;          /* lugar para retornar tamanho dos dados inicializados */
18895   vir_bytes *bss_bytes;           /* lugar para retornar tamanho de bss */
18896   phys_bytes *tot_bytes;          /* lugar para retornar tamanho total */
18897   long *sym_bytes;                /* lugar para retornar tamanho da tabela de símbolos */
18898   vir_clicks sc;                  /* tamanho da pilha em clicks */
18899   vir_bytes *pc;                  /* ponto de entrada do programa (PC inicial) */
18900   {
18901   /* Lê o cabeçalho e extrai dele os tamanhos do texto, dos dados, de bss e total. */
18902
18903     int m, ct;
18904     vir_clicks tc, dc, s_vir, dvir;
18905     phys_clicks totc;
18906     struct exec hdr;              /* o cabeçalho de a.out é lido aqui */
18907
18908   /* Lê o cabeçalho e verifica o número mágico. O cabeçalho padrão do MINIX
18909    * é definido em <a.out.h>. Ele consiste em 8 cars, seguidos de 6 valores long.
18910    * Em seguida, aparecem mais 4 valores long que não são usados aqui.
18911    *      Byte 0: número mágico 0x01
18912    *      Byte 1: número mágico 0x03
18913    *      Byte 2: normal = 0x10 (não verificado, 0 está OK), I/D separado = 0x20
18914    *      Byte 3: tipo de CPU, Intel de 16 bits = 0x04, Intel de 32 bits = 0x10,
18915    *              Motorola = 0x0B, Sun SPARC = 0x17
18916    *      Byte 4: comprimento do cabeçalho = 0x20
18917    *      Os bytes 5-7 não são usados.
18918    *
18919    *      Agora vê os 6 valores long
18920    *      Bytes  8-11: tamanho do segmento de textos em bytes
18921    *      Bytes 12-15: tamanho do segmento de dados inicializado em bytes
18922    *      Bytes 16-19: tamanho de bss em bytes
18923    *      Bytes 20-23: ponto de entrada do programa
18924    *      Bytes 24-27: memória total alocada para o programa (texto, dados + pilha)
18925    *      Bytes 28-31: tamanho da tabela de símbolos em bytes
18926    * Os valores long são representados em uma ordem dependente da máquina,
18927    * little-endian no 8088, big-endian no 68000.
18928    * O cabeçalho é seguido diretamente pelos segmentos de texto e de dados, e pela
18929    * tabela de símbolos (se houver). Os tamanhos são dados no cabeçalho. Apenas os
18930    * segmentos de texto e de dados são copiados na memória por exec. O cabeçalho é
18931    * usado apenas aqui. A tabela de símbolos serve para um depurador e
18932    * é ignorada aqui.
18933    */
18934
18935     if ((m= read(fd, &hdr, A_MINHDR)) < 2) return(ENOEXEC);
18936
18937     /* Script interpretado? */
18938     if (((char *) &hdr)[0] == '#' && ((char *) &hdr)[1] == '!') return(ESCRIPT);
18939
18940     if (m != A_MINHDR) return(ENOEXEC);
18941
18942     /* Verifica o número mágico, o tipo da cpu e os flags. */
18943     if (BADMAG(hdr)) return(ENOEXEC);
18944     if (hdr.a_cpu != A_I80386) return(ENOEXEC);
```

```
18945        if ((hdr.a_flags & ~(A_NSYM | A_EXEC | A_SEP)) != 0) return(ENOEXEC);
18946
18947        *ft = ( (hdr.a_flags & A_SEP) ? SEPARATE : 0);    /* I & D separados ou não */
18948
18949        /* Obtém tamanhos do texto e dos dados. */
18950        *text_bytes = (vir_bytes) hdr.a_text;   /* tamanho do texto em bytes */
18951        *data_bytes = (vir_bytes) hdr.a_data;   /* tamanho dos dados em bytes */
18952        *bss_bytes  = (vir_bytes) hdr.a_bss;    /* tamanho de bss em bytes */
18953        *tot_bytes  = hdr.a_total;              /* total de bytes a alocar para o prog */
18954        *sym_bytes  = hdr.a_syms;               /* tamanho da tabela de símbolos em bytes */
18955        if (*tot_bytes == 0) return(ENOEXEC);
18956
18957        if (*ft != SEPARATE) {
18958             /* Se o espaço I & D não for separado, tudo é considerado dado. Text=0*/
18959             *data_bytes += *text_bytes;
18960             *text_bytes = 0;
18961        }
18962        *pc = hdr.a_entry;     /* endereço inicial para começar a execução */
18963
18964        /* Verifica se os tamanhos de segmento são viáveis. */
18965        tc = ((unsigned long) *text_bytes + CLICK_SIZE - 1) >> CLICK_SHIFT;
18966        dc = (*data_bytes + *bss_bytes + CLICK_SIZE - 1) >> CLICK_SHIFT;
18967        totc = (*tot_bytes + CLICK_SIZE - 1) >> CLICK_SHIFT;
18968        if (dc >= totc) return(ENOEXEC);         /* a pilha deve ser de pelo menos 1 click */
18969        dvir = (*ft == SEPARATE ? 0 : tc);
18970        s_vir = dvir + (totc - sc);
18971        m = (dvir + dc > s_vir) ? ENOMEM : OK;
18972        ct = hdr.a_hdrlen & BYTE;                /* comprimento do cabeçalho */
18973        if (ct > A_MINHDR) lseek(fd, (off_t) ct, SEEK_SET); /* pula cabeçalho não usado */
18974        return(m);
18975   }

18977   /*===========================================================================*
18978    *                             new_mem                                       *
18979    *===========================================================================*/
18980   PRIVATE int new_mem(sh_mp, text_bytes, data_bytes,
18981            bss_bytes,stk_bytes,tot_bytes)
18982   struct mproc *sh_mp;              /* o texto pode ser compartilhado com este processo */
18983   vir_bytes text_bytes;             /* tamanho do segmento de texto em bytes */
18984   vir_bytes data_bytes;             /* tamanho dos dados inicializados em bytes */
18985   vir_bytes bss_bytes;              /* tamanho de bss em bytes */
18986   vir_bytes stk_bytes;              /* tamanho do segmento de pilha inicial em bytes */
18987   phys_bytes tot_bytes;             /* memória total a alocar, incluindo a lacuna */
18988   {
18989   /* Aloca nova memória e libera a memória antiga. Altera o mapa e relata
18990    * o novo mapa para o núcleo. Zera o bss, a lacuna e a pilha da nova imagem do núcleo.
18991    */
18992
18993        register struct mproc *rmp = mp;
18994        vir_clicks text_clicks, data_clicks, gap_clicks, stack_clicks, tot_clicks;
18995        phys_clicks new_base;
18996        phys_bytes bytes, base, bss_offset;
18997        int s;
18998
18999        /* Não precisa alocar texto se ele pode ser compartilhado. */
19000        if (sh_mp != NULL) text_bytes = 0;
19001
19002        /* Permite que os dados antigos sejam trocados no disco para criar espaço. (O que é
19003         * realmente uma perda de tempo, pois vamos jogá-los for a de qualquer maneira.)
19004         */
```

```
19005        rmp->mp_flags |= WAITING;
19006
19007        /* Adquire a nova memória. Cada uma das 4 partes: texto, (dados+bss), lacuna,
19008         * e pilha ocupa um número integral de clicks, começando no limite do click.
19009         * As partes dos dados e de bss ficam juntas, sem nenhum espaço.
19010         */
19011        text_clicks = ((unsigned long) text_bytes + CLICK_SIZE - 1) >> CLICK_SHIFT;
19012        data_clicks = (data_bytes + bss_bytes + CLICK_SIZE - 1) >> CLICK_SHIFT;
19013        stack_clicks = (stk_bytes + CLICK_SIZE - 1) >> CLICK_SHIFT;
19014        tot_clicks = (tot_bytes + CLICK_SIZE - 1) >> CLICK_SHIFT;
19015        gap_clicks = tot_clicks - data_clicks - stack_clicks;
19016        if ( (int) gap_clicks < 0) return(ENOMEM);
19017
19018        /* Tenta alocar memória para o novo processo. */
19019        new_base = alloc_mem(text_clicks + tot_clicks);
19020        if (new_base == NO_MEM) return(ENOMEM);
19021
19022        /* Obtivemos memória para a nova imagem do núcleo. Libera a antiga. */
19023        rmp = mp;
19024
19025        if (find_share(rmp, rmp->mp_ino, rmp->mp_dev, rmp->mp_ctime) == NULL) {
19026                /* Nenhum outro processo compartilha o segmento de texto; portanto, o libera. */
19027                free_mem(rmp->mp_seg[T].mem_phys, rmp->mp_seg[T].mem_len);
19028        }
19029        /* Libera os segmentos de dados e de pilha. */
19030        free_mem(rmp->mp_seg[D].mem_phys,
19031         rmp->mp_seg[S].mem_vir + rmp->mp_seg[S].mem_len - rmp->mp_seg[D].mem_vir);
19032
19033        /* Agora, ultrapassamos o ponto sem volta. A imagem do núcleo antiga foi
19034         * perdida para sempre, a memória para uma nova imagem do núcleo foi alocada. Configura
19035         * e relata o novo mapa.
19036         */
19037        if (sh_mp != NULL) {
19038                /* Compartilha o segmento de texto. */
19039                rmp->mp_seg[T] = sh_mp->mp_seg[T];
19040        } else {
19041                rmp->mp_seg[T].mem_phys = new_base;
19042                rmp->mp_seg[T].mem_vir = 0;
19043                rmp->mp_seg[T].mem_len = text_clicks;
19044        }
19045        rmp->mp_seg[D].mem_phys = new_base + text_clicks;
19046        rmp->mp_seg[D].mem_vir = 0;
19047        rmp->mp_seg[D].mem_len = data_clicks;
19048        rmp->mp_seg[S].mem_phys = rmp->mp_seg[D].mem_phys + data_clicks + gap_clicks;
19049        rmp->mp_seg[S].mem_vir = rmp->mp_seg[D].mem_vir + data_clicks + gap_clicks;
19050        rmp->mp_seg[S].mem_len = stack_clicks;
19051
19052        sys_newmap(who, rmp->mp_seg);   /* informa novo mapa para o núcleo*/
19053
19054        /* A memória antiga pode ter sido transferida para o disco, mas a nova memória é real. */
19055        rmp->mp_flags &= ~(WAITING|ONSWAP|SWAPIN);
19056
19057        /* Zera o segmento de bss, lacuna e pilha. */
19058        bytes = (phys_bytes)(data_clicks + gap_clicks + stack_clicks) << CLICK_SHIFT;
19059        base = (phys_bytes) rmp->mp_seg[D].mem_phys << CLICK_SHIFT;
19060        bss_offset = (data_bytes >> CLICK_SHIFT) << CLICK_SHIFT;
19061        base += bss_offset;
19062        bytes -= bss_offset;
19063
19064        if ((s=sys_memset(0, base, bytes)) != OK) {
```

```
19065                panic(__FILE__,"new_mem can't zero", s);
19066        }
19067
19068    return(OK);
19069 }

19071 /*===========================================================================*
19072  *                              patch_ptr                                    *
19073  *===========================================================================*/
19074 PRIVATE void patch_ptr(stack, base)
19075 char stack[ARG_MAX];          /* ponteiro para imagem da pilha dentro do PM */
19076 vir_bytes base;               /* endereço virtual da base da pilha dentro do usuário */
19077 {
19078 /* Ao executar uma chamada de exec(name, argv, envp), o usuário constrói uma imagem
19079  * de pilha com ponteiros arg e env relativos ao início da pilha. Agora,
19080  * esses ponteiros devem ser reposicionados, pois a pilha não está posicionada no
19081  * endereço 0 no espaço de endereçamento de usuário.
19082  */
19083
19084   char **ap, flag;
19085   vir_bytes v;
19086
19087   flag = 0;                    /* conta o número de ponteiros 0 vistos */
19088   ap = (char **) stack;        /* aponta inicialmente para 'nargs' */
19089   ap++;                        /* agora aponta para argv[0] */
19090   while (flag < 2) {
19091        if (ap >= (char **) &stack[ARG_MAX]) return;    /* muito ruim */
19092        if (*ap != NULL) {
19093             v = (vir_bytes) *ap;       /* v é um ponteiro relativo */
19094             v += base;                  /* reposiciona-o */
19095             *ap = (char *) v;           /* o coloca de volta */
19096        } else {
19097              flag++;
19098        }
19099        ap++;
19100   }
19101 }

19103 /*===========================================================================*
19104  *                              insert_arg                                   *
19105  *===========================================================================*/
19106 PRIVATE int insert_arg(stack, stk_bytes, arg, replace)
19107 char stack[ARG_MAX];          /* ponteiro para imagem da pilha dentro do PM */
19108 vir_bytes *stk_bytes;         /* tamanho da pilha inicial */
19109 char *arg;                    /* argumento para incluir/substituir como novo argv[0] */
19110 int replace;
19111 {
19112 /* Emenda a pilha para que arg se torne argv[0]. Cuidado, a pilha pode
19113  * ser preenchida com lixo, embora normalmente seja parecida com:
19114  *      nargs argv[0] ... argv[nargs-1] NULL envp[0] ... NULL
19115  * seguido das strings "apontadas" por argv[i] e envp[i]. Os
19116  * ponteiros são, na realidade, deslocamentos a partir do início da pilha.
19117  * Retorna true se a operação for bem-sucedida.
19118  */
19119   int offset, a0, a1, old_bytes = *stk_bytes;
19120
19121   /* Anexar arg previamente adiciona pelo menos uma string e um byte zero. */
19122   offset = strlen(arg) + 1;
19123
19124   a0 = (int) ((char **) stack)[1];         /* argv[0] */
```

```
19125           if (a0 < 4 * PTRSIZE || a0 >= old_bytes) return(FALSE);
19126
19127           a1 = a0;                        /* a1 apontará para as strings a serem movidas */
19128           if (replace) {
19129                   /* Move a1 para o final de argv[0][] (argv[1] se nargs > 1). */
19130                   do {
19131                           if (a1 == old_bytes) return(FALSE);
19132                           --offset;
19133                   } while (stack[a1++] != 0);
19134           } else {
19135                   offset += PTRSIZE;      /* o novo argv[0] precisa de novo ponteiro em argv[] */
19136                   a0 += PTRSIZE;          /* posição do novo argv[0][]. */
19137           }
19138
19139           /* a pilha crescerá por offset bytes (ou diminuirá por -offset bytes) */
19140           if ((*stk_bytes += offset) > ARG_MAX) return(FALSE);
19141
19142           /* Reposiciona as strings por offset bytes */
19143           memmove(stack + a1 + offset, stack + a1, old_bytes - a1);
19144
19145           strcpy(stack + a0, arg);        /* Coloca arg no novo espaço. */
19146
19147           if (!replace) {
19148                   /* Dá espaço para um novo argv[0]. */
19149                   memmove(stack + 2 * PTRSIZE, stack + 1 * PTRSIZE, a0 - 2 * PTRSIZE);
19150
19151                   ((char **) stack)[0]++;  /* nargs++; */
19152           }
19153           /* Agora emenda argv[] e envp[] por offset. */
19154           patch_ptr(stack, (vir_bytes) offset);
19155           ((char **) stack)[1] = (char *) a0;    /* configura argv[0] corretamente */
19156           return(TRUE);
19157   }
19158
19159   /*===========================================================================*
19160    *                              patch_stack                                  *
19161    *===========================================================================*/
19162   PRIVATE char *patch_stack(fd, stack, stk_bytes, script)
19163   int fd;                         /* descritor de arquivo para abrir arquivo de script */
19164   char stack[ARG_MAX];            /* ponteiro para imagem da pilha dentro do GP */
19165   vir_bytes *stk_bytes;           /* tamanho da pilha inicial */
19166   char *script;                   /* nome do script a interpretar */
19167   {
19168   /* Emenda o vetor de argumento para incluir o nome de caminho do script a ser
19169    * interpretado e todas as strings na linha #!. Retorna o nome de caminho do
19170    * interpretador.
19171    */
19172     char *sp, *interp = NULL;
19173     int n;
19174     enum { INSERT=FALSE, REPLACE=TRUE };
19175
19176     /* Torna script[] o novo argv[0]. */
19177     if (!insert_arg(stack, stk_bytes, script, REPLACE)) return(NULL);
19178
19179     if (lseek(fd, 2L, 0) == -1                   /* imediatamente atrás do #! */
19180         || (n= read(fd, script, PATH_MAX)) < 0   /* lê a linha um */
19181         || (sp= memchr(script, '\n', n)) == NULL) /* deve ser uma linha correta */
19182             return(NULL);
19183
19184     /* Move sp para trás através de script[], anexando previamente cada string na pilha. */
```

```
19185        for (;;) {
19186                /* pula espaços atrás do argumento. */
19187                while (sp > script && (*--sp == ' ' || *sp == '\t')) {}
19188                if (sp == script) break;
19189
19190                sp[1] = 0;
19191                /* Move para o início do argumento. */
19192                while (sp > script && sp[-1] != ' ' && sp[-1] != '\t') --sp;
19193
19194                interp = sp;
19195                if (!insert_arg(stack, stk_bytes, sp, INSERT)) return(NULL);
19196        }
19197
19198        /* Arredonda *stk_bytes para o tamanho de um ponteiro para restrições de alinhamento. */
19199        *stk_bytes= ((*stk_bytes + PTRSIZE - 1) / PTRSIZE) * PTRSIZE;
19200
19201        close(fd);
19202        return(interp);
19203 }

19205 /*===========================================================================*
19206  *                              rw_seg                                       *
19207  *===========================================================================*/
19208 PUBLIC void rw_seg(rw, fd, proc, seg, seg_bytes0)
19209 int rw;                             /* 0 = leitura, 1 = escrita */
19210 int fd;                             /* descritor de arquivo para ler / escrever */
19211 int proc;                           /* número do processo */
19212 int seg;                            /* T, D ou S */
19213 phys_bytes seg_bytes0;              /* quanto deve ser transferido/
19214 {
19215 /* Transfere texto ou dados de/para um arquivo e copia em/de um segmento de processo.
19216  * Esta função é um pouco complicada. A maneira lógica de transferir um
19217  * segmento seria bloco por bloco e copiar cada bloco no/do espaço de
19218  * usuário, um por vez. Isso é lento demais; portanto, fazemos algo sujo aqui,
19219  * a saber, enviamos o espaço de usuário e o endereço virtual para o sistema de arquivos nos
19220  * 10 bits superiores do descritor de arquivo e o passamos para o endereço virtual do
19221  * usuário, em vez de um endereço do PM. O sistema de arquivos extrai esses parâmetros
19222  * quando recebe uma chamada de leitura ou escrita do gerenciador de processos, que é
19223  * o único processo que pode usar esse truque. Então, o sistema de arquivos copia o
19224  * segmento inteiro diretamente no/do espaço de usuário, ignorando o PM completamente.
19225  *
19226  * A contagem de bytes na leitura normalmente é menor do que a contagem de segmentos,
19227  * pois um segmento é preenchido com um múltiplo de clicks e o segmento de dados só é
19228  * inicializado parcialmente.
19229  */

19231   int new_fd, bytes, r;
19232   char *ubuf_ptr;
19233   struct mem_map *sp = &mproc[proc].mp_seg[seg];
19234   phys_bytes seg_bytes = seg_bytes0;
19235
19236   new_fd = (proc << 7) | (seg << 5) | fd;
19237   ubuf_ptr = (char *) ((vir_bytes) sp->mem_vir << CLICK_SHIFT);
19238
19239   while (seg_bytes != 0) {
19240 #define PM_CHUNK_SIZE 8192
19241        bytes = MIN((INT_MAX / PM_CHUNK_SIZE) * PM_CHUNK_SIZE, seg_bytes);
19242        if (rw == 0) {
19243                r = read(new_fd, ubuf_ptr, bytes);
19244        } else {
```

```
19245                r = write(new_fd, ubuf_ptr, bytes);
19246            }
19247            if (r != bytes) break;
19248            ubuf_ptr += bytes;
19249            seg_bytes -= bytes;
19250        }
19251    }

19253    /*===========================================================================*
19254     *                              find_share                                   *
19255     *===========================================================================*/
19256    PUBLIC struct mproc *find_share(mp_ign, ino, dev, ctime)
19257    struct mproc *mp_ign;           /* processo que não deve ser visto */
19258    ino_t ino;                      /* parâmetros que identificam um arquivo exclusivamente */
19259    dev_t dev;
19260    time_t ctime;
19261    {
19262    /* Procura um processo que é o arquivo <ino, dev, ctime> em execução. Não
19263     * "encontra" mp_ign acidentalmente, pois é o processo em nome do qual essa
19264     * chamada é feita.
19265     */
19266      struct mproc *sh_mp;
19267      for (sh_mp = &mproc[0]; sh_mp < &mproc[NR_PROCS]; sh_mp++) {
19268
19269            if (!(sh_mp->mp_flags & SEPARATE)) continue;
19270            if (sh_mp == mp_ign) continue;
19271            if (sh_mp->mp_ino != ino) continue;
19272            if (sh_mp->mp_dev != dev) continue;
19273            if (sh_mp->mp_ctime != ctime) continue;
19274            return sh_mp;
19275      }
19276      return(NULL);
19277    }
```

++
                            servers/pm/break.c
++

```
19300    /* O modelo de alocação de memória do MINIX reserva uma quantidade de memória fixa
19301     * para os segmentos de texto, dados e pilha combinados. A quantidade usada para um
19302     * processo filho criado por FORK é a mesma que o pai tinha. Se o filho
19303     * executar uma operação EXEC posteriormente, o novo tamanho será extraído do cabeçalho
19304     * do arquivo que executou essa operação.
19305     * O layout na memória consiste no segmento de texto, seguido do segmento de
19306     * dados, seguido de uma lacuna (memória não utilizada), seguida do segmento de pilha.
19307     * O segmento de dados cresce para cima e a pilha cresce para baixo; portanto, cada um deles
19308     * pode ocupar memória da lacuna. Se eles se encontrarem, o processo deverá ser eliminado. As
19309     * funções deste arquivo tratam do crescimento dos segmentos de dados e de pilha.
19310     *
19311     * Os pontos de entrada para este arquivo são:
19312     *   do_brk:      chamadas de sistema BRK/SBRK para aumentar ou diminuir o segmento de dados
19313     *   adjust:      verifica se um ajuste de segmento proposto é permitido
19314     *   size_ok:     verifica se os tamanhos de segmento são viáveis
19315     */
19316
19317    #include "pm.h"
19318    #include <signal.h>
19319    #include "mproc.h"
```

```
19320   #include "param.h"
19321
19322   #define DATA_CHANGED        1       /* valor de flag quando tam. do segmento de dados mudou */
19323   #define STACK_CHANGED       2       /* valor de flag quando o tamanho da pilha mudou */
19324
19325   /*===========================================================================*
19326    *                              do_brk                                       *
19327    *===========================================================================*/
19328   PUBLIC int do_brk()
19329   {
19330   /* Executa a chamada de sistema brk(addr).
19331    *
19332    * A chamada é complicada pelo fato de que, em algumas máquinas (por exemplo, o 8088),
19333    * o ponteiro de pilha pode crescer além da base o segmento de pilha sem
19334    * que ninguém perceba.
19335    * O parâmetro 'addr' é o novo endereço virtual no espaço D.
19336    */
19337
19338     register struct mproc *rmp;
19339     int r;
19340     vir_bytes v, new_sp;
19341     vir_clicks new_clicks;
19342
19343     rmp = mp;
19344     v = (vir_bytes) m_in.addr;
19345     new_clicks = (vir_clicks) ( ((long) v + CLICK_SIZE - 1) >> CLICK_SHIFT);
19346     if (new_clicks < rmp->mp_seg[D].mem_vir) {
19347         rmp->mp_reply.reply_ptr = (char *) -1;
19348         return(ENOMEM);
19349     }
19350     new_clicks -= rmp->mp_seg[D].mem_vir;
19351     if ((r=get_stack_ptr(who, &new_sp)) != OK)      /* solicita o valor de sp para o núcleo */
19352         panic(__FILE__,"couldn't get stack pointer ", r);
19353     r = adjust(rmp, new_clicks, new_sp);
19354     rmp->mp_reply.reply_ptr = (r == OK ? m_in.addr : (char *) -1);
19355     return(r);                              /* retorna o novo endereço ou -1 */
19356   }

19358   /*===========================================================================*
19359    *                              adjust                                       *
19360    *===========================================================================*/
19361   PUBLIC int adjust(rmp, data_clicks, sp)
19362   register struct mproc *rmp;             /* a memória de quem está sendo ajustada? */
19363   vir_clicks data_clicks;                 /* qual será o tamanho do segmento de dados? */
19364   vir_bytes sp;                           /* novo valor de sp */
19365   {
19366   /* Verifica se os segmentos de dados e de pilha podem coexistir, ajustando-os se necessário.
19367    * A memória nunca é alocada ou liberada. Em vez disso, ela é adicionada ou removida da
19368    * lacuna entre o segmento de dados e o segmento de pilha. Se o tamanho da lacuna se
19369    * tornar negativo, o ajuste dos dados ou da pilha falhará e ENOMEM será retornado.
19370    */
19371
19372     register struct mem_map *mem_sp, *mem_dp;
19373     vir_clicks sp_click, gap_base, lower, old_clicks;
19374     int changed, r, ft;
19375     long base_of_stack, delta;            /* os valores long evitam certos problemas */
19376
19377     mem_dp = &rmp->mp_seg[D];             /* ponteiro para mapa de segmento de dados */
19378     mem_sp = &rmp->mp_seg[S];             /* ponteiro para mapa de segmento de pilha */
19379     changed = 0;                          /* configura quando um dos dois segmentos mudou */
```

```
19380          if (mem_sp->mem_len == 0) return(OK); /* não incomoda init */
19381
19382          /* Testa se tam. da pilha é negativo (i.é., sp próximo de 0xFFFF...); */
19383          base_of_stack = (long) mem_sp->mem_vir + (long) mem_sp->mem_len;
19384          sp_click = sp >> CLICK_SHIFT; /* click contendo sp */
19385          if (sp_click >= base_of_stack) return(ENOMEM); /* sp alto demais */
19386
19387          /* Calcula o tamanho da lacuna entre os segmentos de pilha e de dados. */
19388          delta = (long) mem_sp->mem_vir - (long) sp_click;
19389          lower = (delta > 0 ? sp_click : mem_sp->mem_vir);
19390
19391          /* Margem de segurança para futuro crescimento da pilha. Impossível fazer direito. */
19392      #define SAFETY_BYTES (384 * sizeof(char *))
19393      #define SAFETY_CLICKS ((SAFETY_BYTES + CLICK_SIZE - 1) / CLICK_SIZE)
19394          gap_base = mem_dp->mem_vir + data_clicks + SAFETY_CLICKS;
19395          if (lower < gap_base) return(ENOMEM); /* os dados e a pilha colidiram */
19396
19397          /* Atualiza o comprimento dos dados (mas não a orgem dos dados) em nome de brk(). */
19398          old_clicks = mem_dp->mem_len;
19399          if (data_clicks != mem_dp->mem_len) {
19400                mem_dp->mem_len = data_clicks;
19401                changed |= DATA_CHANGED;
19402          }
19403
19404          /* Atualiza o comprimento e a origem da pilha devido à mudança no ponteiro de pilha. */
19405          if (delta > 0) {
19406                mem_sp->mem_vir -= delta;
19407                mem_sp->mem_phys -= delta;
19408                mem_sp->mem_len += delta;
19409                changed |= STACK_CHANGED;
19410          }
19411
19412          /* Os tamanhos de segmento de dados e de pilha cabem no espaço de endereçamento? */
19413          ft = (rmp->mp_flags & SEPARATE);
19414          r = (rmp->mp_seg[D].mem_vir + rmp->mp_seg[D].mem_len >
19415               rmp->mp_seg[S].mem_vir) ? ENOMEM : OK;
19416          if (r == OK) {
19417                if (changed) sys_newmap((int)(rmp - mproc), rmp->mp_seg);
19418                return(OK);
19419          }
19420
19421          /* Novos tam. não cabem ou exigem registradores de página/segmento demais. Restaura.*/
19422          if (changed & DATA_CHANGED) mem_dp->mem_len = old_clicks;
19423          if (changed & STACK_CHANGED) {
19424                mem_sp->mem_vir += delta;
19425                mem_sp->mem_phys += delta;
19426                mem_sp->mem_len -= delta;
19427          }
19428          return(ENOMEM);
19429      }
19430
```

```
++++++++++++++++++++++++++++++++++++++++++++++++++++++++++++++++++++++++++++
                              servers/pm/signal.c
++++++++++++++++++++++++++++++++++++++++++++++++++++++++++++++++++++++++++++
19500   /* Este arquivo manipula sinais, os quais são eventos assíncronos e geralmente chegam
19501    * desordenadamente e são chatos de tratar. Os sinais podem ser gerados pela chamada de
19502    * sistema KILL, a partir do teclado (SIGINT) ou a partir do relógio (SIGALRM).
19503    * Em todos os casos, o controle finalmente passa para check_sig(), para ver quais
19504    * processos podem ser sinalizados. A sinalização real é feita por sig_proc().
19505    *
19506    * Os pontos de entrada para esse arquivo são:
19507    *   do_sigaction:   executa a chamada de sistema SIGACTION
19508    *   do_sigpending:  executa a chamada de sistema SIGPENDING
19509    *   do_sigprocmask: executa a chamada de sistema SIGPROCMASK
19510    *   do_sigreturn:   executa a chamada de sistema SIGRETURN
19511    *   do_sigsuspend:  executa a chamada de sistema SIGSUSPEND
19512    *   do_kill:   executa a chamada de sistema KILL
19513    *   do_alarm:  executa a chamada de sistema ALARM chamando set_alarm()
19514    *   set_alarm: diz à tarefa de relógio para iniciar ou parar um temporizador
19515    *   do_pause:  executa a chamada de sistema PAUSE
19516    *   ksig_pending: o núcleo é notificado sobre sinais pendentes
19517    *   sig_proc: interrompe ou termina um processo sinalizado
19518    *   check_sig: verifica quais processos vai sinalizar com sig_proc()
19519    *   check_pending: verifica se um sinal pendente agora pode ser enviado
19520    */
19521
19522   #include "pm.h"
19523   #include <sys/stat.h>
19524   #include <sys/ptrace.h>
19525   #include <minix/callnr.h>
19526   #include <minix/com.h>
19527   #include <signal.h>
19528   #include <sys/sigcontext.h>
19529   #include <string.h>
19530   #include "mproc.h"
19531   #include "param.h"
19532
19533   #define CORE_MODE      0777    /* modo para usar em arquivos de imagem do núcleo */
19534   #define DUMPED         0200    /* bit ativado no status quando ocorre core dump*/
19535
19536   FORWARD _PROTOTYPE( void dump_core, (struct mproc *rmp)                      );
19537   FORWARD _PROTOTYPE( void unpause, (int pro)                                  );
19538   FORWARD _PROTOTYPE( void handle_sig, (int proc_nr, sigset_t sig_map)         );
19539   FORWARD _PROTOTYPE( void cause_sigalrm, (struct timer *tp)                   );
19540
19541   /*===========================================================================*
19542    *                              do_sigaction                                 *
19543    *===========================================================================*/
19544   PUBLIC int do_sigaction()
19545   {
19546     int r;
19547     struct sigaction svec;
19548     struct sigaction *svp;
19549
19550     if (m_in.sig_nr == SIGKILL) return(OK);
19551     if (m_in.sig_nr < 1 || m_in.sig_nr > _NSIG) return (EINVAL);
19552     svp = &mp->mp_sigact[m_in.sig_nr];
19553     if ((struct sigaction *) m_in.sig_osa != (struct sigaction *) NULL) {
19554         r = sys_datacopy(PM_PROC_NR,(vir_bytes) svp,
```

```
19555                           who, (vir_bytes) m_in.sig_osa, (phys_bytes) sizeof(svec));
19556           if (r != OK) return(r);
19557   }
19558
19559   if ((struct sigaction *) m_in.sig_nsa == (struct sigaction *) NULL)
19560           return(OK);
19561
19562   /* Lê a estrutura sigaction. */
19563   r = sys_datacopy(who, (vir_bytes) m_in.sig_nsa,
19564                   PM_PROC_NR, (vir_bytes) &svec, (phys_bytes) sizeof(svec));
19565   if (r != OK) return(r);
19566
19567   if (svec.sa_handler == SIG_IGN) {
19568           sigaddset(&mp->mp_ignore, m_in.sig_nr);
19569           sigdelset(&mp->mp_sigpending, m_in.sig_nr);
19570           sigdelset(&mp->mp_catch, m_in.sig_nr);
19571           sigdelset(&mp->mp_sig2mess, m_in.sig_nr);
19572   } else if (svec.sa_handler == SIG_DFL) {
19573           sigdelset(&mp->mp_ignore, m_in.sig_nr);
19574           sigdelset(&mp->mp_catch, m_in.sig_nr);
19575           sigdelset(&mp->mp_sig2mess, m_in.sig_nr);
19576   } else if (svec.sa_handler == SIG_MESS) {
19577           if (! (mp->mp_flags & PRIV_PROC)) return(EPERM);
19578           sigdelset(&mp->mp_ignore, m_in.sig_nr);
19579           sigaddset(&mp->mp_sig2mess, m_in.sig_nr);
19580           sigdelset(&mp->mp_catch, m_in.sig_nr);
19581   } else {
19582           sigdelset(&mp->mp_ignore, m_in.sig_nr);
19583           sigaddset(&mp->mp_catch, m_in.sig_nr);
19584           sigdelset(&mp->mp_sig2mess, m_in.sig_nr);
19585   }
19586   mp->mp_sigact[m_in.sig_nr].sa_handler = svec.sa_handler;
19587   sigdelset(&svec.sa_mask, SIGKILL);
19588   mp->mp_sigact[m_in.sig_nr].sa_mask = svec.sa_mask;
19589   mp->mp_sigact[m_in.sig_nr].sa_flags = svec.sa_flags;
19590   mp->mp_sigreturn = (vir_bytes) m_in.sig_ret;
19591   return(OK);
19592 }

19594 /*===========================================================================*
19595  *                              do_sigpending                                *
19596  *===========================================================================*/
19597 PUBLIC int do_sigpending()
19598 {
19599   mp->mp_reply.reply_mask = (long) mp->mp_sigpending;
19600    return OK;
19601 }

19603 /*===========================================================================*
19604  *                              do_sigprocmask                               *
19605  *===========================================================================*/
19606 PUBLIC int do_sigprocmask()
19607 {
19608 /* Note que a interface de biblioteca passa a máscara real em sigmask_set e
19609  * não um ponteiro para a máscara, para economizar uma cópia. Analogamente,
19610  * a máscara antiga é colocada na mensagem de retorno que a interface de
19611  * biblioteca copia (se for solicitado) no endereço especificado do usuário.
19612  *
19613  * A interface de biblioteca deve configurar SIG_INQUIRE se o argumento 'act'
19614  * for NULL.
```

```
19615       */
19616
19617       int i;
19618
19619       mp->mp_reply.reply_mask = (long) mp->mp_sigmask;
19620
19621       switch (m_in.sig_how) {
19622           case SIG_BLOCK:
19623               sigdelset((sigset_t *)&m_in.sig_set, SIGKILL);
19624               for (i = 1; i <= _NSIG; i++) {
19625                       if (sigismember((sigset_t *)&m_in.sig_set, i))
19626                               sigaddset(&mp->mp_sigmask, i);
19627               }
19628               break;
19629
19630           case SIG_UNBLOCK:
19631               for (i = 1; i <= _NSIG; i++) {
19632                       if (sigismember((sigset_t *)&m_in.sig_set, i))
19633                               sigdelset(&mp->mp_sigmask, i);
19634               }
19635               check_pending(mp);
19636               break;
19637
19638           case SIG_SETMASK:
19639               sigdelset((sigset_t *) &m_in.sig_set, SIGKILL);
19640               mp->mp_sigmask = (sigset_t) m_in.sig_set;
19641               check_pending(mp);
19642               break;
19643
19644           case SIG_INQUIRE:
19645               break;
19646
19647           default:
19648               return(EINVAL);
19649               break;
19650       }
19651       return OK;
19652   }
19653
19654   /*===========================================================================*
19655    *                                do_sigsuspend                              *
19656    *===========================================================================*/
19657   PUBLIC int do_sigsuspend()
19658   {
19659     mp->mp_sigmask2 = mp->mp_sigmask;  /* salva a máscara antiga */
19660     mp->mp_sigmask = (sigset_t) m_in.sig_set;
19661     sigdelset(&mp->mp_sigmask, SIGKILL);
19662     mp->mp_flags |= SIGSUSPENDED;
19663     check_pending(mp);
19664     return(SUSPEND);
19665   }
19666
19667   /*===========================================================================*
19668    *                                do_sigreturn                               *
19669    *===========================================================================*/
19670   PUBLIC int do_sigreturn()
19671   {
19672   /* Uma rotina de tratamento de sinal do usuário terminou. Restaura o contexto e verifica a
19673    * existência de sinais desbloqueados pendentes.
19674    */
```

```
19675
19676      int r;
19677
19678      mp->mp_sigmask = (sigset_t) m_in.sig_set;
19679      sigdelset(&mp->mp_sigmask, SIGKILL);
19680
19681      r = sys_sigreturn(who, (struct sigmsg *) m_in.sig_context);
19682      check_pending(mp);
19683      return(r);
19684    }

19686    /*===========================================================================*
19687     *                              do_kill                                      *
19688     *===========================================================================*/
19689    PUBLIC int do_kill()
19690    {
19691    /* Executa a chamada de sistema kill(pid, signo). */
19692
19693      return check_sig(m_in.pid, m_in.sig_nr);
19694    }

19696    /*===========================================================================*
19697     *                              ksig_pending                                 *
19698     *===========================================================================*/
19699    PUBLIC int ksig_pending()
19700    {
19701    /* Certos sinais, como as violações de segmentação, são originadas no núcleo.
19702     * Quando o núcleo detecta esses sinais, ele notifica o PM para executar certas
19703     * ações. O PM pede para o núcleo enviar mensagens com a entrada de processo
19704     * e com o mapa de bits de todos os processos sinalizados. O Sistema de Arquivos, por
19705     * exemplo, usa esse mecanismo para sinalizar a escrita em pipes quebrados (SIGPIPE).
19706     *
19707     * O núcleo notificou o PM a respeito de sinais pendentes. Solicita sinais pendentes
19708     * até que todos os sinais sejam manipulados. Se não houver mais sinais,
19709     * NONE será retornado no campo de número do processo.
19710     */
19711      int proc_nr;
19712      sigset_t sig_map;
19713
19714      while (TRUE) {
19715        sys_getksig(&proc_nr, &sig_map);         /* obtém um sinal pendente arbitrário */
19716        if (NONE == proc_nr) {                   /* pára, se não houver mais sinais pendentes */
19717            break;
19718        } else {
19719            handle_sig(proc_nr, sig_map);        /* manipula o sinal recebido */
19720            sys_endksig(proc_nr);                /* informa o núcleo que terminou */
19721        }
19722      }
19723      return(SUSPEND);                           /* impede o envio de resposta */
19724    }

19726    /*===========================================================================*
19727     *                              handle_sig                                   *
19728     *===========================================================================*/
19729    PRIVATE void handle_sig(proc_nr, sig_map)
19730    int proc_nr;
19731    sigset_t sig_map;
19732    {
19733      register struct mproc *rmp;
19734      int i;
```

```
19735          pid_t proc_id, id;
19736
19737          rmp = &mproc[proc_nr];
19738          if ((rmp->mp_flags & (IN_USE | ZOMBIE)) != IN_USE) return;
19739          proc_id = rmp->mp_pid;
19740          mp = &mproc[0];                          /* considera que sinais vem do PM */
19741          mp->mp_procgrp = rmp->mp_procgrp;        /* obtém o grupo de processo correto */
19742
19743          /* Verifica cada bit por sua vez para ver se um sinal deve ser enviado. Ao contrário de
19744           * kill(), o núcleo pode coletar vários sinais não relacionados para um
19745           * processo e passá-los para o PM de uma só vez. Assim, faz um laço no mapa de bits.
19746           * Para SIGINT e SIGQUIT, usa proc_id 0 para indicar uma transmissão
19747           * para o grupo de processos do receptor. Para SIGKILL, usa proc_id -1 para
19748           * indicar uma transmissão em nível de sistema.
19749           */
19750          for (i = 1; i <= _NSIG; i++) {
19751              if (!sigismember(&sig_map, i)) continue;
19752              switch (i) {
19753                  case SIGINT:
19754                  case SIGQUIT:
19755                      id = 0; break;   /* transmite para o grupo de processos */
19756                  case SIGKILL:
19757                      id = -1; break;  /* transmite para todos, exceto INIT */
19758                  default:
19759                      id = proc_id;
19760                      break;
19761              }
19762              check_sig(id, i);
19763          }
19764     }

19766     /*===========================================================================*
19767      *                              do_alarm                                     *
19768      *===========================================================================*/
19769     PUBLIC int do_alarm()
19770     {
19771     /* Executa a chamada de sistema alarm(seconds). */
19772       return(set_alarm(who, m_in.seconds));
19773     }

19775     /*===========================================================================*
19776      *                              set_alarm                                    *
19777      *===========================================================================*/
19778     PUBLIC int set_alarm(proc_nr, sec)
19779     int proc_nr;                        /* processo que quer o alarme */
19780     int sec;                            /* quantos segundos deve atrasar antes do sinal */
19781     {
19782     /* Rotina usada por do_alarm() para configurar o temporizador de alarme. Também é usada
19783      * para desligar o temporizador quando um processo sai com o temporizador ainda ativo.
19784      */
19785       clock_t ticks;          /* número de ticks do alarme */
19786       clock_t exptime;        /* necessário para o tempo restante no alarme anterior */
19787       clock_t uptime;         /* tempo corrente do sistema */
19788       int remaining;          /* tempo restante anterior em segundos */
19789       int s;
19790
19791       /* Primeiro determina o tempo restante do alarme anterior, se estiver configurado. */
19792       if (mproc[proc_nr].mp_flags & ALARM_ON) {
19793           if ( (s=getuptime(&uptime)) != OK)
19794               panic(__FILE__,"set_alarm couldn't get uptime", s);
```

```
19795              exptime = *tmr_exp_time(&mproc[proc_nr].mp_timer);
19796              remaining = (int) ((exptime - uptime + (HZ-1))/HZ);
19797              if (remaining < 0) remaining = 0;
19798       } else {
19799              remaining = 0;
19800       }
19801
19802       /* Diz à tarefa de relógio para fornecer uma mensagem de sinal quando chegar a hora.
19803        *
19804        * Atrasos grandes causam problemas. Primeiro, a chamada de sistema alarm exige
19805        * contagem de segundos sem sinal e a biblioteca precisa convertê-la em um valor int.
19806        * Isso provavelmente funciona, mas, no retorno, a biblioteca converterá valores sem
19807        * sinal "negativos" em erros. Presumivelmente, ninguém verifica esses erros; portanto,
19808        * obriga essa chamada terminar. Segundo, se unsigned e long têm o mesmo tamanho,
19809        * converter segundos em ticks pode causar um estouro de representação. Finalmente,
19810        * o núcleo tem erros de estouros de representação semelhantes ao somar ticks.
19811        *
19812        * Corrigir isso exige muitos casts estranhos para adequar os tipos às interfaces
19813        * e evitar interrupções por estouro de representação. ALRM_EXP_TIME tem o tipo correto
19814        * (clock_t), embora ele seja declarado como long. Como variáveis como essa
19815        * podem ser declaradas corretamente, sem uma explosão combinada de tipos de
19816        * mensagem?
19817        */
19818       ticks = (clock_t) (HZ * (unsigned long) (unsigned) sec);
19819       if ( (unsigned long) ticks / HZ != (unsigned) sec)
19820              ticks = LONG_MAX;       /* eternidade (na verdade, TMR_NEVER) */
19821
19822       if (ticks != 0) {
19823              pm_set_timer(&mproc[proc_nr].mp_timer, ticks, cause_sigalrm, proc_nr);
19824              mproc[proc_nr].mp_flags |= ALARM_ON;
19825       } else if (mproc[proc_nr].mp_flags & ALARM_ON) {
19826              pm_cancel_timer(&mproc[proc_nr].mp_timer);
19827              mproc[proc_nr].mp_flags &= ~ALARM_ON;
19828       }
19829       return(remaining);
19830 }
19831
19832 /*===========================================================================*
19833  *                              cause_sigalrm                                *
19834  *===========================================================================*/
19835 PRIVATE void cause_sigalrm(tp)
19836 struct timer *tp;
19837 {
19838   int proc_nr;
19839   register struct mproc *rmp;
19840
19841   proc_nr = tmr_arg(tp)->ta_int; /* obtém processo do temporizador */
19842   rmp = &mproc[proc_nr];
19843
19844   if ((rmp->mp_flags & (IN_USE | ZOMBIE)) != IN_USE) return;
19845   if ((rmp->mp_flags & ALARM_ON) == 0) return;
19846   rmp->mp_flags &= ~ALARM_ON;
19847   check_sig(rmp->mp_pid, SIGALRM);
19848 }
19849
19850 /*===========================================================================*
19851  *                              do_pause                                     *
19852  *===========================================================================*/
19853 PUBLIC int do_pause()
19854 {
```

```
19855    /* Executa a chamada de sistema pause(). */
19856
19857      mp->mp_flags |= PAUSED;
19858      return(SUSPEND);
19859    }

19861    /*===========================================================================*
19862     *                              sig_proc                                     *
19863     *===========================================================================*/
19864    PUBLIC void sig_proc(rmp, signo)
19865    register struct mproc *rmp;      /* ponteiro para o processo a ser sinalizado */
19866    int signo;                       /* sinal a enviar para o processo (de 1 a _NSIG) */
19867    {
19868    /* Envia um sinal para um processo. Verifica se o sinal deve ser capturado,
19869     * ignorado, transformado em uma mensagem (para processos de sistema) ou bloqueado.
19870     *   - Se o sinal deve ser transformado em uma mensagem, pede para o KERNEL enviar
19871     *     para o processo de destino uma notificação de sistema com o sinal pendente como
19872     *     argumento.
19873     *   - Se o sinal deve ser capturado, pede para o KERNEL colocar uma estrutura
19874     *     sigcontext e uma estrutura sigframe na pilha do captor. Além disso, o KERNEL
19875     *     reconfigurará o contador de programa e o ponteiro de pilha, para que, na próxima vez
19876     *     que o processo executar, execute a rotina de tratamento de sinal. Quando a rotina de
19877     *     tratamento de sinal retornar, sigreturn(2) será chamada. Então, o KERNEL restaurará o
19878     *     contexto do sinal a partir da estrutura sigcontext.
19879     * Se não houver espaço suficiente na pilha, elimina o processo.
19880     */
19881
19882      vir_bytes new_sp;
19883      int s;
19884      int slot;
19885      int sigflags;
19886      struct sigmsg sm;
19887
19888      slot = (int) (rmp - mproc);
19889      if ((rmp->mp_flags & (IN_USE | ZOMBIE)) != IN_USE) {
19890          printf("PM: signal %d sent to %s process %d\n",
19891                 signo, (rmp->mp_flags & ZOMBIE) ? "zombie" : "dead", slot);
19892          panic(__FILE__,"", NO_NUM);
19893      }
19894      if ((rmp->mp_flags & TRACED) && signo != SIGKILL) {
19895          /* Um processo rastreado tem tratamento especial. */
19896          unpause(slot);
19897          stop_proc(rmp, signo);  /* um sinal faz parar */
19898          return;
19899      }
19900      /* Alguns sinais são ignorados por padrão. */
19901      if (sigismember(&rmp->mp_ignore, signo)) {
19902          return;
19903      }
19904      if (sigismember(&rmp->mp_sigmask, signo)) {
19905          /* O sinal deve ser bloqueado. */
19906          sigaddset(&rmp->mp_sigpending, signo);
19907          return;
19908      }
19909      sigflags = rmp->mp_sigact[signo].sa_flags;
19910      if (sigismember(&rmp->mp_catch, signo)) {
19911          if (rmp->mp_flags & SIGSUSPENDED)
19912              sm.sm_mask = rmp->mp_sigmask2;
19913          else
19914              sm.sm_mask = rmp->mp_sigmask;
```

```
19915                sm.sm_signo = signo;
19916                sm.sm_sighandler = (vir_bytes) rmp->mp_sigact[signo].sa_handler;
19917                sm.sm_sigreturn = rmp->mp_sigreturn;
19918                if ((s=get_stack_ptr(slot, &new_sp)) != OK)
19919                        panic(__FILE__,"couldn't get new stack pointer",s);
19920                sm.sm_stkptr = new_sp;
19921
19922                /* Cria espaço para as estruturas sigcontext e sigframe. */
19923                new_sp -= sizeof(struct sigcontext)
19924                                        + 3 * sizeof(char *) + 2 * sizeof(int);
19925
19926                if (adjust(rmp, rmp->mp_seg[D].mem_len, new_sp) != OK)
19927                        goto doterminate;
19928
19929                rmp->mp_sigmask |= rmp->mp_sigact[signo].sa_mask;
19930                if (sigflags & SA_NODEFER)
19931                        sigdelset(&rmp->mp_sigmask, signo);
19932                else
19933                        sigaddset(&rmp->mp_sigmask, signo);
19934
19935                if (sigflags & SA_RESETHAND) {
19936                        sigdelset(&rmp->mp_catch, signo);
19937                        rmp->mp_sigact[signo].sa_handler = SIG_DFL;
19938                }
19939
19940                if (OK == (s=sys_sigsend(slot, &sm))) {
19941
19942                        sigdelset(&rmp->mp_sigpending, signo);
19943                        /* Se o processo está mantendo PAUSE, WAIT, SIGSUSPEND, tty,
19944                         * pipe, etc., libera-o.
19945                         */
19946                        unpause(slot);
19947                        return;
19948                }
19949                panic(__FILE__, "warning, sys_sigsend failed", s);
19950        }
19951        else if (sigismember(&rmp->mp_sig2mess, signo)) {
19952                if (OK != (s=sys_kill(slot,signo)))
19953                        panic(__FILE__, "warning, sys_kill failed", s);
19954                return;
19955        }
19956
19957 doterminate:
19958        /* O sinal não deve ou não pode ser capturado. Executa a ação padrão. */
19959        if (sigismember(&ign_sset, signo)) return;
19960
19961        rmp->mp_sigstatus = (char) signo;
19962        if (sigismember(&core_sset, signo)) {
19963                /* Troca para o ambiente do FS do usuário e faz um core dump. */
19964                tell_fs(CHDIR, slot, FALSE, 0);
19965                dump_core(rmp);
19966        }
19967        pm_exit(rmp, 0);                /* termina o processo */
19968 }

19970 /*===========================================================================*
19971  *                              check_sig                                    *
19972  *===========================================================================*/
19973 PUBLIC int check_sig(proc_id, signo)
19974 pid_t proc_id;                         /* pid of proc to sig, or 0 or -1, or -pgrp */
```

```
19975  int signo;                             /* sinal a ser enviado para o processo (de 0 a _NSIG) */
19976  {
19977  /* Verifica se é possível enviar um sinal. Talvez o sinal tenha de ser
19978   * enviado para um grupo de processos. Esta rotina é ativada pela chamada de
19979   * sistema KILL e também quando o núcleo captura um DEL ou outro sinal.
19980   */
19981
19982    register struct mproc *rmp;
19983    int count;                           /* contabiliza a quantidade de sinais enviados */
19984    int error_code;
19985
19986    if (signo < 0 || signo > _NSIG) return(EINVAL);
19987
19988    /* Retorna EINVAL para tentativas de enviar SIGKILL apenas para INIT. */
19989    if (proc_id == INIT_PID && signo == SIGKILL) return(EINVAL);
19990
19991    /* Pesquisa a tabela de processos em busca de processos a sinalizar. (Veja forkexit.c sobre
19992     * pid mágico.)
19993     */
19994    count = 0;
19995    error_code = ESRCH;
19996    for (rmp = &mproc[0]; rmp < &mproc[NR_PROCS]; rmp++) {
19997        if (!(rmp->mp_flags & IN_USE)) continue;
19998        if ((rmp->mp_flags & ZOMBIE) && signo != 0) continue;
19999
20000        /* Verifica a seleção. */
20001        if (proc_id > 0 && proc_id != rmp->mp_pid) continue;
20002        if (proc_id == 0 && mp->mp_procgrp != rmp->mp_procgrp) continue;
20003        if (proc_id == -1 && rmp->mp_pid <= INIT_PID) continue;
20004        if (proc_id < -1 && rmp->mp_procgrp != -proc_id) continue;
20005
20006        /* Verifica a permissão. */
20007        if (mp->mp_effuid != SUPER_USER
20008            && mp->mp_realuid != rmp->mp_realuid
20009            && mp->mp_effuid != rmp->mp_realuid
20010            && mp->mp_realuid != rmp->mp_effuid
20011            && mp->mp_effuid != rmp->mp_effuid) {
20012                error_code = EPERM;
20013                continue;
20014        }
20015
20016        count++;
20017        if (signo == 0) continue;
20018
20019        /* 'sig_proc' manipulará a disposição do sinal. O
20020         * sinal pode ser capturado, bloqueado, ignorado ou causar o término
20021         * do processo, possivelmente com core dump.
20022         */
20023        sig_proc(rmp, signo);
20024
20025        if (proc_id > 0) break;  /* apenas um processo sendo sinalizado */
20026    }
20027
20028    /* Se o processo que fez a chamada se eliminou sozinho, não responde. */
20029    if ((mp->mp_flags & (IN_USE | ZOMBIE)) != IN_USE) return(SUSPEND);
20030    return(count > 0 ? OK : error_code);
20031  }
```

```
20033   /*===========================================================================*
20034    *                              check_pending                                *
20035    *===========================================================================*/
20036   PUBLIC void check_pending(rmp)
20037   register struct mproc *rmp;
20038   {
20039     /* Verifica se quaisquer sinais pendentes foram desbloqueados. O
20040      * primeiro sinal desses encontrado é enviado.
20041      *
20042      * Se forem encontrados vários sinais pendentes não mascarados, eles serão
20043      * enviados em seqüência.
20044      *
20045      * Existem vários lugares neste arquivo onde a máscara de sinal é
20046      * alterada. Em cada um deles, check_pending() deve ser chamada para
20047      * verificar a existência de sinais recentemente desbloqueados.
20048      */
20049
20050     int i;
20051
20052     for (i = 1; i <= _NSIG; i++) {
20053         if (sigismember(&rmp->mp_sigpending, i) &&
20054             !sigismember(&rmp->mp_sigmask, i)) {
20055             sigdelset(&rmp->mp_sigpending, i);
20056             sig_proc(rmp, i);
20057             break;
20058         }
20059     }
20060   }

20062   /*===========================================================================*
20063    *                                 unpause                                   *
20064    *===========================================================================*/
20065   PRIVATE void unpause(pro)
20066   int pro;                          /* qual número de processo */
20067   {
20068   /* Um sinal deve ser enviado para um processo. Se esse processo estiver preso em uma
20069    * chamada de sistema, a chamada de sistema deverá terminar com EINTR. As chamadas
20070    * possíveis são PAUSE, WAIT, READ e WRITE, as duas últimas para pipes e ttys.
20071    * Primeiro verifica se o process está preso em uma chamada do PM. Se não estiver, informa,
20072    * ao FS para que ele possa verificar operações READ e WRITE de pipes, ttys e coisas assim.
20073    */
20074
20075     register struct mproc *rmp;
20076
20077     rmp = &mproc[pro];
20078
20079     /* Verifica se o processo está preso em uma chamada de PAUSE, WAIT ou SIGSUSPEND. */
20080     if (rmp->mp_flags & (PAUSED | WAITING | SIGSUSPENDED)) {
20081         rmp->mp_flags &= ~(PAUSED | WAITING | SIGSUSPENDED);
20082         setreply(pro, EINTR);
20083         return;
20084     }
20085
20086     /* O processo não está preso em uma chamada do PM. Pede ao FS para dar uma olhada. */
20087     tell_fs(UNPAUSE, pro, 0, 0);
20088   }
```

```
20090   /*===========================================================================*
20091    *                              dump_core                                    *
20092    *===========================================================================*/
20093   PRIVATE void dump_core(rmp)
20094   register struct mproc *rmp;       /* processo que deve sofrer core dump */
20095   {
20096   /* Faz um dumo no arquivo "core", se possível. */
20097
20098     int s, fd, seg, slot;
20099     vir_bytes current_sp;
20100     long trace_data, trace_off;
20101
20102     slot = (int) (rmp - mproc);
20103
20104     /* O arquivo de core dump? Estamos operando no ambiente do FS do usuário;
20105      * portanto, nenhuma verificação de permissão especial é necessária.
20106      */
20107     if (rmp->mp_realuid != rmp->mp_effuid) return;
20108     if ( (fd = open(core_name, O_WRONLY | O_CREAT | O_TRUNC | O_NONBLOCK,
20109                                                   CORE_MODE)) < 0) return;
20110     rmp->mp_sigstatus |= DUMPED;
20111
20112     /* Certifica-se de que o segmento de pilha esteja atualizado.
20113      * Não queremos que adjust() falhe, a não ser que current_sp seja absurdo,
20114      * mas poderia falhar devido a uma verificação de segurança. Além disso, não queremos
20115      * que adjust() falhe ao enviar um sinal devido à verificação de segurança.
20116      * Talvez use SAFETY_BYTES como um parâmetro.
20117      */
20118     if ((s=get_stack_ptr(slot, &current_sp)) != OK)
20119         panic(__FILE__,"couldn't get new stack pointer",s);
20120     adjust(rmp, rmp->mp_seg[D].mem_len, current_sp);
20121
20122     /* Escre o mapa de memória de todos os segmentos para iniciar o arquivo de core. */
20123     if (write(fd, (char *) rmp->mp_seg, (unsigned) sizeof rmp->mp_seg)
20124         != (unsigned) sizeof rmp->mp_seg) {
20125         close(fd);
20126         return;
20127     }
20128
20129     /* Escreve a entrada da tabela de processos do núcleo inteira para obter os regs. */
20130     trace_off = 0;
20131      while (sys_trace(T_GETUSER, slot, trace_off, &trace_data) == OK) {
20132         if (write(fd, (char *) &trace_data, (unsigned) sizeof (long))
20133             != (unsigned) sizeof (long)) {
20134                 close(fd);
20135                 return;
20136         }
20137         trace_off += sizeof (long);
20138     }
20139
20140     /* Faz laço pelos segmentos e escreve os próprios segmentos. */
20141     for (seg = 0; seg < NR_LOCAL_SEGS; seg++) {
20142         rw_seg(1, fd, slot, seg,
20143                 (phys_bytes) rmp->mp_seg[seg].mem_len << CLICK_SHIFT);
20144     }
20145     close(fd);
20146   }
```

```
++++++++++++++++++++++++++++++++++++++++++++++++++++++++++++++++++++++++++
                              servers/pm/timers.c
++++++++++++++++++++++++++++++++++++++++++++++++++++++++++++++++++++++++++
20200  /* Gerenciamento do temporizador de sentinela do PM. As funções deste arquivo fornecem
20201   * uma interface conveniente para a biblioteca de temporizadores que gerencia uma lista de
20202   * temporizadores de cão de guarda. Todos os detalhes do escalonamento de um alarme na tarefa
20203   * CLOCK ficam ocultos por trás dessa interface.
20204   * Apenas os processos de sistema podem configurar um temporizador de alarme no núcleo.
20205   * Portanto, o OM mantém uma lista local de temporizadores para processos de usuário
20206   * que solicitaram um sinal de alarme.
20207   *
20208   * Os pontos de entrada para esse arquivo são:
20209   * pm_set_timer: reconfigura um temporizador cão de guarda existente ou configura um novo
20210   * pm_expire_timers: testa se há temporizadores expirados e executa funções de cão de
20211   * guarda pm_cancel_timer: remove um temporizador da lista de temporizadores
20212   *
20213   */
20214
20215  #include "pm.h"
20216
20217  #include <timers.h>
20218  #include <minix/syslib.h>
20219  #include <minix/com.h>
20220
20221  PRIVATE timer_t *pm_timers = NULL;
20222
20223  /*===========================================================================*
20224   *                              pm_set_timer                                 *
20225   *===========================================================================*/
20226  PUBLIC void pm_set_timer(timer_t *tp, int ticks, tmr_func_t watchdog, int arg)
20227  {
20228         int r;
20229         clock_t now, prev_time = 0, next_time;
20230
20231         if ((r = getuptime(&now)) != OK)
20232                 panic(__FILE__, "PM couldn't get uptime", NO_NUM);
20233
20234         /* Configura o argumento do temporizador e adiciona o temporizador na lista. */
20235         tmr_arg(tp)->ta_int = arg;
20236         prev_time = tmrs_settimer(&pm_timers,tp,now+ticks,watchdog,&next_time);
20237
20238         /* Reescalona nosso alarme síncrono, se necessário. */
20239         if (! prev_time || prev_time > next_time) {
20240                 if (sys_setalarm(next_time, 1) != OK)
20241                         panic(__FILE__, "PM set timer couldn't set alarm.", NO_NUM);
20242         }
20243
20244         return;
20245  }
20246
20247  /*===========================================================================*
20248   *                              pm_expire_timers                             *
20249   *===========================================================================*/
20250  PUBLIC void pm_expire_timers(clock_t now)
20251  {
20252         clock_t next_time;
20253
20254         /* testa se há temporizadores expirados e possivelmente reescalona um alarme. */
```

```
20255                   tmrs_exptimers(&pm_timers, now, &next_time);
20256                   if (next_time > 0) {
20257                           if (sys_setalarm(next_time, 1) != OK)
20258                                   panic(__FILE__, "PM expire timer couldn't set alarm.", NO_NUM);
20259                   }
20260           }

20262   /*===========================================================================*
20263    *                              pm_cancel_timer                              *
20264    *===========================================================================*/
20265   PUBLIC void pm_cancel_timer(timer_t *tp)
20266   {
20267           clock_t next_time, prev_time;
20268           prev_time = tmrs_clrtimer(&pm_timers, tp, &next_time);
20269
20270           /* Se o temporizador mais antigo foi removido, precisamos configurar o alarme para
20271            * o próximo temporizador ou cancelar o alarme completamente, caso o último temporizador
20272            * tenha sido cancelado (então, next_time será 0).
20273            */
20274           if (prev_time < next_time || ! next_time) {
20275                   if (sys_setalarm(next_time, 1) != OK)
20276                           panic(__FILE__, "PM expire timer couldn't set alarm.", NO_NUM);
20277           }
20278   }


++++++++++++++++++++++++++++++++++++++++++++++++++++++++++++++++++++++++++++
                                servers/pm/time.c
++++++++++++++++++++++++++++++++++++++++++++++++++++++++++++++++++++++++++++

20300   /* Este arquivo trata das chamadas de sistema que lidam com tempo.
20301    *
20302    * Os pontos de entrada neste arquivo são:
20303    *   do_time:         executa a chamada de sistema TIME
20304    *   do_stime:        executa a chamada de sistema STIME
20305    *   do_times:        executa a chamada de sistema TIMES
20306    */
20307
20308   #include "pm.h"
20309   #include <minix/callnr.h>
20310   #include <minix/com.h>
20311   #include <signal.h>
20312   #include "mproc.h"
20313   #include "param.h"
20314
20315   PRIVATE time_t boottime;
20316
20317   /*===========================================================================*
20318    *                                  do_time                                  *
20319    *===========================================================================*/
20320   PUBLIC int do_time()
20321   {
20322   /* Executa a chamada de sistema time(tp). Isso retorna o tempo, em segundos, desde
20323    * 1.1.1970. O MINIX é um sistema astrofisicamente ingênuo, que acha que a terra
20324    * gira a uma velocidade constante e que coisas como segundos bissextos não
20325    * existem.
20326    */
20327     clock_t uptime;
20328     int s;
20329
```

```
20330      if ( (s=getuptime(&uptime)) != OK)
20331          panic(__FILE__,"do_time couldn't get uptime", s);
20332
20333      mp->mp_reply.reply_time = (time_t) (boottime + (uptime/HZ));
20334      mp->mp_reply.reply_utime = (uptime%HZ)*1000000/HZ;
20335      return(OK);
20336  }

20338  /*===========================================================================*
20339   *                              do_stime                                     *
20340   *===========================================================================*/
20341  PUBLIC int do_stime()
20342  {
20343  /* Executa a chamada de sistema stime(tp). Recupera o tempo de funcionamento do sistema
           (ticks
20344   * desde a inicialização) e armazena o tempo (em segundos) da inicialização do sistema na
20345   * variável global 'boottime'.
20346   */
20347    clock_t uptime;
20348    int s;
20349
20350    if (mp->mp_effuid != SUPER_USER) {
20351        return(EPERM);
20352    }
20353    if ( (s=getuptime(&uptime)) != OK)
20354        panic(__FILE__,"do_stime couldn't get uptime", s);
20355    boottime = (long) m_in.stime - (uptime/HZ);
20356
20357    /* Também informa ao FS sobre o novo tempo do sistema. */
20358    tell_fs(STIME, boottime, 0, 0);
20359
20360    return(OK);
20361  }

20363  /*===========================================================================*
20364   *                              do_times                                     *
20365   *===========================================================================*/
20366  PUBLIC int do_times()
20367  {
20368  /* Executa a chamada de sistema times(buffer). */
20369    register struct mproc *rmp = mp;
20370    clock_t t[5];
20371    int s;
20372
20373    if (OK != (s=sys_times(who, t)))
20374        panic(__FILE__,"do_times couldn't get times", s);
20375    rmp->mp_reply.reply_t1 = t[0];            /* tempo do usuário */
20376    rmp->mp_reply.reply_t2 = t[1];            /* tempo do sistema */
20377    rmp->mp_reply.reply_t3 = rmp->mp_child_utime;  /* tempo do usuário filho */
20378    rmp->mp_reply.reply_t4 = rmp->mp_child_stime;  /* tempo do sistema filho */
20379    rmp->mp_reply.reply_t5 = t[4];            /* tempo de funcionamento desde inicialização */
20380
20381    return(OK);
20382  }
```

```
++++++++++++++++++++++++++++++++++++++++++++++++++++++++++++++++++++++++++
                              servers/pm/getset.c
++++++++++++++++++++++++++++++++++++++++++++++++++++++++++++++++++++++++++

20400   /* Este arquivo manipula as 4 chamadas de sistema que obtêm e configuram uids e gids.
20401    * Ele também manipula getpid(), setsid() e getpgrp(). O código de cada uma
20402    * é tão pequeno que não valeria a pena tornar cada uma delas uma função
20403    * separada.
20404    */
20405
20406   #include "pm.h"
20407   #include <minix/callnr.h>
20408   #include <signal.h>
20409   #include "mproc.h"
20410   #include "param.h"
20411
20412   /*===========================================================================*
20413    *                              do_getset                                    *
20414    *===========================================================================*/
20415   PUBLIC int do_getset()
20416   {
20417   /* Manipula GETUID, GETGID, GETPID, GETPGRP, SETUID, SETGID, SETSID. As quatro
20418    * GETs e SETSID retornam seus principais resultados em 'r'. GETUID, GETGID e
20419    * GETPID também retornam resultados secundários (as IDs efetivas ou a ID do
20420    * processo pai) em 'reply_res2', que é retornada para o usuário.
20421    */
20422
20423     register struct mproc *rmp = mp;
20424     register int r;
20425
20426     switch(call_nr) {
20427         case GETUID:
20428                 r = rmp->mp_realuid;
20429                 rmp->mp_reply.reply_res2 = rmp->mp_effuid;
20430                 break;
20431
20432         case GETGID:
20433                 r = rmp->mp_realgid;
20434                 rmp->mp_reply.reply_res2 = rmp->mp_effgid;
20435                 break;
20436
20437         case GETPID:
20438                 r = mproc[who].mp_pid;
20439                 rmp->mp_reply.reply_res2 = mproc[rmp->mp_parent].mp_pid;
20440                 break;
20441
20442         case SETUID:
20443                 if (rmp->mp_realuid != (uid_t) m_in.usr_id &&
20444                                 rmp->mp_effuid != SUPER_USER)
20445                         return(EPERM);
20446                 rmp->mp_realuid = (uid_t) m_in.usr_id;
20447                 rmp->mp_effuid = (uid_t) m_in.usr_id;
20448                 tell_fs(SETUID, who, rmp->mp_realuid, rmp->mp_effuid);
20449                 r = OK;
20450                 break;
20451
20452         case SETGID:
20453                 if (rmp->mp_realgid != (gid_t) m_in.grp_id &&
20454                                 rmp->mp_effuid != SUPER_USER)
```

```
20455                           return(EPERM);
20456                   rmp->mp_realgid = (gid_t) m_in.grp_id;
20457                   rmp->mp_effgid = (gid_t) m_in.grp_id;
20458                   tell_fs(SETGID, who, rmp->mp_realgid, rmp->mp_effgid);
20459                   r = OK;
20460                   break;
20461
20462           case SETSID:
20463                   if (rmp->mp_procgrp == rmp->mp_pid) return(EPERM);
20464                   rmp->mp_procgrp = rmp->mp_pid;
20465                   tell_fs(SETSID, who, 0, 0);
20466                   /* falha */
20467
20468           case GETPGRP:
20469                   r = rmp->mp_procgrp;
20470                   break;
20471
20472           default:
20473                   r = EINVAL;
20474                   break;
20475       }
20476       return(r);
20477   }


++++++++++++++++++++++++++++++++++++++++++++++++++++++++++++++++++++++++++
                                servers/pm/misc.c
++++++++++++++++++++++++++++++++++++++++++++++++++++++++++++++++++++++++++

20500   /* Chamadas de sistema diversas.                    Autor: Kees J. Bot
20501    *                                                  31 de Março de 2000
20502    * Os pontos de entrada para esse arquivo são:
20503    *   do_reboot: elimina todos os processos e, em seguida, reinicializa o sistema
20504    *   do_svrctl: controle do gerenciador de processos
20505    *   do_getsysinfo: solicita cópia da estrutura de dados do GP (Jorrit N. Herder)
20506    *   do_getprocnr: pesquisa número de entrada de processo (Jorrit N. Herder)
20507    *   do_memalloc: aloca um trecho de memória (Jorrit N. Herder)
20508    *   do_memfree: desaloca um trecho de memória (Jorrit N. Herder)
20509    *   do_getsetpriority: obtém/configura prioridade do processo
20510    */
20511
20512   #include "pm.h"
20513   #include <minix/callnr.h>
20514   #include <signal.h>
20515   #include <sys/svrctl.h>
20516   #include <sys/resource.h>
20517   #include <minix/com.h>
20518   #include <string.h>
20519   #include "mproc.h"
20520   #include "param.h"
20521
20522   /*===========================================================================*
20523    *                              do_allocmem                                  *
20524    *===========================================================================*/
20525   PUBLIC int do_allocmem()
20526   {
20527     vir_clicks mem_clicks;
20528     phys_clicks mem_base;
20529
```

```
20530        mem_clicks = (m_in.memsize + CLICK_SIZE -1 ) >> CLICK_SHIFT;
20531        mem_base = alloc_mem(mem_clicks);
20532        if (mem_base == NO_MEM) return(ENOMEM);
20533        mp->mp_reply.membase =  (phys_bytes) (mem_base << CLICK_SHIFT);
20534        return(OK);
20535    }

20537    /*===========================================================================*
20538     *                              do_freemem                                   *
20539     *===========================================================================*/
20540    PUBLIC int do_freemem()
20541    {
20542      vir_clicks mem_clicks;
20543      phys_clicks mem_base;
20544
20545      mem_clicks = (m_in.memsize + CLICK_SIZE -1 ) >> CLICK_SHIFT;
20546      mem_base = (m_in.membase + CLICK_SIZE -1 ) >> CLICK_SHIFT;
20547      free_mem(mem_base, mem_clicks);
20548      return(OK);
20549    }

20551    /*===========================================================================*
20552     *                              do_getsysinfo                                *
20553     *===========================================================================*/
20554    PUBLIC int do_getsysinfo()
20555    {
20556      struct mproc *proc_addr;
20557      vir_bytes src_addr, dst_addr;
20558      struct kinfo kinfo;
20559      size_t len;
20560      int s;
20561
20562      switch(m_in.info_what) {
20563      case SI_KINFO:                          /* a informação do núcleo é obtida via PM */
20564            sys_getkinfo(&kinfo);
20565            src_addr = (vir_bytes) &kinfo;
20566            len = sizeof(struct kinfo);
20567            break;
20568      case SI_PROC_ADDR:                      /* obtém endereço da tabela de processos do PM */
20569            proc_addr = &mproc[0];
20570            src_addr = (vir_bytes) &proc_addr;
20571            len = sizeof(struct mproc *);
20572            break;
20573      case SI_PROC_TAB:                       /* copia a tabela de processos inteira */
20574            src_addr = (vir_bytes) mproc;
20575            len = sizeof(struct mproc) * NR_PROCS;
20576            break;
20577      default:
20578            return(EINVAL);
20579      }
20580
20581      dst_addr = (vir_bytes) m_in.info_where;
20582      if (OK != (s=sys_datacopy(SELF, src_addr, who, dst_addr, len)))
20583            return(s);
20584      return(OK);
20585    }
```

```
20587   /*===========================================================================*
20588    *                              do_getprocnr                                 *
20589    *===========================================================================*/
20590   PUBLIC int do_getprocnr()
20591   {
20592     register struct mproc *rmp;
20593     static char search_key[PROC_NAME_LEN+1];
20594     int key_len;
20595     int s;
20596
20597     if (m_in.pid >= 0) {                         /* pesquisa processo pelo pid */
20598         for (rmp = &mproc[0]; rmp < &mproc[NR_PROCS]; rmp++) {
20599             if ((rmp->mp_flags & IN_USE) && (rmp->mp_pid==m_in.pid)) {
20600                 mp->mp_reply.procnr = (int) (rmp - mproc);
20601                 return(OK);
20602             }
20603         }
20604         return(ESRCH);
20605     } else if (m_in.namelen > 0) {              /* pesquisa processo pelo nome */
20606         key_len = MIN(m_in.namelen, PROC_NAME_LEN);
20607         if (OK != (s=sys_datacopy(who, (vir_bytes) m_in.addr,
20608                     SELF, (vir_bytes) search_key, key_len)))
20609             return(s);
20610         search_key[key_len] = '\0';           /* termina por segurança */
20611         for (rmp = &mproc[0]; rmp < &mproc[NR_PROCS]; rmp++) {
20612             if ((rmp->mp_flags & IN_USE) &&
20613                 strncmp(rmp->mp_name, search_key, key_len)==0) {
20614                 mp->mp_reply.procnr = (int) (rmp - mproc);
20615                 return(OK);
20616             }
20617         }
20618         return(ESRCH);
20619     } else {                            /* retorna o número do próprio processo */
20620         mp->mp_reply.procnr = who;
20621     }
20622     return(OK);
20623   }

20625   /*===========================================================================*
20626    *                              do_reboot                                    *
20627    *===========================================================================*/
20628   #define REBOOT_CODE   "delay; boot"
20629   PUBLIC int do_reboot()
20630   {
20631     char monitor_code[32*sizeof(char *)];
20632     int code_len;
20633     int abort_flag;
20634
20635     if (mp->mp_effuid != SUPER_USER) return(EPERM);
20636
20637     switch (m_in.reboot_flag) {
20638     case RBT_HALT:
20639     case RBT_PANIC:
20640     case RBT_RESET:
20641         abort_flag = m_in.reboot_flag;
20642         break;
20643     case RBT_REBOOT:
20644         code_len = strlen(REBOOT_CODE) + 1;
20645         strncpy(monitor_code, REBOOT_CODE, code_len);
20646         abort_flag = RBT_MONITOR;
```

```
20647              break;
20648         case RBT_MONITOR:
20649              code_len = m_in.reboot_strlen + 1;
20650              if (code_len > sizeof(monitor_code)) return(EINVAL);
20651              if (sys_datacopy(who, (vir_bytes) m_in.reboot_code,
20652                      PM_PROC_NR, (vir_bytes) monitor_code,
20653                      (phys_bytes) (code_len)) != OK) return(EFAULT);
20654              if (monitor_code[code_len-1] != 0) return(EINVAL);
20655              abort_flag = RBT_MONITOR;
20656              break;
20657         default:
20658              return(EINVAL);
20659         }
20660
20661         check_sig(-1, SIGKILL);              /* elimina todos os processos, exceto init */
20662         tell_fs(REBOOT,0,0,0);               /* diz ao FS para preparar-se para o desligamento */
20663
20664         /* Pede ao núcleo para abortar. Todos os serviços de sistema, incluindo o FS receberão
20665          * uma notificação de HARD_STOP. Espera a notificação no laço principal.
20666          */
20667         sys_abort(abort_flag, PM_PROC_NR, monitor_code, code_len);
20668         return(SUSPEND);                     /* não responde para processo eliminado */
20669    }
20670
20671    /*===========================================================================*
20672     *                          do_getsetpriority                                *
20673     *===========================================================================*/
20674    PUBLIC int do_getsetpriority()
20675    {
20676         int arg_which, arg_who, arg_pri;
20677         int rmp_nr;
20678         struct mproc *rmp;
20679
20680         arg_which = m_in.m1_i1;
20681         arg_who = m_in.m1_i2;
20682         arg_pri = m_in.m1_i3;    /* para SETPRIORITY */
20683
20684         /* Código comum para GETPRIORITY e SETPRIORITY. */
20685
20686         /* Por enquanto, só suporta PRIO_PROCESS. */
20687         if (arg_which != PRIO_PROCESS)
20688              return(EINVAL);
20689
20690         if (arg_who == 0)
20691              rmp_nr = who;
20692         else
20693              if ((rmp_nr = proc_from_pid(arg_who)) < 0)
20694                   return(ESRCH);
20695
20696         rmp = &mproc[rmp_nr];
20697
20698         if (mp->mp_effuid != SUPER_USER &&
20699            mp->mp_effuid != rmp->mp_effuid && mp->mp_effuid != rmp->mp_realuid)
20700              return EPERM;
20701
20702         /* Se for GET, é isso. */
20703         if (call_nr == GETPRIORITY) {
20704              return(rmp->mp_nice - PRIO_MIN);
20705         }
20706
```

```
20707              /* Apenas o superusuário (root) pode reduzir o nível de nice. */
20708              if (rmp->mp_nice > arg_pri && mp->mp_effuid != SUPER_USER)
20709                    return(EACCES);
20710
20711              /* É SET e é permitido. Faz isso e informa o núcleo. */
20712              rmp->mp_nice = arg_pri;
20713              return sys_nice(rmp_nr, arg_pri);
20714   }
20715
20716   /*===========================================================================*
20717    *                              do_svrctl                                    *
20718    *===========================================================================*/
20719   PUBLIC int do_svrctl()
20720   {
20721     int s, req;
20722     vir_bytes ptr;
20723   #define MAX_LOCAL_PARAMS 2
20724     static struct {
20725            char name[30];
20726            char value[30];
20727     } local_param_overrides[MAX_LOCAL_PARAMS];
20728     static int local_params = 0;
20729
20730     req = m_in.svrctl_req;
20731     ptr = (vir_bytes) m_in.svrctl_argp;
20732
20733     /* A requisição é mesmo para o MM? */
20734     if (((req >> 8) & 0xFF) != 'M') return(EINVAL);
20735
20736     /* Controla operações locais ao PM. */
20737     switch(req) {
20738     case MMSETPARAM:
20739     case MMGETPARAM: {
20740         struct sysgetenv sysgetenv;
20741         char search_key[64];
20742         char *val_start;
20743         size_t val_len;
20744         size_t copy_len;
20745
20746         /* Copia a estrutura sysgetenv no PM. */
20747         if (sys_datacopy(who, ptr, SELF, (vir_bytes) &sysgetenv,
20748                 sizeof(sysgetenv)) != OK) return(EFAULT);
20749
20750         /* Configura uma anulação de parâmetro? */
20751         if (req == MMSETPARAM) {
20752             if (local_params >= MAX_LOCAL_PARAMS) return ENOSPC;
20753             if (sysgetenv.keylen <= 0
20754              || sysgetenv.keylen >=
20755                    sizeof(local_param_overrides[local_params].name)
20756              || sysgetenv.vallen <= 0
20757              || sysgetenv.vallen >=
20758                    sizeof(local_param_overrides[local_params].value))
20759                 return EINVAL;
20760
20761             if ((s = sys_datacopy(who, (vir_bytes) sysgetenv.key,
20762               SELF, (vir_bytes) local_param_overrides[local_params].name,
20763                 sysgetenv.keylen)) != OK)
20764                 return s;
20765             if ((s = sys_datacopy(who, (vir_bytes) sysgetenv.val,
20766               SELF, (vir_bytes) local_param_overrides[local_params].value,
```

```
20767                    sysgetenv.keylen)) != OK)
20768                     return s;
20769                 local_param_overrides[local_params].name[sysgetenv.keylen] = '\0';
20770                 local_param_overrides[local_params].value[sysgetenv.vallen] = '\0';
20771
20772             local_params++;
20773
20774             return OK;
20775         }
20776
20777         if (sysgetenv.keylen == 0) {        /* copy all parâmetros */
20778             val_start = monitor_params;
20779             val_len = sizeof(monitor_params);
20780         }
20781         else {                              /* pesquisa valor para a tecla */
20782             int p;
20783             /* Tenta obter uma cópia da tecla solicitada. */
20784             if (sysgetenv.keylen > sizeof(search_key)) return(EINVAL);
20785             if ((s = sys_datacopy(who, (vir_bytes) sysgetenv.key,
20786                     SELF, (vir_bytes) search_key, sysgetenv.keylen)) != OK)
20787                 return(s);
20788
20789             /* Certifica-se de que a tecla termine com nulo e pesquisa o valor.
20790              * Primeiro, verifica anulações locais.
20791              */
20792             search_key[sysgetenv.keylen-1]= '\0';
20793             for(p = 0; p < local_params; p++) {
20794                 if (!strcmp(search_key, local_param_overrides[p].name)) {
20795                     val_start = local_param_overrides[p].value;
20796                     break;
20797                 }
20798             }
20799             if (p >= local_params && (val_start = find_param(search_key)) == NULL)
20800                 return(ESRCH);
20801             val_len = strlen(val_start) + 1;
20802         }
20803
20804         /* Verifica se cabe no buffer do cliente. */
20805         if (val_len > sysgetenv.vallen)
20806             return E2BIG;
20807
20808         /* Valor encontrado, faz a cópia real (na medida do possível). */
20809         copy_len = MIN(val_len, sysgetenv.vallen);
20810         if ((s=sys_datacopy(SELF, (vir_bytes) val_start,
20811                 who, (vir_bytes) sysgetenv.val, copy_len)) != OK)
20812             return(s);
20813
20814         return OK;
20815     }
20816     default:
20817         return(EINVAL);
20818     }
20819 }
```

```
++++++++++++++++++++++++++++++++++++++++++++++++++++++++++++++++++++++++++
                              servers/fs/fs.h
++++++++++++++++++++++++++++++++++++++++++++++++++++++++++++++++++++++++++

20900   /* Este é o cabeçalho mestre do FS. Ele inclui alguns outros arquivos
20901    * e define as principais constantes.
20902    */
20903   #define _POSIX_SOURCE      1    /* diz aos cabeçalhos para incluírem arquivos do POSIX */
20904   #define _MINIX             1    /* diz aos cabeçalhos para incluírem arquivos do MINIX */
20905   #define _SYSTEM            1    /* diz aos cabeçalhos que este é o núcleo */
20906
20907   #define VERBOSE            0    /* exibe mensagens durante a inicialização? */
20908
20909   /* O que segue é básico, todos os arquivos *.c os obtêm automaticamente. */
20910   #include <minix/config.h>       /* DEVE ser o primeiro */
20911   #include <ansi.h>               /* DEVE ser o segundo */
20912   #include <sys/types.h>
20913   #include <minix/const.h>
20914   #include <minix/type.h>
20915   #include <minix/dmap.h>
20916
20917   #include <limits.h>
20918   #include <errno.h>
20919
20920   #include <minix/syslib.h>
20921   #include <minix/sysutil.h>
20922
20923   #include "const.h"
20924   #include "type.h"
20925   #include "proto.h"
20926   #include "glo.h"




++++++++++++++++++++++++++++++++++++++++++++++++++++++++++++++++++++++++++
                             servers/fs/const.h
++++++++++++++++++++++++++++++++++++++++++++++++++++++++++++++++++++++++++

21000   /* Tamanhos de tabela */
21001   #define V1_NR_DZONES       7    /* números de zona diretos em um i-node V1 */
21002   #define V1_NR_TZONES       9    /* números de zona totais em um i-node V1 */
21003   #define V2_NR_DZONES       7    /* números de zona diretos em um i-node V2 */
21004   #define V2_NR_TZONES      10    /* números de zona totais em um i-node V2 */
21005
21006   #define NR_FILPS         128    /* número de entradas na tabela filp */
21007   #define NR_INODES         64    /* número de entradas na tabela de i-nodes "no núcleo" */
21008   #define NR_SUPERS          8    /* número de entradas na tabela de superblocos */
21009   #define NR_LOCKS           8    /* número de entradas na tabela de travas de arquivo */
21010
21011   /* O tipo de sizeof pode ser (unsigned) long. Usa a macro a seguir para
21012    * pegar os tamanhos de objetos pequenos, para que não haja surpresas como
21013    * constantes (small) long sendo passadas para rotinas que esperam um valor int.
21014    */
21015   #define usizeof(t) ((unsigned) sizeof(t))
21016
21017   /* Tipos de sistema de arquivo. */
21018   #define SUPER_MAGIC   0x137F    /* nr. mágico contido no superbloco */
21019   #define SUPER_REV     0x7F13    /* nr. mágico na leitura de disco do 68000 no PC ou em vv */
```

```
21020   #define SUPER_V2        0x2468    /* número mágico para sistemas de arquivos V2 */
21021   #define SUPER_V2_REV    0x6824    /* número mágico V2 gravado no PC, lido no 68K ou vv */
21022   #define SUPER_V3        0x4d5a    /* número mágico para sistemas de arquivos V3 */
21023
21024   #define V1              1         /* número da versão de sistemas de arquivos V1 */
21025   #define V2              2         /* número da versão de sistemas de arquivos V2 */
21026   #define V3              3         /* número da versão de sistemas de arquivos V3 */
21027
21028   /* Constantes diversas */
21029   #define SU_UID     ((uid_t) 0)     /* uid_t de super_user */
21030   #define SYS_UID    ((uid_t) 0)     /* uid_t para os processos GM e INIT */
21031   #define SYS_GID    ((gid_t) 0)     /* gid_t para os processos GM e INIT */
21032   #define NORMAL            0        /* obriga get_block a fazer leitura de disco */
21033   #define NO_READ           1        /* impede get_block de fazer leitura de disco */
21034   #define PREFETCH          2        /* diz para get_block não ler nem marcar dispositivo */
21035
21036   #define XPIPE      (-NR_TASKS-1)   /* usado em fp_task quando susp no pipe */
21037   #define XLOCK      (-NR_TASKS-2)   /* usado em fp_task quando susp no bloqueio */
21038   #define XPOPEN     (-NR_TASKS-3)   /* usado em fp_task quando susp em pipe aberto */
21039   #define XSELECT    (-NR_TASKS-4)   /* usado em fp_task quando susp na seleção */
21040
21041   #define NO_BIT     ((bit_t) 0)     /* retornado por alloc_bit() para sinalizar falha */
21042
21043   #define DUP_MASK          0100     /* máscara para distinguir dup2 de dup */
21044
21045   #define LOOK_UP           0 /* diz a search_dir para pesquisar string */
21046   #define ENTER             1 /* diz a search_dir para fazer entrada de dir */
21047   #define DELETE            2 /* diz a search_dir para excluir entrada */
21048   #define IS_EMPTY          3 /* diz a search_dir para ret. OK ou ENOTEMPTY */
21049
21050   #define CLEAN             0        /* cópias de disco e memória idênticas */
21051   #define DIRTY             1        /* cópias de disco e memória diferentes */
21052   #define ATIME             002      /* configura se campo atime precisa de atualização */
21053   #define CTIME             004      /* configura se campo ctime precisa de atualização */
21054   #define MTIME             010      /* configura se campo mtime precisa de atualização */
21055
21056   #define BYTE_SWAP         0        /* diz a conv2/conv4 para trocar bytes */
21057
21058   #define END_OF_FILE    (-104)      /* eof detectado */
21059
21060   #define ROOT_INODE        1        /* número de nó-I para diretório-raiz */
21061   #define BOOT_BLOCK  ((block_t) 0)  /* número do bloco de inicialização */
21062   #define SUPER_BLOCK_BYTES (1024)   /* deslocamento de bytes */
21063   #define START_BLOCK       2        /* primeiro bloco do FS (sem contar SB) */
21064
21065   #define DIR_ENTRY_SIZE      usizeof (struct direct)    /* número de bytes/entrada de dir */
21066   #define NR_DIR_ENTRIES(b)   ((b)/DIR_ENTRY_SIZE)  /* número de entradas de dir /blc */
21067   #define SUPER_SIZE      usizeof (struct super_block)   /* tamanho de super_block */
21068   #define PIPE_SIZE(b)         (V1_NR_DZONES*(b))  /* tamanho do pipe em bytes */
21069
21070   #define FS_BITMAP_CHUNKS(b) ((b)/usizeof (bitchunk_t))/* número trechos/blc do mapa */
21071   #define FS_BITCHUNK_BITS              (usizeof(bitchunk_t) * CHAR_BIT)
21072   #define FS_BITS_PER_BLOCK(b)    (FS_BITMAP_CHUNKS(b) * FS_BITCHUNK_BITS)
21073
21074   /* Tamanhos derivados pertencentes ao sistema de arquivos V1. */
21075   #define V1_ZONE_NUM_SIZE            usizeof (zone1_t)  /* número de bytes na zona V1 */
21076   #define V1_INODE_SIZE               usizeof (d1_inode)  /* bytes do i-node V1 */
21077
21078   /* número de zonas/bloco indir */
21079   #define V1_INDIRECTS (STATIC_BLOCK_SIZE/V1_ZONE_NUM_SIZE)
```

```
21080
21081    /* número de i-nodes/blc no V1 */
21082    #define V1_INODES_PER_BLOCK (STATIC_BLOCK_SIZE/V1_INODE_SIZE)
21083
21084    /* Tamanhos derivados pertencentes ao sistema de arquivos V2. */
21085    #define V2_ZONE_NUM_SIZE              usizeof (zone_t)  /* nº de bytes na zona V2 */
21086    #define V2_INODE_SIZE                 usizeof (d2_inode) /* bytes do i-node V2 */
21087    #define V2_INDIRECTS(b)      ((b)/V2_ZONE_NUM_SIZE)  /* nº de zonas/bloco indir */
21088    #define V2_INODES_PER_BLOCK(b) ((b)/V2_INODE_SIZE)/* nº de i-nodes/blc do V2 */


++++++++++++++++++++++++++++++++++++++++++++++++++++++++++++++++++++++++++
                                servers/fs/type.h
++++++++++++++++++++++++++++++++++++++++++++++++++++++++++++++++++++++++++

21100    /* Declaração do i-node V1 conforme aparece no disco (não no núcleo). */
21101    typedef struct {           /* i-node de disco V1.x */
21102      mode_t d1_mode;          /* tipo de arquivo, proteção etc. */
21103      uid_t d1_uid;            /* id de usuário do proprietário do arquivo */
21104      off_t d1_size;           /* tamanho do arquivo corrente em bytes */
21105      time_t d1_mtime;         /* quando os dados do arquivo foram alterados pela última vez */
21106      u8_t d1_gid;             /* número do grupo */
21107      u8_t d1_nlinks;          /* quantos vínculos para esse arquivo */
21108      u16_t d1_zone[V1_NR_TZONES]; /* números de bloco para direto, ind e ind dupl */
21109    } d1_inode;
21110
21111    /* Declaração do i-node V2 conforme aparece no disco (não no núcleo). */
21112    typedef struct {           /* i-node de disco V2.x */
21113      mode_t d2_mode;          /* tipo de arquivo, proteção etc. */
21114      u16_t d2_nlinks;         /* quantos vínculos para esse arquivo. CORTA! */
21115      uid_t d2_uid;            /* id de usuário do proprietário do arquivo. */
21116      u16_t d2_gid;            /* CORTA número de grupo! */
21117      off_t d2_size;           /* tamanho do arquivo corrente em bytes */
21118      time_t d2_atime;         /* quando os dados do arquivo foram acessados pela última vez */
21119      time_t d2_mtime;         /* quando os dados do arquivo foram alterados pela última vez */
21120      time_t d2_ctime;         /* quando os dados do i-node foram alterados pela última vez */
21121      zone_t d2_zone[V2_NR_TZONES]; /* números de bloco para direto, ind e ind dupl */
21122    } d2_inode;


++++++++++++++++++++++++++++++++++++++++++++++++++++++++++++++++++++++++++
                                servers/fs/proto.h
++++++++++++++++++++++++++++++++++++++++++++++++++++++++++++++++++++++++++

21200    /* Prototypes de função. */
21201
21202    #include "timers.h"
21203
21204    /* As estruturas usadas em prototypes devem ser declaradas como tal primeiro. */
21205    struct buf;
21206    struct filp;
21207    struct inode;
21208    struct super_block;
21209
21210    /* cache.c */
21211    _PROTOTYPE( zone_t alloc_zone, (Dev_t dev, zone_t z)                         );
21212    _PROTOTYPE( void flushall, (Dev_t dev)                                       );
21213    _PROTOTYPE( void free_zone, (Dev_t dev, zone_t numb)                         );
21214    _PROTOTYPE( struct buf *get_block, (Dev_t dev, block_t block,int only_search));
```

```
21215  _PROTOTYPE( void invalidate, (Dev_t device)                              );
21216  _PROTOTYPE( void put_block, (struct buf *bp, int block_type)             );
21217  _PROTOTYPE( void rw_block, (struct buf *bp, int rw_flag)                 );
21218  _PROTOTYPE( void rw_scattered, (Dev_t dev,
21219                     struct buf **bufq, int bufqsize, int rw_flag)   );
21220
21221  /* device.c */
21222  _PROTOTYPE( int dev_open, (Dev_t dev, int proc, int flags)               );
21223  _PROTOTYPE( void dev_close, (Dev_t dev)                                  );
21224  _PROTOTYPE( int dev_io, (int op, Dev_t dev, int proc, void *buf,
21225                     off_t pos, int bytes, int flags)              );
21226  _PROTOTYPE( int gen_opcl, (int op, Dev_t dev, int proc, int flags)       );
21227  _PROTOTYPE( void gen_io, (int task_nr, message *mess_ptr)                );
21228  _PROTOTYPE( int no_dev, (int op, Dev_t dev, int proc, int flags)         );
21229  _PROTOTYPE( int tty_opcl, (int op, Dev_t dev, int proc, int flags)       );
21230  _PROTOTYPE( int ctty_opcl, (int op, Dev_t dev, int proc, int flags)      );
21231  _PROTOTYPE( int clone_opcl, (int op, Dev_t dev, int proc, int flags)     );
21232  _PROTOTYPE( void ctty_io, (int task_nr, message *mess_ptr)               );
21233  _PROTOTYPE( int do_ioctl, (void)                                         );
21234  _PROTOTYPE( int do_setsid, (void)                                        );
21235  _PROTOTYPE( void dev_status, (message *)                                 );
21236
21237  /* dmp.c */
21238  _PROTOTYPE( int do_fkey_pressed, (void)                                  );
21239
21240  /* dmap.c */
21241  _PROTOTYPE( int do_devctl, (void)                                        );
21242  _PROTOTYPE( void build_dmap, (void)                                      );
21243  _PROTOTYPE( int map_driver, (int major, int proc_nr, int dev_style)      );
21244
21245  /* filedes.c */
21246  _PROTOTYPE( struct filp *find_filp, (struct inode *rip, mode_t bits)     );
21247  _PROTOTYPE( int get_fd, (int start, mode_t bits, int *k, struct filp **fpt) );
21248  _PROTOTYPE( struct filp *get_filp, (int fild)                            );
21249
21250  /* inode.c */
21251  _PROTOTYPE( struct inode *alloc_inode, (dev_t dev, mode_t bits)          );
21252  _PROTOTYPE( void dup_inode, (struct inode *ip)                           );
21253  _PROTOTYPE( void free_inode, (Dev_t dev, Ino_t numb)                     );
21254  _PROTOTYPE( struct inode *get_inode, (Dev_t dev, int numb)               );
21255  _PROTOTYPE( void put_inode, (struct inode *rip)                          );
21256  _PROTOTYPE( void update_times, (struct inode *rip)                       );
21257  _PROTOTYPE( void rw_inode, (struct inode *rip, int rw_flag)              );
21258  _PROTOTYPE( void wipe_inode, (struct inode *rip)                         );
21259
21260  /* link.c */
21261  _PROTOTYPE( int do_link, (void)                                          );
21262  _PROTOTYPE( int do_unlink, (void)                                        );
21263  _PROTOTYPE( int do_rename, (void)                                        );
21264  _PROTOTYPE( void truncate, (struct inode *rip)                           );
21265
21266  /* lock.c */
21267  _PROTOTYPE( int lock_op, (struct filp *f, int req)                       );
21268  _PROTOTYPE( void lock_revive, (void)                                     );
21269
21270  /* main.c */
21271  _PROTOTYPE( int main, (void)                                             );
21272  _PROTOTYPE( void reply, (int whom, int result)                           );
21273
21274  /* misc.c */
```

```
21275   _PROTOTYPE( int do_dup, (void)                                          );
21276   _PROTOTYPE( int do_exit, (void)                                         );
21277   _PROTOTYPE( int do_fcntl, (void)                                        );
21278   _PROTOTYPE( int do_fork, (void)                                         );
21279   _PROTOTYPE( int do_exec, (void)                                         );
21280   _PROTOTYPE( int do_revive, (void)                                       );
21281   _PROTOTYPE( int do_set, (void)                                          );
21282   _PROTOTYPE( int do_sync, (void)                                         );
21283   _PROTOTYPE( int do_fsync, (void)                                        );
21284   _PROTOTYPE( int do_reboot, (void)                                       );
21285   _PROTOTYPE( int do_svrctl, (void)                                       );
21286   _PROTOTYPE( int do_getsysinfo, (void)                                   );
21287
21288   /* mount.c */
21289   _PROTOTYPE( int do_mount, (void)                                        );
21290   _PROTOTYPE( int do_umount, (void)                                       );
21291   _PROTOTYPE( int unmount, (Dev_t dev)                                    );
21292
21293   /* open.c */
21294   _PROTOTYPE( int do_close, (void)                                        );
21295   _PROTOTYPE( int do_creat, (void)                                        );
21296   _PROTOTYPE( int do_lseek, (void)                                        );
21297   _PROTOTYPE( int do_mknod, (void)                                        );
21298   _PROTOTYPE( int do_mkdir, (void)                                        );
21299   _PROTOTYPE( int do_open, (void)                                         );
21300
21301   /* path.c */
21302   _PROTOTYPE( struct inode *advance,(struct inode *dirp, char string[NAME_MAX]));
21303   _PROTOTYPE( int search_dir, (struct inode *ldir_ptr,
21304                        char string [NAME_MAX], ino_t *numb, int flag)      );
21305   _PROTOTYPE( struct inode *eat_path, (char *path)                        );
21306   _PROTOTYPE( struct inode *last_dir, (char *path, char string [NAME_MAX]));
21307
21308   /* pipe.c */
21309   _PROTOTYPE( int do_pipe, (void)                                         );
21310   _PROTOTYPE( int do_unpause, (void)                                      );
21311   _PROTOTYPE( int pipe_check, (struct inode *rip, int rw_flag,
21312            int oflags, int bytes, off_t position, int *canwrite, int notouch));
21313   _PROTOTYPE( void release, (struct inode *ip, int call_nr, int count)    );
21314   _PROTOTYPE( void revive, (int proc_nr, int bytes)                       );
21315   _PROTOTYPE( void suspend, (int task)                                    );
21316   _PROTOTYPE( int select_request_pipe, (struct filp *f, int *ops, int bl) );
21317   _PROTOTYPE( int select_cancel_pipe, (struct filp *f)                    );
21318   _PROTOTYPE( int select_match_pipe, (struct filp *f)                     );
21319
21320   /* protect.c */
21321   _PROTOTYPE( int do_access, (void)                                       );
21322   _PROTOTYPE( int do_chmod, (void)                                        );
21323   _PROTOTYPE( int do_chown, (void)                                        );
21324   _PROTOTYPE( int do_umask, (void)                                        );
21325   _PROTOTYPE( int forbidden, (struct inode *rip, mode_t access_desired)   );
21326   _PROTOTYPE( int read_only, (struct inode *ip)                           );
21327
21328   /* read.c */
21329   _PROTOTYPE( int do_read, (void)                                         );
21330   _PROTOTYPE( struct buf *rahead, (struct inode *rip, block_t baseblock,
21331                        off_t position, unsigned bytes_ahead)              );
21332   _PROTOTYPE( void read_ahead, (void)                                     );
21333   _PROTOTYPE( block_t read_map, (struct inode *rip, off_t position)       );
21334   _PROTOTYPE( int read_write, (int rw_flag)                               );
```

```
21335   _PROTOTYPE( zone_t rd_indir, (struct buf *bp, int index)           );
21336
21337   /* stadir.c */
21338   _PROTOTYPE( int do_chdir, (void)                                    );
21339   _PROTOTYPE( int do_fchdir, (void)                                   );
21340   _PROTOTYPE( int do_chroot, (void)                                   );
21341   _PROTOTYPE( int do_fstat, (void)                                    );
21342   _PROTOTYPE( int do_stat, (void)                                     );
21343   _PROTOTYPE( int do_fstatfs, (void)                                  );
21344
21345   /* super.c */
21346   _PROTOTYPE( bit_t alloc_bit, (struct super_block *sp, int map, bit_t origin));
21347   _PROTOTYPE( void free_bit, (struct super_block *sp, int map,
21348                                                   bit_t bit_returned)  );
21349   _PROTOTYPE( struct super_block *get_super, (Dev_t dev)              );
21350   _PROTOTYPE( int mounted, (struct inode *rip)                        );
21351   _PROTOTYPE( int read_super, (struct super_block *sp)                );
21352   _PROTOTYPE( int get_block_size, (dev_t dev)                         );
21353
21354   /* time.c */
21355   _PROTOTYPE( int do_stime, (void)                                    );
21356   _PROTOTYPE( int do_utime, (void)                                    );
21357
21358   /* utility.c */
21359   _PROTOTYPE( time_t clock_time, (void)                               );
21360   _PROTOTYPE( unsigned conv2, (int norm, int w)                       );
21361   _PROTOTYPE( long conv4, (int norm, long x)                          );
21362   _PROTOTYPE( int fetch_name, (char *path, int len, int flag)         );
21363   _PROTOTYPE( int no_sys, (void)                                      );
21364   _PROTOTYPE( void panic, (char *who, char *mess, int num)            );
21365
21366   /* write.c */
21367   _PROTOTYPE( void clear_zone, (struct inode *rip, off_t pos, int flag) );
21368   _PROTOTYPE( int do_write, (void)                                    );
21369   _PROTOTYPE( struct buf *new_block, (struct inode *rip, off_t position) );
21370   _PROTOTYPE( void zero_block, (struct buf *bp)                       );
21371
21372   /* select.c */
21373   _PROTOTYPE( int do_select, (void)                                   );
21374   _PROTOTYPE( int select_callback, (struct filp *, int ops)           );
21375   _PROTOTYPE( void select_forget, (int fproc)                         );
21376   _PROTOTYPE( void select_timeout_check, (timer_t *)                  );
21377   _PROTOTYPE( void init_select, (void)                                );
21378   _PROTOTYPE( int select_notified, (int major, int minor, int ops)    );
21379
21380   /* timers.c */
21381   _PROTOTYPE( void fs_set_timer, (timer_t *tp, int delta, tmr_func_t watchdog, int arg));
21382   _PROTOTYPE( void fs_expire_timers, (clock_t now)                    );
21383   _PROTOTYPE( void fs_cancel_timer, (timer_t *tp)                     );
21384   _PROTOTYPE( void fs_init_timer, (timer_t *tp)                       );
21385
21386   /* cdprobe.c */
21387   _PROTOTYPE( int cdprobe, (void)                                     );
```

```
++++++++++++++++++++++++++++++++++++++++++++++++++++++++++++++++++++++++
                           servers/fs/glo.h
++++++++++++++++++++++++++++++++++++++++++++++++++++++++++++++++++++++++

21400   /* EXTERN deve ser extern, exceto para o arquivo de tabela */
21401   #ifdef _TABLE
21402   #undef EXTERN
21403   #define EXTERN
21404   #endif
21405
21406   /* variáveis globais do Sistema de Arquivos */
21407   EXTERN struct fproc *fp;    /* ponteiro para estrutura fproc do processo que fez a chamada */
21408   EXTERN int super_user;      /* 1 se o processo que fez a chamada é superusuário, senão 0 */
21409   EXTERN int susp_count;      /* número de procs suspensos no pipe */
21410   EXTERN int nr_locks;        /* número de travas correntemente em vigor */
21411   EXTERN int reviving;        /* número de processos de pipe a serem reanimados */
21412   EXTERN off_t rdahedpos;     /* posição para leitura antecipada */
21413   EXTERN struct inode *rdahed_inode;    /* ponteiro para i-node para leitura antecipada */
21414   EXTERN Dev_t root_dev;      /* número do dispositivo-raiz */
21415   EXTERN time_t boottime;     /* tempo, em segundos, na inicialização do sistema */
21416
21417   /* Os parâmetros da chamada são mantidos aqui. */
21418   EXTERN message m_in;        /* a mensagem de entrada em si */
21419   EXTERN message m_out;       /* a mensagem de saída usada para resposta */
21420   EXTERN int who;             /* número do processo que fez a chamada */
21421   EXTERN int call_nr;         /* número da chamada de sistema */
21422   EXTERN char user_path[PATH_MAX];/* armazenamento para nome de caminho do usuário */
21423
21424   /* Variáveis retornam resultados para o processo que fez a chamada. */
21425   EXTERN int err_code;        /* armazenamento temporário para número de erro */
21426   EXTERN int rdwt_err;        /* status da última requisição de e/s de disco */
21427
21428   /* Dados inicializados em outro lugar. */
21429   extern _PROTOTYPE (int (*call_vec[]), (void) ); /* tabela de chamads de sis */
21430   extern char dot1[2];        /* dot1 (&dot1[0]) e dot2 (&dot2[0]) têm significado */
21431   extern char dot2[3];        /* especial para search_dir: nenhuma verificação de permissão de
                                       acesso. */


++++++++++++++++++++++++++++++++++++++++++++++++++++++++++++++++++++++++
                          servers/fs/fproc.h
++++++++++++++++++++++++++++++++++++++++++++++++++++++++++++++++++++++++

21500   /* Esta é a informação por processo. Uma entrada é reservada para cada processo
21501    * em potencial. Assim, NR_PROCS deve ser o mesmo que no núcleo. Não é
21502    * possível nem mesmo necessário informar quando uma entrada está livre aqui.
21503    */
21504   EXTERN struct fproc {
21505     mode_t fp_umask;          /* máscara configurada pela chamada de sistema umask */
21506     struct inode *fp_workdir;/* ponteiro para i-node do diretório de trabalho */
21507     struct inode *fp_rootdir;/* ponteiro para diretório-raiz corrente (veja chroot) */
21508     struct filp *fp_filp[OPEN_MAX];/* a tabela de descritores de arquivo */
21509     uid_t fp_realuid;         /* id real de usuário */
21510     uid_t fp_effuid;          /* id efetivo de usuário */
21511     gid_t fp_realgid;         /* id real de grupo */
21512     gid_t fp_effgid;          /* id efetivo de grupo */
21513     dev_t fp_tty;             /* principal/secundário de tty de controle */
21514     int fp_fd;                /* área para salvar fd se leiturat/escrita não puder terminar */
```

```
21515      char *fp_buffer;        /* área para salvar buffer se leitura/escrita não puder terminar */
21516      int fp_nbytes;          /* área para salvar bytes se leitura/escrita não puder terminar */
21517      int fp_cum_io_partial;  /* Qtde parcial de bytes se E/S não puder terminar */
21518      char fp_suspended;      /* configurado para indicar processo preso */
21519      char fp_revived;        /* configurado para indicar processo sendo reanimado */
21520      char fp_task;           /* em qual tarefa o proc está suspenso */
21521      char fp_sesldr;         /* true se o proc for líder de sessão */
21522      pid_t fp_pid;           /* id de processo */
21523      long fp_cloexec;        /* mapa de bits para Tabela 6-2 do POSIX FD_CLOEXEC */
21524   } fproc[NR_PROCS];
21525
21526   /* Valores de campo. */
21527   #define NOT_SUSPENDED    0    /* o processo não está suspenso em pipe nem em tarefa */
21528   #define SUSPENDED        1    /* o processo está suspenso em pipe ou em tarefa */
21529   #define NOT_REVIVING     0    /* o processo não está sendo reanimado */
21530   #define REVIVING         1    /* o processo está sendo reanimado da suspensão */
21531   #define PID_FREE         0    /* entrada de processo livre */
21532
21533   /* Verifica se o número do processo é aceitável - inclui processos de sistema. */
21534   #define isokprocnr(n)    ((unsigned)((n)+NR_TASKS) < NR_PROCS + NR_TASKS)
21535
```

++
                              servers/fs/buf.h
++

```
21600   /* Cache de buffer (bloco). Para adquirir um bloco, uma rotina chama get_block(),
21601    * informando qual bloco deseja. Então, o bloco é visto como "em uso"
21602    * e tem seu campo 'b_count' incrementado. Todos os blocos que não estão
21603    * em uso são encadeados em uma lista LRU, com 'front' apontando
21604    * para o bloco usado menos recentemente e 'rear' para o bloco usado mais
21605    * recentemente. Um encadeamento inverso, usando o campo b_prev, também é mantido.
21606    * A utilização de LRU é medida pelo tempo que put_block() termina. O segundo
21607    * parâmetro de put_block() pode violar a ordem da LRU e colocar um bloco no
21608    * início da lista, se ele provavelmente não for necessário logo. Se um bloco
21609    * é modificado, a rotina de modificação deve configurar b_dirt como DIRTY, para que o
21610    * bloco finalmente seja reescrito no disco.
21611    */
21612
21613   #include <sys/dir.h>                    /* precisa de estrutura direta */
21614   #include <dirent.h>
21615
21616   EXTERN struct buf {
21617     /* Parte de dados do buffer. */
21618     union {
21619       char b__data[MAX_BLOCK_SIZE];                /* dados de usuário normais */
21620   /* bloco de diretório */
21621       struct direct b__dir[NR_DIR_ENTRIES(MAX_BLOCK_SIZE)];
21622   /* bloco indireto do V1 */
21623       zone1_t b__v1_ind[V1_INDIRECTS];
21624   /* bloco indireto do V2 */
21625       zone_t b__v2_ind[V2_INDIRECTS(MAX_BLOCK_SIZE)];
21626   /* bloco de i-node do V1 */
21627       d1_inode b__v1_ino[V1_INODES_PER_BLOCK];
21628   /* bloco de i-node do V2 */
21629       d2_inode b__v2_ino[V2_INODES_PER_BLOCK(MAX_BLOCK_SIZE)];
```

```
21630        /* bloco de mapa de bits */
21631            bitchunk_t b__bitmap[FS_BITMAP_CHUNKS(MAX_BLOCK_SIZE)];
21632        } b;
21633
21634        /* Parte do cabeçalho do buffer. */
21635        struct buf *b_next;       /* usado para vincular todos os bufs livres em um encadeamento */
21636        struct buf *b_prev;       /* usado para vincular todos os bufs livres de outra maneira */
21637        struct buf *b_hash;       /* usado para vincular bufs em encadeamentos hash */
21638        block_t b_blocknr;        /* número de bloco de seu dispositivo (secundário) */
21639        dev_t b_dev;              /* dispositivo principal | secundário onde o bloco reside */
21640        char b_dirt;              /* CLEAN ou DIRTY */
21641        char b_count;             /* número de usuários desse buffer */
21642     } buf[NR_BUFS];
21643
21644     /* Um bloco está livre se b_dev == NO_DEV. */
21645
21646     #define NIL_BUF ((struct buf *) 0)      /* indica ausência de um buffer */
21647
21648     /* Essas defs tornam possível usar em bp->b_data, em vez de bp->b__data */
21649     #define b_data      b.b__data
21650     #define b_dir       b.b__dir
21651     #define b_v1_ind    b.b__v1_ind
21652     #define b_v2_ind    b.b__v2_ind
21653     #define b_v1_ino    b.b__v1_ino
21654     #define b_v2_ino    b.b__v2_ino
21655     #define b_bitmap    b.b__bitmap
21656
21657     EXTERN struct buf *buf_hash[NR_BUF_HASH];     /* a tabela hash de buffer */
21658
21659     EXTERN struct buf *front;   /* aponta para o bloco livre usado menos recentemente */
21660     EXTERN struct buf *rear;    /* aponta para o bloco livre usado mais recentemente */
21661     EXTERN int bufs_in_use;     /* número de bufs correntemente em uso (não na lista de livres)*/
21662
21663     /* Quando um bloco é liberado, o tipo de utilização é passado para put_block(). */
21664     #define WRITE_IMMED   0100 /* o bloco deve ser escrito no disco agora */
21665     #define ONE_SHOT      0200 /* configura se o bloco não será necessário em breve */
21666
21667     #define INODE_BLOCK         0              /* bloco de i-node */
21668     #define DIRECTORY_BLOCK     1              /* bloco de diretório */
21669     #define INDIRECT_BLOCK      2              /* bloco de ponteiro */
21670     #define MAP_BLOCK           3              /* mapa de bits */
21671     #define FULL_DATA_BLOCK     5              /* dados totalmente usados */
21672     #define PARTIAL_DATA_BLOCK  6              /* dados parcialmente usados */
21673
21674     #define HASH_MASK (NR_BUF_HASH - 1)     /* máscara para hash de números de bloco */
```

++
                              servers/fs/file.h
++

```
21700    /* Esta é a tabela filp. Ela é uma intermediária entre descritores de arquivo e
21701     * i-nodes. Uma entrada está livre se filp_count == 0.
21702     */
21703
21704    EXTERN struct filp {
21705      mode_t filp_mode;        /* bits RW, informando como o arquivo é aberto */
21706      int filp_flags;          /* flags de abertura e fcntl */
21707      int filp_count;          /* quantos descritores de arquivo compartilham essa entrada?*/
21708      struct inode *filp_ino;  /* ponteiro para o i-node */
21709      off_t filp_pos;          /* posição do arquivo */
```

```
21710
21711          /* os campos a seguir são para select() e pertencem ao código de select() genérico
21712           * (isto é, o código de select() específico para o tipo fd não pode mexer neles).
21713           */
21714          int filp_selectors;            /* seleciona (com select()) processos que bloqueiam nesse
fd */
21715          int filp_select_ops;           /* interessado nessas operações SEL_* */
21716
21717          /* os seguintes são para select() específico do tipo fd */
21718          int filp_pipe_select_ops;
21719        } filp[NR_FILPS];
21720
21721        #define FILP_CLOSED    0           /* filp_mode: dispositivo associado fechado */
21722
21723        #define NIL_FILP (struct filp *) 0     /* indica ausência de uma entrada de filp */
```

++
                              servers/fs/lock.h
++

```
21800        /* Esta é a tabela de travas de arquivo. Assim como a tabeça filp, ela aponta para
21801         * a tabela de i-nodes, contudo, neste caso para obter travas consultivas.
21802         */
21803        EXTERN struct file_lock {
21804          short lock_type;              /* F_RDLOCK ou F_WRLOCK; 0 = entrada não utilizada */
21805          pid_t lock_pid;               /* pid do processo que mantém a trava */
21806          struct inode *lock_inode;     /* ponteiro para o i-node travado */
21807          off_t lock_first;             /* deslocamento do primeiro byte travado */
21808          off_t lock_last;              /* deslocamento do último byte travado */
21809        } file_lock[NR_LOCKS];
```

++
                              servers/fs/inode.h
++

```
21900        /* Tabela de i-nodes. Esta tabela contém os i-nodes que estão correntemente em uso. Em alguns
21901         * casos, eles foram abertos por uma chamada de sistema open() ou creat(), em outros
21902         * casos, o próprio sistema de arquivos precisa do i-node por um motivo ou outro,
21903         * como no caso da pesquisa de um diretório para encontrar um nome de caminho.
21904         * A primeira parte da estrutura contém campos que estão presentes no
21905         * disco; a segunda parte contém campos que não estão presentes no disco.
21906         * A parte de i-node do disco também é declarada em "type.h" como 'd1_inode' para
21907         * sistemas de arquivos V1 e 'd2_inode' para sistemas de arquivos V2.
21908         */
21909
21910        EXTERN struct inode {
21911          mode_t i_mode;     /* tipo de arquivo, proteção etc. */
21912          nlink_t i_nlinks;  /* quantos vínculos para esse arquivo */
21913          uid_t i_uid;       /* id de usuário do proprietário do arquivo */
21914          gid_t i_gid;       /* número do grupo */
21915          off_t i_size;      /* tamanho do arquivo corrente em bytes */
21916          time_t i_atime;    /* tempo do último acesso (somente para o V2) */
21917          time_t i_mtime;    /* quando os dados do arquivo foram alterados pela última vez */
21918          time_t i_ctime;    /* quando o próprio i-node foi alterado (somente para o V2)*/
21919          zone_t i_zone[V2_NR_TZONES]; /* números de zona para direto, ind e ind dupl */
21920
21921          /* Os itens a seguir não estão presentes no disco. */
21922          dev_t i_dev;       /* em qual dispositivo o i-node está */
21923          ino_t i_num;       /* número do i-node em seu dispositivo (secundário) */
21924          int i_count;       /* nr. de vezes que o i-node foi usado; 0 = que a entrada está livre */
```

```
21925    int i_ndzones;                      /* número de zonas diretas (Vx_NR_DZONES) */
21926    int i_nindirs;                      /* número de zonas indiretas por bloco indireto */
21927    struct super_block *i_sp;           /* ponteiro para superbloco do dispositivo do i-node */
21928    char i_dirt;                        /* CLEAN ou DIRTY */
21929    char i_pipe;                        /* configura como I_PIPE se for pipe */
21930    char i_mount;                       /* este bit é ativado se o arquivo for montado */
21931    char i_seek;                        /* ativa em LSEEK, desativa em READ/WRITE */
21932    char i_update;                      /* os bits ATIME, CTIME e MTIME estão aqui */
21933  } inode[NR_INODES];
21934
21935  #define NIL_INODE (struct inode *) 0    /* indica ausência de entrada de i-node */
21936
21937  /* Valores de campo. Note que CLEAN e DIRTY são definidos em "const.h" */
21938  #define NO_PIPE       0                 /* i_pipe é NO_PIPE se o i-node não é um pipe */
21939  #define I_PIPE        1                 /* i_pipe é I_PIPE se o i-node é um pipe */
21940  #define NO_MOUNT      0                 /* i_mount é NO_MOUNT se o arquivo não estiver montado */
21941  #define I_MOUNT       1                 /* i_mount é I_MOUNT se o arquivo estiver montado */
21942  #define NO_SEEK       0                 /* i_seek = NO_SEEK se a última operação não foi SEEK */
21943  #define ISEEK         1                 /* i_seek = ISEEK se a última op foi SEEK */
```

```
++++++++++++++++++++++++++++++++++++++++++++++++++++++++++++++++++++++++
                              servers/fs/param.h
++++++++++++++++++++++++++++++++++++++++++++++++++++++++++++++++++++++++
22000  /* Os nomes a seguir são sinônimos para as variáveis na mensagem de entrada. */
22001  #define acc_time       m2_l1
22002  #define addr           m1_i3
22003  #define buffer         m1_p1
22004  #define child          m1_i2
22005  #define co_mode        m1_i1
22006  #define eff_grp_id     m1_i3
22007  #define eff_user_id    m1_i3
22008  #define erki           m1_p1
22009  #define fd             m1_i1
22010  #define fd2            m1_i2
22011  #define ioflags        m1_i3
22012  #define group          m1_i3
22013  #define real_grp_id    m1_i2
22014  #define ls_fd          m2_i1
22015  #define mk_mode        m1_i2
22016  #define mk_z0          m1_i3
22017  #define mode           m3_i2
22018  #define c_mode         m1_i3
22019  #define c_name         m1_p1
22020  #define name           m3_p1
22021  #define name1          m1_p1
22022  #define name2          m1_p2
22023  #define name_length    m3_i1
22024  #define name1_length   m1_i1
22025  #define name2_length   m1_i2
22026  #define nbytes         m1_i2
22027  #define owner          m1_i2
22028  #define parent         m1_i1
22029  #define pathname       m3_ca1
22030  #define pid            m1_i3
22031  #define pro            m1_i1
22032  #define ctl_req        m4_l1
22033  #define driver_nr      m4_l2
22034  #define dev_nr         m4_l3
```

```
22035   #define dev_style        m4_l4
22036   #define rd_only          m1_i3
22037   #define real_user_id     m1_i2
22038   #define request          m1_i2
22039   #define sig              m1_i2
22040   #define slot1            m1_i1
22041   #define tp               m2_l1
22042   #define utime_actime     m2_l1
22043   #define utime_modtime    m2_l2
22044   #define utime_file       m2_p1
22045   #define utime_length     m2_i1
22046   #define utime_strlen     m2_i2
22047   #define whence           m2_i2
22048   #define svrctl_req       m2_i1
22049   #define svrctl_argp      m2_p1
22050   #define pm_stime         m1_i1
22051   #define info_what        m1_i1
22052   #define info_where       m1_p1
22053
22054   /* Os nomes a seguir são sinônimos para as variáveis na mensagem de saída. */
22055   #define reply_type       m_type
22056   #define reply_l1         m2_l1
22057   #define reply_i1         m1_i1
22058   #define reply_i2         m1_i2
22059   #define reply_t1         m4_l1
22060   #define reply_t2         m4_l2
22061   #define reply_t3         m4_l3
22062   #define reply_t4         m4_l4
22063   #define reply_t5         m4_l5
```

++
                              servers/fs/super.h
++

```
22100   /* Tabela de superblocos. O sistema de arquivos raiz e todo sistema de arquivos montado
22101    * tem uma entrada aqui. A entrada contém informações sobre os tamanhos dos mapas
22102    * de bits e i-nodes. O campo s_ninodes fornece o número de i-nodes disponíveis
22103    * para arquivos e diretórios, incluindo o diretório-raiz. O i-node 0 está
22104    * no disco, mas não é usado. Assim, s_ninodes = 4 significa que 5 bits serão
22105    * usados no mapa de bits, bit 0, que é sempre 1 e não é usado e os bits 1-4
22106    * para arquivos e diretórios. O layout do disco é:
22107    *
22108    *    Item           número de blocos
22109    *    bloco de inicialização  1
22110    *    superbloco     1     (1kB de deslocamento)
22111    *    mapa de i-nodes  s_imap_blocks
22112    *    mapa de zonas    s_zmap_blocks
22113    *    i-nodes         (s_ninodes + 'i-nodes por bloco' - 1)/'i-nodes por bloco'
22114    *    não usado   o que for necessário para preencher a zona corrente
22115    *    zonas de dados   (s_zones - s_firstdatazone) << s_log_zone_size
22116    *
22117    * Uma entrada de super_block está livre se s_dev == NO_DEV.
22118    */
22119
22120   EXTERN struct super_block {
22121     ino_t s_ninodes;          /* nr. de i-nodes utilizáveis no dispositivo secundário */
22122     zone1_t s_nzones;         /* tamanho total do dispositivo, incluindo mapas de bits etc */
22123     short s_imap_blocks;      /* nr. de blocos usados pelo mapa de bits de i-node */
22124     short s_zmap_blocks;      /* nr. de blocos usados por mapa de bits de zona */
```

```
22125        zone1_t s_firstdatazone;        /* número da primeira zona de dados */
22126        short s_log_zone_size;          /* log2 de blocos/zona */
22127        short s_pad;                    /* tenta evitar o preenchimento dependente de compilador */
22128        off_t s_max_size;               /* tamanho de arquivo máximo nesse dispositivo */
22129        zone_t s_zones;                 /* número de zonas (substitui s_nzones no V2) */
22130        short s_magic;                  /* número mágico para reconhecer superblocos */
22131
22132        /* Os itens a seguir são válidos no disco apenas para V3 e acima */
22133
22134        /* O tamanho do bloco em bytes. Mínimo MIN_BLOCK SIZE. SECTOR_SIZE
22135         * múltiplo. Se for sistema de arquivos V1 ou V2, isso deve ser
22136         * inicializado como STATIC_BLOCK_SIZE. Máximo MAX_BLOCK_SIZE.
22137         */
22138        short s_pad2;                   /* tenta evitar preenchimento dependente do compilador */
22139        unsigned short s_block_size;    /* tamanho do bloco em bytes. */
22140        char s_disk_version;            /* sub-versão do formato do sistema de arquivos */
22141
22142        /* Os itens a seguir são usados somente quando o superbloco está na memória. */
22143        struct inode *s_isup;           /* i-node do diretório-raiz de sistema de arq montado */
22144        struct inode *s_imount;         /* i-node montado */
22145        unsigned s_inodes_per_block;    /* calculado previamente a partir do número mágico */
22146        dev_t s_dev;                    /* de quem é este superbloco? */
22147        int s_rd_only;                  /* 1 se FS montado somente para leitura */
22148        int s_native;                   /* 1 se não FS for com byte trocado */
22149        int s_version;                  /* versão do FS, zero significa mágico errado */
22150        int s_ndzones;                  /* número de zonas diretas em um i-node */
22151        int s_nindirs;                  /* número de zonas indiretas por bloco indireto */
22152        bit_t s_isearch;                /* os i-nodes abaixo deste número de bit estão em uso */
22153        bit_t s_zsearch;                /* todas as zonas abaixo deste número de bit estão em uso */
22154        } super_block[NR_SUPERS];
22155
22156        #define NIL_SUPER (struct super_block *) 0
22157        #define IMAP            0         /* operando no mapa de bits do i-node */
22158        #define ZMAP            1         /* operando no mapa de bits de zona */


++++++++++++++++++++++++++++++++++++++++++++++++++++++++++++++++++++++++++
                                servers/fs/table.c
++++++++++++++++++++++++++++++++++++++++++++++++++++++++++++++++++++++++++

22200        /* Este arquivo contém a tabela usada para fazer o mapeamento de números de chamada de
22201         * sistema nas rotinas que as executam.
22202         */
22203
22204        #define _TABLE
22205
22206        #include "fs.h"
22207        #include <minix/callnr.h>
22208        #include <minix/com.h>
22209        #include "buf.h"
22210        #include "file.h"
22211        #include "fproc.h"
22212        #include "inode.h"
22213        #include "lock.h"
22214        #include "super.h"
22215
22216        PUBLIC _PROTOTYPE (int (*call_vec[]), (void) ) = {
22217                no_sys,         /* 0 = não utilizado */
22218                do_exit,        /* 1 = exit      */
22219                do_fork,        /* 2 = fork      */
```

```
22220          do_read,        /*  3 = read     */
22221          do_write,       /*  4 = write    */
22222          do_open,        /*  5 = open     */
22223          do_close,       /*  6 = close    */
22224          no_sys,         /*  7 = wait     */
22225          do_creat,       /*  8 = creat    */
22226          do_link,        /*  9 = link     */
22227          do_unlink,      /* 10 = unlink   */
22228          no_sys,         /* 11 = waitpid  */
22229          do_chdir,       /* 12 = chdir    */
22230          no_sys,         /* 13 = time     */
22231          do_mknod,       /* 14 = mknod    */
22232          do_chmod,       /* 15 = chmod    */
22233          do_chown,       /* 16 = chown    */
22234          no_sys,         /* 17 = break    */
22235          do_stat,        /* 18 = stat     */
22236          do_lseek,       /* 19 = lseek    */
22237          no_sys,         /* 20 = getpid   */
22238          do_mount,       /* 21 = mount    */
22239          do_umount,      /* 22 = umount   */
22240          do_set,         /* 23 = setuid   */
22241          no_sys,         /* 24 = getuid   */
22242          do_stime,       /* 25 = stime    */
22243          no_sys,         /* 26 = ptrace   */
22244          no_sys,         /* 27 = alarm    */
22245          do_fstat,       /* 28 = fstat    */
22246          no_sys,         /* 29 = pause    */
22247          do_utime,       /* 30 = utime    */
22248          no_sys,         /* 31 = (stty)   */
22249          no_sys,         /* 32 = (gtty)   */
22250          do_access,      /* 33 = access   */
22251          no_sys,         /* 34 = (nice)   */
22252          no_sys,         /* 35 = (ftime)  */
22253          do_sync,        /* 36 = sync     */
22254          no_sys,         /* 37 = kill     */
22255          do_rename,      /* 38 = rename   */
22256          do_mkdir,       /* 39 = mkdir    */
22257          do_unlink,      /* 40 = rmdir    */
22258          do_dup,         /* 41 = dup      */
22259          do_pipe,        /* 42 = pipe     */
22260          no_sys,         /* 43 = times    */
22261          no_sys,         /* 44 = (prof)   */
22262          no_sys,         /* 45 = não utilizado */
22263          do_set,         /* 46 = setgid   */
22264          no_sys,         /* 47 = getgid   */
22265          no_sys,         /* 48 = (signal)*/
22266          no_sys,         /* 49 = não utilizado */
22267          no_sys,         /* 50 = não utilizado */
22268          no_sys,         /* 51 = (acct)   */
22269          no_sys,         /* 52 = (phys)   */
22270          no_sys,         /* 53 = (lock)   */
22271          do_ioctl,       /* 54 = ioctl    */
22272          do_fcntl,       /* 55 = fcntl    */
22273          no_sys,         /* 56 = (mpx)    */
22274          no_sys,         /* 57 = não utilizado */
22275          no_sys,         /* 58 = não utilizado */
22276          do_exec,        /* 59 = execve   */
22277          do_umask,       /* 60 = umask    */
22278          do_chroot,      /* 61 = chroot   */
22279          do_setsid,      /* 62 = setsid   */
```

```
22280              no_sys,         /* 63 = getpgrp */
22281
22282              no_sys,         /* 64 = KSIG: sinais originados no núcleo */
22283              do_unpause,     /* 65 = UNPAUSE */
22284              no_sys,         /* 66 = não utilizado */
22285              do_revive,      /* 67 = REVIVE  */
22286              no_sys,         /* 68 = TASK_REPLY       */
22287              no_sys,         /* 69 = não utilizado */
22288              no_sys,         /* 70 = não utilizado */
22289              no_sys,         /* 71 = si */
22290              no_sys,         /* 72 = sigsuspend */
22291              no_sys,         /* 73 = sigpending */
22292              no_sys,         /* 74 = sigprocmask */
22293              no_sys,         /* 75 = sigreturn */
22294              do_reboot,      /* 76 = reboot */
22295              do_svrctl,      /* 77 = svrctl */
22296
22297              no_sys,         /* 78 = não utilizado */
22298              do_getsysinfo,  /* 79 = getsysinfo */
22299              no_sys,         /* 80 = não utilizado */
22300              do_devctl,      /* 81 = devctl */
22301              do_fstatfs,     /* 82 = fstatfs */
22302              no_sys,         /* 83 = memalloc */
22303              no_sys,         /* 84 = memfree */
22304              do_select,      /* 85 = select */
22305              do_fchdir,      /* 86 = fchdir */
22306              do_fsync,       /* 87 = fsync */
22307              no_sys,         /* 88 = getpriority */
22308              no_sys,         /* 89 = setpriority */
22309              no_sys,         /* 90 = gettimeofday */
22310      };
22311      /* Isso não deve falhar com "tamanho do array é negativo": */
22312      extern int dummy[sizeof(call_vec) == NCALLS * sizeof(call_vec[0]) ? 1 : -1];
22313
```

```
++++++++++++++++++++++++++++++++++++++++++++++++++++++++++++++++++++++++++
                              servers/fs/cache.c
++++++++++++++++++++++++++++++++++++++++++++++++++++++++++++++++++++++++++
22400   /* O sistema de arquivos mantém uma cache de buffer para reduzir o número de acessos
22401    * a disco necessários. Quando uma leitura ou escrita no disco é feita, primeiro é
22402    * realizada uma verificação para ver se o bloco está na cache. Este arquivo gerencia a
22403    * cache.
22404    *
22405    * Os pontos de entrada para esse arquivo são:
22406    *   get_block: requisição para buscar um bloco para ler ou escrever da cache
22407    *   put_block: retorna um bloco solicitado anteriormente com get_block
22408    *   alloc_zone: aloca uma nova zona (para aumentar o comprimento de um arquivo)
22409    *   free_zone: libera uma zona (quando um arquivo é removido)
22410    *   rw_block: lê ou escreve um bloco do próprio disco
22411    *   invalidate: remove todos os blocos da cache em algum dispositivo
22412    */
22413
22414   #include "fs.h"
22415   #include <minix/com.h>
22416   #include "buf.h"
22417   #include "file.h"
22418   #include "fproc.h"
22419   #include "super.h"
```

```
22420
22421   FORWARD _PROTOTYPE( void rm_lru, (struct buf *bp) );
22422
22423   /*===========================================================================*
22424    *                              get_block                                    *
22425    *===========================================================================*/
22426   PUBLIC struct buf *get_block(dev, block, only_search)
22427   register dev_t dev;               /* em qual dispositivo está o bloco? */
22428   register block_t block;           /* que bloco é desejado? */
22429   int only_search;                  /* se for NO_READ, não lê, senão age normalmente */
22430   {
22431   /* Verifica se o bloco solicitado está na cache de bloco. Se estiver, retorna
22432    * um ponteiro para ele. Se não estiver, descarrega algum outro bloco e busca-o (a não ser
22433    * que 'only_search' seja 1). Todos os blocos na cache que não estão sendo usados
22434    * são vinculados em um encadeamento, com 'front' apontando para o bloco usado
22435    * menos recentemente e 'rear' apontando para o bloco usado mais recentemente. Se 'only_
22436    * search' for1, o bloco que está sendo solicitado será totalmente sobrescrito, de modo
22437    * que só é necessário ver se ele está na cache; se não estiver, qualquer buffer livre
22438    * serve. Não é necessário ler realmente o bloco do disco.
22439    * Se 'only_search' for PREFETCH, o bloco não precisará ser lido do disco e
22440    * o dispositivo não será marcado no bloco, para que os processos que fizeram a chamada
22441    * possam saber se o bloco retornado é válido.
22442    * Além do encadeamento LRU, também existe um encadeamento hash para vincular os blocos cujos
22443    * números terminam com as mesmas strings de bit, para possibilitar uma pesquisa rápida.
22444    */
22445
22446     int b;
22447     register struct buf *bp, *prev_ptr;
22448
22449     /* Pesquisa o encadeamento hash em busca de (dev, block). Do_read() pode usar
22450      * get_block(NO_DEV ...) para obter um bloco não nomeado para preencher com zeros
22451      * quando alguém quiser ler de uma lacuna em um arquivo, no caso em que essa pesquisa
22452      * não é feita
22453      */
22454     if (dev != NO_DEV) {
22455         b = (int) block & HASH_MASK;
22456         bp = buf_hash[b];
22457         while (bp != NIL_BUF) {
22458             if (bp->b_blocknr == block && bp->b_dev == dev) {
22459                 /* O bloco necessário foi encontrado. */
22460                 if (bp->b_count == 0) rm_lru(bp);
22461                 bp->b_count++; /* registra o fator de que o bloco está em uso */
22462
22463                 return(bp);
22464             } else {
22465                 /* Este bloco não é o buscado. */
22466                 bp = bp->b_hash;   /* próximo bloco no encadeamento hash */
22467             }
22468         }
22469     }
22470
22471     /* Bloco desejado não está no encadeamento disponível. Pega mais antigo ('front'). */
22472     if ((bp = front) == NIL_BUF) panic(__FILE__,"all buffers in use", NR_BUFS);
22473     rm_lru(bp);
22474
22475     /* Remove o bloco que acabou de ser obtido de seu encadeamento hash. */
22476     b = (int) bp->b_blocknr & HASH_MASK;
22477     prev_ptr = buf_hash[b];
22478     if (prev_ptr == bp) {
22479         buf_hash[b] = bp->b_hash;
```

```
22480         } else {
22481                 /* O bloco que acabou de ser obtido não está no início de seu encadeamento hash. */
22482                 while (prev_ptr->b_hash != NIL_BUF)
22483                         if (prev_ptr->b_hash == bp) {
22484                                 prev_ptr->b_hash = bp->b_hash;   /* o encontrou */
22485                                 break;
22486                         } else {
22487                                 prev_ptr = prev_ptr->b_hash;     /* continua pesquisando */
22488                         }
22489         }
22490
22491   /* Se o bloco obtido estiver sujo, torna-o limpo escrevendo-o no disco.
22492    * Evita a histerese descarregando todos os outros blocos sujos do mesmo dispositivo.
22493    */
22494   if (bp->b_dev != NO_DEV) {
22495           if (bp->b_dirt == DIRTY) flushall(bp->b_dev);
22496   }
22497
22498   /* Preenche os parâmetros do bloco e o adiciona no encadeamento hash para onde ele vai. */
22499   bp->b_dev = dev;                /* preenche o número do dispositivo */
22500   bp->b_blocknr = block;          /* preenche o número do bloco */
22501   bp->b_count++;                  /* registra o fato de que o bloco está sendo usado */
22502   b = (int) bp->b_blocknr & HASH_MASK;
22503   bp->b_hash = buf_hash[b];
22504   buf_hash[b] = bp;               /* adiciona na lista de hash */
22505
22506   /* Obtém o bloco solicitado, a não ser que esteja pesquisando ou buscando previamente. */
22507   if (dev != NO_DEV) {
22508           if (only_search == PREFETCH) bp->b_dev = NO_DEV;
22509           else
22510             if (only_search == NORMAL) {
22511                   rw_block(bp, READING);
22512             }
22513   }
22514   return(bp);                     /* retorna o bloco recentemente adquirido */
22515 }

22517 /*===========================================================================*
22518  *                              put_block                                    *
22519  *===========================================================================*/
22520 PUBLIC void put_block(bp, block_type)
22521 register struct buf *bp;         /* ponteiro para o buffer a ser liberado */
22522 int block_type;                  /* INODE_BLOCK, DIRECTORY_BLOCK ou o que for */
22523 {
22524 /* Retorna um bloco para a lista de blocos disponíveis. Dependendo de 'block_type',
22525  * ele pode ser colocado no início ou no fim do encadeamento LRU. Os blocos que provavelmente
22526  * serão necessários novamente em breve (por exemplo, blocos de dados parcialmente cheios)
22527  * ficam no final; os blocos que provavelmente não serão necessários novamente em breve
22528  * (por exemplo, blocos de dados cheios) ficam no início. Os blocos cuja perda pode
22529  * prejudicar a integridade do sistema de arquivos (por exemplo, blocos de i-node) são
22530  * escritos imediatamente no disco, se estiverem sujos.
22531  */
22532   if (bp == NIL_BUF) return;/* mais fácil testar aqui do que no processo que fez a chamada */
22533
22534   bp->b_count--;                  /* há um a menos agora */
22535   if (bp->b_count != 0) return;   /* o bloco ainda está em uso */
22536
22537   bufs_in_use--;                  /* um buffer de bloco em uso a menos */
22538
22539   /* Coloca este bloco de volta no encadeamento LRU. Se o bit ONE_SHOT estiver ativo em
```

```
22540          *   'block_type', o bloco provamente não será necessário novamente em breve; portanto, o
22541          *   coloca no início do encadeamento LRU, onde ele será o primeiro a ser
22542          *   retirado, quando um buffer livre for necessário posteriormente.
22543          */
22544         if (bp->b_dev == DEV_RAM || block_type & ONE_SHOT) {
22545                 /* O bloco provavelmente não será necessário rapidamente. O coloca no início do
22546                  * encadeamento. Ele será o próximo bloco a ser descarregado da cache.
22547                  */
22548                 bp->b_prev = NIL_BUF;
22549                 bp->b_next = front;
22550                 if (front == NIL_BUF)
22551                         rear = bp;     /* o encadeamento LRU estava vazio */
22552                 else
22553                         front->b_prev = bp;
22554                 front = bp;
22555         } else {
22556                 /* O bloco provavelmente será necessário rapidamente. O coloca no fim do
22557                  * encadeamento. Ele não será descarregado da cache por um longo tempo.
22558                  */
22559                 bp->b_prev = rear;
22560                 bp->b_next = NIL_BUF;
22561                 if (rear == NIL_BUF)
22562                         front = bp;
22563                 else
22564                         rear->b_next = bp;
22565                 rear = bp;
22566         }
22567
22568         /* Alguns blocos são tão importantes (por exemplo, i-nodes, blocos indiretos) que devem
22569          * ser escrito no disco imediatamente, para evitar que o sistema
22570          * de arquivos seja corrompido no caso de uma falha.
22571          */
22572         if ((block_type & WRITE_IMMED) && bp->b_dirt==DIRTY && bp->b_dev != NO_DEV) {
22573                         rw_block(bp, WRITING);
22574         }
22575 }
22576
22577 /*===========================================================================*
22578  *                              alloc_zone                                   *
22579  *===========================================================================*/
22580 PUBLIC zone_t alloc_zone(dev, z)
22581 dev_t dev;                              /* dispositivo onde está a zona desejada */
22582 zone_t z;                               /* tenta alocar uma nova zona perto desta */
22583 {
22584 /* Aloca uma nova zona no dispositivo indicado e retorna seu número. */
22585
22586   int major, minor;
22587   bit_t b, bit;
22588   struct super_block *sp;
22589
22590   /* Note que a rotina alloc_bit() retorna 1 para a zona mais baixa possível,
22591    * a qual corresponde a sp->s_firstdatazone. Para converter um valor
22592    * entre o número do bit, 'b', usado por alloc_bit() e o número da zona, 'z',
22593    * armazenado no i-node, usa a fórmula:
22594    *      z = b + sp->s_firstdatazone - 1
22595    * Alloc_bit() nunca retorna 0, pois isso é usado para NO_BIT (falha).
22596    */
22597   sp = get_super(dev);
22598
22599   /* Se z for 0, pula a parte inicial do mapa que se sabe que está completamente em uso. */
```

```
22600        if (z == sp->s_firstdatazone) {
22601              bit = sp->s_zsearch;
22602        } else {
22603              bit = (bit_t) z - (sp->s_firstdatazone - 1);
22604        }
22605        b = alloc_bit(sp, ZMAP, bit);
22606        if (b == NO_BIT) {
22607              err_code = ENOSPC;
22608              major = (int) (sp->s_dev >> MAJOR) & BYTE;
22609              minor = (int) (sp->s_dev >> MINOR) & BYTE;
22610              printf("No space on %sdevice %d/%d\n",
22611                  sp->s_dev == root_dev ? "root " : "", major, minor);
22612              return(NO_ZONE);
22613        }
22614        if (z == sp->s_firstdatazone) sp->s_zsearch = b;  /* para a próxima vez */
22615        return(sp->s_firstdatazone - 1 + (zone_t) b);
22616   }

22618   /*===========================================================================*
22619    *                              free_zone                                    *
22620    *===========================================================================*/
22621   PUBLIC void free_zone(dev, numb)
22622   dev_t dev;                        /* dispositivo onde a zona está localizada */
22623   zone_t numb;                      /* zona a ser retornada */
22624   {
22625   /* Retorna uma zona. */
22626
22627      register struct super_block *sp;
22628      bit_t bit;
22629
22630      /* Localiza o super_block apropriado e retorna o bit. */
22631      sp = get_super(dev);
22632      if (numb < sp->s_firstdatazone || numb >= sp->s_zones) return;
22633      bit = (bit_t) (numb - (sp->s_firstdatazone - 1));
22634      free_bit(sp, ZMAP, bit);
22635      if (bit < sp->s_zsearch) sp->s_zsearch = bit;
22636   }

22638   /*===========================================================================*
22639    *                              rw_block                                     *
22640    *===========================================================================*/
22641   PUBLIC void rw_block(bp, rw_flag)
22642   register struct buf *bp;          /* ponteiro de buffer */
22643   int rw_flag;                      /* READING ou WRITING */
22644   {
22645   /* Lê ou escreve bloco de disco. Esta é a única rotina na qual uma E/S de disco real é
22646    * solicitada. Se ocorrer erro, uma msg será impressa aqui, mas o erro não será informado
22647    * para o processo que fez a chamada. De qualquer modo, se o erro ocorreu durante a
22648    * descarga de um bloco da cache, não está claro o que o processo poderia fazer a respeito.
22649    */
22650
22651      int r, op;
22652      off_t pos;
22653      dev_t dev;
22654      int block_size;
22655
22656      block_size = get_block_size(bp->b_dev);
22657
22658      if ( (dev = bp->b_dev) != NO_DEV) {
22659              pos = (off_t) bp->b_blocknr * block_size;
```

```
22660                  op = (rw_flag == READING ? DEV_READ : DEV_WRITE);
22661                  r = dev_io(op, dev, FS_PROC_NR, bp->b_data, pos, block_size, 0);
22662                  if (r != block_size) {
22663                      if (r >= 0) r = END_OF_FILE;
22664                      if (r != END_OF_FILE)
22665                          printf("Unrecoverable disk error on device %d/%d, block %ld\n",
22666                                 (dev>>MAJOR)&BYTE, (dev>>MINOR)&BYTE, bp->b_blocknr);
22667                      bp->b_dev = NO_DEV;         /* invalida o bloco */
22668
22669                      /* Informa sobre erros de leitura para as partes interessadas. */
22670                      if (rw_flag == READING) rdwt_err = r;
22671                  }
22672              }
22673
22674              bp->b_dirt = CLEAN;
22675          }
22676
22677  /*===========================================================================*
22678   *                              invalidate                                   *
22679   *===========================================================================*/
22680  PUBLIC void invalidate(device)
22681  dev_t device;                           /* dispositivo cujos blocos devem ser expurgados */
22682  {
22683  /* Remove da cache todos os blocos pertencentes a algum dispositivo. */
22684
22685      register struct buf *bp;
22686
22687      for (bp = &buf[0]; bp < &buf[NR_BUFS]; bp++)
22688          if (bp->b_dev == device) bp->b_dev = NO_DEV;
22689  }
22690
22691  /*===========================================================================*
22692   *                              flushall                                     *
22693   *===========================================================================*/
22694  PUBLIC void flushall(dev)
22695  dev_t dev;                              /* dispositivo a descarregar */
22696  {
22697  /* Descarrega todos os blocos sujos de um dispositivo. */
22698
22699      register struct buf *bp;
22700      static struct buf *dirty[NR_BUFS];     /* static para que não esteja na pilha */
22701      int ndirty;
22702
22703      for (bp = &buf[0], ndirty = 0; bp < &buf[NR_BUFS]; bp++)
22704          if (bp->b_dirt == DIRTY && bp->b_dev == dev) dirty[ndirty++] = bp;
22705      rw_scattered(dev, dirty, ndirty, WRITING);
22706  }
22707
22708  /*===========================================================================*
22709   *                              rw_scattered                                 *
22710   *===========================================================================*/
22711  PUBLIC void rw_scattered(dev, bufq, bufqsize, rw_flag)
22712  dev_t dev;                              /* número de dispositivo principal-secundário */
22713  struct buf **bufq;                      /* ponteiro para array de buffers */
22714  int bufqsize;                           /* número de buffers */
22715  int rw_flag;                            /* READING ou WRITING */
22716  {
22717  /* Lê ou escreve dados dispersos de um dispositivo. */
22718
22719      register struct buf *bp;
```

```
22720        int gap;
22721        register int i;
22722        register iovec_t *iop;
22723        static iovec_t iovec[NR_IOREQS];   /* static para que não esteja na pilha */
22724        int j, r;
22725        int block_size;
22726
22727        block_size = get_block_size(dev);
22728
22729        /* (Shell) ordena buffers em b_blocknr. */
22730        gap = 1;
22731        do
22732              gap = 3 * gap + 1;
22733        while (gap <= bufqsize);
22734        while (gap != 1) {
22735              gap /= 3;
22736              for (j = gap; j < bufqsize; j++) {
22737                    for (i = j - gap;
22738                         i >= 0 && bufq[i]->b_blocknr > bufq[i + gap]->b_blocknr;
22739                         i -= gap) {
22740                          bp = bufq[i];
22741                          bufq[i] = bufq[i + gap];
22742                          bufq[i + gap] = bp;
22743                    }
22744              }
22745        }
22746
22747        /* Configura o vetor de E/S e realiza a E/S. O resultado de dev_io será OK se tudo
22748         * correu bem; caso contrário, será o código de erro da primeira transferência falha.
22749         */
22750        while (bufqsize > 0) {
22751              for (j = 0, iop = iovec; j < NR_IOREQS && j < bufqsize; j++, iop++) {
22752                    bp = bufq[j];
22753                    if (bp->b_blocknr != bufq[0]->b_blocknr + j) break;
22754                    iop->iov_addr = (vir_bytes) bp->b_data;
22755                    iop->iov_size = block_size;
22756              }
22757              r = dev_io(rw_flag == WRITING ? DEV_SCATTER : DEV_GATHER,
22758                    dev, FS_PROC_NR, iovec,
22759                    (off_t) bufq[0]->b_blocknr * block_size, j, 0);
22760
22761              /* Colhe os resultados. Dev_io relata o primeiro erro que pode ter
22762               * encontrado, mas nos preocupamos apenas se foi o primeiro bloco que falhou.
22763               */
22764              for (i = 0, iop = iovec; i < j; i++, iop++) {
22765                    bp = bufq[i];
22766                    if (iop->iov_size != 0) {
22767                          /* A transferência falhou. Um erro? Importa para nós? */
22768                          if (r != OK && i == 0) {
22769                                printf(
22770                          "fs: I/O error on device %d/%d, block %lu\n",
22771                                      (dev>>MAJOR)&BYTE, (dev>>MINOR)&BYTE,
22772                                      bp->b_blocknr);
22773                                bp->b_dev = NO_DEV;      /* invalida o bloco */
22774                          }
22775                          break;
22776                    }
22777                    if (rw_flag == READING) {
22778                          bp->b_dev = dev;         /* valida o bloco */
22779                          put_block(bp, PARTIAL_DATA_BLOCK);
```

```
22780                         } else {
22781                                 bp->b_dirt = CLEAN;
22782                         }
22783                 }
22784                 bufq += i;
22785                 bufqsize -= i;
22786                 if (rw_flag == READING) {
22787                         /* Não se preocupa em ler mais do que o dispositivo está querendo
22788                          * fornecer neste momento. Não se esqueça de liberar esses extras.
22789                          */
22790                         while (bufqsize > 0) {
22791                                 put_block(*bufq++, PARTIAL_DATA_BLOCK);
22792                                 bufqsize--;
22793                         }
22794                 }
22795                 if (rw_flag == WRITING && i == 0) {
22796                 /* Não estamos fazendo progresso; isso significa que podemos continuar no laço.
22797                  * Os buffers permanecerão sujos, se não forem escritos. Os buffers serão perdidos
22798                  * se forem invalidados (com invalidate()) ou removidos da LRU enquanto estiverem
22799                  * sujos. Isso é melhor do que manter por perto blocos não graváveis para sempre..
22800                  */
22801                         break;
22802                 }
22803         }
22804 }

22806 /*===========================================================================*
22807  *                              rm_lru                                       *
22808  *===========================================================================*/
22809 PRIVATE void rm_lru(bp)
22810 struct buf *bp;
22811 {
22812 /* Remove um bloco de seu encadeamento LRU. */
22813   struct buf *next_ptr, *prev_ptr;
22814
22815   bufs_in_use++;
22816   next_ptr = bp->b_next;         /* sucessor no encadeamento LRU */
22817   prev_ptr = bp->b_prev;         /* predecessor no encadeamento LRU */
22818   if (prev_ptr != NIL_BUF)
22819         prev_ptr->b_next = next_ptr;
22820   else
22821         front = next_ptr;        /* este bloco estava no início do encadeamento */
22822
22823   if (next_ptr != NIL_BUF)
22824         next_ptr->b_prev = prev_ptr;
22825   else
22826         rear = prev_ptr;         /* este bloco estava no fim do encadeamento */
22827 }
```

++
                              servers/fs/inode.c
++

```
22900 /* Este arquivo gerencia a tabela de i-nodes. Existem funções para alocar e
22901  * liberar i-nodes, adquiri-los, apagá-los e liberá-los, e para lê-los e escrevê-los
22902  * no disco.
22903  *
22904  * Os pontos de entrada para este arquivo são
```

```
22905      *   get_inode:     pesquisa a tabela de i-nodes em busca de determinado i-node; se não
22906      *                  estiver lá, o lê
22907      *   put_inode:     indica que um i-node não é mais necessário na memória
22908      *   alloc_inode:   aloca um novo i-node não utilizado
22909      *   wipe_inode:    apaga alguns campos de um i-node recentemente alocado
22910      *   free_inode:    marca um i-node como disponível para um novo arquivo
22911      *   update_times:  atualiza atime, ctime e mtime
22912      *   rw_inode:      lê um bloco do disco e extrai um i-node ou a escrita correspondente
22913      *   old_icopy:     copia na/da estrutura de i-node no núcleo e de i-node do disco (V1.x)
22914      *   new_icopy:     copia na/da estrutura de i-node no núcleo e de i-node do disco (V2.x)
22915      *   dup_inode:     indica que alguém está usando uma entrada da tabela de i-nodes
22916      */
22917
22918      #include "fs.h"
22919      #include "buf.h"
22920      #include "file.h"
22921      #include "fproc.h"
22922      #include "inode.h"
22923      #include "super.h"
22924
22925      FORWARD _PROTOTYPE( void old_icopy, (struct inode *rip, d1_inode *dip,
22926                                           int direction, int norm));
22927      FORWARD _PROTOTYPE( void new_icopy, (struct inode *rip, d2_inode *dip,
22928                                           int direction, int norm));
22929
22930      /*===========================================================================*
22931       *                              get_inode                                    *
22932       *===========================================================================*/
22933      PUBLIC struct inode *get_inode(dev, numb)
22934      dev_t dev;                      /* dispositivo no qual reside o i-node */
22935      int numb;                       /* número do i-node (ANSI: não pode ser unshort) */
22936      {
22937      /* Localiza uma entrada na tabela de i-nodes, carrega nela o i-node especificado e
22938       * retorna um ponteiro para a entrada. Se 'dev' == NO_DEV, apenas retorna uma entrada livre.
22939       */
22940
22941        register struct inode *rip, *xp;
22942
22943        /* Pesquisa a tabela de i-nodes em busca de (dev, numb) e de uma entrada livre. */
22944        xp = NIL_INODE;
22945        for (rip = &inode[0]; rip < &inode[NR_INODES]; rip++) {
22946              if (rip->i_count > 0) { /* verifica apenas as entradas usadas por (dev, numb) */
22947                      if (rip->i_dev == dev && rip->i_num == numb) {
22948                              /* Este é o i-node que estamos procurando. */
22949                              rip->i_count++;
22950                              return(rip);      /* (dev, numb) encontrado */
22951                      }
22952              } else {
22953                      xp = rip;         /* lembra desta entrada livre mais tarde */
22954              }
22955        }
22956
22957        /* O i-node que queremos não está correntemente em uso. Encontramos uma entrada livre? */
22958        if (xp == NIL_INODE) {           /* tabela de i-nodes completamente cheia */
22959              err_code = ENFILE;
22960              return(NIL_INODE);
22961        }
22962
22963        /* Uma entrada de i-node livre foi localizada. Carrega o i-node nela. */
22964        xp->i_dev = dev;
```

```
22965        xp->i_num = numb;
22966        xp->i_count = 1;
22967        if (dev != NO_DEV) rw_inode(xp, READING);       /* obtém i-node do disco */
22968        xp->i_update = 0;                /* todos os tempos estão inicialmente atualizados */
22969
22970        return(xp);
22971  }


22973  /*===========================================================================*
22974   *                               put_inode                                   *
22975   *===========================================================================*/
22976  PUBLIC void put_inode(rip)
22977  register struct inode *rip;      /* ponteiro para o i-node a ser liberado */
22978  {
22979  /* O processo que fez a chamada não está mais usando este i-node. Se mais ninguém o
22980   * estiver usando escreva-o de volta no disco, imediatamente. Se ele não tiver vínculos,
22981   * trunca-o e retorna-o para o pool de i-nodes disponíveis.
22982   */
22983
22984        if (rip == NIL_INODE) return; /* testar aqui é mais fácil do que no proc.chamador */
22985        if (--rip->i_count == 0) {    /* i_count == 0 significa que ninguém o está usando agora */
22986             if (rip->i_nlinks == 0) {
22987                  /* i_nlinks == 0 significa liberar o i-node. */
22988                  truncate(rip); /* retorna todos os blocos do disco */
22989                  rip->i_mode = I_NOT_ALLOC;     /* limpa o campo I_TYPE */
22990                  rip->i_dirt = DIRTY;
22991                  free_inode(rip->i_dev, rip->i_num);
22992             } else {
22993                  if (rip->i_pipe == I_PIPE) truncate(rip);
22994             }
22995             rip->i_pipe = NO_PIPE;  /* sempre deve ser limpo */
22996             if (rip->i_dirt == DIRTY) rw_inode(rip, WRITING);
22997        }
22998  }


23000  /*===========================================================================*
23001   *                              alloc_inode                                  *
23002   *===========================================================================*/
23003  PUBLIC struct inode *alloc_inode(dev_t dev, mode_t bits)
23004  {
23005  /* Aloca um i-node livre em 'dev' e retorna um ponteiro para ele. */
23006
23007        register struct inode *rip;
23008        register struct super_block *sp;
23009        int major, minor, inumb;
23010        bit_t b;
23011
23012        sp = get_super(dev);   /* obtém ponteiro para super_block */
23013        if (sp->s_rd_only) {   /* não pode alocar i-node em um dispositivo somente para leitura. */
23014             err_code = EROFS;
23015             return(NIL_INODE);
23016        }
23017
23018        /* Adquire um i-node do mapa de bits. */
23019        b = alloc_bit(sp, IMAP, sp->s_isearch);
23020        if (b == NO_BIT) {
23021             err_code = ENFILE;
23022             major = (int) (sp->s_dev >> MAJOR) & BYTE;
23023             minor = (int) (sp->s_dev >> MINOR) & BYTE;
23024             printf("Out of i-nodes on %sdevice %d/%d\n",
```

```
23025                       sp->s_dev == root_dev ? "root " : "", major, minor);
23026              return(NIL_INODE);
23027       }
23028       sp->s_isearch = b;              /* na próxima vez, começa aqui */
23029       inumb = (int) b;                /* cuidado para não passar unshort como param */
23030
23031       /* Tenta adquirir uma entrada na tabela de i-nodes. */
23032       if ((rip = get_inode(NO_DEV, inumb)) == NIL_INODE) { /* Nenhuma entrada na tabela
23033              de i-nodes está disponível. Libera o i-node recentemente alocado. */
23034              free_bit(sp, IMAP, b);
23035       } else {
23036              /* Uma entrada de i-node está disponível. Coloca i-node recentemente alocado. */
23037              rip->i_mode = bits;              /* configura os bits RWX */
23038              rip->i_nlinks = 0;               /* inicial sem vínculos */
23039              rip->i_uid = fp->fp_effuid;      /* o uid do arquivo é o do proprietário */
23040              rip->i_gid = fp->fp_effgid;      /* o mesmo para o id de grupo */
23041              rip->i_dev = dev;                /* marca em qual dispositivo ele está */
23042              rip->i_ndzones = sp->s_ndzones;  /* número de zonas diretas */
23043              rip->i_nindirs = sp->s_nindirs;  /* número de zonas indiretas por blc*/
23044              rip->i_sp = sp;                  /* ponteiro para superbloco */
23045
23046              /* Os campos não limpos já são limpos em wipe_inode(). Eles foram
23047               * colocados lá porque truncate() precisa limpar os mesmos campos, se
23048               * o arquivo for aberto enquanto estiver sendo truncado. Economiza espaço
23049               * não repetir o código duas vezes.
23050               */
23051              wipe_inode(rip);
23052       }
23053
23054       return(rip);
23055  }
23056
23057  /*===========================================================================*
23058   *                              wipe_inode                                   *
23059   *===========================================================================*/
23060  PUBLIC void wipe_inode(rip)
23061  register struct inode *rip;       /* o i-node a ser apagado */
23062  {
23063  /* Apaga alguns campos no i-node. Esta função é chamada a partir de alloc_inode(),
23064   * quando um novo i-node precisa ser alocado, e a partir de truncate(), quando um i-node
23065   * já existente precisa ser truncado.
23066   */
23067
23068       register int i;
23069
23070       rip->i_size = 0;
23071       rip->i_update = ATIME | CTIME | MTIME;   /* atualiza todos os tempos posteriormente */
23072       rip->i_dirt = DIRTY;
23073       for (i = 0; i < V2_NR_TZONES; i++) rip->i_zone[i] = NO_ZONE;
23074  }
23075
23076  /*===========================================================================*
23077   *                              free_inode                                   *
23078   *===========================================================================*/
23079  PUBLIC void free_inode(dev, inumb)
23080  dev_t dev;                        /* em que dispositivo está o i-node */
23081  ino_t inumb;                      /* número do i-node a ser liberado */
23082  {
23083  /* Retorna um i-node para o pool de i-nodes não alocados. */
23084
```

```
23085        register struct super_block *sp;
23086        bit_t b;
23087
23088        /* Localiza o super_block apropriado. */
23089        sp = get_super(dev);
23090        if (inumb <= 0 || inumb > sp->s_ninodes) return;
23091        b = inumb;
23092        free_bit(sp, IMAP, b);
23093        if (b < sp->s_isearch) sp->s_isearch = b;
23094     }

23096  /*===========================================================================*
23097   *                              update_times                                 *
23098   *===========================================================================*/
23099  PUBLIC void update_times(rip)
23100  register struct inode *rip; /* ponteiro para o i-node a ser lido/escrito */
23101  {
23102  /* Várias chamadas de sistema são exigidas pelo padrão para atualizar atime, ctime ou
23103   * mtime. Como atualizar um tempo exige o envio de uma msg. para a tarefa de relógio --uma
23104   * atividade dispendiosa--, os tempos são marcados para atualização por meio da ativação
23105   * de bits em i_update. Quando é executada uma função stat, fstat ou sync, ou quando um
23106   * i-node é liberado, update_times() pode ser chamada para realmente preencher os tempos.
23107   */
23108
23109     time_t cur_time;
23110     struct super_block *sp;
23111
23112     sp = rip->i_sp;                  /* obtém ponteiro para superbloco. */
23113     if (sp->s_rd_only) return;       /* nenhuma atualização para FS somente para leitura */
23114
23115     cur_time = clock_time();
23116     if (rip->i_update & ATIME) rip->i_atime = cur_time;
23117     if (rip->i_update & CTIME) rip->i_ctime = cur_time;
23118     if (rip->i_update & MTIME) rip->i_mtime = cur_time;
23119     rip->i_update = 0;               /* agora, todos estão atualizados */
23120  }

23122  /*===========================================================================*
23123   *                              rw_inode                                     *
23124   *===========================================================================*/
23125  PUBLIC void rw_inode(rip, rw_flag)
23126  register struct inode *rip;    /* ponteiro para i-node a ser lido/escrito */
23127  int rw_flag;                   /* READING ou WRITING */
23128  {
23129  /* Uma entrada na tabela de i-nodes precisa ser copiada no (ou do) disco. */
23130
23131     register struct buf *bp;
23132     register struct super_block *sp;
23133     d1_inode *dip;
23134     d2_inode *dip2;
23135     block_t b, offset;
23136
23137     /* Obtém o bloco onde reside o i-node. */
23138     sp = get_super(rip->i_dev);      /* obtém ponteiro para superbloco */
23139     rip->i_sp = sp;                  /* o i-node deve conter ponteiro de superbloco */
23140     offset = sp->s_imap_blocks + sp->s_zmap_blocks + 2;
23141     b = (block_t) (rip->i_num - 1)/sp->s_inodes_per_block + offset;
23142     bp = get_block(rip->i_dev, b, NORMAL);
23143     dip  = bp->b_v1_ino + (rip->i_num - 1) % V1_INODES_PER_BLOCK;
23144     dip2 = bp->b_v2_ino + (rip->i_num - 1) %
```

```
23145                V2_INODES_PER_BLOCK(sp->s_block_size);
23146
23147      /* Realiza a leitura ou escrita. */
23148      if (rw_flag == WRITING) {
23149            if (rip->i_update) update_times(rip); /* os tempos precisam de atualização */
23150            if (sp->s_rd_only == FALSE) bp->b_dirt = DIRTY;
23151      }
23152
23153      /* Copia o i-node do bloco de disco na tabela no núcleo ou vice-versa.
23154       * Se o quarto parâmetro abaixo for FALSE, os bytes serão trocados.
23155       */
23156      if (sp->s_version == V1)
23157            old_icopy(rip, dip,  rw_flag, sp->s_native);
23158      else
23159            new_icopy(rip, dip2, rw_flag, sp->s_native);
23160
23161      put_block(bp, INODE_BLOCK);
23162      rip->i_dirt = CLEAN;
23163 }

23165 /*===========================================================================*
23166  *                              old_icopy                                    *
23167  *===========================================================================*/
23168 PRIVATE void old_icopy(rip, dip, direction, norm)
23169 register struct inode *rip;     /* ponteiro para a estrutura de i-node no núcleo */
23170 register d1_inode *dip;         /* ponteiro para a estrutura de i-node d1_inode */
23171 int direction;                  /* READING (do disco) ou WRITING (no disco) */
23172 int norm;                       /* TRUE = não troca bytes; FALSE = troca */
23173
23174 {
23175 /* O disco V1.x IBM, o disco V1.x 68000 e o disco V2 (o mesmo para IBM e
23176  * 68000), todos têm layouts de nó-I diferentes. Quando um i-node é lido ou escrito,
23177  * esta rotina trata das conversões para que as informações na tabela de i-nodes
23178  * sejam independentes da estrutura do disco de onde veio o i-node.
23179  * A rotina old_icopy copia nos (e dos) discos V1.
23180  */
23181
23182      int i;
23183
23184      if (direction == READING) {
23185            /* Copia i-node V1.x na tabela no núcleo, trocando bytes se for necessário. */
23186            rip->i_mode    = conv2(norm, (int) dip->d1_mode);
23187            rip->i_uid     = conv2(norm, (int) dip->d1_uid );
23188            rip->i_size    = conv4(norm,        dip->d1_size);
23189            rip->i_mtime   = conv4(norm,        dip->d1_mtime);
23190            rip->i_atime   = rip->i_mtime;
23191            rip->i_ctime   = rip->i_mtime;
23192            rip->i_nlinks  = dip->d1_nlinks;              /* 1 car */
23193            rip->i_gid     = dip->d1_gid;                 /* 1 car */
23194            rip->i_ndzones = V1_NR_DZONES;
23195            rip->i_nindirs = V1_INDIRECTS;
23196            for (i = 0; i < V1_NR_TZONES; i++)
23197                  rip->i_zone[i] = conv2(norm, (int) dip->d1_zone[i]);
23198      } else {
23199            /* Copiando i-node V1.x no disco a partir da tabela no núcleo. */
23200            dip->d1_mode   = conv2(norm, (int) rip->i_mode);
23201            dip->d1_uid    = conv2(norm, (int) rip->i_uid );
23202            dip->d1_size   = conv4(norm,        rip->i_size);
23203            dip->d1_mtime  = conv4(norm,        rip->i_mtime);
23204            dip->d1_nlinks = rip->i_nlinks;              /* 1 car */
```

```
23205              dip->d1_gid   = rip->i_gid;                       /* 1 car */
23206              for (i = 0; i < V1_NR_TZONES; i++)
23207                      dip->d1_zone[i] = conv2(norm, (int) rip->i_zone[i]);
23208      }
23209  }

23211  /*===========================================================================*
23212   *                              new_icopy                                    *
23213   *===========================================================================*/
23214  PRIVATE void new_icopy(rip, dip, direction, norm)
23215  register struct inode *rip;    /* ponteiro para a estrutura de i-node no núcleo */
23216  register d2_inode *dip; /* ponteiro para a estrutura d2_inode */
23217  int direction;                 /* READING (do disco) ou WRITING (no disco) */
23218  int norm;                      /* TRUE = não troca bytes; FALSE = troca */
23219
23220  {
23221  /* O mesmo que old_icopy, mas para/de layout de disco V2. */
23222
23223      int i;
23224
23225      if (direction == READING) {
23226          /* Copia i-node V2.x na tabela no núcleo, trocando bytes se for necessário. */
23227          rip->i_mode    = conv2(norm,dip->d2_mode);
23228          rip->i_uid     = conv2(norm,dip->d2_uid);
23229          rip->i_nlinks  = conv2(norm,dip->d2_nlinks);
23230          rip->i_gid     = conv2(norm,dip->d2_gid);
23231          rip->i_size    = conv4(norm,dip->d2_size);
23232          rip->i_atime   = conv4(norm,dip->d2_atime);
23233          rip->i_ctime   = conv4(norm,dip->d2_ctime);
23234          rip->i_mtime   = conv4(norm,dip->d2_mtime);
23235          rip->i_ndzones = V2_NR_DZONES;
23236          rip->i_nindirs = V2_INDIRECTS(rip->i_sp->s_block_size);
23237          for (i = 0; i < V2_NR_TZONES; i++)
23238                  rip->i_zone[i] = conv4(norm, (long) dip->d2_zone[i]);
23239      } else {
23240          /* Copiando i-node V2.x no disco a partir da tabela no núcleo. */
23241          dip->d2_mode   = conv2(norm,rip->i_mode);
23242          dip->d2_uid    = conv2(norm,rip->i_uid);
23243          dip->d2_nlinks = conv2(norm,rip->i_nlinks);
23244          dip->d2_gid    = conv2(norm,rip->i_gid);
23245          dip->d2_size   = conv4(norm,rip->i_size);
23246          dip->d2_atime  = conv4(norm,rip->i_atime);
23247          dip->d2_ctime  = conv4(norm,rip->i_ctime);
23248          dip->d2_mtime  = conv4(norm,rip->i_mtime);
23249          for (i = 0; i < V2_NR_TZONES; i++)
23250                  dip->d2_zone[i] = conv4(norm, (long) rip->i_zone[i]);
23251      }
23252  }


23254  /*===========================================================================*
23255   *                              dup_inode                                    *
23256   *===========================================================================*/
23257  PUBLIC void dup_inode(ip)
23258  struct inode *ip;              /* O i-node a ser duplicado. */
23259  {
23260  /* Esta rotina é uma forma simplificada de get_inode() para o caso onde
23261   * o ponteiro de i-node já é conhecido.
23262   */
23263
23264      ip->i_count++;
```

```
23265          }
```

```
++++++++++++++++++++++++++++++++++++++++++++++++++++++++++++++++++++++++
                               servers/fs/super.c
++++++++++++++++++++++++++++++++++++++++++++++++++++++++++++++++++++++++
23300    /* Este arquivo gerencia a tabela de superblocos e as estruturas de dados relacionadas,
23301     * a saber, os mapas de bits que monitoram quais zonas e quais i-nodes estão
23302     * alocados e quais estão livres. Quando um novo i-node ou uma nova zona é necessária, o
23303     * mapa de bits apropriado é pesquisado em busca de uma entrada livre.
23304     *
23305     * Os pontos de entrada para este arquivo são
23306     *     alloc_bit:      alguém quer alocar uma zona ou um i-node; encontra um(a)
23307     *     free_bit:       indica que uma zona ou um i-node está disponível para alocação
23308     *     get_super:      pesquisa a tabela de 'superblocos' em busca de um dispositivo
23309     *     mounted:        informa se o i-node de arquivo está no FS montado (ou em ROOT)
23310     *     read_super:     lê um superbloco
23311     */
23312
23313    #include "fs.h"
23314    #include <string.h>
23315    #include <minix/com.h>
23316    #include "buf.h"
23317    #include "inode.h"
23318    #include "super.h"
23319    #include "const.h"
23320
23321    /*===========================================================================*
23322     *                              alloc_bit                                    *
23323     *===========================================================================*/
23324    PUBLIC bit_t alloc_bit(sp, map, origin)
23325    struct super_block *sp;          /* o sistema de arquivos de onde vai alocar */
23326    int map;                         /* IMAP (mapa de i-nodes) ou ZMAP (mapa de zonas) */
23327    bit_t origin;                    /* número do bit para iniciar a pesquisa */
23328    {
23329    /* Aloca um bit de um mapa de bits e retorna seu número de bit. */
23330
23331      block_t start_block;           /* primeiro bloco de bit */
23332      bit_t map_bits;                /* quantos bits existem no mapa de bits? */
23333      unsigned bit_blocks;           /* quantos blocos existem no mapa de bits? */
23334      unsigned block, word, bcount;
23335      struct buf *bp;
23336      bitchunk_t *wptr, *wlim, k;
23337      bit_t i, b;
23338
23339      if (sp->s_rd_only)
23340          panic(__FILE__,"can't allocate bit on read-only filesys.", NO_NUM);
23341
23342      if (map == IMAP) {
23343          start_block = START_BLOCK;
23344          map_bits = sp->s_ninodes + 1;
23345          bit_blocks = sp->s_imap_blocks;
23346      } else {
23347          start_block = START_BLOCK + sp->s_imap_blocks;
23348          map_bits = sp->s_zones - (sp->s_firstdatazone - 1);
23349          bit_blocks = sp->s_zmap_blocks;
```

```
23350        }
23351
23352        /* Descobre onde vai iniciar a pesquisa de bit (depende de 'origin'). */
23353        if (origin >= map_bits) origin = 0;     /* para ser robusto */
23354
23355        /* Localiza o lugar de início. */
23356        block = origin / FS_BITS_PER_BLOCK(sp->s_block_size);
23357        word = (origin % FS_BITS_PER_BLOCK(sp->s_block_size)) / FS_BITCHUNK_BITS;
23358
23359        /* Itera por todos os blocos mais um, pois começamos no meio. */
23360        bcount = bit_blocks + 1;
23361        do {
23362              bp = get_block(sp->s_dev, start_block + block, NORMAL);
23363              wlim = &bp->b_bitmap[FS_BITMAP_CHUNKS(sp->s_block_size)];
23364
23365              /* Itera por todas as palavras no bloco. */
23366              for (wptr = &bp->b_bitmap[word]; wptr < wlim; wptr++) {
23367
23368                    /* Essa palavra contém um bit livre? */
23369                    if (*wptr == (bitchunk_t) ~0) continue;
23370
23371                    /* Localiza e aloca o bit livre. */
23372                    k = conv2(sp->s_native, (int) *wptr);
23373                    for (i = 0; (k & (1 << i)) != 0; ++i) {}
23374
23375                    /* Número de bit do início do mapa de bits. */
23376                    b = ((bit_t) block * FS_BITS_PER_BLOCK(sp->s_block_size))
23377                        + (wptr - &bp->b_bitmap[0]) * FS_BITCHUNK_BITS
23378                        + i;
23379
23380                    /* Não aloca bits além do fim do mapa. */
23381                    if (b >= map_bits) break;
23382
23383                    /* Aloca e retorna número de bit. */
23384                    k |= 1 << i;
23385                    *wptr = conv2(sp->s_native, (int) k);
23386                    bp->b_dirt = DIRTY;
23387                    put_block(bp, MAP_BLOCK);
23388                    return(b);
23389              }
23390              put_block(bp, MAP_BLOCK);
23391              if (++block >= bit_blocks) block = 0;  /* último bloco, retorna automaticamente */
23392              word = 0;
23393        } while (--bcount > 0);
23394        return(NO_BIT);              /* nenhum bit pode ser alocado */
23395  }

23397  /*===========================================================================*
23398   *                              free_bit                                     *
23399   *===========================================================================*/
23400  PUBLIC void free_bit(sp, map, bit_returned)
23401  struct super_block *sp;         /* o sistema de arquivos no qual operar */
23402  int map;                        /* IMAP (mapa de i-nodes) ou ZMAP (mapa de zonas) */
23403  bit_t bit_returned;             /* número de bit a inserir no mapa */
23404  {
23405   /* Retorna uma zona ou um i-node desativando seu bit no mapa de bits. */
23406
23407    unsigned block, word, bit;
23408    struct buf *bp;
23409    bitchunk_t k, mask;
```

```
23410          block_t start_block;
23411
23412          if (sp->s_rd_only)
23413                panic(__FILE__,"can't free bit on read-only filesys.", NO_NUM);
23414
23415          if (map == IMAP) {
23416                start_block = START_BLOCK;
23417          } else {
23418                start_block = START_BLOCK + sp->s_imap_blocks;
23419          }
23420          block = bit_returned / FS_BITS_PER_BLOCK(sp->s_block_size);
23421          word = (bit_returned % FS_BITS_PER_BLOCK(sp->s_block_size))
23422                       / FS_BITCHUNK_BITS;
23423
23424          bit = bit_returned % FS_BITCHUNK_BITS;
23425          mask = 1 << bit;
23426
23427          bp = get_block(sp->s_dev, start_block + block, NORMAL);
23428
23429          k = conv2(sp->s_native, (int) bp->b_bitmap[word]);
23430          if (!(k & mask)) {
23431                panic(__FILE__,map == IMAP ? "tried to free unused inode" :
23432                      "tried to free unused block", NO_NUM);
23433          }
23434
23435          k &= ~mask;
23436          bp->b_bitmap[word] = conv2(sp->s_native, (int) k);
23437          bp->b_dirt = DIRTY;
23438
23439          put_block(bp, MAP_BLOCK);
23440     }

23442  /*===========================================================================*
23443   *                              get_super                                    *
23444   *===========================================================================*/
23445  PUBLIC struct super_block *get_super(dev)
23446  dev_t dev;                      /* número de dispositivo cujo super_block é buscado */
23447  {
23448  /* Pesquisa a tabela de superblocos em busca desse dispositivo. Supõe-se que esteja lá. */
23449
23450     register struct super_block *sp;
23451
23452     if (dev == NO_DEV)
23453          panic(__FILE__,"request for super_block of NO_DEV", NO_NUM);
23454
23455     for (sp = &super_block[0]; sp < &super_block[NR_SUPERS]; sp++)
23456          if (sp->s_dev == dev) return(sp);
23457
23458     /* A pesquisa falhou. Algo deu errado. */
23459     panic(__FILE__,"can't find superblock for device (in decimal)", (int) dev);
23460
23461     return(NIL_SUPER);              /* para manter o compilador e lint em silêncio */
23462  }

23464  /*===========================================================================*
23465   *                              get_block_size                               *
23466   *===========================================================================*/
23467  PUBLIC int get_block_size(dev_t dev)
23468  {
23469  /* Pesquisa a tabela de superblocos em busca desse dispositivo. */
```

```
23470
23471        register struct super_block *sp;
23472
23473        if (dev == NO_DEV)
23474              panic(__FILE__,"request for block size of NO_DEV", NO_NUM);
23475
23476        for (sp = &super_block[0]; sp < &super_block[NR_SUPERS]; sp++) {
23477              if (sp->s_dev == dev) {
23478                    return(sp->s_block_size);
23479              }
23480        }
23481
23482        /* nenhum sistema de arquivos montado? então, usa este tamanho de bloco. */
23483        return MIN_BLOCK_SIZE;
23484   }

23486   /*===========================================================================*
23487    *                              mounted                                      *
23488    *===========================================================================*/
23489   PUBLIC int mounted(rip)
23490   register struct inode *rip;     /* ponteiro para i-node */
23491   {
23492   /* Informa se o i-node dado está em um sistema de arquivos montado (ou em ROOT). */
23493
23494        register struct super_block *sp;
23495        register dev_t dev;
23496
23497        dev = (dev_t) rip->i_zone[0];
23498        if (dev == root_dev) return(TRUE);    /* o i-node está no sistema de arquivos raiz */
23499
23500        for (sp = &super_block[0]; sp < &super_block[NR_SUPERS]; sp++)
23501              if (sp->s_dev == dev) return(TRUE);
23502
23503        return(FALSE);
23504   }

23506   /*===========================================================================*
23507    *                              read_super                                   *
23508    *===========================================================================*/
23509   PUBLIC int read_super(sp)
23510   register struct super_block *sp; /* ponteiro para um superbloco */
23511   {
23512   /* Lê um superbloco. */
23513     dev_t dev;
23514     int magic;
23515     int version, native, r;
23516     static char sbbuf[MIN_BLOCK_SIZE];
23517
23518     dev = sp->s_dev;                /* salva o dispositivo (será sobrescrito pela cópia) */
23519     if (dev == NO_DEV)
23520           panic(__FILE__,"request for super_block of NO_DEV", NO_NUM);
23521     r = dev_io(DEV_READ, dev, FS_PROC_NR,
23522           sbbuf, SUPER_BLOCK_BYTES, MIN_BLOCK_SIZE, 0);
23523     if (r != MIN_BLOCK_SIZE) {
23524           return EINVAL;
23525     }
23526     memcpy(sp, sbbuf, sizeof(*sp));
23527     sp->s_dev = NO_DEV;             /* restaura posteriormente */
23528     magic = sp->s_magic;            /* determina o tipo do sistema de arquivos */
23529
```

```
23530        /* Obtém a versão e o tipo do sistema de arquivos. */
23531        if (magic == SUPER_MAGIC || magic == conv2(BYTE_SWAP, SUPER_MAGIC)) {
23532                version = V1;
23533                native = (magic == SUPER_MAGIC);
23534        } else if (magic == SUPER_V2 || magic == conv2(BYTE_SWAP, SUPER_V2)) {
23535                version = V2;
23536                native = (magic == SUPER_V2);
23537        } else if (magic == SUPER_V3) {
23538                version = V3;
23539                native = 1;
23540        } else {
23541                return(EINVAL);
23542        }
23543
23544        /* Se o superbloco tem a ordem de byte errada, troca os campos; o número
23545         * mágico não precisa de conversão. */
23546        sp->s_ninodes =         conv4(native, sp->s_ninodes);
23547        sp->s_nzones =          conv2(native, (int) sp->s_nzones);
23548        sp->s_imap_blocks =     conv2(native, (int) sp->s_imap_blocks);
23549        sp->s_zmap_blocks =     conv2(native, (int) sp->s_zmap_blocks);
23550        sp->s_firstdatazone =   conv2(native, (int) sp->s_firstdatazone);
23551        sp->s_log_zone_size =   conv2(native, (int) sp->s_log_zone_size);
23552        sp->s_max_size =        conv4(native, sp->s_max_size);
23553        sp->s_zones =           conv4(native, sp->s_zones);
23554
23555        /* No V1, o tamanho do dispositivo era mantido em um valor short, s_nzones, que limitava
23556         * os dispositivos a zonas de 32K. Para o V2, foi decidido manter o tamanho como um
23557         * valor long. Entretanto, apenas alterar s_nzones para long não funcionaria, pois
23558         * então a posição de s_magic no superbloco não seria a mesma
23559         * nos sistemas de arquivos V1 e V2, e não haveria meios de identificar se
23560         * um sistema de arquivos recentemente montado era V1 ou V2. A solução foi introduzir
23561         * uma nova variável, s_zones, e copia o tamanho lá.
23562         *
23563         * Calcula alguns outros números que dependem da versão aqui também, para
23564         * ocultar algumas das diferenças.
23565         */
23566        if (version == V1) {
23567                sp->s_block_size = STATIC_BLOCK_SIZE;
23568                sp->s_zones = sp->s_nzones;       /* somente o V1 precisa dessa cópia */
23569                sp->s_inodes_per_block = V1_INODES_PER_BLOCK;
23570                sp->s_ndzones = V1_NR_DZONES;
23571                sp->s_nindirs = V1_INDIRECTS;
23572        } else {
23573                if (version == V2)
23574                        sp->s_block_size = STATIC_BLOCK_SIZE;
23575                if (sp->s_block_size < MIN_BLOCK_SIZE)
23576                        return EINVAL;
23577                sp->s_inodes_per_block = V2_INODES_PER_BLOCK(sp->s_block_size);
23578                sp->s_ndzones = V2_NR_DZONES;
23579                sp->s_nindirs = V2_INDIRECTS(sp->s_block_size);
23580        }
23581
23582        if (sp->s_block_size < MIN_BLOCK_SIZE) {
23583                return EINVAL;
23584        }
23585        if (sp->s_block_size > MAX_BLOCK_SIZE) {
23586                printf("Filesystem block size is %d kB; maximum filesystem\n"
23587                "block size is %d kB. This limit can be increased by recompiling.\n",
23588                sp->s_block_size/1024, MAX_BLOCK_SIZE/1024);
23589                return EINVAL;
```

```
23590        }
23591        if ((sp->s_block_size % 512) != 0) {
23592                return EINVAL;
23593        }
23594        if (SUPER_SIZE > sp->s_block_size) {
23595                return EINVAL;
23596        }
23597        if ((sp->s_block_size % V2_INODE_SIZE) != 0 ||
23598           (sp->s_block_size % V1_INODE_SIZE) != 0) {
23599                return EINVAL;
23600        }
23601
23602        sp->s_isearch = 0;              /* as pesquisas de i-node começam inicialmente em 0 */
23603        sp->s_zsearch = 0;              /* as pesquisas de zona começam inicialmente em 0 */
23604        sp->s_version = version;
23605        sp->s_native = native;
23606
23607        /* Faz algumas verificações básicas para ver se o superbloco parece razoável. */
23608        if (sp->s_imap_blocks < 1 || sp->s_zmap_blocks < 1
23609                                  || sp->s_ninodes < 1 || sp->s_zones < 1
23610                                  || (unsigned) sp->s_log_zone_size > 4) {
23611                printf("not enough imap or zone map blocks, \n");
23612                printf("or not enough inodes, or not enough zones, "
23613                       "or zone size too large\n");
23614                return(EINVAL);
23615        }
23616        sp->s_dev = dev;                /* restaura o número do dispositivo */
23617        return(OK);
23618 }


++++++++++++++++++++++++++++++++++++++++++++++++++++++++++++++++++++++++++++
                              servers/fs/filedes.c
++++++++++++++++++++++++++++++++++++++++++++++++++++++++++++++++++++++++++++

23700  /* Este arquivo contém as funções que manipulam descritores de arquivo.
23701   *
23702   * Os pontos de entrada para este arquivo são
23703   *   get_fd:    procura descritor de arquivo livre e entradas de filp livres
23704   *   get_filp:  pesquisa a entrada de filp em busca de determinado descritor de arquivo
23705   *   find_filp: encontra uma entrada de filp que aponta para determinado i-node
23706   */
23707
23708  #include "fs.h"
23709  #include "file.h"
23710  #include "fproc.h"
23711  #include "inode.h"
23712
23713  /*===========================================================================*
23714   *                              get_fd                                       *
23715   *===========================================================================*/
23716  PUBLIC int get_fd(int start, mode_t bits, int *k, struct filp **fpt)
23717  {
23718  /* Procura um descritor de arquivo livre e uma entrada de filp livre. Preenche a palavra
23719   * de modo nesta última, mas não reivindica uma ainda, pois open() ou creat()
23720   * ainda podem falhar.
23721   */
23722
23723    register struct filp *f;
23724    register int i;
```

```
23725
23726        *k = -1;                        /* Flag indicativo de descritor não encontrado */
23727
23728        /* Pesquisa a tabela fproc fp_filp em busca de um descritor de arquivo livre. */
23729        for (i = start; i < OPEN_MAX; i++) {
23730              if (fp->fp_filp[i] == NIL_FILP) {
23731                      /* Um descritor de arquivo foi localizado. */
23732                      *k = i;
23733                      break;
23734              }
23735        }
23736
23737        /* Verifica se um descritor de arquivo foi encontrado. */
23738        if (*k < 0) return(EMFILE); /* é por isso que inicializamos k como -1 */
23739
23740        /* Agora que um descritor de arquivo foi encontrado, procura uma entrada de filp livre. */
23741        for (f = &filp[0]; f < &filp[NR_FILPS]; f++) {
23742              if (f->filp_count == 0) {
23743                      f->filp_mode = bits;
23744                      f->filp_pos = 0L;
23745                      f->filp_selectors = 0;
23746                      f->filp_select_ops = 0;
23747                      f->filp_pipe_select_ops = 0;
23748                      f->filp_flags = 0;
23749                      *fpt = f;
23750                      return(OK);
23751              }
23752        }
23753
23754        /* Se o controle passar por aqui, a tabela filp deve estar cheia. Relata isso. */
23755        return(ENFILE);
23756  }
23757
23758  /*===========================================================================*
23759   *                              get_filp                                     *
23760   *===========================================================================*/
23761  PUBLIC struct filp *get_filp(fild)
23762  int fild;                               /* descritor de arquivo */
23763  {
23764  /* Testa se 'fild' se refere a um desc de arquivo válido. Se sim, retorna seu ptr filp. */
23765
23766        err_code = EBADF;
23767        if (fild < 0 || fild >= OPEN_MAX ) return(NIL_FILP);
23768        return(fp->fp_filp[fild]);      /* may also be NIL_FILP */
23769  }
23770
23771  /*===========================================================================*
23772   *                              find_filp                                    *
23773   *===========================================================================*/
23774  PUBLIC struct filp *find_filp(register struct inode *rip, mode_t bits)
23775  {
23776  /* Localiza uma entrada de filp que se refere ao i-node 'rip' da maneira descrita pelo
23777   * bit de modo 'bits'. Usado para determinar se alguém ainda está interessado em uma das
23778   * extremidades de um pipe. Usado também ao abrir uma estrutura FIFO para encontrar
23779   * parceiros para compartilhar um campo de filp (para compartilhar a posição do arquivo).
23780   * Assim como 'get_fd', executa sua tarefa por meio de pesquisa linear na tabela filp.
23781   */
23782
23783        register struct filp *f;
23784
```

```
23785        for (f = &filp[0]; f < &filp[NR_FILPS]; f++) {
23786             if (f->filp_count != 0 && f->filp_ino == rip && (f->filp_mode & bits)){
23787                  return(f);
23788             }
23789        }
23790
23791        /* Se o controle passar por aqui, a tabela filp não estava lá. Relata isso. */
23792        return(NIL_FILP);
23793   }
```

```
++++++++++++++++++++++++++++++++++++++++++++++++++++++++++++++++++++++++++++++
                               servers/fs/lock.c
++++++++++++++++++++++++++++++++++++++++++++++++++++++++++++++++++++++++++++++
23800   /* Este arquivo manipula a trava consultiva de arquivo, conforme exigido pelo POSIX.
23801    *
23802    * Os pontos de entrada para este arquivo são
23803    *   lock_op:     executa operações de trava para a chamada de sistema FCNTL
23804    *   lock_revive: reanima processos quando uma trava é liberada
23805    */
23806
23807   #include "fs.h"
23808   #include <minix/com.h>
23809   #include <fcntl.h>
23810   #include <unistd.h>
23811   #include "file.h"
23812   #include "fproc.h"
23813   #include "inode.h"
23814   #include "lock.h"
23815   #include "param.h"
23816
23817   /*===========================================================================*
23818    *                              lock_op                                      *
23819    *===========================================================================*/
23820   PUBLIC int lock_op(f, req)
23821   struct filp *f;
23822   int req;                        /* F_SETLK ou F_SETLKW */
23823   {
23824   /* Executa o travamento consultivo exigido pelo POSIX. */
23825
23826     int r, ltype, i, conflict = 0, unlocking = 0;
23827     mode_t mo;
23828     off_t first, last;
23829     struct flock flock;
23830     vir_bytes user_flock;
23831     struct file_lock *flp, *flp2, *empty;
23832
23833     /* Busca a estrutura flock em espaço de usuário. */
23834     user_flock = (vir_bytes) m_in.name1;
23835     r = sys_datacopy(who, (vir_bytes) user_flock,
23836           FS_PROC_NR, (vir_bytes) &flock, (phys_bytes) sizeof(flock));
23837     if (r != OK) return(EINVAL);
23838
23839     /* Faz algumas verificações de erro. */
23840     ltype = flock.l_type;
23841     mo = f->filp_mode;
23842     if (ltype != F_UNLCK && ltype != F_RDLCK && ltype != F_WRLCK) return(EINVAL);
23843     if (req == F_GETLK && ltype == F_UNLCK) return(EINVAL);
23844     if ( (f->filp_ino->i_mode & I_TYPE) != I_REGULAR) return(EINVAL);
```

```
23845        if (req != F_GETLK && ltype == F_RDLCK && (mo & R_BIT) == 0) return(EBADF);
23846        if (req != F_GETLK && ltype == F_WRLCK && (mo & W_BIT) == 0) return(EBADF);
23847
23848        /* Calcula o primeiro e o último byte na região de trava. */
23849        switch (flock.l_whence) {
23850            case SEEK_SET: first = 0; break;
23851            case SEEK_CUR: first = f->filp_pos; break;
23852            case SEEK_END: first = f->filp_ino->i_size; break;
23853            default:         return(EINVAL);
23854        }
23855        /* Verifica se houve estouro. */
23856        if (((long)flock.l_start > 0) && ((first + flock.l_start) < first))
23857            return(EINVAL);
23858        if (((long)flock.l_start < 0) && ((first + flock.l_start) > first))
23859            return(EINVAL);
23860        first = first + flock.l_start;
23861        last = first + flock.l_len - 1;
23862        if (flock.l_len == 0) last = MAX_FILE_POS;
23863        if (last < first) return(EINVAL);
23864
23865        /* Verifica se essa região entra em conflito com qualquer trava já existente. */
23866        empty = (struct file_lock *) 0;
23867        for (flp = &file_lock[0]; flp < & file_lock[NR_LOCKS]; flp++) {
23868            if (flp->lock_type == 0) {
23869                if (empty == (struct file_lock *) 0) empty = flp;
23870                continue;       /* 0 significa entrada não usada */
23871            }
23872            if (flp->lock_inode != f->filp_ino) continue;  /* arquivo diferente */
23873            if (last < flp->lock_first) continue;   /* o novo está na frente */
23874            if (first > flp->lock_last) continue;   /* o novo está depois */
23875            if (ltype == F_RDLCK && flp->lock_type == F_RDLCK) continue;
23876            if (ltype != F_UNLCK && flp->lock_pid == fp->fp_pid) continue;
23877
23878            /* Pode haver um conflito. Processa-o. */
23879            conflict = 1;
23880            if (req == F_GETLK) break;
23881
23882            /* Se estamos tentando configurar uma trava, apenas falhou. */
23883            if (ltype == F_RDLCK || ltype == F_WRLCK) {
23884                if (req == F_SETLK) {
23885                    /* Para F_SETLK, apenas relata a falha. */
23886                    return(EAGAIN);
23887                } else {
23888                    /* Para F_SETLKW, suspende o processo. */
23889                    suspend(XLOCK);
23890                    return(SUSPEND);
23891                }
23892            }
23893
23894            /* Estamos liberando uma trava e encontramos algo que se sobrepõe. */
23895            unlocking = 1;
23896            if (first <= flp->lock_first && last >= flp->lock_last) {
23897                flp->lock_type = 0;    /* marca a entrada como não usada */
23898                nr_locks--;            /* o número de travas agora é 1 a menos */
23899                continue;
23900            }
23901
23902            /* Parte de uma região bloqueada foi destravada. */
23903            if (first <= flp->lock_first) {
23904                flp->lock_first = last + 1;
```

```
23905                       continue;
23906               }
23907
23908           if (last >= flp->lock_last) {
23909                   flp->lock_last = first - 1;
23910                   continue;
23911           }
23912
23913           /* Má sorte. Uma trava foi dividida em duas pelo destravamento no meio. */
23914           if (nr_locks == NR_LOCKS) return(ENOLCK);
23915           for (i = 0; i < NR_LOCKS; i++)
23916                   if (file_lock[i].lock_type == 0) break;
23917           flp2 = &file_lock[i];
23918           flp2->lock_type = flp->lock_type;
23919           flp2->lock_pid = flp->lock_pid;
23920           flp2->lock_inode = flp->lock_inode;
23921           flp2->lock_first = last + 1;
23922           flp2->lock_last = flp->lock_last;
23923           flp->lock_last = first - 1;
23924           nr_locks++;
23925   }
23926   if (unlocking) lock_revive();
23927
23928   if (req == F_GETLK) {
23929           if (conflict) {
23930                   /* GETLK e conflito. Informa sobre a trava conflitante. */
23931                   flock.l_type = flp->lock_type;
23932                   flock.l_whence = SEEK_SET;
23933                   flock.l_start = flp->lock_first;
23934                   flock.l_len = flp->lock_last - flp->lock_first + 1;
23935                   flock.l_pid = flp->lock_pid;
23936
23937           } else {
23938                   /* É GETLK e não há conflito. */
23939                   flock.l_type = F_UNLCK;
23940           }
23941
23942           /* Copia a estrutura flock de volta no processo que fez a chamada. */
23943           r = sys_datacopy(FS_PROC_NR, (vir_bytes) &flock,
23944                   who, (vir_bytes) user_flock, (phys_bytes) sizeof(flock));
23945           return(r);
23946   }
23947
23948   if (ltype == F_UNLCK) return(OK);        /* destrava uma região sem travas*/
23949
23950   /* Não há nenhum conflito. Se existir espaço, armazena a nova trava na tabela. */
23951   if (empty == (struct file_lock *) 0) return(ENOLCK);  /* tabela cheia */
23952   empty->lock_type = ltype;
23953   empty->lock_pid = fp->fp_pid;
23954   empty->lock_inode = f->filp_ino;
23955   empty->lock_first = first;
23956   empty->lock_last = last;
23957   nr_locks++;
23958   return(OK);
23959 }
```

```
23961   /*===========================================================================*
23962    *                              lock_revive                                  *
23963    *===========================================================================*/
23964   PUBLIC void lock_revive()
23965   {
23966   /* Encontra todos os processos que estão esperando por qualquer tipo de trava e
23967    * reanima a todos. Aqueles que ainda estão travados continuarão travados ao serem
23968    * executados. Os outros terminarão. Essa estratégia é um compromisso entre
23969    * tempo e espaço. Descobrir exatamente quais devem ser desbloqueados agora exigiria
23970    * código extra e o único ganho seria no desempenho em
23971    * circunstâncias extremamente raras (a saber, se alguém realmente usou a
23972    * trava).
23973    */
23974
23975     int task;
23976     struct fproc *fptr;
23977
23978     for (fptr = &fproc[INIT_PROC_NR + 1]; fptr < &fproc[NR_PROCS]; fptr++){
23979         task = -fptr->fp_task;
23980         if (fptr->fp_suspended == SUSPENDED && task == XLOCK) {
23981             revive( (int) (fptr - fproc), 0);
23982         }
23983     }
23984   }
```

++
                              servers/fs/main.c
++

```
24000   /* Este arquivo contém o programa principal do Sistema de Arquivos. Ele consiste em
24001    * um laço que recebe mensagens solicitando trabalho, realiza o trabalho e envia
24002    * respostas.
24003    *
24004    * Os pontos de entrada para esse arquivo são:
24005    *   main:    programa principal do Sistema de Arquivos
24006    *   reply:   envia uma resposta para um processo, após o trabalho solicitado ter terminado
24007    *
24008    */
24009
24010   struct super_block;             /* proto.h precisa saber disso */
24011
24012   #include "fs.h"
24013   #include <fcntl.h>
24014   #include <string.h>
24015   #include <stdio.h>
24016   #include <signal.h>
24017   #include <stdlib.h>
24018   #include <sys/ioc_memory.h>
24019   #include <sys/svrctl.h>
24020   #include <minix/callnr.h>
24021   #include <minix/com.h>
24022   #include <minix/keymap.h>
24023   #include <minix/const.h>
24024   #include "buf.h"
24025   #include "file.h"
24026   #include "fproc.h"
24027   #include "inode.h"
24028   #include "param.h"
24029   #include "super.h"
```

```
24030
24031   FORWARD _PROTOTYPE( void fs_init, (void)                              );
24032   FORWARD _PROTOTYPE( int igetenv, (char *var, int optional)           );
24033   FORWARD _PROTOTYPE( void get_work, (void)                            );
24034   FORWARD _PROTOTYPE( void load_ram, (void)                            );
24035   FORWARD _PROTOTYPE( void load_super, (Dev_t super_dev)               );
24036
24037   /*===========================================================================*
24038    *                                  main                                     *
24039    *===========================================================================*/
24040   PUBLIC int main()
24041   {
24042   /* Este é o programa principal do sistema de arquivos. O laço principal consiste em
24043    * três atividades fundamentais: obter novo trabalho, processar o trabalho e enviar a
24044    * resposta. Este laço nunca termina, contanto que o sistema de arquivos esteja em execução.
24045    */
24046     sigset_t sigset;
24047     int error;
24048
24049     fs_init();
24050
24051     /* Este é o laço principal que recebe trabalho, o processa e envia respostas. */
24052     while (TRUE) {
24053           get_work();              /* inicializa who e call_nr */
24054
24055           fp = &fproc[who];        /* ponteiro para estrutura da tabela de proc */
24056           super_user = (fp->fp_effuid == SU_UID ? TRUE : FALSE); /* su? */
24057
24058           /* Verifica primeiro as mensagens de controle especiais. */
24059           if (call_nr == SYS_SIG) {
24060                   sigset = m_in.NOTIFY_ARG;
24061                   if (sigismember(&sigset, SIGKSTOP)) {
24062                           do_sync();
24063                           sys_exit(0);            /* nunca retorna */
24064                   }
24065           } else if (call_nr == SYN_ALARM) {
24066                   /* Não é uma requisição de usuário; o sistema expirou um de nossos
24067                    * temporizadores, correntemente em uso para select(). Testar isso.
24068                    */
24069                   fs_expire_timers(m_in.NOTIFY_TIMESTAMP);
24070           } else if ((call_nr & NOTIFY_MESSAGE)) {
24071                   /* O dispositivo nos notifica sobre um evento. */
24072                   dev_status(&m_in);
24073           } else {
24074                 /* Chama a função interna que realiza o trabalho. */
24075                 if (call_nr < 0 || call_nr >= NCALLS) {
24076                  error = ENOSYS;
24077                  printf("FS,warning illegal %d system call by %d\n",call_nr,who);
24078                 } else if (fp->fp_pid == PID_FREE) {
24079                   error = ENOSYS;
24080                   printf("FS, bad process, who = %d, call_nr = %d, slot1 = %d\n",
24081                                   who, call_nr, m_in.slot1);
24082                 } else {
24083                         error = (*call_vec[call_nr])();
24084                 }
24085
24086                 /* Copia os resultados de volta para o usuário e envia resposta. */
24087                 if (error != SUSPEND) { reply(who, error); }
24088                 if (rdahed_inode != NIL_INODE) {
24089                         read_ahead(); /* faz leitura de bloco antecipada */
```

```
24090                    }
24091               }
24092          }
24093          return(OK);                              /* não deve chegar aqui */
24094     }

24096     /*===========================================================================*
24097      *                              get_work                                     *
24098      *===========================================================================*/
24099     PRIVATE void get_work()
24100     {
24101       /* Normalmente, espera por nova entrada. Entretanto, se 'reviving' for
24102        * diferente de zero, um processo suspendo deverá ser despertado.
24103        */
24104       register struct fproc *rp;
24105
24106       if (reviving != 0) {
24107               /* Reanima um processo suspenso. */
24108               for (rp = &fproc[0]; rp < &fproc[NR_PROCS]; rp++)
24109                    if (rp->fp_revived == REVIVING) {
24110                            who = (int)(rp - fproc);
24111                            call_nr = rp->fp_fd & BYTE;
24112                            m_in.fd = (rp->fp_fd >>8) & BYTE;
24113                            m_in.buffer = rp->fp_buffer;
24114                            m_in.nbytes = rp->fp_nbytes;
24115                            rp->fp_suspended = NOT_SUSPENDED; /*não está mais suspenso */
24116                            rp->fp_revived = NOT_REVIVING;
24117                            reviving--;
24118                            return;
24119                    }
24120               panic(__FILE__,"get_work couldn't revive anyone", NO_NUM);
24121       }
24122
24123       /* Caso normal. Nenhum para reanimar. */
24124       if (receive(ANY, &m_in) != OK) panic(__FILE__,"fs receive error", NO_NUM);
24125       who = m_in.m_source;
24126       call_nr = m_in.m_type;
24127     }

24129     /*===========================================================================*
24130      *                              buf_pool                                     *
24131      *===========================================================================*/
24132     PRIVATE void buf_pool(void)
24133     {
24134     /* Inicializa o pool de buffers. */
24135
24136       register struct buf *bp;
24137
24138       bufs_in_use = 0;
24139       front = &buf[0];
24140       rear = &buf[NR_BUFS - 1];
24141
24142       for (bp = &buf[0]; bp < &buf[NR_BUFS]; bp++) {
24143               bp->b_blocknr = NO_BLOCK;
24144               bp->b_dev = NO_DEV;
24145               bp->b_next = bp + 1;
24146               bp->b_prev = bp - 1;
24147       }
24148       buf[0].b_prev = NIL_BUF;
24149       buf[NR_BUFS - 1].b_next = NIL_BUF;
```

```
24150
24151        for (bp = &buf[0]; bp < &buf[NR_BUFS]; bp++) bp->b_hash = bp->b_next;
24152        buf_hash[0] = front;
24153
24154   }

24156   /*===========================================================================*
24157    *                              reply                                        *
24158    *===========================================================================*/
24159   PUBLIC void reply(whom, result)
24160   int whom;                              /* processo para o qual responder */
24161   int result;                            /* resultado da chamada (normalmente, OK ou nr. do erro) */
24162   {
24163   /* Envia uma resposta para um processo de usuário. Isso pode falhar (se o processo tiver
24164    * acabado de ser eliminado por um sinal); portanto, não verifica o código de retorno. Se
24165    * o envio falhar, apenas o ignora.
24166    */
24167     int s;
24168     m_out.reply_type = result;
24169     s = send(whom, &m_out);
24170     if (s != OK) printf("FS: couldn't send reply %d: %d\n", result, s);
24171   }

24173   /*===========================================================================*
24174    *                              fs_init                                      *
24175    *===========================================================================*/
24176   PRIVATE void fs_init()
24177   {
24178   /* Inicializa variáveis globais, tabelas etc. */
24179     register struct inode *rip;
24180     register struct fproc *rfp;
24181     message mess;
24182     int s;
24183
24184     /* Inicializa a tabela de processos com ajuda das mensagens do gerenciador de processos.
24185      * Espera uma mensagem para cada processo de sistema com seu número de entrada e pid.
24186      * Quando mais nenhum processo vier em seguida, o número mágico de processo NONE é
               enviado.
24187      * Então, pára e sincroniza com o PM.
24188      */
24189     do {
24190         if (OK != (s=receive(PM_PROC_NR, &mess)))
24191             panic(__FILE__,"FS couldn't receive from PM", s);
24192         if (NONE == mess.PR_PROC_NR) break;
24193
24194         rfp = &fproc[mess.PR_PROC_NR];
24195         rfp->fp_pid = mess.PR_PID;
24196         rfp->fp_realuid = (uid_t) SYS_UID;
24197         rfp->fp_effuid = (uid_t) SYS_UID;
24198         rfp->fp_realgid = (gid_t) SYS_GID;
24199         rfp->fp_effgid = (gid_t) SYS_GID;
24200         rfp->fp_umask = ~0;
24201
24202     } while (TRUE);                        /* continua até o processo NONE */
24203     mess.m_type = OK;                      /* informa o PM que tivemos êxito */
24204     s=send(PM_PROC_NR, &mess);             /* envia mensagem de sincronização */
24205
24206   /* Todas as entradas da tabela de processos foram configuradas. Continue com a
24207    * inicialização do FS. Certas relações devem valer para o FS funcionar. Alguns
24208    * requisitos extras de block_size são verificados no momento da leitura do superbloco.
24209    */
```

```
24210        if (OPEN_MAX > 127) panic(__FILE__,"OPEN_MAX > 127", NO_NUM);
24211        if (NR_BUFS < 6) panic(__FILE__,"NR_BUFS < 6", NO_NUM);
24212        if (V1_INODE_SIZE != 32) panic(__FILE__,"V1 inode size != 32", NO_NUM);
24213        if (V2_INODE_SIZE != 64) panic(__FILE__,"V2 inode size != 64", NO_NUM);
24214        if (OPEN_MAX > 8 * sizeof(long))
24215                panic(__FILE__,"Too few bits in fp_cloexec", NO_NUM);
24216
24217        /* As inicializações a seguir são necessárias para permitir que dev_opcl tenha êxito.*/
24218        fp = (struct fproc *) NULL;
24219        who = FS_PROC_NR;
24220
24221        buf_pool();             /* inicializa o pool de buffers */
24222        build_dmap();           /* constrói tab. de dispositivos e mapeia driver de inicialização */
24223        load_ram();             /* inicializa o disco de RAM, carrega, se for o raiz */
24224        load_super(root_dev);/* carrega superbloco do dispositivo-raiz */
24225        init_select();          /* inicializa as estruturas select() */
24226
24227        /* O dispositivo-raiz agora pode ser acessado; configura diretórios de processo. */
24228        for (rfp=&fproc[0]; rfp < &fproc[NR_PROCS]; rfp++) {
24229                if (rfp->fp_pid != PID_FREE) {
24230                        rip = get_inode(root_dev, ROOT_INODE);
24231                        dup_inode(rip);
24232                        rfp->fp_rootdir = rip;
24233                        rfp->fp_workdir = rip;
24234                }
24235        }
24236   }

24238   /*===========================================================================*
24239    *                              igetenv                                      *
24240    *===========================================================================*/
24241   PRIVATE int igetenv(key, optional)
24242   char *key;
24243   int optional;
24244   {
24245   /* Pede ao núcleo uma variável de ambiente de inicialização com valor inteiro. */
24246     char value[64];
24247     int i;
24248
24249     if ((i = env_get_param(key, value, sizeof(value))) != OK) {
24250        if (!optional)
24251           printf("FS: Warning, couldn't get monitor param: %d\n", i);
24252        return 0;
24253     }
24254     return(atoi(value));
24255   }

24257   /*===========================================================================*
24258    *                              load_ram                                     *
24259    *===========================================================================*/
24260   PRIVATE void load_ram(void)
24261   {
24262   /* Aloca um disco de RAM com o tam. dado nos parâmetros de inicialização. Se for dada uma
24263    * imagem do disco de RAM, copia o dispositivo de imagem inteiro, bloco por bloco, em um
24264    * disco de RAM com o mesmo tam. da imagem. Se o dispositivo-raiz não estiver
24265    * configurado, o disco de RAM é usado como raiz em seu lugar.
24266    */
24267     register struct buf *bp, *bp1;
24268     u32_t lcount, ram_size_kb;
24269     zone_t zones;
```

```
24270   struct super_block *sp, *dsp;
24271   block_t b;
24272   Dev_t image_dev;
24273   static char sbbuf[MIN_BLOCK_SIZE];
24274   int block_size_image, block_size_ram, ramfs_block_size;
24275   int s;
24276
24277   /* Obtém algumas variáveis de ambiente de inicialização. */
24278   root_dev = igetenv("rootdev", 0);
24279   image_dev = igetenv("ramimagedev", 0);
24280   ram_size_kb = igetenv("ramsize", 0);
24281
24282   /* Abre o dispositivo-raiz. */
24283   if (dev_open(root_dev, FS_PROC_NR, R_BIT|W_BIT) != OK)
24284           panic(__FILE__,"Cannot open root device",NO_NUM);
24285
24286   /* Para inicializar um disco de ram, obtém os detalhes do dispositivo de imagem. */
24287   if (root_dev == DEV_RAM) {
24288           u32_t fsmax, probedev;
24289
24290           /* Se estamos executando a partir de CD, verifica se podemos encontrá-lo. */
24291           if (igetenv("cdproberoot", 1) && (probedev=cdprobe()) != NO_DEV) {
24292                   char devnum[10];
24293                   struct sysgetenv env;
24294
24295                   /* Se assim for, este é nosso novo dispositivo de imagem de RAM. */
24296                   image_dev = probedev;
24297
24298                   /* Informa o PM sobre isso, para que usuários possam descobrir a seu
24299                    *  respeito
24300                    *  com a interface sysenv.
24301                    */
24301                   env.key = "cdproberoot";
24302                   env.keylen = strlen(env.key);
24303                   sprintf(devnum, "%d", (int) probedev);
24304                   env.val = devnum;
24305                   env.vallen = strlen(devnum);
24306                   svrctl(MMSETPARAM, &env);
24307           }
24308
24309           /* Abre o dispositivo de imagem para raiz de RAM. */
24310           if (dev_open(image_dev, FS_PROC_NR, R_BIT) != OK)
24311                   panic(__FILE__,"Cannot open RAM image device", NO_NUM);
24312
24313           /* Obtém o tamanho da imagem do disco de RAM a partir do superbloco. */
24314           sp = &super_block[0];
24315           sp->s_dev = image_dev;
24316           if (read_super(sp) != OK)
24317                   panic(__FILE__,"Bad RAM disk image FS", NO_NUM);
24318
24319           lcount = sp->s_zones << sp->s_log_zone_size;   /* nº de blcs no disp-raiz */
24320
24321           /* Aumenta o sistema de arquivos do disco de RAM para o tamanho dos parâmetros de
24322            * inicialização, mas não mais do que o último bloco do mapa de bits de zona permite.
24323            */
24324           if (ram_size_kb*1024 < lcount*sp->s_block_size)
24325                   ram_size_kb = lcount*sp->s_block_size/1024;
24326           fsmax = (u32_t) sp->s_zmap_blocks * CHAR_BIT * sp->s_block_size;
24327           fsmax = (fsmax + (sp->s_firstdatazone-1)) << sp->s_log_zone_size;
24328           if (ram_size_kb*1024 > fsmax*sp->s_block_size)
24329                   ram_size_kb = fsmax*sp->s_block_size/1024;
```

```
24330          }
24331
24332          /* Informa o driver de RAM qual deve ser o tamanho do disco de RAM. */
24333          m_out.m_type = DEV_IOCTL;
24334          m_out.PROC_NR = FS_PROC_NR;
24335          m_out.DEVICE = RAM_DEV;
24336          m_out.REQUEST = MIOCRAMSIZE;                    /* controle de E/S a usar */
24337          m_out.POSITION = (ram_size_kb * 1024);          /* requisição em bytes */
24338          if ((s=sendrec(MEM_PROC_NR, &m_out)) != OK)
24339                  panic("FS","sendrec from MEM failed", s);
24340          else if (m_out.REP_STATUS != OK) {
24341                  /* Informa e continua, a menos que o disco de RAM seja exigido como FS raiz. */
24342                  if (root_dev != DEV_RAM) {
24343                          report("FS","can't set RAM disk size", m_out.REP_STATUS);
24344                          return;
24345                  } else {
24346                          panic(__FILE__,"can't set RAM disk size", m_out.REP_STATUS);
24347                  }
24348          }
24349
24350          /* Verifica se devemos carregar a imagem do disco de RAM; caso contrário, retorna. */
24351          if (root_dev != DEV_RAM)
24352                  return;
24353
24354          /* Copia os blocos, um por vez, da imagem no disco de RAM. */
24355          printf("Loading RAM disk onto /dev/ram:\33[23CLoaded:     0 KB");
24356
24357          inode[0].i_mode = I_BLOCK_SPECIAL;       /* i-node temp para rahead() */
24358          inode[0].i_size = LONG_MAX;
24359          inode[0].i_dev = image_dev;
24360          inode[0].i_zone[0] = image_dev;
24361
24362          block_size_ram = get_block_size(DEV_RAM);
24363          block_size_image = get_block_size(image_dev);
24364
24365          /* o tamanho do bloco de RAM tem de ser um múltiplo do tamanho do bloco da imagem raiz
24366           * para tornar a cópia mais fácil.
24367           */
24368          if (block_size_image % block_size_ram) {
24369                  printf("\nram block size: %d image block size: %d\n",
24370                          block_size_ram, block_size_image);
24371                  panic(__FILE__, "ram disk block size must be a multiple of "
24372                          "the image disk block size", NO_NUM);
24373          }
24374
24375          /* Carregando blocos do dispositivo de imagem. */
24376          for (b = 0; b < (block_t) lcount; b++) {
24377                  int rb, factor;
24378                  bp = rahead(&inode[0], b, (off_t)block_size_image * b, block_size_image);
24379                  factor = block_size_image/block_size_ram;
24380                  for(rb = 0; rb < factor; rb++) {
24381                          bp1 = get_block(root_dev, b * factor + rb, NO_READ);
24382                          memcpy(bp1->b_data, bp->b_data + rb * block_size_ram,
24383                                  (size_t) block_size_ram);
24384                          bp1->b_dirt = DIRTY;
24385                          put_block(bp1, FULL_DATA_BLOCK);
24386                  }
24387                  put_block(bp, FULL_DATA_BLOCK);
24388                  if (b % 11 == 0)
24389                          printf("\b\b\b\b\b\b\b\b%6ld KB", ((long) b * block_size_image)/1024L);
```

```
24390        }
24391
24392        /* Efetiva as alterações na RAM para que dev_io veja. */
24393        do_sync();
24394
24395        printf("\rRAM disk of %u KB loaded onto /dev/ram.", (unsigned) ram_size_kb);
24396        if (root_dev == DEV_RAM) printf(" Using RAM disk as root FS.");
24397        printf(" \n");
24398
24399        /* Invalida e fecha o dispositivo de imagem. */
24400        invalidate(image_dev);
24401        dev_close(image_dev);
24402
24403        /* Redimensiona o sistema de arquivos raiz do disco de RAM. */
24404        if (dev_io(DEV_READ, root_dev, FS_PROC_NR,
24405            sbbuf, SUPER_BLOCK_BYTES, MIN_BLOCK_SIZE, 0) != MIN_BLOCK_SIZE) {
24406            printf("WARNING: ramdisk read for resizing failed\n");
24407        }
24408        dsp = (struct super_block *) sbbuf;
24409        if (dsp->s_magic == SUPER_V3)
24410            ramfs_block_size = dsp->s_block_size;
24411        else
24412            ramfs_block_size = STATIC_BLOCK_SIZE;
24413        zones = (ram_size_kb * 1024 / ramfs_block_size) >> sp->s_log_zone_size;
24414
24415        dsp->s_nzones = conv2(sp->s_native, (u16_t) zones);
24416        dsp->s_zones = conv4(sp->s_native, zones);
24417        if (dev_io(DEV_WRITE, root_dev, FS_PROC_NR,
24418            sbbuf, SUPER_BLOCK_BYTES, MIN_BLOCK_SIZE, 0) != MIN_BLOCK_SIZE) {
24419            printf("WARNING: ramdisk write for resizing failed\n");
24420        }
24421 }
24422
24423 /*===========================================================================*
24424  *                              load_super                                   *
24425  *===========================================================================*/
24426 PRIVATE void load_super(super_dev)
24427 dev_t super_dev;                            /* lugar do qual se obtém o superbloco */
24428 {
24429   int bad;
24430   register struct super_block *sp;
24431   register struct inode *rip;
24432
24433   /* Inicializa a tabela super_block. */
24434   for (sp = &super_block[0]; sp < &super_block[NR_SUPERS]; sp++)
24435       sp->s_dev = NO_DEV;
24436
24437   /* Lê em super_block o sistema de arquivos raiz. */
24438   sp = &super_block[0];
24439   sp->s_dev = super_dev;
24440
24441   /* Verifica a consistência de super_block. */
24442   bad = (read_super(sp) != OK);
24443   if (!bad) {
24444       rip = get_inode(super_dev, ROOT_INODE); /* i-node do diretório-raiz */
24445       if ( (rip->i_mode & I_TYPE) != I_DIRECTORY || rip->i_nlinks < 3) bad++;
24446   }
24447   if (bad) panic(__FILE__,"Invalid root file system", NO_NUM);
24448
24449   sp->s_imount = rip;
```

```
24450        dup_inode(rip);
24451        sp->s_isup = rip;
24452        sp->s_rd_only = 0;
24453        return;
24454   }
```

++
                              servers/fs/open.c
++

```
24500   /* Este arquivo contém as funções para criar, abrir, fechar e
24501    * buscar arquivos.
24502    *
24503    * Os pontos de entrada para este arquivo são
24504    *   do_creat:  executa a chamada de sistema CREAT
24505    *   do_open:   executa a chamada de sistema OPEN
24506    *   do_mknod:  executa a chamada de sistema MKNOD
24507    *   do_mkdir:  executa a chamada de sistema MKDIR
24508    *   do_close:  executa a chamada de sistema CLOSE
24509    *   do_lseek:  executa a chamada de sistema LSEEK
24510    */
24511
24512   #include "fs.h"
24513   #include <sys/stat.h>
24514   #include <fcntl.h>
24515   #include <minix/callnr.h>
24516   #include <minix/com.h>
24517   #include "buf.h"
24518   #include "file.h"
24519   #include "fproc.h"
24520   #include "inode.h"
24521   #include "lock.h"
24522   #include "param.h"
24523   #include "super.h"
24524
24525   #define offset m2_l1
24526
24527   PRIVATE char mode_map[] = {R_BIT, W_BIT, R_BIT|W_BIT, 0};
24528
24529   FORWARD _PROTOTYPE( int common_open, (int oflags, mode_t omode)          );
24530   FORWARD _PROTOTYPE( int pipe_open, (struct inode *rip,mode_t bits,int oflags));
24531   FORWARD _PROTOTYPE( struct inode *new_node, (char *path, mode_t bits,
24532                                                zone_t z0)                  );
24533
24534   /*===========================================================================*
24535    *                              do_creat                                     *
24536    *===========================================================================*/
24537   PUBLIC int do_creat()
24538   {
24539   /* Executa a chamada de sistema creat(name, mode). */
24540     int r;
24541
24542     if (fetch_name(m_in.name, m_in.name_length, M3) != OK) return(err_code);
24543     r = common_open(O_WRONLY | O_CREAT | O_TRUNC, (mode_t) m_in.mode);
24544     return(r);
24545   }
```

```
24547   /*===========================================================================*
24548    *                              do_open                                      *
24549    *===========================================================================*/
24550   PUBLIC int do_open()
24551   {
24552   /* Executa a chamada de sistema open(name, flags,...). */
24553
24554     int create_mode = 0;          /* é realmente mode_t, mas isso traz problemas */
24555     int r;
24556
24557     /* Se O_CREAT estiver ativo, a abertura tem três parâmetros; caso contrário, dois. */
24558     if (m_in.mode & O_CREAT) {
24559          create_mode = m_in.c_mode;
24560          r = fetch_name(m_in.c_name, m_in.name1_length, M1);
24561     } else {
24562          r = fetch_name(m_in.name, m_in.name_length, M3);
24563     }
24564
24565     if (r != OK) return(err_code); /* o nome era impróprio */
24566     r = common_open(m_in.mode, create_mode);
24567     return(r);
24568   }


24570   /*===========================================================================*
24571    *                              common_open                                  *
24572    *===========================================================================*/
24573   PRIVATE int common_open(register int oflags, mode_t omode)
24574   {
24575   /* Código comum de do_creat e do_open. */
24576
24577     register struct inode *rip;
24578     int r, b, exist = TRUE;
24579     dev_t dev;
24580     mode_t bits;
24581     off_t pos;
24582     struct filp *fil_ptr, *filp2;
24583
24584     /* Faz novo mapeamento dos dois bits inferiores de oflags. */
24585     bits = (mode_t) mode_map[oflags & O_ACCMODE];
24586
24587     /* Verifica se o descritor de arquivo e as entradas de filp estão disponíveis. */
24588     if ( (r = get_fd(0, bits, &m_in.fd, &fil_ptr)) != OK) return(r);
24589
24590     /* Se O_CREATE estiver ativo, tenta fazer o arquivo. */
24591     if (oflags & O_CREAT) {
24592          /* Cria um novo i-node chamando new_node(). */
24593          omode = I_REGULAR | (omode & ALL_MODES & fp->fp_umask);
24594          rip = new_node(user_path, omode, NO_ZONE);
24595          r = err_code;
24596          if (r == OK) exist = FALSE;          /* acabamos de criar o arquivo */
24597          else if (r != EEXIST) return(r);     /* outro erro */
24598          else exist = !(oflags & O_EXCL);     /* o arquivo existe, se o flag
24599                                                  O_EXCL estiver ativo, isso é um erro */
24600     } else {
24601          /* Percorre o nome de caminho. */
24602          if ( (rip = eat_path(user_path)) == NIL_INODE) return(err_code);
24603     }
24604
24605     /* Reivindica o descritor de arquivo e a entrada de filp e os preenche. */
24606     fp->fp_filp[m_in.fd] = fil_ptr;
```

```
24607        fil_ptr->filp_count = 1;
24608        fil_ptr->filp_ino = rip;
24609        fil_ptr->filp_flags = oflags;
24610
24611        /* Apenas faz o código de abertura normal se não criamos o arquivo. */
24612        if (exist) {
24613                /* Verifica as proteções. */
24614                if ((r = forbidden(rip, bits)) == OK) {
24615                        /* A abertura de diretórios de arquivos normais e especiais é diferente. */
24616                        switch (rip->i_mode & I_TYPE) {
24617                            case I_REGULAR:
24618                                /* Trunca arquivo normal, se for O_TRUNC. */
24619                                if (oflags & O_TRUNC) {
24620                                        if ((r = forbidden(rip, W_BIT)) !=OK) break;
24621                                        truncate(rip);
24622                                        wipe_inode(rip);
24623                                        /* Envia o i-node da cache de i-node para a
24624                                         * cache de bloco, para que ele seja escrito na próxima
24625                                         * descarga da cache.
24626                                         */
24627                                        rw_inode(rip, WRITING);
24628                                }
24629                                break;
24630
24631                            case I_DIRECTORY:
24632                                /* Diretórios podem ser lidos, mas não escritos. */
24633                                r = (bits & W_BIT ? EISDIR : OK);
24634                                break;
24635
24636                            case I_CHAR_SPECIAL:
24637                            case I_BLOCK_SPECIAL:
24638                                /* Ativa o driver para processamento especial. */
24639                                dev = (dev_t) rip->i_zone[0];
24640                                r = dev_open(dev, who, bits | (oflags & ~O_ACCMODE));
24641                                break;
24642
24643                            case I_NAMED_PIPE:
24644                                oflags |= O_APPEND;      /* força o modo de inclusão (append) */
24645                                fil_ptr->filp_flags = oflags;
24646                                r = pipe_open(rip, bits, oflags);
24647                                if (r != ENXIO) {
24648                                        /* Testa se alguém realiza uma leitura ou escrita na
24649                                         * FIFO. Se assim for, use sua entrada de filp para que a
24650                                         * posição do arquivo seja compartilhada automaticamente.
24651                                         */
24652                                        b = (bits & R_BIT ? R_BIT : W_BIT);
24653                                        fil_ptr->filp_count = 0; /* não se encontra */
24654                                        if ((filp2 = find_filp(rip, b)) != NIL_FILP) {
24655                                                /* Co-leitor ou escritor encontrado. Utiliza-o.*/
24656                                                fp->fp_filp[m_in.fd] = filp2;
24657                                                filp2->filp_count++;
24658                                                filp2->filp_ino = rip;
24659                                                filp2->filp_flags = oflags;
24660
24661                                                /* i_count foi incrementado incorretamente
24662                                                 * por eatpath acima, não sabendo que
24663                                                 * íamos usar uma entrada de
24664                                                 * filp já existente. Corrige esse erro.
24665                                                 */
24666                                                rip->i_count--;
```

```
24667                                  } else {
24668                                      /* Ninguém mais encontrado. Restaura filp. */
24669                                      fil_ptr->filp_count = 1;
24670                                      if (b == R_BIT)
24671                                          pos = rip->i_zone[V2_NR_DZONES+0];
24672                                      else
24673                                          pos = rip->i_zone[V2_NR_DZONES+1];
24674                                      fil_ptr->filp_pos = pos;
24675                                  }
24676                              }
24677                              break;
24678                      }
24679              }
24680      }
24681
24682      /* Se houve erro, libera o i-node. */
24683      if (r != OK) {
24684          if (r == SUSPEND) return(r);              /* Opa, apenas suspenso */
24685          fp->fp_filp[m_in.fd] = NIL_FILP;
24686          fil_ptr->filp_count= 0;
24687          put_inode(rip);
24688          return(r);
24689      }
24690
24691      return(m_in.fd);
24692  }
24693
24694  /*===========================================================================*
24695   *                              new_node                                     *
24696   *===========================================================================*/
24697  PRIVATE struct inode *new_node(char *path, mode_t bits, zone_t z0)
24698  {
24699  /* New_node() é chamada por common_open(), do_mknod() e do_mkdir().
24700   * Em todos os casos, ela aloca um novo i-node, faz uma entrada de diretório para ele no
24701   * caminho 'path' e o inicializa. Ela retorna um ponteiro para o i-node, caso
24702   * possa fazer isso; caso contrário, retorna NIL_INODE. Ela sempre configura 'err_code'
24703   * com um valor apropriado (OK ou um código de erro).
24704   */
24705
24706      register struct inode *rlast_dir_ptr, *rip;
24707      register int r;
24708      char string[NAME_MAX];
24709
24710      /* Verifica se o caminho pode ser aberto até o último diretório. */
24711      if ((rlast_dir_ptr = last_dir(path, string)) == NIL_INODE) return(NIL_INODE);
24712
24713      /* O último diretório está acessível. Obtém o componente final do caminho. */
24714      rip = advance(rlast_dir_ptr, string);
24715      if ( rip == NIL_INODE && err_code == ENOENT) {
24716          /* O último componente do caminho não existe. Faz uma nova entrada de diretório. */
24717          if ( (rip = alloc_inode(rlast_dir_ptr->i_dev, bits)) == NIL_INODE) {
24718              /* Não pode criar um novo i-node: falta de i-nodes. */
24719              put_inode(rlast_dir_ptr);
24720              return(NIL_INODE);
24721          }
24722
24723          /* Força o i-node no disco, antes de fazer uma entrada de diretório para tornar o
24724           * sistema mais robusto perante uma falha: um i-node sem
24725           * nenhuma entrada de diretório é muito melhor do que o contrário.
24726           */
```

```
24727              rip->i_nlinks++;
24728              rip->i_zone[0] = z0;            /* números do dispositivo principal/secundário */
24729              rw_inode(rip, WRITING);         /* força o i-node no disco agora */
24730
24731              /* Novo i-node adquirido. Tenta fazer entrada de diretório. */
24732              if ((r = search_dir(rlast_dir_ptr, string, &rip->i_num,ENTER)) != OK) {
24733                      put_inode(rlast_dir_ptr);
24734                      rip->i_nlinks--;        /* pena, precisa liberar i-node do disco */
24735                      rip->i_dirt = DIRTY;    /* os i-nodes sujos são escritos */
24736                      put_inode(rip); /* esta chamada libera o i-node */
24737                      err_code = r;
24738                      return(NIL_INODE);
24739              }
24740
24741      } else {
24742              /* Ou o último componente existe ou há algum problema. */
24743              if (rip != NIL_INODE)
24744                      r = EEXIST;
24745              else
24746                      r = err_code;
24747      }
24748
24749      /* Retorna o i-node do diretório e sai. */
24750      put_inode(rlast_dir_ptr);
24751      err_code = r;
24752      return(rip);
24753 }

24755 /*===========================================================================*
24756  *                              pipe_open                                    *
24757  *===========================================================================*/
24758 PRIVATE int pipe_open(register struct inode *rip, register mode_t bits,
24759           register int oflags)
24760 {
24761 /* Esta função é chamada a partir de common_open. Ela verifica se
24762  * existe pelo menos um par leitor/escritor para o pipe; se não existir,
24763  * ela suspende o processo que fez a chamada; caso contrário, reanima todos os outros
24764  * processos bloqueados que estão presos no pipe.
24765  */
24766
24767   rip->i_pipe = I_PIPE;
24768   if (find_filp(rip, bits & W_BIT ? R_BIT : W_BIT) == NIL_FILP) {
24769           if (oflags & O_NONBLOCK) {
24770                   if (bits & W_BIT) return(ENXIO);
24771           } else {
24772                   suspend(XPOPEN);        /* suspende o processo que fez a chamada */
24773                   return(SUSPEND);
24774           }
24775   } else if (susp_count > 0) {/* reanima os processos bloqueados */
24776           release(rip, OPEN, susp_count);
24777           release(rip, CREAT, susp_count);
24778   }
24779   return(OK);
24780 }

24782 /*===========================================================================*
24783  *                              do_mknod                                     *
24784  *===========================================================================*/
24785 PUBLIC int do_mknod()
24786 {
```

```
24787   /* Executa a chamada de sistema mknod(name, mode, addr). */
24788
24789     register mode_t bits, mode_bits;
24790     struct inode *ip;
24791
24792     /* Apenas o super_user pode fazer nós que não são fifos. */
24793     mode_bits = (mode_t) m_in.mk_mode;           /* modo do i-node */
24794     if (!super_user && ((mode_bits & I_TYPE) != I_NAMED_PIPE)) return(EPERM);
24795     if (fetch_name(m_in.name1, m_in.name1_length, M1) != OK) return(err_code);
24796     bits = (mode_bits & I_TYPE) | (mode_bits & ALL_MODES & fp->fp_umask);
24797     ip = new_node(user_path, bits, (zone_t) m_in.mk_z0);
24798     put_inode(ip);
24799     return(err_code);
24800   }

24802   /*===========================================================================*
24803    *                              do_mkdir                                     *
24804    *===========================================================================*/
24805   PUBLIC int do_mkdir()
24806   {
24807   /* Executa a chamada de sistema mkdir(name, mode). */
24808
24809     int r1, r2;                      /* códigos de status */
24810     ino_t dot, dotdot;               /* números de i-node para . e .. */
24811     mode_t bits;                     /* bits de modo para o novo i-node */
24812     char string[NAME_MAX];           /* último componente do nome de caminho do novo dir */
24813     register struct inode *rip, *ldirp;
24814
24815     /* Verifica se é possível fazer outro vínculo no diretório pai. */
24816     if (fetch_name(m_in.name1, m_in.name1_length, M1) != OK) return(err_code);
24817     ldirp = last_dir(user_path, string);  /* ponteiro para o pai do novo diretório */
24818     if (ldirp == NIL_INODE) return(err_code);
24819     if (ldirp->i_nlinks >= (ldirp->i_sp->s_version == V1 ?
24820           CHAR_MAX : SHRT_MAX)) {
24821         put_inode(ldirp);            /* retorna o pai */
24822         return(EMLINK);
24823     }
24824
24825     /* Em seguida, faz o i-node. Se isso falhar, retorna o código de erro. */
24826     bits = I_DIRECTORY | (m_in.mode & RWX_MODES & fp->fp_umask);
24827     rip = new_node(user_path, bits, (zone_t) 0);
24828     if (rip == NIL_INODE || err_code == EEXIST) {
24829         put_inode(rip);              /* não pode fazer dir: já existe */
24830         put_inode(ldirp);            /* retorna o pai também */
24831         return(err_code);
24832     }
24833
24834     /* Obtém os números de i-node para . e .. para entrar no diretório. */
24835     dotdot = ldirp->i_num;           /* número do i-node do pai */
24836     dot = rip->i_num;                /* número do i-node do próprio novo dir */
24837
24838     /* Agora faz entradas para . e .., a menos que o disco esteja completamente cheio. */
24839     /* Usa dot1 e dot2; portanto, o modo do diretório não é importante. */
24840     rip->i_mode = bits;              /* configura o modo */
24841     r1 = search_dir(rip, dot1, &dot, ENTER);      /* insere . no novo dir */
24842     r2 = search_dir(rip, dot2, &dotdot, ENTER);   /* insere .. no novo dir */
24843
24844     /* Se . e .. foram inseridos com sucesso, incrementa as contagens de vínculos. */
24845     if (r1 == OK && r2 == OK) {
24846         /* Caso normal. Foi possível inserir . e .. no novo dir. */
```

```
24847              rip->i_nlinks++;        /* isto é responsável por . */
24848              ldirp->i_nlinks++;      /* isto é responsável por .. */
24849              ldirp->i_dirt = DIRTY;  /* marca o i-node do pai como sujo */
24850        } else {
24851              /* Não foi possível inserir . ou .., provavelmente o disco estava cheio. */
24852              (void) search_dir(ldirp, string, (ino_t *) 0, DELETE);
24853              rip->i_nlinks--;        /* desfaz o incremento feito em new_node() */
24854        }
24855        rip->i_dirt = DIRTY;          /* de qualquer modo, i_nlinks mudou */
24856
24857        put_inode(ldirp);             /* retorna o i-node do dir pai */
24858        put_inode(rip);               /* retorna o i-node do dir feito recentemente */
24859        return(err_code);             /* new_node() sempre configura 'err_code' */
24860  }
24861
24862  /*===========================================================================*
24863   *                            do_close                                       *
24864   *===========================================================================*/
24865  PUBLIC int do_close()
24866  {
24867  /* Executa a chamada de sistema close(fd). */
24868
24869        register struct filp *rfilp;
24870        register struct inode *rip;
24871        struct file_lock *flp;
24872        int rw, mode_word, lock_count;
24873        dev_t dev;
24874
24875        /* Primeiro localiza o i-node pertencente ao descritor de arquivo. */
24876        if ( (rfilp = get_filp(m_in.fd)) == NIL_FILP) return(err_code);
24877        rip = rfilp->filp_ino;         /* 'rip' aponta para o i-node */
24878
24879        if (rfilp->filp_count - 1 == 0 && rfilp->filp_mode != FILP_CLOSED) {
24880              /* Verifica se o arquivo é especial. */
24881              mode_word = rip->i_mode & I_TYPE;
24882              if (mode_word == I_CHAR_SPECIAL || mode_word == I_BLOCK_SPECIAL) {
24883                    dev = (dev_t) rip->i_zone[0];
24884                    if (mode_word == I_BLOCK_SPECIAL) {
24885                          /* Invalida as entradas da cache, a não ser que seja especial montado
24886                           * ou ROOT
24887                           */
24888                          if (!mounted(rip)) {
24889                                (void) do_sync();        /* expurga a cache */
24890                                invalidate(dev);
24891                          }
24892                    }
24893                    /* Realiza todo processamento especial no fechamento do dispositivo. */
24894                    dev_close(dev);
24895              }
24896        }
24897
24898        /* Se o i-node que está sendo fechado é um pipe, libera todos que estiverem presos
24899         * nele. */
24899        if (rip->i_pipe == I_PIPE) {
24900              rw = (rfilp->filp_mode & R_BIT ? WRITE : READ);
24901              release(rip, rw, NR_PROCS);
24902        }
24903
24904        /* Se foi feita uma escrita, o i-node já está marcado como DIRTY. */
24905        if (--rfilp->filp_count == 0) {
24906              if (rip->i_pipe == I_PIPE && rip->i_count > 1) {
```

```
24907                     /* Salva a posição do arquivo no nó-I, para o caso de ser necessário
24908                      * posteriormente. As posições de leitura e escrita são salvas
24909                      * separadamente. As 3 últimas zonas no i-node não são usadas para pipes
24910                      * (nomeados). */
24911                     if (rfilp->filp_mode == R_BIT)
24912                             rip->i_zone[V2_NR_DZONES+0] = (zone_t) rfilp->filp_pos;
24913                     else
24914                             rip->i_zone[V2_NR_DZONES+1] = (zone_t) rfilp->filp_pos;
24915              }
24916              put_inode(rip);
24917       }
24918
24919       fp->fp_cloexec &= ~(1L << m_in.fd);    /* desativa o bit de fechar ao executar */
24920       fp->fp_filp[m_in.fd] = NIL_FILP;
24921
24922       /* Verifica se o arquivo está travado. Se estiver, libera todas as travas */
24923       if (nr_locks == 0) return(OK);
24924       lock_count = nr_locks;               /* salva a contagem das travas */
24925       for (flp = &file_lock[0]; flp < &file_lock[NR_LOCKS]; flp++) {
24926             if (flp->lock_type == 0) continue;       /* entrada que não está em uso */
24927             if (flp->lock_inode == rip && flp->lock_pid == fp->fp_pid) {
24928                     flp->lock_type = 0;
24929                     nr_locks--;
24930             }
24931       }
24932       if (nr_locks < lock_count) lock_revive();     /* trava liberada */
24933       return(OK);
24934    }

24936    /*===========================================================================*
24937     *                              do_lseek                                     *
24938     *===========================================================================*/
24939    PUBLIC int do_lseek()
24940    {
24941    /* Executa a chamada de sistema lseek(ls_fd, offset, whence). */
24942
24943       register struct filp *rfilp;
24944       register off_t pos;
24945
24946       /* Verifica se o descritor de arquivo é válido. */
24947       if ( (rfilp = get_filp(m_in.ls_fd)) == NIL_FILP) return(err_code);
24948
24949       /* Nada de lseek em pipes. */
24950       if (rfilp->filp_ino->i_pipe == I_PIPE) return(ESPIPE);
24951
24952       /* O valor de 'whence' determina a posição inicial a usar. */
24953       switch(m_in.whence) {
24954             case 0: pos = 0; break;
24955             case 1: pos = rfilp->filp_pos; break;
24956             case 2: pos = rfilp->filp_ino->i_size; break;
24957             default: return(EINVAL);
24958       }
24959
24960       /* Verifica se houve estouro. */
24961       if (((long)m_in.offset > 0) && ((long)(pos + m_in.offset) < (long)pos))
24962             return(EINVAL);
24963       if (((long)m_in.offset < 0) && ((long)(pos + m_in.offset) > (long)pos))
24964             return(EINVAL);
24965       pos = pos + m_in.offset;
24966
```

```
24967        if (pos != rfilp->filp_pos)
24968                rfilp->filp_ino->i_seek = ISEEK;        /* inibe a leitura antecipada */
24969        rfilp->filp_pos = pos;
24970        m_out.reply_l1 = pos;           /* insere o valor long na mensagem de saída */
24971        return(OK);
24972  }
```

```
++++++++++++++++++++++++++++++++++++++++++++++++++++++++++++++++++++++++++
                               servers/fs/read.c
++++++++++++++++++++++++++++++++++++++++++++++++++++++++++++++++++++++++++
25000  /* Este arquivo contém o centro do mecanismo usado para ler (e escrever)
25001   * arquivos. As requisições de leitura e escrita são divididas em trechos que não ultrapassam
25002   * os limites do bloco. Então, cada trecho é processado por sua vez. As leituras em arquivos
25003   * especiais também são detectadas e manipuladas.
25004   *
25005   * Os pontos de entrada para este arquivo são
25006   *   do_read:    executa a chamada de sistema READ, chamando read_write
25007   *   read_write: faz realmente o trabalho de READ e WRITE
25008   *   read_map:   dado um i-node e a posição do arquivo, pesquisa seu número de zona
25009   *   rd_indir:   lê uma entrada em um bloco indireto
25010   *   read_ahead: gerencia a leitura de bloco antecipada
25011   */
25012
25013  #include "fs.h"
25014  #include <fcntl.h>
25015  #include <minix/com.h>
25016  #include "buf.h"
25017  #include "file.h"
25018  #include "fproc.h"
25019  #include "inode.h"
25020  #include "param.h"
25021  #include "super.h"
25022
25023  FORWARD _PROTOTYPE( int rw_chunk, (struct inode *rip, off_t position,
25024          unsigned off, int chunk, unsigned left, int rw_flag,
25025          char *buff, int seg, int usr, int block_size, int *completed));
25026
25027  /*===========================================================================*
25028   *                              do_read                                      *
25029   *===========================================================================*/
25030  PUBLIC int do_read()
25031  {
25032     return(read_write(READING));
25033  }
25034
25035  /*===========================================================================*
25036   *                              read_write                                   *
25037   *===========================================================================*/
25038  PUBLIC int read_write(rw_flag)
25039  int rw_flag;                    /* READING ou WRITING */
25040  {
25041  /* Executa a chamada de read(fd, buffer, nbytes) ou write(fd, buffer, nbytes). */
25042
25043     register struct inode *rip;
25044     register struct filp *f;
```

```
25045           off_t bytes_left, f_size, position;
25046           unsigned int off, cum_io;
25047           int op, oflags, r, chunk, usr, seg, block_spec, char_spec;
25048           int regular, partial_pipe = 0, partial_cnt = 0;
25049           mode_t mode_word;
25050           struct filp *wf;
25051           int block_size;
25052           int completed, r2 = OK;
25053           phys_bytes p;
25054
25055           /* operações rw_chunk() não terminadas restantes da chamada anterior! isso não pode
25056            * acontecer. Isso significa que algo deu errado e não podemos reparar agora.
25057            */
25058           if (bufs_in_use < 0) {
25059                panic(__FILE__,"start - bufs_in_use negative", bufs_in_use);
25060           }
25061
25062           /* O MM carrega os segmentos colocando coisas engraçadas nos 10 bits superiores de 'fd'. */
25063           if (who == PM_PROC_NR && (m_in.fd & (~BYTE)) ) {
25064                usr = m_in.fd >> 7;
25065                seg = (m_in.fd >> 5) & 03;
25066                m_in.fd &= 037;         /* obtém o rid do usuário e dos bits de segmento */
25067           } else {
25068                usr = who;              /* caso normal */
25069                seg = D;
25070           }
25071
25072           /* Se o descritor de arquivo é válido, obtém o i-node, o tamanho e o modo. */
25073           if (m_in.nbytes < 0) return(EINVAL);
25074           if ((f = get_filp(m_in.fd)) == NIL_FILP) return(err_code);
25075           if (((f->filp_mode) & (rw_flag == READING ? R_BIT : W_BIT)) == 0) {
25076                return(f->filp_mode == FILP_CLOSED ? EIO : EBADF);
25077           }
25078           if (m_in.nbytes == 0)
25079                  return(0);        /* Arquivos de caractere especiais não precisam verificar 0*/
25080
25081           /* verifica se o processo de usuário tem a memória que precisa. se não tiver, a
25082            * cópia falhará posteriormente. Faz isso após a verifcação de 0 anterior,
25083            * pois umap não quer fazer o mapeamento de 0 bytes.
25084            */
25085           if ((r = sys_umap(usr, seg, (vir_bytes) m_in.buffer, m_in.nbytes, &p)) != OK)
25086                   return r;
25087           position = f->filp_pos;
25088           oflags = f->filp_flags;
25089           rip = f->filp_ino;
25090           f_size = rip->i_size;
25091           r = OK;
25092           if (rip->i_pipe == I_PIPE) {
25093                /* fp->fp_cum_io_partial só é diferente de zero ao realizar escritas parciais */
25094                cum_io = fp->fp_cum_io_partial;
25095           } else {
25096                cum_io = 0;
25097           }
25098           op = (rw_flag == READING ? DEV_READ : DEV_WRITE);
25099           mode_word = rip->i_mode & I_TYPE;
25100           regular = mode_word == I_REGULAR || mode_word == I_NAMED_PIPE;
25101
25102           if ((char_spec = (mode_word == I_CHAR_SPECIAL ? 1 : 0))) {
25103                if (rip->i_zone[0] == NO_DEV)
25104                     panic(__FILE__,"read_write tries to read from "
```

```
25105                              "caractere device NO_DEV", NO_NUM);
25106              block_size = get_block_size(rip->i_zone[0]);
25107      }
25108      if ((block_spec = (mode_word == I_BLOCK_SPECIAL ? 1 : 0))) {
25109              f_size = ULONG_MAX;
25110              if (rip->i_zone[0] == NO_DEV)
25111                      panic(__FILE__,"read_write tries to read from "
25112                      " block device NO_DEV", NO_NUM);
25113              block_size = get_block_size(rip->i_zone[0]);
25114      }
25115
25116      if (!char_spec && !block_spec)
25117              block_size = rip->i_sp->s_block_size;
25118
25119      rdwt_err = OK;             /* configura como EIO se ocorrer erro de disco */
25120
25121      /* Verifica a existência de arquivos de caractere especiais. */
25122      if (char_spec) {
25123              dev_t dev;
25124              dev = (dev_t) rip->i_zone[0];
25125              r = dev_io(op, dev, usr, m_in.buffer, position, m_in.nbytes, oflags);
25126              if (r >= 0) {
25127                      cum_io = r;
25128                      position += r;
25129                      r = OK;
25130              }
25131      } else {
25132              if (rw_flag == WRITING && block_spec == 0) {
25133                      /* Testa antes para ver se o arquivo vai ficar grande demais. */
25134                      if (position > rip->i_sp->s_max_size - m_in.nbytes)
25135                              return(EFBIG);
25136
25137                      /* Verifica for O_APPEND flag. */
25138                      if (oflags & O_APPEND) position = f_size;
25139
25140                      /* Limpa a zona que contém o EOF presente, se uma lacuna estiver
25141                       * para ser criada. Isso é necessário porque todos os blocos
25142                       * não escritos antes do EOF devem ser lidos como zeros.
25143                       */
25144                      if (position > f_size) clear_zone(rip, f_size, 0);
25145              }
25146
25147              /* Os pipes são um pouco diferentes. Verifica. */
25148              if (rip->i_pipe == I_PIPE) {
25149                      r = pipe_check(rip, rw_flag, oflags,
25150                                  m_in.nbytes, position, &partial_cnt, 0);
25151                      if (r <= 0) return(r);
25152              }
25153
25154              if (partial_cnt > 0) partial_pipe = 1;
25155
25156              /* Divide a transferência em trechos que não abrangem dois blocos. */
25157              while (m_in.nbytes != 0) {
25158
25159                      off = (unsigned int) (position % block_size);/* deslocamento no blc*/
25160                      if (partial_pipe) {  /* somente para pipes */
25161                              chunk = MIN(partial_cnt, block_size - off);
25162                      } else
25163                              chunk = MIN(m_in.nbytes, block_size - off);
25164                      if (chunk < 0) chunk = block_size - off;
```

```
25165
25166                    if (rw_flag == READING) {
25167                            bytes_left = f_size - position;
25168                            if (position >= f_size) break;   /* estamos além de EOF */
25169                            if (chunk > bytes_left) chunk = (int) bytes_left;
25170                    }
25171
25172                    /* Lê ou escreve 'chunk' bytes. */
25173                    r = rw_chunk(rip, position, off, chunk, (unsigned) m_in.nbytes,
25174                                 rw_flag, m_in.buffer, seg, usr, block_size, &completed);
25175
25176                    if (r != OK) break;        /* EOF atingido */
25177                    if (rdwt_err < 0) break;
25178
25179                    /* Atualiza contadores e ponteiros. */
25180                    m_in.buffer += chunk;      /* endereço de buffer de usuário */
25181                    m_in.nbytes -= chunk;      /* bytes ainda a serem lidos */
25182                    cum_io += chunk;           /* bytes lidos até aqui */
25183                    position += chunk;         /* posição dentro do arquivo */
25184
25185                    if (partial_pipe) {
25186                            partial_cnt -= chunk;
25187                            if (partial_cnt <= 0) break;
25188                    }
25189            }
25190    }
25191
25192    /* Na escrita, atualiza o tamanho e o tempo de acesso do arquivo. */
25193    if (rw_flag == WRITING) {
25194            if (regular || mode_word == I_DIRECTORY) {
25195                    if (position > f_size) rip->i_size = position;
25196            }
25197    } else {
25198            if (rip->i_pipe == I_PIPE) {
25199                    if ( position >= rip->i_size) {
25200                            /* Reconfigura ponteiros de pipe. */
25201                            rip->i_size = 0;        /* não restam dados */
25202                            position = 0;           /* reconfigura leitor(es) */
25203                            wf = find_filp(rip, W_BIT);
25204                            if (wf != NIL_FILP) wf->filp_pos = 0;
25205                    }
25206            }
25207    }
25208    f->filp_pos = position;
25209
25210    /* Verifica se é necessária leitura antecipada e, se for, a configura. */
25211    if (rw_flag == READING && rip->i_seek == NO_SEEK && position % block_size== 0
25212            && (regular || mode_word == I_DIRECTORY)) {
25213            rdahed_inode = rip;
25214            rdahedpos = position;
25215    }
25216    rip->i_seek = NO_SEEK;
25217
25218    if (rdwt_err != OK) r = rdwt_err;      /* verifica a existência de erro de disco */
25219    if (rdwt_err == END_OF_FILE) r = OK;
25220
25221    /* se a cópia do espaço de usuário falhou, a leitura/escrita falhou. */
25222    if (r == OK && r2 != OK) {
25223            r = r2;
25224    }
```

```
25225        if (r == OK) {
25226                if (rw_flag == READING) rip->i_update |= ATIME;
25227                if (rw_flag == WRITING) rip->i_update |= CTIME | MTIME;
25228                rip->i_dirt = DIRTY;            /* assim, o i-node está sujo agora */
25229                if (partial_pipe) {
25230                        partial_pipe = 0;
25231                                        /* escrita parcial no pipe com */
25232                        /* O_NONBLOCK, retorna a contagem de escrita */
25233                        if (!(oflags & O_NONBLOCK)) {
25234                                fp->fp_cum_io_partial = cum_io;
25235                                suspend(XPIPE);   /* escrita parcial no pipe com */
25236                                return(SUSPEND);  /* nbyte > PIPE_SIZE - não-atômico */
25237                        }
25238                }
25239                fp->fp_cum_io_partial = 0;
25240                return(cum_io);
25241        }
25242        if (bufs_in_use < 0) {
25243                panic(__FILE__,"end - bufs_in_use negative", bufs_in_use);
25244        }
25245        return(r);
25246   }
25247
25248   /*===========================================================================*
25249    *                              rw_chunk                                     *
25250    *===========================================================================*/
25251   PRIVATE int rw_chunk(rip, position, off, chunk, left, rw_flag, buff,
25252        seg, usr, block_size, completed)
25253   register struct inode *rip;      /* ponteiro para i-node do arquivo a ser lido/escrito */
25254   off_t position;                  /* posição dentro do arquivo a ler ou escrever */
25255   unsigned off;                    /* deslocamento dentro do bloco corrente */
25256   int chunk;                       /* número de bytes a ler ou escrever */
25257   unsigned left;                   /* número max de bytes solicitados após a posição */
25258   int rw_flag;                     /* READING ou WRITING */
25259   char *buff;                      /* endereço virtual do buffer de usuário */
25260   int seg;                         /* segmento T ou D no espaço de usuário */
25261   int usr;                         /* qual processo de usuário */
25262   int block_size;                  /* tamanho de bloco do FS em que se está operando */
25263   int *completed;                  /* número de bytes copiados */
25264   {
25265   /* Lê ou escreve (parte de) um bloco. */
25266
25267        register struct buf *bp;
25268        register int r = OK;
25269        int n, block_spec;
25270        block_t b;
25271        dev_t dev;
25272
25273        *completed = 0;
25274
25275        block_spec = (rip->i_mode & I_TYPE) == I_BLOCK_SPECIAL;
25276        if (block_spec) {
25277                b = position/block_size;
25278                dev = (dev_t) rip->i_zone[0];
25279        } else {
25280                b = read_map(rip, position);
25281                dev = rip->i_dev;
25282        }
25283
25284        if (!block_spec && b == NO_BLOCK) {
```

```
25285            if (rw_flag == READING) {
25286                    /* Lendo de um bloco inexistente. Deve ler tudo como zero.*/
25287                    bp = get_block(NO_DEV, NO_BLOCK, NORMAL);   /* obtém um buffer */
25288                    zero_block(bp);
25289            } else {
25290                    /* Escrevendo em um bloco inexistente. Cria e entra no i-node.*/
25291                    if ((bp= new_block(rip, position)) == NIL_BUF)return(err_code);
25292            }
25293    } else if (rw_flag == READING) {
25294            /* Leitura e leitura antecipada, se for conveniente. */
25295            bp = rahead(rip, b, position, left);
25296    } else {
25297            /* Normalmente, um bloco já existente a ser sobrescrito parcialmente primeiro é
25298             * lido. Entretanto, um bloco cheio não precisa ser lido. Se ele já está na
25299             * cache, o adquire; caso contrário, apenas adquire um buffer livre.
25300             */
25301            n = (chunk == block_size ? NO_READ : NORMAL);
25302            if (!block_spec && off == 0 && position >= rip->i_size) n = NO_READ;
25303            bp = get_block(dev, b, n);
25304    }
25305
25306    /* Em todos os casos, bp aponta agora para um buffer válido. */
25307    if (bp == NIL_BUF) {
25308            panic(__FILE__,"bp not valid in rw_chunk, this can't happen", NO_NUM);
25309    }
25310    if (rw_flag == WRITING && chunk != block_size && !block_spec &&
25311                                    position >= rip->i_size && off == 0) {
25312            zero_block(bp);
25313    }
25314
25315    if (rw_flag == READING) {
25316            /* Copia um trecho do buffer de bloco no espaço de usuário. */
25317            r = sys_vircopy(FS_PROC_NR, D, (phys_bytes) (bp->b_data+off),
25318                            usr, seg, (phys_bytes) buff,
25319                            (phys_bytes) chunk);
25320    } else {
25321            /* Copia um trecho do espaço de usuário no buffer de bloco. */
25322            r = sys_vircopy(usr, seg, (phys_bytes) buff,
25323                            FS_PROC_NR, D, (phys_bytes) (bp->b_data+off),
25324                            (phys_bytes) chunk);
25325            bp->b_dirt = DIRTY;
25326    }
25327    n = (off + chunk == block_size ? FULL_DATA_BLOCK : PARTIAL_DATA_BLOCK);
25328    put_block(bp, n);
25329
25330    return(r);
25331 }


25334 /*===========================================================================*
25335  *                              read_map                                     *
25336  *===========================================================================*/
25337 PUBLIC block_t read_map(rip, position)
25338 register struct inode *rip;     /* ptr a partir do qual o i-node deve fazer o mapeamento */
25339 off_t position;                 /* posição no arquivo cujo blc foi solicitado */
25340 {
25341 /* Dados um i-node e uma posição dentro do arquivo correspondente, localiza
25342  * o número do bloco (e não da zona) em que essa posição deve ser encontrada e o retorna.
25343  */
25344
```

```
25345        register struct buf *bp;
25346        register zone_t z;
25347        int scale, boff, dzones, nr_indirects, index, zind, ex;
25348        block_t b;
25349        long excess, zone, block_pos;
25350
25351        scale = rip->i_sp->s_log_zone_size;   /* para conversão de bloco em zona */
25352        block_pos = position/rip->i_sp->s_block_size; /* número do bloco relativo no arquivo */
25353        zone = block_pos >> scale;    /* zona da posição */
25354        boff = (int) (block_pos - (zone << scale) ); /* nr. do bloco relativo dentro da zona */
25355        dzones = rip->i_ndzones;
25356        nr_indirects = rip->i_nindirs;
25357
25358        /* A 'posição' deve ser encontrada no próprio i-node? */
25359        if (zone < dzones) {
25360             zind = (int) zone;       /* o índice deve ser um int */
25361             z = rip->i_zone[zind];
25362             if (z == NO_ZONE) return(NO_BLOCK);
25363             b = ((block_t) z << scale) + boff;
25364             return(b);
25365        }
25366
25367        /* Não está no i-node; portanto, deve ser indireto simples ou duplo. */
25368        excess = zone - dzones;        /* as primeiras Vx_NR_DZONES não contam */
25369
25370        if (excess < nr_indirects) {
25371             /* a 'posição' pode ser localizada por meio do bloco de indireção simples. */
25372             z = rip->i_zone[dzones];
25373        } else {
25374             /* a 'posição' pode ser localizada por meio do bloco indireção dupla. */
25375             if ( (z = rip->i_zone[dzones+1]) == NO_ZONE) return(NO_BLOCK);
25376             excess -= nr_indirects;                    /* indireto simples não conta */
25377             b = (block_t) z << scale;
25378             bp = get_block(rip->i_dev, b, NORMAL);     /* obtém bloco indireção dupla */
25379             index = (int) (excess/nr_indirects);
25380             z = rd_indir(bp, index);                   /* z= zona para simples */
25381             put_block(bp, INDIRECT_BLOCK);             /* libera bloco ind dupla */
25382             excess = excess % nr_indirects;            /* índice para bloco ind simples */
25383        }
25384
25385        /* 'z' é o número da zona do bloco de indireção simples; 'excess' é o índice para ele. */
25386        if (z == NO_ZONE) return(NO_BLOCK);
25387        b = (block_t) z << scale;                       /* b é o nr. do bloco para ind simples */
25388        bp = get_block(rip->i_dev, b, NORMAL);          /* obtém bloco de indireção simples */
25389        ex = (int) excess;                              /* precisa de um inteiro */
25390        z = rd_indir(bp, ex);                           /* obtém bloco apontado */
25391        put_block(bp, INDIRECT_BLOCK);                  /* libera bloco indir simples */
25392        if (z == NO_ZONE) return(NO_BLOCK);
25393        b = ((block_t) z << scale) + boff;
25394        return(b);
25395   }

25397   /*===========================================================================*
25398    *                              rd_indir                                     *
25399    *===========================================================================*/
25400   PUBLIC zone_t rd_indir(bp, index)
25401   struct buf *bp;                 /* ponteiro para bloco indireto */
25402   int index;                      /* índice para *bp */
25403   {
25404   /* Dado um ponteiro para um bloco indireto, lê uma entrada. O motivo de
```

```
25405        * fazer uma rotina separada para isso é que existem quatro casos:
25406        * V1 (IBM e 68000) e V2 (IBM e 68000).
25407        */
25408
25409       struct super_block *sp;
25410       zone_t zone;                    /* as zonas do V2 são valores long (short no V1) */
25411
25412       sp = get_super(bp->b_dev);       /* Usa superbloco para obter tipo de sist. de arquivos */
25413
25414       /* lê uma zona de um bloco indireto */
25415       if (sp->s_version == V1)
25416             zone = (zone_t) conv2(sp->s_native, (int)  bp->b_v1_ind[index]);
25417       else
25418             zone = (zone_t) conv4(sp->s_native, (long) bp->b_v2_ind[index]);
25419
25420       if (zone != NO_ZONE &&
25421                  (zone < (zone_t) sp->s_firstdatazone || zone >= sp->s_zones)) {
25422             printf("Illegal zone number %ld in indirect block, index %d\n",
25423                   (long) zone, index);
25424             panic(__FILE__,"check file system", NO_NUM);
25425       }
25426       return(zone);
25427  }


25429  /*===========================================================================*
25430   *                             read_ahead                                    *
25431   *===========================================================================*/
25432  PUBLIC void read_ahead()
25433  {
25434  /* Lê um bloco na cache antes que ele seja necessário. */
25435    int block_size;
25436    register struct inode *rip;
25437    struct buf *bp;
25438    block_t b;
25439
25440    rip = rdahed_inode;         /* ponteiro i-node de onde fazer a leitura antecipada */
25441    block_size = get_block_size(rip->i_dev);
25442    rdahed_inode = NIL_INODE;   /* desativa a leitura antecipada */
25443    if ( (b = read_map(rip, rdahedpos)) == NO_BLOCK) return;       /* no EOF */
25444    bp = rahead(rip, b, rdahedpos, block_size);
25445    put_block(bp, PARTIAL_DATA_BLOCK);
25446  }

25448  /*===========================================================================*
25449   *                             rahead                                        *
25450   *===========================================================================*/
25451  PUBLIC struct buf *rahead(rip, baseblock, position, bytes_ahead)
25452  register struct inode *rip;     /* ponteiro para i-node do arquivo a ser lido */
25453  block_t baseblock;              /* bloco na posição corrente */
25454  off_t position;                 /* posição dentro do arquivo */
25455  unsigned bytes_ahead;           /* bytes além da posição para uso imediato */
25456  {
25457  /* Busca um bloco da cache ou do dispositivo. Se for exigida uma leitura
25458   * física, busca previamente tantos mais blocos quantos forem convenientes na cache.
25459   * Isso normalmente cobre bytes_ahead e é de pelo menos BLOCKS_MINIMUM.
25460   * O driver de dispositivo pode decidir que sabe mais e parar de ler em um
25461   * limite de cilindro (ou após um erro). Rw_scattered() coloca um flag
25462   * opcional em todas as leituras para permitir isso.
25463   */
25464    int block_size;
```

```
25465   /* Número mínimo de blocos a serem buscados previamente. */
25466   # define BLOCKS_MINIMUM          (NR_BUFS < 50 ? 18 : 32)
25467     int block_spec, scale, read_q_size;
25468     unsigned int blocks_ahead, fragment;
25469     block_t block, blocks_left;
25470     off_t ind1_pos;
25471     dev_t dev;
25472     struct buf *bp;
25473     static struct buf *read_q[NR_BUFS];
25474
25475     block_spec = (rip->i_mode & I_TYPE) == I_BLOCK_SPECIAL;
25476     if (block_spec) {
25477           dev = (dev_t) rip->i_zone[0];
25478     } else {
25479           dev = rip->i_dev;
25480     }
25481     block_size = get_block_size(dev);
25482
25483     block = baseblock;
25484     bp = get_block(dev, block, PREFETCH);
25485     if (bp->b_dev != NO_DEV) return(bp);
25486
25487     /* A melhor aposta para o número de blocos a serem buscados previamente: muitos.
25488      * É impossível saber como é o dispositivo; portanto, nem mesmo
25489      * tentamos adivinhar a geometria, mas deixamos isso para o driver.
25490      *
25491      * O driver de disquete pode ler uma trilha inteira sem nenhum atraso rotacional e evita
25492      * a leitura de trilhas parciais, se puder; portanto, dar a ele buffers suficientes para
25493      * ler duas trilhas é perfeito. (Dois, porque alguns tipos de disquete têm um número
25494      * ímpar de setores por trilha, de modo que um bloco pode abranger mais de uma trilha.)
25495      *
25496      * Os drivers de disco não tentam ser espertos. Com os discos de hoje é
25497      * impossível dizer como é a geometria real; portanto, é melhor
25498      * ler o máximo que você puder. Com sorte, o uso de cache na unidade de disco
25499      * permite iniciar a próxima leitura, por pouco tempo.
25500      *
25501      * A solução atual a seguir é um pouco forçada, ela apenas lê blocos da
25502      * posição corrente do arquivo, esperando que mais posições possam ser encontradas. Uma
25503      * solução melhor deve examinar os ponteiros de zona e
25504      * bloco indiretos já disponíveis (mas não chamar read_map!).
25505      */
25506
25507     fragment = position % block_size;
25508     position -= fragment;
25509     bytes_ahead += fragment;
25510
25511     blocks_ahead = (bytes_ahead + block_size - 1) / block_size;
25512
25513     if (block_spec && rip->i_size == 0) {
25514           blocks_left = NR_IOREQS;
25515     } else {
25516           blocks_left = (rip->i_size - position + block_size - 1) / block_size;
25517
25518           /* Vai para o primeiro bloco indireto, caso estejamos em sua vizinhança. */
25519           if (!block_spec) {
25520                 scale = rip->i_sp->s_log_zone_size;
25521                 ind1_pos = (off_t) rip->i_ndzones * (block_size << scale);
25522                 if (position <= ind1_pos && rip->i_size > ind1_pos) {
25523                       blocks_ahead++;
25524                       blocks_left++;
```

```
25525                    }
25526               }
25527          }
25528
25529          /* Não mais do que a requisição máxima. */
25530          if (blocks_ahead > NR_IOREQS) blocks_ahead = NR_IOREQS;
25531
25532          /* Lê pelo menos o número mínimo de blocos, mas não após uma busca. */
25533          if (blocks_ahead < BLOCKS_MINIMUM && rip->i_seek == NO_SEEK)
25534                    blocks_ahead = BLOCKS_MINIMUM;
25535
25536          /* Não pode ultrapassar o final do arquivo. */
25537          if (blocks_ahead > blocks_left) blocks_ahead = blocks_left;
25538
25539          read_q_size = 0;
25540
25541          /* Adquire buffers de bloco. */
25542          for (;;) {
25543                    read_q[read_q_size++] = bp;
25544
25545                    if (--blocks_ahead == 0) break;
25546
25547                    /* Não joga a cache fora, deixa 4 livres. */
25548                    if (bufs_in_use >= NR_BUFS - 4) break;
25549
25550                    block++;
25551
25552                    bp = get_block(dev, block, PREFETCH);
25553                    if (bp->b_dev != NO_DEV) {
25554                              /* Opa, o bloco já está na cache, sai. */
25555                              put_block(bp, FULL_DATA_BLOCK);
25556                              break;
25557                    }
25558          }
25559          rw_scattered(dev, read_q, read_q_size, READING);
25560          return(get_block(dev, baseblock, NORMAL));
25561  }
```

++
                            servers/fs/write.c
++

```
25600  /* Este arquivo é o complemento de "read.c". Ele contém o código para escrita
25601   * que não está contido em read_write().
25602   *
25603   * Os pontos de entrada para este arquivo são
25604   *    do_write:      chama read_write para executar a chamada de sistema WRITE
25605   *    clear_zone:    apaga uma zona no meio de um arquivo
25606   *    new_block:     adquire um novo bloco
25607   */
25608
25609  #include "fs.h"
25610  #include <string.h>
25611  #include "buf.h"
25612  #include "file.h"
25613  #include "fproc.h"
25614  #include "inode.h"
```

```
25615   #include "super.h"
25616
25617   FORWARD _PROTOTYPE( int write_map, (struct inode *rip, off_t position,
25618                           zone_t new_zone)                                );
25619
25620   FORWARD _PROTOTYPE( void wr_indir, (struct buf *bp, int index, zone_t zone) );
25621
25622   /*===========================================================================*
25623    *                              do_write                                     *
25624    *===========================================================================*/
25625   PUBLIC int do_write()
25626   {
25627   /* Executa a chamada de sistema write(fd, buffer, nbytes). */
25628
25629     return(read_write(WRITING));
25630   }
25631
25632   /*===========================================================================*
25633    *                              write_map                                    *
25634    *===========================================================================*/
25635   PRIVATE int write_map(rip, position, new_zone)
25636   register struct inode *rip;    /* ponteiro para o i-node a ser alterado */
25637   off_t position;                /* endereço de arquivo a ser mapeado */
25638   zone_t new_zone;               /* número da zona a ser inserida */
25639   {
25640   /* Escreve uma nova zona em um i-node. */
25641     int scale, ind_ex, new_ind, new_dbl, zones, nr_indirects, single, zindex, ex;
25642     zone_t z, z1;
25643     register block_t b;
25644     long excess, zone;
25645     struct buf *bp;
25646
25647     rip->i_dirt = DIRTY;         /* o i-node será alterado */
25648     bp = NIL_BUF;
25649     scale = rip->i_sp->s_log_zone_size;         /* para conversão de zona em bloco */
25650              /* relative zone # to insert */
25651     zone = (position/rip->i_sp->s_block_size) >> scale;
25652     zones = rip->i_ndzones;      /* número de zonas diretas no i-node */
25653     nr_indirects = rip->i_nindirs;/* número de zonas indiretas por bloco indireto */
25654
25655     /* A 'posição' a ser encontrada está no próprio i-node? */
25656     if (zone < zones) {
25657          zindex = (int) zone;    /* precisamos de um inteiro aqui */
25658          rip->i_zone[zindex] = new_zone;
25659          return(OK);
25660     }
25661
25662     /* Ela não está no i-node; portanto, deve ser indireta simples ou dupla. */
25663     excess = zone - zones;       /* as primeiras Vx_NR_DZONES não contam aqui! */
25664     new_ind = FALSE;
25665     new_dbl = FALSE;
25666
25667     if (excess < nr_indirects) {
25668          /* a 'posição' pode ser localizada por meio do bloco de indireção simples. */
25669          z1 = rip->i_zone[zones];      /* zona indireta simples */
25670          single = TRUE;
25671     } else {
25672          /* a 'posição' pode ser localizada por meio do bloco de indireção dupla. */
25673          if ( (z = rip->i_zone[zones+1]) == NO_ZONE) {
25674               /* Cria o bloco de indireção dupla. */
```

```
25675                    if ( (z = alloc_zone(rip->i_dev, rip->i_zone[0])) == NO_ZONE)
25676                            return(err_code);
25677                    rip->i_zone[zones+1] = z;
25678                    new_dbl = TRUE; /* ativa flag para mais tarde */
25679             }
25680
25681             /* De qualquer modo, 'z' é o número de zona do bloco de indireção dupla. */
25682             excess -= nr_indirects; /* indireção simples não conta */
25683             ind_ex = (int) (excess / nr_indirects);
25684             excess = excess % nr_indirects;
25685             if (ind_ex >= nr_indirects) return(EFBIG);
25686             b = (block_t) z << scale;
25687             bp = get_block(rip->i_dev, b, (new_dbl ? NO_READ : NORMAL));
25688             if (new_dbl) zero_block(bp);
25689             z1 = rd_indir(bp, ind_ex);
25690             single = FALSE;
25691      }
25692
25693      /* z1 agora é uma zona indireção simples; 'excess' é o índice. */
25694      if (z1 == NO_ZONE) {
25695             /* Cria bloco indireto e armazena o nº da zona no i-node ou bloco de ind. dupla. */
25696             z1 = alloc_zone(rip->i_dev, rip->i_zone[0]);
25697             if (single)
25698                    rip->i_zone[zones] = z1;          /* atualiza o i-node */
25699             else
25700                    wr_indir(bp, ind_ex, z1);         /* atualiza indireção dupla */
25701
25702             new_ind = TRUE;
25703             if (bp != NIL_BUF) bp->b_dirt = DIRTY; /* se é indireção dupla, ele está sujo */
25704             if (z1 == NO_ZONE) {
25705                    put_block(bp, INDIRECT_BLOCK);   /* libera bloco de indireção dupla */
25706                    return(err_code);                /* não pode criar indireção simples */
25707             }
25708      }
25709      put_block(bp, INDIRECT_BLOCK);              /* libera bloco de indireção dupla */
25710
25711      /* z1 é o número de zona do bloco indireto. */
25712      b = (block_t) z1 << scale;
25713      bp = get_block(rip->i_dev, b, (new_ind ? NO_READ : NORMAL) );
25714      if (new_ind) zero_block(bp);
25715      ex = (int) excess;                           /* precisamos de um int aqui */
25716      wr_indir(bp, ex, new_zone);
25717      bp->b_dirt = DIRTY;
25718      put_block(bp, INDIRECT_BLOCK);
25719
25720      return(OK);
25721 }


25723 /*===========================================================================*
25724  *                              wr_indir                                     *
25725  *===========================================================================*/
25726 PRIVATE void wr_indir(bp, index, zone)
25727 struct buf *bp;                      /* ponteiro para bloco indireto */
25728 int index;                           /* índice para *bp */
25729 zone_t zone;                         /* zona a escrever */
25730 {
25731 /* Dado um ponteiro para um bloco indireto, escreve uma entrada. */
25732
25733      struct super_block *sp;
25734
```

```
25735        sp = get_super(bp->b_dev);      /* precisa do superbloco para descobrir o tipo do FS */
25736
25737        /* escreve uma zona em um bloco indireto */
25738        if (sp->s_version == V1)
25739              bp->b_v1_ind[index] = (zone1_t) conv2(sp->s_native, (int) zone);
25740        else
25741              bp->b_v2_ind[index] = (zone_t) conv4(sp->s_native, (long) zone);
25742    }

25744    /*===========================================================================*
25745     *                              clear_zone                                   *
25746     *===========================================================================*/
25747    PUBLIC void clear_zone(rip, pos, flag)
25748    register struct inode *rip;       /* i-node a limpar */
25749    off_t pos;                        /* aponta para o bloco a limpar */
25750    int flag;                         /* 0 if called by read_write, 1 by new_block */
25751    {
25752    /* Zera uma zona, possivelmente começando no meio. O parâmetro 'pos' fornece
25753     * um byte no primeiro bloco a ser zerado. Clearzone() é chamada a partir de
25754     * read_write e de new_block().
25755     */
25756
25757        register struct buf *bp;
25758        register block_t b, blo, bhi;
25759        register off_t next;
25760        register int scale;
25761        register zone_t zone_size;
25762
25763        /* Se o tamanho do bloco e da zona forem iguais, clear_zone() não é necessária. */
25764        scale = rip->i_sp->s_log_zone_size;
25765        if (scale == 0) return;
25766
25767        zone_size = (zone_t) rip->i_sp->s_block_size << scale;
25768        if (flag == 1) pos = (pos/zone_size) * zone_size;
25769        next = pos + rip->i_sp->s_block_size - 1;
25770
25771        /* Se 'pos' está no último bloco de uma zona, não limpa a zona. */
25772        if (next/zone_size != pos/zone_size) return;
25773        if ( (blo = read_map(rip, next)) == NO_BLOCK) return;
25774        bhi = ( ((blo>>scale)+1) << scale) - 1;
25775
25776        /* Limpa todos os blocos entre 'blo' e 'bhi'. */
25777        for (b = blo; b <= bhi; b++) {
25778              bp = get_block(rip->i_dev, b, NO_READ);
25779              zero_block(bp);
25780              put_block(bp, FULL_DATA_BLOCK);
25781        }
25782    }

25784    /*===========================================================================*
25785     *                              new_block                                    *
25786     *===========================================================================*/
25787    PUBLIC struct buf *new_block(rip, position)
25788    register struct inode *rip;       /* ponteiro para o i-node */
25789    off_t position;                   /* ponteiro de arquivo */
25790    {
25791    /* Adquire um novo bloco e retorna um ponteiro para ele. Fazer isso pode exigir
25792     * a alocação de uma zona completa e, então, o retorno do bloco inicial.
25793     * Por outro lado, a zona corrente ainda pode ter alguns blocos não utilizados.
25794     */
```

```
25795
25796          register struct buf *bp;
25797          block_t b, base_block;
25798          zone_t z;
25799          zone_t zone_size;
25800          int scale, r;
25801          struct super_block *sp;
25802
25803          /* Outro bloco está disponível na zona corrente? */
25804          if ( (b = read_map(rip, position)) == NO_BLOCK) {
25805                  /* Escolhe a primeira zona, se possível. */
25806                  /* Perde se o arquivo não está vazio, mas o número da primeira zona é NO_ZONE,
25807                   * correspondendo a uma zona cheia de zeros. Seria melhor
25808                   * pesquisar próximo à última zona real.
25809                   */
25810                  if (rip->i_zone[0] == NO_ZONE) {
25811                          sp = rip->i_sp;
25812                          z = sp->s_firstdatazone;
25813                  } else {
25814                          z = rip->i_zone[0];      /* procura próximo à primeira zona */
25815                  }
25816                  if ( (z = alloc_zone(rip->i_dev, z)) == NO_ZONE) return(NIL_BUF);
25817                  if ( (r = write_map(rip, position, z)) != OK) {
25818                          free_zone(rip->i_dev, z);
25819                          err_code = r;
25820                          return(NIL_BUF);
25821                  }
25822
25823                  /* Se não estamos escrevendo em EOF, limpa a zona, apenas por segurança. */
25824                  if ( position != rip->i_size) clear_zone(rip, position, 1);
25825                  scale = rip->i_sp->s_log_zone_size;
25826                  base_block = (block_t) z << scale;
25827                  zone_size = (zone_t) rip->i_sp->s_block_size << scale;
25828                  b = base_block + (block_t)((position % zone_size)/rip->i_sp->s_block_size);
25829          }
25830
25831          bp = get_block(rip->i_dev, b, NO_READ);
25832          zero_block(bp);
25833          return(bp);
25834  }
25835
25836  /*===========================================================================*
25837   *                              zero_block                                   *
25838   *===========================================================================*/
25839  PUBLIC void zero_block(bp)
25840  register struct buf *bp;             /* ponteiro para buffer a zerar */
25841  {
25842  /* Zero a block. */
25843    memset(bp->b_data, 0, MAX_BLOCK_SIZE);
25844    bp->b_dirt = DIRTY;
25845  }
```

```
++++++++++++++++++++++++++++++++++++++++++++++++++++++++++++++++++++++++++
                              servers/fs/pipe.c
++++++++++++++++++++++++++++++++++++++++++++++++++++++++++++++++++++++++++

25900  /* Este arquivo trata da suspensão e da reanimação de processos. Um processo pode
25901   * ser suspenso porque deseja ler ou escrever em um pipe e não consegue ou
25902   * porque deseja ler ou escrever a partir de um arquivo especial e não consegue. Quando um
25903   * processo não consegue continuar, ele é suspenso e reanimado posteriormente, quando for
25904   * capaz continuar.
25905   *
25906   * Os pontos de entrada para este arquivo são
25907   *   do_pipe:     executa a chamada de sistema PIPE
25908   *   pipe_check:  verifica se essa leitura ou escrita em um pipe é viável agora
25909   *   suspend:     suspende processo que não consegue fazer leitura/escrita solicitada
25910   *   release:     verifica se um processo suspenso pode ser liberado e faz
25911   *                isso
25912   *   revive:      marca um processo suspenso como capaz de executar novamente
25913   *   do_unpause:  um sinal foi enviado para um processo; verifica se ele está suspenso
25914   */
25915
25916  #include "fs.h"
25917  #include <fcntl.h>
25918  #include <signal.h>
25919  #include <minix/callnr.h>
25920  #include <minix/com.h>
25921  #include <sys/select.h>
25922  #include <sys/time.h>
25923  #include "file.h"
25924  #include "fproc.h"
25925  #include "inode.h"
25926  #include "param.h"
25927  #include "super.h"
25928  #include "select.h"
25929
25930  /*===========================================================================*
25931   *                              do_pipe                                      *
25932   *===========================================================================*/
25933  PUBLIC int do_pipe()
25934  {
25935  /* Executa a chamada de sistema pipe(fil_des). */
25936
25937    register struct fproc *rfp;
25938    register struct inode *rip;
25939    int r;
25940    struct filp *fil_ptr0, *fil_ptr1;
25941    int fil_des[2];              /* a resposta fica aqui */
25942
25943    /* Adquire dois descritores de arquivo. */
25944    rfp = fp;
25945    if ( (r = get_fd(0, R_BIT, &fil_des[0], &fil_ptr0)) != OK) return(r);
25946    rfp->fp_filp[fil_des[0]] = fil_ptr0;
25947    fil_ptr0->filp_count = 1;
25948    if ( (r = get_fd(0, W_BIT, &fil_des[1], &fil_ptr1)) != OK) {
25949         rfp->fp_filp[fil_des[0]] = NIL_FILP;
25950         fil_ptr0->filp_count = 0;
25951         return(r);
25952    }
25953    rfp->fp_filp[fil_des[1]] = fil_ptr1;
25954    fil_ptr1->filp_count = 1;
```

```
25955
25956            /* Faz o i-node no dispositivo de pipe. */
25957            if ( (rip = alloc_inode(root_dev, I_REGULAR) ) == NIL_INODE) {
25958                    rfp->fp_filp[fil_des[0]] = NIL_FILP;
25959                    fil_ptr0->filp_count = 0;
25960                    rfp->fp_filp[fil_des[1]] = NIL_FILP;
25961                    fil_ptr1->filp_count = 0;
25962                    return(err_code);
25963            }
25964
25965            if (read_only(rip) != OK)
25966                    panic(__FILE__,"pipe device is read only", NO_NUM);
25967
25968            rip->i_pipe = I_PIPE;
25969            rip->i_mode &= ~I_REGULAR;
25970            rip->i_mode |= I_NAMED_PIPE;    /* pipes e FIFOs têm este bit ativo */
25971            fil_ptr0->filp_ino = rip;
25972            fil_ptr0->filp_flags = O_RDONLY;
25973            dup_inode(rip);                 /* para utilização dupla */
25974            fil_ptr1->filp_ino = rip;
25975            fil_ptr1->filp_flags = O_WRONLY;
25976            rw_inode(rip, WRITING);         /* marca o i-node como alocado */
25977            m_out.reply_i1 = fil_des[0];
25978            m_out.reply_i2 = fil_des[1];
25979            rip->i_update = ATIME | CTIME | MTIME;
25980            return(OK);
25981    }
25982
25983    /*===========================================================================*
25984     *                              pipe_check                                   *
25985     *===========================================================================*/
25986    PUBLIC int pipe_check(rip, rw_flag, oflags, bytes, position, canwrite, notouch)
25987    register struct inode *rip;     /* o i-node do pipe */
25988    int rw_flag;                    /* READING ou WRITING */
25989    int oflags;                     /* flags ativados por open ou fcntl */
25990    register int bytes;             /* bytes a serem lidos ou escritos (todos os trechos) */
25991    register off_t position;        /* posição de arquivo corrente */
25992    int *canwrite;                  /* retorna: número de bytes que podemos escrever */
25993    int notouch;                    /* apenas verifica */
25994    {
25995    /* Os pipes são um pouco diferentes. Se um processo lê de um pipe vazio para
25996     * o qual ainda existe um escritor, suspende o leitor. Se o pipe está vazio
25997     * e não há nenhum escritor, retorna 0 bytes. Se um processo está escrevendo em um
25998     * pipe e ninguém o está lendo, fornece um erro de pipe quebrado.
25999     */
26000
26001            /* Se for leitura, verifica se o pipe está vazio. */
26002            if (rw_flag == READING) {
26003                    if (position >= rip->i_size) {
26004                            /* O processo está lendo de um pipe vazio. */
26005                            int r = 0;
26006                            if (find_filp(rip, W_BIT) != NIL_FILP) {
26007                                    /* Existe um escritor */
26008                                    if (oflags & O_NONBLOCK) {
26009                                            r = EAGAIN;
26010                                    } else {
26011                                            if (!notouch)
26012                                                    suspend(XPIPE); /* bloqueia o leitor */
26013                                            r = SUSPEND;
26014                                    }
```

```
26015                            /* Se necessário, ativa escritores que estão em repouso. */
26016                            if (susp_count > 0 && !notouch)
26017                                    release(rip, WRITE, susp_count);
26018                    }
26019                    return(r);
26020            }
26021    } else {
26022            /* O processo está escrevendo em um pipe. */
26023            if (find_filp(rip, R_BIT) == NIL_FILP) {
26024                    /* Diz ao núcleo para que gere um sinal SIGPIPE. */
26025                    if (!notouch)
26026                            sys_kill((int)(fp - fproc), SIGPIPE);
26027                    return(EPIPE);
26028            }

26030            if (position + bytes > PIPE_SIZE(rip->i_sp->s_block_size)) {
26031                    if ((oflags & O_NONBLOCK)
26032                     && bytes < PIPE_SIZE(rip->i_sp->s_block_size))
26033                            return(EAGAIN);
26034                    else if ((oflags & O_NONBLOCK)
26035                     && bytes > PIPE_SIZE(rip->i_sp->s_block_size)) {
26036                            if ( (*canwrite = (PIPE_SIZE(rip->i_sp->s_block_size)
26037                                    - position)) > 0) {
26038                                    /* Faz escrita parcial. Precisa despertar o leitor */
26039                                    if (!notouch)
26040                                            release(rip, READ, susp_count);
26041                                    return(1);
26042                            } else {
26043                                    return(EAGAIN);
26044                            }
26045                    }
26046                    if (bytes > PIPE_SIZE(rip->i_sp->s_block_size)) {
26047                            if ((*canwrite = PIPE_SIZE(rip->i_sp->s_block_size)
26048                                    - position) > 0) {
26049                                    /* Realiza uma escrita parcial. Precisa despertar o leitor,
26050                                     * pois nos suspenderemos em read_write()
26051                                     */
26052                                    release(rip, READ, susp_count);
26053                                    return(1);
26054                            }
26055                    }
26056                    if (!notouch)
26057                            suspend(XPIPE); /* pára o gravador -- pipe cheio */
26058                    return(SUSPEND);
26059            }

26061            /* Escrita em um pipe vazio. Procura leitor suspenso. */
26062            if (position == 0 && !notouch)
26063                    release(rip, READ, susp_count);
26064    }

26066    *canwrite = 0;
26067    return(1);
26068 }

26070 /*===========================================================================*
26071  *                              suspend                                      *
26072  *===========================================================================*/
26073 PUBLIC void suspend(task)
26074 int task;                      /* por quem o proc está esperando? (PIPE = pipe) */
```

```
26075   {
26076   /* Adota medidas para suspender o processamento da chamada de sistema presente.
26077    * Armazena tabela de processos os parâmetros a serem usados na retomada.
26078    * (Na verdade, eles não são usados quando um processo está esperando por um dispositivo
26079    * de E/S, mas são necessários para os pipes e não vale a pena fazer a distinção.)
26080    * O pseudo-erro SUSPEND deve ser retornado após chamar suspend().
26081    */
26082
26083     if (task == XPIPE || task == XPOPEN) susp_count++;/* número de procs suspensos no pipe*/
26084     fp->fp_suspended = SUSPENDED;
26085     fp->fp_fd = m_in.fd << 8 | call_nr;
26086     fp->fp_task = -task;
26087     if (task == XLOCK) {
26088         fp->fp_buffer = (char *) m_in.name1;   /* terceiro arg de fcntl() */
26089         fp->fp_nbytes = m_in.request;          /* segundo arg de fcntl() */
26090     } else {
26091         fp->fp_buffer = m_in.buffer;           /* para leituras e escritas */
26092         fp->fp_nbytes = m_in.nbytes;
26093     }
26094   }
26095
26096   /*===========================================================================*
26097    *                              release                                      *
26098    *===========================================================================*/
26099   PUBLIC void release(ip, call_nr, count)
26100   register struct inode *ip;       /* i-node do pipe */
26101   int call_nr;                     /* READ, WRITE, OPEN ou CREAT */
26102   int count;                       /* número max de processos a liberar */
26103   {
26104   /* Verifica se algum processo está preso no pipe, cujo i-node está em 'ip'.
26105    * Se houver um e ele estava tentando executar a chamada indicada por 'call_nr',
26106    * o libera.
26107    */
26108
26109     register struct fproc *rp;
26110     struct filp *f;
26111
26112     /* Tentar executar a chamada também inclui SELECIONAR nela com essa
26113      * operação.
26114      */
26115     if (call_nr == READ || call_nr == WRITE) {
26116         int op;
26117         if (call_nr == READ)
26118             op = SEL_RD;
26119         else
26120             op = SEL_WR;
26121         for(f = &filp[0]; f < &filp[NR_FILPS]; f++) {
26122             if (f->filp_count < 1 || !(f->filp_pipe_select_ops & op) ||
26123                 f->filp_ino != ip)
26124                 continue;
26125             select_callback(f, op);
26126             f->filp_pipe_select_ops &= ~op;
26127         }
26128     }
26129
26130     /* Pesquisa a tabela de proc. */
26131     for (rp = &fproc[0]; rp < &fproc[NR_PROCS]; rp++) {
26132         if (rp->fp_suspended == SUSPENDED &&
26133             rp->fp_revived == NOT_REVIVING &&
26134             (rp->fp_fd & BYTE) == call_nr &&
```

```
26135                          rp->fp_filp[rp->fp_fd>>8]->filp_ino == ip) {
26136                   revive((int)(rp - fproc), 0);
26137                   susp_count--;    /* monitora quem está suspenso */
26138                   if (--count == 0) return;
26139            }
26140     }
26141 }

26143 /*===========================================================================*
26144  *                              revive                                       *
26145  *===========================================================================*/
26146 PUBLIC void revive(proc_nr, returned)
26147 int proc_nr;                    /* processo a reanimar */
26148 int returned;                   /* se estiver preso na tarefa, quantos bytes lidos */
26149 {
26150 /* Reanima um processo bloqueado anteriormente. Quando um processo fica preso no tty,
26151  * essa é a maneira pela qual ele é finalmente liberado.
26152  */
26153
26154   register struct fproc *rfp;
26155   register int task;
26156
26157   if (proc_nr < 0 || proc_nr >= NR_PROCS)
26158         panic(__FILE__,"revive err", proc_nr);
26159   rfp = &fproc[proc_nr];
26160   if (rfp->fp_suspended == NOT_SUSPENDED || rfp->fp_revived == REVIVING)return;
26161
26162   /* O flag 'reviving' só se aplica aos pipes. Os processos que estão esperando pelo TTY
26163    * recebem uma mensagem imediatamente. O processo de reanimação é diferente para TTY e
26164    * pipes. Para seleção e reanimação de TTY, o trabalho já está feito, para pipes, não:
26165    * o proc precisa ser reiniciado para que possa tentar novamente.
26166    */
26167   task = -rfp->fp_task;
26168   if (task == XPIPE || task == XLOCK) {
26169         /* Reanima um processo suspenso em um pipe ou bloqueado. */
26170         rfp->fp_revived = REVIVING;
26171         reviving++;             /* o processo estava esperando no pipe ou bloqueado */
26172   } else {
26173         rfp->fp_suspended = NOT_SUSPENDED;
26174         if (task == XPOPEN) /* processo bloqueado em open ou create */
26175                 reply(proc_nr, rfp->fp_fd>>8);
26176         else if (task == XSELECT) {
26177                 reply(proc_nr, returned);
26178         } else {
26179                 /* Reanima um processo suspenso no TTY ou em outro dispositivo. */
26180                 rfp->fp_nbytes = returned;      /* finge que quer apenas o que há */
26181                 reply(proc_nr, returned);       /* desbloqueia o processo */
26182         }
26183   }
26184 }

26186 /*===========================================================================*
26187  *                              do_unpause                                   *
26188  *===========================================================================*/
26189 PUBLIC int do_unpause()
26190 {
26191 /* Um sinal foi enviado para um usuário que está parado no sistema de arquivos.
26192  * Cancela a chamada de sistema com a mensagem de erro EINTR.
26193  */
26194
```

```
26195        register struct fproc *rfp;
26196        int proc_nr, task, fild;
26197        struct filp *f;
26198        dev_t dev;
26199        message mess;
26200
26201        if (who > PM_PROC_NR) return(EPERM);
26202        proc_nr = m_in.pro;
26203        if (proc_nr < 0 || proc_nr >= NR_PROCS)
26204              panic(__FILE__,"unpause err 1", proc_nr);
26205        rfp = &fproc[proc_nr];
26206        if (rfp->fp_suspended == NOT_SUSPENDED) return(OK);
26207        task = -rfp->fp_task;
26208
26209        switch (task) {
26210              case XPIPE:              /* processo tentando ler ou escrever um pipe */
26211                    break;
26212
26213              case XLOCK:              /* processo tentando configurar uma trava com FCNTL */
26214                    break;
26215
26216              case XSELECT:            /* processo bloqueando em select() */
26217                    select_forget(proc_nr);
26218                    break;
26219
26220              case XPOPEN:             /* processo tentando abrir uma fifo */
26221                    break;
26222
26223              default:                 /* processo tentando E/S de dispositivo (ex., tty)*/
26224                    fild = (rfp->fp_fd >> 8) & BYTE;/* extrai descritor de arquivo */
26225                    if (fild < 0 || fild >= OPEN_MAX)
26226                          panic(__FILE__,"unpause err 2",NO_NUM);
26227                    f = rfp->fp_filp[fild];
26228                    dev = (dev_t) f->filp_ino->i_zone[0];  /* dispositivo aguardando */
26229                    mess.TTY_LINE = (dev >> MINOR) & BYTE;
26230                    mess.PROC_NR = proc_nr;
26231
26232                    /* Informa R ou W ao núcleo. O modo é da chamada corrente e não de open. */
26233                    mess.COUNT = (rfp->fp_fd & BYTE) == READ ? R_BIT : W_BIT;
26234                    mess.m_type = CANCEL;
26235                    fp = rfp;          /* abuso - ctty_io usa fp */
26236                    (*dmap[(dev >> MAJOR) & BYTE].dmap_io)(task, &mess);
26237        }
26238
26239        rfp->fp_suspended = NOT_SUSPENDED;
26240        reply(proc_nr, EINTR);         /* chamada interrompida por sinal */
26241        return(OK);
26242  }

26244  /*===========================================================================*
26245   *                            select_request_pipe                            *
26246   *===========================================================================*/
26247  PUBLIC int select_request_pipe(struct filp *f, int *ops, int block)
26248  {
26249        int orig_ops, r = 0, err, canwrite;
26250        orig_ops = *ops;
26251        if ((*ops & SEL_RD)) {
26252              if ((err = pipe_check(f->filp_ino, READING, 0,
26253                    1, f->filp_pos, &canwrite, 1)) != SUSPEND)
26254                    r |= SEL_RD;
```

```
26255                          if (err < 0 && err != SUSPEND && (*ops & SEL_ERR))
26256                                  r |= SEL_ERR;
26257                  }
26258                  if ((*ops & SEL_WR)) {
26259                          if ((err = pipe_check(f->filp_ino, WRITING, 0,
26260                                  1, f->filp_pos, &canwrite, 1)) != SUSPEND)
26261                                  r |= SEL_WR;
26262                          if (err < 0 && err != SUSPEND && (*ops & SEL_ERR))
26263                                  r |= SEL_ERR;
26264                  }
26265
26266                  *ops = r;
26267
26268                  if (!r && block) {
26269                          f->filp_pipe_select_ops |= orig_ops;
26270                  }
26271
26272                  return SEL_OK;
26273          }
26274
26275  /*===========================================================================*
26276   *                           select_match_pipe                               *
26277   *===========================================================================*/
26278  PUBLIC int select_match_pipe(struct filp *f)
26279  {
26280          /* reconhece pipe ou pipe nomeado (FIFO) */
26281          if (f && f->filp_ino && (f->filp_ino->i_mode & I_NAMED_PIPE))
26282                  return 1;
26283          return 0;
26284  }
```

++
                              servers/fs/path.c
++

```
26300  /* Este arquivo contém as funções que pesquisam nomes de caminho no sistema
26301   * de diretório e determinam o número de i-node que acompanha determinado nome de caminho.
26302   *
26303   *   Os pontos de entrada para este arquivo são
26304   *    eat_path:  a rotina 'principal' do mecanismo de conversão de caminho para i-node
26305   *    last_dir:  encontra o último diretório em um caminho dado
26306   *    advance:   analisa um componente de um nome de caminho
26307   *    search_dir: pesquisa um diretório em busca de uma string e retorna seu número de i-node
26308   */
26309
26310  #include "fs.h"
26311  #include <string.h>
26312  #include <minix/callnr.h>
26313  #include "buf.h"
26314  #include "file.h"
26315  #include "fproc.h"
26316  #include "inode.h"
26317  #include "super.h"
26318
26319  PUBLIC char dot1[2] = ".";         /* usado por search_dir para ignorar as */
```

```
26320  PUBLIC char dot2[3] = "..";     /* permissões de acesso para . e ..         */
26321
26322  FORWARD _PROTOTYPE( char *get_name, (char *old_name, char string [NAME_MAX]) );
26323
26324  /*===========================================================================*
26325   *                              eat_path                                     *
26326   *===========================================================================*/
26327  PUBLIC struct inode *eat_path(path)
26328  char *path;                      /* o nome de caminho a ser analisado */
26329  {
26330  /* Analisa o caminho 'path' e coloca seu i-node na tabela de i-nodes. Se não for possível,
26331   * retorna NIL_INODE como valor de função e um código de erro em 'err_code'.
26332   */
26333
26334    register struct inode *ldip, *rip;
26335    char string[NAME_MAX];         /* contém 1 nome de componente de caminho aqui */
26336
26337    /* Primeiro abre o caminho até o último diretório. */
26338    if ( (ldip = last_dir(path, string)) == NIL_INODE) {
26339        return(NIL_INODE);         /* não pudemos abrir o último diretório */
26340    }
26341
26342    /* O caminho consistindo apenas em "/" é um caso especial, verifica isso. */
26343    if (string[0] == '\0') return(ldip);
26344
26345    /* Obtém o último componente do caminho. */
26346    rip = advance(ldip, string);
26347    put_inode(ldip);
26348    return(rip);
26349  }


26351  /*===========================================================================*
26352   *                              last_dir                                     *
26353   *===========================================================================*/
26354  PUBLIC struct inode *last_dir(path, string)
26355  char *path;                      /* o nome de caminho a ser analisado */
26356  char string[NAME_MAX];           /* o último componente é retornado aqui */
26357  {
26358  /* Dado um caminho, 'path', localizado no espaço de endereço do FS, analisa-o até
26359   * o último diretório, busca o i-node do último diretório na
26360   * tabela de i-nodes e retorna um ponteiro para o i-node. Além
26361   * disso, retorna o último componente do caminho em 'string'.
26362   * Se o último diretório não puder ser aberto, retorna NIL_INODE e
26363   * o motivo da falha em 'err_code'.
26364   */
26365
26366    register struct inode *rip;
26367    register char *new_name;
26368    register struct inode *new_ip;
26369
26370    /* O caminho é absoluto ou relativo? Inicializa 'rip' de acordo com isso. */
26371    rip = (*path == '/' ? fp->fp_rootdir : fp->fp_workdir);
26372
26373    /* Se o dir foi removido ou o caminho está vazio, retorna ENOENT. */
26374    if (rip->i_nlinks == 0 || *path == '\0') {
26375        err_code = ENOENT;
26376        return(NIL_INODE);
26377    }
26378
26379    dup_inode(rip);                  /* o i-node será retornado com put_inode */
```

```
26380
26381            /* Percorre o caminho, componente por componente. */
26382            while (TRUE) {
26383                    /* Extrai um componente. */
26384                    if ( (new_name = get_name(path, string)) == (char*) 0) {
26385                            put_inode(rip); /* caminho impróprio no espaço de usuário */
26386                            return(NIL_INODE);
26387                    }
26388                    if (*new_name == '\0') {
26389                            if ( (rip->i_mode & I_TYPE) == I_DIRECTORY) {
26390                                    return(rip);       /* saída normal */
26391                            } else {
26392                                    /* o último arquivo do prefixo do caminho não é um diretório */
26393                                    put_inode(rip);
26394                                    err_code = ENOTDIR;
26395                                    return(NIL_INODE);
26396                            }
26397                    }
26398
26399                    /* Há mais caminho. Continua analisando. */
26400                    new_ip = advance(rip, string);
26401                    put_inode(rip);          /* rip obsoleto ou irrelevante */
26402                    if (new_ip == NIL_INODE) return(NIL_INODE);
26403
26404                    /* A chamada para advance() foi bem-sucedida. Busca o próximo componente. */
26405                    path = new_name;
26406                    rip = new_ip;
26407            }
26408   }
26409
26410   /*===========================================================================*
26411    *                              get_name                                     *
26412    *===========================================================================*/
26413   PRIVATE char *get_name(old_name, string)
26414   char *old_name;                        /* nome de caminho a analisar */
26415   char string[NAME_MAX];                 /* componente extraído de 'old_name' */
26416   {
26417   /* Dado um ponteiro para um nome de caminho no espaço do FS, 'old_name', copia o
26418    * próximo componente na 'string' e preenche com zeros. É retornado um ponteiro para a
26419    * parte do nome ainda não analisada. A grosso modo,
26420    * 'get_name' = 'old_name' - 'string'.
26421    *
26422    * Esta rotina segue a convenção padrão de que /usr/ast, /usr//ast,
26423    * //usr///ast e /usr/ast/ são todos equivalentes.
26424    */
26425
26426     register int c;
26427     register char *np, *rnp;
26428
26429     np = string;                         /* 'np' aponta para a posição corrente */
26430     rnp = old_name;                      /* 'rnp' aponta para a string não analisada */
26431     while ( (c = *rnp) == '/') rnp++;    /* pula barras iniciais */
26432
26433     /* Copia o caminho não analisado, 'old_name', em, 'string'. */
26434     while ( rnp < &old_name[PATH_MAX] && c != '/' && c != '\0') {
26435          if (np < &string[NAME_MAX]) *np++ = c;
26436          c = *++rnp;                     /* avança para o próximo caractere */
26437     }
26438
26439     /* Para tornar /usr/ast/ equivalente a /usr/ast, pula as barras finais. */
```

```
26440         while (c == '/' && rnp < &old_name[PATH_MAX]) c = *++rnp;
26441
26442         if (np < &string[NAME_MAX]) *np = '\0';         /* Termina a string */
26443
26444         if (rnp >= &old_name[PATH_MAX]) {
26445              err_code = ENAMETOOLONG;
26446              return((char *) 0);
26447         }
26448         return(rnp);
26449   }

26451   /*===========================================================================*
26452    *                               advance                                     *
26453    *===========================================================================*/
26454   PUBLIC struct inode *advance(dirp, string)
26455   struct inode *dirp;             /* i-node do diretório a ser pesquisado */
26456   char string[NAME_MAX];          /* nome do componente a procurar */
26457   {
26458   /* Dados um diretório e um componente de um caminho, pesquisa o componente no
26459    * diretório, encontra o i-node, o abre e retorna um ponteiro para sua entrada de i-node.
26460    * Se isso não puder ser feito, retorna NIL_INODE.
26461    */
26462
26463         register struct inode *rip;
26464         struct inode *rip2;
26465         register struct super_block *sp;
26466         int r, inumb;
26467         dev_t mnt_dev;
26468         ino_t numb;
26469
26470         /* Se 'string' estiver vazia, gera o mesmo i-node imediatamente. */
26471         if (string[0] == '\0') { return(get_inode(dirp->i_dev, (int) dirp->i_num)); }
26472
26473         /* Verifica NIL_INODE. */
26474         if (dirp == NIL_INODE) { return(NIL_INODE); }
26475
26476         /* Se 'string' não estiver presente no diretório, sinaliza erro. */
26477         if ( (r = search_dir(dirp, string, &numb, LOOK_UP)) != OK) {
26478              err_code = r;
26479              return(NIL_INODE);
26480         }
26481
26482         /* Não vai além do diretório-raiz corrente, a menos que a string seja dot2. */
26483         if (dirp == fp->fp_rootdir && strcmp(string, "..") == 0 && string != dot2)
26484                    return(get_inode(dirp->i_dev, (int) dirp->i_num));
26485
26486         /* O componente foi encontrado no diretório. Obtém o i-node. */
26487         if ( (rip = get_inode(dirp->i_dev, (int) numb)) == NIL_INODE) {
26488              return(NIL_INODE);
26489              }
26490
26491         if (rip->i_num == ROOT_INODE)
26492              if (dirp->i_num == ROOT_INODE) {
26493                   if (string[1] == '.') {
26494                        for (sp = &super_block[1]; sp < &super_block[NR_SUPERS]; sp++){
26495                             if (sp->s_dev == rip->i_dev) {
26496                                  /* Libera o i-node da raiz. Substitui pelo
26497                                   * i-node montado.
26498                                   */
26499                                  put_inode(rip);
```

```
26500                                mnt_dev = sp->s_imount->i_dev;
26501                                inumb = (int) sp->s_imount->i_num;
26502                                rip2 = get_inode(mnt_dev, inumb);
26503                                rip = advance(rip2, string);
26504                                put_inode(rip2);
26505                                break;
26506                      }
26507                 }
26508            }
26509       }
26510     if (rip == NIL_INODE) return(NIL_INODE);
26511
26512     /* Verifica se o i-node está montado. Se estiver, troca para o diretório-raiz do
26513      * sistema de arquivos montado. O super_block fornece o vínculo entre o
26514      * i-node montado e o diretório-raiz do sistema de arquivos montado.
26515      */
26516     while (rip != NIL_INODE && rip->i_mount == I_MOUNT) {
26517            /* O i-node está realmente montado. */
26518            for (sp = &super_block[0]; sp < &super_block[NR_SUPERS]; sp++) {
26519                 if (sp->s_imount == rip) {
26520                      /* Libera o i-node montado. Substitui pelo
26521                       * i-node da raiz do dispositivo montado.
26522                       */
26523                      put_inode(rip);
26524                      rip = get_inode(sp->s_dev, ROOT_INODE);
26525                      break;
26526                 }
26527            }
26528       }
26529       return(rip);          /* retorna ponteiro para componente do i-node */
26530  }
26531
26532  /*===========================================================================*
26533   *                              search_dir                                   *
26534   *===========================================================================*/
26535  PUBLIC int search_dir(ldir_ptr, string, numb, flag)
26536  register struct inode *ldir_ptr; /* ptr para i-node do dir a pesquisar */
26537  char string[NAME_MAX];           /* componente a ser procurado */
26538  ino_t *numb;                     /* ponteiro para número de i-node */
26539  int flag;                        /* LOOK_UP, ENTER, DELETE ou IS_EMPTY */
26540  {
26541  /* Esta função pesquisa o diretório cujo i-node é apontado por 'ldip':
26542   * if (flag == ENTER) insere 'string' no diretório com número de i-node '*numb';
26543   * if (flag == DELETE) exclui 'string' do diretório;
26544   * if (flag == LOOK_UP) procura 'string' e retorna o número de i-node em 'numb';
26545   * if (flag == IS_EMPTY) retorna OK apenas se . e .. estiverem no dir, senão, ENOTEMPTY;
26546   *
26547   *    se 'string' for dot1 ou dot2, nenhuma permissão de acesso será verificada.
26548   */
26549
26550    register struct direct *dp = NULL;
26551    register struct buf *bp = NULL;
26552    int i, r, e_hit, t, match;
26553    mode_t bits;
26554    off_t pos;
26555    unsigned new_slots, old_slots;
26556    block_t b;
26557    struct super_block *sp;
26558    int extended = 0;
26559
```

```
26560           /* Se 'ldir_ptr' não for um ponteiro para um i-node de dir, erro. */
26561           if ( (ldir_ptr->i_mode & I_TYPE) != I_DIRECTORY) return(ENOTDIR);
26562
26563           r = OK;
26564
26565           if (flag != IS_EMPTY) {
26566                 bits = (flag == LOOK_UP ? X_BIT : W_BIT | X_BIT);
26567
26568                 if (string == dot1 || string == dot2) {
26569                       if (flag != LOOK_UP) r = read_only(ldir_ptr);
26570                                                 /* apenas um dispositivo gravável é exigido. */
26571                 }
26572                 else r = forbidden(ldir_ptr, bits); /* verifica as permissões de acesso */
26573           }
26574           if (r != OK) return(r);
26575
26576           /* Percorre o diretório um bloco por vez. */
26577           old_slots = (unsigned) (ldir_ptr->i_size/DIR_ENTRY_SIZE);
26578           new_slots = 0;
26579           e_hit = FALSE;
26580           match = 0;                        /* configura quando ocorre uma correspondência de string */
26581
26582           for (pos = 0; pos < ldir_ptr->i_size; pos += ldir_ptr->i_sp->s_block_size) {
26583                 b = read_map(ldir_ptr, pos);     /* obtém número do bloco */
26584
26585                 /* Como os diretórios não têm lacunas, 'b' não pode ser NO_BLOCK. */
26586                 bp = get_block(ldir_ptr->i_dev, b, NORMAL);     /* obtém um bloco de diretório */
26587
26588                 if (bp == NO_BLOCK)
26589                       panic(__FILE__,"get_block returned NO_BLOCK", NO_NUM);
26590
26591                 /* Pesquisa um bloco de diretório. */
26592                 for (dp = &bp->b_dir[0];
26593                       dp < &bp->b_dir[NR_DIR_ENTRIES(ldir_ptr->i_sp->s_block_size)];
26594                       dp++) {
26595                       if (++new_slots > old_slots) { /* não foi encontrado, mas deixa espaço */
26596                             if (flag == ENTER) e_hit = TRUE;
26597                             break;
26598                       }
26599
26600                       /* A correspondência ocorre se a string é encontrada. */
26601                       if (flag != ENTER && dp->d_ino != 0) {
26602                             if (flag == IS_EMPTY) {
26603                                   /* Se este teste é bem-sucedido, o dir não está vazio. */
26604                                   if (strcmp(dp->d_name, "." ) != 0 &&
26605                                       strcmp(dp->d_name, "..") != 0) match = 1;
26606                             } else {
26607                                   if (strncmp(dp->d_name, string, NAME_MAX) == 0) {
26608                                         match = 1;
26609                                   }
26610                             }
26611                       }
26612
26613                       if (match) {
26614                             /* LOOK_UP ou DELETE encontrou o que queria. */
26615                             r = OK;
26616                             if (flag == IS_EMPTY) r = ENOTEMPTY;
26617                             else if (flag == DELETE) {
26618                                   /* Salva d_ino para recuperação. */
26619                                   t = NAME_MAX - sizeof(ino_t);
```

```
26620                              *((ino_t *) &dp->d_name[t]) = dp->d_ino;
26621                              dp->d_ino = 0;  /* apaga a entrada */
26622                              bp->b_dirt = DIRTY;
26623                              ldir_ptr->i_update |= CTIME | MTIME;
26624                              ldir_ptr->i_dirt = DIRTY;
26625                         } else {
26626                              sp = ldir_ptr->i_sp;    /* 'flag' é LOOK_UP */
26627                              *numb = conv4(sp->s_native, (int) dp->d_ino);
26628                         }
26629                         put_block(bp, DIRECTORY_BLOCK);
26630                         return(r);
26631                    }
26632
26633                    /* Verifica a existência de entrada livre para proveito de ENTER. */
26634                    if (flag == ENTER && dp->d_ino == 0) {
26635                         e_hit = TRUE;   /* encontramos uma entrada livre */
26636                         break;
26637                    }
26638               }
26639
26640               /* O bloco inteiro foi pesquisado ou ENTER tem uma entrada livre. */
26641               if (e_hit) break;       /* e_hit configurado se ENTER pode ser executado agora */
26642               put_block(bp, DIRECTORY_BLOCK); /* caso contrário, continua a pesquisar dir */
26643          }
26644
26645          /* Agora, o diretório inteiro foi pesquisado. */
26646          if (flag != ENTER) {
26647               return(flag == IS_EMPTY ? OK : ENOENT);
26648          }
26649
26650          /* Esta chamada é para ENTER. Se nenhuma entrada livre foi encontrada até agora, tenta
26651           * estender o diretório.
26652           */
26653          if (e_hit == FALSE) { /* o diretório está cheio e não resta espaço no último bloco */
26654               new_slots++;              /* aumenta o tamanho do diretório por 1 entrada */
26655               if (new_slots == 0) return(EFBIG); /* tam. diretório limitado pelo nr. de entradas */
26656               if ( (bp = new_block(ldir_ptr, ldir_ptr->i_size)) == NIL_BUF)
26657                    return(err_code);
26658               dp = &bp->b_dir[0];
26659               extended = 1;
26660          }
26661
26662          /* agora 'bp' aponta para um bloco de diretório com espaço. 'dp' aponta para a entrada. */
26663          (void) memset(dp->d_name, 0, (size_t) NAME_MAX); /* limpa a entrada */
26664          for (i = 0; string[i] && i < NAME_MAX; i++) dp->d_name[i] = string[i];
26665          sp = ldir_ptr->i_sp;
26666          dp->d_ino = conv4(sp->s_native, (int) *numb);
26667          bp->b_dirt = DIRTY;
26668          put_block(bp, DIRECTORY_BLOCK);
26669          ldir_ptr->i_update |= CTIME | MTIME; /* marca mtime para atualização posterior */
26670          ldir_ptr->i_dirt = DIRTY;
26671          if (new_slots > old_slots) {
26672               ldir_ptr->i_size = (off_t) new_slots * DIR_ENTRY_SIZE;
26673               /* Envia a alteração para o disco, caso o diretório seja estendido. */
26674               if (extended) rw_inode(ldir_ptr, WRITING);
26675          }
26676          return(OK);
26677     }
```

```
++++++++++++++++++++++++++++++++++++++++++++++++++++++++++++++++++++++++++++
                              servers/fs/mount.c
++++++++++++++++++++++++++++++++++++++++++++++++++++++++++++++++++++++++++++
26700   /* Este arquivo executa as chamadas de sistema MOUNT e UMOUNT.
26701    *
26702    * Os pontos de entrada para este arquivo são
26703    *   do_mount: executa a chamada de sistema MOUNT
26704    *   do_umount: executa a chamada de sistema UMOUNT
26705    */
26706
26707   #include "fs.h"
26708   #include <fcntl.h>
26709   #include <minix/com.h>
26710   #include <sys/stat.h>
26711   #include "buf.h"
26712   #include "file.h"
26713   #include "fproc.h"
26714   #include "inode.h"
26715   #include "param.h"
26716   #include "super.h"
26717
26718   FORWARD _PROTOTYPE( dev_t name_to_dev, (char *path)                    );
26719
26720   /*===========================================================================*
26721    *                              do_mount                                     *
26722    *===========================================================================*/
26723   PUBLIC int do_mount()
26724   {
26725   /* Executa a chamada de sistema mount(name, mfile, rd_only). */
26726
26727     register struct inode *rip, *root_ip;
26728     struct super_block *xp, *sp;
26729     dev_t dev;
26730     mode_t bits;
26731     int rdir, mdir;                 /* TRUE se o arquivo {root|mount} for um dir */
26732     int r, found;
26733
26734     /* Somente o superusuário pode executar MOUNT. */
26735     if (!super_user) return(EPERM);
26736
26737     /* Se 'name' não é para um arquivo especial de bloco, retorna erro. */
26738     if (fetch_name(m_in.name1, m_in.name1_length, M1) != OK) return(err_code);
26739     if ( (dev = name_to_dev(user_path)) == NO_DEV) return(err_code);
26740
26741     /* Varre superblocks para testar montagem de disp. e achar uma entrada livre */
26742     sp = NIL_SUPER;
26743     found = FALSE;
26744     for (xp = &super_block[0]; xp < &super_block[NR_SUPERS]; xp++) {
26745         if (xp->s_dev == dev) found = TRUE;     /* ele já está montado? */
26746         if (xp->s_dev == NO_DEV) sp = xp;       /* registra a entrada livre */
26747     }
26748     if (found) return(EBUSY);       /* já está montado */
26749     if (sp == NIL_SUPER) return(ENFILE);   /* nenhum superbloco disponível */
26750
26751     /* Abre o dispositivo em que o sistema de arquivos reside. */
26752     if (dev_open(dev, who, m_in.rd_only ? R_BIT : (R_BIT|W_BIT)) != OK)
26753         return(EINVAL);
26754
```

```
26755        /* Faz a cache se esquecer dos blocos abertos no sistema de arquivos */
26756        (void) do_sync();
26757        invalidate(dev);
26758
26759        /* Preenche o superbloco. */
26760        sp->s_dev = dev;              /* read_super() precisa saber qual disp */
26761        r = read_super(sp);
26762
26763        /* Ele é reconhecido como um sistema de arquivos do Minix? */
26764        if (r != OK) {
26765              dev_close(dev);
26766              sp->s_dev = NO_DEV;
26767              return(r);
26768        }
26769
26770        /* Agora, obtém o i-node do arquivo onde vai haver a montagem. */
26771        if (fetch_name(m_in.name2, m_in.name2_length, M1) != OK) {
26772              dev_close(dev);
26773              sp->s_dev = NO_DEV;
26774              return(err_code);
26775        }
26776        if ( (rip = eat_path(user_path)) == NIL_INODE) {
26777              dev_close(dev);
26778              sp->s_dev = NO_DEV;
26779              return(err_code);
26780        }
26781
26782        /* Ele não pode estar ocupado. */
26783        r = OK;
26784        if (rip->i_count > 1) r = EBUSY;
26785
26786        /* Ele não pode ser especial. */
26787        bits = rip->i_mode & I_TYPE;
26788        if (bits == I_BLOCK_SPECIAL || bits == I_CHAR_SPECIAL) r = ENOTDIR;
26789
26790        /* Obtém o i-node da raiz do sistema de arquivos montado. */
26791        root_ip = NIL_INODE;       /* se 'r' não for OK, certifica-se de que isso seja definido */
26792        if (r == OK) {
26793              if ( (root_ip = get_inode(dev, ROOT_INODE)) == NIL_INODE) r = err_code;
26794        }
26795        if (root_ip != NIL_INODE && root_ip->i_mode == 0) {
26796              r = EINVAL;
26797        }
26798
26799        /* Os tipos de arquivo de 'rip' e 'root_ip' não podem entrar em conflito. */
26800        if (r == OK) {
26801              mdir = ((rip->i_mode & I_TYPE) == I_DIRECTORY);   /* TRUE se for dir */
26802              rdir = ((root_ip->i_mode & I_TYPE) == I_DIRECTORY);
26803              if (!mdir && rdir) r = EISDIR;
26804        }
26805
26806        /* Se houver erro, retorna o superbloco e os dois i-nodes; libera os mapas. */
26807        if (r != OK) {
26808              put_inode(rip);
26809              put_inode(root_ip);
26810              (void) do_sync();
26811              invalidate(dev);
26812              dev_close(dev);
26813              sp->s_dev = NO_DEV;
26814              return(r);
```

```
26815          }
26816
26817          /* Nada mais pode dar errado. Realiza a montagem. */
26818          rip->i_mount = I_MOUNT;      /* este bit diz que o i-node está montado */
26819          sp->s_imount = rip;
26820          sp->s_isup = root_ip;
26821          sp->s_rd_only = m_in.rd_only;
26822          return(OK);
26823  }
26824
26825  /*===========================================================================*
26826   *                              do_umount                                    *
26827   *===========================================================================*/
26828  PUBLIC int do_umount()
26829  {
26830  /* Executa a chamada de sistema umount(name). */
26831    dev_t dev;
26832
26833    /* Somente o superusuário pode executar UMOUNT. */
26834    if (!super_user) return(EPERM);
26835
26836    /* Se 'name' não for para um arquivo especial de bloco, retorna erro. */
26837    if (fetch_name(m_in.name, m_in.name_length, M3) != OK) return(err_code);
26838    if ( (dev = name_to_dev(user_path)) == NO_DEV) return(err_code);
26839
26840    return(unmount(dev));
26841  }
26842
26843  /*===========================================================================*
26844   *                              unmount                                      *
26845   *===========================================================================*/
26846  PUBLIC int unmount(dev)
26847  Dev_t dev;
26848  {
26849  /* Desmonta um sistema de arquivos pelo número do dispositivo. */
26850    register struct inode *rip;
26851    struct super_block *sp, *sp1;
26852    int count;
26853
26854    /* Verifica se o dispositivo montado está ocupado. Somente 1 i-node que o está usando deve
26855     * ser aberto - o i-node da raiz -- e esse i-node apenas 1 vez.
26856     */
26857    count = 0;
26858    for (rip = &inode[0]; rip< &inode[NR_INODES]; rip++)
26859         if (rip->i_count > 0 && rip->i_dev == dev) count += rip->i_count;
26860    if (count > 1) return(EBUSY); /* não pode desmontar um sistema de arquivos ocupado */
26861
26862    /* Encontra o superbloco. */
26863    sp = NIL_SUPER;
26864    for (sp1 = &super_block[0]; sp1 < &super_block[NR_SUPERS]; sp1++) {
26865         if (sp1->s_dev == dev) {
26866              sp = sp1;
26867              break;
26868         }
26869    }
26870
26871    /* Sincroniza o disco e invalida a cache. */
26872    (void) do_sync();               /* retira da memória todos os blocos colocados na cache */
26873    invalidate(dev);                /* invalida as entradas da cache para esse disp */
26874    if (sp == NIL_SUPER) {
```

```
26875              return(EINVAL);
26876      }
26877
26878      /* Fecha o dispositivo em que o sistema de arquivos reside. */
26879      dev_close(dev);
26880
26881      /* Conclui a desmontagem. */
26882      sp->s_imount->i_mount = NO_MOUNT;      /* o i-node volta ao normal */
26883      put_inode(sp->s_imount);        /* libera o i-node montado */
26884      put_inode(sp->s_isup);          /* libera o i-node da raiz do FS montado */
26885      sp->s_imount = NIL_INODE;
26886      sp->s_dev = NO_DEV;
26887      return(OK);
26888  }
26889
26890  /*===========================================================================*
26891   *                              name_to_dev                                  *
26892   *===========================================================================*/
26893  PRIVATE dev_t name_to_dev(path)
26894  char *path;                     /* ponteiro para nome de caminho */
26895  {
26896  /* Converte o arquivo especial de bloco 'path' em um número de dispositivo. Se 'path'
26897   * não for um arquivo especial de bloco, retorna código de erro em 'err_code'.
26898   */
26899
26900    register struct inode *rip;
26901    register dev_t dev;
26902
26903    /* Se 'path' não pode ser aberto, abandona imediatamente. */
26904    if ( (rip = eat_path(path)) == NIL_INODE) return(NO_DEV);
26905
26906    /* Se 'path' não é um arquivo especial de bloco, retorna erro. */
26907    if ( (rip->i_mode & I_TYPE) != I_BLOCK_SPECIAL) {
26908          err_code = ENOTBLK;
26909          put_inode(rip);
26910          return(NO_DEV);
26911    }
26912
26913    /* Extrai o número do dispositivo. */
26914    dev = (dev_t) rip->i_zone[0];
26915    put_inode(rip);
26916    return(dev);
26917  }
```

++
                              servers/fs/link.c
++

```
27000  /* Este arquivo manipula as chamadas de sistema LINK e UNLINK. Ele também trata da liberação
27001   * do espaço de armazenamento usdo por um arquivo quando a última operação UNLINK é
27002   * executada para um arquivo e os blocos devem ser retornados para o pool de blocos livres.
27003   *
27004   * Os pontos de entrada para este arquivo são
27005   *   do_link: executa a chamada de sistema LINK
27006   *   do_unlink: executa as chamadas de sistema UNLINK e RMDIR
27007   *   do_rename: executa a chamada de sistema RENAME
27008   *   truncate: libera todos os blocos associados a um i-node
27009   */
```

```
27010
27011   #include "fs.h"
27012   #include <sys/stat.h>
27013   #include <string.h>
27014   #include <minix/com.h>
27015   #include <minix/callnr.h>
27016   #include "buf.h"
27017   #include "file.h"
27018   #include "fproc.h"
27019   #include "inode.h"
27020   #include "param.h"
27021   #include "super.h"
27022
27023   #define SAME 1000
27024
27025   FORWARD _PROTOTYPE( int remove_dir, (struct inode *rldirp, struct inode *rip,
27026                           char dir_name[NAME_MAX])                             );
27027
27028   FORWARD _PROTOTYPE( int unlink_file, (struct inode *dirp, struct inode *rip,
27029                           char file_name[NAME_MAX])                            );
27030
27031   /*===========================================================================*
27032    *                              do_link                                      *
27033    *===========================================================================*/
27034   PUBLIC int do_link()
27035   {
27036   /* Executa a chamada de sistema link(name1, name2). */
27037
27038     register struct inode *ip, *rip;
27039     register int r;
27040     char string[NAME_MAX];
27041     struct inode *new_ip;
27042
27043     /* Verifica se 'name' (o arquivo a ser vinculado) existe. */
27044     if (fetch_name(m_in.name1, m_in.name1_length, M1) != OK) return(err_code);
27045     if ( (rip = eat_path(user_path)) == NIL_INODE) return(err_code);
27046
27047     /* Verifica se o arquivo já tem o número máximo de vínculos. */
27048     r = OK;
27049     if (rip->i_nlinks >= (rip->i_sp->s_version == V1 ? CHAR_MAX : SHRT_MAX))
27050         r = EMLINK;
27051
27052     /* Somente superusuário pode criar vincular em diretórios. */
27053     if (r == OK)
27054         if ( (rip->i_mode & I_TYPE) == I_DIRECTORY && !super_user) r = EPERM;
27055
27056     /* Se der erro com 'name', retorna o i-node. */
27057     if (r != OK) {
27058         put_inode(rip);
27059         return(r);
27060     }
27061
27062     /* O último diretório de 'name2' existe? */
27063     if (fetch_name(m_in.name2, m_in.name2_length, M1) != OK) {
27064         put_inode(rip);
27065         return(err_code);
27066     }
27067     if ( (ip = last_dir(user_path, string)) == NIL_INODE) r = err_code;
27068
27069     /* Se 'name2' existe (mesmo que não haja espaço), configura 'r' como o erro. */
```

```
27070        if (r == OK) {
27071            if ( (new_ip = advance(ip, string)) == NIL_INODE) {
27072                r = err_code;
27073                if (r == ENOENT) r = OK;
27074            } else {
27075                put_inode(new_ip);
27076                r = EEXIST;
27077            }
27078        }
27079
27080        /* Verifica a existência de vínculos entre dispositivos. */
27081        if (r == OK)
27082            if (rip->i_dev != ip->i_dev) r = EXDEV;
27083
27084        /* Tenta vincular. */
27085        if (r == OK)
27086            r = search_dir(ip, string, &rip->i_num, ENTER);
27087
27088        /* Se tiver êxito, registra o vínculo. */
27089        if (r == OK) {
27090            rip->i_nlinks++;
27091            rip->i_update |= CTIME;
27092            rip->i_dirt = DIRTY;
27093        }
27094
27095        /* Pronto. Libera os dois i-nodes. */
27096        put_inode(rip);
27097        put_inode(ip);
27098        return(r);
27099   }
27100
27101   /*===========================================================================*
27102    *                              do_unlink                                    *
27103    *===========================================================================*/
27104   PUBLIC int do_unlink()
27105   {
27106   /* Executa a chamada de sistema unlink(name) ou rmdir(name). O código das duas
27107    * é quase idêntico. Eles diferem apenas em alguns testes de condição. Unlink()
27108    * pode ser usada pelo superusuário para fazer coisas perigosas; rmdir(), não.
27109    */
27110
27111       register struct inode *rip;
27112       struct inode *rldirp;
27113       int r;
27114       char string[NAME_MAX];
27115
27116       /* Obtém o último diretório no caminho. */
27117       if (fetch_name(m_in.name, m_in.name_length, M3) != OK) return(err_code);
27118       if ( (rldirp = last_dir(user_path, string)) == NIL_INODE)
27119           return(err_code);
27120
27121       /* O último diretório existe. O arquivo também existe? */
27122       r = OK;
27123       if ( (rip = advance(rldirp, string)) == NIL_INODE) r = err_code;
27124
27125       /* Se houver erro, retorna o i-node. */
27126       if (r != OK) {
27127           put_inode(rldirp);
27128           return(r);
27129       }
```

```
27130
27131        /* Não remove um ponto de montagem. */
27132        if (rip->i_num == ROOT_INODE) {
27133              put_inode(rldirp);
27134              put_inode(rip);
27135              return(EBUSY);
27136        }
27137
27138        /* Agora testa se a chamada é permitida, separadamente para unlink() e rmdir(). */
27139        if (call_nr == UNLINK) {
27140              /* Somente superusuário pode desvincular (qualquer) diretório */
27141              if ( (rip->i_mode & I_TYPE) == I_DIRECTORY && !super_user) r = EPERM;
27142
27143              /* Não desvincula um arquivo se for a raiz de um sistema de arquivos montado. */
27144              if (rip->i_num == ROOT_INODE) r = EBUSY;
27145
27146              /* Tenta realmente desvincular o arquivo; falha se o pai estiver no modo 0 etc. */
27147              if (r == OK) r = unlink_file(rldirp, rip, string);
27148
27149        } else {
27150              r = remove_dir(rldirp, rip, string); /* a chamada é RMDIR */
27151        }
27152
27153        /* Se a desvinculação foi possível, ela foi feita; caso contrário, não foi. */
27154        put_inode(rip);
27155        put_inode(rldirp);
27156        return(r);
27157  }
27158
27159  /*===========================================================================*
27160   *                              do_rename                                    *
27161   *===========================================================================*/
27162  PUBLIC int do_rename()
27163  {
27164  /* Executa a chamada de sistema rename(name1, name2). */
27165
27166        struct inode *old_dirp, *old_ip;       /* ptrs para i-nodes de dir e arquivo antigos */
27167        struct inode *new_dirp, *new_ip;       /* ptrs para i-nodes de dir e arquivo novos */
27168        struct inode *new_superdirp, *next_new_superdirp;
27169        int r = OK;                            /* flag de erro; inicialmente nenhum erro */
27170        int odir, ndir;                        /* TRUE se o arquivo {old|new} for um dir */
27171        int same_pdir;                         /* TRUE se os dirs pais forem os mesmos */
27172        char old_name[NAME_MAX], new_name[NAME_MAX];
27173        ino_t numb;
27174        int r1;
27175
27176        /* Verifica se 'name1' (o arquivo existente) existe. Obtém os i-nodes do dir e do
27177           arquivo. */
27177        if (fetch_name(m_in.name1, m_in.name1_length, M1) != OK) return(err_code);
27178        if ( (old_dirp = last_dir(user_path, old_name))==NIL_INODE) return(err_code);
27179
27180        if ( (old_ip = advance(old_dirp, old_name)) == NIL_INODE) r = err_code;
27181
27182        /* Verifica se 'name2' (o novo nome) existe. Obtém os i-nodes do dir e do arquivo. */
27183        if (fetch_name(m_in.name2, m_in.name2_length, M1) != OK) r = err_code;
27184        if ( (new_dirp = last_dir(user_path, new_name)) == NIL_INODE) r = err_code;
27185        new_ip = advance(new_dirp, new_name); /* não é obrigado a existir */
27186
27187        if (old_ip != NIL_INODE)
27188              odir = ((old_ip->i_mode & I_TYPE) == I_DIRECTORY);  /* TRUE se for dir */
27189
```

```
27190        /* Se estiver ok, verifica uma variedade de erros possíveis. */
27191        if (r == OK) {
27192             same_pdir = (old_dirp == new_dirp);
27193
27194             /* O i-node antigo não deve ser um superdiretório do novo último dir. */
27195             if (odir && !same_pdir) {
27196                  dup_inode(new_superdirp = new_dirp);
27197                  while (TRUE) {          /* pode ficar preso em um laço FS */
27198                       if (new_superdirp == old_ip) {
27199                            r = EINVAL;
27200                            break;
27201                       }
27202                       next_new_superdirp = advance(new_superdirp, dot2);
27203                       put_inode(new_superdirp);
27204                       if (next_new_superdirp == new_superdirp)
27205                            break;   /* volta para o diretório-raiz do sistema */
27206                       new_superdirp = next_new_superdirp;
27207                       if (new_superdirp == NIL_INODE) {
27208                            /* Entrada ".." ausente. Presume o pior. */
27209                            r = EINVAL;
27210                            break;
27211                       }
27212                  }
27213                  put_inode(new_superdirp);
27214             }
27215
27216             /* O nome antigo ou novo não deve ser . nem .. */
27217             if (strcmp(old_name, ".")==0 || strcmp(old_name, "..")==0 ||
27218                 strcmp(new_name, ".")==0 || strcmp(new_name, "..")==0) r = EINVAL;
27219
27220             /* Os dois diretórios pais devem estar no mesmo dispositivo. */
27221             if (old_dirp->i_dev != new_dirp->i_dev) r = EXDEV;
27222
27223             /* Deve ser possível pesquisar e escrever nos diretórios pais */
27224             if ((r1 = forbidden(old_dirp, W_BIT | X_BIT)) != OK ||
27225                 (r1 = forbidden(new_dirp, W_BIT | X_BIT)) != OK) r = r1;
27226
27227             /* Alguns testes só se aplicam se o novo caminho existe. */
27228             if (new_ip == NIL_INODE) {
27229                  /* não altera o nome de um arquivo com um FS montado nele. */
27230                  if (old_ip->i_dev != old_dirp->i_dev) r = EXDEV;
27231                  if (odir && new_dirp->i_nlinks >=
27232                      (new_dirp->i_sp->s_version == V1 ? CHAR_MAX : SHRT_MAX) &&
27233                      !same_pdir && r == OK) r = EMLINK;
27234             } else {
27235                  if (old_ip == new_ip) r = SAME;  /* antigo=novo */
27236
27237                  /* o arquivo antigo ou o arquivo novo tem um FS montado nele? */
27238                  if (old_ip->i_dev != new_ip->i_dev) r = EXDEV;
27239
27240                  ndir = ((new_ip->i_mode & I_TYPE) == I_DIRECTORY); /* dir ? */
27241                  if (odir == TRUE && ndir == FALSE) r = ENOTDIR;
27242                  if (odir == FALSE && ndir == TRUE) r = EISDIR;
27243             }
27244        }
27245
27246        /* Se um processo tem outro diretório-raiz, além da raiz do sistema, poderíamos
27247         * estar movendo "acidentalmente" seu diretório de trabalho para um lugar onde seu
27248         * diretório-raiz não está mais em um superdiretório dele. Isso pode tornar a
27249         * função chroot inútil. Se chroot vai ser usada freqüentemente,
```

```
27250          * provavelmente devemos verificar isso aqui.
27251          */
27252
27253         /* A alteração de nome provavelmente funcionará. Apenas duas coisas podem dar errado agora:
27254          * 1. ser incapaz de remover o novo arquivo. (quando o novo arquivo já existe)
27255          * 2. ser incapaz de fazer a nova entrada de diretório. (o novo arquivo não existe)
27256          *     [o diretório tem de crescer por um bloco e não pode, porque o disco
27257          *      está completamente cheio].
27258          */
27259         if (r == OK) {
27260                 if (new_ip != NIL_INODE) {
27261                         /* Já existe uma entrada para 'new'. Tenta removê-la. */
27262                         if (odir)
27263                                 r = remove_dir(new_dirp, new_ip, new_name);
27264                         else
27265                                 r = unlink_file(new_dirp, new_ip, new_name);
27266                 }
27267                 /* se r estiver OK, a alteração de nome terá êxito, embora agora exista
27268                  * uma entrada não usada no novo diretório pai.
27269                  */
27270         }
27271
27272         if (r == OK) {
27273                 /* Se o novo nome vai estar no mesmo diretório pai que o antigo,
27274                  * primeiro remove o nome antigo para liberar uma entrada para o novo nome;
27275                  * caso contrário, tenta primeiro criar a entrada do novo nome para garantir que
27276                  * a alteração de nome tenha êxito.
27277                  */
27278                 numb = old_ip->i_num;            /* número do i-node do arquivo antigo */
27279
27280                 if (same_pdir) {
27281                         r = search_dir(old_dirp, old_name, (ino_t *) 0, DELETE);
27282                                                  /* não deve dar errado. */
27283                         if (r==OK) (void) search_dir(old_dirp, new_name, &numb, ENTER);
27284                 } else {
27285                         r = search_dir(new_dirp, new_name, &numb, ENTER);
27286                         if (r == OK)
27287                                 (void) search_dir(old_dirp, old_name, (ino_t *) 0, DELETE);
27288                 }
27289         }
27290         /* Se r estiver OK, ctime e mtime de old_dirp e de new_dirp foram marcados
27291          * para atualização em search_dir.
27292          */
27293
27294         if (r == OK && odir && !same_pdir) {
27295                 /* Atualiza a entrada .. no diretório (ainda aponta para old_dirp). */
27296                 numb = new_dirp->i_num;
27297                 (void) unlink_file(old_ip, NIL_INODE, dot2);
27298                 if (search_dir(old_ip, dot2, &numb, ENTER) == OK) {
27299                         /* Novo vínculo criado. */
27300                         new_dirp->i_nlinks++;
27301                         new_dirp->i_dirt = DIRTY;
27302                 }
27303         }
27304
27305         /* Libera os i-nodes. */
27306         put_inode(old_dirp);
27307         put_inode(old_ip);
27308         put_inode(new_dirp);
27309         put_inode(new_ip);
```

```
27310        return(r == SAME ? OK : r);
27311   }
27312
27313   /*===========================================================================*
27314    *                              truncate                                     *
27315    *===========================================================================*/
27316   PUBLIC void truncate(rip)
27317   register struct inode *rip;        /* ponteiro para o i-node a ser truncado */
27318   {
27319   /* Remove todas as zonas a partir do i-node 'rip' e marca como sujo. */
27320
27321        register block_t b;
27322        zone_t z, zone_size, z1;
27323        off_t position;
27324        int i, scale, file_type, waspipe, single, nr_indirects;
27325        struct buf *bp;
27326        dev_t dev;
27327
27328        file_type = rip->i_mode & I_TYPE;       /* verifica se o arquivo é especial */
27329        if (file_type == I_CHAR_SPECIAL || file_type == I_BLOCK_SPECIAL) return;
27330        dev = rip->i_dev;                /* dispositivo no qual o i-node reside */
27331        scale = rip->i_sp->s_log_zone_size;
27332        zone_size = (zone_t) rip->i_sp->s_block_size << scale;
27333        nr_indirects = rip->i_nindirs;
27334
27335        /* Os pipes podem diminuir; portanto, ajusta tam. para garantir remoção de todas zonas. */
27336        waspipe = rip->i_pipe == I_PIPE;        /* TRUE esse era um pipe */
27337        if (waspipe) rip->i_size = PIPE_SIZE(rip->i_sp->s_block_size);
27338
27339        /* Percorre o arquivo uma zona por vez, encontrando e liberando as zonas. */
27340        for (position = 0; position < rip->i_size; position += zone_size) {
27341             if ( (b = read_map(rip, position)) != NO_BLOCK) {
27342                     z = (zone_t) b >> scale;
27343                     free_zone(dev, z);
27344             }
27345        }
27346
27347        /* Todas as zonas de dados foram liberadas. Agora, libera as zonas indiretas. */
27348        rip->i_dirt = DIRTY;
27349        if (waspipe) {
27350             wipe_inode(rip);            /* limpa o i-node de pipes */
27351             return;                     /* entradas indiretas contêm posições de arquivo */
27352        }
27353        single = rip->i_ndzones;
27354        free_zone(dev, rip->i_zone[single]);    /* zona indireta simples */
27355        if ( (z = rip->i_zone[single+1]) != NO_ZONE) {
27356             /* Libera todas as zonas indiretas simples apontadas pela dupla. */
27357             b = (block_t) z << scale;
27358             bp = get_block(dev, b, NORMAL); /* obtém zona indireta dupla */
27359             for (i = 0; i < nr_indirects; i++) {
27360                     z1 = rd_indir(bp, i);
27361                     free_zone(dev, z1);
27362             }
27363
27364             /* Agora, libera a própria zona indireta dupla. */
27365             put_block(bp, INDIRECT_BLOCK);
27366             free_zone(dev, z);
27367        }
27368
27369        /* Deixa os nrs. de zona para de(1), para recuperar o aquivo após uma op. unlink(2). */
```

```
27370    }

27372    /*===========================================================================*
27373     *                              remove_dir                                   *
27374     *===========================================================================*/
27375    PRIVATE int remove_dir(rldirp, rip, dir_name)
27376    struct inode *rldirp;                 /* diretório pai */
27377    struct inode *rip;                    /* diretório a ser removido */
27378    char dir_name[NAME_MAX];              /* nome do diretório a ser removido */
27379    {
27380      /* Um arquivo de diretório tem de ser removido. Cinco condições precisam ser satisfeitas:
27381       *    - O arquivo deve ser um diretório
27382       *    - O diretório deve estar vazio (exceto quanto a . e ..)
27383       *    - O último componente do caminho não deve ser . nem ..
27384       *    - O diretório não deve ser a raiz de um sistema de arquivos montado
27385       *    - O diretório não deve ser o diretório raiz/de trabalho de ninguém
27386       */
27387
27388      int r;
27389      register struct fproc *rfp;
27390
27391      /* search_dir verifica se rip também é um diretório. */
27392      if ((r = search_dir(rip, "", (ino_t *) 0, IS_EMPTY)) != OK) return r;
27393
27394      if (strcmp(dir_name, ".") == 0 || strcmp(dir_name, "..") == 0)return(EINVAL);
27395      if (rip->i_num == ROOT_INODE) return(EBUSY); /* não pode remover 'root' */
27396
27397      for (rfp = &fproc[INIT_PROC_NR + 1]; rfp < &fproc[NR_PROCS]; rfp++)
27398          if (rfp->fp_workdir == rip || rfp->fp_rootdir == rip) return(EBUSY);
27399                              /* não pode remover o dir de trabalho de ninguém */
27400
27401      /* Tenta realmente desvincular o arquivo; falha se o pai estiver no modo 0 etc. */
27402      if ((r = unlink_file(rldirp, rip, dir_name)) != OK) return r;
27403
27404      /* Desvincula . e .. do dir. O superusuário pode vincular e desvincular qualquer dir;
27405       * portanto, não faz suposições demais a respeito deles.
27406       */
27407      (void) unlink_file(rip, NIL_INODE, dot1);
27408      (void) unlink_file(rip, NIL_INODE, dot2);
27409      return(OK);
27410    }


27412    /*===========================================================================*
27413     *                              unlink_file                                  *
27414     *===========================================================================*/
27415    PRIVATE int unlink_file(dirp, rip, file_name)
27416    struct inode *dirp;                   /* diretório pai do arquivo */
27417    struct inode *rip;                    /* i-node do arquivo, também pode ser NIL_INODE. */
27418    char file_name[NAME_MAX];             /* nome do arquivo a ser removido */
27419    {
27420    /* Desvincula 'file_name'; rip deve ser o i-node de'file_name' ou NIL_INODE. */
27421
27422      ino_t numb;                         /* número do i-node */
27423      int r;
27424
27425      /* Se rip não é NIL_INODE, ele é usado para obter acesso mais rápido ao i-node. */
27426      if (rip == NIL_INODE) {
27427          /* Procura arquivo no diretório e tenta obter seu i-node. */
27428          err_code = search_dir(dirp, file_name, &numb, LOOK_UP);
27429          if (err_code == OK) rip = get_inode(dirp->i_dev, (int) numb);
```

```
27430              if (err_code != OK || rip == NIL_INODE) return(err_code);
27431         } else {
27432              dup_inode(rip);          /* o i-node será retornado com put_inode */
27433         }
27434
27435         r = search_dir(dirp, file_name, (ino_t *) 0, DELETE);
27436
27437         if (r == OK) {
27438              rip->i_nlinks--;         /* entrada excluída do dir do pai */
27439              rip->i_update |= CTIME;
27440              rip->i_dirt = DIRTY;
27441         }
27442
27443         put_inode(rip);
27444         return(r);
27445   }
```

```
++++++++++++++++++++++++++++++++++++++++++++++++++++++++++++++++++++++++
                              servers/fs/stadir.c
++++++++++++++++++++++++++++++++++++++++++++++++++++++++++++++++++++++++
27500   /* Este arquivo contém o código para executar quatro chamadas de sistema relacionadas
27501    * a status e diretórios.
27502    *
27503    * Os pontos de entrada para este arquivo são
27504    *   do_chdir:   executa a chamada de sistema CHDIR
27505    *   do_chroot:  executa a chamada de sistema CHROOT
27506    *   do_stat:    executa a chamada de sistema STAT
27507    *   do_fstat:   executa a chamada de sistema FSTAT
27508    *   do_fstatfs: executa a chamada de sistema FSTATFS
27509    */
27510
27511   #include "fs.h"
27512   #include <sys/stat.h>
27513   #include <sys/statfs.h>
27514   #include <minix/com.h>
27515   #include "file.h"
27516   #include "fproc.h"
27517   #include "inode.h"
27518   #include "param.h"
27519   #include "super.h"
27520
27521   FORWARD _PROTOTYPE( int change, (struct inode **iip, char *name_ptr, int len));
27522   FORWARD _PROTOTYPE( int change_into, (struct inode **iip, struct inode *ip));
27523   FORWARD _PROTOTYPE( int stat_inode, (struct inode *rip, struct filp *fil_ptr,
27524                       char *user_addr)                                        );
27525
27526   /*===========================================================================*
27527    *                              do_fchdir                                    *
27528    *===========================================================================*/
27529   PUBLIC int do_fchdir()
27530   {
27531        /* Muda o diretório em um fd já aberto. */
27532        struct filp *rfilp;
27533
27534        /* O descritor de arquivo é válido? */
```

```
27535              if ( (rfilp = get_filp(m_in.fd)) == NIL_FILP) return(err_code);
27536              return change_into(&fp->fp_workdir, rfilp->filp_ino);
27537      }

27539      /*===========================================================================*
27540       *                              do_chdir                                     *
27541       *===========================================================================*/
27542      PUBLIC int do_chdir()
27543      {
27544      /* Muda de diretório. Esta função também é chamada pelo MM para simular uma função
27545       * chdir para executar uma operação EXEC etc. Ela também altera o diretório-raiz, os uids e
27546       * gids, e umask.
27547       */
27548
27549        int r;
27550        register struct fproc *rfp;
27551
27552        if (who == PM_PROC_NR) {
27553              rfp = &fproc[m_in.slot1];
27554              put_inode(fp->fp_rootdir);
27555              dup_inode(fp->fp_rootdir = rfp->fp_rootdir);
27556              put_inode(fp->fp_workdir);
27557              dup_inode(fp->fp_workdir = rfp->fp_workdir);
27558
27559              /* O MM usa access() para verificar permissões. Para fazer isso funcionar, finge
27560               * que as ids reais do usuário são iguais às suas ids efetivas.
27561               * As chamadas do FS que não são access() não utilizam as ids reais, de modo que não
27562               * são afetadas.
27563               */
27564              fp->fp_realuid =
27565              fp->fp_effuid = rfp->fp_effuid;
27566              fp->fp_realgid =
27567              fp->fp_effgid = rfp->fp_effgid;
27568              fp->fp_umask = rfp->fp_umask;
27569              return(OK);
27570        }
27571
27572        /* Executa a chamada de sistema chdir(name). */
27573        r = change(&fp->fp_workdir, m_in.name, m_in.name_length);
27574        return(r);
27575      }


27577      /*===========================================================================*
27578       *                              do_chroot                                    *
27579       *===========================================================================*/
27580      PUBLIC int do_chroot()
27581      {
27582      /* Executa a chamada de sistema chroot(name). */
27583
27584        register int r;
27585
27586        if (!super_user) return(EPERM);        /* somente o su pode executar chroot() */
27587        r = change(&fp->fp_rootdir, m_in.name, m_in.name_length);
27588        return(r);
27589      }
```

```
27591   /*===========================================================================*
27592    *                              change                                       *
27593    *===========================================================================*/
27594   PRIVATE int change(iip, name_ptr, len)
27595   struct inode **iip;              /* ponteiro para o ponteiro de i-node do dir */
27596   char *name_ptr;                  /* ponteiro para o nome de diretório para o qual mudar */
27597   int len;                         /* comprimento da string do nome de diretório */
27598   {
27599   /* Executa o trabalho real de chdir() e chroot(). */
27600     struct inode *rip;
27601
27602     /* Tenta abrir o novo diretório. */
27603     if (fetch_name(name_ptr, len, M3) != OK) return(err_code);
27604     if ( (rip = eat_path(user_path)) == NIL_INODE) return(err_code);
27605     return change_into(iip, rip);
27606   }


27608   /*===========================================================================*
27609    *                              change_into                                  *
27610    *===========================================================================*/
27611   PRIVATE int change_into(iip, rip)
27612   struct inode **iip;              /* ponteiro para o ponteiro de i-node do dir */
27613   struct inode *rip;               /* é nisso que o i-node precisa se transformar */
27614   {
27615     register int r;
27616
27617     /* Ele deve ser um diretório e também poder ser pesquisado. */
27618     if ( (rip->i_mode & I_TYPE) != I_DIRECTORY)
27619         r = ENOTDIR;
27620     else
27621         r = forbidden(rip, X_BIT);      /* verifica se o dir pode ser pesquisado */
27622
27623     /* Se houver erro, retorna o i-node. */
27624     if (r != OK) {
27625         put_inode(rip);
27626         return(r);
27627     }
27628
27629     /* Tudo está OK. Faz a mudança. */
27630     put_inode(*iip);                 /* libera o diretório antigo */
27631     *iip = rip;                      /* adquire o novo */
27632     return(OK);
27633   }


27635   /*===========================================================================*
27636    *                              do_stat                                      *
27637    *===========================================================================*/
27638   PUBLIC int do_stat()
27639   {
27640   /* Executa a chamada de sistema stat(name, buf). */
27641
27642     register struct inode *rip;
27643     register int r;
27644
27645     /* Tanto stat() como fstat() usam a mesma rotina para fazer o trabalho real. Essa
27646      * rotina espera um i-node, de modo que o adquire temporariamente.
27647      */
27648     if (fetch_name(m_in.name1, m_in.name1_length, M1) != OK) return(err_code);
27649     if ( (rip = eat_path(user_path)) == NIL_INODE) return(err_code);
27650     r = stat_inode(rip, NIL_FILP, m_in.name2);   /* realmente executa o trabalho.*/
```

```
27651           put_inode(rip);               /* libera o i-node */
27652           return(r);
27653      }

27655  /*===========================================================================*
27656   *                              do_fstat                                     *
27657   *===========================================================================*/
27658  PUBLIC int do_fstat()
27659  {
27660  /* Executa a chamada de sistema fstat(fd, buf). */
27661
27662        register struct filp *rfilp;
27663
27664        /* O descritor de arquivo é válido? */
27665        if ( (rfilp = get_filp(m_in.fd)) == NIL_FILP) return(err_code);
27666
27667        return(stat_inode(rfilp->filp_ino, rfilp, m_in.buffer));
27668  }

27670  /*===========================================================================*
27671   *                              stat_inode                                   *
27672   *===========================================================================*/
27673  PRIVATE int stat_inode(rip, fil_ptr, user_addr)
27674  register struct inode *rip;        /* ponteiro para i-node para stat */
27675  struct filp *fil_ptr;              /* ponteiro de filp, fornecido por 'fstat' */
27676  char *user_addr;                   /* endereço do espaço do usuário onde fica o buf de stat */
27677  {
27678  /* Código comum para as chamadas de sistema stat e fstat. */
27679
27680        struct stat statbuf;
27681        mode_t mo;
27682        int r, s;
27683
27684        /* Atualiza os campos atime, ctime e mtime no i-node, se for necessário. */
27685        if (rip->i_update) update_times(rip);
27686
27687        /* Preenche a estrutura statbuf. */
27688        mo = rip->i_mode & I_TYPE;
27689
27690        /* true se for especial */
27691        s = (mo == I_CHAR_SPECIAL || mo == I_BLOCK_SPECIAL);
27692
27693        statbuf.st_dev = rip->i_dev;
27694        statbuf.st_ino = rip->i_num;
27695        statbuf.st_mode = rip->i_mode;
27696        statbuf.st_nlink = rip->i_nlinks;
27697        statbuf.st_uid = rip->i_uid;
27698        statbuf.st_gid = rip->i_gid;
27699        statbuf.st_rdev = (dev_t) (s ? rip->i_zone[0] : NO_DEV);
27700        statbuf.st_size = rip->i_size;
27701
27702        if (rip->i_pipe == I_PIPE) {
27703              statbuf.st_mode &= ~I_REGULAR;   /* zera o bit I_REGULAR para pipes */
27704              if (fil_ptr != NIL_FILP && fil_ptr->filp_mode & R_BIT)
27705                    statbuf.st_size -= fil_ptr->filp_pos;
27706        }
27707
27708        statbuf.st_atime = rip->i_atime;
27709        statbuf.st_mtime = rip->i_mtime;
27710        statbuf.st_ctime = rip->i_ctime;
```

```
27711
27712      /* Copia a estrutura no espaço de usuário. */
27713      r = sys_datacopy(FS_PROC_NR, (vir_bytes) &statbuf,
27714                  who, (vir_bytes) user_addr, (phys_bytes) sizeof(statbuf));
27715      return(r);
27716   }
27717
27718   /*===========================================================================*
27719    *                              do_fstatfs                                   *
27720    *===========================================================================*/
27721   PUBLIC int do_fstatfs()
27722   {
27723     /* Executa a chamada de sistema fstatfs(fd, buf). */
27724     struct statfs st;
27725     register struct filp *rfilp;
27726     int r;
27727
27728     /* O descritor de arquivo é válido? */
27729     if ( (rfilp = get_filp(m_in.fd)) == NIL_FILP) return(err_code);
27730
27731     st.f_bsize = rfilp->filp_ino->i_sp->s_block_size;
27732
27733     r = sys_datacopy(FS_PROC_NR, (vir_bytes) &st,
27734                 who, (vir_bytes) m_in.buffer, (phys_bytes) sizeof(st));
27735
27736     return(r);
27737   }
```

++
                            servers/fs/protect.c
++

```
27800   /* Este arquivo trata da proteção no sistema de arquivos. Ele contém o código
27801    * de quatro chamadas de sistema relacionadas à proteção.
27802    *
27803    * Os pontos de entrada para este arquivo são
27804    *   do_chmod:  executa a chamada de sistema CHMOD
27805    *   do_chown:  executa a chamada de sistema CHOWN
27806    *   do_umask:  executa a chamada de sistema UMASK
27807    *   do_access: executa a chamada de sistema ACCESS
27808    *   forbidden: verifica se determinado acesso é permitido em determinado i-node
27809    */
27810
27811   #include "fs.h"
27812   #include <unistd.h>
27813   #include <minix/callnr.h>
27814   #include "buf.h"
27815   #include "file.h"
27816   #include "fproc.h"
27817   #include "inode.h"
27818   #include "param.h"
27819   #include "super.h"
27820
```

```
27821   /*===========================================================================*
27822    *                              do_chmod                                     *
27823    *===========================================================================*/
27824   PUBLIC int do_chmod()
27825   {
27826   /* Executa a chamada de sistema chmod(name, mode). */
27827
27828     register struct inode *rip;
27829     register int r;
27830
27831     /* Abre o arquivo temporariamente. */
27832     if (fetch_name(m_in.name, m_in.name_length, M3) != OK) return(err_code);
27833     if ( (rip = eat_path(user_path)) == NIL_INODE) return(err_code);
27834
27835     /* Somente o proprietário ou o superusuário podem alterar o modo de um arquivo.
27836      * Ninguém pode alterar o modo de um arquivo em um FS somente para leitura.
27837      */
27838     if (rip->i_uid != fp->fp_effuid && !super_user)
27839         r = EPERM;
27840     else
27841         r = read_only(rip);
27842
27843     /* Se houve erro, retorna o i-node. */
27844     if (r != OK) {
27845         put_inode(rip);
27846         return(r);
27847     }
27848
27849     /* Faz alteração. Zera setgid se arquivo não pertence ao grupo do processo chamador */
27850     rip->i_mode = (rip->i_mode & ~ALL_MODES) | (m_in.mode & ALL_MODES);
27851     if (!super_user && rip->i_gid != fp->fp_effgid)rip->i_mode &= ~I_SET_GID_BIT;
27852     rip->i_update |= CTIME;
27853     rip->i_dirt = DIRTY;
27854
27855     put_inode(rip);
27856     return(OK);
27857   }
27858
27859   /*===========================================================================*
27860    *                              do_chown                                     *
27861    *===========================================================================*/
27862   PUBLIC int do_chown()
27863   {
27864   /* Executa a chamada de sistema chown(name, owner, group). */
27865
27866     register struct inode *rip;
27867     register int r;
27868
27869     /* Abre o arquivo temporariamente. */
27870     if (fetch_name(m_in.name1, m_in.name1_length, M1) != OK) return(err_code);
27871     if ( (rip = eat_path(user_path)) == NIL_INODE) return(err_code);
27872
27873     /* Não é permitido mudar o proprietário de um arquivo em um FS somente para leitura. */
27874     r = read_only(rip);
27875     if (r == OK) {
27876         /* O FS é R/W. Se a chamada é permitida depende da posse etc. */
27877         if (super_user) {
27878             /* O superusuário pode fazer qualquer coisa. */
27879             rip->i_uid = m_in.owner;        /* outros, depois */
27880         } else {
```

```
27881                        /* Os usuários normais só podem alterar grupos de seus próprios arquivos. */
27882                        if (rip->i_uid != fp->fp_effuid) r = EPERM;
27883                        if (rip->i_uid != m_in.owner) r = EPERM; /* não se desfaz de nada */
27884                        if (fp->fp_effgid != m_in.group) r = EPERM;
27885             }
27886       }
27887       if (r == OK) {
27888             rip->i_gid = m_in.group;
27889             rip->i_mode &= ~(I_SET_UID_BIT | I_SET_GID_BIT);
27890             rip->i_update |= CTIME;
27891             rip->i_dirt = DIRTY;
27892       }
27893
27894       put_inode(rip);
27895       return(r);
27896  }

27898  /*===========================================================================*
27899   *                              do_umask                                     *
27900   *===========================================================================*/
27901  PUBLIC int do_umask()
27902  {
27903  /* Executa a chamada de sistema umask(co_mode). */
27904       register mode_t r;
27905
27906       r = ~fp->fp_umask;              /* configura 'r' com o complemento da máscara antiga */
27907       fp->fp_umask = ~(m_in.co_mode & RWX_MODES);
27908       return(r);                      /* retorna o complemento da máscara antiga */
27909  }

27911  /*===========================================================================*
27912   *                              do_access                                    *
27913   *===========================================================================*/
27914  PUBLIC int do_access()
27915  {
27916  /* Executa a chamada de sistema access(name, mode). */
27917
27918       struct inode *rip;
27919       register int r;
27920
27921       /* Primeiro verifica se o modo está correto. */
27922       if ( (m_in.mode & ~(R_OK | W_OK | X_OK)) != 0 && m_in.mode != F_OK)
27923             return(EINVAL);
27924
27925       /* Abre temporariamente o arquivo cujo acesso deve ser verificado. */
27926       if (fetch_name(m_in.name, m_in.name_length, M3) != OK) return(err_code);
27927       if ( (rip = eat_path(user_path)) == NIL_INODE) return(err_code);
27928
27929       /* Agora verifica as permissões. */
27930       r = forbidden(rip, (mode_t) m_in.mode);
27931       put_inode(rip);
27932       return(r);
27933  }

27935  /*===========================================================================*
27936   *                              forbidden                                    *
27937   *===========================================================================*/
27938  PUBLIC int forbidden(register struct inode *rip, mode_t access_desired)
27939  {
27940  /* Dados um ponteiro para um i-node, 'rip', e o acesso desejado, determina
```

```
27941        * se o acesso é permitido e, se não, por que não. A rotina pesquisa o
27942        * uid do processo que fez a chamada na tabela 'fproc'. Se o acesso for permitido, OK
27943        * será retornado; se for proibido, EACCES será retornado.
27944        */
27945
27946       register struct inode *old_rip = rip;
27947       register struct super_block *sp;
27948       register mode_t bits, perm_bits;
27949       int r, shift, test_uid, test_gid, type;
27950
27951       if (rip->i_mount == I_MOUNT) /* o i-node está montado. */
27952              for (sp = &super_block[1]; sp < &super_block[NR_SUPERS]; sp++)
27953                     if (sp->s_imount == rip) {
27954                            rip = get_inode(sp->s_dev, ROOT_INODE);
27955                            break;
27956                     } /* if */
27957
27958       /* Isola os bits rwx relevantes do modo. */
27959       bits = rip->i_mode;
27960       test_uid = (call_nr == ACCESS ? fp->fp_realuid : fp->fp_effuid);
27961       test_gid = (call_nr == ACCESS ? fp->fp_realgid : fp->fp_effgid);
27962       if (test_uid == SU_UID) {
27963              /* Concede permissão de leitura e escrita. Concede permissão de pesquisa para
27964               * diretórios. Concede permissão de execução (para o que não for diretório) se
27965               * e somente se um dosbits 'X' estiver ativo.
27966               */
27967              if ( (bits & I_TYPE) == I_DIRECTORY ||
27968                   bits & ((X_BIT << 6) | (X_BIT << 3) | X_BIT))
27969                     perm_bits = R_BIT | W_BIT | X_BIT;
27970              else
27971                     perm_bits = R_BIT | W_BIT;
27972       } else {
27973              if (test_uid == rip->i_uid) shift = 6;          /* proprietário */
27974              else if (test_gid == rip->i_gid ) shift = 3;    /* grupo */
27975              else shift = 0;                                  /* outros */
27976              perm_bits = (bits >> shift) & (R_BIT | W_BIT | X_BIT);
27977       }
27978
27979       /* Se o acesso desejado não for um subconjunto do que é permitido, ele será recusado. */
27980       r = OK;
27981       if ((perm_bits | access_desired) != perm_bits) r = EACCES;
27982
27983       /* Verifica se alguém está tentando escrever em um sistema de arquivos montado
27984        * somente para leitura.
27985        */
27986       type = rip->i_mode & I_TYPE;
27987       if (r == OK)
27988              if (access_desired & W_BIT)
27989                     r = read_only(rip);
27990
27991       if (rip != old_rip) put_inode(rip);
27992
27993       return(r);
27994  }

27996  /*===========================================================================*
27997   *                              read_only                                    *
27998   *===========================================================================*/
27999  PUBLIC int read_only(ip)
28000  struct inode *ip;                  /* ptr para i-node cujo sis de arquivos deve ser verif */
```

```
28001  {
28002  /* Verifica se o sistema de arquivos no qual o i-node 'ip' reside está montado
28003   * somente para leitura. Se estiver, retorna EROFS, senão retorna OK.
28004   */
28005
28006    register struct super_block *sp;
28007
28008    sp = ip->i_sp;
28009    return(sp->s_rd_only ? EROFS : OK);
28010  }
```

++
                            servers/fs/dmap.c
++

```
28100  /* Este arquivo contém a tabela com mapeamentos dispositivo <-> driver. Ele também
28101   * contém algumas rotinas para adicionar e/ou remover drivers de dispositivo dinamicamente
28102   * ou para alterar mapeamentos.
28103   */
28104
28105  #include "fs.h"
28106  #include "fproc.h"
28107  #include <string.h>
28108  #include <stdlib.h>
28109  #include <ctype.h>
28110  #include <unistd.h>
28111  #include <minix/com.h>
28112  #include "param.h"
28113
28114  /* Alguns dispositivos podem ou não estar na próxima tabela. */
28115  #define DT(enable, opcl, io, driver, flags) \
28116      { (enable?(opcl):no_dev), (enable?(io):0), \
28117        (enable?(driver):0), (flags) },
28118  #define NC(x) (NR_CTRLRS >= (x))
28119
28120  /* A ordem das entradas aqui determina o mapeamento entre números de
28121   * dispositivo principal e tarefas. A primeira entrada (dispositivo principal 0) não é
28122   * usada. A entrada seguinte é o dispositivo principal 1 etc. Dispositivos de caractere e
28123   * bloco podem ser misturados aleatoriamente. A ordem determina os números de dispositivo
28124   * em /dev/.Note que o FS conhece o número de dispositivo de /dev/ram/ para carregar o disco
28125   * de RAM. Note também que os números de dispositivo principal usados em /dev/ NÃO são
28126   * iguais aos números de processo dos drivers de dispositivo.
28127   */
28128  /*
28129     Driver ativado    Open/Cls   E/S      Nº do driver  Flags Dispositivo  Arquivo
28130     --------------    --------   ------   ------------  ----- -----------  -------
28131  */
28132  struct dmap dmap[NR_DEVICES];                           /* mapa real */
28133  PRIVATE struct dmap init_dmap[] = {
28134      DT(1, no_dev,    0,         0,       0)             /* 0 = não utilizado */
28135      DT(1, gen_opcl,  gen_io,    MEM_PROC_NR, 0)         /* 1 = /dev/mem    */
28136      DT(0, no_dev,    0,         0,       DMAP_MUTABLE)  /* 2 = /dev/fd0    */
28137      DT(0, no_dev,    0,         0,       DMAP_MUTABLE)  /* 3 = /dev/c0     */
28138      DT(1, tty_opcl,  gen_io,    TTY_PROC_NR, 0)         /* 4 = /dev/tty00  */
28139      DT(1, ctty_opcl, ctty_io,   TTY_PROC_NR, 0)         /* 5 = /dev/tty    */
28140      DT(0, no_dev,    0,         NONE,    DMAP_MUTABLE)  /* 6 = /dev/lp     */
28141      DT(1, no_dev,    0,         0,       DMAP_MUTABLE)  /* 7 = /dev/ip     */
28142      DT(0, no_dev,    0,         NONE,    DMAP_MUTABLE)  /* 8 = /dev/c1     */
28143      DT(0, 0,         0,         0,       DMAP_MUTABLE)  /* 9 = não utilizado */
28144      DT(0, no_dev,    0,         0,       DMAP_MUTABLE)  /*10 = /dev/c2     */
```

```
28145       DT(0, 0,         0,      0,            DMAP_MUTABLE)   /*11 = não utilizado */
28146       DT(0, no_dev,    0,      NONE,         DMAP_MUTABLE)   /*12 = /dev/c3 */
28147       DT(0, no_dev,    0,      NONE,         DMAP_MUTABLE)   /*13 = /dev/audio */
28148       DT(0, no_dev,    0,      NONE,         DMAP_MUTABLE)   /*14 = /dev/mixer */
28149       DT(1, gen_opcl, gen_io,  LOG_PROC_NR,  0)              /*15 = /dev/klog */
28150       DT(0, no_dev,    0,      NONE,         DMAP_MUTABLE)   /*16 = /dev/random*/
28151       DT(0, no_dev,    0,      NONE,         DMAP_MUTABLE)   /*17 = /dev/cmos */
28152    };
28153
28154    /*===========================================================================*
28155     *                              do_devctl                                    *
28156     *===========================================================================*/
28157    PUBLIC int do_devctl()
28158    {
28159      int result;
28160
28161      switch(m_in.ctl_req) {
28162      case DEV_MAP:
28163          /* Tenta atualizar o mapeamento de dispositivos. */
28164          result = map_driver(m_in.dev_nr, m_in.driver_nr, m_in.dev_style);
28165          break;
28166      case DEV_UNMAP:
28167          result = ENOSYS;
28168          break;
28169      default:
28170          result = EINVAL;
28171      }
28172      return(result);
28173    }
28174
28175    /*===========================================================================*
28176     *                              map_driver                                   *
28177     *===========================================================================*/
28178    PUBLIC int map_driver(major, proc_nr, style)
28179    int major;                      /* número principal do dispositivo */
28180    int proc_nr;                    /* número de processo do driver */
28181    int style;                      /* estilo do dispositivo */
28182    {
28183    /* Configura um novo mapeamento de driver de dispositivo na tabela dmap. Dado que
28184     * são fornecidos argumentos corretos, isso só funciona se a entrada for mutável e o
28185     * driver corrente não estiver ocupado.
28186     * Os códigos de erro normais são retornados para que essa função possa ser usada a
28187     * partir de uma chamada de sistema que tenta instalar um novo driver dinamicamente.
28188     */
28189      struct dmap *dp;
28190
28191      /* Obtém ponteiro para entrada de dispositivo na tabela dmap. */
28192      if (major >= NR_DEVICES) return(ENODEV);
28193      dp = &dmap[major];
28194
28195      /* Verifica se é permitido atualizar a entrada. */
28196      if (! (dp->dmap_flags & DMAP_MUTABLE)) return(EPERM);
28197      if (dp->dmap_flags & DMAP_BUSY) return(EBUSY);
28198
28199      /* Verifica o número de processo do novo driver. */
28200      if (! isokprocnr(proc_nr)) return(EINVAL);
28201
28202      /* Tenta atualizar a entrada. */
28203      switch (style) {
28204      case STYLE_DEV:         dp->dmap_opcl = gen_opcl;          break;
```

```
28205        case STYLE_TTY:         dp->dmap_opcl = tty_opcl;       break;
28206        case STYLE_CLONE:       dp->dmap_opcl = clone_opcl;     break;
28207        default:                return(EINVAL);
28208   }
28209   dp->dmap_io = gen_io;
28210   dp->dmap_driver = proc_nr;
28211   return(OK);
28212 }

28214 /*===========================================================================*
28215  *                              build_dmap                                   *
28216  *===========================================================================*/
28217 PUBLIC void build_dmap()
28218 {
28219 /* Inicializa a tabela com todos os mapeamentos dispositivo <-> driver. Em seguida, faz o
28220  * mapeamento do driver de inicialização em uma controladora e atualiza a tabela dmap com
28221  * essa seleção. O driver de inicialização e a controladora que ele manipula são configurados
28222  * no monitor de inicialização.
28223  */
28224   char driver[16];
28225   char *controller = "c##";
28226   int nr, major = -1;
28227   int i,s;
28228   struct dmap *dp;

28230   /* Constrói a tabela com mapeamentos dispositivo <-> driver. */
28231   for (i=0; i<NR_DEVICES; i++) {
28232       dp = &dmap[i];
28233       if (i < sizeof(init_dmap)/sizeof(struct dmap) &&
28234               init_dmap[i].dmap_opcl != no_dev) { /* um driver previamente configurado */
28235           dp->dmap_opcl = init_dmap[i].dmap_opcl;
28236           dp->dmap_io = init_dmap[i].dmap_io;
28237           dp->dmap_driver = init_dmap[i].dmap_driver;
28238           dp->dmap_flags = init_dmap[i].dmap_flags;
28239       } else {                                    /* nenhum padrão */
28240           dp->dmap_opcl = no_dev;
28241           dp->dmap_io = 0;
28242           dp->dmap_driver = 0;
28243           dp->dmap_flags = DMAP_MUTABLE;
28244       }
28245   }

28247   /* Obtém configurações de 'controller' e 'driver' no monitor de inicialização. */
28248   if ((s = env_get_param("label", driver, sizeof(driver))) != OK)
28249       panic(__FILE__,"couldn't get boot monitor parameter 'driver'", s);
28250   if ((s = env_get_param("controller", controller, sizeof(controller))) != OK)
28251       panic(__FILE__,"couldn't get boot monitor parameter 'controller'", s);
28252
28253   /* Determina o número principal para fazer o mapeamento do driver. */
28254   if (controller[0] == 'f' && controller[1] == 'd') {
28255       major = FLOPPY_MAJOR;
28256   }
28257   else if (controller[0] == 'c' && isdigit(controller[1])) {
28258       if ((nr = (unsigned) atoi(&controller[1])) > NR_CTRLRS)
28259           panic(__FILE__,"monitor 'controller' maximum 'c#' is", NR_CTRLRS);
28260       major = CTRLR(nr);
28261   }
28262   else {
28263       panic(__FILE__,"monitor 'controller' syntax is 'c#' of 'fd'", NO_NUM);
28264   }
```

```
28265
28266        /* Agora tenta configurar o mapeamento real e informar o usuário. */
28267        if ((s=map_driver(major, DRVR_PROC_NR, STYLE_DEV)) != OK)
28268            panic(__FILE__,"map_driver failed",s);
28269        printf("Boot medium driver: %s driver mapped onto controller %s.\n",
28270            driver, controller);
28271    }
```

```
++++++++++++++++++++++++++++++++++++++++++++++++++++++++++++++++++++++++++
                            servers/fs/device.c
++++++++++++++++++++++++++++++++++++++++++++++++++++++++++++++++++++++++++
28300   /* Quando um bloco necessário não está na cache, ele deve ser buscado do disco.
28301    * Os arquivos especiais de caractere também exigem E/S. As rotinas para eles estão aqui.
28302    *
28303    * Os pontos de entrada neste arquivo são:
28304    *   dev_open:    o FS abre um dispositivo
28305    *   dev_close:   o FS fecha um dispositivo
28306    *   dev_io:      o FS faz uma leitura ou uma escrita em um dispositivo
28307    *   dev_status:  o FS processa o alerta de requisição de callback
28308    *   gen_opcl:    chamada genérica para uma tarefa executar uma abertura/fechamento
28309    *   gen_io:      chamada genérica para uma tarefa executar uma operação de E/S
28310    *   no_dev:      processamento de abertura/fechamento para dispositivos que não existem
28311    *   tty_opcl:    faz processamento específico de tty para abertura/fechamento
28312    *   ctty_opcl:   faz processamento específico de tty de controle p/ abertura/fechamento
28313    *   ctty_io:     realiza processamento específico de tty de controle para E/S
28314    *   do_ioctl:    executa a chamada de sistema IOCTL
28315    *   do_setsid:   executa a chamada de sistema SETSID (no lado do SA)
28316    */
28317
28318   #include "fs.h"
28319   #include <fcntl.h>
28320   #include <minix/callnr.h>
28321   #include <minix/com.h>
28322   #include "file.h"
28323   #include "fproc.h"
28324   #include "inode.h"
28325   #include "param.h"
28326
28327   #define ELEMENTS(a) (sizeof(a)/sizeof((a)[0]))
28328
28329   extern int dmap_size;
28330
28331   /*===========================================================================*
28332    *                              dev_open                                     *
28333    *===========================================================================*/
28334   PUBLIC int dev_open(dev, proc, flags)
28335   dev_t dev;                       /* dispositivo a ser aberto */
28336   int proc;                        /* processo para o qual abrir */
28337   int flags;                       /* bits de modo e flags */
28338   {
28339     int major, r;
28340     struct dmap *dp;
28341
28342     /* Determina o número de dispositivo principal que chama a rotina de abertura/fechamento
28343      * específica da classe do dispositivo. (Essa é a única rotina que deve verificar se o nú-
28344      * mero de dispositivo está no intervalo. Todas as outras podem confiar nessa verificação.)
```

```
28345        */
28346      major = (dev >> MAJOR) & BYTE;
28347      if (major >= NR_DEVICES) major = 0;
28348      dp = &dmap[major];
28349      r = (*dp->dmap_opcl)(DEV_OPEN, dev, proc, flags);
28350      if (r == SUSPEND) panic(__FILE__,"suspend on open from", dp->dmap_driver);
28351      return(r);
28352   }

28354   /*===========================================================================*
28355    *                              dev_close                                    *
28356    *===========================================================================*/
28357   PUBLIC void dev_close(dev)
28358   dev_t dev;                      /* dispositivo a ser fechado */
28359   {
28360      (void) (*dmap[(dev >> MAJOR) & BYTE].dmap_opcl)(DEV_CLOSE, dev, 0, 0);
28361   }

28363   /*===========================================================================*
28364    *                              dev_status                                   *
28365    *===========================================================================*/
28366   PUBLIC void dev_status(message *m)
28367   {
28368          message st;
28369          int d, get_more = 1;

28371          for(d = 0; d < NR_DEVICES; d++)
28372                  if (dmap[d].dmap_driver == m->m_source)
28373                          break;

28375          if (d >= NR_DEVICES)
28376                  return;

28378          do {
28379                  int r;
28380                  st.m_type = DEV_STATUS;
28381                  if ((r=sendrec(m->m_source, &st)) != OK)
28382                          panic(__FILE__,"couldn't sendrec for DEV_STATUS", r);

28384                  switch(st.m_type) {
28385                      case DEV_REVIVE:
28386                              revive(st.REP_PROC_NR, st.REP_STATUS);
28387                              break;
28388                      case DEV_IO_READY:
28389                              select_notified(d, st.DEV_MINOR, st.DEV_SEL_OPS);
28390                              break;
28391                      default:
28392                       printf("FS: unrecognized rep %d to DEV_STATUS\n",st.m_type);
28393                              /* Falha. */
28394                      case DEV_NO_STATUS:
28395                              get_more = 0;
28396                              break;
28397                  }
28398          } while(get_more);

28400          return;
28401   }
```

```
28403   /*===========================================================================*
28404    *                              dev_io                                       *
28405    *===========================================================================*/
28406   PUBLIC int dev_io(op, dev, proc, buf, pos, bytes, flags)
28407   int op;                         /* DEV_READ, DEV_WRITE, DEV_IOCTL, etc. */
28408   dev_t dev;                      /* número de dispositivo principal-secundário */
28409   int proc;                       /* o buf está no espaço de endereçamento de quem? */
28410   void *buf;                      /* endereço virtual do buffer */
28411   off_t pos;                      /* posição do byte */
28412   int bytes;                      /* quantos bytes serão transferidos */
28413   int flags;                      /* flags especiais, como O_NONBLOCK */
28414   {
28415   /* Lê ou escreve de um dispositivo. O parâmetro 'dev' informa o que é. */
28416     struct dmap *dp;
28417     message dev_mess;
28418
28419     /* Determina dmap da tarefa. */
28420     dp = &dmap[(dev >> MAJOR) & BYTE];
28421
28422     /* Configura a mensagem passada para a tarefa. */
28423     dev_mess.m_type   = op;
28424     dev_mess.DEVICE   = (dev >> MINOR) & BYTE;
28425     dev_mess.POSITION = pos;
28426     dev_mess.PROC_NR  = proc;
28427     dev_mess.ADDRESS  = buf;
28428     dev_mess.COUNT    = bytes;
28429     dev_mess.TTY_FLAGS = flags;
28430
28431     /* Chama a tarefa. */
28432     (*dp->dmap_io)(dp->dmap_driver, &dev_mess);
28433
28434     /* A tarefa terminou. Verifica se a chamada terminou. */
28435     if (dev_mess.REP_STATUS == SUSPEND) {
28436         if (flags & O_NONBLOCK) {
28437             /* Não deve bloquear. */
28438             dev_mess.m_type = CANCEL;
28439             dev_mess.PROC_NR = proc;
28440             dev_mess.DEVICE = (dev >> MINOR) & BYTE;
28441             (*dp->dmap_io)(dp->dmap_driver, &dev_mess);
28442             if (dev_mess.REP_STATUS == EINTR) dev_mess.REP_STATUS = EAGAIN;
28443         } else {
28444             /* Suspende o usuário. */
28445             suspend(dp->dmap_driver);
28446             return(SUSPEND);
28447         }
28448     }
28449     return(dev_mess.REP_STATUS);
28450   }

28452   /*===========================================================================*
28453    *                              gen_opcl                                     *
28454    *===========================================================================*/
28455   PUBLIC int gen_opcl(op, dev, proc, flags)
28456   int op;                         /* operação, DEV_OPEN ou DEV_CLOSE */
28457   dev_t dev;                      /* dispositivo a abrir ou fechar */
28458   int proc;                       /* processo para o qual vai abrir/fechar */
28459   int flags;                      /* bits de modo e flags */
28460   {
28461   /* Chamada a partir de dmap em table.c em abertura e fechamento de arquivos especiais.*/
28462     struct dmap *dp;
```

```
28463        message dev_mess;
28464
28465        /* Determina dmap da tarefa. */
28466        dp = &dmap[(dev >> MAJOR) & BYTE];
28467
28468        dev_mess.m_type    = op;
28469        dev_mess.DEVICE    = (dev >> MINOR) & BYTE;
28470        dev_mess.PROC_NR   = proc;
28471        dev_mess.COUNT     = flags;
28472
28473        /* Chama a tarefa. */
28474        (*dp->dmap_io)(dp->dmap_driver, &dev_mess);
28475
28476        return(dev_mess.REP_STATUS);
28477    }

28479    /*===========================================================================*
28480     *                              tty_opcl                                     *
28481     *===========================================================================*/
28482    PUBLIC int tty_opcl(op, dev, proc, flags)
28483    int op;                         /* operação, DEV_OPEN ou DEV_CLOSE */
28484    dev_t dev;                      /* dispositivo a ser aberto ou fechado */
28485    int proc;                       /* processo para o qual vai abrir/fechar */
28486    int flags;                      /* bits de modo e flags */
28487    {
28488    /* Esta função é chamada a partir da estrutura dmap na abertura/fechamento de tty. */
28489
28490        int r;
28491        register struct fproc *rfp;
28492
28493        /* Adiciona O_NOCTTY nos flags, caso este processo não seja líder de sessão ou
28494         * se já tiver um tty de controle ou, ainda, se for o tty de controle
28495         * de outra pessoa.
28496         */
28497        if (!fp->fp_sesldr || fp->fp_tty != 0) {
28498            flags |= O_NOCTTY;
28499        } else {
28500            for (rfp = &fproc[0]; rfp < &fproc[NR_PROCS]; rfp++) {
28501                if (rfp->fp_tty == dev) flags |= O_NOCTTY;
28502            }
28503        }
28504
28505        r = gen_opcl(op, dev, proc, flags);
28506
28507        /* Essa chamada transformou o tty no tty de controle? */
28508        if (r == 1) {
28509            fp->fp_tty = dev;
28510            r = OK;
28511        }
28512        return(r);
28513    }

28515    /*===========================================================================*
28516     *                              ctty_opcl                                    *
28517     *===========================================================================*/
28518    PUBLIC int ctty_opcl(op, dev, proc, flags)
28519    int op;                         /* operação, DEV_OPEN ou DEV_CLOSE */
28520    dev_t dev;                      /* dispositivo a ser aberto ou fechado */
28521    int proc;                       /* processo para o qual vai abrir/fechar */
28522    int flags;                      /* bits de modo e flags */
```

```
28523  {
28524  /* Esta função é chamada a partir da estrutura dmap em table.c na abertura/fechamento
28525   * de /dev/tty, o dispositivo mágico que se transforma no tty de controle.
28526   */
28527
28528    return(fp->fp_tty == 0 ? ENXIO : OK);
28529  }

28531  /*===========================================================================*
28532   *                              do_setsid                                    *
28533   *===========================================================================*/
28534  PUBLIC int do_setsid()
28535  {
28536  /* Executa o lado do FS da chamada de SETSID; isto é, se desfaz do
28537   * terminal de controle de um processo e transforma o processo no líder de sessão.
28538   */
28539    register struct fproc *rfp;
28540
28541    /* Apenas o MM pode fazer a chamada de SETSID diretamente. */
28542    if (who != PM_PROC_NR) return(ENOSYS);
28543
28544    /* Transforma o processo em um líder de sessão sem tty de controle. */
28545    rfp = &fproc[m_in.slot1];
28546    rfp->fp_sesldr = TRUE;
28547    rfp->fp_tty = 0;
28548    return(OK);
28549  }

28551  /*===========================================================================*
28552   *                              do_ioctl                                     *
28553   *===========================================================================*/
28554  PUBLIC int do_ioctl()
28555  {
28556  /* Executa a chamada de sistema ioctl(ls_fd, request, argx) (usa formato m2). */
28557
28558    struct filp *f;
28559    register struct inode *rip;
28560    dev_t dev;
28561
28562    if ( (f = get_filp(m_in.ls_fd)) == NIL_FILP) return(err_code);
28563    rip = f->filp_ino;            /* obtém ponteiro de i-node */
28564    if ( (rip->i_mode & I_TYPE) != I_CHAR_SPECIAL
28565        && (rip->i_mode & I_TYPE) != I_BLOCK_SPECIAL) return(ENOTTY);
28566    dev = (dev_t) rip->i_zone[0];
28567
28568    return(dev_io(DEV_IOCTL, dev, who, m_in.ADDRESS, 0L,
28569        m_in.REQUEST, f->filp_flags));
28570  }

28572  /*===========================================================================*
28573   *                              gen_io                                       *
28574   *===========================================================================*/
28575  PUBLIC void gen_io(task_nr, mess_ptr)
28576  int task_nr;                      /* qual tarefa vai chamar */
28577  message *mess_ptr;                /* ponteiro para mensagem da tarefa */
28578  {
28579  /* Em última análise, toda E/S do FS é proveniente da E/S nos pares dispositivo principal/
28580   * secundário. Isso leva às chamadas das rotinas a seguir por meio da tabela dmap.
28581   */
28582
```

```
28583       int r, proc_nr;
28584       message local_m;
28585
28586       proc_nr = mess_ptr->PROC_NR;
28587       if (! isokprocnr(proc_nr)) {
28588               printf("FS: warning, got illegal process number (%d) from %d\n",
28589                       mess_ptr->PROC_NR, mess_ptr->m_source);
28590               return;
28591       }
28592
28593       while ((r = sendrec(task_nr, mess_ptr)) == ELOCKED) {
28594               /* sendrec() falhou para evitar um impasse. A tarefa 'task_nr' está
28595                * tentando enviar uma mensagem REVIVE de uma requisição anterior.
28596                * Trata dela e tenta novamente.
28597                */
28598               if ((r = receive(task_nr, &local_m)) != OK) {
28599                       break;
28600               }
28601
28602               /* Se era uma msg de cancelamento para uma tarefa que acabou de enviar uma
28603                * resposta de conclusão, ignora a resposta e aborta requisição de cancelamento
28604                * O chamador desta função executará 'revive' para o processo.
28605                */
28606               if (mess_ptr->m_type == CANCEL && local_m.REP_PROC_NR == proc_nr) {
28607                       return;
28608               }
28609
28610               /* Caso contrário, deve ser REVIVE. */
28611               if (local_m.m_type != REVIVE) {
28612                       printf(
28613                       "fs: strange device reply from %d, type = %d, proc = %d (1)\n",
28614                               local_m.m_source,
28615                               local_m.m_type, local_m.REP_PROC_NR);
28616                       continue;
28617               }
28618
28619               revive(local_m.REP_PROC_NR, local_m.REP_STATUS);
28620       }
28621
28622       /* A mensagem recebida pode ser resposta para esta chamada ou uma operação REVIVE de
28623        * algum outro processo.
28624        */
28625       for (;;) {
28626               if (r != OK) {
28627                       if (r == EDEADDST) return;       /* abandona */
28628                       else panic(__FILE__,"call_task: can't send/receive", r);
28629               }
28630
28631               /* O processo para o qual executamos sendrec() obteve um resultado? */
28632               if (mess_ptr->REP_PROC_NR == proc_nr) {
28633                       break;
28634               } else if (mess_ptr->m_type == REVIVE) {
28635                       /* Caso contrário, deve ser REVIVE. */
28636                       revive(mess_ptr->REP_PROC_NR, mess_ptr->REP_STATUS);
28637               } else {
28638                       printf(
28639                       "fs: strange device reply from %d, type = %d, proc = %d (2)\n",
28640                               mess_ptr->m_source,
28641                               mess_ptr->m_type, mess_ptr->REP_PROC_NR);
28642                       return;
```

```
28643              }
28644
28645              r = receive(task_nr, mess_ptr);
28646          }
28647      }

28649  /*===========================================================================*
28650   *                              ctty_io                                      *
28651   *===========================================================================*/
28652  PUBLIC void ctty_io(task_nr, mess_ptr)
28653  int task_nr;                    /* não utilizado - para compatibilidade com dmap_t */
28654  message *mess_ptr;              /* ponteiro para mensagem da tarefa */
28655  {
28656  /* Esta rotina só é chamada para um dispositivo, a saber, /dev/tty. Sua tarefa
28657   * é mudar a mensagem para usar o terminal de controle, em vez do par
28658   * principal/secundário do próprio /dev/tty.
28659   */
28660
28661      struct dmap *dp;
28662
28663      if (fp->fp_tty == 0) {
28664          /* Mais nenhum tty de controle presente, retorna um erro de E/S. */
28665          mess_ptr->REP_STATUS = EIO;
28666      } else {
28667          /* Substitui o dispositivo de terminal de controle. */
28668          dp = &dmap[(fp->fp_tty >> MAJOR) & BYTE];
28669          mess_ptr->DEVICE = (fp->fp_tty >> MINOR) & BYTE;
28670          (*dp->dmap_io)(dp->dmap_driver, mess_ptr);
28671      }
28672  }

28674  /*===========================================================================*
28675   *                              no_dev                                       *
28676   *===========================================================================*/
28677  PUBLIC int no_dev(op, dev, proc, flags)
28678  int op;                         /* operação, DEV_OPEN ou DEV_CLOSE */
28679  dev_t dev;                      /* dispositivo a ser aberto ou fechado */
28680  int proc;                       /* processo para o qual vai abrir/fechar */
28681  int flags;                      /* bits de modo e flags */
28682  {
28683  /* Chamada ao se abrir um dispositivo inexistente. */
28684
28685      return(ENODEV);
28686  }

28688  /*===========================================================================*
28689   *                              clone_opcl                                   *
28690   *===========================================================================*/
28691  PUBLIC int clone_opcl(op, dev, proc, flags)
28692  int op;                         /* operação, DEV_OPEN ou DEV_CLOSE */
28693  dev_t dev;                      /* dispositivo a ser aberto ou fechado */
28694  int proc;                       /* processo para o qual vai abrir/fechar */
28695  int flags;                      /* bits de modo e flags */
28696  {
28697  /* Alguns dispositivos precisam de processamento especial na abertura. Tais dispositivos são
28698   * "clonados",isto é, no caso de uma abertura bem-sucedida, eles são substituídos por um
28699   * novo nro de dispositivo secundário exclusivo. Esse novo número de dispositivo identifica
28700   * um novo objeto (como uma nova conexão de rede) que foi alocado dentro de uma tarefa.
28701   */
28702      struct dmap *dp;
```

```
28703        int minor;
28704        message dev_mess;
28705
28706        /* Determina a dmap da tarefa. */
28707        dp = &dmap[(dev >> MAJOR) & BYTE];
28708        minor = (dev >> MINOR) & BYTE;
28709
28710        dev_mess.m_type  = op;
28711        dev_mess.DEVICE  = minor;
28712        dev_mess.PROC_NR = proc;
28713        dev_mess.COUNT   = flags;
28714
28715        /* Chama a tarefa. */
28716        (*dp->dmap_io)(dp->dmap_driver, &dev_mess);
28717
28718        if (op == DEV_OPEN && dev_mess.REP_STATUS >= 0) {
28719              if (dev_mess.REP_STATUS != minor) {
28720                    /* Um novo número de dispositivo secundário foi retornado. Cria um
28721                     * arquivo de dispositivo temporário para armazená-lo.
28722                     */
28723                    struct inode *ip;
28724
28725                    /* Número de dispositivo do novo dispositivo. */
28726                    dev = (dev & ~(BYTE << MINOR)) | (dev_mess.REP_STATUS << MINOR);
28727
28728                    ip = alloc_inode(root_dev, ALL_MODES | I_CHAR_SPECIAL);
28729                    if (ip == NIL_INODE) {
28730                          /* Opa, isso não funcionou. Desfaz a abertura. */
28731                          (void) clone_opcl(DEV_CLOSE, dev, proc, 0);
28732                          return(err_code);
28733                    }
28734                    ip->i_zone[0] = dev;
28735
28736                    put_inode(fp->fp_filp[m_in.fd]->filp_ino);
28737                    fp->fp_filp[m_in.fd]->filp_ino = ip;
28738              }
28739              dev_mess.REP_STATUS = OK;
28740        }
28741        return(dev_mess.REP_STATUS);
28742   }
```

```
++++++++++++++++++++++++++++++++++++++++++++++++++++++++++++++++++++++++++
                              servers/fs/time.c
++++++++++++++++++++++++++++++++++++++++++++++++++++++++++++++++++++++++++
28800   /* Este arquivo trata das chamadas de sistema que lidam com o tempo.
28801    *
28802    * Os pontos de entrada para este arquivo são
28803    *   do_utime:        executa a chamada de sistema UTIME
28804    *   do_stime:        o PM informa ao FS sobre a chamada de sistema STIME
28805    */
28806
28807   #include "fs.h"
28808   #include <minix/callnr.h>
28809   #include <minix/com.h>
```

```
28810  #include "file.h"
28811  #include "fproc.h"
28812  #include "inode.h"
28813  #include "param.h"
28814
28815  /*===========================================================================*
28816   *                              do_utime                                     *
28817   *===========================================================================*/
28818  PUBLIC int do_utime()
28819  {
28820  /* Executa a chamada de sistema utime(name, timep). */
28821
28822    register struct inode *rip;
28823    register int len, r;
28824
28825    /* Ajuste para o caso de 'timep' ser NULL;
28826     * então, utime_strlen contém o tamanho real: strlen(name)+1.
28827     */
28828    len = m_in.utime_length;
28829    if (len == 0) len = m_in.utime_strlen;
28830
28831    /* Abre o arquivo temporariamente. */
28832    if (fetch_name(m_in.utime_file, len, M1) != OK) return(err_code);
28833    if ( (rip = eat_path(user_path)) == NIL_INODE) return(err_code);
28834
28835    /* Somente o proprietário de um arquivo ou o superusuário podem alterar seu tempo. */
28836    r = OK;
28837    if (rip->i_uid != fp->fp_effuid && !super_user) r = EPERM;
28838    if (m_in.utime_length == 0 && r != OK) r = forbidden(rip, W_BIT);
28839    if (read_only(rip) != OK) r = EROFS; /* nem mesmo o su pode tocar, se for R/O */
28840    if (r == OK) {
28841        if (m_in.utime_length == 0) {
28842            rip->i_atime = clock_time();
28843            rip->i_mtime = rip->i_atime;
28844        } else {
28845            rip->i_atime = m_in.utime_actime;
28846            rip->i_mtime = m_in.utime_modtime;
28847        }
28848        rip->i_update = CTIME;  /* descarta todos os flags ATIME e MTIME velhos */
28849        rip->i_dirt = DIRTY;
28850    }
28851
28852    put_inode(rip);
28853    return(r);
28854  }
28855
28856  /*===========================================================================*
28857   *                              do_stime                                     *
28858   *===========================================================================*/
28859  PUBLIC int do_stime()
28860  {
28861  /* Executa a chamada de sistema stime(tp). */
28862    boottime = (long) m_in.pm_stime;
28863    return(OK);
28864  }
```

APÊNDICE C

ÍNDICE PARA OS ARQUIVOS

C

ÍNDICE PARA OS ARQUIVOS

Diretório Include
00000 include/ansi.h
00200 include/errno.h
00900 include/fcntl.h
00100 include/limits.h
00700 include/signal.h
00600 include/string.h
01000 include/termios.h
01300 include/timers.h
00400 include/unistd.h
04400 include/ibm/interrupt.h
04300 include/ibm/portio.h
04500 include/ibm/ports.h
03500 include/minix/callnr.h
03600 include/minix/com.h
02300 include/minix/config.h
02600 include/minix/const.h
04100 include/minix/devio.h
04200 include/minix/dmap.h
02200 include/minix/ioctl.h
03000 include/minix/ipc.h
02500 include/minix/sys_config.h
03200 include/minix/syslib.h
03400 include/minix/sysutil.h
02800 include/minix/type.h
01800 include/sys/dir.h
02100 include/sys/ioc_disk.h
02000 include/sys/ioctl.h
01600 include/sys/sigcontext.h
01700 include/sys/stat.h
01400 include/sys/types.h
01900 include/sys/wait.h

Drivers
10800 drivers/drivers.h
12100 drivers/at_wini/at_wini.c
12000 drivers/at_wini/at_wini.h
11000 drivers/libdriver/driver.c
10800 drivers/libdriver/driver.h
11400 drivers/libdriver/drvlib.c
10900 drivers/libdriver/drvlib.h
11600 drivers/memory/memory.c
15900 drivers/tty/console.c
15200 drivers/tty/keyboard.c
13600 drivers/tty/tty.c
13400 drivers/tty/tty.h

Núcleo
10400 kernel/clock.c
04700 kernel/config.h
04800 kernel/const.h
08000 kernel/exception.c
05300 kernel/glo.h
08100 kernel/i8259.c
05400 kernel/ipc.h
04600 kernel/kernel.h
08700 kernel/klib.s
08800 kernel/klib386.s
07100 kernel/main.c
06200 kernel/mpx.s
06300 kernel/mpx386.s
05700 kernel/priv.h
07400 kernel/proc.c
05500 kernel/proc.h
08300 kernel/protect.c
05800 kernel/protect.h
05100 kernel/proto.h
05600 kernel/sconst.h
06900 kernel/start.c
09700 kernel/system.c
09600 kernel/system.h
10300 kernel/system/do_exec.c
10200 kernel/system/do_setalarm.c
06000 kernel/table.c
04900 kernel/type.h
09400 kernel/utility.c

Sistema de arquivos
21600 servers/fs/buf.h
22400 servers/fs/cache.c
21000 servers/fs/const.h
28300 servers/fs/device.c
28100 servers/fs/dmap.c
21700 servers/fs/file.h
23700 servers/fs/filedes.c
21500 servers/fs/fproc.h
20900 servers/fs/fs.h
21400 servers/fs/glo.h
22900 servers/fs/inode.c
21900 servers/fs/inode.h
27000 servers/fs/link.c
23800 servers/fs/lock.c
21800 servers/fs/lock.h
24000 servers/fs/main.c
26700 servers/fs/mount.c
24500 servers/fs/open.c
22000 servers/fs/param.h
26300 servers/fs/path.c
25900 servers/fs/pipe.c
27800 servers/fs/protect.c
21200 servers/fs/proto.h
25000 servers/fs/read.c
27500 servers/fs/stadir.c
23300 servers/fs/super.c
22100 servers/fs/super.h
22200 servers/fs/table.c
28800 servers/fs/time.c
21100 servers/fs/type.h
25600 servers/fs/write.c

Gerenciador de processos
19300 servers/pm/break.c
17100 servers/pm/const.h
18700 servers/pm/exec.c
18400 servers/pm/forkexit.c
20400 servers/pm/getset.c
17500 servers/pm/glo.h
18000 servers/pm/main.c
20500 servers/pm/misc.c
17600 servers/pm/mproc.h
17700 servers/pm/param.h
17000 servers/pm/pm.h
17300 servers/pm/proto.h
19500 servers/pm/signal.c
17800 servers/pm/table.c
20300 servers/pm/time.c
20200 servers/pm/timers.c
17200 servers/pm/type.h

ÍNDICE

NÚMEROS
1401, 26-28
360, 28-29
7094, 26-29
6502, 32-33
6600, 353-354
8086, 32-33

A
Abraço mortal (*veja* Impasse)
Ação atômica, 88-90
Acesso a arquivo, 451-452
Acesso direto à memória 221-224
ACL (*veja* Lista de controle de acesso)
Ada, 24-25
Adaptador, dispositivo, 217-218, 274-275
Adaptador de E/S, 274-275
Adversário, 485-486
Aiken, Howard, 26
Alarme síncrono, 206-207
Algoritmo da busca mais curta primeiro, 270-271
Algoritmo de Dekker, 85
Algoritmo de escalonamento, 103-120
Algoritmo de paginação da segunda chance, 372-374
Algoritmo de substituição de página, 369-376
    de freqüência de falta de página, 379-381
    envelhecimento, 375-376
    global, 378-380
    local, 378-380
    não usada recentemente, 371-372
    ótimo, 370-371
    primeira a entrar, primeira a sair, 372-373
    relógio, 373-374
    segunda chance, 372-374
    usada menos recentemente, 374-375
    WSclock, 378-380
Algoritmo do avestruz, 234, 236-237
Algoritmo do banqueiro, 239-244
Algoritmo do elevador, 270-272
Algoritmo do envelhecimento, 114-115, 375-376
Algoritmo do melhor que couber, 356-357
Algoritmo do não usado freqüentemente, 374-375
Algoritmo do não usado recentemente, 371-372
Algoritmo do pior que couber, 356-357
Algoritmo do primeiro qualificado, 356-357
Algoritmo do próximo qualificado, 356-357
Algoritmo do relógio, 373-374
Algoritmo do usado menos recentemente, 374-375
Algoritmo qualificação rápida, 357-358
Algoritmo WSclock, 378-380
Algoritmos de alocação de página global, 378-380
Algoritmos de alocação de página local, 378-380
Alias, 466-467
Alocação, local *versus* global, 378-381
Alocação de arquivo
    adjacente, 460-462
    lista encadeada, 461-464
Alocação global, 378-381
Alocação local, 378-381
Alternância estrita, 84
Ameaça à segurança, 485-486
Amoeba, 500-501
ANSI C, 137-138
Apple, 32-34, 466-469
Argc, 46-47
Argv, 46-47
Armadilha, 129-130, 191-192
Arquitetura, computador, 23-24
Arquitetura de conjunto de instruções, 21-22
Arquitetura rotulada, 498-500
Arquivo, 39-42, 445-454
    especial de bloco, 41-42, 54-55, 66, 263-264, 511-512, 550
    especial de caractere, 41-42, 50-51, 66, 229-230, 301-302, 511-512, 518-519, 537-538, 550
    executável, 122, 134-136, 151-152, 162,177-178, 252-254, 402-406, 425-426, 449-451
    normal, 448-450, 535-537
Arquivo de acesso aleatório, 451-452
Arquivo de acesso seqüencial, 451-452
Arquivo de cabeçalho, MINIX 3, 134-150
Arquivo esparso, 523-524
Arquivo imediato, 468-469, 511-512
Arquivo include, MINIX 3, 136-137
Arquivos de cabeçalho, POSIX, 131-132

Arquivos do MINIX 3
  /boot/image, 134-136, 160-161
  /dev/boot, 257, 263-266
  /dev/console, 301-302, 320-321, 329-330
  /dev/fd0, 288, 548-549
  /dev/klog, 554-555
  /dev/kmem, 257, 262-266
  /dev/log, 320-321
  /dev/mem, 257, 262-266
  /dev/null, 257, 260-265
  /dev/pc0, 288
  /dev/ram, 257, 262-266
  /dev/tty, 551
  /dev/ttyc1, 329-330
  /dev/zero, 257, 260-261, 263-265
  /etc/passwd, 125-126
  /etc/rc, 73-74, 125-126, 134-136, 192-193, 548-549
  /etc/termcap, 315-316
  /etc/ttytab, 73-74, 125-126
  /sbin/floppy, 548-549
  /usr/adm/wtmp, 125-126
  /usr/bin/getty, 125-126
  /usr/bin/login, 125-126
  /usr/bin/stty, 125-126
  /usr/lib/i386/libsysutil.a, 148
  /usr/spool/locks/, 251-252
  drivers/tty/vidcopy.s, 338-339
  init, 122-127, 132-135, 162, 167-168, 422-423
  keymap.src, 311-312
  src/drivers/log/, 554-555
  src/servers/inet/, 554-555
  src/servers/is/, 554-555
  src/servers/rs/, 554-555
  std.src, 329-330
  us-std.src, 312-313
Arquivos-fonte do MINIX 3
  8259.c, 184-185
  a.out.h, 425-426
  alloc.c, 401, 438-439
  ansi.h, 136-140
  at_wini.c, 253-254, 278-287, 348
  bios.h, 149-150, 278-279
  bitmap.h, 149-150
  break.c, 428-429
  brksize.s, 407-408
  buf.h, 521-523
  cache.c, 523-527
  callnr.h, 148-149
  cdprobe.c, 533-555
  chmem, 444
  clock.c, 204-210
  cmos.h, 149-150
  com.h, 148-149, 155
  config.h, 137-138, 142-144, 150-152, 155, 190, 195-196, 314-315, 333-334, 513-514, 520-524, 541-542, 557
  console.c, 301-302, 329-337, 342-343
  const.h, 132-133, 143-146, 150-153, 415-416, 520-523, 557
  cpu.h, 149-150
  crtso.s, 406-408
  device.c, 547-551
  devio.h, 148-149, 284-285
  dir.h, 140-141, 520-521
  diskparm.h, 149-150
  dmap.c, 547-550

dmap.h, 148-149, 547-548
do_exec.c, 198-200, 149-150
do_irqctl.c, 302-303
do_setalarm.c, 198-199
driver.c, 247, 255-258, 263-264, 278-279
driver.h, 247, 280
drvlib.c, 253-254, 258-261, 279-280
drvlib.h, 258-259
errno.h, 138
exception.c, 184, 409-410
exec.c, 424-428
fcntl.h, 139, 313-416
file.c, 450-451
file.h, 522-523
filedes.c, 530-531
forkexit.c, 422-425
fproc.h, 521-522
fs.h, 136-137, 520-521
getset.c, 436-439
glo.h, 143-145, 150-154, 157-158, 171-172, 184-185, 190, 208-209, 415-462, 520-522
i8259.c, 172-173, 184-187
inode.h, 522-523
installboot, 134-135, 160-161
int86.h, 149-150
interrupt.h, 149-150
ioc_disk.h, 141-142
ioctl.h, 141-143
ipc.h, 146-147, 150-151, 153-154
is, 125-126
kernel.h, 136-137, 148-151, 153-154, 415-416, 520-521
keyboard.c, 301-302, 311-312, 329-330, 333-336
keymap.h, 149-150, 312-313, 331
klib.s, 188-190
klib386.s, 188-189, 197-198, 209
limits.h, 138, 536-537
link.c, 543-545
lock.c, 530-531
lock.h, 522-523
log, 123-124, 133-134
main.c, 163-165, 168, 181-182, 531-534, 549-550
memory.c, 263-266
memory.h, 149-150
misc.c, 188-189, 436-439, 551-554
mount.c, 543-544
mproc.h, 398-399, 416
mpx.s, 162-163, 188-189
mpx386.s, 151-152, 158-159, 162-168, 170-171, 174-175, 177-178, 184-186, 215
mpx88.s, 162-163
open.c, 534-537
param.h, 461-462, 522-523
partition.h, 149-150, 258-259
path.c, 534-535, 542-543
pipe.c, 540-542, 550
pm.h, 136-137, 415-416, 520-521
portio.h, 149-150
ports.h, 149-150
priv.h, 155-157, 178-179
proc.c, 144-145, 153-154, 178-181
proc.h, 153-156, 181-182, 416-417, 422-423
prog.c, 446-447
protect.c, 184, 186-189, 546-547
protect.h, 156-158, 186-187

proto.h, 150-153, 415-419, 520-522
ptrace.h, 140-141
pty.c, 317-318
read.c, 525-526, 537-539
resource.h, 422-423
sconst.h, 153-156
select.c, 553-554
select.h, 141-142, 553-554
setalarm.c, 198-199
sigcontext.h, 140-141
signal.c, 428-436
signal.h, 139, 409-410, 416
stadir.c, 545-546
start.c, 163-165, 168, 186-188
stat.h, 140-141, 520-521
statfs.h, 546-547
stddef.h, 139-140
stdio.h, 139-140
stdlib.h, 139-140
string.h, 139
super.c, 528-529
super.h, 522-523
svrctl.h, 140-141
sys_config.h, 142-144, 162-163
syslib.h, 148, 194-195, 439-440
system.c, 191-192, 194-198
system.h, 157-158, 194-196
sysutil.h, 148
table.c, 144-145, 152-153, 157-159, 165-167, 181-182, 190, 415-417, 420-421, 521-524
termios.h, 139, 142-143, 301, 315-316, 551
time.c, 436-437, 551-552
timers.c, 435-436, 553-554
timers.h, 139-140, 435-436
trace.c, 438-439
tty.c, 247, 301-302, 314-330
tty.h, 247, 313-316
ttytab, 402-403
type.h, 145-146, 150-153, 184-185, 194-195, 257, 415-416, 437-438, 520-521
types.h, 139-141
u64.h, 148-150
unistd.h, 139, 415-416
utility.c, 190, 438-440, 553-554
wait.h, 140-141
write.c, 537-541
Atalho, 466-467
Ataque contra a segurança, 485-490
Ataque de negação de serviço, 485-487
Ataque de negação de serviço distribuída, 487-488
Atribuição de nome de arquivo, 445-448
Atribuição de nomes uniforme, 223-224
Atributos de arquivo, 451-452
Atributo não-residente, 468-469
Autenticação, 96, 490-494
Autenticação de usuário, 490-494
Autenticação desafio-resposta, 492-493

B

Babbage, Charles, 25-26
Backup de arquivo, 473-476
Bibliografia
   em ordem alfabética, 564-571
   leituras sugeridas, 559-564

Biblioteca compartilhada, 385-386
Biblioteca de sistema, MINIX 3, 197-201
BIOS (*veja* Sistema de entrada/saída básico)
Bit de espera por despertar, 88-90
Bit de status, 220-221
Bit modificado, 366, 546-547
Bit presente/ausente, 360-361
Bit referenciado, 366
Bit SETUID, 54-57, 415-416, 425-426, 437-438, 478-479, 495-496, 511-512
Bit sujo, 366
Bits de permissão (*veja* Modo)
Bits RWX, 40-41, 535-536 (*veja também* Modo)
Bloco ausente, 477
Bloco danificado, 273
Bloco de controle de processo, 75-76
Bloco de disco, gerenciando blocos livres, 471-473
Bloco de inicialização, 160-161, 459, 504, 506
Bloco iniciado por símbolo, 158-159, 177-178, 394-395, 426-428
Bloco livre, 471-473
Blocos de indireção, 463-464
Bloqueado, 74-75
Bomba lógica, 487-488
BSD (*veja* Distribuição de software Berkeley)
BSS (*veja* Bloco iniciado por símbolo)
Buffer limitado, 87-88
Busca sobreposta, 266-267
Byron, Lord, 24-25

C

C run-time, start-off, 406-407
Cache, sistema de arquivos, 479-482
Cache de bloco, 55-56, 479-480
Cache de buffer, 479-480
Cache de escrita direta (write-through), 481-482
Caixa de correio, 97-98
Canal de E/S, 218-219
Canais secretos, 501-504
Capacidade, 498-501
Capturando sinais, MINIX 3, 429-431
Caractere de escape, 296-297
Caracteres de preenchimento, 295-296
Carregador de programa inicial, 459
Cavalo de Tróia, 487-488
CDC 6600, 353-354
Chamada de sistema, 36-37, 42-58, 190-191
   gerenciamento de arquivos, 49-54
   gerenciamento de diretórios, 54-56
   gerenciamento de processos, 43-48
   sinalização, 47-50
Chamada de supervisor, 58-59
Chamadas de núcleo, 58-59, 120-121, 190-191, 396, 398
Chamadas de núcleo do MINIX 3
   notify, 127-129, 177-181, 191-192, 206-208, 210, 251-252
   receive, 127-130, 177-181, 206-207
   revive, 148-149
   send, 95-98, 127-130, 147, 154-155, 177-178, 180-181, 191-192, 210, 251-252, 301-302, 367-368, 421-422
   sendrec, 126-129, 147, 156-157, 251-252, 301-302, 421-422
   sys_abort, 332
   sys_copy, 423-424
   sys_datacopy, 257-258, 545-546, 551-552
   sys_exit, 265-266, 423-424

sys_fork, 423-424
sys_getimage, 420-421
sys_getinfo, 420-422, 439-440, 549-550
sys_getkinfo, 264-265
sys_getkmessages, 342-343
sys_getmachine, 265-266, 315-316
sys_insw, 280
sys_irqctl, 246-247
sys_irqenable, 280-281, 286-287, 333-334
sys_irqsetpolicy, 280, 333-334
sys_kill, 331, 434-435
sys_memset, 426-428
sys_newmap, 426-428
sys_physcopy, 264-265
sys_privctl, 549-550
sys_segctl, 265-266
sys_setalarm, 283-285, 328-329, 341-342, 436-437
sys_sigsend, 434-435
sys_times, 436-437
sys_vircopy, 264-265, 342-343
sys_voutb, 283-285, 340-341
Chamadas de sistema POSIX do MINIX 3
  access, 502-503, 546-547
  alarm, 79-81, 121-122, 194-195, 202-203, 207-208, 395-396, 430-432
  brk, 121-122, 391-392, 395-396, 398, 487-488, 406-408, 427-429, 433-434
  chdir, 121-122, 516-517, 545-546
  chmod, 546-547
  chown, 546-547
  chroot, 516-517, 545-546, 556
  close, 253-255, 453, 534-535, 547-548, 551
  closedir, 458-459
  creat, 530-531, 534-536, 540-541, 546-547
  dup, 551-552
  dup2, 551-552
  exec, 73-74, 126-127, 139-140, 186-187, 189-190, 199-200, 391-396, 488-489, 401-407, 422-426, 521-522, 545-546, 548-549
  execve, 71-73
  exit, 72-73, 121-122, 126-127, 395-396, 422-424, 552-553
  fchdir, 545-546
  fcntl, 530-531, 551-553
  fork, 236-237, 391-396, 401-403, 416, 422-425, 440-441, 516-517, 552-553
  fork, 71-74, 79-80, 121-122, 126-127, 155, 190-192
  fstat, 140-141, 521-522, 527-528, 545-546
  get_time, 146-147
  getgid, 396, 398, 415-416, 436-437
  getpgrp, 415-416, 436-437
  getpid, 396, 398, 415-416, 436-437
  getprocnr, 395-396
  getsetpriority, 395-396
  getsysinfo, 395-396
  getuid, 396, 398, 415-416, 436-437
  ioctl, 141-143, 265-266, 297-301, 312-315, 319-322, 327-328, 342-344, 547-548, 551
  kill, 72-73, 121-122, 193-194, 395-396, 409-410, 430-431
  link, 458-459
  lock, 453-454
  lseek, 516-517, 522-523, 534-535
  mkdir, 534-537
  mknod, 534-537
  mount, 121-122, 508-509, 514-515, 541-543

open, 228-229, 254-255, 257, 313-314, 453, 456-457, 498-499, 513-514, 530-531, 534-538, 541-542, 547-548, 549-551
opendir, 458-459
pause, 74-75, 395-396, 432, 434-436
pipe, 540-541
ptrace, 140-141, 395-396, 415-416, 438-439
read, 264, 298-299, 314-315, 318-319, 322-323, 326, 328-329, 411-414, 434-435, 451-453, 458-459, 494, 503-504, 515-516, 518-520, 537-539, 551-552
readdir, 458-459
reboot, 395-396, 415-416, 434-435
rename, 453-454, 458-459, 543-544, 555-556
rmdir, 543-544
sbrk, 396, 398, 406-407
seek, 451-453
select, 140-141, 319, 329-331, 328-330, 541-542, 550, 553-554
setgid, 415-416, 436-437
setpriority, 215
setsid, 415-416, 436-437, 551
setuid, 415-416, 436-437
sigaction, 395-396, 407-408, 410-411, 428-429, 431-432
sigalrm, 409-410
sigint, 409-410
sigkill, 429-430
signal, 93-94, 225
sigpending, 395-396, 430-431
sigpipe, 409-410
sigprocmask, 407-408, 410-411, 430-431
sigreturn, 395-396, 408-413, 430-433
sigsuspend, 395-396, 430-431, 433, 434-436
sleep, 87-90, 93-94
stat, 140-141, 521-522, 527-528, 545-546
stime, 395-396, 414-415, 436-437, 551-552
sync, 480-482, 512-514, 524-525, 552-553
time, 395-396, 414-415, 436-437
times, 194-195, 395-396, 414-415, 436-437
umask, 546-547
umount, 542-544
unlink, 121-122, 459, 541-544
unpause, 148-149
utime, 415-416, 551-552
wait, 93-95, 140-141, 225, 395-396, 401-403, 422-425, 435-436
waitpid, 140-141, 395-396, 424
wakeup, 87-90, 93-94
write, 229-230, 264-265, 307, 314-315, 319, 336-338, 434-435, 453, 481-482, 494, 515-516, 538-541, 547-548, 551
Chaveamento de processo, 111-112
Chip NEC PD 765, 23-24
Click, 145-146, 398-399
CMS (*veja* Sistema de monitor conversacional)
Código de correção de erro, 218-219, 344
Código de inicialização de volume, 459
Código de varredura, 302-303
Código-fonte aberto, 36-37
Comando mkfs, 508-510, 533-534
Comando stty, 125-126, 295-296, 331
Compactação, 353-354
Compactação de memória, 353-355
Compartilhamento de tempo, 29-30
Compilação condicional, 138-140
Computador amigável, 33-34
Computador de grande porte, 26

Computador de primeira geração, 26
Computador de segunda geração, 26-28
Computador de terceira geração, 27-33
Comunicação entre processos, 38-39, 80-98, 146-147
   algoritmo de Peterson, 85-87
   condição de corrida, 81-83
   diretório de spool, 81-83
   espera ativa, 83-88
   exclusão mútua, 83-88
   janta dos filósofos, 98-100, 102
   leitores e escritores, 100, 102-103
   MINIX 3, 126-129, 177-182
   monitor, 91-96
   mutex, 91-92
   passagem de mensagens, 95-98
   produtor-consumidor, 87-96
   seção crítica, 81-84
   semáforo, 88-92
   sleep e wakeup, 87-90
Conceitos de sistema operacional, 36-43
Condição de corrida, 81-83
Condição de espera circular, 233-234
Condição de posse e espera, 303-304, 237-239
Confiabilidade, sistema de arquivos, 472-474
Confidencialidade dos dados, 485
Consistência, sistema de arquivos, 476-479
Console virtual, 329-330
Consulta seqüencial, 220-221
Controladora de dispositivo de E/S, 217-219
Controladora de vídeo, 289-290
Controladoras de dispositivo, 217-220
Controle de carga, 380-381
Controle de tarefa, 47-48, 320-321
Cookie, 487-488
Core dump, 408-409
CP/M, 32-33
Criação de lixo, 376-377
Criação de processo, 70-73
CRTSO (*veja* C run time, start off)
C-threads, 78-79
CTSS (*veja* Sistema de compartilhamento de tempo compatível)
Curingas, 497-498

D

Daemon, 71-72, 122, 229-230
Daemon de impressora, 81-82
#define, 138
Descritor de arquivo, 41, 49-50
Desempenho, sistema de arquivos, 478-484
Desempenho de saída, 106-107
Detecção, impasse, 236-238
Direito
   capacidade, 495
   genérico, 496-497, 500-501
Diretório, 39-40, 449-450, 453-459
   hierárquico, 454-456
   implementação, 463-470
   NTFS, 467-470
   UNIX, 467-468
   Windows 106-107, 466-467
Diretório corrente, 456-457
Diretório de página, 388-389
Diretório de spool, 81-82, 229-230

Diretório de trabalho, 40-41, 456-457
Diretório-raiz, 39-40
Disco, 266-288
   disquete, 23-24, 123, 286-288
   rígido, 274-287
Disco de inicialização, 123
Disco de RAM, 123-124, 260-266
Disco IDE estendido, 276-277
Disco único grande e caro, 268-269
Disponibilidade do sistema, 485-486
Dispositivo de bloco, 216-217, 225-226
Dispositivo de caractere, 216-217, 225-226
Dispositivo de E/S, 216-218
Dispositivo dedicado, 228-229
Dispositivo secundário, 55-56, 227-228
Disquete, 23-24, 123-124, 260-261, 286-288, 472-473, 504, 506
Distribuição de software Berkeley, 31-32
DMA (*veja* Acesso Direto à Memória)
Domínios de proteção, 494-504
DOS (*veja* Sistema operacional de disco)
Driver de disco rígido, MINIX 3, 274-287
Driver de dispositivo, 121-122, 217-218, 225-227
   MINIX 3, 247-251, 262-266, 274-288, 300-344
Driver de disquete, MINIX 3, 286-288
Driver de relógio, MINIX 3, 204-210
Driver de teclado, MINIX 3, 329-336
Driver de terminal, MINIX 3, 300-344
Driver de vídeo, MINIX 3, 335-344
Dump de depuração, 155
Dump físico, 475-476
Dump incremental, 474-475
Dump lógico, 475-476

E

E/S (*veja* Entrada/saída)
E/S independente de dispositivo, MINIX 3, 249-251
E/S no MINIX 3, 244-344
   disco, 274-288
   disco de RAM, 260-266
   dispositivo de bloco, 251-261
   driver de terminal, 313-344
   teclado, 293-299, 301-307
   tela, 298-300, 305-313
   visão geral, 243-252
ECC (*veja* Código de correção de erro)
Eckert, J. Presper, 26
Eco, 294
EIDE (*veja* Disco IDE estendido)
Endereçamento de bloco linear, 280-284
Endereçamento de bloco lógico, 267-268, 280
Endereçamento de disco LBA 48, 280-281
Endereço
   físico, 152-153
   linear, 388-389
   virtual, 359-360
Engelbart, Douglas, 33-34
Entrada de teclado, MINIX 3, 301-307
Entrada de terminal, MINIX 3, 301-307
Entrada padrão, 42-43
Entrada/saída, 216-344
   controladora, 217-220
   daemon, 229-230

disco, 266-288
disco de RAM, 260-266
dispositivo, 216-218
dispositivos dedicados, 228-229
DMA, 221-224
em buffer, 228-229
em spool, 229-230
espaço do usuário, 229-231
mapeada na memória, 219-221
relato de erro, 228-229
relógio, 200-210
software, 223-231
tamanho de bloco, 228-229
terminal, 288-344
Entrada/saída assíncrona, 224
Entrada/saída síncrona, 224
Equipes de invasão, 489-490
Equipes de tigres, 489-490
Escalonamento
   categorias de algoritmos, 105
   compartilhamento imparcial, 115-117
   de múltiplas filas, 113-114
   de processo, 102-120
   de três níveis, 109-111
   em sistemas de lote, 107-111
   em sistemas de tempo real, 116-118
   em sistemas interativo, 110-117
   garantido, 114-115
   menor tempo de execução primeiro, 109-110
   MINIX 3, 181-184
   não-preemptivo, 105, 107-112
   objetivos, 105-108
   política *versus* mecanismo, 117-118
   por prioridade, 112-114
   por sorteio, 114-116
   preemptivo, 105, 107-112, 129-130, 209
   primeiro a chegar é o primeiro a ser atendido, 107-109
   processo mais curto em seguida, 114-115
   round-robin, 111-113
   segmento, 117-120
   tarefa mais curta primeiro, 108-110
   therads, 117-120
   XDS 940, 114
Escalonador, 103-104
Escalonador de admissão, 109-110
Escalonador da CPU, 110-111
Escalonador da memória, 110-111
Escalonamento até o término, 105
Espaço D, 393-395, 401-405
Espaço de endereçamento, 37-38
Espaço de endereçamento virtual, 359-360
Espaço I, 393-395, 401-405
Espaços I e D combinados, 393-395, 401-403, 406-407
Espaços I e D separados, 393-394
Espera ativa, 85, 220-221
Estações de trabalho, 31-32
Estações de trabalho sem disco, 162
Estado, 240
Estado seguro, 240
Estado zumbi, 402-403
Estados de um processo, 73-76
Estrutura da tabela de páginas, 365-366
Estrutura de arquivo, 447-449

Estrutura termios, 52-53, 139, 142-143, 297-298, 301, 313-316, 318-320, 324-328, 551
Evitação de impasse, 239-244
Exceção, 173-174, 177
Exclusão mútua, 81-83, 303-304, 237-238
Exonúcleo, 63-64
Extensão de arquivo, 446-447

F

Falhas de segurança, 489-490
Falta de página, 360-361
FAT (*veja* Tabela de alocação de arquivo)
Fila(s)
   de vários níveis no MINIX, 129-130, 154-156, 158-159, 167-168, 173-174, 181-182-184, 195-196, 210-211
   entrada, 71-72, 108-110
   entrada de caractere, 295-298, 301-307, 313-315, 321-329, 331
   envio, 177-181
   múltiplas, 113-114
   processo, 107-108
   temporizador, 194-195
Firmware, 258-259, 274-275
Fontes carregáveis, 313
FORTRAN, 26-28
Fragmentação
   externa, 386
   interna, 381-382, 477
FS (*veja* Sistema de arquivos)
FTP (*veja* Protocolo de transferência de arquivo)
Função, 497-498

G

Gatos, método de identificação usado pelos, 492-493
GE-645, 30-31
Gerenciador de processos, 121-122, 391-392
   arquivos de cabeçalho, 415-417
   estruturas de dados, 415-462
   implementação, 415-440
   inicialização, 418-423
   programa principal, 461-463
   visão geral, 391-416
Gerenciador de recursos, 24-26
Gerenciamento de arquivo, 49-54
Gerenciamento de diretório, 54-56
Gerenciamento de espaço de disco, 469-473
Gerenciamento de memória, 349-441
   algoritmo do melhor qualificado, 356-357
   algoritmo do pior que couber, 356-357
   algoritmo do primeiro qualificado, 356-357
   algoritmo do primeiro que couber, 357-358
   algoritmo do próximo qualificado, 356-357
   básico, 349-354
   listas encadeadas, 355-358
   mapas de bits, 355-356
   memória virtual, 357-370
   questões de projeto, 376-383
   segmentação, 382-392
   substituição de página, 369-376
   swap, 353-358
Gerenciamento de processos, 43-48
   MINIX 3, 123-127
GID (*veja* IDentificação de grupo)

GP (*veja* Gerenciador de processos)
Grau de multiprogramação, 110-111
Grupo, 497-498
GUI (*veja* Interface gráfica com o usuário)

H

Hardware de disco, 266-269
Hardware de relógio, 200-203
Hardware de terminal, 288-293
Hierarquia de memória, 349
Hierarquia de processo, 73-74
História dos sistemas operacionais, 25-37
    MINIX, 34-37
    primeira geração, 26
    segunda geração, 26-28
    terceira geração, 27-33
HTTP (*veja* Protocolo de transferência de hipertexto)

I

IBM 1401, 26-28
IBM 360, 28-29
IBM 7094, 26-29
IBM PC, 32-35
IBM System/360, 28-29
IDE (*veja* Integrated drive electronics)
Identificação de grupo, 39-40
Identificação de usuário, 39-40
Identificação física, 492-494
Identificação pela impressão digital, 492-493
Identificação pelo comprimento dos dedos, 492-494
IDT (*veja* Tabela de descritores de interrupção)
#if, 140-141, 162-163
#ifdef, 138, 139, 144-145
Imagem de inicialização, 123-124, 160-161, 334-336, 418-423
Imagem do núcleo, 37-38
Impasse, 91-92, 230-244
    algoritmo do avestruz, 234, 236-237
    algoritmo do banqueiro, 239-244
    condições, 233
    de recursos, 231-233
    definição, 232-233
    detecção e recuperação, 236-238
    estado seguro, 240
Implementação de processo, 75-78
    MINIX 3, 131-190
Impressão off-line, 26-27
Inanição, 99-100
Independência de dispositivo, 223-224
Inicialização
    gerenciador de processos do MINIX, 418-423
    núcleo do MINIX, 124-127
    sistema de arquivos do MINIX, 532-534
Inicializando o MINIX 3, 158-162
i-node, 54, 463-464
Instrução TSL, 86-88
Integrated drive electronics, 266-267
Integridade dos dados, 485
Intel 8086, 32-33
Interface de memória virtual, 382-383
Interface de passagem de mensagens, 97-98
Interface gráfica com o usuário, 33-34
Interface uniforme, dispositivo de entrada/saída, 226-228
Interpretador de comandos, 37-38

Interrupção, 220-222
Interrupção por software, 129-130
Introdutor de seqüência de controle, 309-310
Intruso, 485-486
Inversão de prioridade, 87-88
IOPL (*veja* Nível de proteção de E/S)
IPC (*veja* Comunicação entre processos)
IPL (*veja* Carregador de programa inicial)
IRQ (*veja* Pedido de interrupção)
IS (*veja* Servidor de informações)
ISA (*veja* Arquitetura de conjunto de instruções)

J

Jobs, Steven, 33-34
JVM (*veja* Máquina virtual Java)

K

Kernighan & Ritchie C, 137-138, 143-144, 152-153, 461-462

L

LAMP (*significa* Linux, Apache, MySql, PHP/Perl)
LAN (*veja* Rede local)
LBA (*veja* Endereçamento de bloco lógico)
LDT (*veja* Tabela de descritores local)
Lei de Murphy, 81-82
Leitura antecipada de bloco, 481-482
LFS (*veja* Sistema de arquivos estruturado em log)
Líder de sessão, 320-321
Limpador, 484
Linguagem assembly, 26
Linguagem C, 71-72, 131-132, 136-137, 144-145, 149-150, 153-154, 165-166
Linguagem de máquina, 21-22
Linha serial, 250-251
Linux, 35-36
Lista C, 498-499
Lista de capacitação, 498-499
Lista de controle de acesso, 496-499
Lista de lacunas, MINIX 3, 401-403
Lixeira, 473-474
Localidade da referência, 366, 376-377
Lord Byron, 24-25
Lovelace, Ada, 24-25
LRU (*veja* Algoritmo do usado menos recentemente)

M

Mac OS X, 33-34
Macro de teste de recurso, 137-138, 150-151
Makefile, 131
Malware, 486-488
    bomba lógica, 487-488
    cavalo de Tróia, 487-488
    spyware, 487-488
    transportador de chave, 487-488
    verme, 487-488
    vírus, 486-487
Mapa de bits, 47-48, 128-129, 155-157, 172-173, 178-179, 355-356, 508-510
Mapa de teclado, 294, 311-312
Mapas de teclado carregáveis, 310-313
Máquina big-endian, 520-521
Máquina estendida, 24-25

Máquina little-endian, 520-521
Máquina virtual, 21-22, 24-25, 61-64
Máquina virtual Java, 62-63
Master boot record, 123, 459
Masterboot, 159-160, 459
Matriz de acesso, 495-496
Mauchley, John, 26
MBR (*veja* Master boot record)
Mecanismo, 392-393
Mecanismo de escalonamento, 117-118
Mecanismo de proteção, 485, 494-504
Mecanismo *versus* política, 65-66, 117-118
Memória associativa, 366-367
Memória compartilhada distribuída, 382-383
Memória somente de leitura, 33-34
Memória virtual, 353-354, 357-392
    algoritmos de substituição de página, 369-376
    modelo de conjunto de trabalho, 376-380
    paginação, 358-370
    Pentium, 387-392
    questões de projeto, 376-383
    segmentação, 382-392
Mensagem de notificação, 418-419
Mensagem de notificação do sistema, 395-396
Metadados, 448-449, 451-452
MFT (*veja* Multiprogramação com tarefas fixas)
MFT (*veja* Tabela de arquivos mestra)
Microcomputador, 32-33
Microprocessador, 32-33
Microprograma, 21-22
Microsoft, 32-34
Middleware, 31-32
MINIX 3
    alarme síncrono, 192-193, 196-200, 206-209, 284-285
    alarmes e temporizadores, 430-433
    arquivos de cabeçalho, 134-150
    arquivos especiais, 41-42, 51-55, 227-230, 262-264, 301-302, 449-450, 511-512, 518-519, 537-538, 543-544, 546-550
    biblioteca de drivers, 258-261
    biblioteca de sistema, 197-201
    bloco de inicialização, 504, 506, 513-514, 533-534
    cabeçalho de sistema de arquivos, 519-524
    cache de bloco, 511-514
    capturando um sinal, 410-414
    compilando e executando, 133-136
    comunicação entre processos, 126-129, 177-182
    core dump, 48-49, 51-52, 295-297, 408-413, 416, 420-421, 434-436, 476
    definição de EXTERN, 142-145, 461-462, 521-524
    descritor de arquivo, 515-517, 530-531
    DEV_IO_READY, 550
    DEV_MAP, 548-549
    DEV_NO_STATUS, 550
    DEV_REVIVE, 550
    DEV_UNMAP, 548-549
    diretórios e caminhos, 513-516
        implementação, 541-545
    disco de RAM, 260-266
    discos, 266-288
    dispositivo de bloco, 251-261
    driver de disco rígido, 274-287
    driver de dispositivo, 247-251
    driver de disquete, 252-253, 255-256, 258-259, 286-288
    driver de teclado, 329-336

driver de terminal, 300-344
driver de terminal independente de dispositivo, 313-330
driver de vídeo, 335-344
drivers de dispositivo de bloco, 252-256
dump de depuração, 127-128, 554-555
E/S, 244-344
E/S, visão geral, 243-252
E/S independente de dispositivo, 249-251
entrada de teclado, 301-307
escalonador, 181-184
escalonamento de processo, 128-130
estrutura de dados de terminal, 294, 296-297
estrutura interna, 119-123
estrutura termios, 52-53, 139, 142-143, 297-298, 301, 313-316, 318-320, 324-328, 551
estruturas de dados, 149-159
estruturas de dados do PM, 396, 398-397
fontes carregáveis, 310-313
gerenciador de processos, 391-440
    arquivos de cabeçalho, 415-462
    estruturas de dados, 415-462
    implementação, 415-440
    inicialização, 418-423
    programa principal, 461-423
    visão geral, 391-416
gerenciamento de i-node, 526-529
gerenciamento de memória
    implementação, 415-440
    visão geral, 391-416
gerenciamento de superbloco, 528-531
gerenciamento de tempo, 551-552
história, 34-37
implementação
    driver de disco rígido, 277-287
    driver de memória, 263-266
    driver de relógio, 208-210
    driver de terminal, 313-344
    gerenciador de processos, 415-440
    processos, 131-190
    sistema de arquivos, 519-555
    tarefa de sistema, 194-201
implementação de temporizador, 435-436
implementação do driver de relógio, 208-210
implementação do gerenciamento de processos, 131-210
inicialização, 123-127, 162-168
i-nodes, 510-512
layout de memória, 393-396
layout de sistema de arquivos, 504, 506-509
lista de lacunas, 401-403
mapas de bits, 508-510
mapas de teclado carregáveis, 310-313
mensagem, 504, 506
monitor de inicialização, 134-136, 152-153, 160-166, 168, 188-189, 209, 275-276, 332, 334-335, 342-343, 418-423, 444
notificação, 395-396, 418-419
número mágico, 158-159, 177-178, 504, 506-509, 520-521, 530-531, 543
operações de arquivo, 534-541
organização do código-fonte, 131-134
parâmetros de inicialização, 160-166, 168, 262-263, 275-277, 279-280, 419-422, 533-534, 548-550
partida, 158-162
pipes e arquivos especiais, 517-519, 540-542
posição de arquivo, 49-50, 515-519, 522-523, 536-538

processamento de nome de caminho, 467-468, 541-543
processos na memória, 398-489
requisição DEV_CANCEL, 255-256, 277-278
requisição DEV_CLOSE, 255-258, 276-278, 314-315
requisição DEV_GATHER, 255-256, 264, 277-278, 280-281
requisição DEV_IOCTL, 255-258, 277-278, 313-315
requisição DEV_OPEN, 255-256, 276-277, 279-280, 550
requisição DEV_READ, 255-256, 277-278, 280-282, 313-314, 318-319
requisição DEV_SCATTER, 255-256, 264, 277-278, 280-281
requisição DEV_SELECT, 255-256, 277-278
requisição DEV_WRITE, 255-256, 277-278, 280-282, 313-314
rotina de tratamento de interrupção de relógio, 206-207
saída de terminal, 305-313
seqüência de escape, 300, 305-307, 309-310, 332, 336-337, 340, 347
serviços de relógio, 208-209
servidor de reencarnação, 125-126
sinal, 410
sistema de arquivos, 445-556
    arquivos de cabeçalho, 519-523
    gerenciamento de bloco, 523-527
    gerenciamento de tabela, 523-531
    implementação, 519-555
    inicialização, 532-534
    programa principal, 531
    visão geral, 503-520
software de E/S em nível de usuário, 250-251
suporte de núcleo dependente de hardware, 184-189
tarefa de clock, 200-210
tarefa de sistema, 190-201
tarefas, 113-114, 120-125, 129-134, 148-149, 153-159, 165-168, 181-184
temporização em milissegundos, 207-209
temporizador de cão de guarda, 206-208
temporizadores em espaço de usuário, 413-415
texto compartilhado, 394-395, 488-401
tratamento de impasse, 250-252
tratamento de interrupção, 168-178, 243-247
tratamento de mensagens, 395-396, 398
tratamento de sinal, 407-414, 428-436
trava de arquivo, 517, 530-531
utilitários, 188-190
utilitários de gerenciamento de memória, 438-440
variáveis inicializadas, 152-153, 157-158
visão geral
    driver de disco rígido, 274-287
    driver de memória, 262-264
    driver de relógio, 204-209
    driver de terminal, 300-313
    gerenciador de processos, 391-416
    processos, 119-130
    sistema de arquivos, 503-520
    tarefa de sistema, 191-195
visão geral dos processos, 119-130
zumbis, 402-403, 410-413, 423-424, 433
MMU (*veja* Unidade de gerenciamento de memória)
Modelagem de impasse, 233-234, 236
Modelo de conjunto de trabalho, 376-380
Modelo de processo, 69-71
Modo, 45, 49-50, 55-57, 511-512, 516-517, 521-522, 535-536
Modo bruto, 52-53, 293-294
Modo canônico, 52-53, 293-294
Modo cbreak, 52-53, 298-299

Modo de onda quadrada, 200-201
Modo de supervisor, 22-23
Modo de terminal, 52-53
Modo de usuário, 22-23, 120-121
Modo estanque, 200-201
Modo não-canônico, 52-53, 293-294
Modo núcleo, 22-23, 120-121
Modo processado, 52-53, 293-294
Modo protegido, 145-146
Monitor, 91-96, 160-161
Monitor de CRT, 289-290
Monitor de inicialização, 134-136, 152-153, 160-162
Monitor de máquina virtual, 62
Monitor de referência, 494
Monitor de tela plana, 289-290
Monoprogramação, 349-351
MOSTEK 6502, 32-33
Motif, 33-34
Motorola 68000, 33-34, 145-146
MPI (*veja* Interface de passagem de mensagens)
MS-DOS, 33-34
MULTICS, 30-32
Multiprocessador, 69
Multiprogramação, 27-30, 69-70, 350-352
Multiprogramação com tarefas fixas, 351-352
Mutex, 91-92

N

NFU (*veja* Algoritmo do não usado freqüentemente)
Nível de micro-arquitetura, 21-22
Nível de privilégio, 157-158
Nível de proteção de E/S, 151-152
Nome de caminho, 39-40, 455-459
Nome de caminho absoluto, 455-456
Nome de caminho relativo, 456-457
Notificação, MINIX 3, 395-396, 418-419
NRU algoritmo (*veja* Algoritmo do não usado recentemente)
NTFS (*veja* Sistema de arquivos New Technology)
Núcleo, 63-64, 119-120
Número de dispositivo principal, 227-228
Número mágico, 158-159, 449-450, 504, 506, 520-521

O

Objeto, 496-497
Operação de arquivo, 453-454
Operação de diretório, 458-459
Ordem de byte, 520-521
Organização do código-fonte, MINIX 3, 131-134
OS/360, 28-30, 61-62, 351-352
Oscilador a cristal, 200-201
Otimização de disco, 482-484
Overlays, 357-358

P

Página, memória virtual, 359-360
Página de código, 294
Paginação, 358-383
    Pentium, 387-391
    questões de projeto, 376-383
Paginação prévia, 377-378
Paginação sob demanda, 376-377
Palavra de status do processador, 151-152

Parâmetro de inicialização, 161, 275-276
Partição, 55-56, 123
Partição ativa, 123
Partição de disco, 258-261
Partição estendida, 259-260, 459-460
Partição lógica, 459-460
Partição primária, 459-460
Partições fixas, 350-352
Partida, 123
Passagem de mensagens, 95-98
    MINIX 3, 395-396, 398
Pasta, 453-454
PDP-1, 31-32
PDP-11, 32-33
PDP-7, 31-32
Pedido de interrupção, 221-222
Pentium, memória virtual, 387-392
Pentium, paginação, 387-391
Perda acidental de dados, 489-490
PFF (*veja* Algoritmo da freqüência de falta de página)
PID, 44, 46
Pipe, 42
Pixel, 289-290
Placa-mãe, 221-222, 266-267, 274-275, 278-279, 291-292, 329-330
Plug 'n Play, 221-222
Plug-in, navegador, 487-488
Política, 392-393
Política de escalonamento, 117-118
Política *versus* mecanismo, 65-66, 117-118
Ponteiro nulo, 190, 314-315, 429-430
Porta de chamada, 390-391
Porta de E/S, 219-220
Porta dos fundos, 490
Posição de arquivo, 516-517
POSIX, 32-33
    arquivos de cabeçalho, 131-132
Preâmbulo, bloco de disco, 218-219
Prefixo de chave estendido, 332-333
Pré-processador, C, 71-72, 137-138, 144-145, 162-163, 461-462
Prevenção de impasse, 237-238-239
Primitiva, mensagem, 95-96, 119-120, 126-129, 147, 156-157, 177-178, 191-192, 210, 301-302
Primitiva de IPC, 191-192
Primitiva de mensagem, 191-192
Primitiva sleep, 87-88
Primitiva wakeup, 87-90
Principal, 496-497
Princípio do privilégio mínimo, 501
Princípios de projeto, segurança, 490-491
Privacidade, 485-486
PRIVATE, 144-145, 525-526, 528-529
Problema da janta dos filósofos, 98-100, 102
Problema do confinamento, 502
Problema do produtor-consumidor, 87-98
Problema dos leitores e escritores, 100, 102-103
Processo, 37-40, 69-210
Processo cliente, 64-65
Processo de sistema, 122
Processo filho, 38-39
Processo init, 73-74, 122-127, 132-135, 162, 167-168, 422-423
Processo leve, 77-78
Processo seqüencial, 69-70
Processo vinculado à computação, 103-104, 107-109

Processo vinculado à E/S, 103-104, 108-113
Programação de execução com compartilhamento imparcial, 115-117
Programação de execução garantida, 114-115
Prompt, 42
Proporcionalidade, 106-107
Proteção, 55-58
Protocolo de transferência de arquivo, 55-56
Protocolo de transferência de hipertexto, 55-56
Protótipo de função, 137-138
Pseudo-paralelismo, 69
Pseudo-terminal, 250-251, 301
PSW, 151-152
P-threads, 78-79
PUBLIC, 144-145, 196-197, 199-200, 205-206, 208-209, 315-316, 525-526

Q

Quadro de página, 359-360
Quantum, 111-112

R

RAID (*veja* Redundant Array of Independent Disks)
RAM de vídeo, 289-290
Reconhecimento, 96
Recurso fungível, 231-232
Recurso não-preemptível, 232-233
Recurso preemptível, 231-232
Rede local, 31-32
Redundant Array of Independent Disks, 268-270
Região crítica, 81-84
Registrador de base, 352-353
Registrador de dispositivo, 21-22
Registrador de limite, 352-353
Relato de erro, 228-229
Relógio, 200-201
Rendez-vous, 97-98
Reposicionamento de memória, 352-354
RISC, 33-34, 36-37, 367-368
Rolagem, 308-309
ROM (*veja* Memória somente de leitura)
Rotina de tratamento de interrupção, 90, 169-170, 184-186, 205-207, 221-222, 225, 243-247
Rotina de tratamento, sinal, 38-39, 48-49, 77-79, 407-408, 410-413, 430-431, 433-434
Rótulo local, 171-172

S

Saída de terminal, MINIX 3, 305-313
Saída padrão, 42-43
SATA (*veja* Serial AT Attachment)
Script executável, 424-425
SCSI, 217-218, 473-474
Seção crítica, 81-84
Segmentação, 382-392
Segmentação, disco, 268-269
Segmentação, implementação, 386-392
    Pentium, 387-392
Segmento, 384-385
    de dados, 46-48, 75-76, 177-178, 186-187, 354-355, 387-388, 394-395, 398-488, 403-410, 413-414, 425-429, 433-434, 476

ÍNDICE **989**

de pilha, 46-48, 126-127, 177, 186-187, 355, 381-382, 384-385, 395, 398, 401, 409-410, 422-429
de texto, 46-47, 75-76, 244-245, 262-263, 398-399, 401, 403-404, 422-424, 426-428
Intel *versus* MINIX, 186-187, 395
memória, 384-385
registrador, 395
tabela de descritores, 395
Segmento de estado de tarefa, 169-170, 186-187
Segurança, 485-504
capacidade, 498-501
identificação física, 492-494
lista de controle de acesso, 495-499
mecanismos de proteção, 55-57, 151-152, 164-165, 485, 494-504
princípios de projeto, 490-491
vermes, 487-488
vírus, 486-488
Semáforo, 88-92
Semáforo binário, 90
Senha, 490-493
desafio-resposta, 492-493
salgada, 491-492
usada apenas uma vez, 491-492
Seqüência de escape, 299-300
Seqüência de escape de terminal ANSI, 298-300
Serial AT Attachment, 278-279
Serviço, 122
MINIX 3, 125-126
Servidor, 64-65, 121-122
Servidor de arquivo, 31-32
Servidor de informações, 121-122, 125-126, 334-335
Servidor de rede, 121-122
Servidor de reencarnação, 73-74, 121-122, 548-549
Servidor inet, 121-122
Shebang, 424-425
Shell, 37-38, 42-43
Sinais, implementação no MINIX 3, 428-431
Sinal, 47-50, 121-122, 407-408
Sinal de alarme, 38-39, 413-414
 implementação no MINIX 3, 430-433
Sincronização 91-92
Sistema cliente-servidor, 63-66
Sistema de arquivos, 121-122, 445-504
cache, 479-482
confiabilidade, 472-479
consistência, 476-479
desempenho, 478-484
diretórios, 453-459, 466-470
estruturado em log, 482-484
gerenciamento de espaço em disco, 469-473
implementação, 459-484
layout, 459-460
leitura antecipada, 481-482
mapas de bits, 508-510
MINIX 3, 503-555
raiz, 41, 54-55, 258-259, 262-263, 514-515, 533-534
Sistema de arquivos montado, 224
Sistema de arquivos New Technology, 446-447, 467-468
diretório, 467-470
Sistema de compartilhamento de tempo compatível, 30-31, 113-114
Sistema de entrada/saída básico, 350-351
Sistema de execução programável, 116-117

Sistema de lote, 26-27
Sistema de monitor conversacional, 62
Sistema de tempo real, 116-117, 202-203
Sistema distribuído, 31-32
Sistema operacional, 21
características, 23-26
cliente-servidor, 63-66
como gerenciador de recursos, 24-26
como máquina estendida, 23-25
em camadas, 60-62
entrada/saída, 216-344
estrutura, 57-66
gerenciamento de memória, 349-440
história, 25-37
máquina virtual, 61-64
processos, 69-210
sistemas de arquivos, 445-555
Sistema operacional de disco, 32-33
Sistema operacional de rede, 33-34
Sistema operacional distribuído, 33-34
Sistema operacional monolítico, 57-61
Sistema X Window, 33-34
SLED (*veja* Disco único grande e caro)
Sleep e wakeup, 87-88
Software de disco, 269-274
Software de E/S, 223-231
Software de E/S em nível de usuário, MINIX 3, 250-251
Software de entrada/saída, independente de dispositivo, 226-230
Software de relógio, 202-205
Software de teclado, 293-299
Software de terminal, 292-300
Software de vídeo, 298-300
Solução de Peterson, 85-87
Spool, 29-30, 229-230
Spyware, 487-488
SR (*veja* Servidor de reencarnação)
SSF (*veja* Algoritmo da busca mais curta primeiro)
Standard C (*veja* ANSI C)
static, 144-145
Strobo registrador, 284-285
Substituição de página ótima, 370-371
Substituição de página primeira a entrar, primeira a sair, 372-373
Sufixo reservado, 139-140
Sujeitos, 496-497
Superbloco, 459-460, 506-507
Superusuário, 39-40
Swapping, 353-358
System V, 31-32

T

Tabela de alocação de arquivo, 462-464
Tabela de arquivos mestra, 464-465, 468-469
Tabela de descritores, 157-158
Tabela de descritores de interrupção, 76-78, 164-165, 186-187
Tabela de descritores global, 387-388
Tabela de descritores local, 186-187, 387-388
Tabela de lacunas, 401, 418-419
Tabela de memória livre, 418-419
Tabela de páginas, 361-366
de vários níveis, 363-365
invertida, 368-370
Tabela de partição, 123
Tabela de processos, 37-38, 75-76

Tabela de subpartição, 159-160, 257, 259-260, 459-460
Tabuleiro de xadrez, 386
Tamanho de bloco, 228-229, 469-472
Tamanho de bloco de disco, 469-472
Tamanho de página, 380-383
Tarefa, 26, 122
Tarefa de relógio, 120-121
    MINIX 3, 200-210
Tarefa de sistema, MINIX 3, 120-121, 190-201
Tarefa ociosa, 190
TDG (*veja* Tabela de descritores global)
Tecla de função, 125-128, 331, 333-335
Tempo de resposta, 106-107
Tempo de retorno, 106-107
Tempo em coordenadas universais, 201-202
Tempo real não-rígido, 116-117
Tempo real rígido, 116-117
Temporizador, 200-201
    espaço de usuário no MINIX 3, 413-415
Temporizador de sentinela, 204-205
    MINIX 3, 206-208
Temporizadores, implementação no MINIX 3, 430-433
Terminal inteligente, 292-293
Terminal mapeado na memória, 289-292
Terminal RS-232, 291-293
Término de processo, 72-74
Texto compartilhado, 394-395, 488-489
    MINIX 3, 488-401
Thompson, Ken, 141-142
Threads, 76-81
    C-threads, 78-79
    P-threads, 78-79
Tipo de arquivo, 448-451
Tique de clock, 201-202
Tiques de relógio, perdidos, 153-154, 206-209
TLB (*veja* Translation lookaside buffer)
Trajetória de recurso, 240-242
Translation lookaside buffer, 366-368
Transportador de chave, 487-488
Tratamento de erro, 224, 272-274
Tratamento de impasse, MINIX 3, 250-252
Tratamento de sinal, MINIX 3, 407-414
Trava de arquivo, 251-252
Trava de arquivo consultiva, 251-252, 517
Trava giratória, 85
Travamento de duas fases, 243-244
Troca de contexto, 111-112, 153-154
TSS (*veja* Segmento de estado de tarefa)
Tty de tela, 292-293

U

UART (*veja* Universal Asynchronous Receiver Transmitter)
UID (*veja* Identificação de usuário)
Unidade de gerenciamento de memória, 359-360
Universal Asynchronous Receiver Transmitter, 291-292
UNIX
    arquivos, 39-42
    bloco de inicialização, 160-161

cache do sistema de arquivos, 480-482
chamada de sistema link, 54-55
comunicação entre processos, 97-98
consistência do sistema de arquivos, 476-479
diretórios, 463-468, 513-515
driver de dispositivo, 248
E/S de terminal, 294-298
estrutura, 247-249
estrutura de processo
história, 31-34
impasse, 236-237
início do tempo, 201-202
i-nodes, 509-510
números de dispositivo, 227-228
paginação, 387
processos, 37-40, 72-73
relato de erro, 79-80
scripts, 424-425
senhas, 490-492
sinais, 320-321, 409-410
sistema de arquivos, 446-450, 453-459
sistemas de arquivos montados, 223-224
threads, 79-81
Uso de buffer, 224, 228-229
Uso de cache com uma trilha por vez, 273-274
UTC (*veja* Tempo em coordenadas universais)
Utilização da CPU, 106-107

V

Variável de condição, 93-94
Variável de travamento, 84
Variável inicializada, 153-154
Verme, 487-488
Vetor
    interrupção, 76-78, 168, 171-173, 198-199, 209, 221-222
    requisição de E/S, 193-194, 277-278, 340-341, 525-526
Vínculo, arquivo, 465-466
Vínculo incondicional, 458-459, 465-466
Vínculo simbólico, 466-467
Vírus, 486-487
VM/370, 62
von Neumann, John, 26

W

Windows, 33-34, 62-63, 66-66, 236-237, 446-448, 456-457, 477, 481-482
Windows 2000, 227-228, 446-447
Windows 98, 446-447, 463-464, 466-467
Windows NT, 33-34, 470-471
Windows XP, 227-228, 349-350, 446-449

X

XDS 940, 114

Z

Zilog Z80, 32-33
Zuse, Konrad, 26

SOBRE O CD DO MINIX 3

REQUISITOS DE SISTEMA

A seguir está uma lista dos requisitos mínimos para instalar o software fornecido neste CD.

HARDWARE

O MINIX 3 OS exige o seguinte hardware:

- PC com um processador Pentium ou compatível
- 16 Mb ou mais de memória RAM
- 200 Mb de espaço livre no disco
- driver de CD-ROM IDE
- disco rígido IDE

Não suportados: discos ATA, USB e SCSI seriais não são suportados. Para configurações alternativas, visite o endereço http://www.minix3.org

SOFTWARE

O MINIX 3 OS é um sistema operacional. Se você quiser manter o sistema operacional existente e seus dados (recomendado) e criar uma máquina de inicialização dupla, então precisará particionar sua unidade de disco rígido. Você pode usar uma das seguintes opções:

- Partition Magic (http://www.powerquest.com/partitionmagic)

  ou

- The Partition Resizer (http://www.zeleps.com)

  ou

- Seguir as instruções que aparecem no endereço http://www.minix3.org/partitions.html

INSTALAÇÃO

A instalação pode ser completada sem uma conexão ativa com a internet, mas você pode encontrar a documentação avançada no endereço http://www.minix3.org. Instruções de instalação completas são fornecidas no CD, no formato Adobe Acrobat PDF.

SUPORTE DO PRODUTO

Para obter mais informações técnicas sobre o software MINIX deste CD, visite o site da Web oficial do MINIX, no endereço http://www.minix3.org

TERMOS DE USO E ISENÇÃO DE GARANTIAS

Leia com atenção

O conteúdo deste CD está protegido por direitos autorais e está sendo licenciado a você somente para o uso pessoal, a menos que tenha sido vendido para ser usado especificamente em rede. Você não pode transferir nem distribuir este conteúdo sob qualquer forma, nem mesmo via Internet. Exceto para uma cópia de segurança, você não pode copiar este material nem a documentação. Você não pode reengenherizar, desmontar, descompilar, modificar, adaptar, traduzir ou criar trabalhos derivados do material ou da documentação. Você pode ser acionado judicialmente por cópia ou transferência ilegal.

O conteúdo deste CD é fornecido como está, sem garantias. Os autores, os revendedores e a Bookman Editora não possuem qualquer representação, expressa ou implícita, referente ao conteúdo deste, sua qualidade, precisão, adequação para um objetivo específico ou comercialmente. Os autores, os revendedores e a Bookman Editora não tem qualquer responsabilidade relativa a perdas ou danos causados ou alegadamente causados pelo material, incluindo, mas não se limitando a, danos diretos, indiretos, incidentais ou decorrentes, perdas pessoais, lucros cessantes ou prejuízos resultantes de perda de dados, perda de serviço ou interrupção de negócio. Se a mídia estiver com defeito, você deve retorná-la para ser substituída.